无锡市北塘区志

（1986～2005）

无锡市北塘区志编纂委员会 编

（下 册）

方志出版社
Publishing House of Local Records

图书在版编目(CIP)数据

无锡市北塘区志：1986~2005/无锡市北塘区志编纂委员会编.—北京：方志出版社，2016.11
ISBN 978-7-5144-2225-2

Ⅰ.①无… Ⅱ.①无… Ⅲ.①区（城市）—地方志—无锡—1986-2005 Ⅳ.①K295.33

中国版本图书馆CIP数据核字（2016）第299977号

无锡市北塘区志（1986~2005）

编　　者：无锡市北塘区志编纂委员会
责任编辑：陈 菁

出 版 人：冀祥德
出 版 者：方志出版社
地址 北京市朝阳区潘家园东里9号（国家方志馆4层）
邮编 100021
网址 http://www.fzph.org
发　　行：方志出版社图书经销中心
电话（010）67110500
经　　销：各地新华书店
印　　刷：无锡市极光印务有限公司

开　　本：889×1194　1/16
印　　张：70
字　　数：1328千
版　　次：2016年11月第1版　2016年11月第1次印刷
印　　数：0001~1500册

ISBN 978-7-5144-2225-2　定价：500.00元

总 目 录

北塘

目 录

（下 册）

第十七编　教　育

第十八编　科学技术

第十九编　文　化

第二十编　历史文化遗存

第二十一编 医疗卫生

第二十二编 体 育

第二十三编 社会事务管理

第二十四编 精神文明建设

第二十五编 街 道

第二十六编 人 物

第二十七编 诗文 方言 俗语

第二十八编 杂 记

第十五编

政法

1986～2005年，北塘区委政法委、综治委坚持依法治区的方针，全面加强政法、综治思想组织和队伍建设，组织区人大代表、区政协委员、人民群众“评议基层政法干警”等集中教育整顿系列活动，把全区政法队伍建设成一支有战斗力的、人民满意的队伍；不断加强基层治保会、调委会和基层政法、综治组织建设。

区公安分局从维护社会稳定入手，依法严厉打击危害公共安全和人民群众生命财产安全的各类刑事犯罪；开展系列专项整治和集中打击涉黑涉霸团伙犯罪；忠实履行管理社会服务人民的职能，在实行户籍、治安、消防管理中开通“110”报警服务系统；积极推进派出所基础工作改革、刑侦工作改革，设立社区警务站和市场警务站。

区检察院履行法律监督职能，在审查批捕、提起公诉中，履行职责，依法惩治犯罪；在开展反腐败斗争中，加大侦查职务犯罪和渎职犯罪的力度，严厉打击贪污腐败和严重经济犯罪分子；对公安机关的刑事立案、侦查活动和人民法院刑事、民事、行政案件的审判、判决、裁定实行法律监督，依法保护人民群众的合法权益，推广主侦、主办、主诉检察官责任制。

区法院依法履行审判职能，坚持公开、公平、公正的原则，通过各种审判活动，惩治犯罪分子，保护人民，维护社会主义法制和社会稳定，维护和监督行政机关依法行使行政职能，维护社会主义市场经济秩序，推进庭审方式改革，试行执行工作新体制。

区司法局在全区开展普法宣传教育、依法治区、人民调解、法律服务、社区矫正和刑释解教人员的安置帮教工作，开展“148”法律服务专线，为人民群众提供法律咨询，为弱势群体提供法律援助。

至2005年，无锡监狱连续11年无罪犯脱逃、连续23年无狱内重、特大案件，先后被国家税务总局评为全国税法宣传教育合格单位，被江苏省司法厅评为“双增双节”先进单位、全省司法行政系统政治工作先进集体，被省监狱管理局评为全省监狱系统纪检监察工作先进集体，2次被江苏省司法厅记集体二等功。

第一章 政法综治工作

第一节 机 构

区委政法委是党委职能部门，1986年前，区委政法委配秘书1人，办公室设在公安北塘分局内。1986年4月，区委政法委设专职副书记1人，正科级单位。1987年，区建立社会治安综合治理领导小组。1992年，区社会治安综合治理领导小组改称社会治安综合治理委员会，综治委下设办公室和政法委实行两块牌子一套机构体制。2001年，区委政法委编制4人，2003年5月，北塘区流动人口办公室成立，设在区政法委。

第二节 社会治安综合治理

一、综合组织和队伍建设

1987年，结合3年多的“严打”斗争，不断推动社会治安群防群治工作的落实。同年，全区上下建立53个社会治安综合治理领导小组，有成员329人。

1991年3月，全区110个居委，有109个居委成立综合治理小组，有成员494人；辖区内172家厂企单位，建立综合治理小组155个，成员1076人；以盛岸街道办事处和盛岸派出所为试点，制定街道综治办、居委综治小组工作职责、管理目标、人员基础等方面的13本基础台账、14条工作制度，基本形成区、街道、居委会三级社会治安群防群治网络。

1992年3月，在盛岸街道举办社会治安综合治理知识竞赛，区机关工作人员、学校教师、地区干部、居民群众80余人参加；5个街道配备专兼职综治办人员15人，市公安战线选派副科级干警3人充实到吴桥、北大街、西新3个街道担任办事处副主任，专抓地区社会治安综合治理工作；用3天时间对所属分管领导和综治办专兼职人员举办综治工作业务培训。1995年，召开全区1993～1994年度社会治安综合治理先进集体和先进个人表彰大会，表彰先进单位30个和先进个人67人。

2003年，区综治办对全区综治干部，镇、街道综治办主任、副主任、专职综治干部、聘用干部进行业务培训。2004年，在北塘公安分局召开综治干部培训暨平安创建推进会。2005年，调整区社会治安综合治理委员会领导成员。

二、综治工作领导责任制

1986年4月，在全区政法工作会议上提出社会治安综合治理10项工作目标，首次实行综合治理责任制。1991年，区委、区政府转发社会治安综合治理领导小组《关于明确区社会治安综合治理各部门职责的意见》，明确公安、检察、法院、司法、民政、宣传、人武、工会、共青团、妇联、教育、文化、劳动、工商、经济、各街道等部门的社会治安领导责任制，把综治目标管理纳入全区两个文明建设的总体规划和年度目标管理考核，并将考核情况作为各级领导实绩的重要组成部分。1998年年初，区委、区政府与5个街道和7个直属单位签订1998年度《社会治安综合治理目标管理责任书》，增强各级领导的责任心，规定半年、年终进行考核检查，使基层综治工作做到组织、人员、工作、经费"四落实"。1999年，全区继续层层签订《社会治安综合治理目标管理责任书》，全区共创建安全文明小区52个，占计划总数62个的84%。2003年1月，北塘区人民法院，区检察院公诉科，北大街、黄巷、山北、刘潭街道综治办和市北高中被市综治委评为2001～2002年度社会治安综合治理先进集体。2003～2005年，继续推行社会治安综合治理目标管理责任制。

三、综治工作属地管理

1987年，全区建有治保组织563个，义务消防队87个，治安联防队47个，成员6000余人。1988年，区综治领导小组对全区14个有治安隐患的居委进行专题调查，推广航运新村居委会对新村封闭式管理和南尖居委会落实专人负责治安的经验。针对全区社会治安出现反复问题，区综治领导小组在原机关干部参加地区夜间巡逻值班基础上，又用一个月时间由团区委组织全区33个共青团组织，610人参加夜间地区巡逻，压降刑事、治安案件5%。

1993年，吴桥街道在全市率先成立"条块结合，以块为主"的社会治安综合治理属地管理组织"社会治安综合治理联合管理委员会"，把辖区56个企业事业单位纳入街道综治网络；同时在五河地区7个居委设立3个口子，实施封闭式管理。1994年，在全区社会治安综合治理工作实行"条块结合，以块为主"的属地管理体制，同年，市综治委在北塘区召开城区治安防范工作现场会议，会上介绍北塘区五河、湖光新村的公寓式管理做法；全区5个街道全部建立辖区单位共同参与的"社会治安综合治理联合管理委员会"。1999年，北塘区极少数邪教组织痴迷者窜至北京等地"护法""弘法"，在处理过程中遵照"谁主管谁负责""条块结合，以块为主"属地管理的原则，得到市电仪局、港务处、614所、马山农工商、交通技校、商业银行党政部门的支持。2000～2002年，妥善处理辖区内，因企业破产、改制、征土、拆迁、环境污染等引发的数十起突发性、群体性事件，均遵循"谁主管谁负责"的原则进行调处，维护了社会稳定。

2000年，南尖居委组建由在职党员71人和离退休党员22人的夜间巡逻队，每两人一组，配合地区治保人员，负责夜间19～21时半的治安巡逻，地区居民称他们是“夜间保护神”。2002年，市、区财政投入50万元，招聘社区保安150人，全区有群防群治力量5631人，抓获违法犯罪人员1103人，初步形成社区保安、物业保安为主体，基层治保会、党员义务巡逻值班为依托的群防群治网络。2003年，群防群治力量继续加强，新招聘社区保安60人，全年抓获现行违法人员504人，打击处理214人。2004年，全区聘用保安、专职联防1245人，治安志愿者、信息员等辅助力量2805人，抓获现行违法人员173人。2005年，全区统一招聘社区保安200人。

四、专项执法

1987年后，历时3年半的“严打”战役共组织集中搜捕和专项斗争11次，社会治安明显好转。1989～1991年，组织两次打击流窜统一行动，抓获流窜犯55人，摧毁犯罪团伙40个，摧毁非法窝点13个，确保亚运会和国庆安全。1992年，区综治委开展执法服务。针对辖区三院、北塘医院相继发生7起较大的医疗事故和医疗纠纷，区委政法委、综治委多次召集有关单位领导召开执法服务协调会，提高院方依法治院的意识，加强治安管理。经过20多天的工作，成功调处1起家属到医院闹事的纠纷。1994年，对治安问题较多的地区和单位进行集中整治，公安机关组织专门力量，对猪肉市场和招商城进行专项治理，抓获一伙欺行霸市的“肉霸”，使市场秩序明显改观。1995年，由政法委牵头，以公安为主组织开展的禁赌、禁毒、禁娼专项治理和“扫黄”“打非”专项治理，查获卖淫、嫖娼42人，贩毒20人，打击处理40人。开展反盗车专项斗争，加强新村防范，新建、扩建一批车棚，自行车入库率达90%以上。

第三节 维护社会稳定

一、疏导与调解社会矛盾

1987年后，结合“严打”推动社会治安综合治理工作的落实。1987年，全区有调解组织178个，全年发生各类纠纷785起，调解成功率97.7%。1989～1991年，共调处民间各类纠纷3354起，其中，恶苗88起。1997年，以全力维护社会稳定防止各种矛盾合流、防止矛盾激化、防止敌对势力插手为原则，疏导化解社会矛盾，维护社会稳定。妥善处置无线电五厂、电子管厂等集资款无法偿还，色织四厂、自行车厂等破产，鞋帽市场火灾等群体性事件和突发性事件22起。1998年，政法、综治各部门妥善处置印染厂倒闭遗留问题、国际商城外墙店面17名个体户押金问题上访、梨庄村民拆迁安置问题等各类闹事事件22起和恶苗120起。2000年，妥善疏导火炬服装厂等企业破产引发的群体性上访事件及苗子50余起。开展民事调解和“三五”普法教育，全区有调解委员会116个，调解民间纠纷576起。2004年4月，北塘区在北大街街道召开全区推进建立和完善社会矛盾大调解机制现场会暨北大街街道社会矛盾调处中心揭牌仪式，全面启动北塘区社会矛盾大调解机制建设。2001～2004年，全区共调处民间纠纷3982起，成功率98%。

二、青少年帮教

1989年起，把“大墙”内外的帮教工作作为区综合治理中的一项有益探索，区综治领导小组与省十三劳改支队（建华厂）签订对服刑犯人“帮教协议书”。1992年，在省劳改局召开的第三次劳改积极分子代表大会上，北塘区获得“帮教先进”锦旗；区综治委组织各街道领导、综治办主任等18人赴句容劳教所、省第一、第二少管所签订“帮教安置协议书”，对劳教、少管人员49人进行帮教，帮教工作从监狱延伸到劳教、少管所。1994年，区综治委和无锡监狱一起在狱内召开“签订帮教协议五周年纪念”活动，5年中全区有84人（次）获得减刑和假释，69人（次）被评为劳改积极分子，3人被记功。1996年，针对青少年犯罪人员占社会作案人员比率占53.1%的情况，由区委政法委牵头，在暑寒假组织公检法司等有关部门到全区各校给学生进行法制教育。1998年，区委政法委召开辖区14所学校负责人会议，政法各家分片包干，落实青少年学生暑期教育管理，明确小学生由居委负责，中学生由街道负责，大学生由区负责，整个暑假未发生重大问题。同年，健全安置帮教组织，区设立安置帮教办公室，街道设立安置帮教工作站。1999年，全区有29个帮教小组，287名帮教力量，有刑释解教人员410人，通过多方努力，281人重新就业；结合纪念与无锡监狱签订“帮教安置协议”10周年契机，大规模开展帮教活动，无锡电视台等媒体作报道。2000年，市综治委表彰惠龙街道帮教工作站，江尖居委、李家浜居委、惠龙派出所被评为为全市安置帮教工作先进集体。2005年，北塘区法院、司法局、关工委联合在法院举行北塘区矫正工作志愿者与缓刑少年结对帮教签订仪式。8名“五老”（老干部、老教师、老模范、老战士、老专家）社区矫正工作志愿者和8名缓刑少年及其家属当场签订“帮教协议书”，纳入帮教活动的常态管理。

三、外来人口管理

1996年年末，全区有外来人口17873人，建立流动人口管理办公室8个，聘用专职协管员63人，兼职9人，建立治保组织31个、94人，对全区私房出租户、180家用工单位、38家建筑工地，均签订责任状。1997年，强化外来人口管理，全区有流动人口18127人，推行第三棉纺织厂经验，实行“两集中”管理。2000年，全区有外来流动人口32032人，建立治保组织52个、157人，对115家用工单位、26家建筑工地全部签订管理责任书，三次举办外来流动人口管理培训班。2003年，成立区流动人口管理办公室，全区有外来流动人口100263人，实行“分类、两集中”管理，组织学法培训100余场次，8000多外来务工人员受法律知识培训，发放法律知识书籍1万余册。

四、平安创建工作

2003年，北塘区委、区政府召开全区“建设平安北塘、创建最安全城区”动员大会，下发《平安北塘创建活动实施意见》《平安创建活动三年规划》《社区居委创建考核、奖励办法》《创建领导小组职责》等文件。“建设平安北塘、创建最安全城区”活动领导小组和办公室相继成立。组建由10人组成的平安创建宣传团至社区、村、厂企，进行50多场次的巡回宣讲，31名法制副校长至中小学进行法制辅导和创建宣传。

2004年，区委领导分别与各街道党政主要领导签订年度综治及平安创建目标责任书；各街道综治委、创建办与所属的社居委签定创建责任状。下发《2004年全区平安创建实施意见》和年度规划。区多次研究防控体系建设、警力保障、辅警力量配备、创建经费保障等重大事项，全区用于创建综治经费861.4万元。

2005年，黄巷街道在千户以下的社区配备联防队员8人，千户以上社区的配备14人，2000户以上社区的配备16人，在外来人口比较集中的民丰里社区建立“房屋出租管理服务中心”，进行无偿服务。北大街街道对重点稳控对象建立档案，落实责任制，加强群防群治力量，由原来的每个社区治安志愿者50人增加到80人。7月，北塘区召开平安创建工作推进会，要求各街道综治办（平安创建办）工作人员不得少于2人，使综治、平安创建规范化。10月，区平安创建领导小组召开区综治委及平安北塘创建领导小组会议，明确平安创建工作的目标和重点，确保北塘区进入省“社会治安安全区”行列。

五、见义勇为基金表彰

1988年，北塘区筹集见义勇为基金，其中财政拨款16.3万元、自筹资金13.7万元，合计30万元，明确将基金利息用于见义勇为奖励。同年，北塘区委、区政府召开人民群众见义勇为先进分子表彰大会。1993年，区召开第二次见义勇为先进表彰大会，设特等奖2名、一等奖3名、二等奖3名、鼓励奖4名。奖励最高金额1000元。对于与犯罪分子作斗争中造成伤残的，一次性另行奖励5000元。

第四节 案件督查协调

1993年，区委政法委牵头召集公检法等系统调处1992年建设村爆炸案、北塘副食品经营部抢劫案两起案件涉案人员的性质论定，在公、检、法持有不同意见时，通过查阅案卷，了解情况，本着“依法办事、研究政策、请示汇报、多做工作”的原则，运用不同的处理方式，使认识取得一致，加快办案进度。

1995年先后协调双河新村一小孩被精神病人杀害案、惠龙新村因人事纠纷引起的状告当事人重婚案和西新地区因民事纠纷引起伤害案等，均得到妥善解决。

2001～2002年，区委政法委会同有关部门，共督查、调解民事和经济纠纷25起。2003年，区委政法委组织协调20起疑难案件和纠纷的协调。协调公安部门开展禁毒斗争，组织“不让毒品进我家”活动。区禁毒委被国家禁毒委评为先进集体。

2005年，区委政法委开展规范执法行为整改活动，成立由副区长、区委政法委副书记为组长的检查组，对2004年来公安部门对犯罪嫌疑人采取刑事拘留措施后经侦查终结未移送起诉的、区检察院作出不批捕决定的、区法院作出缓刑判决的3类案件，进行专项检查，对191件238人的案卷进行抽查。抽查结果，政法各部门运用法律程序合法，对事实把关严格。另外，排出涉法、涉诉上访案件14件，经查实处理4件。

第五节 政法队伍建设

1987年，在为期3年的3个战役“严打”中，建立由区委政法委牵头，公检法司联合办公体制，确保“从重从快”打击严重刑事犯罪分子、集中收捕行动的完成，提高依法办事、依法办案和维护社会秩序的能力。在“严打”斗争中，全区有7个单位和175人分别被省、市、区评为先进集体和先进个人。

1991年，在百年未遇的特大洪涝灾害中，区政法战线广大干警战斗在第一线，挖泥取土、加高堤圩，侦查破案、巡逻值班。1992年，区委政法委贯彻市委政法委“关于加强政法队伍建设”会议精神，从8～10月，用3个月时间，在全区政法队伍中开展以职业责任、职业道德、职业纪律为主要内容的“三职”教育活动。

1994年，区委政法委参与人大常委会开展的人大代表评议公检法工作，代表们共提出99条意见，政法各部门进行自查自纠，制订整改措施。同时，全区政法系统围绕秉公执法与清正廉洁开展“正气杯”竞赛活动。“七一”前夕，区委政法委组织全区干警举行“为政清廉、严肃纪律”为主题的先进事迹演讲会。北塘法院少年案件审判庭被评为全国法院系统先进集体。

1995年，围绕“抓班子、带队伍、促工作、保平安”的思路，抓好政法队伍自身建设。1997年，贯彻“从严治警”的方针，开展学习济南交警、漳州110，学习邱娥国、谭彦等活动，贯彻《中华人民共和国人民警察法》《中华人民共和国法官法》《中华人民共和国检察官法》《中华人民共和国律师法》等，树立政法干警的公仆意识、宗旨意识，解决群众反映的突出问题。同年，区政法系统有14个单位、19人被市以上评为先进集体和先进个人。

1998年，开展“文明执法、公正执法”的专题教育活动，开展执法大检查。通过自查、互查，建立完善规章制度，边整边改。区法院收到锦旗4面、表扬信3封。1999～2000年，开展“争创人民满意政法单位、争创人民满意政法干警”活动，以解决人民群众反映强烈的各种突出问题为重点，进行为人民服务的宗旨教育和职业道德教育。年度内，全区政法系统有14个集体、25名个人被评为市以上先进，55人评为区优秀公务员、11人被评为优秀共产党员，4个集体、11名个人分别被省、市评为

“人民满意政法单位、人民满意政法干警”。

2000年，区委政法委根据市委政法委提出的“全面加强政法队伍建设，造就一支有坚强战斗力的、人民满意的政法队伍”的要求，用一个月的时间开展“评议基层政法干警”活动，被评议的有“两院”六部门、公安分局5个派出所20名领导、203名干警，以及街道司法助理。参加评议的有区人大代表、区政协委员、区机关干部、街道干部、居民群众等10960人，发测评表10960份，通过测评，“两院”六部门的满意率为99%（其中满意为68%、基本满意为31%），派出所干警满意率为99.52%（其中满意率为84.39%、基本满意为15.13%），街道司法助理员的满意率为99.8%（其中满意为83%、基本满意为16.8%）。

2001年，全区政法部门围绕区委、区政府提出的经济和社会发展目标，强化法律服务和法律保障功能，加强政法队伍建设。北塘公安分局制订《民警八小时之外10项制度》，并向全体民警家属发出“致民警家属的一封信”。检察院开展以人民满意为标准、以公正执法为重点的集中教育整顿活动。区法院开展法官职业道德教育，整顿领导班子、整顿审判纪律、整顿工作作风的“一教育”“三整顿”活动。同年度全区政法系统共有11个集体、35人被市以上评为先进集体和个人，55人被评为区优秀公务员。

2003年，北塘公安分局以“立警为公、执法为民”为民警行动指南，周一至周五，每天安排民警在窗口负责户口和信访接待，每周三为领导接待日，基层派出所严格实行首接责任制。2004年在全区开展“创建平安北塘、建设最安全城区”活动。2005年3月，围绕“大防控”“大调解”“大服务”三大工程，区与各街道签订年度综治及平安创建目标管理责任书。北塘公安机关用两个月时间，在全区开展集中处理群众信访问题。

1986～2005年，北塘区政法系统被评为国家、省、市、区先进集体188个，先进个人453人，优秀公务员、优秀党员121人。

第二章 公 安

第一节 机 构

1986年，公安北塘分局内设办公室、治安股、政保股、内保股、刑警队、法制办公室、消防股、政工干事8个部门，下辖顾桥、北大街、北塘、吴桥、西新、惠山、盛岸、惠龙8个派出所，干警221人。1993年，分局增设巡警队，1995年巡警队改名为北塘巡警大队。1996年，分局消防股改为消防科；同年，分局各股改为科，增设出入境管理科。

1997年，分局政工干事改为政工办公室，增设经济案件侦察大队和预审科；同年，分局对4个派出所进行调整，撤销顾桥派出所，并入北大街派出所，撤销北塘派出所，并入吴桥派出所。1998年，巡警大队与治安科合并成立治安警察大队，撤销盛岸派出所，并入惠山派出所。2000年，分局增设禁毒科；同年，建立五河派出所。

2002年2月，由于行政区划调整，滨湖分局下辖黄巷、山北、刘潭派出所划归北塘分局管辖。

2003年1月，分局消防科改为消防大队；同年5月，分局增设行政管理科；政工办、政保科、内保科、禁毒科分别改名为政治处、国内安全保卫大队、经济文化保卫大队、禁毒大队；派出所指导员变更为教导员。2004年7月，分局增设信息通信科；同年，撤销吴桥派出所，并入北大街派出所。

至2005年，分局下设办公室、政治处、行政管理科、法制科、信息通信科、国保大队、经文保大队、治安大队、刑警大队、经侦大队、禁毒大队、消防大队12个部门；下辖北大街、西新、惠山、惠龙、五河、山北、黄巷和刘潭8个派出所；干警388人。

第二节 经济文化保卫

一、单位安全保卫

1986～1995年，全区有各类企业事业单位400多家（省部属企业1家、市属企业81家、区属企业46家），其中，区属党支部以上企业的内部治安管理由分局内保股

（经文保大队的前身）负责；其他企业的内部治安管理由驻地派出所负责。

1988年，根据市政府颁布的《无锡市企业事业单位治安保障条例》，分局内保工作由原依照政府文件进行向依照地方法规施行的转换，重点抓各企业事业单位内部整顿改组治安保卫机构和争创安全合格财会室、安全合格仓库等工作。

1990年6月，分局贯彻省人大常委会颁布的《江苏省企业事业单位治安保卫工作条例》，重点开展各企业事业单位制定完善内部治安保卫制度、完善内部防范措施和确定重点单位及单位内部要害部位等工作。

1991年7月，无锡遭受百年未遇的洪涝灾害，分局内保部门深入辖区各单位指导做好防洪救灾期的安全保卫工作，发动单位保卫人员严密巡查值班，确保内部安全。

1993年，根据省、市《企业事业单位内部治安保卫工作条例》贯彻“谁主管、谁负责”原则，在各企业事业单位全面开展物资、自行车、宿舍、门卫和相关人员管理活动。

1995年，单位内部刑事案件改由刑警队侦办，治安案件改由驻地派出所查处。经文保科根据省、市《关于开展打击撬盗保险箱犯罪专项斗争的意见》，重点抓各企业事业单位内部的人防、物防、技防建设，有200多家单位更换使用钢板结构的保险箱，有117家单位安装与110联网的安保装置，有308家单位安装与门卫室相连的简易报警器。

2004年12月1日，根据国务院颁布施行的《企业事业单位内部治安保卫工作条例》（以下简称《内保条例》），区公安经文保工作开始改变以往对单位内部治安保卫工作实行大包大揽、下达行政命令、实施行政干预的做法，逐步走上依法行政、依法指导、监督单位内部治安保卫工作的新路。

2005年，根据国务院《内保条例》，分局经文保大队和各派出所在各企业事业单位中依法确定治安保卫重点单位；依法指导、监督辖区单位建立内部治安保卫责任制；依法组建内部治安保卫机构，配齐配强治安保卫人员；依法完善内部治安保卫制度，严密内部治安保卫措施和培训单位内部治安保卫人员等工作。在全区确定3级治安重点单位101家（其中省级1家、市级25家、区级75家），累计培训单位治安保卫人员835人（其中368人取得由江苏省公安厅、江苏省经贸委、江苏省人事厅联合颁发的治安保卫从业资格证书）；同时，通过内保执法检查，对单位作出责令限期整改并处警告处罚725份。

二、校园及周边治安秩序整治

2005年6月，根据公安部、教育部电视电话会议精神和公安部提出的“维护校园及周边治安秩序8条措施”，分局成立校园及周边治安秩序专项整治领导小组，在经文保大队设立专门工作办公室，全面落实公安机关维护校园及周边治安秩序8条措施。通过督促、指导，全区60家学校（其中，职校4家、中学17家、小学20家、幼儿园19家），普遍建立健全校园安全保卫工作责任制；在小学以上各学校普遍增设校园安全保卫机构，配齐配强专、兼职治安保卫人员；改进和完善值班、门卫、巡逻、消防、交通、食品安全等方面的安全管理制度，制订治安突发事件应急预案；在做好人防、物防工作的同时，各校园普遍加装视频监控、周界报警和远红外线入侵报警等技术防范装置，并在全区各级各类学校和幼儿园普遍增设警务室42个，配备法制副校长或法制辅导员60人。

三、维护单位稳定

1996年，辖区厂企内部职工集资无法兑付矛盾突出，相继引发职工集体上访，分局经文保科通过排摸，共排出因集资无法兑付可能激化矛盾36起，涉及厂企36家；在及时向上级公安机关和地方党政领导提出预警的同时，协助有关部门展开疏导教育和矛盾化解。1996年，太阳神大酒店集资案案发，引发集资户到太阳神大酒店和市政府集体上访，分局经文保科和驻地派出所一起，协助市有关部门做好维稳工作。

1995～2005年，辖区厂企单位因亏损、关闭、破产、转改制、工资、福利和环境污染等矛盾引发闹事、上访等群体性事件增多（2000年36起、2001年19起、2002年18起、2003年20起、2004年26起、2005年44起）。分局经文保干警深入一线组建维稳信息员，超前掌握动态，及时向上级公安机关和地方党政发出预警的同时，协助有关部门全力开展教育、疏导和化解、处置工作。先后有效处置水泥厂、自行车厂、酶制剂厂职工堵路影响交通和第一百货集团职工堵门妨碍营业等一批在社会上产生较大影响的群体性事件。

1995～2005年，辖区第三人民医院、解放军101医院和北塘医院共发生各类医患纠纷41起，死（患）者家属聚集数十人甚至上百人，采取到医院拉横幅、摆花圈、堵大门等方式向医院施压。分局经文保部门和驻地派出所为维护正常医疗秩序，积极会同院方和政府卫生部门一起展开疏导教育，引导死（患）者家属走正当途径依法维护权利。

四、考试安保工作

1995年开始，公安北塘分局对高考、自学考试、职业资格考试、司法考试、成人高考等国家级考试和市级中考全面落实考试安全保卫工作，确保顺利进行。

五、重大事故处理

2001年，根据新修订的《中华人民共和国刑事诉讼法》的规定，分局经文保部门开始接办原由区检察院承办的重大责任事故案等10大类刑事案件。分局经文保部门会同市、区安监局等职能部门，先后调查处理格林艾普、新交电、太湖纸业有限公司等单位和全丰物资、英伦皇家花园等建筑工地发生的安全生产事故26起，重点立案侦办了无锡格林艾普化工股份有限公司氯气泄露重大责任事故案。

第二节 户政管理

一、常住人口管理

1986～1994年，户籍制度基本保持以往政策不变。

1996年，公安北塘分局完成对居民户口簿以旧换新工作，共换发居民户口簿64450本。

1999年6月，全区开始实行新生儿可随父或随母落户，夫妻投靠和父母投靠子女的“三投靠”户口迁移政策，全年办理“三投靠”899户。

2001年5月1日起，全市取消《市镇居民粮食供应转移证明》《人口迁入无锡市区许可证》和《农转非人口许可证》。8月，市政府出台《关于改革和加强城市户籍管理工作为推进城市化与城市现代化服务十项措施》，推出引进优秀人才、购房等10项户口迁移政策。

2003年5月1日起，全区取消农业户口、非农业户口、自理口粮户口等性质，实行城乡统一的家庭户和集体户两种户口登记制度。

2005年1月1日，全区人口信息系统升级，市区人口信息数据实现完全共享，并推出“户口迁移一所办理、户口审批一站受理”的网上迁移户口工作制度。

在户籍管理中，分局坚持常住人口统计月报制度，年终户口核对制度和迁入、迁出、出生、死亡、变更项目登记制度以及寄宿户口申报制度。

二、人口信息管理

1986～1993年，公安北塘分局主要依靠市公安局口卡室建立的常住人口信息卡片来查询人口信息。1994年起，根据省公安厅关于城市派出所必须在1994年年末前全面完成常住人口信息微机管理系统建设的要求，各派出所的人口信息微机管理系统建设全面启动，经一年的努力，完成常住人口的信息采集、数据录入、清样校对、数据整理、数据变动、统计指标等工作，全区共采集录入常住人口信息171951份。同年，全区7个派出所人口信息微机管理工作全部通过市公安局验收并推向前台办公，结束40年来办理户口手工操作的历史。1995年，市区“派出所综合人口信息管理系统”基本建成。7月，原口卡报送查询工作停止运作，同时启动市级“综合人口信息管理系统”人口信息查询服务。每个基层派出所都可通过联网查询有关人口资料，接待群众来访。1998年4月，全市“派出所综合人口信息管理系统”实现市区联网，市内户口迁移实行网上操作。2004年10月起，配合换发第二代居民身份证工作，全市“派出所综合人口信息管理系统”进行升级改造，人口信息数据由分散式非实时化管理升级为集中式实时化管理。2005年1月1日，无锡市区全面启用“市级综合人口信息管理系统”，人口信息变动实现实时化，户口迁移实现一所办理。至年末，区级人口信息数据249427条、人像信息221940条，人口信息系统建成以来共提供查询服务11万余人次。

三、居民身份证管理

1985年9月6日，《中华人民共和国居民身份证条例》正式公布施行。1987年5月，市、区全面启动第一代居民身份证发证工作，至1988年10月末，全区发证达174283张。

2005年7月，根据全市统一部署，区成立“集中换发二代证工作领导小组”，公安分局设立领导小组办公室，具体负责全区集中换发“二代证”的组织实施工作。

四、流动人口管理

1996年，根据《江苏省暂住人口管理条例》（以下简称《条例》），公安北塘分局设立北塘区流动人口管理办公室，配置专职民警负责全区的暂住人口管理事宜。各派出所设暂住人口管理站，配备协管员协助民警工作，按照《条例》规定，对机关、团体、企事业单位的暂住人口以及成建制用工的，委托单位受理申报；对散住在私房出租户等一些私营场所的，由暂住地公安派出所登记审办；对住宿在旅馆、招待所的，按旅客住宿登记簿给予登记；居住超过1个月的，即按《条例》进行办证。同年，部署建立暂住人口信息管理系统。1997年，全区积极推行外来人口集中住宿、集中管理的“两集中”管理模式，防止和减少外来人口违法犯罪。1998年3月，区委、区政府贯彻市委、市政府召开的全市流动人口管理工作会议精神，抽调公安、劳动、房管、计生人员成立区流动人口管理联合执法工作小组，进行联合执法。2002年，根据国家规定，暂住人口管理费一律取消。

2003年，由政府出资成立专职的暂住人口管理队伍，通过考核审查，招聘190名户口协管员，专门负责对全区的外来人口登记管理。同年7月，在北大街街道率先推出“房屋租赁服务社”管理模式。至2004年年末，全区成立6家“房屋租赁服务社”。2004年年初，分局落实“民本化”管理理念，对流动人口实行“亲情化管理，市民化服务”，把流动人口作为城市新市民平等对待。2005年年末，全区办证的暂住人口为104056人，占登记的应发证数96.61%。

五、办理“农转非”

1986～1988年，分局办理农转非数均在600人左右。1989年861人。1991～1992年300人左右。1993～1994年500人左右。1996年49人。1997年75人。1998年965人。1999年1670人。2000年2233人。

第四节 社会治安管理

一、治安防范

90年代后期，全区因征地拆迁、企业改制和环境污染引发的社会矛盾逐渐增多。

图 15-1　区综治办夜查新村小区安全防范工作(2004年)(区史志办供稿)

2000年，分局根据区委、区政府部署，开始承担预防和处置重大不稳定因素的工作。2001年，治安部门建立每周预警制度，将每周排查、了解的情况形成材料定期向区领导汇报，提供领导决策，对有可能出现的上访事件，及时做好预防处置工作，使事态和矛盾得到及时缓和、化解；同年，共编发《北塘区下周不稳定情况预测》52期，上报各类不稳定信息280条，超前掌握和有效化解群体性事件8起，群体性事件预警预报率达到100%。2002年，建立每周预警分析会议，并逐步建立矛盾分级预警制度，按矛盾发展动态以星级向区委、政府和有关部门发出预警通报；同年，先后整理汇总不稳定情况240份，上报有价值的不稳定信息160条，走访上访对象、传唤主要闹事者共20人。2003年，建立健全稳定工作7本基础台账，并坚持每周例会分析制度，对每一起不稳定苗子和事件进行分析，提出措施和建议，以星级预警的形式及时上报；全年排查不稳定因素78起，疏导化解各类矛盾引发的群体性事件、苗子18起、落实有效控制措施50起，稳定工作预警率达100%，准确预警率达98%，超前控制率达91.6%。2004年，上报不稳定信息420条，排查不稳定因素71起，妥善处置各类群体性事件31起，走访上访对象、传唤挑头闹事者共46人，预警率98.6%，预警准确率96 %，超前控制率88%。2005年，共上报不稳定信息530条，排摸各类不稳定因素72起，及时处置各类群体性事件、事件苗头11起，控制重点上访对象12人，预警率100%、预警准确率95%、超前控制率均为86.1%。

二、行业场所管理

1988～1993年，分局根据市公安局修订的《旅馆业管理暂行规定》《刻字业管理暂行规定》《关于城乡个体商业经营废旧物资暂行规定》《关于舞场管理暂行办法》《关于加强音乐茶室、咖啡馆管理暂行办法》《录像放映和录像设备管理暂行规定》《关于桌球经营暂行规定》等规章，及时审批，依法加强管理。1994年，分局针对废旧收购站点管理混乱、收销赃活动突出的情况，会同工商等有关部门开展清理整顿。2002年12月起，分局根据市公安局要求，实行新的场所行业行政审批制度，除保留对歌舞娱乐、洗浴按摩、电子游戏业的开业审批外，取消对其他公共场所的审批，改为登记备案管理制；同时废止立项制度，取消“江苏省公共场所安全合格证”；对保留审批的项目改为核发“治安审核意见书”，简化审批、备案程序，实行一级审批、一个公章对外制度，将审批工作时间由15天缩短为10天。2004年7月，根据《国务院对确需保留的行政审批项目设定行政许可的决定》，分局治安部门主动调整工作模式，以强化日常检查，落实管理责任为重点，定期分析场所行业治安管理工作面临的新情况、新问题，加大对违法违规经营单位的查处力度，落实场所行业治安负责人管理责任，提高业主守法经营意识，确保场所行业治安秩序良好。2004年起，实施旅馆单位等级化管理制度。到2005年，共抓获通缉在逃人员85人。

三、专项治理

1995年8～10月，分局集中3个月时间在全区开展禁毒禁娼专项治理。1996年，根据省委、省政府统一部署，开展“三禁一打”（禁毒、禁娼、禁赌、打击暴力犯罪活动）专项斗争。1997～2000年，开展公共娱乐服务场所、美容美发业、书刊音像市场、电子游戏业、收旧业专项整治，集中查处一批违法犯罪活动，捣毁一批违法犯罪窝点，共查处“六害”案件138起，查获人员451人。2001年，分局治安部门通过狠抓工作规范，加大查禁工作力度，遏制社会丑恶现象的蔓延，全年查处“六害”案件97起392人，其中，劳动教养3人、收容教育5人、治安处罚384人，挖出涉娼窝店10个，涉赌窝店5个。2002年，查处“六害”案件119起408人，其中逮捕1人、劳动教养1人、收容教育14人、治安处罚392人，挖出涉娼窝店15个、涉赌窝店8个。2003年，查处“六害”案件141起，抓获违法犯罪嫌疑人372人，其中逮捕3人、劳动教养2人、收容教育8人、治安处罚359人，挖出涉娼窝店11个、涉赌窝店7个。2004年，分局查获涉娼涉赌案件134起，抓获违法嫌疑人466人，收缴各类赌博型游戏机260台，赌博机电脑板198块，处理违法设置赌博机的经营单位32家，查处违规违法经营场所65家，废旧收购站点22家。2005年，分局治安部门共查处赌博案件59起，抓获涉赌人员263人，其中，拘留27人、取缔无证棋牌室3家、无证游戏室5家，查处违法经营的棋牌室、游戏室12家；同时结合“秋风行动”共检查美容美发店、浴室等场所835家次，查封无证违法经营11家，责令违规经营停业整顿的9家，查获涉娼案件62起，抓获涉娼人员129人，其中，劳教3人、收教2人、治安拘留12人、治安罚款112人，处罚场所32家。

四、单位防范工作

1988年8月，《无锡市企事业单位治安保障条例》正式施行。区重点、要害单位逐步实现“人防、物防、技防”的综合性防范措施。至1990年，全区大部分单位建立厂长负责的治安责任制。1999年，分局组织开展“基础工作年”活动，在坚持如实立案、正确评估社会治安状况的基础上，界定可防性案件的类型范围和概念，把压降可防性案件作为基层基础工作的立足点，开始推行弹性工作制，加强对案件多发时段、部位和区域的巡逻工作。2001年起，分局推进社区警务改革和保安联防体制改革，提高社会治安防范能力，公安派出所的工作重心逐步转移到防范和管理上来，把巡逻和入户调查作为主要的勤务方式；全区以社区警务改革为契机，推进群防群治网络建设，并与创安工作结合，开创党群合作共同参与群防群治的新路子，全区实现对单位自建保安和物业保安队伍统一政审、统一培训、统一录用的日标，完善保安联防运作机制。2003年起，对社区警务室实行星级评定。2005年年末，全区已建成社区星级警务室50个。

五、危险物品管理

1994年，分局组织对涉危涉爆人员培训考核，严格把好发证、签证关；同年，按照公安部《关于强化枪支弹药管理工作的通知》精神，组织开展收缴非法枪支弹药集中统一行动。2001年4月，根据《江苏省公安厅关于民用爆炸物品安全监督管理职能划归治安部门有关问题的通知》精神，全省民用爆炸物品安全监督职能由消防部门划归治安部门，通过专项整治，全区危险物品单位治安防范达标率达100%，公安机关列管率和安全责任状签订率都达到100%。2001年，组织开展治爆缉枪专项行动，收缴7支民用枪支和11枚废炮弹,子弹145发、炸药2公斤、雷管114枚、导火索93米、管制刀具361件，收缴烟花爆竹1万余件。2003年，规范全区剧毒、民爆物品管理，开展安全大检查，组织全区专管民警召开剧毒物品管理业务培训，提高全区剧毒物品管理的业务素质。2004年，分局治安部门与区安监局、环保局等政府职能部门成立联合清理整顿工作班子，共排查梳理正在使用危险剧毒物品单位14家，停用待处2家；放射性物品使用单位9家，销售危险物品单位3家。2005年，为确保“十运会”“太博会”期间的社会公共安全，先后组织开展3次危险物品仓库单位安全大检查，加大管制刀具收缴力度，共检查涉危单位、仓库238家次，发现各类问题24处，收缴管制刀具200余把。

六、“110”报警服务

1994年1月，分局建立专职处警队，配备一辆110报警车。1996年1月，分局开展组织一年一度的“110宣传周”活动。同年11月，公安分局“110”开展向“漳州110”学习活动，向社会作出“有警必接、有难必帮、有险必救、有求必应”服务承诺。1997年11月，市公安局牵头在全市建立以“110”为龙头、政府有关职能部门共同参与的社会服务联动体系。1999年3月，参与全市公安机关启动开展“人民满意110”创建活动，“110”报警服务工作进入规范完善、全面提升阶段。

第五节 刑事侦察

1986~2005年，随着经济社会的高速发展，人、财、物流动急剧增多，刑事犯罪案件大幅上升。刑事案件年发案数由1986年的151起，增加到2005年的2962起，刑事侦查的压力明显增加，刑事案件年破案数从百余起（126起），发展到近千起（962起），上升7倍多，犯罪嫌疑人逮捕数也从1986年的140人，上升至2005年的1058人。

1986～2005年北塘区刑事案件立案侦查破案情况表

表15-1　　单位：起、%、人

年份	立案	破案	破案率	逮捕数
1986	151	126	83.4	140
1987	133	114	85.7	138
1988	205	189	92.2	128
1989	249	193	77.5	267
1990	254	195	76.8	216
1991	252	232	92.1	179
1992	337	295	87.5	198
1993	399	143	35.8	201
1994	382	282	73.8	372
1995	372	287	77.2	244
1996	396	315	79.5	385
1997	1479	377	25.5	430
1998	1830	505	27.6	740
1999	1557	512	32.9	798
2000	2185	816	37.3	716
2001	1680	861	51.3	917
2002	2665	1180	44.3	1343
2003	2446	1248	51.0	1054
2004	2446	993	40.6	986
2005	2962	962	32.5	1058

一、现案侦破

2000年始，省公安厅将故意杀人、故意伤害、抢劫、强奸、爆炸、绑架、投毒、放火等8类严重刑事犯罪案件（简称“8类”案件）归类统计考核。同年，全区立“8类”案件69起，破52起，破案率75.4%。2005年，全区立“8类”案件122起，破105起，破案率86.1%。

分局动用一切可用的财力、物力和人力，力争做到“命案必破”。2000年，全区发生的现行命案不仅全部侦破，而且全部快破，震慑和遏制其他现行命案的发生，遏制2003年以前“命案”持续上升的势头，初步实现命案“两升一降”（即“命案”破案率上升、“命案”逃犯追回率上升，“命案”发案率下降）的既定目标。2004年，全省侦破命案专项行动开展后，分局出台关于侦破大要案件的工作规定，提出“命案必破”“挂牌案件必破”的工作要求。2004年，发生命案6起。2005年，发生命案15起，有上升趋势。

二、严厉打击刑事犯罪

1986年5月，分局根据上级统一部署，开展“严打”第三战役第一仗“拉小网”行动、“严打”第三战役第二仗。此后，“严打”斗争集中搜捕行动不定期开展。1993年，把打击的锋芒指向严重危害社会治安的犯罪活动，先后组织开展以“打击团伙犯罪、抢劫犯罪、带有黑社会色彩的流氓恶势力犯罪”为重点的专项斗争和集中“严打”整治夏季治安的斗争。1996年4～8月，通过破案打击和整治，开展声势浩大的严厉打击严重刑事犯罪活动的斗争。1997年，新《中华人民共和国刑法》实施后，集中搜捕公开处理大会形式逐步取消，分局先后组织开展春季和夏季“严打”整治专项斗争以及冬季侦破攻势，加大破案打击力度；同时采取措施，抓获一大批负案在逃人员，及时消除社会不安定因素。1998年，坚持“严打”不放松，相继组织开展打击盗抢机动车专项斗争和以打击恶势力为重点的破案防范百日会战、反偷窃电动车专项斗争等。2000年，集中优势力量，继续组织开展“打拐”专项斗争和“百日破案竞赛”活动。2001年起，开展为期2年的“严打”整治斗争，对“黑恶”势力犯罪、严重暴力犯罪以及盗抢机动车、抢夺、诈骗等多发性犯罪开展专项打击行动。2002年，先后开展严打整治“春雷行动”、路面防控专项行动和“夏季攻势”等专项行动，侦破一批大案、要案，摧毁一批犯罪团伙。2003年，在对严重刑事犯罪保持强劲攻势的同时，改革严打斗争模式，坚持什么问题突出就重点解决什么问题。

“打流窜”统一行动 1991年9月18～22日，全区开展打流窜统一行动。1992年，分局组织开展“打现行、破大案、挖团伙、追逃犯、拔祸根”的专项斗争，以“反盗窃、打流窜、清理劝返外来无业人员”为主要内容的“三位一体”集中行动和打击流氓滋事、捅刀子犯罪活动为重点的专项打击。

“集中收捕、公开处理”行动 90年代始，每年都组织数次“集中收捕，公开处理”行动，以制造严打声威。1992年，开展5次集中收捕行动，对查获对象进行公开处理。1993年，开展2次的集中收捕行动。1994年，全区共组织集中收捕行动5次。1995年，组织集中收捕行动4次。1996年，集中收捕行动1次。1999年11月，组织开展全区性禁毒集中清查行动。

打击“两拦一捅” 1988～1990年，“两拦一捅”（即拦路抢劫案件、拦路强奸案件、捅刀子伤害案件）特别是流氓“捅刀子”案件一度高发，分局通过组织开展打击“两拦一捅”专项行动，结合巡警组建上岗，取缔无证“夜排档”，快侦快破从严打击现行案件等措施，迅速遏制“两拦一捅”案件的高发势头，破案22起，抓获违法犯罪人员123人。

“打黑除恶”行动 2000年始，分局根据上级部署，坚持“打早、打小、露头就打”的原则，对区内发现的各类涉黑涉恶犯罪做到露头就打，决不让其在区内坐大成势。

2002年，为确保全区治安稳定，年内开展严打整治“春雷行动”，通过夏季攻势，打击“两抢”（抢劫、抢夺）专项斗争，压降街头路面案件。同年，破案995起，抓获犯罪嫌疑人1768人，其中逮捕185人、劳教199人、收教21人，治安行政处罚1363人。

2003年，针对严峻的社会治安形势，分局开展打黑除恶春季侦破攻势、夏季侦破攻势和打击“两抢”犯罪等专项斗争，刑警大队把工作重点放在8大类案件和影响大、危害严重的重特大案件、系列案件。同年，破各类刑事案件753起，其中8大类案件61起，摧毁团伙15伙98人，抓获刑事作案人员504人。

2005年，分局组织“打黑除恶”，打击“两抢一盗”专项斗争，开展百日侦破和冬季攻势等专项斗争竞赛，打击各类刑事犯罪活动。2005年10月，针对部分新村小区“霸王搬运”现象严重、群众反响强烈的突出情况，在全区范围组织开展打击整治“霸王搬运”违法犯罪专项行动，摧毁两伙“霸王搬运”团伙，抓获违法犯罪人员20人。

“追逃”专项行动　分局全力追捕在逃对象，严厉打击刑事犯罪。组织追逃小组对各级督捕对象，逐人落实布控追缉措施，坚持做好在逃人员信息的采集、登记和撤销工作，并紧密结合日常工作，通过旅馆清查、审查人犯、信息比对和查控堵卡等途经，开展打流追逃工作，抓获一批本地和外地潜入的重特大逃犯，拔除一批祸根。1999年开展网上追逃以后，追逃工作的效能又得到很大提高。2003～2005年，全区分别抓获网上逃犯58人、47人和66人。

反盗窃自行车专项斗争　1988～1990年，多次开展以反盗窃自行车为重点的专项斗争，先后缴获赃物自行车500余辆，并及时归还失主。

附：重大案例

破获“9·27”特大投毒案件　1992年9月27日上午，西新地区兴隆桥直街兴隆点心店发生一起罕见的投毒案件，案犯在该店小笼馒头馅内投放有机磷农药，造成50人无辜群众食后中毒。案发后，分局全力组织侦破，仅用36小时即将案犯潘某抓获。

快速侦破“7·13”抢劫杀人案件　1994年7月13日，盛岸二村39号302室袁某被犯罪分子杀死在卧室内，分局全力排查，多方寻找关联人，经过5天5夜连续奋战，将预谋抢劫杀人案犯金某、方某抓获归案。

破获击车玻璃系列盗窃案件　1996年11月，双河、惠华、盛岸、五河等新村及市区其他新村接连发生夜间露宿汽车内现金及物品被盗案件。根据市委、市政府领导的批示及市局要求，分局迅速集中警力开展侦破工作。经侦查，1997年3月1日终于将案犯朱某、严某、朱某等8人查获归案，查实作案30余起，涉及40余辆汽车的击车玻璃盗窃案件，分局与市新闻单位从反映干警的工作和市民自防的角度，联合拍摄两部专题片。3月17日无锡电视台《法制时空》专栏、无锡有线电视台《家庭生活频道》分别以《北塘警方破获击车玻璃系列盗窃案件》《黑夜的袭击》等作专题报道。

破获大肆盗剪居民照明电线串案 1997年10月，北大街地区小梨花庄、豫康里、十八间、老市场及荷叶村等地，相继发生居民住宅进户电线被盗剪的案件20多起，被剪电线3000余米，造成直接经济损失6000余元，导致2000余户居民家中停电，严重影响居民群众正常生活。分局迅速落实措施，于11月7日将正在作案的案犯、安徽铜陵人刘某当场抓获。

破获黄金海岸大酒店“10·14”投放爆炸装置恐吓敲诈巨额现金案件 2000年10月14日零时40分，黄金海岸大酒店二楼娱乐部的男洗手间洗手台盆底部发现一枚用香烟壳、雷管、硝胺炸药和寻呼机等器材自制的爆炸装置，犯罪嫌疑人与10月16日上午打电话给酒店董事长，向其威胁敲诈300万元。经过艰苦细致的工作，于10月29日中午，在山东省烟台市牟平区招待所将正在参加婚宴的犯罪嫌疑人唐某抓获归案。

破获市局挂牌合同诈骗案件 1996年8月，王某与无锡市规划设计院下属无锡市贵华园商业公司承包合同到期后，私刻原公司合同章，假冒原公司与中国冶金设备总公司北京分公司签订钢材购销合同，骗取钢材700余吨，价值160万余元。此案列为“夏季攻势”市公安局挂牌案件及时侦破。

侦破“10·14”绑架案 2004年10月14日晚20时，山北地区金山北工业园区内的无锡市景锐物资有限公司法人代表王某的6岁儿子李某某被犯罪嫌疑人以150万元的赎金绑架勒索。经缜密侦查，于10月18日下午在河南信阳市光山县孙铁铺镇将犯罪嫌疑人金某、周某抓获。

快侦快破一起破坏生产设施致人死亡案件 2005年1月16日上午7时，黄巷地区银桥房屋开发公司在建的绿洲花园工地发生一起人为涉嫌破坏生产设施致人死亡的恶性案件，操作工李某某因塔吊断裂倒下死亡。17日凌晨1时，将犯罪嫌疑人薛某抓获。

破获一黑恶势力团伙案 2005年10月16日晚上20时许，黄巷地区梨南苑内发生一起50人持械聚众斗殴致人死亡案件。分局通过侦查发现，这是一起长期盘踞黄巷、刘潭地区，以姚某、岑某为首的社会黑恶势力插手家庭房产纠纷而引发的恶性案件，造成恶劣的社会影响。同时发现近年来黄巷、刘潭地区发生的10余起涉黑涉恶案件，也系该伙人所为。10月18日，分局抓获姚某、岑某、王某等涉案人员19人，破获故意伤害、聚众斗殴、寻衅滋事、敲诈勒索等涉黑涉恶势力案件13起。

一举摧毁两伙“霸王搬运”团伙 2005年10月，分局对新建小区、搬运行业从业人员、建筑材料买卖人员和因霸搬、强买强卖引发的有关案件、事件进行调查摸底中发现，2003年后，全区新建8个居民小区，共进驻搬运队17支，发生因强制搬运引起的纠纷警情20起。2005年9月，惠泉花园二期有一支名为“海星”的搬运队，以耿某、陈某，两人（均系有前科劣迹人员）为首纠集20余名社会闲散及外来人员，在小区采用驱赶、殴打等手段，驱赶其他搬运队伍，还不许住户自带人员搬运，且漫天要价。9月27日、10月4日，耿、陈等纠集10余名社会闲散人员将同在惠泉花园搬运的负责人鲍某和陈某某绑架挟持、殴打，威胁不允许在该小区从事搬运业务，否则要交给“海星”30万元。10月15日上午，分局出动40余名警力，在惠泉花园二期一举抓获以耿某为首的19名涉嫌“霸搬”违法犯罪人员。

第六节 经济侦察

根据1998年11月13日公安部发布的《公安部刑事案件管辖分工规定》，明确公安机关内部对经济犯罪案件的管辖分工，公安北塘分局共管辖本辖区内77种经济犯罪案件。1998～2005年，共破获各类经济犯罪案件150起，依法打击处理犯罪嫌疑人130人，为国家、集体和个人挽回经济损失2000余万元。

一、打击侵犯知识产权犯罪活动

2005年，根据公安部、无锡市公安局要求，分局经侦大队开展“山鹰行动”“山鹰二号”等专项活动，严厉打击侵犯知识产权犯罪活动，震慑侵犯知识产权犯罪分子，加大预警防范和侦查破案力度。其间，共受理各类侵犯知识产权犯罪案件7起，立案7起，涉案金额172.7万余元，破案7起，追缴170余万元，抓获犯罪嫌疑人7人。

二、打击涉税违法犯罪活动

1998年，《中华人民共和国刑法》和《中华人民共和国刑事诉讼法》修改后，将危害税收征管秩序划归公安管辖。1998～2005年，分局经侦大队先后破获各类涉税违法犯罪案件15起，为国家挽回税款流失956.1万元。2003年7月，侦办无锡市中恒公司经济贸易有限公司虚开增值税发票案。犯罪嫌疑人提供虚假的海关进出口税专用缴款书作为进项款发票为海关完税凭证，以价税合计1428万元申报出口退税。侦办此案为国家挽回经济损失达573万元。

三、打击违反《中华人民共和国公司法》犯罪活动

90年代后期，辖区企业改制相继开始，因改制而产生的挪用资金、职务侵占、妨害企业管理秩序等案件不断发生。1999年后，先后组织开展打击“穷庙富方丈”、整顿规范公司出资行为和打击违反《中华人民共和国公司法》专项斗争。1998～2005年，共破获违反《中华人民共和国公司法》犯罪案件35起，挽回经济损失510.8万元，保护企业合法权益不受侵害。2005年，开展以“保障企业经济运行安全、维护企业内部政治稳定、完善企业内部生产安全和确保企业治安秩序良好”为目标的“平安企业”创建活动，加强警企联系，实现经侦警务前移,发挥公安机关防范打击经济犯罪职能作用,在金山北工业园区成立经侦警务室，其间，向全区企业发布各类预警提

示40余条，预防案件30余起，避免损失200余万元。

四、打击传销活动

2004年9月，分局经侦大队主动会同工商、教育等部门组织开展代号为“灭鼠行动”的2次全省集中打击传销统一行动，共出动警力50多人（次），摧毁传销窝点4处，缴获赃款赃物29.3万元，教育劝返传销人员50余人，解救被骗参与传销人员80余人，其中，大中专学生15人。传销违法犯罪活动在全区蔓延的势头得到遏制。

第七节 禁毒工作

2000～2005年，全区共查处涉毒人员1788人（其中逮捕判刑165人、劳动教养657人、强制戒毒527人、拘留罚款439人）；破获毒品刑事案件482起，缴获毒品5000余克。

一、涉毒人员登记

2000年6月，在全区进行涉毒人员调查登记工作。经调查登记在册涉毒人员1083人（其中，判刑、劳教在押130人，死亡14人），实际在地区上的为939人（其中男性645人，女性294人），年龄为16岁以下2人、17～35岁717人、36～60岁218人、60岁以上2人；身份为工人53人、农民4人、学生3人、公务员3人、个体52人、无业人员712人、其他112人。2005年10月，对全区涉毒人员情况进行第二次普查登记。全区共登记在册涉毒人员为1502人，其中，贩毒人员238人、吸毒人员1091人、以贩养吸171人、种毒2人；正在改造的有113人、劳教的有167人、去向不明的143人，地区上实有涉毒人员1079人；年龄情况：20岁以下42人、20～29岁369人、30～39岁549人、40岁以上119人；文化情况：大专以上文化2人、中专5人、高中36人、初中978人、小学58人；职业情况：无业人员1005人、工人25人、公司职员22人、个体24人、学生3人。

图15-2 北塘区部署禁毒工作(2003年)(区史志办供稿)

二、开展“不让毒品进我家”活动

2000年，全国妇联、国家禁毒委在全国开展“不让毒品进我家”活动，北塘区作为全国百县（区）“不让毒品进我家”活动的试点县（区）之一，率先在全市开展此项活动。活动历时3年，共发放禁毒宣传品10万余份，禁毒文艺专场演出10场，还延伸到企业、学校、娱乐场所。在考核评比中，多次受到省、市妇联、禁毒委的表扬和肯定。2003年7月，全国妇联、国家禁毒办授予北塘区“不让毒品进我家”活动先进集体称号，禁毒大队教导员冯茂昌被授予全国禁毒好家庭称号；同时，全区有4个集体、1所学校、10名个人被市禁毒委授予荣誉称号。

附：典型案例

2004年9月9日，分局禁毒大队会同市局禁毒支队三大队及北大街派出所根据工作中掌握的线索，在市内高山流水茶室门口抓获正在贩毒的嫌疑人郭某（女，31岁，重庆市人），当场缴获海洛因520克。根据郭某的交代，又在本市金桥旅社抓获另外2名贩毒嫌疑人李某（男，31岁，湖北石首市人）、李某（男，31岁，重庆市人），当场缴获毒资1.9万余元。2005年5月1日，分局禁毒大队会同市局禁毒支队、五河派出所，抓获新疆籍贩毒嫌疑人员哈某某（女，30岁，新疆阿克苏市人）等4人，查获毒品海洛因656.4克，在破获这起特大贩毒案件的基础上，通过循线追踪、严密侦控，又抓获1名新疆籍贩毒嫌疑人员艾某（女，1980年生，新疆墨玉县喀尔赛乡人），当场查获毒品海洛因600余克。

第八节　消防管理

一、机构

北塘区消防大队受无锡市消防支队和北塘公安分局双重领导。根据消防分级管理规定，主要负责北塘区二、三级消防安全重点单位及一般单位的消防安全管理，建筑（装修）工程审核、验收、消防监督检查、火灾调查、消防宣传等工作。消防大队属正营级单位，下设通惠路中队、刘潭中队。2005年，刘潭中队由公安现役消防队改为公安专职消防队。区各派出所都新设有专兼职消防民警，负责三级消防安全重点单位的监督与管理。

二、防火安全检查

80年代，防火安全检查以消防重点保卫单位、危险品仓库、鞭炮销售点为重点，通常在五一、国庆、元旦、春节前进行。季节性防火以冬季和夏季高温防火为重点。90年代以后，公安消防部门加大防火安全检查力度，检查重点从爆炸物品、化学危险品存放单位、消防重点保卫单位扩大到建筑设计的防火检查，文化娱乐场所、大型超市、商场、集贸市场等公众聚集场所的防火安全检查。

三、建筑项目防火验收

90年代，公安消防部门制定建筑工程消防审核工作职责，把需要审核的基建项目纳入消防监督范围，有效避免了漏洞，同时严把“三关”，即设计审核关、施工检查关、竣工验收关，使建审、消防监督工作逐步规范化。

四、火灾扑救

1986～2005年，共参加扑救火灾3000余起，减少火灾损失数亿元。先后出色完成1986年物资回收仓库、1988年北门汽车站、1993年增援南京炼油厂、1995年增援江阴滨江油库灭火、1997年成功扑救无锡鞋帽商城特大火灾、1998年扑救江阴“成功三号”货轮火灾、2000年成功扑救锡北停车场重特大火灾、2005年成功扑救东风木业公司火灾。

五、消防安全监督管理

开展专项整治活动 针对全区火灾形势和火灾隐患突出的特点，开展专项治理活动。2003年，开展人员密集场所（全区共有整治对象269家）消防安全专项整治活动。2004年，根据国务院安委会关于开展人员密集场所及商业“三合一”消防安全专项整治工作的有关通知精神，开展人员密集场所消防安全专项整治活动，发现“三合一”场所326家，发现和督促整改各类火灾隐患256条。2005年，市政府颁发《人员密集场所“生命畅通工程”消防安全活动方案》，在全区范围内深入开展火灾隐患大排查、大整改、保安全活动。同年，开展“消防产品质量年”活动。

重大火灾隐患整改 加大火灾隐患排查整改力度，每年开展火灾隐患的排查整治工作。加大重大火灾隐患的整改率，实行重大火灾隐患政府挂牌督办制度。

行政审批和监督执法 根据公安部令，常年开展抽样性监督检查工作，抓好建审和验收的源头管理工作，依法严格实施消防监督；依法进行火灾事故的调查处理。

消防宣传教育 1988年，区在20所小学内成立“红领巾防火宣传大队”。1990年，全区成立“少年消防警校”。公安部消防局陈文贵少将复信予以表扬和勉励。

附：重大火灾事故选录

无锡第一百货商店火灾 1993年7月24日20时45分，无锡市第一百货商店三楼发生火灾，原因系三楼鞋柜上方吊顶处一盏高效节能灯长期通电，绝缘层老化击穿短路引起火灾。火灾烧毁吊顶191平方米、皮鞋7500双、货架柜台23只，损失折款333472元。

无锡市鞋帽市场火灾 1997年12月16日4时14分，无锡市鞋帽市场因遗留火种引燃周围可燃物造成火灾，由于市场设置不符合要求，市场内部未设置防火分离、自动报警和自动喷淋系统，致使火势迅速蔓延，造成直接损失595.9万元。

第九节 队伍建设

一、从严治警

1986年3月，公安北塘分局在全区公安机关开展树人民警察形象活动，举办轮训班、报告会、组织干警学习中共十三大文件，邀请对越自卫反击战英模作报告。1987

年2月，分局制定《关于实现党风好转规划》和《关于严格警风警纪的五项规定》，加强对党员民警党风党纪教育，严肃纪律要求。1988年7月，在党员民警中开展“共产党员如何经受两个考验”的讨论活动。1993年9月，开展以“解决执法不严、执法不公”为重点的集中教育整顿活动，开展反腐倡廉教育。1994年5月，开展“百日文明执法”竞赛活动。1996年6月起，制定并施行《科所队以上领导干部行为规范》，加强干部队伍管理。1997年3月，制定《黄牌警告制度》，明确对民警非纪律处分行为的处理办法。2002年4月，建立党组成员与挂钩派出所联系制度，加强分局党组对基层派出所的指导和管理。同年，开展“无责任事故、无违法违纪、无有效投诉”三无活动，受到上级领导和人民群众的一致认可。同年10月，成立民警执法权益保护委员会，加大对不法侵害行为的打击力度，维护民警的正当执法权益。2003年2月，根据公安部出台的“五条禁令”，严格要求，抓好贯彻执行，分局内部未发生一起违反“五条禁令”的行为。2005年，部署开展“保持共产党员先进性教育活动”，全体党员民警按照“学习教育、分析评议、整改提高”三个阶段的要求进行，教育活动取得预期成效。同年4～6月，推行“阳光工程”建设，以党务公开、警务公开和领导作风为重点，建立健全各项监督机制，规范执法权力运行，促进“规范执法行为、执法公正”专项整改活动，共排查出存在的执法问题6个，整改率达到100%；9月，组织科所队副职以上领导干部开展领导干部述廉活动，取得较好效果。

二、素质教育

1992年，颁布《中华人民共和国人民警察警衔条例》，同年11月，首次评授民警警衔。1993年5月，组织民警参加高等教育自学考试公安管理专业证书班培训。1995年，普遍开展“学习济南交警”活动，并组织民警学习《中华人民共和国人民警察法》。同年，400余名民警参加国家公务员考试，及格率100%。1987年，为提高干警的政治素质和职业道德素质，组织学习市公安局编印的《公安干警职业道德教育宣传材料》，自觉接受群众的监督。1998年2月起，为强化内部竞争激励机制，实行基层派出所警长、警员聘任制。同年12月，组织开展人民警察基本素质考试考核，全体民警参加市局组织的统一考试，全部获得通过。1999年7月，开展全员岗位练兵活动，不断强化民警胜任岗位的能力。2000年，开展“三讲”“三项教育”活动，全区公安民警人人参加学习教育，人人撰写学习心得，人人对照排查问题。年内有10%民警参加市局组织的末位培训，取得预期效果。人民群众对队伍的满意率达到98.5%。2003年8月，开展执法为民集中教育活动，提高民警的执法水平。2004年6月起，开展大练兵，深化苦练基本功活动，建立2处民警随岗培训基地，聘请15名小教员，民警受训率达到100%。2004年，为提高民警的政治素质、业务素质和身体素质，分局在全区公安机关开展大练兵活动，全体民警加强训练，年内考核达标率85%。

三、为民服务

分局从1990年起，每年元旦、春节期间都要开展形式多样的爱民月活动，为群众办好事、办实事，排忧解难、帮困扶贫。1991年6～7月间，发生百年未遇特大洪涝灾害，分局组织全体民警全力投入抗洪救灾，排除各类险情120余处，救助群众2000余人，募集救灾捐款1.5万余元。1996年11月，开展学习“漳州110”向社会公开承诺服务活动；同年，举办便民服务咨询活动，分局党组领导和有关部门民警走上街头设摊接受群众咨询，解答群众关心的问题。2003年3月，开展“贯彻十六大，全面建小康，公安怎么办”大讨论活动，分局组织民警广泛征求群众意见，倾听群众呼声，查找差距，找准问题和症结，探索并逐步推出多项便民利民措施；同年5月，成立青年志愿者服务队，定期开展便民服务活动。

四、争先创优活动

1986～2005年，全区公安机关通过一系列的创建活动，提高民警的思想作风、精神面貌、执法水平，受到上级公安机关和各级党委政府、人民群众的肯定，队伍中涌现一批先进典型。1998～1999年，分局办公室连续两年受到市公安局集体嘉奖，2000～2002年，分局办公室连续3年被市公安局记集体三等功。在20年间，全区公安机关有21个（次）集体和33名（次）个人受到省级以上表彰，有309个（次）集体和1265名（次）个人受到区级以上表彰，其中，惠山派出所被公安部评为一级公安派出所，周爱民获全国五一劳动奖章，毛东未被公安部授予“全国优秀人民警察”称号。

第三章 检察

第一节 机构

1986年，区检察院内设刑事检察科、法纪检察科、经济检察科和办公室。1987年8月，增设经济案件办公室、驻江苏省第十三劳改支队检察组。1988年5月，增设举报中心，与经济案件办公室合署办公。1989年3月，增设控告申诉检察科。1990年，撤销经济案件办公室，增配专职纪律检查员。1991年，增设派驻税务第五分局检察室和政工科。1993年6月，驻江苏省第十三劳改支队检察组更名驻江苏省第十三劳改支队检察室。1994年2月，驻江苏省第十三劳改支队检察室更名驻江苏省无锡监狱检察室；10月，增设民事行政检察科。1995年5月，设立反贪污贿赂局，撤销经济检察科；6月，派驻税务第五分局检察室更名为税务检察室；1996年3月，增设经济犯罪预防中心，与反贪污贿赂局合署办公；增设未成年人犯罪检察室与刑事检察科合署办公，反贪污贿赂局下设侦查一科、侦查二科、综合科；12月，撤销刑事检察科，分别设立审查批捕科和审查起诉科。1997年8月，增设北塘区检察院赔偿委员会，与控告申诉科合署办公，撤销税务检察室。1998年6月，设立政治处，撤销政工科；设立渎职犯罪侦查局，撤销法纪检察科。院赔偿委员会改名为刑事赔偿工作办公室；12月，撤销驻江苏省无锡监狱检察室。1999年9月，增设预防犯罪科。2000年6月，增设检察官考评委员会；12月，增设警务科，挂法警大队牌子。2002年，审查批捕科与审查起诉科分别更名为侦查监督科和公诉科，预防犯罪科更名为职务犯罪预防科，渎职犯罪侦查局更名为渎职侵权检察科，增设监察科。2003年5月，增设纪检组。2004年10月，增设人民监督员工作办公室。

至2005年，区检察院内设机构为：办公室（挂“人民监督员工作办公室”牌子）、政治处、侦查监督科、公诉科（挂“北塘区人民检察院未成年人犯罪检察室”牌子）、反贪污贿赂局、渎职侵权检察科（挂“北塘区人民检察院渎职犯罪侦查局”牌子）、民事行政检察科、控告申诉检察科（挂“北塘区人民检察院举报中心”和“北塘区人民检察院刑事赔偿工作办公室”牌子）、职务犯罪预防科（挂“北塘区人民检察院职务犯罪预防中心”牌子）、警务科（挂“北塘区人民检察院司法警察大队”牌子），另设监察科（与纪检组合署办公）。

1986～2005年北塘区检察院历任检察长任职情况表

表15-2

姓 名	任职时间
王嘉志	1981.11～1987.03
方云坤	1987.04～1992.03
顾尧坤	1992.03～1998.02
黄金生	1998.03～2007.11

1986～2005年北塘区人民检察院人员编制情况表

表15-3　　单位：人

年份	编制数	实有数	年份	编制数	实有数
1986	31	35	1996	59	56
1987	31	38	1997	59	59
1988	35	41	1998	64	60
1989	35	47	1999	71	57
1990	38	52	2000	69	60
1991	42	48	2001	71	60
1992	44	51	2002	65	60
1993	50	48	2003	65	55
1994	56	53	2004	68	57
1995	58	55	2005	71	58

第二节　刑事检察

一、审查批准逮捕、起诉及提起公诉

1986年，区检察院受理公安机关提请逮捕各类人犯111人，经审查批准逮捕97人；受理公安机关移送起诉109件138人，经审查向法院提起公诉99件126人，决定免予起诉5件5人。

1987年，区检察院以专项斗争为主要形式打击各类严重刑事犯罪活动，重点是杀人、抢劫、强奸、重大流氓和重大盗窃等现行犯罪分子；配合公安机关先后开展以反盗、禁赌、打流氓为主的4次专项斗争。全年受理公安机关提请逮捕各类人犯89人，经审查批准逮捕74人；受理公安机关移送起诉64件83人，经审查向法院提起公诉60件79人，决定免予起诉1件1人。

1988～1989年，区检察院共受理公安机关提请逮捕各类人犯382人，经审查批准逮捕351人；受理公安机关移送起诉案件258件394人，经审查向法院提起公诉242件356人，决定免予起诉5人。

1989年始，区检察院对自行侦查的经济犯罪案件实行侦、诉分开。同年，刑检部门受理本院自侦部门侦查终结移送审查起诉的自侦案件21件30人，经审查向法院提起公诉9件11人，免予起诉11件18人。

1990～1992年，区检察院把严厉打击严重刑事犯罪作为工作重点，与公安、法院、司法等部门密切配合，依法惩治各类严重刑事犯罪活动。3年间共受理公安机关提请逮捕各类人犯457人，审查批准逮捕各类人犯421人；受理公安机关移送起（免）诉303件454人，经审查向法院提起公诉275件414人，免诉13件18人。

1993年，区检察院受理公安机关提请批准逮捕人犯166人，经审查批准逮捕148人；受理公安机关移送审查起（免）诉102件155人，经审查决定向法院提起公诉101件156人，免予起诉2件2人，移送市检察院1件1人；在开展刑事检察工作中，区检察院对外坚持提前介入制度，配合公安机关开展专项斗争5次；对内落实侦、捕、诉分开办理、主罪复核等一系列制度，严把案件质量关，开展“办案质量百日竞赛活动”，防止错漏案件等现象的发生。

1994～1995年，区检察院共受理公安机关提请批捕人犯356人，经审查决定批准逮捕329人；受理公安机关移送起（免）诉219件287人，经审查，向法院提起公诉206件272人。为保持和巩固“严打”斗争声势，区检察院突出打击重点，对杀人、抢劫、强奸等暴力犯罪案件、重特大盗窃犯罪案件、带有黑社会性质的犯罪集团案件，坚持依法“从重从快”打击的方针，确保在检察环节上不贻误战机，做到快捕快诉，共批准逮捕重特大人犯198人；先后配合公安部门开展“反盗车”“打击流氓恶势力”等6次专项斗争和集中行动，共批捕重大盗窃、流氓团伙犯罪分子153人；与区政法各部门配合，开展以禁毒、禁赌、禁娼为内容的“三禁”斗争，共批准逮捕4件4人。

1996～1997年，区检察院共受理公安机关提请批捕人犯387人，经审查决定批准逮捕342人；受理本院自侦部门移送审查经济案件犯罪嫌疑人13人，经审查决定逮捕9人。受理公安机关移送起（免）诉254件325人，经审查，向法院提起公诉233件296人；受理本院自侦部门移送审查起诉贪污贿赂案件13件13人，经审查，向人民法院提起公诉10件10人，报送市检察院审查起诉1件1人。1996年5月，区检察院按照上级关于集中开展“严打”斗争的统一部署和要求，组成由检察长任组长、分管副检察长任副组长、相关科室负责人组成的“严打”工作班子，对危害社会治安的严重刑事犯罪、恶性暴力犯罪、流窜及团伙犯罪，特别是带黑社会性质的犯罪团伙和流氓恶势力，在坚持“基本事实清楚、基本证据确凿”的原则下，贯彻依法从重从快的方针，做到快捕快诉。其间，共批捕重特大犯罪嫌疑人158人，其中受理当天就依法作出批准逮捕的6件8人。积极参与专项斗争，共批准逮捕涉毒案犯55人，加大打击侵犯财产型案件的力度，仅1997年就批准逮捕盗窃犯、诈骗犯、抢劫犯共108人，有效维护社会的正常秩序和企业、公民的合法权益。

1998～2002年，区检察院受理公安机关提请批准逮捕各类犯罪嫌疑人794件1182人，经审查批准逮捕780件1063人；受理公安机关移送审查起诉914件1226人，经审查决定向法院提起公诉876件1170人。1998～2000年，区检察院重点打击涉枪、涉黑、毒品和团伙犯罪。先后参与“扫黄打非”“打黑（社会）除恶（势力）”“追逃、禁毒、反盗、打假、打拐”等专项斗争和整治活动，共批准逮捕犯罪嫌疑人373人，提起公诉406人。

2003～2005年，区检察院围绕区委关于创建“平安北塘”的目标，始终保持对各类严重刑事犯罪活动的高压态势。3年间，共受理公安机关提请批准逮捕各类犯罪嫌疑人729件1037人，经审查批准逮捕658件959人；受理公安机关移送审查起诉774件1067人，经审查决定向法院提起公诉804件1080人。

二、刑事诉讼监督

1986年，区检察院对不构成犯罪和无逮捕必要的11名人犯依法作出不批准逮捕决定，追捕2人，决定免予起诉5人。1987年，对不构成犯罪和无逮捕必要的12名人犯依法作出不批准逮捕决定，决定免予起诉1件1人；先后对公安机关侦查活动中的违法行为6次发出口头纠正违法通知；对法院审判活动中的违法行为5次发出口头纠正违法通知。1988年，对不构成犯罪和无逮捕必要的10名人犯依法作出不批准逮捕决定，不起诉1件1人；先后对公安机关侦查活动中的违法行为5次发出口头纠正违法通知。1989年，对不构成犯罪和无逮捕必要的10名人犯依法作出不批准逮捕决定，追捕犯罪分子3人，退回公安机关补充侦查7人，免予起诉5人；先后5次就公安机关对赃款赃物的处理违反有关规定的问题提出口头纠正违法意见；对2件适用法律不当的案件，及时向人民法院提出纠正意见。

1990～1997年，区检察院将防错防漏和纠正侦查、审判活动中的各种违法行为作为诉讼监督活动的工作重点。对不符合逮捕条件、不构成犯罪或无逮捕必要的91人依法作出不批准逮捕的决定；依法追捕追诉28人，对主要犯罪事实不清、证据不足的37人退回公安机关补充侦查。通过派员出庭支持公诉、列席法院审判委员会和对刑事判决书、裁定书的审查，对法院的审判活动进行监督。8年间，共向法院提出口头和书面纠正违法意见共21次，提起抗诉3次。在出庭支持公诉过程中，区检察院还针对法院法庭审判台的设置不符合最高人民法院和最高人民检察院的规定要求，依法及时向法院提出了口头纠正意见，促使法院予以采纳并纠正。

1998～2002年，区检察院以维护司法公正为目标，履行法律监督职能，强化诉讼监督意识，开展诉讼监督工作。通过与公安机关建立联席会议制度，坚持对重特大、疑难复杂刑事案件派员适时介入公安机关的侦查、预审活动，及时提出侦查取证意见、补充侦查意见书、提供法庭证据意见书，保证侦查工作的顺利进行。5年间，共依法纠正公安机关该立未立刑事案件3件，对不符合逮捕条件、不构成犯罪或无逮捕必要的116人依法作出不批准逮捕决定；依法追捕1人、追诉1人、不诉1人。累计派员出庭支持公诉636人（次），审查法院刑事判决、裁定书894份，依法提出抗诉2件；对审判活动中违反刑事诉讼有关程序规定的行为，提出书面纠正意见1次。

2003～2005年，区检察院按照中共十六大关于加强对司法工作监督，维护司法公正的要求，以"规范执法行为，促进司法公正"专项整改活动为动力，依法、适度、有效地开展诉讼监督工作。3年间，共向公安机关发出5份说明不立案理由通知书，对犯罪事实不清或不需要逮捕的73名犯罪嫌疑人依法作出不（予）批准逮捕决定；对一起侦查机关适用取保候审强制措施不当的刑事案件及时予以纠正，依法决定逮捕；针对公安机关侦查活动中的违法行为依法发出纠正违法通知书4份，对4件案件中的4名犯罪嫌疑人或单位依法追诉，法院均作有罪判决。共派员出庭支持公诉395人（次），审查法院刑事判决、裁定785份。向法院发出纠正违法通知书2份。受理刑事申诉案件9件。

第三节　经济检察（反贪污贿赂）

1986年，区检察院立案查处的经济罪案数量较以前大幅增加。同年，共立案侦查经济案件18件21人，其中，贪污案11件、受贿案5件、偷税案和窝赃案各1件。决定逮捕15人，决定起诉16人，免诉5人。追缴赃款赃物及非法所得18万余元，为国家挽回经济损失2.9万余元。

1987～1988年，立案侦查各类经济犯罪案件18件19人，其中，受贿案8件9人、贪污案7件7人、偷税案2件2人、投机倒把案1件1人。决定逮捕9人，取保候审4人，收容审查1人。向法院提起公诉13件14人，决定免予起诉4件4人。追缴赃款及非法所得13.5万余元，为国家、集体挽回经济损失59万余元。

1989年，区检察院以最高人民法院、最高人民检察院发布的《关于贪污受贿、投机倒把等犯罪分子必须在限期内自首坦白的通告》为法律武器，全年立案侦查各类经济犯罪案件21件30人，其中，万元以上的大案5件，10万元以上的特大案件1件。追缴赃款赃物和非法所得共计近30万元，为国家和集体挽回经济损失25万元。

1990～1992年，区检察院坚持"两手抓""两手都要硬"的指导方针，立案侦查贪污贿赂等经济犯罪案件47件50人。其中，贪污案件18件20人；受贿案件19件20人；挪用公款案件5件5人；偷抗税案件4件4人；诈骗案件1件1人。依法决定逮捕

28人，向法院提起公诉29件32人，法院均作出有罪判决；决定免予起诉14件14人，报送市检察院审查起诉2件2人。追缴赃款赃物和非法所得47.7万余元，为国家和集体挽回经济损失110余万元。

为了适应深化改革的需要，打击偷抗税犯罪，保证国家的正常税收秩序，区检察院于1991年6月成立驻无锡市税务五分局检察室。税检室成立同年，依法查处4件偷抗税案件。通过办理偷抗税案件，追缴税款及罚款37.7万余元，协税护税27.1万余元。至1997年，区检察院税检室共立案查处各类涉税案件14件18人，协税护税、追缴偷漏税款及罚款250余万元。1995年4月，区检察院立案查处的无锡市朝阳机电设备公司经理周某某虚开增值税发票2950万元、抵扣税420万元的特大案件，被江苏省检察院记二等功。1997年8月，按照修改后的《中华人民共和国刑事诉讼法》有关刑事诉讼管辖的规定，区检察院撤销税务检察室。

1993～1997年，区检察院共立案查办贪污、贿赂等经济罪案80件83人，立案数比前5年增加8.1%。其中，贪污案14件17人，受贿案27件27人，挪用公款案17件17人，侵占案5件5人，涉税案12件12人，其他案5件5人。为国家和集体挽回直接经济损失1289万余元。区检察院先后组织打击涉税犯罪、金融系统犯罪、建筑领域犯罪等专项斗争，共立案查办这类犯罪案件22件22人。其中，在1997年8月，立案查办的市建设工程开发公司计划科主办科员张某贪污131万元特大案件，是当时城区历史上查获的数额最大的贪污案。

1998～2002年，区检察院立案查处贪污贿赂等职务犯罪案件50件55人，其中贪污案18件23人、贿赂案13件13人、挪用公款案19件19人，依法逮捕犯罪嫌疑人37人，通过办案追缴赃款赃物420万余元，为国家和集体挽回经济损失700万余元。

2003～2005年，区检察院贯彻中共十六大关于反腐败斗争的总体要求和部署，把查办群众反映强烈、社会影响大的职务犯罪大案作为反腐败斗争的重要突破口，推动反腐败斗争的深入开展。3年间共立案查处各类职务犯罪案件33件34人，其中，贪污案3件3人、受贿案27件27人、行贿案1件1人、挪用公款案2件3人，通过办案依法追缴赃款480余万元，为国家和集体挽回经济损失1000余万元。

第四节 法纪检察（反渎职 侵权）

1986年，区检察院立案查办无锡市塑料三厂供销员曾某玩忽职守造成国家直接经济损失10万元的重大案件。

1987～1989年，区检察院通过对辖区厂企单位调研，广辟案源，共受理各类法纪案件线索35件，对重大事故现场勘查11次，对一起重大责任事故案件进行立案侦查，并依法对直接责任者作出免予起诉的处理决定；提出口头检察建议10件。通过办案挽回因玩忽职守造成的公共财产损失26万余元。

1990～1992年，区检察院受理各类案件线索31件，其中，重大责任事故20件、玩忽职守8件、其他法纪线索3件。决定立案侦查4件，其中重大责任事故2件、玩忽职守2件。

1993～1997年，区检察院共受理国家工作人员侵权、渎职案件和重大责任事故等法纪案件52件，决定立案13件。1996年，立案查处的无锡市公安局北塘分局预审科副科长屠某徇私舞弊案，是全市查处的首例徇私舞弊案。1997年，检察机关法纪案件管辖范围调整为仅限于国家机关工作人员利用职权实施的侵权渎职犯罪，法纪检察改称渎职犯罪侦查。在管辖范围调整后，区检察院把查处侵权、渎职等法纪案件纳入反腐败总体格局中，以办案促监督，通过开辟案源，主动“找米下锅’，立案查办原中国工商银行无锡分行信用卡部主任章某违规发放贷款且收受巨额贿赂、造成国家巨大经济损失的特大案件。

1998～2005年，区检察院对27起渎职侵权案件线索进行调查，对其中举报公安机关民警涉嫌帮助犯罪分子逃避处罚或玩忽职守的渎职犯罪线索以事立案2件；配合区安全生产监督管理部门勘察辖区内重大事故现场52次，向相关部门发出检察建议5份。2002年，立案查处市检察院交办的滥用职权案2件2人。

第五节 控告与申诉检察

1986年，区检察院共受理群众来信92件，接待群众来访31人。在来信来访中，控告检举的有82件（其中，以检举揭发经济问题为主要内容的群众来信有20件），申诉的有15件，其他信访26件。通过群众来信检举，立案查办经济犯罪6件6人，占同期立案数的33.3%。

1987年，受理人民群众来信51件，接待群众来访30人（次）；其中，控告检举的40件、申诉的10件、其他31件。对这些来信来访，本着实事求是、有错必纠的精神，按照“件件有着落、事事有交代”的要求，及时办结并反馈结果。

1988年7月，根据最高人民检察院“要求各级检察机关建立举报机构的通知”精神，区检察院成立“无锡市北塘区人民检察院经济罪案举报室”（后改称举报中心），公布举报电话和设置举报信箱，由分管副检察长任主任，开展群众举报工作。7月至年末，共接受各类举报线索72件，其中，贪污线索30件、受贿线索29件、偷税线索3件、挪用公款线索5件，立案查办经济犯罪案件4件。

1989年6月，区检察院设立控告申诉检察科，配备专职检察干部，与“经济罪案举报室”合署办公。同年，受理控告申诉举报线索255件，其中，贪污线索42件、受贿线索114件、偷税线索6件、挪用公款线索8件、其他经济问题68件，经审查决定立案侦查20件，不立案158件。最高人民法院、最高人民检察院《关于贪污受贿、投机倒把等犯罪分子必须在限期内自首坦白的通告》发布以后，人民群众纷纷来函或来院当面举报。在8月16日至10月31日通告规定的两个半月期限内，受理举报119件，受理举报数由过去每月平均10件，猛增到每月平均48件。同年，立案侦查的21件经济犯罪案件中，有15件是由人民群众举报而案发的，占71.4%。

1990～1992年，区检察院受理控告申诉举报线索346件，其中，投案自首的3件，查结339件，查结率为97.98%；经审查，从中立案查处经济犯罪案件34件。对举报线索，区检察院坚持实事求是、依法办事的原则，做到不枉不纵。辖区某厂一会计3年先后12次向中央及省、市检察机关举报该单位负责人有贪污5万余元的经济问题，区检察院集中6人经过近半年的内查外调，查明举报不实，不构成犯罪，从而保护被举报人的正当权益。1992年，区检察院开展争创“文明接待室”活动，通过健全完善各项接待制度，不断规范接待工作。同年，区检察院被无锡市检察院评为全市检察机关“文明接待室”。

1993年，区检察院共受理控告申诉举报线索112件，接受投案自首4件，办理申诉案件3件。针对举报经济犯罪数量大幅下降的情况，根据市检察院的指示，区检察院以举报机构建立5周年为契机，将与举报有关的法律知识及检察机关查办的经济案例制成11块图文并茂的宣传展牌，到辖区内74个企业巡回展出，观看人数达4万余人；在闹市区设立4个举报宣传点，播放法制宣传录音，散发宣传材料，接受群众举报；结合反贪斗争情况，编写宣传提纲，通过聘任检察助理员在各单位采用多种形式进行反贪宣传，受理各类经济案件举报线索呈明显上升趋势。

1994～1997年，区检察院共受理控告申诉举报线索613件，其中，接受投案自首5件，不服法院民事判决的申诉案件2件。1996年，区检察院建立举报奖励制度，设立10万元的举报奖励金，主要用于对提供经济犯罪线索、协助侦破大要案、举报潜逃罪犯下落、协助追捕逃犯、因举报受到陷害和人身伤害、以及其他举报有功人员进行奖励。同时，建立检察长接待制度，院领导每月定期在举报接待室接待群众举报，当场处理重大、疑难和久告不息的举报，凡属重大犯罪嫌疑的举报，院领导随时接待，并及时组织力量调查，收到良好的效果。

1998～2002年，区检察院共受理控告申诉举报线索540件，其中，不服公安机关不立案的申诉1件；受理群众来信来访153件，其中，集体访7件；受理上级检察机关交办案件7件；立案监督线索5件；办理刑事赔偿2件。区检察院利用每年6月份的“举报宣传周”活动，由院领导带领干警到辖区单位和闹市中心设摊进行举报宣传和法律咨询服务，发放宣传材料，现场受理群众咨询投诉。1998年，以纪念区检察院恢复重建20周年和举报中心成立10周年为契机，专门开展以宣传《无锡市检察举报条例》和“检务公开”知识等为主要内容的系列宣传教育。1999年，组织干警先后4次到辖区设点进行举报宣传及法律咨询活动，并制作14块宣传展牌到区机关及辖区单位巡回展出。区检察院“廉政法制报告团”还结合办案到市园林局、市工商银行、市电度表厂、无锡船厂、中信实业银行无锡分行等发案单位先后作法制宣传、以案释法报告。同年10月，无锡市检察院和无锡电视台拍摄一部反映区检察院服务国企、深挖“蛀虫”、打击经济犯罪的专题片，在无锡电视台“法制时空”节目中播放。自2002年起，区检察院试行首办责任制，制订《控告申诉工作首办责任制实施细则》，促进举报线索初查和信访的处理工作。

2003～2005年，区检察院共受理各类控申举报线索371件，其中，举报317件、刑事申诉8件、民事申诉46件；接待人民群众来访76批111人（次）。2003年，区检察院以被省检察院授予省级“文明接待室”称号为动力，完善以首办检察官责任制和日常接待为主体，以检察长接待日制度为龙头，以现场接待与24小时举报录音电话受理、举报网络受理等多种形式有机结合的信访接待工作体系，高度重视群众信访接待处理工作，妥善处理辖区群众因拆迁安置、企业改制等涉及群众切身利益的集体信访，做到快速受理群众信访，及时化解社会矛盾，为帮助群众排忧解难和维护稳定作出贡献。2003年，区检察院在对北塘区法院判决的一起交通肇事案受害方张某某申诉案的审查中，发现法院判决确有错误，遂函告法院再审，法院再审后作出改判。

第六节 民事与行政检察

1994年，区检察院在建立民事行政检察科之初，即开展业务工作，同年受理民事、行政申诉案件2件。

1996年，区检察院在辖区有关单位和部门聘任首批12名民行检察联络员；同年，受理不服法院民事、行政判决、裁定的申诉案件5件。在审查处理的同时，依法维护法院正确的判决、裁定，并做好申诉当事人的服判息诉工作。

1997～1998年，区检察院受理当事人不服法院民事、行政判决、裁定的申诉案件30件，其中，立案2件，依法提请抗诉1件，实现区检察院民行检察工作提请抗诉案件“零”的突破。其中，对申诉人沈某某不服北塘区人民法院判决的借贷纠纷案，经审查，认为法院判决中所认定的事实有错误，依法提请市检院抗诉，经市检院审核，决定向市中级人民法院提出抗诉。

1999～2000年，区检察院受理当事人不服法院民事判决、裁定的申诉案件27件，经审查，依法维护法院正确的判决、裁定20件，对其中认为确有错误的判决、裁定立案审查8件，依法提请市检察院抗诉5件（含市检院交办非本辖区的1件），其中，提请市检察院抗诉的朱某某不服法院判决的借贷纠纷申诉案，经原审法院重审后，于2000年3月获得改判。

图 15-3 北塘区检察院开展法律宣传咨询活动(2002年)(区史志办供稿)

2001年，区检察院受理当事人不服法院民事、行政判决、裁定的申诉案件18件，经审查立案14件，提请抗诉和建议提请抗诉3件，维护法院正确的判决、裁定12件。同年4月，向市检院建议提请抗诉的一起民事人身损害赔偿纠纷案件，经过再审，法院于2002年8月对原二审的错误判决作出改判。同时结合民行检察工作宣传，开展“送法进社区”活动，在辖区北大街街道的17个市民分校开展法律咨询和民行检察工作宣传，受教育群众达600余人(次)。

2002~2003年，区检察院受理当事人不服法院民事、行政判决、裁定的申诉案件32件，经审查立案21件，依法维护法院正确的判决、裁定18件，对认为确有错误的判决、裁定，依法提请或建议提请抗诉5件。

2004年，区检察院受理当事人不服法院民事、行政判决、裁定的申诉案件31件，依法维护人民法院正确的判决、裁定，并做好26件申诉案件当事人的服判息诉工作。对认为确有错误的判决、裁定提请或建议提请上级院抗诉2件，在办案中协调双方当事人执行和解3件，向有关单位发出检察建议1份。

2005年，受理当事人不服法院民事、行政判决、裁定的申诉案件15件，其中，立案12件，提请或建议提请抗诉2件，法院经审理改判1件。向法院发出检察建议1件，再审检察建议1件。依法维护人民法院正确的判决、裁定，息诉13件，维护公民、法人和其他组织的合法权益。

第七节 其他检察活动

一、监所检察

1987年8月，区检察院向江苏省第十三劳动改造管教支队派出检察组，依法履行劳动改造检察职能。检察组在广泛调查研究、加强基础工作的同时，通过深入监室检查、找重点人犯谈话、开展违纪违法情况调查、建立各类基础台账资料，迅速展开各项监所检察工作。同年，审查起诉2件加刑案件，并对2起轻微伤害案件进行调查处理。

1988年，驻省十三劳动改造管教支队检察组协同劳改管理部门提高罪犯改造质量，受理加刑案件3件3人，起诉3件3人，法院均作有罪判决。受理犯人申诉案件31

件，犯人控告6件，接待犯人家属来访3人（次）。配合劳改支队安全防范检查13次，自查2次，纠正各种违法9起，提出纠正意见6次，口头检察建议1次。审查减刑、假释裁定书308份，其中发现判决错误以及上诉加刑的各1起，分别向原审法院发函提出改判意见。

1989年，为把罪犯的改造工作纳入社会治安综合治理系统工程，使犯人的改造帮教工作向社会延伸，区和省十三劳改支队党委签订帮教安置协议，区综合治理领导小组从1700余名劳改罪犯卡片中，排查出住在本地区的劳改罪犯81人，通过跟踪帮教，大多数犯人努力改造自己，向好的方面转化，其中，11人得到减刑处理，受大会表扬的17人。同年，监所检察工作共受理加刑案件2件2人，起诉1件1人，免予起诉1件1人；配合劳改支队安全防范检查9次，自查2次，禁闭室检查48次，接待室检察20余次，提出口头违法纠正及口头建议各5次，审查减刑、假释裁定书232份。

1990～1992年，驻省十三劳动改造管教支队检察组加强对劳改场所执行政策法律监督，对劳改支队提出口头纠正违法建议7次，审查减刑、假释裁定书857份，发现有差错的23份，向有关法院等部门提出纠正意见，并都作纠正。受理移送审查起诉的加刑案件10件10人，经审查，向区法院提起公诉9件9人，报送市检察院审查起诉1件1人。受理劳改犯及其家属的申诉、控告材料70件，均依法进行处理。

1993～1997年，监所检察工作在不断规范的基础上取得新的进展。驻无锡监狱检察室加强执法监督力度，对监管中的违法情况及时提出纠正意见30次，对劳改人犯又犯罪的3名罪犯依法提起公诉，审查提请减刑、假释和保外就医2322人（次），对发现的问题差错向监管部门提出后均得到纠正。进行安全防范检查98次，自查75次；受理并妥善处理罪犯控告申诉案件95件。对40名监外执行的的监管改造情况和52名保外就医罪犯监管情况协助无锡监狱进行检察，提出检察建议15次，立案查办管教干部受贿案件1件1人。

1996年，在开展“严打”斗争期间，区检察院驻无锡监狱检察室配合无锡监狱抓好在押罪犯教育工作，在犯人中进行以“主动坦白，积极检举，悔罪自新，力争减刑”的法制教育，先后受理、转办在押犯坦白和检举线索11件。在做好重点工作的同时，配合无锡监狱和区综合治理领导小组做好北塘籍罪犯的教育转化工作，重视对在押人犯控告申诉和检举线索的查处工作，对转办的在押犯检举揭发材料，负责地进行调查，并针对存在问题撰写专题调研报告，被《江苏检察》杂志全文刊登。

1998年，区检察院以联席会议的形式，通过与无锡监狱领导认真协商，制订2家单位执法活动中加强联系和密切配合的实施办法，并得到上级检察机关领导的肯定。驻监检察室通过经常深入车间、大队调查和增设举报箱，及时了解、掌握监管改造中的问题，坚持对严管、禁闭、接见及安全防范的检查，全年受理并妥善处理罪犯及其家属控告、举报线索33件，申诉案件5件5人；对监狱提请减刑、假释、保外就医的

510人的情况依法进行检察，对其中不符合条件的6人，提出不予减刑、假释、保外就医的意见；对4名死缓犯到期后依法应予减刑而未减的问题，提出检察建议。办理在押罪犯又犯罪案件2件2人；配合监狱和单独进行安全防范检查64次。协助市检察院对监狱个别管教干部为罪犯伪造假荣誉，致使该犯获假释的问题进行调查，其中狱政科副科长朱某被依法追究刑事责任。

1998年年末，区检察院驻无锡监狱检察室的监所检察工作移交无锡市检察院。次年4月18日，无锡市检察院驻无锡监狱检察室正式挂牌办公，区检察院驻无锡监狱检察室完成工作移交并撤回。

二、未成年人犯罪检察

1992年1月，区检察院在全市检察机关率先成立专门办理未成年人犯罪和专门针对未成年人实施犯罪的办案小组。1994年，区检察院在此前办案小组的基础上成立未成年人犯罪检察室。通过加强对未成年人犯罪案件的审查，注重把“教育、感化、挽救”的方针贯彻到办案的全过程，在依法维护未成年人犯罪嫌疑人合法权益的同时，促使未成年人罪犯悔罪服法。同时注重在办案中维护受犯罪侵害的未成年人的合法权益。为做好未成年人检察工作，区检察院专门组织人员到上海市长宁区检察院学习，及时制定《审理未成年人犯罪案件的工作细则》。1995年，区检察院按照《审理未成年人犯罪案件的工作细则》，对查办的13件未成年人犯罪案件，均与学校、地区、罪犯家长取得联系，协同做好帮教工作，促使未成年罪犯悔罪服法。同年，未成年人犯罪检察室被团市委授予市级“青年文明号”。1996年，区检察院在辖区15所中学聘请15名预防未成年人犯罪检察联络员。同年7月，区编委正式批准区检察院设立未成年人犯罪检察室（与刑检科合署办公），使预防未成年人犯罪工作步入规范化、系统化、专业化的轨道。

1997年，区检察院健全和完善未成年人犯罪检察工作的各项制度，定期召开预防未成年人犯罪检察联络员工作例会，到辖区学校开展在校实习生犯罪情况专题调研撰写调研分析报告，并开展法制教育，开展“手拉手育心活动”，耐心做好在校后进学生的转化工作。市检察院检察长王立人对北塘区检察院坚持5年做好未成年人犯罪检察工作的经验给予肯定，全市检察机关在区检察院召开现场会进行介绍推广，最高人民检察院《人民检察》杂志对无锡市北塘区检察院开展未成年人犯罪检察工作的经验文章《惩罪兼育心，治标重固本》予以刊登。

1998～1999年，区检察院未成年人检察室及时确定“由打击未成年人犯罪及个案预防为主逐步过渡到以一般预防为主”的工作方针，制订《未成年人犯罪检察文明接待工作要求》，参加文明执法年活动。《中华人民共和国预防未成年人犯罪法》颁布实施后，区检察院制定完善预防未成年人犯罪、保护青少年合法权益的各项制度，定期到辖区学校给青少年学生上法制教育课。区检察院还配合《中华人民共和国预防未成年人犯罪法》实施，开展“维权活动月”活动。1999年，区检察院被无锡市检察院和团市委联合命名为全市检察系统首批优秀“青少年维权岗”。

2000～2001年，区检察院以争创省级“青年文明号”为动力，加强对未成年人合法权益的保护力度，在办理未成年人犯罪案件时，高度重视被害人是未成年人的刑事案件，防止未成年人的合法权益在诉讼过程中受到损害。未成年人检察室还利用社会资源，在办理未成年人犯罪案件过程中积极争取共青团、妇联、关工委等社会力量的支持与配合，形成帮教工作的社会合力。2001年5月，未成年人检察室被团省委授予省级“青年文明号”，同年，区检察院被共青团江苏省委和江苏省检察院联合命名为江苏省检察系统“优秀青少年维权岗”。

2002～2005年，区检察院坚持结合办案，参与辖区的社会治安综合治理工作，先后选派10名检察干警担任辖区10所中、小学的法制副校长或法制宣讲员，通过定期到辖区学校上法制教育课和举办“模拟法庭”等多种形式，加强对青少年学生的法制教育。针对违法犯罪低龄化的趋势，未成年人检察室采取多种形式加强对在校学生的法制教育，在审查一起未成年人抢劫案时，发现未满16周岁的犯罪嫌疑人在校学生杨某某仅是从犯，且其所在的社居委也愿意协助帮教，区检察院遂依法对杨某某作出不予批准逮捕的决定，并协助杨某某所在的社居委落实帮教措施。2004年，未成年人检察室在办案的同时，到辖区社区建立维权和帮教工作联系点，参加对服刑少年犯的帮教活动，会同区关工委专程到省少管所看望少年犯，与20余名服刑犯签订帮教协议，并开展面对面的帮教活动。未成年人检察室干警在依法办案的同时，还经常到辖区中小学，紧扣社会突出问题开展有针对性的法制宣传教育，强化事前预防工作。

三、预防职务犯罪

1996年，区检察院成立经济犯罪预防中心。区检察院根据打防结合、标本兼治的原则，开展“多层次、多侧面、全方位”的预防犯罪工作。

1997年，对案发单位有针对性地提出检察建议6条，协助搞好综合治理整顿，堵漏建制。落实市检察院工作部署，建立教育提醒制度和工程建设领域承建合同与廉政合同一起签制度，相继与辖区8个单位签订廉政共建协议，还与永定桥商城建设项目签订工程廉政协议，遏制基建领域内存在的“工程上马、干部落马”的状况。

1998年，区检察院采取多种形式，加大法制宣传力度，做好预防和减少职务犯罪工作。结合办案到发案单位以案释法，院领导带队分别到辖区的厂企单位宣传预防各类职务犯罪，帮助案发单位搞好治理整顿和完善堵漏建制措施。结合院恢复重建20周年和举报中心成立10周年，开展系列宣传教育，先后4次在闹市区开展法制宣传、法律咨询活动，并制作12块法制宣传展牌，到辖区党政机关、企业事业单位巡回宣传，观看人数达2.8万余人，还到5所中小学校为近6000名中小学生上法制教育课。

1999年，区检察院以成立预防犯罪科为契机，推进预防职务犯罪工作的开展。

组织举报宣传和法律咨询活动，先后4次到辖区设点进行举报宣传及法律咨询活动，并制作14块宣传展牌到区机关、市电仪局及辖区其他单位巡回展出。结合办案到发案单位搞法制宣讲，院“廉政法制报告团”成员先后到辖区机关及厂企单位作法制宣传，以案释法报告5场，受教育干部群众达1000余人。市检察院和无锡电视台拍摄一部反映区检察院服务国企、深挖“蛀虫”、打击经济犯罪的专题片，在无锡电视台“法制时空”节目中播放。利用出庭支持公诉机会，发表公诉词132篇，以案释法教育旁听群众。开展重大工程项目同步预防，主动派员到辖区工程建设单位开展廉政预防共建活动。

2000年，区检察院在全市检察机关率先成立预防职务犯罪网络及领导小组，并制定网络章程，聘请首批来自辖区21家单位的24名预防职务犯罪网络联络员。同年3月，被区检察院列为重大工程项目同步预防的市双河尖热电厂热网拓建工程竣工验收，节省投资43万余元。

2001年，《无锡市预防职务犯罪条例》（以下简称《条例》）正式颁布施行，区检察院宣传《条例》，扩大其社会影响。通过组织开展“四个一”活动（即每季度召开一次预防职务犯罪网络联络员例会，每两月出一期“北塘检察预防”专刊，上好每一堂法制教育课，签定好每一份廉政共建协议），促进预防职务犯罪网络活动的健康开展，实现“工程质量优质，干部廉洁优秀”的目标。自2000年建立预防职务犯罪网络后，区检察院网络成员单位的职务犯罪案件明显减少。

2002年，区检察院协助区委筹备成立北塘区预防职务犯罪工作领导小组，召开区预防职务犯罪警示教育大会。筹备成立区预防职务犯罪协会。与区委党校建立“预防职务犯罪法制教育联系点”。组织预防职务犯罪网络单位成员及辖区单位参加高检院及中央19部委联合举办的预防职务犯罪知识竞赛，发放试卷5000份，有6名参赛人员获奖。

2003年，区检察院打造具有本区特色的预防工作品牌，定期召开网络成员例会、组织网络单位人员外出学习、开展预防调研和论文交流等活动。结合北塘建设大开发的实际，加大对重大建设工程项目的专项预防工作，对“蓉湖大桥工程”“杨木桥经济适用房工程”等辖区内重大工程项目开展专项预防，并会同区监察局制作廉政法制宣传展牌到工程建设现场巡回展出。在全市检察机关率先成立重大工程项目专项预防专家咨询小组，聘请6名建设系统的专家为咨询小组成员，开展对重大工程项目的视察评议活动，提高专项预防的科学权威性和工作实效。开展行业预防，先后与北塘工商分局和区环卫处开展廉政共建行业预防活动，通过解剖所在单位曾经发生的职务犯罪案例、进行以案释法和廉政法制讲座、签订预防职务犯罪工作协定，促进党风廉政建设和预防职务犯罪工作的开展。

2004～2005年，区检察院以创新机制为动力，坚持党委领导、检察主导、社会参与的工作机制，围绕全区经济、社会发展的重点工作、重大项目，开展多种形式的预防职务犯罪活动。开展“家庭助廉”活动，下发一份“致全区党员领导干部家属的公开信”，倡议全区党员领导干部家属“抗诱惑、耐清贫、拒腐蚀”，共同构筑预防职务犯罪的“家庭防线”。加强预防职务犯罪法制宣传和警示教育，共到辖区单位进行预防职务犯罪法制教育28场，受教育人数2000余人（次），组织预防网络和辖区单位党员干部接受革命传统和警示教育8场，受教育人数250余人（次），编发《北塘检察预防》专刊12期6000余份发到网络成员及辖区单位。

四、“检察工作进社区”活动

2000年始，检察机关响应中央文明办等9部委关于开展科教、文体、法律、卫生“四进社区”活动的号召，开展“检察工作进社区”活动。从民事行政检察部门开展“送法进企”活动起，先后经历“送法进企”“送法进社区”“送法进园区”3个阶段。

2000年，区检察院针对辖区内大型企业较集中，正处在改革转制阶段等情况，及时开展以为国有大中型企业提供法律咨询服务为主要内容的“送法进企”活动。民事行政科干警先后到辖区内的43家国有大中型企业、中外合资及私营企业上门走访并开展法律咨询，运用民事、经济法律法规与企业负责人共同梳理、剖析经济活动中不规范、不合法的经营行为，提出合理化建议，为企业提供法律服务。2001年，区检察院向民行科提出结合业务工作开展“民行检察进社区”的要求。民事行政检察部门在分管副检察长的带领下，率先在辖区的北大街街道开展“民行检察进社区”活动，先后到该街道上法制教育课17场，到场听课居民群众近700余人（次），发放各类检察宣传材料500余份，现场接受群众法律咨询40人（次）。

2002年，区检察院决定“民行检察进社区”由试点的北大街街道推广到辖区所属的7个街道。活动内容，由过去的以民事法律宣传咨询为主，拓展到结合各项业务开展检察工作进社区。同年7月，区检察院成立检察工作进社区活动领导小组，并下设办公室具体负责日常工作的协调与落实。

图15-4　北塘检察院开展检察工作进社区活动(2003年)(区史志办供稿)

2003年起，区检察院的检察工作进社区活动从社区发展到辖区机关、学校、企业事业单位、社居委、工业园区等，全院各部门结合职能和业务工作的开展，定期到辖区单位对口开展检察工作进社区活动。同年6月，区检察院制定《北塘区检察工作进社区工作制度》。

2004～2005年，区检察院先后在辖区4个街道11个社区（工业园区）建立“检察工作社区（园区）联系点”。针对辖区非公有制经济快速发展的形势，区检察院及时制订服务非公有制经济发展的12条具体措施，专门召开服务非公有制企业工作推进会，并与辖区15家非公有制企业结成联系单位。先后到社区单位上法制教育课24场次，发放各类宣传材料3000余份，接受群众法律咨询180余人（次）。先后制作23块检察宣传展牌，配合进社区活动巡回展出，提高活动的效果。检察工作进社区活动受到无锡市检察院的肯定并在全市检察机关推广，被无锡市委政法委、无锡市综治委评为2005年度平安无锡建设创新成果三等奖。

五、人民监督员工作

2004年10月1日起，无锡市检察机关在全市试行人民监督员制度，使检察机关自行侦查案件接受外部监督。区检察院专门成立由检察长任组长的试点工作领导小组。区检察院与区人大、政协及有关单位协商经组织人事、纪检监察部门审核，并报区人大常委会备案后，推荐产生9名人民监督员。9月，区检察院召开人民监督员颁证会议，由检察长向9位人民监督员颁发人民监督员证书。10月，全体人民监督员参加市院举办的业务培训，学习有关法律知识和检察业务知识。

图15-5 北塘检察院人民监督员颁证仪式(2004年)(区史志办供稿)

2005年，区检察院根据无锡市检察院制定颁发的《无锡市人民检察院人民监督员工作规则（试行）》，制订“实施细则”，规范人民监督员对查办职务犯罪案件和检察工作实行监督的职责及监督工作具体程序。根据实施细则规定，人民监督员对人民检察院查办职务犯罪过程中犯罪嫌疑人不服逮捕决定的案件、拟撤销的案件、拟不起诉的案件（简称“三类案件”）实施监督。对人民检察院在查办职务犯罪案件中出现的下列情况：应当立案而不立案或者不应当立案而立案；超期羁押的；违法搜查、扣押、冻结的；应当给予刑事赔偿而不依法予以确认或不执行刑事赔偿决定的；办案人员徇私舞弊、贪赃枉法、刑讯逼供、暴力取证等违法违纪情况的（简称“五种情形”），可以提出纠正意见。

第八节 队伍建设

一、思想教育

1987年，组织干警批判资产阶级自由化思潮，增强同党中央在思想上政治上保持一致的自觉性。开展“争当文明检察干警、争创文明检察院、树立检察干警好形象”

的活动。1989年，开展“发挥共产党员在新时期先锋模范作用”专题教育活动和民主评议党员工作，加强党性观念。1990年，组织干警到驻军部队参观学习，进行爱国主义教育；组织团员青年到农村考察学习，从“解放前后的变化，改革开放前后的变化”中，感受社会主义制度的优越性和改革开放的伟大意义。1991～1992年，相继开展以“爱我检察，树好形象”为主题的新时期人民检察官形象大讨论和职业责任、职业道德、职业纪律“三职教育”活动，增强干警的遵纪守法意识和工作责任心。1993年，组织开展“讲奉献、比贡献、创一流”主题教育活动，通过弘扬先进典型，激励全院干警的工作热情和干劲。1994年，组织开展“讲道德、讲传统、讲奉献，严格执法、严肃纪律、严明廉洁、严守制度，争当优秀检察官”主题教育活动，有效提高干警勤政廉洁意识工作责任感。1995年，以学习贯彻《中华人民共和国检察官法》为契机，组织开展“为党争辉、为民服务、为检争光”主题教育活动，增强干警队伍反腐倡廉和做好检察工作的自觉性。1997年，通过开展以“检德高尚、检风廉明、检纪严肃、检容严整”为内容的“四检”系列教育活动，增强全院干警爱检敬业、拒腐防变、公正司法的自觉性。1998年，贯彻高检院通知精神，组织开展“公正执法、文明执法”集中教育整顿活动。坚持开门整顿，注重招“言”纳谏；落实整改措施，确保教育活动的实效。1999年，在巩固集中教育整顿成果的基础上，开展“争创人民满意的检察院，争当人民满意的检察干警”的“双争”活动，检察队伍的整体素质有新的提高。2000年，以领导班子“三讲”集中教育为契机，以开展“双争”活动为动力，“五好检察院”争创活动取得成绩。2001年，以“基层院建设素质工程年”活动为动力，抓检察机关作风建设，做到内强素质、外塑形象。2002年，以开展“作风建设年”活动为契机，端正领导班子成员和干警队伍的思想作风、工作作风，增强班子的凝聚力、队伍的战斗力。2003年，以“强化法律监督、维护公平正义”主题教育活动为载体，抓好领导班子和干警队伍建设，保证各项检察业务的健康开展。2004～2005年，以共产党员先进性教育活动和“规范执法行为，促进司法公正”专项整改活动为契机，努力提高领导班子和干警队伍的整体素质，促进检察业务的健康开展。

图15-6　北塘检察院党组研究加强思想作风建设(2002年)(区史志办供稿)

二、队伍管理

1987年，制定《检察院职业道德规范》和《检察人员守则》，加强对干警职业道德和职业纪律的教育，要求各科室有管理指标，个人有具体计划。1989年，制定《加强廉政建设八项规定》，建立健全院党组、党支部、党小组民主生活会制度，坚持干警思想工作制度。1994年起，制订实行《目标管理责任制及奖惩办法》，促进执法水平和工作效率的提高。1996年，组织实施思想纪律作风整顿专题教育活动，完善各项规章制度，规范干警的执法行为和个人操守。1997年，结合开展专题教育活动，组织开展以“文明检察院”“文明检察官”为内容的“双文明”争创与评比活动，激发全院干警学先进、赶先进、创先进的积极性。将全院53项《规章制度汇编》印发全院干警，规范干警的行为。1998年，结合集中教育整顿活动整改措施的制定，完善规范业务工作和队伍管理的各项规章制度。1999年，结合推行检务公开和争创“文明单位”活动，向社会公布举报电话和监督电话，设立投诉意见箱，主动接受人大代表、政协委员及社会各界对检察工作和队伍建设的监督。2000年，完善院科两级领导干部“一岗双责”制，做到业务工作和队伍建设有机统一，相互促进。2001年，在以公正执法为重点，以人民满意为标准的集中教育整顿活动中，组织“新世纪检察形象大讨论”，使全院干警确立“大局观念鲜明、执法公正严明、工作高效文明、自身清正廉明”的无锡检察形象标准。2003年后，根据市检察院制定颁发的《基层检察院条线工作目标管理考核办法》，对目标管理责任制措施进行修订，对已经过时的规章制度进行修订补充。2004年，按照《人民检察院基层建设纲要》要求，从加强制度建设入手，建立长效管理机制，重点抓基层院建设考核、目标管理责任制、党风廉政建设责任制、办案纪律规定、8小时外重大事项报告制度、政治业务学习等制度的落实。2005年，以开展“规范执法行为，促进执法公正”专项整改活动为契机，先后建立“侦监、公诉与自侦部门的协作配合机制”，确保自侦案件的质量与效率；出台《公诉工作流程》《规范初查和侦查工作的若干规定》《办公室工作规程》，检察职务晋升“三考”和任前公示，中层干部述职测评和缺额竞争上岗，新招录干部教育培训和考察机制》等一系列制度规定，促进队伍的思想和制度建设。

三、业务培训

1987年，随着检察队伍的不断扩大，逐步建立新进人员“入门教育”“结对带训”制度，通过以老带新等举措，使新招录的检察人员尽快适应检察工作要求。1988年，根据现有干警文化及法律专业知识现状，组织干警参加法律（检察）专业证书学习，至1990年，11名干警顺利通过考试获得“检察专业证书”。1991年，开展争当“优秀公诉人”活动，通过庭前准备、庭中观摩、庭后评议等活动，促进检察人员出庭支持公诉水平的提高。1994年，干警队伍法律大专以上(含法律专业证书)比例由4年前的27%提高到83%。1995年，结合《中华人民共和国检察官法》的颁布和“两法”的修订，及时组织学习培训，较好地解决“两法”的顺利过渡和衔接，保证所办各类案件的质量和效果。1998年，在继续提高学历层次的同时，组织干警参加各种岗位技能培训，至2000年，全院50岁以下干警全部达到大专以上学历，40岁以下干警全部通过省计算机应用能力等级考试。2001年，结合“素质工程年”活动开展，组织干警参加全国检察人员基本素质考试，全院54名检察人员均取得良好以上成绩。2002年，组织40岁以上干警参加省检院组织的检察官续职资格培训，组织50岁以下干警参加计算机操作能力国家一级考试和“专升本”学历提升教育。至2005年，28名干警通过计算机操作能力国家一级考试，55岁以下干警全部通过全市统一组织的电子政务培训考试；干警学历的本科率达到75.5%，有2名干警在职攻读研究生学位。在全市检察机关公诉辩论对抗赛上，院代表队获得团体第二名。在“规范执法行为，促进执法公正”专项整改活动培训考核中，全院参考干警取得89%的优秀率、总评93.6分的成绩。

1992~2004年，区检察院先后获得的荣誉是：1992年，被无锡市委、市政府评为社会治安综合治理先进单位和十佳优胜单位；1993年，被无锡市委、市政府评为社会治安综合治理先进单位；1999年，被无锡市委、市政府评为全市创建文明城市和国家卫生城市工作先进单位，被无锡市检察院和共青团无锡市委联合发文命名为无锡市检察系统首批“优秀青少年维权岗”；2000年，被江苏省检察院评为全省检察机关“人民满意的‘五好’检察院”；2001年，被共青团江苏省委和江苏省检察院联合发文命名为江苏省检察系统“优秀青少年维权岗”；院党总支被无锡市委授予“堡垒党支部”荣誉称号；2002年，被江苏省检察院评为全省检察机关“人民满意的‘五好’检察院”；2004年，被无锡市委命名为“市级文明单位”。

附记：检察助理员

1988年，鉴于检察机关面临经济犯罪案件线索多、调查工作量大、办案力量严重不足的状况，区检察院先后分3批在北塘辖区内的市行业主管局所属工厂和北塘区属工厂、街道、企业等103家单位，聘任166名检察助理员，并在辖区市属4家厂企设置驻厂检察组。受聘的检察助理员在开展法制宣传教育、帮助单位堵漏建制、查处经济犯罪活动、协助本单位正确处理有关债权债务等方面作大量工作。在排漏查疑工作中，检察助理员发现经济案件线索25件，由区检察院立案侦查2件。此外，受聘的检察助理员直接或协助本单位追回拖欠货款500余万元。1989年年末，区检察院对聘任的检察助理员工作进行总结、评比，评出7个先进集体和40名先进个人。

1990年年初，区检察院适时对聘任的检察助理员进行一次组织整顿，充实一批具有较高政治素质和业务能力的纪检、审计、财务等业务相关人员。

1991年，检察助理员在本单位受理群众举报线索285件，自行查结线索194件。向区检察院提供经济犯罪线索39件，其中，被立案侦查的14件。协助检察机关调查线索32件。进行法制宣传63场次，4.7万余人（次）受到法制教育。针对本单位在经营管理、安全保卫等方面存在的问题，提出堵漏建制建议436件。追缴赃款、赃物合计45.5万余元，为国家、集体挽回经济损失112万余元。

1992年，检察助理员受理本单位举报线索308条，向区检察院提供经济犯罪线索

36件，其中，被立案查处6件。同时，检察助理员为企业进行法制宣传1180余场次，受教育人数达13.8万余次。为强化企业管理，预防各类犯罪提出各方面的堵漏建制建议683条，其中，被各企业采纳319条。结合办案为企业追缴赃款赃物23.8万余元，为国家集体挽回经济损失110万余元。

1993年，检察助理员共受理举报线索229条，向区检察院提供经济犯罪线索29件，其中被立案侦查5件。为企业提出堵漏建制建议234条，被企业领导采纳203条，结合办案为企业追缴赃款赃物89.1万余元，为国家集体挽回经济损失318万元。

1994年，检察助理员为本单位堵漏建制和清理债权债务，为企业追缴赃款赃物19.3万余元，为国家集体挽回经济损失280万余元。

1999年，最高检察院决定停止聘任检察助理员工作。

第四章 法院工作

第一节 机 构

1986年，区法院设办公室、刑事审判庭和民事审判庭，在册干警41人。1987年4月，成立执行组。1988年3月，设立信访组；12月，设立执行庭、告诉申诉庭、行政审判庭，1989年5月成立未成年人刑事审判合议庭。1992年5月，设立少年案件审判庭；6月，在全市法院中率先成立经济纠纷协调中心。1993年7月，设立政工科。1995年7月，成立司法警察大队；12月，撤销经济纠纷协调中心。1997年9月，政工科改为政治处。1999年3月成立审判监察庭，在立案庭内成立书记官处、行政装备科。2001年3月，在立案庭内成立调查保全组。2002年2月，原滨湖区黄巷法庭划归北塘法院管辖。同年7月，撤销行政装备科，与办公室合并；原少年审判庭改为未成年人刑事审判庭，原民事审判庭改为民事审判第一庭，原经济庭改为民事审判第二庭，执行庭改为执行局，成立无锡市北塘区人民法院黄巷法庭。2005年2月，撤销调查保全组和书记官处，人员分流到各庭室。同年，区法院设有立案庭、刑庭、少年庭、行政庭、民一庭、民二庭、执行局、审监庭等8个审判业务庭，以及办公室、政治处、纪检监察室、司法警察大队共12个部门，另有一个派出法庭—黄巷法庭，全院在编干警71人。

1986～2005年北塘区人民法院历任院长任职情况表

表15-4

姓 名	任 职 时 间
胡伯明	1981.04～1990.03
严 岩	1990.03～1997.11
金玮琳	1997.11～2004.12（其中1997.11～1998.01为代院长）
赵建聪	2004.12～2007.06（其中2004.12～2005.01为代院长）

1986～2005年北塘区人民法院人员编制情况表

表15-5

年 份	编制数	实有数	年 度	编制数	实有数
1994	72	60	2000	78	74
1995	72	66	2001	78	71
1996	73	68	2002	82	72
1997	73	68	2003	82	68
1998	78	71	2004	82	67
1999	78	74	2005	86	71

第二节 刑事审判

1986～2005年，区人民法院依法履行法律赋予的审判职能，受理辖区内一审刑事、民事、经济纠纷和行政诉讼案件。至2005年，区法院共审结刑事案件3194件。

一、“严打”时期刑事案件审理

1986年，区法院接收刑事案件129件，同年全部审结。1989年8月，最高人民法院和最高人民检察院联合发布《关于贪污、受贿、投机倒把等犯罪分子必须在限期内自首坦白的通告》后，区法院加大对经济犯罪案件的审理力度，在严惩经济犯罪分子的同时，运用没收财产、罚金等财产刑。在“严打”期间，开展除“六害”，扫除社会丑恶现象和反盗窃等专项斗争，选择典型案件，召开公判大会，邀请群众旁听。制作法制宣传板，上街及到有关机关企业事业单位巡回展出，扩大法制宣传教育面。展开审后延伸帮教，巩固审判效果；对判处缓刑、管制、拘役的对象，均发出“缓刑、管制人员须知”，告知必须认真接受改造，主动深入基层协助有关部门落实监管小组，签订监管协议，建立档案等制度。定期对他们进行回访考察，力求把刑事审判工作延伸到对缓刑犯、管制犯教育改造的全过程。

二、新《刑法》实施后刑事案件审理

1997年，新《中华人民共和国刑法》施行后，刑事审判着重以刑法总则为指导，以分则为依据，把握诉讼程序法律原则，突出对“两抢”、毒品、组织容留妇女卖淫、经济犯罪、贪污贿赂和破坏社会主义经济秩序的犯罪分子的打击力度，对刑事附带民事案件，做耐心细致的和解工作，促进社会和谐。同年，共审结刑事案件132件。

1999年6月26日国际禁毒日，区法院先后4次召开毒品案件集中宣判大会，震慑犯罪分子，教育广大市民。

2002年11月11日，刑庭首次适用简易程序成功审理被告人陆某某受贿一案。同

年，共审结刑事案件213件。

三、未成年人刑事案件审理

1993年5月21日，北塘法院少年庭公开审理全市首起少年民事权益保护案件，5家新闻单位予以报道。2003年3月11日，北塘法院少年庭在山明中学对一起抢劫案件进行公开开庭，“学生陪审团”正式运作。继社区志愿者对缓刑少年犯实施结对帮教措施后，区法院少年庭又实施“社会服务令”制度，责令缓刑少年犯在指定场所，完成一定量的无偿社会服务劳动。2005年10月18日，法院作出一审判决，宣告被告人朱某无罪并驳回附带民事诉讼原告人施某的诉讼请求，这是在无锡法院系统作出首次公诉案件被告人无罪判决。同年，共审结刑事案件266件。

图15-7 区法院加强对少年犯的帮教工作(2002年)(区史志办供稿)

1986～2005年北塘区人民法院刑事案件审理情况表

表15-6　　单位：件

年份	收案数	结案数	年份	收案数	结案数
1986	129	129	1996	155	154
1987	74	80	1997	131	132
1988	109	108	1998	181	179
1989	144	147	1999	181	183
1990	133	129	2000	170	171
1991	112	117	2001	173	173
1992	99	99	2002	216	213
1993	99	99	2003	284	281
1994	144	143	2004	255	252
1995	139	139	2005	267	266

第三节　民事审判

1986年，《中华人民共和国民法通则》颁布实施，全年受理民事案件294件。1987～1998年，是区法院民事审判发展与完善时期。1991年，《中华人民共和国民事诉讼法》颁布。此后，国家陆续制定出台《中华人民共和国消费者权益保护法》《中华人民共和国产品质量法》《中华人民共和国担保法》《中华人民共和国房地产管理法》《中华人民共和国劳动法》《中华人民共和国合同法》等民事法律法规，司法解释相继出台，民事法律规范日渐完善，公民的法律意识随之增强，各类民事案件数量逐年大幅上升。1994年5月12～18日，北塘法院主办的华东六省市民事审判研讨会在虹波园召开，最高人民法院民庭庭长梁书文参加，省法院院长李佩佑、副院长徐影清与会并讲话，与会代表有100余人。1996年10月16日，区法院针对老年权益保障案件的特点，成立老年权益保护合议庭。依靠区老龄委和社区基层组织，开展老年权益案件的审理和法治宣传工作，取得较好的社会效果，被评为国家级老年保护先进集体。1986～1998年，区法院共受理各类民事案件8266件，涉及的案件类型既包括传统离婚、继承、抚养纠纷等婚姻家庭类纠纷与民间借贷、欠款等债务类纠纷案件。同时民事审判还涉及大批房产类、拆迁类纠纷，以及劳动争议、医患纠纷、名誉权、消费者权益保护等新类型的案件。

1999～2005年，区法院执行最高人民法院《关于民事经济审判方式改革问题的若干规定》及相关司法改革指导文件，开启民事审判方式的改革。1999年起，区法院以实现案结事了作为改革的目标，重点开展三项改革：以全面落实公开审判为目标的庭审方式改革，推行举证、质证、认证三公开，强化审判的法庭指挥和当事人的诉讼参与；以规范审判行为为目标的审判管理改革，推行流程管理和目标考核管理、强化合议庭、独任庭负责制和庭长目标考核制度，从立案、分案、定案、结案到卷宗归档全方位考核和监督审判程序；以增强说理释法为目标的法律文书改革，在规范文书格式的过程中，强调文书的程序公开、认证公开、裁量公开，强调文书表达的质量，提高文书的裁决纠纷和宣传法律的功能。

1999年后，区法院民事审判工作的范围更加广泛。在审理拆迁案件中，区法院成立专业合议庭，采取提前介入、上门调解、多方协调、调判并用等措施，保障城市拆迁建设的进展。

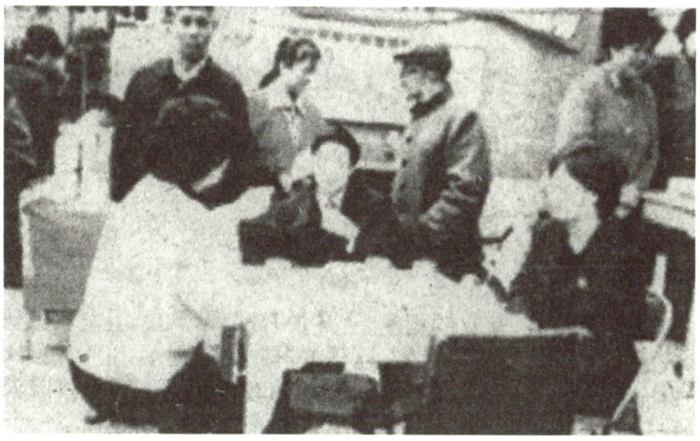

图15-8　北塘法院法官深入社区开展法律宣传咨询活动（2002年）（区史志办供稿）

2003年，区法院民事审判坚持“能调则调、当判则判、调判结合、案结事了”的原则，开展调解工作。与区司法局、区工会建立委托调解机制，依托基层组织开展调解工作。同时，区法院民事审判还主动与辖区联系，建立多个审判联系点，开展巡回审判工作，密切与辖区群众的联系。

2004年5月，《中华人民共和国道路交通安全法》开始实施，区法院民事审判积极应对，即时在区交巡警大队设立交通事故损害赔偿案件巡回审理法庭，建立交通事故损害赔偿案件快速处理机制及委托调解机制，第一时间参与交通事故赔偿案件的调解与审理，取得较好的社会效果。

1986～2005年北塘区人民法院民事案件审理情况表

表15-7 单位：件

年 份	收案数	结案数	年 份	收案数	结案数
1986	294	266	1996	887	845
1987	422	391	1997	870	888
1988	444	418	1998	880	858
1989	534	516	1999	1112	1147
1990	506	570	2000	977	1001
1991	584	600	2001	825	829
1992	582	605	2002	1178	1133
1993	720	702	2003	1324	1373
1994	770	782	2004	994	948
1995	763	796	2005	1257	1132

第四节 商事审判

1986～1995年，随着市场经济的快速发展，不同类型的经济纠纷大量涌现，案件类型主要集中于买卖、加工、承揽合同之类。

1991年10月11日，在湖光仪器厂召开为大中型企业服务的新闻发布会，辖区内36家大中型企业的厂长到会，市中级法院和区四套班子主要领导参加会议。《中国新闻社》、《解放日报》、《上海法制报》、《新华日报》、《江苏法制报》及无锡9家新闻单位记者到会采访并作报道。1992年7月，成立全市第一家经济纠纷协调中心，按照自愿、公正、合法的原则，运用简便、灵活、快捷的办案方式，调处纠纷。1994年7月13日，北塘法院受理的首起不正当竞争案“昂立”（上海昂立生物制品厂和无锡众诚营销公司）状告“克立”（无锡克立营销有限公司）案开庭。1994年7月13日，北塘法院作为全市法院经济审判方式改革试点单位，出台“经济审判方式改革实施方案”。1995年12月，根据无锡市中级人民法院要求，区法院撤销经济纠纷协调中心，经济纠纷案件按民事诉讼法规定的程序依法进行审理，支付令案件由告诉申诉庭负责审理。

1996年～2005年，区法院受理的商事案件主要集中于借款、买卖、保险、委托等合同纠纷，同时票据、股权、破产及信用卡纠纷也日益增多，法院在商事案件审理中，探索与时俱进的审判方法和审判思路，先后审理以马尔斯广场案、华源集团案等为代表的一系列社会影响极大的案件。

1999年，新《中华人民共和国合同法》颁布后，审判人员抓紧学习培训，围绕该法实施过程中出现的新情况、新问题开展研讨，为审理好买卖合同纠纷及其他各类经济合同纠纷案件打下基础。同时，对于一些疑难案件和易激化案件，坚持请示、汇报和集中讨论制度。随着经济体制改革的发展，经济纠纷中出现涉及国企兼并、承包、租赁等经济纠纷案件新情况、新问题，法院发挥依法调节经济关系的审判职能作用，为经济发展提供司法保障和法律服务。在办案中，依法支持国企改制与发展，促进现代企业制度的建立，处理好企业改制后原有债务承担问题，抓好资产评估，制止借改革之机侵害国家利益和债权人合法权益的行为发生。处理好乡镇企业、区街经济资产重组等引起的债权债务关系。严格破产案件的审理，抵制假破产真逃债现象，防止国有资产的流失。对于股权纠纷、技术纠纷和票据侵权纠纷等新类型疑难案件，深入研究，有问题找专家，不轻易下判，做到稳妥处理。

2002年7月8日，根据无锡市法院系统机构改革要求，经济庭改为民事审判第二庭。

1986～2005年北塘区人民法院经济纠纷案件审理情况表

表15-8　　单位：件

年 份	收案数	结案数	年 份	收案数	结案数
1986	49	51	1996	801	717
1987	76	72	1997	800	850
1988	82	75	1998	415	469
1989	114	96	1999	362	363
1990	97	103	2000	262	270
1991	109	104	2001	294	298
1992	131	127	2002	347	341
1993	183	169	2003	412	419
1994	190	196	2004	534	537
1995	496	488	2005	767	699

第五节 行政审判

1988年11月21日，区法院受理第一件行政案件，12月8日，在北大街街道开庭审理。1989年5月1日，区法院设立行政审判庭。

1990年10月1日，《中华人民共和国行政诉讼法》施行。行政审判把确立保护公民、法人和其他组织的合法权益，维护和监督行政机关依法行使行政职权的司法宗旨，纳入依法办案的轨道。同年，区法院共受理行政案件82件，受理非诉审查、非诉行政执行案件310件。

2000年起，行政诉讼案件呈现逐步上升趋势，行政诉讼涉及的行政管理领域逐渐扩大，从原来集中在公安和工商行政管理领域逐渐扩展到房产、城建、规划、交通、教育、人事等诸多与民生直接相关的行政管理领域。在审理秦邦宪故居拆迁案中，为重修秦邦宪故居，一户居民自称是秦氏后人，以补偿过低为由不愿搬迁，后经市法院、市文物局等协商，双方达成和解协议，该居民主动搬离故居。在审理新江南花园诉规划局“阳光权”案件中，为建造主楼高81米的26层新江南花园商住建筑，原告认为第三人新江南公司建造的该商住建筑违反日照间距规定，影响其采光，诉至本院请求撤销被告无锡市规划局关于该建设工程的用地规划许可。经审理，法院认为原告诉第三人建造的商住建筑影响其采光权，应当针对最终实际影响其权利义务的建设许可行为提起行政诉讼，规划局作出的（94）第18号建设用地规划许可行为不对原告主张的上述权利产生实际影响，最终驳回原告的起诉。2005年11月，就张懿卓诉无锡市北塘区教育局教育行政确认案，是无锡市首例学区管理纳入司法审查的案件，通过《庭审直击》向社会公众展示司法对敏感问题的司法审查过程，收到良好的社会效果。2000～2005年，受理行政诉讼案件200件，受理行政赔偿案件11件，受理非诉行政审查、非诉行政执行案件134件。

1986～2005年北塘区人民法院行政案件审理情况表

表15-9　　单位：件

年 份	收案数	结案数	年 份	收案数	结案数
1986	–	–	1996	5	5
1987	–	–	1997	5	5
1988	1	1	1998	4	4
1989	2	0	1999	10	10
1990	0	2	2000	2	2
1991	0	0	2001	39	34
1992	7	7	2002	14	18
1993	2	2	2003	30	29
1994	6	6	2004	28	27
1995	3	3	2005	38	39

第六节 审判监督与执行

一、审判监督

1999年3月，区法院成立审判监督庭（简称审监庭）。区法院审监庭在由专人评查案件质量到全庭每月对所审结案件开展定期评查的基础上，有针对性地就审判工作中的薄弱环节开展专项评查，先后开展二审改判、发回重审案件和信访反映的执法不公的案件等特殊类型案件的重点评查活动。定期召开质评工作座谈会，形成评查交流的例会制度，每季度到法庭现场评查案件，对评查中发现的深层次问题，提出建议与对策，促进共性问题的整改，规范司法行为、促进司法能力提高。

1998～2005年北塘区人民法院再审案件情况表

表15-10　　　　单位：件

年 份	旧存	新收	审结
1998	1	1	2
1999	0	4	2
2000	2	6	6
2001	2	6	7
2002	1	2	2
2003	1	3	3
2004	1	2	1
2005	2	1	2

二、立案审查

区法院立案庭是区法院的窗口部门，除开展诉讼案件的受理、立案工作外，还负责受理并审理“支付令案件”“公示催告案件”“诉前保全案件”及涉诉信访归口管理工作。1999年3月22日，立案庭实现电脑立案，并制作立案文书，使立案手续、案件交接移送、立案统计方面从内容到效率均有较大提高。立案庭为方便当事人诉讼，特建立方便台，提供各种诉讼文书格式，列明基本诉讼流程的表格，配备钢笔、老花镜等物品。针对当事人对法律了解不多的问题，安排专门人员提供法律咨询。随着新型、疑难案件不断增多，部分传统类型案件也呈现出许多新特点，区法院立案庭在审查各类案件的立案过程中，把好每件案件的入口关，增强立案审判工作中的法律适用能力。立案庭与审管办等部门配合、协调，健全、完善审判流程长效管理的相关机制。区法院立案庭结合涉诉信访的现状及出现的新情况，新问题，创新、完善涉诉信访工作机制，加强对诱发涉诉信访因素的分析排查，改进初信初访接待办法，重视涉诉信访的分类处理甄别工作，制定完善各类工作预案、工作机制，依法办访。

1986～2005年北塘区人民法院立案情况表

表15-11　　单位：件

年份	立案数	年份	立案数
1986	472	1996	-
1987	572	1997	2712
1988	742	1998	2794
1989	940	1999	2734
1990	829	2000	2311
1991	1226	2001	2376
1992	1054	2002	2613
1993	1500	2003	3007
1994	1699	2004	2551
1995	1874	2005	3816

三、案件执行

1987年前，执行工作实行审执合一，由审理案件的审判员承办案件执行工作。1987年4月，区法院成立执行组，执行工作由执行组履行。

1988年12月，区法院设立执行庭，负责执行法院民事、行政判决、裁定、调解书，具有强制执行效力的公证债权文书等生效法律文书。

1992年2月，北塘法院在全市首创执行月活动，第一个执行月就执结案件43件。

1999年4月20日至7月末，开展百日执行会战，区法院出动20余名干警，6部车辆，3个副院长分别带3个执行组赴锡山集中执行，执行20家单位，执结标的250余万元。

2002年7月，执行庭改为执行局，执行局继续履行法律赋予的职责，切实保护债权人合法权益，强化制度建设，执行工作逐步规范，走上良性循环的轨道。

2005年11月，区法院在执行丰田诚公司案件中，首次尝试以现场抽签的方式确定以物抵债的受偿顺序，并结合按债权比例分配，圆满执结8起案件。同年，申请执行案件数成倍增长，共受理执行案件1072件。

1986～2005年北塘区人民法院案件执行情况表

表15-12　　单位：件

年份	收案数	结案数	年份	收案数	结案数
1986	-	-	1996	-	-
1987	-	81	1997	-	798
1988	64	56	1998	1078	799
1989	115	63	1999	881	662

续表 15-12

年份	收案数	结案数	年份	收案数	结案数
1990	92	99	2000	534	646
1991	421	422	2001	472	506
1992	299	280	2002	512	514
1993	362	368	2003	704	684
1994	390	392	2004	599	562
1995	472	484	2005	1072	922

第七节 队伍建设

1987年，区人大组织法院审判员以上干部法律考试，20人参加，平均成绩为全区第一。围绕财经纪律、组织人事纪律、审判纪律和官僚主义问题进行党纪党风的自我检查。建立健全党风责任制、思想政治工作制度、拒礼拒贿登记制度等各项规章制度，从严治院。抓紧干警的学历业务学习，到年末，正副庭长、主任以上干部大专学历的已达73%、审判人员达58%，书记员和法警达40%。

1991年，开展第一轮民主评议党员活动，有效纠正不正之风；区法院制定《关于进一步加强廉政建设纠正不正之风的意见》，要求各部门贯彻执行。把抓人员素质问题提上议事日程，抓好审判人员的业务素质，开展"怎样当好审判员、书记员"的征文活动，共收到43人的46篇文章；狠抓中层干部的政治素质，先后组织副科以上23人参加省、市、区党的理论培训班；制定廉政建设"十条意见"，开展党风、廉政、执法大检查。

1992年，举办庭长主任培训辅导，介绍当好庭长的经验。开展职业责任、职业道德、职业纪律教育的活动，出台《关于遵纪守法教育和法律作风整顿的实施意见》。针对区人大评议法院工作提出的问题，分别举办庭长、审判人员、书记、法警培训班。

1993年，法院开展"学雷锋、讲奉献"和"学雷锋与市场经济"的大讨论。

1994年1月，表彰院"十佳干警"和1993年度的"七件新事"。6月，全体干警集中进行法官形象主题教育，邀请市"十佳法官"作先进事迹报告。

1995年6月，北塘法院制定《关于工作日中午禁止饮酒的规定》，《江苏法制报》刊登消息。传达省市法院的会议精神，学习《中华人民共和国担保法》《中华人民共和国票据法》。1997年，开展以"抓班子，带队伍，促工作，保稳定"为内容的法官队伍集中教育整顿活动，在全院开展"寻找自我闪光点"活动，有42名干警分别讲演自己的先进事迹和闪光品质。1998年，开展人民法官职业道德、廉政纪律、接受监督主题教育。开展"我心目中的法官""军营之旅""献爱心赈灾"3次主题活动。全院干警撰写调研文章59篇，被各级刊物采用28篇。注重岗位练兵，开展“开庭能手”“优秀法律文书”评比活动。

1999年，院领导带头讲关于人生观、价值观的教育课。组织“我为国徽添光彩”演讲比赛，观看廉政教育录像，分层次开展谈心交心活动，全年拒礼拒贿38人次，价值21980元。开展人事制度改革，对中层干部公开考核，择优上岗。3名年轻干部走上中层领导岗位。抓业务培训，80%干警达大专学历、27%达本科学历、15名干警参加专升本学历教育。制定《岗位目标管理制》《公正、廉洁执法责任制》和《接受监督评议考核制》。

2000年，开展以“讲学习、讲政治、讲正气”为内容的党性、党风教育和“双思”教育大讨论活动。举办“党员先锋模范作用”“艰苦奋斗”“司法公正”“清正廉洁”4个主题教育讲座。开展民主评议行风活动。开展信息调研，有58人撰写调研文章。全年在中央、省、市发表各类调研文章、案例分析39篇，各类通讯报道157篇。

2001年，制定《干警8小时外的行为规范》，抓好干警8小时工作外的延伸管理，组织干警参加《中华人民共和国合同法》、智能化电脑、计算机联网操作培训和《中华人民共和国婚姻法》、《中华人民共和国税法》知识竞赛，提高干警适应新形势发展的能力。2002年，开展为期1个月的执行队伍集中教育整顿活动，开展“保障司法公正”“加强自身修养、保持清正廉洁”“提高司法效率”“遵守司法礼仪”“约束法官业外活动”等5项专题教育，开展“争创人民满意政法单位、争当人民满意政法干警”活动，思想政治素质得到提高。

1992年11月，区法院少年案件审判庭被评为省少年法庭先进集体。1994年11月，最高人民法院通令表彰北塘法院少年案审判庭为少年审判工作先进集体。1995年3月，时任少年庭庭长毛妹娣被中宣部、团中央、全国人大常委会内务司、国家教委、司法部五部门联合表彰为全国未成年人保护工作模范个人。1996年12月，毛妹娣被授予省“劳动模范”称号。1986～2005年，区法院先后被评为全国创建文明行业工作先进单位、江苏省法院系统先进集体、江苏省文明单位、江苏省创建文明行业示范点，2001—2002年度全省法院调研工作先进集体，并被江苏省高级人民法院记集体二等功。

图15-9　北塘法院少年庭庭长，全国未成年人保护工作模范，江苏省劳动模范毛美娣进行家庭走访（1997年12月）（顾祚维/摄）

第五章 司法行政

第一节 机 构

一、区司法机构

1986年1月，区司法科改为司法局，核定编制22人。1987年，司法局内设办公室、政工科、宣教科、基层科。1988年，司法局设立办公室（政工科与办公室合署办公）、法制宣传科、基层工作科、律师管理科4个职能科室。1998年6月，增设社会工作科。2005年12月，司法局增设法律援助科，全局政法专项编制33人，实有23人。

二、街道司法所

街道司法所是区司法局的派出机构。1988～1999年，辖区各街道均设司法助理员1人，负责管理所在街道的法律服务工作。1999年12月，各街道建司法所，全区共有北大街、惠山、吴桥、惠龙、西新5个街道司法所。2002年，全区共有北大街、惠山、吴桥、惠龙、西新、五河、刘潭7个街道和黄巷镇、山北镇2个镇的9个司法所。2004年3月，区撤镇建街道，全区有黄巷、山北、北大街、惠山4个街道司法所，专项编制18人。

第二节 普法教育

一、“一五”普法

1986～1990年，在全区公民中开展法制宣传教育第一个五年规划（简称“一五”普法教育），组织公民学习《中华人民共和国宪法》《中华人民共和国刑法》《中华人民共和国刑事诉讼法》《中华人民共和国民法通则》《中华人民共和国民事诉讼法》《中华人民共和国婚姻法》《中华人民共和国继承法》《中华人民共和国经济合同法》《中华人民共和国环境保护法》《中华人民共和国治安处罚条例》等“九法一例”，普及法律常识。1986年3月，全区召开第一次法制宣传教育工作会议，动员和部署开展法制宣传工作。区委下发《关于我区建立普及法律常识领导小组的通知》，开始第一个五年普法工作。至1990年年末，全区完成第一个五年普法任务，共有11万人参加普法学习，普法总合格率为90%，全区10个普法先进集体、20名先进个人受到表彰。

二、"二五"普法

1991～1995年，开展"二五"普法教育。1991年3月，区委办下发《关于成立无锡市北塘区实施第二个五年普法领导小组的通知》。6月，区召开全区法制宣传工作会议，对"一五"普法教育进行总结表彰，对"二五"普法工作作出部署并提出要求。区委办公室、区政府办公室转发区委宣传部、区司法局《关于在全区公民中开展法制宣传教育第二个五年规划》和《北塘区1991年普法教育实施意见》，各部门、各单位制定普法规划，进行试点，举办普法骨干培训班52期，参加培训人数1500余人，编印下发普法教材和资料2.5万余份。1993年8月，调整组织机构，颁发《关于建立无锡市北塘区依法治区领导小组和撤销北塘区普法领导小组的通知》。1994年5月，召开全区法制宣传教育工作会议，传达学习省第九次法制宣传教育工作会议精神，相关单位介绍普法和依法治区情况，区司法局对全区开展普法和依法治区情况进行总结，并对下阶段普法和依法治理工作作出部署。1995年8月，依法治区领导小组下发"二五"普法考核验收实施意见，明确考核验收的标准、范围、内容，并于当月中旬对全区普法依法治区工作进行考核验收。"二五"普法期间，全区共有12万人参加普法学习，普法合格率达到95%以上。

图15-10 北塘区"二五"普法总结表彰会(1995年)(区史志办供稿)

三、"三五"普法

1996～2000年，开展"三五"普法教育。1996年5月，区委、区政府批转区委宣传部、区司法局《关于在全区开展普法教育第三个五年规划》，区人大常委会会议通过《关于继续开展法制宣传教育的决议》。"三五"普法规划的指导思想是坚持法制宣传教育与法治实践相结合，以提高公民法律意识为基础，以促进干部依法办事为核心，以领导干部学法、政府依法行政为重点，推进依法治理。1996年6月下旬，召开全区普法依法治区工作总结表彰大会及"三五"普法动员大会，对全区在普法依法治区工作中表现突出的30个先进集体和99名先进个人给予表彰，对全区继续开展第三个五年法制宣传教育进行部署。1998年9月，根据全区普法依法治区工作需要，调整区依法治区和普法工作领导小组。

四、"四五"普法

2001～2005年，开展"四五"普法教育。2001年3月，制定下发《2001年北塘区依法治区和普法工作意见》。8月，区委、区政府批转区委宣传部、区司法局《关于在全区公民中开展法制宣传教育的第四个五年规划》，召开全区“四五”普法暨依法治区工作动员大会，对全区32个“三五”普法先进集体、51个先进个人进行表彰，北大街街道、区教育局等4个单位获省、市“三五”普法先进集体、8人获省、市“三五”普法先进个人称号，对全区依法治区和普法领导小组成员进行调整。9月26日，区人大常委会作出《关于进一步开展法制宣传教育的决议》，全区各街道、各部门及单位相应制定“四五”普法教育计划。

全国第四个五年普法教育规划中将每年12月4日（现行《宪法》实施日）确定为全国“法制宣传日”，北塘区每年组织开展“12·4”法制宣传日的宣传活动。2002年3月，区委组织部、宣传部、区依法治区领导小组办公室、区司法局联合下发《北塘区关于领导干部法律知识学习培训的实施意见》。2002年4月，区委办、政府办转发区委宣传部、区依法治区领导小组办公室、区司法局关于《2002年北塘区法制宣传教育及依法治区工作实施意见》的通知，要求围绕区委、政府的中心工作，服从服务于改革、发展、稳定大局，推动“四五”普法规划的实施，突出开展与WTO（世界贸易组织）有关的法律法规和完善社会主义市场经济的法律法规的普及学习，与公民生产、生活、学习相贴近的法律法规的学习。2003年5月，区依法治区领导小组对区依法治区和普法领导小组成员进行了调整，制定下发《北塘区2003年“四五”教育和法制宣传工作要点》，明确要求加强全民普法教育，扎实提高全区公民尤其是公职人员的法律素质，加快推进社会法治化进程。2004年4月，区依法治区领导小组制定下发《关于2004年北塘区法制宣传教育工作意见》，围绕全区争创“两个率先”“平安北塘”的目标，抓好以宪法为核心的普法教育，提高依法行政、依法管理的水平，促进全区三个文明建设。7月，开展“法律进社区”工作，各社区建立和完善“市民法制学校”“法制宣传栏”“法律书柜”“法律服务协议”“法律志愿者队伍”及发放“法律服务联系卡”。8月，区依法治区领导小组制定《无锡市北塘区关于“民主法治村”“民主法治社区居委会”考核评审意见》，并出台《北塘区法治社区工作标准》。2005年3月，召开全区依法治区领导小组成员会议，会上按照省委、省政府提出“法治江苏建设纲要”及市委、市政府“法治无锡建设实施意见”要求，讨论“法治北塘建设实施意见”。3月，区委办、政府办转发区委宣传部等部门《北塘区法制宣传教育第四个五年规划实施情况考核验收办法》。6月22～24日，对全区各街道和区有关部门开展“四五”普法情况进行检查和调研。全区应参加“四五”普法31.4万人，实际参加31.02万人，普法及格率98%。普法对象中，科级以上领导干部普法及格率为100%，机关公务员普法及格率为100%，企业经营人员普法及格率为97%，青少年普法及格率为90%。5年共举办法制讲座31015次，248万人次参加培训。

第三节 基层司法行政

一、人民调解

1986年，全区建有9个人民调解委员会，20名调解员。至2005年，全区有51个社区调解委员会，1860名调解员。1986～2005年20年间，全区各调解委员会受理民间纠纷26092件，调解成功25431件，调解成功率达97.47%，防止非正常死亡203人，避免“民转刑”案件278起、“民转非”203起，避免群体性上访84批2194人，防止矛盾激化417起。没有发生因民间纠纷调解不及时、不合法而引起的非正常死亡案件和刑事案件。

2004年，区和各街道均建立社会矛盾纠纷调处中心。至2005年年末，区、街道两级社会矛盾纠纷调处中心共接待群众来访325批，受理调处社会矛盾纠纷321件，成功调处320件，成功率达到99.69%。其中社会矛盾纠纷调处中心直接调处78件，分流调处243件，没有因调解不及时或不当而发生“民转刑”案件和“民转非”事件。

附：调解案例

2004年8月9日，辖区内渔乡楼大酒店的职工薛某因家庭矛盾激化而在其租住地跳楼自尽。骤然失去经济支柱的家属无力办理其后事，便纠集15名外地人到酒店闹事，强烈要求酒店支付给死者家庭人道补助金及殡葬费，而酒店一方对死者家属提出的补偿要求不能接受，并向街道司法所提出调解申请。8月11日，司法所协同派出所组成调解小组，一方面向死者家属解释《中华人民共和国治安管理处罚条例》及《中华人民共和国劳动法》的相关内容，指出聚众闹事的严重后果及酒店应结算薛某当月的工资和适当的人道补助；另一方面耐心做死者家属的思想工作。经过反复协商，双方差距不断缩小，最后达成一致意见，酒店一次性支付死者家属补助金20000元及死者当月工资911元，而死者的后事由家属自行料理。

北塘区黄巷街道民丰辖区内的无锡丰田诚服装有限公司系中外合资企业，中方经理被授权全权负责公司业务，因管理不善，拖欠公司150余工人两个月的工资，其中农民工123人。2005年7月6日上午，百余名工人围堵厂门和门前的道路讨薪。司法所接报后，联合综治、派出所等部门组成协调小组，赶赴现场，调处拖欠农民工工资纠纷。经过与资方的多次谈判，资方答应在7月8日付清工人工资。7月8日上午资方称钱还是无法筹集，此时工人们的情绪十分激动，矛盾激化。在这种情况下，调解小组成员一边继续给工人们做工作，一边紧急召集街道分管主任与区法院领导、派出所和民丰社区的有关负责人一起做工作。经过反复讨论协商，在保证农民工利益的前提下，最后由丰田诚中方经理筹集1.8万元，民丰社区垫资9万元，主要解决农民工工资，在8号全部发放完毕，共发放123人，实际发放金额106203.55元。使事件基本得到解决。

1986～2005年北塘区调解工作情况表

表15-13　　单位：起、%、次、人

年份	纠纷受理数	调解成功数	调解率	成功率	防止非正常死亡数	防止民转刑数	调处恶性纠纷数	防止集体上访次数	防止集体上访人数
1986	1138	1102	98.78	96.84	11	12	32	–	–
1987	1229	1189	99.50	96.75	13	19	35	–	–
1988	1476	1437	98.65	97.36	22	23	37	–	–
1989	1365	1328	98.22	97.29	18	19	33	–	–
1990	1274	1252	99.50	98.27	14	27	38	–	–
1991	1436	1398	99.45	97.35	12	17	23	–	–
1992	1284	1246	99.50	97.04	8	11	17	–	–
1993	1257	1211	99.30	96.34	9	15	21	–	–
1994	1311	1277	98.50	97.41	11	20	25	–	–
1995	1353	1322	99.20	97.71	15	21	35	–	–
1996	1328	1287	98.40	96.91	13	17	20	–	–
1997	1547	1502	99.50	97.09	16	21	22	7	220
1998	1427	1395	99.10	97.58	7	10	28	4	115
1999	1332	1303	99.50	97.82	9	12	14	6	80
2000	1359	1316	99.30	96.84	9	9	19	7	140
2001	1288	1252	100.00	97.20	5	9	11	9	210
2002	1099	1078	100.00	98.09	6	6	8	7	128
2003	1236	1209	100.00	97.82	2	5	5	11	480
2004	1189	1175	100.00	98.82	2	4	4	15	436
2005	1164	1152	100.00	98.97	1	1	8	18	512

说明：其中1998年防止群体械斗3起

二、社区矫正

北塘区社区矫正工作始于2005年7月，区、街道两级成立社区矫正工作领导小组，下设办公室，负责处理日常事务。实现矫正对象衔接工作，移交法律文书，建立矫正对象档案资料，做到一人一档，纳入管理。组织全体矫正对象、社区矫正志愿者、所在社区的负责人、街道社区矫正领导小组成员单位负责人召开会议，对每个社区矫正对象进行告知、入矫教育、签订社区矫正协议书。同时，规范组织网络和职能部门之间协调制度，把“北塘区社区矫正工作实施方案”“社区矫正工作者守则”等各项制度上墙公示。至2005年年末，全区累计接受社区服刑人员188人，其中，缓刑101人，占53.72%；假释22人，占11.7%；暂予监外执行2人，占1.06%；剥夺政治权利63人，占33.51%，社区矫正对象重新犯罪率为零。

三、帮教安置

1998年6月，司法局设立社会工作科，专门负责指导协调辖区各单位对刑满释放、解除劳动教养人员的帮教和过渡性安置工作。对刑满释放5年内、解除劳动教养3年内，没有生活出路和有重新犯罪倾向的人员，即无家可归、无业可就、无处可去的“三无”人员和没有改造好、暴力犯罪、恶习较深、屡教不改人员等进行帮教安置。1998～2005年，全区共登记接收刑释解教人员1492人，其中刑释人员588人，解除劳动教养904人，帮教率达100%。

1998～2005年北塘区帮教安置工作情况表

表15-14　　单位：人、%

年份	总数	刑释数	解教数	安置数	安置率	重新犯罪	本年重新犯罪率
1998	102	63	39	58	56.86	2	1.96
1999	100	64	36	52	52.00	1	1.00
2000	161	65	96	98	60.87	1	0.62
2001	169	49	120	121	71.60	2	1.18
2002	218	82	136	185	84.86	2	0.92
2003	291	85	206	266	91.41	3	1.03
2004	275	79	196	251	91.27	2	0.73
2005	176	101	75	167	94.89	1	0.57

第四节　律师事务

1986年，北塘区有1个律师事务所，从业律师9人。2000年10月，全省国资律师事务所脱钩改制，北塘律师事务所随之改制为自主管理、自担风险、自我约束、自我发展、平等竞争、法律服务的执业主体。到2005年，全区有4个律师事务所，其中，合作律师事务所3个（江苏高尔登律师事务所、江苏新翔律师事务所、江苏五力律师事务所），合伙律师事务所1个（江苏无锡沁园春律师事务所）。律师人员发展到25人，其中硕士研究生3人，本科生22人。律师业务不断拓展，刑事辩护2005年比1988年增长3倍以上，民事诉讼代理增长6倍，经济诉讼代理增长11倍，担任常年法律顾问增长10倍，法律咨询增长15倍，代写法律文书增长5倍，办理非诉讼业务增长12倍。20年中，全区律师为顾问单位和委托当事人索回赔欠款或减少经济损失约8亿元。

1986～2005年北塘区律师机构情况表

表15-15　　单位：个

年 份	机构数	国资所	合作所	合伙所
1986	1	1	–	–
2000	4	–	3	1
2005	4	–	3	1

1986～2005年部分年份北塘区律师队伍情况表

表15-16　　单位：人、个

年 份	律师总数	国资所	合作所	合伙所
1986	3	3	–	–
2000	29	–	16	13
2005	25	–	19	6

1986～2005年部分年份北塘区律师接办案件情况表

表15-17　　单位：家、件

年 份	担任法律顾问	刑事案件代理	民事、经济案件代理
1986	11	20	35
2000	22	45	467
2005	78	27	377

第五节　法律服务与援助

一、法律服务

1988年，全区有基层法律服务所11个，属集体性质的事业单位，接受街道和区司法局的双重领导。同年，全区基层法律服务所担任法律顾问66家，代理诉讼案件351件，代理非诉讼事务63件，代写法律文书782件，提供法律咨询1519人（次）。1996年3月，全区基层法律服务所与司法办公室（司法助理员）分离，实现政事分开。2001年10月，区锡澄、春申、大正、永迎、金申、惠山、慧龙、浩诚、山北、曙光法律服务所于年末脱钩转制。2005年，基层法律服务所担任法律顾问132家，代理诉讼案件512件，代理非诉讼法律事务126件，代写法律文书1408件，提供法律咨询2116人（次）。同年，为顾问单位和经济案件挽回、避免经济损失累计3.2亿元。

二、调解纠纷

1988年，全区法律服务所调解纠纷265件。1992年，全区法律服务所调解纠纷358件。1997年，全区法律服务所调解纠纷462件。2002年，全区法律服务所调解纠纷327件。2005年，全区法律服务所调解纠纷156件。

三、法律援助

1999年，区成立法律援助中心。随后，相继建立北塘区青少年法律援助中心及北塘区工会、老年人、残疾人、妇联、街道、社区等59个法律援助工作站，将法律援助向基层社区、工业园区、新市民延伸发展，扩大法律援助覆盖面，全面推进法律援助规范化建设。法律援助向基层社区延伸发展，这一创新举措，受到司法部、省司法厅、市司法局的肯定。1999～2005年，北塘区法律援助中心办理150件法律援助案件，其中具有重大影响的法律援助案件有：为智残人士邵永忆办理被黑中介骗走的房款援助案件，获得赔偿5万元；为刘芝兰等8名残疾人解决拖延6年之久的劳动合同纠纷，获得赔偿10.5万元；为摔伤成植物人的卓某进行诉讼代理，使卓某获得前期医疗费用，为当事人和平解决该纠纷打下基础，达成一次性赔偿协议；为身患癌症的陶玉娟解决扶养问题（该案获选市司法局十大优秀案例）等15件。

1999～2005年北塘区法律援助工作情况表

表15-18　　单位：件

年份	援助数	刑事	民事	其他
1999	10	6	3	1
2000	15	6	8	1
2001	17	7	9	1
2002	18	7	11	0
2003	20	8	10	2
2004	30	9	18	3
2005	40	10	25	5

第六章 无锡监狱

第一节 机 构

无锡监狱始建于明代，位于无锡城内太平巷。解放后，1950年更名为苏南无锡监狱。1961年迁址，更名为江苏省第十三劳动改造管教支队。1993年12月更名为江苏省无锡监狱。

1986～2005年无锡监狱主要领导任职情况表

表15-19

姓 名	职 务	任职时间
王汉功	支队长	1986～1987
沈孟义	支队长	1987.12～1995
陈哲民	监狱长	1995.11～2001.03
戴国牛	监狱长	2002～
华东杰	政 委	1987.12～1992.03
苏玉龙	政 委	1992.03～1995
姜 俊	政 委	1995.11～1996
王 强	政 委	1996.10～1998
朱卫民	政 委	1999.03～

1988～2005年无锡监狱行政机构设置情况表

表15-20

1988年		2005年
科室名称	政治处、监察室、办公室、行政科、狱政科、教改科、卫生科、医院、技术科。	调研室、工会、办公室（法制办、信息中心）（下辖文印、纪要、综合档案、总机房）、行政科（下辖车队、食堂）、政治处（下辖老干部活动室、团委）、纪委监察室、狱政(刑执)科、教育改造科、筹建办、监控中心、财务科。

续表15-20

	1988年	2005年
监区名称		一监区（下辖一分监区）、二监区（下辖一分监区、二分监区）、三监区（下辖一分监区、二分监区）、四监区（下辖一分监区、二分监区、三分监区、四分监区、五分监区）、五监区（下辖一分监区、三分监区）、六监区（下辖一分监区、二分监区）、七监区（下辖一分监区、二分监区、三分监区）、医院、会见中心、内管大队（下辖一道门、二中队、三中队）
备注	1991年8月，医院升为科级建制。	

第二节 平安监狱建设

80年代，围绕“建立稳定的监管秩序，树立良好的改造风气”目标，部署“交余罪、揭同伙”专项活动，推进“三个秩序整顿”和坦白、检举等专题活动，充分发挥国家刑罚执行机关的专政职能；针对狱情的新特点、新动向，定期开展敌情摸排，强化狱内侦查工作，推动监管安全防线前移，罪犯改造秩序保持整体平稳。严格执行《监狱、劳改队管教工作细则》，制定《改造、生产“双百分”考核办法》，推行重点部位、重要工具干警直接管理，开展罪犯生活卫生常态性检查评比，建立健全医疗工作管理制度，全面提升监管工作规范化管理水平。整合有限资源，先后安装高压电网，增设报警装置，逐步加强物防、技防设施建设。

90年代，以创建现代化文明监狱为总体要求，以防逃、防重大恶性案件为重点，大力构筑监管安全防范体系，实现无罪犯脱逃、无罪犯非正常死亡、无狱内重特大案件的“三无”目标。积极稳妥推进罪犯分押、分管、分教“三分”工作，严格执行清监搜身等制度，制定《处置突发事件预案》《会见室管理规定》《罪犯临时接见审批管理办法》等，建立业务科室周一分析例会制度，修订《罪犯改造行为规范日准则》，健全狱侦网络，完善外来人员进监审批制度，推行监管工作突击检查制度和狱情月度通报制度，重新组建由市公安局局长担任总指挥的联防委员会，制定《处置监狱突发事件应急方案》，严密安全防范体系。扎实推进规范化管理“示范单位”创建，强化干部直接管理，坚持干警双人值班，严格执行干警在学习现场、劳动现场、生活现场的制度和管理，把罪犯改造的全过程纳入干警管理视线和有效监督之中；实施厂领导、有关业务部门重要时段的巡逻检查制度，坚持每日巡查、每月组织检查、每季开展考核评比；强化罪犯日常管理，定期举办警钟日活动，扎实推进现场专项整治、百日安全竞赛等系列活动；部署1997年香港回归和十五大期间安保工作，与各车间、中队签订“监管安全责任状”“执法执纪保证书”，严厉打击违规违纪行为，全力维护监管安全秩序。加快物防、技防设施建设步伐，完成部分围墙改造、伙房改造、主干道路翻建，实施监狱大门、围墙及武警岗亭建设，开展监狱二道门双门联动锁改造，增设围墙高压电网断电报警装置，更新无线电台，完善通讯警戒设施，安装报警系统两套，全力提升监管安全保障水平。

21世纪初，立足服务构建和谐社会总体定位，以“创建平安监狱”“平安江苏”活动为载体，狠抓监管安全，确保监狱持续安全稳定。全面落实监管安全领导责任制、监管安全工作责任制，组织干警层层签订监管安全军令状，完善监管安全奖罚机制，出台《包班警长、包组警长制度》，持续开展“清危除患”活动，以十六大安全稳定活动为契机，加大重点部位、重要时段、重点物品、重点场所管理力度，加强巡查、督查，深入开展“严打”专项整治和“百日攻坚”活动，不断改进夜间管理方式，采用电子对讲系统报告与夜巡查相结合的方式，提升夜间安防水平。全面加强人防、物防、技防建设，突出人防机制建设重点，与无锡市检察院、无锡武警支队二中队建立“共建、共管、共保安全”机制，完善《处置狱内突发事件应急预案》，组织防暴队员与武警中队开展实战演练，增强处置突发事件能力；以物防、技防建设为基础，新监房二期、三期工程，会见楼工程、轻工厂房二期工程和监内文化广场竣工并交付使用，完成监区南主干道路工程、医院主体工程，高压电线路和部分通信线路等监内管线“下地”工程、监区绿化工程等建设任务，在新监房楼安装监控系统、有线对讲系统和数码报警系统，建成会见中心会见系统、医院监控系统等，更新禁闭室监控系统，为基层监区配发手持金属探测仪和“防袭喷雾器”，安装防盗门5台、安检门9台。2001年，投入20余万元改造围墙电网，建成周界红外报警系统和二道门门禁系统。2004年，监狱局域网及应急指挥中心等工程建设完成并交付使用，物防、技防水平得到提升。

第三节　教育改造工作

深入贯彻“惩罚与改造相结合，以改造人为宗旨”的监狱工作方针，将提升罪犯改造质量作为自觉追求。80年代，按照全省“两劳”会议“把劳改场所办成改造罪犯的学校”要求，1984年10月，组建江苏第一所监狱学校——无锡建华文化技术学校。完善教育培训设施，充实师资力量，严格干部坐班管理，提升教育培训成效；以政治教育为核心，以四项基本原则教育为基础，以技术教育培训为重点，以辅助性教育为补充，开展“学雷锋”活动、举办罪犯列队会操比赛、组织各种形式知识竞赛、开设各类文化教育及技术培训班，构建常态长效教育机制；注重因人施教，深入开展个别谈话教育，加强对新投改罪犯的入监教育和即将刑满犯人的出监教育，积极引入社会资源，签订帮教协议，定期开展规劝教育，不断深化教育改造工作。

90年代，以中共十四大、十五大精神为指导，持之以恒地开展反逃跑教育，部署“扫黄、打非”“严打”专题活动；全面开展“议罪守法”教育、劳动常识教育以及《中华人民共和国刑法》《中国改造罪犯的状况》白皮书等法制教育，举办“罪犯学法制，改造学新人”“法律与罪犯，改造与新生”演讲比赛，深化“树文明改造新风，做文明守法新人”活动；组织学雷锋、征文、学习竞赛、智力竞赛等活动，举办“爱我中华”主题演讲会、“谈巨变、促改造”交流会，开展“迎香港回归”征文比赛、香港风情图片展、迎香港回归书画展等活动，组织形式多样的“迎国庆、庆回归”主题系列活动；加大文化技术教育培训力度，重点加强初中学历以下的文化基础教育，开办以工种工艺为主要内容的岗位技术培训班，严格考核发证和职称评定。1994年，无锡监狱被批准为省级优秀特殊学校，并记集体二等功。按照《特校上等级检查验收细则》，加快推进监区环境整治和文化建设步伐，着力加强罪犯图书馆、阅览室、《建华报》、活动室、广播站等教育阵地建设，常态性开展文明健康的文体活动，举办列队、球、棋、书画、歌咏比赛等，积极营造有利于罪犯改造的环境；广泛利用社会资源，在监内开办书市，举办电脑、英语培训班，严格落实国家初、中级技术等级考核标准，积极引导罪犯把“刑期”变“学期”。强化教育改造制度与方法创新，建立干警个别教育讲评制度，拓宽帮教范围和帮教志愿者队伍，开展“一帮一、结对子”活动，提升教育改造工作成效。

21世纪初，紧紧围绕提高罪犯改造质量目标，以政治教育为重点，法治、道德教育为主线，深入开展爱国主义主题教育和“弘扬改造正气、建设平安监狱”“倡导文明改造新风、构建和谐改造环境”等系列教育活动；着力巩固文化技术教育成果，继续办好小学、初中班、高等教育自学考试辅导班、英语班、电脑班，先后开办电工、数控培训班，举办服装加工中级培训、机械识图、烹饪和缝纫培训等，深化技术等级与岗位技能培训。加强环境整治和监区文化建设，拆除危旧监房楼、危旧生产用房，新增绿化面积3000平方米，扎实开展电化教育活动，播放《监狱新闻》、政治教育片等，举办书市，创建“阳光书屋”，开展“普法教育年”主题活动和“创建杯”文艺体育活动，把严格管理与活跃监区文化有机结合。部署民警管教业务知识大练兵，加强干警基本功训练，提升教育改造工作针对性；积极探索罪犯心理矫治，全面启动罪犯心理测试、心理咨询和心理健康教育。2001年，投资5万元建成设施先

图15-11 北塘区和无锡监狱联合帮教大会(2002年)(区史志办供稿)

进、功能完备的罪犯心理咨询室，制定心理咨询教育制度，配备专业心理咨询人员，开展罪犯心理健康教育，特殊罪犯稳定率达100%。深入开展社会帮教活动，制定《关于社会帮教工作的暂行规定》，发展社会帮教志愿者队伍，开发社会资源服务罪犯改造，与无锡市新华书店、图书馆构建合作共建关系，借助无锡市机械资产管理公司培训中心、技术监督部门的师资力量，开办电工考级、数控机床、特殊工种培训班等，积极推进教育改造工作科学化、社会化进程。

第四节 公正文明执法

80年代，在开展“严打”斗争中，立足监狱实际，履行专政职能，坚持依法、文明管理，切实维护罪犯的合法权利。

90年代，大力开展现代化文明监狱创建，牢固树立“法律至上”理念，结合“三五”普法要求，组织干警学习《中华人民共和国监狱法》《中华人民共和国人民警察法》《中华人民共和国刑法》《中华人民共和国刑事诉讼法》等法规及江泽民总书记关于《加强民主法制建设，维护社会稳定》重要讲话，重点开展“公正执法、文明执法”专题教育活动。全面开展执法大检查，贯彻省监狱管理局规定，推进依法治监工作。加强罪犯医疗卫生保障，修订完善医疗防疫相关规章制度，常态性开展医疗业务培训，推进医院上等级和执业登记许可证评审工作。1996年，监狱医院通过无锡市卫生局“医疗机构职业登记许可证”验收评审；改善罪犯生活设施，推行规范化管理，积极开展“两个文明卫生”创建活动，多年未发生罪犯食物中毒、未发生传染病流行。加强执法监督，建立监狱长接待日，设立监狱长信箱，邀请无锡市人大代表进监监督，广泛征求社会各界特别是执法监督员、新闻记者、罪犯家属对监狱执法工作的意见和建议，制定《纪检、监察、信访工作制度》，安装专线举报电话，开通六条服刑指南热线，全面推进狱务公开信息咨询系统，完善刑释人员谈话制度，改进罪犯投诉的受理、调查、审理工作，增强执法透明度，规范民警执法行为。

21世纪初，围绕“执法执纪强化年”活动，开展执法执纪专项教育整顿，“以人民满意为标准、以公正执法为重点”集中教育整顿，“规范执法行为、促进执法公正”专题整改活动，制定《干警廉洁从警保证金制度》，开展罪犯保外就医专项执法检查，增强民警公正文明执法意识。2003年，监狱会见中心被省监狱管理局授予“省级文明示范执法窗口”称号。加强执法机制、执法程序建设，组建刑罚执行科，制定完善《关于呈报减刑、假释工作规定》，推行罪犯减刑假释“四公开”制度，严密程序；改革罪犯计分考核工作，制定新的《罪犯改造计分考核奖罚规定》，全面推行计分考核累进计分制和电脑化管理，让罪犯对改造情况有个明白账。加强罪犯劳动管理，严格加班劳动审批制度，积极改善劳动条件，切实加强罪犯劳动保护。加强罪犯生活保障，强化经费管理和伙食管理以及卫生防疫工作，努力改善罪犯医疗条件，推行医疗专家进监门诊、会诊活动，完善罪犯生活物资招标，严格落实罪犯伙食实物量标准，调节膳食营养结构，维护罪犯基本权益。2005年，罪犯食堂被省监狱管理局授予“省级文明食堂”称号。

第五节 队伍建设

80年代，深入贯彻中共十三大及全国政法工作会议精神，认真学习《中共中央关于社会主义精神文明建设指导方针》等文件精神，深入开展党的基本路线和坚持四项基本原则教育。加强党的建设，围绕党要管党，进一步强化党的思想、组织和作风建设，开展纪律整顿和党风大检查，落实党风责任制；深入推进“争先创优”活动，开展“忆传统、作贡献，做新时期合格党员”建党周年庆主题活动，组织参观无锡革命史陈列展览，邀请离休老党员进行传统教育，组织团员青年参加省监狱管理局团委举办的演讲报告和无锡市北塘区“双庆杯”运动会，扎实开展“学雷锋、树新风”活动，着力提升党支部的战斗堡垒作用和党员团员的先锋模范作用。加强教育培训，组织干警集中学习及自学相关政策、文件及会议精神，开展生产、管教知识竞赛，举办新干警轮训班，鼓励干警参加学历自学考试，组织干部参加现代化企业管理等专业培训及大中院校脱产学习，提升干警综合素质。加强精神文明建设，组织观看电影，开办干警阅览室，定期举办游艺、健身操及球类、自行车比赛等活动，不断丰富干工文化精神生活，在省劳改系统文艺汇演中获三等奖。

90年代，围绕创建现代化文明监狱，深入贯彻“从严治党、从严治警”方针，以解放思想、转变观念为引领，以干警的理想、信念、道德、价值观培育为重点，组织学习《邓小平文选》江泽民同志的《关于讲政治》《中华人民共和国监狱法》《中华人民共和国警察法》、新《中华人民共和国刑法》《国家公务员暂行条例》等有关理论知识、法律法规，扎实推进“二五”普法教育，组织全员知识竞赛，深入开展爱国主义、集体主义和敬业爱岗教育，部署集中教育整顿活动，制定下发《关于集中教育整顿整改阶段及检查验收工作意见》，举办《关于监狱人民警察辞退暂行办法》学习、讨论，引导干警将禁令铁规内记于心、外化于行。加强廉政建设，根据中纪委《关于党政机关厉行节约制止奢侈浪费行为的若干规定》八项要求，制定《中共无锡监狱委员会党风廉政建设责任制》，组织全体干警签订“执法执纪、廉洁从警”保证书，扎实推进“树监狱警察形象，创文明执法新风”，“公正执法、文明执法”等主题教育活动，积极开展反腐倡廉、执法执纪、廉政勤政、艰苦奋斗等专题教育，筑牢干警廉政防线。实施“素质强警”工程，选送干警参加省监狱管理局举办的各类业务培训，加强新录用民警岗位培训力度，推行岗位标兵对新干警“传帮带”工作，大力开展学历教育和岗位培训，不断更新干警知识结构；举办法律知识、岗位业务知识等竞赛，开展争当公正文明执法标兵活动，鼓励干警立足岗位，学业务、练技能，营造“比学赶超”的浓厚氛围。全面强化干警管理，制定《关于干部管理若干问题的暂行规定》，出台《干工休假制度》《干警年度考核细则》《干警培训工作暂行规定》《政工百分考核》《关于加强警容风纪管理的暂行规定》等，组织民警学习《人民警察警容风纪管理办法》《人民警察警衔条例》等，实行警衔制度，促进干警管理工作制度化、规范化。推进人事聘任制度改革，修改《关于实施干部聘任制的暂行规定》《关于对中层领导全面考核实施意见》，公布《中层主要领导干部上岗基本条件》和《任期的主要目标》，逐步实施测评推荐与考核竞争相结合的聘任办法；制定《关于专业技术职务聘任管理实施意见》，扎实推进专业技术职务聘任工作。1998年后，按照“新人新办法、老人老办法”，推行干部分类管理，出台《关于非领导职务设置的实施意见》，构建任期考核、年度考核、平时考核相结合的考核机制，制定干部轮岗交流、解聘、告诫等制度，切实做到“能者上、庸者下”，激发干警干事创业热情。1991年，面对百年未遇的洪涝灾害，积极组织自救，把损失减到最低，被无锡市北塘区评为“抗洪救灾先进单位”。1996年，圆满完成150名罪犯遣送新疆任务，5名干警荣立三等功，6名干警受到省局嘉奖。

21世纪初，深入贯彻“以人为本”理念，围绕提高民警履职能力和改造罪犯本领，切实加强和改进思想政治工作，扎实推进民警队伍革命化、正规化、专业化建设，精心打造“共同追求、永不满足”的团队文化和团队精神，持续提升民警队伍的凝聚力、战斗力、创造力。加强民警队伍革命化建设，扎实推进以实践“三个代表”重要思想为主要内容的保持共产党员先进性教育活动，组织收看《江苏监狱改革发展》系列片，部署实践“三个代表”、牢记“两个务必”专项教育整顿活动，深化好班子创建，配齐配强基层党支部班子；深入开展实践科学发展观，学习贯彻中共十六届四中、五中全会精神，扎实开展“学习任长霞精神、树当代警察形象”“树标杆、学先进、比贡献”等主题活动，以及“廉洁奉公、勤政为民”“三个代表”重要思想、执法执纪等专题教育和警示教育，贯彻落实党风廉政建设责任制要求，健全以狱务公开、干警任用、资金使用、责任追究等为重点内容的党风廉政机制；对新提任民警开展以“廉政·勤政·守法”为内容的系列教育活动，举办以“贤内助、廉内助”为内容的家属座谈会，分批组织民警家属进监参观，并向民警家庭寄发民警廉洁自律承诺书，全面增强民警的法治理念、廉政意识。开展学习型机关建设、学习型队伍创建，运用集中研读、个人自学、交流心得、专家授课、电化教育等多种形式、多样载体，着力解决依法治监、劳务发展、监企分离等重大课题，切实提升民警队伍实战能力。坚持从严管理，全面修订干警直接管理制度汇编，完善《干警提醒诫勉谈话制度》《干警“八小时以外”管理规定》《干警直接管理考核办法》等制度，禁止干警带手机入监，制定与监管改造、监狱经济、队伍建设挂钩的民警岗位保证金制度，规范业务科室挂钩基层工作，全方位提升民警队伍管理水平。加强民警队伍专业化建设，围绕省监狱管理局提出的目标，采取“请进来、走出去”方法，继续深化经济管理、法律“双学历”和“专升本”教育，广泛开展干警队伍的业务培训，举办干警电脑中级、狱侦干警技能、营销业务知识等培训，部署岗位能手、管教标兵与新干警“师带徒、传帮带”活动，组织干警到兄弟单位挂职锻炼、新干警赴无锡市武警教导队封闭式训练，举办干警初任和警衔晋升培训，实施警体技能考核和岗位技能考核，营造民警队伍业务技能“大比武、大练兵”浓厚氛围。2001年，在全省监狱系统技能比赛中，获得擒敌拳项目第二名。加强民警队伍团队文化建设，在局域网上开辟警察家园专栏，开展吴文化寻访活动、读书活动、青年示范岗创建活动等，积极探索警察文化建设路径；落实从优待警政策，建立民警维权机制，组织实施非领导职务晋升工作，实施干警节假日值班补贴制度，组织全监干工身体健康检查，大力开展基层基础建设，建成民警家属区休闲广场，改善民警的工作、居住环境；定期开展“创业杯”篮球联赛，组织监狱文化周、兴趣小组活动，丰富民警业余文化生活。2004年，被无锡市授予文明单位称号。2005年，省级文明单位创建通过无锡市精神文明建设办公室考核验收。

第十六编
国防

北塘区人武部是北塘区委的军事部门，又是北塘区政府的兵役机关，受无锡军分区和北塘区委的双重领导。

区人武部根据1984年国家颁布的《中华人民共和国兵役法》，实行以义务兵制为主体的义务兵与志愿兵相结合、民兵与预备役相结合的兵役制度，做好征兵工作。区人武部开展军人家庭服务中心活动，加强政治思想教育，坚持向部队输送优质兵员。1986年以来，对民兵组织和民兵训练进行改革，开展民兵以劳养武活动；组织好民兵军事训练；推广民兵和地区结对共建文明单位活动。开展军地共建学理论，军地党委中心组共同学习双向交流。至2005年，连续20年无责任退兵。区人武部在民兵、征兵、民政、人防建设等方面，曾先后多次被江苏省人民政府、江苏省军区、无锡军分区评为先进单位。

第一章 武装机构及军事单位

第一节 区人民武装委员会

北塘区人民武装委员会始建于1962年2月。1966年，因“文化大革命”，区人民武装委员会停止工作。1979年，根据中共中央《关于恢复中央、军委和各级地方党委人民武装委员会的通知》(以下简称《通知》)，恢复建立区人民武装委员会。

人民武装委员会通常每年召开两次全会，研究和部署人民武装工作任务，遇有特殊和重大情况，可随时召开会议，研究解决处理具体问题。人民武装委员会的主任委员，“文化大革命”前由区委书记兼任，根据中共中央《通知》精神，1980年后区人民武装委员会主任委员改由区委副书记、区长担任。

第二节 区人民武装部

图16-1 区人武部党委会议(2004年)(区史志办供稿)

区人民武装部（以下简称区“人武部”）始建于1959年4月，为地方编制，1961年1月改为军队编制，1981年6月，改为地方编制，1983年，改为军队编制。1986年6月，区人武部改归地方建制，属地方副区级建制，下设军事科、政工科、办公室3个科（室），配专职人武干部11人（部长、政委各1人，军事科长、政工科长、办公室主任各1人，参谋3人，干事、秘书、助理员各1人）。1996年4月，区人武部改为军队编制，属部队正团级建制，下设军事科、政工科、后勤科，配现役军人10人（部长、政委各1人，副部长兼军事科长1人，政工科长1人、后勤科长1人，参谋3人，干事、助理员各1人）。各街道和辖区单位设有人民武装部。

1986～2005年北塘区人武部部长、政委任职情况表

表16-1

职务	姓名	任职时间
部长	李田珍	1986.04～1995.01(地方编制)
	崔凤山	1995.02～1996.04 (地方编制)
	崔凤山	1996.04～1999.05
	赵永书	1999.05～2000.12
	夏心明	2000.12～2002.04
	万建农	2002.04～2005.03
	李晓军	2005.03～
政委	马忠仁	1986.07～1996.04 (地方编制)
	沈崇达	1996.04～2001.05
	蒋伟良	2001.05～2004.04
	陈建超	2004.04～

第三节 驻区军事与消防单位

中国人民解放军63983部队 1958年4月，组建于北京，1962年8月，移驻无锡城区，与1953年8月在无锡惠山成立的工程兵干部文化学校合并，称无锡市科学技术研究所。后改称工程兵技术装备研究所。先后隶属军委工程兵、总参谋部工程兵部、总装备部领导。位于无锡市通惠西路160号，占地120亩。正师级建制，主要从事工兵装备研制，以工程机械、渡河桥梁、地雷爆破、红外伪装等为主。该所成立以来获国家一等奖3项、国家二等奖10项、军队一等奖20项、军队二等奖120项，先后10次被总参谋部、总装备部评为基层先进单位和优秀博士站点等称号。

中国人民解放军第一0一医院 前身为苏南军区陆军医院，1951年年末，以华东军区后勤部卫生部直属医疗队与第二陆军医疗队合并而成，驻无锡北塘区社桥头（后改兴源路157号）。1953年3月，改称华东军区第五陆军医院，9月改为江苏军区第五陆军医院。1954年5月，改称第一0一医院，归江苏省军区领导。1962年1月，划归陆军第27军领导。1969年11月，划归南京军区后勤第13分部领导。1983年10月，由驻军医院升格为中心医院。医院占地面积9.6万平方米，建筑面积10.6万平方米，医疗用房6万平方米；设有23个科室、一个研究中心，共有床位860张；全军著名骨科医疗中心设在该院。2005年前，医院先后被总后勤部表彰为“全军医院建设先进单位”，被军区评为“为部队服务先进医院”“先进旅团单位”，立集体三等功1次。

中国人民武装警察部队8724部队 1953年12月，在安徽省滁县沙河集组建，前身由华东野战军第一纵队独立师山炮连和60军第181师山炮营组建，后经过多次整编。1996年10月，由解放军序列转隶武警序列。转隶武警后，先后圆满完成上海APEC会议备勤、处突演习、搬运四川地震灾区物资和伤员等重大任务。团党委多次被60军、陆军第1集团军和武警总部评为先进团党委、“基层建设先进单位”和“海关执勤先进团”，团队多次被江苏省和无锡市评为“双拥工作先进单位”。

总参谋部无锡干部休养所 成立于1981年，位于无锡市北塘区惠钱路137号，占地面积28700平方米，隶属于总参老干部服务管理局，正团级建制。编制干部11人，士官10人，义务兵3人，离休干部77人。主要职能是做好部队离休干部的服务管理和保障工作，从思想上、政治上、生活上照顾他们安度晚年。干休所成立后，于1999、2001、2003年获总参谋部先进干休所称号。

南京军区空军无锡干部休养所 位于无锡市北塘区惠钱二路10号，占地面积13330平方米。组建于1979年9月，隶属于南京空军政治部，正团级建制。在编干部10人，士官12人，义务兵4人，离休干部86人。干休所主要职能是做好部队离休干部的服务管理和保障工作。该所成立后先后3次被南京军区表彰为先进干休所。

无锡军分区干部休养所 位于无锡市北塘区惠钱路1号和惠钱三村两处，占地面积21720平方米。组建于1979年8月，隶属于无锡军分区，正团级建制。干休所在编干部11人，士官11人，义务兵4人，非现役文职人员2人，非现役公勤人员9人，离休干部108人。干休所主要职能：做好部队离休干部的服务管理和保障工作。2000年被评为全军规范化管理达标单位，2003年被评为全军干休所营房管理先进单位，2004年4月被军区表彰为先进干休所。

无锡市消防支队北塘消防大队 位于北塘公安分局内，隶属于无锡市消防支队，正营级建制。编制35人，其中干部9人，士官12人，士兵14人，有各种执勤车辆10台。2003年1月，经省公安厅批准成立下辖2个消防中队，分别为通惠路中队（公安现役消防队）和刘潭中队（专职消防队）。主要任务是担负北塘区消防监督和全区火灾扑救以及各种灾害事故的应急救助任务。

第二章 兵 役

第一节 兵役登记

1984年，国家颁布新的《中华人民共和国兵役法》。北塘区正式开始实行以义务兵役制为主体的义务兵与志愿兵相结合，民兵与预备役相结合的兵役制度。

1998年12月29日，第九届全国人民代表大会对《中华人民共和国兵役法》进行修正，实行义务兵与志愿兵相结合、民兵与预备役相结合的兵役制度，义务兵服现役的期限为2年。义务兵服现役期满，根据军队需要和本人自愿，经团以上单位批准，可以改为志愿兵。志愿兵实行分期服役制度。志愿兵服现役的期限，从改为志愿兵之日算起，至少3年，一般不超过30年，年龄不超过55岁。

第二节 兵役征集

北塘区人武部是北塘区政府的兵役机构。征集兵员时，在区征兵领导小组的领导下，成立区征兵办公室，由区人武部、公安分局、宣传部、卫生局等有关部门人员组成，人武部具体负责承办征集工作。根据上级下达的征集任务，区征兵办公室负责体检、政审的最后审定、定兵等工作。区征兵办公室在每年9月30日以前组织基层单位对同年12月31日以前满18岁的男性公民进行兵役登记。

北塘区人武部根据上级征兵命令，拟制本辖区征兵命令，成立征兵领导小组和设置征兵办公室（设政审组、体检组、秘书组），召集辖区有关单位领导和人武干部开会，明确各有关单位、部门的任务。

一、征集对象和范围

主要征集非农业户口（含企业、事业单位的青年职工）具有高中（包括职高、中专、技校）毕业以上文化程度的适龄青年；重点征集下岗、待业人员中符合条件的优秀青年入伍，鼓励大专毕业以上文化程度的青年应征。

二、征集年龄

截止到同年12月31日，年满18至20岁的男性青年，高中毕业以上文化程度的，可放宽到21岁，大专以上文化程度的，可放宽到22岁；为南京军区部队征集大学本科毕业的可放宽到23岁。

三、征集条件

政治条件，按照公安部、总参谋部、总政治部1990年颁发的《关于征集公民服现役的政治条件的规定》和有关规定执行。

身体条件，按照国防部1991年颁发的《应征公民体格检查标准》和有关规定执行。普通高中毕业适龄青年征集的视力标准，不分部队、兵种，一律调整为右眼裸眼视力4.8以上，左眼裸眼视力4.7以上。

四、入伍跟踪

北塘区在向部队输送优质兵员的同时，从1991年起，在协助部队培养优秀士兵方面，通过多种形式对服役战士进行跟踪服务，做到兵送走、不撒手。至2005年，全区先后派出114人，走访62个部队的战士计125人。电化厂、印染厂、电子管厂等单位还给入伍青年带去各种书籍、录音带等。全区共给入伍青年写信161封，对于稳定部队、帮助战士进步起到促进作用，受到部队的欢迎。各单位把做好思想工作和解决实际问题结合起来，共给51户烈军属优先分配住房，替46名军人家属调换工种或班次，为33名军人子女解决入学入托问题，还给家庭确有困难的151户军属补助2.27万元钱。不少单位由基干民兵班、排组成军属服务组和送温暖小组，分别对军人家庭实行定户包干，分担重体力家务劳动。无锡电子管厂还在江苏省"双拥"工作经验交流会上介绍经验。

在开发使用优秀退伍军人方面，许多单位在战士面临退伍前，派人到部队调查摸底，根据战士在部队的表现和专长，及时向有关部门推荐，让退伍军人得到合理使用。全区先后有57个单位召开退伍军人座谈会，并组织培训退伍军人95名，为他们退伍后充分发挥作用创造条件。

第三节 预备役工作

一、预备役登记

1991年3月，区人武部对1989年以后转业的11名军官进行预备役登记，其中师职1人，团职2人，营职以下8人，登记率达到100%，并向本人和单位颁发有关证明。

1999年，根据无锡市委组织部《关于做好选配预任军官工作的意见》和1999年6月工作会议精神，区人武部与区委组织部、区人事局一起，严格按照预任军官选配的基本条件和推荐程序，推荐丁国清、尚力竣等11人为预备役高炮三团预任军官。

二、预备役军官授衔

按照中央军委文件精神和江苏省《关于做好评授预备役军官军衔工作》的指示要

求，区人武部于1996年8月至年末，实施预备役军官评授衔工作。1989～1995年，经部队预备役登记的转业在北塘区的军官有73人。

第三章 民 兵

第一节 组织机构

民兵、预备役实行党管武装的双重领导制度。县级人民武装部的民兵、预备役除实行垂直领导体系，同时在党的关系上，县级人民武装部又是同级地方党委的军事工作部，受同级地方党委的领导。县（市、区）人武部经历改归地方建制和收归军队建制的改革，但双重领导制度始终未变。

第二节 军事训练

1986～1989年，贯彻“两严”（严格要求、严格训练）方针，为解决民兵军事训练的“三难”（抽调人员难、解决训练器材难、解决训练场地难）问题，北塘区人武部主要采取“先训后编”的方法，抓住新工人进厂未上岗之前把他们集中起来进行训练，解决抽调人员难的问题；避开训练高峰，相应拉开训练梯次，解决训练器材、场地的困难；合理安排时间，避免中心工作相互冲突，保持一个时期只有一个中心工作；利用驻军优势，请部队代训，解决教员力量不足的困难。4年共训民兵588人，其中，训练步兵367人，专业技术兵221人，连排干部60人，合格率达99.3%。

1987年4月20日，辖区民兵高炮和高机分队共87人，奉命赴马山参加无锡市政府、无锡军分区组织的实弹射击考核，取得13发炮弹命中拖靶，总评优秀的成绩。

1990年，以坚持战斗力标准、全面提高民兵素质为目的，深化训练改革，贯彻“严格要求、严格训练”的方针，应训280人，实训343人，超额完成63人，其中，步兵69人，专业技术兵264人，连排干部10人，合格率为100%。

1991年，坚持以战斗力为标准，抓好民兵的规范化训练。年内，全区应训民兵300人，实训317人，超额完成17人，其中步兵74人，专业技术兵228人，连排干部15人，合格率为100%。

1991年5月16日，组织民兵4个独立排155人，参加无锡市政府、无锡军分区在上海奉贤靶场组织的民兵高炮实弹射击，取得命中7发，总评优秀的成绩。

1992年，以开展民兵规范化训练为重点，以提高训练质量为中心，以增强专职人武干部的组织指挥能力和民兵的战术技术水平为目的，严格要求，严格训练，保质保量完成上级下达的军事训练任务。全年应训民兵300人，实训324人，超额完成24人；其中，步兵75人，专业技术兵234人，连排干部15人，合格率为100%。

1993～1994年，以提高训练质量为中心，将全区300多名民兵统一集中到训练基地训练。训练中克服人员多、场地小、条件差的困难，通过建立健全各项制度，实行基地规范化管理，实训各类民兵314人，其中步兵85人，专业技术兵214人，连排干部15人，合格率为100%。

1995年，采取分片组织，专业集中的办法，集中24天时间，对全区320名民兵进行规范化训练。其中，步兵91人，专业技术兵214人（防化110人、高炮25人、高机45人、通信34人），民兵连排干部15人，合格率为100%。

1996年，以提高民兵队伍战斗力为标准，严格按纲施训，坚持依法治训。训练期从5月6日～30日，落实训练时间22天。共训练5个专业318名基干民兵，其中，步兵72人，专业技术兵231人（防化110人、高炮46人、高机45人、通信30人），民兵连排干部15人，合格率为100%。

1997～1999年，以《民兵军事训练大纲》为标准，坚持以质量为核心，落实民兵规范化训练要求，突出抓好民兵应急分队、专业技术分队和民兵干部训练，力争使民兵训练达到“五个确保”的基本目标，即：确保民兵应急分队具备整体遂行作战任务和应付突发情况的能力；确保民兵专业技术分队具备遂行任务的能力；确保专职人武干部和部分民兵干部具备相应的军事技能和组织指挥能力；确保民兵专业技术兵具备良好的专业技能；确保基干民兵具备基本军事技能。3年共训民兵493人，其中，步兵346人，专业技术兵147人，连排干部46人，合格率为100%。

2000年，以区《民兵工作调整改革方案》为依据，围绕做好对台军事斗争准备这一主线，坚持以军事训练为中心，提高战斗力为标准，重点抓好民兵应急分队、专业技术分队、厂校结合训练。全年共训练6个专业，330名基干民兵。其中，民兵干部14人，应急分队130人，步兵13人，专业技术分队173人，合格率为100%。

图16-2 北塘民兵实弹演习(2000年)(区史志办供稿)

2001年，围绕“打得赢”“不变质”两个历史性课题，以做好对台军事斗争准备为“龙头”，紧贴北塘区担负的任务，突出新课题研究和“一二三工程”训练。深化民兵工作调整改革，高标准、高质量完成上级赋予的各项军事工作任务。全年共展开4个专业的训练，共训320人。其中步兵80人，高机60人，高炮40

人，防化140人，参训率95%，合格率100%。

2002年，以解决台湾问题的战备思想为指导，以提高训练质量为核心，普及科技练兵，提高全区民兵遂行平、战时任务的能力。全年共训练5个专业，训练时间40天（含政治教育6天），共训练民兵300人；其中步兵专业60人，防化专业60人，高机专业45人，炮兵专业80人，应急分队55人，合格率100%。

2003年，共完成3期训练，参训人数145人。第一期为民兵应急分队训练，60名基干民兵参加训练，完成5个课目的训练内容，落实训练时间15天。第二期为北塘区民兵防化分队训练，参训民兵57人，完成7个课目的训练，落实训练时间16天，平均参训率为86%。第三期为28名民兵骨干自训，参加市北学生军训。

2004年，重点突出防化专业分队训练和民兵应急分队演练。年度完成35个训练日，共训4个专业（防化、通信、应急、高炮），参训人员165人，合格率100%。其中民兵应急分队参加军分区组织的全市大比武，获得3千米武装越野和擒敌拳两个第三名。

2005年，重点突出高炮分队、防化专业分队训练和民兵应急分队拉动演练。4月17日~6月10日组织辖区民兵双37高炮连参加省军区实弹射击考核（前期在军分区教导队，后期在南京军区射阳高炮射击场），参训民兵99人，共完成13个课目的训练，实弹射击考核中获得命中拖靶奖和后勤管理先进单位。9月，组织民兵双37高炮连参加“无锡市2005防空反恐维稳演习”，参演民兵75人，动用双37高炮6门，消耗弹药120发。

第四章　人民防空

第一节　领导机构

一、人民防空委员会

1985年10月，人民防空工作进行体制改革，实行“以块为主、条块结合”的管理体制。1987年6月，调整区人民防空委员会，由邵国振任主任，朱仁林、李田珍任副主任，委员由19人组成。1989年2月，调整区人民防空委员会，由邵国振任主任，朱盘生、李田珍任副主任，委员19人组成。1997年4月，调整区人民防空委员会，由李继银任主任，朱盘生、崔凤山任副主任，委员由13人组成。2002年5月，调整区人民防空委员会，由曹佳中任主任，陈德荣、万建农任副主任，委员由16人组成。

二、人民防空办公室

区人民防空办公室是区政府下属的准军事机构。1986年，区人防办公室为正科级建制，定编3人。1996年11月，撤销区政府人防办公室，改为区政府办公室的内设机构，挂区人民防空办公室牌子，由正科级改为副科级建制，人员、职能不变。2001年9月，撤销专职人防办主任，人防办主任由区政府办公室副主任兼任，办公室工作人员为1人。

第二节　人防工程

一、人防工程建设

1972～1975年，全区建造一批永久、半永久性质防空洞，维修加固部分防空洞。永久性工事用钢筋混凝土浇制，造价每平方米在240元左右（有部分造价高达每平方米429元），半永久性工事底层为钢筋混凝土，墙顶用砖砌，每平方米造价180元左右。

1981年，对原有人防工事进行维修改造，用“丙凝注浆法”补漏。1984年，在新建的区医院、五爱小学投资70余万元建人防工事。1986～1987年，在市人防办的统一规划下，投资230万元建造防空地下室1处，平时作为文化娱乐场所，战时作为区防空作战指挥所。

1997～1999年，市人防办会同区人防办对辖区内的人防工事进行全面普查，辖区共有人防工事72个。

2002年6月，完成对辖区5个街道内65个单位73个人防工事的检查。

二、警报工程建设

北塘区防空袭警报由市指挥部统一掌握发放。无锡市人民防空规定：每年的4月23日为无锡城区防空警报试鸣日。

1986年，北塘区的防空警报点有5个，分布在自行车厂、第二针织厂、色织四厂、湖光仪器厂、锡惠旅社。机器功率为7.5千瓦。

1998年，根据防空袭预案要求，市人防对北塘区的警报点进行合理规划和调整，新安装5个，调整2个，有防空警报点8个，分布在区政府大楼、协新毛纺织厂、化工集团公司、第三人民医院、山禾集团大楼、湖光仪器厂、第二针织厂、原自行车厂。音响覆盖率达90%以上。

1999年，为提高人防指挥通信现代化和快速反应能力，市人防对空袭警报器进行全面改装，由原来手动操作改为CHMF-2民防警报控制系统，提高警报器鸣放的可靠性。

三、开发利用

北塘区先后开发14个区属人防工事，每年的营业额（产值）都在70万元以上，最多时达到100万元以上，工事的利用率年均保持在60%以上，完好率保持在90%以上，做到"以洞养洞，以用促管"的目的，保持人防工事完好状态。

人防工事开发利用情况：五里新村人防工事，1986～1988年开办旅社，1988～1989年出租给个体户存放香蕉。西新大渔池人防工事，1986～1990年居委开办新惠旅社。环城河人防工事，1986～1994年区人武部开办胜利服装厂。大田岸人防工事，1986～1987年区人防办办起食用菌的种养。长安桥小学、惠工桥小学人防工事，1986～1988年办学校活动室。五爱小学人防工事，1987～1989年为学校活动室，1989～1994年开办招待所。制刷厂人防工事，1986～1988年为厂活动室，1988年以后出租给个体户存放香蕉。泗堡桥人防工事，1999～2000年出租给个体户存放香蕉。北塘医院人防工事，1991～1993年为医院后勤仓库，1993～1996年为医院药库，1996年后为医院后勤仓库。春申路地下过街道，1994年10月起区人防办开办地下浴室。盛岸人防工事，1988年7月～2007年12月，区人防办开办盛岸娱乐厅。

第三节 人防教育与防空演练

一、宣传教育

1996年11月，在全区开展贯彻《中华人民共和国人民防空法》（以下简称《人防法》）的系列宣传活动。印发《人防法》等宣传材料5000余份，在各街道、居委多处用横幅、黑板报、墙报、撑牌等方式进行宣传，并开展《人防法》知识竞赛。

1998年12月，为纪念《人防法》颁布2周年，区人防组织西新街道在皮具市场门口设点，进行《人防法》的宣传活动，发放宣传材料2500份。1999年，全区有300人参加由市人防办举办的《人防法》和《江苏省实施<人防法>办法》的知识竞赛。

2000年5月，《无锡市人民防空规定》颁布，区内发放宣传材料1500余份。2001年10月，为纪念《人防法》颁布实施5周年，区人防办开展形式多样的系列宣传活动。

二、人口疏散

根据1997年防空预案，区人武部确定北塘区人口疏散的时机、对象、任务、地域、路线、方法。

疏散时机为当国家由和平时期转入临战状态时进行。疏散对象主要是老弱病残者、初中以下学生和学龄前儿童、侨民、科研机构的科研人员、少量扶老携幼职工等。疏散任务是根据市预案确定，战时按城市人口的50%疏散，北塘区疏散任务为8.58万人，一次性向预定区疏散。其中，北大街街道疏散1.82万人，吴桥街道疏散2.24万人，惠山街道疏散1.78万人，惠龙街道疏散1.58万人，西新街道疏散1.16万人。疏散地域：北大街街道疏散于前洲镇、吴桥街道疏散于玉祁镇，惠山街道疏散于洛社镇，惠龙街道疏散于石塘湾镇，西新街道疏散于堰桥镇。疏散路线是北大街街道、吴桥街道、西新街道沿刘潭、堰桥玉祁路线开进；惠山、惠龙街道沿山北、洛社路线开进。疏散方法以集体安置、统一组织疏散为主，以投亲靠友，自行疏散为辅。

三、重要经济目标防护

根据1997年防空预案规定，辖区内市级重点防护目标有双河尖热电厂、塘头变电所、吴桥、锡山大桥、北栅口立交桥、惠山农药厂、化工集团公司等7处。区级重点防护目标有第二粮库、第七粮库、第一米厂、区政府、盛岸变电所、区防空指挥部、炼油厂等7处。

防护措施为能转入地下的目标应转入地下隐蔽，对暴露目标应加以掩护、伪装，加强警戒，防止敌特分子破坏。重要目标遭遇空袭后，应首先组织力量抢救、抢修。市级重点目标由市防空指挥部统一组织力量防护；辖区内的重点目标由目标所在地的联防指挥部组织力量防护、抢险；区级重点目标由区人防专业队负责防护、抢险、抢修，各联防地区人防专业队视情配合行动。

第十七编

教育

1986年，北塘区主管的学校教育以小学阶段为主，全区有公办小学21所（其中3家为企事业单位主办，区教育局代管业务）。90年代起辖区内部份企业办和村镇办小学相继就近并入（转入）新村小学。1994年、1999年三棉职工子弟中学和刘潭中学划归北塘区，2005年辖区原市属第九中学、社桥中学等五所初级中学划归北塘区管理。至此，九年制义务教育阶段的学校全部由区管理。

1986年，辖区内幼儿教育由区教育局主办的公办幼儿园10所，地区办幼儿园（集体事业单位性质）13所，由市属企事业单位主办的幼儿园30所。教育业务均由区教育局管理。随着，企事业单位深化改革，剥离企业社会职能，企事业单位主办的幼儿园全部撤销。其他幼儿园在城市改造中不断归并，到2005年全区有公办幼儿园8所，集体办幼儿园6所；改革中出现的民间资本主办的民办幼儿园4所。

1986年以来，区教育系统和各学校贯彻义务教育法，推行教育改革，加强义务教育阶段的学生素质教育，重视教师队伍建设，从教师学历和师德两方面提高教育素质。在城市改造中，推行学校现代化教学工程，新建和改造一批学校校舍和教育设施，政府和社会各界支持教育事业发展，20年来，区财政共投入4.22亿元，有力地支持教育事业的发展。

至2005年，幼儿园入园率达98%以上，小学入学率、巩固率、升学率均为100%，智障儿童入学率达99%，辖区内有80%的流动人口子女在北塘区公办学校接受义务教育。

北塘区重视职工教育，区职业学校越办越好。2005年，无锡市现代职业技术学校在北塘职校挂牌，职业教育得到进一步发展。

辖区内无锡市第一中学、无锡市市北高中均为无锡市著名学校。

第一章 教育管理

第一节 管理机构

1985年，设文教科，负责管理辖区内小学、幼儿园。1986年，区文教科改为北塘区文教局。1989年4月，撤销区文教局，建立区教育局，内设人事秘书、会计、内勤3个职能部门。1992年，教育局设党委办公室、局办公室、基教股、人事股、计财股、体卫股6个职能部门。1997年，股改为科，职能不变。同年，教育局办公室与教育局党委办公室合并为教育局党政办公室。

区文教科于1983年成立学校教育巡视小组。1988年，建北塘区文教局督导室。1994年，更名为北塘区教育督导室。2000年更名为北塘区人民政府教育督导室，内设办公室。

1986年，成立北塘区幼教领导小组，下设幼教办公室，由区文教局（教育局）一名副局长兼任幼教办主任。同年，成立区幼教党支部。1997年，成立北塘区幼教管理中心，由区教育局副局长兼任管理中心主任。

北塘区教育局直属法人单位有：区教研室、区少年宫、区校办工业公司。

第二节 教育改革

一、教育管理制度改革

1985年，北塘区文教局教研室和无锡市五爱小学率先在全区教育系统中实行主任、校长负责制。室主任、校长的候选人经民主推荐，民意测验，领导审议后分别由区委组织部和区政府任命。教研室的教研员由室主任聘任。五爱小学的中层干部和教师均由校长聘任。1989年4月，五爱小学根据市教育局和区文教局关于在学校内部进行管理体制改革（简称“内管改”）的意见。试行校长负责制、教职工聘任制、浮动奖励工作制。校长任期3年，聘任教师坚持公开、平等、双向选择的原则，落聘教师由学校自行安排工作。教职工的基础职务工资、教龄津贴和上级规定的生活补贴一律不变，其余收入作为浮动奖励工资的主要来源。“内管改”在五爱小学试点取得经验的基础上在全区逐步推开。

1992年，为扩大办学自主权，幼儿园试行园长负责制。经过试点，在全区幼儿园推开。2001年起，在全区中小学推行干部竞争上岗制，实施校长聘任制和任期目标责任制。

二、办学体制改革

北塘区办学体制的改革从2000年9月开始，五爱小学首先引进公有民营办学机制，学校实行一校两制，面向社会招收一定数量的民办学生。2001年，五河新村中心幼儿园采用租赁的形式由个人承办。2003年，创办锦山民办实验小学。同年，明娇双语幼儿园由个人承办，改名为“无锡市杜克双语艺术幼儿园”；二泉实验幼儿园由个人承办。2004年9月，金马国际花园住宅小区的配套幼儿园由无锡市金桥教育集团承办，定名为金桥实验幼儿园。

第三节 教师培训

一、学历培训

1985开始，区教育局开展教师学历补偿教育，连续5年举办中师函授班5期，200多名教师采取业余进修方式，先后取得中师毕业证书，达到国家规定的合格学历。1993年起，全区启动提升学历培训，规定青年教师必须参加高一层次学历的进修，鼓励中年教师参加高一层次学历进修；教育局选派部分教师脱产到高校进修，大部分教师通过自学考试、业余电大、函授大学等形式进修大专课程。至2005年，全区小学教师大专率达77%，本科率达58%。

二、干部培训

1995年起，区教育局每年有计划地安排校级领导参加市教育学院举办的上岗培训和提升培训。至2005年，全区学校领导干部均参加两轮培训，参与率达100%。1998年，区教育局与南师大合作，举办学校领导干部学校管理专业进修班，系统学习“教育学”“心理学”“学校管理学”“教育社会学”等10多门课程。30多名校级领导取得大专毕业证书。

三、教师岗位培训

80年代中期开始，实施“中小学教师继续教育工程”。1983年开始，区教研室定期举办各学科教材教法培训，每学期开学前由教研员进行教材分析，以提高教师的教学水平。每年暑假，都要对新参加教育工作的师范毕业生进行岗前培训，培训内容主要是教育法规、班主任工作等。1994～1995年，区教育局面向社会招聘80多名教师，由区教研室负责进行专业培训。培训内容为教育学、心理学以及各科教材教法等。90年代初，由区教研室教研员负责，成立学科课题研究小组，对骨干教师培训转入专题研究，定期活动，先后有100多名教师参加培训。

90年代后期举办信息技术培训，培训内容为电脑基本知识和操作技能、多媒体课件制作、优秀教学软件应用等。至2005年，有95%以上的教师通过信息技术模块考试。1997～2005年，对全体教师进行公修课培训，学习科目为信息技术革命与知识产权法规、创新原理与方法、现代职业道德与通用能力。2002～2005年，区教研室和区教师进修学校联合举办4期“能力培训班”，进行备课、上课、说课、评课和教学反思的能力培训，共培训学员458人。区教育局不定期举办师德教育培训班、教导主任培训班、青年教师班主任工作培训班、名师工程培训班等。

1988～2005年北塘区教师职称晋升情况表

表17-1　　单位：人

年份	高 级	中 级	初 级	晋升总人数
1988	–	412	410	822
1989	1	–	–	1
1990	–	30	157	187
1991	–	–	94	94
1992	–	34	140	174
1993	–	79	129	208
1994	1	45	65	111
1995	–	52	93	145
1996	–	61	147	208
1997	–	54	115	169
1998	6	51	56	113
1999	1	29	64	94
2000	3	31	49	83
2001	2	36	65	103
2002	4	84	51	139
2003	5	83	60	148
2004	3	60	43	106
2005	2	74	58	134
合计	28	1215	1796	3039

第四节 教育督导

区教育督导机构一般由2～3人组成；同时聘任教育局科室负责人、校长代表5～8人担任兼职督学；聘任民主人士3～5人为特约督导员。

教育督导负责普及九年义务制教育验收。1990～1995年，对全区各小学进行普及九年义务制教育验收。重点检查学校办学条件、入学率、巩固率，每3年检查一次，共进行2轮。2000年起，根据《无锡市普通小学督导评估方案》，对全区所有小学进行素质教育督导评估。有计划地开展体育、卫生、艺术教育、执行课程计划、民工子弟学校专项督查。

开展学校评估。1988年5月，蔡墅巷幼儿园率先通过无锡市一类幼儿园评估。1992年起，幼儿园的督导评估纳入督导常规工作，定期对幼儿园进行升类评估，3年一轮。2001年3月，五爱幼儿园通过省示范性实验幼儿园评估，成为省级示范实验幼儿园。1998～2002年，区协助省、市教育行政部门对省、市实验小学评估验收。2005年，根据《北塘区中小学素质教育发展性督导评估方案》，组织对无锡市刘潭中学、无锡市盛岸二村小学、无锡市后祁街小学、无锡市刘潭小学进行发展性督导评估。2004～2005年，对申报无锡市实验小学的学校进行试评，提出指导性改进意见。

第五节 教学研究

区教研室管理和指导教研工作。80年代初期，教研工作着重于研究教材教法。80年代中期，开始注重教学常规的管理，提出教学工作“五认真”的要求，即认真上课、认真备课、认真批改、认真辅导、认真考试。

90年代开始，教研工作转入课题研究为主，各学科教研员以学科为单位，选择优秀教师建立课题研究组。研究专题有“提高思想品德课的教育效果”、“作文课堂素描训练”、“儿童说话训练”、“数学防差转差研究”、“英语趣味教学”、“音乐课审美教育”、“乡土美术教材的开发”等。

图17-1　五爱小学“和谐教育”活动(1994年)(区史志办供稿)

90年代中期，北塘区的教研工作开始与教育科研相结合。各校根据自身实际情况确立研究课题。

90年代后期，区教育系统多次举办贯彻《语文新大纲》和“新课程改革理念背景下的小学语文名特优教师教学观摩活动”，邀请全国一流名师和北塘区语文名优教师相互交流提高。

2002年，北塘区进入第八次课程改革实验，进行自主、合作、探究学习方式的实践研究，建立6个实验点，承担“小学生自主体验习作”、“小学生个性阅读”、“小学数学探究性学习”、“小学英语任务型教学”、“小学体育探究性游戏”等研究任务。

图17-2 第十七个教师节汇报演出现场(2001年)(区史志办供稿)

2005年，北塘区教育学会举办“海峡两岸小学作文教学研讨会”。同年4月，承办“全国苏教版小学数学教材课堂教学观摩活动”。

2002年后，北塘区教师在参加全国、省、市优质课评选中，有97人（次）获奖，8人荣获全国、全省优质课一等奖，27人获无锡市优质课一等奖。1386篇论文在全国和省、市级评选中获奖，190篇课改论文在省、市级教育、教学杂志上发表；为国家和省教育部门摄制课改录像课88节。通过教学研究培养了一批名特优教师。

第六节 教育投入

一、教育经费

1986～2005年，以区财政拨款为主，逐年加大。20年间，区财政拨款的教育经费为4.22亿元，占教育经费总收入的78%；教育附加收入4028.5万元，占总收入的7%；其他预算外收入7777.2万元，占总收入的14%；校办企业上交611.98万元，占总收入的1%。

区财政拨款是教育经费的主渠道。财政拨款占教育经费总收入的比例逐渐提高，“七五”期间达67%，“八五”期间达76%，“九五”期间达77%，“十五”期间达78%。

1986～2005年，教育附加收入平均占教育经费总收入的7%，其中“七五”期间占12%，“八五”期间占4%，“九五”期间占12%，“十五”期间占6%。

1986～1998年校办企业累计上交教育经费达611.98万元，占该时段教育经费总收入的11.05 %。

预算外其他收入的主要来源是:学杂费收入、学校产权房租金收入、捐资助学款、赞助费和借读费等。1986～2005年，预算外收入占教育经费总收入的14%，其中“七五”期间为9%，“八五”期间为15%，“九五”期间为10%，“十五”期间为16%。

1986～2005年北塘区教育经费支出情况表

表17-2 单位：万元

年份	教育总支出	其中	
		人员总支出	公用经费总支出
1986	253.32	165.80	87.52
1987	339.22	290.22	49.00
1988	361.12	304.90	56.22
1989	329.98	223.60	106.38
1990	448.59	321.22	127.37
1991	515.08	394.51	120.57
1992	543.61	449.30	94.31
1993	759.27	654.93	104.34
1994	1162.24	1056.07	106.17
1995	1341.54	1234.54	107.00
1996	1288.33	1178.72	109.61
1997	1618.00	1439.00	179.00
1998	1922.00	1781.00	141.00
1999	2288.00	1914.00	374.00
2000	2378.97	2136.16	242.81
2001	2747.80	2434.81	312.99
2002	4001.09	3771.55	229.54
2003	7026.00	6330.23	695.77
2004	7996.00	7166.40	829.60
2005	13049.40	11916.70	1132.70
合计	50369.56	45163.66	5205.90

1986～2005年北塘区教育事业公用经费支出情况表

表17-3

年份	公用经费总支出(万元）	生均公用经费（元）
1986	87.52	67.32
1987	49.00	41.56
1988	56.22	47.44
1989	106.38	86.49
1990	127.37	100.49
1991	120.57	91.57
1992	94.31	70.84

续表17-3

年份	公用经费总支出(万元)	生均公用经费（元）
1993	104.34	78.41
1994	106.17	79.07
1995	107.00	79.36
1996	109.60	82.08
1997	179.00	136.09
1998	141.00	109.01
1999	374.00	298.91
2000	242.81	223.07
2001	312.99	310.50
2002	229.54	229.91
2003	695.77	460.47
2004	829.60	564.78
2005	1132.70	748.15

二、社会捐资

1991年初，北塘区号召辖区内各单位和社会各界人士、学生家长捐资助学，同年5月向全区发出“兴学重教、造福桑梓捐资助学告社会各界和学生家长书”。发动各行业积极捐资助学，得到各界人士热烈响应。同年5月20日至8月20日，共收到捐资助学款108万余元，为全区改善办学条件作出了贡献。获捐资助学通报表扬的先进单位有新兴工贸联合公司、无锡市合成纤维厂、盛岸街道、北塘区房屋服务公司、北塘区教育局、北塘区市政工程管理处、无锡市印染厂、北塘区园林绿化工程管理处、顾桥街道、无锡市丝绸印染厂、89001部队、无锡市电子管厂、北塘区机关党委、无锡县航运公司、无锡市保险公司、无锡市电度表厂、无锡市第二棉织厂、无锡县交通局。此后，社会捐资助学活动因国家政策新规定出台而中止。

三、教学设施和教育现代化工程

1993年起，省、市教育行政部门提出基本实现教育现代化“达标工程”，明确规定生均占地面积、绿化面积、各类专用教室、现代化的电化教学设备、藏书量等具体指标。1993～1995年，全区投资693.8万元，新建、扩建校舍、围墙、辅助用房及运动场地1万多平方米。其中，1994年投资200万元，分别为盛岸中心小学和惠山小学建造1300平方米、800平方米的教学楼。1995年1月，区政府启动北塘区教育现代化工程。1996年4月，区教育局组织全区校长、书记学习省教委关于教育现代化工程的意见，讨论北塘区实施意见。同年9月，吴桥中心小学自筹资金20万元，购置486电脑27台，建成电脑室，率先启动教育现代化工程。1997年6月，区教育局投资50万元，为区属所有学校的班级配齐投影机、收录机和幻灯屏幕。1998年，区政府投入716万元，为五爱小学建造8400平方米综合楼。1995～2000年，全区共新建、扩建校舍1.49万平方米，改造场地1.14万平方米，完成薄弱学校改造4所。2001年，全区学校配置电视机326台，录音机360台，室内投影仪11台，教学投影仪280台。有14所小学建成电脑室，共有教学电脑368台。各学校开设自然实验室，拥有音乐、美术、电化、阅览等标准专用教室。其中，11所学校拥有多媒体成套设备。同年，全区有14所小学、9所幼儿园基本实现教育现代化，占全区学校总数的82.3%。2003年，盛岸中心小学投资100多万元，改进学校设施，通过省实验小学验收。2004～2005年，区政府投资250万元，改善吴桥中心小学、梨庄中心小学、惠山小学、刘潭二村小学办学条件，这4所小学均通过市实验小学评估验收。

1994～1997年北塘区教育现代化工程建设情况表

表17-4

单位	音乐专用教室	美术专用教室	自然实验室	仪器室	劳技室	电脑房	多功能教室	体育馆（体操房）	图书阅览室	实物投影仪（台）	背投电视机（台）	一般电视机（台）	电脑（台）	图书（册）
五爱小学	5	3	1	1	0	2	2	1	1	70	48	–	245	46890
向阳中心小学	–	–	–	–	–	–	–	–	–	200	–	–	–	–
惠山小学	–	–	–	–	–	–	–	–	–	110	–	–	–	–
培智学校	–	–	–	–	–	–	–	–	–	–	–	–	–	–
吴桥中心小学	3	1	1	1	1	2	2	–	1	90	34	–	195	36000
长安桥小学	–	–	–	–	–	–	–	–	–	80	–	–	–	–
惠工桥中心小学	–	–	–	–	–	–	–	–	–	180	11	–	93	24000
惠华新村小学	–	–	–	–	–	–	–	–	–	200	7	–	193	31600
双河新村小学	1	0	1	1	1	1	1	–	1	70	13	–	112	16000
五河新村小学	1	0	1	1	0	1	1	1	1	–	34	–	166	26420
后祁街小学	–	1	1	1	0	–	1	–	1	150	11	–	207	50000
积余街小学	4	1	3	1	1	4	1	0	1	110	–	–	–	–
盛岸中心小学	3	1	2	2	0	2	2	0	2	–	–	–	–	–
盛岸二村小学	–	–	–	–	–	–	–	–	–	–	–	–	–	–

四、校办工业

北塘区校办工业起步于80年代，主要从事加工型工业生产。80年代初，建立北塘区校办工业公司，负责管理全区各学校投资兴办的企业，管理人员基本上都由教师担任。1986年，全区有校办企业16家。1987年，校办工业完成利润85.4万元。80年代，北塘校办企业取得了较好的经济效益和社会效益，连续上交100多万元反哺教育事业。1991年，全区校办工业完成产值600.2万元，销售收入555万元，实现利润120万元。至90年代中期，校办企业共有职工320人左右。1998年，校办企业北塘起重机厂进行股份制改制试点。2000年起，按上级要求精神对校办企业进行改制。至2003年，全区校办工业企业全部改为民营。2004年，校办工业公司注销。从校办企业建立至2004年公司撤销止，校办企业销售收入5亿元左右，共上交各类款项1500万元左右（含退税部分）。

第二章 学前教育

第一节 幼儿园设置

至2005年，全区共有18所幼儿园；其中，公办幼儿园8所，集体办幼儿园6所，民办幼儿园4所。教职工564人；其中，公办243人，集体169人,民办152人。入园儿童5077人，儿童入园率达98%。

一、公办幼儿园

50年代，北塘区有五爱小学、棉花巷小学、吴桥中心小学、惠工桥小学、后祁街小学5所公办小学附属幼儿园。1970年，开办解放桥小学和粮食小学附属幼儿园。1979年，开办北塘区第一所独立建制的蔡墅巷中心幼儿园。1985年，开办北闸街小学附属幼儿园、惠华小学附属幼儿园。至1986年，全区共有10所公办幼儿园。

1988年，开办顾桥幼儿园。同年，公办独立幼儿园普及大、中班，增开小班。1989年，撤销后祁街小学幼儿园。次年，撤销北闸街幼儿园。1992年，粮食小学幼儿园独立建制，更名为粮食幼儿园。同年，蔡墅巷中心幼儿园被拆，借校上课。1995年，撤销惠工桥中心小学幼儿园。1997年，顾桥幼儿园列入市教委创建110所教育现代化工程示范校（园）之列。同年，市航运职工子弟学校附属幼儿园划归北塘区。1999年，惠华小学附属幼儿园独立建制，更名为惠龙新村幼儿园。2000年，五爱小学附属幼儿园独立建制，更名为五爱实验幼儿园，同年，通过江苏省示范性幼儿园评估。2002年，吴桥中心小学附属幼儿园和解放桥小学附属幼儿园分别与小学脱离，归并到新建的铃兰幼儿园。同年，区划调整，原郊区刘潭二村幼儿园、刘潭新村幼儿园、庄前幼儿园3所幼儿园划归北塘区。2004年，铃兰幼儿园通过江苏省示范性幼儿园评估。2005年，原惠龙新村幼儿园以连锁办园形式开办惠泉园区，更名为“东方娃实验幼儿园”。至2005年，全区有公办幼儿园8所（其中，省示范幼儿园2所，市一类幼儿园2所）。

2005年北塘区公办幼儿园基本情况表

表17-5　　单位：个、人

园名	地址	开办年份	班级数	幼儿人数	在编教职工	外聘人员
五爱实验幼儿园	棉花巷117号	2000	18	452	22	27
蔡墅巷幼儿园	蔡墅巷1号	1979	12	373	17	17
顾桥幼儿园	锡澄路途105号	1988	9	253	18	11
东方娃幼儿园	惠泉花园139号	2005	13	431	18	25
铃兰幼儿园	轻院小区91号	2002	9	244	11	14
刘潭二村幼儿园	刘潭二村39号	1994	7	264	12	10
刘潭新村幼儿园	刘潭新村64号	1988	7	245	12	11
庄前幼儿园	庄前新村10-11号	1997	6	175	7	11

二、集体办幼儿园

集体办幼儿园（一度称为民办幼儿园）均是自收自支，自负盈亏的事业单位。北塘区最早的集体办幼儿园，是1955年创办的前惠弄幼儿园。至1985年，辖区内共有13所集体办幼儿园。1985年后，随着北塘区居民新村不断兴建，先后创办盛岸二村幼儿园、惠峰新村幼儿园、双河新村幼儿园、惠华新村幼儿园、双河二村幼儿园、五河新村中心幼儿园。1997年后，根据城市规划改造撤销东风幼儿园、前惠弄幼儿园、小泗房弄幼儿园、惠山幼儿园、新市场幼儿园、东街幼儿园、西街幼儿园、五河新村幼儿园8所集体建制的幼儿园；五河新村中心幼儿园转制为民办幼儿园。2002年区划调整，原滨湖区的山北中心幼儿园和黄巷中心幼儿园划归北塘区管理。2004年，合并盛岸一村幼儿园和盛岸二村幼儿园，更名为盛岸实验幼儿园。2005年，惠峰新村幼儿园并入盛岸实验幼儿园。至2005年，全区共有集体办幼儿园6所，其中有一类幼儿园2所。

2005年北塘区集体办幼儿园基本情况表

表17-6　　单位：个、人

园名	地址	开办年份	班级数	幼儿人数	在编教职工数	外聘人员
志强路幼儿园	志强路8号	1958	14	442	21	15
盛岸实验幼儿园	盛岸二村107号	2004	24	828	38	10
棉花巷幼儿园	西棉148号	1958	4	142	9	4
长安桥幼儿园	横街83号	1956	4	135	5	8

续表17-6

园名	地 址	开办年份	班级数	幼儿人数	在编教职工数	外聘人员
山北中心幼儿园	山北双河李巷72号	1987	11	375	20	13
黄巷中心幼儿园	社桥沈巷98号	1988	8	277	18	8

三、企业事业单位办幼儿园

1986年北塘区教育局指导管理的企业及其他单位办幼儿园共30所。北塘区教育局及有关部门对这些幼儿园进行登记注册、定级评类、职称评审、督导评估、业务指导等工作。这类幼儿园随着企业的转制撤并，至2005年全部撤销。

1986年北塘区企业及其他单位办幼儿园有：电化厂幼儿园、染料厂幼儿园、惠山农药厂幼儿园、造漆厂幼儿园、炼油厂幼儿园、橡胶厂幼儿园、第二橡胶厂幼儿园、电影胶片厂幼儿园、308部队幼儿园、第一制药厂幼儿园、协新毛纺厂幼儿园、第三棉纺厂幼儿园、第一毛纺厂幼儿园、食品公司幼儿园、红旗造船厂幼儿园、搪瓷厂幼儿园、第四色织厂幼儿园、五十六所幼儿园、轻工业学院幼儿园、印染厂幼儿园、五毛纺幼儿园、丝绸印染厂幼儿园、无线电二厂幼儿园、灯泡厂幼儿园、无线电厂幼儿园、电视机厂幼儿园、油泵厂幼儿园、无线电五厂幼儿园、自行车厂幼儿园、电子管厂幼儿园。

四、民办幼儿园

1997年，原五河新村中心幼儿园由民营阳光幼教承办，成为北塘区改革开放以来首家民营管理机制幼儿园。2001年区教育局及有关部门负责对民营幼儿园进行注册登记、定级分类、确定收费标准、职称评审、督导评估、业务指导等工作。2002年，台湾何岳萍创办明骄双语幼儿园（2003年更名为杜克双语艺术幼儿园）。2003年，本地张志炯创办二泉实验幼儿园。2004年，金桥教育集团发展有限公司创办金桥实验幼儿园。2005年，辖区共有4所民办幼儿园。

2005年北塘区民办幼儿园基本情况表

表17-7　　单位：个、人

园名	地 址	开办年份	班级数	幼儿人数	在编教职工	外聘人员		
						外聘教师	保育、工勤、保安	保健医生
五河新村中心幼儿园	五河新村295号	1993	14	401	13	16	11	1
金桥实验幼儿园	县前西街180-19	2004	13	342	17	14	20	1
杜克双语艺术幼儿园	广石家园106号	2002	8	186	8	12+1	15	1
二泉实验幼儿园	二泉花园23号	2003	6	164	6	7	8	1

第二节 学制和课程

1986年，北塘区各独立幼儿园开设小班、中班、大班，学制一般为3年。小学附设幼儿园只办大班。2000年起，幼儿园设有“托班”（小班之前年龄段的班级）。

1989年前，依据1981年10月国家制定的《幼儿园教育纲要》（试行草案）精神，根据幼儿年龄特点与教育任务，开设生活卫生习惯、体育活动、思想品德、语言、常识、计算、音乐、美术等课程，实施分科教学活动。

1989年后，根据1988年国家教委等部门颁发的《关于加强幼儿教育工作意见》以及1989年国家教委发布的《幼儿园管理条例》和《幼儿园工作规程（试行）》等文件精神，北塘区教育局、幼教办、教研室组织开展幼儿园课程改革，各园依据无锡市编印的《主题综合教育活动》课程参考材料，实施以品德教育为主线，语言、常识、体育、音乐和美术学科有机结合的幼儿主题综合活动。1989年10月，各园使用《幼儿园综合教育主题活动实施方案》作为教材。2001年7月2日，教育部颁布《幼儿园教育指导纲要（试行）》，把教育目标划分为健康、语言、社会、科学及艺术5个方面。在课程实施过程中，强调各领域内部及领域之间的联系、渗透和综合，突出“以儿童为本，以教师为本”的教育思想。2003年起，各园使用江苏省出版的《幼儿园综合活动丛书》作为主要参考书。课程以主题活动为轴线，内容贴近幼儿生活，在各个综合主题活动中有机融合健康、社会、语言、科学和艺术等5大领域的内容和要求。

第三节 幼儿园选介

无锡市五爱实验幼儿园　前身是无锡市五爱小学附属幼儿园。2000年8月，五爱小学附属幼儿园独立建制，迁入原棉花巷小学校址，更名为无锡市五爱实验幼儿园。2001年，幼儿园开设“苗苗班”，招收2周岁幼儿。2004年3月，幼儿园加盟无锡市学前教育研究中心的“零点亲子欢乐园”，为社区提供儿童早期教育服务。2004年9月，原棉花巷幼儿园并入五爱实验幼儿园。至2005年，五爱实验幼儿园共有20个班，幼儿人数达到584名；校园占地面积达6774平方米，建筑面积达5768平方米，拥有3095平方米的户外活动场地，500平方米的室内场地，并设有多媒体教学大厅等幼儿专用活动室。幼儿园教师均具有大专及以上学历。1986年至2005年五爱实验幼儿园先后获得江苏省示范性实验幼儿园、江苏省绿色幼儿园、江苏省巾帼示范岗、江苏省青年文明号等荣誉称号。

无锡市蔡墅巷中心幼儿园　1979年开办，是北塘区第一个独立建制的幼儿园，配备专职干部辅导幼教业务。1988年，被评定为无锡市首批一类幼儿园。1992年起，因原址拆迁，幼儿园多次易地。2005年，幼儿园有7教学班，270余名幼儿，36名教职员工，其中专任教师22名，大专学历为79%，本科学历为16%。蔡墅巷幼儿园至2005年，先后获得“江苏省优质幼儿园”“江苏省优秀家长学校”“无锡市教育先进单位”“无锡市教育科研先进集体”“无锡市教育现代化工程示范园”“无锡市青年文明号”等荣誉称号。

图17-3 志强路幼儿园小朋友“迎奥运、迎国庆”活动(2000年)(区史志办供稿)

无锡市志强路幼儿园 1958年由地区群众创办，1959年名为北塘区中心幼儿园，1961年，改名为北塘区机关幼儿园，1962年，复名志强路幼儿园。1993年被市教委正式定为一类幼儿园。幼儿园95%的教师学历、“双证”达标，70%的青年教师参加学前教育大专自学考试。1994年，率先实行内部管理体制改革，实行教师聘任，公正、公平、客观地评价教师的工作，调动教师开展教育、教学工作的积极性。

第三章 小学 初中

第一节 小 学

1986年4月，《中华人民共和国义务教育法》颁布后，全区实施九年义务教育。同年，全区有小学21所，其中包括企业代管小学3所。学校规模最大为27个班，最小为6个班，其余学校一般设有12～18个班。

1986～2005年，新建、划归学校24所，撤并学校14所。至2005年，区教育局管理的义务教育阶段学校有29所。其中，初中7所，小学21所，培智学校1所。较大规模学校一般设35～45个班，中等规模学校一般设16～27个班级，较小规模学校一般设7～12个班级。2005年小学入学率、巩固率、升学率均为100%，智障儿童入学率达99%，有80%的流动人口子女在辖区内公办学校接受义务教育 。

1986年，全区区属共有18所公办小学。1991年，创办双河新村小学。1993年，创办五河新村小学。同年，粮食小学并入向阳中心小学。1994年，三棉职工子弟小学划归北塘区，更名为丽新小学。1997年，郊区红五月小学划归北塘区，并入惠华新村小学；北闸街小学并入积余街中心小学、后祁街小学；市航运职工子弟小学划归北塘区，更名为锡航新村小学。1999年，解放桥小学并入后祁街小学，棉花巷小学并入五爱小学。2002年，泗堡桥小学并入长安桥小学，锡航新村小学并入惠华新村小学，丽新小学并入五河小学。同年，行政区划调整，滨湖区山北中心小学、梨庄中心小学、刘潭二村小学、社冈小学、任巷小学、刘潭小学、庄前小学、锦锡小学、高长岸小学、凤翔桥小学划归北塘区管理。2005年，惠华新村小学并入盛岸二村小学和双河新村小学，惠工桥中心小学并入后祁街小学。同年，北塘区共有公办小学21所。

1986年北塘区小学基本情况表

表17-8

校名	地址	备注
无锡市五爱小学	人民西路65号	
无锡市向阳中心小学	蓉湖庄路	

续表17-8

校名	地址	备注
无锡市棉花巷小学	棉花巷117号	
无锡市粮食子弟小学	五里新村421号	
无锡市盛岸中心小学	盛岸新村100号	
无锡市惠山小学	通惠西路158号	
无锡市盛岸二村小学	盛岸二村113号	
无锡市惠华新村小学	惠华新村83号	
无锡市宝善桥小学	通惠西路40号	
无锡市吴桥中心小学	通惠中路133号	
无锡市三棉职工子弟小学	丽新路底	区教育局业务代管
无锡市解放桥小学	民主街75号	
无锡市青石路小学	青石路	
无锡市后祁街小学	后祁后街156号	
无锡市北闸街小学	北闸后街51号	
无锡市惠工桥中心小学	通惠中路337号	
无锡市航运职工子弟小学	后祁后街	区教育局业务代管
无锡县航运职工子弟小学	梨花庄北	区教育局业务代管
无锡市积余街中心小学	自治路7号	
无锡市长安桥小学	长安桥祝栈弄7号	
无锡市泗堡桥小学	平安浜7号	

2005年北塘区小学基本情况表

表17-9

校名	地址	创办年份	占地面积（平方米）	建筑面积（平方米）	教职工人数				学生人数	班级数（个）	备注
					行政	教师	工勤	合计			
江苏省无锡五爱小学	人民西路37号	1952	14854	17000	2	95	3	100	1581	45	省实验小学
江苏省无锡盛岸实验小学	盛岸新村100号	1981	6650	4862	2	47	1	50	957	18	
江苏省无锡山北实验小学	惠龙新村内	1912	43355	17748	3	97	–	100	6138	35	
无锡市吴桥实验小学	通惠中路133号	1945	5287	6450	2	56	1	59	891	24	市实验小学
无锡市梨庄实验小学	梨庄北街67号	1917	5689	3543	–	–	–	–	726	18	
无锡市惠山实验小学	通惠西路158号	–	10398	4907	3	50	1	54	514	16	
无锡市刘潭二村实验小学	刘潭二村100号	1994	8004	3231	2	29	–	31	540	12	
无锡市积余街中心小学	积余街	1901	4251	4025	2	46	2	50	1175	27	
无锡市惠工桥中心小学	通惠东路137号	–	6733	5363	3	33	–	36	423	12	
无锡市向阳中心小学	李家浜底120号	1965	6065	4731	2	46	2	50	288	10	
无锡市长安桥小学	祝栈弄11号	–	2678	2635	1	23	3	27	197	8	
无锡市后祁街小学	后祁后街98号	–	6327	7930	3	44	2	49	641	16	
无锡市五河新村小学	五河新村75号	1985	13756	4954	2	48	—	50	650	17	
无锡市盛岸二村小学	盛岸二村113号	1982	5842	4039	3	50	1	54	750	18	
无锡市双河新村小学	双河新村75号	1991	6361	2433	2	23	–	25	439	10	
无锡市凤翔桥小学	黄巷上492号	–	4912	3566	1	29	–	30	609	16	村办小学
无锡市锦锡小学	黄巷高泾村4号	—	5333	1148	1	16	–	17	279	8	
无锡市高长岸小学	民丰路7号	–	7935	2175	1	11	–	12	243	7	
无锡市任巷小学	陈巷村3号	–	7766	2087	1	22	—	23	485	12	
无锡市庄前小学	庄前村高路上61号	–	3640	2573	1	18	–	19	333	10	
无锡市刘潭小学	刘潭中巷119号	–	3831	2013	1	22	–	23	472	13	

第二节 初级中学

1986～1994年，北塘区境内初中由无锡市教育局直接领导。1994年4月，无锡市三棉厂职工子弟中学划归北塘区管理，更名为无锡市丽新中学。1999年，原郊区刘潭中学划归北塘区管理。2005年，原市属第九中学、社桥中学、梨庄中学、山北中学、山明中学5所初中划归北塘区管理。

2005年北塘区初级中学基本情况表

表17-10

学校	创办年份	校址	占地面积（平方米）	学生人数	教职工人数
无锡市第九中学	1901	前蔡墅巷60号	17828	881	97
无锡市社桥中学	1950	凤宾路62号	20675	1207	112
无锡市梨庄中学	1958	锡澄路250号	18319	766	76
无锡市山北中学	1983	石门路34号	21889	1156	104
无锡市山明中学	1992	惠峰新村230号	26668	731	118
无锡市刘潭中学	1962	黄母桥18号	30300	167	—
无锡市丽新中学	1956	丽新路	—	—	46

第三节 教育教学

一、素质教育

1990年12月，区贯彻执行江苏省教委颁发的《关于当前小学教育改革的意见》精神，中小学由“应试教育”转向全面提高国民素质教育，区教育局制定具体的实施细则。1993年，贯彻执行江苏省教委制定的《素质教育十条基本要求》，学校不分重点班、快慢班，严格控制学生作业量。1994年5月，贯彻实施国家教委《关于进一步加强和改进学校德育工作若干意见》和《爱国主义教育实施纲要》，区教育局组建德育研究室并编写《北塘区爱国主义教育基地教材》，组织学生到基地参观访问，组建爱国主义教育讲师团到各校巡回演讲。1997年7月，根据江苏省教委颁发的《江苏省小学、初中学生考核成绩实行等级制的办法》，全区改革学生学习评分制度和成绩报告单，实行等级计分制和学生素质发展报告单制度。

二、课程设置

1986年4月，组织全区教育工作者学习《中华人民共和国义务教育法》，开始实行第七次课程改革。1986年秋，执行国家教委颁发的小学、初中各科教学大纲，适当削减基础学科的教学时数，在教学计划中增加课外活动的时间。1992年，贯彻实施国家教委颁发的《九年制义务教育全日制小学、初级中学课程计划》，第一次将教学计划改为课程计划，突出以德育为首，德、智、体、美、劳五育并举的全面发展教育的方针。第一次将课表中的全部课程分为学科类课程和活动类课程两大类，在教育、教学活动中还留有空间，由省、市教育行政部门安排地方课程。1993年秋，根据江苏省教委意见，全区小学一～二年级每周开设一节劳动课。1995年秋小学、初中各年级全部实行每周40小时标准工作制，全区调整全日制中小学课程计划，执行新课程计划。根据省市教育部门对小学、初中课程计划调整意见，适当调减1984年颁发的《九年义务教育全日制小学、初中教学计划》中各类课程课时和活动课时，减少课时总量。1996年秋，一年级起开设电脑课。1999年，各校坚决贯彻执行国家课程、地方课程和校本课程的规定。2001年秋，执行省教育厅文件意见，调整九年义务教育课程，对原课程计划进行了微调。小学从三年级开设外语课，每周4课时，所需课时从语文和活动类课程及地方安排课程中调剂。小学三至六年级的语文课分别减少1课时用于外语课。2002年秋，全区第八次课程改革，执行教育部和江苏省教委颁布的《义务教育课程设置实验方案》。

三、教学方法

80年代，中小学坚持启发式教学，各科教学提倡“发挥教师的主导作用和学生的主体作用”，重视学习方法的指导。1986年开始，全区进入第七次课程改革，活动课程得到重视，学科教学与学科活动相结合，课堂教学向课外学习延伸。小学语文教学提倡“精讲多练，读写结合”，重视自学能力的培养。1988年起，全区开展“小学数学防止和转化差生” “发展思维与小学数学教学”专题研究。外语学科“情景情趣教学法”的课题研究在无锡市积余街中心小学实践研究后在全区广泛运用。全区在小学高年级和中学学习、推广洋思初中“先学后讲，当堂训练”的经验。1992～1996年，全区中小学开展课堂教学“三优化一提高”（优化教学目标、教学过程、教学评价、提高教学效果）研究活动，电教手段得到普遍使用。1995年起，语文教学进行“三步导读”（初读、精读、品读）专题研究。2002年，全区进入第八次课程改革，各科教学提倡自主、合作、探究的学习方式。

第四节 特殊教育

1986年，在吴桥中心小学开设智残学生辅读班，设1个班，共2名专任教师，8名学生。

1995年9月，北塘区培智学校正式开学，招收培养智残学生，校址设在五里新村

422号。校园占地面积850平方米，建筑面积1400平方米。学校有教室9个，另设电教室、音乐室、自然室、健康训练室、卫生室、劳技室、家政室、图书室和午睡休息室等专用活动室。学校按全日制小学课程，开设语文、数学、常识、音乐、体育、美工、劳技7门课程，采用全市统一的特殊教育教材，有2个教学班，学生16人，教职工7人。至2005年，学校发展到7个年级，每个年级1个班，共有学生56人，教师16人。学校针对智残儿童的实际情况开展教育科研活动，“九五”市级课题《开发智残学生潜能的实践与研究》和“十五”市级课题《个别化教学研究》均取得较好成效。1995～2005年，1名教师获省特殊教育优秀教育工作者称号，2名教师分别获市优秀教育工作者和优秀班主任称号。学生在两届市残疾人运动会比赛中共获奖牌16枚。

第五节 学校选介

江苏省无锡五爱小学 前身为华东干部子弟学校（原名雪枫干部子弟学校），诞生于抗日战争时期。1952年，华东干部子弟学校小学部从南京迁到无锡，与无锡市干部子女学校、苏南干部子女班合并，由华东局命名为“无锡市五爱小学”。1956年开始招收地方学生。1998年4月，正式通过省、市教育行政部门的评估、验收，成为北塘区第一所省实验小学。1999年棉花巷小学并入五爱小学。2005年，学校占地面积14854平方米，建筑面积1.7万平方米，有教学班45个，学生1581人，教职工128人，教师中有特级教师1名，具有本科学历的32人，大专学历96人，骨干教师占三分之一。学校先后获得江苏省模范学校、江苏省文明单位、江苏省中小学党建先进集体、江苏省科技特色学校、江苏省示范家长学校、江苏省现代化技术示范学校、江苏省贯彻学校体育、卫生两个条例优秀学校、江苏省科研先进集体等荣誉称号。

图17-4 五爱小学体育教研室主任薛雯伟多次在省教师教育比赛中获奖，培养的学生成绩优异得到群众好评(顾祚维/摄)

江苏省无锡盛岸实验小学 1981年创办的无锡市盛岸中心小学，原为新村配套小学。2003年通过江苏省实验小学评估验收，2004年更名为江苏省无锡盛岸实验小学。2005年，学校占地面积6650平方米，建筑面积4862平方米,绿化面积725平方米。有22个教学班，900多名学生，50名教师，小学高级以上职称的教师占60%，大专以上学历的教师占80%，骨干教师（学科带头人、教学能手、教学新秀）占1/3。学校先后获得全国“双有”工作先进集体、全国红旗大队、江苏省教育先进集体、江苏省绿色学校、无锡市常规管理先进学校、无锡市德育工作先进学校、无锡市教科研工作先进学校、无锡市艺术教育特色学校、无锡市文明单位等荣誉称号。

江苏省无锡山北中心小学 原名无锡县第三小学，创办于民国元年（1912年）。1978年改名为山北中心小学。2002年，山北镇政府投资3600多万元易地兴建新校区，新校位于北塘区惠龙新村内，同年，学校通过省实验小学的验收。严家棚小学、北庄小学并入山北中心小学。新校区占地43355平方米，建筑面积17748平方米，总绿地面积17650平方米。2005年，学校在编在岗教师99人，其中大专以上学历占76.8%，有38个班，1410名学生。学校先后获得的主要荣誉有：全国课题研究先进实验学校、全国德育研究先进实验学校、全国“双有”先进集体、江苏省“弘扬行之思想，推进素质教育”先进集体、无锡市文明单位、无锡市德育先进学校。

无锡市吴桥实验小学 创建于民国34年（1945年），前身为江苏省教育学院实验小学。2005年，学校有39个教学班，1460名学生，92名教师，大专以上学历教师占77.2%。学校拥有20多个专用教室。学校先后获得全国德育课题研究先进实验学校、江苏省课改研究先进集体、无锡市德育先进学校、无锡市文明单位等荣誉称号。2005年，成为无锡市实验小学。

无锡市积余街中心小学 前身是清光绪二十七年（1901年）由无锡粮食业同业公所在自治路积余街集资开办。学校以“勤、诚、恒”为校训。2003年，重建新校舍。学校重建后占地面积12053平方米，建筑面积6740平方米，活动场地面积5600平方米。2005年8月，长安桥小学并入。至2005年，学校有教师50名，其中大专以上学历40人，占80%。有班级27个，在校学生1175人。学校历年来获得全国德育科研先进实验学校、江苏省语言文字工作先进学校、江苏省体育传统项目学校和无锡市文明单位等荣誉称号。

无锡市梨庄中心小学 创建于民国6年（1917年），原名梨庄小学，原址为延圣殿（现梨庄北街68号）。1983年10月，更名为梨庄中心小学，隶属郊区教育局管理。2002年2月，划归北塘区教育局管理。2005年，学校占地面积5689.8平方米，建筑面积36210.7平方米，设18个教学班，学生总数710人，教师47人，具有大专或本科学历的教师达80%以上。学校先后被评为市、区文明单位，无锡市常规管理先进学校、无锡市依法治校示范校、无锡市教育系统凝心聚力先进党组织、无锡市敬老先进单位、无锡市平安校园、无锡市示范家长学校、无锡市绿色学校、无锡市德育先进学校等。

无锡市刘潭二村实验小学 原名无锡市刘潭二村小学，位于无锡市刘潭二村100号，创办于1994年8月，为刘潭二村社区配套教育设施。当时隶属于无锡市郊区教育局。2002年，划归北塘区教育局管理。2005年，学校通过无锡市实验小学的评估，更名为“无锡市刘潭二村实验小学”。2005年，学校占地面积8004平方米，有12个班，534名学生。有专任教师31人，大专以上学历25人。

无锡市第九中学　清光绪二十八年（1902年）由无锡粮食业同业公所创办，原名积余学校。民国22年（1933年）改名为私立初级商科学校，专门培养粮食业服务人员，附设小学部。民国36年（1947年）改名为私立积余初级中学，附设小学部。新中国成立后，学校改为公办学校。因办学规模不断扩大，1956年，中、小学部分离办学，初中部迁至蔡氏小学旧址，命名为无锡市第九中学。1987年，学校撤销高中部，由完全中学改成初级中学。2005年，学校占地面积17828.4平方米，校舍建筑面积11904.74平方米，有28个班级，教职工115人，学生1092人，教师队伍中高级职称占21.25%，中级职称占30%，合格学历为95%，其中本科学历占51.25%。学校先后被评为江苏省德育先进学校、无锡市教育现代化工程示范学校、市综合治理先进学校、市德育先进学校、市常规管理先进学校等荣誉称号。

无锡市社桥中学　创办于1950年1月，前身为苏南工农速成中学；1953年，改为江苏省转业干部速成中学；1957年改为全日制初级中学，取名社桥中学。1966年改名为红雷中学。七十年代初改名为二十六中学，开始招收高中一年级新生。1982年恢复校名为社桥中学。1987年7月撤销高中部，复办为初级中学。2005年，学校占地面积20675平方米，建筑面积10083.12平方米；有教职工107人，具有高级职称25人，中级职称72人；有班级26个，学生1060人。学校设有业余少年军校，是全国少年军校示范校，学校先后荣获江苏省全民国防教育先进单位、江苏省青少年科技活动先进集体（连续五届）、市青少年科技活动五星级先进集体、市教育系统安全工作先进集体、市企业医疗卫生管理协会先进集体、市素质教育百分考核优良学校，首批无锡市教育资源与软件建设试点项目学校、市德育工作先进单位、市绿色学校等称号。

无锡市梨庄中学　创建于1958年7月，是全日制初级中学，原名无锡市梨庄初级中学。1967年，学校更名为无锡市文武中学，1971年12月，开始招收高中班，1981年秋，停止招收高一新生。1982年9月，恢复“无锡市梨庄初级中学”校名。1993年9月，更名为“无锡市梨庄中学”。学校先后获得全国勤工俭学先进单位、江苏省德育工作先进学校、市勤工俭学先进集体（连续3年）、无锡市德育工作先进学校等荣誉称号。

无锡市山明中学　地处惠山北麓，惠峰新村内。1992年9月正式开办，原无锡市吴桥中学部分师生并入，定名为无锡市山明中学。1993年7月，开办职业高中班。1998年6月，原无锡市吴桥中学全部并入山明中学。1998年12月，学校通过教育现代化验收。2005年，学校划归北塘区教育局管理。同年，学校有33个教学班，在校学生1311人，其中初中部731人，中专部580人。学校占地面积26668平方米，建筑面积12654平方米，教学及辅助用房面积9141平方米，体育运动场馆面积7343平方米。学校共有教职工133人，其中专任教师101人，专任教师中具有高级职称的23人，中级职称的47人。学校先后获得江苏省平安学校、江苏省绿色学校、江苏省“三八”红旗集体、无锡市文明单位、无锡市花园式学校、无锡市教育系统凝心聚力先进党组织、无锡市德育先进学校、无锡市管理规范先进学校、无锡市依法治校示范校、无锡市中小学心理健康教育示范学校等称号。

无锡市山北中学 前身是无锡市韶山中学，于1968年10月创办，校址在惠泉路石门下。70年代初，学校改名为无锡市第三十二中学。1983年7月，撤并无锡市第三十二中学和山北农业中学，在石门路34号新建无锡市山北初级中学。1992年，更名为无锡市山北中学。2005年，学校划归北塘区教育局管理。同年，学校占地面积21189平方米，学生1156人，设30个教学班。有教职工108人，其中高级职称19人，中级职称48人，初级职称33人。学校先后获得全国优秀家长学校、全国德育科研优秀实验学校、江苏省健康促进学校（银奖）、江苏省绿色学校、江苏省平安校园、无锡市文明单位、无锡市传统项目（篮球）学校等荣誉称号。

无锡市刘潭初级中学 创办于1962年9月，前身为民办刘潭初级中学。1965年，改为无锡市郊区刘潭农业中学。1969～1970年1月，易地锡澄路二号桥新建校舍。1972年2月，更名为无锡市郊区刘潭中学，同年办高中班。1973年4月，更名为无锡市刘潭中学。1979年高中班停办。1985年，更名为无锡市刘潭初级中学。1987年8月，易地刘潭新村黄母桥8号新建校舍。1993年9月，更名为无锡市刘潭中学。1999年划归北塘区教育局管理。2005年，学校占地面积30300平方米，建筑面积9798平方米；共有教职工67人，专职教师48人，其中本科31人、大专16人、中专1人；中学高级教师7人、中学一级教师22人；设18个班级，学生738人。学校先后获得中央教育科学研究所授予的德育科研先进实验学校、江苏省绿色学校、区文明单位等荣誉称号。

图17-5 1989年5月5日，专程来无锡的日本墨美书道连盟4位代表向我市在墨美书道展览中获奖的23名小学生颁奖。其中北塘区少年宫有18位小学生获奖。这是北塘少年宫获奖小学生斗笔挥毫为日本客人表演（顾祚维/摄）

第四章 高中 中专 技校及成人教育

第一节 高中 中专 技校

2005年，北塘辖区内有市属高中、中专、技校11所，选介如下：

无锡市第一中学 位于运河东路98号。学校前身为无锡县立初等工业学堂，创建于清宣统元年（1909年），次年正月开学，曾先后改名无锡县初中、无锡县中学。新中国成立后更名无锡市立中学，1952年改名无锡市第一中学，1954年迁至锡山东麓。1993年，改办高级中学。此后跻身于江苏省首批模范中学、文明学校、国家级示范高中、四星级高中的行列。1995年，实施校园建设改造工程。2003年3月，由市一中、大桥民办实验中学、金桥双语实验小学组成无锡市一中教育集团。同年起，市政府投资再次扩建改造学校，新建钱伟长楼、南教学楼、标准田径场、篮球场、艺术楼和体育馆。学校建有先进的分科实验室、多媒体网络教室、数字化物理实验室、电子阅览室等，校图书馆为省级中学一级图书馆。聘请外籍教师进行英语口语教学，与许多国家的学校建立友好关系，每年有出访或到访交流。参加国际文化交流组织(AFS)、美国——斯堪的纳维亚中学生交流计划(ASSE)等对外交流项目，培养国际交流人才。2005年，学校占地10多万平方米，校舍面积5.45万平方米，班级52个，学生2000余人，教职员工200余人。市一中先后获得“全国教育系统先进集体”“全国德育先进学校”“全国贯彻《学校体育卫生工作条例》优秀学校”和“江苏省德育先进学校”等称号，被誉为江苏省中学界著名的“五朵金花”之一。先后有省特级教师14人，享受国务院津贴专家1人，省、市有突出贡献中青年专家4人，省、市名教师5人，省“333工程”培养对象7人，市学科带头人、教学能手、教学新秀50多人。

无锡市市北高级中学 学校位于北门外民主街。1987年7月，由市四中、九中和社桥中学等3所完全中学的高中部合并，组建成改革开放后市区第一所独立设置的高级中学。校园占地2.5万平方米，建筑面积1.5万平方米。1999年，通过市基本实现教育现代化评估。2000年，学校被评为省重点中学。学校先后获“江苏省模范学校”“江苏省文明单位”“江苏省贯彻落实学校体卫工作两个条例优秀学校”等称号，并被省教委、省科委等5家单位命名为省科技教育特色学校。2005年，有36个班级，学生1696人，教职工151人，其中专任教师112人，有高级教师39人。

无锡旅游商贸职业学校 学校前身市商业职业中学和市旅游职业学校分别成立于1981年和1984年。商业职业中学是无锡市第一所独立设置的职业高中，旅游职校是一所省级重点职业中学，于2000年合作筹建无锡旅游商贸专修学院，探索中、高等职业教育的有机衔接。1991～2003年，两校在校企合作、工学结合、技能教育、对口单招等各个方面，均取得成绩。2003年6月，商业职业中学和旅游职校合并组建成无锡旅游商贸职业学校。2005年12月，学校迁址至广石西路999号，占地22万平方米，总建筑面积13.8万平方米，可容纳150个全日制教学班。2005年，在校生4000余人，专任教师近300人。学校融高中等职业教育、中外合作办学、社会培训、职业中介于一体，被中央教科所列为创新教育实验学校，并获无锡市文明学校、江苏省职业教育先进集体、国家级重点职业学校等称号。

2005年北塘辖区内高中、中专、技校情况表

表17-11

学校名称	地　址
无锡市第一中学	运河东路98号
无锡市市北高级中学	广石西路987号
无锡市外国语学校	通惠西路62号
无锡市运河实验中学	丽新路57号
无锡市轻工技术学校	志强路18号
无锡市房地产技工学校	惠钱路49号
无锡市曙光技工学校	锡航新村12号
无锡市工艺美术学校	惠钱路75号
无锡旅游商贸职业学校	广石路
无锡汽车工程学校	民主街24号
无锡市干部学校	凤宾路

第二节　北塘职校

北塘职校创建于1950年，当时仅为职工群众扫盲服务。1985年，校址在原江阴巷小学内。同年，区政府出资翻建600平方米的教学楼。

从1988年开始，北塘职校在全省第一个开办了由省招办主办的成人大专预科班，主要招收国家、省、市劳模和先进工作者。1988～1997年，学校预科班学员100%进入大学深造。1988年起，职校先后挂靠市电大、市工业学校、市旅游商贸学校中专部，实施中等职业教育办学。1989～1992年，北塘职校和市总工会干校合作，连续开办了4届政工专业中专班，毕业学员144人；和无锡电大中专部及省燎原中专合作，举办了一个企业管理中专班，毕业学员28人；举办两个建筑施工管理专业中专班，毕业学员74人；财会中专5个班，毕业学员198人。90年代初，北塘职校和江苏石油化工学院挂钩举办会计和企业管理成人大专班，与江苏经济管理干部学院合作开办“经济贸易”成人大专班。1994年，北塘职校和无锡市电视大学合作开办招收初中毕业生的“商品经营”“宾馆服务”“计算机应用”“微机与企业管理”“计算机应用与经济管理”等专业电视中专普通全日制班。

1999年，在江苏省经济管理干部学院的支持下，北塘职校开办成人专升本班，专业扩大到9个，在校本科生超过1000人。联合招生院校从江苏经济管理干部学院扩大到南京审计学院、南京财经大学、江苏工业学院、江苏教育学院、三江学院5所高校。至2005年，共毕业成人高教大专、本科班78个，培养大专毕业生2891人，专升本毕业生351人。

1998～2000年，北塘职校在本区教育系统企事业单位骨干中组织有关人员开办“教育管理”“经济管理”和“财务会计”3个专业的专业证书教育，共有268名学员完成培训，取得专业证书。2001年，按照江苏省教委颁发的《关于成人高等教育〈专业证书〉获得者继续修完专科教学计划规定课程，经统考合格后发给大专毕业证书的通知》精神，开展全新的成人学历教育工作，213人获得专业证书者，顺利通过省统考，取得大专毕业证书。2002年，北塘职校又利用开展成人专升本教育这个平台，为北塘区中、小学教师基本完成了本科学历进修任务。

北塘职校还从社会需求和北塘区职工需求出发，开办成人中等专业教育的培训，从1988年起，先后和无锡师范学校合作，开办88、89、90三届幼师中专班，毕业学员126人，完成了北塘幼儿园师资学历培训任务。

2005年5月，市政府下发《无锡市政府关于同意无锡市北塘区职工学校增挂无锡市现代职业技术学校校牌的批复》。同年，惠华小学校舍划归北塘职校。2005年11月，北塘区现代职业技术学校成立，全日制中专技校生超过2000余人。学校被多次评为省、市、成人教育先进标兵单位。

1993～2005年北塘职校学历班毕业生情况表

表17-12　　　　单位：个、人

年份	高中		中专		专科		本科		培训	
	班级数	学习总人数	毕业班级数	毕业总人数	毕业班级数	毕业总人数	毕业班级数	毕业总人数	办学班级数	培训总人数
1979～1992	36	1659	15	570	18	400	未办学招生		46	3127
1993～1994	22	720	4	61	1	16			32	2164
1995～1996	23	893	6	241	5	142			43	3123
1997～1998	19	685	7	303	6	268			47	5126
1999～2000	9	356	9	332	6	237			54	6121
2001～2002	因生源枯竭停办		7	249	7	306	1	22	69	7200
2003～2004			3	96	25	1063	4	138	124	9336
2005			3	119	10	459	5	191	71	5809

第三节 社会教育培训机构

1986～2005年，北塘区区域内区成立7个社会教育培训机构，开展多种内容、多种形式的社会教育培训。

2005年北塘区社会教育培训机构情况表

表17-13

名　称	地　址	所在地	举办者
无锡市春申文化专修学校	无锡市广石路987号	北塘区	
无锡市三艾电脑培训部	无锡市吴桥前张巷60号	北塘区	
无锡市私立贝尔培训部	无锡市凤宾路15号（市干校内）	北塘区	
无锡市新视野培训中心	无锡市通惠东路460号	北塘区	

续表 17-13

名称	地址	所在地	举办者
江苏省太湖军地两用人才专进修学院	无锡市盛岸路新华村168号之一	北塘区	
无锡市人才市场人才培训服务部	无锡市北塘古运河小区9-201	北塘区	无锡市人才市场
无锡市建设培训中心	无锡市西新街8号1楼	北塘区	无锡市建设局

第十八编
科学技术

1986～2005年，北塘区重视科学技术工作。建立科技协会，组织动员街道社区和各企事业单位，持续开展群众性科普活动。加强科技机构、队伍建设，注重引进科技人才，逐步壮大科技骨干队伍。组织重点产品开发的研制攻关，广泛开展群众性技术革新活动，认真落实科技政策和知识分子政策，重视科技人员培训，用高新技术改造传统产业。全区创办工程技术研究中心1个，建立科研基地2个，有各类民营科技型企业90家。

2005年，全区具有专业技术职称人员8332人，全年完成高新技术产值50亿元，高新技术产业增加值13.5亿元。全区有2家企业列入国家高新技术企业，23家企业列入省高新技术企业，53家企业列入省民营科技企业；新产品、新技术获国家科技进步奖1项，获省科技进步奖3项，获市科技进步奖16项；获市“腾飞奖”23项，获国家、省、市优质产品奖（称号）13项。

第一章 机构队伍

第一节 机构与管理

1991年前，在区计经委内设科技科。1991年，成立北塘区科学技术委员会（简称区科委），列入政府序列，负责管理区属科技工作。2000年，区科委并入计经局，设科技科，对外挂科技局牌子。2003年，科技科隶属于区经贸局，对外仍挂北塘区科技局牌子。2005年，在各街道设立科技助理。

科技计划 1991～1993年，实施“科技兴区”战略方针，制定《关于鼓励科技进步的若干意见》《北塘区“腾飞奖”实施办法》《关于鼓励科技进步，重奖有贡献的科技人员若干意见》等文件，制定全区“八五”科技进步计划。3年中引进各类专业技术人员405人，重奖8个科技项目和5名有突出贡献的科技人员。共开发新品30个，提高了科技进步在工业生产增长中的贡献份额。

科技基金管理 区委、区政府先后出台《北塘区科技三项费用开支及管理的有关规定》《鼓励和促进科技创新和创业若干规定》《北塘区科技创新和人才发展资金使用管理办法》《北塘区科技创业园鼓励科技创新优惠政策》等系列政策性文件。设立专项资金，用于载体建设、培训补助和人才引进，使科技创新的环境不断优化。1992年，北塘区政府拨款7.4万元，奖励8个科技项目与5名有突出贡献的科技人员，调动科技人员的积极性和创造精神。

科技市场管理 1991年起，科技人才管理工作由区人事局负责，区科技局负责科技人员的业务培训、科技交流等工作。1994年，区级人才市场和科技市场相继建立，同年，举办首届技术成果交易会。

民营科技企业管理 2003年起，将促进民营科技企业的发展列为科技工作的重要方面，在引进人才、资金、项目和寻求合作伙伴等方面积极为民营科技企业牵线搭桥，排忧解难。至2005年，有省民营科技企业53家。

第二节 科技队伍

1986年，全区有专业技术人员749人，其中，高级职称1人、中级职称39人，初级职称361人，未评定职称348人。

1987年10月，开始实施职称评审工作，北塘区成立职称改革工作领导小组，下设办公室，配备专职人员。在基层建立72个评审领导小组。1988年1月，北塘区全民、集体企业事业单位的职称改革工作全面展开。1989年11月，北塘区首次进行企业事业单位专业技术职务评审和聘任，专业技术队伍得到调整。参加评审3454人，取得各类专业技术任职资格的人数2761人，其中，具备高级职务任职资格的31人，中级748人，助级1141人，员级841人，不具备任职资格人员693人。

1990年7月起，在区级以上国家机关中进行专业技术职务任职资格评审。评审工作按照先机关、后街道的程序进行，共评审138人，其中高级16人、中级56人、助级56人、员级10人。

1992年12月，北塘区全民事业、集体事业、企业工厂专业技术人员进行专业技术职称资格评审，共评定496人，其中高级7人、中级103人、初级184人、员级202人。

1992年北塘区专业技术人员职称评审情况表

表18-1　　单位：人

项目	高级	中级	初级	员级	小计
工程技术	4	20	34	7	65
卫生技术	-	8	21	20	49
经济专业	-	7	46	23	76
财会	-	9	3	7	19
律师	-	1	-	-	1
教育	3	58	76	145	282
群艺文档	-	-	4	-	4
合计	7	103	184	202	496

随着辖区调整和大中型企业统计口径划归区统计，区统计的专业技术人员增幅较大，至2005年年末，全区具有专业技术职称人员总数达到8332人。

第三节 科技协会

1993年6月24日，召开北塘区科学技术协会首次代表大会，出席大会的有来自全区各条线、各个学科，正式代表80人。经无锡市北塘区科协首届委员会第二次会议研究决定，建立技术交流及科技咨询工作委员会、科普工作委员会、青少年科技教育工作委员会。

1998年11月27日，召开北塘区科学技术协会第二次代表大会，出席大会的正式代表有88人，特邀代表8人。

2002年12月27日，召开北塘区科学技术协会第三次代表大会，出席大会的正式代表120人、特邀代表30人。

第二章 科技普及

第一节 科普宣传

1993年，北塘区组建科普工作委员会，组织开展多种形式的科普宣传活动，做好为经济服务的各项科普工作，推进科技进步。至2005年，全区4个街道都建立科协组织，并有专人负责日常科普工作，11个社区有科协负责人，32个社区建立科普小组，24家企业建立企业科协，全区有500多名科普志愿者。

科普活动 区科协抓住科普志愿者活动月、科普周、科普日三大活动，利用群众喜闻乐见的形式，组织开展各类科普活动。有现场科技咨询、专家报告会、实用技术培训、科普展板展示、发放科普资料以及文艺演出等。1993年，为了彰显北塘区改造提升传统工业产业在推进全区科技进步中的特殊作用，选择小天鹅股份有限公司和江苏北方湖光仪器厂作为科技示范企业，并专门拍摄专题宣传片。同年5月，在全区科技大会上，小天鹅股份有限公司和江苏北方湖光仪器厂作“科技兴企”的经验介绍。针对街道科技管理干部新兵多的特点，举办一期科技管理工作和科协工作培训班，专门请省、市专家、领导传授有关科技管理、科技发展新形势、新政策及科协管理方面的新知识。此外，还通过《江苏科技》宣传北塘区推进科技进步的优惠政策。

1998年区召开第二次科技代表大会后，区科协积极开发社会资源，开展群众性、社会性和经常性科普活动。在做好日常的宣传教育的同时，每年都举办不同主题的科普宣传周活动。在1998～2002年5年内，全区有10余万社会各界群众直接参加各种形式的科普活动，接受科学知识的普及教育。全区共举办科技报告会和各种科普讲座20多场次，放映科普影视近百场，开展各类科普知识竞赛10多次，技术攻关10多项，刊出科普画廊、板报200多期，发放各类科技知识书刊和科普知识小册子、挂图及录像资料1万多份。2003年，科普宣传周活动获无锡市科普周先进集体称号。2004年，北塘区获得无锡市科普知识电视大奖赛一等奖，并先后两次获得无锡市科普知识大赛组委会优秀奖。

科普设施 2003年开始，在老城区的改造中注重科普基础设施的建设。通过争取省、市科协的支持，以及驻区单位的帮助，街道、社区的科普设施不断完善。同年，全区所有街道新建12米长的科普画廊，科普形象工程在全市获得好评。至2005年，全区90%以上的社区建有科普画廊，其中，12米长的标准科普画廊有14条。区科协与区文化局、区图书馆共建科普图书读书专柜，大部分社区建立科普学校，设有综合性的科普活动场所和科普图书。

第二节 科技培训和交流

科技培训 2002年，根据国内科技经济形势，先后组织企业参加ISO 9000系列质量认证体系、科技政策、专利知识、科技项目申报等多个培训班，多次邀请有关专家和上级主管部门领导到区、街企业事业单位进行科技政策、科技项目攻关、科技成果鉴定和专利技术申报的咨询和论证。

科技交流 1998～2002年，广泛开展学术交流和咨询活动，提高本区科技水平。先后邀请市有关学科带头人和专家到北塘区进行学术交流，分别作题为《加强技术创新，迎接新经济时代》《WTO带来的机遇和挑战》《当代科学技术发展趋势》《科技形势报告会》等大型学术报告，帮助大家了解当代科学技术前沿动态和现代科技的发展方向。

第三章 科技开发与成果

第一节 区科技创业基地

图18-1 北塘区科技创业园(2002年)(区史志办供稿)

至2005年，北塘区有北创科技创业园和黄巷民营科技园2个科技园，有各类民营科技型企业90家。2005年，销售收入1006万元，上缴税收1.4万元。

北创科技创业园 2002年10月成立，位于兴源北路401号。北创科技园集聚一批科技创新型企业和高端科技人才，促进北塘产业层次的提升，加快城市现代化步伐。北创科技园通过引入专业化服务机构实行市场化运作与延伸政府服务职能相结合，为创业者、创业企业实施科技成果转化，提供商务、资金、信息、咨询、市场、培训、技术开发与交流、国际合作等专业服务，建立产、学、研紧密结合的技术支撑体系，主要有8大服务功能：投融资服务、科技中介服务、项目咨询服务、综合商务服务、市场营销服务、专业技术服务、高新技术企业产权交易服务、技术人才培训服务。北创科技创业园发挥科技企业孵化器作用，2002～2005年累计孵化企业210家，在孵企业138家，毕业企业35家；培育省、市高新技术企业23家，省级民营科技企业16家；拥有专利147件，集聚各类人才1150名；累计提供就业岗位3180个，其中留学博士14人，创办留学生创业企业9家。2005年，技工贸收入7.2亿元，创业园列入省“区域性中小企业专业技术创新服务中心”的试点，并获得国家高新技术创业服务中心、江苏省省级科技企业孵化器、江苏省现代（科技）中介服务业集聚区、江苏省留学人员创业园等多块国家、省、市级牌子。

黄巷民营科技园 建于2000年8月，位于风翔北路19号。2002年，黄巷民营科技园被命名为省级乡镇示范园区，园区经济总量占到全区的三分之一。2003年，科技园二期建设基本完成。2004年，黄巷民营科技园被命名为无锡市民营科技园，并通过国家农业部科技园的评审。

第二节 新品开发与成果

产学研合作 1996年起，北塘区积极鼓励企业与高等院校、科研院所开展产学研合作，全区产学研合作项目50多项，组织企业参加各类科技博览会、高新技术交易会、民营企业高新技术洽谈会等活动。区科创园利用优势建立无锡市高新技术产权交易市场，为区科技成果的引进提供服务，产学研活动成为企业引进消化新技术的助推器。2004年，私营企业高新技术交易会上有4项产学研项目签约，成交金额7500万元。2003～2004两年内，30项产学研对接项目完成总投资2亿元。2005年，与四川大学计算机学院和江南大学高分子材料研究所化学与材料工程学院签订合作协议，形成产学研技术转移中心和大学生创业基地。无锡大江中盛饲料有限公司、无锡昆仑通态科技有限公司、无锡泥人研究所分别与江南大学签约。

科技成果 2002年，大江饲料生物制剂研发中心获得市工程中心称号。2003年，全区中标国家“863”科技项目工程1项，省科技攻关项目2项。新创市级以上名牌产品6个，为11家企业事业单位的科研开发争取资金406万元。新组建北创科技创新投资公司，为科技型企业科技创新、成果转化提供资金扶持。首次颁发区创新创业人才奖。2004年，宏广电容器有限公司被列为国家火炬计划重点高新技术企业。至2005年，全区有23家企业列入省市高新技术企业，53家企业列入省民营科技企业。
1986~2005年，北塘区各单位（含驻区单位）获得国家、省、市颁发的一批科技成果奖。

1998～2001年北塘区辖区企业获国家、省级科技成果奖项目情况表

表18-2

年份	奖励等级	项目名称	完成单位	备注
1999	三等	模糊控制在家电生产中的推广应用	无锡小天鹅股份有限公司	国家科技进步奖
1998	一等	电晕放电型可染性导电纤维的研究及其特种功能面料开发	无锡市第三棉纺织厂	省级科技进步奖
2001	二等	XQB60-518ID变频洗衣机	无锡小天鹅股份有限公司	

1991～2005年北塘区辖区单位获市科技进步奖项目情况表

表18-3

年份	等级	项目名称	完成单位
1991	二等	ND5型内燃机车橡胶件	无锡市第四橡胶厂
		耐高温α-淀粉酶研制	无锡市酶制剂厂
		枸橼酸铋钾及枸橼酸铋钾冲剂工艺改进	无锡市第二制药厂
1992	二等	切割式聚脂线缆三角带、聚脂线汽车V带	无锡市橡胶厂
1996	二等	JYn25℃铜芯辐照交联聚烯烃绝缘电机绕组引接软电线	无锡爱邦高聚物有限公司
		7104-1高性能汽车合成制动液	无锡市炼油厂
		脾气虚证慢性胃病肠化生的临床与实验研究	无锡市第三人民医院
1998	二等	XQB40-868FC模糊控制全自动洗衣机	无锡小天鹅股份有限公司
1999	二等	多级游离组织组合移植的实验和临床应用	无锡市第三人民医院
2001	一等	XQB60-518ID变频洗衣机	无锡小天鹅股份有限公司
	二等	异种去细胞真皮支架的临床应用研究	无锡市第三人民医院
2002	二等	氢化丁腈橡胶汽车同步带	无锡市橡胶厂
2003	一等	洗衣机设计关键技术研究及其应用	无锡小天鹅股份公司
2004	二等	脑损伤后神经源性肺水肿的血流动力学发生机制及多巴酚丁胺的治疗作用	无锡市第三人民医院
2005	二等	自异体表皮细胞悬液混合体内培养的实验和临床研究	无锡市第三人民医院

1986～1999年北塘区辖区单位获市"腾飞奖"项目情况表

表18-4

年份	项目名称	完成单位
1986	晶菱牌柠檬酸（药用）	无锡市第二制药厂
	黑曲糖化酶酶活的提高及其在工业上的应用	无锡市酶制剂厂
1987	双桃牌涤腈中长花呢	无锡市第四色织厂
	电度表行业技经指标第一	无锡市电度表厂
1989	全毛单面华达呢	无锡市协新毛纺织染厂
	45×45染色涤棉细纺	无锡市印染厂
	五爱牌棉纺牵伸胶辊、胶圈	无锡市第二橡胶厂
1990	小天鹅XQB30-8型微电脑全自动洗衣机	无锡市洗衣机厂
	双鸟牌扑热息痛	无锡市第一制药厂
	美峰牌O型橡胶密封圈	无锡市第四橡胶厂
	OPP/LDPE复合袋（膜）	工贸合营无锡市彩印厂
1991	全国首创新药--硫酸小诺霉素(规模) 经济效益显著	无锡市第一制药厂
	巨龙牌塑料周转箱（银质奖）	无锡市塑料一厂
	国家一级企业	无锡市协新毛纺织染厂
	第23届国际化学奥林匹克竞赛银奖、1991年全国化学竞赛一等奖	无锡市第一中学

续表18-4

年份	项目名称	完成单位
1992	爱妻型微电脑全自动洗衣机无故障连续运行5000次	无锡洗衣机厂
1993	重视产品质量实现企业腾飞	无锡小天鹅股份有限公司
1994	1994年无锡市首家利润超亿元企业	无锡小天鹅股份有限公司
	第26届国际化学奥林匹克竞赛银奖	无锡市第一中学
1996	1995年度中国工业企业综合评价最优500家中名列洗衣机行业第一	无锡小天鹅股份有限公司
1997	全省经济战线学习的榜样及“小天鹅”商标被认定为驰名商标	无锡小天鹅股份有限公司
	1996年主要技经指标在全国同行业中名列前茅	无锡协新毛纺织染有限公司
1999	洗衣机销售总量全国同行第一，成效显著	无锡小天鹅股份有限公司

1987～1992年北塘区区属企业科技成果和产品评比获奖项目情况表

表18-5

年份	项目名称	完成单位	获奖名称
1987	三相电热带	无锡电热器材厂	省科技成果二等奖
	铝和不锈钎料钎剂	无锡群力电讯器材厂	市优秀新产品二等奖
	拾物器	吴桥金属制品厂	市优秀新产品三等奖
	电热带	无锡电热器材厂	省工业厅第五届新品开发奖
	粘扣带	无锡市制刷厂（无锡市粘扣带厂）	省工业厅第五届新品开发奖
	蛋托盘	无锡纸盒厂	省工业厅第五届新品开发奖
	棉皮茄克	无锡市皮件厂	省工业厅第五届新品开发奖
1988	防静电织物制品	西新防静电织物制品厂	全国星火计划成果交易会获金奖
	山羊皮茄克	无锡市皮件厂	1988年轻工部优秀出口产品银质奖
	工艺鞋	无锡市工艺鞋厂	1988年轻工部优秀出口产品银质奖
	日用滑雪手套	无锡市皮件厂	1988年轻工部优秀出口产品银质奖
1991	粘扣带	无锡市制刷厂（无锡市粘扣带厂）	省优质产品
	防寒服	无锡市火炬服装厂	省优质产品
	野猪牌油漆刷	无锡市制刷厂	部优质产品
1992	石油井下管外电热带	华能无锡电热器材厂	市科技进步一等奖

第三节 专利申请和知识产权保护

专利申请 2003年，申报专利65项；2004年，申报专利90项；2005年，专利申请量150件，其中发明专利50件以上，完成专利授权量80件，专利申请量持续增加。

知识产权保护 2003年后，北塘区知识产权局发挥管理职能，开展知识产权宣传工作，实施知识产权战略，基本形成知识产权工作体系。2003～2004年，分别在刘潭中学、黄巷街道、区科技创业园举行知识产权培训报告会3场，培训人员600多人次。组织企业参加无锡市首届专利集市，并在集市上展示9个项目，与上海知识产权局提供的专利项目对接7项。两年中，有20家企业、32项专利得到市级的专项资助。2005年，开展知识产权培训150人（次）以上。

第十九编

文 化

中共十一届三中全会后，在改革开放政策指引下，文化事业得到发展，北塘区设立区级文化行政机构，街道、社区各级文化站和文化设施逐步健全。80年代起，群众性文学、艺术创作呈活跃趋势，群众业余文艺团体纷纷建立。组织开展广场文化、社区文化、企业文化、校园文化、军营文化等文化事业进一步发展。

80年代起，各种经营性文化娱乐场所网点不断增加，文化部门积极引导和管理，繁荣了文化市场、丰富了群众的文化娱乐生活。

区档案局注重抓好改革中的资料归档、整理，得到国家有关部门重视，2005年被确定为“国家档案局首批十个农业和农村档案工作联系单位”之一。

第一章 管理机构和文化设施

第一节 机 构

一、区文化管理机构

1985～1989年，北塘区文化工作由区文教局归口管理，具体工作由区文化馆负责。1989年9月，成立区文化局。1990年12月，成立区文化市场管理所，为全民事业单位，从事对辖区内网吧、歌舞厅、游戏厅、书报刊和音像制品零售以及印刷企业等文化经营企业的监管。1996年9月，撤销区文化局和区体育运动委员会，组建区文体局。2002年，区文体局人员编制规定为：行政编制5人，其中，领导职数2人。2003年12月，区文化市场管理所增挂“无锡市北塘区文化市场稽查队”牌子，实行“两块牌子、一套班子”的行政管理体制，单位性质为全民事业单位，相当于股级建制，核定人员编制3人，经费由区财政全额拨款，行政上隶属于区文体局管理；同月，区文化市场管理所在原增挂无锡市北塘区文化市场稽查队牌子的基础上，再增挂“无锡市北塘区新闻出版管理所”牌子，实行三块牌子、一套班子的管理体制。2003年前，区内文化市场实行市、区两级管理，2003年后，区文化市场实行属地管理。

二、档案、史志管理机构

1987年，建立区档案局，与1985年成立的区档案馆合署办公，两块牌子、一套班子，职级为正科级。1996年10月，党政机关机构改革，改为区委直属全民事业单位。2001年12月，区档案馆由与区档案局合署办公改为在区档案局挂“区档案馆”牌子，由区委、区政府双重领导。至2005年，核定编制5人。

地方志工作主要是编纂区志，无正式编制，借用机关退休人员及社会上熟悉地方文史的人员。年鉴工作由区政府办公室负责，汇总编写区年鉴资料，报市史志办年鉴处。

第二节 区级文化设施

北塘区文化馆 最初为1950年成立的吴桥人民文化馆，位于吴桥东路1号。1955年改名为北塘区文化馆，1973年，改名为北塘区革命委员会文化馆，1979年恢复为北塘区文化馆。

1986年10月，文化馆调整为副科职级，隶属于区文教局，为全民事业单位。经费由区财政全额拨款。1987年9月，核定文化馆编制数为10人（馆长1人，专技干部9人）。1989年5月，撤销区文教局，成立区文化局，文化馆隶属于区文化局。

1993年3月，文化馆内设办公室、文艺室和云林书画院3个机构。1994年，文化馆实施全员聘用制。并开始北塘区文化活动中心（文化馆）基建的前期工作。1996年6月，北塘区文化馆（图书馆）原址吴桥东路1号拆除，馆址暂迁吴桥桥洞办公。1998年5月，新的北塘区文化馆落成开放，位于北塘大街188号。文化馆（图书馆），共1000平方米，设有500平方米图书馆1个，120平方米排练厅1个，80平方米多功能教室2个。同年8月，文化馆被江苏省文化厅评为“江苏省二级文化馆”。同年，北塘区人民大会堂由文化馆管理，改称为北塘区文化大会堂，设有剧场、桌球室、歌厅、电子游戏室等项目。

2001年，文化部在全国开展首次群众艺术馆、文化馆评估工作，并于2004年公布定级名单，北塘区文化馆被文化部评为“文化部一级文化馆”。

北塘区图书馆 1980年，北塘区文化馆在三楼设图书室，为北塘区图书馆前身。1993年6月，区文化馆增挂无锡市北塘区图书馆牌子，实行两块牌子、一套班子的管理体制。

1994年3月，北塘区图书馆与无锡市图书馆成立“联合馆”。1999年8月，北塘区图书馆被文化部评为三级图书馆。2004年，北塘区图书馆设立机读目录，开设电子阅览室，并通过省文化共享工程验收。2005年，区图书馆被文化部评为“国家二级馆”。

第三节 街道（镇）文化站

1992年4月街道合并后，文化站也随之合并，全区共有吴桥、惠山、北大街、西新、惠龙5个街道文化站。10月，北塘、吴桥、惠龙、北大街、盛岸5个街道被评为“江苏省先进文化街道”。

1993年9月，吴桥、惠山、北大街3个街道文化站被文化部评为“全国标准文化站”。10月，吴桥、惠山2个街道文化站被江苏省文化厅评为“特级文化站”，北大街文化站被江苏省文化厅评为“一级文化站”。1997年，全区5个街道再次被评为省群众文化先进街道，所属文化站均被文化部命名为“全国标准文化站”。2000年1月，五河街道及街道文化站成立。2002年，山北、黄巷街道划入北塘区，全区共有吴桥、惠山、北大街、西新、惠龙、五河、刘潭、山北、黄巷9个文化站。2004年，全区街道合并为北大街（代管五河街道）、惠山、山北、黄巷5个街道，全区共有4个文化站。

至2005年，全区共有54个社居委，每个社居委都建有文化活动室，其中，46个社居委的文化活动室面积达到200平方米以上。社区文化活动室的设置一般为棋牌、图书、健身（包括残疾人康复、乒乓室）、绿色上网中心、多功能活动室（主要开展各类讲座、文艺活动及社区摄影书画展示）。

第四节 辖区文化娱乐场所

书店（报亭） 80年代末，集体所有制及个体书店开始出现，90年代初迅速发展。至2001年，全区共有集体所有制书店15家，个体书店10家。集体所有制书店多为邮政部门、各街道文化站开设，除供应书籍外，大多销售报纸、杂志，规模不大。个体书店营业面积多在20平方米~30平方米，销售图书及报刊，或租书。90年代中期，无锡邮政局和《无锡日报》社分别在人民路、解放路、北大街路口设立“书报亭”3个，这是辖区内最早的书报亭。2000年始，辖区内陆续新设“邮政书报亭”15个。至2005年，全区共有书报亭20个。

剧场、影院 1977年春节，解放电影院开业，地处吴桥东路65号。1978年元旦，延安电影院开业，地处通惠东路203号。1987年，区政府大会堂电影院开业，位于小三里桥街。80年代中后期开始，因受到电视、录像及文娱生活多元化的冲击，电影观众一度滑坡。由于国家相对提高了电影票价，使放映收入不致下跌。2005年，辖区内3家影院因商业开发全部拆除。

书场 1985年年末，辖区有北塘大会堂、北大街、西新、蓉湖4家评弹书场，有600个座位，各书场营业情况较好，上座率较高。90年代中后期，由于评弹听众——老年人因经济承受能力有限而大为减少，书场经营不景气，渐趋萎缩。1995年，辖区内4家书场渐次关闭。1996年，辖区居民郁阿福为了老听众们能听到评弹，在盛岸路办起二泉书场。

歌舞厅 1993年年末，区文化馆开办全区第一家舞厅。随后，学跳交谊舞的热潮风靡社会。单位、个人设立的舞厅、歌厅也应运而生。1997年，全区共有舞厅、歌厅27家。随着歌舞娱乐场所逐渐向大场所、多功能、高档次发展，一些小、散、乱的歌舞娱乐场所退出了市场。到2005年年末，全区有经批准设立的歌舞娱乐场所20家。

90年代初，继歌舞厅、音乐茶座之后，“卡拉OK”这一新型的文化娱乐活动兴起。2002年，市文化市场管理部门为辖区5家卡拉OK厅（室）办理文化经营许可证，高档娱乐场所KTV包房和大型自助式卡拉OK生意兴隆，这些场所音响设备先进，配置专业的自动点唱系统，歌曲种类繁多，能满足不同年龄、不同层次顾客的需求。

音像 1990年，区文化馆建立全区第一个营业性录像厅。以后，各街道文化站也相继成立录像放映厅。同时，个体经营户开设的录像放映室（厅）也开始兴起。1992

年，全区共有营业性录像放映厅（室）32个。1996年以后，录像机、影碟机在家庭中不断增加，冲击营业性录像、音像放映行业，营业性放映很快退出市场，至2003年，全区营业性录像放映队全部消失。出售音像制品的商店仍然存在。

电子游戏室　1990年，全区有电子游戏机室32家。以后经过规范、整顿，至2005年，剩有29家。

网吧　2002年，全区有网吧50家。经过整顿，2005年有52家，有电脑7600余台。

至2005年，全区有印刷企业80家，其中外资企业1家，营业面积2.2万余平方米。打字复印店32家；有书报刊店65家；有歌舞娱乐场所20家，营业面积3万平方米；有网吧52家，营业面积1.5万平方米，终端电脑7600余台；另有电子游戏厅29家、音像制品零售店72家、书场1家、桌球室32家。

1990～2005年北塘区文化娱乐场所情况表

表19-1　　单位：家

年份	图书馆	文化馆	档案馆	印刷业	书刊业	歌舞厅	桌球	电子游戏	音像制品	棋牌室	网吧	书场	合计
1990	1	1	1	－	20	40	26	15	26	－	－	4	134
1991	1	1	1	－	22	45	29	16	30	－	－	4	149
1992	1	1	1	12	26	46	32	18	32	－	－	4	173
1993	1	1	1	19	29	43	32	22	34	－	－	4	186
1994	1	1	1	20	30	40	35	25	38	－	－	4	195
1995	1	1	1	20	32	35	38	25	40	－	－	0	193
1996	1	1	1	22	35	32	42	25	46	－	－	1	206
1997	1	1	1	26	38	27	46	25	52	40	－	1	260
1998	1	1	1	28	38	20	32	25	56	49	－	1	252
1999	1	1	1	28	42	22	29	25	62	55	－	1	267
2000～2005	1	1	1	80	65	20	32	29	72	76	52	1	436

第二章　群众文化

第一节 文艺团体

云林书画院 书画院成立于1991年，由中国美术家协会会员、国家高级美术师陈德华担任院长。书画院先后拥有8名中国美协、中国书协成员（其中2名中国工艺美术大师）和12名省美协、书协成员。作品先后入选第七届、第八届、第十届全国美展，第二届、第四届、第五届全国体育美展，第四届、第五届全国年画展，全国首届中国画展，全国首届人物画展，第三届全国楹联书法展，全国第八届中青年书法篆刻家作品展，中国书坛新人作品展等；荣获“全国丝绸之路”国画金奖、第六届全国年画展铜奖、第六届全国体育美展优秀作品奖、“中国的四季”美展优秀作品奖、江苏省“五个一”工程奖国画金奖等奖项。书画家们还先后在法国、日本、韩国以及中国香港、台湾地区举办个展和联展，积极开展对外文化交流，扩大影响。出版画册和技法专著50余种。2005年，画家集体创作的大型画册《无锡惠山百景图》由上海科学普及出版社出版并在市博物馆举办画展。

区铃兰合唱团 是在北塘区教育局领导下，由具有歌唱特长的女青年教师组成的业余合唱团队。1999年组团以后，一直活跃在市内外合唱艺术园地，积累一定数量的优秀曲目，曾演唱过《铃兰》《打起手鼓唱起歌》《伏尔塔瓦河》《雪花》《打酸枣》《摘采调》《茉莉花》《我们走进十月的阳光》等中外名曲，先后参加各级各类比赛，取得优异的成绩。1999年获无锡市合唱比赛最佳演出奖，2001年获无锡市首届合唱节金奖，2002年在全国第六届合唱节中荣获银奖，2004年获第七届中国国际合唱节优秀表演奖等。中国合唱协会的专家多次为合唱团进行艺术指导，市、区政府给予各方面支持。

图19-1　北塘区铃兰女子合唱团(2002年)(区史志办供稿)

区老年特色团队 1985年以后，区老年文化活动日益活跃，先后成立一批特色文体团队，其中较为著名的有：

黄巷街道刘潭锣鼓队 2003年建队，

队员平均年龄在56岁左右。队员们在老师悉心指导下，勤学苦练、不断磨练、不断改进，多次参加市、区及社区的各项演出，在全市50多支腰鼓队比赛中，取得第七名，在“全国中华不老城舞蹈大赛”中获得紫荆奖银奖等。

山北街道巾帼秧歌腰鼓队 成立于1992年。多次参加太湖旅游节、全民健身节、无锡市群众文艺汇演等大型展示活动。创作的舞蹈《欢天喜地》《巾帼鼓舞》《紫竹聆风》等在市级各类比赛中多次获奖。2005年有基本队员35人，平均年龄50岁。

图19-2 群众演唱会(2001年)(区史志办供稿)

山北街道夕阳美合唱团 组建于2005年年初，队员70余人。在“放歌奥运，情系灾区”“劳动者之歌，走进建筑工地”“都市生活广播，走进社区”“红歌会600分钟大型群众演唱会”等系列演出中获得荣誉。

北大街街道莲湘队 成立于2001年，有30名队员，平均年龄55岁。团队曾参加国庆文艺汇演、民间文化艺术节、全民健身启动仪式等多次表演，并多次在街道、社区举行的各项活动中表演。

北大街街道绷籂队 成立于2002年，队员60人，平均年龄50岁，队伍从各社区特色团队中选拔出优秀人员组织训练并编排演出节目。节目形式有：舞台演出舞蹈，广场大、中型团体舞蹈，体育舞蹈等。团队曾参加“活力无锡”狂欢大巡游等全市大型活动。

惠山街道激情腰鼓队 成立于1998年，前身分别是原西新和惠山街道组建的腰鼓队。2004年年初，街道合并后，腰鼓队也得到整合，保持60人的规模。腰鼓队参加市、区及街道的文艺活动并多次获奖。

第二节 文学艺术创作

音乐、舞蹈 1988年，北塘区文化馆结合无锡市“太湖美”音乐舞蹈曲艺比赛，创作一批精品节目，三人舞《闹花市》获演出一等奖，舞蹈《小雨伞》《两地书》获演出二等奖，戏曲舞蹈《双推磨》获演出三等奖，曲艺《离“混”报告》获创作一等奖。1993年，创作“北塘之秋”系列文艺演出节目，有歌曲《走进秋天》、小品《难得糊涂》、狮子舞《金秋乐》等。1996年，创作新故事《车祸结亲缘》，在无锡市新故事比赛中获三等奖。1997年，创作小品《今夜月正圆》参加无锡市戏剧、小品大赛，同时创作一批迎接香港回归的文艺作品。1999年，创作故事《生日蛋糕》，在无锡市新故事比赛中获二等奖，创作的《喜庆锣鼓》在无锡市广场舞蹈、民间鼓乐比赛中获得铜奖。2000年，在无锡市《十月放歌》广场文艺演出中，五河街道创作《绸带舞》、惠龙街道创作的《莲湘腰鼓舞》参加演出。同年还创作舞蹈《心愿》，在武警某师师文艺汇演中获一等奖。2001年，创作舞蹈《欢庆》《群鼓催春》等一批文艺节目，参加北塘区“莲蓉之春”广场文艺演出活动。2002年，创作表演唱《社区干部展新貌》、上海说唱《自强》、小品《社区来了新主任》、戏曲演唱《共创社区好前程》等一批文艺节目，参加北塘区“建设新北塘，实现新跨越”广场文艺演出。2003年，创作舞蹈《精忠报国》《出征》《在抗洪大堤上》，参加“同呼吸、共命运、心连心”广场文艺演出活动。2003年，北塘教师铃兰女子合唱团创作的歌曲《春·山村醒了》被省委宣传部、省文化厅评为合唱创作歌曲二等奖。2004年，创作相声《五味争先》、舞蹈《拥军花鼓》等，参加迎新春军民联欢活动；创作舞蹈《欢庆》《欢乐金秋》、歌表演《巡逻走在霓虹街》等一批节目，参加无锡市“激情周末”广场文艺演出活动。2005年，创作舞蹈《穿越》《飞翔》等，参加“激情周末”走进军营文艺演出，创作舞蹈《娃娃乐》、时装表演《夕阳红艳艳》等文艺节目，参加“激情周末”走进校园广场文艺演出活动。

书画、摄影 1987年，惠山小学沈培欣的儿童画《给瞎奶奶唱歌》获全国青少年书画大赛三等奖；1989年，胡立德的撕纸作品作为无锡对日本明石市建市70周年的贺礼赠送给明石市政府。1990年，沈再江创作的书法作品在《时代》杂志举办的首届“时代杯”中华职工书法大奖赛中获个人优秀奖。1992年，周怡锋创作的《纯朴的少女》在“福达”杯第七届全国摄影艺术展览评选中获最高奖——“福达”杯特别奖。1993年，陆悦拍摄的《农民孩子学摄影》作品，在《中国少年报》社等单位举办的'93“凤凰杯”全国少儿摄影作品大赛中获新闻类儿童组一等奖。1994年，在中、韩、澳、美、日等国联合举办的1994年青少年儿童书画联展中，顾旦获得金奖，苏阳获得银奖。1998年，殷济平的泥铁画《八骏图》《迎客松》等获市百花迎春博览会优胜奖。

图19-3 送春联活动(2003年)(区史志办供稿)

著作 2003年，夏泉生、罗根兄的文史著作《无锡惠山祠堂群》由时代文艺出版社出版，计21万字。2004年，孙士良、许荣海、廉明的《惠山祠堂群楹联》由时代文艺出版社出版，计12万字。2005年，由北塘区政协主编的《无锡惠山百景图》画册出版，首发式暨作品展在市博物馆举行。

第三节 群众文化活动

80年代后，区委、区政府重视文化在“引领风尚、教育人民、服务社会、推动发展”方面的作用，加大对文化建设的投入，加强文化建设。

广场文化 1985～1990年，北塘的广场文化开始兴起。90年代后，随着北塘城市建设步伐的加快，江尖公园广场、无锡市第一百货广场等一些风格各异的大小广场相继建成，政府为百姓提供的一系列广场文化活动设施，成为市民的文化活动中心和广场文化活动的主阵地。区文体局、文化馆牵头组织一系列有特色、有主题的群众文化活动。1994年、1996年举办“米市艺术节”，历时一周；其间有广场文艺演出，包括以米市文化为主题的摄影比赛、演讲比赛、书画会展、广告灯展、知识竞赛等。除此之外，还有“莲蓉之春”文艺汇演、“欧风街开街文艺演出”“婚育新风在北塘”“北塘戏曲文艺汇演”“夕阳红激情广场大家唱”“防止拐卖妇女儿童”“六·二六公安禁毒”等专题广场文艺演出等，在全市具有一定的影响力。

2000年以后，北塘区陆续建成北塘行政中心广场和金太湖广场等，随着场地的扩大和硬件设施的完善，北塘的广场文化步入发展和繁荣；其中，北塘区行政中心广场被命名为无锡市十大特色文化广场。2003年开始，举办的无锡市“激情周末”广场文艺北塘区专场演出，每年组织4场专场演出以上；2003年、2004年、2005年连续被评为无锡市“激情周末”广场文艺的最佳组织奖，位居无锡二市（县）七区前茅。

社区文化 随着城市化进程的加快，北塘区的社区建设得到加强，社区文化也有新的发展。根据中心工作和党的方针政策，以社居委组织和群众自发相结合的方式，开展各种丰富多彩的群众性文化活动。社区文化利用区文化馆、街道文化站、社区文化室等文化阵地和文化窗口，发动群众结合身边的人和事，自编、自导、自演形式多样的文艺节目，以群众喜闻乐见的文化形式将党的方针、政策宣传于群众，使群众在编节目、演节目、看节目的过程中接受教育。

图19-4 北塘区基层群众文化活动(2003年)(区史志办供稿)

1985年以后，举办一系列丰富多彩的社区文化活动。1989年9月，举办迎国庆系列文化周活动。1993年9月，举办“北塘之秋”社区文化系列活动。1994年，结合市文化局的要求，在全区开展“民歌、民舞、民乐”三民创作与汇演。1995年，举办“国旗颂”大型社区文化艺术节系列活动。1996

年，结合无锡市米市艺术节，开展一系列的社区文化活动。1997年，结合“迎七一，庆香港回归”，举行一系列社区文化活动。1998年，举办以“颂改革，庆国庆”为主题的社区文化活动。1999年，举办社区广场舞、民间鼓乐比赛社区文化活动。2000年，举办北塘区元宵节社区系列文化活动。2001年，举办首届社区文化艺术节系列活动以及“光辉的历程”社区歌咏比赛活动。2002年，举办“创造新业绩，迎接十六大”社区文艺汇演活动。2003年，举办两场“周末放歌”广场文艺演出活动。2004年，举办社区读书节活动，同时开展特色文化家庭评选活动。2005年，举办“廉政文化进社区”系列广场巡回演出。

校园文化 1985年以后，北塘区所属中小学开展一系列校园文化艺术活动。90年代以后，北塘区紧紧依托无锡市百灵鸟艺术节的平台，每年春季举办北塘区百灵鸟文艺汇演，每年都有一批学校的合唱和舞蹈节目在无锡市百灵鸟文艺会演中获得金奖。90年代起，加强学校“三风”建设，各校根据本校的实际情况提出自己明确的的校风、教风和学风，其中，较为著名的有五爱小学提出的“五爱立校，和谐育人”，盛岸中心小学提出的“以美立校，以美育人”等办学宗旨。1990～1993年，在中小学广泛开展“班班有歌声”活动。1991年10月，北塘区举办为期10天的首届校园文化艺术节，自此校园文化艺术节成为一项惯例，每年举办，区、校两级校园文化活动蓬勃开展；其中，较有影响的有五爱小学的音乐舞蹈节、盛岸中心小学的美育节、读书节等。1995年，区教育局教研室成功地举办无锡市“让孩子唱孩子歌”活动，省教委、市政府领导参加这次活动，《中国教育报》和中央电视台《焦点访谈》都对此作了专题报道，给予高度评价。2000年以后，北塘区文体局、文化馆多次举办红领巾征文、读书活动，多次在教师节期间举办“老师您好”广场文艺演出活动，还多次与区教育局联合举办“激情周末”广场文艺“走进校园”演出活动。与此同时，教师文化活动丰富多彩，教育局组建教工艺术团、女子合唱团，举办教工文艺汇演、歌咏活动、书画展览、教师基本功比赛等，活跃教师的生活，提高教师的素质。

图19-5 小学生朗诵比赛(2004年)(区史志办供稿)

企业文化 1985年以后，随着北塘区地方经济的发展，企业文化逐步发展，各个区属及辖区单位结合自身特色举办各种企业文化活动，以提升员工素质、增强企业凝聚力与竞争力。1988年，全区举办企业单位《太湖美》音乐、舞蹈、曲艺创作表演竞赛，涌现出一批优秀作品，市油嘴油泵厂的曲艺《高温报告》获得一等奖，市电化厂的舞蹈《双推磨》获得二等奖。1989年，结合国庆活动，举办“迎国庆”文化周系列活动，得到辖区企业的热烈响应，纷纷编排节目参加活动。1992年，举办专题性的企业文化系列活动，包括企业文化广告展评活动、十月歌会等，推动北塘企业文化的发展。1993年，举办“北塘之秋”系列文化活动，辖区企业纷纷参与。1999年，举办庆祝解放50周年书画、摄影比赛，有众多的企业员工参加此次展示、展览活动。2000年，举办庆祝状元楼开张、情满欧风街广场演出活动。2001年，举办太湖美食节系列的北塘金秋美食节文化活动。2002年，各企业职工参与庆祝十六大胜利召开的全区歌咏活动。2004年，为参加市运动会开幕式举行大型文体表演，部分企业参加表演。2005年，开展职工读书节系列活动，提升企业员工的境界与修养，增强企业的竞争实力。

军营文化 北塘区辖区内驻有多支部队，北塘区委、区政府十分重视双拥共建工作，坚持多年开展文化拥军活动。1985年起，军营文化建设逐步兴起。90年代以后，军营文化逐步繁荣，区文化馆每年都安排人员走进军营举办各类文化活动。1991年，北塘区文化馆走进武警无锡市支队举办知识培训班。1992年，走进炮团举办书画摄影培训。1993年，走进中国人民解放军308部队举办乐理知识培训班。1994年，走进驻区总参干休所辅导军营歌舞节目。1995年，走进武警8724部队辅导一批精品文艺节目，在武警某师文艺汇演中获得一等奖。1997年，走进解放军308部队编排军营诗歌、快板等一批精彩的军旅文艺节目。与此同时，从90年代后期到2005年，北塘区文化馆业务老师每年都深入解放军101医院，编排、辅导春节联欢会节目。军营文化受到广大官兵的欢迎。

2000年以后，北塘区军营文化进一步发展。区文体局、文化馆每年都举办“走进军营”大型文艺演出，连续多年举办军民联欢演出活动，还举办“送春联、送书画”等军营文化活动。2002年，由区文化馆业务老师为解放军308部队辅导编排的军旅合唱节目，在解放军总装备部科研订购部获得一等奖、后又在解放军总装备部获得二等奖。2003年，北塘文化馆辅导的武警8724部队的歌伴舞《当兵的哥们》在中央电视台7套播放。2005年，区文化馆老师辅导的《忠诚卫士组歌》获得华东赛区第一名，后在武警总部获得三等奖。同年，8724部队被武警总部命名为基层文化建设先进单位。

图19-6　1998年10月1日，无锡市第七届太湖艺术节在锡惠公园开幕(顾祚维/摄)

图19-7　2000年春节，惠山庙会吸引众多游客，为市民欢度佳节增添吉祥喜庆的节日气氛(顾祚维/摄)

第三章 文化管理

第一节 管理体制

1986～2005年，区每年都组织重大节庆文化活动。主要有“米市文化艺术节”“北塘之秋文化艺术节”“北塘民间文化艺术节”“北塘社区邻居节”“旅游文化节”；均由区文化局牵头，区文化馆组织节目，各街道文化站组织群众参加。区文化馆还对各街道文化站、辖区单位、社区文化活动进行指导和管理。区文化局、文化馆多次被评为市、区双拥模范先进单位。90年代之后，在全区组织开展“先进文化站及文化活动室”的达标创建活动，推动基层文化设施设备的完善与管理。区文化局由直接办文化向管文化转变，由对区文化系统的行政管理转变为对辖区社会文化、文化事业的行业管理。区文化局成立专门的文化市场管理所，依法审批和管理全区文化娱乐市场、音像市场、书报刊市场，引导和监督经营者合法经营。

第二节 文化市场管理

80年代以后，辖区的文化娱乐业发展较快。为加强文化市场管理，区政府实施专管部门和相关部门联手执法。由区政府办公室、文化局、区公安分局、工商局、物价局、城管办公室、卫生局等部门联合行动，齐抓共管，把好文化市场的入口关，持续开展整顿，清理不符合规范的经营者；定期组织辖区文化经营者学习培训，增强文化娱乐经营业者的法规意识；开展各种评比，对书报亭开展“信得过”书报亭评比，对歌舞厅开展“文明歌舞厅”评比，在网吧行业开展“文明示范网吧”评选等活动，规范文化市场。从1988年起，针对文化市场淫秽、色情图书、影像泛滥的问题，开展“扫黄打非”工作，采取集中行动，打击文化市场中的各种非法经营活动。1991年起，严禁有奖电子游戏机进入市场，并开始在各电子游戏室门口悬挂“未成年人不得入内”标志。同年，对游戏机店进行专项整治，对违章违法的实行取缔或处罚。1997～2000年，工作重点是整顿游戏机、书刊、音像制品和软件市场，清理中、小学校区周边的文娱市场，以及参与“扫黄打非”行动。2000～2005年，区文化市场稽查队共出动检查600多次，暂扣及没收各类非法盗版音像制品、电子出版物、书刊8万张

（册）。在2001年以后开展的“百日整治集中行动”“反盗版百日行动”“校园周边专项整治行动”和“扫黄打非百日雷霆行动”中，集中销毁电子游戏赌博机、博彩电脑版600余台，取缔无证书摊20处、无证音像制品零售点15家，查处违法、违规互联网服务营业场所立案处罚12家、取缔黑网吧8家。2004年，对全区网吧实行专项整治，并运用技术装置对网吧经营服务实行24小时监控。2005年，进一步深化网吧专项整治，全区多部门联合，查处网吧接纳未成年人，取缔黑网吧，打击网上传播不良信息，加强消防安全管理，查处超时经营行为、上网登记不规范行为。对互联网上网服务经营场所实行统一标准管理。文化市场管理所行政执法人员持证上岗、依法行政、文明执法，10多年间查处的违法违规案件无一例行政复议案件发生。

图19-8 廉政文化进社区活动（2005年）（区史志办供稿）

区文化局于2004年获江苏省文化厅授予“江苏省文化先进集体”荣誉称号。2005年获“江苏省扫黄打非有功集体”荣誉称号，同年获“无锡市网吧义务监督员优秀组织奖”。

1986～2005年北塘区文化市场稽查情况表

表19-2

年份	出动人员（人次）	查处歌舞厅（家）	查处印刷业（家）	取缔无证书摊点（个）	收缴非法出版物（册）	取缔无证音像店出租点（个）	收缴盗版光盘录像带电脑软件（张）	关闭集中经营音像制品场所（家）	关闭音像放映厅（家）	取缔无证电子游戏室（家）	收缴赌博机（台）	取缔无证网吧（家）
1986～1992	120	2	23	13	125	–	275	–	–	2	–	–
1993～1997	762	5	26	20	176	7	3700	–	1	9	3	–
1998	150	–	–	5	352	–	2500	–	1	14	–	6
1999	181	7	9	8	406	6	3427	–	–	15	10	–
2000	228	2	–	4	421	–	1173	–	–	12	–	–

续表 19-2

年份	出动人员（人次）	查处歌舞厅（家）	查处印刷业（家）	取缔无证书摊点（个）	收缴非法出版物（册）	取缔无证音像店出租点（个）	收缴盗版光盘录像带电脑软件（张）	关闭集中经营音像制品场所（家）	关闭音像放映厅（家）	取缔无证电子游戏室（家）	收缴赌博机（台）	取缔无证网吧（家）
2001	286	–	–	6	463	25	6105	–	–	16	–	4
2002	364	–	–	12	562	29	13500	2	4	20	16	12
2003	469	–	–	14	326	26	23000	–	–	25	–	2
2004	475	–	–	–	365	23	24300	–	–	22	132	2
2005	502	–	–	–	432	24	35000	3	–	29	267	4
合计	3537	16	58	82	3628	140	112980	5	6	164	428	30

第四章 档案 史志

第一节 档案管理

1993年1月，经无锡市档案定级评审组的考核验收，并报江苏省档案局批准，北塘区档案馆定为江苏省三级国家综合档案馆。1997年、2001年通过省三级档案馆复查，2005年被国家档案局确定为“农业和农村档案工作联系单位”。

区档案局，1995年被评为无锡市1991～1994年度档案工作先进集体；1997年被评为无锡市1996～1997年度档案工作先进集体； 2000年被无评为无锡市1998～1999年度档案工作先进集体；2004年被评为2002～2003年度无锡市档案工作先进集体。

一、管理和利用

1985年11月，区档案馆建立后，按档案馆的职责，着手进行档案的收集、整理、保管、提供利用等工作。1985年11月至1992年年末为区档案馆从成立到达到省三级档案馆阶段。主要接受区委、区人大、区政府、区政协、区纪委文书档案，部分机关部门的文书档案，少量的专门档案，如区委组织史档案、人口普查档案、地名档案、音像音带档案、照片档案和死亡干部档案等共48个全宗单位8600卷。档案馆建筑面积由1990年的60平方米扩大到1992年的150平方米，其中库房面积增加到120平方米。库房为普通办公用房顶层，加盖了隔热层。库房内无空调，档案用铁箱存放，设备有吸湿器、灭火机、温湿度记录仪。

1992年，对馆藏的全部档案按全宗群管理的要求，重新进行全宗划分，编制多种检索工具，以纸质案卷目录和全引目录为主，以相关主题索引为辅。健全18种登记统计台账。开展档案的鉴定工作，对馆藏全部档案进行鉴定，经重新组卷后升入永久、长期保管的档案90卷。

1993～1995年，馆藏档案全宗单位49个，馆藏档案增加至9204卷。1996年，接收区级进馆单位增加到了57家，共10824卷，档案门类有所增加：一是1994年征集进馆的个人档案，原区政策研究室王嘉序长期从事宣传工作积累并保存的档案资料93件（本）；二是1996年接收的原分散在区5个街道的婚姻档案，共计1590卷。其他情况与1992年相比基本没有变化。

1997年，根据《江苏省、市县档案馆定级升级暂行办法》的有关规定，省档案局

图 19-9　基层年度档案工作评估(2004年)(区档案局供稿)

组织对北塘区档案馆升省三级馆（1993年）后的工作进行复查，认为北塘区档案馆自升级以后，继续加强了馆内的业务基础工作，严格执行各项管理制度，档案馆工作正常，三级馆复查合格。

1998～1999年，区级进馆单位仍是57家，馆藏案卷有10824卷。开始使用档案管理软件，建立文件级目录数据库，逐步提高档案管理现代化水平。

2000年，对馆藏已满保管期限的短期案卷进行鉴定工作，历时4个多月，共鉴定4个全宗2065卷。经过鉴定，无需继续保存的档案材料，以全宗为单位编制销毁清册，报请区委、区政府同意，予以销毁。至此，馆藏档案全宗单位为57个，馆藏档案9030卷，比1999年减少1794卷。

2001～2005年，区级进馆单位增加至61家，进馆案卷有12543卷。编写档案馆指南和各个进馆单位的全宗介绍，增加检索工具，完善各类登记统计台账。2003年，及时做好防治"非典"档案材料的检查、指导、归档、接收进馆工作。截至2005年，有案卷目录127本，全引目录362本，各类登记统计台账14种14册。库房案卷作出调整，编制档案存放示意图。

档案查阅情况：1993～2005年，查阅利用档案4805人（次）、6990卷。其中，1993～1995年平均每年150人（次）左右，1996年为200余人（次），1997～2005年平均每年达到440人（次）左右。利用目的有考查工作、编史修志、了解户口、婚姻情况、法院诉讼，还有涉及经济纠纷、房屋买卖、银行贷款、出国公证、职工录用、职务职级、工资工龄等情况。

二、特色工作

2004年《无锡市档案管理条例》公布实行，为配合做好宣传活动，组织全区机关部门和街道、社区200余人参加《条例》知识竞赛答卷。同时还积极组织开展档案进社区、进家庭活动。区档案局将区内有特色的个人档案及馆藏档案通过展板的形式展示给群众。在市档案局举办的评选"家庭（私人）档案十佳"活动中，北塘区入围4个家庭档案，其中吴国忠家庭和贺星允家庭荣获市家庭（私人）档案十佳称号。

2005年，及时做好农村股份制改革档案的管理工作。北塘区的农村股份制改革在全省搞得比较早，这项改革中形成的档案如何管理，在全省乃至全国无先例。区档案局改变以往在改革完成后归档的惯例，提前介入，不仅保留珍贵的史料，还创建形成具有历史意义的农民个人档案。国家、省、市档案局领导分别多次到北塘区实地调研村股份制改革档案工作。5月，区档案局被国家档案局确定为“国家档案局首批十个农业和农村档案工作联系单位”之一。此后，两次参加国家档案局在西安、北京召开的全国农业和农村档案工作联系单位经验交流会，并在会上以现场多媒体演示介绍。

图19-10　吴国忠家庭档案展览(2004年9月)(顾祚维/摄)

北塘区档案馆1987～2005年基本情况表

表19-3

年份	同年全部人员(人)	馆藏全部档案				馆藏资料(册)	同年进馆档案		档案编目情况			档案利用情况		档案馆建筑面积
		纸质档案		磁带(盒)	照片档案(张)		以卷为保管单位(卷)	以件为保管单位(件)	手工目录、全引目录	机选目录		同年利用人次	同年利用卷次	合计面积(平方米)
		全宗(个)	全宗案卷(卷)							全宗案卷(卷)	案卷级(条)			
1987	3	4	4029	1	106	–	–	–	–	–	–	120	316	60
1988	3	4	4654	1	306	–	616	–	–	–	–	118	212	60
1989	4	4	5065	1	306	–	420	–	–	–	–	131	327	60
1990	3	4	5514	1	411	–	449	–	–	–	–	339	339	60
1991	5	4	6977	3	711	720	1463	–	101	–	–	699	1111	150
1992	5	48	8600	3	711	1739	1623	–	227	–	–	685	721	150
1993	5	48	9204	3	711	1739	604	–	227	–	–	140	313	150
1994	4	48	9204	3	711	1739	–	–	227	–	–	202	399	150
1995	4	49	8234	3	711	1739	30	–	227	–	–	189	572	150
1996	4	57	10824	3	711	1739	–	–	279	–	–	238	605	150
1997	3	57	10824	3	711	1769	–	–	402	–	–	445	831	165
1998	3	57	10824	4	788	1769	–	–	403	–	–	438	624	180
1999	3	57	10824	4	788	1769	–	–	413	–	–	529	717	180
2000	3	57	9030	4	788	1769	–	–	413	–	–	361	506	210
2001	3	61	12131	4	788	1769	3101	–	361	–	28552	439	497	210
2002	3	61	12195	4	788	1859	64	–	361	–	41912	389	503	210

续表19-3

年份	同年全部人员（人）	馆藏全部档案				馆藏资料（册）	同年进馆档案		档案编目情况			档案利用情况		档案馆建筑面积
		纸质档案		磁带（盒）	照片档案（张）		以卷为保管单位（卷）	以件为保管单位（件）	手工目录、全引目录	机选目录		同年利用人次	同年利用卷次	合计面积（平方米）
		全宗（个）	全宗案卷（卷）							全宗案卷（卷）	案卷级（条）			
2003	3	61	12259	4	788	1859	64	–	361	–	47100	451	486	210
2004	3	61	12323	4	788	1871	220	–	362	–	50243	544	512	210
2005	3	61	12543	4	788	1884	400	2294	362	2885	72234	440	425	210

第二节 史志编纂

1986~2005年，区有关部门编纂了一批地方志、组织史、文史资料、文件汇编、档案资料等，较好地发挥了存史、资政、育人的作用。

一、地方志

《北塘区志》 1981～1990年，由区委办公室组织完成《北塘区志》编纂。《北塘区志》较为详细地记述中华人民共和国成立至1985年北塘地区的地情和历史，为北塘区有史以来的第一部志书。全志设沿革地理、政治军事、经济、城市建设、文化教育、体育卫生计划生育、社会杂记、人物8个篇目，40章，57万字。该书详今略古，既在一定程度上反映了历史风貌，又突出体现时代精神，反映社会主义现代化建设时期的新成就、新变化、新风貌。

二、组织史

1994年，区档案馆编纂成《中国共产党江苏省无锡市北塘区组织史资料（1949.4～1987.10）》《中国共产党无锡市北塘区组织史续编资料（1987.10～1994.12）》。收录的资料以1994年12月的行政辖区为范围，上限为1949年4月无锡解放，下限为1994年12月。两书系统地收录了北塘区党、政、军、统、群各系统组织沿革以及领导人名录，是干部资料书，两册书共计20余万字。

三、文史资料

区政协历年编印了一批文史资料，计有：《北塘文史资料第一辑》，1989年编；《北塘文史资料第二辑》，1991年编；《北塘文史资料第三辑》，1993年编；《北塘文史资料第四辑》，1995年编；《北塘文史资料第五辑》，1997年编。

第二十编

历史文化遗存

北塘毗邻惠山，运河穿境而过，古芙蓉湖消失后留下众多水面，又是通往江阴的咽喉之地，扼水陆交通要冲，明代以后造船业、商业、旅游业渐次发展。清代同治以后至民国，无锡是全国四大米市之一，而北塘是无锡米市最为兴盛之地。凭借着米市带来的商市和人气以及发达的水陆交通，北塘在民国年间工商业、旅游业极为繁荣，是无锡米、布、丝、钱四大码头最为集中、最有代表性的地区。区域内因米业、布业、金融业、丝业、手工业、娱乐业、旅游饮食业等形成的街巷星罗棋布，是“小上海”的缩影。典型的历史街坊有北大街、北塘大街、布行弄、竹场巷、江阴巷、小三里桥街、积余街、接官亭弄等。

京杭大运河北塘段，北起皋桥，南至莲蓉桥，全长5.39千米。旧时江南运输以船运为主，京杭运河北塘段河面宽阔，是运粮船只停泊、装卸及设置堆栈的理想之地。米市的兴起和发展，见证了无锡作为国家财赋重镇的历史。

无锡惠山、惠山古镇是无锡人文荟萃之地，文物古迹最为集中，有国家级文物保护单位3处，省级文物保护单位6处。著名的惠山古镇祠堂群有国家级文物保护单位10家，省级文物保护单位5家。北塘丰富的历史遗存记录了无锡的历史，具有很高的历史和文化价值。惠山泥人、清水油面筋，是无锡的著名特产。

第一章 历史街坊

第一节 北大街和北塘大街

一、北大街

北大街位于无锡城北门外至莲蓉桥之间，形成于明清时期。清末时全长130米，宽3米，是一条铺设青砖的步行街。民国17年（1928年），这条街有27个行业、58家商店，有著名的徐嘉和副食品商店、日新绸缎庄、时和布绸店、周信泰百货店、李同丰及大吉春药店、新三珍鲜肉店等多家百年老店，还有大华照相馆、大来南北货店、美华楼菜馆等。抗日战争无锡沦陷时，沿街商店尽为战火所毁。民国27年，商店逐渐恢复，街道拓宽为8米，弹石路面，两旁人行道铺砖。北大街市口是一个片，包括“一街”“一条浜”“四沿河”“五弄”。“一街”即北大街；“一条浜”即游山船浜；“四沿河”即麻饼沿河、桃枣沿河、芋头沿河、茅蓬沿河；“五弄”即布行弄、笆斗弄、坛头弄、小郙弄、游弄。坛头弄的柏烛业早在清同治四年（1865年）即有，又有药材店、茶馆、书场、典当，温泉浴室一直开到90年代坛头弄拆迁才停业。咸丰十一年（1861年），在笆斗弄设有宝成、永和全盛等民信局，光绪二十二年（1896年），又在此开设客栈，弄内还开有槽坊及刨花店、灯笼店、竹器店、笆斗店等。布行弄有黄鳝行、中国银行、诊所等。游弄有著名的拱北楼面馆。小郙弄因卖小猪而取谐音命名。桃枣沿河有王源聚冶坊、南货店、芦席店、油行。麻饼沿河有米行、油行等。茅蓬沿河有望湖楼茶楼、诊所、碾米厂等。芋头沿河有酒行、黄鳝行等。

解放后，经对私改造，至1958年，北大街有商店51家。1973年，北大街铺柏油路面。1990年，大街拓宽为40米，快车道12米，慢车道6米，绿岛2米，采用沥青混凝土结构。2002年，北大街再次拓宽，北面的小郙弄等也被拆除，商家店面有所减少，但仍为无锡繁华街区之一。

二、北塘大街

北塘大街，是沿运河的一条塘岸，自莲蓉桥至三里桥，原称“北门塘上”或“塘上”，又称沿运河的街为外街，中间的称里街。清代，随着商业中心由南门向北门转移，北塘岸旁逐步建起房屋。太平天国战争时，商市受到战火影响。自清末至民国，此地一直是无锡商市中心之一。民国时，街面拓宽。民国26年（1937年）11月日本侵略军攻占无锡时，街面房屋尽被烧毁。后重建时，改称北塘大街。解放后，门牌号列至380号。历史上，这里以米业为中心，米豆行有70余家，粉面业有38家，为无锡“八段米市”之一。其他各类商店有130家左右。南北山货行也很出名，一直延续到80年代。

北塘大街以前有4个渡口，分别可通往运河对岸的南尖、横浜口转江尖、李家浜转五里街等地。90年代江尖大桥建造后，渡口已无。

解放后，北塘大街米市衰落。1992年，北塘大街拓建，宽度由原来的8米增至30米，交通明显改善，但沿河边外街房屋因防汛而拆除，仅剩里街一排房屋。

第二节 北塘老地名

一、路、街、巷、里、弄

锡澄路 建于民国18年（1929年），因无锡至江阴得名。

北泗路 民国19年（1930年）因原有“北泗救熄会”，取北塘泗堡桥而得名。

青石路 以桥得名。原为青石桥和豆腐浜，1951年改现名。后祁街至通惠中路，长500米，宽3.5米。1996年拓宽至14至20米。

霞美路 解放前米商徐子危之子结婚时定名为霞美路，取义“朝霞美丽”。霞美路从民主街至青石路，长246米，宽6.8米。

通惠路 因由无锡火车站直通惠山，故名。吴梓敬建造吴桥后，民国7年（1918年）由荣德生出资辟建无锡火车站经吴桥、直达锡惠公园，翌年竣工，全长3.8公里，同时建造惠农、惠工、惠商、惠通“四桥”。

锡惠路 曾名宝善桥路。锡山大桥至通惠西路，长630米，1982年拓宽，分快慢车道和人行道。锡惠路两侧聚集大量祠堂等古建筑，2009年，配合惠山古街保护修复，为古街保护将原先“穿古镇而过”的道路改线北移。新锡惠路全长960米，下锡山大桥西坡后在308部队北侧200米处与通惠路相交，再向西通过匝道转换，与快速内环凤翔路立体沟通，路幅拓宽至双向六车道，重建跨越惠山浜桥梁。锡惠路北移后，惠山横街禁止车辆进入改为步行街，沿横街直线向北打通，新辟龙光路，与锡惠路十字相交，取消锡山大桥西坡右转匝道，市区来车下锡山大桥后，经龙光路口转向运河西路，从而化解原先匝道三岔口交通冲突。

俭德路 曾名油车弄、北水沟，解放初期改现名。日伪时填沟筑成。东起棚下街，西至五爱路，长262米，宽4～9米。

吴桥西路 习称外塘上，1951年命名。吴桥至双河尖，长330米，宽5.8米。

丽新路 民国5年（1916年）建丽新纺织厂得名。由惠商桥至五河浜，长630米，宽6米。沿路有第三棉纱织厂、协新毛纺织染厂。

蓉湖庄路 1953年以蓉湖庄命名。南起人民西路，北至通惠西路。1978年新开挖运河从中段通过，将路分为南北两段，南段长米1150、北段长500米、宽7米。南段沿路有电机厂、缝纫机厂，北段有湖光仪器厂等单位。

锡澄一支路 1981年命名。沿路有锡澄饭店、肉类加工厂、求进锅炉厂等单位。

新惠路 通惠西路至臬桥，长3750米，宽6米。沿路有无锡船舶修造厂、船舶技工学校、印染厂、橡胶厂、自行车厂等单位。

通盛路 1981年命名。通惠桥至盛岸新村，长400米，宽7米。

惠盛路 1982年命名。惠钱路至盛南桥，长550米，宽4米。沿路有塑料一厂。

北泗路 以解放前北泗救火会驻地得名。小三里桥街至全昌路，长240米，宽2～5米。

全昌路 原为小道，民国19年（1930年）前后开设"全昌酱油作"后，以作坊得名。解放后填塞河浜拓宽。全昌路由小三里桥街至后祁街。长224米，宽4米。

竞惠路 由原竞华布厂得名。由新市场至一里街，长207米，宽4米。沿路有无锡毛巾厂和无锡纸箱厂。

自治路 位于北塘区积余街附近。为群众自发填筑而成。长318米，宽2～4米。曾为北塘街道办事处驻地。

志强路 靠近北塘区小三里桥街北段。三十年代此路通往原志强小学。长144米，宽2.5米。

豫康路 位于北塘区北新桥北侧。民国期间由豫康纱厂（今染料厂）方寿颐出资兴建。长213米，宽3米。

西康路 位于北塘区邮电新村北侧。1953年曾名后西康路。长300米，宽3米。

后浜路 位于北塘区北新桥西，以附近后浜得名。长90米，宽3～5米。

聚生路 位于北塘区小梨花庄附近。民国19年（1930年）钱阿有、韩士杰等人合股开设"聚森树号"得名。"生"为"森"之谐音。长120米，宽3米。

小三里桥街 隋唐时期开通的京杭大运河，穿过无锡县城。清代，无锡已成为全国四大米市之一，而无锡古运河段小三里桥一带是江浙漕粮集中地及江南著名粮食市场。小三里桥，位于吴桥东路和北塘大街交汇处，南北走向，据说因此地距离老北门三里而得名，一端从小三里桥起始，另一端终于青石路。长280米，宽6米。

积余街 清光绪六年（1880年），无锡米豆业在北塘成立具有同业行会性质的"积余善会"。光绪十五年，粮商赵文溪等发起成立锡金米豆业公所，由积余善会捐资，高鸿捐出北门张成弄底的一块地，建造积余堂（即公所）。光绪十八年建成，成为无锡米市的枢纽机构。因积余堂之名，堂前的街即命名为积余街。长89米，宽4～5米。

一里街 清朝时北栅口至梨花庄贤圣殿距离一华里得名。南起通惠东路，北至沪宁铁路，长200米，宽8米。有一里街菜场，是市区农贸市场之一。

北塘大街 原俗称北门塘上，新中国成立后改称北塘大街（详见本章第一节）。

民主街 旧时有天主教堂，曾名天主桥巷。民国16年（1927年）改名天主堂街，1951年改现名。位于霞美路附近。长620米，宽4～5米。

惠山直街 位于惠山北麓，曾名秀嶂街。东起锡惠路，西至秀幛门，1954年拓宽，长390米、宽6米。

惠山横街 坐落在寄畅园东侧，与惠山直街相垂直。惠山直街至惠钱路口，长147米、宽12.5米，1957年拓宽，1966年秦园街并入。惠山横街是游览锡惠公园、寄畅园的主要通道。

北闸街 旧时北门外通往江阴，出口处有座木栅栏，得名北栅口。民国27年（1938年）改现名。顾桥至江阴巷。长263米，宽6.5米。

后祁街 据传清乾隆帝下江南巡视时，曾路过此地，故有“御道”之称，是当时的商业中心。东起江阴巷口，西至青石路，长618米，宽6.5米。

胜利街 曾名湾巷。抗日战争胜利时，控江门改为胜利门，湾巷因通往胜利门，即改现名。莲蓉桥至江阴巷，长144米，宽4米。有状元楼菜馆。1996年，随着北大街拓宽改造，胜利街并入北大街。

后祁后街 民国时期原是荒地，解放后建造居民住宅，逐步形成街道。因位于后祁街北面得名。长242米，宽6米。

顾桥街 位于顾桥北堍，北至通惠路。长98米，宽9米。是旧时通往北门外的主要街道之一。

信德桥横街 30年代荣德生出资兴建信德桥，此巷与桥成横向，故称。长65米，宽2米。

泗堡东街 位于北塘区泗堡弄东。长55米，宽2.5米。

泗堡西街 位于北塘区泗堡弄西。长101米，宽3米。

前横街 在北塘区原长安桥附近，横街南。约辟建于明成化十五年（1479年）。长69米，宽2.7米。

横街 位于北塘区长安桥西堍，街西端通横浜。约辟建于明成化十五年（1479年）。长204米，宽2.4～10米。

梨庄南街 位于北塘区小梨花庄。原是梨花庄的一条小巷，此巷在南端，故名。长85米，宽4.5米。

北栅后街 位于北塘区北栅街后侧，故名。新中国成立后坛弄并入。长138米，宽3.5～4.5米。

西直街 位于北塘区人民桥西堍至棉花巷口。“西门直街”之简称。建于明清，为当时城内通往惠山一带的必经之路。长127米，宽3米。

五里街 位于北塘区蓉湖庄路至京杭运河。旧时此巷长五华里，是往惠山进香的必经之路，形成于150年前。长220米，宽4米。

兴隆桥直街 此街直对兴隆桥。1955年前名“外吊桥直街”。长105米，宽5.3米。

兴隆桥东街 位于北塘区兴隆桥北堍东。曾名“外吊桥东街”，1955年改现名。长189米，宽5.4米。

兴隆桥西街 位于北塘区兴隆桥北堍西。曾名“外吊桥西街”，1955年改现名。长250米，宽6.4米。

江阴巷 因旧时为江阴商人来锡经商之地，且有江阴人定居于此而得名。江阴巷是无锡北门（胜利门）外的一条古老街道，宽3.5～4米，旧时是无锡城区通往江阴方向的主要通道。历史上，江阴巷曾是土布的集散市场，其时，江阴一带农村盛产土布，土布买卖就在江阴巷。

蔡墅巷 古代有无锡县西仓迁来教书的蔡姓二兄弟而取名。

前竹场巷 清道光十年（1830年）左右，有数家竹行以经营竹类商品为主，故取名。

后竹场巷 该巷以前有经营竹类商店，地处前竹场巷后，故称后竹场巷。

打铳巷 巷内吴姓居民世代以打猎为生，民间大枪俗称铳，故名。

棉花巷 清朝因巷内设有棉花行而得名。

大厂里 民国时为船只修造厂，因规模较大，故名。位于北塘区泗堡桥附近。长26米，宽6米。

小厂里 民国时为船只修造厂，因规模较小，故名。位于北塘区泗堡桥附近。长40米，宽4米。

枫棚里 民国期间曾安装枫棚（变压器）得名。位于北塘区锡惠桥西堍南。长236米，宽4米。

课积里 原锦记丝厂职工宿舍通道，为寄托工人子弟求学愿望而名。原名六间头。位于北塘区东水沟头南。长77米，宽3米。

田垛里 位于北塘区青石路附近。长140米，宽1.5～3米。

荣兴里 取“繁荣兴旺”之意。位于前蔡墅巷南。

仁德里 由周氏匾额“仁德堂”得名。位于大河池附近。习称“十间头”。

受和里 民国29年（1940年）前以茶食业公会匾额“受和堂”得名。位于大河池附近。

东升里 民国37年（1948年）命名，新中国成立后由南向北分为六弄，位于北塘区小三里桥街中段。

长安里 位于长安桥附近。

横浜里 位于北门外北塘区横浜东侧。

豫康里 原为豫康纱厂（现染料厂）工房。位于北塘区北新桥附近。里弄长267米，宽3米。

钧西里 原为王海道私房通道。位于北塘区一里街附近。长26米，宽4米。

钧益里 原为王海道私房通道。位于北塘区一里街附近。长44米，宽4米。

顾桥里 民国28年（1939年）形成棚户区，1950年取现名。位于北塘区顾桥附近。长206米，宽1.5～2.5米。

和新里 1962年以和新布厂（现棉织二厂）得名。原名丁埄里、青莲庵。位于北塘区蓉湖庄南路附近。长380米，宽3米。

接官亭弄 明代，北塘已有接官亭（又称北码头）。北码头地处北门塘水陆交通要冲。旱路向北，是通常州府的官塘驿道，运送繁忙；水路则位于北门古运河芙蓉湖的南端，水面辽阔，水流平稳，是一个天然可停众多船舶的港湾，凡抵锡巡视或过境官员的官船都停泊在北码头。接官亭边的一条街巷，名接官亭弄。

大码头弄 明朝富豪华麟祥在此修建码头，因而命名。

布行弄 旧时开设布行得名。

牛师弄 以弄内牛氏兽医得名牛师弄。

笆斗弄 清时有两家笆斗店得名。位于北大街南段。据《无锡金匮县志》记载，原名“笆斗巷”、“长城门弄”。长130米，宽2.3～5米。

坛头弄 明朝时此地有个坛坟，故名坛头弄。位于北大街南段。长118米，宽8米。

张成弄 清咸丰十一年（1861年）大户张成死后，在弄口设了土地堂，得名张成弄。

祝栈弄 建于清同治九年（1870年），原为祝姓栈房，因而得名。位于北塘区横街中段。

橹店弄 清末以弄口橹店而名。位于北塘区鱼行街南段处。长191米，宽2米。

野园弄 昔为荒园草地，故名。位于北塘区鱼行街南段。长113米，宽1米。

文达弄 抗日战争时，由祝寒梅在此创办文达小学得名。位于后蔡墅巷附近。

迎新弄 曾名“接官亭弄”，以迎驾乾隆帝下江南所建“接官亭”而名。位于北塘区老三里桥附近。

信德桥弄 30年代建。以原信德桥得名。位于北塘区志强路附近。

大通弄 自“大田岸”与“通济桥”中各取一字组名。形成于1948年后。位于北塘区北泗路附近。

泗堡弄 位于北塘区泗堡桥附近。

石灰弄 位于北塘区北闸街石灰场附近。

茅蓬弄 形成于清道光三十年（1850年）前后。北端通茅蓬沿河，故名。位于北塘区长安桥附近。

酱油弄 位于北塘区横街东段，直通酱油浜。

作新弄 1954年取现名。长150米，宽6米。位于北塘区惠工桥附近。

木排弄 原有“长丰”、“正泰丰”两木行，沿河常停靠木排得名。位于北塘区惠农桥附近。长85米，宽5米。西侧有延安影剧院。

万祥弄 以弄口原“万祥槽坊”得名。抗日战争时曾名“新生弄”。位于北塘区惠农桥附近。长85米，宽3米。周边有延安影剧院、第五毛纺厂。

栅　弄 清道光十年（1830年）形成。位于北塘区北闸街中段，弄基原为河中一栅栏，故名。长80米，宽1米。

仓厅弄 清道光十年（1830年）弄内有包氏仓厅得名。位于北塘区北闸街附近。长83米，宽1～2.5米。

大仓弄 清代时附近有官方仓厅得名。位于北塘区棉花巷东段。长142米，宽5.4米。

小仓弄 清代时附近有官方仓厅得名。位于北塘区棉花巷东段。长128米，宽2米。

毛墙弄 清代弄内有王姓祠堂。烧毁后，以乱砖砌成围墙得名。位于北塘区后祁街中段。长45米，宽2.4米。

前惠弄 原名张巷口，1953年改现名。位于北塘区前张巷至通惠中路。长179米，宽3米。

有成弄 解放前，陆友丰于此开办有成丝厂，故名。位于北塘区丽新路南段。长176米，宽2米。

丽新二弄 位于丽新路有成弄西侧，南接吴桥西路。长180米，宽3米。

丽新三弄 位于丽新路草鞋浜东面，南接吴桥西路。长180米，宽3米

元康弄 由源康丝厂得名。“源”谐音“元”。民国19年（1934年）、1951年曾遭受三次火灾，后重建平房七百多间。1968年曾名健康弄，后又恢复原名。弄长127米，宽4米。

振华弄 以“振华面粉厂”得名。弄底原有财神堂庙，曾名财神弄。位于北塘区“坝桥下”北。长520米，宽3米。

坝桥弄 由原坝桥得名，原名大王庙弄，1968年改现名。位于北塘区人民桥附近。长210米，宽2米。

锡惠弄 原锡惠路支弄，故名。解放前，曾名体育场路。位于北塘区人民西路中段。长190米，宽2.6米。

二、桥、河、浜、沟、头、尖

莲蓉桥 位于北门外，跨环城运河。始建于唐贞观三年（629）北门（胜利门）

旧城墙之北城门。为纪念抗日战争胜利而名。曾名莲蓉门、控江门，俗称老北门。民国时改现名。明弘治年建，为出入无锡北乡之唯一陆上要道口。1953年与旧城墙俱拆，名仍存。因无锡北城门古称莲蓉门，故建桥后取名莲蓉桥。

惠农桥　民国8年（1919年）建。坐落在通惠东路上，跨北新河。因桥两侧为农船集散地而得名。建国后扩建，为T梁双曲拱形桥。长13米，宽9米。坐落在通惠东路上。

惠工桥　建于民国9年（1920年）。跨顾桥港。原竞成丝厂和大隆丝厂利用工会的会费，合造了这座桥，因而得名。原为小型钢筋混凝土桥，1973年拓建。长10米，宽9米。

惠商桥　民国10年（1921年）建，跨内塘河。利于商业集中，故名。1973年拓建。拱形钢筋混凝土桥，长30米，宽16.8米。

惠通桥　跨惠山浜支流。因通惠路而得名。民国5年（1916年）建，石桥。1964年拓建为梁式混凝土桥。原名外黄埿桥。长10米，宽10米。

北新桥　民国11年（1922年）建，跨北新河，因河和桥均位于沪宁铁路之北，而且为新开新建，故名。

吴桥　位于黄埠墩北，跨大运河。民国5年（1916年）商人吴子敬出资建造，故取名“吴桥”。桥型采用上海外白渡桥式样。

三里桥　在大运河北塘塘岸上，跨内塘河河口。因此桥离控江门有三里路之遥，而得名。

长安桥　此桥东连坛头弄，西接横街。明朝时建，取长治久安之意。

锡山大桥　位于锡山之麓，故名。1980年动工，1982年元旦通车。主桥全长221.2米，宽24米。中央为机动车道，两侧设人行道。东西引坡总长超千米。桥下设六孔，主跨跨度60米，在最高水位时净空高度7米，河道船只仍可通航。是当时省内城市公路桥梁中规模最大的新型预应力混凝土T型刚构桥，承重量达到我国公路桥梁最高一级标准。西堍桥头公园面积达三万四千平方米，设有停车场。

蓉湖庄桥　位于蓉湖庄，故名。1952年建，初建时为木桥。1962年、1973年两次改建为拱形混凝土桥。长24米，宽6米。

通汇桥　位于通汇桥路与后竹场巷之间，京杭运河、护城河、转水河等几支河水汇集处。由民族工商业家祝大椿捐资建于民国7年（1918年）。长30米，宽3.5米。

通盛桥　位于北塘区盛岸一村旁，通盛路上。1980年建，拱形混凝土桥。

宝善桥　坐落在北塘区锡惠路上，横跨惠山浜。明万历年间（1573～1619年）由湖广提学副使邹迪光建造，清咸丰丙辰年（1856年）和民国18年（1929年）修建。梁式混凝土桥。长14米，宽12米。

盛中桥　位于北塘区盛岸一村与盛岸二村之间。1982年建，拱形钢筋混凝土。

盛南桥 坐落在北塘区盛岸一村与盛岸二村之间。拱形钢筋混凝土桥，1982年建。

锡惠桥 曾名新桥。位于人民西路中段，西通锡山、惠山。初建为小木桥，几经改建，现为混凝土桥。

兴隆桥 坐落在北塘区惠山浜上。明万历年间（1573～1619年），由湖广提学副使邹迪光建造。拱形石桥，长21.6米，宽5米。

泗堡桥 坐落在北塘区荷叶村南侧龙船浜上。据《无锡金匮县志》记载：此桥清嘉庆七年（1803年）重建，清咸丰十年（1853年）毁，后又重建于清同治年间（约1875年）。此处三面环水，形似堡垒。此桥由杨、蒋、尤、徐四姓筹资建造，故名。拱形石桥，长28米，宽2.5米。80年代转水河填没，桥移建到鼋头渚公园内。

西黄埿桥 坐落在北塘区惠山浜上。明万历年间（1573～1619年），由湖广提学副使邹迪光建造，清咸丰时窦承煌重建。拱形石桥，长10米，宽4.5米。

北门黄埿桥 位于北塘区老戏馆弄与笆斗弄之间。据《无锡金匮县志》记载：旧名通安桥。清乾隆五十三年（1788年）及咸丰初年（1851年）重建。经乱又毁，清同治年间（1862~1873年）又重建。曾名黄埿桥，1981年改现名。拱形石桥，长4.5米，宽2.5米。

茅泾桥 清同治九年（1870年）建。桥堍原有一山茅殿得名。位于北塘区茅泾浜与石铺头之间。梁式钢筋混凝土桥。长7米，宽2米。

普建桥 位于北塘区横浜里与江尖之间。建于1953年，原为木桥，1961年容易址重建为拱形钢筋混凝土桥。长33米，宽2.2米。

普庆桥 坐落在泗菜场与后张巷之间的内塘河上。几经重建，现为梁式石桥。原桥前有普济寺，桥后有普济堂，故名普济桥；1968年改现名。长5米，宽3米。

新建桥 原为无名桥，新中国成立后重建。位于北塘区梨花新村与小梨花庄交界处。梁式钢筋混凝土桥，长20米，宽2.2米。

顾桥 坐落在北塘区北闸街与顾桥街交界处转水河上。梁式钢筋混凝土桥，长6米，宽6米。

老三里桥 位于北塘区吴桥东路与北塘大街之间。原名蓉湖桥。距离老北门三里，为别于新三里桥而名。1951年改建。长5米，宽11米。

新三里桥 坐落在吴桥东路，老三里桥附近。民国10年（1921年）复生栈资方蔡兼山所建。原名砚凹桥，又名小三里桥。长7米，宽11米。

解放桥 1950年建，1970年改建。曾名内塘桥，梁式钢筋混凝土桥。位于北塘区民主街。长19米，宽3.3米。

酱油浜兴隆桥 位于北塘区，横跨酱油浜，单跨金山石拱桥，跨径5.6米，长13.2米，宽3.6米。

社桥 位于北塘区社桥头。原名“佘桥”，后取谐音为“社桥”。民国9年（1920

年）建，墩式钢筋混凝土桥，长3.4米，宽2.5米。2003年通惠东路改造拓宽时重建，桥面拓至30米。

凤宾桥　位于北塘区凤宾路，民国9年（1920年）建，为条石桥。解放前附近一所实业学校教授俞凤宾，为沟通河道两岸联络，于民国9年（1920年）出资建桥，乡亲们为纪念俞凤宾造福乡里的善举，称该桥“凤宾桥”。2002年，不足10米宽乡间小路凤宾路拓建成40米宽，贯通312国道，凤宾桥拓宽至40米。

凤翔桥　坐落在北塘区黄巷附近。清宣统二年（1910年）初建时为木桥。1971年改建为拱形钢筋混凝土桥，长11米，宽3.4米。

巡桥　清光绪六年（1880年）建，初建时为木桥，后改建成曲拱形钢筋混凝土桥。长15米，宽3.7米。位于北塘区社桥头。

杨木桥　清光绪四年（1878年）建，初建时为木板桥面，后改建成曲拱形钢筋混凝土桥。长10米，宽3.5米。位于北塘区杨木桥。

五河桥　建于“五河”汇集处，故名。1950年建，拱桥。1978年改建为曲拱形钢筋混凝土桥。长15米，宽4米。位于北塘区五河。

南徐桥　1950年建，初建时为石桥，1977年改建为曲拱形钢筋混凝土桥。长15米，宽4米。位于北塘区五河南徐村。

高泾桥　清康熙二十年（1681年）建，条石桥。1980年改建为墩式钢筋混凝土桥。长3.5米，宽3.2米。位于北塘区高泾村，故名。

团结桥　清光绪六年（1880年）由秀才张官才资建，得名张官才桥。1968年改建时改现名。长9米，宽3米。坐落在北塘区社桥头梅巷。

山北大桥　原名会龙桥，1975年重建。坐落在北塘区山北朱巷双河上，故名。曲拱形钢筋混凝土桥，长25.4米，宽4.8米。

锡航桥　1977年由市船运公司所建，故名。位于北塘区山北双河上。曲拱形钢筋混凝土桥，长49米，宽7米。

西新桥　位于西新桥堍。原是龙船浜口，民国4年（1915年）建桥后填浜逐步形成巷道。巷道长31米，宽4米。

黄埝桥　位于北塘区北门黄埝桥西堍，巷道以黄埝桥得名。巷道长44米，宽4～6米。

信德桥　位于北塘区民主街附近。民国20年（1931年）形成巷道。以原信德桥得名。长92米，宽3.5米。

荷花桥　原荷花塘上有荷花桥，巷道因桥得名。位于北塘区五里街中段。巷道长103米，宽4.3米。

茅蓬沿河　清道光三十年（1850年）杨氏于北尖开设船用茅蓬店，又因此处沿河，故得名。位于北塘区长安桥附近。长139米，宽2米。

桃枣沿河 以昔日多桃枣等南北货店得名。位于北塘区莲蓉桥南堍西沿河。在莲蓉桥南堍，长154米，宽6米。

芋头沿河 以原经营芋头为主的山地货得名。位于北塘区北门黄埿桥附近。长162米，宽2米。

麻饼沿河 昔以麻、植物油饼贸易集中地。位于北塘区莲蓉桥南堍东沿河。长186米，宽3米。

北塘沿河 位于北门塘河（即京杭运河）北岸。日寇侵占时毁，后重建。民国时粮行林立，为无锡米市中心。长800米，宽4米。

水沟头沿河 位于北塘区水沟头附近，外城河沿河，1974年命名。长115米，宽2.4米。

普庆桥沿河 位于普庆桥南堍东，以桥得名。1968年前曾名普济桥沿河。长254米，宽6米。

烧香浜 惠山寺烧香拜佛的船只均停靠在此浜，故取名。

惠山浜 位于黄埿桥南，“惠山浜”西岸，因浜得名。长40米，宽2米。

锡丰浜 位于北塘区“锡丰浜”附近，因浜得名。

前龙船浜 因浜得名。位于北塘区五里新村附近，1960年分为前后龙船浜两部分。

后龙船浜 因浜得名。位于北塘区五里新村附近，1960年分为前后龙船浜两部分。

腐乳浜 位于北塘区“腐乳浜”沿河，因浜得名。民国37年（1948年）后逐渐形成。长73米，宽1.5米。

田禾浜 以附近“田禾浜”得名。曾名天打浜，1970年改现名。位于北塘区新惠路附近。长50米，宽2米。

陆清桥浜 位于陆清桥“浜”侧，以浜得名。长100米，宽5米。

游山船浜 旧时是灯船停泊之地，故名。北大街沿环城河至长安街，长240米，宽6米。

草鞋浜 位于丽新路，紧靠丽新厂东面厂区。南接吴桥西路。

东水沟 由原“东水沟”填塞而成。位于北塘区仓浜至五爱路。长96米，宽4米。

北水沟 位于北塘区五爱广场附近。由原“北水沟”填塞而成。长310米，宽2米。

十八间头 位于北新桥附近。解放前为五丰丝厂（解放后为缫丝分汉口厂）工人住宅，共18间，故称。巷道长140米，宽10米。

石铺头 旧时制作石器，故称。位于北塘区南尖附近。

上城头 位于北塘区北大街附近。据《无锡金匮县志》记载，明嘉靖三十三至三十四年间（1554 ~1555年），无锡知县王其勤为抗击倭寇，改造城墙，此为旧城墙遗址。长36米，宽2.2米。

江尖 京杭运河分叉口一渚，四面环水，呈三角状。旧时开设缸甏店，故名“缸尖渚”，后简称“缸尖”，地方谐音“江尖”。民间有“身无三千，不上江尖”、“江尖渚上团团转”之说。

双河尖 位于北塘区双河、京杭运河交汇处。宽6米。

南尖 位于北塘区京杭运河与环城河之间，分为三尖，因位于南部得名。长580米，宽4米。

北尖 位于北塘区京杭运河与环城河之间，分为三尖，因位于北部得名。长83米，宽2米。

三、其他老地名

小梨花庄 原属梨花庄，1950年土改时划出，取现名。位于北塘区北新路西段。

前蓉湖庄 位于北塘区李家浜北，京杭运河南岸。原为芙蓉湖，晋时张闿始填湖造田。明嘉靖前建有蓉湖庄，后废。解放后旧址辟为蓉湖公园。1958年开凿京杭运河新线时，公园大部分成河道。现蓉湖庄沿用原名，以运河为界，分前、后两处。

后蓉湖庄 位于京杭运河北岸。

上河塘 原为芦苇荡，明末清初挖掘“惠山浜”形成。位于北塘区“惠山浜”北岸。长140米，宽4米。

下河塘 原为芦苇荡，明末清初挖掘“惠山浜”形成。位于北塘区“惠山浜”南岸。长132米，宽4米。

泗菜场 以菜场得名。位于北塘区吴桥东路西段。长96米，宽4.2米。

晒麦场 昔为小麦仓库，以场上常晒小麦得名。位于北塘区泗堡桥附近。长52米，宽1.5～3.5米。

石灰场 清道光三十年（1850年）前后，附近有石灰窑，此为装卸石灰之场地。位于北塘区北闸街附近。长212米，宽2.7～3.5米。

新市场 旧名赶鸭浜。位于惠农桥西堍，水陆交通便利。旧时米行、糟坊相继开业，商业兴旺，为区别于老市场，故名。长270米，宽7米。

北栅口 清咸丰（1851~1861年）时在此曾设征收厘税用的木栅栏巷门，故而得名。东至一里街，南至顾桥港，西至惠工桥，北至北新路西口。旧时城北至江阴出口处，现为沪宁铁路、锡澄公路陆上交通要道口。

横浜口 位于北塘区“横浜”北口，长47米，宽2.7米。

大车口 新中国成立前为车水入田之河口，故名。原名马车渡。位于南长区塘泾桥附近。长362米，宽2米。

亮坝上 这里原有亮坝，后建桥，以桥取名。位于北塘区工运桥北堍至惠农桥，长326米，宽3.8米。原有轮船码头。

驳岸上 清朝道光时侯桐告老还乡，将门前河道用石砌成驳岸，故名。

摇车湾 清朝咸丰时形成因其走向弯折较多，形似摇车柄，故名。

大河池 此地原有一河塘名大河池，民国26年（1937年）填塞后地名不变。位于北塘区自治路附近。长166米，宽6米。

小尖上 靠近西门。旧时该地四面环水，延伸河中部分，故称小尖上，是无锡北门外古运河“四尖”之一。

蓉湖庄 在吴桥东南堍，这里原为芙蓉湖一角。晋时张闿始填湖造田，明嘉靖年间顾氏新建庄园，名蓉湖庄。

梨花庄 位于北栅口之北，至迟在南宋时已有此地名。清康熙年间这里成为豪富沈万三的别圃“广五十亩，中有天绘楼最胜。万三有妾名贞香者，性爱梨花，遍植焉”。

胜利门（北门） 旧城墙之北城门。为纪念抗日战争胜利而名。曾名莲蓉门、控江门，俗称老北门。民国时改现名。明弘治年建，为出入无锡北乡之唯一陆上要道口。1953年与旧城墙俱拆，名仍存。

听松坊 旧时能听到“听松石床”周围的松涛声得名。曾名“听松街”，1960年改现名。位于北塘区寄畅园西侧。长200米，宽1.5米。

新宁坊 原系丽新纺织厂（现第三棉纺织厂）高级职员住宅区通道。位于北塘区丽新路中段。长17米，宽2米。

顾桥港 以河得名。位于北塘区顾桥南堍西。长416米，宽4.5米。

青石桥南 曾名顾巷，1973年改现名。位于北塘区青石路附近。长58米，宽4米。

高步沿 明时原为低田，后筑一高岸，高出低田一步，由此得名。位于“马场上”东。长410米，宽2.5米。

坝桥下 因桥得名。位于北塘区棉花巷附近。长180米，宽3米。

大鱼池边 以原有大鱼池得名。位于北塘区棉花巷中段。民国27年（1938年）建房形成。长222米，宽1.5米。

高墩 原为荒坟，地势较高，俗称荒坟。因名不雅，解放后改现名。位于北塘区五里新村附近。

锡山脚 旧时原为梦神殿、鲁班殿、顺亲阁、紫竹庵、锡善堂等。新中国成立后逐渐改为居民住宅和厂房，旁边形成小路，得名锡山脚。位于北塘区锡山脚下。长30米，宽1.5米。

锡新村 位于北塘区小三里桥附近。民国年间以“锡新酱油槽坊”得名。长297米，宽5米。

大池村 位于北塘区积余街附近。抗日战争时，填塞大河池建成。

荷叶村 四面环水，里弄纵横，形似荷叶，故名。位于北塘区泗堡桥附近。

锡园 原为周绍国所建“锡园山庄”得名。位于北塘区通惠西路中段。长150米，宽1.5米。

第二章 京杭运河北塘段

第一节 北塘米市

历史上，无锡凭借江苏、浙江一带盛产的优质稻米，以及太湖、长江、运河等水系发达的水运，成为全国四大米市之一。无锡米市主要集中在南门外及北塘一带的运河旁，史称“八段米市”，其中北塘有五段。

早在明代，无锡已是苏南重要的粮食集散地。无锡米市的正式形成，始于清代同治年间。其时，朝廷将漕运由河运改为海运，并将征收的米粮部分改成银两，就近采购粮食后，交招商局由上海海运至天津。因此，无锡每年粮食销售量约有100余万石。至光绪十四年（1888年），浙江省的漕粮划归上海南市征收，因采购数量不足，上海粮行每年到无锡采购粮食，当时无锡粮行每年承办的数字在130万石左右，获利颇丰。米市原先以南门外伯渎港最为兴盛。后因该地河道较窄，难以容纳越来越多的运粮船舶，遂转向水面宽阔的北门外运河旁。米市的兴盛，促使粮行业蓬勃发展，由原来的北门塘上、三里桥、北新桥、北栅口、树巷、黄泥桥、西门棚下、外吊桥和南区的伯渎港、上塘、黄泥绛等地的米市，合并组成三里桥、北塘、北栅口、西塘、黄泥桥、伯渎港、南上塘、黄泥绛八段米市，其中三里桥、北塘、北栅口、西塘、黄泥桥五段在北塘。由于水运的便利及无锡商业的繁荣，外地粮船在无锡卸货后，还可以在无锡采办丝、绸、纱、布、百货、南北货以及饲料，顺船运回。

粮行经营分自营与代客经营两种。北塘的黄泥桥段是自营的，其经营方式是：1.置碾米机或砻坊，向市场采购稻谷或糙米，加工成白米，设门市部或出售给米店；2.在行门前收乡货（以小麦为主）；3.向外地贩运粮食；4.在本地套购粮食储存于堆栈，取得栈单后向钱业贷款。

代客经营分收购和出售两种，团体都是以地名称帮，有上海帮，绍兴帮，苏北、长江帮，常州帮，江阴、南通帮等，其中有些帮是每月从服务客户获取固定的薪金，有些帮是从佣金中提取一定比例的分成。

米市中的从业人员平时交谈或双方进行交易时，都使用米业术语，其中有切口、塘翻、缩头韵或缩脚韵等。

米市的兴起，与堆栈业的发展密切相关。早在清代雍正年间，无锡北塘已有堆栈，以后伴随着米市的兴盛，堆栈业不断发展，至解放前已有30余家，其中以广仁、福源等廒间较多。这些堆栈的经营方式是依靠粮行的媒介，把外地客商因市价低落暂不愿脱手的河中船载的粮食储存起来，等候货价上涨时出售。从江尖到吴桥一带，能停泊粮船千艘，储粮100万石左右。堆栈须经营砻坊，代客将廒存（或船存）的稻谷加工成糙米。堆栈亦有兼营抵押贷款的。至解放前，堆栈每年的储粮总数约为300万石。

民国25年（1936年）北塘粮食堆栈情况表

表20-1

栈名	负责人	创办年份	地点	仓容量（万石）	变迁情况
泰丰	丁厚卿	1935	惠山浜	7.00	新建
益源	唐保谦	1911	蓉湖庄	8.00	恒源—益源
锡丰	上海阜丰公司	1895	蓉湖庄	10.00	-
生和	唐燕三	1909	蓉湖庄	10.00	-
甡康	张仲涛	1933	蓉湖庄	10.00	东瑞成—德康润—甡康
复成	顾伯生	1875	蓉湖庄	11.00	-
新增益	周梅坡	1930	蓉湖庄	2.00	东瑞成茧行—新增益
增益	周梅坡	1918	蓉湖庄	4.00	西瑞成—增益
仁昌	华绎之	1928	蓉湖庄	11.00	和丰—慎和昌—仁昌
元益	陶亦遽	1930	蓉湖庄	4.00	洪源—乾元—元益
福源	唐晔如	1928	蓉湖庄	8.00	恒裕—恒益—福源
中国二栈	陆镇豫	1933	丁埄里	17.00	宝成—鼎丰—广仁—中二栈
成泰	邹纪康	1926	丁埄里	4.00	润诒—源和—成泰
福康成	张仲涛	1919	丁埄里	12.00	生源—福康润—福康成
达源	顾康伯	1863	丁埄里	4.00	-
兴仁	华衮仁	1872	酱园浜	4.60	-
新兴仁	华衮仁	1927	酱园浜	2.00	新建
宏仁	华绎之	1893	酱园浜	6.40	-
宏仁分	华绎之	1914	酱园浜	4.00	允亨—宏仁分
德新	陈思明	1909	酱园浜	8.00	-
义昌	华叔琴	1929	财神堂	8.00	考友—南惠生—义昌
民益	苏养斋	1921	坝桥下	12.00	隆泰—民育—民益
聚成	薛千甫	1915	江尖	4.00	日中—聚成
隆源	赵章吉	1929	江尖	3.00	纪记—隆源
江苏银行（堆栈）	江苏银行	1929	茅泾浜	6.70	同仁—江苏银行堆栈
中二分栈	陆镇豫	1935	茅泾浜	4.10	赉丰—中二分栈
懋昌	张懋芳	1935	茅泾浜	7.00	润昌—穗生—北穗生—懋昌

续表20-1

栈名	负责人	创办年份	地点	仓容量（万石）	变迁情况
馀新	谈文明	1927	石铺头	4.00	长源—馀新
泰来	张翰熙	1935	小尖	3.00	泰孚—瑞丰—西瑞生—永茂—泰来
慎德	浦文汀	1909	东梁溪路	4.00	–
复生	蔡缄三	1872	小三里桥	8.00	–

民国成立至抗日战争爆发前，是米市的全盛时期，这一时期无锡每年粮食的吞吐量约在300万石~400万石之间，粮行亦大量增加，其中以北塘为多。

抗日战争爆发后，无锡于1937年11月沦陷，北塘米市粮行及堆栈储存的粮食，不是毁于战火，就是被日伪掠夺或限价强制收购，粮食业损失惨重，绝大部分亏损破产。

抗战胜利至解放前这几年，北塘米市又一度出现繁荣景象，本地的米厂、面粉厂、油饼厂相继恢复开业，新开市的粮行很多，总数增至205家。后因国民党政府发动内战，导致物价飞涨、货币贬值，米市遭受重创，发生抢米风潮多起。

解放后，有些粮行因亏损而倒闭，有些则走上合作化道路。以后，国家实行粮食统购统销和定粮供应政策，粮行从业人员多数在国营的粮管所、米厂、粮栈服务，北塘米市成为历史。

1949年无锡米市三里桥段粮行情况表

表20-2

序号	行名	负责人	创办年份
1	长裕泰复记	王兆奎	1922
2	永嘉	苏应龙	1946
3	亿隆	过达泉	1945
4	宝大馀记	惠翼周	1945
5	久禾丰	吴耀庭	1928
6	生大公记	过雅卿	1929
7	裕康润	马子仁	1923
8	恒源	范鹏云	1928
9	宏升	华荣坤	1926
10	元禾	莫敬之	1933
11	公鑫记	刘少卿	1927
12	德昌	张竺臣	1927
13	利丰	杨伯范	1938
14	源生盈	倪镇千	1944

续表20-2

序号	行名	负责人	创办年份
15	福康	徐少卿	1938
16	福和祥	徐晋初	1942
17	源馀	倪耀山	1926
18	勤馀	沈震初	1938
19	竟成	胡竟初	1945
20	永泰	徐鹤卿	1945
21	鑫泰润记	缪定卿	1947
22	协和	章孝昌	1945
23	大华生记	邓竟初	1943
24	复大	范振华	1945
25	恒大复	王福祥	1945
26	恒大发	胡保训	1937
27	钧大	顾荣培	1945
28	永兴	许桂芬	1945
29	永泰兴丰记	吴瑞生	1947
30	合兴盛	陆子青	1942
31	丰记源	金和芳	1941
32	恒源升	王春生	1938
33	协大祥	邹福之	1946
34	大公	平嘉宝	1946
35	永丰成	陈志新	1946
36	德大昌	施耀庭	1946
37	信润	刘 伟	1949
38	万源	陈旭良	1946
39	仁馀	周镇汉	1946
40	祥丰	张慕庚	1946
41	凤记	殷嘉炳	1946
42	复成	计涵芳	1946
43	长丰泰复记	顾亚荣	1946
44	义昶	陈显清	1946
45	仁大	徐少棠	1946
46	同泰升记	张仲羡	1946
47	万升	尤炳生	1941
48	万和兴	何天瑜	1945
49	源昌润	李受昌	1945
50	永盛复	冯浩镇	1945
51	源丰	刘源霖	1945
52	永大昌	张兆昌	1946
53	生丰	石灿大	1947

续表20-2

序号	行名	负责人	创办年份
54	恒茂	翟文茂	1947
55	信隆	姚滋良	1947
56	仁德	徐钟钰	1946
57	复兴祥	张良淞	1946
58	协茂永	肖炳南	1946
59	华昌祥	荣祥增	1946
60	德康	袁志轩	1943
61	德大源	许鹤初	1947
62	大源	俞景凌	1947
63	大通	张耀明	1948
64	广源	胡广毓	1948

1949年无锡米市北塘段粮行情况表

表20-3

序号	行名	负责人	创办年份	序号	行名	负责人	创办年份
1	隆复茂记	赵章吉 张敬初	1888	19	永润	侯镜宇	1944
2	信昌源	王近三	1898	20	吴长春	吴邦俊	1933
3	信茂义	俞绍昌	1932	21	大德兴	高汉亭	1939
4	立鑫	沈振中	1921	22	倪万亨	倪培川	1909
5	赵正大	赵希正	1912	23	振昌元	王梦海	1912
6	大成	陈永儒	1930	24	通和兴记	任养和	1942
7	生昌	李克俊	1934	25	宏昌友记	雷祖德	1942
8	馀盛	张俊石	1939	26	永泰隆	叶仰乔	1938
9	乾大	刘乃辉	1940	27	勤丰	郁麒卿	1942
10	宝兴	陈瑞床	1946	28	宝源义	叶建明	1933
11	元润昌	江允明	1942	29	三元	姚南山	1938
12	恒义	酆云翔	1898	30	华义隆	华伯铭	1940
13	恒隆	曹菊生	1938	31	生茂衡	徐叔衡	1938
14	裕茂顺	刘锦元	1934	32	源茂昌	史立生	1930
15	泰昌祥	朱寿椿	1928	33	永大生	邹沁泉	1927
16	汪义源	江浩清	1927	34	正源昌	秦仲夔	1930
17	泰来鑫	张毓麒	1927	35	年丰	张伯泉	1945
18	正沅	江楚卿	1939	36	福昌	朱少云	1947
37	聚昌	周虎伯	1945	56	景记	苏文德	1941
38	福泰	杨翰祺	1946	57	天鑫	张景炜	1946

续表20-3

序号	行名	负责人	创办年份	序号	行名	负责人	创办年份
39	周源生	刘豫立	1946	58	恒大昌	张兆昌	1924
40	新泰	丁瑞暹	1946	59	华公信	华伯云	1931
41	源德	马俊生	1946	60	永昌祥	钱树清	1938
42	德生	周士璋	1946	61	德春恒	单志恒	1942
43	余寿记	余寿生	1946	62	裕生和	单瀛生	1939
44	义德	张锦山	1932	63	顺德鑫	施演常	1947
45	永茂	吴廷雄	1946	64	宝盛	赵书绅	1947
46	钧昌	夏茂钧	1945	65	久康祥	邢秉中	1947
47	复泰	江月清	1945	66	同丰增记	李增龄	1947
48	德记	张剑萍	1945	67	天泰	方少奇	1947
49	丰馀	陶步青	1945	68	广盛	沈懋林	1947
50	同兴昌	汤永良	1945	69	源兴洽	朱少贤	1946
51	义兴	马如粱	1946	70	德盛恒	王崇俭	1946
52	锡丰	叶鹤庭	1945	71	万兴复	李君达	1946
54	志盛	丁仲卿	1944	72	泰亨	杨汝俊	1946
55	鼎裕	周寿洪	1939	73	成泰兴	黄钧和	1949

1949年无锡米市北栅口段粮行情况表

表20-4

序号	行名	负责人	创办年份
1	张宝泰	张一中	1827
2	新沅盛	邵仲安	1935
3	王裕生	王锡申	1914
4	永记	姚志轩	1942
5	丰年恒	杜益新	1942
6	同昌	陈济民	1945
7	同协慎	王仲梅	1935
8	泰丰	姚松年	1928
9	成泰	张永沅	1928
10	永升	周若溪	1928
11	元丰	张子仪	1945
12	万丰	任世昌	1941
13	洽大	顾绍棠	1938
14	盈记	周廷佐	1945
15	永昌	陈厚田	1945
16	协昌	任福元	1945
17	丰泰	朱叙福	1943

续表20-4

序号	行名	负责人	创办年份
18	大生	顾兆良	1933
19	源叙鸿	倪元祥	1946
20	祥源	陆友祥	1946
21	义和盛	徐文龙	1946
22	九成新记	过思源	1947
23	利农	钱慎生	1947
24	福新协	任福源	1947
25	益盛昌	钱文华	1947
26	协昌成	陈执中	1947
27	广利	陈友昌	1947
28	永丰	华馨行	1947
29	沅昌	杨公毅	1947
30	同德	陈翰卿	1927
31	天兴	蒋竹斋	1931

1949年无锡米市西塘段粮行情况表

表20-5

序号	行 名	负责人	创办年份
1	天元恒记	钱大椿	1939
2	鼎恒丰	陆孝生	1932
3	鼎盛	钱念羞	1920
4	恒顺丰	钱仲畏	1946
5	恒兴新	钱志达	1947
6	恒昌义记	蒋泉元	1947
7	永生	周汇芳	1947
8	一大	周景辉	1945
9	大丰恒记	曹寿椿	1943
10	正丰智记	童致徽	1947
11	德泰丰	陈锡章	1945
12	恒源丰	马浩奉	1945
13	杨恒兴	杨应九	1947
14	天仁	张学骞	1947
15	广丰	秦耀良	1947
16	宝丰	王锡卿	1947

续表20-5

序号	行名	负责人	创办年份
17	联丰	吴伟勋	1947
18	鼎丰	郭胜祖	1947
19	德丰	张惟明	1947
20	仁丰	邹应龙	1947

1949年无锡米市黄泥桥段粮行情况表

表20-6

序号	行名	负责人	创办年份
1	长源新记	朱翕士	1928
2	元大	陶寿山 陈颂甘	1881
3	长泰	陶荫敷	1928
4	天丰增记	沈慕西	1926
5	聚兴	顾建章	1914
6	协兴永	鲍聚初	1925
7	瑞丰	孙景苏	1941
8	信大	王耀奎	1933
9	元泰	陶斌钰	1933
10	仁昶	尹思嵇	1941
11	义泰盛	夏贡庭	1947
12	盛兴	潘韵笙	1948

第二节　北塘老码头

一、米码头

北塘米市情况，详见上文。

二、布码头

北塘的布码头，始于明代弘治年间（1488~1505年）。其时，苏南一带农村盛产土布，而无锡又是粮食集散地，商人在采购粮食之后，会顺船带些土布之类的物资回去销售，于是带动布市的发展，在北塘布行弄、江阴巷一带形成土布集散地。货源主要来自无锡、江阴农村。那时，一年的交易额达数十万、上百万两银，无锡遂有“布码头”之称。

经过明末清初的动乱，至清代乾隆年间（1736~1796年），由于社会稳定，土布市场再度兴起。无锡各乡镇生产的土布，大多运到北塘布码头集散。除无锡之外，浙江、江西等地的麻布、夏布亦运至北塘。布码头集中的布匹，大多运到苏北销售，一年的交易额达几百万两银。

咸丰年间，因发生战乱，布码头衰落。至19世纪末，因无锡民族工商业兴起，布码头又得以恢复，此时主要以销售机织布为主。20年代，在北大街上，开设时和布绸店等大型布店。这些布店除有大量的零售业务外，还兼营批发各种坯布、线布等业务。在江阴巷内有花纱布市场。30年代，洋布兴起，布行弄的土布行受到影响，布行逐渐减少，至解放后已衰退。在90年代的老城改造中，布行弄被拆除，曾经兴旺的“布码头”从此消失。

三、丝码头

19世纪中叶，无锡农村开始广泛种桑养蚕。那时，蚕妇用木制的工具剥茧抽丝，再用脚踏木机纺成土丝，然后出售。土丝装上船运到城区，西北乡的船都停靠在顾桥、莲蓉桥和北塘沿河，每年的交易额都很大。江阴巷是北门的咽喉通道，街上开设着众多的收丝商行。收购的土丝经整理后，有40%卖给上海的洋行，洋行再销至欧美。

清宣统元年（1909年），无锡人祝兰舫与皖籍商人吴子敬等人合股，在黄埠墩南岸源康弄开设源康丝厂。此后，孙鹤卿创办乾甡丝厂。缫丝厂的兴办，带动茧行、钱庄、运输、仓储、养蚕育种、教育等相关行业的发展。

解放后，北塘的丝业仍很发达，延续丝码头的辉煌。

四、钱码头

清代至民国，随着米业、丝业的迅速发展，经营者对资金融通和汇兑的要求激增。于是，钱庄、银行业应运而生。清光绪三十四年（1908年），裕苏官钱局到无锡开办分局于前竹场巷，经理为张仲楼；裕宁官钱局亦至锡设分局于布行巷（后迁至北塘东街），经理为周福坡。这两家钱局都在辛亥革命时被查抄歇业。民国元年（1912年）12月10日，江苏银行成立无锡分行于前竹场巷，经理为张晋藩。民国2年4月，交通银行成立无锡支行，经理为邬学韶。民国6年4月，上海商业储蓄银行成立无锡支行，经理为华少云。民国11年，无锡钱业公所成立于后竹场巷，薛南溟为总董。至民国21年，北塘有德丰等钱庄18家；有银行10家，其中有：北大街的中国银行，北塘大街的中国通商银行，江阴巷的交通银行、上海商业储蓄银行、江苏省农民银行，竹场巷的江苏银行、大陆银行、浙江兴业银行和中国实业银行等。竹场巷被称为“无锡银行一条街”。这些钱庄、银行，除了满足米业、丝业经营的需要，还对促进民族工商业的发展起了重要的作用。抗日战争初，钱庄、银行停业。至民国30年，经汪伪财政部和地方伪政府批准，北塘开设一批钱庄、银行。同时，社会上还出现一批私人银行、钱庄。民国31年，无锡共有公私银行59家，其中北塘有42家。

抗日战争胜利后，国民政府勒令在沦陷时期开设的银行、钱庄一律停业。至民国35年（1946年），获得批准重新复业和开张的银行和钱庄有：中国实业银行（布行弄）、金城银行（布行弄）、永恒丰钱庄（布行弄）、德丰钱庄（北塘东街）、福裕钱庄（布行弄）、复元钱庄（北塘大街）、无锡县银行（莲蓉桥堍）、中国农民银行无锡分行（前竹场巷）。民国36年复业的有：中国通商银行（布行弄）、浙江兴业银行（江阴巷41号）、增大钱庄（北大街59号）、亚洲银行（布行弄）、大仓银行（北塘大街）、亿中银行（江阴巷13号）。解放后，慎余、福裕、增大等6家钱庄经无锡市军管会批准继续营业。至1951年6月，这6家钱庄全部停业。

五、官码头

明清时，北塘三里桥畔建有接官亭，有官舍数间。所谓“亭”，是类似于驿站的建筑。接官亭，是迎接上级官员、提供休息、食宿的处所。清乾隆帝南巡，无锡、金匮两县为准备接驾，从江尖口至皋桥修筑七里长堤一条，接官亭改称接驾亭。南巡结束后，仍恢复接官亭名称。

按官亭在太平天国战争时受到严重损坏。民国26年（1937年）11月日本侵略军进攻无锡时，实行大轰炸，接官亭被炸毁。

六、游码头

明清至民国初期，无锡公共交通主要靠船运。人们到惠山游玩，大多要从北塘乘船，从运河进入寺塘泾，上岸后到锡惠风景区。因而，北塘游船聚集之处，称为“游山船浜”，位于北门外长安桥堍，该浜北通运河，南通北水关和护城河。停泊在游山船浜的游船，俗称“灯船”。清光绪年间，该地游船由孙、顾、陆等10多姓船主掌控，有大小游船二三十条。

民国年间，北塘黄天荡畔水陆交通枢纽形成，原来的游山船浜的游码头已不能适应旅游事业发展需要，于是游码头转向黄天荡，黄天荡畔的通运桥（工运桥）成了游客集散地。从工运桥、转水河、惠商桥到西门桥一带，出现专供游览的画舫。画舫上可供船菜，设妓乐，吸引不少达官贵人、富商大贾光顾，蒋介石、李宗仁等政要曾坐画舫游览。

七、御码头

清代康熙帝南巡，曾游览惠山。御舟到寺塘泾码头停泊。第二次南巡回銮时，御舟夜间驻跸黄埠墩边的放生池（慈云寺）。在寺塘泾和慈云寺均设有御码头。

清代乾隆帝南巡，在北塘设有7个御码头：寺塘泾1个、黄埠墩4个、放生池1个、新开河1个。据清人黄印记载，寺塘泾（惠山河塘）“码头之上，以木为棚，布为幔，半上覆，半下垂，如复壁，对岸亦隔以黄布。”新开河码头遗址，在今63983部队院内。

第三节 黄埠墩

黄埠墩又名小金山，位于吴桥以南、惠山浜口的古运河中心，四面皆水。得名由来，一说为战国时楚国春申君黄歇曾在此疏治芙蓉湖而得名；一说为宋徽宗时浙江山阴人黄信来无锡经营米业，设米行，造堆栈，墩旁常停泊粮船而名之。墩圆形，面积220平方米，石砌驳岸。

墩上有庙宇，始建于唐代。元至正十六年（1279年），南宋丞相文天祥在杭州赴元营谈判，被扣押，押解北上，路过无锡，在墩上过夜，赋《过无锡》诗："金山冉冉波涛雨，锡水泯泯草木春。二十年前曾去路，三千里外作行人。英雄未死心先碎，父老相从鼻欲辛。夜读程婴存赵事，一回惆怅一沾巾。"明代，墩上有寺宇，中建楼阁。明嘉靖南京右佥都御史海瑞曾为环翠楼书匾额"环山临水第一楼"。清代康熙、乾隆帝南巡，曾到此游赏，康熙赐"兰若"匾，乾隆赐黄埠墩观音楼"水月澄观"额，并有多首题诗。咸丰时，黄埠墩上佛殿和众多匾联均毁于战火。同治初年重建，民国10年（1921年）又毁于火。民国14年，无锡人唐保谦、蔡缄三、俞复等捐资重建，原悬阎锡山所书"小金山"匾额，后改为林森书"圆通寺"匾。1958年，因古运河改道，有碍施工，墩上原建筑悉数拆除。1981年，将南门外拆除的张元庵戏台迁移此处，建"正气楼"。阁高两层，鱼龙吻脊，飞檐翘角。加建有随墩围墙、望山楼、文天祥诗碑、蓬莱门等。

图20-1　黄埠墩（2005年）（区史志办供稿）

第四节 江尖公园

江尖公园位于原江尖渚，2003年在城市拆迁过程中建成公园。公园呈长三角形，占地3.92万平方米，总投资约1.5亿元。按照"追忆过去，展示现代，憧憬未来"的设计理念，整个公园分为三部分：东片为历史片区，是一条以文物保护建筑和民居建筑组成的仿古"江尖水街"。唯一保存的古建筑是建于民国10年（1922年）的无锡纸业公所。中部为现代片区，有5个面积近2.2万平方米的人工生态绿地，设有百花园、

图20-2 江尖公园(2004年)(区史志办供稿)

九桂大道、镇岛石、天门水景、水景区、近水平台、休憩观光场所。西片为未来片区，系引入河水形成的一座浮岛。片区中央的圆形灯塔广场是市民集会和举行文艺活动的中心。“江尖之光”灯塔是江尖公园的标志性景观。

江尖公园有古典现代兼容的“四桥”景观，即南桥、北桥、南闸桥、北闸桥。南桥与北桥分别沟通龙船浜和北塘大街，南闸桥与北闸桥分别连接石铺头和横浜里。“四桥”加上江尖大桥的人地梯道，使江尖公园共设有5个出入口，与外界联系十分便捷，已没有旧时“江尖渚上团团转”的闭塞状况。

江尖公园建成后，形成“江尖八景”：锡水烟雨、蓉湖揽月、花岗浮翠、帆影如梦、灯塔辉映、棹歌晓风、银缸怀古、河街雪霁。

第三章 文物古迹

第一节 名人故居、公所旧址

徐建寅故居 徐建寅故居坐落在山北街道会西社区杨巷25号，建于清光绪年间。其故居现存两层楼房1幢，硬山顶，面阔三间9.6米，进深八架10.7米，高7.2米。占地面积100多平方米，建筑面积200余平方米，砖木结构。屋顶原装有避雷针，现已拆毁。1994年1月由无锡市人民政府公布为市级文物保护单位。

纸业公所旧址 位于原江尖96号，今江尖公园东侧中部，建于民国10年（1922年）2月。纸业公所旧址建筑为中西合璧式样，砖木结构，三间三进均为两层楼房，其中第二进第三进的四合院式转盘楼，整体保存完好。它的存在，从一个侧面说明当时无锡较为发达的文教事业、报业和印刷业。2003年6月纸业公所旧址列为无锡市文物保护单位。

锡金钱丝两业公所旧址 位于前竹巷中段，建于清光绪二十五年（1899年），原建筑为三开间四进的二层楼房，第一进和第四进为钱业、丝业两个同业公会，中间的第二、第三进分别由钱业、丝业独用。钱业和丝业联合组成的该两业公所开设同业汇划市场，办理同业间拆放、贴现和票据业务，为中国早期票据交换所之雏形。竹场巷地区改造中锡金钱丝两业公所后面三进被拆除，现仅存第一进。2003年6月列为无锡市文物保护单位。

第二节 碑 刻

一、寄畅园石刻

寄畅园秦氏先辈将历代文人雅士的书法文字刻石，拓为《寄畅园法帖》，全帖共12册，颇为海内所珍视。《寄畅园法帖》为寄畅园碑刻的重要部分，许多名人墨迹正以此得以流传。

嘉庆六年（1801年），秦震钧（字酉经，号蓉庄）将乾隆帝御赐《三希堂法帖》20卷泐石，这就是12册中的前6册。后来秦震钧又将宋、元、明代秦观、王蒙、沈周、邵宝、唐寅、文征明、董其昌等50人的书法60幅，编为3册，清代秦松龄、严绳孙、王澍、秦蕙田、刘墉等55人的墨迹也编为3册，刻石200余块。另有续帖较为完善，共存55石，编为3册。民国14年（1925年），秦琢如把《寄畅园法帖》拓本6册捐赠无锡县图书馆。民国19年，秦毓均等人重组寄畅园董事会，将散落在族人手中的寄畅园法帖石刻，陈列于寄畅园中。

历经社会动荡与浩劫，《寄畅园法帖》或毁或散，存世无多。民国初年，秦毓钧在《锡山秦氏文钞园帖存目》中，详细记载《寄畅园法帖》各篇书法的作者、作品名、书法字体、页数、刻石数及尚存石数。清理结果，到民国初年时，《寄畅园法帖》只剩完石30块，断石12块，约为总数的1/3。如今查阅《园帖存目》，有《三希堂法帖》中收录的王羲之、颜真卿、柳公权、苏轼、黄庭坚、赵孟頫等书法家的作品。法帖中也可见锡山秦氏家族秦观、秦金、秦禾、秦道然、秦蕙田、秦震钧及本邑邵宝、顾可久、顾宪成、高攀龙、顾贞观等名人的书法作品。

1984～1986年，市园林部门根据市图书馆拓本重刻《寄畅园法帖》1～6册和《寄畅园法帖》续刻1～3册，共计214方，并将其镶嵌于寄畅园内，其分布如下：南门门厅续刻4方，秉礼堂游廊84方，含贞斋轩廓26方，知鱼槛后游廊26方，郁盘游廊52方，美人石左22方。另外在秉礼堂北外墙于21世纪初镶嵌一批寄畅园法帖原碑。

二、二泉书院石刻

二泉书院位于惠山寺北侧，明代南京礼部尚书邵宝（1460—1527）所建。嘉靖元年（1522年），邵宝辞官回到家乡无锡，致力于文化教育事业，创建尚德书院及二泉书院，教授生徒，同时潜心诗文创作，所著甚富。

碑廊邵宝手迹诗文石刻 院内碑廊的廊壁中镶嵌有明清碑刻25方，为邵宝等人手迹。这些碑原来都湮没于二泉书院地下或者墙壁中，挖掘出来时大多是残碑。经清洗、拼凑，于2001年展示。

碑的内容有书院主人邵宝的《题十贤祠》《海天亭记》《石床行》《听松吟》手迹刻石，也有邵宝同僚乔宇、林俊等的唱和诗手迹，以及明人朱寔昌草书诗刻，清邵涵初的《先天图》《后天图》《合序图》等。碑廊中的这些碑刻保存完好。邵宝书法名重于当时，尤其是行草书，深得颜真卿笔意。

“点易台”明式四面碑 点易台为二泉书院一景，原在惠山东麓桃花坞，筑于明正德十一年（1516年），为邵宝点读《易经》之地。邵宝于正德十五年（1520年）十月初一手书《点易台铭》，并镌刻四面碑，保存至今。在修复二泉书院时移到拜石亭内。

此碑高177厘米，正面为“点易台”三个大字，字迹苍劲古朴，其余三面刻《点易台铭》。碑久埋于地下，80年代在书院享堂前的地下挖出，虽然历经460余年，除局部稍有残损，碑上填充“点易台”3个字的朱砂仍旧清晰。四面碑这种碑的形式很少见，这件单体文物很好地保存了其原真性。

全景图碑刻　画于清代，约25厘米见方，涉及的景点自上而下有：石屋、石台、松坛、滴露（泉）、瘗卷邱、太极石等。图中的二泉书院位于山林之中，景色优美，古雅清幽。图中的点易台营造出一种在大自然中读书悟道的氛围。图中绘有3个人物，其中两人在左下角稍上，从一座房子中走出；另一人在右下角，行走在山路上，模样有些像老夫子。这幅全景图直观地记录了昔日二泉书院的景象，图上的二泉书院比现在书院的范围大一倍，其中有些景点已消失。

贤人画像石刻　二泉书院门北侧庑房，北壁嵌有明正德十六年（1521年）李东阳篆端、邵纶锦题，清乾隆五十七年（1792年）顾光旭跋的《五贤遗像记刻石》，五贤为邵宝敬重的五位先贤，即诸葛亮、陆贽、司马光、范仲淹、韩琦。南侧庑房南壁嵌有清代道光年间《二泉书院画像刻石》，画像石由邵涵初撰文篆题，刻绘康节公（北宋哲学家邵雍）、李忠定公（南宋抗金宰相李纲）、李文正公（邵宝老师李东阳）、邵文庄公（邵宝）、存一公（邵宝父亲）、香谷公（邵宝七世孙）等6人画像。

三、华孝子祠碑刻

华孝子祠祀南北朝南齐无锡孝子华宝。祠始建于唐，复建于宋，明清期间曾多次修缮和增建。祠中保存碑刻45方。1983年11月列为市级文物保护单位。

《华孝子祠记》碑刻　《华孝子祠记》为元代郑元祐撰，历经多人收藏。2005年修复华孝子祠时，有华氏后裔、华原泉28世裔孙华仲厚兄弟出资刻记事碑，《华孝子祠记》才得以初刻。碑文写道："孝子名宝。当晋之时，其父豪，从军出征，垂行，属其子曰：'必我归，为汝冠。'时宝方八岁，而父没军中。比孝子渐成长，念其父之言，终身不冠。既老犹肩垂，至不娶以没齿。人有问之者必对。或劝之娶，则以恸哭以谢之。年七八十寿终。于是称之为华孝子。"

《春草轩记》碑刻及《真赏斋帖》刻石　《春草轩记》由元代国史院编修张翥于至正七年（1347年）所撰，记录的是元代华氏另一个孝子华幼武的故事。华幼武6岁父亲去世，母亲日夜耕织，赡养公婆，抚养儿子，31年后，双目失明。幼武对母万分感激和敬佩，于是放弃功名，尽心侍奉母亲，并在东亭、荡口先后建立"春草轩"，后历经沧桑而废。《春草轩记》后，会稽杨维桢又作《春草轩辞》。两篇名人之作，一直为华氏后裔珍藏。

明代华宝后裔华夏，是著名的收藏家和鉴赏家。嘉靖年间（1522～1566年），华夏将魏太傅钟繇《荐季直表》真迹、王羲之草书《袁生帖》以及唐人双钩王氏书摹勒上石，请文征明、文彭父子题跋，称《真赏斋帖》。在此期间，文征明父子还用隶、行书书写张翥《春草轩记》、杨维桢《春草轩辞》，由华夏刻碑15方。嘉靖三十三年（1554年），倭寇骚扰无锡，真赏斋帖石毁于战火。不久重刻。至清代，又有华宝后裔华章志自书《书春草轩记后》刻石一方，明文征明画、清钱大昕题，嘉庆三年（1798年）刻的《纺绩督课图》二方，明邵宝书题《孝子四咏》碑一方。这些碑刻总共为19

方。清末民初，真赏斋帖石被洋人所购，实业家华绎之历经周折，不惜重金，以一石一金的代价从洋人手中赎回，运回无锡荡口，后来在运往华孝子祠的途中丢失一方。1959年修愚公谷时，发现原碑，嵌于华孝子祠楠木厅，其时剩16方，缺少3方。“文化大革命”中又被毁坏若干方。残存真赏斋法帖最珍贵的一方——钟繇《荐关内侯季直表》原碑，现镶嵌于享堂后院北壁。1980年，请黄稚圭依据原拓本重刻补齐，陈列在华孝子祠内。《纺绩督课图》移存无锡市博物馆，保存了原碑。另有“帝锡德音”“孺慕终身”匾已失。现嵌于享堂北壁的碑刻仍为16方。

四、清康熙、乾隆帝御碑

清代康熙帝爱新觉罗·玄烨、乾隆帝爱新觉罗·弘历南巡前后19次临惠山，御书翰墨诗章，盛赞惠山名胜古迹，留下众多匾碑。匾碑在历史上有所损毁，现存部分情况如下：

寄畅园康熙乾隆御匾碑　镶嵌在寄畅园南门入园处小庭院的左墙上，是两方长方形青石质石刻，宽200厘米，高51厘米，字高35厘米，宽30厘米。右面一方“山色溪光”匾为清代康熙帝于康熙三十八年（1699年）四月初七日第三次南巡回銮时，赐原任左春坊秦松龄（寄畅园主）御书。石刻四边有祥云并二龙戏珠纹饰，上边正中有“康熙御笔之宝”，宽边方形白文篆印。左边一方为乾隆帝于乾隆二十二年（1757年）二月十七日第二次南巡时御题“玉戛金摐”匾，四周纹饰与康熙帝御笔的石刻相同。这两方石刻均为原刻。

美人石（介如峰）诗画碑　乾隆帝第二次南巡时赐寄畅园美人石名“介如峰”，并御制一画，题一诗，地方上为其镌碑，并建六角亭以覆之。

此碑正面是乾隆《介如峰》图，上题诗一首：

一峰卓立殊昂藏，恰有古桧森其旁。
视之颇具丈夫气，谁与号以巾帼行。
设云妙喻方子美，徒观更匪修竹倚。
亭亭戌削则不无，姗姗阎易非所拟。
率与易名曰介如，长言不足因成图。
正言辨物得竭揽，惠麓梁溪永静娱。

寄畅园中，一峰介然独立，旧名“美人石”。以其弗称，因易之曰“介如峰”，而系以诗，且为之图，即书其上。丁丑二月，御笔。

背面是乾隆《雨中游惠山寄畅园》诗：

春雨雨人意，惠山山色佳。
轻舟溯源进，别墅与清皆。
古木湿全体，时花香到荄。
问予安寄畅，观麦实欣怀。

（壬午春，雨中游惠山寄畅园，御笔。）

惠山寺御碑亭乾隆诗碑 乾隆御笔诗碑总高4.6米，碑身为青石质地，高3.4米，宽1.1米，厚0.33米。碑帽上刻有“宸翰”字样，四边雕刻着精致的云龙纹样。御碑的四面分别刻有乾隆十六年（1751年）、二十二年（1757年）、四十五年（1780年）、四十九年（1784年）巡游惠山的4首御制诗。乾隆御碑在“文化大革命中”被砸碎。1979年，无锡市政协提供诗碑背面拓本。1980年，在一块“毛主席语录”牌（现惠山九龙壁位置）下面挖出百余块御碑碎片，残缺字样又从竹炉山房碑刻中找到乾隆手书真迹补齐。1980年秋，在吴县采石重刻，1982年1月修复完工。

御碑正面，为乾隆辛未年（乾隆十六年，1751年）《惠山寺》诗：

寄畅园中眺翠螺，入云抚树湿多罗。
了知到处佛无住，信是名山僧占多。
暗窦明亭相掩映，天花涧草自婆娑。
阇黎公案休拈旧，十六春秋一刹那。
（乾隆辛未春惠山寺作，御笔。）

御碑背面，为乾隆丁丑年（1757年）《惠山寺》诗：

九陇重寻惠山寺，梁溪遐忆大同年。
可知色相非常住，惟有林泉镇自然。
所喜青春方入画，底劳白足试参禅。
听松庵静竹炉洁，便与烹云池汲圆。
（乾隆丁丑春二月，御笔。）

右面碑侧，为乾隆庚子年（1780年）《惠山寺，四叠旧作韵》：

慧山依旧矗青螺，层叠禅林护呿罗。
一片赤心忘今到，几茎白发较前多。
慧枝演法高还下，忍草当春婆复娑。
礼佛而非佞佛者，留诗最是好檀那。
（庚子仲春月下浣，御笔。）

左面碑侧，为乾隆甲辰年（1784年）《惠山寺，五叠旧作韵》：

梁溪开舫见遥螺，稍近丛云梵宇罗。
寄畅园寻幽径暂，慧山寺入缭垣多。
禅林不碍狮音唱，古栝依然凤尾娑。
五叠韵成诗六度，止斯适可厌过那。
（甲辰季春月上浣，五叠旧作韵，御题。）

竹炉山房乾隆御碑 惠山寺竹炉山房前庭及门外有5块乾隆御制诗碑刻，是1984年移置于此。

中间一块正面是《泛舟游惠山，即景杂咏》：

川路遥看见惠山，轻云淡日蔚孱颜。
逌飞吟兴于何是，只在泉流峰峙间。

烟溪暂泊换轻舟，两岸麦苗绿似油。
致我欣然诚在此，宁徒留意为清游。

寄畅园中小憩迟，茶红梅白鬯春姿。
林泉别我三年矣，似曰无他只待诗。

精蓝西转有禅庵，啜茗听松此最堪。
叠韵宁辞绮语过，前三三复后三三。
（乙酉仲春，泛舟游惠山即景杂咏四首，御笔。）

背面是《咏惠泉》：

石甃淙云乳，何从问来脉。
摩娑几千载，涤荡含光泽。
澄澈不受尘，岂杂溪毛碧。
鸿渐真识味，高风缅畴昔。
（乾隆辛未春御题。）

左面一块是《题漪澜堂》：

一泓清照镜光新，耐可含风漾细沦。
印满半轮千古月，入龙凤影数竿筠。
题名乍尔怀苏轼，肄业还因忆李绅。
笑我匆匆催骑去，岂云潇洒个中人。
（乾隆丁丑暮春，御笔。）

右面一块是《惠泉山房作》：

惠泉惠麓东，冰洞喷乳窦。江南称第二，盛名实能副。
流为方圆池，一例石栏甃。圆甘而方劣，此理殊难究。
对泉三间屋，朴斫称雅构。竹炉就近烹，空诸六根囿。
想像肥遁人，流枕而石漱。乃宜此岩阿，宁知外物诱。
亭台今颇多，缀景如错绣。信美乐不存，去去庶绩懋。
（壬午仲春月中浣，御题。）

门外左面一块正面是《方池》：

方自圆流出，非遥品乃低。

虽然甘不逮，犹自胜梁溪。
（乙酉仲春，御题。）

背面是《暗窦》：

天一孕灵根，是谓孚盈缶。
可以验化机，率自无生有。
（乙酉仲春，御题。）

门外右面一块正面是《圆池》：

圆池方之上，堪舆含至理。
得气擅清轻，应较下为美。
（乙酉仲春，御题。）

背面是《明亭》：

石亭才四柱，台榭围周遭。
朴野固非匹，阅时此或牢。
（乙酉仲春，御题。）

竹炉山房雨秋堂嵌壁石刻 竹炉山房雨秋堂建于清代。乾隆二十七年（1762年），知州、摄无锡县事吴钺将御制诗勒石。乾隆四十五年，乾隆帝第五次南巡时，命大学士梁国治将历次御制诗誊写，后编入竹炉图卷中。后由无锡知县邱涟摹镌碑刻，嵌于宝翰阁中（宝翰阁于日军侵华时被烧毁）。咸丰七年（1857年），邵涵初将小幅石刻嵌于雨秋堂。咸丰、同治年间，惠山遭兵燹，竹炉山房毁圮。光绪三十四年（1908年），重建竹炉山房，院后建雨秋堂。现在的雨秋堂嵌壁石刻，是清代摹刻。石刻共有38块，由刻工编有序号。其中：乾隆御笔《竹炉山房图》并《竹炉山房》题诗1块，王绂“晴、雨二竹图”2块，乾隆诗碑18块（其中重刻的1块），钱陈群、汪友敦、沈德潜和诗10块，王达、王芾（绂）、谢常、释广益、雅尔哈善、于恒平等诗文7块。

乾隆诗碑18块，镌诗16首（加上一题多首及《竹炉山房图》题诗为20首），均为乾隆御笔。

光霁祠乾隆御笔匾额、诗碑 惠山下河塘15号光霁祠内有乾隆题额的碑刻。碑刻上首：乾隆二十二年（1757年）二月。中间：光霁祠。落款：赐宋先贤周敦颐，给后裔周汝远惠山祖祠悬挂。

光霁祠内还有乾隆御笔诗碑1块，镌诗一首：“锡麓祀先贤，孙支世守旃。开程朱道学，继孔孟心传。水碧山青处，松蕤竹秀边。千秋光霁在，底复藉龙眠？”碑上首御书：乾隆二十二年二月。落款：赐宋先贤周敦颐，给后裔周汝远惠山祖祠悬挂。

恭记御书光霁祠赐额旷典碑刻 乾隆二十二年（1757年）二月十七日，乾隆帝第二次南巡到惠山光霁祠，周敦颐后裔周汝远接驾，进呈周敦颐小像，乾隆帝赐诗，并御书“光霁祠”匾额。周汝远于乾隆二十三年八月十五日作记，其子廷槐立碑。碑在

光霁祠，碑文如下：

恭记御书光霁祠赐额旷典

钦维我皇上龙飞，十六年辛未三月二十日，回銮复幸惠山，臣汝远在祠前接驾，恩承清问。今丁丑春二月十七日辰刻重幸惠山，臣汝远跪迎祠左，进呈始祖濂溪小像石刻，叩赐祠额。随至寄畅园门内，大人传旨："随大营里来。"匐赴望亭南营盘，复传旨垂问："可有濂溪大像，悬挂匾额处宽窄若何？皇上要替你题。"汝远逐一奏对讫。大人谕："回，静候。"

三月十二日回銮，至六月望，始接江苏宪示，恩赐濂溪后裔周汝远缎疋。爰赴苏领缎。途经苏城濂溪公祠，瞻拜宇下，伏见堂悬御书"光霁祠"额，始知汝远在锡奏允，宸翰宠颁，先及苏祠。随禀请尹大人饬令元邑制额，颁发山祠。戊寅八月五日，汝远率族恭迎，悬之祠宇，光荣奕叶。爰溯宋理宗朝允守臣杨允恭之请，上书"道州濂溪书院"六大字，颁赐家祠，迄今丰碑翼如。数百年来，复蒙圣天子崇儒重道，赐给"光霁祠"额，复赐龙缎，后先辉映，千载一时。谨勒贞珉，以昭旷典。

乾隆二十三年戊寅八月中秋日，臣周汝远拜手恭纪。男廷槐敬立。

五、天下第二泉石刻

天下第二泉原称惠山泉，位于锡惠公园内，为惠山九龙十三泉之首。元代赵孟頫题"天下第二泉"匾额，原为木制，清嘉庆八年（1803年）孙平叔勒石，置于泉亭。下面刻有《记孙平叔得承旨书天下第二泉》碑。另有一碑，刻明万历四年（1576年）进士、布政使右参政永嘉《修泉亭记》、清宋之晋《天下第二泉说》、清王澍《重修惠山泉亭记》。

下池北侧墙上镶嵌着"天下第二泉"五个大字的刻石，为清代雍正五年（1728年）吏部员外郎王澍所书。旁有《修漪澜堂记》碑，嘉庆十一年（1806年）无锡知县杨润立，由其14岁儿子懋勤书。

六、惠山寺经幢石刻

在惠山寺古华山门内两侧，南侧为唐代陀罗尼经幢，北侧为宋代大白伞盖神咒幢，分别由15块大小不一的圆形湖石组成，两幢中间相距10米。1956年10月江苏省人民委员会公布为省级文物保护单位。

唐陀罗尼经幢，建于唐乾符三年（876年），共17级，上刻《佛顶尊胜陀罗尼经》。高6.26米，底部直径1.48米。由幢基、幢身、幢顶三部分组成。幢基为三组八角形束腰式基座，底部为束腰形须弥山；中间一组底座上满刻海水纹，八角形束腰上浮雕狮子四个，姿态各异，上乘覆莲瓣托座；上面一组八角形束腰上面刻壶门式龛8个，内雕佛像，结跏趺坐，其上为仰莲瓣，仰莲之上为八角形座，每面刻栏杆，转角处为莲瓣首望柱。幢身立于栏杆石座之上，作八棱形石柱，遍刻佛顶尊胜陀罗尼经，系白鹿山人李端符书。幢身上部为八角形宝盖装饰，角隅处均饰狮首，口衔连珠状璎络带。宝盖上置扁圆状石，四面刻宝相花图案。其上承托仰莲瓣，莲瓣上有8个方形柱洞，估计原有石雕勾栏，现已全部散失。仰莲上为束腰柱形，上刻壶门式龛8个，内雕佛像，结跏趺坐，其上为八角形宝盖，角隅处雕有力士头像，分别浅雕有牛、羊、鹿角和獠牙。宝盖上置扁圆形石，上刻瑞花图案。幢顶为八角攒尖顶，檐角上翘，上置扁圆形石，未见纹饰，最上为宝珠。

北侧的宋大白伞盖神咒幢，建于北宋熙宁三年（1070年），由无锡县万寿乡静安里刘元规筹建。高6.22米，底座直径1.40米，17级，形制大小与唐幢基本相同。上刻《大白伞盖神咒》。文字上下两端刻三角形和折线纹组成的边饰。

唐宋石经幢历经千年变迁，幢基最下部三层已湮埋于地表下，地面部分也已残蚀倾斜。1998年11月，由南京博物院文物保护技术研究所负责全面修复，将两幢埋于地下的3层升高至地面上，并采取扶正、补缺及防风化措施，重新恢复惠山寺经幢原貌。

惠山寺经幢是江南地区现存较为完整的佛教石刻艺术遗物。幢身高大，形体华丽，雕刻精美，显示出晚唐时代的雕刻艺术风格，为研究中国古代佛教艺术和无锡地方历史，提供了珍贵的实物资料。

七、卧云石石刻

位于锡惠公园春申涧中流。为略呈长方形的天然巨石，长1.95米、宽1.15米、高1.07米。上刻楷书“卧云”二字，落款“二泉山人”，系明代南京礼部尚书邵宝所书。

邵宝与惠山寺僧圆显友善。圆显，俗姓陈，字知微，号卧云，知识渊博，精通梵典，兼工诗画，曾主持惠山寺5年，后退居于黄公涧北的知微山房，纂《慧山志》二十卷。圆显与邵宝交往甚深，邵宝经常夜宿僧舍，品茗吟诗。圆显在80岁时圆寂，邵宝为他写《塔铭》，并将《慧山志》二十卷编纂成《慧山记》，还在黄公涧的一块大石上书刻“卧云”二字，以示对圆显的怀念。1983年11月，由无锡市人民政府公布为市级文物保护单位。

八、听松石床石刻

听松石床位于惠山大同殿前北侧，有一座小巧六角亭覆盖，听松石床又名“偃人石”，是江南奇石之一，石床全长2米，宽近1米，高0.56米，石质暗黄，属火成岩，质地坚硬。石面平坦光滑，一端略翘起，可供人偃卧。石旁原有两棵六朝古松，唐代皮日休曾有“千叶莲花旧有香，半山金刹照方塘；殿前日暮高风起，松子声声打石床”诗句。石端侧面刻篆书“听松”二字，相传为唐代李阳冰手书，清雍正间王澍认定“断非阳冰不能”。篆书一侧，另刻宋政和四年（1114年）张仲贤等所题行楷10行；石平面刻有南宋嘉熙三年（1239年）宋太祖赵匡胤九世孙赵希衮所题行书21字，笔法类《瘗鹤铭》。1983年11月，由无锡市人民政府公布为市级文物保护单位。1984年冯其庸书“听松亭”匾。

九、石门摩崖石刻

石门，在惠山三茅峰下石门坞，石门坞又称望公坞，是惠山九坞之一。从三茅峰下来，经“七十二个摇车湾”，中有山石一峰，悬崖峭壁镌有“隐风石”三字。过此石，渐见怪石森罗，中间一处悬崖高20余米，其中有一石罅，称之为石门。悬崖峭壁上原刻有明邵宝所书“石门”二字，今已无迹可考。现存“石门”字迹，是晚清无锡知县廖纶重书，林圆一、吴教奎、吴明修镌刻。廖纶还在“石门”旁书“叠峰栖云”四字，由石工俞三茂、唐俊贤刻。石门一带，还有金渭滨所书“洞庭春色”“此乡可乐”题刻。

第三节　无锡市革命烈士陵园　侵华日军水牢遗址

一、无锡市革命烈士陵园

无锡市革命烈士陵园，原名无锡市革命烈士墓，位于惠山北麓严家棚，惠钱路45号。1953年无锡市人民政府批准筹建，先后建成“革命烈士纪念碑亭”“为国牺牲人民英雄纪念塔”（高15.6米）和烈士事迹陈列馆。现已改名为“无锡市革命烈士陵园”。

陵园占地面积6.96万平方米，由大门广场、甬道、祭扫广场、烈士墓区、纪念碑亭及烈士事迹陈列馆等组成。金山石铺设的大门广场面积为2400平方米。广场右前方为一幅高4米、宽约18米的巨型浮雕——无锡地图。其前方矗立一座烈士群像雕塑。雕塑前是直径为1.2米的青铜火炬——火凤凰，广场左前方有三个旗帜状墙，以长城加以装饰。走过百米甬道，耸立在广场上的纪念塔是陵园的主体建筑。塔高18米，塔身和塔座用856块金山石贴面砌成，塔身正面镌刻着“为国牺牲人民英雄纪念塔”，下缀1.17吨的汉白玉花圈。塔前的金山石广场可同时容纳5000余人凭吊祭扫。在重大节日、纪念日，各机关、部队、学校、企业事业单位等经常到陵园举行入队、入团、入党、成人仪式和职业性宣誓等。广场两边的宣传画廊布展28块展板，分别介绍无锡革命斗争史和部分烈士事迹。纪念塔后是烈士墓区，这里长眠着秦起、陈凤威等144名烈士，还有高文华、严朴等烈士的纪念性坟墓。烈士墓区还有一园林式亭子——烈士纪念碑亭，碑亭内的石刻上雕刻着133名烈士的简介。穿过墓区，是一座颇具古典园林风格的革命烈士事迹陈列馆，建筑面积为1280平方米，分为第一、第二次国内革命战争时期，抗日战争时期，解放战争及社会主义建设时期3个陈列室。馆内以文字、图片、实物相结合的形式展出82名烈士的英勇事迹。

陵园整洁肃穆，已成为进行爱国主义和革命传统教育的重要场所，先后被评为江苏省国防教育示范基地、省园林式单位和无锡市文明单位。

1983年11月，由无锡市人民政府公布为市级文物保护单位。

二、侵华日军水牢

侵华日军水牢，位于社桥老轻院小区内，是日本侵略军用来关押抗日志士的场所。社桥原名佘桥，后以谐音改为现名。20年代，该处曾是苏州东吴大学无锡实业学校校舍及基地、民众教育学院校区。30年代，该地是江苏省立教育学院的院址。抗日战争期间，该地一直是日军驻扎地，先是日军驻军司令部，后是日军警备司令部。日军在这里筑有多座碉堡，在4角建有4个大碉堡，中间间隔着3个小碉堡。司令部外的田野里还分布着碉堡。里面还有一所日军医院。在警备司令部设有水牢、镪水池、审讯室、关押房、行刑室等，迫害抗日军民。

水牢建于民国27年（1938年）年初。建筑分为两个部分，一是日军值班室，面积为11.46平方米；二是水池，长3.7米，宽2.5米，深3米多，底部面积7.6平方米左右，系钢筋水泥结构，四壁光滑，无法攀援。当时，日军把抓获的抗日军民进行严刑拷打，对不屈服者将其投入水牢。牢内水深约60厘米。被关押者要忍受浸泡、寒冷、饥饿的折磨，一般都不能生还。当时在警备司令部受刑和被关押在水牢内牺牲的抗日志士有无锡县国民抗敌自卫团第一大队政训员王津梁、无锡县第四区区长冯拥耕（牺牲后尸体被扔入镪水池销毁）等。

1987年，侵华日军水牢被无锡市认定为市级文物遗迹控制单位。

第四节 湮没的文物古迹

蓉湖庄　在古运河黄埠墩段西岸。蓉湖庄主人为顾可立，字与中，号十峰山人，明代无锡名宦顾可久的胞兄，恩贡生，嘉靖十九年（1540年）直隶霸州同知。因不愿为官，告归乡里，筑别业于蓉湖之滨，名蓉湖庄。其建筑风格独特，虽筑亭台楼阁，种植花木，但以石取胜。累湖石为九峰，寓意九龙；又单立一峰，孤拔挺直以自拟，并将庄园大门面对惠山九峰，自号“十峰老人”。

古蓉湖庄在明万历年间已归他姓，再后为蓉湖禅院。新中国成立前为九丰面粉厂、益源堆栈所在地。栈后改建蓉湖别墅，充作私人住宅。民国16年（1927年），九丰面粉厂老板唐星海为庆贺其父唐保谦60大寿，在蓉湖庄辟建私人花园，广植树木花草，建亭台楼阁，园中有假山和地室。新中国成立不久，人民政府将蓉湖庄旧址辟为“蓉湖公园”对外开放。1958年，无锡古运河规划改道，蓉湖公园拆除，大量湖石被搬运往梨花新村砌驳岸，蓉湖庄地块被分割为东、西两部分，称前蓉湖庄、后蓉湖庄。

古驿道　无锡人顾敦，于清代康熙年间出资建运河石塘岸，从北门三里桥直至北乡孟里镇（今石塘湾），全长10公里。石塘湾运河古塘岸青石，已在60年代被当作烧制石灰的原料卸去，古塘岸已荡然无存。但是，皋桥至三里桥段青石塘岸2100余米，未遭破坏，被塘岸包覆于1米左右的深处。

放生池　在黄埠墩以南慈云寺。光绪《无锡金匮县志》记载如下："慈云寺，在县北塘，明崇祯中举人邹兑金建。广池四匝，为放生池，环莳花竹，中为石台构殿，其上贮大藏焉。朱桥宛转，外列僧寮。风帆南北，时闻钟呗。以地当道左，废圮略尽。其后邹氏子孙次第修复之。恭遇圣祖临幸，赐今额。高宗屡幸，赐诗立石。咸丰十年毁。"

清康熙二十八年（1689年），康熙帝第二次南巡，于二月初二日驻跸放生池。康熙三十八年，康熙帝第三次南巡时，赐放生池和尚御书"慈云寺"三个大字。乾隆十六年（1751年），乾隆帝第一次南巡，曾游放生池。第六次南巡时，乾隆有《戏题放生池三首》诗。慈云寺、放生池地名均已不存。

宝翰阁　乾隆四十七年（1782年），无锡知县邱涟刻印乾隆御题的四卷《竹炉图咏》，建宝翰阁藏墨卷、竹炉，并摹镌乾隆御笔《竹炉山房图》及御制诗巨幅石刻，嵌于阁壁。

宝翰阁位置在惠山竹炉山房（原弥陀殿）旁，云起楼下。抗日战争期间，宝翰阁被侵华日军烧毁。其地有一株古银杏树，被烧死半棵，称为"半死半活"；后在烧坏处补上水泥，此树又称"半真半假"。

惠山竹茶炉和《竹炉图咏》　明洪武二十八年（1395年），惠山寺僧性海请竹工制一只竹茶炉，储之听松庵。名士王达作记，画家王绂绘《竹炉煮茶图》，不少名流为之题诗，遂汇成《竹炉图咏》卷。后竹炉归潘克诚，又转为杨谟所有。明成化年间，武昌知府秦夔回锡，求访竹茶炉，从杨孟敬处访得，持归听松庵。秦夔、秦旭等作记、作诗，仕宦名流和诗，扩充了图卷。此后，竹炉渐坏。刑部侍郎盛顒之侄盛虞仿制两只竹炉，分赠盛顒、吴宽，后亦归听松庵保存。明代中期以后，《竹炉图咏》形成大轴，有4图。

隆庆年间，听松庵遭火灾，庵毁。寺僧迁至惠山寺禅堂，改称弥陀殿。万历年间，邑绅邹迪光重建弥陀殿，改称竹炉山房（亦称听松庵）。明末，盛虞所制两只竹炉，遗失其一。图卷亦散失一部分。清初，另一只竹炉亦坏。康熙年间，内阁典籍顾贞观仿制两只竹炉，并从京城纳兰容若处觅得散佚的王绂《竹炉煮茶图》及部分图卷中的诗作，将其索回，付竹炉山房收藏。雍正年间，惠山寺僧松泉从农家觅得遗失的竹炉，求归庵中。

乾隆十六年（1751年），乾隆帝南巡，在惠山观赏竹炉和《竹炉图咏》卷，题诗其上，并命张宗苍补画遗失的第四图。到苏州后，命竹工仿制两只竹炉，携回京师。乾隆二十二年第二次南巡时，为听松庵题"竹炉山房"额。乾隆二十七年，无锡知县吴钺编辑、刻印《竹炉图咏》，分为四集，将乾隆题诗置于各卷卷首。乾隆四十四年冬，无锡知县邱涟见图卷有损坏，遂带回县衙，准备重新装裱。不料当夜民居失火，殃及县署，图卷烧毁。乾隆处理完此事，又补画首图，并题诗；又命皇六子永瑢、都统弘旿、侍郎董诰分别补画二、三、四图，俱各题诗；并命补书图卷原明人诗文，形成新的四卷《竹炉图咏》。乾隆并在每卷卷首亲书“顿还旧观”“生面重开”“味回寄兴”“清风再挹”题词。乾隆还把内府珍藏的王绂《溪山渔隐图》赐予竹炉山房，在图上题“顿还旧观”，并赋诗记之。乾隆四十七年，知县邱涟刻印乾隆御题的四卷《竹炉图咏》，并建宝翰阁藏墨卷、竹炉，并摹镌乾隆御笔《竹炉山房图》及御制诗巨幅石刻，嵌于阁壁。

雍正十年收回的竹炉，在乾隆三十一年已不存。顾贞观仿制的两只竹炉，在咸丰九年前已遗失。咸丰、同治间，竹炉山房毁于战火，竹炉及乾隆等补画的四图和王绂的《溪山渔隐图》遗失。

接官亭、状元坊　接官亭弄，已见前文（历史街坊之“其他老街”、北塘老码头之“官码头”）。状元坊建在接官亭弄口，为明万历二年（1574年），无锡人孙继皋中状元后所立的牌坊。后被毁。

梨花庄　梨花庄位于黄巷街道梨庄社区，是无锡的一处古迹，南宋咸淳《毗陵志》已载有梨花庄，缘起却未详。明初，梨花庄是沈万三的花园别墅。清康熙《无锡县志》载：梨花庄“为沈万三别圃，广五十亩，中有天绘楼，最胜。万三有妾名贞香者，性爱梨花，遍植焉。”沈万三是昆山周庄人，明初巨富，曾助筑南京城三分之一（从洪武门到水西门），又请犒军。明太祖深恐“民富敌国”，怒欲杀之，旋改为流放云南。沈万三为何在梨花庄建花园别墅，原因不详。

梨花庄作为庄园已湮没，但作为地名一直延续到解放后。

洞渊宫　又名都天庙，俗称延圣殿，因附近有茭白田，又称茭白庙。坐落在今锡澄路梨庄北街68号。祀西汉出使西域的张骞，神职为“都天大帝”，旧时为无锡十大神庙之一。清咸丰十年（1860年）毁于战火，光绪初年重建。解放后部分建筑被用作梨花庄小学校舍。今尚存一些遗迹，包括原来的一些房屋、两株古银杏、碑文等。

第五节 文物保护单位

随着城市改造的不断深入，文物保护意识和措施不断得到增强。2005年，北塘区共有国家级、省级和市级认定的文物保护单位37处，控制级文物保护单位21处，待定文物保护单位67处。

北塘区文物保护单位情况表

表20-7

序号	保护单位名称	级别	地址	类别
1	惠山古镇祠堂群	国家级	惠山古镇	古建筑
2	“天下第二泉”庭院及石刻	国家级	锡惠公园	古建筑
3	寄畅园	国家级	锡惠公园	古建筑
4	张中丞庙	省级	锡惠公园	古建筑
5	金莲桥	省级	锡惠公园	古建筑
6	点易台	省级	锡惠公园	石窟寺及石刻
7	唐宋经幢	省级	锡惠公园	石窟寺及石刻
8	二泉书院旧址	省级	锡惠公园	古建筑
9	天主堂	省级	民主街	近现代重要史迹及代表性建筑
10	华孝子祠	市级	锡惠公园	古建筑
11	清代祠堂建筑群	市级	惠山古镇	古建筑
12	愚公谷	市级	锡惠公园	古建筑
13	卧云石	市级	锡惠公园	石窟寺及石刻
14	至德祠	市级	锡惠公园	古建筑
15	听松石床	市级	锡惠公园	石窟寺及石刻
16	龙光塔	市级	锡山山顶	古建筑
17	忍草庵	市级	锡惠公园	古建筑
18	华彦均墓	市级	锡惠公园	近现代重要史迹及代表性建筑
19	竹炉山房	市级	锡惠公园	其他
20	锡惠名胜区	市级	锡惠公园	其他
21	锡山施墩遗址	市级	锡山	其他
22	碧山吟社遗址	市级	锡惠公园	古建筑
23	尤文简公祠	市级	锡惠公园	古建筑
24	钱武肃王祠	市级	秦园	古建筑
25	无锡市革命烈士陵园	市级	惠钱路45号	近现代重要史迹及代表性建筑
26	竹素园湖石	市级	锡惠公园	石窟寺及石刻
27	留耕草堂	市级	上河塘13号	古建筑
28	顾可久祠	市级	长寿里14号	古建筑

续表20-7

序号	保护单位名称	级别	地址	类别
29	王恩绶祠	市级	下河塘8号	古建筑
30	陆宣公祠	市级	绣嶂街13号	古建筑
31	兴隆桥	市级	棉花巷	古建筑
32	锡金钱丝两业公所	市级	竹场巷	近现代重要史迹及代表性建筑
33	黄埠墩	市级	古运河中	古建筑
34	徐建寅故居	市级	山北	近现代重要史迹及代表性建筑
35	邵宝墓	市级	惠山北坡	古墓葬
36	纸业公所旧址	市级	江尖公园	近现代重要史迹及代表性建筑
37	石门摩崖石刻	市级	惠山石门下	石窟寺及石刻

北塘区控制级文物保护单位情况表

表20-8

序号	保护单位名称	级别	类别
1	倪云林祠	控制级	古建筑
2	范文正公祠	控制级	古建筑
3	薛氏三义祠	控制级	古建筑
4	王松滋祠	控制级	古建筑
5	司马温公祠	控制级	古建筑
6	荣氏忠孝节烈祠	控制级	古建筑
7	五里香塍路牌	控制级	古建筑
8	山货公所	控制级	近现代重要史迹及代表性建筑
9	中国银行	控制级	近现代重要史迹及代表性建筑
10	薛中丞祠	控制级	古建筑
11	孙大宗伯祠	控制级	古建筑
12	盐业公所旧址	控制级	古建筑
13	惠山修正庵	控制级	古建筑
14	张文正公祠	控制级	古建筑
15	杨藕芳祠	控制级	古建筑
16	周濂溪祠	控制级	古建筑
17	王仲山祠	控制级	古建筑
18	李阁学祠	控制级	古建筑
19	陈文范公祠	控制级	古建筑
20	唐襄文公祠	控制级	古建筑
21	侵华日军水牢	控制级	其　他

北塘区待定文物保护单位情况表

表20-9

序号	保护单位名称	级别	类别
1	单贞女祠	待定	古建筑
2	周子义祠	待定	古建筑
3	敕建贞节祠	待定	古建筑
4	张明公祠	待定	古建筑
5	许显谟祠	待定	古建筑
6	杨四褒祠	待定	古建筑
7	横街贞节祠	待定	古建筑
8	高忠宪公祠	待定	古建筑
9	杨祠	待定	古建筑
10	蔡氏宗祠	待定	古建筑
11	黄斗南祠	待定	古建筑
12	李公祠	待定	古建筑
13	陶文宪公祠	待定	古建筑
14	长寿庵	待定	古建筑
15	惠学士祠	待定	古建筑
16	顾太仆祠	待定	古建筑
17	虞薇山祠	待定	古建筑
18	杨忠襄公祠	待定	古建筑
19	先贤施子祠	待定	古建筑
20	浦长源祠	待定	古建筑
21	杜文周公祠	待定	古建筑
22	汉太尉杨震祠	待定	古建筑
23	王文正公祠	待定	古建筑
24	浦孝节贞烈祠	待定	古建筑
25	王孟端祠	待定	古建筑
26	叶司空祠	待定	古建筑
27	戴氏宗祠	待定	古建筑
28	陈文范先生祠	待定	古建筑
29	陶中丞祠	待定	古建筑
30	祝太守祠	待定	古建筑
31	龚氏家祠	待定	古建筑
32	蔡氏家祠	待定	古建筑
33	龚节愍公祠	待定	古建筑
34	江助教祠	待定	古建筑
35	于忠肃祠	待定	古建筑
36	史祠	待定	古建筑
37	紫竹庵	待定	古建筑

续表20-9

序号	保护单位名称	级别	类别
38	石浪庵	待定	古建筑
39	千人报德坊	待定	古建筑
40	御坊码头	待定	古建筑
41	接官亭弄	待定	近现代重要史迹及代表性建筑
42	茧业公所	待定	近现代重要史迹及代表性建筑
43	米业公所	待定	近现代重要史迹及代表性建筑
44	何振梁纪念馆	待定	近现代重要史迹及代表性建筑
45	茂新面粉厂	待定	近现代重要史迹及代表性建筑
46	酱油坊（北泗路8号）	待定	近现代重要史迹及代表性建筑
47	复生粮库（小三里桥17号）	待定	近现代重要史迹及代表性建筑
48	九丰面粉厂	待定	近现代重要史迹及代表性建筑
49	陆佑丰酱油坊	待定	近现代重要史迹及代表性建筑
50	蔡家弄11号	待定	近现代重要史迹及代表性建筑
51	蔡家弄12号	待定	近现代重要史迹及代表性建筑
52	蔡家弄16号	待定	近现代重要史迹及代表性建筑
53	蔡家弄17号	待定	近现代重要史迹及代表性建筑
54	前蔡家弄22号	待定	近现代重要史迹及代表性建筑
55	后蔡家弄18号	待定	近现代重要史迹及代表性建筑
56	灰埠头18号	待定	近现代重要史迹及代表性建筑
57	北泗路44号	待定	近现代重要史迹及代表性建筑
58	信德桥1号	待定	近现代重要史迹及代表性建筑
59	北泗路24号	待定	近现代重要史迹及代表性建筑
60	沈巷13号	待定	近现代重要史迹及代表性建筑
61	邓氏宗祠	待定	古建筑
62	过孟玉祠堂	待定	古建筑
63	白云洞	待定	石窟寺及石刻
64	第二粮食仓库	待定	近现代重要史迹及代表性建筑
65	宏仁堆栈	待定	近现代重要史迹及代表性建筑
66	塑料七厂	待定	近现代重要史迹及代表性建筑
67	陆右丰酱园三里桥旧址	待定	近现代重要史迹及代表性建筑

第四章 非物质文化遗产

第一节 惠山泥人

一、惠山泥人的形成

惠山泥人又称为无锡泥人或无锡彩塑。出现年代难以考证。明代文学家张岱（1597—1679）在《陶庵梦忆》卷七“愚公谷”中曾写到无锡惠山的泥人。

早期的惠山泥人以儿童玩具为主，称为“耍货”。早期作品主要有“大阿福”“小花囡”“老寿星”“皮老虎”“车状元”“大青牛”“捺泥嬷嬷（观音菩萨）”等。这些玩具多为模制，以单片模或双片模印制泥胎，晾干后上底粉、施彩绘。还有不少品种可以活动或发声，通过吹、拉、摇动造成音响效果，很适宜于儿童玩耍。

清代晚期，惠山泥人的生产日趋专业化，艺人队伍不断壮大，涌现出大批技艺精湛的专职艺人。惠山泥人的产品开始转入高档，不少艺人强化平捏工艺的特点，着力刻画人物，形成著名的惠山泥人“细货”——手捏戏文。

手捏戏文最初取材于戏剧人物。因无锡地区流行的草台戏深受群众欢迎，艺人们便从戏剧舞台上吸收养分，开拓泥人表现的题材。手捏戏文是专门表现戏剧人物的泥制工艺品。光绪年间，慈禧太后庆寿时，无锡地方官员特地订做一套手捏八仙送往京城。当时细货的名声很大。至清同治、光绪年间，惠山手捏戏文达到了鼎盛时期。

中华人民共和国成立后，人民政府十分重视对民族传统手工艺的开发和保护。惠山泥人作为传统民间美术重新焕发活力。1954年7月，无锡市成立惠山泥人生产合作社。1958年，成立惠山泥人厂，惠山泥人得以批量生产，年产量超过200万件。

惠山泥人的原料是黏土，产于惠山附近，土质细腻洁净，可塑性强，不易裂折。惠山泥人分手塑、翻模两种工艺，手塑需要将惠山黑泥先用木槌练泥，然后塑造型、阴干、上色；翻模是先作个别所需造型的模具，然后放入惠山泥或石膏、成型、托模阴干、上色完成。传统工艺极为复杂，有搓、揉、挑、捏、印、拍、剪、色、压、贴、镶、划、扳、插、推、揩、糊、装等技艺。

经过多年发展、演变，惠山泥人所有产品已都很精细、严谨，还有一些产品采用胶皮模脱胎和喷笔上色的新工艺。作品不仅保持浓郁的传统风格和地方特色，而且具有较强的时代感。2004年，国家质量监督检验检测总局发给惠山泥人厂大阿福牌惠山泥人原产地地理标记注册证。

代表性传人：王南仙，女，50年代毕业于江苏省泥塑彩绘训练班，后随陈毓秀学习彩绘，1983年在无锡轻工业学院深造。从艺40多年，在无锡惠山彩塑设计上积累丰富的经验，尤其擅长表现戏曲人物的手捏戏文彩塑技法。代表作品有：手捏戏文《五虎将》《平贵别窑》《醉骂》《黄鹤楼》等。她创作的《传统大阿福》《团阿福》由中国工艺美术馆珍藏。1996年获得中华人民共和国轻工总会授予的“中国工艺美术大师”称号。

二、无锡市泥人研究所

地处惠山下河塘8号之一。新中国成立初期，为了抢救和保护惠山泥人这一民间艺术瑰宝，华东文化局于1953年7月在上海召开省、市文化部门领导及部分专家参加的惠山泥塑讨论会。会议决定组成“惠山泥人辅导工作组”，从江、浙两省抽调文艺干部、美术工作者参加。辅导组在深入调查惠山泥人历史沿革的基础上，积极发掘、征集历史原作和模具，辅导新的创作工作。1954年9月，江苏省惠山泥塑创作研究所成立，由江苏省文化局直接领导。这是新中国诞生后建立的第一家民间工艺研究机构。当时正式调入泥塑研究所工作的工艺美术工作者有柳家奎、王木东等7人；先后受聘加入研究所工作的有当地著名老艺人王士泉、周瑞等7人。研究所成立以老艺人为主的“遗产征集委员会”，广泛征集惠山泥人历史资料和作品，数年间收集到原始模具923件，历史原作200余件，其中包括清代中叶的“紫金冠大阿福”模具、丁阿金手捏戏文原作和周阿生大型彩塑作品《蟠桃会》等珍贵实物资料，经艺人共同努力，把传统绝艺手捏戏文从濒于灭绝的境地抢救出来，使手捏戏文创作得以恢复和发展。研究所先后举办两期“惠山彩塑训练班”，培养青年艺人70余人。

1955年8月，江苏省惠山泥塑创作研究所划归无锡市文化事业管理处领导，改名为无锡市泥人研究所。1956年，市泥人研究所并入泥人生产合作社。1964年，在无锡市惠山泥人厂内恢复建立无锡市惠山泥人研究所。1980年后，随着实行改革开放，泥人研究所成为旅游观光点。

三、无锡泥人博物馆

坐落在惠山古镇下河塘8号，占地11163平方米，建筑面积10322平方米，地上两层，地下一层，整个建筑古朴厚重，外墙的泥土颜色充分体现“泥”的特点，与古镇风貌融为一体。全馆共分两大部分：泥人展示部分，包括历史珍品厅、当代作品厅和泥塑表演厅；民间工艺演示部分则有锡绣和江南竹刻等。展示面积1800平方米，是融博物、艺术研究和旅游观光于一体的民间艺术专业博物馆。另有工艺品销售场所；历史珍品陈列厅，藏品包括明、清至新中国成立初的泥人作品316件（套）。其中清乾隆年间的《大阿福》是镇馆之宝。丁阿金、周阿生等近代著名艺人的手捏戏文，具有很高的艺术价值和研究价值。厅中还陈列用于印刻泥人模坯的早期陶模以及泥塑工具。

第二节 传统手工技艺

蛋雕 远在明清时期，民间喜庆祝福，为图吉祥如意，有赠送红鸡蛋的习俗。后来，商贩们又在彩蛋上画花鸟、虫鱼、脸谱等图案，以图生意兴隆。经过多年演变，彩蛋工艺逐步提高，如今，人们将鸡蛋钻孔掏空，在蛋壳表面雕刻精美图案，终于形成了具有较高欣赏价值的艺术品——蛋雕。由于在正常的状态下蛋壳工艺品可以保存百年，因此在世界工艺美术舞台上，蛋文化已有百年的历史。在中国，蛋雕已成为一种特有的民间艺术门类。吴觉是无锡市著名蛋雕艺人，他从民国29年（1940年）开始从事蛋雕艺术。华志明于1970年跟随吴觉学习蛋雕技艺，又将技艺传承给徒弟王明华。蛋雕代表作品有：黄山、长城、观瀑图、石猴观海、万顷烟波、黄埠墩、书法、梅、兰、竹、菊以及无锡风光一组四枚——太湖鼋头渚、梅园、蠡园、惠山二泉。

面塑 面塑，俗称面花、花糕、捏面人，它以糯米面为主料，调成不同色彩，用手和简单工具塑造各种栩栩如生的形象。旧社会的面塑艺人，挑担提盒，走乡串镇，他们的作品被视为一种小玩艺，不登大雅之堂。改革开放后，在国家重视文化建设的新形势下，面塑艺术作为珍贵的非物质文化遗产受到重视，也能走入艺术殿堂。

面塑艺人张柏林，13岁跟随四川亲戚拜川籍师父史良发学习面塑技艺，回无锡从事面塑40余年。其代表作有“八仙过海”“姜太公钓鱼”“西游记全套”“奥运福娃”等。

锡绣 无锡刺绣（简称锡绣）已有相当长的历史。历史上，锡绣图案一直以折枝花卉和装饰图案为主。清嘉庆、道光年间，江南著名刺绣工艺家丁佩曾经寄寓无锡，著有中国刺绣艺术第一部专著《绣谱》，对无锡的刺绣起着推动作用。此时锡绣以“闺阁绣”占主导地位，这种刺绣细腻典雅，属格调高雅的观赏绣。

光绪三十三年（1907年），李佩黻、李韵和妯娌在其丈夫华文川、华文汇兄弟的支持下，创立中国最早的民间刺绣组织——锡山绣工传习会，会员达102人，日本刺绣家金原村子亦参加学习。在当时书画家王云轩、陈旧村等人的协助下，锡绣的发展上升到一个新的高度，创立画、书、绣相结合，富有变格特点的新绣法。技法上也充分运用擞和针法、长针余缠等手法，并辅以劈绒，使粗犷与细腻兼备，形成具有文化画气质、艺术欣赏价值极高的风格。在刺绣理论上李佩黻等也有新的发展。

在锡山绣工传习会的带动影响下，无锡城乡女子学校，如补工女学、志成女学、学艺女学、振秀女学、竞志女学等相继开设刺绣科。无锡刺绣事业一时大兴，锡绣步入了鼎盛时期。

从光绪三十四年（1908年）起至民国10年（1921年）止的13年中，锡山绣工传习会及各女学和民间艺人的作品获得了国内外多种大奖。纵观13年的获奖数，无锡在全国荣居首位，其名声甚至超过湘绣、苏绣。

在锡绣艺术发展的鼎盛期，涌现出许多卓越的刺绣艺术家，其中有：华堪、缪艺、陈华贞、薛文华、李佩黻、李韵和、张应秀、王琬香、赵禄增、郭景英、赵毓芸、陈少云、奚念臣、秦素瑾、吴毓芬等。其中影响和成就最大的，首推华堪，其代表作《蹲在稻草堆的公鸡》（简称公鸡图）获巴拿马太平洋万国博览会金牌奖。她与李佩黻带领的锡山绣工会成为锡绣的两大流派。

锡绣到民国26年无锡沦陷后，即日益衰微。解放后，由于人民政府的重视，才有所恢复。1954年，成立工艺美术研究所，整理锡绣传统针法。“文化大革命”期间，工艺美术研究所撤销，刺绣并入中华绣品厂。1979年，恢复成立无锡市工艺美术研究所。1981年，该所成立“精微绣”攻关小组，研制“精微绣”新品种，由赵红育首创成功的第一幅双面精微绣《寿星图》，作品仅火柴盒大小，但在寿星的袍服上绣出8种不同字体的寿字108个。作品精细入微。从此，无锡精微绣在全国刺绣行业中独树一帜。

1990年，赵红育首创双面异色异图声光精微绣。1993年，又完成发绣长卷《古运河梁溪风情图》的研制创作，该图1994年入选中国大世界吉尼斯之最。她创作的许多精微绣作品曾多次在全国、省、市重大评比中获奖，作品《丝绸之路》被国家作为“中国工艺美术珍品”收藏，作品《百鸟朝凤》《饮中八仙》获中国工艺美术“百花奖”。

留青竹刻　无锡竹刻历史久远。民国4年，无锡竹刻家、金石家张瑞芝（1885—1978）在无锡市中心复兴路开设“双契轩”雕刻艺坊，由吴稚晖题匾。张瑞芝传艺于内弟支慈庵（1904—1974）和长女张契之（1913—1976）。无锡竹刻由阴文浅刻发展到留青浅刻、薄地阳文、阳文糙地等多种刻法，以精细、古雅、秀丽的艺术特色蜚声于沪宁沿线。此后这个家族便以竹刻艺术薪火相传，名家辈出，并世代以“双契轩”为斋号，成为无锡竹刻的传承主体，世称无锡“双契轩”竹刻。

无锡“双契轩”竹刻的早期作品以精刻摹缩金石文字居多。因为这个雕刻世家的创始人张瑞芝早年师从清末艺人周之礼（子和），周以在竹折扇骨上摹刻缩微的金石文字而名重一时。“双契轩”第二代传人支慈庵、张契之自小便学就一手精刻金石文字的技艺，他们在这一刻法上的水平和成就，达到了近代竹刻的最高水准。张契之18岁时刻成的《石鼓文扇骨》，在宽2.5厘米、长13厘米的竹折扇大骨上刻有石鼓文500余字，字字都是阳文，笔划细若纤毫，却清晰挺括，古朴遒劲；分行补白，次序井然；残缺锈蚀之处，也处理得惟妙惟肖。她在扇骨上雕刻的铜镜等纹样，也都以精微秀丽见长，充分显示出女性特有的艺术风格。支慈庵雕刻的金文臂搁和扇骨也十分精美，他的作品还蕴含着一种博古通今的宏大气度，刀法流畅、潇洒。

50年代~60年代，支慈庵和张契之竹刻创作进入成熟期。这一时期，江南竹刻艺苑盛行留青浅刻，而此风的倡导者便是支慈庵。他镌刻的《骏马臂搁》《和平颂臂搁》

《山河壮丽臂搁》等作品以及大量留青浅刻扇骨，在当时竹刻艺坛无人能及。支慈庵还培养出徐素白等多名留青竹刻高手。张契之的留青竹刻也非常出色，由于青少年时代长期从事碑石和印章雕刻，功力深厚，所以她的留青刀法比其他竹刻家更为厚重和敦实，作于70年代的《雨后春笋》《牡丹》《陈毅诗》《鲁迅像》等就体现了这种特色。支慈庵和张契之对现代江南竹刻的改进还表现在打破当时盛行的单一的留青浅刻法，而同一作品中将透雕、浮雕与留青诸法巧妙结合，这种被竹刻界称为“留青浮雕”的竹雕品种，与留青浅刻相比，图像凸起程度高厚而敦实，层次更为清晰分明。运刀不失灵动流畅，却又比浅刻凝重浑厚。由于在某些部位适当地运用透雕技法，物象就显得凌空突起，富于雕塑感。而在浮雕的图像上，作者仍沿用留青浅刻的分筠法，即巧妙运用留存竹青的厚薄、多少来体现画面的笔墨晕染效果，色泽自然素朴，清淡高雅，天趣盎然。这一艺术手法也成为无锡“双契轩”竹刻区别于常州竹刻的显著特征。

1966年后，张契之的后人乔锦洪和张英媛作为无锡“双契轩”竹刻的第三代传人，他们继承家学传统，作品以留青为主要手法，以文房雅玩、案头清供为主要品种，在创作理念上，特别注重体现传统的文人气质，摒除匠气，追求高古素雅的艺术格调。“双契轩”竹刻特有的留青浮雕手法，在他们这一代也得到很好的继承和发扬。他们还根据社会需求，创作设计出许多适合于现代生活的新作品，深受国内外艺术品收藏者青睐。如今，无锡“双契轩”竹刻世家已有第四代传承人乔瑜。无锡竹刻于1994年被江苏省人民政府列入“江苏省第一批受保护的传统工艺美术品种名录”，并载入《当代中国工艺美术》典籍。

乔锦洪竹刻以留青浮雕为主，代表作有《古鼎》《竹根笔筒》《松竹摆件》《秋蝉》《荷花系列》等。乔瑜以留青浅刻为主，代表作有《宋人花鸟》《墨竹》《水仙》《雪雁》《梅花》《荷塘清趣》《墨兰图》等。

锡式铁具　锡式铁具生产历史悠久。晚清民国初，无锡的锡式铁具生产一度十分繁荣，生产作坊星罗棋布。作坊规模不大，坊店合一，通常只有一只铁墩，一只风箱，两把铁锤，一个师傅带两个徒弟，以生产匠作工具和农具为主。锡式铁具的具体生产流程已经濒临失传。代表作有钉钯、锄头、铁锹等农具，以及铁镐、铁锚、铁钉等船具，还有铁剪、铁铲、铁钳等建筑用的小配件。无锡第一代民族工商业家好多都是在铁具作坊当过学徒，后来逐步创业发迹。解放后，1954年手工业实行合作化，成立各个铁业生产小组。1955年，各铁业小组又合并为5个铁业社。1958年，在“大跃进”高潮中，各铁业社又改制转入国营或集体企业，其中一部分企业转产电子、通信等产品，不再生产锡式铁具，仅有无锡市日用五金公司下属的10多家工厂生产锡式铁具。改革开放后，这10多家工厂或改制，或破产，只有原来在李万兴、王源吉等铁具作坊基础上合并发展起来的长盛工具公司还在生产锡式铁具。锡式铁具传承人，有老工人王志远、吉士凯、宋德宝、许继达等（都已退休），尚在生产岗位上的有黄若鸣、毛建伟等。

灯船　灯船即游船，盛行于晚清、民国时。灯船集中在无锡外城脚及游山船浜一带。清末、民国时期的高级游船，称为画舫，北塘最大的杨、蒋、谢、王四大妓院都备有画舫，船上备有妓女和船菜。画舫始用人力手摇，后租用小游艇长缆拖带，近至芙蓉湖、黄埠墩、惠山，远至太湖。这些画舫，是达官贵人、富商大贾寻欢作乐的场所。民初，袁世凯之子袁克文携妹袁寒云曾游乐于此，曾将四大妓院的画舫逐一命名为“响波”“仙居”“若连”“芝柏”“仙槎”“漱芳”等。民国时，一些民族工商企业也租用或自备画舫、游艇，接待客户，洽谈生意。

灯船规格：船长14米，中宽2.8米，船深0.9米，无前满梁，前舱和中舱通连，头棚最高昂、艄棚高于中舱棚，中舱棚顶上另加一层气楼，远望船身外形美观，铺头板两侧加护木伸过船首、人员可安全下船。为加速航程，艄部设双橹，大橹二人摇，小橹一人执，双橹同时一推一扳。

灯船主要船棚和船舱内装饰富丽，头舱、中舱、气楼、棚顶外部檐口板，都雕有各式云龙、四季花卉，进仓设两块屏风，雕有八仙过海、凤穿牡丹图案，走廊气楼悬有宫灯，台子、椅子都精细雕刻，画面栩栩如生，古色古香。

灯船用料特别讲究，边皮需锯净，船身下部选用苗木及州木，上部腊闸、牵口，都使用黄柏和血柏，舱内满梁、梁甲、拦水梁、利市头须用榉木。麻丝，都选用安庆魁麻，耐腐蚀。船身揩油用湖南西洪江油及足度油，防腐性强。船棚以油漆为主，定购于专业打船钉的店铺。

灯船制作唯一传人邵福祥，其父邵磐林9岁丧父，即到灯船制作匠人邵杏福家做工，稍长学艺，技术精湛。邵福祥家贫失学，16岁随父学艺，1955年进入第一造船生产合作社，1958年并入造船合作工厂，即以后的红旗造船厂，1958年病休。其代表作嘉兴南湖红船至今保留在南湖中。

第三节　民间艺术

小热昏　小热昏始于清光绪年间，是广泛流行于江浙沪一带的谐谑曲艺形式，俗称“卖梨膏糖”。原是一种以说新闻、宣传商品广告的说唱，艺人自己熬制梨膏糖，用说唱形式来推销。后因内容多讽喻当时社会黑暗现象，为避免遭迫害和带来麻烦，遂自嘲为“小热昏”。当时最为有名的艺人是名叫刘子卿的浙江人。后传入上海，刘子卿收上海人陈长生为徒。陈长生在当时的上海一度成为小热昏行当中的一代宗师。其子陈国安继承父亲的技艺。20世纪初，江阴周东庄人周福林到上海，18岁时拜陈国安为师学习小热昏说唱，取艺名小福林。民国13年（1924年），周福林将小热昏艺术形式传入无锡，他在无锡地区收了大量徒弟，小热昏说唱艺术一时成为这一带大街小巷、村镇山乡的通俗娱乐方式，极受民众欢迎和喜爱。周福林之女周仁娣得父亲相传，与丈夫尤茂盛一起组成夫妻档说唱卖艺。此后，他们收陶希贤、杨菊芬为徒。这两个夫妻档是小热昏的传人。

小热昏演出形式简单，一副三角架，一张长凳，代表舞台，二人一搭一档说唱，以小锣或三巧板伴奏。小热昏的唱腔有基本调和民歌小调曲牌两类。基本调是一种说唱性很强的唱腔，旋律明快活泼，音律欢快跳动，节奏流畅自由。它的音乐结构由上下乐句组成，其板腔变化的手法与无锡评曲相似。调式以宫调式、徵调式为主，也有商调式、角调式和交替调式。基本调的名称常以使用的伴奏乐器名称来命名，有用小锣的《小锣赋》，用三跳板的《三跳赋》，用快板的《快板调》等；其他还有《新闻调》《叫货调》《药性赋》等。小热昏为了丰富其曲种的唱腔，大量吸收南腔北调和各地民歌小调、民间曲牌及地方戏曲、曲艺的唱腔，并将其变化成自己常用的演唱曲调。

小热昏的说唱内容丰富，有社会新闻、历史故事、人物轶事、幽默笑话等，方式多变，灵活生动，贴近生活，贴近民众，但有时也杂有低级庸俗内容。说唱节目有：小锣赋：《大小姑娘》《说稀奇》《水果做菜》；药性赋：《小小钢丝数寸长》；新闻调：《盛杏生卖铁路》；快板调：《无锡水蜜桃》《张金海》；叫货调：《卖脱两块再来唱》；醒世曲：《大骂米蛀虫》；苏武牧羊：《家庭教育》；梳妆台：《一更里一张写字台》；银绞絲：《五更相思》；杨柳青：《交通安全》。

宣卷　宣卷起源于唐代的宗教文艺，那时僧人事先写好讲经底本，称作“变文”，专为世俗人做通俗化的讲经。讲经时说白、歌唱相间，宣讲一则曲折的故事。后来宣卷说唱的“宝卷”是由“变文”发展而来。“宝卷”是一种讲唱文学样式；宣卷则是一种说唱艺术。“宝卷”中最著名的有《香山宝卷》，据传是宋代普明禅师所作。历史上，宣卷曾一度沉寂。至清末，又出现在南方江浙一带，以讲唱佛道、民间故事为主，作为一种娱乐和劝善活动，成为一种独立的民间曲艺形式流传开来。

宣卷时，由佛头牵头，讲经一句，下手以木鱼击节，参拜者帮腔“南无佛阿弥陀佛”，作和卷。一段结束，佛头敲击磬铃。宣卷内容以劝人为善为主，亦宣扬因果报应，故事性强，带有插科，语言诙谐，气氛热烈，一次说唱可达数小时，深受百姓群众喜爱。

80年代，北塘佛头过祖泉讲唱过《观音宝卷》《六圣宝卷》，还记下其曲谱《清佛调》《三解结》《香花灯》等。显应桥的故事，在宣卷中名《开河宝卷》，亦称《灾荒宝卷》。《开河宝卷》（唱本）全文1100余句，约3万多字，内容丰富，情节曲折，唱段生动感人，唱出百姓呼声。

陈国英、陈慧英、金云亭，均为同年无锡北塘一带讲唱显应桥故事颇有影响的宣卷艺人。

第二十一编

医疗卫生

1986~2005年，北塘区医疗卫生事业不断发展。区属北塘医院添置一批新的医疗设备，扩建门诊和病房大楼，加强内部管理，注重培养引进人才，提高医院整体素质。历年来，区、街道、社区各级卫生所、卫生服务站点建设得到很大发展。2004年，全区各街道整合力量，建立具有一定规模的社区卫生服务中心，形成医院、社区卫生服务中心、社区卫生服务站（室）的三级医疗服务网络。2005年，北塘区通过江苏省社区卫生服务先进区验收。

北塘区加强卫生防疫站、妇幼保健站（区疾病预防控制中心、区卫生监督所）建设，发展公共卫生事业，具有较强的突发公共卫生事件应急处理能力。1991年处置洪涝灾害和2003年防治“非典”工作中，未发生疫情。区医疗卫生单位参与创建全国卫生城市、创建全国文明城市和创建全国健康城市的活动。开展疾病预防控制工作和爱国卫生运动，传染病发病率从1986年的977.25/10万降至2005年的104/10万（肺结核、性病除外）。

北塘辖区内有无锡市第三人民医院、解放军第101医院（无锡市太湖医院）2家市级医院，有北塘区人民医院1家区级医院，有社区卫生服务单位20家。80年代中后期起，部分单位内部机构的社会开放，政策允许并放开社会力量兴办民营（个体）医疗机构。到2005年，辖区内有63983部队门诊部、威孚职工医院等社会或民营医疗单位33家，个体诊所81家。

职工医疗保险制度在改革中不断完善。随着城市化进程加快，原黄巷、山北地区农村合作医疗制度逐步向城乡一体化的全社会医疗保险制度并轨，扩大了医疗保障的复盖面。

第一章 卫生管理

第一节 机 构

一、区卫生局

1986年3月，区卫生科改为卫生局，编制4人，为区政府卫生行政管理部门。内设计划生育办公室、公费医疗管理办公室，同时区爱国卫生运动委员会办公室挂靠区卫生局。2001年8月，区政府对卫生局的职能配置和人员编制进行调整，爱国卫生工作划归卫生局，药品行政监督管理职能移交市药品监督部门。核定行政编制6人，领导职数为：局长1人，副局长1人。2005年，区卫生局行政编制6人，领导职数为：局长1人，副局长1人。

二、区爱国卫生运动委员会办公室

1986～1996年11月，区爱国卫生运动委员会办公室（简称区爱卫办）挂靠区卫生局，卫生局局长兼爱卫办主任，爱卫办核定编制4人。1996年12月，区成立环境管理局，区爱卫办从卫生局划出，与区环境管理局合署办公，两块牌子一套班子。

2001年8月，政府职能调整，区爱国卫生运动委员会办公室为卫生局内设机构，对外保留区爱国卫生运动委员会办公室名称。

三、区公费医疗管理办公室

1987年3月成立区公费医疗管理办公室，核定编制2人。1996年12月，撤销公费医疗管理办公室。1997年，无锡市推行职工医疗保险制度改革，职工医疗保险管理职能从区卫生局划出。

四、区计划生育管理办公室

1986～1988年5月，区计划生育委员会办公室设在区卫生局，卫生局副局长兼计划生育委员会办公室主任，区计划生育业务工作由市计划生育委员会直接领导。1988年6月，区计划生育委员会办公室从卫生局划出。

第二节 经费管理

1986年后，卫生事业经费逐渐增加，支出同步增加。

1986～2005年北塘区卫生事业经费收支情况表

表21-1　　单位：万元

年度	财政拨款	事业收入	事业支出
1986	68	589.00	501.00
1987	73	786.44	672.44
1988	64	1169.36	1096.36
1989	73	1080.70	1063.70
1990	72	1542.42	1512.12
1991	76	1815.00	1751.40
1992	91	2398.88	2204.58
1993	134	3102.27	2971.87
1994	159	3620.85	3662.35
1995	159	4393.69	4341.09
1996	503	5183.70	5464.90
1997	447	5329.31	5638.11
1998	454	5817.79	5731.72
1999	428	5722.45	5729.30
2000	554	6308.64	6269.00
2001	566	6572.22	6519.93
2002	326	7393.29	7580.41
2003	431	8392.42	8192.99
2004	404	8150.89	8227.20
2005	701	8449.45	8404.67
合计	5783	87818.77	87535.14

第三节 医政管理

一、医院管理

1986年起，市、区两级卫生行政部门对医疗机构的监督管理力度开始加大，医院各项规章制度逐步建立和完善。1987年，卫生技术职务评聘工作开始，成立卫生系列初级评审委员会。1988年，职称改革工作开始，推行干部聘用制。在院（站）长负责制的基础上，对北塘医院、区卫生防疫站实行“综合目标管理责任制”，并与医院、防疫站签订责任状。2004年，根据无锡市医疗质量管理年和医疗改革促进年的要求，争创现代化医院，2005年，开展医院管理年活动，严格按照卫生部提出的6个方面和45项重点要求，采取有效措施落实工作，使医院管理走上正规。至2005年，医院制定出各项规章制度412条，各级各类岗位职责158项，先后实行岗位责任制、目标管理责任制、院长负责制、委托管理制和技术岗位绩效考核制；推进专业技术职务聘任工作，实行院、科两级目标管理责任制。北塘医院根据二级医院标准狠抓医院规范化、标准化建设，创建成二级乙等医院。

二、社会医疗机构管理

至2005年，全区辖各级各类医疗机构205家。其中区卫生局发证110家，包括个体诊所、内设（分支）医疗机构89家（正常开业76家、歇业13家）、社区卫生服务站21家；市卫生局发证95家，包括区级医院1家，社区卫生服务中心5家，社会医疗机构（门诊部、职工医院、部队对外医院诊所）34家，内设医疗机构（工厂保健站、所）55家。

1989年前，个体医疗机构的审批权由市卫生局统一执行，区卫生局针对个体医疗机构和厂矿保健站等医疗机构的药品来源、使用情况进行监督管理，同时对无证行医行为进行查处。1989年后，根据《医疗机构管理条例》和《无锡市社会医疗机构管理办法》，加强对全区社会医疗机构的管理：加强对医疗机构准入、人员准入、技术准入的管理；组织医疗机构法定代表人及负责人的培训；加强对社会医疗机构的医疗质量的管理；加强医疗市场的监督执法，市、区联动打击非法行医行为。同时，开展医疗卫生技术人员职称评聘工作和执业医师认定及注册工作，各级各类医疗机构的医务人员管理逐步规范。

1989年，个体医疗机构的审批、管理权划归区卫生局。辖区时有个体医疗机构14家。同年，取缔3名游医药贩。查处30种不合格药品，价值563元。1990年，取缔5家无证行医窝点，查处3起游医药贩。查处销毁“三无”药品47个品种，价值1330元。1991年，无锡遭遇百年不遇的洪涝灾害，卫生部门全力以赴开展宣传教育和消毒、防病、治病工作。加大伪劣药品查处，查处伪劣药品价值796.57元。1992年，查处游医药贩5起，收缴和销毁劣药、假药26箱（件）。1993年，查处游医4起5人（次），对区属医疗卫生单位一次性医疗用品进行检查。1996年，开展卫生行政执法工作，组织全区医疗卫生技术人员学习《医疗机构管理条例》及《实施细则》。1997年，《医疗机构管理条例》发布实施后，明确社会医疗机构的准入与管理，狠抓社会医疗机构的监督与管理。组织全区社会医疗机构中中医祖传但无相应学历及资格的年轻人员参加学习，在取得医学学历后参加执业医师考试。全区共有4人取得相应的资格证书。1999年，对北塘医院、厂企保健站、个体诊所监督检查17次，监督覆盖率100%。对2家违反《医疗机构管理办法》的个体诊所进行行政处罚，罚款3000元。为389名医务人员办理执业资格认定。2000年，将全区医疗机构分为营利性医疗机构和非营利性医疗机构。依法对全区个体医疗机构和区属厂企、保健站进行监督检查。市聘请区3名居委会干部作为医疗机构社会监督员。2001年，查处取缔5家无证行医窝点。对辖区内医疗美容机构业进行整顿，1家医疗美容单位因违规开展医疗美容被查处。规范坐堂行医行为，查处长期违规坐堂行医6人。对医疗机构一次性医疗用品从进货渠道、索证、及使用后毁型、灭菌处理等方面进行检查指导。2002年，对非营利性机构中合资、合作、承包的营利性科室、病区、项目进行分离；辖区内开展检验项目的医疗机构全部纳入市质量控制网络。2003年，结合非典型肺炎防治，对113家社会及个体医疗机构进行执法检查，取缔无证行医、游医共7家，停业整顿限期整改10家。对辖区内社会、个体医疗机构和厂矿企事业单位内部医疗机构的药品质量进行监督检查。查出、销毁过期失效药品17种价值万余元。2004年，组织开展非法行医专项执法监督检查活动。出动监督人员48人次，对全区79家医疗机构进行突击检查，查出3名非卫生技术人员从事医疗卫生工作，给予行政处罚。会同市局对区属3家医疗机构采供血情况进行监督检查。组织对全区113家医疗机构医用废弃物进行监督检查。对全区56家个体医疗机构进行年度校验。取缔无证行医3家，行政处罚1家，罚款800元。2005年，开展医疗市场整顿工作。组织卫生、城管、公安等部门联合执法取缔非法行医行为，查处无证行医和非法行医窝点5处，没收各类药品、医疗器械37箱（件），价值7900元。

三、医疗纠纷处理

1987年，成立无锡市北塘区医疗事故技术鉴定委员会。1986～1999年，发生处理医疗纠纷3起。2000年后，医疗纠纷数量逐年增加。区属医疗单位将医疗纠纷处理工作前移至一线科室，履行知情同意义务，注意加强医患之间的沟通；同时加强管理，畅通处理渠道。根据《医疗事故处理条例》规定，制定《医疗事故防范处理预案》，明确医疗机构发生医疗纠纷的处理原则和程序。医疗机构建立继续教育、在岗培训、环节质量等管理制度，提高医疗工作各个环节的质量水平，从根源上杜绝医疗纠纷的发生。同时，为适应医疗纠纷乃至医疗事故的处理实行“举证责任倒置”要求，提高病历质量的。加强医患沟通，履行告知义务。1986～2005年，共发生医疗纠纷47起。其中，有4起医疗纠纷通过医疗事故技术鉴定予以解决。

1986～2005年北塘区医疗纠纷情况表

表21-2　　单位：起

年　份	医疗纠纷	医疗差错
1986～1999	3	1
2000	3	－
2001	5	－

续表21-2

年　份	医疗纠纷	医疗差错
2002	6	-
2003	8	-
2004	13	1
2005	9	-
合　计	47	2

第四节　献血管理

1998年，北塘区成立无偿献血领导小组，领导小组办公室（简称献血办）设在区卫生局。同年10月1日，《中华人民共和国献血法》开始实施，1999年5月4日，《无锡市献血管理办法》开始实施，2000年8月1日，《江苏省献血条例》开始实施，献血工作逐步走上法制化轨道。区献血办利用机关、街道、医院、企事业单位等献血工作领导小组，组织开展形式多样献血宣传活动，动员广大职工无偿献血。1998年起，市政府将献血目标任务下达各区并作为年度考核的项目之一。1999～2001年，全区完成无偿献血1521人。2002～2005年，全区累计完成无偿献血2652人（次），计53万毫升。

第二章 医疗卫生改革

第一节 医疗制度改革

一、公费医疗制度

1985年前，北塘区公费医疗由市卫生局统一管理，1985年1月改由区卫生局管理。1987年，北塘区成立区公费医疗办公室，核定编制2人。享受公费医疗范围主要为行政、事业单位职工，以每人每年60元核定标准，其中70%作为门诊经费交单位管理。1987～1997年，区政府共投入1242.83万元，为全区享受公费医疗的31个单位（部门）27834人提供医疗保障服务。1997年1月1日，无锡市开始实施城镇职工基本医疗保险，建立医疗保险基金管理新机制。同年，根据无锡市医疗保险制度改革的要求，实施职工医疗保险制度，区公费医疗办公室撤销，由市统一管理。

1987～1997年北塘区公费医疗经费支出情况表

表21-3　　单位：万元

年份	门诊支出	住院支出	总计支出
1987	9.75	10.40	20.15
1988	10.10	11.33	21.43
1989	10.80	38.23	49.03
1990	11.02	41.41	52.43
1991	11.09	49.80	60.89
1992	11.43	67.46	78.89
1993	10.02	30.98	41.00
1994	36.74	98.46	135.20
1995	65.44	138.56	204.00
1996	90.00	148.81	238.81
1997	110.00	231.00	341.00
累计	376.39	866.44	1242.83

二、农村合作医疗制度

60年代末至70年代，黄巷、山北乡（公社）各村（大队）先后开始实行农村合作医疗制度，但管理模式不尽相同。

黄巷乡 1977年起，黄巷乡（原解放公社）合作医疗采用“乡办合作医疗制度”，合作医疗基金由乡（公社）、村、个人三方筹集，由乡（公社）统一管理，统一核算，享受范围和标准由乡统一制定。合作医疗筹资标准为每人每年10元，其中每人每年交纳1.5元，大队负担每人每年2.5元，乡（公社）每人每年负担6元。同时，由乡合作医疗管理委员会制定《解放公社合作医疗章程》，对村民在村（大队）卫生室看病程序、三级医疗转诊程序、医疗费用报销等方面作出规定。随着农村居民收入不断提高及医疗费用的增加，合作医疗筹资水平不断提高，1986～1988年乡（公社）每人每年负担7元，1989～1993年，每人每年筹资标准为20元，1994～1995年每人每年筹资标准为50元，1996～1997年每人每年筹资标准为60元。同时，对于缴费标准中个人和村集体的承担比例，结合实际情况进行相应的调整，考虑到各村经济情况的不同，合作医疗章程中不再对这一承担比例进行具体划分，转而由各村自行讨论决定。

1998年，黄巷乡开始实行“小病合作医疗，大病住院统筹”的医疗改革方案。改革后，合作医疗基金仍由乡、村（集体）、个人三方筹集，参加合作医疗和大病统筹的个人无论是务工务农，每人每年均缴纳基金80元；其中50元（48元为大病住院统筹基金，2元为医疗办公杂项费用）由各村及各单位收取后统一交合作医疗管委会，30元作为本村、本单位（乡、村企业）合作医疗基金专户储存，用作合作医疗门诊报销基金。乡、村办企业职工参加合作医疗，按每人每年150元缴纳合作医疗集体基金，并由各单位专户储存，用作合作医疗门诊报销基金。合作医疗经费仍由乡统一管理，乡和村分成核算，提留和报销比例由乡、村协商确定，享受的范围与标准由乡统一制定。同时，患者日常就诊不再使用记账单而改由个人现金支付，然后定期按比例报销。门诊医疗费报销比例原则上不低于50%，村或单位经济效益好的，可适当提高报销比例。同年，参加合作医疗人数总计10081人，其中农村参加人数9826人，乡办企业参加人数255人，合作医疗经费共计收入187.84万元（其中农村收取基金78.61万元，乡办企业收取基金3.82万元，乡政府及村财政合计补贴105.41万元）合作医疗经费总支出187.84万元，其中农村实际报销支出183.81万元。乡办企业实际报销支出3.93万元，医疗办公杂费支出0.1万元。农村实际报销支出通常高于基金收入，而乡办企业实际报销支出则与其基金收入基本持平。主要原因是农村老年村民较多，易发生脑血管疾病、慢性支气管炎、恶性肿瘤、糖尿病等疾病，医疗费用较高；而在厂企中，青年人居多，身体健康状况相对较好。

2001年，规范合作医疗管理，实施分级医疗，对合作医疗经费支出的有效控制。黄巷乡（镇）合作医疗管委会重点规范转院程序，规定一般危重病人需转上级医院，必须通过乡（镇）领导专人出具的转院手续方能报销。细化具体报销标准，规定在乡（镇）卫生院住院治疗的报销起始点调整为500元以上。而选择市级医院住院的报销起始点调整为1000元以上，全年累计最多可报销7000元。同年大病住院统筹报销总计309人次，医疗费用实际支出1万元以上的有41人，实际报销费用1万元以上的有11人。黄巷乡（镇）政府每年用于大病补贴10万元以上。

山北乡 山北乡合作医疗在1969～1985年是由乡政府（公社）统筹办理，即采用“乡办合作医疗制度”。合作医疗基金由乡、村（集体）、个人三方筹集，由乡统一管理，统一核算，享受范围和标准由乡政府统一制定，个人缴纳5元，生产队承担120元，超出部分由乡政府负担。1986年，开始实行“村办乡管”的医疗合作制度，1986～1992年，村民就诊采用记账单的形式，发生的医疗费用年终由乡卫生院向村委收取。1993～2005年，村民就诊采用“看病包干”的形式，即根据各单位的经济情况，村民享受每年每人60元～120元不等的医疗费用，部分经济条件较好的乡办企业，最高可享受每年每人200元的医疗费用。1999～2005年实行“大病住院统筹报销”制度，即由村民在自愿的前提下，每人每年缴纳50元，由乡政府爱卫办负责建立相关操作制度，明确一次性住院费用3000元以上为大病住院的标准，根据病种确定不同的报销额度，上限为2万元。山北乡（镇）政府1999年用于大病补贴10万元，之后以每年递增2万元的速度增加补贴额度。

2005年，黄巷、山北街道原农业人口全部变为非农人口，实现农村合作医疗制度与城镇职工医疗保险制度的接轨，辖区内居民全部纳入基本医疗保险范畴。由街道卫生院（社区卫生服务中心）和有关村（社居委）卫生室重新进行资源整合，成立社区卫生服务站，明确提出预防、医疗、保健、健康教育、社区康复、计划生育技术指导“六位一体”的服务要求，实行中心和站一体化管理，由农村合作医疗转型为城市社区卫生服务的新模式。

第二节 医院管理体制改革

1995年，北塘区人民医院与市航运公司签约，率先在全市施行“厂企—医院参照公费医疗双向管理”，力求合理用药，合理检查，合理治疗，以缓解企业单位经济效益与医疗费用上涨的逆差。通过实践，厂企和医院得到双赢，该方法被市内多家医院借鉴，并在全市铺开。与此同时，北塘医院还建立医德医风档案，列入院、科两级考核；特聘社会医德医风监督员18人，发放各类调查表1762份。

1996年，北塘医院通过国家“二级乙等医院”和国家“爱婴医院”的评审。1997年，北塘医院继续坚持分科成本核算，对5个分支机构（分院、诊所）采取综合目标责任制承包形式，对院内各临床科室实行量化考核。1999年，北塘医院制定“对内联合资金，对外吸引投资”的政策，先后与有关单位合作建立“上海中山医院无锡诊疗中心”“白内障治疗中心”等5个中心；与83家厂企单位建立定点医疗关系。2000年，北塘医院继续实施和完善综合目标管理，加大工作人员“两聘”力度，全年举办市级以上学术活动3次。2001年，北塘医院深化内部改革，精简机构，减少行政人员（院部8个职能部门缩减为5个），进行人事和分配制度改革，实行竞争上岗，择优上岗，评聘分开。

2002年，北塘医院加入无锡三院医疗集团，实现资源共享。同时实行医疗服务、公有资产经营委托管理目标责任制，以院、科两级目标责任制为基础，体现绩效优先原则，改革内部分配制度。

2004年，北塘区人民政府与北京亿仁公司签订北塘人民医院《资产转让协议书》《委托经营管理协议书》《社区卫生服务委托管理责任书》。北京亿仁公司接管北塘医院，负责北塘医院的经营管理。同年，黄巷卫生院通过ISO 9001—2000国际质量管理体系认证,并完成股份合作制改革，实行董事长领导下的院长负责制。2005年，因北京亿仁公司管理期间经营不善，影响北塘医院正常运转，12月31日，北塘区政府与北京亿仁公司协商，同意终止委托管理北塘人民医院的协议，北塘医院由区政府管理。

第三节 公共卫生服务体系改革

1987年前，北塘区公共卫生服务主要由区卫生防疫站、区妇幼保健站和街道卫生所承担。其行政业务受市卫生局管理，对全区卫生防疫和妇幼保健行使技术服务和行政监督。1987年后，区卫生防疫站和妇幼保健站划归区管理，与各街道卫生所（爱卫办）共同承担辖区卫生防疫和妇幼保健工作。区卫生防疫站推行内部改革，由原来食品卫生科和公共卫生科改为综合性的监督一科、监督二科，实施以地段（街道）为分工的综合执法监督管理，改过去对经营单位的多头多科管理为综合管理。

2002年9月，撤销区卫生防疫站、区妇幼保健站机构（保留区妇幼保健站牌子，其职能并入新成立的区疾控中心），成立北塘区卫生局卫生监督所和区疾病预防控制中心，均为具有独立法人资格的全民事业单位，行政上隶属于区卫生局管理，业务上接受市卫生局卫生监督所和市疾病预防控制中心指导。区卫生监督所承担辖区内卫生行政执法工作，区疾病预防控制中心承担辖区内疾病预防控制、妇幼保健、传染病防治和突发公共卫生事件应急处置等工作。并对各街道社区卫生服务中心和街道爱卫办进行业务指导与管理。各街道社区卫生服务中心为基层预防保健机构，承担儿童计划免疫、妇幼保健工作。全区建立疾病预防控制、卫生监测及区、街、社区三级卫生监督网络。

2005年，编制和完善《北塘区公共卫生应急防治体系建设规划》，组织专门人员分三批次参加江苏省应急救治体系建设培训，完成“人感染高致病性禽流感”等7种传染病防治知识全员培训。组织全区突发公共卫生事件应急演练，落实应急物资储备，提高全区突发公共卫生事件应急处理和救治能力。

第四节 社区卫生服务体系改革

2000年，区投资60万元，用于社区卫生服务站（点）建设，完善社区卫生服务功能。

2002年，在全区范围内整合原街道卫生所的预防保健职能及原社区卫生服务站的医疗康复职能，撤销街道卫生所，原卫生所工作人员除各街道爱卫办留用1~2名外，多数人员分流至北塘区人民医院所属的各社区卫生服务站，加强预防保健工作力量。

2004年，建立街道社区卫生服务中心。黄巷镇卫生院更名为“无锡市北塘区黄巷街道卫生院”同时挂“无锡市北塘区黄巷街道社区卫生服务中心”和“无锡市太湖肿瘤医院”牌子。山北镇卫生院更名为“无锡市北塘区山北街道卫生院”，并挂“无锡市北塘区山北街道社区卫生服务中心”牌子。

2005年底，北塘区按照“一街道、一中心”（中心难以覆盖地区设立站），确保95%以上居民从住所步行10～15分钟到达”的标准，建成5家集“预防、保健、医疗、康复、健康教育和计划生育技术指导”为一体的街道社区卫生服务中心、15个社区卫生服务站，逐步形成以社区卫生服务中心为主体，社区卫生服务站及其他具有社区特色的专业服务机构为补充的社区卫生服务网络。出台社区卫生服务优惠政策，缓解辖区群众看病难、看病贵的问题。同时，启动家庭健康档案信息化建设工作。落实社区健康教育和保健合同签订，13个社区卫生服务站通过规范化建设市级达标验收和医保定点资格确认，黄巷街道社区卫生服务中心通过省级中医药服务示范中心市级考核评估。

第三章 医疗卫生单位

第一节 区属医院

北塘人民医院　是北塘区政府直属单位，位于北塘大街100号，坐落于无锡市胜利门地区，交通便利。1986年，医院8层病房大楼基本竣工，并于1987年全部投入使用，住院床位扩容至270张。1994年，2500平方米门诊综合大楼竣工并投入使用。1995年，投资65万元的病房大楼第5、6层改造工程完工并投入运作。同年，医院通过市卫生行政部门组织的创建等级医院的评审验收和“爱婴医院”检查验收。1998年，医院开始进入电脑信息数据管理。2002年，医院通过省、市卫生行政部门关于国家二级乙等医院复检。

北塘医院惠山分院　1982年5月，北塘区人民医院投资兴建惠山门诊所，地址位于惠山直街85号。以接收四川攀枝花钢铁公司组织的集体康复休养为主。1983年7月，四川省攀枝花钢铁公司第一批厂处级干部12人入住，为期2个月。当时疗养床位仅30张。1986年，沿直街部分扩建成前后五间三层，总面积为1127平方米，疗养床位增至50张后，疗养时间仍为每期2个月，每年6批，双方合作长达20年。1987年，惠山门诊所康复病房扩建完工并投入使用，诊疗科目有：内科、儿科、中医内科，后又增设针灸科、口腔科、妇科、放射科、检验科等。1990年，惠山门诊所被北塘区政府授予卫生服务先进集体称号。1998年5月，惠山门诊所扩建更名为北塘医院惠山分院，市卫生局批准设立病床30张，安装200mAX光机1台，年均门诊量达1.7万人（次）左右，住院年均约600人（次）。

图21-1　北塘医院成立放射免疫中心（1988年4月5日）（顾祚维/摄）

1999年，惠山分院在盛岸新村39号建造盛岸门诊所，在创建全市十佳社区卫生服务站时改名为惠山街道盛岸社区卫生服务站，由惠山分院管理。2001年，获得全市首批“十佳社区卫生服务站”称号。

2004年10月，惠山分院更名为惠山街道社区卫生服务中心。2005年，中心扩建、装修，业务用房使用面积达1600平方米；医务人员中有高级职称2人，中级职称12人，公共卫生医生2人；完善“六位一体”服务功能，为社区提供医疗、预防保健等卫生服务。

第二节 街道、社区医疗机构

黄巷街道卫生院　1958年10月，创建黄巷公社卫生院。1979年1月，因刘潭公社和黄巷（解放）公社合并，刘潭公社卫生院和黄巷（解放）公社卫生院合并成立黄巷（解放）公社卫生院，原刘潭公社卫生院为黄巷（解放）公社卫生院刘潭分院。1988年，增挂“无锡市太湖肿瘤医院”牌子，1995年被评审为“一级甲等”医院，1996年，被无锡市劳动和社会保障局批准为无锡市职工医疗保险定点医疗机构。1999年，设立康桥门诊所和民丰医疗点。2002年前，隶属于无锡市滨湖区管理，2000年后，划归北塘区管理。2004年2月黄巷镇撤销，设立黄巷街道，黄巷镇卫生院更名为无锡市北塘区黄巷街道卫生院，同时挂“无锡市太湖肿瘤医院”牌子，增挂“无锡市北塘区黄巷街道社区卫生服务中心”牌子。2005年，黄巷街道卫生院已成为以肿瘤诊断和治疗为特色的综合性街道卫生院。拥有房屋建筑面积5380平方米，开设急诊室、内科、外科、妇产科、儿科、中医科、耳鼻咽喉科、口腔科、针灸理疗科、皮肤病、肿瘤科、泌尿科、预防保健科、医学影像科、医学检验科等科室，共设床位99张。有卫技人员45人，其中执业医师20人，执业护士13人；有10名医师取得省全科医师规范化培训合格证书，9名护士取得省社区护士合格证书；并保证每个社居委有1名社区责任医师。

2005年10月，刘潭分院改造建成黄巷街道刘潭社区卫生服务中心。

山北街道卫生院　1958年，创办山北公社卫生院。1993年，在全市第一家通过一级甲等医院验收。1996年，被无锡市劳动和社会保障局批准为无锡市职工医疗保险定点医疗机构。2002年前，行政上隶属于无锡市滨湖区管理。2002年之后，划归北塘区管理。2004年2月，山北镇卫生院更名为山北街道卫生院，增挂“无锡市北塘区山北街道社区卫生服务中心”牌子。2005年，山北街道卫生院已成为一所拥有6800平方米面积、85名职工的综合性街道卫生院。开设预防保健科、内科、外科、妇产科、儿科、妇儿保科、耳鼻咽喉科、眼科、口腔科、皮肤科、中医科、消化科、泌尿科、血液科等科室，共设床位99张。有卫技人员77人，其中执业医师36人，执业护士21人。有17名医师取得省全科医师规范化培训合格证书，9名护士取得省社区护士合格证书，配备16名社区责任医师。

惠山街道社区卫生服务中心　惠山街道社区卫生服务中心是2004年10月由北塘人民医院惠山分院更名而来，服务区域面积4.31平方公里，常住人口55413人，流动人口近2万人，共分10个社居委。中心按“三部一室”组织结构设置，即综合办公室，预防保健部，医疗康复部，后勤保障部。下设全科诊室、口腔科、中医科、检验科、功能科、放射科和康复室，设有编制床位30张。中心及站共有医务人员52人，其中高级职称3人，中级职称12人，公共卫生医师2人，取得省级以上全科医疗证书的医师15人，取得全科护士证书的有16人。

中心下设西新、盛岸、五里新村3个社区卫生服务站。其中，西新社区卫生服务站以计划生育指导人性化服务为特色，被评为全国“十佳卫生服务站”。卫生部副部长马晓伟、江苏省人民政府副省长何权、省卫生厅厅长郭兴华等领导曾到此视察和指导工作。

北大街街道社区卫生服务中心　北大街街道社区卫生服务中心位于北塘区春申路（原青石路后门165号-1号），2005年，由区政府投资200万元，将原区教育局锡梅幼儿园按江苏省社区卫生服务机构规范建设标准改建而成。是一所融预防、保健、医疗、康复、健康教育及计划生育技术指导“六位一体”的社区卫生服务机构，被评为江苏省示范中心。中心建筑面积1600平方米，辖区内服务人口10.4万人，常住居民7.5万人，2.997万户，有五河、后祁街、梨花等12个社居委；中心下设吴桥、五河、锡澄三个社区卫生服务站，中心与站实行一体化管理。全中心共有医护人员38人，具有中高级职称的20人；全科医生13人，公共卫生医生7人，社区护士14人。参加省级全科培训学习26人，培训率达68.42%。

黄巷街道刘潭社区卫生服务中心　黄巷街道刘潭社区卫生服务中心，位于任钱路116号，在黄巷街道卫生院刘潭分院基础上于2005年10月改建而成。占地面积2100平方米，建筑面积4580平方米。服务区域包括刘潭、庄前、前村、陈巷、毛巷、刘潭一村、刘潭二村7个社居委，共有常住居民3.12万人。中心设有急诊室、全科医疗科、内科、外科、妇产科、儿科、中医科、耳鼻咽喉科、口腔科、针灸推拿科、烧伤科、泌尿科、预防保健科、医学影像科、医学检验科等科室，有编制床位40张。有卫技人员30人，其中执业医师15人，执业护士8人。有8名医师已取得省全科医师规范化培训合格证书，7名护士取得省社区护士培训合格证书，保证每个社居委有1名社区责任医师。

村卫生室　1995年前，黄巷镇和山北镇共有22个村卫生室，全部进行规范化建设，每个村卫生室均配备2名以上乡村医生，每年进行资质培训，开展基础医疗和预防保健工作，为乡村居民提供基本医疗保健服务。1995年年末，全部达到合格村卫生室标准。1996年，22个村卫生室均被评为甲级村卫生室。2002年行政区划调整后，

22个村卫生室划归北塘区管理。2004年6月，共有56名乡村医生通过省卫生厅验审的乡村医生注册。2005年，黄巷街道社区卫生服务中心和山北街道社区卫生服务中心分别对其辖区的村卫生室进行资源整合，将村卫生室整合为社区卫生服务站，村卫生室全部撤销。

第三节 社会、民营医疗单位

至2005年，北塘辖区内有社会、民营医疗单位33家，个体诊所81家。

2005年北塘区社会、民营医疗单位情况表

表21-4

机构名称	地 址	类 别	诊疗科目
钱桥惠康门诊部	钱荣路308-5号	综合门诊部	内、外、妇、儿、口腔科
刘潭二村门诊部	刘潭二村35-1号	综合门诊部	内、外、妇、儿、口腔、中西医结合科
江苏省无锡监狱医院	吴桥西路121号	医院	内、外、耳鼻咽喉、口腔、中医、检验、影像科
九三学社无锡医卫咨询部	北大街7号	诊所	医疗咨询
益寿堂参药店门诊所	吴桥后张巷18-2号	门诊所	医疗咨询
威孚职工医院	人民路148号	综合医院	内、外、妇产、儿、眼、耳鼻咽喉、口腔科等
春申门诊部	五里新村99-1号	中医门诊部	中医科（针灸科专业）
二泉医院	惠峰路10号	综合医院	内、外、儿、口腔、中医、预保科等
爱民门诊部	惠钱路137号	综合门诊部	内、外、中医、口腔科、皮肤病专业
63983部队门诊部	通惠西路160号	综合门诊部	内、外、妇、口腔、中医、医学美容科等
城驱门诊部	五爱北路54号二楼	综合门诊部	内、外、妇、中医、检验科、皮肤病、性传播疾病等
盛岸门诊部	盛岸路303-307号	综合门诊部	内、外、妇、中医、检验科
惠畅里门诊部	惠钱路惠畅里1号	综合门诊部	内、外、妇、医学美容、中西医结合科等
惠山门诊部	惠山横街46号	综合门诊部	内、外、妇、中医科、皮肤病、性传播疾病专业
预防医学门诊部	小三里桥街23号	门诊部	从业人员体检（食品卫生）、计划外免疫接种
无锡丽新医院	丽新路54号	医院	内、外、眼、耳鼻咽喉、中医、检验科等
第三人民医院惠山分院	通盛路孙巷108号	门诊部	内、外、妇、二、中医、检验科等
东方肛肠医院	通盛路孙巷108号	专科医院	中医肛肠科、外科其它（肛肠病）
纺工盛岸门诊部	盛岸一村99-1号	诊所	内、外科
精卫中心心理咨询门诊所	青石路530号	专科诊所	精神病
仁济中医骨伤专科门诊部	无锡市西直街10号	中医专科门诊	中医科（骨伤科、推拿科、针灸科专业）
无锡锡卫门诊所	北大街54号	门诊所	内、外科
汇生医疗门诊部	盛岸二村31-32号	综合门诊部	内、外、妇、中医、口腔、检验科等
延寿堂诊所	北大街32号	诊所	妇科、口腔科

续表21-4

机构名称	地 址	类 别	诊疗科目
民丰门诊部	民丰路153-1号	综合门诊部	内、外、妇、中医、口腔、检验科等
第三人民医院急救分站	通惠东路320号	-	院前急救
西新门诊所	五里新村50号	门诊所	内、外科
康桥门诊所	锡澄二村58-5号	门诊所	内、外、儿科
任钱路门诊所	任钱路北1号	诊所	医疗咨询
北塘医院惠龙分院	石门路30号	-	内、外、妇、儿、口腔、中西医结合科等
阳光医疗门诊部	锡澄路252号20-23	综合门诊部	内、外、妇、儿、中医、口腔、检验科等
新亚门诊部	北塘大街298号	综合门诊部	内、外、妇、中医、眼、检验科等
仁和门诊部	惠钱路129号	综合门诊部	内、外、妇、儿、中西医结合科等

2005年北塘区个体医疗诊所情况表

表21-5

机构名称	地 址	诊疗科目
陆德兴中医诊所	惠钱路一弄6-4号	中医科专业门诊
王茂生皮肤病诊所	新巷小区34号103室	中医皮肤病专业门诊
唐军中医诊所	双河新村6号203室	针灸科、推拿科专业门诊
袁剑鸣中医诊所	惠华新村80号	中医内科专业门诊
朱秋泉伤科诊所	黄巷上126号	中医骨伤科专业门诊
朱霞仙诊所	新民村484号	中西医结合科专业门诊
包君益中医诊所	丽新路丽新三弄66号	中西骨伤科专业门诊
周义坤中医诊所	惠山下河塘107号	中医科专业门诊
张宏昌中医外科诊所	西横街51-4号	中医外科专业门诊
李荣生中医诊所	盛岸二村172号302室	中医内科、肿瘤科专业门诊
魏振武中医外科诊所	北闸街荷花里6弄之5	中医外科专业门诊
孙伯余伤科诊所	惠钱路78号	中医骨伤科专业门诊
黄渭伦中医外科诊所	刘潭黄岸头168号	中医外科专业门诊
李均诊所	刘潭二村22号	中医骨伤科专业门诊
龚华诊所	惠华新村146号103室	西医内科专业门诊
沈惠娟诊所	盛岸一村66-3号	西医内科专业门诊
胡进德诊所	刘潭桥弯弄39号	西医内科专业门诊
绳国防诊所	盛岸二村112号101室	西医内科专业门诊
吴海福诊所	双河新村45-1号	西医内科专业门诊
董建凤诊所	锡澄路188-1号	西医内科专业门诊
夏秀华诊所	民丰里63号103室	西医内科专业门诊
陈纪苗诊所	黄巷街道巡桥81号	西医外科专业门诊

续表21-5

机构名称	地址	诊疗科目
陈安丽传统针灸诊所	8724部队125栋15号	针灸科专业门诊
林玉珍所	后祁后街90号	西医内科专业门诊
金永涛诊所	锡澄二村3号105室	口腔内科、口腔修复
罗铭诊所	石门路13号	口腔内科、口腔修复
过国锋诊所	民丰里2号101室	西医内科专业门诊
吴凤敏诊所	惠龙街道卫生所内	西医内科专业门诊
陶志华诊所	凤翔路沈巷200号	西医内科专业门诊
宋文珍诊所	惠峰新村127号	西医内科专业门诊
潘树平诊所	后张巷226号	西医内科专业门诊
严翰章牙科诊所	惠华新村140号101室	口腔内科、口腔修复
秦建明牙科诊所	西横街51-3号	口腔科专业门诊
吴文华诊所	8724部队113栋6号	西医内、儿科专业门诊
尤贵英妇科诊所	刘潭前村南街16号	妇科专业门诊
孙兴度诊所	前盛岸60号	西医内科专业门诊
陆廷生诊所	梨花新村3号	西医内科专业门诊
李惠中诊所	惠龙新村219号101室	西医内科专业门诊
沈惠娟诊所	盛岸一村66-3号	西医内科专业门诊
胡进德诊所	刘潭桥弯弄39号	西医内科专业门诊
绳国防诊所	盛岸二村112号101室	西医内科专业门诊
吴海福诊所	双河新村45-1号	西医内科专业门诊
董建凤诊所	锡澄路188-1号	西医内科专业门诊
夏秀华诊所	民丰里63号103室	西医内科专业门诊
陈纪苗诊所	黄巷街道巡桥81号	西医外科专业门诊
陈安丽传统针灸诊所	8724部队125栋15号	针灸科专业门诊
林玉珍所	后祁后街90号	西医内科专业门诊
金永涛诊所	锡澄二村3号105室	口腔内科、口腔修复
罗铭诊所	石门路13号	口腔内科、口腔修复
过国锋诊所	民丰里2号101室	西医内科专业门诊
吴凤敏诊所	惠龙街道卫生所内	西医内科专业门诊
陶志华诊所	凤翔路沈巷200号	西医内科专业门诊
宋文珍诊所	惠峰新村127号	西医内科专业门诊
潘树平诊所	后张巷226号	西医内科专业门诊
严翰章牙科诊所	惠华新村140号101室	口腔内科、口腔修复
秦建明牙科诊所	西横街51-3号	口腔科专业门诊

续表21-5

机构名称	地 址	诊疗科目
吴文华诊所	8724部队113栋6号	西医内、儿科专业门诊
尤贵英妇科诊所	刘潭前村南街16号	妇科专业门诊
孙兴度诊所	前盛岸60号	西医内科专业门诊
陆廷生诊所	梨花新村3号	西医内科专业门诊
李惠中诊所	惠龙新村219号101室	西医内科专业门诊
姜锡荣诊所	会龙村谈巷181号	西医内科专业门诊
成玉英诊所	后蓉湖庄19号	西医内科专业门诊
刘林萍诊所	前张巷7号	西医内科专业门诊
黄楷诊所	一里街57号	西医内科专业门诊
陆文鹏美容整形外科诊所	惠山横街40号-1	医疗美容、整形外科
张克雄诊所	前盛岸路100号	西医内科专业门诊
唐幼英诊所	锡澄路280号-1	西医内科专业门诊
徐静英诊所	石门路李巷79号	西医内科专业门诊
季耀良诊所	双河村李巷64号	西医内科专业门诊
李桂忠诊所	惠钱路李巷9379号	中西医结合科专业门诊
尤明珠诊所	印染新村111-3号	口腔科专业门诊
朱家国诊所	石门路惠龙桥堍	口腔科专业门诊
吴美娟诊所	惠钱路鲍家桥21号	西医内科专业门诊
王学礼诊所	刘潭三村1-4号	中西医结合科专业门诊
贺尕莉诊所	惠峰新村218号-2	西医内科专业门诊
朱兴福诊所	锡澄路282号	西医外科专业门诊
张富保诊所	前村任巷1号	西医内科专业门诊
张惠忠诊所	惠盛路2号	西医内科专业门诊
殷怀童诊所	锡澄路2号桥	口腔内科、口腔修复
费铸芬诊所	凤翔苑76号	西医内科专业门诊
郑建国诊所	莲蓉苑10号-1	西医内科专业门诊
袁绍树诊所	山北陈巷175号	西医内科专业门诊
李钧诊所	盛岸路211-19号	中医内科、肿瘤科专业门诊
何小东诊所	胜利门横街85-5号	口腔内科、口腔修复
朱若波诊所	胜利门横街10号	西医内、儿科专业门诊
凌长英诊所	锡澄路一号桥30号	西医内、儿科专业门诊
邱品成诊所	黄巷庵头桥9号	西医内科专业门诊
蔡薏芳诊所	凤翔北路21号212-13	西医内科专业门诊
冯全生诊所	庄前新巷203-1号	中西医结合科专业门诊

续表21-5

机构名称	地 址	诊疗科目
徐斌诊所	广石路38号	中西医结合科专业门诊
殷少华诊所	盛岸二村47号	西医内科专业门诊
崔炜诊所	会西村吴巷31号	西医内科专业门诊
秦国曙诊所	庄前菜场9号	西医内科专业门诊
毛飘涯诊所	黄巷任巷12-2号	西医内科专业门诊
章秋生诊所	双河东泾112号	西医外科专业门诊
陆雪珍诊所	刘潭村全丰路845号	西医内科专业门诊
高美凤诊所	民丰北苑270号	西医内科专业门诊
潘凤祥诊所	刘潭东大岸101号	西医内科专业门诊
邵红伟诊所	黄巷谢巷436-4号	西医内科专业门诊
袁海良诊所	北滨路正大饲料公司	西医内科专业门诊
尤诚诊所	梨庄村新后巷23号	西医内科专业门诊
金桂娣诊所	江海西路东汀路口	西医内科专业门诊
张玉明诊所	惠龙新村67-6号	西医内科专业门诊

第四节 驻区医院

至2005年，北塘辖区内有无锡市第三人民医院、解放军第101医院，均为三级甲等医院。

无锡市第三人民医院 是一所集医疗、教学、科研、预防、保健、急救为一体的市级综合性医院，三级甲等中西医结合医院。创建于民国18年（1929年），前身为益寿医院，1956年正式定名为无锡市第三人民医院。医院位于无锡市通惠东路320号，占地面积4.2万平方米，病房大楼主体高17层，建筑面积为2.8万平方米。1998年3月被列为原南通医学院第三附属医院。2000年4月，经市机构编制委员核定人员编制1012人，市卫生局同意设床位610张。2001年4月，由该院及市手外科医院、北塘人民医院、惠山区人民医院、山北镇卫生院、黄巷镇卫生院、三棉职工医院、化工集团股份有限公司卫生所等8家医疗单位组成的市内首家医疗集团—无锡三院医疗集团正式成立。同年11月该院惠山分院试营运。2002年，医院通过省三级中西医结合医院评审。2004年，南通大学组建后，更名为“南通大学第三附属医院”。2005年，医院成为省内首家三级甲等中西医结合医院，同时为南京中医药大学无锡中西医结合临床医学院，南京医科大学、江苏大学、扬州大学教学医院，南通大学硕士培养点。无锡市中西医结合研究所、无锡市烧伤研究所设于院内。

2005年，医院资产总值2.86亿元，年门急诊56.53万人（次），住院2.19万人（次），业务收入2.52亿元。拥有职工877人，其中高级卫技人员80余人，国家级及省级中西医结合专家各1人，省“333工程”培养对象2人，正副教授40人，硕博士46人。

医院开放床位670张，设有临床科室37个，医技科室12个，病区19个。烧伤科、中西医结合消化科、骨科为无锡市重点专科；内分泌科、心血管内科、神经外科、放射科、检验科为医院重点专科；胸心外科、泌尿外科、耳鼻喉科、中西医结合肾科及妇科等为特色专科。2002年，成功开展国内首例肾移植后肝肾联合移植术，市内首例肝移植术。肾移植术、高位颈椎手术、小儿先天性心脏病的介入术、大面积烧伤救治、颅脑外伤的急救、心脏外科手术等新技术项目达到了较高的水准。

采用中央空调、中心供氧、电脑联网、中心吸引、闭路电视、电视监控系统等一系列现代装置。拥有国际先进的多层螺旋CT及核磁共振、DSA、CR、人工肾、全自动生化分析仪、多功能心电监护系统、高能聚焦超声肿瘤治疗机、烧伤流体悬浮治疗床、24座位高压氧舱及净化手术室等高档医疗设施、设备。

医院先后多次获得江苏省文明单位标兵、无锡市先进集体、无锡市文明单位、无锡市十佳医院等荣誉称号。

中国人民解放军第101医院　位于兴源北路101号，是一所具有革命传统的综合性三级甲等医院。医院始建于解放战争时期，前身为苏中军区第四后方医院，1949年7月改为苏南军区陆军医院，1954年5月被命名为第101医院，先后隶属于江苏省军区和第27军，1969年12月转隶于南京军区后勤第13分部管理，1983年10月升格为中心医院。

2005年投入使用的近10万平方米门急诊楼和住院大楼是国内最先进的智能化诊疗大楼，展开床位1400张；建有4万平方米内科综合大楼。是第二军医大学、南京医科大学、江苏大学、安徽医科大学、江南大学、徐州医学院临床学院和研究生培养基地及教学医院，是安徽医科大学、江苏大学、徐州医学院附属医院。医院有高级技术职务人员138人，教授、副教授62人，博士生导师5人，硕士生导师25人，博士后3人，博士13人，硕士80人。与高校合作，设有1个博士生培训点，13个硕士生培训点。医院以创伤外科和急救为特色，拥有全军颅脑损伤救治中心、南京军区军事训练医学研究所、南京军区神经外科中心、南京军区腹腔镜微创外科中心、南京军区口腔正畸中心、南京军区临床麻醉中心和12个院重点专科。普外科被卫生部批准为“内镜与微创专业技术全国普通外科培训基地”，神经外科被中国医师协会批准为“全国颅脑损伤治疗培训基地”。

医院医疗设备齐全，有PET-CT、128层高端螺旋CT、术中移动CT、3.0磁共振、全数字大平板血管造影机（DSA）、X线数字摄影机（DR）、伽玛刀、直线加速器等高科技医疗设备。形成脑科、骨科、普外、运动伤、干细胞治疗、妇产、心血管、肿瘤、呼吸、消化、急救等特色中心。其中，开展重型、特重型颅脑损伤救治和破裂动脉瘤急诊手术、脑血管疾病介入治疗、全髋全膝关节置换术、电视椎间盘镜下行颈、胸、腰椎间盘术和关节镜术、腹腔镜下微创胆囊取石及胆总管切开取石术、食道癌、胃癌、肺癌、直肠癌根治术、冠脉搭桥术、冠心病球囊扩张支架成形术、血液透析、无痛胃镜、肠镜、输尿管镜下钬激光碎石、近视眼激光治疗、白内障超声乳化、口腔矫形、种植牙、自凝刀治疗子宫肌瘤、腹腔镜下子宫、附件切除、子宫阴式切除、伽玛刀治疗肿瘤、各种疼痛治疗、运动伤病诊疗、肛肠疾病治疗等在苏南地区乃至全国处于先进水平。

医院先后被解放军总后勤部表彰为“全军优秀医院”“全军医院建设先进单位”“全军干部保健工作先进集体”“为部队服务先进医院”“全军数字化医院建设示范单位”；被南京军区评为“先进旅团单位”“医德医风标兵单位”“资产管理先进单位”；被无锡市评为“拥政爱民先进单位”“十佳医院”“市民满意医院”。是无锡市医保定点单位。

第四章 疾病预防与控制

第一节 传染病防治

1986年，北塘区法定传染病发病率居于高位的依次是痢疾、病毒性肝炎、伤寒，同年发病数分别是1553例、219例和54例。1987年，建立划区管理后的区、街、居三级防疫保健联系网络，加强疫情、疫点管理，建立疫情报告、登记制度，强化肠道门诊管理。及时进行疫户消毒、带菌采样调查和流行病学调查。1989年，辖区内各类传染病总发病率较1986年下降36.12%，而痢疾、伤寒发病数仍居高不下。同年，施行《中华人民共和国传染病防治法》，北塘区传染病防治由预防为主转向依法管理。

1991年夏发生洪涝灾害，全区万余住宅进水，近千厕所、化粪池外溢，滋疫场所达26万余平方米。防疫部门及时、严格、反复喷洒药物，消毒防疫。同年，全区法定传染病发病率较上年下降103.43/10万。1993年后，区内流动人口增加，夜排档等饮食摊点增多，二次供水检测尚不周密，肠道传染病有所反弹。1994年，发生1例5年未见的小川型霍乱病例。同年，区政府将传染病防治明确列为区政管理目标之一，防疫部门当即指导和协助辖区内24家千人工厂门诊所于夏季之前开设腹泻病门诊，对接报疫情采取24小时内完成访视，及时彻底消毒疫区、疫点，严格病家管理等控制措施。此后，肠道传染病发病率逐年下降，法定传染病发病病种也逐年减少，至1999年为4种。2000年，为更有效遏制腹泻、霍乱病流行，防疫部门确立防治“三不”目标：不死人、不发生高中度流行、不发生二代病例。2001年，北塘区传染病总发病数、总发病率均降至1986年以后最低水平，其中，痢疾、病毒性肝炎和伤寒的发病数分别是184例、98例和4例。2002年起，绝迹10多年的肺结核、淋病、梅毒重现，且后两者发病率上升较为显著。为此，卫生防疫部门强化对社会医疗机构的传染病监督，实行包括规章制度、门诊病历、处方、门诊登记、药品管理登记、一次性材料管理、输液卡、药袋、医用废物袋、票据在内的“十个”统一。

2004年，区疾控中心根据修订后的《中华人民共和国传染病防治法》，加大对传染病防治的监管力度，重点对北塘医院，黄巷、山北卫生院及社会医疗机构内感染、消毒管理及医用废弃物处理等方面开展监督检查，同时还对肠道门诊、发热门诊以及传染病疫情报告登记制度执行情况等实行严格督查。

第二节 免疫接种

1986年起，北塘区按免疫程序进行儿童预防接种，一面建立计划免疫工作队，定期予以培训；一面由街道卫生所根据已有资料为学龄前儿童免疫接种建账、立卡、制表，以提高免疫接种率。1988年年底，全区基础免疫各苗接种率在98%以上，超省市规定指标。

1989年，区成立计划免疫组织指导小组。在推广免疫保健保偿合同的同时，重点推进计划免疫规范化、制度化、程序化建设，更新各卫生所冷链冰箱，配备冷藏背包、冰瓶，并制定疫苗管理制度。开设接种门诊，常年按月、旬、周为适龄儿童接种。新生儿乙肝疫苗接种列入免疫程序。1986～1990年，北塘区新生儿死亡率占各种死因分类中的位次由1980～1985年间的4～9位推后为8～13位。1986年，出生儿童"六苗"（卡介苗、糖丸、百日破、麻苗、流脑苗和乙脑苗）免疫程序符合率分别达99.8%、97.35%、99.39%、98.76%、97.76%和97.96%。1991年，全区儿童系统管理率达83.15%，"四苗"覆盖率为99.05%。1992年，北塘区还列为省计划免疫监测点。此后6年，持续完成接种率、接种质量、冷链及免疫相关传染病等监测。1996年，北塘区代表国家接受并通过世界卫生组织（WHO）的以乡镇、街道为单位接种率第三个85%的计免审评。

1997年，全区实施免疫规划（EPI），建立金卡系统，实行0～4周岁儿童持卡接种制度。

2000年后，北塘区流动人口剧增，防疫部门按流动人口传染病预防管理工作方案逐步为流动儿童计划免疫建卡。2002年，全区0～2岁、3～6岁儿童系统管理率分别达到91.7%和95.5%。

图21-2 儿童预防接种(2002年)(区史志办供稿)

2005年6月1日起，执行疫苗流通和预防接种管理条例，一类疫苗实行无条件免费接种，二类疫苗替代接种或有价疫苗接种实行分类管理。

1986～2005年北塘区计划免疫接种率情况表

表21-6　　　　　　　　　　　　　　　　　　　　　　　　　　单位：人（次）、%

年份	接种	卡介苗	脊髓灰质炎	百白破	麻疹	精白	白破	乙肝	乙脑	流脑	风疹/MMR
1986	接种数	1991	18057	8458	14548	1996	2216	–	13478	9408	–
	接种率	99.10	99.78	99.92	99.41	98.81	98.70	–	98.62	96.66	–
1987	接种数	1978	11394	4195	4206	2111	2283	–	11262	9576	
	接种率	99.90	98.25	99.80	99.34	98.83	98.79	–	98.42	97.08	–
1988	接种数	2245	11585	10223	10610	2651	4777	–	9501	9203	–
	接种率	99.96	98.72	98.42	98.69	98.62	98.62	–	98.07	98.46	–
1989	接种数	1662	14004	11009	7227	2643	1935	–	13879	9126	–
	接种率	99.94	97.51	97.12	98.86	99.66	98.87	–	98.63	98.69	–
1990	接种数	1232	12101	9927	7675	2096	1966	–	12537	9529	–
	接种率	99.52	98.53	98.16	99.28	98.96	98.89	–	98.86	98.77	–
1991	接种数	1196	10429	8020	4588	1837	2003	–	11415	9359	–
	接种率	99.42	98.80	99.66	99.18	99.46	98.86	–	99.11	98.65	–
1992	接种数	1512	9130	6259	6200	2144	2507	–	10782	9176	–
	接种率	99.74	99.30	99.18	99.89	99.35	99.44	–	99.18	99.04	–
1993	接种数	1530	8245	5730	8249	2238	2490	–	8034	8759	–
	接种率	100	100	100	100	98.94	98.30	–	98.91	98.55	–
1994	接种数	1404	7642	5760	10613	2323	2054	–	7190	8186	–
	接种率	99.57	100	100	99.20	99.27	98.85	–	98.93	98.89	–
1995	接种数	1806	7511	6158	4099	2461	1793	4893	6283	7526	–
	接种率	97.67	99.64	99.76	99.35	97.93	98.30	99.88	98.77	98.26	–
1996	接种数	2191	7408	5779	2959	2084	2090	4353	5350	5445	–
	接种率	93.12	99.28	99.18	99.83	98.58	98	99.86	98.31	98.84	–
1997	接种数	751	6718	5413	3011	1619	2116	3645	5446	2982	–
	接种率	96.28	99.50	99.50	98.88	97.71	94.72	96.20	98.34	98.03	–
1998	接种数	882	6400	5055	2636	–	–	4035	4434	3426	5880
	接种率	98.22	99.67	99.70	99.89	–	–	99.93	98.23	98.76	38.68
1999	接种数	948	5045	3913	1969	–	–	2865	3791	3420	1405
	接种率	98.24	98.59	98.56	97.57	–	–	98.56	98.60	98.59	99.79
2000	接种数	1100	5552	4165	2200	–	–	3027	4304	2930	1000
	接种率	99.64	97.06	96.03	97.82	–	–	92.06	97.20	97.90	96.99
2001	接种数	1030	5405	4424	2159	–	–	3162	4377	3253	982
	接种率	99.52	98.43	98.68	97.87	–	–	98.97	98.54	98.76	95.24
2002	接种数	2002	10641	9361	3707	–	–	5979	7068	5174	1279
	接种率	99.65	99.52	98.23	99.01	–	–	99.65	97.38	97.99	97.11
2003	接种数	2387	11869	10292	3880	–	–	5565	7982	5330	1400
	接种率	98.94	97.39	97.22	94.23	–	–	99.45	96.58	96.33	91.11

续表21-6

年份	接种	卡介苗	脊髓灰质炎	百白破	麻疹	精白	白破	乙肝	乙脑	流脑	风疹/MMR
2004	接种数	2771	13097	11224	4054	–	2263	9138	8897	5486	1522
	接种率	98.23	95.27	96.21	89.45	–	98.82	99.25	95.77	94.67	85.12
2005	接种数	2948	11664	10278	4205	–	1682	8809	8869	7461	–
	接种率	97.33	99.40	98.04	93.97	–	92.62	98.90	94.66	93.96	–

1998～2005年北塘免疫规划（EPI）金卡发放情况表

表21-7　　单位：人、%

年份	金卡建卡数	发卡率
1998	1357	97.34
1999	1473	97.52
2000	1296	98.36
2001	1322	98.21
2002	1572	98.43
2003	1212	98.69
2004	1846	98.04
2005	1768	97.23

第三节　生命统计及慢性非传染性疾病防治

一、生命统计

1986年至2005年，北塘区逐年开展对辖区居民生命统计调查监测工作。

1986～2005年北塘区居民平均期望寿命情况表

表21-8　　单位：岁

年份	男	女	年平均期望寿命
1986	70.46	76.58	–
1987	69.75	74.19	–
1988	71.33	74.88	–
1989	70.47	75.67	–
1990	73.52	78.18	–
1991	70.49	76.06	–
1992	71.93	76.97	–
1993	70.92	77.81	–
1994	71.52	75.87	–
1995	73.36	78.85	–
1996	74.32	79.01	–

续表21-8

年份	男	女	年平均期望寿命
1997	72.90	78.65	-
1998	72.00	77.48	74.68
1999	74.48	79.41	76.94
2000	74.77	79.74	77.23
2001	75.06	80.07	77.51
2002	74.09	80.24	77.14
2003	72.98	76.93	74.87
2004	74.33	78.24	76.27
2005	74.42	79.66	76.97

1991年，初步建立全区全死因监测报告系统，根据历年死因监测分析，至2005年，主要以心血管疾病和恶性肿瘤位居死因顺位前列。

二、“慢五病”管理

1986年起，区卫生防疫站以全人群死因监测为手段实施慢性病管理，每年对居民死亡报告正确率、死因推断正确率、死因不明率及死亡漏报率做调查和统计，获得居民慢性非传染性疾病发病数、居民死亡水平、死亡疾病顺位等重要数据。

1991年，建立慢性非传染性疾病即恶性肿瘤、冠心病、脑卒中和高血压（简称“慢四病”）报告系统。同年采用国际疾病分类法（ICD-9）确定居民死亡疾病顺位。之后发现恶性肿瘤和脑血管病仍居顺位前列，呼吸系统病顺位有所提前。还发现北塘区出生率首次低于死亡率，50岁以上居民死亡数占死亡总人数的87.90%，原北大街、吴桥、西新街道的死亡率高于其他街道。此外，还发现外伤、意外中毒的死亡率已升至第四顺位。对此，管理部门旋即将伤害预防与控制纳入慢性病常规业务范围。2002年，报告系统显示：糖尿病患者已达1390人，几近“慢四病”患者总人数的二分之一。鉴于此，糖尿病正式列入报告系统，“慢四病”由此改称为“慢五病”。2003年，实施慢性病综合防治规划，对3000名慢性病患者作调查访问，发现高血压、脑卒中发病人数跃居前位，分别是同年慢性病发病总人数4061例的28.3%和40.6%

1986～2005年北塘区慢性非传染性疾病发病人数分类情况表

表21-9　　单位：人

年份	恶性肿瘤	冠心病	脑卒中	高血压	糖尿病
1986	185	69	131	156	-
1987	343	164	267	220	-
1988	345	125	272	104	-

续表21-9

年份	恶性肿瘤	冠心病	脑卒中	高血压	糖尿病
1989	1663	548	1136	520	–
1990	375	179	364	193	–
1991	383	178	394	182	–
1992	419	206	368	203	–
1993	331	189	280	205	–
1994	317	97	176	164	–
1995	329	209	354	410	–
1996	323	214	381	442	–
1997	385	205	347	504	–
1998	488	245	377	605	–
1999	496	225	342	567	–
2000	366	187	286	520	–
2001	519	262	403	631	–
2002	656	293	768	928	1390
2003	899	510	1148	1647	857
2004	709	525	997	1391	777
2005	634	388	801	904	430

第四节 血吸虫病、寄生虫病、地方病防治

一、血吸虫病防治

2002年2月，黄巷镇和山北镇划归北塘区，增加血吸虫病防治任务，每年黄巷、山北两乡(街道)共需查螺20余万平方米，DDIA（胶纸染料试纸条法）查病500人以上，均未发现阳性病人。

二、寄生虫病防治

1996年10月31日，北塘区通过省卫生厅组织的消灭丝虫病达标考核，达到消灭丝虫病标准。1998年开始，正常开展学龄前儿童、学校学生、建筑工地民工等重点人群的驱虫康服药工作，主要预防蛔虫、蛲虫、鞭虫。2005年年末北塘区疟疾发病率接近零。

1998～2005年驱虫康服药人员情况表

表21-10　　单位：人

年份	学龄前儿童	辖区学校学生	从业人员	合计
1998	2381	13160	–	15541
1999	1450	16288	–	17738

续表21-10

年份	学龄前儿童	辖区学校学生	从业人员	合计
2000	3877	28913	10107	42897
2001	3335	10707	4577	18619
2002	2257	23594	11276	37127
2003	2766	17869	14642	35277
2004	1800	16585	4400	22785
2005	1200	19901	7212	28313

三、地方病防治

从1993年至2002年，第年5月5日开展碘缺乏宣传工作。预防缺碘引起的甲状腺肿大，做好碘油丸服用工作。

1993～2002年北塘区碘油丸服用情况表

表21-11　　单位：人

年份	服用人数
1993	19078
1994	19122
1995	19245
1996	19454
1997	19763
1998	3117
1999	3132
2000	3422
2001	1520
2002	2918

说明:2003年开始,北塘区全民食用碘盐,不再服用碘油丸。

第五节 除害灭病

1986年后，区政府将卫生除害工作列入工作目标，通过以环境整治为主，药物消杀为辅的除四害（鼠、蟑螂、蚊、蝇）活动，控制孳生地，降低四害密度。1986年，北塘区卫生防疫站开展四害密度监测工作。2002年9月成立疾病预防控制中心后，继续承担该项工作，并依据中国疾病预防控制中心《四害密度监测方法》规定要求，进行加强四害密度的监测、数据统计及上报工作。在1990年的创省灭鼠先进城市、1992年的创省灭蟑螂先进城市、1996年的创省灭蝇工作先进城市工作中，通过验收。

为全市争得荣誉，2003、2004年，接受省爱卫会组织的灭鼠先进城市和灭蟑灭蝇先进城市的复查。区获得市级“除四害工作先进区”称号。

1986～2005年北塘区“四害”密度调查情况表

表21-12

年份	鼠		蚊		蟑螂		蝇	
	捕获(只)	密度(%)	捕获(只)	密度(只/人工小时)	捕获(只)	密度(只/盒)	捕获(只)	密度(只/笼)
1986	85	–	127	–	19	–	1066	–
1987	44	–	217	–	21	–	2588	–
1988	38	–	957	–	16	–	5150	–
1989	43	–	893	–	14	–	4102	–
1990	35	–	319	–	22	–	2948	–
1991	23	–	284	–	18	–	1911	–
1992	14	–	151	–	17	–	1726	–
1993	10	–	275	–	1	–	2228	–
1994	12	–	53	–	6	–	389	–
1995	22	–	54	–	–	–	881	–
1996	10	0.86	41	9.61	12	0.08	363	3.82
1997	19	0.77	38	7.24	8	0.04	324	3.27
1998	18	0.75	26	8.67	2	0.01	129	1.59
1999	18	0.71	67	2.79	19	0.04	323	3.99
2000	14	0.68	46	1.92	13	0.03	254	1.17
2001	22	0.90	31	1.30	19	0.04	97	0.48
2002	18	0.77	27	1.04	18	0.03	179	1.30
2003	19	0.77	48	1.55	19	0.04	192	0.31
2004	27	0.31	66	1.38	114	0.20	617	3.21
2005	31	0.56	444	13.06	60	0.13	1397	12.04

第六节 健康教育

1986～2002年，全区健康教育工作由区卫生局承担，负责全区健康教育行政领导和业务指导。区卫生局指导区属企业、街道、社区及学校开展形式多样的健康教育宣传活动，发放健康教育相关资料，督促检查各单位健康教育工作正常开展和台账资料的收集整理，推进全区国家卫生城市的创建工作。

1986年起，逐步建立健康教育网络，以街道为单位创办健康教育室，创建健康教育社区，开辟健康教育宣传阵地。百人以上企业事业单位聘任健康教育指导员，组织每年一次业务培训。1987年起，全区中小学先后开设健康教育课，普及健康知识，倡导健康行为。1995年，经测试调查，学生健康知识知晓率、健康行为形成率，分别保持在95%和94%以上。

1998年，全区居委和辖区企业事业单位350名健康教育指导员均获市创建办颁发的合格证。盛岸地区建立健康教育示范小区。区代表队参加市健康教育所、市电视台联合举办的“健康教育智力竞赛”获第一名。组织辖区内企业事业单位197名健康教育专（兼）职人员和108名居委主任进行健康教育培训，合格率达100%。

2003年起，区卫生局负责全区健康教育行政领导和组织、协调健康教育网络建设等工作。区疾病预防控制中心承担全区健康教育业务指导、健康教育活动策划、基层健康教育业务培训等工作。在区卫生局的组织下，由区疾病预防控制中心先后举办“愿健康伴您”“用爱心助您健康”健康教育活动，“低盐少糖、有益健康”主题活动，“预防肺结核、小手牵大手”绿丝带活动，开展“妇女健康进社区”主题月活动以及全区范围创建健康示范楼、健康家庭活动，“健康北塘社区行”大型系列活动。通过开展主题活动、健康教育讲座、设摊义诊咨询以及图片展览等健康教育和健康促进活动，让每个家庭获得健康知识和确立正确的健康理念。2005年，完成“化工企业工人对职业危害认识水平的调查”课题，获得市级三等奖。至2005年，47个社区居委会有健康教育专兼职人员105人，社区健康教育志愿者567人。

第五章　康复保健

第一节　精神病防治及康复

1997年7月，北塘区政府成立精神病防治康复工作领导小组，下设精神病防治办公室。办公室设在区残联，办公室人员由区卫生局和残联人员组成。1998年，各街道、社区居委会相应成立精神病防治领导小组、监护小组。形成精神病防治三级防治康复网络。街道、社居委精神病防治康复监护小组定期上门了解精神病患者病情并指导服药。2004年5月，北塘区率先建立全市首个精神卫生工疗站。安排精神病人参加一些简单的生产劳动，进行工疗、药疗、娱疗、心疗相结合的康复服务。2005年12月，工疗站完成整体搬迁。新的工疗站面积700多平方米，内设工疗车间、医务室、心理咨询室、休息室、康复活动室、会议室、餐厅等。工疗站创办后，有12名工疗员工到正规企业就业。2005年，全区共有精神病患者1508人，总患病率为6.1‰。区免费为90名贫困精神病患者提供药物治疗。精神病患者监护率为100%，显好率94%、社会参与率74%。

第二节　妇女病防治和保健

1986年3月，北塘区建立妇幼保健工作三级网络。开展妇女、孕产妇系统管理工作，进行产后访视、产后42天健康检查。孕产妇系统管理率逐年提升。市卫生局多次在北塘区召开孕产妇系统管理现场会。1986年，北塘区妇幼保健所配合市妇保所开展生产性噪音对女工妊娠结局的调查。通过调查分析，为做好女工保健、改善女工劳动环境提供可行性依据。1987年，依据《女职工保健工作暂行规定》，对全区区（街）属工厂相关负责人进行培训，提出女职工劳动保护设施与要求。1990年，开展以防治癌症为目的妇女病普查普治工作，对65家工厂2000余名女工进行体检，查出乳腺癌变412例。1991年，完成辖区内工厂《女职工保健工作暂行规定》落实情况调查，共调查12家工厂的1700余名女职工的劳动保护情况。增设围产保健门诊，开展建立孕产妇围产保健卡工作。1993年，开展婚前保健，婚前医学检查。全区婚前保健率100%，孕产保健宣传率100%。1994年，围产保健门诊共建册1198人。1995年，《中华人民共和国母婴保健法》实施，区贯彻落实法规精神，做好母婴保健工作。1997年起，参与无锡市“中美合作预防神经管畸形科研项目”。1998年5月，美国疾病预防控制中心福尔克部长一行7人和北京医科大学专家、教授等参观、考察区妇幼保健站，对全区妇幼保健工作取得成绩予以肯定。区妇幼保健站在参加全市“双学双比”“巾帼建功”竞赛活动中被市妇联评为“巾帼示范岗”。

1999～2005年北塘区妇女病普查情况表

表21-13　　　　单位：例

年份	应查人数	实查人数	检查率(%)	妇科疾病人数	患病率(%)	疾病分类																											宫颈刮片(Ⅱ级以上)
						阴道炎					宫颈糜烂				宫颈息肉	盆腔肿块				性病				宫颈癌		尿瘘		子宫脱垂		乳腺		其他	
						例数	滴虫	霉菌	老年性	其他	例数	轻度	中度	重度		例数	子宫	附件	其他	例数	淋病	尖锐湿疣	其他	例数	治疗数	例数	同年新发生数	例数	同年新发生数	良性肿块	癌症		
1999	29850	17615	59.00	6869	39.00	915	39	161	290	425	4571	3113	982	476	315	801	361	358	98	–	–	–	–	–	–	–	–	3	–	467	–	–	70
2000	31812	20355	64.00	7736	38.00	963	35	169	321	438	4996	3602	1013	381	398	817	354	401	62	–	–	–	–	–	–	–	–	4	–	596	–	–	141
2001	30950	20121	65.00	7250	36.03	896	29	130	309	428	5095	3590	980	515	304	965	397	502	66	–	–	–	–	–	–	–	–	3	–	400	–	–	153
2002	33084	23465	70.93	8354	35.63	983	31	141	219	592	5169	3050	1502	617	485	1010	452	513	45	–	–	–	–	–	–	–	–	1	–	707	–	–	56
2003	29204	16648	57.01	4745	28.54	567	25	105	187	250	2628	1817	599	212	399	848	373	402	73	–	–	–	–	–	–	–	–	3	–	–	–	–	50
2004	38121	29306	76.88	12904	44.03	6058	2306	1454	108	2190	5784	3506	2109	169	234	1284	547	557	180	–	–	–	–	–	–	–	–	–	–	–	–	–	
2005	35225	27517	78.12	14272	51.87	669	11	103	324	231	10705	7153	2904	648	1361	2676	2125	541	10	–	–	–	–	–	–	–	–	4	–	0	–	648	285

第三节　儿童保健

1986年3月，北塘区建立健全儿童保健管理工作。对全区127家工厂和40余家幼儿园、托儿所进行全面摸底、调查，建立卫生保健基本情况档案，进行定期检查、监测。同年，与市儿保所合作，对129125名0～6岁学龄前儿童开展体格生长与社会心理发育调查工作。1988年，全区开展0～3岁散居儿童系统管理工作。1999年，实行婴儿出生时统一建立儿童保健册，对体弱儿童分级分类管理。2004年，制定全区流动儿童保健系统管理实施方案。2005年组织全区10974名儿童体检，受检率97.69%。

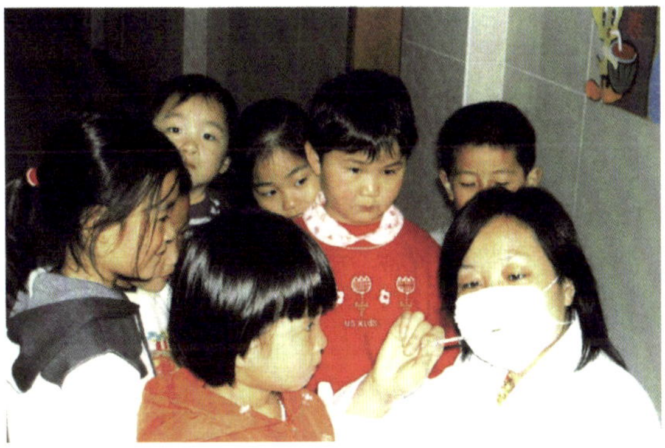

图21-3　儿童保健(2003年)(区史志办供稿)

1990～2005年北塘区儿童体检情况表

表21-14 单位：人、%

年份	体检人数	受检率	患病人数	患病率	患缺点人数	患缺点率	贫血发病率	身高达标率	体重达标率
1990	13239	96.66	-	-	-	-	-	62.22	61.38
1991	11652	94.50	868	7.45	3905	33.5	21.50	56.17	54.46
1992	8647	94.80	473	5.47	3900	45.00	22.90	54.90	55.50
1993	8361	92.80	371	4.40	3635	43.50	15.10	54.80	51.00
1994	8566	91.30	445	5.20	3637	42.90	12.30	54.50	50.80
1995	7558	92.20	286	3.80	3039	40.20	9.20	56.20	54.50
1996	6945	94.63	321	4.62	2770	39.88	10.37	55.87	55.19
1997	5994	94.80	287	4.79	2119	33.52	9.40	52.90	51.40
1998	6023	95.87	203	3.37	2185	36.28	8.30	58.10	59.20
1999	5489	95.20	197	3.59	2261	41.19	9.30	53.65	49.50
2000	5725	94.80	167	2.95	2090	36.50	10.00	53.50	49.20
2001	5459	95.54	86	1.58	2012	36.86	5.80	57.10	58.32
2002	8534	95.86	162	1.90	2624	30.75	3.90	56.70	58.50
2003	7780	97.10	140	1.80	2806	36.07	2.32	59.60	60.54
2004	8179	96.60	116	1.42	2711	33.10	3.28	61.74	62.10
2005	10974	97.69	180	1.64	3511	32.00	3.10	62.10	62.50

第六章 卫生监督与监测

第一节 食品卫生

1986年后，辖区内食品生产经营单位逐年增多，到1989年近1300家。其间，发生食物中毒事件10起，殃及194人。为此，防疫部门持续加大对食品卫生的监管力度：实施行政处罚累计297起；严格卫生许可证发放程序和核验要求，体检不合格的从业人员百分之百调离；由街道卫生所按江苏省统一规定的关于食品卫生规范要求为辖区内的食品生产经营单位建立卫生档案。此后，区内食品卫生水平明显提高，食品、餐具卫生合格率分别提升到80.4%和86.7%。

1991年，汛期涝患，防疫部门对食品行业展开拉网式检查，销毁变质食品2000余公斤，控制食源性疾病的发生。之后，相关的监督、监测持之不懈，到1994年，食品、餐具卫生合格率分别提高到94.4%和90.6%。

1995年以后，食品生产经营单位剧增，至1998年年末达2210家。4年间，违反《中华人民共和国食品卫生法》的现象屡有发生。累计行政处罚560起。其中予以警告195起，责令停业73起，吊销卫生许可证2起。1999年起，食品生产经营单位渐减，到2002年不满1900家，食品卫生状况有所好转。4年间仅发生一起有15人中毒的事件，实施行政处罚累计190起，食品卫生合格率回升到94.6%。

2003年，区划调整，食品生产经营管理范围扩大，至2005年已突破2700家。其间，发生食物中毒1起，实施行政处罚111家。

1986～2005年北塘区食品从业人员体检情况表

表21-15　　单位：人、%

年份	应检数	实检人数	体检率	不合格数	调离数	调离率
1986	6022	5678	95.00	18	18	100
1987	7354	7280	98.50	30	30	100
1988	6241	6222	99.70	62	62	100
1989	7397	7300	98.70	66	66	100
1990	6399	6328	98.90	71	71	100
1991	6400	6336	99.00	58	58	100

续表21-15

年份	应检数	实检人数	体检率	不合格数	调离数	调离率
1992	7248	7168	98.90	35	35	100
1993	7526	7458	99.10	42	42	100
1994	7257	7213	99.40	30	30	100
1995	7440	7387	99.30	35	35	100
1996	7464	7419	99.40	44	44	100
1997	7667	7613	99.30	20	20	100
1998	6272	6190	98.70	35	35	100
1999	6520	6441	98.80	29	29	100
2000	6602	6549	99.20	22	22	100
2001	6251	6189	99.00	41	41	100
2002	7363	7193	97.70	29	29	100
2003	7058	6987	99.00	39	39	100
2004	8430	8354	99.10	19	19	100
2005	8974	8929	99.50	23	23	100

1986～2005年北塘区食品生产经营单位、从业人员情况及食物中毒情况表

表21-16 单位：起、人

年 份	食品生产经营单位		食物中毒	
	户 数	从业人员数	起 数	人 数
1986	1199	6022	2	30
1987	1248	7354	1	32
1988	1241	6241	1	5
1989	1295	7397	6	127
1990	1328	6399	1	5
1991	1394	6400	2	59
1992	1436	7248	1	55
1993	1715	7526	3	41
1994	1816	7257	1	51
1995	1824	7440	1	5
1996	1916	7464	2	14
1997	1836	7667	1	16
1998	2210	6272	1	9
1999	2060	6520	0	0
2000	2094	6602	0	0
2001	1916	6251	0	0
2002	1875	7363	1	15

续表21-16

年份	食品生产经营单位		食物中毒	
	户数	从业人员数	起数	人数
2003	2546	7058	0	0
2004	2705	8430	1	14
2005	2719	8974	0	0

1986~2005年北塘区食品卫生行政处罚情况表

表21-17

年份	处罚总数(起)	警告(起)	罚款(起)	罚款数(元)	停业数(个)	吊证数(个)	销毁(起)	销毁(公斤)	没收(元)
1986	80	30	56	7672	0	1	27	10469.65	0
1987	130	23	69	8890	13	1	41	7376.63	0
1988	187	86	76	10835	18	0	43	5566.57	0
1989	102	45	60	22380	18	0	10	3747.85	0
1990	68	42	51	5900	2	0	5	823.20	0
1991	158	62	96	11570	9	0	33	1819.25	0
1992	85	67	22	10250	15	0	1	52.20	0
1993	45	25	18	8000	5	0	0	0	0
1994	86	24	20	12200	9	0	26	9905.00	0
1995	232	30	184	78650	41	0	2	83.00	0
1996	82	41	39	36600	6	1	3	149.50	0
1997	126	70	80	54700	1	1	0	0	0
1998	120	54	47	64768	25	0	1	20.00	22768
1999	28	7	25	14900	1	0	1	10.00	0
2000	47	11	46	14000	0	0	0	0	0
2001	49	12	45	21700	0	0	1	305.00	0
2002	76	22	52	50721	1	0	1	400.00	0
2003	57	47	10	19000	0	0	1	36.00	0
2004	28	18	10	23148	1	0	1	200.00	0
2005	26	18	8	32000	0	0	1	850.00	0

1986～2005年北塘区食品、餐具监测情况表

表21-18　　单位：件、%

年份	食品监测数	合格数	合格率	餐具监测数	合格数	合格率
1986	209	94	45.00	507	292	57.60
1987	204	121	59.30	355	236	66.50
1988	206	157	76.20	361	289	80.10
1989	393	316	80.40	369	320	86.70
1990	604	523	86.60	359	295	82.20
1991	602	524	87.00	480	415	86.50
1992	636	557	87.60	410	356	86.80
1993	638	561	87.90	440	381	86.60
1994	375	354	94.40	424	384	90.60
1995	672	637	94.80	574	540	94.10
1996	727	690	94.90	627	572	91.20
1997	1086	953	87.80	458	395	86.20
1998	907	819	90.30	397	347	87.40
1999	577	537	93.10	534	466	87.30
2000	583	512	87.80	603	501	83.10
2001	863	815	94.40	1164	842	72.30
2002	1000	946	94.60	780	569	72.90
2003	849	631	74.30	620	480	77.40
2004	672	592	88.10	507	386	76.10
2005	792	692	87.40	406	316	77.80

第二节　饮水卫生

1986年，北塘区共有公共水井213口，卫生防疫部门坚持每月两次漂白粉消毒质量检查。同年，全区设10个自来水消毒观察点。防疫部门坚持每月一次的余氯测定，结果均属正常。1989年，采用新的自来水质测定指标，除余氯外增加PH值、浊度、细菌总数、大肠菌群等项目的测定。同年，开展对辖区内工厂自备水源是否与自来水混用的全面调查。1991年初夏洪灾，6家二次供水企业、7家工厂的深井水、17个地面水点均列为重点监测对象，同时对全区1084只高层二次供水水箱登记备案。1993年，全区自来水末梢检测点增至15个。1994年，为加强清洗队伍的资质管理，实行二次供水清洗单位许可证换发制度。2000年后，居民住宅新村建设加快，二次供水点速增，建档列为监测的高位水箱由2001年的1740只增加到2005年的2164只。2002年，区划调整，对黄巷、山北两乡实施改水工程，同年实现100%的住户使用自来水。

第三节 职业卫生

1986～2001年，辖区市属及市属以上工厂企业职业卫生（原劳动卫生）工作均由市卫生部门管辖；区卫生部门对区属及街道企业开展职业卫生建档、复档工作，同时配合市卫生防疫站开展职业危害因素的现场监测。

1986年，对区属10家、街道26家、校办22家企业开展职业卫生建档、复档工作，并对5家职业有毒有害因素较重的单位（制刷厂、工艺鞋厂、纸盒厂、电热器材厂、惠山泥人厂）布点20个，进行现场有毒有害因素监测，对直接接触有毒有害因素的工人91人进行健康监护体检。1988年后，劳动卫生工作由区防疫站卫生科（卫生监督所监督科）负责，对全区企业职业卫生建档、复档，监督工作；对监督、监测中发现问题及时提出整改意见，督促整改。20年未发生急性中毒事件。

2002年5月1日《中华人民共和国职业病防治法》颁布实施。同年，山北镇、黄巷镇划归北塘区，划入不少乡镇企业。组织全区企业摸底的调查，对全区254家企业法定代表人举办《中华人民共和国职业病防治法》培训班4期。开展职业病防治法的宣传工作。2003年，根据《职业病危害项目申报管理办法》规定，以及省卫生厅《关于在全省开展职业病危害项目申报工作的通知》精神，在辖区范围内分3个阶段开展职业病危害项目申报工作，共申报有毒有害因素的企业64家。2004～2005年，在完成职业病危害项目申报的基础上，对64家存在有毒有害因素的企业，实施分类。其中，粉尘类23家，从业人员410人；有毒有害气体类28家，从业人员269人；高温、噪声类13家，从业人员274人。按规定要求64家用人单位建立职工健康档案，对498名一线直接接触有毒有害因素的职工进行健康体检，坚持每年监督检查。对53家企业212个监测点进行有毒有害因素监测，监测结果32家163个点合格，20家49个点不合格，对不合格单位指导督促整改。

第四节 学校卫生

1987年开始，组织学校开展一年一次的学生健康体检。

1986年，对全区20所小学学生视力普测3次。共查36461人（次），近视率23.10%。1987年，测出全区学生近视率为20.1%。1988年，重点抓学校内肝炎的预防工作；完成8所学校的建筑卫生调查，2所学校课桌椅配套调查。1989年，20所学校配备保健老师，各小学均建立学校卫生档案。1990年，开展2次查学生头虱工作，共查13381人次。全区20所小学全部开设卫生健康教育课。1991年，对保健老师进行“肠道传染病防治知识”及“对数视力表应用知识”等业务培训，对全区20所小学的饮食、饮水卫生进行监督检查。1993年，开展2次防近视宣传活动，使学生认识保护眼睛的重要性。1996年，全区20所小学食堂均领取《食品卫生许可证》。1998年，初步建立学校卫生基础档案。2000年，开展凭证入学入托检查，凭证入学入托率为96.96%。2001年起组织对中、小学周边地区饮食摊点进行专项卫生整治。2002年，学校食品卫生工作实行校长负责制，自办食堂的各个环节必须符合食品卫生要求，食用外送快餐的学校必须严格落实索证制度。2004年，全区学校及幼儿园食堂实行量化分级管理，25所学校达到B级，1所学校食堂经市卫生局评定为A级单位。2005年，对全区36所学校食堂进行年审复核，年审合格率100%。

1987~2005年北塘区学生体检情况表

表21-19　　单位：人、%

年份	学生应检人数	学生实检人数	体检率
1987	6377	6314	99.01
1988	7008	6977	99.56
1989	6773	6724	99.28
1990	6772	6728	99.35
1991	6550	6485	99.01
1992	6857	6816	99.40
1993	9848	9802	99.53
1994	13078	13000	99.40
1995	13352	13219	99.00
1996	13212	13046	98.74
1997	13126	13076	99.62
1998	13015	12888	99.02
1999	12509	12452	99.54
2000	11845	11786	99.50
2001	10670	10564	99.01
2002	17456	17340	99.34
2003	15273	15120	99.00
2004	14981	14831	99.00
2005	4681	4524	96.65

1993年开展辖区小学生龋齿防治工作。2003年开始开展辖区中小学生氟化泡沫龋齿防治工作。

2003～2005年北塘区学生龋齿防治工作开展情况表

表21-20　　单位：人（次）、%

年份	应开展数	实际开展数	开展率
2003	31169	29954	96.10
2004	18723	17364	92.74
2005	29620	26984	91.10

第五节　公共卫生监测

公共卫生监测包括食品、公共场所的监测及实验室的检验。1986年，北塘区公共场所卫生管理主要是监督检查“老三业”——旅社、浴室、理发等服务行业卫生标准达标情况，对饮服公司所属单位每月检查一次，居委办单位每季度检查一次。1987年起，执行《公共场所卫生管理条例》。1988年，为实施法制管理，建立全区公共场所索引卡。1991年，管理范围从“老三业”扩大到11类28种，计199家单位。同年，核准163家企业获卫生许可证，1760名从业人员获健康合格证。每家企业建立卫生档案，归类存放、专人负责。至2005年，管理监测范围不变。

1986～2005年北塘区公共场所单位卫生监测情况表

表21-21　　单位：家、人、%

年份	公共场所总数	旅店业数	浴室业数	理发业数	文化娱乐业数	从业人员数	体检人数	调离数	调离率
1986	135	89	3	36	7	985	979	8	100
1987	172	95	4	56	10	1186	1130	12	100
1988	185	96	7	50	6	1293	1268	15	100
1989	265	90	7	80	10	1269	1230	14	100
1990	275	74	6	120	14	1524	1519	20	100
1991	199	67	5	93	18	1795	1787	27	100
1992	198	59	5	94	28	2473	2464	7	100
1993	212	53	3	108	31	3249	3162	1	100
1994	259	60	6	144	34	2353	2341	3	100
1995	336	66	42	151	57	3217	3205	1	100
1996	297	55	21	157	42	3218	3108	2	100
1997	344	60	30	198	56	3569	3555	10	100
1998	392	62	43	201	67	4364	4345	3	100
1999	377	60	47	184	69	3019	2982	2	100

续表21-21

年份	公共场所总数	旅店业数	浴室业数	理发业数	文化娱乐业数	从业人员数	体检人数	调离数	调离率
2000	360	58	48	185	53	2886	2862	7	100
2001	350	59	52	156	67	3212	3179	2	100
2002	395	62	65	207	61	2535	2535	1	100
2003	552	84	102	192	74	3616	3580	2	100
2004	712	93	133	320	156	3851	3684	12	100
2005	745	103	113	317	117	4210	4174	3	100

2003～2005年北塘区医疗、托幼机构感染、医疗污水监测情况表

表21-22　　单位：家、个、%

年份	托幼机构				医疗机构（含个体所）				医疗污水监测			
	监测家数	样品数	合格数	合格率	监测家数	样品数	合格数	合格率	监测家数	样品数	合格数	合格率
2003	2	25	25	100.00	3	70	65	92.86	–	–	–	–
2004	2	45	39	86.67	3	87	61	70.11	3	6	2	3.00
2005	2	47	34	72.34	3	94	70	74.46	3	5	2	40.00

第七章 红十字会

第一节 机 构

北塘区红十字会建立于1984年，同时召开区红十字第一届理事会议。区红十字会办公室设在区卫生局，负责组织开展区红十字会工作。区红十字会有基层组织116个（小学8个，街道8个，居委100个）。至2005年年底，区红十字会有基层组织25个，会员6800人。

第二节 活 动

1995年，组织开展红十字备灾救助基金募捐活动。2001年，开展“慈善一日捐”“募集衣被送温暖” “帮困助弱万人行” 等系列活动。2002年起，开展为期5年的“关爱生命，人道万人捐”活动和人道救助活动。2003年起，全区组织开展捐献中华骨髓库志愿者采血入库工作，年年超额完成50名志愿者入库报名。全区有沈海华（女）、王经（女）2人捐献造血干细胞。2004年，全区组织开展争创全国社区红十字服务示范区活动。各街道社居委按要求80%设立社区红十字服务站，按各项内容、标准、规范化自评，通过江苏省红十字示范社区验收。开展“关爱生命，人道万人捐”成绩显著。连续募集人道救助基金达150余万元，增加红十字备灾救灾能力。

图21-4 红十字会标志(会徽)

2000～2005年，开展全区红十字救护培训活动。组织开展各类卫生救护培训280余场次；受训人员8000余人；组织红十字救护演练30场次。参加2005年全市第二届社区救护队演练赛中荣获第一名。全区开展争创省、市红十字示范学校活动。2005年，全区各中小学校在全市开展红十字工作管理规范“双百目标”活动中，首批通过和达到标准。全区创市级红十字示范学校7所，创省级红十字示范学校1所（社桥中学）。社桥中学在开展红十字青少年救护演练活动中，曾多次受到全国、省市级荣誉表彰。

第二十二编

体 育

1986~2005年，历届区委、区政府重视体育工作。区体育运动委员会（文体局）负责制定和实施全区体育工作长期规划和年度计划；组织开展全区群众体育活动，指导和协调基层群众体育和各体育协会工作；开展竞技体育，培养和输送体育人才；组团参加无锡市第七届、第八届、第九届运动会；举办区级运动会；开展争创全国、省、市体育先进社区的工作。1998年起，开展全民健身活动，建设全民健身设施，逐步实现全区街道、社区健身点全覆盖。2002年，北塘区被江苏省评为全民健身服务体系“八个一工程”先进集体。

全区教育系统、各学校重视开展学生体育活动，取得较好成效。

第一章 群众体育

第一节 机 构

1986年前，区体育工作主要由企业事业单位和学校组织开展。学校体育由北塘区文教科（局）主管，职工体育由区工会主管。

1989年，北塘区成立体育运动委员会，列入北塘区人民政府序列，编制2人，经费由区财政支出。1996年11月，区体育运动委员会与区文化局合并成立北塘区文体局，体育工作归文体局管理。街道体育由街道文化站组织管理。至2005年不变。

第二节 全民健身活动

1995年《中华人民共和国体育法》和《中华人民共和国全民健身计划纲要》颁布以后，北塘区全民健身活动广泛开展。区和各街道、社区贯彻省、市全民健身计划的要求，开展全民健身活动。

1995年起，北塘区每年组织全区机关、企业、事业单位、社区开展迎新春长跑活动。组队参与无锡市迎新春长跑活动。各社区单位积极组织登山、钓鱼、健身操、太极拳和棋牌等群众性体育活动，推动全民健身活动广泛开展。

1996年起，北塘区每年举办全民健身节和全民健身周宣传活动，活动内容丰富。2002年，市政府制定《无锡市城乡健身服务体系“八个一工程”实施方案》。北大街街道被省体育局和无锡市定为全市唯一的社区试验点。2002年6月，北塘在锡惠公园广场举行全民健身节暨全民健身周启动式、健身操展示大会。8月，无锡市“体育进社区”活动启动式在北塘区皮具城广场举行。2003年1月，市政府在北塘区召开无锡市健身服务体系“八个一工程”试点工作现场会，北塘区成为无锡市“八个一工程”实施示范区。

1998年起，北塘区开始逐步建设全民体育健身设施，先后在二泉花园、金桥花园、广石家园、惠泉花园、嘉德花园建设1000平方米以上的健身工程，并和城市改造相配套，分批设立89个全民健身点，达到每个社区至少配备一套室外健身器械的目标。有的根据条件许可安装室内健身器材。区体育部门与受赠健身器材的单位、社

图22-1 2002年6月10日，北塘区在锡惠公园前广场举行“第四届全民健身节暨第七届全民健身操展示大会。西新街道的老妈妈跳起了草帽舞(顾祚维/摄)

区签订日常管理协定，由社区、单位按照日常维护管理规定，做好日常管理工作，保证健身器材的完好运用。

1999年起，根据省、市统一部署，北塘区成立成年人体质测定领导小组，通过测定了解各不同人群的身体素质，科学指导全民健身。各街道购置体质测定器材，依托街道卫生所、辖区学校体育教练开展老年人、中年人、青少年等不同人群的体质测定。每年免费为社区群众测试2500人以上，并为被测试人提供运动处方，帮助群众有针对性地通过适当运动提高身体素质。

1992～1997年群众体育项目得奖情况表

表22-1

时间	群众体育活动名称	得奖项目	得奖情况	得奖单位（个人）
1992年10月	全国城区棋类邀请赛	中国象棋	团体第四名	北塘区代表队
			个人第四名	何文昌
1995年5月	“海马大夏杯”江苏省武术观摩交流比赛	杨式太极拳、杨式太极剑和男子传统套路	杨式太极拳、杨式太极剑和男子传统套路一等奖	顾建英、金荣富
		男女式太极拳、太极刀	男、女式太极拳、太极刀二等奖	曹建平、万　明
		表演奖	男、女三等奖	陈燕清、丁新华
1995年11月	扬州“三笑杯”全国演武大会	“游龙通臂拳”“武当九宫逍遥剑”表　演	个人第一名	金荣富
1996年11月	江苏省武术观摩交流比赛	中国传统武术	二金三银一铜	北塘区武术协会
1997年11月	太仓“通力杯”木兰拳比赛	木兰拳	团体一等奖	北塘区武术协会

1990～2005年街道体育得奖情况表

表22-2

年份	奖 项	颁奖单位
1990	吴桥街道被评为江苏省老年体协先进集体	江苏省老年人体协
1990	吴桥街道被评为江苏省第十二届运动会群众体育先进集体	江苏省体委
1990	吴桥街道被评为全国老年体协先进集体	中国老年人体协
1996	吴桥街道被评为江苏省体育先进集体	江苏省体委
1997	北大街街道被评为全国群众体育先进集体。	国家体委
1998	西新街道、吴桥街道、北大街街道荣获江苏省城市体育先进社区	江苏省体委
2000	西新街道获江苏省全民健身宣传周活动先进单位	江苏省体育局
2002	西新街道获全国城市体育先进社区	国家体育总局
2002	西新街道获江苏省"四进社区"活动体育进社区实验街道	江苏省体育局
2001～2004	北大街街道被评为全国群众体育先进单位	国家体育总局

第三节 老年人与残疾人体育

1987年，北塘区成立老年人体协，在社区组织开展适合老年人特点的晨练、乒乓球、垂钓、门球、太极拳、健身操、健身舞蹈及棋牌等文化体育活动。在开展群众性体育活动的基础上，老年人体协组建区老年运动队，参加无锡市各届运动会老年组比赛和老年人健身运动会比赛。

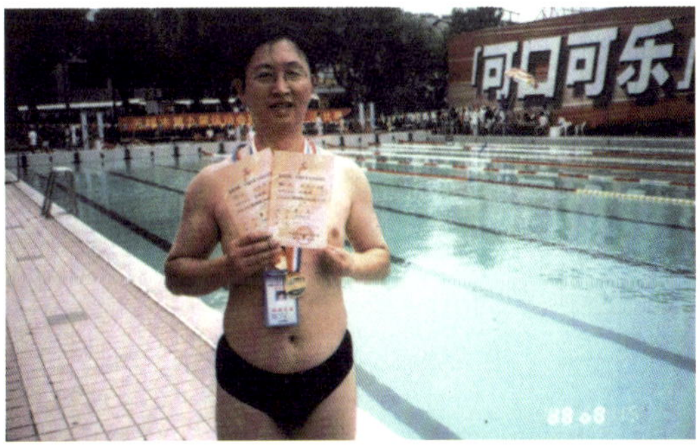

图22-2 北塘区优秀残疾人运动员王明明（2004年）（区史志办供稿）

1987年起，北塘区举办区残疾人运动会，在群众性体育活动基础上产生的残疾人运动员在全国和省市残疾人运动会上取得好成绩。

1987～2003年北塘区残疾人运动员在全国残疾人运动会上得奖情况表

表22-3

年份	运动会名称	得奖项目	得奖情况	得奖者
1987年	全国第二届残疾人运动会	蛙泳、自由泳	1银1铜	周爱华

续表22-3

年份	运动会名称	得奖项目	得奖情况	得奖者
2003年	全国第六届残疾人运动会	蛙泳	银牌	周爱华

1987～2005年北塘区残疾人运动员在江苏省残疾人运动会上得奖情况表

表22-4

年份	运动会名称	得奖项目	得奖情况	得奖者
1991年	江苏省第三届残疾人运动会	50米仰泳和自由泳、100米蛙泳	3金	周爱华
		50米自由泳、100米仰泳和蛙泳	3金	王云南
		田径100米、200米	2金	陆海松
		跳高	金牌	梅长顺
		跳高	铜牌	徐国华
		田径400米	银牌	孙建清
1995年	江苏省第四届残疾人运动会	游泳	2金	周爱华
		跳远	银牌	孙建清
		乒乓球	铜牌	沈国华
1999年	江苏省第五届残疾人运动会	游泳	2金	周爱华
2002年	江苏省第六届残疾人运动会	游泳、田径、坐式排球	4金、2银、2铜	

1987～2004年北塘区残疾人运动员在无锡市残疾人运动会上得奖情况表

表22-5

年份	运动会名称	得奖项目	得奖情况	得奖者
1994年	全市“民模杯”乒乓球比赛	男子肢残组团体	银牌	
		单打	2金1银1铜	
1998年	无锡市首届残疾人运动会	游泳、田径、举重、乒乓球等	14金7银2铜、打破一项省纪录 团体总分第三名	

续表22-5

年份	运动会名称	得奖项目	得奖情况	得奖者
2004年	无锡市第九届运动会残疾人部	跳远、100米、200米、	1金1银1铜	孙建清
		400米、标枪	2金	顾建昌
		举重、铅球	1金1铜	王伟民
		200米	金牌	左　亮
		100米、铅球	2银	王　鑫
		200米	银牌	夏　野
		标枪、100米、铅球	1金2银	王　锋
		400米、3000米	2银	沈重豪
		1500米、3000米、	2金	陶　勋
		100米、400米、200米	1金1银1铜	曹旖琦
		400米、1500米	2金	朱吴玲
		400米接力	银牌	张铭杰 张银彬 宁鲁光 张　昶
		跳远	铜牌	宁鲁光
		跳高	银牌	张铭杰
		铅球、男子乒乓球单打	2铜	朱建新
		1500米	铜牌	张　昶
		60kg举重	铜牌	许　泳

1987～1996年北塘区举办残疾人运动会情况表

表22-6

时 间	届 次	参加人数	比赛项目
1987年4月	1	-	-
1989年6月	2	6个街道80名运动员	象棋、乒乓球、田径
1994年9月	3	5个街道81名运动员	田径
1996年10月	4	5个街道66名运动员	象棋、乒乓球、田径

第二章 运动会

第一节 区级运动会

1986年前，北塘区运动会主要是举办职工运动会，由机关、企业事业单位工会组织参加。80年代以后，地区群众性体育活动广泛开展。1988年起，区运动会以职工运动会和街道地区运动会联办的形式举办。

1988～2000年，北塘区共举办五届区级体育运动会和一次全辖区单位参加的军民体育运动会。区级运动会竞赛项目有田径、拔河、篮球、乒乓球、棋类、游泳、健身操等。区机关、企业事业单位和各街道组队参加。

1988年，举办北塘区第五届职工运动会暨第一届街道运动会。

1989年，举办全辖区单位参加的“双庆杯”军民体育运动会，从4月开始到9月结束，历时5个月。区属各单位、辖区市属厂企、学校、驻区部队、武警、消防支队共50个单位组队参加。市委书记刘济民，省顾委委员韩本初、马健，市委常委宗菊如，副市长张怀西，市政协副主席庄申及区四套班子领导、驻区单位领导、驻区部队领导分别出席开幕式和闭幕式。

1991年9月～10月，在市北高中举办北塘区第六届职工运动会暨第二届街道运动会，历时1个月，全区300名老中青运动员参赛。运动会设5个项目，区教育系统、区机关、区计经委分获团体总分前三名。1994年，举办北塘区第七届职工、运动会暨第三届街道运动会。1997年，在山明中学举办北塘区第八届职工、运动会暨第四届街道运动会。2000年10月，在市九中举办区第九届职工、运动会暨第五届街道运动会。2004年，举办区第十届职工暨第六届街道运动会。

图22-3 北塘区运动会现场(2004年)(区史志办供稿)

第二节 参加市运动会

1996年，北塘区体育代表团参加无锡市第七届体育运动会小学部、职工部、老年部11个项目比赛，获得9项大奖。

2000年，北塘区体育代表团参加无锡市第八届体育运动会。

2004年，北塘区体育代表团参加无锡市第九届体育运动会，共参加中小学部、职工部、老年部、残疾人部26项比赛。

第三章 学校体育

第一节 体育教育

80年代起，学校体育教育提出开启、上足、教好体育课，保证“两操、两课、一活动”，即每天两次眼保健操，每周两节体育课，每天1小时体育活动。90年代起，每周增加1节保健课，加强健康知识教育。2000年起，在原有基础上每周又增加1节体育课。2003年，实施《体育课程标准》，全区教师增强健康第一的理念，加强体育课的研究，在传授知识、技能的同时，关注学生身体素质的提高。各校每年举办校级运动会或各种体育项目比赛。

第二节 体育设施

70～80年代，全区大多数学校场地较小，体育设施匮乏，除中心小学有60米以上跑道外，其余小学一般无正规跑道。80年代后，新建学校一般建有60米以上跑道。1995～2005年，北塘区制定教育事业“九五”发展规划和“十五”发展规划，全面推进教育现代化工程，各级政府加强投入，不断改造办学条件，学校体育设施得以逐步改善。

2005年北塘区部分中小学体育设施情况表

表22-7

单位	学生数（人）	活动面积（平方米）	生均活动面积（平方米）	是否达标	跑道（平方米）	篮球场（片）	足球场（片）	排球场（片）	乒乓球台（副）	体育馆（间）	联合运动器械（套）	专用体育器材		专用体育器材室		体育器材保管员	
												全	缺	有	无	专职	兼职
第九中学	2506	12401.84	4.93	×	200	2	1	3	10	0	1	√	-	√	-	√	-
社桥中学	2002	14136.50	7.06	×	300	8	1	9	15	1	1	√	-	√	-	√	-
刘潭中学	1605	16430.00	10.23	√	300	4	1	6	10	1	1	√	-	√	-	√	-
山北中学	891	8770.00	9.84	√	250	8	1	8	10	0	1	√	-	√	-	√	-
山明中学	482	10202.00	21.17	√	300	8	1	9	20	1	1	√	-	√	-	√	-
五爱小学	1897	7653.30	4.03	×	200	2	1	4	15	1	1	√	-	√	-	-	√

续表22-7

单 位	学生数(人)	活动面积(平方米)	生均活动面积(平方米)	是否达标	跑道(平方米)	篮球场(片)	足球场(片)	排球场(片)	乒乓球台(副)	体育馆(间)	联合运动器械(套)	专用体育器材		专用体育器材室		体育器材保管员	
												全	缺	有	无	专职	兼职
向阳小学	–	–	–	–	90	2	0	1	4	0	1	√	–		√	–	√
盛岸小学	1055	6465.96	8.18	√	150	3	1	2	10	0	1	√	–	√	–	–	√
盛岸二村小学	–	5842.72	–	–	110	2	1	2	5	–	–	–	–	–	–	–	–
惠山小学	–	10228.40	–	–	110	4	1	2	6	1	–	–	–	–	–	–	–
惠华小学	–	–	–	–	150	1	0	1	2	0	1	–	√		√		√
山北小学	1782	11085.00	6.22	×	300	6	1	10	15	1	1	√	–	√	–	–	√
双河新村小学	575	4455.00	7.75	×	180	2	1	4	10	0	1	√	–	√	–	–	√
惠工桥小学	–	–	–	–	80	1	0	1	2	0	1	–	√	–	√	–	√
后祁街小学	460	3447.00	7.49	×	70	1	0	2	5	0	0	√	–	√	–	–	√
吴桥小学	1133	4276.70	3.77	×	80	1	1	4	8	0	1	√	–	√	–	–	√
五河新村小学	659	5370.00	8.15	√	200	1	1	2	15	1	1	√	–	√	–	–	√
积余街小学	–	–	–	–	60	1	0	1	4	0	0	√	–		√	–	√
长安桥小学	–	–	–	–	50	1	0	0	3	0	0	–	√		√	–	√
刘潭二村小学	557	8533.00	15.31	√	200	1	1	4	5	0	1	√	–	√	–	–	√
梨庄小学	848	12046.50	14.21	√	200	5	1	6	5	0	1	√	–	√	–	–	√
任巷小学	–	–	–	–	50	0	0	1	2	0	0	–	√	–	√	–	√
刘潭小学	–	–	–	–	100	0	0	1	2	0	0	–	√	–	√	–	√
庄前小学	–	–	–	–	50	0	0	1	2	0	0	–	√	–	√	–	√
锦锡小学	–	–	–	–	50	0	0	1	2	0	0	–	√	–	√	–	√

第三节 学生运动会

1986～2005年，全区共举办20届小学生田径运动会，为23届～42届，每届运动会设男女甲组、男女乙组、男女丙组、男女丁组4个年龄组，8个组别；设田赛4项，径赛7项，计11项比赛项目。为调动各校参加区田径运动会的积极性，运动会设A、B组，学校规模在13个班级以上的为A组学校，12个班以下的为B组学校，按团体总分A组、B组各取前六名。

1986～2005年北塘区小学生田径运动会团体得奖情况表

表22-8

年份	届次	比赛地点	得奖情况			
			A组		B组	
			冠军	亚军	冠军	亚军
1986	23	市体育场	五爱小学	向阳小学	粮食小学	棉花巷小学
1987	24	市体育场	五爱小学	积余小学	北闸街小学	青石路小学
1988	25	市一中	盛岸小学	向阳小学	棉花巷小学	长安桥小学
1989	26	社桥中学	五爱小学	盛岸小学	粮食小学	三棉职工子弟小学
1990	27	市体育场	后祁街小学	惠工桥小学	长安桥小学	棉花巷小学
1991	28	市体育场	盛岸小学	五爱小学	棉花巷小学	北闸街小学
1992	29	市体育场	盛岸二村小学	盛岸小学	双河小学	棉花巷小学
1993	30	市体育场	盛岸小学	五爱小学	长安桥小学	惠华新村小学
1994	31	市体育场	盛岸二村小学	惠山小学	北闸街小学	双河新村小学
1995	32	市体育场	后祁街小学	盛岸小学	惠华小学	五河新村小学
1996	33	市体育场	盛岸二村小学	吴桥小学	惠工桥小学	双河新村小学
1997	34	市体育场	五爱小学	盛岸小学	刘二小学	向阳小学
1998	35	市体育场	惠山小学	积余小学	长安桥小学	双河新村小学
1999	36	市体育场	五爱小学	盛岸小学	向阳小学	惠工桥小学
2000	37	市体育场	五爱小学	后祁街小学	双河小学	向阳小学
2001	38	市体育场	盛岸小学	惠山小学	惠工桥小学	锦锡小学
2002	39*	市体育场	山北小学	盛岸小学	向阳小学	双河新村小学
2003	40	市体育场	山北小学	五爱小学	刘潭二村小学	惠工桥小学
2004	41	市体育场	山北小学	五爱小学	惠工桥小学	刘潭二村小学
2005	42	市体育场	山北小学	积余小学	惠工桥小学	双河新村小学

第四节 学校竞技体育

游泳活动和射击活动是长安桥小学、积余街小学和粮食小学开展的特色体育项目，历年在全国、省、市体育比赛中获奖。长安桥小学、积余街小学成为无锡市体育项目传统学校。

1986～2005年北塘区小学生在省以上游泳比赛中得奖情况表

表22-9

时 间	比赛名称	得奖项目	得奖情况	得奖单位（个人）
1986年7月	江苏省第十一届运动会	游泳儿童女子乙组蛙泳	第一名	徐 芳
1986年8月	江苏省游泳传统校比赛	游泳（团体）	第五名	长安桥小学
1987年8月	江苏省中小学生游泳比赛	游泳（团体）	第四名	长安桥小学
1988年8月	江苏省游泳传统校比赛	游泳（团体）	第三名	长安桥小学
1989年8月	江苏省游泳传统校比赛	游泳（团体）	第五名	长安桥小学
1990年8月	江苏省游泳传统校比赛	游泳（团体）	第二名	长安桥小学
1990年8月	江苏省第十二届运动会	少儿游泳比赛 儿童男子乙组50米、100米仰泳	第一名	张棵（创两项省记录）
1991年8月	全国少儿游泳比赛	男子儿童甲组100米蛙泳	第二名	张 棵
1992年8月	全国少儿游泳比赛	男子儿童乙组50米仰泳	第二名	冯新宇
1993年3月	江苏省短池游泳比赛	个人	7金、3银、3铜	冯新宇、张棵、邓颖、王少栋、陈烨
1993年8月	江苏省青少年游泳比赛	男子儿童甲组50米、100米仰泳	第一名	冯新宇
1994年3月	全国少儿游泳比赛	男子10岁组蝶泳全能	第六名	王 晶
1994年8月	江苏省第十三届运动会	男子儿童甲组仰泳全能	第一名	冯新宇（破省记录）
		男子儿童甲组200米个人混合泳	第六名	冯新宇
		男子儿童甲组蝶泳全能	第一名	王少栋
		女子儿童乙组200米蝶泳	第二名	沈 娴
		女子儿童乙组100米蝶泳	第三名	
1995年7月	全国“华宫杯”小学生游泳邀请赛	男子团体总分第三名	4金、7银、6铜	长安桥小学
1996年7月	全国“原水杯”小学生游泳邀请赛	团体总分	第四名	长安桥小学
		男子100米仰泳、100米蝶泳、200米混合泳3项	第一名	王 晶
		男乙50米蛙泳、50米自由泳	第一名	金 磊

续表22-9

时 间	比赛名称	得奖项目	得奖情况	得奖单位（个人）
1996年8月	省“九创杯”小学生夏令营游泳比赛	男子甲、乙组团体	第二名	长安桥小学
		男甲团体	第三名	积余街小学
		男乙团体	第四名	
1996年8月	省青少年游泳比赛（泰州）	男子12岁以下组100米自由泳、100米仰泳、100米蝶泳三项	第一名	王 晶
		男子12岁以下组200米混合泳	第二名	王 晶
		女子12岁以下组100米蛙泳	第二名	周晓兰
1997年7月	全国少儿游泳分区赛	女子乙组50米自由泳	第二名	杨丽莎
		女子甲组50米蝶泳	第三名	周晓兰
		男子50米、100米自由泳	第三名	王 晶
1997年8月	省传统校游泳比赛	女子乙组团体	第四名	长安桥小学
1998年8月	省传统校游泳比赛	团 体	第三名	积余街小学
1998年8月	省传统校游泳比赛(南京)	团体总分	第三名	积余街小学
1998年8月	省第十四届运动会青少年部游泳比赛（常州）	100米仰泳、200米仰泳两项	第一名	王 晶
		200米蛙泳	第三名	
		400米自由泳	第三名	
		200米蝶泳	第二名	王少栋
1998年8月	省第十四届运动会青少年部游泳比赛（常州）	4×100米自由泳接力	第一名	周晓兰 杨丽莎
		4×200米自由泳接力	第二名	
		女子100蛙泳	第六名	周晓兰
		女子100仰泳	第三名	杨丽莎
1999年8月	省游泳传统校比赛中（徐州）	儿童男子乙组	团体总分第二名	积余街小学
		儿童女子甲组	团体总分第六名	
2001年8月	省游泳传统校比赛(盐城)	儿童男子甲组	团体总分第二名	积余街小学
		儿童女子乙组	团体总分第五名	
2002年8月	第十五届省运动会	女子丙组个人全能	第一名	周 忆

1986～2005年北塘区小学生在市级田径、游泳、射击比赛中获奖（团体）情况表

表22-10

年份	田径		游泳		射击	
	地点	成绩	地点	成绩	地点	成绩
1986	市体育场	第一名	市体育场	第一名	市射击场	第一名
1987	市体育场	第一名	市体育场	第一名	市射击场	第一名
1988	市体育场	第二名	市体育场	第一名	市射击场	第一名
1989	市体育场	第二名	市体育场	第一名	市射击场	第一名
1990	市体育场	第二名	市体育场	第一名	市射击场	第一名
1991	市体育场	第三名	市体育场	第一名	市射击场	第一名
1992	市体育场	第三名	市体育场	第一名	市射击场	第一名
1993	市体育场	第二名	市体育场	第一名	市射击场	第一名
1994	市体育场	第三名	市体育场	第一名	市射击场	第一名
1995	市体育场	第二名	市体育场	第一名	市射击场	第一名
1996	市体育场	第二名	市体育场	第一名	市射击场	第一名
1997	市体育场	第一名	市体育场	第一名	市射击场	第一名
1998	市体育场	第一名	市体育场	第一名	市射击场	第一名
1999	市体育场	第二名	市体育场	第一名	市射击场	第一名
2000	市体育场	第二名	市体育场	第一名	市射击场	第一名

续表22-10

年份	田径		游泳		射击	
	地点	成绩	地点	成绩	地点	成 绩
2001	市体育公园	第二名	市体育公园	第一名	市射击场	第一名
2002	市体育公园	第三名	市体育公园	第一名	市射击场	第一名
2003	市体育公园	第三名	市体育公园	第一名	市射击场	第一名
2004	市体育公园	第三名	市体育公园	第一名	市射击场	第一名
2005	市体育公园	第三名	市体育公园	第一名	市射击场	第一名

无锡市北塘区少年宫航模队小学生高杰1989年5月在天津市举行的第六届世界海模锦标赛的动力艇F1—E1Kg级比赛中以17秒7的成绩获得第三名。此前，高杰曾多次代表无锡市、江苏省参加全国全省航海模型比赛，先后获得7枚金牌。

第二十三编
社会事务管理

随着城区经济、政治、文化事业的发展，北塘区的社会事务管理不断创新和发展。

1986年后，区劳动就业工作逐步从计划经济体制下的“统包统分”走向市场经济体制下的市场就业。抓好劳动管理、就业管理，社会保障各项工作。90年代，企业停产、破产、改转制后，实施再就业工程，对下岗职工实行企业安置、个人自谋职业和社会帮困相结合，促进就业和再就业。通过建立健全社会保障体系，不断提高职工工资和社会福利待遇，提高职工的生活水平。

民政工作围绕各个时期的中心任务，坚持以人为本，加强基层政权建设，提高社会行政管理能力，深化以社区服务为中心的社区建设，创造和谐稳定的社会环境；做好优抚安置、救灾救济、社会福利、残疾人救助、福利企业管理、社会团体管理等工作。

民族宗教工作认真落实党的各项政策，促进民族平等、民族团结和共同发展进步；依法对宗教事务进行管理，保护公民的宗教信仰自由，保护宗教教职人员履行正常教务活动。

第一章 劳动和社会保障

第一节 管理机构

一、区劳动局

1986年2月，撤销区计经委的劳动工资科。建立区劳动局，列入区政府序列。履行对劳动力调配、工资基金管理和安全生产工作等职能。

1997年8月，区劳动局职能转变。由侧重管理企业的劳动工作转向综合管理全区的劳动事业，组织建立统一、开放有序的劳动力市场；由主要运用计划指标、行政审批手段管理劳动力，转向综合运用经济与法律手段，通过市场机制和行政干预，实现劳动力资源的合理配置；由直接对企业劳动工作实施微观管理，转向以宏观预测、规划、调控为主的管理。

2001年10月，区党政机构改革，撤销区人事局、劳动局。建立区人事和劳动局，正科级建制。

二、区劳动服务公司

1979年4月，成立北塘区劳动服务公司。1988年3月，区劳动服务公司定为全民事业单位，相当于副科级建制。核定事业编制10人，其中领导1人、行政干部4人，专业技术人员5人，人员经费自收自支。

1991年，区劳动服务公司更名为区劳动就业管理处（挂区劳动争议仲裁办公室牌子），建制级别、经费渠道、人员编制、单位性质等不变。1998年7月，区劳动就业管理处增挂无锡市北塘区再就业服务中心牌子。

三、区劳动保障管理中心

2003年2月，成立区劳动保障管理中心。单位性质为全额拨款、依照公务员管理的全民事业单位，核定编制12人。同时撤销北塘区劳动就业管理处。各街道成立劳动保障管理所。

2005年，区劳动保障管理中心增挂“北塘区企业退休人员管理服务中心”牌子，增加编制5人，总编制17人。

第二节 就业管理

一、用工制度

1988年，根据全国计划工作会议的要求，北塘区实施全民所有制单位减人计划任务。全区全民单位职工计划内人数3049人，计划外人数948人，停止自然减员补充人数80人，清退计划外用工人数25人。

1991年，北塘区执行锡劳计〔1991〕3号《关于编报一九九一年临时工、季节工和来自农村计划外用工使用计划的通知》精神，规定各单位招用工人，必须经劳动行政部门批准。1991年6月，制定《北塘区关于街道企业外来劳动力管理暂行办法》，对街道大集体以下单位使用外来劳动力实行劳动部门归口，统一计划，分级管理。同年11月，对区企业事业单位等使用外来劳动力进行清理整顿，清退外地盲流人员。

1994年7月始，区属大集体单位录用的城镇合同制职工由区劳动局管理。1996年3月，受市就业管理处委托，对区属企业使用的外来务工劳动力发放“外来人员就业证”。1996年7月，对区属企业职工实施劳动合同制度，档案由区劳动就业管理处托管。1992年始，对各单位合同终止、因病解除、违纪辞退的职工发放失业救济金。

1995年，《中华人民共和国劳动法》实施，全区开始将固定职工改制为劳动合同制工人。“九五”计划（1996～2000年）期末，全区98%以上的企业实行劳动合同制，80%以上的企业（含国有企业）建立集体协商、集体合同制度。

二、职工调配和流动

1986年，对街道企业职工调动根据“有利生产、方便生活”的原则，一般不跨行业、不变工种，不由近调远和不改变街道企业性质，首先在本街道本区局范围内解决；本区范围内无法解决的，再进行跨区局调剂。职工调动后的工资待遇随现工资等级转移，按调入单位工资标准发给。同年，全年共解决上下班路远而调动的职工189人、夫妻长期分居28对、父母无子女3户。办理职工退休330人，退休顶替7人。

1986年12月，区劳动局制定《在街道企业任职的事业编制职工实行停薪留编意见》，对停薪留编人员、办理程序、享受待遇、工作调动、退休退职等作具体规定。

1987年，明确区属集体企业可以从外单位调进全民技术工人。街道企业从外单位调进全民或集体技术工人，可以保留原来身份。同年，全区保留全民所有制性质的职工150人，集体所有制性质职工100人。

1991年7月，重申对企业开除、除名、辞退违纪职工等问题的要求。1992年8月，制定《关于流动中的工人人事档案管理暂行规定》，对代管工人人事档案关系的范围和对象、代管机构、代管期限以及存档人员的工资工龄等方面作具体规定。

1991～1994年，北塘区对来锡务工的外来劳动力实行总量控制，坚持“先城镇后农村，先本地后外地”的原则，合理调节外来劳动力进城务工的规模。对使用外来劳动力的单位严格控制。确因生产和工作需要增加外来劳动力的，须申报需求计划，报区劳动部门批准。1991年核定街道企业使用外来劳动力6402人；1994年核定属大集体企业使用外来劳动力为1000人，核定居街企业使用外来劳动力为2494人。

1995年7月，《中华人民共和国劳动法》的颁布实施，劳动合同制度在全区逐步贯彻执行。

1992年5月，建立无锡市北塘区劳务市场，为集体事业单位，股级建制。1996年5月，建立无锡市北塘区职业介绍服务所。该所为集体事业单位，相当于股级建制，隶属于无锡市北塘区劳动局管理和领导。原无锡市北塘区劳动服务队报歇。

三、就业安置和再就业工程

1986年后，随着计划经济向市场经济逐步转轨，就业工作由计划调配向市场调节过渡，实行由用人单位与择业人员双向选择的市场就业。区劳动服务公司及各街道劳动服务公司，一方面履行合同制工人退工、职业介绍、待业人员失业登记、失业救济金发放、待业保险金收缴等职能；另一方面通过继续创办和发展劳动服务企业，安置待业人员和企业下岗职工。进入21世纪后，就业工作市场化进程进一步加快，下岗、失业人数逐年上升，主要通过市场调节实现再就业。

1990年，北塘区贯彻实施《无锡市城镇待业人员和流失学生管理暂行办法》，做到机构、人员、制度、任务四落实。做好就业介绍工作，组织全区1200余名待业人员参加市劳务市场的人才交流。广泛开展就业指导工作，全年应届初、高中毕业生受教育面100%，其他社会待业人员受教育面40%。

1991年，北塘区建立每月一次的劳动力交流集市制度。加强城镇待业人员的基础管理，对全区居委实行统一管理台账。加强待业青年的就业前教育工作，开展宣传周活动，帮助端正择业观，教育面达90%。全年待业率控制在1.5%，“两劳”人员安置率达到50%。

1997年，全区失业1年以上的失业人员1672人，有就业意愿的370人。根据无锡市关于实施再就业工程的意见，对他们进行职业指导，接受指导人数343人；为他们建立一人一卡，至年末安置就业278人。同年，加强对外来务工劳动力总量的宏观调控，促进企业下岗（富余）职工和失业人员的安置。通过开展外来就业证年检工作，调控清退外来劳动力，

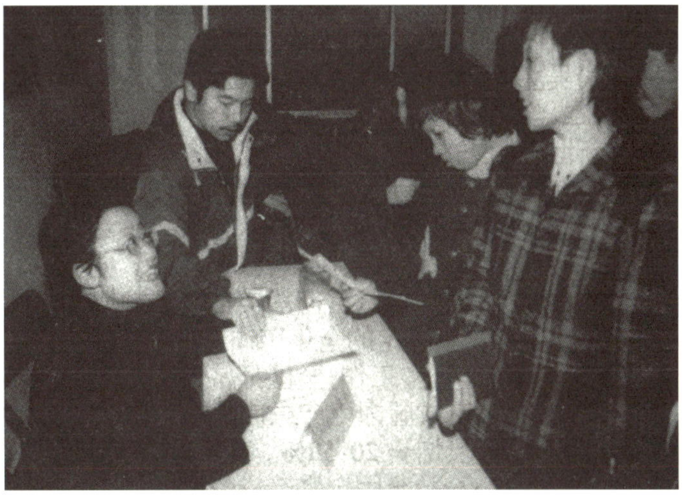

图23-1 街道组织“再就业洽谈会”(2001年)(区史志办供稿)

腾出岗位，安置下岗富余职工622人。

1999年起，贯彻落实市政府有关促进就业的各项扶持政策，重点解决安置就业岗位的结构性矛盾，积极扶持各类新经济组织发展，增加就业岗位。重视职业指导和再就业转岗培训。每周举办劳动力人才交流活动和不定期举办专场招聘洽谈会，拓宽就业渠道，帮助下岗职工特别是"4045"人员（指女性满40周岁、男性满45周岁以上的下岗失业人员）优先就业安置。

2002年5月，为进一步落实再就业优惠政策，促进大龄就业困难人员再就业，区实施"就业帮扶证"制度，明确"就业帮扶证"发放对象、申领办法、享受的优惠政策。

1995～2005年，全区累计培训下岗失业人员1.5万人（次），提供就业岗位信息8万个，城镇登记失业率控制在3.2%以内。

1986～2005年北塘区安置就业情况表

表23-1　　单位：人

年 份	新增失业人数	安置就业人数
1986	368	335
1987	842	1462
1989	2071	1079
1990	1988	2248
1991	2368	1462
1993	3158	3019
1994	4819	4273
1995	3061	2827
1996	4096	3639
1997	3386	3310
1998	2160	2518
1999	2345	2285
2000	3490	3434
2001	3544	3021
2002	7764	6378
2004	9491	8892
2005	9991	9921

第三节　劳动管理

一、职业培训和岗位管理

1987年，区政府制定压缩非生产人员方案，按照200人以上单位非生产人员和其他人员控制在25%以内、200人以下的企业非生产人员和其他人员控制在27%以内的比例进行压缩，充实一线生产岗位。同年7月，北塘区举办第一期劳动工资员培训班，组织学习劳动合同制工人管理有关规定，参加人数60人。组织2次在职职工定岗、定职工作，参加人员97人。

二、劳动工资

1986年，由北塘区工资改革办公室（简称区工改办）领导，对企业在工资改革中出现的不合理现象及群众反映突出的问题给予纠正，并先后两次解决企业中一些长病假等人员的工资待遇。第一次解决遗留问题175人，月增资额950.26元；第二次113人，月增资额702.5元。先后两次分别对一些经济效益比较好，产品获金银牌奖及创部优省优产品的企业提高起点工资标准。第一次15个工业企业单位由34.5元提高到35.5元，被提高职工的总人数共2410人，月增资总额3054元，人均1.2元；第二次对工业、商业19个单位（全民8个、集体11个）分别由34.5元提高到35.5元、35.5元提高到36.5元，获得提高职工的总人数2993人，月增资总额3863元，人均1.29元。

1986年2月，北塘区制定《关于街道企业改革的实施意见》（下称《实施意见》），对街道企业工资进行改革。同年3月，区劳动局出台工资基金管理意见，对工资基金的管理办法、工资支付办法和工资支付记录汇总作了统一规定。同年3月至5月，对校办工业公司、劳动服务公司等单位所属48家工厂、商店、劳动服务队组进行工资改革（简称工改）。参加工改人数2922人，月增资总额4.11万元，人均月增资额14.02元，比区属企业人均增资仅低0.57元；靠级人数1202人，月增资总金额7883.95元，人均月增资额6.56元，比区属企业低0.3元；升级人数1887人，月增资金总额1.84万元，人均月增资9.77元，比区属企业低1.02元。截至1986年12月，全区企业升级人数8453人，月增资总额4.63万元，人均月增资额5.48元。其中集体企业升级7009人，月增资总额38343.5元，人均月增资额5.47元；全民企业升级1444人，月增资总额7944元，人均月增资额5.5元。

1987年1月，北塘区制定《关于街道劳动工资、劳保福利待遇若干问题的意见》，对劳动力的调配、工资待遇及街道企业职工退休、退职保养人员的劳保福利待遇作具体规定。同年，区属工厂实行部分工资浮动与个人的劳动成果挂钩试点。商业单位实行小型商店租赁、饮食服务业提成工资制，对大饼店和理发行业实行保本分成，服装行业实行计件超额工资制以及多种形式的单项经济指标承包制。工业企业分别实行工资总额与计税利润挂钩浮动，最终产品销售全额计件工资制和工资包干等灵活多样的分配方式。工业企业科室间实行不同的单项指标承包，使企业内部车间之间、科室与车间之间、科室与科室间工资档次逐步拉开。同年1月，明确街道企业职工转正定级政策，允许经济效益好的工业企业的起点工资由原来的36元提高到37元、商业企业的起点工资由原来的35元提高到36元。适当提高退休职工的工资待遇，在原来的最低保证数的基础上提高5元。

1992年3月，恢复使用企业厂长（经理）3%晋级权制度。

1994年3月，进一步加强企业工资总额使用管理制度。规定所有企业必须使用《工资总额使用手册》，搞好劳动工资的宏观调控，加强企业工资总额使用的管理。

2002年7月，调整无锡市企业最低工资标准。职工最低月工资由原来的430元调整为460元；小时工最低工资标准由原来的3.6元/小时，调整为3.9元/小时。

2005年8月，全区各类改制企业、非公企业和外商投资企业等重点企业开始推行工资集体协商制度。

1986～2005年北塘区在岗职工平均工资情况表

表23-2　　单位：人、万元、元

年份	职工人数	工资总额	年人均工资
1986	14292	1688.50	1181
1987	17051	2150.80	1261
1988	20478	3200.80	1563
1989	20440	3540.50	1732
1990	17864	3622.10	2028
1991	16872	4076.90	2416
1992	17784	4772.60	2684
1993	15004	5321.70	3547
1994	12814	6650.30	5190
1995	12318	7281.30	5911
1996	9999	6858.10	6859
1997	9454	7078.60	7487
1998	9259	7498.20	8098
1999	8835	7936.60	8983
2000	8049	7925.70	9847
2001	7949	8428.90	10604
2002	8621	11986.90	13904
2003	7674	12707.00	16558
2004	43439	91014.00	20952
2005	40360	101452.00	25137

三、劳动仲裁与监察

劳动争议仲裁 1990年9月，在区劳动服务公司内增挂无锡市北塘区劳动争议仲裁办公室牌子，承担全区劳动争议仲裁工作，人员经费在收取的服务费中解决。同年11月，区劳动局制定办理劳动合同鉴证的规定，明确鉴证范围。1997年6月始，对全区企业单位与劳动者之间签订的劳动合同进行鉴证。至2005年，共鉴证劳动合同8.78万份。其中，纠正不合法劳动合同1.02万份，保障劳动关系双方当事人的合法权益。

区劳动争议仲裁委员会成立于1992年6月，由区劳动局、区工会和区经贸局三方代表组成。区劳动争议仲裁主要受理本区范围内企业单位与职工之间因履行劳动合同、开除、除名、辞退、辞职、劳动报酬、劳动保护、保险、福利等方面的争议案件的调解和裁决。至2005年年末，受理劳动争议案件202件。其中，立案处理166件。此外，接待群众来访1818人（次）。

劳动保障监察 1995年12月，在区劳动局内部设立劳动监察科，行使劳动保障监察职能。2003年1月，成立区劳动保障监察大队。2003～2005年，区劳动保障监察大队日常巡查用人单位共828家，受理举报投诉案件2010件，立案342件，结案率100%。对26家违反劳动法律法规的用人单位进行行政处罚，共计罚款28.2万元。共开展23次专项检查，检查企业980户，涉及劳动者4.9万人，解决拖欠工资305万元。

全区共有3000多家用人单位参加劳动用工年检及书面审查。

四、劳动安全监督

1986年，建立区安全防火责任制，不安全因素整改率达到85%～88%。全年发生各类事故46起，同比下降9.1%。有尘毒项目的治理得到重视，毒害工种多的单位建立定期体检制度。

1987年上半年，区政府组织安全专兼职人员学习《省劳动保护暂行规定》。举办2期车管单位干部和机动车驾驶员学习《市道路交通管理暂行规定》。5月份先后巡回放映安全宣传录像片4场，252人观看。全年组织2次节日安全综合检查和1次车辆安全单项检查，共查出电器线路陈旧、凌乱、机械安全保护装置缺少和失修等不安全因素215条。

1988年1月，对劳动保护安全监督员和专职安全干部实行保健津贴，每月7元。

1989年1月，区政府出台北塘区安全生产劳动保护管理目标意见。

1991年6月，进一步健全区安全生产互助管理片网络。全区设东片、西片、中片、街道、校办工业片及商业片互助管理片网络。建立无锡市北塘区安全生产技术鉴定小组，负责全区事故隐患的设备、危险部位和危险点的检查、监督。

1992年2月，建立无锡市北塘区车辆安全管理所（下称车管所）。加强车辆安全、管理，控制交通事故的发生。同年3月起，在全区推行安全联保风险抵押责任承包制度。

1998年5月，撤销原集体事业单位性质的无锡市北塘区车辆安全管理所，建立区政府直属全民事业单位性质的无锡市北塘区车辆安全管理所。承担全区各类机动车辆的交通安全管理和机动车驾驶员的安全教育和管理工作。

第四节 社会保障管理

一、企业职工退休管理

1986年6月，区政府调整街道企业退休、退职、退养人员生活补贴费发放标准。街道企业退休、退职职工除享受国家福利待遇外，还享有国家规定的有关补贴待遇。

2004年5月，建立无锡市北塘区退休人员社会化管理服务中心，并在各街道成立无锡市北塘区退休人员社会化管理服务所。负责全区、街道企业退休人员社会化管理服务、规划老年福利服务设施和活动场所的建设、指导等工作。

2005年8月，建立无锡市北塘区退休人员法律援助中心。维护退休人员合法权益。筹建8个社区退休人员活动室，为退休人员提供健身、图书、棋牌等活动。惠山街道成立“夕阳红综合服务站”，招募148名党员、社区干部、居民群众，组成志愿者服务队伍，与全区135名“空巢”家庭老人进行结队帮扶。

二、企业职工养老保险

1987年4月，成立北塘区劳动保险统筹办公室。区劳动保险统筹办公室属集体事业编制，机构设在区劳动局，隶属北塘区劳动局，业务上受市保险处直接领导。同年8月，成立中国人民保险公司无锡市分公司（下称分公司）北塘区保险服务部，即北塘区保险业务办事处，行政上受区劳动局领导，业务上受中国人民保险公司分公司领导。同年10月，制定下发《无锡市北塘区街道企业退休（职、养）职工劳动保险统筹暂行办法》（下称《暂行办法》）和《无锡市北塘区街道企业退休（职、养）职工劳动保险统筹实施细则》（下称《实施细则》。同年11月，北塘区劳动保险统筹办公室改称北塘区劳动保险办事处，负责街道企业退休（退职、退养）职工劳动保险统筹的管理工作。同年12月，制定《无锡市北塘区街道企业退休（退职、退养）职工退休费用统筹和职工养老保险实施细则》。1989年，改称无锡市北塘区社会统筹保险事业处。2001年10月撤销，归口到市社会劳动保险局办理。

三、医疗保险

2002年3月，按照《无锡市个体工商户、自由职业人员参加职工医疗保险暂行办法》，对个体工商户、自由职业人员参加职工医疗保险有关问题作了系列规定。鼓励劳动者采取多种形式就业，妥善解决流动人员的医疗保障。2002年5月，按照《无锡市区自由职业人员参加社会保险暂行办法》对自由职业人员参加社会保险进行全面系统规定。规范对自由职业人员参加社会保险的管理，完善社会保障体系。同年6月，调整企业职工工伤保险和生育保险有关待遇。同年12月，为进一步减轻参保人员个人医疗负担，按照《关于〈无锡市城镇职工补充医疗保险管理暂行办法〉的补充意见》，对参加城镇职工补充医疗保险的人员个人账户资金自付满规定数额医疗费后给予补助。

1992～2005年北塘区发放失业救济金情况表

表23-3　　　　单位：人、万元

年 份	人 数	发放金额
1992	948	5.30
1993	4358	27.50
1994	7244	52.20
1995	4852	52.10
1996	3914	60.60
1997	5423	90.80
1998	8897	164.90
1999	11813	254.40
2000	13193	317.40
2001	19698	566.20
2002	19846	798.80
2003	21558	825.20
2004	25231	1137.15
2005	31269	1485.00

第二章　民政管理

第一节　管理机构

1986年前，北塘区民政工作由区民政科负责。1986年1月，撤科建局，属正科级建制，为区人民政府的职能部门。承担的主要职能为：社会救济，社会团体登记管理和民办非企业单位登记管理（1994年开始办理登记手续），拥军优属（优抚、双拥共建），（1998年1月归口民政），福利企业管理，婚姻登记服务，收养登记（2000年开始受理），殡葬管理，地名行政区划工作，基层政权建设，社区服务和社区建设，老龄工作（2002年归属民政）等。2002年核定行政编制6人，其中领导职数3人。

第二节　基层组织建设

1986年年初，评选出1985年的模范居委26个，先进居委19个。8月上旬开始，用一个多月时间对全区93个居民委员会进行民主改选。

1987年，深入开展以“十好”为内容的争创模范居委活动。由市评委会核定北塘区1986年度模范居委26个。其中五连冠模范居委4个。核定南尖居委会为标兵模范居委。另外，区评定先进居委会17个。

1988年3月，对模范居委、先进居委进行检查评比。评选出模范居委27个。市标兵居委1个，区标兵居委2个，区先进居委20个。为实施新建新村居民的行政管理，对惠龙街道部分新村居委进行勘察调查和报批。市政府批准北塘区调整原惠峰、珠帘、光明、白云、建新、龙山、勋民等7个居委区域，批准新建风泉居委、惠龙居委、石门东居委，撤销原地质石油中心实验室家委，建立龙钱家委，并批准吴桥街道新建毛巾厂家委。

1989年，新建一个敬老院、3个工疗站、1个残疾儿童托管班，残疾人安置率达98%。

1990年，组织开展“居民互助服务”的试点工作。这是北塘区在苏南地区的首创，《新华日报》《无锡日报》、无锡电视台都作了报道。贯彻《中华人民共和国城市居民委员会组织法》，11～12月份全区109个居委召开居民代表大会。

1991年，在全区112个居委中建立105个社区服务志愿者协会，建立服务队107个。制定社区服务“八五”规划。

1993年，成立1个街道级社区服务中心，37个居委微型社区服务中心。北大街街道、惠山街道被评为无锡市社区服务先进街道。协助民政部教育中心在北塘区举办社区建设研究会。全区所有居委都定期召开居民代表大会。评选出模范居委28个，达标居委85个。全区居委创利762.29万元。

1994年，撤销新民村、元康弄居委，新建元康弄居委。100%的居委召开居民代表会议，提出建议989条。组织本区市模范居委干部及工作出色的居委干部215人外出参观学习。吴桥街道成立社区服务中心。吴桥街道与北塘医院联合开设五河门诊所，同时利用五河新村配套设施，新增五河浴室。解决五河新村地区居民看病难、洗澡难的问题。

1995年，推荐北大街街道南尖居委及居委主任参加全国模范居委和优秀居委主任的评选。市属企业事业单位选出30名优秀人员充实北塘区居委领导班子。1995年，全区居委工商副各业销售总额2.08亿元，实现利润1300万元。

1997年，社区服务工作通过省社区服务示范城区的检查验收，被省命名为全省社区服务工作示范城区。

1998年，103个居（家）委进行换届选举，选出新一届居委干部429人。其中新当选的为271人（占63%），党员204人（占47.6%），全区居民参选率达99%。区政府制定《关于加强居委会工作意见》的文件，提高居委干部的生活补贴。

1999年，抓好街居职能转换工作。确定西新街道为街居职能转换的试点单位。抽调人员组成街居职能转换和挂靠企业改制工作两个班子。区、街分别制定《街居职能转换方案》。全区建成规范化居委52个。制定《1999～2002年北塘区深化社区服务、推进社区服务业建设的方案》。惠龙、西新两个街道成立求助中心。

2000年，吴桥街道、北大街街道改扩建街道社区服务中心。增加社区服务设施120个。全区新增志愿者服务人员1200人，社区服务志愿者发展到14100人。全区有2个市模范标兵居委会，34个市模范居委会，14名市模范居委干部受到市政府表彰。制定下发《关于在全区居民委员会中开展居务公开活动的工作意见》。

2001年，李家浜居委率先成立社区残疾人协会。吴桥街道新建敬老院，面积730平方米。全区6个街道年初都完成职能转换工作。5月初至7月末在全区范围内进行社区居委会筹建和换届选举工作。全区原有112个居（家）委（其中5个家属委员会），经调整规模，共新建63个社区居委会（其中5个家属委员会保持原状）。

2002年，全区组建老年人特色文体团队共106个，参加人数达2268人。全区对社居委硬件设施建设的投入达556万余元。80%的社居委用房面积达到150平方米以上。组织全区社居委干部开展“争当群众满意的小巷总理”演讲比赛。开展评选2001～2002年度区“十佳社区工作者”的活动。组织对城区区划调整新划入“两镇一街道”村居委干部的培训，组织黄巷镇17名村委主任参加省民政厅首期村委主任培训，组织山北镇村委主任到太仓县沙溪镇现场学习村委会工作。全年全区建成区、街、居社区服务中心77个。社区志愿者组织达75个，专职志愿者人数1.2万多人。

2003年，重新合并组建一批新的社区居委会（原有5个家属委员会建制保持不变），社居委的平均户数达到1896户，平均人数达到4793人。

2004年，下半年开展撤村建居工作，出台《关于开展撤销原行政村和居委会建制、组建新的社区居民委员会建制工作的实施意见》。北大街和惠山街道分别根据城市建设的规划和地块改造的实际情况，以路、河、桥等自然分隔物为界，对有条件的社区按市规定的2000户左右规模的设置标准，将社居委规模调整到位。山北街道将新华村与二泉花园社居委合并。调整后，北大街街道社居（家）委由原来的21个减少为14个，社居委平均户数为2326户、平均人数5729人；惠山街道社居（家）委由原来的15个减少为10个，社居委平均户数2400户、平均人数为6000人。全区从6月初至8月末，在全区范围内进行新一轮社居委换届选举工作，全区38个社居（家）委选举产生社居（家）委主任38人、副主任12人、委员165人。根据市提出的“社居委换届直选面要达到10%”的要求，惠山街道抓好市在棉花巷社区进行户代表直选社居委干部的试点工作；北大街街道抓好区在南尖社区进行居民直选社居干部的试点工作；黄巷、山北街道分别抓好在刘潭二村社区和惠龙社区进行户代表直选社居委干部的试点工作。全区投入社区硬件建设的资金达620多万元。

2005年，全区全年共投入社区硬件建设的资金1419万元，有34个社居委的硬件建设达标。全区上岗家政服务人员198人，其中低保人员有45人。区成立阿勤嫂服务部。下设惠山街道兴隆桥社居委“爱心编织社”，北大街街道丽新路社居委“万帮”修织补服务社，五河二社居委“编织沙龙”等3家编织分社。先后培训编织人员150多人，有110名下岗女工参与从事编织工作，帮助地区弱势群体实现再就业。

第三节 婚姻与收养登记

一、婚姻登记

1985年12月，国务院批准新的《婚姻登记办法》，民政部于1986年3月发布实施。无锡市举办婚姻登记人员培训班，加强对婚姻登记工作的管理。1987年4月，市民政局和市卫生局规定，结婚登记前必须进行婚姻保健、优生优育知识教育和健康检查。1988年，在全区范围办开展非婚同居行为清理。对非法同居者经批评教育，符合结婚条件者补办结婚登记，对未满法定年龄者动员分居。1993年前，婚姻登记工作由区民政局与街道两级同时办理（街道办理结婚登记，区民政局办理协议离婚）。1993

年后，婚姻登记工作全部集中到区民政局统一办理。其后，办理结婚登记手续除身份、户口证明外，还需要提供单位或居（村）委出具的婚姻状况证明和个人体检表。办理协议离婚手续须凭所在单位或居（村）委出具的介绍信。2003年8月，国务院颁布实施新的《婚姻登记条例》后，区设立婚姻登记处，婚姻登记制度手续简化，即由当事人就其婚姻状况作出声明（无需单位或村居委出具的婚姻状况证明），婚检自愿（婚前医学检查不再是婚姻登记的必要条件），至2005年未变。

1986～2005年北塘区婚姻登记情况表

表23-4　　单位：对

年份	结婚对数	离婚对数
1986	2979	34
1987	2532	43
1988	2572	44
1989	1971	75
1990	1527	69
1991	1525	98
1992	1404	103
1993	1030	134
1994	1264	141
1995	1331	184
1996	1264	188
1997	1238	212
1998	1345	207
1999	1316	197
2000	1221	209
2001	1203	213
2002	1473	302
2003	1826	410
2004	2363	552
2005	1679	538

二、收养登记

1992年4月，《中华人民共和国收养法》施行后，市区公民的收养登记统一由市民政局办理。1999年5月，民政部制定《中华人民共和国收养子女登记办法》后，从2000年1月1日起，凡在辖区范围内捡拾到弃婴（儿）的收养登记由区民政部门办理。区民政局按照规定，依法办理收养登记手续和出证工作，对有关登记资料进行整理、装订、立卷存档，专人管理。2000～2005年，北塘区共办理收养登记71件，被收养人71人。

2000～2005年北塘区收养登记情况表

表23-5　　单位：人

年份	收养人数
2000	6
2001	7
2002	10
2003	23
2004	15
2005	10

第四节　优抚安置

1986年，为91名义务兵发放优待金2.89万元。1987年，全区建有9个军人家庭服务中心，97个军人家庭服务站。为23户军属调整扩大或修理房屋，为6名军属安排工作或调换工种、班次，为107户军属联系解决入园入托难的问题。八一建军节期间，表彰优抚对象中的先进个人12人。对96名义务兵家属发放优待金3.07万元。

1988年，接受原由市民政局管理的在职、在乡革命残疾军人152人。其中148人在职，4人在乡。给87名义务兵家属发放3.34万元优待金。1990年，盛岸街道、西新街道分别组织烈军属到外地参观旅游。全年为73名义务兵发放6.2万元优待金，为174名伤残军人发放1.9万元伤残保健金和抚恤金。

1991年，全区建立军人家庭服务中心（组）120个。为优抚对象联系调整解决住房19户，调换工种班次13人，解决入托入学89人，提供医疗包护44户，分担重体力劳动180次，解决纠纷32起，修理住房43户。洪涝灾害中，在军人家庭服务中心的帮助下，全区近200户进水的优抚对象及时撤离进水地段，无一人伤亡。18户受灾损失较重的烈军属、伤残军人每人得到救济款2000元。全年为101名义务兵家属发放优待金6.57万元，为199名在乡、在职伤残军人和烈属定补对象发抚恤金、定补金3.93万元。

1993年，全区共为优抚对象做好事1679件，为3名伤残军人解决代步三轮车，发放义务兵家属优待金5.46万元，发放伤残军人抚恤金、保健金、护理费5.82万元。1994年，发放义务兵家属优待金4.53万元，发放伤残军人保健金、一次性补贴费、护理费共9.66万元。为9户年老体弱的烈属解决煤气包。

1995年，为46名义务兵家属发放优待金3.65万元。为157名伤残军人发放抚恤金4.69万元，为13名在乡伤残军人发放节日补贴费0.58万元。1996年，为义务兵家属发放优待金5.97万元，发放伤残军人抚恤金、保健金、补助金4.27万元，为优抚对象做好事1693件，走访慰问部队、烈军属1720人（次），送慰问物品7万余元。

1997年，发放义务兵家属优待金4.63万元，伤残军人抚恤金、保健金15.63万元，为7名立功军人和3名优秀士兵发放奖状、证书和奖金。1998年，全年共发放各类抚恤、保键金22万元，给73名义务兵家属发放优待金6.46万元。充实调整军人家庭服务中心（站、组）165个，为优抚对象开展系列服务活动，为烈军属做好事1566件。

1999年，对全区198名优抚对象的生活、住房、医疗情况进行调查登记，建立台账。对其中35名“三老”（老军烈属、老复退军人、老残疾军人）优抚对象落实到驻区部队进行结对帮扶，并签订帮扶合约。八一前夕，组织35名“三老”优抚对象进行体检，为他们发放“爱心就诊卡”，对其中2名优抚对象的住房进行修葺。全年共发放各类抚恤保健金21.73万元，给95名义务兵家属发放优待金8.13万元。

2000年，区民政局、区卫生局、北塘医院一起为17名在乡优抚对象办理“功臣医疗优惠卡”。全年给146名伤残军人发放各类抚恤金24.4万元，给200名义务兵家属发放优待金15.56万元。接收安置18名部队无军籍退休职工。2001年，为“三属”（烈属、因公牺牲军人家属、病故军人家属）、在乡老复员军人、革命伤残军人发放抚恤金、定补金、保键金、护理费共27.45万元，发放200名义务兵家属优待金17万元。

2002年，区四套班子领导会同街道领导走访慰问优抚对象40余人（次），街道、社居委组织走访慰问烈军属、伤残军人等优抚对象500余人（次），送慰问金、慰问品合计6万余元。给13名在乡伤残军人发放抚恤金11.84万元，给142名在职伤残军人发放保健金8.79万元，给“三属”、在乡老复员军人发放定补金8.7万元，给211名义务兵家属发放优待金21万元。2003年，全年为伤残军人发放抚恤金22.6万元，为“三属”在乡老复员军人发放定补金7.98万元，为183名义务兵家属发放优待金45.15万元，为13名优秀士兵发放奖金1560元。为18名无军籍退休职工办理医疗、工资待遇进社保的手续。为31名符合条件的军嫂办理低保金发放手续。完成市下达的安置5名军嫂的任务。

2004年，春节期间，区领导走访慰问驻区部队和各类优抚对象，送去慰问金和慰问品价值20余万元。“八一”建军节前，区四套班子领导走访重点优抚对象。1～9月份给伤残军人发放抚恤金88.39万元，给“三属”、在乡老复员军人发放定补金14.12万元，给183名义务兵家属发放优待金48.02万元。2005年，1～9月份为伤残军人发放抚恤金88.39万元；为“三属”、在乡伤残军人发放定补金14.12万元，为183名义务兵家属发放优待金48.02万元，为优秀士兵发放奖金5580元，为24名符合条件的军嫂发放低保金3.35万元。

第五节 社会救济

1986年，全区有政府定期救助的孤老45人，退养孤老22人，身边无子女的退休老人78人。共发放救济金2.64万余元。为支援苏北贫困地区募捐寒衣6485件。

1987年，定救孤老64人，发放定救金2.03万元。社会困难户250人，发放临时救助金5200元。

1989年，定期补助对象79人，发放一次性补助金1780元，40%精简职工的救济对象21人，发放救助金1050元；精退老职工6人，发放节日补助180元；优抚对象295人，发放一次性生活补助，每人50元，共1.48万元。

1990年，对67户社会救助对象发放一次性救济金1810元。

1991年初夏，发生洪涝灾害，全区15511户居民家进水，出现危房272间，倒塌房屋29间，转移灾民3693户8630人；有65家企业因进水被迫停产或半停产，造成经济损失达613.73万元。全区开展救灾募捐和定向募捐工作，全区接受灾款13.47万元，美元200元，粮票17.24万市斤，全部上交市募委会。

1992年，全区1643人得到救济，发放救济款21万元。

1993年1月1日起，定期补助由原来的每人每月60.40元，调整为每人每月78.40元。为95户159名生活困难户人员进行一次性补助，共发放6570元。

1994年，为63名孤老、孤儿实施定补；为精简老职工114人发放救济金18.5万元；临时救济2153人，发放救济款10万元；为112名困难人员发放夏衣和冬服折款1万元；为5名外地退休干部办理落户无锡的手续。

1995年，市政府下发《无锡市市区居民最低生活保障暂行办法》，从原来的定期补助改为最低生活保障（以下简称低保），确定市区居民最低生活保障标准为每人每月120元，从同年12月1日开始执行。所发的低保金由市、区财政分别负担70%和30%。全区有低保对象77人。

图23-2 2004年1月12日，北塘区举办解困送温暖募捐发放仪式。全区共募捐223.235万元(顾祚维/摄)

1996年，从7月1日起调整市区居民最低生活保障标准。由原来的每人每月120元调整为140元。全年发放保障金及冬夏令补助物品达20余万元，发放一次性困难补助金17.78万元。

1997年，从7月1日起，低保标准从原来的每人每月140元调整为每人每月155元。募集衣被支持陕西贫困地区的困难群众，在全区范围内募集衣被4.55万件，现金1226元，超额完成市政府下达的任务。

1998年，全区有109名困难群众获得最低生活保障救助。发放低保金20.27万元，对1132名社会困难户发放困难补助金10.84万元。全区为40户特困家庭发放慈善救济金4.8万元，为35名困难家庭学生资助上学经费2.4万元，为50名困难家庭每月定期免费发放粮油。区为长江、嫩江、松花江流域遭受特大洪涝灾害进行募捐。从8月17日～9月17日，全区共捐款65万元。

1999年，从7月1日起市区居民最低生活保障标准由原来每人每月155元调整为每人每月180元。全区有113名困难群众获得最低生活保障救济，全年共发放低保金21万元，对1600户社会困难户发放困难补助金22.71万元。为全区40户特困家庭发放慈善救济金4.8万元，为28名困难家庭的学生资助上学经费2.87万元，为48名困难户家庭每月定期免费发放粮油。为延安募集衣被13万件，现金1053元。

2000年，全区有173户320人享受低保救济，全年发放低保金26万元。470人（次）获得临时救济。全区186名副科级以上领导干部与困难群众开展结对帮困活动。为全区40户特困家庭发放慈善救济金4.8万元，为40名困难家庭的学生资助上学经费7.61万元，为48名困难户家庭每月定期免费发放粮油。

图23-3　区领导走访慰问困难家庭(2000年)
(区史志办供稿)

2001年，从7月1日起城市居民最低生活保障标准由原来的每人每月180元调整为每人每月220元。全区有261户535人享受低保救济，发放低保金37.7万元。开展“走进新世纪，共享阳光温馨”慈善一日捐活动，共募集到12.34万元。

2002年年初，在全区范围内开展大规模的千人走访送温暖活动。全区1000多名机关干部、事业单位职工分头走访社区困难家庭1953户，发放慰问金41万元。全区100多名科级以上领导干部与困难家庭开展结对帮困活动。走访困难家庭3473户。全区发放春节一次性补助金80.12万元。有1362户3048名困难群众获得最低生活保障。发放救济款305余万元。为低保对象减免自来水费3.73万元，为低保对象中没有参加基本医疗保险的有病人员共办理400元慈善医疗卡269张，1000元慈善医疗卡258张。8月，为低保家庭中正在就读本科和大专的131名学生，分别发放1000元、800元助学金，共计10万元。为地区上贫困家庭中的91名重症患者发放大病补助12.4万元。捐衣被15万余件，支援陕西灾区，超额完成市下达任务。

2003年，为更好地开展“助困、助残、助学、助医、助老”活动，1月建立“北塘区社会捐赠接收站”。制定《北塘区关于进一步健全和完善最低保生活保障制度的实施意见》。全区有1592户3482名困难家庭人员获得最低生活保障，发放低保金440余万元。全年新增低保对象504户1061人，脱保273户607人。有424人实现再就业。其中自谋职业者242人。共为908名困难群众办理慈善医疗卡，发放慈善医疗金75.95万元。为低保家庭中正在就读的100名大学生发放一次性助学金10万余元。为低保家庭减免自来水费12.13万元。

2004年，从4月1日起，残疾人的最低生活保障标准提高10%。从7月1日起城市居民最低生活保障标准，由原来的每人每月220元调整为每人每月260元。全区新增低保对象335户720人，脱保247户552人。全区共有1680户3594名困难群众获得最低生活保障，发放低保金549.24万元。为低保对象减免自来水费29.25万元。为113名低保家庭大学生发放助学金10万余元。全区共发放慈善卡医疗金94.01万元。其中5000元的有36人，1500元的有331人，400元的有659人。发放春节一次性补助158万余元。

2005年，从7月1日起，残疾人、孤老、70岁以上的老人、少数民族人员对象的最低生活保障标准提高20%。全区有低保对象1712户3647人。其中新增207户430人，脱保175户371人。发放低保金441.83万元。全年共办理慈善医疗卡945张，价值3.96万元。为100名低保家庭大学生发放助学金10万余元。发放春节一次性补助金234万元。

第六节 残疾人工作

一、机构

1990年11月，北塘区人民政府批准成立北塘区残疾人联合会（简称区残联）。副科级建制，由区民政局代管。2001年，区残联升格为正科级建制单位，实行计划、财务单列，理事长专职；下设北塘区残疾人劳动服务所。北塘区人民政府残疾人工作协调委员会是区政府议事协调机构，秘书处设在残联。

2004年7月，北塘区残联第四届主席团会议决定，成立区残联肢残人协会、聋人协会、盲人协会、智力残疾人亲友协会和精神残疾人亲友协会。至2005年年末，各街道、社区均已建立残联、残协组织，形成全区的残疾人工作网络。

二、北塘区残疾人联合会代表大会

北塘区残疾人联合会实行代表大会制度，由代表大会产生决策机构——主席团和执行机构理事会。区残联自1990年至2005年召开过四届代表大会。（区残联历届代表大会情况见第十四编第三章第四节社会团体《北塘区残疾人联合会》）

三、主要工作

就业和教育 1991年，组织12家福利企业的368名残疾人进行集中评残。全年福利企业实现产值1252万元，利税112万元。至2005年12月，全区共有福利企业23家，实现销售2.6亿元，利税846万元。1996年，区政府根据省政府文件，颁布《关于贯彻〈按比例安排残疾人就业〉和〈交纳残疾人就业基金暂行办法〉的通知》，在全市首先按照省、市人民政府的文件精神开展按比例安排残疾人就业的工作。区有关经验材料在全国残疾人按比例就业工作会议上作书面交流。1999年，召开全区按比例安排残疾人就业工作会议，全面开展残疾人按比例就业工作。次年收取保障金1.6万元。2003年开始，由地税部门在全区机关、团体、企业事业单位和城乡各类经济组织中负责征收残疾人就业保障金，同年累计到账残疾人保障金185万元。至2005年年底，全区共征收残疾人保障金612万元。2005年，组织15名选手参加无锡市首届残疾人职业技能比赛，获团体第一名。1999～2005年间，共安排510名残疾人就业，对384名残疾人进行职业技能培训，选送12名盲人参加市盲人按摩保健班的学习。2004～2005年，对全区34名残疾大、中学生给予资助3.72万元。

康复服务　1996年，北塘区作为无锡市精神病防治康复试点区，围绕“社会化、综合性、开放式”工作模式开展康复与防治工作。2003年，召开全区精神病防治康复工作会议，对全区精神病患者重新进行调查摸底，建档立卡。2004年，率先在全市建立200平方米的精神卫生工疗站。工疗员工25人。至2005年年末，全区1508名精神病人，检出率6.15‰，监护率100%，显好率90%，社会参与率74%。90名贫困精神病患者享受免费服药。积极推进社区康复工作，为社区残疾人工作示范点配备康复训练器材。2004～2005年，为20个符合条件的社区和4个社区卫生服务中心配备康复器材。1990～2005年，共计完成白内障复明术1249例（免费复明8例），低视力康复219例，儿麻矫治手术60例，聋儿语训120例，供应残疾人用品用具340件。举办12期弱智儿童家长培训班，153人参加培训。

2004～2005年，共为12名残疾人免费安装假肢；向200名贫困残疾人赠送轮椅车。

社会保障　1994年起，全面推行无劳动能力残疾人生活保养工作。至2005年年末，全区共有56名无劳动能力残疾人参加生活保养。其中10名特困残疾人由区残联出资3万元交纳费用。1990～2005年，对5172人次残疾人进行春节时一次性救济143.46万元；1997～2000年，连续4年对全区20户特困残疾人家庭给予实物保障。每月免费提供

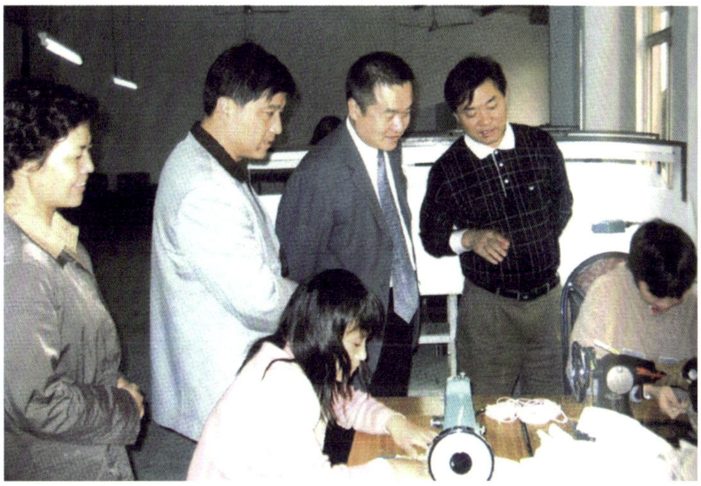
图23-4　省残联领导视察北塘区精神卫生工疗站(2005年)(区史志办供稿)

30斤米、1斤油，并委托粮店送上门，保障他们的基本生活。1999～2005年，为190人（次）残疾人办理慈善卡，为760人（次）残疾人办理慈善医疗卡。

法制建设与维权工作 自1991年《中华人民共和国残疾人保障法》中明确“每年5月的第三个星期日为全国助残日”之后，区每年围绕助残日组织开展丰富多彩的助残扶残活动。1996年，召开全区残疾人事业工作会议，出台《北塘区残疾人事业“九五”计划纲要》。同年，区政府被江苏省政府命名为残疾人工作先进区。1997年起，以区机关、街道和社区为单位，组织开展以“面对面的关怀、面对面的爱”为主题的结对助残活动。助残对象由20户发展为235户。1999年，区残疾人法律援助中心正式挂牌并开始运作。至2005年，全区形成完善的区、街、居三级残疾人法律援助网络。区、街道残联都建立残疾人法律援助站（所）开展工作，为广大残疾人提供法律服务。

社区残疾人工作 2001年，开展创建残疾人工作五星级社区工作。2005年年末，惠华社区、惠峰社区、民丰里第一社区、民丰里第二社区、刘潭二村社区、五河二社区、黄巷社区、凤宾路社区、后祁街社区、五里新村社区等10个社区被评为全市社区残疾人工作五星级社区。2003年，开展争创“江苏省社区残疾人工作示范区”活动，使残疾人工作真正融入社区。同年，北塘区被江苏省民政厅、江苏省残联命名为“全省社区残疾人工作示范区”。

残疾人情况普查 1991年，开展全区残疾人基本情况普查，建立基本台账。全区共有各类持证残疾人1754人。其中，视力残疾人220人、听力语言残疾人240人、肢体残疾人651人、智力残疾人223人、精神残疾人420人。1999年，对全区残疾人进行普查。经调查，全区共有各类残疾人1631人。其中，视力残疾152人，听力语言残疾230人，肢体残疾719人，智力残疾274人，精神残疾256人。1996年，对全区1022名就业年龄段的残疾人的就业、家庭生活、经济收入等情况进行调查。其中，就业人员885人，待业人员41人，无劳动能力残疾人96名。2000年，对0～15岁的智力、听力、视力儿童少年进行专项调查。全区共有各类“三残”（视力残疾、听力残疾、智力残疾，简称“三残”）儿童157人。其中，视力残疾2人，听力残疾21人，智力残疾134人。

基础设施建设 2003年，区政府投资250万元，建设北塘区残疾人综合服务中心，面积为750平方米。2004年，区投资300万元，建设北塘区重度残疾人寄养康复中心，面积为2003平方米。两个中心分别于2004年和2005年投入使用。

第七节 福利企业

1986年，北塘区有福利企业13家，职工总数574人，其中残疾人433人。2002年区划调整，黄巷镇、山北镇、刘潭街道划归北塘区，新增福利企业12家。至2005年年底，全区共有正常运行的福利企业23家，职工719人。其中残疾职工344人，占职工总数的47.84%。2005年福利企业销售3.52亿元，利税2353.1万元。

2005年北塘区福利企业情况表

表23-6 单位：人

企业名称	职工总数	其中“四残”人员
无锡市佳美毛绒厂	34	14
无锡市通惠光电器材厂	18	10
无锡市吴桥社会福利厂	72	46
无锡市鑫华机械厂	34	17
无锡市润尔达电工仪表厂	22	11
无锡市黎明电站设备厂	55	29
无锡市斯达自控设备厂	38	17
无锡市天爱针纺织品厂	15	6
无锡市无线电元件十五厂	25	16
无锡市天能仪表厂	17	10
无锡市天发电子电器设备厂	19	8
无锡市天赐电子元件厂	17	7
无锡市南电电气设备厂	42	20
无锡市惠山树脂厂	31	13
无锡市北塘区开达电器厂	25	12
无锡市惠山五金机械厂	22	9
无锡市三蝶缝制设备厂	23	10
无锡市康联包装材料厂	53	23
无锡市高桥电工材料厂	33	14
无锡市锡龙合成材料厂	16	7
无锡市恒鑫纱线漂染厂	66	28
无锡市刘潭喷塑材料厂	20	8
无锡市刘潭印刷包装厂	22	9
合 计	719	344

第八节 社会团体管理

新中国成立以后，北塘区的社会团体一直由区申报，市民政局登记发证。

1992年，对全区区级社团进行全面清理整顿，保留了12家社会团体。

1993年，北塘区完成区级社团年检工作和区级社团统一代码标识工作。对街道级社团进行清理。全区社团共开办第三产业21个。

从1994年1月1日起，辖区的社会团体登记发证由原来的市民政局办理，改为区民政局办理，报市民政局备案。同年，为北塘区统计协会进行了登记发证。全区有注册社会团体15家。

1995年，办理2家社会团体的登记手续，分别为无锡市北塘区女知识分子、女企业家联谊会，无锡市北塘区退休教师协会。

1996年，办理2家社团成立登记手续，分别为无锡市北塘区人民调解协会，无锡市北塘区纪检监察学会。办理1家注销登记手续。

1997年，根据中办、国办对社会团体进行规范管理的要求，对全区35家社会团体进行清理整顿。注销合并16家，办理变更8家，新办社会团体2家。有注册登记的社会团体21家。

1998年，对法人社会团体进行审计，完成21家社团的清理整顿的初审和审定换证的各项准备工作，注销1家，列入整改的3家。

1999年，纠正社会团体建设中领导兼职过多的现象，全区处级以上领导干部全部退出社会团体领导岗位。

2000年，对社会团体进行重新登记12家，核准换发新证，并在《北塘宣传》上进行公告。按照《民办非企业单位登记管理暂行条例》的规定和市民政局的统一部署，依法启动民办非企业单位的调查、清理工作。

2001年，在调查清理的基础上对符合条件的12家民办非企业单位进行登记发证。对13家社团进行年检。

2002年，全区13家社会团体年检合格。为3家社会团体办理登记发证工作（山北镇蔬菜副食品协会、北塘区物业管理协会、北塘区预防职务犯罪协会），为1家民办非企业单位办理登记发证（北塘区五爱青少年体育俱乐部）。办理5家因区划调整后新划入北塘区的民办非企业单位的变更登记手续。

2003年，全区16家社会团体年检合格。为3家社会团体办理法人变更手续，为4家新办民办非企业单位登记发证。为5家民办非企业办理变更登记手续。全区17家社会团体均自愿申请加入市社团发展促进会，并办理备案手续。下半年组织全区17家社会团体秘书长参加市民政局举办的社团秘书长培训班。

2004年，对16家社会团体和17家民办非企业单位进行年检。为2家民办非企业单位进行登记发证，同时对社区90家民间组织进行备案登记。为3家民办非企业单位办理法人变更登记手续，为3家民办非企业单位和1家社会团体办理注销登记手续。全区有社团16家、民办非企业单位22家。

2005年，为16家社会团体和18家民办非企业进行年检，为1家社会团体和3家民办非企业单位办理登记发证工作，注销1家社会团体（北塘区纪检监察学会）。

2005年北塘区社会团体登记情况表

表23-7

序号	社团名称	组织代码	登记字号	登记时间	主管部门
1	无锡市北塘区思想政治工作研究会	50926105-1	990012	1990.12.11	区委宣传部
2	无锡市北塘区计划生育协会	50926108-6	990003	1991.1.17	区计生局
3	无锡市北塘区社区文体协会	50926111-5	030001	1991.1.30	区文化局
4	无锡市北塘区政协联谊会	50926104-3	990002	1991.5.29	区政协
5	无锡市北塘区党的建设研究会	50926109-4	990008	1992.6.18	区委组织部
6	无锡市北塘区退休教师协会	50926110-7	990007	1995.8.1	区教育局
7	无锡市北塘区红十会	50926106-X	990013	1999.2.4	区卫生局
8	无锡市北塘区检察学会	50926107-8	990004	1999.7.1	区检察院
9	无锡市北塘区个私经济协会	50926117-4	200001	2000.4.3	市工商局北塘分局
10	无锡市北塘区物业管理协会	509261182	020201	2002.2.20	区房管局
11	无锡市北塘区预防职务犯罪协会	509261203	020015	2002.8.20	区检察院
12	无锡市北塘区经纪人协会	50926121-1	020020	2002.11.18	市工商局北塘分局

2005年北塘区民办非企业单位登记情况表

表23-8

序号	社团名称	组织代码	登记字号	登记时间	主管部门
1	无锡市北塘区北大街街道社区服务中心	50927101	070001	2001.10.29	街道办事处
2	无锡市北塘区北大街康复院	50927102	070002	2001.10.29	街道办事处

续表23-8

序号	社团名称	组织代码	登记字号	登记时间	主管部门
3	无锡市北塘区北大街南苑敬老院	50927103	070003	2001.10.25	街道办事处
4	无锡市北塘区惠山街道社区服务中心	50927107	070007	2001.10.29	街道办事处
5	无锡市北塘区山北街道春晖阁敬老院	50927110	070010	2001.10.25	街道办事处
6	无锡市北塘区北大街街道五河敬老院	50927112	070012	2001.10.25	街道办事处
7	无锡市北塘区山北镇中心幼儿园	50927117-X	010001	2002.04.01	区教育局
8	无锡市北塘区五爱青少年体育俱乐部	50927118	010018	2002.11.07	区教育局
9	无锡市北塘区丽新康复院	50929260-6	070015	2002.04.01	街道办事处
10	无锡市锦山民办实验小学	50927121	010021	2003.02.05	区教育局
11	无锡市北塘区黄巷街道社桥社区服务站	50927120-9	070020	2003.07.02	街道办事处
12	无锡市杜克双语艺术幼儿园	50927123-3	010023	2003.09.25	区教育局
13	无锡市北塘区吴桥长寿老年公寓	50927125-X	070024	2004.01.05	街道办事处
14	无锡市千福门老年公寓	50927127	070027	2004.08.18	街道办事处
15	无锡市金桥实验幼儿园	50927122-5	010025	2004.05.15	区教育局
16	无锡市北塘区惠枫怡康院	50927129	070026	2005.4.28	区民政局
17	无锡市北塘区二泉实验幼儿园	50927130-5	010030	2005.6.20	区教育局

第三章 民族宗教事务管理

第一节 管理机构

1986～2002年，民族宗教工作由区委统战部管理。2002年11月，成立北塘区民族宗教事务局（以下简称民宗局）。为政府工作部门，与区委统战部合署办公，正科级建制，配备局长1人，但不增设编制，由区委统战部部长兼任民宗局局长。2002年12月，成立由区委领导任组长，民宗局、公安分局、政法委等部门和各街道分管领导组成的区民族宗教工作领导小组。在此之后，各街道也相继成立由分管副书记为组长，党政办主任、综治办主任、统战干部和各村、居委书记组成的民族宗教工作领导小组，并明确各村、居委书记为民族宗教工作第一责任人。形成“一把手”负总责，分管领导具体抓的领导责任制，健全全区民族宗教工作三级网络。2004年5月，配备专职局长1人。

第二节 民族事务管理

1986年以后，认真落实党的民族政策，促进民族平等、民族团结和共同发展进步，使少数民族政治、经济、文教卫生等各项事业都得到较快发展，少数民族的政治权利得到充分保障。2003年7月，成立无锡市少数民族联谊会北塘分会。至2005年，全区共有少数民族固定人口499人，有18个少数民族。人数前五位的分别是回族（占69%）、满族（占11%）、蒙古族（占5%）、朝鲜族（占5%）和苗族（占3%）。4个街道的分布情况是：北大街街道216人，山北街道141人，黄巷街道82人，惠山街道60人。各街道及居委均建立少数民族台账。2005年，北塘区少数民族贫困户已全部被纳入低保。

第三节 宗教事务管理

全区信教群众较多，且覆盖五大宗教。1986年以后，全区上下通过认真贯彻党的宗教政策，依法对宗教事务进行管理，保护公民的宗教信仰自由，保护宗教教职人员履行正常教务活动，保护宗教团体和宗教活动场所的合法权益；配合有关部门揭露和打击利用宗教进行的违法犯罪活动；立足维护全区稳定，积极引导宗教与社会主义社会相适应。至2005年，全区境内共有宗教活动场所4所。分别为惠山寺、白云观、惠工桥基督教活动点、无锡天主堂。均在法律、政策范围内开展正常宗教活动。

惠山寺　惠山寺位于惠山秀嶂街与秦园街交汇处，原为南朝刘宋司徒长史湛挺别业，名历山草堂。刘宋景平元年（423年），在草堂旧址建寺，名华山精舍。梁大同三年（537年），华山精舍改为惠山寺。寺僧陈大德建大雄宝殿（即大同殿），惠山寺更名为法云禅院。历史上，惠山寺多次被毁，毁后又重建。新中国成立后，1954年重建古华山门（俗称头山门）、二山门。2002年7月，启动惠山寺修复工程，重建金刚殿；拆除二山门，原址建成天王殿；在大同殿旧址重修大雄宝殿；建成大悲阁、藏经楼，并铸仿唐式铜钟。工程至2004年5月竣工。寺内保存的古迹有：大同殿、古华山门、唐宋石经幢、香花桥、日月池、御碑亭、听松石床、古银杏树、云起楼等。

白云观　位于惠山三茅峰北麓，原名迎祥观，又名紫微宫，初建于东晋，唐代时被毁。明代万历、天启年间，在石门旁的白云洞内供奉吕洞宾石像一座，该洞被称为白云观，旁边建一殿宇称紫微宫。20世纪90年代初，当地民众自筹资金对白云洞进行局部修复，后又建斗姥殿。2004年，对白云洞进行保护性改建，在白云洞前新建“纯阳殿”。与此同时，另有民众自筹资金在原离垢庵址建造离垢道院；在原红云洞址建造红云洞殿室。从石门下入口至白云观的“七十二摇车湾”山道也已修成水泥台阶。

惠工桥基督教活动点　原名惠工桥浸会堂。清光绪三十三年（1907年），美国传教士白多玛来锡开辟浸信会。民国21年（1932年），美国传教士华彼得筹款购得惠工桥东土地20.65亩，地方士绅荣德生捐地3分，建成惠工桥浸会堂。日军侵略无锡时，惠工桥浸会堂被占用，宗教活动停止。民国28年，日军撤出浸会堂，外国传教士返回。同年11月宣布惠工桥浸会堂分为两堂：惠工桥和城中两处，行政、经济上各自独立。珍珠港事变后，惠工桥浸会堂再度被日军占用，直至日本投降，才得以恢复活动。1951年1月，惠工桥浸会堂中断与美国教会联系，牧师离锡返美。1958年，包括浸信会在内的无锡基督教各派统一合并到中山路基督教堂活动，惠工桥浸会堂房屋改为解放军第101医院职工住房，宗教活动完全停止。70年代初，教堂被翻建为第六制药厂，直至1994年3月才重新回归宗教部门管理。2000年12月，设立惠工桥基督教聚会点，作为无锡市中山路基督教堂的下设点，同时恢复宗教活动。2005年有信徒788名。

无锡天主堂（三里桥天主堂）　明崇祯十三年（1640年），意大利籍耶稣会士毕方济从上海到无锡传教，建三里桥无锡天主堂。1966年“文化大革命”初，教堂受到冲击，内部设施全部被毁，宗教活动停止。1976年，钟楼被拆除。1978年以后，市人民政府落实宗教政策，占用大圣堂和神父楼的各个单位陆续搬出。1980年，政府拨款10万元修缮三里桥民主街天主教堂，宗教活动恢复。1994年1月24日，无锡市人民政府公布天主教大教堂及神父楼为市级文物保护单位。无锡天主堂历年被评为省模范宗教活动场所、市文明宗教活动场所和省天主教“五好”堂区。2004年下半年，无锡天主堂建筑面积达2000平方米的恢复钟楼和建造综合楼的工程开工，2005年8月竣工。

第二十四编

精神文明建设

1986～2005年，北塘区委、区政府重视社会主义精神文明建设。在全区各行各业和社区全面组织开展社会公德、职业道德、家庭美德教育。在社会公德教育中，采用多种形式，增强广大市民社会公德意识，弘扬正气，改变陋习。职业道德建设重点放在区领导机关、行业领导机关及窗口行业中。区各级机关开展区级机关“服务杯”竞赛和与基层结对服务活动，突出为经济建设、为基层、为群众“三服务”；医德教育与建立约束机制结合起来，不断深化提高；师德教育把“以人为本、热爱学生”作为师德建设的重点；工商开展“百城万店无假货示范街”“示范店”活动，促进商贸企业优质、诚信服务。全区修订家庭美德基本规范，通过举办社会学校、家长学校、开展家庭伦理道德教育、家庭婚姻道德教育、家庭科学卫生教育、家庭学法守法等活动，使家庭美德教育进社区、进家庭，让“在社会上做一个好公民、在岗位上做一个好职工、在家庭里做一个好成员”的观念成为广大市民的自觉行动。开展“文明使者在行动”道德实践活动。宣传群众性精神文明创建中的先进典型，倡导在科学发展、文明创建、社会公益等领域开展志愿服务活动。

区委、区政府在创建全国文明（卫生）城市活动中，加强精神文明建设和文明城市管理建设，开展以“文明在北塘”为主题的群众性精神文明建设与和谐社会创建活动。宣传弘扬无锡城市精神，开展丰富多彩的社区文化和广场文化活动，把加强精神文明建设、构建和谐社会较好地融入到建设北塘的发展目标中，为无锡市创建全国文明（卫生）城市做出贡献。全区坚持抓好各项文明创建基础工作，完善文明单位、文明社区考核评选机制。1986～2005年20年中，全区共有50多家（次）单位被命名为全国、省、市文明单位（社区），300多家（次）单位评为区级文明单位（社区）。

第一章 组织机构与阵地建设

第一节 组织机构

1986年，区成立“五讲四美三热爱”（简称“五四三”）活动委员会，下设办公室（设在区委宣传部）。1988年，更名为区精神文明建设协调小组办公室，负责协调和落实全区精神文明建设的各项工作。1990年，更名为区创建文明单位领导小组，下设办公室，负责创建文明单位工作的指导、落实、检查、验收、评选等工作。

1995年年初，更名为区精神文明建设活动委员会，下设办公室和基层精神文明建设指导员。

1997年，建立区创建文明城市领导小组，由区委、区政府分管领导任正副组长，下设4个办公室：办公室（由区委宣传部、区委办公室、区政府办公室、区环保局分管领导组成）、创建办公室（由创建国家文明城市办各专业组组成，即政务综治组、科教文卫组、市容环境组、文明创建组、材料综合组）、综合治理办公室（由区综治办、公安北塘分局、检察院、法院、工商北塘分局、司法局、劳动局等部门分管领导组成）、文明办公室（由区文明办、民政局、教育局、文体局、区工会、团区委、区妇联、机关党工委等部门分管领导组成）。

第二节 阵地建设

一、宣传阵地

1986～1989年，全区机关、街道（居委）、区属企业的宣传文化阵地（场所）根据各自不同条件、不同需求先后逐步配置建设。设备设施相对简陋，居委一般只有1～2块黑板报、几块撑牌，可坐20～30人的会议室（兼活动室、阅览室）。街道一般都建有图书室，有的新村配套建有文化站。区属企业宣传阵地及设施除了黑板报外，一般都有几块木制玻璃宣传橱窗、1个广播室，有的厂设有俱乐部（工人之家）。职工职校培训（市民培训）一般都是利用会议室进行。区级宣传文化阵地主要有区党校、职工学校各1所，图书馆、文化馆、少年宫各1个，以及西新俱乐部。各级组织利用这些阵地，运用多种形式，开展党的基本路线、改革开放教育，“一五”普法教育，社会主义思想教育和多种文体活动，完成宣传思想工作和精神文明建设任务。

1990～1999年，区委、区政府把加强宣传文化阵地建设列入精神文明建设规划和城区建设总体规划，多渠道集资，结合旧城改造，加强宣传文化设施建设。街道、居委两级组织也多方筹措资金，寻求辖区共建单位支持，增加投入，加强宣传文化阵地建设。1990年，易地新建西新书场。1991年，新建北大街书场、双河新村文化中心。10月，新建盛岸街道老年活动中心，面积1050平方米，设有图书阅览室、影像厅、舞厅等。1993年，新建区职工学校。1994年，区编印综合性月刊《北塘宣传》。1995年，区文化中心拆迁改造并于两年后建成。1997年，建成包括北塘书场、老年学校在内的区老年活动中心。各街道建成500平方米左右的社区服务中心。1998年，新建区级残疾人康复教育中心和西新地区老年活动中心。这些基础性的宣传文体阵地的建立，为全区开展宣传文化工作提供设施较齐全的活动平台和服务场所。在街道居委两级经济实力不断增强情况下，街道居委用房得到改造扩大。全区居委相继建立图书阅览室118个，藏书千册以上的有15个居委，建立文化活动中心（室）118个，社区服务中心（站）118个，体育活动场所118个。区办职工政校和老年学校各1个，3个街道开办职工政校，2个街道开办市民学校、4个街道开办老年学校，90个居委会开办市民学校，有1个居委会开办老年学校。一般都配备彩电、音响、录音机等电教化设备。建阅报栏17个。其中街道6个、居委会11个。建宣传画廊25个。其中区2个、街道8个、居委会15个。设黑板报136块。其中街道6块，居委130块。设公益广告标牌6块。其中街道1块，居委会5块。

2000～2005年，抓住社居委职能转换硬件达标契机，强化社区硬件设施建设。2002年投入556万元，社居委宣传文化活动用房面积平均达到156平方米。2003年，全区新增宣传牌300多块。2004年，社区硬件建设投入620万元，用房在500平方米以上的社居委达11个。2005年，全区37个社居委硬件建设达标，达标率68.5%。在硬件建设达标过程中，社居委都按规范建立社区教育中心、社区活动中心、社区党校和图书室、健身房、电脑房、计生医疗宣教服务室等。宣教文体设施一般配置有大彩电、音响、电脑、打印机、电话机、照相机、投影机、VCD（DVD）机等。设立一批户外不锈钢材料制作的宣传栏、阅报栏、公益广告宣传栏及体育锻炼场所（健身工程点）。

二、教育基地

1995年，区委宣传部、区教育局命名无锡市革命烈士陵园等10个单位为北塘区爱国主义教育基地。2000年，为贯彻《中共中央国务院关于深化教育改革全面推进素质教育的决定》，又命名15个单位为北塘区爱国主义教育基地（解放军某部队，解放军第101医院、驻区武警某部队、消防支队通惠路中队、总参干休所荣誉室、南空干休所荣誉室、革命烈士陵园、丽新纺织集团、惠山泥人厂、泥人博物馆、黄巷奶牛场、刘潭农科队、青石路旅游餐饮街、北塘莲蓉苑、北塘科技创业园）。同年，建立北塘区青少年素质教育基地管理委员会。负责统筹协调和具体指导素质教育基地的建设和管理工作，组织和引导学生参加形式多样的社会实践和“假日新视野”活动。素质教育基地有6个是驻军共建单位，在纪念红军长征胜利60周年时，全区组织干部职工973人、中小学生263人到共建部队参观学习，接受国防教育和军事基地技能训练，发挥了爱国主义教育和素质教育基地的作用。

图24-1 北塘区组织“军民共建部队”指战员“看无锡、看北塘”活动（1995年）（区史志办供稿）

三、整合资源

全区从1992年起，逐步整合教育资源，构建多功能宣传教育阵地。社区先后建立集“社区党校、市民学校、市民文明学校、空中老年大学、法制学校、健康学校、人口学校、青年团校”等多校功能于一体的社区教育中心，有较完备的电化教育设施和藏书丰富的图书室。北大街街道建有300多平方米的多功能教育中心，设有门类齐全、藏书达万余册的图书资料室，成立电教中心，设有电教片中心库，教材储备达百余部，各社区、新经济组织有15个播放点。社区与一些单位之间实现教育资源共享，在教育场所、师资、人员、活动等方面实现全面互动。宣传栏设立社区服务、社区党建、法制教育、道德教育、人口教育、文明交通、健康教育等固定宣传栏目，实现多功能宣传教育等。2005年4月，江苏省第一张社区报《南尖社区报》，下发到南尖社区1800多户居民家中。

四、信息平台

2001年，全区用于社居委硬件建设资金120万元。北大街街道所有社居委配置电脑。2002年，区教育系统启动教育信息网络“校校通”，翌年建成“班班通”网络平台。2003年9月，南尖社区创办江苏省第一家社区网站，开通无锡市首家网上党校。2004年，区委、区政府开通公众信息网，全区社居委全部配备“社区信息管理系统”计算机软件。2005年，全区所有机关、街道社居委办公均实现信息网络化，全区各级组织通过“政务通”“社区通”“校校通”等区域信息网络平台，在宣传党的方针、政策，法律法规，交流各种精神文明信息，了解多种思想动态，听取各类群众意见，架起相互对话桥梁。沟通为民服务渠道，提高了为民服务的工作效率。

第三节 考核评选

一、精神文明考核

1985年起，区委、区政府制定区精神文明建设目标任务，与区机关各部门、基层党组织、区属单位、区属企业等部门签订年度两个文明建设责任状。单位行政负责人与党组织负责人同为责任人，每年组织严格的检查考核，并与年终综合考核和干部任免挂钩，与奖惩挂钩，使精神文明建设各项任务落实。在全区各街道（居委）、企业、商店、学校等单位，开展创建文明单位活动。区制定考核验收细则，考评单位对照条件，采取自我申报、社会公示、主管部门自查验收、推荐上报；由区文明办组织检查验收，报送区委、区政府审定。每两年命名表彰一次。文明单位不搞终身制。1999年开始，区委、区政府在全区各机关、区属单位、区属企业中广泛开展党建和精神文明建设达标考核，把两者结合起来考核，达到相互促进、相互保证。建立量化、细化的考评细则，每年度综合考评，以优劣定奖惩，区委、区政府对达标成绩显著的单位命名为“党建和精神文明建设达标先进单位”称号予以表彰。至2005年年末，共有27个（次）单位获此荣誉。

二、新人新事评选

区委、区政府从1992年起，在全区开展评选精神文明建设“十佳”新人新事。同时，把突出的新人新事报送市文明办，参加全市新人新事评选。从1992年起，开展评选区级机关“服务杯”竞赛优胜单位，参加单位为全区各机关部门。竞赛服务考核内容有：执法服务、经济杠杆服务、放权服务、排忧解难服务、渠道服务、舆论服务、公关服务、协同服务、政策服务、特殊服务。并把竞赛与机关党组织开展的“创优争先”、建设“堡垒工程”和争当优秀公务员活动结合起来综合考评。评出优胜、先进部门报区委、区政府审定，每年度命名表彰。从1993年市文明办开展年评十佳新人新事起，北塘区每年均有1～2名（件）新人新事被评为无锡市“十佳”精神文明建设新人新事。

1995～2005年北塘区获无锡市精神文明建设新人新事情况表

表24-1

年 份	单位（个人）	获奖名称
1995	北塘巡警大队	常驻“扶幼岗”
1997	惠龙街道	成立下岗失业人员之家
1998	胡稼云	自费绿化小区
1999	钱文杰	16年热心助人
2000	南尖小区党员	“争当守护神”
2001	华锴林	智擒双贼的英雄少年

续表24-1

年 份	单位（个人）	获奖名称
2002	朱婉琴	十年义务送信4万封
2004	安静珍	心系社区作奉献
2005	周明珠	自强不息的锡城“张海迪”
	吴国忠	退休干部吴国忠创办家庭图书室
	王　经	内地向香港同胞捐髓第一人

1992～1996年北塘区精神文明建设“十佳”新人新事情况表

表24-2

年份	“十佳”名单
1992	集体：北塘教育局、北塘区资产公司及房屋开发公司、华能无锡电热器材厂、北塘双拥办、惠龙派出所、北大街街道工商、解放桥小学、惠山街道红十字会、北塘区发改委、北塘文化局 个人：被评为市“十佳民警”的胡克勇，为民谋福利的居委主任陈爱媛，全国检察系统先进工作者的副检察长杨国政，企业人均创税全区第一厂长任培燕，无偿照顾破碎家庭子女幼师荣琴英，全国“富士杯”摄影十杰之八周怡峰，全国奥林匹克小学数学竞赛二等奖学生陆俊，市又红又专优秀青年老师肖雯，多方面支持北塘政权建设和经济社会事业逾百万总经理邓XX，市“十佳美容师”环卫工人吴国仁
1993	集体：北塘区城市建设综合开发公司、北塘区合作银行、惠山街道、北塘翔宇经济律师事务所、北大街南尖居委、北塘区外经委、五爱小学、北大街街道、吴桥东街居委 个人：江苏省“三八”红旗手区昌隆皮件有限公司总经理单江、市“十佳”法官之一区少年审判庭副庭长毛妹娣，省优秀教师积余中心小学教师陆小红，“全国百名好少年好儿童”惠工桥中心小学学生倪珂，“城市美容师”省学雷锋先进个人区环卫工人王平，应用先进医疗设备，创出较高经济效益和社会效益区医院医生沙蕴华，“全国优秀人民警察”北大街派出所所长陆健，奋不顾身勇斗罪犯的惠山派出所治安联防队员钱萌萌，立志岗位成才工作质量高服务好的“区十佳青年标兵”之一区机关打字员罗进，全市财贸口唯一获得首届“金桥奖”个人，区国际照相馆经理周洪椿
1994	集体：北塘社居委企业种子公司、解放桥小学、北塘公安分局、北大街街道办事处、北塘区人民法院少年案件审判庭、北塘区人民医院心脏内科放射科、无锡皮件厂与香港合资的无锡昌隆皮件有限公司、无锡鸡粥店、北塘区文化局、北塘区城市建设综合开发公司 个人：翔宇经济律师事务所主任助理周富森，北大街小梨花庄居委主任贺星允，省特级教师向阳中心小学教师朱雪衍，获国际书法大赛金奖的盛岸二村小学学生顾旦，勇斗歹徒区环卫所职工杨惠良，市民政先进个人西新街道民政科长章泉英，“救死扶伤好医生”北塘人民医院内一科副主任胡建伟，乐于为老人及住房困难户牵线的“调房状元”吴桥房管所刘惠芬，热心宣传区档案馆为其设立“新闻作品”专档的区委政策研究室主任王嘉序，使企业扭亏为盈区糖烟酒副食品公司党支部书记经理黄小平

续表24-2

年份	“十佳”名单
1995	个人：全国优秀教育工作者五爱小学教导主任张惠芬，创建工作中作出优异成绩的北塘区环卫处驾驶员刘成，自寻外贸出口任务，完成外贸供货额2800多万元、利税120万元原无锡市皮件厂书记兼厂长杨静芬，被中宣部等五个部门联合授予“未成人保护工作先进个人”的北塘区人民法院少年案件审判庭庭长毛妹娣，受最高人民法院等4个部门联合嘉奖的北塘区人民检察院税检室主任胡耀权，北塘区商业系统“销售大王”北塘炊事机械商场营业员李杏才，1995年侦破各类案件41起破案能手和审查人犯能手的吴桥派出所民警杨永康，1995年2月赴马来西亚首都吉隆坡等城市举办个人画展的云林书画院院长陈德华，1995年度在江苏省第四届残疾人运动会上一举夺得游泳比赛2枚金牌的无锡市无线电二厂推拿医士王云南，1995年为居民群众办实事成绩突出的三棉居委书记兼主任陆荣秀
1996	集体：北塘区环卫、北大街街道办事处、北塘区人民法院、北塘区司法局、华能无锡电热器材厂、北塘区人民医院消化内科、双河新村住宅小区、吴桥社会福利厂、北塘区纪委监察局 个人：环卫“刘家军”领头人刘广秀、市“十佳”优秀青年企业家北大街街道副主任顾桥印刷厂厂长任培燕、“尊老爱幼、助人为乐”的模范王小宝，身残志坚乐于为民惠山街道盛西居委主任叶菊根，全省举办的中青年体育教学能手比赛中获得一等奖五爱小学体育教师薛雪玮，在全省青年美术教师基本功比赛中获一等奖的盛岸中心小学教师袁晓莉，1996年安全行车3万公里的北塘环卫处驾驶员刘成，主创美术作品《无锡古运》被选定为江苏省邮电管理局最后发行的一套电话磁卡的区文化馆云林书画院院长陈德华，带领全体干部通过法律渠道追回集体产权资产200万元的区纪委监察副局长李建伟

第二章 思想道德教育

第一节 社会公德教育

一、专题教育

全区各级组织把社会公德教育的内容纳入到“一五”普法的道德法制系列教育之中，利用各种政治学习会议、职工学校、居民会议、宣传阵地等多种形式进行宣传教育，促进居民养成良好的文明行为习惯。1988～1989年，开展以禁赌宣传教育为主要内容的“三提倡、三反对”教育，扶正祛邪。1990年，举办以弘扬社会公德为主旋律的“学雷锋、学英雄”报告会101场（次），演讲会199场（次），共有4.32万人（次）参加。1991年，分层次抓好干部群众的社会主义思想系列教育，把社会公德教育和精神文明建设的内容融入到教育内容之中，认识社会公德教育在精神文明建设中的重要作用，自觉地弘扬社会公德。区青年政校同年办班21期，培训青年职工1940人，被评为市城区中唯一的先进青年政校。

1988～1990年，全区开展“学雷锋、学英雄、读好书、做好事”活动。1990年，开展各类学雷锋为民服务活动38次，服务人数达2289人。开展军民共建学雷锋。驻区部队校外辅导员帮助全区广大青少年学生参加社会实践活动，培养广大青少年从小弘扬社会公德的素质。对所在地区围绕为烈军属孤老服务、护绿、保洁、禁赌和移风易俗宣传等服务内容，实行定时、定点、定任务、定人员、定制度，做到“五定五包”。1999年，开展“女职工英语比赛”“社区普通话”比赛等，提高市民社交礼仪素质；开展“爱我北塘、建设北塘”为主题的社区储蓄竞赛，吸储金额超500万元。

图24-2 无锡自行车厂青年服务队，义务为群众修车，10年来义务修车8万辆（顾祚维/摄）

图24-3 1997年12月17日，无锡市鞋帽市场于12月16日凌晨发生火灾后，个体工商户踊跃捐款，伸出援助之手（顾祚维/摄）墩（2005年）（区史志办供稿）

从2000年开始，无锡市创建文明城市的目标提升为创建国家文明城市，对市民文明素质和社会公德提出更高要求。全区把培育“四有”新人作为文明城市创建工作的重中之重，落实《公民道德建设纲要》（以下简称《纲要》）；同时制定《市民道德法制教育五年规划》。各街道社区创建90所市民文明学校，建立起“区、街、居”三级市民文明学校师资队伍，以市《市民道德法制读本》为基本教材，还根据《纲要》自编《绿化环境》等8课市民文明学校系列教材，分3年对全区市民进行道德法制教育系统轮训。2003年，把弘扬公德风范、注重社交礼仪的知识列入系统培训的内容，使广大市民在轮训中思想得到洗礼、知识得到增长、行为得到规范。同年，举办“关爱生命、人道万人捐”活动，单位和个人捐款45万多元。

二、舆论教育

1992～1997年，以市民群众为重点，以宣传阵地、窗口、社区为依托，全区各级组织常年利用黑板报、横幅标语、撑牌、宣传栏、街头社区公益广告和新闻媒体，多种形式宣传社会公德常识，倡导弘扬社会公德新风。先后重点宣传《无锡市市民文明公约》《无锡市市民社会公德行为守则》《市民社会公德常识》《市民文明礼貌用语20字》等，共发放《市民文明公约》2万份、《文明市民手册》2660本、《市民学法手册》6.5万份等，还利用《北塘宣传》和市级以上各类新闻媒体，宣传报道北塘区在社会公德教育中涌现的新人新事。区、街、居三级组织充分依托职工政校、市民学校、社会团校等阵地，有重点分层次对广大干部群众进行社会公德、职业道德、家庭美德教育。1998～1999年，全区建有92所市民学校。北大街道有17所市民学校，以《无锡市市民社会公德常识教育》为主要教材，连续两年对广大居民进行轮训教育，宣传倡导文明礼貌、助人为乐、爱护公物、保护环境、遵纪守法的社会公德，社会公德教育率达90%以上。

三、创新教育方式

2002年，成立区志愿者协会，拥有各类志愿者3087人。协会经常开展多形式、多项目的为民服务活动，弘扬助人为乐的社会公德。至2005年，志愿者队伍发展到2万余人。志愿者积极参与文明交通协管，组织“文明交通工程市民道德实践”活动，干部、党团员和群众走上街头，义务做好文明交通协管，督促广大市民养成文明交通习惯，保证区辖主要干道交通高峰期的畅通。2001年，利用现代化的传播教育工具，在社区建立“空中市民学校”，至2002年覆盖全区各社区。2004年，在全区广泛开展“帮困助弱万人行”“扶贫帮困一日捐”等活动，成为“民心工程”新亮点。2005年，以党员干部带头电子注册志愿者服务，带动全区2万多名市民电子注册志愿者队伍，自觉加入到社会公德的社会实践中去。

第二节 职业道德教育

按照建设“四有”新人的要求，区委重点在领导机关、行业“窗口”中普遍开展职业道德教育，从不同岗位上向全区干群进行形式多样的职业道德教育。

一、机关部门

1986年，北塘公安系统从创“好警风”入手，启动职业道德教育，对照文明单位、文明干警的要求，采取“自教、自查、自纠”的方法，改变过去“门难进、脸难看、话难听、事难办”的衙门作风。在户籍办公室设有便民打气筒、备有意见簿，民警的一举一动、一言一行接受群众监督。同年，干警拒收、谢绝吃请163次，为群众办好事100件，收到锦旗35面、表扬信33封。

1992年起，区委、区政府在区级机关开展“服务杯”竞赛活动，内容有执法服务、政策服务等10项。推动全区机关干部带头遵循职业道德规范，依托职能，高效创新，自觉地为经济建设服务、为基层服务、为群众服务。区法院围绕以“创文明行业”为重点，以“文明、廉洁、高效”为主题的职业道德教育，举行法官职业道德、党风廉政纪律、接受监督等系列思想道德建设讲座，增强干警为民掌权、为民服务意识。1992～1993年，连续两年获得区级机关“服务杯”竞赛一等奖。1994～2005年，先后获得省法院系统“先进集体”、市“文明法院”等多项荣誉称号。2000年起，在机关服务杯建设中，全面推行服务承诺制、首问负责制、限时办结制，解决机关中存在的乱作为、不作为问题。2001年起，区、街、居三级行政服务中心（站）先后推出“服务超市”“一站式服务”。2002年，领导机关建立基层联系制度，33个部门与7个街道、59个社居委签订联系工作制度。2004年，机关“服务杯”竞赛开展“服务型、学习型、创新型、实干型”创建活动。全区机关文明创建的带头示范，带动全区各行各业纷纷投入到加强职业道德建设和创建文明行业新风中去。

二、商贸行业

商业系统从1986年起，既抓“财神”，又重视抓好职工的职业道德教育。针对不同教育对象，提出不同的职业道德要求。1987年，对全区个体户从业人员2179人，由工商、公安、税务等部门联合组织进行职业道德教育。运用夜校的形式，进行《中

图24-4　三里桥粮油市场(1994年)(区史志办供稿)

华人民共和国税法》《中华人民共和国刑法》、食品卫生法规学习，加强诚实守信、勤劳致富、遵纪守法、文明经商教育。个体户孙万青经商不忘为民服务，带领其他个体户一起为烈军属、孤老、幼儿园义务服务，受到市民群众好评，加入中国共产党。1987～1990年，举办“争创文明窗口”“百日优质服务”和“争当活雷锋、争当主人翁”竞赛；开展评选“最佳文明职工”“最佳文明岗位”“最佳文明操作能手”活动，激励和弘扬职工良好的职业道德精神。区三里桥粮油市场始终坚持以质量、信誉为本，抓职业道德教育，抓市场监督检查，抓依法治理整顿，打击假冒伪劣行为，推进文明市场创建工作，1988～1990年连续3次获得“全国粮油集贸文明单位”称号。1997～1999年，区委宣传部、区文明办、区工商局会同有关职能部门，在辖区商贸行业开展“商品满意、服务满意、环境满意”为主要内容的“满意工程竞赛”，开展优质服务，促进商贸企业的行风建设，形成“打假治劣”的社会氛围，增强广大商家参与活动的自觉性和责任感。伟达五金公司成立员工学校，每周利用晚上时间开课1～2次，重点进行职业道德、经营理念、规章教育，员工实行亮证上岗，规范服务用语，免费送货上门，树立良好的职业形象。2000年，抓住市创建中山路“全国百城万店无假货示范街”活动契机，把胜利门至莲蓉桥一条街沿线商贸企业作为参与“百城万店无假货”的重点，各执法主管部门和个体协会进行监督检查，指导整改薄弱问题，提高行风建设水平。2003年，开展青石路欧风街“诚信服务”一条街活动，引导更多街道、企业、行业参与到“百城万店无假货”活动中来，提高城市文明形象。1997～2001年，无锡食品商场等5个市场被评为省级文明市场，盛岸市场、五爱市场被评为省级诚信单位，三里桥粮油集贸市场被命名为市“百城万店无假货”活动文明示范市场，伟达五金公司被命名为市“百城万店无假货”示范店。2005年，伟达五金公司被命名江苏省文明单位示范单位。

三、教育系统

1986年，在区教育系统师德教育中，要求每个教师“明确方向、敬业爱岗、热爱学生、以德修身”，履行人民教师的光荣职责。1987～1990年，制定教师教德守则：爱国守法、敬业奉献、热爱学生、教书育人、为人师表、终身学习。2000年，开展“千名教师访万家”“千名教师帮困助学生”师德实践活动，898名教师走访13170名学生家庭。2004年，以庆祝第20个教师节为契机，围绕“怎样当好人民教师”主题展开大讨论，组织演讲比赛，开展《爱生格言》《爱生一例》征集活动和《我心中的好老师》征文比赛，人人撰写《我心中的教育故事》《教师的誓言》等。2005年，区教育系统把师德教育作为新一轮中小学、幼儿园教师全员培训的首要任务和重要内容，并把师德的考评列入考核学校工作的重要内容，严格实行师德“一票否决制”，设立师德、师风投诉电话、师德信箱，将教师的职业道德与职务评审结合起来。1986～2005年，区教育系统涌现出全国优秀班主任、省劳模、特级教师朱雪珩，全国优秀教育工作者仇庆言、张惠芬，省师德先进个人、特级教师许敏峰等师德标兵和五爱小学优秀教师群体。

图24-5　小学生思想道德教育(2002年)(区史志办供稿)

四、医疗行业

1986年起，以每年参加市“创文明单位、夺白求恩杯”竞赛为契机，开展医务人员的医德教育，医卫系统组织医务人员学习《医德伦理学》《医学社会学》等职业道德系统理论。开展医务人员挂牌服务，接受病员评价，聘请医德医风监督员，接受社会监督；建立廉洁行医制度，明确规定“十不准”，制定违反职业纪律的处理意见。2000年起，把加强医德教育、创建文明行业作为“一把手工程”来抓，一级抓一级，把职业道德建设纳入常态管理，与各行业务同布置、同开展、同检查、同考核、同奖罚，实行医德医风一票否决制。2001年，区医院获得无锡市医疗服务质量优胜单位称号。2004年，区医院设立18个社区卫生服务站、心理咨询站和“悄悄话谈心室”，受到社区居民的欢迎。2005年，区医院和区疾病预防控制中心被评为无锡市2002—2004年度文明单位。

图24-6　北塘医院开展社区义诊和咨询服务(1995年)(区史志办供稿)

第三节 家庭美德教育

1986年，举办“家庭演唱会”“家庭运动会”和“心灵手巧展览会”，会上展出300件妇女自己设计、自己制作的作品。1988年，以“社会主义婚姻制度和婚姻道德”“家庭科学卫生知识”“婚姻家庭中的心理学和人际关系”为主题，层层举办培训班、讲座175次，受教育人数达11056人（次）。1990年，区妇联开展“我的家庭变化”“新旧社会两重天”的对比活动，帮助妇女群众提高思想认识，坚定社会主义信念。召开北塘区家庭教育研讨会和经验交流会，并把26篇优秀家庭教育论文装订成册，分发到各家长学校。1992年，区妇联开展“百合花——夫妻情”系列活动，举办“中老年妇女时装表演”赛，有20个队、150多人参加。实施“三优工程”（优生、优育、优教），举办培训班8期，受教育人数达1096人（次），家庭做试卷1万份。1996年，结合爱国主义、社会主义和家庭伦理道德教育，举办“改革与家庭”演讲会和“家庭乐”米市艺术节活动。1997年，开展家庭读书活动，向全区幼儿园、小学家长推荐《写给年轻妈妈》书籍3000册，共收到征文49篇，选送省3篇、送市5篇。北塘区妇联获省优秀组织奖，家长蒋怡丽被评为全国优秀妈妈，戎琴被评为市“十佳好妈妈”。1998年，开展“爱我北塘，美我家园，万家洁净”活动，发动全区居民人人动手，做到室内、室外、楼道三洁净。2000年，在创建文明城市过程中，区妇联组织由128人组成的26支家庭志愿者队伍，服务项目达20项，全年集中服务4次，受服务人达6563人（次）。开展“与孤儿共度春节”活动，有13人报名应聘，有4人成为“社会妈妈”。开展“不让毒品进我家”承诺活动，组织万人签名和现场咨询服务活动，组织5支演出小分队在社区热闹场所巡回演出，全年演出49场，观众14700余人（次）。组织各级妇女干部到无锡市戒毒所对34名北塘籍的戒毒学员进行对口帮教活动。在“国际禁毒日”，组织“远离毒品，关爱未来”广场文艺活动。区妇联获得“江苏省2000～2003‘不让毒品进我家’承诺活动先进集体”荣誉称号。2004年，在全区开展“学法守法型家庭”争创活动，开展阅读原法、法律讲座、征文、知识竞赛、讨论、经验交流等形式丰富的活动。2005年，完善家庭教育网络体系，通过开辟家教课程、家教经验交流、家教心理咨询等为家长提供科学家教知识。开展“家庭教育进社区”“暑期亲子道德实践活动”“合格家长”大讨论活动。其中“暑期亲子活动”37次，参加人（次）达1930人。

图24-7 基层社区禁毒宣传(2002年)(区史志办供稿)

第四节 未成年人思想道德教育

1990年，区成立社区教育委员会，全区开办10所家长学校，形成街道、学校、家庭“三结合”的基层青少年教育网络。1992年，成立区关心下一代工作委员会（以下简称关工委）。

1994年，全区各学校结合学习宣传《中华人民共和国国旗法》，坚持举行升国旗仪式，进行爱国主义教育。组织全区中小学生参与无锡市看百部优秀影视片和影评征文活动。同年，无锡市暑假青少年社区教育现场会在惠山街道召开，由街道与盛岸二村小学联合举办夏令营活动，有17个活动小组和两项集体表演在现场展示。1995年，召开“家庭教育研讨会”，长安桥小学、惠峰新村幼儿园、区实验托儿所等14所家长学校被评为区合格家长学校。1996年，召开北塘区家长学校经验交流会，有26篇优秀论文汇编成册，发给各成员单位。同年，近千名青少年冒着大雪走上街头，开展“争做城市美容师、争当文明青少年”志愿者为民服务活动。1999年，在庆祝解放50周年和迎接澳门回归活动中，组织青少年参与市“颂五十年辉煌、做新世纪主人”主题教育和区“祖国颂”歌咏比赛等系列活动，广大青少年学生积极参与“创文明城市、做文明市民”活动。2000年，区妇联组织开展“体验我能行——暑期青少年学生夏令营”活动，开展“四进一助”（法律维权进社区、文明养成进社区、道德实践进社区、爱心奉献进社区、帮助进城务工青年的子女）、“爱心助成长、文明进社区”未成年人社区实践活动，社会主义荣辱观教育实践活动和“和谐小使者”等社会实践教育主题活动。同年，区关工委与社教委组建“北塘区青少年法制宣讲团”，为全区18所学校、6个街道选配青少年法制教育宣讲员，利用每年暑寒假前后，到学校、进社区为青少年进行法制教育。至2002年，18名宣讲团成员在全区开展宣讲108场次，有10万人（次）青少年接受教育。2001年起，贯彻实施《公民道德建设实施纲要》，全区开展《我当合格小公民》宣讲展示和实践活动。组织帮教志愿者去市妇教所、戒毒所、无锡监狱等，进大墙内对服刑青少年开展结对帮教活动。至2005年，使57名失足青少年中的55名重新走上人生道路。2002年起，帮教团开展与缓刑失足青少年结对帮教活动，定期进社区配合地区和家长强化对缓刑失足青少年思想教育，

图24-8　2003年6月21日，北塘区举行“告别陋习、走向文明、共建美好家园”大型宣传日暨万人签名活动（顾祚维/摄）

开展“读好书”活动，赠书送学习用品，写读后心得体会。组织缓刑青少年参与社区创建卫生劳动、参加“军营一日”活动。

2003年，区成立青少年法律援助工作站和全市首家青少年法律援助中心，维护青少年合法权益，与失足青少年结对帮教；开展创建优秀“青少年维权岗”活动。至2005年，获得省级优秀“青少年维权岗”1家、市级优秀“青少年维权岗”2家。2004年，全区各级关工委发动“五老”（老干部、老教师、老战士、老模范、老专家），组建一支由77名“五老”参与的网吧义务监督员队伍，对辖区47家网吧实施监督检查280余次，制止纠正网吧不规范经营15起，向主管部门举报违法经营2起，制止未成年人进入网吧的违法行为，净化校外活动阵地。至2005年，“五老”网吧义务监督员扩大到150人，对全区53家网吧、27家电子游戏室实施长效义务监督。

2005年，贯彻《无锡市加强和改进未成年人思想道德建设行动纲要》，学校、家庭、社会“三位一体”育人网络基本形成。“暑期亲子道德实践活动”成为青少年暑期教育有效形式。举办北塘区家庭教育研讨会，共收到优秀论文36篇，并汇编成册，分发到全区各家长学校。

第三章 文明创建

第一节 文明城市创建

1986年，以参加市“太湖市容杯”竞赛为契机，加强文明城区管理和建设，主要以治理“脏、乱、差”为重点，每季进行卫生突击清理活动。1987年起，开展“太湖市容杯”竞赛，加强条块协调配合，重点加强惠山横直街、人民西路，北大街等三路二广场和城郊结合部的管理。建立惠山横直街、北大街等样板路，开展街巷里弄园艺景点绿化美化，查处违章建筑。脏乱差面貌得到初步整治。建立文明城区建设的有效管理机制。1987～1990年，创建207个区级文明卫生单位、14个市级文明单位、2个省级文明单位。

1992～1998年，以提高城市文明程度为目标，集中力量进行专项整治。先后开展取缔马路摊担和无证照经营，整顿饮食服务卫生，拆除违章搭建，整顿农贸市场和城郊结合部、出入口路段卫生等18个专项整治。对盛岸、惠华、五里北、惠峰等百余万平方米老旧新村进行整治改造，达到设施完善、环境优美、服务配套、群众满意的标准，使创建工作成为一项名副其实的民心工程。8年中，区围绕创建国家文明卫生城市和省文明城市目标，狠抓整治，扎实工作，较好完成市下达的各项创建目标任务，为无锡市于1999年国庆前夕相继获得“全国创建文明城市工作先进城市”“国家文明卫生城市”和“江苏省文明城市”等称号做出贡献。

2000年起，全区以优化城市环境为目标，抓住市民群众关注的热点问题和城市管理薄弱环节，每年有重点地进行专项环境整治。先后开展河道住家船、无证摊担、夜排档占道扰民、五小车辆、建筑工地、排烟噪声、户外广告、白色污染、拆违等10多项整治。2004年，区表彰城市建设与管理先进集体11个、先进个人59个。2005年，重点开展环境整治、爱国卫生、食品安全、文明交通、平安创建等专项整治。全区加大宣传力度，形成“以块为主、条包块管”“四级网络”（区、街、社区、专业及执法管理）齐抓共管机制。同年，区表彰北大街街道等31个创建文明城市先进集体，区文明办和北大街街道被评为市创建全国文明城市工作先进集体。

第二节 文明单位创建

1986年起，创建文明单位活动每年评选一次，荣誉称号保留两年。通过创建文明单位活动，倡导"做文明职工、创文明单位、建文明城市"的理念，以点带面，推动全区两个文明建设。1990年，区委、区政府颁发《北塘区创建文明单位活动的意见》，建立创建文明单位领导小组（下设办公室），负责全区文明单位的评选、验收和复查，1984～1990年命名表彰北塘区文明单位170个，其中北塘街道、北大街街道被省文明委命名为"江苏省文明单位"，盛岸街道等12家单位被命名为"无锡市文明单位"。

1993年，区对文明单位评选标准作修改，并实行否决制度和台阶制度。1995年年初，成立北塘区精神文明建设活动委员会，下设办公室，指导文明单位建设。修订《文明单位管理办法》和《考核验收细则》。评选坚持标准，采取"主管部门检查和群众评议、舆论监督相结合，明查与暗访相结合"的办法，确保文明单位的信誉。发放《文明单位创建指南》80本，指导基层单位的创建工作。同年，由区委、区政府命名表彰74个单位为区1994~1995年度文明单位。1997年年末，又通过严格评选，命名表彰86个单位为区1996~1997年度文明单位。1998年，区文明委命名表彰"十佳文明单位""十佳文明小区""十佳文明职工""十佳文明岗位""十佳文明家庭"，把创建文明单位与创建文明小区结合起来。同年，双河苑小区被命名为"江苏省文明小区"，南尖小区被命名为"无锡市文明小区"。

2000年，以创建国家文明城市为龙头，带动文明单位创建工作整体加强。在全区范围内开展文明小区创建工作，强化社区基础管理和社区服务功能，加强社区活动室硬件达标建设。涌现一批基础设施配套、社区服务完善、社区教育深入、环境绿化优美、治安秩序良好、文体活动丰富、综合效益明显的居民小区（村）。抓好示范文明小区创建。2003年，惠畅里、白云社区等8个小区被市文明委命名为第一、第二批先进文明社区；黄巷镇梨庄村被省文明委命名为"江苏省文明村"。至2005年，北塘区命名41个区级文明社区。北大街街道被命名为全国文明单位和省文明单位标兵，伟达五金交电公司被评为省文明单位标兵，北塘法院等5家

图24-9　2003年11月，连续三年被评为市文明大楼的五河新村159号21户居民，在楼前办起菊展，邀请新村居民观赏（顾祚维/摄）

单位被命名为江苏省文明单位，28家单位被命名为市2002—2004年度文明单位。

第三节 文明家庭创建

1986～1991年，全区在广大居民家庭中开展坚持党的基本路线、改革开放和社会主义思想教育，进行国情、区情、街情、厂情、家情等教育。区委连续组织100多人的报告员，下基层向居民群众宣讲150多场次，3.6万多人（次）受到教育。举办座谈讨论会384次，社会调查43次，各种演讲会43场，板报专栏365期。居委会建立读报员队伍，居民读报小组达150多个。深入居民家庭开展第一个五年普法教育活动，学习《中华人民共和国宪法》《中华人民共和国民法通则》等“九法一条例”，不断增强广大居民家庭的法制意识。在全区开办10所家长学校，引导年轻父母正确教育孩子，提高家庭教育的质量。在全区开展“五好家庭”评选活动，评出“五好家庭”22276户，其中区级“五好家庭”100户，市级“五好家庭”60户，省级“五好家庭”5户。每年举办“北塘区家庭艺术节”以及“家庭演唱比赛”。1990年，评出27369户五好家庭。在“北塘家庭文化节”上，全区8个街道、118个单位的398户家庭、685名代表参加书画、摄影、花卉、盆景表演竞赛。举办“北塘十月歌会”，历时一周，演出10场，居民观众达2万多人（次）。组织“牵百家手、品百家菜、结百家情”烹饪比赛。1992年，对广大居民家庭开展思想道德教育，进行社会公德、职业道德和家庭美德教育，建设“讲文明、树新风、促健康”新型的文明家庭。同年，区委、区政府召开“文明新风进万家”现场会，推动开展“文明家庭、文明职工、文明岗位”的创建工作。1998年，全区评选表彰“十佳文明家庭”以及“十佳文明职工”“十佳文明岗位”，以先进典型推动文明家庭创建。2001年，按照市、区道德法制教育“十五”规划，对全体市民进行为期3年的第二轮道德法制教育轮训，先后学习宣传《公民道德建设实施纲要》《爱国主义教育实施纲要》《无锡市文明市民手册》《市民文明公约》《市民公德常识》《市民学法手册》等市民读本的内容，逐步建立集“党校、市民文明学校、健康学校、空中老年大学、法制学校、人口学校、青年团校”等多校于一体的社区教育中心，使教育内容和人员拓展到各个层次，深入到家庭大多数成员。倡导辖区居民树立“在社会上做文明公民，在地区做文明居民，在单位做文明职工、在家庭做文明成员”的意识，不断提高居民及家庭成员的综合素质。2001年开始，

图24-10 居委干部丰富的退休生活(2001年)(区史志办供稿)

在黄巷、山北街道的乡村社区居民中开展“十星”级文明家庭评选活动。对评上的“十星”级文明家庭用铭牌挂在门楣，促进文明家庭创建活动进村入户。城区街道和社区广泛深入开展评选读书家庭、学习型家庭、育才家庭、绿色家庭、节能家庭、文体家庭、婚育新风家庭、婆媳好家庭等特色家庭。全区文明家庭和文明楼院的创建面达到90%，为创建文明城市奠定良好的基础。2001～2005年，200多名科级干部开展“一助一”帮困活动，千余户贫困家庭得到救助。五河社区自强不息、回报社会的“锡城张海迪”周明珠，成为市十大杰出青年、市2005年“十佳”新人新事、感动江苏的十大人物。惠畅里社区低保单亲家庭蒋爱仙，在社区帮助下脱贫致富后，带领13名下岗工人一起创业。山北街道惠华社区为残疾少年孙晴举办个人画展，其画作在全国和省、市多次获奖。

第四节　军民共建

1987年，为纪念建军60周年，全区开展军民乒乓球友谊赛、军民庆“八一”智力竞赛、军民书画展等庆祝活动。同年，召开军民共建的总结表彰会，表彰先进集体18个、先进个人22人。1988年“八一”建军节前后，区四套班子领导分别对特一等残疾军人、著名烈属和参战家属及前线回来的探亲军人进行走访慰问。1989年，驻区部队派遣35名官兵到学校担任校外辅导员，并帮助全区创办5所少年军（警）校，其中解放桥小学红领巾消防警校被公安部评为全国防火安全教育最佳集体。1990年年初，召开区军民共建活动先进表彰大会，评选出先进集体18个、先进个人33人。区被评为无锡市军民共建先进集体。1991年抗洪救灾中，驻区部队出动5000余人（次）、车辆300余台（次），参加豫康里抢险、北塘大联圩保卫工作。2月上旬和12月下旬，区委、区政府领导先后两次带队到安徽省当涂丹阳湖农场水利工地慰问驻军83124部队，送去慰问品价值1万余元。1992年“八一”前夕，北塘区被江苏省政府、省军区命名为江苏省“双拥模范区”。1994年，驻区部队派出400余官兵为地方做好事。区走访共建部队伤残军人、烈军属1538人（次），送慰问品价值6.4万元。1995年，区和各街道组织走访慰问共建部队24次，送慰问品价值12.37万元。1997年，全区各街道走访慰问共建部队14次，发

图24-11　2003年7月29日，北塘区和驻锡武警某部共同举办“走进军营”双拥文艺晚会，三千军民共庆“八一”建军节（顾祚维/摄）

放慰问金14万元。西新街道为共建部队设立战士立功奖励基金。同年，区举办“军民共迎香港回归”系列文体活动，组织部队指战员代表“看无锡、看北塘”，召开全区双拥共建工作先进集体、先进个人表彰大会。1998年，在春节和“八一”建军节期间，各街道开展军民联欢和慰问活动，发放慰问金18万余元。成立北塘区军地两用人才培训中心，开办培训班，20名战士参加培训。1999年，春节和八一期间，区和街道开展军民联欢和慰问活动，慰问金和慰问品合计价值11.85万元。制定《北塘区“爱心献功臣”行动实施方案》。2000年，春节和“八一”期间开展军民联欢和慰问活动，为部队送去慰问金10万元，接收安置18名部队无军籍退休职工。

2001年，全区开展以“科技强军、加强国防现代化建设”为主要内容的第十三个国防教育周活动。春节、“八一”两大节日期间，区政府机关、街道和部分企业向部队送科技书籍1000余册、电脑12台、VCD等物品，合计金额12万元。小天鹅股份有限公司、市烹饪技术教育中心、化工集团公司、区文化馆等单位先后为部队开办电脑、烹饪、电器维修、音响调节、文艺活动等培训班，共培训300余人。2002年，开展第十四个国防教育周和“十进军营”拥军系列活动。区、街道走访慰问驻区部队，给部队送去彩电、空调、电扇、西瓜、饮料等物品共计价值20余万元。开展赠科技图书、法律服务、健康咨询、社区服务、军嫂职介、企业慰问、文艺联欢、书画创作等为主要内容的“十进军营”拥军系列活动。活动中接待法律咨询的官兵200多人（次），为部队提供修理电器、钟表等献爱心服务项目30多个，服务对象达1000余人。为部队军嫂提供300多个就业岗位，对30名符合条件的军嫂办理低保金发放手续，共发放低保金3.65万元。2003年，开展春节和“八一”建军节期间的拥军优属活动。区四套班子领导和驻区部队领导组织召开军政座谈会。“八一”建军节期间，送去慰问品和慰问金价值21万余元。2004年，春节期间，全区开展拥军优属“宣传月”活动及各类军民联欢和慰问活动，举办宣讲会、座谈会65场次，出黑板报90余块，布置宣传橱窗110个，直接受教育人数7万余人。“八一”建军节前夕，区领导先后走访解放军101医院、63983部队、区人武部、驻区6个干休所；还专程赶赴上海浦东，走访慰问正在上海执行海关监管任务的武警8724部队官兵，送去慰问金和慰问品共计价值3万余元。同年，区民政局被市双拥工作领导小组评为“无锡市爱国拥军模范单位”。2005年，春节和“八一”建军节期间开展拥军慰问活动，全区走访慰问部队、干休所、优抚对象的慰问金达36万余元。

2005年北塘区与辖区部队共建结对情况表

表24-3

所属街道	单 位	结对共建部队
黄巷街道	黄巷街道办事处	101医院
	黄巷街道办事处	63983部队
	黄巷街道办事处	消防七中队
	黄巷街道办事处	消防四中队
	黄巷街道办事处	武警二中队
	黄巷街道办事处	8724部队三营
	试验场社区居委会	101医院
	梨庄社区居委会	101医院
	庄前社区居委会	101医院
	刘三社区居委会	101医院
	社桥社区居委会	308部队
	高泾社区居委会	308部队
	毛巷社区居委会	308部队
	刘一社区居委会	308部队
	陈巷社区居委会	消防七中队
	前村社区居委会	消防七中队
	庄前社区居委会	消防七中队
	民营科技园	消防七中队
	五河社区居委会	武警二中队
	杨木桥社区居委会	武警二中队
	民一社区居委会	武警二中队
	刘潭中学	武警二中队
	刘潭社区居委会	消防四中队
	民丰社区居委会	消防四中队
	民二社区居委会	消防四中队
	惠山社区居委会	8724部队三营
	龙塘岸社区居委会	8724部队三营
	刘二社区居委会	8724部队三营
	民营科技园	区人武部

续表24-3

所属街道	单 位	结对共建部队
山北街道	山北街道办事处	武警8724部队
	山北医院	武警8724部队汽车队
	红光社区居委会	武警8724部队一连
	红星社区居委会	武警8724部队二连
	八远集团	武警8724部队四连
	宪丰社区居委会	武警8724部队五连
	造纸二厂	武警8724部队六连
山北街道	会龙社区居委会	武警8724部队七连
	会北社区居委会	武警8724部队八连
	会西社区居委会	武警8724部队九连
	双河社区居委会	机炮连
	新华社区居委会	武警市中队
	农贸市场	武警市中队
	自配三厂	武警市中队
	山北工商所	武警市中队
北大街街道	北大街街道办事处	武警8724部队二营
	北大街街道办事处	101医院院务处
	北大街街道办事处	101医院院务处
	北大街街道办事处	武警直属大队二中队
	南尖社区居委会	武警8724部队二营四连
	五河一社区居委会	武警8724部队二营四连
	莲蓉园社区居委会	武警8724部队二营四连
	盛鑫印刷有限公司	武警8724部队二营五连
	五河二社区居委会	武警8724部队二营五连
	荷花里社区居委会	武警8724部队二营五连
	梨花社区居委会	武警8724部队二营六连
	锡澄新村社区居委会	武警8724部队二营六连
	古运河社区居委会	武警8724部队二营六连
	丽新路社区居委会	武警无锡支队直属大队二中队一排
	黄巷社区居委会	武警无锡支队直属大队二中队二排
	凤宾社区居委会	武警无锡支队驻市政府警卫分队

续表24-3

所属街道	单 位	结对共建部队
惠山街道	惠山街道办事处	8724部队司令部
	兴隆桥社居委	8724部队通迅连
	五里新村社居委	8724部队机炮连
	棉花巷社居委	8724部队特勤连
	惠泉山、蓉湖社居委	63983部队勤务汽车连（308所）
	盛岸一村社居委	8724部队司令部一营一连
	盛岸二村社居委	8724部队司令部一营二连
	惠畅里、新惠路社居委	8724部队司令部一营三连

第二十五编

街　道

1986～2005年北塘区街道建置变动较大。1986年北塘区全区辖北大街、北塘、吴桥、顾桥、惠山、西新、盛岸、惠龙8个街道办事处。1992年4月，惠山街道与盛岸街道合并组建为惠山街道办事处；吴桥街道与北塘街道合并组建为吴桥街道办事处；北大街街道与顾桥街道合并组建为北大街街道办事处。全区辖北大街、吴桥、惠山、西新、惠龙5个街道办事处。2000年1月由吴桥街道、北大街街道调整分出新建五河街道办事处，全区辖6个街道办事处。

2002年1月，无锡市区区划调整，原滨湖区所辖黄巷镇、山北镇和刘潭街道划归北塘区管辖，北塘区辖2个镇7个街道办事处。

2004年2月，撤销黄巷、山北2个镇，黄巷镇和刘潭街道合并建立黄巷街道办事处；山北镇和惠龙街道合并建立山北街道办事处；北大街街道和吴桥街道合并建立北大街街道办事处；北大街街道办事处代管五河街道；惠山街道和西新街道合并建立惠山街道办事处。至2005年年末，北塘区辖黄巷、山北、北大街、惠山、4个街道办事处。

80年代起，随着经济体制改革不断推进，北大街街道、惠山街道等城区街道把发展经济摆上重要位置，街道工业不断发展，其中无锡市顾桥印刷厂、无锡市防静电织物制品厂、无锡市群力电讯器材厂等街道企业由于长期经营业绩稳定，在市区同类企业中享有声誉。与此同时，城区街道在发展集体和个私商贸服务业、特色商贸街区的规划和市场培育方面做了不少工作，促进了城区商贸服务业的繁荣。其中，北大街街道在无锡招商城（红梅市场）的建设培育、管理、服务等方面发挥出较大作用。2001年后，城区街道通过承接部分改转制企业空置厂房等，兴办街道工业园区，很快发展为一街道一园区。2003年后，街道由主办经济转入管理服务，街道在经济领域转为资产管理，服务对象扩大到辖区企业。

黄巷、山北原为农村乡镇，于2004年2月撤镇建街道。两个街道的农业经历了从单纯种植粮食到粮食、蔬菜、副食品多种经营的发展过程。90年代以后，随着无锡城市建设的发展，农村耕地面积逐年减少。至2005年，黄巷街道剩余耕地面积已很少，山北街道耕地已全部征用。两个街道的经济，凭借着70年代以后发展起来的乡镇企业，80年代成为全省最早的一批工业亿元乡。90年代后期至21世纪，乡镇企业转改制，私营个体经济不断发展壮大，在各街道占有重要地位。2002～2003年，黄巷、山北先后进行村级集体经济股份合作制改革。在此基础上到2004年，所有行政村全部改为社居委。与此同时，两个街道在城镇建设、社会事业发展等方面都经历了农村城市化的演变。

1986～2005年，随着城市改革发展和社会转型，城区社会管理条块分割的格局逐步打破，街道地区工作重要性不断增强，管理和服务功能不断加强。街道在积极发展地区文化体育事业，加强地区社会治安综合治理，加强城市管理、地区环境卫生、新村整治等方面发挥着日益重要的作用。

第一章 北大街街道

第一节 概 况

一、地情

北大街街道地处无锡北大门，因辖区内有北大街而得名。街道地处无锡城北，东与崇安区通江街道相连，南抵胜利门广场，西抵古运河与惠山街道、山北街道隔河相望，北通312国道与黄巷街道接壤，总面积4.16平方公里。街道办事处驻地北大街72号。

京沪铁路横贯辖区东部，京杭大运河在辖区穿境而过，辖区在明代以后一直是商业繁华区，特别是古运河一带旧时两岸商贸业繁荣，水上舟楫云集，米市、钱庄、布行、山货行林立，80年代中后期，街道工业兴起，90年代后期起，发展现代服务业，从1986～2000年，街道经济连续多年保持全市城区街道第一。

辖区住宅以前大多为民国或晚清时期传统砖木结构房屋，一些居民枕河而居。从50年代至80年代，建起一批产权归国家或集体所有的住宅小区，有丽新工房、建设新村、横街小区、五河新村等。90年代后，又先后建起一批商品房，主要有中大颐和湾、凤宾家园、古运河小区、嘉德中央公园、中大熙和湾、凤翔花园、轻院小区等，辖区内有市北高中、市九中、社桥初中、梨庄初中、积余街中心小学、长安桥小学、吴桥中心小学、后祁街小学、惠工桥中心小学、北闸街小学、梨庄中心小学、蔡墅巷幼儿园等各类学校（幼儿园）13所，有各类医院3家（无锡市第三人民医院、中国人民解放军第101医院、北塘医院）。2005年，辖区内东西主干道有北塘大街、青石路、吴桥东路、凤翔路、兴源路等；南北主要主干道有春申路、锡澄路、凤宾路等。有15条公交线路从辖区通过。

二、街道办事处沿革

北大街街道办事处　1962年2月，成立北大街街道办事处，时有10个居民委员会。1968年，改名北大街革命委员会。1980年，恢复北大街街道办事处。1992年，顾桥街道并入，下设28个居民委员会。2001年，撤销居民委员会，成立9个社区居民委员会。2004年，吴桥街道与北大街街道合并，组建新的北大街街道办事处并代管五河街道，调整为12个社居委、2个家委。居民户数29997户，总人口8.3万人。以汉族为主，少数民族204人。其中主要有回族、满族、蒙古族等。

北塘街道办事处　1955年6月建立，街道辖地位于北塘区中部。东至江阴巷，与北大街街道相连，南至古运河，西至信德桥，北至后祁街与顾桥街道为界。1992年4月，撤销北塘街道办事处，其11个居委划归吴桥街道办事处。

吴桥街道办事处　1955年6月建立，因辖区内吴桥而得名。吴桥街道辖地东起三里桥，南沿京杭运河至吴桥，西沿通惠中路至凤翔路口，北至铁路沿线。1992年4月，北塘街道办事处并入，合并后的吴桥街道办事处管理范围为：东起莲蓉桥，南沿京杭大运河至吴桥，西沿通惠中路至凤翔路口，北至顾桥河。2004年2月，撤销吴桥街道办事处，其12个社区居委划入北大街街道办事处。

顾桥街道办事处　1955年6月建立，因辖区内顾桥得名。顾桥街道办事处东至惠农桥、北新桥，南至后祁街，西至惠工桥、北至梨花庄。1992年4月撤销顾桥街道，其17个居委划归北大街街道办事处管理。

五河街道办事处　2000年1月建立，由原吴桥街道分出15个居（家）委组成，因驻地五河新村得名。其管理范围：东起通惠中路惠工桥，南为京杭运河，西至五河村，北达杨木桥。辖区内有大型企业协新毛纺厂、国棉三厂、第一毛纺厂及无锡监狱（建华机床厂）。住宅区有五河新村、轻院小区、凤宾家园等。2004年2月，五河街道职能和7个社居委（家委）划归北大街，由北大街街道办事处代管。

第二节　经济建设

一、北大街街道经济

1986年，北大街街道有无锡市墨水厂、无锡市三八服装厂和无锡市北大街印刷厂3家工厂，主要生产服装、印刷品、文具用品等。全街道包括12个居委有商业服务企业13家，其中商贸业4家、餐饮业2家、旅馆业2家、烟酒业1家、手工业2家、运输业1家、书场1家。同年完成工业总产值150.69万元，实现利润12.99万元。街道商业收入348.23万元，利润33.97万元，居委副业总收入226.07万元，利润36.21万元。

1992年，北大街街道与顾桥街道合并，共有7家工业企业，56家商副企业。街道工商副销售额为5110.87万元，其中工业销售额为830.59万元、商业零售额为4280.28万元，工商副实现利润352.99万元（其中工业利润92.1万元、商业利润260.88万元）。

1997年起，街道对工商企业进行体制改革，完成工商销售额3.29亿元，实现利税1812.69万元，利润1331.07万元。1998年，完成工商销售总额4.28亿元，实现利税2180.01万元，利润1602.86万元（其中工业利润205.27万元、三产利润1397.59万元）。1999年，完成工商销售总额2.93亿元，利税1968.78万元、实现利润1413.42万元。2000年，街道抓好特色商贸街区的培育发展工作，青石路餐饮旅游一条街、北闸街理发用品一条街、机电设备一条街等特色街逐步形成。2001年，完成街道工商企业及挂靠企业的改制，创办春申经济园区。

1996～2001年北大街街道经济情况表

表25-1　　单位：万元

年份	地区生产总值	实现利润总额	实现利税总额	工业			三产		
				销售收入	实现利税	实现利润	销售收入	实现利税	实现利润
1996	-	1065.41	1445.91	2555.22	363.98	191.58	25453.21	1081.93	873.83
1997	-	1331.07	1857.69	3276.91	395.98	215.70	29623.49	1461.71	1115.37
1998	3692.58	2180.01	1602.86	4545.69	347.62	205.27	38263.27	1832.39	1397.59
1999	4730.00	-	-	3736.34	283.05	146.99	25106.82	1785.73	1266.23
2000	5717.78	1986.56	-	4095.32	-	199.58	30272.40	-	1786.98
2001	9000.00	2680.46	3714.32	12000.00	-	-	-	-	-

2003年，街道经济指标实行属地统计。全年共完成地区生产总值3.83亿元，工业纳税销售完成3.97亿元；三产纳税销售收入完成19.39亿元；社会消费品零售总额完成10.28亿元；社会固定资产投入完成2.46亿元；完成税收1.38亿元，实缴国地税1.23亿元。

2004年，北大街街道和吴桥街道合并组建北大街街道办事处。街道共有17家直属工业企业。街道经济管理和服务对象扩大为全辖区企业。2004年2月，街道成立经济发展总公司，加强对园区市场以及街道经营性资产的统筹运作，促进经济发展和集体资产保值增值。民营经济保持较快的增长速度，全年民营经济增加值完成8.8亿元，完成地区生产总值21.09亿元，销售总额26.56亿元，实现利税1.98亿元。全年服务业完成地区生产总值25.74亿元，销售总额31.62亿元，实现利税1.63亿元。

二、吴桥街道经济

1986年，吴桥街道有5家工业企业，职工69人，主要生产复合肥、浮动镗刀、棉混仿布服装、救生衣（圈）、球化剂、电缆吊架等。有13家商业企业，分别是：船具公司、工业品公司、建材商店、金属材料商店、通中烟酒店、黄巷烟酒店、五金杂品店、吴桥百货店、吴桥钢丝绳店、五金交电商店和综合经营部，共计109名员工。另有运输社、土建队、安装队各1个，计95名职工。同年，完成工业总产值226.72万元、实现利润21.98万元。完成商副业销售额382.18万元、实现利润27.52万元，其中居委销售额243万元、实现利润17.02万元。

1986年吴桥街道工业企业情况表

表25-2　　　　单位：万元

企业名称	创办年份	地　址	主要产品	固定资产原值（万元）
吴桥社会福利厂	1970	信德桥9号	地板蜡、印刷、钻丝制品	41.91
江南刀具厂	1970	亚美路44号-1	浮动镗刀、管子拉手	32.22
丽新服装厂	1976	民主街车弄20号	棉混纺布服装	5.00
吴桥船上用品厂	1970	吴桥车路6号	救生衣（圈）	0.75
北塘金属制品厂	1977	民主街12号	炊事用具	23.56

1987年，完成工业总产值327.84万元，实现利润30.6万元，完成商业销售额788.04万元、实现利润72.5万元。街道工商副业总利润突破百万元大关，成为北塘区第二个综合营销收入达亿元街道。

1988年，完成工业总产值333.00万元、实现利润15.12万元，完成商业销售额979.80万元、实现利润85.3万元。1989年，完成商副业销售额1037.92万元（其中副业收入174.73万元），实现利润93.86万元（其中副业利润34.86万元）。1990年，完成工商总值529.83万元，其中工业总产值411.30万元，商业总产值118.53万元，完成利润84.38万元，其中工业利润18.2万元，商业利润54.34万元，手工副业利润30.04万元。1991年，完成工业总产值410.8万元，亏损5.2万元，完成商业销售额704.06万元，实现利润61.66万元。1992年4月，吴桥街道与北塘街道合并组建吴桥街道。新吴桥街道共有自办工业企业10家。同年，新华百货公司、吴桥五金百货公司、北塘种子公司撤并为新华百货公司、北塘种子公司。1994年，工商销售总值7639.84万元，实现利润624.78万元，实现利税921.24万元。1995年，街道狠抓经济发展，全街道23个居委实现利润超10万元的达16个。全年完成工商销售总量1.1亿元，实现利税1028.87万元，利润755.64万元。1996年，街道直属工业企业9家，商业企业13家。全年街道工商销售总量1.59亿元，其中工业6289.47万元，商业8514.21万元，其他1144.88万元，完成利润980.63万元。1997年，街道完成工商销售收入2.17亿元，实现利税总额1684.11万元，实现利润1232.12万元。完成地区生产总值3250万元。1998年，街道对企业进行改革，对5家直属企业进行兼并重组，成立3家股份合作制企业；对5家企业实行托管和资产经营责任制；对部分企业实行效益工资。全年全街道完成地区生产总值4000万元，完成工商销售收入2.8亿元，实现利税总额2253万元，实现利润1706万元。1999年，全街道完成地区生产总值5082.5万元，完成地方财政收入143.45万元，实现利税总额1959万元，实现利润1503万元，其中：工业销售额1.14亿元，实现利润491万元。“三产”零售额1.83亿元，利润1012万元。完成生产经营性固定资产投入109.7万元。2000年，全街道完成地区生产总值4605万元，完成地方财政收入176万元，实现利税总额1752万元，实现利润1242万元，其中：工业销售额1.03亿元，实现利润468万元。"三产"零售额1.83亿元，利润774万元。完成生产经营性固定资产投入307.18万元。

2001年，全街道完成地区生产总值6030万元，完成利税总额1862万元，实现利润1344万元，其中：工业销售额1.18亿元，社会消费品零售1.43亿元；完成固定资产投入1000万元；完成国地两税1000万元，其中国税680万元，地税320万元；企业改制全面完成，公有资本基本退出。2002年，全街道完成地区生产总值1.27亿元，完成利税总额2909万元，实现利润1374万元，其中：工业销售额2.01亿元，实现利润527万元。商业零售额4.06亿元，利润805万元。街道与无线电五厂合作兴办吴桥个私经济园。2003年，街道有7家直属工业企业，4家直属商业企业。全年完成地区生产总值2.3亿元，完成利税总额5171万元，实现利润1768万元，其中：工业销售额2.71亿元，实现利润358万元。社会消费品零售额3.71亿元，利润1.41亿元。完成国地两税3402.92万元，其中国税1363.4万元，地税2039.52万元；完成固定资产投入4596万元。园区经济稳步发展，完成纳税销售收入3.28亿元。

三、顾桥街道经济

1986年，顾桥街道有顾桥印刷厂和华通塑料器材厂2家工业企业，分别生产印刷品和电热板、钙塑盒等，另有直属商业6家。1987年，工业总产值240万元，商业销售293.75万元，实现利润48.13万元。1988年，完成工业总产值266.46万元，商业销售额102.8万元，实现利润87.21万元。1989年，街道创办星火针织厂。1990年，完成工业总产值308.5万元，实现利润55.6万元，实现利税63万元。1991年，完成工业总产值375.4万元，完成销售额367万元，实现利税57.4万元，实现利润41万元。

1991年顾桥街道工业企业情况表

表25-3　　单位：万元

企业名称	创办年份	地 址	主要产品	固定资产原值
无锡市顾桥印刷厂	1970	北新桥万源路7号-1	印刷产品	51.9
无锡市电热塑料器材厂	1974	通惠东路368号	电热板、钙塑盒	59.3
无锡市星火针织厂	1989	广勤路307号	棉针织品	-

四、北塘街道经济

1986年，北塘街道有5家工业企业，主要生产钩秤、灭火器、焊锡丝、服装等，共有员工333人；运输、工建等其他企业7家；有2家商业企业:新华商业公司和五金机械公司，员工78人；居委工商副业共39家（旅社5家，商业8家，饮食业6家，服务业6家，运输业5家，副业9家)，有员工233人。1986年，完成工业总产值506.03万元（其中街道498.24万元，居委7.29万元）。街道工业利润76.59万元（其中群力厂45.09万元、衡器厂9.02万元、五金消防厂9.01万元、服装针织厂3.16万元）。商业营业额569.11万元，实现利润134.43万元（其中工业76.59万元、商副20.15万元、居委37.69万元）。1987年，完成工业总产值486.52万元、商副营业额723.47万元，实现利润139.35万元（其中工业65.43万元、商副28.01万元，居委43.91万元）。1988年，完成工业总产值542.48万元、商副营业额1112.25万元，实现利润149.58万元（其中工业65.36万元、商业9.36万元、其他18.57万元、居委56.29万元）。1989年，完成工业总产值578.9万元，销售收入2267.19万元，实现利润160.08万元（其中工业72.52万元、商业47万元、副业40.56万元）。1990年，完成工业总产值600万元，商副销售收入1900万元，实现利润160.08万元。1991年街道撤销，同年，完成工业总产值1323.9万元，商副销售收入1362.3万元，实现利润201.09万元（其中，工业101.31万元，商副业99.78万元），居委商副业利润占45.45%。

1992年北塘街道并入吴桥街道。

1986年北塘街道工业企业情况表

表25-4　　单位：万元

企业名称	创办年份	地　址	职工人数	主要产品	固定资产原值
无锡衡器制造厂	1974	前蔡墅巷55-1	34	钩秤、盘秤等	3.70
北塘五金消防福利厂	1979	信德桥堍9号	104	文具用品、灭火器	27.40
北塘服装针织厂	1981	自治路38号	64	服装	3.00
塑料焊接厂	1982	后祁街54-1	31	塑料焊接	1.50
群力电讯器材厂	1970	惠钱路民千村	100	焊锡丝	135.00

五、五河街道经济

2000年1月，五河街道办事处成立，当时街道没有工业企业，只有从吴桥街道划转的一家商业企业——新华百货公司，同年底，新华百货公司年销售额200万左右，利润在7万元左右。街道成立后，新办一家直属商业企业五河建筑工程有限公司。以后逐步引进挂靠企业，有盛唐影视有限公司、凯旋门大酒店等一批规模商业企业。4年中，新办挂靠企业115家。每年经济指标以30%以上的幅度增长。2002年，建办北塘私营经济园五河分园。2004年2月由北大街街道代管。同年完成销售收入2850.28万元，实现利润308.36万元。

第三节 社会事业

一、社区文化

1986年，北大街街道、顾桥街道、吴桥街道、北塘街道均有街道文化站。2000年11月，五河街道建立文化站。街道文化站属集体事业单位，相当于股级建制，行政上属街道领导，业务上接受区文化馆指导。文化站有图书室、报刊阅览室、录像室和文体活动室等。1989年，各居委相继创建文化活动室。1995年，各文化站全部通过省级主管部门达标考核验收。至1999年，文化活动中心普及率达100%。2004年，北大街街道各个社区全部建立文化活动中心，面积均在500平方米以上，书籍都在1000册以上。

1990年，各街道成立社区文体协会，设专职干事，牵头组织和协调开展社区文体活动，同年北塘街道在全区首先举办“北塘之春”艺术节活动，1991年，吴桥街道连续几年举办 “吴桥之春”文体系列活动，开展交谊舞、摄影、绘画比赛、举办街道运动会，举办园艺、烹调、裁剪、电脑、家庭教育、计划生育、优生优育、环保知识等培训活动。辖区部队、工厂、学校以及派出所、街道企业都参加。2000年，各街道组织 “激情广场”文艺会演。2004～2005年，吴桥街道举办20多场“激情广场”文艺会演。

1990年起，北大街街道文化站连续8年被评为市优胜文化站。1992年，北大街、吴桥两个街道文化站被评为市一级文化站。同年，北大街街道文化站被评为省先进文化站、街道被评为“省群众文化先进街道”。1993年，吴桥、北大街道文化站被文化部评为“全国标准文化站”。1997年，原北大街街道被评为 “江苏省体育先进街道”，1998年获“全国城市体育先进街道”称号。

图25-1 无锡市委书记王荣看望“夕阳红”合唱团(2004年)(区史志办供稿)

2005年，全街道（包括社区）共有45支2000多人的文艺团队，其中街道有 “绷鼓队”“夕阳红”太极拳队、莲蓉戏曲队等4个文艺团队，涉及音乐、舞蹈、书画、戏曲、棋类、太极拳等多种门类。

2005年北大街街道社区居民委员会文体团队情况表

表25-5 单位：个

社居委名称	文艺团体	人数	文艺团队名称
南　尖	6	200	夕阳红合唱队、太极拳队、银辉健身队、颐和棋类队、腰鼓队、木兰扇队
莲蓉园	2	60	老年欢乐腰鼓队、老年枫叶红扇舞队
古运河	10	189	太湖美太极拳队、说唱队、喜洋洋腰鼓队、舞蹈队、交谊舞队、活力登山队、银辉象棋队、晚霞合唱队、金唱书画队、晚霞唱曲队
荷花里	2	35	星光腰鼓队、年华时装队
后祁街	4	63	太极拳队、腰鼓队、舞蹈队、英姿扇舞队
凤　宾	3	102	快乐腰鼓队、嘹亮歌咏队、太极拳队
五河一	4	130	太极拳队、歌咏队、舞蹈队、腰鼓队
五河二	4	99	太极拳队、老年腰鼓队、时装表演队晚晴合唱队
丽　新	4	70	说唱队、桑榆情合唱队、健身操队、太极拳队
梨花庄	3	65	腰鼓队、莲湘队、锣鼓队
锡　澄	2	40	木兰扇舞队、太极拳队
黄　巷	1	100	喜洋洋歌咏队

二、社区教育

1990年，北塘区在全市率先成立社区教育委员会。之后，街道一级的社区教育委员会相继成立。辖区主要企业事业单位、中小学和驻军为街道社区教育的委员单位，街道聘请离退休干部、退休教师、先进人物、知名人士担任社区教育辅导员。下属社居委成立社区教育工作小组。

2000年起，街道相继办起市民学校，有计划地对居民进行道德教育、法制教育和崇尚科学教育，开展家庭教育、计划生育、优生优育、环保知识等培训活动。

社区教育面向社区老人，办好老年学校。开设时政讲座、健康讲座、法制讲座，利用传统佳节，开展敬老活动，重点宣传“老年人道德保护法”，弘扬敬老、爱老传统美德。组织歌咏队、太极拳队、自行车队、戏剧队等老年文体团队，丰富老年人的晚年生活。

社区教育面向青少年，组织好暑寒假青少年活动。每年寒暑假把大、中、小学生组织起来，举办学习、培训、竞赛活动，组织参观考察实践活动，社区教育中，街道开展“知我中华，爱我中华，兴我中华”“看无锡、颂无锡、爱家乡”等系列教育活动。组织学生对北塘“一桥”“一街”“一路”考察活动，让青少年体验改革开放的成果。

三、社区卫生

1985年起，社区发动干部群众共同管理地区卫生工作，各居委具体负责，各居民小组分片包干，各居委聘请专职人员担任保洁员，定期打扫街道里弄。1987年，街道参加“太湖市容杯”的竞赛活动，贯彻执行《无锡市市容环境管理实施细则》，抓交通、道路、摊贩管理的三支队伍建设，印发“样板路管理细则”，与沿街商店、企业单位签订责任书，由居委对样板路分段保管。街道对辖区内厂企加强控烟管理，支持联片供气，对炉、窑、灶进行严格测试，不符合要求的限期拆除或改建。对噪音过大，群众意见集中的工厂，尽可能封闭，减少噪音污染。1986年和1987年，北大街街道被评为省市爱国卫生先进单位，1988年北塘街道被评为市爱国卫生单位。1995～1999年，北大街、吴桥、顾桥各街道投入创建国家级卫生城市活动，和街道100多个单位签订“门前三包”责任状，辖区单位组织干部群众清理卫生死角，清除特种垃圾，拆除违章建筑，疏通下水道，整治河道，增绿补绿，建造垃圾收集房。

进入21世纪，街道把社区环境卫生管理的重点放在长效管理上。街道完善和健全各项管理制度，抓好社区保洁员队伍。街道落实分片保管制和居委卫生主任“日巡查”制度，针对乱堆放、乱张贴、乱吊挂、乱搭建的“四乱”现状组织力量集中整治。街道机关工作人员参加整治活动。2000～2003年，北大街街道连续被评为市爱国卫生先进单位。2003年，被评为省爱国卫生先进单位。

四、社会保障

1986年，各街道成立福利保障委员会，社会福利基金委员会组织，共发展街道福利厂5家，妥善安置“四残人员”，安置率达100%；发放的民政经费和物资落实到户，登记造册。建立孤老保护网络，落实孤儿包管组。

1989年开始，出现下岗、失业人员。街道举办再就业培训班，开辟劳务市场，建立职业中介机构，多种途径，为下岗人员解决再就业问题。2001年，小梨花庄、南尖居委被定为市、区发展社区服务、拓宽就业门路的示范点。2003年3月，北大街街道建立劳动保障所。为推进街道劳动保障事业向社区延伸，建立3家社区劳动保障工作站，统一劳动保障管理服务流程，将失业登记、求职登记、就业指导、技能培训、创业培训、岗位开发、职业介绍、政策咨询等工作实行“一站式”联动服务。2003～2005年，安置下岗失业人员8530人（次），其中持有“再就业优惠证”的下岗失业人员2524人（次），大龄就业困难人员1977人（次）。2004年，获“市政府再就业工作先进集体”称号。

2004年7月，企业退休人员逐步与原企业分离，人事档案和日常管理全部移交至社区。街道劳动保障所探索企业退休人员社会化管理工作新路子，切实做到机构、人员、经费、设施、制度、服务工作“六到位”，使退休人员融入社区。2005年，街道投资建立退休人员活动中心，配备电视机、电脑、书报阅览、棋牌活动和健身房。

2003～2005年北大街街道再就业情况表

表25-6　　单位：人、%

年 份	安置下岗失业人员再就业	安置“4050”人员再就业	帮助持《再就业优惠证》人员再就业	特困家庭安置率
2003	2640	580	763	100
2004	3000	795	915	100
2005	2890	602	846	100

五、社区服务

1988年始，北大街、吴桥、北塘、顾桥街道及居委分别建立军人家庭服务中心和服务站，开展服务工作，走访军烈属家庭；与街道辖区内的武警、消防部队和部队医院建立共建关系；组织军民联谊会、联欢会、座谈会活动。

图25-2　北大街街道慈善超市(2005年)(区史志办供稿)

90年代初，街道和居委建立两级社区服务中心，制定街道社区服务10条标准，居委微型服务8条标准。街道居委开设饮食店、点心店、粮油食品店、自行车维修店等。1991年，北大街、北塘、吴桥、顾桥4个街道和所属居委成立社区服务志愿者协会。至2005年年末，街道拥有200多支志愿者服务队，分别是治安巡逻队、便民服务队、帮困助残队、青少年服务队等。

1994～2000年，北大街街道、吴桥街道连续三次被评为市社区服务先进街道。2000年，北大街街道被评为省社区服务示范街道。

第四节　社会治安综合治理

1986年，北大街、吴桥、北塘、顾桥街道建立社会治安责任网络，有治保、调解等组织，稳定地区的社会治安。做好轻微犯罪青少年的帮教工作，还派专人前往句容、竹箦、建华等劳改农场探望劳教人员。1992年，各街道按照区政法委的统一部署进行集中行动，先后开展反盗窃打团伙、打击抢劫犯罪、打击重大犯罪和对外来人口无业人员的专项治理。北大街、吴桥街道在开展综合治理工作中，坚持“属地管理”的原则，街道综治科、司法所、群防队、调解室、信访接待室等综合治理组织相互配合，发挥联动作用。街道各社区成立矛盾纠纷调解室和信访接待室，建立街道领导和中层干部接待日制度，各社居委设专职调解员。1999年，两街道在调解婚姻、继承、抚养、邻里、房屋、债务、赡养等纠纷调解率达100%，成功率达95%。吴桥街道在市委政法委、市司法局组织的“标准化调委会经验”现场会上介绍调解工作经验。小梨花庄、后西居委调解会被评为市先进调解会，贺星允被司法部评为人民调解工作先进个人。2000年，街道加强和改善社会综合治理工作的排查、疏导、调处机制。街道综合治理科建立矛盾排查月报制度，及时向上级汇报沟通，把各类矛盾及时化解在基层、化解于萌芽状态，每年的民事调解成功率都在97%以上。街道司法所开展行政诉讼、法律咨询等工作。2002年，北大街街道组建群防队，强化群众防范工作，构建以治安卡口，道路监控等科技防范为平台，实施警力、保安联防整体联动，发挥群防群治的作用。2003年，北大街街道建立“以块为主，条块结合”的外来人口服务体制，成立街道流动人口管理服务社。组建户口协管员队伍，对出租房进行规范管理。加强管理辖区内2.6万多名外来暂住人口，办证率为100%。

2005年，全街道共有89个治安巡逻队，巡逻队员984人，志愿者1258人。1987～2005年，北大街街道、吴桥街道、顾桥街道多次被评为市综合治理先进集体；1989～2005年，北大街街道连续三次荣获“江苏省综合治理先进单位”称号。

第五节 社区居民委员会

一、社居委沿革

1986年，北大街街道下设江尖、长安桥、南尖、石铺头、坛头弄、荷叶村、泗堡桥、江阴巷、北大街、石灰场10个居委；北塘街道下设迎新弄、北泗路、东街、西街、田埒里、蔡墅巷、大田岸、东升里、小泗房弄、大河池10个居委；顾桥街道下设梨花新村、小梨花庄、预康里、锡澄一村、锡澄二村、一里街、新市场、北闸街、顾桥、锡澄路、作新弄、后祁街东、后祁街西、航运新村、建设新村东、建设新村中、建设新村西、色织四厂家属委员会18个居（家）委；吴桥街道下设吴桥、青石路、惠商桥、信德桥、霞美路、民主街、双河尖、三棉、波光、红星、黄巷、五河、协新、进新、三里桥、水上居委、协新家委17个居（家）委。

1988年3月，成立毛巾厂家属委员会，隶属吴桥街道（和毛巾厂共同管辖）。1992年4月，北塘街道并入吴桥街道，北塘街道所属居委全部划归新建的吴桥街道；顾桥街道并入北大街街道，顾桥所属居委全部划归新建的北大街街道。

1992年，北大街街道坛头弄居委并入北大街居委；石灰场居委并入江阴巷居委。吴桥街道东街、西街居委合并为新东街居委；迎新弄居委更名为接官亭弄居委。同年吴桥街道成立五河新村第一、第二居民委员会，水上居委并入新吴桥居委。

1993年6月，吴桥街道成立五河新村四居委。11月，北大街街道大河池居委并入东街居委，吴桥街道惠商桥居委并入三里桥居委。

1996年8月，吴桥街道成立五河新村第三居委会。

1998年5月，北大街街道成立县航新村居委。6月，北大街街道新市场居委并入一里街居委；北闸街居委并入顾桥居委；作新弄居委并入锡澄路居委；建设新村中居委分别并入建设新村东、西居委；荷叶村东居委和荷叶村西居委合并为荷叶村居委；竹场巷居并入泗堡桥居委；长安桥居委并入北大街居委；石铺头居委并入江尖居委。

1999年8月成立星海一居委，隶属吴桥街道管辖。

2000年，吴桥街道划出三棉、协新、五河、波光、黄巷、双河尖、红星、进新、星海以及五河一、五河二、五河三、五河四13个居委和毛巾厂、协新2个家委归新建五河街道管辖。划入北大街街道的后祁街东、后祁街西、建设新村东、建设新村西、县航运新村居委归吴桥街道管理。

2001年5月，居委改称社居委，原北大街街道15个居民委员会组建成南尖、梨花新村、锡澄新村（锡澄一村和二村合并组成）、小梨花庄、一里街、锡澄路、荷花里（顾桥、荷叶村和泗堡桥合并而成）、江阴巷、江尖9个社居委。吴桥街道18个居委组建成8个社区居民委员会。东街、小泗房弄、接官亭弄、田堵里（部分）、新建黄金大道、春申公寓合并组成东街社居委；接官亭弄、田堵里、东街（部分）、北泗路（部分）合并组成接官亭弄社居委；北泗路（部分）、大田岸、东升里、后祁街西、信德桥（部分）合并组成北泗路社居委；民主街、信德桥合并组成民主街社居委；霞美路、三里桥、吴桥、古运河小区和张巷大楼合并为霞美路社居委；青石路、建设新村西、后祁街西（部分）和霞美路（部分）居委合并为青石路社居委；建设新村东、后祁街西（部分）居委合并为建设村社居委；航运新村、后祁街东、后祁街西（部分）、色织四厂新大楼和顾桥港新大楼合并为后祁街社居委。五河街道 组建成9个社区居民委员会。三棉（部分）、进新（部分）和双河尖3个居委合并为丽新路社居委；黄巷居委和协新家委合并为黄巷社居委；五河居委和波光居委合并为五河新村第一社居委；红星居委更名为红星社居委，星海居委更名为星海社居委；五河一居委（部分）和五河二居委合并为五河新村第二社居委，五河一居委（部分）和五河三居委合并为五河新村第三社居委；五河新村第四居委更名为五河新村第四社居委；进新居委（部分）、三棉居委（部分）、后张巷新村和凤翔苑小区组建凤翔社居委。

2002年4月，北大街街道成立锡澄三村社区居民委员会；11月，江尖社区并入南尖社区。

2003年2月，吴桥街道东街社居委并入接官亭弄社居委，建设新村社居委分别并入青石路社居委和后祁街社居委。北大街街道江阴巷社居委并入荷花里社居委，锡澄路社居委并入一里街社居委。4月，五河街道红星社居委和星海社居委合并为凤宾路社居委，丽新路社居委与协新社居委合并为丽新路社居委，五河新村第三社居委并入五河新村第二社居委，五河新村第四社居委并入五河新村第一社居委。

2004年2月，吴桥街道并入北大街街道，吴桥街道的接官亭弄、北泗路、民主街、霞美路、后祁街、青石路、古运河7个社居委和色织四厂家委。五河街道被北大街街道托管，五河街道下辖的凤宾路、黄巷、凤翔、丽新路、五河一、五河二6个社居委和毛巾厂家委划入北大街街道。原北大街有南尖、梨花新村、锡澄新村、小梨花庄、一里街、荷花里6个社居委和色织四厂家委。至此，北大街街道共有19个社区。

2004年5月，北大街街道19个社区整合为12个社区和2个家委：即南尖、莲蓉园（接官亭弄社区和北泗路社区合并）、后祁街（后祁街社区与青石路社区合并）、荷花里（荷花里社区与一里街社区兴源路以南部分合并）、古运河（霞美路社区、民主街社区和古运河社区合并组建）、凤宾路、锡澄新村（锡澄新村社区和梨花新村社区合并）、梨花（小梨花庄社区、梨花新村社区和一里街社区兴源路以北部分合并）、黄巷（黄巷社区与凤翔社区合并）、丽新路、五河一、五河二社区和色织四厂、毛巾厂家委。2005年12月，撤销色织四厂、毛巾厂家委，分别划归梨花社区和丽新路社区管理。

二、社居委建设

80~90年代末，各居委会按照《中华人民共和国城市居民委员会组织法》，每隔3年进行换届选举，居委干部大多由退休工人和家庭妇女担任。2000年开始，通过招聘、下派等方式，社区居民委员会成员结构发生较大变化，平均年龄降低，文化层次提高。至2001年，新当选的居委干部平均年龄45岁，高中及高中以上文化程度占总数的80%。2004年，北大街街道南尖社区进行换届选举改革，由居民群众直接参与民主选举社居委成员（简称直选），这是北塘区第一个直选试点。街道党工委、办事处专门成立指导小组，南尖社区建立社区居民选举委员会，制定直选实施方案。辖区单位也派出代表出席大会并参加投票，市、区民政局派员参加选举全过程。

90年代后期起，各社区加强规章制度建设。黄巷社区建立学习制度、报告工作制度、服务承诺制度、考核评议制度；后祁街社区加强党风廉政责任制，完善党员分类管理制度，特别是建立流动党员管理制度；南尖社区把ISO 9001国际质量管理体系导入社区党建工作；莲蓉园社区制定和完善社区各部门、各工作人员工作规范。

2003年起，各社区加强硬件建设。同年，街道投入47万元，改造全街道21个社居委的基础设施，办公用房不足50平方米的易地改建，对办公用房分散的社居委进行合理调整，对原来办公用房达150平方米以上的社区居委会增加面积，完善功能。街道为每个社居委配备电脑、空调、照相机和VCD等，建立图书室、电脑室、党员活动室（市民学校）及多功能活动等。各社区普遍建立室外“五栏”，即阅报栏、居务公开栏、科普知识栏、法制教育栏、党建文明栏等，统一标识、标牌、上墙制度内容，社居委干部全部挂牌上岗。2004年，由原来21个社居委调整为12个，根据市、区政府加强社居委硬件建设，社居委“一居一房”，“面积达到500平方米”的目标要求，又投入160万元，通过购买、调整和扩建等方式逐一对每个社居委展开“达标”验收工作。至2004年年末，用房面积达500平方米的居委达9个，其余全部达到300平方米。

2004～2005年北大街街道社区居民委员会“一居一房”建设情况表

表25-7　　单位：平方米

社居委名称	原坐落地址	原面积	现坐落地址	现面积	改建方式
南尖	南尖23-1	664.40	南尖23-1	644.40	配套
荷花里	荷花里47-102	140.00	中大颐和湾11号	640.00	配套
梨花庄	通惠东路236号	120.00	一里街41号	468.65	配套
锡澄	锡澄三村21-103	150.00	康桥丽景17-1	520.00	配套
古运河	民主街85号	157.80	禾嘉园45号	344.00	配套173平方米 腾房170.8平方米
莲蓉园	灰埠头15号	150.00	嘉德花苑25楼	500.00	配套450平方米腾房225平方米
后祁街	后祁街81号	635.32	后祁街81号	635.32	腾房
丽新路	丽新路51号	80.00	丽新路19号	455.60	腾房
风宾	轻院新大楼46-6	360.00	风宾家园115号三楼	670.00	配套
五河一	五河新村214号	250.00	五河新村105-1号	864.00	购买
五河二	五河新村164号	95.00	五河新村361号	750.00	腾房
黄巷	黄巷新村1-1号	650.00	黄巷新村1-1号	650.00	腾房500平方米

2005年北大街街道社区居民委员会基本情况表

表25-8　　单位：户、个

社居委名称	地点	户数	人数	党支部	党员数
南尖	南尖23-1	1762	5521	2	130
荷花里	中大颐河湾11号	2917	7214	3	198
锡澄新村	康桥丽景17-1	3305	8915	3	159
梨花庄	一里街41号	3371	9518	4	261
古运河	禾嘉园45号	3211	8027	4	247
莲蓉园	嘉德花园旁25一楼	2837	7469	3	271
后祁街	后祁街81号	3005	7346	3	311
丽新路	丽新路19号	2599	6010	3	196
风宾	风宾家园115号三楼	3460	9863	2	154
五河一	五河新村105-1	2659	7695	3	352
五河二	五河新村361号	3278	7749	3	270
黄巷	黄巷新村1-1	2405	6230	3	228
共计		34809	91557	36	2777

三、社区居民委员会选介

北大街街道南尖社区 地处胜利门繁华闹市区。社区环境幽雅，绿化面积达4000平方米，江尖公园坐落在小区内。2005年，常住居民1961户，人口6101人，另有流动人口600多户，2500人。社区多方筹措资金，为困难学生家庭提供助学金和扶贫款。针对“4050”人员多、就业难的现状，广开再就业门路。为近千名60岁以上老人发放“生活安全卡”“健康自护卡”。建立金色港湾养老服务中心。南尖社区党校、市民学校、空中老年大学、法制学校、人口学校开设系列培训班，开展多方位的培训学习活动。2005年，创办江苏省第一家社区网站。社区重视特色楼院的创建活动，涌现陈爱媛、李百华等和谐家庭，以及一批书画、钱币收藏和音乐等特色文化家庭和“科普楼”“读书楼”“书画楼”等特色楼院。社区先后被评为全国百佳学习型社区、全国先进文化社区、省科普文明社区、省和谐示范社区、省民主法制社区、省文明社区标兵单位等，连续11年被评为市模范标兵居委。

图25-3 南尖居委便民食堂办好“小包饭”，解决“双职工”家庭儿童吃中饭难(顾祚维/摄)

图25-4 北大街街道南尖居委读报组，坚持读报活

第二章 惠山街道

第一节 概 况

一、地情

惠山街道位于北塘区南部，东隔京杭运河与北塘区北大街街道相望，南邻崇安区崇安寺街道、南长区迎龙桥街道，西南接滨湖区河埒街道，北与山北街道、黄巷街道接壤。2005年，惠山街道区域面积4.46平方公里，其中原西新街道1.11平方公里，原惠山街道2.09平方公里，原盛岸街道1.26平方公里。

惠山街道交通主要有东西2条主干道和南北5条主干道形成不规则交叉，与主干道相连接的50多条支干道，组成街巷网络。东西2条主干道是平行的，一条从县前西街经蓉湖路、蓉湖大桥、盛岸东路至山北街道辖区；另一条从西门桥经人民西路过锡惠桥、锡山大桥，经锡惠路、通惠西路向南接惠钱路。南北5条主干道自东向西依次是：五爱北路、春申南路、运河东路、运河西路、通惠西路。辖区内有公交线路近20条。

京杭大运河由北向南贯穿街道辖区。自北向南横跨运河的桥梁有吴桥、蓉湖大桥、锡山大桥。境内还有惠山浜、腐乳浜、通盛河、山东浜、九曲基河、新惠河、酱园浜多条河浜与大运河沟通。

80年代初至90年代末，地区建起一批产权归国家或企业集体所有的新村住宅小区：盛岸新村、盛岸二村、惠盛路小区、造船新村、蓉湖新村、五里新村、棉花巷小区、李巷小区、龙船浜小区等，这类小区住宅一般是五至七层，俗称七九、八〇式。1998年至2000年前后，又建设一批高层或小高层住宅小区，主要有兴隆苑小区、香榭花园、金马国际花园、惠畅里小区、听松坊小区等。

辖区风光秀丽，拥有得天独厚的风景资源，集山（惠山）、河（古运河）、园（寄畅园）、泉（天下第二泉）、寺（惠山寺）、苑（吟苑）之美为一体。境内有国家级风景名胜区1个（锡惠公园）、中国历史文化名街1条（惠山老街）、国家级重点文物保护单位3处、省级文物保护单位5处。2005年，辖区教育单位9所，其中中学3所：市一中、旅游职中、民办外国语学校；小学4所：五爱小学、省盛岸实验小学、惠山小学、盛岸二村小学；幼儿园2所：五爱实验幼儿园、盛岸实验幼儿园。

二、街道沿革

惠山街道办事处　1951年10月，无锡市建立8个区，北塘辖区分属第四区和第六区。惠山镇属第六区。1953年2月，惠山镇由第六区划归第四区。1955年6月，惠山镇改为惠山街道办事处；建西新街道办事处，属第四区。1958年6月，原属无锡市第四区的西新区部分划入北塘区，惠山、西新街道随之划入。10月，西新、惠山两个街道合并称惠山人民公社。1960年5月，改称太湖区人民公社锡惠分社。1962年2月，建立惠山街道办事处。1965年，西新街道、惠山街道合并为惠山街道办事处。1969年5月，改名为惠山街道革命委员会。1978年12月，以京杭新运河为界划分，西为惠山街道革命委员会，东为工农兵街道（原西新街道）革命委员会。1980年，恢复惠山街道办事处、西新街道办事处。1986年，惠山街道下设10个居民委员会。街道办事处驻地惠山直街64号。1992年，惠山街道与盛岸街道合并为惠山街道办事处。2004年2月，惠山街道和西新街道合并为惠山街道办事处。

2005年，惠山街道办事处下设棉花巷、兴隆桥、盛岸一村、盛岸二村、新惠路、惠泉山、蓉湖、惠畅里、五里新村9个社区居委会和惠营家属委员会。街道办事处驻地西新街18号。

2005年，街道登记在册户数21151户，人数54878人，其中，男性27265人，女性27613人。除汉民族外，还有13个少数民族216人，其中，回族108人，满族32人，土家族18人，朝鲜族16人，白族11人，蒙古族10人，壮族7人，苗族6人，藏族2人，瑶族2人，彝族2人，布依族1人，畲族1人，外籍人士2人。另有暂住人口15275人。

西新街道办事处　建于1955年，下设16个居民委员会。街道辖地位于北塘区南部，东至梁溪河，西接新运河，南至人民西路，北至古运河。区域内主要道路有人民西路、蓉湖路、西直街等。街道办事处驻地大鱼池2号。2004年与惠山街道合并后撤销。

盛岸街道办事处　1982年5月建立。下设12个居民委员会。街道辖地东至后蓉湖庄，西以惠峰路边九曲基河为界，南至盛岸河、沿山河，北靠京杭大运河。境内主要道路有盛岸路、通盛路、新惠路、惠峰路等，街道办事处驻地盛岸二村47号。1992年与惠山街道合并后撤销。

第二节 经济建设

一、惠山街道经济

1986～1996年，惠山街道下辖的工业企业分为街道办、居委办两个层次，涉及电器、服装、印刷等诸多行业。街道主要企业有惠山泥塑品厂（生产泥人）、惠山针织厂（生产针织内衣、吸尘袋）、惠山工程队、惠山运输站、惠山生活服务站、惠山综合商店、惠山电讯加工场。1986年，街道经济完成利润总额20.78万元。1987年，实现利润24.5万元，其中街道工业利润10.3万元，商业利润7万元，居委副业利润7.2万元。1988年，新增商业网点14家，副业网店11家（共有74家），新开企业一家（惠山信息记录纸厂），扩建惠山塑料厂和惠山针织厂。实现利润37.9万元，（工业3.55万元，副业24.24万元，商业10.3万元）。1990年，新增工商副企业6家，清理注销28家，共有企业64家。同年，完成利润42.83万元，其中工业利润6.47万元，商业利润12.01万元，副业利润24.35万元。

1992年，惠山街道和盛岸街道合并，街道筹建正达实业公司、信达实业公司和康达实业公司，正达实业公司侧重工业生产，信达公司由原惠山商业综合公司更名组建而成，侧重商业经营。同年，有居委企业146家，直属福利企业3家。街道工商副综合利润总额达188万元。1994年，惠山街道的经济出现下滑，全年销售（营业）收入为2931.66万元，利润总额11.96万元，其中，街道工业利润为-0.09万元，商副业利润为12.05万元。1996年，街道利润总额达217.04万元，其中，工业利润115.89万元，商副业利润57.89万元。

1997年开始，推行企业改制。销售（营业）收入达到1.1亿元，利税总额435.61万元，利润总额295万元。(其中，工业销售额2899.35万元，利润177.06万元；商副业营业收入8105.48万元，利润118.34万元)。

20世纪末至21世纪初，街道加大发展私营经济力度。2000年，街道地区生产总值2210万元，工业销售收入为6468万元，社会消费品零售总额为5368万元。2002年，街道经济快速发展，惠山私营经济园区发展迅速，入园企业达到86家，销售额达到4.86亿元。至2003年年末，所有企业的改制全部完成。2004年2月，惠山街道成立街道经济发展总公司，内设招商部、开发部、经管部、财会部、资产管理部、办公室等，实行政企分开，街道书记兼董事长、总经理。2005年1～10月，惠山街道一般预算收入累计完成8100.44万元，限额以上社会消费品零售总额为5.78亿元，规模以上工业总产值达18.98亿元。

2005年惠山街道全部工业企业情况表

表25-9　　　　单位：个、万元

指标名称	企业单位数	工业总产值（同年价）	工业销售产值
全部工业总计	119	231388	228919
在总计中：轻工业	74	96216	94051
重工业	45	135172	134868
在总计中：国有企业	6	43982	43047
集体企业	6	7454	7706
股份合作企业	3	18336	18215
股份制企业	95	106034	103507
三资企业	7	34662	35461
其他企业	2	20920	20983
在总计中：私营企业	82	7916	7920
在总计中：500万元以下非国有工业	80	10355	10429

二、西新街道经济

1986年，西新街道的主要企业有塑色二厂、西新服装厂、西新印刷厂、无线电元件十五厂。同年起，调整经济结构，发展商副业，促进工商副全面发展。街道完成工业产值311.92万元，利润15.06万元，商业实现利润13.22万元。

1986－1996年，西新街道经济较快发展。1996年，街道销售总收入1.58亿元，利税730.56万元，年均增长率达51.89%；街道利润406.09万元。

1997年，西新街道的主要企业有克林防静电服装厂、太湖电脑记录纸厂、无线电元件十五厂、东方红酒家、西新印刷厂。1997～2000年，西新街道的经济继续较快增长。2000年国内生产总值达到4700.58万元，销售总收入达到2.35亿元，工业销售收入达3584.47万元，社会消费品零售总额完成1.45亿元。2002年年末，五爱信息园数码港和无锡私营外贸企业创业园（北塘园区）分别成立。2003年，西新街道完成国内生产总值2.95亿元，社会消费品零售总额达到4.19亿元，工业纳税销售收入完成2.85亿元，三产纳税销售收入达到10.56亿元。2004年，并入惠山街道。

三、盛岸街道经济

1986年，盛岸街道实现利润16.9万元。1987年，实现利润22.6万元(10个居委中有8个居委跨入万元居委行列)。1989年，新办6家企业。全年工商业总产值（营业额）达600万元，利润34.8万元（其中，商业创利润26.4万元，居委副业创利润2.15万元。）街道重点企业有：纺织配件厂、汽车修配厂、开达电器厂、盛岸商业公司、盛中桥饮食店、石膏装饰板厂。1991年，盛岸街道的社会消费品零售总额为233.91万元，工商副利润102万元。1992年4月，盛岸街道和惠山街道合并。

第三节 社会事业

一、社区文体

1986年以前，西新、盛岸、惠山街道均已建立文化站，配备专职人员。1991年8月，区明确街道文化站为股级编制，核定配备集体事业编制人员2人，文化站行政上隶属街道办事处领导，业务上受区文化馆指导。1992年，西新街道文化站、惠山街道文化站分别被市评为一、二级文化站，2个街道也在被评为江苏省首批“群众文化先进街道”。惠山街道在1993年荣获“全国群众性体育工作先进集体”称号；西新街道在1996年被评为“江苏省群众文化和群众体育先进单位”。

图25-5“夕阳红”老年文艺团队(2005年)(区史志办供稿)

80年代末，街道为发展文化事业，开始逐步建起基层文化产业。1989年，盛岸街道在市、区老龄委的支持下，在盛岸地区建造2100平方米的老年活动中心，取名为“重阳楼”。1994年，惠山街道对“重阳楼”内的文体设施作补充和扩展，增设台球室、电子游戏室、音乐茶座、艺术培训、图书出借、音像带出租等项目，命名为惠山街道文化活动中心。1996～1997年，西新街道分别在兴隆桥和五里新村建成两处街道文化活动中心，内设图书室、游艺室、桌球室、健身房、卡拉OK厅。2004年，新组合的惠山街道将3处文化活动中心归并，并添置音响设备和多种文体设施，对群众实行免费开放。

1986年前，西新街道在西门大鱼池边（办事处旁）开办“西新书场”，由文化站负责经营管理，经营面积1000余平方米，内设近千个座位，书场演出分弹词和评话两种，被评为“无锡市明星书场”。1988年，增设交谊舞早场。1990年，盛岸街道利用人防工事（盛岸新村101号旁）开设仙乐歌舞厅，由街道文化站管理经营。2000年，改制成为私营歌舞厅。

1986～1988年，西新、盛岸、惠山街道部分有条件的居委建立文化室，设置图书室、棋牌室等。90年代后，文化娱乐设施得到扩充和改善，名称改为文化活动室。1999年，在市、区开展的居委文化活动室创建达标过程中，60%以上达标。2004～2005年，惠山街道将社居委调整合并为10个，社区文化活动室的条件改善，面积均达200平方米，书籍各有1000册以上，报章杂志有20余种，健身器材若干件，都配备电视机和音箱设备，保证基层文体活动的开展。

1986年后，西新、盛岸、惠山街道均保持一二支由街道组织的业余文体团队，有腰鼓队、太极拳队、舞蹈队、夕阳红艺术队、乒乓球队等。各社居委也有一二支文体骨干队伍，有老年迪斯科队、木兰扇队、秧歌队、合唱队、太极拳队、太极剑队、健身操队、门球队、书画组、工艺兴趣组等。

二、社区教育

西新街道于1991年4月成立社区教育委员会，制定《西新地区社区教育委员会章程》。惠山、盛岸街道也相继成立社区教育领导机构。各社居委聘请社区内的离退休干部、退伍军人、退休教师及著名人士作为社区教育骨干，组成社区教育的辅导队伍，根据社区教育不同的对象，街道及社居委又相继成立家长学校、老年学校、市民学校等社区教育平台。盛岸街道在1991年成立针对育龄妇女开办的社区学校，2000年起，各社居委成立市民学校，至2005年，惠山街道各社区教育的网络队伍健全，硬件设施完备。

各社居委充分利用黑板报、撑牌、横幅标语在街头里弄进行宣传教育，居民小区一般在小区出入口或中心广场设置宣传教育橱窗，开展专题宣传教育。

对老年人的宣传教育，通过“市民学校”每月进行时事政治教育、健康教育、法制教育。在“重阳节”开展敬老活动，重点宣传“老年人权益保护法”，弘扬敬老爱老的传统美德。

对青少年的教育，各社居委利用寒暑假，抓好青少年教育。街道举办小学生夏令营活动，1994年，无锡市暑假青少年社区教育现场会在惠山街道召开。2000年以后，街道每年出资开展向贫困学生献爱心活动，资助他们完成学业。2005年，街道在惠畅里、棉花巷社区开设绿色网吧，向青少年开放，保证学生健康上网。

三、社区卫生

社区保洁管理 1986年，西新、盛岸、惠山街道居民区内卫生保洁工作，由各居委负责，各居民小组长分片包干，组织检查评比。1987年，各街道根据市政府开展“太湖市容杯”竞赛活动的要求，健全基层管理网络，整治“脏、乱、差”的突出问题。1996~1997年，在无锡创建国家级卫生城市过程中，社区环境卫生管理工作形成常态化、规范化管理机制，各居委都配备1至3名专职保洁员，负责街巷里弄的日常保洁工作。2001~2005年，街道和各社居委狠抓长效管理，巩固创建成果，开展“太湖市容杯”竞赛活动，所有居委都创建达标，80%以上的居委成为优胜单位。

“门前三包” 1986年年初，西新街道在闹市区的五爱北路，实行“门前三包”管理。城管科与沿街商店、企业事业单位签订“包卫生、包秩序、包绿化”的“三包”责任书，使五爱北路的市容环境大为改观，每年市、区城管道路检查中，得分名列前茅，成为全市的样板路、文明路。五爱北路“门前三包”经验也在该街道和其他街道的所有主干道得到推广。1999年，主要道路两侧单位的“门前三包”改由环卫部门负责收费管理，后取消收费，变为无偿管理。进入21世纪后，西新街道的五爱北路、人民西路，惠山街道的锡惠路、通惠路等路段所实行的“门前三包”扩展为“门前五包”即在原有的基础上增加包设施、包美化的内容，各主要路段的卫生环境秩序得到长效管理。

垃圾袋装化及垃圾房管理 1995年以前，社区居民使用垃圾箱。1996年，在棉花巷社区、兴隆桥社区实施垃圾袋装化，各居民区予以推广。西新街道投入30万元、惠山街道投资67万元，建固定垃圾房。配备专职保洁员加强对垃圾房日常管理。

四、社会保障

助残服务工作 1986年，3个街道对地区上的智残人员进行摸底统计，对其中一些智残儿童和精神病患者，分别采取安置措施。原西新街道于1989年分别开办残疾儿童托管班和精神病治疗站，较好地解决其家庭的后顾之忧；对有一定劳动能力的智残人员，尽可能地安排进福利厂工作，西新街道开办的“天能仪表厂”，盛岸街道开办的“开达电器厂”，惠山街道开办的“惠山五金机械厂”，使100多名残疾人员得到就业安置。2002年，西新街道在兴隆桥社居委首创“爱心编织社”，成为全区残疾人工作的示范点，2003年被评为无锡市十佳“助残先进集体”。惠山街道开展形式多样的“爱心助残”一条龙服务，项目有一二十种，使残疾人得到社会的关爱。

优抚工作 1986年，3个街道为搞好对烈军属的优抚工作，均成立服务中心，各居委成立服务小组，定期走访慰问，为他们解决具体困难。1986年，盛岸街道为地区上的军人家庭子女解决入托、入学21人，解决住房困难6户。1988年，西新街道通过各服务组为76个优抚对象上门服务146次，解决住房困难9户，解决子女入学13人，联系安排工作2人。1989年始，3个街道连续多年出资为烈军属办理财产保险。1992年，盛岸街道与惠山街道合并后，对优抚对象重新进行摸底统计，由党政领导带队，在八一建军节前，走访21户烈属、122户军家属和39位伤残退役军人，并为他们送去慰问金和慰问品。同年为优抚对象上门服务做好事451次，其中送粮、送煤120次，修理房屋12次，安排工作或调整工种8人。1993～1995年，惠山街道和解放军83124部队卫生队每年都安排近150名烈军属、伤残复退军人进行体检。1997年，西新街道、惠山街道组织拥军优属一条龙服务队，组织军烈属代表和伤残复退军人分别到太湖仙岛、苏州等地参观游览。1999年起，西新、惠山街道按照民政部门的规定，将义务兵家属的优抚金全部兑现到位。2004年惠山街道新建后，街道党工委制定优抚规定，落实优抚基金，调整充实军人家政服务中心，通过职能科室和服务网络，坚持节假日重点访，平时经常访，特殊情况突击走访的制度，及时解决优抚对象生活中的困难。

扶贫帮困和再就业 1986年，西新、盛岸、惠山街道分别对地区上的特殊困难户发放民政救济费三四百元，以缓解这些家庭生活困难。1987年，惠山街道筹集资金1.3万元，为地区的170多户贫困家庭安装自来水。1988年，西新街道成立社会福利工作委员会及社会福利基金会，向社会募集资金近万元。安排待业人员70人（其中待业青年38人，闲散劳力32人）。1991年，无锡遭受特大洪涝灾害，3个街道转移受灾居民近千人，及时帮助修复受灾房屋，开展募捐活动，将救灾钱物及时发放到受灾居民家中。1992～1995年，各居委拿出一部分经费购买食油、大米、面粉等，发送到特困户家庭。1996年，西新街道为77个困难户家庭办理一次性困难补助，补助经费2.31万元；为91户街道企业困难职工发放补助，金额1.95万元。惠山街道为2户特困户解决住房问题。1997年，西新街道发动地区上的企业事业单位开展社会救济工作，募集资金3.9万元，112个困难家庭得到经费救济。1999年，西新街道为地区上的困难户发放救助金5.05万元，开展军民共扶贫活动。驻军某部特勤连和五里新村居委挂钩，与社区的下岗职工特困家庭结对帮困。惠山街道为地区困难家庭送去粮油等食品，还发放1.19万元生活补助费。2000年六一期间，西新街道党政领导带头分别与14名单亲贫困儿童结对帮困助学，街道的一般干部也分别与36个贫困家庭结成帮困对子。惠山街道在年内为8家困难户办理最低生活保障救济金，开展“慈善一日捐”行动，募集资金1.23万元。

2001年，西新街道抓好再就业工程，对地区上失业人员进行调查摸底，为2618人办理失业登记，通过创办正规劳动组织，专场招聘会及组织技能培训等形式，广开就业渠道，使2227名失业人员走上工作岗位，就业率达67.7%。2002年，惠山街道投资3万元联合11家职介所成立盛岸群乐就业信息超市，为近百人找到就业岗位。街道劳动就业管理站全年登记下岗失业人员2487人，安置1512人，安置率为61%，登记“40～45岁”人员506人，解决就业133人。为地区上169户低保对象发放保障金5万余元。西新街道从“希望工程基金”中对贫困学生资助2.2万元。2003年，西新、惠山街道建立劳动保障所，各配备3～4名专职人员，在各社区成立劳动保障工作站，逐步完善就业保障和就业援助系统。2004年，新建惠山街道将劳动保障所改为劳动保障科，配备专职人员7人，调整和健全街道、社区的基础信息管理系统，实施跟踪服务和动态管理，登记核准低保户为269户546人，全年发放低保金79.02万元。街道为地区困难职工和贫困家庭学生发放补助金27万元，全年帮助“零就业”家庭就业和安置大龄失业人员600人。

五、社区服务

助老服务　1986年，西新、盛岸、惠山街道依托居委会，完善和拓展包护网络，对70名孤寡老人建立71个包护组，物色近200名义务包护人员，就近日常照顾孤老的生活起居和生病服侍工作。1987年，3个街道组织机关干部和青少年学生配合包护组人员为孤老服务，动员煤电、菜场、理发店、卫生院等社会力量，为包护对象上门；春节、重阳节等节日服务，为孤老送上节日礼物，为老人慰问祝寿，让孤寡老人得到更多的关怀。80年代末，西新街道建办“康复院”，惠山街道兴建的“重阳楼”、扩建“颐养院”。2002年，建成盛岸老年公寓，为近百名入院的老人提供一条龙服务。90年代起，3个街道均办起老年活动中心，各社居委也先后办起老年活动室、老年兴趣班、老年特色文体团队，组织开展形式多样的文体活动和参观游览活动，使老年人的精神文化生活更加充实。进入21世纪，街道和社区党政组织更加重视老龄工作，在地区上营造尊老爱老助老的氛围，从不同途径加大对老龄人员的福利性、优惠性照顾。

便民利民服务 1986年，西新、盛岸、惠山街道从群众需求出发，设服务网点，办好便民利民服务项目。西新街道在居委建立10个项目的修补服务队和电器修理部。盛岸街道开办的便民服务项目有饮食店、烟酒店、茶室、废品收购站、公用电话、家务劳动服务站等。1989年，盛岸街道、惠山街道、西新街道成立社区服务中心，每个居委成立社区服务站，基本健全街居二级社区服务网络。1987～1990年，各社居委兴办商副业等服务性经济实体，惠山街道在1988年新建中心饮食店、中心托儿所及新商业网点14家，副业网点11家。

1991年5月，西新街道、盛岸街道分别在李家浜居委、新惠路居委率先建立微型社区服务中心。1993年，西新街道微型社区服务中心扩展到8个，惠山街道扩展为13个；同年11月，惠山街道承办民政部教研中心召开的全国“社区建设研讨会”，有17个省市的70名代表到会。1994～1995年，2个街道的各居委全部建立微型社区服务中心，并增加投入，扩建服务用房，添置便民服务设施，完善服务内容，开展达标创优活动，涌现出一批服务达标和先进单位。1996年，西新街道《依靠社会力量，抓好社区服务》的材料，在全省社区工作会议上作经验交流。1998年起，由街道免费提供的法律援助、维权、结对帮困、助学等相继加入社区服务队伍。1999年，西新街道社区服务求助中心，增加服务项目18个，便民服务达9万余人口，被省民政厅评为省“社区服务示范街道”。2000～2001年，西新街道进行新的探索，在街道成立社区服务有限公司，各社居委将社区服务中心改建为社区服务分公司，新增社区服务志愿者200人，开展“送温暖、献爱心”“阳光行动”等一条龙服务。惠山街道投资37.85万元，扩建社区服务用房，添置服务设施。2002年3月，惠山街道建惠山街道群乐就业超市，与全市10余家正规的信息中介挂钩，为地区下岗失业人员免费提供就业信息，3年间帮助近500余人实现重新就业。2002年，西新街道兴隆桥社区成立爱心编织社，组织社区残疾人及下岗失业人员从事编织加工，创居家就业方式，民政部及省民政厅有关领导到现场参观，给予肯定。居家就业方式在全区推广。2004年惠山街道新建后，整合社区资源，创新服务内容。惠畅里社居委创办的“绿色互助家园”、惠泉山社居委开办的“民间泥人坊”、盛一社居委的“盛益棋艺苑”、五里新村的“海谊汽车服务站”、新惠路社居委的“百味书屋”等，为社区居民提供各种服务。同年，街道建立一支稳定的家政服务员队伍，上岗人员保持在100人左右，街道提供免费上岗培训及就业信息，出资为就业人员办理健康证。2005年，街道成立慈善超市，定期免费向贫困家庭发放粮油、衣被及生活必需品。街道为263户524人办理城市低保，确保弱势群体的基本生活。同年11月，惠山街道开办的“慈善超市”正式开业，筹集资金物品价值30万元，常年向辖区内的低保户、残疾人等困难群众提供免费救助服务。街道社区服务内容涉及医疗、文化、生活、维权、救助等12个大类，拥有网点152个，初步形成一个全覆盖、多方位、多层次的社区服务网络。

第四节 社会治安综合治理

西新、盛岸、惠山街道在1986年均建有综合治理领导小组。1987年，3个街道贯彻市委、市政府查禁赌博专项治理的部署，利用各种宣传阵地宣传赌博的危害性和禁赌的重要性，将这项工作纳入社会主义公德教育，纳入争创“五好家庭”、争创“模范居委”的考评，使赌博得到遏制。

1988年6月，西新街道在全区第一个成立法律服务所。盛岸街道建立厂地调解组织。

1989年，西新街道居委干部、民警、家庭组建的“三结合”帮教小组，对地区上的78名帮教对象实行分组包帮。盛岸街道组织帮教骨干到劳教、劳改场所开展帮教工作。

1991年9月，市、区工作组在西新街道开展以人头管理为重点的专项综合治理试点工作，街道成立综合治理办公室，配备专兼职工作人员；各居委建立健全综合治理小组、治保小组及护院护弄力量，扩建了专职治安联防队伍。1992年，惠山街道被评为市民调工作先进单位。1993~1994年，西新、惠山街道分别与各居委、厂企单位签订“综合治理工作目标责任书”，坚持每月一次综治工作例会、每季一次的综治工作联席会制度和年中与年末的检查考评制度，促进综治工作目标任务的落实。各责任主体还配合公安机关加强对外来人员和无业人员的管理。惠山街道在湖光新村、蓉湖新村率先实施封闭式管理。1993年、1994年西新街道被评为区“综合治理先进单位”。

1995年，各街道开展创建安全文明村、安全文明单位、安全文明小区的“创三安”活动，为创建达标夯实基础。1996年，各街道将原先的综合治理领导小组改建为综合治理委员会，下设综合治理办公室，充实调整人员。西新街道被评为市“综合治理先进单位”。

1997年，西新街道通过开展“创三安”活动，棉花巷小区、邮电新村、蓉湖庄小区建成“安全文明达标小区”；惠山街道在锡园小区，惠畅里小区完成封闭管理建设，被命名为“安全文明小区”。

1998年，西新街道建成2个区级“安全文明小区”和1个市级“安全文明小区”；

建成9个区级“安全文明单位”，5个市级“安全文明单位”。惠山街道创建5个“区级安全文明小区”，11个区级安全文明单位，1个市级“安全文明单位”。

1999年，西新街道对59名刑释解教人员和13名“六种对象”开展帮教工作，并对其中18名生活就业有困难的帮教对象帮困安置，压降重新犯罪率。

2000～2001年，西新、惠山街道在“创三安”活动中，通过完善制度措施，加强督促考评，强化长效管理，巩固“创三安”成果。

2002年，西新街道综治办和西新派出所在棉花巷等安全文明小区试行居委会、物业公司、业主委员会“三位一体”的创安管理模式，获得市综治部门的好评，予以推广。惠山街道增招专职保安25人，专职值班人员36人，同时还建有一支704名的治安志愿者队伍，投入近百万元经费修复小区围墙、围栏、铁门，增建值班室，安装监控设施，不断提高物防、技防水平，维护社会稳定。

2003年，惠山街道被市综治委命名为“社会治安安全街道”。

2004年，西新街道和惠山街道合并后，调整平安创建领导小组成员，配强配足综治办、司法所人员；壮大防范力量，充实组建一支近千人的专兼结合的防控队伍；建立由下而上的“大调解”机制，化解各类社会矛盾；80%的社居委平安创建达标。

2005年，惠山街道被市综治委命名为“社会治安安全街道”。

第五节 社区居民委员会

一、社区居民委员会建设

居民委员会挂牌办公的地方在八九十年代一般只有数十平方米，2～3间办公用房及会议室，房产权是公用房公司或房管局所有，居委每月要交纳房屋租金。进入21世纪后，区、街两级对社区建设加大投入，硬件设施配备到位。至2005年年末，每个社居委都达到“一居一房”500平方米的标准要求。

90年代，各社居委都坚持每季度一次的居务公开的规范化、制度化建设的要求，通过居务（含政务、事务、财务）公开，增加工作透明度，自觉接受居民群众的监督。至2005年年末，统一设立对外服务大厅，为居民群众开展综合性、一站式服务。

居民委员会依据《中华人民共和国城市居民委员会组织法》每3年进行一次换届选举。于1986年、1989年、1992年、1995年、1998年、2001年、2004年共进行7次。

开展争创模范居委活动。1992年开始，无锡市开展争创模范居委活动，提高居委的“三自”（自我教育、自我管理、自我服务）水平，以“十好标准”（执行政策法规联系群众好，精神文明活动抓得好，尊老爱幼青少年教育好，民事纠纷调解好，群众性治安保卫好，计划生育好，环境卫生管理好，民政工作做得好，生产生活服务好，文体活动开展好）为条件推进居委建设。至2000年年末，街道大多数居委先后被市评为“模范居委”，其中，李家浜居委连续10年被评为“模范居委”，成为无锡市“标兵模范居委”。

文明单位创建活动始于1992年，西新街道的李家浜居委、棉花巷居委、兴隆桥居委、西康路居委、蓉湖庄居委，惠山街道的惠钱一村居委、惠钱二村居委、湖光居委，分别在1992~1993年度被区政府命名为“文明单位”，其中棉花巷社居委于2002年获得省“文明小区”和省“文明社区示范点”的荣誉称号。

2005年惠山街道社居委“一居一房”建设情况表

表25-10

社居委名称	坐落地址	面积（平方米）	改扩建方式	验收时间
盛岸一村	盛岸一村99-1号	504.07	扩建	2005年12月
盛岸二村	盛岸二村106号	570.00	扩建	2005年12月
惠畅里	惠畅里53、54号	500.00	置换	2005年12月
惠泉山	上河塘53号，惠钱二弄45-102号	505.23	合并	2005年9月
新惠路	新民村199号，源康弄2号	685.70	合并	2005年12月
蓉湖	蓉湖新村23-1号	505.00	改建	2005年8月
棉花巷	兴隆苑119-101室	500.00	配套设施	2005年7月
兴隆桥	香榭丽小区3号	500.00	置换	2005年7月
五里新村	五里新村24-1号	500.00	扩建	2005年7月

二、社区居民委员会选介

棉花巷社区居民委员会　棉花巷社区东临古运河，南接人民西路，西与兴隆桥社区相邻，北与缫工路接壤。1998年6月，由东棉花巷居委、西棉花巷居委合并组建为棉花巷居委。2000年12月，改称为棉花巷社区居民委员会。2002年3月，西康路社区居委会并入棉花巷社居委。2005年，社区有常住居民户2810户、常住人口7470人。

图25-6　社区青少年“英语角”活动(2004年)(区史志办供稿)

1986～1998年，居委发挥自我教育、自我服务、自治管理的基本职能，组织居民群众参与社区的两个文明建设活动。2000年，在“创三安”（安全文明村、安全文明小区、安全文明单位）活动中，居委组织在职党员干部和退休人员中的党员、居民小组长参加夜间义务治安巡逻。居委在坚持抓好助老、助残、助优服务工作的基础上，向家政便民便利服务领域拓展，成立“小事一桩服务队”，为居民提供修车、房屋维修、管道疏通、开门开锁等10多个服务项目，通过无偿或低价的便利服务，方便居民群众。社居委一班人在抓好自身学习，利用“社区党校”“市民学校”“法制学校”等阵地，对社区党员、青少年学生、居民群众进行宣传教育，为创建学习型社区作努力。社区还注重发展建立各类特色文体团队，先后组建老年书画兴趣小组、乒乓球队、“晚霞红”腰鼓队、“群星”艺术队，开展体育比赛和展示活动，棉花巷社居委党总支被评为“社区堡垒党支部”“先进基层党组织”；居委被市连续数年评为“模范居委”，社区被市命名为首批创建文明社区示范点，“交通安全社区示范点”；先后被评为市“创安长效管理先进小区”“文明社区”“社会治安安全小区”；被省命名为“民主法制示范社区”“文明社区示范点”“社区建设示范社区”。

蓉湖社区居民委员会　蓉湖社区位于惠泉山麓、古运河畔，南邻吟苑公园，东邻蓉湖大桥，背靠锡山及锡惠公园，依山傍水、风景秀丽，有无锡“小外滩”之称。

1986年，社区分属蓉湖新村居委、蓉湖庄居委。2001年5月，由原来的蓉湖新村、蓉湖庄、惠山浜等居委合并为蓉湖社区居委会。2005年，蓉湖社区辖地面积3.8平方公里，内有蓉湖新村、后蓉湖庄、陶巷、惠山浜、百花园、陈巷、元康弄7个片区，常住居民1615户，常住人口3930人，外来人口1960人。社区范围内有厂企、饭店、茶座等各类经营户180余家。

蓉湖社区的居委干部先后开展“邻里互助”“邻居节”“敬老节”等活动，对个别特殊困难的家庭，许多居民伸出援助之手，帮助特困家庭渡过难关。1996年，街道敬老院移交居委管理后，居委组织社区志愿者与敬老院老人结对子，帮助老人理发、洗头、拆洗被褥等；社区内的青少年学生利用寒暑假，到敬老院打扫卫生；共建单位308部队汽车连的官兵为敬老院老人们服务，有人生病他们派车送往医院，逢年过节送上节日礼物。社区获得区文明社区、二星级社区、青年文明号等荣誉称号。

社区建立城管主任、稽查员、保绿、保洁员的管理维护网络，绿化美化环境，社区内宜林则植树，宜绿则种花草，发动居民骨干开展绿地认养活动，社区先后被评为“城市达标管理示范小区”“绿色人居环境社区”，被市命名为“无锡市绿色社区”。

1990年，居委建立义务巡逻队，由居委干部轮流带领8名志愿者在小区内巡查，对小区封闭管理，建2个值班室，配备专职门卫，防止居民区内的偷盗案件的发生，连续多年被区综治委评为“安全文明小区”。2004年，随着居委的合并，社区范围的扩大，社居委将治安志愿者扩大为30人，配备8名专职保安，值班巡查，小区内安装监控探头，成为“无案小区”，连续被评为“社区治安安全社区”。

2005年惠山街道社居委情况表

表25-11　　　　单位：平方米、个、人

社居委名称	坐落地址	户数	人口数	居民小组数	居委干部数
棉花巷	兴隆苑119-101	2856	7470	48	7
兴隆桥	香榭丽小区3号	3024	7644	50	6
盛岸一村	盛岸一村99-1	3524	8796	60	6
盛岸二村	盛岸二村106号	2663	7039	44	7
惠畅里	惠畅里53、54号	1976	4894	33	5
蓉　湖	蓉湖新村23号-1号	1615	3951	27	4
惠泉山	惠泉二弄45-102	1650	3274	28	4
五里新村	五里新村24-1	2207	5553	37	6
新惠路	新民村199号	1845	4892	31	4
合　计	-	21976	55468	368	53

第三章 黄巷街道

第一节 概 况

一、地情

黄巷街道东与崇安区广益街道毗邻，南与惠山街道相连，西南与山北街道隔河相望，西北与惠山区洛社镇相连，北与惠山区堰桥镇接壤。辖区内，沪宁铁路、京杭大运河横贯东西，锡澄运河纵贯南北。锡澄路、312国道、凤翔路、广石路、凤宾路、兴源北路、江海西路等主干道结成路网，水陆交通方便。

街道总面积12.17平方公里，总人口6.39万人（据第五次全国人口普查统计，其中包括外来人口）。

90年代，辖区内有市第三棉纺厂、印染厂、协新毛纺厂、第一毛纺厂、硫酸厂、电化厂、造漆厂、第二制药厂、湖光仪器厂和江苏省造船厂等大中型国有企业。

2005年，街道下辖15个村级企业事业单位：无锡市刘潭集团、无锡市第六棉织厂、无锡市恒鑫纱线染整有限公司、无锡市金辉减速机有限公司、解放运输公司、民营科技园、七织物业管理公司、化机物业管理公司、印刷物业管理公司、刘潭物业管理公司、新桥物业管理公司、华东汽车城、刘潭供销社、黄巷奶牛场、黄巷社区医疗服务中心。

2005年，街道共有教育单位15家，其中幼儿园7所，小学5所，初中1所；市属高中、职校各1所。有医疗机构10个；有新桥花园、民丰西苑、民丰北苑、五河苑、龙塘家园、民丰苑等6个安置房小区。

二、沿革

黄巷街道办事处 黄巷街道2001年前为黄巷镇，属无锡市滨湖区管辖。1978年，郊区（后更名滨湖区）调整区划，将原解放公社与刘潭公社合并为解放公社。1983年，解放公社更名为无锡市郊区黄巷乡。1999年，撤销黄巷乡，以原辖区域成立无锡市滨湖区黄巷镇。镇政府机关易地至杨木桥村凤翔路西。2001年，黄巷街道下辖13个行政村和1个村级居委。分别是惠山村、社桥村、梨庄村、民丰村、杨木桥村、五河村、高泾村、龙塘岸村、前村村、陈巷村、庄前村、刘潭村、毛巷村和红雷居委。

刘潭街道办事处 1986年12月建立，位于无锡市区北面，与黄巷镇和锡山市西漳镇相邻，由无锡市郊区管辖。至2001年，刘漳街道下辖刘潭新村第一居委、刘潭新村第二居委、刘潭新村第三居委、刘潭二村第一居委、刘潭二村第二居委、刘潭三村居委、庄前新村第一居委、庄前新村第二居委、民丰里第一居委、民丰里第二居委10个居委。

2002年1月，无锡市区划调整，黄巷镇和刘潭街道划归北塘区管辖。2004年2月撤销黄巷镇和刘潭街道，合并组建黄巷街道。经过撤村建社区和居委整合为社居委，至2005年黄巷街道下辖14个社居委。

第二节 经济建设

1986以后，随着乡镇企业的发展，黄巷乡（镇）经济从以农业为主逐步转向以工业、商业为主，经济总量和效益大幅提升。2000年，黄巷镇农工商资产总额达到10.7亿元，比1986年增长118.2%；地区生产总值13.71亿元，比1986年增长199.3%，平均年增长22%；完成工业纳税销售15.46亿元，“三产”纳税营收3.80亿元，外贸出口4.75亿元，财政收入8845万元，均比1986年有大幅度增长。

至2005年，黄巷街道农工商资产总额达到33.56亿元，比2000年增长214.5%；地区生产总值29.5亿元，比2000年增长115.17%；完成工业纳税销售74.04亿元，比2000年增长378.9%；外贸出口12.7亿元，比2000年增长167.35%；“三产”纳税营收64.35亿元，比2000年增长1005.6%；财政收入3.24亿元，比2000年增长266.3%。

黄巷街道成立前的工业结构，主要分乡（镇）办工业、村办工业（包括校办工业、福利工业、场圃工业）和私营企业。

黄巷的乡镇工业起步于50年代末，当时局限于农机修理业、服装业（使用脚踏式缝纫机）等，设备简陋。60年代初，接受城市“脱壳”产品，乡办的六织、七织、太湖染整精元线及一些村办厂。80年代以后，随着政策的放宽，乡、村开始形成自己的产品体系。1983年，黄巷乡工业总产值达到1.06亿元，成为全省第一个工业亿元乡。

2000年，黄巷镇办工业的固定资产总额为1.88亿元，职工人数4654人，实现工业销售4.56亿元，占全镇工业销售比重为32.99%。

成立街道和社区后，其镇办工业和村办工业也随之变更为街道工业和社区工业。

至2005年，黄巷街道工业的主要门类为纺织、服装、机械、轻工和化工5种。其中纺织类企业共有42家，主要产品为棉织坯布、包皮布、绢绸、防水布、毛织坯布、绒线等；服装类企业共有35家，主要产品为外贸产品睡衣套、西裤、休闲服装等8个品种；机械类企业共有27家，主要生产品种为粗纱机、细纱机、无缝钢管、针梳机等；轻工类企业共有56家，主要生产品种为钢化玻璃、保险箱、黏胶带等；化工类企业共有 25家，主要产品为轮胎粉沫涂料、塑钢门窗等。2005年，黄巷街道（镇）办工业的固定资产总额为3.86亿元，职工人数3990人，实现工业纳税销售11.29亿元，占全街道工业纳税销售比重为15.25%。

社区工业的资本原为村、社区集体所有。职工绝大多数来自本村，关键岗位及技术人才也聘请非本村人员。2005年，黄巷街道社区（村）办工业的固定资产总额为5.91亿元，职工人数为5145人，实现工业纳税销售25.19亿元，占全街道工业纳税销售比重为34.02%。

私营企业：进入90年代，集体经济开始转制，部分转为私营企业。至2005年，全街道已有私营企业159家，其中总投入超千万元的5家，纳税销售超千万元的80家。私营企业纳税销售达33.37亿元，占全街道纳税销售50.73%。

二、商贸服务业

黄巷乡是无锡市郊区最早由农民办商业的乡。80年代初，梨庄村在锡澄路办驾驶员旅馆和锡澄饭店。随后，惠山村、红五月村、实验场村、社桥村、民丰村等相继办起旅馆饭店及相配套的各项服务业。1983年，黄巷乡办起无锡地区首家“无锡市瓜果交易市场”，逐步发展成为苏南地区最大的瓜果交易中心，当时在苏、浙、沪地区有一定影响。该市场在1990年被授予国家级文明市场。1984年12月5日，市政府在黄巷乡召开发展第三产业经济交流会，充分肯定黄巷乡农民办商业的经验，动员全郊区大力发展第三产业，走农、工、商三业协调发展之路。

90年代起，第三产业得到了迅猛发展，初步形成“二街三路、十大市场”的三产发展布局。“二街”即刘潭一条街和张巷一条街；“三路”即锡澄路、民丰路和盛岸路；“十大市场”即无锡瓜果市场、华东汽配市场、统一摩配市场、利民摩配市场、无锡粮油市场、无锡副食品市场、陆氏塑钢建材市场、梦巴黎家具市场、无锡陶瓷市场、华东农机市场。2005年，各类“三产”企业达2284家，“三产”纳税营收达45.44亿。

至2005年，黄巷地区的个体工商户达2531户，总资本达1.43亿元，年营业额约3.07亿元。其门类有商业、运输、服务业、饮食业、修理业、装修业等14个门类，经营人员达15174人。

三、农副业

1986年，黄巷乡实有种植、养殖面积为7716亩。其中：蔬菜种植面积为1806亩，水产养殖面积为1351.5亩。另有乡直属奶牛场，成年奶牛饲养量400头，占地29.7亩。乡直属苗圃，主要种植及经营各类花苗、木苗。

随着城市建设征用土地，本乡（镇）的工商业发展用地以及农民住宅用地的占用，农用土地面积逐年减少。至2005年，街道种植、养殖面积减至1173.1亩，比1986年减少6107亩。其中：蔬菜面积减少809亩，水养养殖面积减少314.1亩。

1986～2005年20年间，种植、养殖模式从计划经济到“土地承包，分田到户”的政策的落实，菜农直接根据市场需求自主种植、自主经营。全年种植约20余个品种，至2005年，全乡（镇）蔬菜种植品种达80余种。

四、工业集中用地和园区建设

90年代初，由于乡镇工业迅猛发展，“铺摊子”现象突出。为节约、集约用地，引导企业规模化、正规化，并治理日益严重的环境污染问题，乡村开始建设工业集中地。工业集中地由乡、村两级统一规划，统一报批，统一建设。

乡村两级工业集中地的形成，对整个黄巷的工业经济发展起到相当重要的作用。为进一步适应经济发展，2003年，经无锡市人民政府批准，先后成立无锡市民营科技园和锡北个私招商园，前者拥有建设用地460亩，后者拥有建设用地130亩。

至2005年，民营科技园和个私招商园共引进工商企业181家（其中，工业企业82家，规模企业16家）。园区工业经济总量达5.48亿元，实现各类税收1299.55万元。

五、股份经济合作社

图25-7 市领导调研村级股份经济合作社（2004年）（区史志办供稿）

2002年9月，黄巷村级股份经济合作社首先在陈巷村试行。具体步骤是：第一步，搞好村级集体资产的清理和核实工作。在镇资产管理委员会的具体指导下，以原村办企业改制现状为基础，根据近几年的经营情况，清理核实村级集体资产，确定村级净资产。核定实有土地面积和已办理土地使用权的土地面积（土地使用权不作估价，因实际使用价值无法量化）；第二步，草拟《关于组建股份经济合作社实施意见》和《股份经济合作社章程》两个组建股份经济合作社的总纲。制定总纲时广泛征求全体村民的意见，尽可能保证其完整性、合法性和合理性；第三步，定员设股。确定户籍截止日，商定股东的基本对象和因多种原因须照顾的对象。设定人口股、贡献股和集体股（其中：人口股原则上按限期前出生的农业人口计算，并按不同类型和情况量化到人，比例为总股本的20%～30%，重点体现福利原则；贡献股原则上按16周岁至退休前的农业户身份，参加农村劳动的年限计算，量化到人，重点体现股民以劳动年限为主要依据，对集体贡献的大小，比例为40%～50%，贡献大者股份拥有多，贡献小者股份拥有少；集体股主要是解决村级日常行政及社会事业等开支，其所有权归全体股东共同所有，比例为30%～50%；第四步，筹备股东代表大会，确定股东代表大会程序。建立“三会四权”（股东大会或股东代表大会、董事会、监事会、所有权、决策权、经营权、监督权）；第五步，召开股份合作社成立大会。

股份经济合作社的建立，兼顾了村民的权益和经营者的积极性，受到村民的支持。在陈巷村股份经济合作社的试点成功基础上，村级组建股份经济合作社的工作在全镇全面推开。至2003年，全镇所有的村都相继成立股份经济合作社。

第三节 社会事业

1986～2005年，黄巷街道（镇、乡）的社会事业得到较大发展。2001～2005年，黄巷街道社会事业总投入5.71亿元。在乡（镇）、村的共同努力下，大大推进“农村城市化，城乡一体化”的进程。农民收入逐年得到提高，2000年，全镇各类分配总额为9646.65万元，人均收入9839元。至2005年，各类分配总额为11424万元，人均收入达到14097元。

一、新农村建设

按照无锡市建设经济中心城市和完善新农村建设的要求，黄巷乡（镇）以改变村容村貌为中心，落实各项新农村建设目标。配合城市道路和小区建设，引导人口适度向集镇及中心村集中，工业向园区集中，住宅向居民点集中。至2005年，全镇拆除旧房1522户，新建住宅3716套。庄前、陈巷、高泾、梨庄等都试点建设农村安居房，鼓励农民向高层式安居房集中。抓紧景点建设，加强绿化美化。全镇共建设大小景点48个，种植各类花木38万株，建造内河石驳岸17千。加强环境保护，落实环卫体系。镇村两级层层建起环境保护队伍，形成三级环卫体系，做到“花木有人管，景点有人护，街巷有人扫，河面有人清”。村民垃圾收集一律用桶装或袋装，村级有专职垃圾清理员和垃圾中转站，镇村有专用车辆，专业人员负责垃圾清运至指定地点。对乡村所辖河道实现定期清淤制度。

二、教育科技

黄巷街道原有1所中学、10所小学，通过教学资源整合，至2005年，小学合并为5所。刘潭中学成功创建省示范初中，陈巷小学通过区教育现代化达标验收，庄前、高长岸、锦锡小学通过区教育现代化工程复查。大力发展各类职前教育和成人教育。村级及街道企业干部的文化程度低于高中的，全部通过文化补习和省统一考试，达到高中文化程度。成教中心与高校联合办学，创办10个大专班、2个中专班，并举办各类培训班100期，入学和培训人数7.5万人（次）。积极抓好学龄前儿童的幼儿教育，乡级建好中心幼儿园，各村都加强投资办好村级幼儿园，重视幼儿教师资质及引进工作。2005年，适龄青年高等教育受教育率达99%。中、小学入学率达100%，中学巩固率达100%，小学巩固率达100%，中学毕业率100%，职业高中普及率达99%，幼儿教育三年普及率99%。

确立科技是第一生产力的观念，在科技进步上舍得花投资、花精力。1986～2005年，全街道共开发新产品90只，其中国家级9只，省级20只。2005年度开发新产品5只，通过新产品鉴定的13只，通过省级技术产品鉴定2只并通过国家新产品认定。在规模企业中开展ISO 9000质量认证工作，至2005年已有68家企业得到认证。注重电子商务活动，搞好企业上网，至2005年，全街道已有300家企业办好域名注册。农副业生产自1986年以后累计引进和推广100多项现代实用技术，引进和推广日本南瓜、台湾南瓜、特早茄、蛇瓜、贵妃鸡、孔雀等近30个品种。这些新品种以及应用技术的引进和推广，推动了农副业生产向深度和广度进军。加强科技人才的引进和本街道技术人才的培养工作，制定一套引进和培养科技人才的优惠政策，落实各项培训网络。1986～2005年，全街道共引进各类科技人员1020人。培养5000多名本地优秀青年和外来用工骨干。

三、医疗卫生

1986～2005年，黄巷街道（镇、乡）围绕“人人享有卫生保健”目标，突出预防保健和农行卫生重点，致力于居住环境和卫生条件改善，增强医疗保健和自我保健能力，继续巩固和提高农村合作医疗水平。70年代的郊区农村，医院疾病治疗费用相对农户家庭收入是一种较重的负担，农村合作医疗发挥了相当重要的作用。随着农村生活水平进入小康并向富庶迈进，健康长寿越来越受到重视，人们诊病治病都愿意进城市大医院，尤其是80年代后期至90年代后，农村合作医疗的原来功能随之削弱。为了适应这种形势，黄巷乡（镇）认真推广大病统筹办法，努力提高镇级医院的功能。1986年后，黄巷乡（镇）扩建和修缮黄巷医院和刘潭医院，增添20多台（套）国内外先进医疗设备，完善诊病手段，与多位专家联合办起特色门诊，提高医疗水平。与此同时，经常开展医德教育。医院深化内部改革，进一步调动医疗工作者的积极性，医德、医风有明显改善。积极做好卫生防疫工作，认真贯彻实施《中华人民共和国传染病防治法》，加强和巩固村、镇两级传染病防治网络，严格控制各类传染病发病率。2005年，辖区内儿童的“四苗”（卡介苗、糖丸、麻苗、百白喉）接种覆盖率达到100%，接种建卡率达100%。同时，每年六一节前对全镇7岁以下儿童进行体检。对辖区内饮食业、饭店、旅馆等服务业常年实施卫生监督。

计划生育各项措施得到全面实施，各项指标均达到上级考核要求。1986～2005年，黄巷乡（镇）共出生人口6137人，平均每年出生人口低于8‰。2005年，全街道计划生育率达100%，节育率达98%，服药有效率达95%。为了做好外来人口的计划生育工作，各企业与村专门对外来育龄妇女建档设卡，及时掌握信息，及时与育龄妇女的户口所在地保证信息畅通，使计划生育工作得到落实。

图25-8 社区青年志愿者服务活动(2004年)(区史志办供稿)

四、民政保障

自1986年起，以乡为单位实施农民统筹养老制度。养老基金由个人缴纳和集体缴纳两个部分组成，集体缴纳比例为71.4%，个人缴纳比例为28.6%。自1992

年起，各乡养老基金上缴区，实施区级养老统筹。2003年，又上升到市级。农民实施统筹养老，退休农民同城市企业退休职工一样享受养老金，为农民解决后顾之忧。落实民政对象保障和最低生活保障制度，对于特困户等民政规定的保障对象和低于市规定最低生活水平的贫困户，乡村两级都建立基金，按户进行发放，保证这些困难户的生活水平不低于最低生活水平线。积极创造条件，办好各种福利企业，发展残疾人事业，安置残疾人员上岗，"四残"人员安置率达到100%。1997年，黄巷乡在毛巷村建成乡敬老院，对全乡的"五保老人"在自愿的基础上落实赡养。自1972年起实施义务兵家属的优抚政策，1986～2005年，全街道共发放军属代劳工资额253.24万元（发放标准为同年的全乡劳均收入），并做好177名退伍军人的安居工作。

五、文化体育

1986～2005年，黄巷街道（乡、镇）共举办6届农民运动会，并办好多届消防运动会。组织参加市、区举办的各届农民运动会。在篮球、棋类、乒乓、拔河等多个项目上有优势。在区历届农民运动会上总分始终保持在前三名。累计举办"家庭演唱大奖赛""迎春军民联欢会""乡文艺汇演"等40多次。各村都建立文化活动中心，建立锣鼓、舞蹈、戏剧等多种特色团队，活跃了村民的业余文化生活。

图25-9　群众性广场文艺活动(2004年)(区史志办供稿)

第四节　社会治安综合治理

80年代，黄巷镇就建立社会治安综合治理领导小组，贯彻综合治理方针，指导基层及各企业事业单位搞好安全保卫工作，配合、支持公安部门打击各种刑事犯罪，维护社会治安。

2002年，黄巷镇划归北塘区后，黄巷的镇村二级综合治理网络队伍得到进一步加强和完善。在综合治理领导小组领导下，派出所牵头组织综合治理专职队伍；各村（社区）由分管户籍民警和村治安专职干部牵头，组织以志愿者为主体的护村、护厂队伍。全街道共有综合治理专职队伍124人，综合治理兼职队伍628人，志愿者组成的护村、护厂队伍1045人。其中，专职队伍由派出所负责考核及发放工资、津贴和奖金，经费在街道综合治理专项经费中列支。村级兼职队伍由村考核并发放补贴。护村、护厂队伍平时不发津贴，在季度及年终进行评比考核，对获得先进者实施奖励。

有条件的村（社区）还探索实施封闭化管理。陈巷村、高泾村居民居住相对集中，通过建围墙、设道口和建自动式栅栏门，使整个村（社区）形成一个封闭式状态。白天，所有道口对外开放，夜间在规定时间后，除进入的主通道外，一律实施封闭式管理。他们将征土失地农民组建成一支村级保安队伍，加强道口守护及夜间巡防，增强居民居住地安全，有效地防止流窜犯罪案件的发生。

图25-10 农民公寓（2004年）（区史志办供稿）

健全综合治理目标责任，确保单位的平安创建工作融入创建平安社会的大环境。街道综治、司法、联防、调解、信访等部门互相配合，发挥联动作用。坚持街道领导和中层干部接待日制度，做到上访、信访次次有答复，件件有着落。各村（社区）设专职调解员，调解居民中婚姻、继承、抚养、赡养、邻里、房屋、债务等产生的各项矛盾。在街道、社区两级的努力下，长期保持纠纷调解率100%，成功率达95%。

2000年后，黄巷街道的外来人口达到了3万余人。街道建立“以块为主、条块结合”的管理网络，摸清底细，登记用工单位外来人员情况。组建户口协管员队伍，对私房出租进行规范管理，与出租房的甲方签订责任状。组建外来人员管理网络，完善外来人员所需的服务，建立定访制度，外来人口办证率达100%。进一步做好专项治理和群防群治工作，有效地控制各类案件的发生和消除不安全隐患。重点做好邪教人员的帮教工作。街道与村（社区）相继成立关工委（关心下一代工作委员会），认真落实各项措施，预防青少年犯罪。完善学校、家庭、社会“三结合”的工作机制。对辖区内的“网吧”等实施有效地管理，对个别痴迷于“网吧”的青少年，特别是少年儿童实施有针对性的帮教。健全了治安巡逻队昼夜巡逻活动，有效地防止流窜作案的发生。

第五节 社区居民委员会

2005年12月，黄巷街道开始组建社区，将原有的村及居委会合并组建成18个社区居民委员会：惠山社区居委会、社桥社区居委会、梨庄社区居委会、民丰社区居委会、杨木桥社区居委会、五河社区居委会、高泾社区居委会、前村社区居委会、庄前社区居委会、刘潭社区居委会、刘潭一村社区居委会、刘潭二村社区居委会、民丰里一村社区居委会、民丰里二村社区居委会、陈巷社区居委会、王巷社区居委会、龙塘岸社区居委会、试验场社区居委会。部分社区居委情况简介如下。

惠山社区居委会 位于街道西南部，与锡惠风景名胜区相邻，2005年人口3704

人，面积1.1平方公里。由原惠山村及红五月村合并组建。2005年工商两业纳税销售5.72亿元。较具规模的企业有南方热处理工程公司和无锡市新惠玻璃厂。境内有属中国人民解放军总参谋部的原308科研机构及属海军部队的湖光仪器厂。

社桥社区居委会　位于惠山社桥东南，吴桥西北侧，由原社桥村和红雷居委合并组建。2005年人口6362人，面积0.8平方公里。工商两业同时发展，以商业为主。2005年工商两业纳税销售2.42亿元。较具规模的企业有社桥农贸市场、无锡市昌盛房产公司。原无锡国棉三厂、无锡印染厂和无锡第一毛纺厂及中国人民解放军第101医院在境内。

五河社区居委会　位于京杭大运河东北侧，西南与山北双河社桥隔运河相望，由原冯巷村与五河村合并组建。2005年人口3387人，面积0.3平方公里。工商两业同时发展，以工业为主。2005年工商两业纳税销售5.06亿元。较具规模的企业有无锡派安混凝土工程公司和陶瓷市场。无锡协新毛纺厂在境内。

梨庄社区居委会　位于街道南端，北栅口立交以北。2005年人口2210人，面积0.6平方公里。经济以商业为主。2005年工商两业纳税销售18.46亿元。较具规模的企业有海兴大酒店和兰州铝业驻无锡分公司。辖区内天鹏食品（无锡市食品公司）在无锡肉类供应及周转上居主导地位。

民丰社区居委会　由原民丰、试验场两村合并组建。2005年人口1885人，面积1.2平方公里。工商两业同时发展。2005年工商两业纳税销售5.49亿元。较具规模的企业有陆氏塑胶、民丰大酒店等。区域内原来的村（居）民住宅在市统一规划下，于90年代后期开始陆续搬迁改造，至2005年，大部分民居已拆迁。

杨木桥社区居委会　位于街道中部，铁路沪宁线以北，是街道行政服务中心所在地。2005年人口1974人，面积0.5平方公里。经济发展以工业为主。2005年工商两业纳税销售3.42亿元。

高泾社区居委会　位于街道西部，由原高泾、瓦屑坝两个村合并组建。2005年人口2302人，面积1.6平方公里。经济以工业和房产开发（与北塘房产公司合作）为主。2005年工商两业纳税销售2.85亿元。从2002年开始，通过土地入股等方式，与市教育部门合作，筹建无锡市北高中和无锡旅游职中，成为农村办文化事业的一个亮点。2005年，又开始在龙塘岸，开发富城湾房屋住宅。

前村社区居委会　位于街道东北，与惠山区堰桥（西漳）镇及东北塘镇相邻。由原前村、南街两个村合并组建。2005年人口2683人，面积1.8平方公里。经济上工业和商业共同发展。2005年工商两业纳税销售13.09亿元，较具规模的企业有无锡市南街泡沫塑料厂和金桥副食品市场、梦巴黎家具市场。市化工集团公司在境内。

庄前社区居委会　位于陈巷社区以西。2005年人口2669人，面积1.8平方公里。属以工业为主、工商两业同时发展的社区，并有小部分农副业生产。2005年工商纳税销售3.72亿元。

刘潭社区居委会　位于庄前社区以西。2005年人口3171人，面积0.6平方公里。属工商两业合成发展的社区，并有小部分农副生产。2005年工商两业纳税销售9.22亿元。较具规模的企业有无锡市振达钢管厂和第七纺机厂。振达钢管厂将企业办到无锡市石塘湾、苏北淮安和湖北武汉。刘潭农贸市场是该社区的一大经济支柱，以该农贸市场为依托形成任钱路商业街。

刘潭一村社区居委会　位于陈巷社区与刘潭社区之间，任钱路南北两侧。2005年人口4370人，面积0.3平方公里。于2005年10月新建，原为刘潭一村居民委员会，新建时并入刘潭三村部分区域。

刘潭二村社区居委会　位于陈巷社区与刘潭社区中间，任钱路北侧。2005年人口3711人，面积0.4平方公里。于2005年10月新建，原为刘潭二村居民委员会，新建时并入刘潭三村部分区域。

民丰里一村社区居委会　位于民丰社区西南侧，沪宁铁路北侧。2005年人口3493人。于2005年10月新建。

民丰里二村社区居委会　位于民丰社区及民丰路北侧。2005年人口2324人。于2005年10月新建。

2005年黄巷街道社区居民委员会情况表

表25-12　　单位：人、平方公里

社居委名称	地　址	人 口	面积
惠　山	通盛路孙巷108号	3704	1.10
社　桥	凤翔南路黄巷上521号	6362	0.80
梨　庄	锡沪西路1号	2210	0.60
民　丰	凤宾路新桥花园50号-1	1885	1.20
杨木桥	民丰路民丰北苑68号	1974	0.50
五　河	丽新路庵头桥19号	3387	0.30
高　泾	江海西路黄巷立交高泾社区李巷1号	2302	1.60
前　村	锡澄路通达桥西前村185号	2683	1.80
庄　前	锡澄路2号桥西侧任巷135号-1	2669	1.80
刘　潭	广石路东大岸288号	3171	0.60
刘潭一村	任钱路刘潭新村115号	4370	0.30
刘潭二村	任钱路刘潭二村59号	3711	0.40
民丰里一村	凤宾路民丰里44号	3493	0.30
民丰里二村	民丰路民丰家园26号	2324	0.10
陈　巷	任巷135-1号	2473	1.20
毛　巷	锡龙路南毛巷新村附近	2054	1.50
龙塘岸	老朱巷	1858	1.21
试验场	试验场村后社桥1号	2000	1.50

第四章 山北街道

第一节 概 况

一、地情

山北街道原名山北镇（山北乡），因地处惠山北麓，故名。

山北街道东以惠峰路为界，与黄巷街道红五月村、惠山街道盛岸二村、三村相邻；南倚惠山，与滨湖区河埒街道龙山村相隔；西与惠山区钱桥街道钱桥、晓星、胜丰村毗邻；北临古运河，与惠山区洛社镇梅泾村，北塘区黄巷街道冯巷村隔河相望。辖区面积10.71平方公里，其中陆地面积10.29平方公里，占96.08%；水域面积0.42平方公里，占3.92%。地势南高北低，略显倾斜。除了红光、宪丰两个沿山村受山脚穹隆背斜地质构造影响，有少量台盘田（当地人称为笠帽顶）以外，大部分地势低洼。

辖区主干道有三纵三横：纵向有石门路、钱皋路、会岸路，横向有江海西路、惠泉路、盛岸路，有近20条公交线路通过辖区。主要河流有大运河山北段、沿山河、赵家浜、双河。

2005年，街道下辖村级企业事业单位有山林业管理站、畜牧兽医站、农机水利站、金山北工业园区、二泉公园、社区医疗中心等。驻区单位有教育单位7所，其中初中2所，小学2所、幼儿园2所、职校1所。有医疗机构1个，养老机构3个。有革命烈士陵园1座。辖区内大中型国有企业有无锡小天鹅销售有限公司等。2005年，街道共有惠峰、惠华、惠龙、龙西、惠东里、双河、惠泉、二泉花园等8个住宅小区。

二、沿革

山北街道办事处 1950年7月，建立山北乡，属无锡市第六区人民政府领导。1956年3月，辖区属无锡市郊区会龙乡人民政府领导，1958年4月，属无锡市郊区黄巷乡人民政府领导，1961年1月人民公社化运动中组建山北分社，隶属无锡市北塘人民公社领导，1968年改名为山北公社革命委员会，1983年改称山北乡人民政府，隶属无锡市郊区人民政府领导，1999年7月，撤乡建镇，属无锡市滨湖区所辖，2002年3月从滨湖区划入北塘区。全镇共有8个村，纵贯全境中心的双河，把山北镇分南北两片，南片辖红光、宪丰、新华、会龙4个村，北片辖双河、红星、会北、会西4个村，共有67个村民小组（即生产队），6501户，16056人。其中农业人口2058户，

4695人（其中男2059人，女2636人）；非农业人口4443户，11361人（其中男5742人，女5619人）。暂住人口1054户，8518人（其中男5537人，女2981人）。

2004年2月，撤销山北镇与惠龙街道，合并组建山北街道。组建的山北街道位于石门路8号。原山北镇的8个行政村全部改为社区居民委员会，惠龙街道所辖的居委整合为6个社区，新组建的山北街道共辖14个社区，分别是红光社区、宪丰社区、二泉社区、会龙社区、双河村社区、红星社区、会北社区、会西社区、惠峰社区、惠华社区、惠龙社区、龙西社区、惠东里社区、双河社区。2005年10月新增惠泉社区，全街道共有15个社区居委。自2004年撤镇建街道后，原山北镇的2058户农业户全部转为居民户，4695个农业人口全部转为城市居民。2005年，全街道共有常住居民户24724户，常住人口65922人，外来人口22575人。

惠龙街道办事处　1985年7月由北塘区组建，位于北塘区西部，与山北镇部分村区交叉，西与锡山市钱桥镇相接。2004年2月撤销，所辖社居委全部并入组建的山北街道。

第二节　经济建设

解放初期，山北乡以农业（种植粮食）为主。60年代，社队企业从零开始，先后办起6家小型工厂。80年代起，农业生产改为粮菜并举，畜禽生产迅速发展，同时乡村企业异军突起，集体商业也迅速发展，经济结构发生巨大变化，乡村工业在经济中占主要地位，逐步形成以工业为主体，农副商各业为辅的经济发展体系。90年代开始发展私营企业，农副两业在城市建设、征地拆迁中逐步萎缩。

2002年，山北镇划入北塘区，同年完成国民生产总值11.9亿元，完成工业纳税销售25.11亿元，三产纳税营业收入1.36亿元，完成国、地两税总额1.01亿元。2004年，撤镇建街道，加快经济结构调整步伐，传统乡镇经济向都市型经济转变，工业退城进园，三产快速发展。2005年，完成地区生产总值35.18亿元，完成全部纳税销售收入182.03亿元。

一、农副业

山北乡（镇）土地肥沃，气候适宜。1986年，全乡种植三麦面积425.5亩，水稻面积892.9亩，蔬菜面积2260亩，鱼池面积1117亩。有水产、畜禽养殖场9个，生猪年产量达到1.7万多头，名列郊区前茅，山北的无公害大米、水蜜桃、鲜鱼等产品在外界享有声誉。1995年后，由于城市建设征土，耕田面积逐年减少。2002年区划调整后，城市化进程加快。至2005年，山北街道农田全部被征用。

二、乡镇企业

从60年代初开始至1966年，山北乡先后办起小造船厂、小农具厂、服装厂、味精厂等，局限于加工、修造业务。中共十一届三中全会以后，乡镇企业迅速发展。至

80年代初，先后办起乡办企业22家，村办企业55家。乡村企业主要门类涉及机械、纺织、轻工、化工、电子、造纸、建材、食品。1984年起，重点发展轻纺、电子、建材、建筑、食品和饲料加工业。至1986年，全乡务工人员达7508人，占全乡劳动力的84%，乡村二级工业产值达1.33亿元，占农工商总产值的96.2%，商业销售1219万元，成为全市较早的工业产值超亿元乡之一。

90年代，实施产权制度改革，全镇私营经济迅猛发展，村级经济的格局发生变化。到2000年年末，全镇私营企业达210家，纳税销售总量超4亿元。2000年，山北镇完成纳税销售15.67亿元，其中工业纳税销售13.17亿元，“三产”纳税营收2.5亿元，全镇财政收入4900万元。

1999年，山北镇建立规划面积2.4平方公里的金山北私营经济园，设立招商引资办公室，为全镇经济的持续发展奠定基础。

2005年，全街道共有工业企业324家，完成工业纳税销售88.96亿元（其中街道级30.15亿元，村级31.65亿元，私营工业园26.16亿元）。完成财政收入2.85亿元，上缴国税1.37亿元，地税1.48亿元。

三、工业园区建设

始建于1999年的山北镇金山北私营工业园区，规划面积2.4平方公里，东至钱皋路，南至312国道，西至滨湖区钱桥镇，北至京杭大运河。首批入园企业198家，产业结构以金属材料、金属制品、精密机械、纺织、电子等为主。2001年，园区被市政府定为市重点开放产业园区。至2005年，开发面积1200亩，引进企业总数达380家，其中工业企业248家，商业企业132家，吸纳职工6800人。园区主要发展金属材料、金属制品、精密机械等产业，为生产、销售、仓储一条龙的生产性服务业集聚区。2005年，园区完成纳税销售54.34亿元，实现税收7615万元，分别占山北经济总量的35%以上。

四、第三产业

1980年年末，红光村开始兴办三产，首先办起拥有272张床位的红光旅社。以后，又相继办起饮食店、副食品店、工业供销经营部。1984年，新华村办起综合商店和石门旅社。1984年，成立惠泉商业旅游公司和会华商业服务公司，为发展旅游业和乡镇工业服务。至1986年，全乡有36个集体商业网点，从业人员452人，营业额突破千万元。90年代，大力发展第三产业，沿街破墙开店，逐步形成石门路商业一条街和勋民小百货商业街为主的山北商业区，建成山北市场。同时，房地产、中介服务、信息服务等服务业兴起。进入21世纪，以现代服务业为主导的“三产”快速发展，通过开发地块，招商引资，易初爱莲商业集团在山北开办连锁超市，白金汉爵大酒店开张，惠泉农贸市场易地重建，一批大项目相继落地。2005年年末，全街道有三产企业500多家，其中规模以上60家，年营业额千万元以上66家，全年完成三产纳税营业收入94.08亿元（其中街道级35.72亿元，村级30.21亿元，私营工业园28.14亿元）。

五、股份经济合作社

2003年4月，山北镇首先在新华村和会北村建立村股份经济合作社。同年下半年，全镇其余的村（会西村、双河村、宪丰村、红光村、会龙村、红星村）都相继建立村股份经济合作社。股份经济合作社的组建方式参照黄巷镇的模式实施。

图25-11 村级股份经济合作社(2004年)(区史志办供稿)

第三节 社会事业

一、新农村建设

2000年起，制定新农村建设十年规划，确立跨村建设新村点的方案，按照新农村建设的要求，一方面着力改变村容村貌，另一方面以城市化为背景，对城中村施行连片改造，加快安置房建设，鼓励住宅向居民点集中。同年，全镇历史上第一个跨村域新村示范点——双河村与会北村合建的塘泾中心村启动。同年，红星村通过市“三镇十村”绿化评比验收。

2000年开始，红光村先后在庄巷、郑巷、许巷等地投入160多万元进行自来水安装翻修、改道。2002年，新建道路1.83万平方米，铺设下水道5200米，翻新自来水管8050米，自来水增容244户，绿化面积1.9万平方米，新增景点2个。2004年，会岸路和新惠路骨架道路建设开工，完成庄前路、双河二村、朱巷徐巷路、东泾支路等背街小巷的整治工作，山北地区的路网条件进一步完善，农村环境面貌进一步改善。

2003年，开发第三织布厂、中心小学、农贸市场等地块，同时完成惠麓苑一期1.5万平方米安置房。2004年，上市推介红星养殖场、西泾河、宪丰盛岸路与钱皋路交叉地块，又续建4幢安置房。至2005年年末，全街道共拆除老村住宅88户。

在城市化过程中，社区管理紧紧跟上。2005年，街道投资100多万元建设行政事务受理中心、社区服务中心，16个社区均建立老年服务中心。

二、文化体育

2004年2月，惠龙街道与山北镇合并成立山北街道后，所属文化站亦合并成立山北街道文化站。至2005年，街道共有14个社居委文化室、文化站和寿星乐园等文化阵地，室内活动面积5593平方米，室外活动面积7591平方米，室内健身器材63件，健身路径26套，图书馆藏书11.42万册，社区体育指导员27人，特色文体团队26支。

街道经常开展群众文艺活动。2004年5月，山北街道举办社区家庭艺术节，有家庭风采展示、中老年时装表演、家庭花卉盆景展示、收藏品展览、书画展览等。2005年9月，街道举办首届群众文艺汇演。

1986年4月，山北乡举行首届农民运动会，共有18个村、18个厂企单位750人参加。1991年起，每年元旦举办山北地区长跑活动。在2001年举办的“军民携手迈进新世纪”长跑活动中，有800多人参加。积极组队参与市区各项体育比赛，2004年在北塘区第十届运动会上获得老年组总分第一名、成人组总分第三名，广播操表演一等奖，街道获得最佳组织奖。同年，参加市第九届运动会大众体育项目比赛，获先进集体称号。2005年，街道组队参加市健身长跑活动，举行健身路径等6项比赛，获市优秀组织奖。

三、教育

90年代，山北镇设有中学1所（山北初中），小学4所（山北中心小学、严家棚小学，北庄小学、社岗小学），幼儿园1所（山北中心幼儿园）。1990年，山北中心幼儿园评为区二类幼儿园。1991年，山北中心小学通过无锡市九年制义务教育达标验收，山北初中创建省示范初中。1994年，启动教育现代化工程。2002年，镇政府投资4200万元，提供区位最好的75亩土地，易地重建山北中心小学，新校区按照省教育现代化标准配置，占地43355平方米，建筑面积17748平方米，总绿地面积17650平方米，学校具有一流教育设施，建有现代化教育大楼4幢、综合大楼1幢、电教图书大楼、体育馆和餐厅。教学区内设教室60个，均安装电视摄像头、广播音响、闭路电视、网络接口及多媒体设备。活动区内有室外篮球场4片，300米塑胶环形跑道，各类体育运动器械配置齐全。配有专用教室、学术报告厅等。学生上学有校车接送。2002年年末，学校通过省实验小学的验收。2003年9月迁入新校区，严家棚小学、北庄小学并入。2003年11月，更名为无锡山北实验小学。至2005年，街道全面实行高质量、高水平普及九年制义务教育。

街道建立青少年社区教育委员会，至2005年，15个社居委都建立相应的社教委组织，加强对青少年的教育，特别在寒暑假期间，有计划、有针对性地把青少年组织起来，开展思想品德教育活动、文体活动和社会实践活动。

四、卫生

1958年，山北地区建立山北公社卫生院，1993年通过验收成为全市首家一级甲等医院，1996年被无锡市劳动和社会保障局批准为“无锡市职工医疗保险定点医疗机构”。2004年2月撤镇建街道，街道投资88万元，在山北镇医院基础上建立山北街道卫生院。至2005年年末，山北街道卫生院已成为一所拥有6800平方米建筑面积，85名职工，99张床位，开设预防保健科、内科、外科、妇产科、儿科、妇儿保科、耳鼻咽喉科、眼科、口腔科、皮肤科、中医科、消化科、泌尿科、血液科等10多个科室的综合性街道卫生院。

山北街道社区卫生服务中心下设会西、会北、双河、宪丰、红星、会龙、新华、红光8个村卫生室。每个村卫生室配备2名以上乡村医生。2004年6月，56名乡村医生通过省卫生厅验审的乡村医生注册。2005年，山北街道社区卫生服务中心与部分卫生室进行资源整合，村卫生室整合成惠龙、二泉、龙西、会北、会西5个社区卫生服务站。同时，根据就近方便原则，对社区内的卫生服务中心和社区服务站进行包片划分，为居民提供便捷有效的保健服务和基础医疗服务。

1969年起，山北乡（镇）实施合作医疗，由乡政府统筹办理，即采用“乡办合作医疗制度”。合作医疗基金由乡、村、个人三方筹集，由乡统一管理，统一核算，享受范围和标准由乡政府统一制定，个人交纳5元，生产队承担120元，超出部分由乡政府负担。1986年起，开始实行“村办乡管”的医疗合作制度，其中1986~1992年，村民就诊采用记账单的形式，发生的医疗费用年终由卫生院向村委收取。1993~2005年，村民就诊采用“看病包干”的形式，即根据各单位的经济情况，村民享受每年每人60~120元不等的医疗费用。1999~2005年，实行“大病住院统筹报销”制度，村民在自愿的前提下，每人每年缴纳50元，由乡政府爱卫办负责建立相关制度，一次性住院费用3000元以上为大病住院的标准，根据病种确定不同的报销额度，上限为2万元。山北乡（镇）政府1999年用于大病补贴的资金为10万元，之后每年递增2万元增加补贴额度。

结合创建国家卫生城市，坚持开展爱国卫生活动。宣传普及科学除害防病知识，加强除四害专业技术指导，根据不同季节针对性开展除四害活动，街道爱卫会与辖区单位签订消杀服务协议，开展监测查螺等活动。

五、社会保障

1986年始，实施农民养老金制度。1995年，街道成立老龄工作委员会，各社区建立老龄工作领导小组。2005年，对所有农民小集体退休人员每月增加120元退休补贴。已达到或超过退休年龄，从事过农业生产或集体劳动的人员每人每月各享受319元生活补贴。

2004年始，逐步实现农民社会保障与城市居民社会保障的接轨。同年，街道筹措4970万元资金，为998名失地农民办理市民社保手续。2005年，最后220名农民进入城市社保网，率先在全市涉农街道和乡镇中解决农民转为市民的社保接轨。

1999年，街道成立残疾人联合会，各社区成立残疾人联合会。全街道有福利企业2家，安置残疾人15人，安置率100%。2004年，福利企业转制，残疾人生活由街道负担，每人每月发放生活费500元。1985年10月，乡建立占地面积6.2亩，建筑面积952平方米的老年活动中心（敬老院），与此同时，各村建立老年活动室。至2005年，社区共有老年活动室19个。

街道成立再就业领导小组，推动就业和再就业工作。2004年开发岗位2000多个，安置失业人员1800多人。

街道建立总额达1000万元的“帮困基金”，对患大病的困难家庭进行补助。

六、社区服务

2005年，街道建立行政事务受理中心、社区服务中心。行政事务受理中心，为退岗、失业人员提供咨询、政策解答、手续衔接、就业指导等服务。社区服务中心把着力点放到群众需求、社会效益和经济效益上，为居民提供疏通服务、卫生消杀服务、家居养护服务、家政服务和物品置换服务等。同年，街道积极开展社区服务创特色工作，有放心家政服务、“好又廉”置换中心、法律维权站、精神陪护、残疾人示范社区等。放心家政服务组织29名待业人员参加区级家政培训并取得合格证书，为46名家政服务人员办理健康证，“好又廉”置换中心全年置换品种259种，5748件，精神陪护新增23对老人参加签约，有5个社居委设置无障碍设施，惠峰社居委建成省残疾人示范社区。

七、文明社区（村）建设

90年代初开始，山北乡常年开展创建文明卫生村和创建“五好家庭”“十星级文明家庭”活动，创建工作与党员责任制、中心户学习及“朝阳工程”相结合，精神文明活动深入千家万户。1998年，红光村被评为区“五好”文明家庭工程创建活动先进集体。2000年，7个参评村全部达到文明卫生村的标准，红星村通过省级验收。

图25-12 北塘区“撤村建居”工作(2004年)(区史志办供稿)

2004年，街道评选出文明楼组254个，评选出五好文明家庭15886户（其中社区11267户，“村级十星级文明家庭”4619户)。

2005年起，根据市、区关于社区建设的意见和精神，街道加强硬件建设和服务软件建设，积极开展争创“星级文明社区”活动。

第四节 社会治安综合治理

从80年代后期开始，乡成立社会治安综合治理工作领导小组，下设办公室，负责开展综合治理各项工作。2003年，山北镇启动创建平安山北工作。2004年，街道制定《山北街道2004年社会治安综合治理总体规划》和《山北街道2004年平安创建活动实施意见》，并与各村（居）委、辖区60多家单位签订责任书。以争创社会治安安全街道为总目标，着力开展“建设平安山北”活动，加强综治组织建设，落实创建措施，有23人在街道、社区、村专门负责创建工作。坚持“四会”制度，每半年召开辖区单位会议，每季度召开综治委成员会议，每月一次综治办工作例会，每周一次村（居）委治保主任排查会议。构建防控体系，强化基础防范。街道投资40万元建设石门一条路、金山北工业园区、双河新村技防设施，达到人防与技防互补。2005年，在16个居（家）委、辖区60多家企业事业单位建立社会治安综合治理网络，健全治保会、调委会组织机构，辖区内共设警务室16个，辅警104人。率先在全区成立保安中队，配备专职保安100人。同时，还建立群防群治组织体系，扩大志愿者队伍，8个行政村有志愿者406人，各社区有志愿者650人。全街道建立14个人民调解委员会，各居委（村）建立规范的调解室，在民营企业、农贸市场、外来人口集中地设立调解点，全年调解各类纠纷171起，调解率100%，成功率100。红光社区被评为区“安全文明社区”，联防队被评为市、区优秀联防队。2004年，街道被评为市社会治安安全街道。

第五节 社区居民委员会

2004年2月，惠龙街道与山北镇合并后，全街道共有6个社居委、2个家委会和8个村委会。2005年，街道进行撤村建居和社区换届选举工作，原山北街道8个村民委员会改为社区居民委员会，全街道共有15个社区居民委员会。

惠峰社区居民委员会　2003年前，先后由风泉、珠帘、光明、龙泉、惠峰5个社区撤并而成。社区位于惠山之麓，东临盛岸新村，西南与红光村相邻，北至山明中学。社区总面积0.56平方公里，有167幢居民楼，常住居民户3291户，常住居民8521人。社区内有中学1所，幼儿园1所。社区成立后，积极投入创建文明和谐社区活动，努力抓好社区服务、社区文化、社区综治和社区环境卫生活动。有特色楼院12个，文明楼院70个，五好家庭310户。社区先后获得省社区建设示范社区居委会、省示范社区、市园林式住宅小区、市人民调解先进集体、市志愿者先进集体、市堡垒党支部、市科普文明社区等荣誉称号。

图25-13　开展创建“和谐社区”活动(2005年)(区史志办供稿)

惠华社区居民委员会　1998年由新华、惠华居委合并而成，2003年又与石门居委（石东、石西合并而成）合并组成惠华社区居民委员会。2004年，珠帘居委一部分又划入惠华社区。社区位于惠山三茅峰北麓，东至惠峰路，南邻惠峰新村，西至石门路，北至新惠路。总面积1.28平方公里，有150个居民小组，住户2743户，人口7403人。社区内有职业学校、培智学习各1所。社区积极开展文明户、文明大楼和五好家庭创建活动，组建合唱队、健身队、太极剑队、乒乓队等特色团队。社区成立后，先后获得市安全文明小区、市社区建设示范社区等荣誉称号。

惠龙社区居民委员会 由龙山、勋民、建新、白云和锡航5个居委合并而成。社区东与惠山街道相邻，南靠石门路，西与会龙村社区、龙西社区和二泉社区接壤，北至会龙谈巷。社区面积1.7平方公里，常住居民3394户，常住人口8600人。社居委先后获得省法律援助先进集体、市科普文明社区、市社会治安安全社区、市堡垒党支部、市老干部社区服务示范点和市残联人工作星级社区荣誉称号。

惠泉社区居民委员会 2005年10月成立。社区东至石门路，南至惠钱路，西至小天鹅乐园、恒园，北临盛岸路。社区面积1.85平方公里，有64幢居民楼，常住户2086户，人口6883人。社区重视环境、治安、志愿者队伍建设，绿化面积达9万平方米，绿化率达48.7%。社区建有合唱团、腰鼓队、太极拳队，共140多人。社居委先后获得市园林式居住区、市无违法建设先进社区、市绿色社区、市卫生社居委等荣誉称号。

惠东里社区居民委员会 1996年成立。社区东至京杭运河，南至新惠路，西至石门路，北接京杭大运河、312国道。社区面积0.03平方公里，共有73幢居民楼，1296户住户，3600余人。社区先后获得市堡垒党支部、市绿化优胜小区等荣誉称号。

双河社区居民委员会 2003年成立，由双河一、双河二、双河三、双河四4个居委会合并而成。位于江海西路山北段两侧，东至石门路，南临双河，西至西泾路，北至江海西路。社区面积0.21平方公里，有158幢居民楼，2935户住户，近8000人。社区积极开展争创文明户、文明楼院、文明小区活动，有志愿者68人。

龙西社区居民委员会 2001年，由原龙西一居委、二居委、三居委合并组成。社区地处无锡惠山北麓，东靠会龙社区谈巷，南至盛岸路，西临无锡小天鹅公司合资工厂，北至惠龙新村。社区占地面积1.08平方公里，共有126幢居民楼。常住户2153户，常住人口6000余人。2002年更名为龙西社区居民委员会。社区设有警务室、图书室、老年活动室、老年精神陪护室、计生示范室、健身房、电脑房等，社区有一支70多人的志愿者队伍，有4支文体团队。社区订有环境保护公约，大力净化、绿化、美化环境。开展创建文明社区活动，文明楼院达70%以上，五好文明家庭达90%。社区党总支下设3个支部，6个党小组，有党员141人。2003年以后，社区先后荣获区文明社区、区绿色社区等称号。

红光社区居民委员会 2004年由原红光村撤村建居。社区位于惠山风景区，东靠惠山北麓，南为无锡市国家森林公园，与惠山街道惠畅里居委相连，西与山北街道宪丰社居委、惠泉家园小区为邻，北与惠山街道盛岸二村居委、山北街道惠峰居委相连。有3个住宅新村，11个居民小组。常住户1527户，人口4096人。1983年设村，

2003年成立股份经济合作社。历年重视村镇建设，改善村容村貌，积极开展创建文明家庭活动、双拥活动，抓好文体活动，做好综合治理工作。

宪丰社区居民委员会 2004年由原宪丰村撤村建居。社区位于惠山北麓，山北街道西南角，东与山北街道惠泉社区相邻，南至惠山山巅，西与惠山区钱桥街道钱桥村相邻，北与山北街道红星、会龙村社区接壤。社区占地面积1.41平方公里，有6个居民小组，常住户770户，常住居民2000多人。盛岸路、钱皋路、惠钱路穿境而过，距锡宜高速2千米。1993年成立宪丰农业公司，2003年，成立股份经济合作社。2004年获无锡市国土绿化最佳村、无锡市环境卫生示范村、年度文明社区；2005年获北塘区按比例安置残疾人就业先进集体、社会治安安全社区、城市建设管理先进集体、硬件建设达标社居委、年度文明社区等荣誉。

会龙社区居民委员会 2004年由原会龙村撤村建居。社区地处惠山北麓，东与二泉社区为邻，南与惠华新村接壤，西与宪丰社区相连，北与双河社区隔河相望。石门路、钱皋路、新惠路纵横交叉贯穿社区。社区面积1.5平方公里，绿化面积10200平方米。社区共有居民住宅780幢，设7个居民小组，常住居民户668户，常住人口1865人。2003年成立会龙股份经济合作社，2004年撤村改居，社区农业人口全转为城镇户。2002年被评为区纳税销售超亿元村。社区设有老年活动中心、健身路径活动场地、交谊舞场、羽毛球场，图书室等，有3支文体团队。先后获得江苏省卫生村、市社区堡垒党总支、区安全文明村、区文明社区、区社会治安安全社区等荣誉称号。

二泉社区居民委员会 2004年由新华村和二泉花园合并组建而成。社区东至惠峰路，南至惠峰新村，西至惠华新村，北至新惠路。占地面积1.05平方公里，共有6个自然村和1个二泉花园小区，总户数1207户，社区总人口4253人。2003年成立无锡市新华股份经济合作社。社居委加大对城镇建设资金投入，居住环境不断改善。社区“十星级”文明家庭达98%。社区成立以后，先后获得省卫生村、市文明卫生村、市安全文明小区等荣誉称号。

会西社区居民委员会 2004年由原会西村撤村建居。社区东与会北社区接壤，南至312国道，西与惠山区钱桥胜丰村为界，北临古运河。社区面积1.7平方公里，全社区共有16个自然村，有8个居民小组，居民户975户，常住居民2800余人，外来人员4000人。社区交通方便，古运河及312国道穿区域而过，无锡市金山北工业经济园落户社区。社区利用园区的优势和纺织品特色加大招商引企、引资力度，2005年有3个农场，引进38家企业。

双河村社区居民委员会 2004年由原双河村撤村建居。社区东临京杭大运河，南至双河，西连红星社区，北接会北社区，江海西路主干道东西穿境而过。社区总面积1.5平方公里，常住人口约4500人，共有四村、五村、六村三个自然村巷和惠东里、双河苑两个居民小区。

红星社区居民委员会　2004年由原红星村撤村建居。社区位于山北街道西北部，东与双河村，北与会西村相连，地处312国道旁。面积0.92平方公里。辖区内有朱巷、蒋家湾、西坝头、孔泾里4个自然村，总户数459户，总人数1500多人。1986年成立村委会，2003年成立红星股份经济合作社。社区农业面积548亩，其中水产面积180亩，下设4个直属单位（农科队、红星畜禽场、红星水产场、幼儿园）。社区有3个文艺团队（舞龙队、舞狮队、歌咏队）。社区不断推进新农村建设，先后获得市环境卫生管理示范村、区文明社区、社会治安安全社区等荣誉称号。

会北社区居民委员会　2004年由原会北村撤村建居。社区位于山北街道北面，东与山北街道双河社区大庄里相连，南到312国道，西与金山北工业园相接，北至京杭大运河，钱皋路贯通社区。社区总面积1平方公里，分为6个自然村，总户数719户。2003年成立股份制经济合作社。坚持农工副全面发展，发展集体经济，2005年有蔬菜种植面积300多亩，养殖水面200多亩。社区重视社会事业的硬件投入，加强精神文明建设，村民居住环境不断改善，村民素质不断提高。

2005年山北街道社区居民委员会情况表

表25-13

名称	社居委地址	常住人口		外来人口	居民小组（个）	社居委干部（人）
		人口	户数			
惠峰	惠峰新村195号	8400	3275	1300	198	10
龙西	惠龙新村258-1	5300	2153	980	126	8
惠龙	惠龙新村144号	8600	3394	1500	192	10
惠泉	民干路143号	2000	550	100	未成立	2
双河	双河新村63号	7745	2935	1600	158	9
惠华	惠华新村135号	6995	2750	1800	124	8
惠东里	惠东里17-201	2938	1178	1000	71	5
宪丰	邵巷99号	2100	770	1000	6	8
二泉	二泉花园31号	4828	1649	700	12	12
会龙	新惠路37号	1800	680	1500	7	13
双河村	大庄1号	6261	2287	4275	90	14
会北	周家巷8号	1890	700	1500	6	11
会西	郁巷52号	3215	1035	3120	7	7
红星	312国道红星段	1850	690	700	4	8
红光	严家棚小学	2000	678	1500	11	12
合计		65922	24724	22575	1012	137

第二十六编

人物

本编分人物传略、人物简介、人物表三章。

人物传略收录人物包括：1985年以前《北塘区志》未载者；2002年区域调整后划入北塘区的黄巷街道、山北街道、刘潭街道的古今人物。所录人物系出生于北塘区或在北塘区居住、工作、学习过的。人物排列以生年为序。民国以前出生的人物年龄按当时习惯以虚龄计算，民国以后出生人物按实龄计算。按志书惯例，生不立传。

人物简介记载北塘籍两院院士、将军、各界知名人物、劳动模范。所录人物系出生于区划调整后的北塘区或在北塘区居住、工作、学习过的人物。

人物表所录人物为烈士、劳动模范和先进工作者。“劳动模范、先进工作者”指：全国及省级劳动模范、先进工作者、三八红旗手、新长征突击手、五一劳动奖章获得者和市级劳动模范。

第一章 人物传略

第一节 古代人物

华 宝（？—481）

华宝，无锡人。南北朝齐著名孝子。幼年丧母。东晋义熙十三年（417年），父华豪应征戍守长安，临行前嘱8岁儿子华宝："必等我还，当为汝上头"。长安陷落，父死。华宝因不得父命，终身不冠不娶。亲友相问，他就号啕大哭，不忍回答。70岁时，立弟华宽次子华悫为后。南齐建元三年（481年），华宝逝世。高帝下旨旌表门闾，赐"孝子"匾额。其事迹载入《南齐书》。

华宝曾居住惠山，其所居之处称华坡。唐代，华氏后裔在华坡建华孝子祠。该祠历经兴废，保存至今，1957年被列为无锡市文物保护单位。

陆 羽（733—804）

陆羽，名疾，字鸿渐、季疵，自称桑苎翁，又号东冈子、竟陵子，生于唐开元二十一年（733年），复州竟陵（今湖北天门）人。幼年托身佛寺，好学用功，常识渊博，性诙谐，不愿为官。曾授以太子太学、徙太常寺太祝而不就，一度为伶工。常和文人交往，尤嗜茶。21岁自天门出游，走访名山古刹，考察各地茶叶生产、制作情况，足迹遍及河南、四川、湖南、安徽、江苏等地。曾隐居苕溪（今浙江湖州），写成《茶经》3篇，是我国最早的茶文化专著。唐乾元元年（758年）约在25岁时到无锡，因病羁居惠山寺，著《惠山寺记》，还在山上种茶树，并认为惠山泉水质可列第二，自此惠山泉称"天下第二泉"。陆羽于贞元二十年（804年）逝世，终年72岁。今二泉池上建有陆羽祠（又称陆子祠）。

性 海

性海，名普真，延陵（今江苏常州）人。明初（1368年）惠山寺住持。元末惠山寺被毁，性海于明洪武初年（1368年）重建。后又创听松庵于寺左而居之。他学识渊博，能诗善文，广交社会名流。晚年住听松庵中，在山麓种茶植松。洪武二十八年（1395年），性海与好友潘克诚一起，请湖州竹匠编制煮茶的竹炉。名士王达作记，画家王绂作《竹炉煮茶图》，众多名流赋诗、题记，构成珍贵的《竹炉图咏》卷，藏于听松庵。《竹炉图咏》卷在历史上影响很大。

王 绂（1362—1416）

王绂（绂一作芾），字孟端，号友石生，别号鳌叟、九龙山人，后以字行，生于元至正二十二年（1362年）五月初三日，无锡人。自幼聪颖，10岁能诗，15岁游学于邑庠，与名诗人钱仲益、浦长源等唱和。尤喜绘画。明洪武十一年（1378年），以博士弟子员身份应召至京师。因素性高傲，不慕名利，不久回乡隐居。洪武二十三年，因胡惟庸案受牵连，谪戍山西大同。建文二年（1400年）回乡，隐居惠山，赋诗作画，教授弟子。曾为惠山寺僧性海作《竹炉煮茶图》和《晴雨竹图》，并题诗。竹炉品茗，图卷题诗，成为明清两代文坛佳话。

永乐元年（1403年），王绂因善书被举荐进京，供事文渊阁，参与编纂《永乐大典》。永乐十年，授中书舍人，派往北京，从事迁都的筹备工作。永乐十一年、十二年，两次随明成祖朱棣北巡，作著名的《燕京八景图》。

王绂绘画擅长山水，尤精枯木竹石，师法倪瓒、吴镇、王蒙等元代大家。画竹兼收北宋以来各名家特别是倪瓒、柯九思二人之长，形成独特风格，人称他的墨竹是“明朝第一”。他性格孤傲自持，画非为知己者不作。诗画流传于世的有：《王舍人诗集》《友石山房集》《潇湘秋意图》《江山渔乐图》《秋林隐居图》《竹鹤双清图》《墨竹图》《芦沟晓月图》《燕京八景图》《枯木竹石图》《古木幽篁图》等。永乐十四年（1416年）二月六日病逝于北京馆舍，终年55岁。

秦 旭（1410—1494）

秦旭，字景旸，号修敬，生于明永乐八年（1410年），无锡人。以子夔贵，晋封承德郎、南京兵部主事、晋中宪大夫、湖广武昌知府。自幼博闻强记，每日读书后作札记数千言。工诗善文，喜山泽之游。为人厚重寡言，不妄交。明成化十八年（1482年），秦旭择地惠山寺龙泉精舍处，建造十老堂，筑撚髭、流馨、借山、濯缨4亭，凿涵碧池，开芙蓉径，堆古木坡，形成长杉落荫、修竹茂林的景色，同无锡的李庶、陈履、陆勉、高直、黄禄、杨理、陈公懋、施廉、潘绪等9位老人一起，结碧山吟社，觞咏其中。规定10人之外，不参俗客。诗社得一代文士向往，盛极一时，沈周作《碧山吟社图》，上绘十老小像。今惠山春申涧北侧，碧山吟社犹存。

秦旭于弘治七年（1494年）病逝，终年85岁。

邵宝（1460—1527）

邵宝，字国贤，号泉斋，别号二泉居士，明天顺四年（1460年）生于无锡城内冉泾桥。幼年聪慧好学，9岁能诗文。师从俞蒿庵，苦读于城南保安寺东林书院。16岁中秀才，21岁中举。成化二十年（1484年）中进士，授许州（今河南许昌）知州。历任户部员外郎、户部郎中、江西提学副使、浙江按察使、浙江右布政使、湖广布政使、都察院右副都御史、总督漕运、贵州巡抚、户部右侍郎、户部左侍郎兼都察院左佥都御史、礼部尚书等职。为官期间勤于职守，曾倡导兴修水利，建立社会储粮救灾；制定条例，规定亲王贵族养赡米数目；修复书院，强调必须对生员进行道德教育；提出整顿漕运建议等。清正廉洁，多次拒贿，人称“千金不受先生”。

邵宝辞官回乡后，在惠山创二泉书院，教授生徒，同时潜心诗文写作，在惠山留有松竹园、点易台、超然堂等遗迹。晚年，朝廷要为他建立牌坊，他多次推辞。家宅火灾后又谢绝官府的资助和亲友的馈赠。他的处世为人使他深得民众爱戴。嘉靖六年（1572年）病逝，终年68岁。著有《定性书说》《学史简端录》《皇朝讵言行录》《漕政举要》《容春堂集》《慧山记》等。

秦金（1467—1544）

秦金，字国声，号凤山，生于明成化三年（1467年），无锡胡埭河西村人。自小聪颖，才思敏捷，9岁能诗。明弘治六年（1493年）进士，任户部主事。督办京城粮储有成绩，擢升员外郎，又升郎中。正德五年（1510年）任河南右参政，分守开封。翌年调兵镇压农民起义。后任山东布政使。正德九年，擢右副都御史，巡抚湖广。时湖广连年大水，饿殍遍野。他免租赈粮，罢免贪官，革除衙门积弊，提出涤官府、设关吏、减差役、裁冗员、订法律，以及加强边防、安置苗民等一系列建议，受到朝廷重视。在任期间，参与镇压郴州、桂阳瑶民起义。正德十五年任户部右侍郎。嘉靖元年（1522年）改任吏部左侍郎，负责京察事宜。因遭言官弹劾，复调户部左侍郎。他屡进谏言，坚决制止外戚、豪强强占土地，并整饬盐法，重申“盐引”前禁，督追两京直隶及13省拖欠赋税，使国库逐渐充盈。嘉靖二年，擢南京礼部尚书，后历任兵部尚书、户部尚书、南京户部尚书、北京工部尚书、南京兵部尚书，加太子太保、少保。嘉靖六年，秦金于惠山东麓建凤谷行窝（即今寄畅园）。与邵宝、陈石村等恢复碧山吟社，定期举行诗会。嘉靖十五年致仕回无锡，住城内西水关尚书第。嘉靖二十三年（1544年）病逝，终年78岁，赠少保，谥端敏，葬胡埭山。著有《凤山奏稿》《抚湘政要》《安楚录》等。

秦 燿（1544—1604）

秦燿，字道明，号舜峰，生于明嘉靖二十三年（1544年），住南门外古运河畔。隆庆五年（1571年）中进士，累官至右佥都御史，巡抚南赣。在任期间颇有政绩。万历十四年（1586年），讨平南部岭冈李佩文和南雄僧人李圆朗起义，因功擢任副都御史、湖广巡抚。万历十九年，湖广地区旱灾，灾民遍野，饿殍载道，瘟疫流行，死人无数。秦燿动用国库钱粮赈济灾民，受朝廷查处。秦燿的政敌嫉恨他为官清廉，对他进行攻击，朝廷将他解职回籍。随后又被诬告侵吞钱粮一万五千两，最后未经详查而以赃定罪，一年后获释回原籍。

秦燿是梁溪望族秦氏的后裔，秦金族孙秦梁的从侄。秦金曾在惠山建“凤谷行窝”。此园后归秦燿。秦燿回到无锡后，经几个寒暑，在凤谷行窝建成20个景点，每景题诗一首。秦燿喜爱王羲之《答许椽》诗的意趣，遂将园名改为“寄畅”。秦燿邀集当时名士王穉登、屠隆各撰《寄畅园记》一篇，刻石今存园壁。今寄畅园为全国重点文物保护单位。秦燿于万历三十二年（1604年）病逝，终年61岁。著有《天垣疏稿》《湖广通志》《全楚奏议》《荒政摘录》。

孙继皋（1550—1610）

孙继皋，字以德，号柏潭，生于明嘉靖二十九年（1550年），无锡双河人，出身贫困家庭。8岁入塾，就读于城中小河上谈恺御史府第“万备堂”。明隆庆元年（1567年）中秀才，万历元年（1573年）中举人，翌年参加会试，中一甲第一名进士（状元），任翰林院修撰。万历九年，任会试同考官，提拔不少人才，其中有进士顾宪成。以后历任浙江乡试主考官、经筵讲官、右春坊、右谕德、翰林院侍读学士、少詹事、礼部侍郎等职。为人直声亮节，居官清正，敢于直谏。明神宗沉缅酒色，不理朝政，孙继皋多次上疏极谏，触怒神宗，遂被疏远。孙继皋于万历二十五年称疾辞官，回到家乡，在东林书院讲学，并参与《无锡县志》修纂。为人笃于孝行，生性俭朴，与人友善，乐于助人，为乡人所称道。万历三十八年（1610年）病逝，终年61岁。神宗下旨追封为礼部尚书。著有《孙宗伯集》。

邹迪光（1550—1626）

邹迪光，字彦吉，号愚谷，别号六度居士，生于明嘉靖二十九年（1550年），无锡新安西宅村人。自幼家贫，读书奋进。明万历二年（1574年）中进士，授工部主事。后任湖广提学副使，掌管科举考试，识拔大批人才。万历十七年解职还乡，门生馈赠“数千万缗”。

邹迪光仕途受挫，遂寄情山水，以全部财产购买已沦为墓地的惠山龙泉精舍故址，构筑私家园林别墅，历时10年，建成愚公谷。园墅南依黄公涧，北抵惠山寺，西为名泉里，东临秀嶂街，占地50多亩，内有天钧堂、玉荷浸、菩提场、塔照亭、畏佳楼、绛雪橑、九莲台等60个景点。愚公谷一时胜绝吴中，成为全国四大私人名园之一，名人题咏众多。他精通音律，家中蓄戏班二部，“音律之妙，甲于吴中”，并与戏剧家汤显祖、屠隆有交往。

邹迪光于天启六年（1626年）病逝，终年77岁。著有《仿宋人设色山水图》《郁仪楼集》《石语斋集》《调象庵稿》《文府滑稽》等。

秦德藻（1617—1701）

秦德藻，字以新，号海翁。生于明万历四十五年（1617年），无锡人。恩贡生。以秦松龄本生父貤封文林郎、翰林院庶吉士；以秦蕙田本生曾祖貤赠光禄大夫、经筵讲官、刑部尚书兼礼乐部大臣加一级。

秦德藻为秦氏寄畅园主。清顺治年间，秦德藻延请造园名家张涟、张轼叔侄对寄畅园进行改建。张氏匠心独运，以画法运用到园林建筑的构思上，对该园作重大改造，去掉豪华陋俗的亭台楼阁，叠石疏涧，引流水入园，砌八音涧，叠九狮台，置美人石。园建成后，成为江南名园。今为全国重点文物保护单位。

康熙二十八年（1689年）、三十八年，康熙帝第二次、第三次南巡，到寄畅园，秦德藻率兄弟子侄接驾。第三次南巡时康熙赐“山色溪光”“松风水月”二匾。

秦德藻于康熙四十年（1701年）病逝，终年85岁。

秦松龄（1637—1714）

秦松龄，字留仙，一字汉石、次椒，号对岩，晚号苍岘山人，明崇祯十年（1637年）生，无锡人。12岁中秀才，18岁中举人，清顺治十二年（1655年）中进士，授翰林院庶吉士，时年19岁。顺治帝以“白鹤”为题命赋诗，松龄有“高鸣常向月，善舞不迎人”之句，意境高远，顺治帝对大臣说：“此人必有品。”21岁任翰林院检讨。

顺治十七年，秦松龄受姑母逃税牵连，免职居家。与其父秦德藻一起，请造园名家张涟、张轼改建寄畅园。园成，美景享誉海内。秦氏父子雅好戏曲，蓄昆曲家班，先后延请名师苏昆生、徐君见执教，家班达到极高演出水平。

康熙十三年（1674年），秦松龄入蔡毓荣帐下，参与平定三藩之乱。康熙十八年受蔡氏举荐，应考清廷博学鸿儒，于43岁时再入翰林，纂修《明史》。后历任江西乡试正考官、起居注官、右春坊右中允兼起居注官、左春坊左谕德兼翰林院修撰、顺天府正考官。48岁时被革职，回乡安度余年。闲居在家期间，与严绳孙一起纂修《无锡县志》。康熙二十八年，康熙帝第二次南巡时，秦松龄在寄畅园接驾，帝赐“品泉”

两字墨本，命刻匾挂泉上。康熙五十三年（1714年）病逝，终年78岁。著有《毛诗日笺》《苍岘山人诗文集》《明史拟稿》。

高秉钧（1755—1829）

高秉钧，字锦庭，号心得，清乾隆二十年（1755年）七月生，世居无锡北门笆斗弄。清代太学生，议叙县佐。后弃儒从医，随范圣学、杜云门医师学习内、外科。素性耿直，贫病求治不取酬金。临症常以内治法处理外科疾患，如采用温病方的“紫雪丹”、《局方》的“至宝丹”及“犀角地黄汤”等治疗疔疮走黄。乾隆、嘉庆期间，以疡医名震于时，行医30余年，治愈疑难外症甚多。嘉庆十年（1805年）著《疡科临症心得集》3卷，是以高秉钧为代表的清代“心得派”的外科名著。此外，还著有《谦益斋外科医案》《高氏医案》（光绪年间抄本）、《疡科要录方汇》《景岳新方歌》《家用方》等。道光九年（1829年）病逝，终年75岁。

徐 寿（1818—1884）

徐寿，字生元，号雪村，生于清嘉庆二十三年（1818年）一月二十二日，无锡县钱桥社冈里（今属无锡市北塘区山北街道）人。5岁丧父，由母亲抚养成人。在他17岁时，母亲又去世。幼习举业，应童子试。鸦片战争以后，他目睹清廷腐败无能、丧权辱国，感到所学经史无裨实用，转而研读自然科学。他与同乡华蘅芳博览我国古代自然科学著作，并去上海从外国传教士开办的墨海书馆中买回《博物新编》等一批西方科技书籍自学。为弄懂一些科学原理，他们因陋就简，自制仪器，进行实验。遇有疑难，相互切磋。经过20多年的刻苦学习，徐寿掌握了化学、物理、机械、数学、医学等多门学科的基础知识。对化学研究尤深，成为江浙两省中“通晓制造与格致”的“奇才异能之士”。咸丰十一年（1861年）十一月，徐寿和华蘅芳受曾国藩推荐入其幕府，徐寿次子建寅随同前往。同治元年（1862年）三月，徐寿、华蘅芳、徐建寅到曾国藩创办的安庆内军械所工作。当时曾国藩命他们制造一艘轮船。经精心设计、制作，终于在同治四年制成一艘长55尺、载重25吨、时速约20华里的木质轮船，命名“黄鹄”号，成为中国自制的第一艘机动船舶。当时上海《字林西报》在报道这一消息时，发出了“中国人创造力之成功”的惊叹。

同治六年（1867年），曾国藩派徐寿（其子建寅同行）到李鸿章在上海设立的江南机器制造总局主持技术方面的工作。鉴于当时中国发展军火工业的技术和原料都要依赖外国，他向曾国藩提出翻译西书、开煤炼铁、自造大炮、操练轮船水师4条建议，得到曾国藩的赞许。在此期间，徐寿父子和华蘅芳等先后建造了“惠吉”“操江”“测海”“澄庆”“驭远”等兵船，并创办翻译馆，增建上海龙华火药厂、铸铜铁厂、洋枪楼、卷枪厂、熟铁厂、锅炉厂、枪子厂、火药库、炮弹厂等。同治七年翻译馆在江南制造局内成立，徐寿主持馆务，并亲自参加翻译工作达17年之久。他不谙外语，由英人傅兰雅等口译，他进行笔述。从同年翻译出版第一部译著《汽机发轫》开始，共译介了西方科技书籍17部（计105本、168卷），专论9篇，计287万多字，内容包括化学、物理、数学、医学、军事学、工艺学等。其中化学较为系统，有《化学鉴原》《化学考质》《化学求数》等多种。在合译《化学材料中西名目表》时，对元素符号，他采用音译的方法，取原文第一音节而造新字，凡金属元素一律加“金”傍，如将“Mg”译为镁，“Ca”译为钙。这一译法为我国化学界沿用至今，并被日本化学界所借用。同治十二年，任江南制造局提调。同治十三年又与傅兰雅等在上海筹建格致书院。由徐寿出面多方集资，于光绪二年（1876年）五月建成开学。书院设讲学堂、图书房、知新堂，经常开设矿物、电务、测绘、工程、汽机、制造等课程，定期举行科学讲座，组织科技研讨，兼有学校、学会、图书馆、博物馆等多种功能，开创我国近代科学教育的先河，造就了一批科技人才。同时创办融自然科学与社会科学于一体的《格致汇编》（始为月刊，后改季刊），徐寿负责编审，并在刊物上先后发表《汽机命名说》《考证律吕说》《医学论》等有关机械、音乐、医学等方面的论文。该刊在40多个城市和港口发行，对促进中西文化交流、传播科学知识、推动我国科技发展起到重要作用。

徐寿在科学上取得成就后声名鹊起，译书之余，还为各地创办制造局、开矿和办厂进行规划、设计、采购机器和聘请科技人员。有时还派其子徐建寅、徐华封前去指导。鉴于家乡烘茧和缫丝技术十分落后，他亲自创制新式烘茧灶，设计制造缫丝机，以提高缫丝质量，增强竞争力，抵制外商压价收购蚕茧，保护蚕农利益。

徐寿一生致力于科学事业，是中国近代化学的先驱。他为人耿直，不愿为官，不图厚禄，在其制成中国第一艘轮船后，清廷曾赐予“天下第一巧匠”匾额，但他从未悬挂，光绪十年（1884年）八月初六日病逝于上海格致书院，终年67岁，安葬于钱桥社冈之西。

周阿生（1832—1912）

周阿生，又名生观，生于清道光十二年（1832年），无锡惠山人。著名彩塑艺人周坤发之子。自幼随父学艺，早年曾制作小观音、济公、张仙送子一类泥耍货。后来他学会用“捏段镶手”的手法制作手捏泥人，题材以戏曲内容为主。他塑的女性形象端庄善良而秀美，武将面貌威武勇猛，老者的神态慈祥和蔼。周阿生年轻时曾结识有名的佛塑艺人朱彀生，故他的很多作品带有佛塑艺术的痕迹。其代表作“蟠桃大会”就是采用佛塑的手法，描绘各路神仙庆贺西王母寿诞的故事。作品以假山为背景，层层叠叠，共布置了27个人物和4匹坐骑，气势宏大，场面热闹。人物的位置错落有致，相互呼应，布局紧凑，结构完整统一。作品中的人物各具神态，或举目远眺，或低首凝思，或娓娓清谈，或手舞足蹈。衣纹简练，形神生动，富有装饰趣味。

除捏制戏文外，他也致力于塑作儿童耍货，对惠山泥人的传统品种小花囡、小如意等，都曾作过精心修改，以提高其艺术性。他还曾创作过小玩意、老寿星、小鞑子、刘海等10多种儿童泥耍货，丰富了惠山泥人的品种。他的作品由当时彩绘师陈杏芳上彩，色彩文雅柔和，鲜明大方，使作品富有图案装饰美。周、陈长期合作，一塑一彩，堪称惠山泥塑艺术史上的典范。

民国元年（1912年）周阿生逝世，终年81岁。

第二节　近现代人物

丁兰亭（1843—1926）

丁兰亭，小名阿金，生于清道光二十三年（1843年），祖居无锡城郊河埒口丁巷。幼丧父，随母移居惠山。得母传，学塑泥人。16岁起，在惠山寺门口设泥人摊，自制自售。为了创作手捏戏文，他经常去戏院看戏，细心观察戏中人物的神情姿态，用笔勾画下来，回家后细细揣摩。因此，他捏成的戏文能够再现戏剧中的主要情节，主题明确突出，人物性格鲜明，神态生动。他特别注意刻划面部的表情以及在典型环境中的典型动作。作品题材多取材于昆剧。传世的著名作品有“教歌”“挑帘裁衣”“搜山打车”“北饯”“访普”“渔饯”“游殿”“三醉”“拜月亭”“赵五娘”等。民间有“要神仙，找阿生（指周阿生创作的“蟠桃会”）：要戏文，找阿金”之说。丁兰亭在彩绘技艺方面的造诣也很高。他用笔简捷，寥寥数笔，神貌尽出。色彩雅而不俗，净而不灰，美而不媚。他注重泥人的装饰，率先采用丝线、绫绢、绒球、宝素珠等材料，使造型光彩耀目。他还喜欢捏制反映现实生活的作品。创作的“荡湖船”“流星”“闹元宵”“清客串”以及儿童耍货中的“三胖子”等，长期流传不衰。民国15年（1926年）3月12日逝世，终年83岁。

徐建寅（1845—1901）

徐建寅，字仲虎，生于清道光二十五年（1845年）正月二十九日，无锡县钱桥社冈里（今属无锡市北塘区山北街道）人。徐寿次子。在父亲的教育熏陶下，他从小热爱自然科学。咸丰十一年（1861年）徐寿随父亲和同乡华蘅芳入曾国藩幕府。同治元年（1862年）三月，又随同一起到曾国藩创办的安庆内军械所工作。在徐寿和华蘅芳等制造与研制我国第一台蒸汽机及第一艘轮船黄鹄号的过程中，他“屡出奇思以佐之”。同治六年（1867年）随父到江南机器制造总局，在协助制造中国第一批兵船和生产镪水、火药、枪炮的过程中，继续发挥重要作用。同时，随父亲创建翻译馆并与英人傅兰雅等合译有关化学、天文学、机器制造学、电学、声学等科技书籍12部。还协助父亲创办格致书院，为第二任华董。同治十二年，任江南机器制造总局提调。

同治十三年，徐建寅奉调至天津机器制造局。他采用当时国际上先进的“铅室法”生产硫酸，接着又制成火药。光绪元年（1875年），他总办山东机器制造局，“躬自创造，未尝延用西人，越两年而竣”。其才能受到李鸿章、丁宝桢的赞赏并向清廷举荐。光绪五年被任命为驻德使馆二等参赞，赴欧洲考察及订购铁甲船。他从德国司旦丁伏耳舰船厂订购两艘舰船。驶回中国后，被命名为“镇远”和“定远”号，成为北洋海军中的主力舰船。在欧洲两年多时间里还考察了英、法等国80多家工厂，写成《阅克鹿卜厂造船记》《水雷外壳造法》《炼铜铸铜轧铜板铸铜管抽铜管焊铜管各法》《造石灰法》等科技文章，在上海《格致汇编》上发表；并将西方工厂在行政、生产、技术等方面的管理经验向国内介绍。光绪七年末回国。在京等候任用期间，他将在欧洲所记的日记辑成《欧游杂录》印行，译成的《德国议院章程》《德国合盟纪事本末》同时出版。光绪十年八月，因父病逝而回籍守制。光绪十二年奉调督办金陵机器制造局，炼成铸钢，造出后膛枪。光绪十五年，两江总督曾国荃派徐建寅赴镇江处理教案，徐建寅“以一人独当数国（领事），擗理辩论，不亢不卑”。光绪十六年奉调会办湖北铁路局，在大冶沿江胡家湾勘察到蕴藏量极为丰富的优质煤矿。光绪二十年荐任直隶候补道。甲午之战失败后，他奉命至天津、威海查验船械情况兼督办军务，复合后留任督办军械章京。光绪二十二年调任福州船政局提调。在此期间，他设计、制造了当时中国最大的船坞——青州船坞，并写成《兵法新书》16卷。

徐建寅在光绪二十四年的“百日维新”中，曾一度被任命为新设置的农工商总局督理。戊戌变法失败后，他回籍扫墓，闲居锡、沪两地。光绪二十六年应湖广总督张之洞之邀，任湖北营务处暨教吏馆武备总教习，兼办汉阳钢药厂。他翻译《造船全书》20卷、《绘画船线》4卷。同时试制无烟硝化纤维火药，取得成功。接着又用国产棉花代替进口棉花生产无烟火药成功。光绪二十七年（1901年）二月十二日在汉阳钢药厂车间拌和药料准备成批生产无烟火药时，不料机器爆炸，他和在场员工14人全部遇难。终年57岁。

龚锡春（1864—1923）

龚锡春，生于清同治三年（1864年），世居无锡江阴巷。家境贫寒，幼年借友邻处读私塾。成年后，慕扁鹊、仲景术，立志于医，从本邑名医汪艺香习医，聪颖异常，并勤奋钻研，虚心好学。随师出诊，不分寒暑、风雨，侍奉业师左右，恭聆教益。同学之间谦让有礼，倍受其师青睐。汪艺香临终前说：“得我真髓者，惟锡春一人而已”。光绪十一年（1885年），寓宅行医，擅治伤寒、温病、痧痘等时令疾病。凡求医者，无论长幼，不分贵贱，一视同仁，专心致志，详析病机，审慎处方。行医40年，经验丰富，每能化险为夷，医名誉满锡城。民国10年（1921年）7月，龚锡春与王子柳、赵仲平、曹仲容等10名中医共同发起组织无锡中医学会，并首先捐款500元（银元）。其后，王子柳、曹仲容等共捐款约1000余元，置地建会于城中三皇街药皇庙内，作为开展学术活动的场所，名“明医堂”“中医讲习所”。中医学会成立后，公推龚锡春为会长，会员定期集中，开展学术交流；并于夏秋两季举办施诊给药局，会员轮流至局义务应诊，免费给药，利济贫病，造福社会。龚锡春于民国12年（1923年）病逝，终年60岁。

唐保谦（1866—1936）

唐保谦，字滋镇，生于清同治五年（1866年），无锡县羊尖严家桥人。光绪二十七年（1901年），其父唐子良和蔡缄三在北塘三里桥开设永源生米行，因经营漕粮时适逢天灾，粮食歉收，造成巨额亏损。光绪三十年，永源生米行由唐保谦和蔡缄三经营，两人配合默契，生意兴旺。

宣统二年（1910年），唐保谦与蔡缄三、夏子坪等9人集资白银10万两，在无锡城北蓉湖庄创办九丰面粉厂，唐任协理。翌年正式投产，日产面粉2500包，商标为山鹿，畅销苏锡杭地区。

民国4年（1915年），唐保谦租营润丰油厂，改名润丰昌记油饼厂，自任经理。同年蔡缄三担任无锡县商会副会长后，九丰面粉厂的经营管理主要由唐保谦负责。民国7年（1918年），九丰面粉厂增建第二个主厂房，日产面粉8000包。次年，唐保谦又独资创建福源堆栈。

唐保谦关心社会公益慈善事业，曾多次资助学校。在他担任溥仁慈善会常务委员期间，对山东济宁、江苏溧阳以及河南、陕西等地区灾民，捐巨款赈济。

民国25年（1936年），唐保谦病逝，终年71岁。

酆云翔（1875—1937）

酆云翔，名鹤舫，以字行，生于清光绪元年（1875年），无锡人。14岁进米行当学徒，因工作勤奋，为老板赏识和器重。光绪三十四年（1908年）在无锡北塘江尖口独资开设恒义米行。在经营中事必躬亲，善于用人，重视信义，为客户所信赖。经过20多年经营，规模不断扩大，社会信誉良好。至民国19年（1930年），已积累资金达30万元，居同行业之首。民国23年，他独资创办恒源米厂。同年，还与人合资创办永利石粉厂。他热心公益，慷慨助人，自奉节俭，布衣粗食，备受社会推崇。民国13

年齐卢战争，民国34年宜兴、溧阳旱灾，他率先捐款，与人一起两次收容难民800多人。历任无锡县商会会员、米豆业同业公会执行委员、碾米同业公会执行委员等职。民国26年（1937年）2月12日病逝，终年63岁。

韩慕荆（1876—1937）

韩慕荆，名照，别号志毅，生于清光绪二年（1876年），无锡北门人。幼丧父母。安徽武备练军学堂毕业后留学日本，肄业于日本法政大学。在日加入同盟会，与同乡秦毓鎏相识。从日本归国时，适逢辛亥武昌起义，东南诸省纷纷响应，韩慕荆奔走于宁沪之间，赞助出力颇多。时秦毓鎏正谋划光复无锡，他即协助联络本地驻军和商团，策动起义。无锡光复后，秦毓鎏任无锡军政分府总理，委韩慕荆以军政司法要职，他均辞未就，认为如今军事紧张，自己应外出致力革命。后应邑人华彦云少将之邀，任驻浦口的江浙联军江北支队徐怀礼军部参谋，授予上校军衔。南北统一后，他辞去军职，转归司法界，曾任江苏高等审判厅推事、浙江直属高等法院推事等职。民国16年（1927年）后任江苏高等法院分院院长。卸任后，又至浙江司法界任职多年。民国26年（1937年）抗日战争全面爆发时，任浙江永嘉地方法院院长，他于11月下旬回无锡准备携眷赴浙，不料无锡已被日军侵占，只得携眷避难于红十字会会所。一天日军欲强行闯入红十字会，他当场用日语加以阻止，以致触怒日军。隔一日夜，日军持枪到红十字会将他绑去，连刺7刀后将其遗体投入进士坊河中。殉难时年62岁。

周小农（1876—1942）

周小农，原名钲，字伯华，改字小农，又字明生，出生于清光绪二年（1876年），无锡北塘煤栈弄人，世居棉花巷。幼颖悟，承家学，读书过目成诵。因多病，遂习医，17岁初入邓羹和门下，历一年，复拜名医张聿青为师，潜心研读叶天士、吴鞠通等先辈医书，又得其师精蕴，3年后学成，在上海行医。清宣统三年（1911年）被伍廷芳在沪设"劝戒纸烟会"举作会员兼调查员。后历任上海广益堂、上海警署医职。在沪行医14年，医名大振，成为名医，苏、浙、皖、晋、粤、奉等地医界同行慕名而来，与之切磋医术。民国元年（1912年），返回故里，行医至终老。民国12年至17年，周小农任无锡《医钟》月刊编辑，发表医药论文百余篇。民国17年撰文反对南京国民政府取缔中医药之举，发表于医药报刊。嗣后，和全国及江苏中医联合会成员一起上访请愿，当局被迫收回成命。中央国医馆成立，公推周小农为名誉理事。一生行医40余年，潜心学术，勤于著述，著作颇丰，除医论多篇散见于《三三医报》《绍兴医报》等杂志外，著有《周小农医案》7卷。周小农于民国31年（1942年）4月5日病逝，终年67岁。所遗医书479种，共1859册，于1959年由其子周逢源、周道振捐赠给无锡市中医院图书室。

杨荫杭（1878—1945）

杨荫杭，字补塘，生于清光绪四年（1878年），无锡北门外长安桥人。光绪二十三年考入上海南洋公学。因成绩优异，于光绪二十五年被学校保送日本早稻田大学学习法政。留日期间加入兴中会。光绪二十六年与一批留日学生组织励志会，创办月刊《译书汇编》，译载卢梭的《民约论》、孟德斯鸠的《万法精理》、穆勒的《自由原论》等著作，介绍西方的民主政治。光绪二十七年暑期回无锡组织励志学会，推裘廷梁为会长，利用星期日集会宣传反清革命。光绪二十八年学成回国，任上海《时事新报》编辑。次年与同学蔡文森等在无锡组织理化研究会，开办锡金公学。其妹杨荫榆、杨荫松也参加学习，开无锡男女同学的风气。他又提倡革除陋习，带头不拜祖宗、不敬鬼神，被无锡士绅阶层视为叛逆。光绪三十二年，因从事反清活动遭清政府缉捕而赴美国宾夕法尼亚大学学习法律，获硕士学位。学成归国后，在上海任《申报》编辑并从事律师事务，发起创办上海律师公会。辛亥革命后，杨荫杭由张謇推荐出任江苏省高等审判厅厅长兼司法筹备处处长。后改任浙江高等审判厅厅长。民国4年（1915年）任京师高等检察厅厅长。他坚持司法独立原则，不畏权贵，严于执法。因扣押贪污受贿的段祺瑞内阁交通总长许世英，得罪政要，愤而离职。同年至上海任《时事新报》主笔。民国9年任上海《申报》副编辑长并兼当律师。民国26年10月日军占领上海后，他放弃律师职业，执教于上海震旦女子文理学院。教书之余，潜心于研究音韵学，著成《诗骚体韵》一书，未出版，手稿后来亦散失。民国34年（1945年）初，因患脑溢血病逝，终年68岁。

王宝书（1879—1943）

王宝书，名绍曾，生于清光绪五年（1879年），无锡市棉花巷人。王宝书一生贡献教育事业，追随岳父温明远筹创积余学校，被聘为第一任校长。他治校严谨，亲自为校歌填词："濒临梁溪，八段米市，特设校舍蓉湖滨。严肃教课，缤纷学子，都是商场鏖战人。勤能作事，慎以持身，虽无恒产有恒心。廿世纪商战胜利，望我中华大国民"。同时，他精选校歌中"勤、慎、恒"3字为校训。嗣后，曾执教于南京中学、松江三中和本市乙种实业中学、无锡县女中、无锡美术专科学校、东林学校等，还先后受聘于本市顾氏、孙氏、蒋氏等家为西席，毕生致力于教育事业，在无锡教育界享有声誉。

他平素与教育界著名人士严孝钦、沈西苑、许少先、杨子先、邹同一、嵇景修、许文伯、俞雨三、华永千、胡汀鹭、钱镜生等结交，切磋文学，吟诗答对。

王宝书博学多才，一生作文很多，如寿序、寿诗、祭文、悼词、颂词、楹联等，且均留有底稿，但日本侵略军占领无锡后，大多被毁。抗日战争期间，王宝书还广搜博采全国各省科举资料，编写成册，题为《玉堂佳话》，记述科举中的父子状元、祖孙状元、叔侄状元等故事。书未编完，即于民国32年（1943年）病逝，终年65岁，与妻温庭珍（温明远四女）合葬于舜柯山。

唐骧庭（1879—1960）

唐骧庭，名殿镇，以字行，生于清光绪五年（1879年），无锡人。光绪二十五年继承父业，经营土布庄和夏布皮货行。后又在无锡北大街开设九余绸布庄。他处事严谨，管理细密。几年以后，九余绸布庄获利甚多。民国5年（1916年），与股东程敬堂等集资接盘冠华手工织布厂，将其扩建为丽华机器织布厂，并利用经营绸布庄经验，生产适销产品。民国8年又在无锡映山河增设丽华第二布厂。民国11年，又与程敬堂等人集资，在惠商桥西建立丽新机器染织股份有限公司，开设丽新染织厂。丽新厂成为无锡染织业资本最雄厚、设备最完备的企业。他自任经理，以高薪聘请专业人员，重视培训技术员，改工头制为工程师制，实行严格的科学管理。以后丽新不断增添设备，扩大规模，于民国22年建成丽新纺织漂染整理公司，拥有纱锭1.6万枚、线锭6400枚、布机650台，年出纱4000件，出布20万匹，所产“双鲤”牌布匹销遍全国，远及欧美。至抗日战争前夕，丽新已发展成为纺、织、印染和具有自发电能力的全能工厂。民国24年，又集资创办无锡第一家具有毛纺、织、染整套设备的协新毛纺织染厂。他致力于提高产品质量，从澳大利亚进口上等羊毛，生产上道道把关，所产“万宝齐来”“不蛀呢”等毛纺织品名闻国内外。

日军侵占无锡后，丽华、协新等厂被日军烧毁或占据。唐骧庭避居上海，以剩余资金并通过招股，集资50万元，在上海开设昌兴纺织印染整理公司，分设纺、织、印染3个工厂。抗战胜利后任上海丽新总公司经理。并立即筹集资金，抽调技术人员恢复在无锡的纺织企业。解放后，因年事已高，即退居在家，不再问事。1960年病逝，终年82岁。

秦仁金（1879—1938）

秦仁金，生于清光绪五年（1879年），无锡惠山人。早年得前辈艺人高阿福传授泥人捏塑技艺，擅长手捏京班戏文。他刻意创新，在继承清末以昆曲为主要内容的“手捏戏文”传统的基础上，致力于创作以京剧题材为主要内容的戏曲泥人，拓宽了手捏泥人的表现领域。他捏制的京剧戏文生动凝练，有文有武，富有艺术内涵。在人物形态方面特别讲究“功架”，突出了京剧的艺术特色。他塑作的花旦头型小巧秀丽，衣纹飘逸，在同行中享有美誉。他第一个将传统的圆底座改为方底座，因为方座的直线更能够衬托武将的英姿。他还和同辈艺人共同创制了形体较大的戏曲泥人，名为“大文座”“武文戏”，表现手法粗犷遒劲，色彩富丽庄重。代表作有《空城计》《伐子都》《二进宫》《芦花荡》《白蛇传》《八仙过海》《水漫金山》《一百零八将》等。秦仁金还常捕捉现实生活中的各类人物形象，创造富有生活情趣的泥塑艺术品。30年代他曾捏制一套反映惠山民间庙会盛况的大型泥塑作品，共有100多个人物组成，气势宏大，进香行列里扮作“三百六十行”各种人物的装束、面貌、神情、动态，栩栩如生。民国27年（1938年）逝世，终年60岁。

张轶欧（1881—1938）

张轶欧，名肇桐，又字翼候，号一鸥，生于清光绪七年（1881年），无锡北门外江尖渚人。光绪二十三年考入上海南洋公学，因参加驱逐美籍校长福开森活动被开除出校。光绪二十七年留学日本早稻田大学。在日参加兴中会，并与秦毓鎏、嵇镜等组织留日学生革命团体青年会。光绪二十九年回国，复入上海震旦学院学习拉丁文及法文。次年考取公费留学，赴比利时学习采矿冶金，获海南工科大学路矿业硕士。宣统三年（1911年）毕业回国。民国元年（1912年），任工商部采矿科技师、技正、科长，后升任矿务司司长、矿政局主任、第一区矿务监督署署长、矿务局会办、农商部矿政司司长等职。在任矿政司司长期间，与同事丁文江、章演群、翁文灏等创办地质调查研究所，所著《地质调查报告》《实业资料汇编》等刊行于世。并集合矿冶人才，购置图书、设备，建立矿冶研究所。还发起成立中华博物馆同志会、中国矿冶工程学会等群众学术团体，为开展我国地质矿冶研究作出了贡献。民国6年任江苏省实业厅厅长。在任期间，不辞辛劳，组织螟虫考查团，采取防御和救济等措施，以减轻灾情。民国14年调任临城矿务局工程总办。民国17年任南京国民政府工商部商业司司长。民国18年任中国航空公司理事。民国24年任实业部技监。民国27年（1938年）5月24日逝世，终年58岁。

杨荫榆（1884—1938）

杨荫榆，女，小名申官，生于清光绪十年（1884年），无锡北门外长安桥人。光绪二十九年，在其兄杨荫杭创办的锡金公学就读，学习近代数理知识，是为开男女同校的风气之先。后至苏州景海女中读书2年左右，又转学到上海务本女学，直至毕业。光绪三十年，江宁学务公所录取她官费留学日本。先入青山女子学院，后在东京女子高等师范学校理化博物科学习。宣统三年（1911年）毕业回国。民国2年（1913年）应聘任江苏省立第二女子师范学校教务主任。民国3年任北京女子师范学校学监。民国7年，教育部首次选派教授赴欧美留学，她应选赴美，入哥伦比亚大学攻读教育专业，民国11年获硕士学位后回国。

民国13年，杨荫榆任北京女子师范大学校长。民国15年3月18日，北京学生抗议日本军舰炮击大沽口的侵略行为，向北洋政府请愿，遭军警镇压，女师大刘和珍等学生遇难。杨荫榆未支持学生的爱国运动，受到校内师生和社会进步人士的谴责。下半年，女师大学潮日炽，杨荫榆被免职。民国16年，至苏州女子师范学校任教，并在东吴大学、苏州中学兼授外语。民国24年在娄门创办二乐女子学术社，任社长。

民国26年，日军侵占苏州，她目睹日军种种暴行，数度到日军司令部提出抗议。民国27年（1938年）1月1日被日军杀害于盘门外吴门桥，时年55岁。次年安葬于苏州灵岩山绣谷公墓。

张瑞芝（1885—1978）

张瑞芝，号石丐，晚年别号皆空。生于清光绪十一年（1885年），无锡北门长安桥人。出生于搬运工人家庭。16岁到上海碑帖店当学徒，刻苦自学金石篆刻、碑石镌刻和竹木雕刻。因技艺精湛，颇具声誉。后在上海开办慨吾庐印社，结识金石书画大师吴昌硕，并与张善孖、张大千兄弟过从甚密，曾将张善孖的《十二金钗图》勒石付印，张氏视之为珍品。其精心研制的“隐鹤印泥”尤为金石书画界推崇。日本首相犬养毅托人购得一缸，用后大加赞扬，曾回赠镀银铜盘以表谢意。张瑞芝年少时还从清末竹刻名家周之礼学刻竹，尽得其艺术精髓。张善摹刻古金石文字及泉币、鼎彝于扇骨、臂搁之上，残缺锈蚀之状惟妙惟肖。他雕刻书画扇骨，运刀纵横自如，苍老劲拔，气韵高古，为收藏家珍爱。“一·二八”事变后，举家离沪回锡。先在新生路，后在复兴路开设“双契轩”印社。当时江、浙、沪的政界、文化界名流，都慕名前来定制印章、竹刻精品及碑石、墓志。1978年病逝，终年94岁。留有《石丐印存》3册。女儿张契之、孙女张英媛继承家学，以竹刻闻名于沪宁地区。

陆辅仁（1886—1963）

陆辅仁，又名佐霖，生于清光绪十二年（1886年）八月二十七日，无锡西门外棉花巷人。早年在其父陆荨廷所开设的陆稿荐肉庄工作，后投身经营钱庄。荣宗敬、荣德生兄弟办厂早期常因资金周转不灵向钱庄业贷款，屡次得到他的大力支持。荣氏兄弟认为陆辅仁胸襟宽广，目光犀利，善于交际，长于经营管理，是个人才，遂劝他投身实业以发展民族经济。民国4年（1915年）上海申新纺织厂创办时，他即投资于该厂。翌年，陆辅仁被聘为荣氏兄弟租办的无锡惠元面粉厂厂长。民国7年任无锡茂新二厂经理，后又任上海福新二、四、八厂经理。解放战争时期，他与亲戚吴昆生合资在香港开设纬纶纱厂。此外，他还在上海中华针织厂、无锡振华面粉厂等企业中有投资，并担任振华面粉厂董事长。他的三弟陆佐震、次子陆菊森也为实业家。陆辅仁于1963年5月病逝于香港，终年78岁。

王世英（1888—1967）

王世英，字钧豪，生于清光绪十四年（1888年）一月十日，无锡城区江阴巷人。父王传垓从事冶坊、绸锻庄事业和商业。王世英自幼勤学，聪明正直，博学多闻。宣统二年（1910年）以优异的成绩毕业于北洋大学冶矿专业，同年十一月参加部试（殿试）取得最优等奏奖，钦派翰林，授职检讨。次年被公派赴美深造。因勤奋和智慧，在民国3年（1914年）获美国哥伦比亚大学理学博士，年仅26岁，是中国第一位留洋冶金博士，并获得金钥匙荣誉奖章。同年8月回国，任职于教育和矿业领域。先后在西安煤矿、马兰峪倒流水金矿、河南六河间煤矿、造币厂、中央炼铜厂等处任职，为中国的矿业和冶金业做出了贡献。先后被聘任为直隶公立工业专科学校教授，浙江大学化学、物理、矿业等系教授、教务主任，唐山交通大学冶矿两系的教授、主任。从教30多年，诲人不倦，弟子满天下。1967年5月10日病逝，终年80岁。

高 阳（1892—1943）

高阳，字践四，生于清光绪十八年（1892年）正月，无锡城郊皋桥人。毕业于苏州东吴大学。民国3年（1914年）赴美国康奈尔大学攻读经济学，获硕士学位。民国5年回国，任暨南大学教务长兼商科主任。一年后改任中国公学大学部教务长。

民国9年，在无锡租赁西水关私宅创办私立无锡中学（今无锡市第三中学），聘国学大师唐文治为校长。后变卖全部家产，筹资5万余银元，在南门外羊腰湾购地新建校舍，民国11年10月落成。

民国17年8月，高阳任江苏省民众教育学院院长兼劳农学院院长。民国19年4月，两院合并为江苏省立教育学院，高阳继任院长。他倡导民众教育，与俞庆棠、赵冕等组织中国社会教育社，又与梁漱溟、晏阳初等组织全国乡村建设会。

抗日战争爆发后，高阳率师生西迁至桂林。民国30年7月学院停办。同年8月他出任广西大学校长，一年后积劳成疾，于民国32年（1943年）7月病逝。生前著有《民众教育》一书及有关民众教育论文76篇。

黄蕙兰（1894—1978）

黄蕙兰，女，生于清光绪二十年（1894年），无锡黄巷乡黄巷村人。出身农民家庭，9岁时进丝厂当童工。大革命时期，在白色恐怖下她参加革命活动，多次参加罢工斗争，与反动军阀、国民党反动派进行艰苦、长期的斗争。

民国26年（1937年）8月13日，日本侵略军大举进攻上海，淞沪战役打响。在无锡丝厂职工会当宣传干事的黄蕙兰，积极发动丝厂女工成立慰问队、洗衣队、救护队、服务队，支援抗日前线，到医院和临时伤兵接待站为伤兵服务，并带头和女工一起无偿献血给伤兵。后来，为了支援淞沪前线的爱国将士，已担任丝业职工会常务理事的她，又在丝厂行业中动员开展捐献一天工资的募捐活动，支援前线打击日本侵略者。

民国29年3月，在日本侵略者一手操纵下，伪无锡县政府准备召开“无锡县第一次工会筹备会议”，以便拼凑成立伪工会。日伪聘请黄蕙兰等出来筹建丝业工会，黄托病拒绝。之后，日伪又三番五次对她进行威胁利诱，均遭拒绝。

全国解放后，黄蕙兰于1950年11月加入中国共产党。先后担任无锡市民主妇联筹备会宣传部副部长、执行委员、常委、副主席，无锡市人民政府委员、无锡市政协委员等职。1978年2月18日，黄蕙兰因病逝世，终年85岁。

陶慰孙（1895—1982）

陶慰孙，女，生于清光绪二十一年（1895年）三月十二日，无锡北门外北塘人。青年时代怀着“科学救国”的志向，去日本、美国留学，获理学士、硕士学位。民国12年（1923年）游学欧洲，先后在英、德、法、比利时、荷兰和瑞士等国著名化学研究单位参观学习。民国16年再次东渡日本，在京都帝国大学理学部攻读研究生，是中国第一个在日本获得女博士学位的学生，博得日本科学界的赞扬。民国20年回国后在上海大同大学任教授。新中国成立后历任东北工学院、东北人民大学教授。1952年为建立吉林大学化学系、生物系和化学系生物化学专业付出了辛勤的劳动。曾为国家重点项目固氮菌研究攻克难关。长期从事蛋白质和天然有机化合物的研究。1964年制成赤豆蛋白和大豆豆酪素。年近九旬还亲自指导年轻教师的学习和科学研究，带领年轻教师编写《蛋白质分子基础》《生物化学习题与计算》等书。曾任长春市人民委员会委员、吉林省妇女联合会副主席、吉林省政协副主席、第三届全国人大代表和第五届全国政协委员。1982年12月11日在长春逝世，终年88岁，骨灰撒入故乡太湖。

陶晶孙（1897—1952）

陶晶孙，原名炽、炽孙，笔名晶孙、晶明馆主，生于清光绪二十三年（1897年），无锡城外北塘人。法医学家陶廷枋长子。早年就读于无锡周新镇廷弼小学。光绪三十二年随父母赴日本，先后在东京锦华小学、东京府立第一中学、东京第一高等学校读书。民国8年（1919年）入日本九州帝国大学习医。在校期间与郭沫若、何畏等创办同人杂志《Green》。民国10年7月，与郭沫若、郁达夫、成仿吾等发起成立创造社，并在《创造季刊》《创造月报》等刊物上发表小说、戏剧和译文。民国12年4月入东北帝国大学，研究音响生理学。在校内组织交响乐团，任指挥。对音乐、绘画、木刻等均有研究，提倡木偶戏。民国18年与夏衍、冯乃超、郑伯奇等人一起加入中国共产党领导的话剧团艺术剧社，创作《摇篮歌》。同时参加新兴剧社的演出活动。将冯乃超的独幕剧《阿珍》译成日文发表。民国19年3月参加中国左翼作家联盟，曾主编《大众文艺》月刊和《学艺》杂志。民国21年与鲁迅、茅盾等人共同签署《中国著名作家为中苏复交致苏联电》，积极从事进步文艺活动。30年代以后，主要从事医学工作，研究卫生学、寄生虫学。曾在无锡创办厚生医院，并参与江苏教育学院在乡间设立公众卫生实验区，兼任无锡卫生模范区主任，为贫民治病，开展公共卫生领域的一些研究。后历任上海东南医学院卫生学教授、上海自然科学研究所研究员、《现代医学》杂志总编辑、台湾大学医学院教授兼热带医学研究所所长。1950年，因支持其子参加学生运动，为台湾当局所不容，离台去日，因病暂留日本。同年任东京大学中国文学系讲师。晚年在日本结识许多左翼朋友，热心从事中日友好与文化交流活动。一生积极提倡白话文，主张改革书写和排版方式，首倡变竖写为横写。1952年2月12日，因患癌症在日本逝世，葬于日本市川公墓，终年56岁。主要著作有短篇小说集《音乐会小曲》《木犀》《盲目的兄弟爱》；戏曲集《傻子的治疗》；译著《间谍》《中国社会卫生研究梗要》《晶孙日文集》；随笔《给日本的遗书》《牛骨集》《晶孙全集》；医学专著《医学常识》《生理学纲要》《卫生学纲要》等。

赵 深（1898—1978）

赵深，字渊，号保寅，生于清光绪二十四年（1898年）六月二十八日，无锡北门外江阴巷人。民国8年（1919年）毕业于北京清华学校，后赴美国宾夕法尼亚大学深造，获建筑工程硕士学位。曾在美国纽约、费城、迈阿密、芝加哥等一些城市的建筑事务所工作。他设计的芝加哥大学教学楼获得建筑界的好评，显示出他在建筑设计上的才能。孙中山逝世后，他应征从美国寄来南京中山陵墓设计图。其设计虽未被采纳，但获得荣誉奖（第二名），也是其中唯一的中国获奖者。民国15年，他开始在欧洲旅行，参观英、法、德、意等国的许多城市和乡村，考察了这些国家古典的、现代的以及豪华的、简朴的各式建筑，民国16年3月回国，在上海负责青年会大楼的设计。民国17年，与著名建筑师范文照合作，开设建筑师事务所。他承担设计了上海的南京大戏院、杭州的西泠饭店、南京的国民政府铁道部大楼等建筑物。还参加当时上海市举办的“江湾新上海市中心设计方案”竞赛，获第一名。民国19年独自开设赵深建筑事务所。次年，又与著名建筑师陈植、童寯合作，创设华盖建筑师事务所，先后完成上海、南京、长沙等地一些银行、旅馆、饭店、工厂、学校、科研单位的建筑设计。在此期间，他还为无锡设计茂新面粉厂的厂房、申新第三纺织厂的多层仓库等。日军占领上海后，他去昆明，继续从事建筑设计，并兼任西南联大教授，精心设计昆明南屏与大逸乐大戏院、南屏街银行建筑群.以及桂林、贵阳等地的园林建筑。民国36年，又设计无锡江南大学建筑群，使之为秀丽的湖光山色平添一景。上海解放后，他参加上海联合建筑师、工程师事务所工作，一度执教于杭州之江大学建筑系。1952年任华东建筑设计公司总工程师。1953年调任北京国家建筑工程部设计院总工程师。1955年任华东建筑设计院副院长。这一时期，由他主持的重大设计项目有福州大学、泉州华侨大学、桂林芦笛岩风景区建筑群、苏州南林饭店、上海虹桥机场、上海电信大楼、上海火车站以及赞比亚的联合党部大楼。他所主持的建筑设计，以活泼多样、造型美观，且与周围环境浑成一体而称誉建筑界。他被推选为中国建筑学会第二、三、四届理事会副理事长，第四、第五届全国政协委员。1978年10月16日病逝于上海，终年81岁。

范谷泉（1898—1978）

范谷泉，又名范寿康，生于清光绪二十四年（1898年）二月初九日，无锡北塘张成弄人。早年就学于无锡竢实小学、江阴南菁中学。民国8年（1919年）毕业于交通部上海工业专门学校（交通大学前身）电机科。历任无锡工商中学教务主任，郑州豫丰纱厂副工程师，无锡庆丰纺织厂工程师、厂长，贵阳电厂厂长兼工程师，上海保丰纺织厂总工程师、厂长等职。在庆丰期间，主持自发电工作，使该厂用电成本大为降低。还负责勘察设计，装置从广勤路庆丰纺织厂至蓉湖庄九丰面粉厂之间的通电线路，将每月节余的电能10万千瓦时供九丰面粉厂使用。抗日战争期间，在贵阳电厂负责电气工程技术，主持厂房筹建、机器安装以及开机、发电等方面的工作。抗战胜利后，他担任上海保丰纺织厂总工程师、厂长，后复任无锡庆丰纺织厂厂长。曾先后兼任庆丰纺织养成所教员和纺织电机艺徒训练班负责人，教授电气工程技术。解放后，继任庆丰纺织厂厂长，后为公私合营无锡庆丰纺织厂第一副厂长、厂长。历任无锡市工商业联合会第一至三届主任委员，江苏省工商业联合会副主任委员，中华全国工商业联合会执行委员，江苏省人民代表大会代表、人民委员会委员，江苏省政协常务委员，中国民主建国会江苏省委员会常务委员、民建无锡市委员会常务委员，无锡市人民代表大会代表、人民委员会委员、无锡市副市长、无锡市政协副主席等职。在担任无锡市工商业联合会主任委员期间，他带动无锡市工商业者申请实行公私合营，为推动全市资本主义工商业和手工业的社会主义改造做出了贡献。他曾推动工商界中热心教育事业的人士自愿捐助，筹集办学基金42万元，先后创办锡惠、通惠桥、大公桥、新街巷4所民办初级中学，并被推为无锡市工商界民办学校董事会董事长。

1978年8月9日因病逝世，终年81岁。

唐星海（1900—1969）

唐星海，生于清光绪二十六年（1900年），无锡人。唐保谦次子。民国8年（1919年）从北京清华学校毕业，入美国麻省理工学院攻读纺织专业。民国12年毕业，获纺织、纺织企业管理硕士学位。

民国12年10月学成回国，任无锡庆丰纺织厂副总管兼纺织部工程师。他运用在美国学到的经营管理方法，对庆丰进行体制改革和技术改造。民国19年9月开始，创办庆丰纺织养成所，培养了一批纺织、印染、财会专业人才。民国22年，在庆丰推行“泰罗制”，各部门、各工种都制定出办事规则和工作方法，并将各主要工程的操作过程制成图片挂在车间里，要求工人遵守操作规程，以提高劳动生产率。民国19年和民国26年，先后两次去国外考察，向英国订购纱锭5万枚、布机400台。为进行自发电，又从德国引进2000千瓦发电机组，全面更新庆丰厂的设备，并扩建庆丰第二工场和增辟漂染车间，所产“双鱼吉庆”牌纱，成为无锡地区的标准纱，销路远及东南亚。民国25年唐保谦去世，他接任庆丰纺织公司总经理。

日军侵占无锡后，庆丰纺织厂被占据，改由日商大康纱厂经营。民国28年1月，日商向唐星海提出共同修复、合作经营庆丰的建议，遭到他的拒绝。同年4月，他在上海创办保丰纺织厂。民国32年11月收回无锡庆丰厂后，借用上海保丰厂经营实力，资助庆丰厂。在此期间，他曾投资马迪汽车公司、通惠冷气公司，与人合办公永纱厂，与建安实业公司合作开办庆源、大华、利达花纱布庄、宝丰堆栈、北新隆农场以及无锡永新化工厂、昆山永润油厂等企业。民国37年年末，唐星海抽调庆丰厂部分资金，并将该厂原订购的纱锭、布机运到香港九龙荃湾，集资创办南海纱厂。1969年逝世，终年70岁。

陶 烈(1900—1930)

陶烈，生于清光绪二十六年（1900年），无锡北塘人。光绪三十三年由父陶念均接往日本求学。学习勤奋，成绩优异，小学、中学跳级学习。民国4年（1915年）考入东京第一高等学校，并在《科学》杂志上发表《有机物质命名法》一文，对有机物质的命名，表明独特见解。民国8年入京都帝国大学医学部学习，民国12年为该校生理学教研室研究生，重点研究神经与肌肉的基础医学。两年时间里，发表论文8篇。同时参加《生理学研究》的出版工作。民国14年转入该校精神病学研究室，进行人脑皮层下各种神经核的细胞定量研究，每年夏季还到浅虫临海实验所，进行动物生理学的研究。民国17年，代表中国至爪哇参加第四次太平洋学术会议。民国19年初，经罗宗洛、竺可桢介绍任广东中山大学教授。后又为祖国的医学科教事业购置科教仪器再赴日本，1930年不幸逝于他乡，时年31岁。在挚友、大阪《朝日新闻》记者尾崎委实及内山完造、柘植秀磨等协助下，由家属移柩回国，葬于无锡惠山金星墩。在20世纪20年代，他在神经学科领域作出了巨大贡献，被誉为中国神经科学研究的先驱者。日本当代神经解剖学权威大川鼎三教授于1967年所撰《日本的神经学研究史》中，称陶烈为“世界脑解剖学界第一流的学者”。

李凤哕（1901—1971）

李凤哕，生于清光绪二十七年（1901年），无锡北塘人。幼失怙恃，由伯父扶养长大。始在钱庄实习，后进上海福新第七面粉厂工作。他勤奋好学，厂方派他跟随外国工程师爱格门工作，学习制粉技术。后经爱格门介绍，进英商安制洋行当绘图员。民国15年（1926年），荣德生选购由安利洋行经办的英国亨利西蒙公司出产的最新制粉设备，李凤哕作为爱格门的助手同去无锡茂新二厂指导安装机器。他的技术才干和勤奋工作的态度，深得荣氏赏识，邀他留在茂新任职。民国24年，苏州太和面粉厂筹建时，亦请其订购英制面粉设备，安装机器。他根据国产小麦品质和对面粉的要求以及国内的实际情况，在安装过程中相应调整工艺设计，增添清麦机器和面粉筛理设备，以提高面粉的产量和质量。太和面粉厂建成后，任该厂工程师。民国29年，常州创办鼎泰面粉厂，请他设计安装。他第一次安装国产制粉机器，一举成功，被聘为该厂技术顾问。抗日战争胜利后，晋升为无锡茂新面粉公司总工程师，先负责整修茂新二厂的制粉设备，继而负责茂新一厂的重建工作。在这期间，又应荣鸿元之聘，兼任上海鸿丰面粉厂工程师，并为荣氏系统上海建成面粉厂改进生产工艺。民国37年又兼无锡江南大学面粉专修科的教学工作。1953年，受聘到北京粮食部工作，被评为二级工程师。他经常来往于北京、天津、郑州、西安、合肥、上海等地，视察、指导面粉工业的新建、改造等技术工作，为发展面粉工业作出了贡献。1966年初退休，在“文化大革命”中遭到迫害。1971年2月28日在上海逝世，终年71岁。“文化大革命”后得到平反昭雪。

唐君远（1901—1992）

唐君远，学名唐增源，生于清光绪二十七年（1901年）六月六日，无锡城内石皮巷，为实业家唐骧庭之子。年轻时就读于上海南洋公学、苏州东吴大学。民国9年（1920年），奉父命中途辍学，参加丽新纺织印染厂筹建工作。民国11年工厂开工后，他先后任考工员、考工主任。民国14年，任丽新纺织印染厂厂长。民国19年后，任上海昌兴纺织印染公司工务主任，并参与开设丽新上海一厂、二厂和三厂。民国22

年，无锡丽新印染厂已成为中国第一家商办纺织印染全能企业，工厂生产的印花布压倒当时在国内竞销的日本货，被《朝日新闻》称为日本棉布在“中国的劲敌”。民国23年，由唐骧庭、程敬堂、唐君远、荣尔仁、唐纪云、唐熊源商议集资20万元，后又增资30万元，创办协新毛纺织染股份有限公司，公推唐君远任总经理，于民国24年开工生产。它是中国第一家自纺、自织、自染、自整理的精、粗毛纺织的全能工厂。工厂不生产与日本货相同的市场大路货，而是仿制英国的啥咪呢、马裤呢、花呢等产品，价格低于英国货，在市场上颇受欢迎，产品曾由上海棋盘街呢绒商联合组织联益公司包销。至民国25年年末，协新共生产呢绒24万码，获利20多万元。经董事会同意，工厂扩大规模，至民国26年抗战全面爆发时，协新资本已增至80万元。民国27年春，唐君远因拒绝日本占领军提出与协新、丽新两厂“合作经营”的要求，被日军关进木笼子达半月之久。但他仍然表示“宁为玉碎，不为瓦全”，致使厂中机器遭日军毁坏，700多台电动机被抢走。获释后立即赴上海在公共租界内创办新厂。先在上海思南路租地建协新毛纺织厂，又在江宁路租地，开设昌兴纺织印染厂。后又在长寿路创办棉纺厂，成立昌兴纺织印染股份有限公司，由他负责经营。又分别在西康路、江宁路开办信昌毛纺织厂，继续生产与无锡厂同类的产品（新中国成立后均改称丽新）。直至太平洋战争爆发，日军占领公共租界才被迫停止生产。民国35年，他引进瑞士巴塞尔嘉基颜料厂专利产品“灭蠹”不蛀粉剂，在锡、沪两地生产不蛀花呢，畅销国内各地大商店并外销南洋、印度。

新中国成立后，唐君远任上海毛纺织工业同业公会主任委员，参与上海工商界为恢复生产、发展经济所开展的各项爱国运动，组织认购人民胜利折实公债39万份，并为抗美援朝捐献飞机4架。1954年和1955年，无锡和上海的唐氏企业先后实行公私合营，他分别任丽新公司董事长、协新厂经理兼丽新厂经理和上海毛麻纺织工业公司经理。1959年起，他主动放弃全部定息。“文化大革命”中，他遭受迫害。“文化大革命”结束后，他与工商界同仁一起倡议筹资建立上海市工商界爱国建设公司。1979年，他参加上海工商界代表团赴港访问，鼓励其长子唐翔千投资内地建设，在深圳达成特区第一批补偿贸易，在新疆建成国内第一个合资经营的天山毛纺织厂，在上海办成第一个沪港合资企业——上海联合毛纺织有限公司，并成为全国“十佳”企业，引起港澳工商界的积极反响。

唐君远历任全国政协第三、四、五、六届委员，上海市政协第五、六、七届副主席，上海市工商联第二、三届常委，第四、五、六、七届副主委，第八届名誉副主委。曾任全国工商联常委、江苏省工商联副主委，还担任上海投资信托公司副董事长、上海爱建股份有限公司监事长和沪港经济发展协会名誉会长。1992年10月16日，唐君远在上海病逝，终年92岁。

祝世康（1901—1982）

祝世康，又名廷模，字尧人，笔名鲁膺，生于清光绪二十七年（1901年）六月初二日，无锡县杨墅园，后随全家迁居无锡城区竹栈弄。幼年先入私塾，后进无锡城北小学、苏州晏城中学、上海浦东中学求学。时值五四运动，他主编校刊《歇浦潮》，积极投入反帝爱国斗争。民国9年（1920年）毕业，考取北京政法大学经济系。民国13年毕业后赴美国留学，入锡拉丘兹大学、哥伦比亚大学、衣阿华大学、印第安纳大学，获理财学硕士、经济学博士学位。

民国17年回国，到上海担任英文《中国》月刊主编，同时兼任上海交通大学教授。民国18年，他应聘先后担任南京国民政府铁道部首都设计委员会英文秘书、工商部法规委员会委员兼代劳工司司长，并在中央大学任教。民国19年5月参加中国代表团出席在日内瓦召开的第十四届国际劳工大会，担任代表团的劳方顾问。在会上，他以五卅惨案血的事实，向全世界人民揭露日本帝国主义在华的暴行。民国20年后，历任国民政府立法院秘书兼编审处编修、中央银行经济研究处专门委员、中央储蓄会副经理。其间曾先后主编《各国比较宪法》《各国货币银行法规汇编》《中央银行月刊》等书刊。

八一三事变后，与李公朴等人组织抗敌后援会，任金融组主任。同年12月奉命去重庆，经办中央储蓄会的迁川工作，续任中央储蓄会副经理，后任经理，兼任中央信托局储蓄处经理。抗日战争期间，他在重庆发起组织民生主义经济学社，编辑出版《经济论衡》。积极参加爱国民主运动，参与农工民主党、三民主义同志联合会、中国民主同志会等民主党派的创立工作，为他们筹措经费，并任农工民主党中央候补执行委员兼财务委员会主任。上海解放前夕，他冒着生命危险竭力掩护民革成员王葆真从事地下活动。协助中共对刘文辉、潘文华开展策反工作。

新中国成立后，1955年任上海市政协委员、农工民主党上海市委员会常务委员。从1956年起，他任上海市人民政府参事室参事。1982年8月20日病逝于上海，终年82岁。出版的主要著作有：《中国劳工运动》《劳工问题》《民生主义经济学体系》《民生主义与世界改造》《民生主义与社会保险》《社会保险》；译作有《来自竞争的繁荣》《笑面人》《布格·雅加尔》等。

秦 起（1906—1927）

秦起，原名秦锡昌，生于清光绪三十二年（1906年）十一月二十六日，无锡城内二下塘人。14岁毕业于大娄巷唐氏小学，因家贫，进茂新第二面粉厂当实习生。由于亲身经受和耳闻目睹资本家对工人的残酷剥削和压迫，激起他对旧制度的憎恨。在《新青年》等进步刊物的影响下，他走上了革命的道路。民国14年（1925年）冬加入中国共产党。民国15年2月，任中共茂新第二面粉厂支部书记，积极从事工人运动，在茂新第二面粉厂及黄埠墩等处创办工人夜校，亲自编写教材，担任教员，传授文化知识，宣传革命道理。4月，茂新第二面粉厂工人沈根泉工伤身亡，厂主对此漠然置之。他带领工人同资方进行斗争，直至资方答应支付丧葬、抚恤费。不久，茂新第二面粉厂首先秘密成立工会。同年5月1日，他作为江苏省工人代表出席在广州召开的全国第三次劳动大会。回无锡后，于5月21日领导全城19家丝厂有2万余名女工参加的总同盟罢工，持续9天9夜，取得了胜利。

民国16年（1927年）1月4日，无锡总工会秘密成立，秦起任委员长。2月，任中共无锡地方委员会委员。3月17日，为配合北伐军打击军阀孙传芳，他率领工人骨干破坏铁路，阻挠军阀部队的运输。3月21日，北伐军进驻无锡。同日，无锡总工会在崇安寺大雄宝殿公开办公。四·一二反革命政变后的翌日下午，秦起主持有数万人参加的民众大会，声援上海工人的斗争，揭露国民党右派的反动面目。会后，带领与会群众冒雨游行示威。4月14日深夜，无锡国民党右派奉蒋介石密令，纠集部分警察、商团和地痞流氓武装数百人，在北伐军第14军赖世璜部的支持、配合下，袭击总工会。他率工人纠察队英勇抵抗。寡不敌众，10余名纠察队员牺牲，秦起等数十人被捕。他大义凛然，怒斥敌顽。翌日凌晨遭秘密枪杀，沉尸于河中。牺牲时年21岁。

刘群先（1907—?）

刘群先，女，生于清光绪三十三年（1907年），无锡城郊刘潭桥黄岸头村人。家贫，11岁至无锡协勤铁工厂老板唐湘泉家当童养媳，读了3年书。唐湘泉病故后，工厂倒闭，她又回到老家。民国13～15年（1924～1926年），先后进无锡庆丰纺织厂、申新三厂、德兴丝厂做工。她为人耿直，敢为工人争权益，深得工友们称赞。

民国15年5月，刘群先积极参加无锡丝厂女工总同盟罢工。同年加入中国共产党。民国16年1月4日，无锡总工会秘密成立，她积极参加总工会活动。3月21日，北伐军抵达无锡，无锡总工会公开办公，刘群先任总工会女工部部长，负责丝厂工会工作。她和汤盘珍、穆静如等发动和领导全县丝厂工会迎接北伐军的总同盟罢工，参加丝厂业劳资联席会议，为维护工人利益同资本家谈判，取得胜利。无锡发生“四·一四”反革命事件后，她回家乡暂作隐蔽。6月，被调往上海工作。不久，出席在武汉召开的全国第四次劳动大会。10月，赴苏联莫斯科中山大学学习。年末出席在莫斯科召开的世界劳工大会，结识秦邦宪（博古）。翌年5月两人在莫斯科结婚。6月出席中国共产党第六次全国代表大会。

民国19年回国，在上海担任中华全国总工会女工部部长。民国22年9月进入江西中央苏区，任原职。翌年1月，在中华苏维埃共和国第二次全国代表大会上被选为中央执行委员。10月，参加二万五千里长征，历任红一方面军妇女队队长、干部休养连工作组长，进行宣传鼓动，激励红军斗志，检查红军纪律，料理受伤和牺牲的战士。到达陕北后，继任全总女工部部长，被美国记者斯诺在《西行漫记》中誉为“中国杰出的女工领袖”。民国26年12月任陕甘宁边区总工会副主任兼组织部部长。民国27年，随博古到八路军武汉办事处工作。同年4月，与全国邮务总工会常务委员朱学范在汉口发起组织中国工人抗敌总会筹备委员会。后因病赴莫斯科治疗。德军飞机轰炸莫斯科时，她被疏散，从此下落不明。

张鉴庭（1909—1984）

张鉴庭，生于清宣统元年（1909年）二月二十二日，无锡北门外长安桥人。幼年就读于私塾，9岁随家迁苏州，再至杭州。10岁学宣卷，14岁开始唱绍兴大板，参加曲艺“小热昏”“说因果”的演唱。民国15年（1926年）改学评弹，拜朱咏春为师，学说《珍珠塔》《倭袍》。后自编《闹严府》《十美图》《颐鼎臣》等书说唱。得弹词名家夏荷生的指教，将京韵大鼓绍兴大板的某些唱腔融进评弹曲调。又在蒋月泉调基础上独辟蹊径，形成了自己独特的艺术风格，所创“张调”在江、浙、沪一带享有盛誉，形成一大评弹流派，人称“一曲张调惊四座”。30年代曾在上海汇泉楼、老沧州书场演出。1951年11月，积极参与筹建上海市人民评弹工作团，成为最早进团创业的艺人之一。先后赴佛子岭水库、梅山水库工地以及工厂、农村、海岛等地演出。这一时期，他编说现代长篇《红色的种子》和新长篇《秦香莲》，积极参加许多中、短篇的排演工作。在演唱《海上英雄》《芦苇青青》《罗汉钱》《迷功名》《红娘子》《顾大照镜》《十美图》《望芦苇》等评弹时，成功地塑造了各种不同的人物形象，留下许多脍炙人口的著名唱段。其中《林冲·误责贞娘》灌制了唱片。“文化大革命”后重返书坛，积极谱唱新开篇，整理旧书，改编剧目。其编著、改编演出的剧目还有《钱秀才》《红梅赞》等。1984年2月，应邀参加香港艺术节的演出，与弟张鉴国拼档弹唱，轰动香港书坛。任全国曲艺家协会会员、上海分会常务理事，并任上海戏曲学校、苏州评弹学校兼职教师。中国民主同盟盟员。1984年4月24日，因患心肌梗塞病逝于上海，终年76岁。

杨建侯（1910—1993）

杨建侯，又名赞南、白浪、剑侯、仲敏，号荷叶树人，生于清宣统二年（1910年），无锡市泗堡桥人。出生在一个造船工人家庭，幼年好学上进，酷爱读书、绘画。民国18年（1929年），考入无锡美术专科学校，受到著名画家胡汀鹭、贺天健等人指点。民国19年博得徐悲鸿赏识，后进入南京国立中央大学美术系，成为徐悲鸿的入室弟子。民国24年，他从中央大学毕业，获教育学士学位，同年参加中华全国美术协会，任上海法医研究绘图教师。抗战期间他赴重庆，曾创作《军民同乐》《难民》

《流浪儿童》等一批反映抗日战争现实生活的油画和《钟馗捉鬼》《鹿群》等国画。

新中国成立初期，杨建侯绘制大型马、恩、列、斯、毛的油画像，创作《群雁归来》及一批反映新社会生活的油画和国画。1952年，他在新成立的南京师范学院（现南京师范大学）任教授后，创作热情旺盛，大批优秀作品问世。他的作品还多次参加国内外展览及举办个人画展，蜚声画坛，很多作品被中外博物馆收藏。他的艺术生涯分别在《中国文学》英、法文版和香港《文汇报》等专版介绍。1984年《在润泽的土地上》（记著名画家杨建侯教授）电视专题片在中央台和各省台播放。日本出版的《中国现代书画篆刻名家鉴》以及湖南、陕西出版的中国名画家辞典中均有记载。

在南京师范大学工作期间，曾任硕士研究生导师、南京书画院特级画师、江苏省老年画会顾问、江苏国画院顾问、南京市美术家协会名誉主席。1993年因病逝世，终年84岁。

张契之（1913—1976）

张契之，女，名始，号龙山女子，生于民国2年（1913年），无锡人。幼年居住上海，10岁起跟随父亲张瑞芝和舅父支慈庵学习竹木雕刻、金石篆刻和碑石镌刻，14岁已能独立创作。一・二八事变后随父母回到故乡无锡，以竹刻和金石篆刻、碑石镌刻为业。在民国22年至民国25年间，她的竹刻作品曾参加上海女子书画展览和南京的书画展览，均获得好评。民国22年，冯文凤等在上海创立中国女子书画会，张契之被吸收为会员。

她早年的竹刻以精细、古雅、秀丽见长，常以铜镜、鼎彝、瓦当、泉币等形象以及古文字为题材，刻制过大量扇骨。她雕刻的金文、瓦当精细挺括、苍劲古朴。她与父亲和舅父均以精湛的竹刻技艺蜚声江南，人称为“两把半刀”。

解放后，张契之进入无锡市工艺美术研究所。她发现近现代竹刻有日趋平浅、单一的弊病，故力图恢复传统特色。她的竹刻创作，无论留青浅刻，抑或浅浮雕、高浮雕、透雕，都有自己独特的风格。作于1972年的透雕扇骨《梅竹》堪称传世精品。她这种将传统的留青浅刻与透浮雕熔于一炉的手法，别树一帜。挂屏《百花齐放》、插屏《无锡新貌》均为其佳作。她一生雕刻作品千余件，不少作品为国内外鉴赏家收藏。她是无锡市文联会员、江苏省金石书法研究会会员、政协无锡市第五届委员会文化工作组组员。1976年逝世，终年63岁。1980年人民美术出版社出版的《竹刻艺术》一书中称她是“近代少有的女竹刻家”。

蔡翔云（1915—1943）

蔡翔云，女，生于民国4年（1915年），无锡城外北塘人。少时就读于蔡氏小学。民国19年考入苏州女子师范学校。其间适逢九一八、一·二八事变发生，她积极投身于抗日救亡运动，并参加反对校长迫害进步学生的罢课斗争。毕业后返蔡氏小学执教，与同校李伯敏等进步教员一起组织青年读书会，参加抗日缉私同盟，并利用《儿童新闻》等进步刊物进行抗日救国的宣传教育。

民国24年冬，上海爱国学生为要求停止内战、一致抗日，组织请愿团赴南京请愿。列车途经无锡时，蔡翔云和各界爱国青年一起，携带食品前往火车站慰问。次日又冒雨参加示威游行，声援上海学生请愿团。一二·九运动后，与周婉如等进步教员发起组织妇女问题研究会，以读书、研究等形式将女教员组织起来开展妇女工作，在丝厂女工中开办识字夜校，发动女工参加社会活动。后担任无锡县妇女会常务理事。

民国25年8月，无锡学社成立，蔡翔云被选为学社理事会理事，负责总务工作。民国26年初，国民党省党部以“共党嫌疑”为由下令逮捕无锡学社负责人。蔡翔云也被列入黑名单。她闻讯后立即转移至姚宝巷王昆仑家，才避开了当局的迫害。七七事变后，与无锡学社负责人李伯敏等一起赴沪，参加全国各界救国联合会举办的救亡干事训练学习。回锡后，参与发起组织无锡各界青年抗敌后援会。八一三事变后，又带领爱国女青年去惠山陆军医院慰问、护理受伤官兵。同年10月，日军飞机轰炸无锡，她不顾家人劝阻，坚持留在救护队抢救、护理伤员。日军侵占无锡前夕，她参加无锡抗日青年救亡服务团，辗转到达江西南昌新四军办事处。

民国26年年末，蔡翔云参加江西省青年服务团，在上饶地区从事救亡活动。民国27年年初加入中国共产党。同年秋，由中共福建省委派遣去南平开辟工作，任中共南平工委妇女部长。民国29年调省委妇女部工作。皖南事变后，国民党军队3次发动对福建老革命根据地的进攻。民国32年（1943年）夏秋，蔡翔云在邵武边区遭敌围困，与省委失去联系，弹尽粮绝，靠野菜充饥，在山里坚持斗争。省委派人找到她时已奄奄一息，她用尽最后的力气喊了声“我们胜利了”就永远倒下了。殉难时年28岁。

高石农（1916—1988）

高石农，生于民国5年（1916年），无锡北塘人。中学毕业后在米行任会计工作，解放后先后在梅村师范、南泉初中、长安初中及洛社师范学校等校任职员。

高石农在弱冠之年即潜心于书法篆刻，师法秦汉和西泠、皖、浙的赵、吴诸家，融会贯通。他对书法篆刻勤于练习，从不松懈；其行书得何绍基（子贞）鸡颖之妙，结体自如，点画精到；对篆书则一破以往竖归行、横归格之成规，其字形结构推陈创新，拙朴自然，气势奔放，极富金石意味。他尤以篆刻著称，善以斤余大刀刻印面和边款，章法于局拙中藏巧，刀法遒劲，浑厚庄重，有“印由书出”之情趣。作品曾多次入选国内外重大书法、篆刻展览，也多次在《书法》杂志、《西泠艺丛》《人民日报》（海外版）发表。国内出版的《革命胜迹印谱》《现代印章选集》等都收有他的作品。1982年后，应日本现代书道研究所之邀，每年有作品参加该所举办的书法篆刻展览，海内外诸多名人学士用印皆出自其手。他曾著有《篆刻简介》《篆书帖》等书。

高石农曾任西泠印社社员、中国书法家协会会员、中华全国书法教育学会特邀顾问、江苏省书法家协会名誉理事、无锡市政协委员和文化组副组长、无锡市书法协会名誉主席、无锡市书画院画师、无锡市书法艺术专科学校副校长等职。1988年7月，高石农逝世，终年72岁。

王新民（1916—1997）

王新民，原名惠永昌，曾用名杨明德，民国5年（1916年）2月21日生于无锡西门棉花巷。民国18～23年，在辅仁中学和省立无锡中学、苏州中学读书。民国23年，考入南京中央大学机械系。民国24年12月，参加“一二·九”救亡运动。民国25年8月，秘密参加全国学联。抗日战争爆发后，在南京、无锡等地从事抗日救国活动。民国27年6月加入中国共产党，9月参加新四军一支队和战地服务团。民国28年，先后任中共东路特委机关刊物《江南》半月刊首任编辑、中共无锡县委宣传干事和锡南区区委书记、华庄镇达才中学校长。民国29年，先后任江南人民抗日救国军独立支队政治部主任、新四军驻沙洲办事处主任兼民运工作队队长、中共江阴县委委员、中共沙洲县委书记。民国30年后，任新四军第六师军实科科长、十六旅军工部副部长、二师军工部部长。民国35年，任新四军暨华中军区军工部副部长兼工务处处长、建华工业学校校长。民国36年2月，任华东军区军工部副部长兼军务处处长，兼鲁南军区军工部部长。6月兼渤海军区军工处处长、局长。民国37年2月，任华东工矿部济南工业局局长兼党委书记，之后专任局长。

1949年6月，任华东军政委员会工业部驻山东办事处副主任兼济南工业局局长，获山东省及济南市劳动模范称号。1951年5月，任华东工业部第一任机械局局长。1952年和1956年秋，两次随中国政府代表团赴苏联商谈援建项目。1953年起，先后任第一机械工业部第四机器工业局（动力机械工业局）第一副局长、第三机器工业局（重机矿山机器局）副局长、第八局（电工局）副局长。1960年2月，兼任一机部原子能设备的总工程师。1961年6月，任一机部技术司主管军工的副司长，兼一机部军工局副局长。1962年后，兼任一机部专用成套原子能设备的总设计师、一机部与七机部联合组成的导弹地面设备第一副总设计师，直接参与核弹、导弹、核潜艇的研制、定型、验收工作。1968年1月，任一机部技术司革命委员会主任。1972年9月，任一机部军工局副局长，主抓坦克动力生产线的建设，组织激光测距仪等科研任务。1975年1月，任一机部机械科学研究院主管军工的副院长，兼任技术委员会主任。其间，从事高能加速器设备研制规划，主持完成国家大型导弹和卫星地面测试设备以及用于核设备关键部件的制造工艺。1981年10月，参加国家能源委员会顾问团兼任顾问，并任机械科学研究院、太原工学院等10多个单位的博士、硕士学位审批与授予委员会委员。1983年离休。1985年5月，被国防科工委、国家计委、国家科委联合授予在组织管理国防军工协作工作中成绩显著的先进个人称号。1986年8月，被聘任为国家机械委员会和机械电子工业部科技咨询委员会委员。1990年，任秦山30万千瓦核电设备科研项目鉴定委员会委员。1992年7月，获中国兵器工业总公司颁发的特殊荣誉奖状和奖章。10月起，获政府特殊津贴。1994年6月，由其任组长的中国动力工程学院核电设备国产化调研组1号到7号调研报告，获中国科协颁发的全国科技进步建议一等奖。他是中国动力工程学会创始人之一，先后担任副理事长、理事长和名誉理事长。1997年10月22日，王新民在北京病逝，终年81岁。

严钦尚（1916—1992）

严钦尚，民国5年（1916年）12月20日生于无锡北门外龙塘岸。民国29年毕业于中央大学地理系，后考入浙江大学史地研究生部，师从叶良辅，随叶考察西康地区的自然地理情况，是青藏高原自然地理研究的首批中国学者。民国33年，获地貌学硕士学位。民国37年，获澳大利亚悉尼大学自然地理学硕士学位。回国后任浙江大学副教授、教授。1950年，考察大兴安岭地质地貌，撰文提出第四纪冰川参与大兴安岭及其邻区地貌塑造的作用。1950～1952年，为建设浙江黄坛口及金华、兰溪一带的水库及淮河中、上游水库等工程作地质地貌调查。1952年，任华东师范大学教授。1953年，赴陕北榆林—定边一带考察，研究治沙工程，首次提出中国沙漠是“就地起沙”的理论。1955～1956年，从事浙江省地貌区划工作。1957～1962年，连续多年参加中苏科学院合作新疆联合考察队的地貌研究工作，任联合考察队队长，先后综合调查开都河流域和额尔齐斯—乌伦古河流城，在摸清流域内自然资源和经济情况基础上，提出开发利用的设想。其间，发表《中国西部天山冰期的次数和性质问题》及《新疆额尔齐斯河与乌伦古河流域地貌发育》两篇论文，并与周廷儒等合著《新疆地貌》一书，成为中国冰川学和寒区旱区研究的开拓性成果。1962年后，重点对宝成铁路沿线10余个病害工点进行勘查，查明起因，提出整治途径和措施。1970年，严钦尚作为发起人，在华东师范大学成立海洋地质专业。1972年2月，此专业并入同济大学地下工程系。1972～1975年，由严钦尚主持编译季刊《海洋地质译丛》，为国家海洋地质学的研究建立基础。1974年起，他组成科研专题组，从事苏北油田沉积相的研究，为以后大港和胜利油田、三水盆地的开发提供理论基础。1978年，出任海洋地质系第一任系主任。其间，主编中国第一部《海洋地质学》。又选定浙江舟山普陀岛，研究海岸沉积物类型和海滩不同单元沉积相的标志，曾组织人员冒着台风现场观测风暴潮冲淤作用过程，建立风暴沉积层序，对认识含油地层特性起到重要作用。1981年，回到华东师范大学，创办比较沉积研究所，任所长。

严钦尚是国家自然地理学专业博士点与博士后流动站的第一批导师，并任中国地理学会理事、中国沉积学会理事、中国第四纪研究委员会委员、国际沉积学会会员、国际经济古生物学家和矿物学家协会会员。由他主持的《现代海岸与河流沉积研究》获1986年国家教委科技进步二等奖和1987年国家科技进步三等奖。他主编的《地貌学》教材在1987年获国家教委高校优秀教材一等奖。其他主要著作有：《长江三角洲现代沉积研究》和《苏北平原全新世地貌与沉积》等。1992年严钦尚病逝，终年76岁。

杨 增（1918—1993）

杨增，民国7年（1918年）12月13日生于无锡北门泗堡桥。早年就读于无锡私立杨氏小学。民国25年8月，参加无锡学社，投身抗日救亡运动。民国26年，就读于江苏省立教育学院美术专业。抗战全面爆发后，仍在读书的他即参加无锡县各界青年抗敌后援会流动宣传队，负责漫画、戏剧宣传。11月末，参加无锡抗日青年流亡服务团，到达江西南昌新四军办事处。后任浙江遂昌县王村口区公所乡村建设指导员。民国27年7月，加入中国共产党。年末回无锡，历任无锡县青年界抗日协会负责人，无锡县抗日联合会宣传部《江南》半月刊编辑、宣传队队长，中共无锡县委委员、书记，常熟县委书记，通海自卫团政治处主任，如东县委秘书工作特派员，苏常太工委组织部长、代理书记等职。解放战争时期，历任苏北一地委党校校委委员兼江南队支部书记、地委组织部秘书科长、江南工委委员兼组织部部长等职。

无锡解放后，历任无锡市劳动局副局长、局长，市交际处长，中共无锡市委统战部副部长、部长，市政府副市长，市政协副主席，崇安区委书记，无锡轻工业学院党委书记兼院长，市委常委、宣传部部长等职。“文化大革命”中，遭受残酷迫害。粉碎江青反革命集团后恢复工作，曾任江苏省政协委员，无锡市委统战部部长，市委常委兼宣传部部长，市革委副主任，市政协副主席、党组副书记，市党史资料征集小组组长、党史资料征集研究委员会主任，市政协联谊会副理事长，市老年大学校务委员会主任等职。1988年3月离休。1993年2月2日，杨增在无锡病逝，终年75岁。

朱启祥（1919—1977）

朱启祥，小名德兴，生于民国8年（1919年），无锡黄巷乡龙塘岸人。出身农家，自幼聪颖好学。迫于家境贫寒，11岁读完初级小学即去上海一家印刷厂当学徒。民国21年，继续就读高级小学，并以优异成绩考入洛社乡村师范。在校期间，他在担任图书馆义务管理员时，阅读了大量进步书刊，初步认识到要挽救民族唯有依靠中国共产党。

民国26年7月，他在洛社乡村师范毕业，在无锡北乡的西漳小学任教。时值抗战爆发，目睹亲叔被日军打死，他满怀义愤投身于抗日救亡洪流。民国27年3月与乡里志同道合的青年组织一支小小的抗日游击队，决心与日本侵略者抗争。民国28年2月初，朱启祥参加由丹（丹阳）北自卫武装改变的新四军挺进纵队，在政治部当秘书。民国29年6月任纵队教导大队教导员，后调任1团1营教导员。民国30年1月，任新四军1师1旅政治部组织科科长。民国31年2月，任1师1旅2团政治处主任。

民国34年，他所在团改称10支队，任支队政治处主任。同年9月，任支队副政委。11月，10支队改为第1团。民国35年，他任1团副政委、政委和58师政治部主任，参加了宿北、鲁南、莱芜、孟良崮、豫东、淮南、渡江及淞沪等重大战役。

1950年11月，他赴朝参战，先后任中国人民志愿军20军58师副政委、政委。1952年10月回国，翌年6月任师政委兼师长。1955年9月，奉调至军事学院学习。1957年4月，毕业后到解放军27军任副军长兼参谋长。在此期间，南京军区为他记三等功一次。1963年11月，调任60军政委，次年改任军长，1970年任1军军长。1973年调任武汉军区炮兵政委。1977年3月，改任顾问。同年9月8日，因患突发脑溢血去世，终年58岁。

朱启祥在1955年被授予大校军衔，1964年晋升为少将，曾荣获二级独立自由勋章、二级解放勋章，以及朝鲜民主主义人民共和国授予的二级国家勋章。

周月泉（1920—1990）

周月泉，笔名周游、肖敏，民国9年（1920年）8月生于无锡北门外后祁街。自幼酷爱美术。民国24年进米行当学徒，民国27年入卷烟厂当练习生，还做过店员和小学美术教师，业余曾在苏州美专沪校夜班学习西画。民国32年，任中华烟草公司广告设计员。新中国成立后，在上海市文化局艺术处美术科工作。1956年，任上海美术设计公司设计科科长，后任美术设计公司附属美术工场副主任。1981年退休，应聘为《新民晚报》特邀美术编辑，一级美术师。

周月泉一生从事漫画创作，作品简明单纯而富有幽默感。漫画《朽木上的毛虫》《龙凤呈祥》（与王益生合作）入选1958年莫斯科社会主义国家造型艺术展；《人人有活干》获1984年全国漫画展佳作奖。为中国美术家协会会员。另有作品《临别》《指鹿为马》《白发三千丈》等。1990年10月周月泉去世，终年70岁。

王季鹤（1920—2002）

王季鹤，字坤源，民国9年（1920年）8月生于无锡北门笆斗弄。自幼随父兄学习书法。无锡解放后，曾做建筑装饰工，后转无锡园林处任美工。在楷、行、草、隶、篆等书体上都有较高造诣，其中隶书独具一格，线条高雅浑穆、富于变化而有新意，作品为广大爱好者收藏，《人民画报》《江山多娇》等刊物曾多次作介绍。南京灵谷寺邓演达墓碑碑阴传略为其所书，上海静安寺、浙江普陀山、常州天宁寺、开封翰园碑林、西安临潼等名山古刹均有其书迹，并为日本明石市“明锡亭”题匾。他是中国农工民主党党员、江苏省书法家协会会员、中国老年书画研究会会员、江苏省楹联协会会员、无锡市文联艺术指导委员会委员。历任无锡市政协第二至第八届委员，市书协第五、第六届理事。出版有《诗经隶书字帖》《赤壁赋》字帖等。2002年7月12日王季鹤逝世，终年82岁。

庄 申（1921—2005）

庄申，民国10年（1921年）4月生于江苏常州，定居无锡。民国28年9月，考入上海交通大学机械工程系。民国31年9月，任常州牛塘桥中学教师。翌年6月，任无锡振华面粉厂职员。民国34年9月，在北京长辛店机车厂实习。民国36年10月～1955年12月，任无锡振华面粉厂总务主任、副经理。1950年1月加入中国民主建国会。1956年公私合营后，任无锡振华面粉厂第一副厂长、厂长。1955年11月～1980年8月，任无锡市工商联副主委，1980年9月任无锡市工商联主委。1984年7月起，历任民建无锡市委第五、六、七届主任委员，民建江苏省委第二、三、四届副主任委员。1983年3月，任无锡市人民政府副市长。1988年1月～1998年1月，任无锡市政协第八、九届委员会副主席。1998年6月退休。庄申是全国政协第七、八届委员会委员，无锡市第九、十、十一届人大代表，政协无锡市第一、二、三、四、五、六届常务委员会委员。主编1995年版《无锡市志》。工作余暇，凡有所感，赋诗抒怀，著有《庄申诗选》。2005年7月26日，庄申在无锡逝世，终年84岁。

张鉴国（1923—2005）

张鉴国，民国12年（1923年）8月16日生于杭州，无锡北门长安桥人。其兄张鉴庭以所创评弹“张调”而闻名。民国26年始，随兄在江浙沪地区演出评弹。1951年，参加筹建上海市人民评弹团。后参加治理淮河工作团宣传队，深入治淮工地，边创作，边演出。1953年参加中国人民赴朝鲜慰问团演出。“文化大革命”后，曾几次与兄同赴香港演出。在长期的演出实践中，精益求精，探索出弹词琵琶伴奏“和声”演奏法，使演唱风格更加鲜明、动听，自成一格。参与改编、编著《秦香莲》《林冲》

《一定要把淮河修好》《海上英雄》和《华尔洋枪队》等众多曲目，其中《华尔洋枪队》曾获戏曲表演一等奖。1984年2月，与兄拼档，应邀参加香港艺术节演出，轰动书坛。他是国家一级演员、中国戏剧家协会上海分会会员、中国曲艺家协会会员，并任上海戏曲学校、苏州评弹学校兼职教师。2005年，张鉴国病逝，终年82岁。

柳家奎(1929—1995)

柳家奎，别名半坡，民国18年（1929年）8月生于浙江嵊县。1954年，毕业于中央美术学院华东分院雕塑系。参加工作后，长期在无锡从事惠山泥人的创作、研究工作，先后任惠山泥人研究所高级工艺美术师、所长、名誉所长。其彩塑作品格调高古清雅，造型洗练，线条流畅。1979年，被轻工业部授予“工艺美术家”称号。1988年，被授予“中国工艺美术大师”称号。在1990年中国旅游购物节上，其作品《醉八仙》获天马金奖。他是中国美术家协会会员、中国工艺美术学会高级会员，并被誉为“惠山泥人艺术的一代宗师”。著有《惠山泥人》。重要作品有《我爱北京天安门》《洛神》《九老头》等，代表作《醉八仙》《待渡罗汉》《高僧论道》均被中国工艺美术馆收藏。1995年2月，柳家奎病逝，终年66岁。

李祖法（1930—2003）

李祖法，民国19年（1930年）10月16日生于常州武进。民国33年6月，进无锡丽新纺织厂工作。1949年12月，加入中国共产党。1951年起，先后任厂团委书记、党总支副书记。1957年1月，任无锡市总工会副主席。1959年6月，任中共无锡市委劳动工资部副部长、工业部副部长。1965年8月，任无锡庆丰纺织厂党委副书记兼厂长。1966年8月起，任国棉二厂党委书记、革委会主任。1970年12月起，任中国赴苏丹纺织考察组组长、无锡市纺织援外组组长。1976年3月，任无锡市纺织工业局副局长。1977年，任无锡市工交办主任、市委工交政治部主任。1978年7月，任无锡市革委会副主任兼工交政治部和市经委主任。1980年1月，任无锡市副市长。1988年1月，任无锡市人大常委会副主任。曾任无锡市第八届、九届、十届、十一届人民代表大会代表。他长期在无锡工业系统工作，为无锡经济建设做出贡献。2003年11月17日，李祖法病逝，终年73岁。

王丽敏（1957—1999）

王丽敏，女，1957年2月生于无锡市。1973年初中毕业后，到北塘区顾桥街道工作，先后被评为区、市先进工作者、优秀党员、三八红旗手等。1981年，考入江苏省土畜产进出口公司工作，后又进江苏省外贸学校学习。1986年年末，调至无锡土畜牧产进出口公司。她刻苦钻研外贸业务，通过自学通晓3门外语。曾任中瑞集团公司下属博凡有限责任公司副总经理，历年共开发出柠檬酸、山梨酸钾等数十个外贸新品种，打入国际市场，为国家累计创汇3262万美元，名列全市各外贸公司之首。先后获无锡市“八五奉献”生产能手、“巾帼建功”先进个人、无锡市劳动模范、江苏省劳动模范等称号。1999年4月10日，因患肝癌逝世，终年42岁。6月起，市委宣传部组织对王丽敏先进事迹的集中宣传和学习活动。7月15日，省外经贸委党组作出《关于广泛开展向王丽敏同志学习的决定》。

第二章 人物简介

第一节 两院院士

过增元 民国25年（1936年）2月28日生于无锡北塘后蔡家弄。1959年，毕业于清华大学动力机械系，后留校在工程力学系任教，同时攻读在职研究生。此后历任清华大学教授、研究生院副院长、机械工程学院院长、校学位评定委员会副主任、热能工程与工程热物理研究所副所长等职。长期从事热科学与技术研究。在热流体方面，提出热可压流体的概念，发现热绕流等现象，并建立热阻力和热绕流的定量关系式。在热等离子体方面提出电弧堵塞的概念，发展热力学非平衡等离子体参数计算的新方法，对热等离子体加工有重要意义。在微重力条件下的流动与传热方面提出载人舱内流场、温度场和湿度场地面模拟的新方法，建立相应的模拟装置，可大量节省实验时间和经费，促进航天事业的发展。1979～1981年，在德国慕尼黑工业大学从事研究工作，并获西德洪堡研究奖金。他是中国力学学会理事、等离子科学技术学会副理事长、中国工程热物理学会传热学会理事、北京等离子体学会副理事长、国际实验热和流体科学会议中国首席委员。1997年，当选为中国科学院院士。专著有《电弧和热等离子体》《热流体力学》，在国内外发表学术论文140多篇。

盖钧镒 民国25年（1936年）6月5日生于无锡西直街。1957年7月，毕业于南京农学院农学系，后留校任助教。曾被下放到苏北涟水县劳动，在县办农业大学教书。1963年～1968年7月，为母校作物遗传育种专业在职研究生。1980年1月，赴美国依阿华州立大学作访问学者，任客座助理教授，并进行数量遗传研究。回国后任南京农学院教授。1984年，获国家“有突出贡献的中青年专家”称号。1988年10月，再度赴美任北卡罗林纳州立大学访问教授。曾出席中美第一、二、三次大豆科学研讨会。他开拓了中国大豆种质资源的研究，提出数量遗传新理论和育种新方法，培育出一大批优质高产的大豆新品种，共有8项科技成果分获中国农科院、国家教委、农牧渔业部等颁发的科技进步二、三等奖。1992年，获农业部科技进步一等奖。2001年，当选为中国工程院院士。主要著作有《中国大豆品种熟期组划分的研究》《试验统计方法》《作物育种学各论》等。

许智宏 民国31年（1942年）10月14日生于无锡北塘南尖，祖籍江阴。1965年，毕业于北京大学生物系，后考取中国科学院上海植物生理研究所研究生。1969年毕业后留所工作，历任中科院上海植物生理研究所副所长、所长、研究员，兼植物分子遗传学国家重点实验室主任。1979～1981年，作为访问学者赴英国。1988年，获人事部授予的“有突出贡献的中青年科学家”称号。1989年起，任新加坡大学分子和细胞生物研究所访问教授（每年3个月）。1991年，任上海植物生理研究所研究员、所长。1992年，任中国科学院副院长。1995年，当选为第三世界科学院院士。1997年，当选为中国科学院院士。1999年，任北京大学教授，12月任北京大学校长。长期从事植物生理学和生物工程的研究，首次解决用豆科、禾谷类和木本植物的原生质体培育再生植株这一科学界公认的世界难题，建立了大豆、油菜等主要农作物的高效基因转化系统，为中国植物组织培养和生物工程的发展作出重要贡献。其研究成果曾获中科院自然科学一等奖、国家自然科学三等奖。在国内外发表论文、学术报告160多篇，主要著作有《经济植物组织培养》《植物原生质体培养及遗传转化》《植物生物技术》等。

第二节 将 军

陈 潜 民国25年（1936年）11月生于无锡北门芋头沿河，原籍江西南昌。1950年加入中国共产党。1951年，参加中国人民志愿军。后历任飞行学员、区队长、干事、航空兵师干部科科长、飞行大队政治委员、飞行团政治处主任、军区空军后勤部政治部主任、军区空军政治部副主任、空军副政治委员。先后入中央党校、国防大学高级干部进修班学习。是第九届全国人大代表、人大资源保护委员会委员。1988年9月，被授予空军少将军衔。1993年，被授予空军中将军衔。

王锡仁 民国25年（1936年）1月生于无锡北门芋头沿河。1951年7月入伍，参加抗美援朝。1953年9月，毕业于南京第三炮兵技术学校，后在南京军事学院工作。1957年12月考入哈尔滨军事工程学院，毕业后任教于防化兵工程学院，历任助理、副教授、教授、教研室主任、系主任、副院长、院长等职。1962年，参与研制测量首次核试验γ核辐射仪器获得成功，荣立集体一等功、个人二等功。在1978年召开的全国科学技术大会上获科研成果奖。著有《核爆炸杀伤破坏作用原理》。1988年9月，被授予少将军衔。

第三节 各界知名人士

蔡光甫 原名耀基，笔名蔡愉，生于民国6年（1917年），无锡北塘蔡墅巷人。早年就读于无锡胡汀鹭创办的振南国画学校，毕业后在上海英商维罗美术设计公司任美术部主任。后回无锡，师承王云轩、钱松喦和孙宝羲等名家学画。新中国成立后，任无锡丽新纺织印染厂设计室主任。同时，潜心研究中国传统绘画。国画《二泉映月》获江苏省美展二等奖。部分作品被国内外文博单位收藏，国画《太湖春涛》被日本明石市收藏，《二泉图》为英国园林博物馆收藏。《春满太湖》为美国查特努加市京特博物馆收藏。《四川石宝寨》1998年入选大型画册《世界美术集》。《西部大开发》《胜利元宵节》2002年入选《人民画报——中国巨变》。任中国美术家协会江苏分会会员、无锡市书画院高级画师、无锡市政协委员、中国民主同盟盟员。

吴伟勋 生于民国9年（1920年）12月29日，无锡西门棉花巷人。竢实高小毕业。民国24年到上海顺康铁行为学徒、职员。民国26年加入上海市救亡协会，担任街头宣传、演剧，后参加知行读书会。在锡曾任联丰粮行经理、合丰粉坊副经理。抗战胜利后，任西兴镇镇长。民国35年6月起，担任《大锡报》副经理。民国36年春，任博爱镇镇长，兼工商自卫团第六大队长。新中国成立后任无锡市粮食公会副主任委员、市工商联筹备委员、市工商登记委员，加入无锡市民革。多次担任北塘区政协、南长区政协文史委员会委员。1988年任市民革第六支部主任委员。1991年出访泰国和中国香港，促成次年10月由世界至德宗亲总会来锡祭祖的活动。联系香港总会出资在梅村营建大牌坊一座，并修复泰伯殿后的玉皇殿。

陶乃煌 生于民国10年（1921年），无锡北塘人。早年就读于无锡辅仁中学。民国36年毕业于同济大学医学院。民国38年参加中国人民解放军，历任9兵团直属医院医务主任，第20医院、84医院、127医院副院长、南京军区总医院副院长和专家组成员，中华医学会医院管理学会委员，中国医学信息学会常务理事，江苏省社会学会理事，省社会学会医学社会学研究会会长，省自然辩证法研究会医学辩证法专业委员会主任委员，《中华医院管理》杂志、《中国医院管理》《医学与哲学》等杂志编委和《现代医院管理》杂志副主编。著《军队医院管理》（副主编）《医院自动化信息处理》。

张以增 生于民国16年（1927年）1月20日，无锡小三里桥人。1951年武汉大学矿冶系毕业，留校任教。1952年调往长沙中南矿冶学院冶金系。1953年调入武昌华中工学院（即今武汉华中理工大学）机械系，任金属材料研究室教授，兼任湖北省金属物理学会理事，湖北省金属学会及金属物理专业委员会主任委员。他的专业研究方向为“材料的变形与断裂”“低周疲劳”，是中国研究金属材料的延性断裂微空洞形成的先驱者之一。1980年被派去美国纽约理工学院冶金系访问工作一年。除从事高等教学和学术研究之外，还致力于科学技术的普及推广工作。在国内外学术杂志发表学术论文40余篇。主要著作有：《金属材料及热处理》《位错理论》《材料的结构——性能若系》等。

何振梁 生于民国18年（1929年）无锡吴桥田堵里人，祖籍浙江上虞。1950年，他在震旦大学首批参加新民主主义青年团。大学毕业后被调到团中央工作，并担任团支部委员。1954年10月加入中国共产党。1955年年初，调至国家体委国际司工作。历任国家体委处长、副司长、司长、国际奥委会委员、中国赛艇协会主席。1985年，任国家体委副主任、中国奥委会主席、第十一届亚运会常务主席、国际奥委会执委。1989年，当选国际奥委会副主席。在北京两次申办奥运会中，何振梁都担任陈述人，为北京申办奥运会成功倾注了很大心血。

唐载清 笔名阿再，生于民国23年（1934年）12月10日，无锡黄巷乡唐巷人。1951年参加中国人民解放军，历任文化教员、股长、政治处副主任等职。1981年12月转业到上海画报社，任编辑部主任，兼任上海记者协会理事，中国画报特约记者，中国摄影家协会、新闻工作者协会会员，美国摄影家协会会员，英国皇家摄影家协会会员。在全国报刊上发表2000多幅新闻图片，有四五十幅作品参加省、市、全军、全国、国外摄影艺术展览，有10多幅得奖，特别是拍摄的“南京路上好八连”的新闻图片有不少被作为中国人民解放军军史资料。

华维一 生于民国25年（1936年），无锡刘潭桥人。1957年毕业于南京药学院（今中国医科大学）。后留校任教，任副教授、药物化学系主任、教务处长、副校级调研员兼药物化学研究室主任。社会兼职有：江苏省药学会副秘书长，南京市药学会副理事长等。长期从事有机化学、药物合成反应的教学和单环B-丙酰胺抗生素、心血管药物、天然化合物全合成的科研工作。科研成果“氯苯吩嗪的研制”获1978年全国卫生系统科技大会奖及江苏省科技大会奖；“壬苯醇醚的研制”获1986年国家计划生育委员会“六五”攻关三等奖。发表论文有：《蝙蝠葛苏林碱全合成》《关于我国高等药学本科教育的专业布局问题》等数十篇。合著有《有机化学》《药物合成反应》等全国统编教材。

袁震东 生于民国26年（1937年）10月5日，无锡城区江尖人。早年就读于无锡积余中学和市二中。1960年毕业于华东师范大学数学系，留校任教。历任控制理论教研室副主任、主任，数学系副主任等职。1979年起，在瑞典林学平大学进修控制理论，游学于瑞典、西德、英国、荷兰等国，并进行讲学活动。主要研究系统辨别与自适应控制，是近代频域辨识方法的倡导人之一，特别是在黑箱系统辨识的渐近性理论和最优输入信号设计的解析等方面有突破性成果。在国内外控制理论杂志上发表论文40多篇。专著有《自适应控制理论及其应用》和《近代概率引论——测度、鞅和随机微分方程》；合著《现代控制理论引论》；全译《动态系统辨识——试验设计与数据分析》和《系统辩识——使用者的理论》。曾为IFAC（国际自控联合会）辨识会议IPC成员，兼任中国自动化学会控制理论委员会委员、CSIM理事、上海市自动化学会常务理事兼理论委员会主任及上海工业应用数学学会常务理事。1990年被选入《世界数学家名录》（第九版）。

过梅丽 女，生于民国30年（1941年）10月14日，无锡北塘唐弄人。1964年毕业于中国科技大学高分子物理专业。同年分配到北京航空航天大学高分子材料专业从事教学科研工作。任北京航空航天大学材料科学与工程系教授。曾于1979年7月～1981年10月在英国Brunel大学非金属材料科学与工程系从事研究工作。任北京市政协委员、中国航空学会非金属材料专业委员会委员、第七届全国政协委员等职。编写《高分子物理》《材料科学与工程》《材料科学与工程导论》等7部教材、3部译著。1989年获航空航天部优秀教材一等奖。1990年获航空部科技进步三等奖。1994年获航空航天工业总公司科技进步三等奖。2003年获北京市教学名师奖。

第三章　人物表

第一节　全国劳动模范、全国行业先进工作者

表26-1

姓名	性别	工作单位	得奖年份	荣誉称号
唐巧娣	女	无锡市第三棉纺织厂	1956	全国纺织工业劳模
周惠煜	男	江苏省纺织研究所	1956	全国先进工作者
葛彩凤	女	无锡市国棉三厂	1956	全国劳模
王秀英	女	无锡市第二百货商店	1956	全国先进工作者
			1979	全国劳动模范
沈栋良	男	无锡市第三人民医院	1978	全国交通系统先进工作者
陈海清	男	无锡市部粮机厂	1982	全国劳模
仇庆言	男	无锡市长安桥小学	1989	全国优秀教师
沙蕴华	女	无锡市北塘医院	1990	全国五一劳动奖章
刘德宽	男	无锡华夏总公司	1992	全国五一劳动奖章
张秀娟	女	无锡市市柴油机厂	1995	全国机械工业劳模
毛妹娣	女	无锡市北塘区人民法院	1995	全国未成年人保护工作模范个人
俞祥九	男	华能无锡电热器材厂	1996	全国五一劳动奖章
李建夏	男	无锡商业大厦集团	2000	全国劳模

第二节　省劳动模范、省先进工作者

表26-2

姓名	性别	工作单位	得奖年份	荣誉称号
徐秀凤	女	无锡市国棉三厂	1955年	省先进工作者
江意顺	男	上海卷烟四厂	1955年	上海市劳模
方芬妹	女	无锡市丝绸印染总厂	1956年	省劳模
田守礼	男	无锡市第三制药厂	1957年	省劳模
袁荣金	男	无锡市电讯设备总厂	1958年	省劳模
纪毛宝	女	无锡市庆丰纺织厂	1958年	省劳模
潘鹤荣	男	江苏省港航集团江南公司	1959年	省先进工作者
高招娣	女	市第五棉纺织厂	1959年	省劳模

续表26-2

姓名	性别	工作单位	得奖年份	荣誉称号
胡福兴	男	江苏省无锡船厂有限公司	1959年	省劳模
王伯琴	女	无锡市丝织一厂	1959年	省先进工作者
高安昌	男	无锡市协新毛纺织染厂	1959年	省先进工作者
杨兴芹	女	无锡市黄巷供销社	1959年	省先进工作者
黄秋生	男	无锡市医药公司	1960年	省先进工作者
冯国桢	男	无锡康复医院	1960年	省先进工作者
路文章	男	无锡市钢铁厂	1963年	省劳模
严荣根	男	无锡市糖果食品厂	1964年	省先进工作者
梁小妹	女	无锡市缫丝三厂	1964年	省先进工作者
高连璧	男	无锡市柴油机厂	1964年	省劳模
顾顺元	男	无锡市威孚高科技股份有限公司	1964年	省劳模
李月娥	女	无锡市国棉三厂	1964年	省先进生产者
徐爱珍	女	无锡市国棉厂	1964年	省先进生产者
倪宝亮	男	无锡市国棉三厂	1965年	省五好职工
芦粉英	女	无锡市绿化建设公司	1965年	省五好职工
朱荣照	男	港珲电子公司	1965年	省劳模
林均香	女	无锡市毛巾厂	1965年	省劳模
王凤英	女	无锡市国棉五厂	1965年	省五好职工
季裕财	男	无锡市元盛集团有限公司	1965年	省先进工作者
丁兴根	男	无锡市无线电二厂	1965年	省五好职工
戚小文	女	无锡协新集团有限公司	1965年	省劳模
许久贤	男	无锡模具厂	1965年	省五好职工
王金娣	女	无锡市大通物流有限责任公司	1965年	省劳模
韩宝富	男	无锡市北塘区市政处	1965年	省五好职工
张源林	男	外贸无锡印刷厂	1965年	省五好职工
储耀祖	男	无锡市海星雷达公司	1965年	省五好职工
过君清	男	无锡机床厂	1965年	省劳模
宋世奎	男	无锡市无线电元件二厂	1965年	省劳模
厉凤英	女	无锡市第二色织厂	1965年	省劳模
范天玉	女	无锡市窗纱厂	1965年	省劳模
吴阿兴	男	无锡市第二纺织厂	1966年	省劳模
崔业茂	男	无锡金梅实业公司	1970年	省劳模
钦汉清	男	无锡第三棉纺织厂	1974年	省劳模
张盘根	男	无锡市纸品厂	1975年	省劳模
贝运忠	男	无锡市自来水公司	1975年	省劳模
陶冶良	男	无锡市第四橡胶厂	1975年	省劳模
钱银妹	女	无锡市庆丰集团	1976年	省劳模
蒋清和	男	无锡市第一缝纫机厂	1976年	省先进工作者
高立国	男	无锡县航运公司	1976年	省劳模

续表26-2

姓名	性别	工作单位	得奖年份	荣誉称号
朱寿南	男	无锡市印染厂	1976年	省劳模
董粉英	女	永久自行车无锡有限公司	1976年	省劳模
杨利法	男	国营新苏机械厂	1976年	省劳模
张积先	男	江苏泓纲纺织实业有限公司	1976年	省劳模
王汉文	男	无锡焦化厂	1976年	省劳模
孙根娣	女	无锡市江南色织公司色织一厂	1976年	省劳模
王保庆	男	无锡市无线电二厂	1976年	省先进工作者
匡静娟	女	无锡市皮件厂	1976年	省劳模
陶汉松	男	无锡市红星工具有限公司	1976年	省劳模
孔凡茂	男	无锡市量具刃具厂	1976年	省劳模
倪仲加	男	无锡市化工研究设计院有限公司	1976年	省劳模
朱明成	男	无锡市菊华电器有限公司	1976年	省劳模
薛焕玉	男	无锡市县航运公司	1976年	省劳模
曹　蓁	女	无锡超声电子设备有限公司	1976年	省劳模
冯琴娣	女	无锡市第三棉纺织厂	1976年	省劳模
陆秀娣	女	无锡市国棉三厂	1976年	省劳模
石玲娣	女	无锡市凌河邦业有限公司	1976年	省劳模
李勤清	女	无锡市毛巾厂	1976年	省劳模
俞锦玉	女	无锡仪表五厂	1976年	省劳模
谢海良	男	无锡市标准件三厂	1976年	省劳模
景秀珍	女	无锡市超声电子设备厂	1976年	省劳模
葛和生	男	无锡市星火集团公司	1977年	省劳模
金兰英	女	无锡市北塘区建新织毯厂	1977年	省劳模
蒋听兴	男	无锡市制刷厂	1977年	省劳模
沈长洲	男	无锡水泥厂	1977年	省劳模
高秀英	女	无锡市第二织布厂	1977年	省劳模
邵金妹	女	无锡市工艺鞋厂	1977年	省劳模
王秋华	女	无锡市惠山泥人厂	1977年	省劳模
陆惠兴	男	锡山市丝线厂	1977年	省劳模
姚亚南	女	无锡市第二毛纺织染厂	1977年	省先进生产者
张玲珍	女	无锡市第三缫丝厂	1977年	省先进工作者
高菊英	女	无锡市华亚织造有限公司	1977年	省劳模
陈炎麟	男	无锡市无线电元件六厂	1977年	省先进生产者
顾荣兴	男	无锡市仪表五厂	1977年	省劳模
蒋双妹	女	无锡市颜料厂	1977年	省劳模
管进法	男	江苏省港航集团江南公司	1977年	省劳模
曹锡泉	男	无锡市小天鹅股份有限公司	1977年	省劳模
张惠英	女	无锡市皮革制品厂	1977年	省劳模

续表26-2

姓名	性别	工作单位	得奖年份	荣誉称号
章宝泉	男	无锡电视机厂	1977年	省劳模
闵根瑞	男	无锡市北塘区工业经济管理处	1977年	省先进工作者
陈来珍	女	无锡中策机电设备有限公司	1977年	省劳模
周惠英	女	无锡市惠山农药厂	1977年	省劳模
余怀夫	男	无锡市锡山区航运公司	1977年	省劳模
钱邦伦	男	无锡市无线电元件六厂	1977年	省先进工作者
周为中	男	无锡市北塘区人大常委会	1977年	省先进工作者
徐俊英	女	无锡市市国棉三厂	1978年	省劳模
高凤珍	女	无锡市燃料总公司	1978、1981、1984年	省劳模
姚松官	男	无锡金梅实业公司	1978年	省劳模
陈金娣	女	无锡康复医院	1978年	省先进工作者
郑来娣	女	无锡市利用砖瓦厂	1979年	省劳模
王宪品	女	无锡无线电五厂	1979年	省劳模
季凤秀	男	无锡市天元实业有限公司	1979年	省先进工作者
曹仲良	男	无锡市北塘区房管局	1979年	省先进工作者
费绸亚	女	无锡市窗纱厂	1980年	省劳模
邱孝贤	男	无锡市模具厂	1980年	省先进工作者
马维良	男	江苏海星电机集团有限公司	1980年	省劳模
於金秀	女	无锡市第一毛纺厂	1980年	省先进工作者
龚金祥	男	江苏省港航集团江南公司	1980年	省劳模
吴金娣	女	无锡市绿化建设有限公司	1980年	省劳模
朱　晓	男	无锡客运公司	1980年	省先进生产者
蒋国璋	男	永久自行车无锡股份有限公司	1980、1981、1985、1986年	省劳模
过荣大	男	无锡无线电材料厂	1980年	省先进生产者
杨一民	男	日新电机（无锡）有限公司	1981年	省劳模
玉学荣	女	无锡市五爱小学	1981年	省劳模
范存国	男	无锡市粮油食品厂	1982年	省劳模
张泉发	男	无锡市丝绸印染总厂	1982年	省劳模
屠曾端	男	无锡湖光光电有限公司	1985年	省劳模
胡志麟	男	无锡市华厦建筑公司	1985年	省劳模
陶幼康	男	无锡市丝绸印染总厂	1987年	省先进工作者
赵湘源	男	无锡市炊事机械公司	1987年	省劳模
彭鹤鸣	男	无锡国泰彩印有限公司	1988年	省劳模
张菊芳	女	无锡市无线电元件六厂	1988年	省先进生产者
秦兴基	男	无锡市粮油食品厂	1988年	省劳模
奚东山	男	无锡白药水泥有限公司	1988年	省劳模

续表 26-2

姓名	性别	工作单位	得奖年份	荣誉称号
王祥兴	男	无锡市联运有限公司	1988年	省劳模
崔凤山	男	无锡市北塘区人民武装部	1988年	省先进工作者
王君余	男	无锡市搪瓷厂	1988年	省劳模
朱雪珩	女	无锡市五爱小学	1989年	省劳模
陆　震	男	无锡市北塘公安分局	1991年	省劳模
王蓉如	女	无锡市国有粮食连锁公司	1996年	省劳模
胡桂芬	女	无锡市协新集团有限公司	1996年	省劳模
刘巧云	女	无锡市国棉三厂	1996年	省劳模
毛妹娣	女	无锡市北塘区人民法院	1996年	省劳模
吴阿兴	男	无锡市第二纺织厂	1966年	省劳模
赵剑华	男	无锡山禾集团有限公司	2000年	省劳模
吴素梅	女	无锡湖光光电有限公司	2000年	省劳模
金征涛	男	无锡市元线电变压器厂	2001年	省劳模
李杏才	男	无锡开宝厨具有限公司	2001年	省劳模
杨建清	男	无锡市黄巷奶牛场	2001年	省先进生产者
薛国忠	男	无锡湖光光电有限公司	2003年	省劳模
孙正文	男	无锡格林艾普有限公司	2004年	省劳模

第三节　市劳动模范

表 26-3

姓名	性别	工作单位	得奖年份	荣誉称号
冯世德	女	无锡国棉一厂	1951年	市劳模
李阿菊	女	无锡市第一毛纺织染厂	1952年	市劳模
蒋阿林	男	无锡山北淀粉厂	1952年	市劳模
王琴娣	女	无锡市天元麻纺织厂	1953年	市劳模
任传龙	男	无锡搪瓷厂	1953年	市劳模
管云秀	女	无锡市国棉三厂	1954年	市劳模
王阿二	男	无锡市国棉三厂	1954年	市劳模
徐阿毛	女	无锡天元麻棉纺织厂	1954年	市劳模
胡瑞芬	女	无锡市国棉三厂	1954年	市劳模
屈阿荣	女	无锡市第二织布厂	1954年	市劳模
高杏珍	女	无锡市第一毛纺厂	1954年	市劳模
许仲良	男	无锡市钢铁厂	1954年	市劳模
奚秀玲	女	无锡市第一毛纺织染厂	1954年	市劳模

续表26-3

姓名	性别	工作单位	得奖年份	荣誉称号
薛瑞珍	女	无锡市针织总厂	1955年	市劳模
赵金宝	男	无锡市国棉一厂	1958年	市劳模
朱炳麟	男	无锡市百货站	1958年	市劳模
黄林培	男	无锡市搪瓷厂	1958年	市劳模
许九斤	男	无锡市食品公司	1958年	市劳模
刘阿四	男	无锡第一车厂	1958年	市劳模
周祥林	女	无锡市第一缫丝厂	1959年	市劳模
吴荣生	男	无锡市机床股份有限公司	1959年	市劳模
王积芝	男	无锡市协新毛纺织染厂	1959年	市劳模
宣善荣	男	无锡市丝绸印染厂	1959年	市劳模
秦阿兴	男	无锡市天仁餐饮有限公司	1960年	市劳模
赵维干	男	江苏省无锡船厂有限公司	1960年	市劳模
杨坤源	男	无锡市光明制衣集团公司	1960年	市劳模
印连成	男	无锡市乳品厂	1960年	市劳模
缪秀英	女	无锡市东风饭店	1963年	市劳模
尤盘荣	男	省港航集团江南公司	1963年	市劳模
刘草鹤	男	无锡市五金工具集团公司	1963、1966年	市劳模
张凤英	女	无锡惠山泥人厂	1970年	市劳模
吴义法	男	无锡塑料一厂	1974年	市劳模
周秀芬	女	一汽解放汽车有限公司无锡柴油机分公司	1975年	市劳模
杨锡根	男	无锡市自行车配件三厂	1975年	市劳模
李万书	男	无锡市第三棉纺织厂	1977年	市劳模
钱阿余	男	无锡市压缩机厂	1977年	市劳模
喻秀英	女	无锡市汽运公司	1977年	市劳模
周雪英	女	无锡市国棉一厂	1977年	市劳模
童月华	女	无锡市五金工具集团公司	1977年	市劳模
陈阿根	男	无锡丝绸印染总厂	1977年	市劳模
张长兴	男	华德铝合金制品有限公司	1977年	市劳模
张南根	男	无锡市山北街道办事处	1977年	市劳模
张国华	女	无锡市化工集团	1978年	市劳模
胡仲兴	男	无锡市德发印染厂	1978年	市劳模
陈伯春	男	无锡市力马化机有限公司	1978年	市劳模
王红喜	女	无锡市第二棉纺织厂	1978年	市劳模

续表26-3

姓名	性别	工作单位	得奖年份	荣誉称号
杜南初	男	无锡山北养殖场	1979年	市劳模
王雪芬	女	无锡国棉三厂	1979年	市劳模
冯炳祺	男	无锡市第七纺织机械有限公司	1979年	市劳模
徐南根	男	无锡市解放运输公司	1979年	市劳模
王锡度	男	无锡船厂有限公司	1979年	市劳模
陈根培	男	无锡公共交通公司	1979年	市劳模
张素珍	女	无锡市造纸厂	1980年	市劳模
高剑萍	女	无锡市北塘染料公司	1980年	市劳模
汤成富	男	无锡市黄巷街道梨庄社区猪场	1982年	市劳模
顾萍琴	女	无锡协新集团有限公司	1982年	市劳模
黄荣香	男	无锡市探矿机械厂	1982年	市劳模
苗粉娣	女	无锡乳品公司	1982年	市劳模
郁玲瑛	女	无锡市第一毛纺织染厂	1982年	市劳模
徐灏楠	男	无锡市湖光光电有限公司	1982年	市劳模
徐良辅	男	无锡市热电厂	1982年	市劳模
毛玉芳	女	无锡市黄巷街道杨木桥社区	1983年	市劳模
王瑞良	男	无锡市元线电五厂	1983年	市劳模
周　权	男	无锡市蔬菜种子公司	1984年	市劳模
许中伦	男	无锡市小天鹅集团有限公司	1985年	市劳模
郑德妹	女	无锡市国棉三厂	1985年	市劳模
肖三大	男	无锡市航运公司	1985年	市劳模
钱德仁	男	无锡市凤翔实验学校	1985年	市劳模
黄阿留	女	无锡市塑料蓬帆厂	1986年	市劳模
黄小平	女	无锡市通乐商贸有限公司	1986年	市劳模
张瑾珠	女	无锡市商业大厦集团	1987年	市劳模
徐岳兰	女	无锡市第一毛纺织染厂	1988年	市劳模
王素娟	女	无锡市德发印染有限公司	1988年	市劳模
周荣珍	女	无锡市国棉五厂	1988年	市劳模
马培志	男	无锡市北辰商场有限公司	1988年	市劳模
周荣昌	男	无锡市大通物流	1989年	市劳模
章渠奎	男	无锡市原钢丝三厂	1989年	市劳模劳模
胡宗达	男	无锡凤翔制呢厂	1989年	市劳模
陈殿富	男	无锡市国棉五厂	1989、1999年	市劳模
曹太英	女	无锡轴承厂	1990年	市劳模

续表26-3

姓名	性别	工作单位	得奖年份	荣誉称号
诸杏荣	男	无锡市机床股份有限公司	1990年	市劳模
杨东琦	男	无锡市第二棉织厂	1990年	市劳模
许明珠	女	无锡市广益街道供销社	1990年	市劳模
朱永根	男	江苏省港航集团江南公司	1990年	市劳模
高步法	男	无锡市印染厂	1990年	市劳模
李彬凤	女	美达织造有限公司	1991年	市劳模
吴雪英	女	无锡市联运公司	1991年	市劳模
李尧中	男	无锡市巨龙塑化有限公司	1991年	市劳模
陈柯红	女	无锡市新联兴纺织有限公司	1991年	市劳模
张玉珍	女	无锡市纸箱总厂	1991年	市劳模
朱建国	男	无锡市华通微型轴承厂	1991年	市劳模
周光男	男	海星电机集团有限公司	1991、1990年	市劳模
李子余	男	无锡拉链厂	1991、1996年	市劳模
严素珍	女	无锡市第四毛纺厂	1993年	市劳模
孙乾康	男	无锡市第二制药厂	1993年	市劳模
黄国平	男	无锡市蓝虹电子有限公司	1993年	市劳模
袁月芳	女	无锡市纸品厂	1993年	市劳模
陆礼良	男	无锡市茂新面粉有限责任公司	1993年	市劳模
胥祖一	男	无锡市格林艾普化工公司	1994年	市劳模
田玲珠	女	无锡市第二橡胶股份有限公司	1994年	市劳模
吴海洋	男	无锡市巨龙塑化有限公司	1994-1996年	市劳模
袁耀国	男	无锡市市庆丰集团	1996年	市劳模
吴秋宝	男	无锡山北农艺场	1996年	市劳模
周泉度	男	无锡汽车厂一汽客车	1996年	市劳模
陆建平	男	力马化工机械有限公司	1996年	市劳模
宋佩芳	女	无锡市华联商厦	1997年	市劳模
徐雪华	女	无锡市中百超市	1997年	市劳模
沈德全	男	无锡惠山物资集团公司	1997年	市劳模
朱永才	男	无锡市民用建筑设计院有限公司	1997年	市劳模
薛　强	男	无锡市机电设备公司	1997年	市劳模
王　政	男	无锡市公安局北塘分局政治处	1997年	市劳模
王汉清	男	无锡市新峰管业有限公司	1997年	市劳模
王凤珍	女	无锡市状元楼菜馆	1997年	市劳模
杨惠芬	女	无锡市惠山泥人厂	1997年	市劳模

续表26-3

姓名	性别	工作单位	得奖年份	荣誉称号
周玛莉	女	无锡东亚毛纺厂	1997年	市劳模
张伟国	男	无锡市箱板纸有限公司	1997年	市劳模
胡耀权	男	无锡市北塘区人大内务司法工委	1997年	市劳模
高季晨	男	江苏赛福天钢绳有限公司	1999年	市劳模
尤坤明	男	无锡市黄巷街道刘潭蔬菜实验场	1999年	市劳模
单　江	女	无锡市志成皮件有限公司	1999年	市劳模
谢钰如	男	无锡船厂	2000年	市劳模
谢华娜	女	无锡市北塘区民政局	2003年	市劳模
陈家和	男	无锡市马山油泵公司	2003年	市劳模
刘林根	男	无锡市印染厂	2003年	市劳模
沈海坤	男	无锡市格林艾普化工公司	2003年	市劳模
濮家静	女	无锡山禾集团医药物流股份有限公司	2003年	市劳模
周国兴	男	无锡市造漆厂有限公司	2005年	市劳模
江　琴	女	无锡天元麻棉纺织厂	2005年	市劳模
张永春	男	无锡市北塘区人民法院	2005年	市劳模

图26-1 全国劳模、无锡市第五棉纺织厂细纱值车工何巧凤(右3)和班组小姐妹研究改进操作方法(顾祚维/摄)

第四节 烈 士

烈士英名录

表 26-4

姓名	性别	出生年份	籍贯	生前所在单位及职务	参加革命年份	入党(团)年份	牺牲时间、地点、原因	批准机关及时间
秦宝光	男	1904.7	江苏无锡	无锡锡西区区委书记	1940	1940.4	1944年3月牺牲于武进县潘家公社前龚大队芦家桥，被杀害	苏南第0018号1954年2月22日
朱锦玉	–	1906.10	江苏无锡	中共上海中华书局支部书记	1925	–	1927年4月在上海被暴徒杀害	–
杨大衢	男	1907	江苏无锡	江阴县杨库区区委书记	1940	党员	1941年8月在江阴县杨库区反“清乡”斗争中牺牲	南昌市东湖区人民政府1984年10月3日
严公伟	男	1912	江苏无锡	“江抗”四路一支队教导团团长	1928	1938	1941年1月在皖南事变中牺牲	苏南行政公署1949年
陆阿锡	男	1913.9	江苏无锡	公营苏南建华内河轮船公司民主三号轮船员	–	–	1949年12月在镇江瓜洲口因战牺牲	中共中央人民政府内务部内优字571号1953年3月
钱坤培	男	1914	江苏无锡	锡北武工队队员	1943	–	1944年9月于江阴北渚被捕后牺牲	苏南行政公暑1983年7月
邵　钟	–	1914	江苏无锡	解放军总政文化部俱乐部工作处副处长	1937.12	–	1970年12月在苏州病故（后追认为烈士）	–
姚洪臣	男	1915	江苏无锡	43军127师379团机炮连连长	1944	1946	1950年解放海南岛时牺牲	三九七团政治处1953年7月9日
朱士元	男	1916.1	江苏无锡	无锡县坊前潮音乡乡长（地下党）	1945	党员	1945年10月在坊前潮音乡潮金坝头被敌人杀害	北塘区人民政府1984年5月7日

续表26-4

姓名	性别	出生年份	籍贯	生前所在单位及职务	参加革命年份	入党(团)年份	牺牲时间、地点、原因	批准机关及时间
张志清	男	1918	江苏无锡	江南地区武装工作军事股股长	1939	–	1945年5月在关桥牺牲	苏南行政公署1938年9月7日
张甫金	男	1922.3	江苏无锡	新四军某部战士	1943	–	1946年苏北黄桥因战牺牲	民政部1983年10月
杨盘寿	–	1924	江苏无锡	新四军某部负责青年工作	1937.12	–	1941年在皖南事变中被俘失踪	–
郁汗林	男	1924.10	江苏无锡	志愿军26军232营八连战士团一	1949	1950	1951.6朝鲜前线三八线附近洗傅里因战牺牲	–
王锡森	男	1925	江苏无锡	炮兵609团参谋长	1940	1944.2	1965年10月在中越边境执行任务牺牲	中国人民解放军总政治部1965年10月20日
杨其宝	男	1926	江苏无锡	福建闽侯军分区副组长	1942	1942	1953年福建闽侯县海防前线因公牺牲	–
吴阿宝	男	1927.8	江苏无锡	志愿军179团某部见习文教	1947	1948	1951年6月朝鲜前线三八线附近东部地区因战牺牲	–
项俊逸	–	1930.9	江苏无锡	解放军某部后勤部副部长	1951.1	–	1975年3月在陕西渭南病故（后追认为烈士）	–
谢松涛	–	1931.3	江苏无锡	西南服务团工作组组长	–	–	1950年1月遭匪徒袭击牺牲	–
周荣海	男	1932.11	江苏无锡	31军92师独立团野炮营文书	1955.3	1950.5入团 1957.6入党	1957.5厦门前线因战牺牲	–

续表26-4

姓名	性别	出生年份	籍贯	生前所在单位及职务	参加革命年份	入党(团)年份	牺牲时间、地点、原因	批准机关及时间
王松荣	男	1944.6	江苏无锡	北京国防科委防化研究所技术员	1960	–	1974年6月在北京因公牺牲	北京国防科委军烈4号1983年1月
赵富根	男	1948.8	江苏无锡	8028部队副班长	1969	1970	1971年9月于新疆莎车因公牺牲	中国人民解放军总政治部1971年9月15日
盛裕清	男	1952	江苏无锡	1393部队一机连班长	1969	1970	1972年6月在内蒙古国防施工中牺牲	总政治部1972年6月
张冬兴	男	1955.9	江苏无锡	无锡市自行车配件六厂工人	1969	–	1991年7月4日在自行车六厂双河治堤坝抗洪抢险斗争中牺牲	无锡市郊区人民政府1991年9月23日
周培文	男	1956.3	江苏无锡	济南军区守备七团后勤处保管员	1976	–	1977年8月于山东海阳因公牺牲	总政治部1977年8月
刘　伟	男	1969.4	江苏无锡	无锡市公安局巡警支队南长大队科员	1987	1989.5	2002年5月执行交通检查任务被犯罪分子杀害	江苏省人民政府
王建峰	男	1975.11	江苏无锡	无锡市河埒口派出所科员	1994.1	1994.6	2007年10月22日在河埒新村为保护人民群众生命安全光荣牺牲	江苏省人民政府2008年4月29日
施恽力	–	–	江苏无锡	解放军第20军第60师某排	1944.12	–	–	–
金石生	–	–	江苏无锡	西南服务团工作组组长	1949.7	–	1950年2月在庆符县剿匪时牺牲	–
刘国华	–		江苏无锡	解放军炮兵团技术员	–	–	1953年3月在丹东大沽山牺牲	–

续表26-4

姓名	性别	出生年份	籍贯	生前所在单位及职务	参加革命年份	入党(团)年份	牺牲时间、地点、原因	批准机关及时间
陈钱根	–		江苏无锡	解放军某部连长	–	–	1953年11月后在朝鲜作战时牺牲	–
金立刚	–		江苏无锡	解放军某部汽车驾驶员	–	–	1964年12月在福州遇塌方牺牲	–

第二十七编

诗文 方言 俗语

北塘风景秀丽、多名胜古迹，具有悠久的历史文化传承。吸引历代文人墨客流连忘返，吟咏唱叹、留下一批传世之作。本编选录历代著名文人留下的一些诗词文章。

在前《北塘区志》记载地区方言的基础上补充记载北塘地区独特的地区方言以及有地方特色的民间俗语。

第一章 诗文

第一节 诗词选

历山草堂应教

南朝宋·湛挺

闭户守玄漠，无复车马迹。
衰废归邱樊，岁寒见松柏。
身惭睢阳老，名忝梁园客。
习隐非市朝，追赏在山泽。
离离插天树，磊磊间云石。
持此怡一生，伤哉驹度隙。

湛挺，字茂之，南朝刘宋时人，官司徒右长史，隐惠山，筑历山草堂，后舍宅入寺，与南平王刘铄相唱和，诗刻于石。

过惠山春申君祠

唐·张继

春申祠宇空山里，古柏阴阴石泉水。
日暮江南无主人，弥令过客思公子。
萧条寒景傍山村，寂寞谁知楚相尊。
当时珠履三千客，赵使怀惭不敢言。

张继，唐诗人，襄州（今湖北襄樊）人，天宝进士，其诗多登临纪行之作，以《枫桥夜泊》最著。

题惠山泉

唐·释若冰

石脉绽寒光，松根喷晓凉。
注瓶云母滑，漱齿茯苓香。
野客偷煎茗，山僧惜净床。

安禅何所问？孤月在中央。

释若冰，唐僧，寓惠山普利院，浚惠山泉，能诗。世传，冰一日游洞中不出，后人见于海上。惠山有若冰洞古迹。

别泉石

唐·李绅

惠山书堂前，松竹之下，有泉甘爽，乃人间灵液。清鉴肌骨，含漱开神虑，茶得此水，皆尽芳味也。

晴沙见底空无色，青石潜流暗有声。
微动竹风涵淅沥，细浮松月透轻盈。
桂凝秋露添灵液，茗折春芽泛玉英。
应是梵居连洞府，浴池今化醴泉清。

李绅（772—864），字公垂，无锡人，唐诗人，元和进士，武宗时拜相，与元稹、白居易交游很密。少读书惠山寺。有《悯农》诗名于世。

题惠山寺

唐·皮日休

千叶莲花旧有香，半山金刹照方塘。
殿前日暮高风起，松子声声打石床。

皮日休（约834—883），字袭美，唐文学家，襄阳人，咸通进士，曾任太常博士，诗与陆龟蒙齐名。

题陆羽茶泉

宋 王禹偁

甃石封苔百尺深，试茶尝味少知音。
惟余半夜泉中月，留得先生一片心。

王禹偁（945～1001）字元之，巨野（今属山东）人，太平兴国进士，任右正言（右拾遗）又为翰林学士。宋初著名诗人。

尝惠山泉

宋 梅尧臣

吴楚千万山，山泉莫知数。
其以甘味传，几何若饴露。
大禹书不载，陆生品尝著。

昔惟庐谷亚，久与茶经附。
相袭好事人，砂瓶和月注。
持参万钱鼎，岂足调羹助。
彼哉一勺微，唐突为霖澍。
疏浓既不同，物用诚有处。
空林癯面僧，安比王侯趣。

梅尧臣（1002～1060）字聖俞，安徽宣城人，赐进士出身，官至尚书都官员外郎。宋著名诗人。

题惠山寺

宋 苏舜钦

古寺名传唐相诗，三伏奔迸予何之。
青山相照翠会合，碧殿对影凉参差。
清泉绝无一尘染，长松自是拔俗姿。
边疆云扰日格斗，释子晏坐殊不知。

苏舜钦（1008～1048）字子美，梓州铜山（今四川中江南）人，移家开封。进士，历任亳州知州，湖州长史。宋著名诗人。诗与梅尧臣齐名，时称苏梅。

惠山谒钱道人 烹小龙团 登绝顶 望太湖

宋·苏轼

踏遍江南南岸山，逢山未免更留连。
独携天上小团月，来试人间第二泉。
石路萦回九龙脊，水光翻动五湖天。
孙登无语空归去，半岭松声万壑传。

苏轼（1037—1101），字子瞻，号东坡居士。北宋文学家。四川眉山人，嘉祐进士，官至礼部尚书。为官屡遭贬谪。曾多次登临惠山。著有《苏东坡全集》。

寄伯强知县求惠山泉

宋 苏轼

兹山定中空，乳水满其腹。
遇隙则发见，臭味实一族。
浅深各有值，方圆随所蓄。

或为云汹涌，或作线断续。
或鸣空洞中，杂佩间琴筑。
或流苍石缝，宛转龙鸾蹙。
瓶罂走千里。真伪半相渎。
贵人高宴罢，醉眼乱红绿。
赤泥开方印，紫饼截圆玉。
倾瓯共叹赏，窃语笑童仆。
岂知泉上僧，盥洒自挹掬。
故人怜我病，箬笼寄新馥。
欠伸北窗下，昼睡美方熟。
精品厌凡泉，愿子致一斛。

谢黄从善司业寄惠山泉

宋　黄庭坚

锡谷寒泉椭石俱，并得新诗虿尾书。
急呼烹鼎供茗事，晴江急雨看跳珠。
是公与世涂膻腴，今我屡空常晏如。
安得左輶清颍尾，风炉煮茗卧西湖。

黄庭坚（1045～1105）字鲁直，自号山谷道人，分宁（今江西修水）人，治平进士，曾任泰和知县。召为校书郎，《神宗实录》检讨，为官屡遭贬谪。与苏轼并称苏黄，被尊为江西诗派之祖。

和苏东坡游惠山诗三首（其二）

宋·秦观

使君厌机械，所与惟散人。
顾惭蒹葭陋，缪荷琼林新。
上干青磝磝，下属白磷磷。
洞天不知老，金界无栖尘。
缅彼人间世，乌蟾阅青旻。
记得踵三隐，岩阿相与邻。

秦观（1049—1100），字少游，一字太虚。高邮（今江苏高邮）人，元丰进士，“苏门四学士”之一。以词著名。卒后墓迁惠山。

惠山云开复合

宋　杨万里

二年常州不识山，惠山一见开心颜。
只嫌雨里不子细，仿佛隔帘青玉鬟。
天风忽吹白云折，翡翠屏风倚南极。
正缘一雨染山色，未必雨前如此碧。
看山未了云复还，云与诗人偏作难。
我船自向姑苏去，白云稳向山头住。

杨万里（1127～1206）字廷秀，吉水（今属江西）人，绍兴进士，历任知县，秘书监等职。为南宋著名诗人。

雪后游惠山怀尤延之

宋　杨万里

已到姑苏未到常，惠山孤秀蔚苍苍。
一峰飞下如奔马，万木深围古道场。
锡谷中空都是乳，玉泉致远久犹香。
眠云跋石梁溪叟，恨杀风烟隔草堂。

潘葑回望惠山真如龙形

宋　杨万里

惠山分明龙样活，玉脊琼腰百千折。
锡泉泉止吐一珠，簸弄太湖波底月。
苍石为角松为须，须里黄金古佛珠。
请君更向潘葑看，龙尾激到珠南畔。

题陆子泉上祠堂

宋　杨万里

先生吃茶不吃肉，先生饮泉不饮酒。
饥寒只忍七十年，万岁千秋名不朽。
惠泉遂名陆子泉，泉与陆子名俱传。
一瓣佛香炷遗像，几多衲子拜茶仙。
麒麟画图冷似铁，凌烟冠剑消如雪。
惠山成尘惠泉竭，陆子祠堂始应歇，
山下泉中一轮月。

过无锡

宋·文天祥

金山冉冉波涛雨，锡水茫茫草木春。
二十年前曾去路，三千里外作行人。
英雄未死心先碎，父老相从鼻欲辛。
夜读程婴存赵事，一回惆怅一沾巾。

文天祥（1236—1283），初名云孙，字宋瑞，一字履善，自号文山、浮休道人。江西吉州庐陵（今江西吉安）人，南宋政治家、文学家、爱国诗人。宝祐四年（1256年）状元及第，官至右丞相，封信国公。抗元失败后被俘，不屈死。所作《正气歌》《过零丁洋》为世传诵。

李绅读书台

明·周忱

丞相当年未第时，读书曾向此栖迟。
水边行径空遗迹，竹外荒台有古基。
老忆家山诗尚在，梦尝丹柰事尤奇。
老僧知我怀贤意，相引凭高慰所思。

周忱（1381—1453），字恂如，江西吉水人。永乐进士。宣德五年（1430年）以工部右侍郎巡抚江南。在江南凡二十年，有惠政，入惠山尊贤祠。

惠山竹枝词

明·邵宝

南祠忠定北文襄，千古青山两瓣香。
莫问前朝松柏树，只今何处有甘棠？

邵宝（1460—1527），字国贤，号泉斋，无锡人。成化进士，累官至南京礼部尚书，为官有政声。正德间建二泉书院于惠山。诗宗李东阳，书得颜真卿神韵。

筑凤谷行窝成

明·秦金

名山投老住，卜筑有行窝。
曲涧盘幽石，长松罥碧萝。
峰高看鸟度，径僻少人过。
清梦泉声里，何缘听玉珂。

秦金（1467—1544），字国声，号凤山，无锡人。弘治进士，历官至礼部、工部、兵部、户部尚书，太子太保。致仕后筑凤谷行窝（寄畅园的前身）于惠山。

题留石门

明·俞宪

地脉逢溪断，双门据险开。
朝昏常不掩，疑有玉人来。

俞宪（1508—1572），字知成，号是堂，无锡人。嘉靖进士，官至山东按察使。善诗书。

谒顾洞阳公祠

明·海瑞

两朝崇祀庙谟新，抗疏名传骨骾臣。
矢志回天曾叩马，功同浴日再批鳞。
三生不改冰霜操，万死长留社稷身。
世德尚余清白在，承家还见有麒麟。

海瑞（1514—1587），字汝贤，号刚峰，广东琼山（今属海南）人。明朝清官。嘉靖二十八年（年）中举，历官右佥都御史、应天巡抚、南京吏部右侍郎。

题惠山泉

明·王世贞

一勺清泠下九咽，分明仙掌露珠圆。
空劳陆羽轻品题，天下谁当第一泉？

王世贞（1526—1590），太仓人，文学家。嘉靖进士，官至刑部尚书。著有《弇山堂别集》。

春申涧上

清·王士禛

碧涧亭边野望新，明流秀嶂碧粼粼。
青山终古连秦坞，珠履何年问楚人。
冰雪倒悬三峡水，风烟遥接五湖滨。
李园已事成荒草，太息空祠一怆神。

王士禛（1634—1711），字子真，一字贻上、豫孙，号阮亭，又号渔洋山人，人称王渔洋，谥文简。新城（今山东桓台）人。清初诗人，文学家，诗为一代宗匠。笔记有《池北偶谈》《古夫于亭杂录》《香祖笔记》等。

雨过锡山

清·爱新觉罗·玄烨

轻云冉冉雾弯环，细雨丝丝幂远山。
画舫青帘开晓坐，平波漫衍白鸥闲。

爱新觉罗·玄烨（1654—1722），清圣祖，年号康熙，世称康熙皇帝。曾六次南巡，多次到惠山、寄畅园，留有多首诗作。

忆江南

清·纳兰成德

江南好，水是二泉清，味永出山那得浊，
名高有锡谁更争，何必让中泠？

纳兰成德（1655—1685），又名性德，字容若，号楞伽山人。清初词人。满洲正黄旗人，大学士明珠子，康熙进士，官一等侍卫。康熙二十三年秋随康熙帝南巡，曾游惠山。有《纳兰词》行世。

黄埠墩

清·爱新觉罗·弘历

两水回环抱一洲，不通车马只通舟。
到来俯视原无地，攀陟遥吟恰有楼。
含雨湿云偏以重，隔湖烟屿望如浮。
惠山翠色迎眉睫，慢虑沾衣作胜游。

爱新觉罗·弘历（1711—1799）：清高宗，年号乾隆，世称乾隆皇帝。曾六次南巡，在无锡留有近百首诗作。有《清高宗御制诗》存世。

锡山泥美人

清·周镐

疑尔前身是阿娇，绮塍街上暗魂销。
写生岂待三毫颊，换骨难拼一搦腰。
误落红尘偏耐寒，笑归黄土不成妖。
河塘游女还相妒，买尽胭脂照样描。

周镐，字怀西，无锡人，乾隆己亥举人。

访惠山泥人厂

郭沫若

人物无今古，须臾出手中。

衣冠千代异，肝胆一般同。

造化眼前妙，流传域外雄。

集中人八百，童叟献神工。

郭沫若（1892—1978），四川乐山人，现代文学家、历史学家、新诗奠基人之一。第二、第三、第五届全国政协副主席。著有《郭沫若全集》。

第二节 文 选

愚公谷乘记十一

明 · 邹迪光

评吾园者曰：亭榭最佳，树次之，山次之，水又次之。噫！此不善窥园者也。园林之胜，惟是山与水二物。亡论二者俱无，与有山无水，有水无山，不足称胜。即山旷率而不能收水之情，水径直而不能受山之趣，要无当于奇，虽有奇葩绣树，雕甍峻宇，何以称焉。吾园锡山、龙山迂回曲抱，联绵复袷，而二泉之水，从空酝酿，不知所自出。吾引而归之，为嶂障之，堰掩之，使之可停、可走，可续、可断，可巨、可细，而惟吾之所用。故亭榭有山，楼阁有山，便房曲屋有山，几席之下有山。而水为之灌漱。涧以泉，池以泉，沟浍以泉，即盆盎亦以泉，而山为之砥柱，以一九龙山为千百亿化身之山；以一二泉水为千百亿化身之水，而皆听约束于吾园，斯所为胜耳。吾园内外，树多干霄合抱之木，不必其枝琼干翠，与是吾家物，而取其虬盘凤翥，邻家不自有而为吾有之，如幕之垂，如褥之铺，斯亦所为胜耳。若以屋论，则木不楩梓，石乏贞珉，徒事区区丹 雘嫫母而粉泽之，人以为夷施而不知实嫫母也，何言最哉。夫山水成于天者也，屋宇成于人者也，树成于人而亦本於天者也。故穷极土木，富有力者能之，贫者不能也。余有天幸，得地于山水之间，又得有此乔柯而成其胜。必以土木为奇，则束手矣。虽然构造之事，不独以财，亦小以智。余虽无财，而稍具班倕之智，故能取佳山川，裁剪而组织之，以窃附其奇，不然者亦束手矣。是吾园本於天而亦成于人者也。夫本於造化，则亦当还之造化。为语子孙：吾当仿周颙、王珣故事，身死之后，舍此园为佛刹，听其自兴自败，自增自减，自久自暂，以造化还夫造化，汝不得而有之，必欲得而有之，将决不能有，而为强有力者负之走矣。夫与其归强有力者，孰若还之造化也。

寄畅园记

明 · 王稺登

寄畅园者，梁溪秦中丞舜峰公别墅也，在惠山之麓。环惠山而园者若棋布，然莫不以泉胜，得泉之多少与取景之工拙，园由此甲乙。秦公之园得泉多而取景又工，故其胜遂出诸园上。园之旧名曰“凤谷行窝”，盖创自其先端敏公。一转而属方伯，再转而属中丞公，皆端敏族裔也。中丞公既罢楚开府归，日夕徜徉于此，经营位置，罗山谷于胸中，犹马新息聚米然。而后畚锸斧斤，陶冶丹垩之役毕举，凡几易伏腊而后成。辟其户东向，署曰“寄畅”。寄畅者，用王内史诗，园所由名云。折而北为扉，曰“清响”，孟襄阳诗“竹露滴清响”。扉之内，皆筼筜也。下为大陂，可十亩，青雀之舳，蜻蛉之舸，载酒捕鱼，往来柳烟桃雨间，烂若绣绘，故名“锦江漪”，惠泉支流所注也。长廊映竹临池，逾数百武，曰“清籞”。籞尽处为梁，屋其上，中稍高，曰“知鱼槛”，漆园司马书中语。循桥而南，复为廊，长倍清籞，古藤寿木荫之，云“郁盘廊”。接书斋，斋所向清旷，白云青霭，乍隐乍出，斋故题“霞蔚”也。廊东向，得月最早，颜其中楹为“先月榭”。其东南，重屋三层浮出林杪，名“凌虚阁”。水瞰画桨，陆览彩舆，舞裙歌扇，娱耳骀目，无不尽纳槛中。阁之南，循墙行入门，石梁跨涧而登，曰“卧云堂”，东山高枕，苍生望为霖雨者乎？右通小楼，楼下池一泓，即惠山寺门阿耨水，其前古木森沉，登之可数寺中游人，曰“邻梵”。邻梵西北，长松峨峨，数树离立，“箕踞室”面之，王中允绝句诗也。旁为“含贞斋”，阶下一松，亭亭孤映，既容贞白卧听，又堪渊明独抚。松根片石玲珑，可当赞皇园中醒酒物，主人每来，盘桓于此。出含贞，地坡陀垒石而上，为高栋，曰“鹤巢”，亦王中允诗语。阁东有门入，曰“栖元堂”，堂前层石为台，种牡丹数十本。花时，中丞公燕余于此，红紫烂然如金谷，何必锦绣步障哉。堂后，石壁依墙立，墙外有张祜题诗处，茫然千古，沧耶？桑耶？漫不可考矣。出堂之东，地隆然如丘，可罗数十胡床，披云啸月，高视尘埃之外，曰“爽台”。台下，泉自石隙泻沼中，声淙淙中琴瑟。临以屋，曰“小憩”。拾级而上，亭翼然。峭蒨青葱间者，为“悬淙”。引悬淙之流，甃为曲涧，茂林在上，清泉在下，奇峰秀石，含雾出云，于焉修禊，于焉浮杯，使兰亭不能独胜。曲涧水奔赴锦汇，曰“飞泉”，若出峡春流，盘涡飞沫，而后汪然渟然矣。西垒石为洞，水绕之，栽桃数十株，悠然有武陵间想。飞泉之浒，曲梁卧波，而如连蜷雌蜺，以趋“涵碧亭”，亭在在水中央也。涵碧之东，楼岿然隐清樾中，曰“环翠”。登此，则园之高台曲池，长廊复室，美石嘉树，径迷花亭醉月者，靡不呈祥献秀，泄秘露奇，历历在掌，而园之胜毕矣。

大要兹园之胜，在背山临流，如仲长公理所云。故其最在泉，其次石，次竹木花药果蔬，又次堂榭楼台池籞。而淙、而涧、而水、而汇，则得泉之多而工于为泉者耶？匪山，泉曷出乎？山乃兼之矣。夫园之丽兹山者，不知凡几家，历几世，更几姓，如昔平泉金谷之比，不翅传舍逆旅若耳。且也，主人振缨驰毂，勤劳王事，终其身不一窥，按图问监奴，此某堂，此某亭，此某楼阁池台耶？青铺不圮，朱扉不生苔，仓琅根无恙，可下葳蕤之锁乎？无使游者阑出入，扑吾树头梨枣，折砌上花，捕池中魴鲤也。更几十年然后归，归而龙钟以老，济胜无具，不能出五步之内矣，此不邯郸华胥之梦且幻与？秦之先，自五先生迄今，读书轩冕相蝉联，由端敏而方伯，而中丞，园之主虽三易矣，然不易秦也。秦不易即主不易耳。中丞公为谗人所螯，中岁解官。园成，日涉其中，婆娑泉石，啸傲烟霞，弃轩冕，卧松云，趣园丁、抱瓮童子，治棋局酒枪而已，其得于园者，不已侈乎。客乃谓："方今东师虽罢，朝政如秋荼也者，以中丞公之雄才大略，又富于春秋，不登三事九列，徒令云卧一丘，疏泉艺石，消其胸中块垒，即县官奚赖焉？"余谢客曰："子言在用世，非寄畅之旨也，姑置勿论!"

己亥四月既望太原王穉登记并书。

愚公谷

明·张岱

无锡去县北五里为铭山。进桥，店在左岸，店精雅，卖泉酒、水坛、花缸、宜兴罐、风炉、盆盎、泥人等货。愚公谷在惠山右，屋半倾圮，惟存木石。惠水涓涓，繇井之涧，繇涧之溪、繇溪之池、之厨、之湢，以涤、以濯、以灌园、以沐浴、以净溺器，无不惠山泉者，故居园者福德与罪孽正等。

愚公先生交游遍天下，名公巨卿多就之，歌儿舞女、绮席华筵、诗文字画，无不虚往实归。名士清客至则留，留则款，款则饯，饯则赆。以故愚公之用钱如水，天下人至今称之不少衰。愚公文人，其园亭实有思致文理者为之，磥石为垣，编柴为户，堂不层不庑，树不配不行。堂之南，高槐古朴，树皆合抱，茂叶繁柯，阴森满院。藕花一塘，隔岸数石，治而卧。土墙生苔，如山脚到涧边，不记在人间。园东逼墙一台，外瞰寺，老柳卧墙角而不让台，台遂不尽瞰，与他园花树故故为亭台、意特特为园者不同。

创建积余堂记

清·温明远

吾邑自泰伯开吴以来，文教振兴，人物日盛。迨汉唐以降，商贾交通，迄今惟吾米豆一业甲于省会，国朝雍乾间为尤盛。其所由盛者，北来则禁海为关，南去有浒墅之限，皖豫米商纷然麇集，浙东籴贩靡不联樯。此米豆一业吾邑所以为大宗称也。咸丰庚申，粤逆蹂躏，市廛毁烬。同治甲子，王师恢复，民登衽席，善后百废俱兴，吾业亦复渐盛。惟经兵燹之余，同业囊橐鲜充，其中间有不测，以致黄口青年度日无依，冻馁孤苦不可言状。追溯曩昔，少备周急，而高君荫轩、萼斋昆季及同业乐善诸君，恻念于中，奋然兴议，首倡集捐，始成千缗，继扩厘捐，积渐成钜，源流勿替，遂颜其额曰"积余堂善会"，抚恤业中孤寡，岁其有沾。厥事既成，又偕襄理诸君，具禀两邑，立案垂久，凡规额条款，一并呈案，以防废弛。光绪丙戌，高君荫轩又慨将手置天四图基地捐入，为日后起建堂屋吾业集议之所，洵乐善也。堂之名曰积余，大易“积善之家必有余庆”，其斯之谓乎。余忝列同业，向与在事诸君赞襄厥成，今拟营建堂屋三进，业已落成，并将案牍规条，刊石甃壁，以冀后之同志者备考焉。其能续以积而余之远大者，尤望吾业之好义君子矣。爰序颠末，以志创始之意云尔。是为记。

第二章 方言 俗语

第一节 方 言

北塘区位于无锡西北部，全区语言系无锡方言。无锡方言虽然都叫无锡话，实际上内部还有所区别，特别是语音方面，所谓“乡有乡音，十里不同音”。

无锡方言，按其内部区别特点，可以划分为东西两片，这个分界线在新安、梅村、安镇、东湖塘等南北连接的地带上。北塘区方言归属于西片。

一

北塘区方言的语音系统与无锡城区的完全一致。

调查5000多个常用字，其中4100多字单独念的声调比较舒缓，另外900多字比较短促，这在西片、东片都是相同的。而这4100多字放在语词中连起来念常常会有变化，其中1200多字的变化更有其特殊性，举例说明：

例1. 西——~方 ~风 ~瓜 ~门 ~南 ~晒 ~施 ~洋 ~医 ~装

例2. 冬——~菜 ~耕 ~菇 ~季 ~眠 ~青 ~天 ~衣 ~训 ~至

例1“西”的声调，单念跟连读显然不同，而所有连起来读的声调却是一样的，都读如“洗”；例2与例1类同，连起来读的都如“懂”。而“洗”与“懂”的声调又是一样的。这种变化不是个别的，而是一般的。这样的格局就称之为“无锡腔”。——“无锡腔”中两个字，有的连起来读快了好像会成为一个字了：

西洋——想　机油——九　私盐——选　东翁——懂

滋养——奖　花会——悔

如果对声调比较舒缓的4100多字进行全面考察，根据声母性质，其声调可以分为两大块，这两大块按照传统的提法，其一称“阴（声）调”（共2300多字）另一称“阳（声）调”（共1800多字）。两者再可各分成三类，具体内容见下表。这三类各有连读变调的格式。请看：

例3. 阴调

①箫声连起来读“箫”如“小”

②小声连起来读“小”如“笑”

③笑声连起来读“笑”“如“箫”

例4. 阳调

①檀香连起来读“檀”如“淡”

②淡香连起来读“淡”如“蛋”

③蛋香连起来读“蛋”如“檀”

这种变化的格式，不是个别的，而是一般的，下面再举两组例子。

例5. 阴调

① 怵货连起来读“怵”如“丑”

（怵：无锡方言词，音丘，坏、不好）

②丑货连起来读“丑”如“臭”

③臭货连起来读“臭”如“愀”

例6. 阳调

①厘金连起来读“厘”如“礼”

②礼金连起来读“礼”如“利”

③利金连起来读“利”如“厘”

这样的系联，刚好周而复始，声调比较短促的900多字也可以分为阴阳两大块，具体是阴调500多字，阳调400多字；但对它们一般不再作下位划分。

下面把以上涉及的数字汇总成表。

<table>
<tr><td rowspan="8">常用字
5000多</td><td rowspan="6">声调比较舒缓的4100多</td><td rowspan="3">阴调2300多</td><td>①1210多</td></tr>
<tr><td>②490多</td></tr>
<tr><td>③670多</td></tr>
<tr><td rowspan="3">阳调1800多</td><td>①1010多</td></tr>
<tr><td>②170多</td></tr>
<tr><td>③620多</td></tr>
<tr><td rowspan="2">声调比较短促的900多</td><td>阴调500多</td><td></td></tr>
<tr><td>阳调400多</td><td></td></tr>
</table>

二

上面所说的声调变化格局，在东片的无锡方言中是没有的，但在西片却不只是北塘区才有。北塘区方言中却有一个比较特殊的片区，它聚集在泗堡桥、荷叶村一带。其特殊性大致是这样：在无锡方言5000多个常用字中，以“肮”为韵母的大约有220字，以“安”为韵母的大约有250字。这两类字一般都分得开，但在泗堡桥、荷叶村一带却混成一类了。这里把“肮”韵的字一般都读成“安”韵。于是，刘潭与刘塘（在惠山区）难分，杭城与韩城（在陕西省）费唇；把螳螂缠夹团圞；桑巴是葡萄牙语samba的音译，意思是流行于巴西的一种音乐形式，这里会说成“酸巴”，而且是“无锡腔”。那倒好象“外国语”了。

聚集在泗堡桥、荷叶村一带“肮”、“安”合流的语言现象是绝无仅有的，它像一个小岛存现在北塘区方言之中，贴近这一带的四周再没有“菜缸”与“菜干”这类混同了。那么，怎么会有这个“方言岛”的呢?

泗堡桥、荷叶村这一带，自明代以后是无锡造船业集中地之一。它北面不到3公里处就是（北）西漳，西漳与北塘区相接壤，该地曾以造西漳船而著名；清代和民国时候，西漳大船在航运界颇有盛名。旧社会由于造船行业的特有性质，由于从业人员的来源、流动的家族性与半封闭性，所以，西漳与泗堡桥、荷叶村会有密切的关联。西漳是无锡方言中有“肮”、“安”合流的唯一的乡镇，因此，泗堡桥、荷叶村这个“方言岛”会存现于北塘区方言海洋之中。

2002年，政府决定改造这一低洼地片区，低矮的民居被拆除，建成高楼，命名为荷花里。这个语言现象随着动迁而淡化了。

三

塘翻的基本方法是：先把要翻的字分成前（声母）后（韵母）两部分，再在其声母后加上“嗯”，在其韵母前加上“勒”，组成两个音节（字）；说塘翻时就用这两个音节表示原来的字。不过，不是所有的字都可以这样翻得好的，还有些规则要补充一下。

1. 凡是要翻的字，韵母就是“嗯”（灯），或者声母就是“勒”（笼），甚至原字就是“勒”和“嗯”组成的（伦）；如果死扣上述方法就会“露底”。

灯——去掉原字韵母“嗯”，加上去的还是“嗯”，用来翻的前一个音节仍是“灯”。

笼——去掉原字声母“勒”，加上去的还是“勒”，用来翻的后一个音节仍是“笼”。

原字在翻语中重复，这就实现不了说塘翻的用心了。至于“伦”翻语化为“伦伦”，简直是在说笑话了。

那么，这类字怎么翻呢？一般是不把相同的韵母或声母加上去：

灯——德伦

笼——伦翁

伦——勒嗯

当然，不加声母或韵母上去的容易“破译”，特别是说快了。但这类字不多，无损塘翻的大局；而且必要时可以用“燕子翻”或“鸭子翻”（后详）来替代一下。

2. 有些字是没有明显的声母的，（5000多字中有200多个）那么前一个音节就用“嗯”。

矮——嗯拉　袄——嗯劳　衣——嗯里　爱——嗯来

欧——嗯娄　屋——嗯录

3. 有些字的韵母前加不上“勒”（硬加上去在无锡方言中不成音节），那就不加。

富——分呜　符——文呜　居——君羽　许——熏羽

另有一些字（5000多字中不到200个）的韵母不仅加不上“勒”，还不大能独立起来，那就把翻这些字的后一音节改成“儿”（这样勾连有语音史上的根据）。

资——增儿　思——孙儿　知——真儿　诗——升儿

塘翻之所以要用“嗯”或“勒”加在要翻字的声母或韵母前后，是因为在北塘区方言中“嗯”或“勒”与别的声母或韵母相拼的能力和组成音节的能力最强。塘翻外还有“燕子翻”、“鸭子翻”，两者的构成方式与塘翻基本一致，只是用“啊”替代塘翻的“嗯”（“鸭子翻”），用“则”替代塘翻的“勒”（燕子翻）。“啊”、“则”也有相当的组合能力，但远逊于“嗯”、“勒”，这是它们没有塘翻那样风行的缘故之一。

说塘翻时的声调格局，凡要翻的字是阴调（5000多字中约2900个）都用“无锡腔”，不管该字原来的声调是什么。例：

工作组——根笼　增录　增罗

统计表——吞笼　金里　冰料

报告单——奔劳　根劳　灯兰

锡山脚——新立　孙兰　金辣

这对外地人又多了一层掩饰的色彩。

四

记录方言常常会碰到这样的难题：或者这个方言词有音无字；或者一时找不到合适的字；或者一音数字，似乎都能用，却一时定不下来。

因此在找字过程中还要注意：

1. 选用的字首先要考虑使用的习惯性。譬如，把肉类加水烧开后用文火久煮使烂熟这种烹调方法，普通话叫“炖”；无锡话用“笃”，腌～鲜、～蹄髈……一般都这样写。但是“笃”的意义原本一点也没有与“炖”这种烹调方法的联系，它完全是同音替代。于是，有人觉得不妥，就给它加了个“火”旁，有本“吴语方言词典”就收了“𬊈”。加了“火”旁当然与“炖”搭得上了，但大家使用时还只写“笃”，不用“𬊈”的，习惯成了自然，“笃”倒是正字了。

2. 记录方言的当然是要它的同音字，但同音与否，在同一方言区内不尽相同。方言的“方”所指地域的范围是相对的，大“方”里有小“方”，小“方”里又有小“方”，甚至两个相邻的家庭也会有不同。因此，选用字要考虑它在适用方言地域的范围内，能普遍“音和”。否则，推行、规范就不易到位。譬如，吴方言太湖片中有些地方用“穿帮”表示谎言、骗局被揭露、拆穿；但“帮”字在无锡等地觉得很别扭，应该用“绷”，不过现在南京、上海等一些报纸上仍用“穿帮”。

除了大“方”小“方”要协调之外，还有些字有文言音（文读）、白话音（白读）之分，两者各有适用的语词，这在选同音字时也是要慎审考虑的。

3. 记录方言，碰到一音多字，只要音义上都说得通，就择用其一而不必去否定其余。譬如，对怕寒冷而常赖在灶下（旧式）的猫，有的文章上写为“煨灶猫”，有的文章上写为“偎灶猫”。“煨”与“偎”这里都可以用，且两字各有优胜之点。至于以后是“火”旁还是“人”旁，以后自然会归于一致。

当然，对于同音字中的冷僻字还是应该舍弃的。

五

记录方言而选用方块字，可以参考的资料是很多的，仅以吴方言词语为范围的工具性质的书就不下三十种，这里却另外郑重提出《现代汉语词典》。这部“词典”不是针对吴方言或其他某个方言的，但是对记录无锡/北塘区方言大有好处。正确选用“词典”上恰当的字，容易为大家接受推用；可以避免、至少可以减少用当地“同音替代”的纷歧，易于约定俗成；正确选用“词典”上恰当的字，易于与普通话互相促进。作为举隅，这里从《现代汉语词典》中选列70个可以用作记录无锡/北塘区方言的用字。

选列的70个字以笔画多少为序；如果需注音，用直音法，两字声调不协，加“似”字，找不到同音字的，或者同音字有两读的，就用“塘翻”（外加括号）标明；用法举例，以无锡人口中常说的为首选，注意选用流行于无锡/北塘区的谚语、俗话、俚语、老话等。

子口 瓶，罐，箱，匣等物上跟盖儿相密合的部分。

爿 音似办；天然生成或劈成的片：柴～，屄～——胭脂点勒（在）屄～上（无锡俚语，意谓讨俏讨得不是地方）。

闪 迅速避开：躲～，引申为动作过猛，致使一部分筋肉拉伤而疼痛：～了腰，胸口～了气了。

曳 音叶；拉（使之平整）：～被头，称钩打钉两～直（锡谚，意谓双方互不找补）。

氽 音似吞；漂浮：～汤山芋（可谑指茅坑里的“屎连头”）。

*～，从“人”。

汆 音餐；把食物放到沸水里稍微一煮：～汤鲫鱼。

*～，从“入”。

饧 音晴；粥饭等时间放长了而变质糖化：天热了，早上的泡饭～糟糟了。

厾 音笃；用指头或棍棒一端轻点轻击：他把香烟在指甲上～～实室，点点～～（无锡熟语，意谓指摘人家多种短处）。

凼 音荡；小水坑：水～，田横头开个～做灰仓（沤肥用）。

抟 音团；把东西揉弄成球形：把草稿纸～成纸团，天冷极了，他上半身～得像“弯背老公公”（喻指大虾）。

把 音似靶（奔鸣）；从后面托起小孩两腿，引导他大小便。

*～，可以由动词引申为相关的量词：一～尿，一～屎拖带大了老小。

吮 音似顺；把口中食物紧贴撮起的嘴唇拉出来：买根棒冰～～，～尖则（了）屎连头想凿煞别人家（无锡俗话，嘲讽不顾自己先身受，只想恶毒伤害对方之流）。

囥 音抗；藏：钞票～～拢（深藏好），当心露白（指银钱暴露）。

豸 音治；没有脚的虫：虫～（泛指虫类）。

纰 音批；因疏忽引起的错误、事故、漏洞：出～漏。

拈 音研；用两三个指头取：～线摸索（粗绳）——无锡方言成语，特指不告而随便拿取不属自己的物品的不良行为。

晛 音献；太阳出现：落雨只怕～昼（锡谚，意谓正午雨止，露一露太阳则下午雨将会下个不停）。

肷 音嵌（肯兰）；狐狸胸腹部和腋下的毛皮：狐～袍子，贵似金子。

肎 音似啃；人肢体上积附的污垢：汏汏干净，勿留老～。

*～，“词典”作“肯”的异体字，而一般都作为“身上积垢”的用字。

绊 行进时没注意阻碍物而倾跌：～跟斗；踢脚～倒（无锡熟语，意谓不断碰撞着阻碍物）。

撏 音全；扯拉：～鸡毛，剥剥皮，～～毛（无锡熟语，意谓多方一再克扣）。

砌 音取；用和好的灰泥把砖石等一层层垒起：～墙头（无锡可以谑指叉麻将）。

牮 音箭；房屋倾斜，用长木头支起弄正：～屋。

烀 音呼；把食物搁置在蒸气上加热：一口气～勿到馒头熟（锡谚，意谓办事不能指望一蹴而就）。

捂 音垩；封闭：菜屑～勒牙缝里，～拖拖（里）——无锡熟语，意谓做事不上劲，磨磨蹭蹭。

挼 音懦；揉搓（肢体）：跟斗跌出青紫块来了（跌肿），垫块青布～一～（垫青布是传统做法——不一定科学）。

捘 音怎；用手指挤压：～脓，～喉咙。

赅 音该；完备，引申为富足：～铜钱、～家当。

脃 音恻；物品（主要系绸布类）失去韧性，极易碎裂的性状：这段料头～了，不能做衣裳了。

*～，“词典”以为“脆”的异体字，但～在旧注中另有入声读法，无锡音本此；词义上，～比“脆”重点有所引申。

馁 音近内；由本义饥饿引申为心虚胆怯：～霍霍。

浥 音益；沾湿，无锡特指米粉、面粉等受潮后的板结状态；粉～了。

萎 衰落，减弱；价钱～（降低）了，毛病～（减轻）了，这事～（慢）点做好了——～咻咻，二石九；急吼吼，三担（石）亏一斗（锡谚，意谓劳动时勿急勿歇，科学安排，功效不会减低）。

掊 音似配；以钝器用力击打（使碎裂）：把田里大块干泥（无锡农民称之“板干”）～碎，大门拨（被）强盗～开。

掇 音得；用双手从下向上端：挨上门，自～凳（意为不请自到，不受欢迎）。

眵 音次；眼睑分泌出的黄色稠浓液体：眼～。

眼 晾：～衣裳竹头（可谑指瘦长个儿）。

啜 音脱；抽噎的样子：～～哭——公公吃着一粒谷，打到（得）婆婆～～哭（无锡童谣，反映旧社会妇女受欺凌境况）。

儭 音衬；布施：～钱（僧道们做法事后施主付给的酬金）。

脗 音抿；合，合缝：～紧嘴唇，水潽蛋～拢（蛋白凝结）了。

庹 音托；两臂左右平伸时两手之间的距离：一～大约五市尺（量词），呒不尺，用手～一～（动词）。

绺 音柳；头发、丝线等许多根顺着聚在一起叫～（量词）：三～长鬚，引申为像从别人身上偷剪鬚发一样窃人钱财：剪～贼，（北方）再从“聚在一起”引申为土匪帮伙：～子。

揞 音按；用手覆盖：～没眼睛，这件事先～一～（引申用法，即先搽搁一下）。

奡 音傲；骄傲，仰着：～起头。

*～，上半为古“首”字：骄傲者往往仰着头，所以偏旁从“首”。

敨 音似透；打开（包着或卷着的东西）；把拧干的衣裳～开再眼 出去，抖动（衣被口袋等）：把米袋～～干净。

焯 音（春辣）；把菜蔬放到滚开的水里烫一下：菠菜炒之前最好先～一～。

湔 音尖；（只对衣物被污染的地方）重点洗刷一下：衣裳上的一个油渍要～一～。

皴 音春：（手足）皮肤受冻而开裂成密集的小口子：手～了。

缉 音七；追捕：通～，搜寻：～理（无锡常用词，意谓仔细而多方面访求稀罕之物或秘方之类）。

榔槺 音郎戆；东西笨重，携带不便的性状：这包裹～～，上车很麻烦。

滗 音笔；挡住渣滓或泡着的东西，把液体慢慢地倒出：罐头里的中药已煎好，把药汁～～干净。

溏 音唐；半流动的：～薄，～黄鸡蛋。

摽 音似标；抛给，发给：～叫化子，～乡邻（因迁居或办红白事等而发给邻居糕团之类点心）。

糁 音似算；米饭粒：米～头。

撺掇 怂恿：～～老爷煨砂锅（锡谚，意谓引诱别人干傻事或做不正经的事）。

鳘鲦 一种常群游在河沿滩头的小鱼：～～钓白鱼（锡谚，喻以小诓大）。

齑 音疽（精里）；碎末：瓜～头（常在年节时把多种蔬菜切成碎末烹调而成），～糟（由碎末引申为麻烦，难弄）。

潽 音铺；液体沸腾溢出：镬盖罅开点，当心粥～出来。

褫 音耻：脱去（衣带）；无锡引申为把食物的外壳或骨头在口腔中剥离而吐弃：青蚕豆老了，～落壳吃吧，闻（音门）花，～骨，倚栏干。（无锡老话，意指容易引起人身伤害的行为）

谵 音专；一种症状为意识模糊，短时间内精神错乱的病态：这样办事真吃～了，书唸到～了。

擤 音狠；按住鼻孔用力出气，使鼻涕排出：只会～鼻涕（无锡俗话，谐指没有“狠”劲可发的无用之辈）。

罅 音化（昏呜）；缝隙：房门～开了一条～缝。

爝 音月；火光晃动的样子：微风拂过，烛光～了～。

鳑鲏 围游在淘米洗菜的河滩头的小鱼：看埸涂（码头）～～（喻指只会坐守现成，不会向外发展的人）。金眼～～（原产于本区江尖渚西口）。

戳铲 指摘，攻讦：背后～～人，这不好。

礤 把萝卜、土豆等擦成丝的炊事用具：～子。

蹾 音灯；像坐的样子，臀部不着地，引申为呆着或闲居：～坑，身体勿好就～勒家里歇歇（休息一下）。

谶 音衬；能示凶吉的预言：讨～语（无锡熟语，意谓要听个好话头，图个吉利）。

歠 音脱；吸，喝：把泼在台子上的粥汤～落。

嵰 音赚；陡峭：梯～容易倒，人直容易拗（锡谚）。

鐾 音避；在平面上来回摩擦：～洋煤头（擦火柴的老旧说法），～刀布（比况油光光的脏外衣）。

附录

“附录”所收系无锡/北塘区方言时或用到但一时也许不易写定的方块字，凡30个，这些字大体已散见于或远或近的书面中。由于汉语多同音字，有些个字在写法上不止一种，这里只选择其一。排列与注释略如上文。

后又列出A××式构造的20个，为的是介绍附加成分××（迭音）的写法，只在个别地方点说一下：

比 音篦（～，无锡音声母与“闭”的不同）；

挨着：～－～二（无锡熟语，形容很有次序）。

夭 音似要（～，上声）；

折叠：～衣裳，“～落毛边说光边”（无锡俗话，意谓掩盖不利的一面，只说有利的一面）。

谚 音俏；

胡闹，恶吵：混～，～光。

诂 音川；

搬弄是非，挑拨离间：～嘴姑娘（过去，嫂子对小姑的讥称），

～嘴啖（根辣）舌。

捉 音尼；

擦拭：～席，～～眼睛（拭目）。

衹 音但；

回返：～回转，～来缩去（无锡熟语，徘徊不进的状态）。

迷 音伴：

躲藏：～野猫（小孩子的一种游戏——贬喻有意避而不见的行为）。

※ 无锡旧志考～为“藩”——此字不合现代无锡方音。

拸 音舵：

叠加：把饭碗、菜碗分开～好，～债还勿清，不如卖房厅——旧时锡谚。

匽 音掩；

隐匿：别人吵架，他～勒旁边看好看，开大会，他～出会场（逃会）。

怵 音丘

坏，乖戾：～脾气，～货（多指人）。

搙 音玉；

按压：～粉，扭勒～（无锡熟语，喻指选用种种手法以纆住对方一致行动）。

帩 音俏；

紧缚：给宝宝～块尿（升尔）布——面孔上～块尿布（无锡俗话，谑指遮羞藏丑的伎俩），拧紧螺丝，无锡说～紧螺丝。

憦 音劳；

懊悔：懊～。

捱 音外白（恩拉）；

拖延：～辰光，～勒床上，～死～活（无锡熟语，意谓用多种拖延办法），～得过初一，～勿过月半（无锡熟语，意谓即使能拖延一程，终究仍拖延不下去）。

※～，“词典”作“挨”的又体，这两个字无锡方言的读音，用法都不同。

揉 音枭；

揭、翻：～被头，～底牌，把书～到第×页。

秶 音滋；

稻把或柴把整齐地堆成的垛：稻～、柴～，“柴～～，米囤囤”——锡谚，意指农家丰收后生活有靠傍的景象。

痳 音收；

黍疮：饭～～，～～头（喻指啬刻、别扭的人）。

揵 音揎；

举起：手～出来，～手～脚（谑指干活动作不像样子）。

銛 音先

由本义（兵器）“锋利”引申为“顺利”，无锡方言多用其引申义～：

八圈麻将，常常自摸，赛过吃了鸡汤——鲜（谐～）得来，买进的股票大涨，手气～透了。

揂 音似求（～，阳上）；

拉扯藤蔓之类引向身边：～藤瓜（扯拢瓜蔓后摘下的瓜儿——喻指品质下乘的物品），～铜钱（专指过去妇女抠家用开支而积聚私房钱）。

砛 音锃（锃光金亮）

硬塞入（容器）：盐菜瓮头里要～实窒，包里还可以～～足。

箸 音住；

筷：单用多见于文言，口语只用于“筷～笼”一词。

敲 音壳；

击打（使之裂开）：～开骷髅头（头颅的俚称），呒不菜～个鸡蛋吧。

瀴 音影；

介于凉与冷之间的温度：一般表示较为舒适的——～笃笃（食物），～漱漱（气温）；也有表示较为冷冽的——，～心肝，碧笃生白～。

趪 音别；

追赶：落在后面要～上去，“～勿着，烂狗脚”（无锡童谣，嘲笑落在后面追赶不上的伙伴）。

歊 音蒿；

本义为施肥过量反使作物枯萎，引申为食物中佐料过量而引起不适甚至致病：盐～三年，糖～一世（医谚，意谓吃盐过量致病，三年或能治愈；吃糖过量致病，治疗一辈子或难康复）。

褶 音督；

缝制衣服的一种方式：裆里的～角要留心，“姘头～角，相骂歇搁”，（无锡俚语，意指不光表，不牢靠的交往）。

穋 音似就（～，阳上）；

点滴、小量地积聚起来：用木盆在檐头下～雨水，～笔铜钱买部名牌自行车。

鰤 音斯；

鱼名：白～鱼（一般混成白水鱼，无锡口语只说“白鱼”）。

黗 音断；

很黑：～暗（一般指西边已无霞光，天已全黑时分）。

※ ～不宜作“断”，～暗与断暗，意思刚相反。

干炙炙	热烔烔（音同）
干剥剥	瀴漱漱
潮沮沮（音纽）	厚掇掇（一碗粥）
湿溚溚	厚执执（一沓钞票）
汗溱溱（音增 透汗）	薄枼枼（音叶 料头）
汗渍渍（音滋 微汗）	薄枵枵（音嚣 嘴唇）
肉膨膨（形容孩子）	硬撬撬
嫩膨膨（烧菜火工靠谱，例如素鸡～）	烂焖焖（音烩）

瘦瘵瘵（音柴）　　白了了（音料）
矮炪炪（音汁）　　黑黯黯（音塔 黑铁墨～）

第二节 俗 语

一、米业隐语

无锡是全国四大米市之一，全城有八段米市，其中北塘有五段。无锡的米业茶会设在北塘。米豆业中人在洽谈生意时，都使用行业的特种语言（隐语）进行交谈。

米豆业的特种语言大致有7种：唐翻、切口、缩头韵、缩脚韵、拆字语、密码、翻里翻。

唐翻：是特种语言中使用最广泛的一种。用无锡方言切音，再加上规定变音而成，切音要限制在2个音节。例如“唐”字，无锡方言的的切音是“特项”，然后在前一个音节后面加上“嗯”音，后面音节前加上“勒”音，这样，“唐”字的切音“特项”就变成了“特恩”“勒项”，连读起来便是“藤郎”，“藤郎”就是“唐”。“米行”两字用唐翻来说，就是“门里、恒郎”。“奔落、藤郎、门里、恒郎”就是“北塘米行”。

切口：大多由事物的形象转化而来，但没有固定的规律，只能一个一个地学。常用的有：显（好）、坍（坏）、额显（吃东西）、香花（饭）、汝前（他、她）、扫山（剃头）、闹海（洗澡）、滑水（油）、筑梦（睡眠）、压席（生病）、遮天（伞）、顶宫（帽子）、斗子（船）、额刀（锯子）、簇直（筷子）、甜蒙（糖）、耗蒙（盐）、尖（醋）等等。

缩头韵：利用四字成语或四字词组，不说第一个字，而说后面3个字，以表示第一个字的意思。例如说“长地久”表示“天”；“暖花开”表示“春”；“长梦多”表示“夜”。缩头韵在实际生活中使用不多。

缩脚韵：说四字成语或四字词组的前3个字，表示末一个字的意思。例如：“滴角四”表示“方”；“滴溜滚”表示“圆”；“城隍老”表示“爷”；“菜猪油”表示“娘”；“刮辣锋”表示“菜”。缩脚韵使用较多。

拆字语：大多用于姓，即将一字拆成2个字来读。例如：赵说“走肖”；李说“木子”；贾说“西贝”。也有用于其他的，例如：货说“化贝”；酒说“三西”等。

密码：是用于数字上的切口，分为口语和账上记的暗号两种。口语是：1叫仄，2叫排，3叫撑，4叫边，5叫磨或爿，6叫文，7叫虚或巧，8叫孔（也叫眉毛、眼上）、9叫老湾，10叫阿丑，0叫洞。账上写的暗号从1到9是用“中人工大王主井羊非”来表示。

翻里翻：将几种特种语言混合起来使用。例如，称“鸦片”或“乡下人”为“文孔虚廾头”，因为密码中“文孔虚廾”是6875，斤两法中11是6875，中文的十一是个“土”字，所以文孔虚廾表示“土”；而鸦片又名“云土”，对乡下人又说他们土气，故将文孔虚廾转称鸦片或乡下人。

特种语言往往混合起来使用。例如，“显化贝”指“好货”；“赵化贝”指“偷东西”；“瓜熟蒂、奔兰”指“落班”。也有在使用过程中意思发生转化的，如“猪头三”原义是“生”（牲），后成为骂人的话。如今，这些隐语大多已被社会淘汰，但也有少数已成为无锡常用方言，如“显”（好）、“扁老二”（钱）、“缩蟹头”（小气）、“吞头势”（人的形象）等。

二、北塘老话

蔡半塘，朱一角

旧时有“蔡半塘，朱一角”之说。蔡半塘指蔡缄三。

北塘大街是沿运河的一条塘岸，自莲蓉桥至三里桥，原称北门塘上或塘上，又称沿运河的街为外街，中间的叫里街。这里曾是无锡“八段米市”之一，其他各类商店也很多。民国时期这里的著名实业家蔡缄三号称“蔡半塘”。蔡缄三，名文鑫，字缄三，亦作兼三。蔡缄三之父蔡仪庭曾任清朝盐务官，积了一笔钱购买接官亭弄、张成弄、蔡家弄、蔡墅巷一带的土地，故有“蔡半塘”之称。蔡缄三曾任过银行经理，与人合伙办过九丰面粉厂、庆丰纱厂等多家企业。民国元年（1912年）任无锡商会副会长。蔡自奉节俭，但十分关心公益事业。民国3年（1914年）倡议修补破旧的北塘街，易旧砖为弹石路面，缺银1500元由蔡独力承担。他早年主办蔡氏义塾，民国20年（1931年）捐地4亩半扩建蔡氏小学。蔡缄三对北塘社会事业的发展作出了贡献。

“朱一角”指惠山直街经营惠山油酥的朱氏。惠山油酥亦称“金刚肚脐”，明清时期已在惠山直街大量生产。明清至民国时期，惠山街的一角，大多是开设惠山油酥的朱姓店家，他们都是“前店后坊”，自产自销，并以本地市场为主。这类店坊起先都是朱姓开设的，后来别姓人家也开设了不少这类店坊。解放前较为有名的店有“朱顺兴”“朱德昌”“朱永昌”“朱源泰”；曹姓店坊有“芝香村”“永字村”等，产品以朱姓店坊的为正宗，而朱姓店坊的又以“朱顺兴”所产为最好。

出了西城门，碰着温史任

无锡有句俗语：“走出西城门，碰着温史任”。温、史、任指西门的三家望族，其中温氏最为著名。清末民初，温氏著名士绅有温明远。

温明远，名荣镳，以字行。少颖异，读书勤奋，记忆力很强。15岁时听从父亲安排，弃学从商。清咸丰九年（1859年），全家避战乱至乡下，家中财物毁于战火。22

岁时，父亲去世，因世道动荡，要购买一口棺木都很困难，幸赖其妻任氏变卖钗环，才办完丧事。此后，他在雪堰桥某店经商，月收入仅6000钱。太平天国战事结束后，他入城谋生，数年后与友人合股开米行，陆续有所积蓄，兄弟两人投资在西塘沿河开温庆泰米行，遵祖训"讲究信誉，买卖公平"，在经营中从不短斤少两，对贫民更予优惠。交易之际，既议定价格，后价有升降，从不反悔，遂赢得大众信任，在行业中亦以该行衡器为标准。

他为人刚毅正直，胆识过人，从不做不正当的行业，地方人士推举他为乡正董，为人排忧解难，不受人一钱一物。40年间，兴利除弊，为地方上所尊重。

清朝有一年，无锡西乡洪水为患，他率领西乡农民请命于县衙，要求掘开西水墩附近的显应坝，遭权贵以破坏风水为借口阻挠，他不畏权势，不避威吓，率众乡民开坝，疏导洪水流入太湖，确保农田丰收。西乡农民对此长期念念不忘，称他为"温大先生"。

无锡实业家荣德生初创面粉厂的时候，备受地方上刁难阻挠之苦，数临困境，幸得温明远竭力会同金融业名人吴保三等扶助，才得以转危为安。

温明远还热心办学，集米业八段业董建积余学堂。又应同业之请，于民国元年（1912年）设积余学校，凡属米业子弟入学，免收学费，贫苦子弟亦予减免。还根据乡里需要，在棉花巷将延寿庵改建成菁莪学校，在西水墩上创办培西小学。

温明远还精心研读医书，求医者众多，遇贫穷之人免费送诊给药，对路远的求医者送给车船费。为了消除鸦片毒害，他自制戒烟方剂，经劝服后戒绝的有1000余人。每到年末时，他独自拿了钱，走街串巷看到无米下锅的穷苦人，或听到屋里有哭声，便将米票、钱币丢进门户内，不让受惠者知道。

无锡的"普济养老院"因缺乏经费，难以维持，他挺身承担费用，承养老人由10多人增加到80多人。到晚年，他还奔走沪、锡等地，募集到资金万余元，另建"普济女养老院"。女养老院刚落成，他就去世。弥留时，仍连呼："可惜女养老院的墓地尚未置好……"直到舌卷气绝。

温明远治丧之日，孤寡老人都列队到灵前祭拜。隔天出殡，众人都手捧整股长香，执拂送灵。抬重的人，亦自愿穿白布背心，在胸前、背上缝上"温"字布块。丧礼的隆重，为本邑士绅中所少见。

要神仙，找阿生；要戏文，找阿金

惠山泥人是无锡的民间艺术瑰宝。惠山泥人起源于明代。到清代中叶以后，技艺已臻于完美。清代后期惠山泥人著名艺人有周阿生、丁阿金。周阿生善制以神仙故事为题材的泥人，他和陈杏芬合作塑造的"蟠桃会"，有24个神仙，各自的面目、表情、衣饰、神态都不同，飘飘然立于峰峦之间，场面宏大，人物个性鲜明。该作品由周阿生泥塑，陈杏芬彩绘，据说是清朝官吏为向慈禧太后祝寿而定制的，是当时大型戏文的代表作。

丁阿金善塑以戏文为题材的泥人，其作品能再现戏剧中的主要情节，主题明确突出，人物性格鲜明，传世作品有“借靴”“教歌”“挑帘裁衣”等。他还注重从现实生活中选取题材，所捏泥玩具“三胖子”是泥人中的名牌产品，至今仍为人们所喜爱。当时流传着这样的话：“要神仙，找阿生；要戏文，找阿金”。

不出会的大老爷

旧时，每年农历三月廿八有“八庙朝东岳”的香汛，因那天是东岳大帝黄飞虎的诞辰，无锡八庙的“老爷”都前往惠山东岳庙朝贺。八庙是：南门张元庵（祠山广惠行宫）齐天大帝张渤，梨花庄延圣殿都天大帝张骞，东门延寿司殿南天星主周纪，西水墩西水仙庙都察院刘五纬，黄埠墩府城隍庙西汉王纪信，南上塘南水仙庙镇江王王其勤，三皇街老城隍庙显佑伯郑姓城隍，东门新城隍庙显济伯秦姓城隍。八庙朝东岳，俗称“出会”。八庙之外，另有惠山大老爷殿（张中丞庙）景天大帝张巡因靠近东岳庙，且神职较高，所以不参加迎神赛会，仅到东岳庙任接待工作，所以称为“不出会的大老爷”。抗日战争时期由汉奸大亨周阿福牵头办了一次“出会”，他别出心裁，要叫惠山街上不出面的青面皮大老爷也出来兜一圈。他亲自骑一匹高头大马，穿箭衣马褂，手握一块白毛巾，耀武扬威地走在最前面。此后不久，周就在汉奸内讧中被击毙，人们奔走相告，称之为“报应”。

在日常生活中，人们称那些经常窝在家里、不肯出门的人为“不出会的大老爷”。

竹头节节高，顶对赚柴烧

明万历年间，双河上（会龙、双河、红星、会北一带）朱、徐、谈、赵等姓分别从吴江、吴县、宜兴、浙江等地学会竹器编织手艺，举家利用两岸地产竹材，在农闲及晚间编竹篮、筲箕，做土笪（da达）、畚箕。竹器编织副业收入颇丰，有“竹头节节高，顶对赚柴烧”（顶对，指获得双倍之利）之谚。他们以竹器副业收入维持家计，以副补歉。双河上竹器编织日渐普遍而兴旺。当时该地还流传着一句俗语，叫：“嫁郎不嫁双河郎，不过半夜不上床”，指当地人做竹器很忙，每天要做到深更半夜。

清嘉庆年间，因管理不善，双河两岸青翠竹园遭滥伐，加上常遭水浸，竹林由衰而竭，编织竹器的竹料遂从宜兴、安徽、浙江等山区采购。民国年间，双河吴兰轩、朱锦茂，会龙谈泉南、张顺根等人年年去昆山、黄庭、宜兴等地采竹，成为当地竹材的主要经营人。

解放后，竹器以集体生产为主。1958年成立竹器厂，生产筲箕、饭箩、土笪、畚箕、晒花笪、苗篮、煤箩、泥人箩、竹床、竹榻、筷笼等。“文化大革命”期间，个人竹器编织被作为“资本主义尾巴”而加以禁止。当地农民暗暗编成后半夜偷偷外出销售，常被路口关卡拦截而没收罚款。

改革开放后，竹器生产恢复，除集体生产外，个体发展也较快。仅双河村就有100多家农户从事编织竹器。品种除增加蒸笼、面筋箩、倒串篮、鱼篓、丛笼、蛳螺篮、茧篮等外，还增加了饭篮、花篮等出口产品。

第二十八编

杂记

惠山古镇 张波/摄

本编主要记载发生在北塘的现代、当代未见史载的重要史事、清康熙、乾隆到惠山史事，北塘的掌故旧闻、民俗等。

第一章 史事专记

第一节 抗战纪实

日寇侵华对无锡粮食业的摧残

抗战前，无锡的粮食业是各业之冠，也是全国四大米市之首。尤其是北塘，凭着大运河的地理优势，给无锡粮食业的发展创造了有利条件。粮食业的发展，也带动了北塘大街的繁荣，各地粮商云集北塘，粮船靠满两岸，呈现出一派繁荣景象，与粮食业同步发展的储栈业，已达到能储存300万石左右的能力，国内无出其右，分布在蓉湖庄、江尖、龙船浜、财神堂、大王庙以及东门和南门一带。粮食加工业快速发展，面粉厂、米厂、油厂等林立。酿造业亦多，小型磨坊、糖坊遍布全市。这些，就形成了依托米市的系统工业，每年将米麦、豆类杂粮等进一步加工，运销全国各地。

1937年7月7日，日本军国主义者对我国悍然进攻，在忍无可忍的情况下，我国人民奋起抗战。8.13上海之役是掀起全面抗战的序幕，无锡已是抗战的前沿，前线指挥部设在无锡，国民军高级将领冯玉祥等也驻守过无锡。由于战略地位重要，10月份起，即不断遭到敌机的轰炸，日机多次轰炸造成大火漫延，使无锡从火车站烧起，一直延伸到老北门。又从北大街烧到北塘大街，跨三里桥到吴桥。熊熊烈火，整整燃烧了一周，使全城的繁华地段，毁于一旦。逃避在四乡的老百姓，祗见城里火光冲天，映红了整个无锡城，损失惨重，无不痛心疾首。旷世未有的浩劫，令人发指！北塘房屋被毁，焦味薰人。

日军金山卫登陆，上海战事失利后，无锡在11月25日即沦陷，百姓四处逃难。到1938年初，回城的群众逐渐多了，慢慢地才在废墟上盖点棚棚，有的便做起粮食生意来。“民以食为天”，加上粮行的帐簿没有散失，隔河的仓库幸未被烧，原有存粮没有多大损失。于是，即以此作为资本，重操旧业。有实力的便盖起简易瓦房，一可营业，二可栖身，使北塘大街从原来三四米宽的街道，拓宽到十米左右，逐渐成市。

粮食业经此浩劫，元气大伤，特别经过战乱，交通受阻，各地粮源被切断，使城乡物资交流受到极大影响。后战事西移，各地来锡粮船才多了起来，无锡粮食销路随之大增。尤其是上海成了孤岛后，一切供应均依靠外地，粮食也靠无锡供给。日寇对粮食也极为重视，为了保其军粮供应，处处搜罗，并逐渐实行粮食统制，上海也属被禁运之列。那时国人为了生存，即进行粮食跑单帮的活动,他们冒着生命危险，有的乘火车，有的坐轮船，往返于锡沪之间。男的做了米背心，手里提着米袋，女的假装大肚子，将米袋缠在腰，还得肩背粮袋。就这样去赚点钱维持生活，尽管如此，有时还要遭到日寇的打骂和没收，有的用刺刀戳破女的假肚子，让米流得满地，戏弄妇女。一些伪军，则为虎作伥，收费敛钱，使得那些跑单帮的也走投无路，无利可图而自生自灭。这使上海粮食供应更困难，不得不靠进口暹罗米（即泰国米），作为补充。

一些不法粮商，想方设法为敌人收购军粮，在无锡就有“大丸”、“追田”等日商洋行，通过我市一些粮商大肆搜罗粮食，并以日本军部发下的紧俏日用品，如肥皂、火柴、香烟、纺织品等为诱饵，一面用低价收购粮食，一面又从中克扣以上物资，从中渔利。

日军发动太平洋战争后，军队调动频繁，对粮食的需求更紧，便在敌占区实行粮食全面统制，无锡成立了“米粮统制会”，大本营设在连元街，由李仲仁出任米统会会长，在苏州（那时是伪江苏省政府所在地），成立了“麦统会”，杨翰西的儿子杨乐三担任会长，辖管全省的麦统工作。凡是米粮、面粉外运均须办理手续，未经批准，一律不准进与出。粮食买卖完全由日寇控制，受到直接影响的即是粮行，生意一落千丈，而粮价却扶摇直上。粮食成了投机倒把的筹码，老百姓生活苦不堪言。

抗战八年中，无锡整个粮食业是萎缩的，粮食加工业，更不如战前，有的面粉厂被毁，如茂新一厂、广丰等厂，一时得不到恢复，由于外销不畅，已复工生产的也开工不足。堆栈存量也减少，有的堆栈将场地变成碾米厂或中型面粉厂，以维持生计。由于粮食业的情况不佳，也影响了整个商业的繁荣。各种损失无法统计。抗战胜利后才逐步恢复。(北塘文史资料第四辑，作者：吴伟勋)

时和沦陷时期简况

1937年，日本帝国主义大举侵略我国，是年冬，无锡沦陷，整个商业繁华之区焚烧殆尽。从城中的大市桥到老北门，从老北门至三里桥，成为一片废墟。地处北大街的时和绸庄，创办于清同治年间，在本邑颇有声誉，所有的房屋，生财家俱，均付之一炬。事先疏散到城乡各地的商品也大部份被抢、被偷。事后经过清点，损失惨重。侵略战争带来的深重灾难，令人难以忘怀。

时和受损情况 1、1925年建造的三间门面，三层洋式楼房被焚毁；2、1936年刚刚落成的后造五层楼房准备启用之时，全部焚毁；3、1931年建成的，在绸缎行业中首创的商业性广播电台，除少量能携走的器材外，其余机件均被毁：4、疏散至城乡各地的商品，大部被抢、被偷，按当时价格计算，全部库存商品约值法币28万元，损失约15万元左右，而所欠应付货款及私人存入款则为16万元之多，实际亏损约3万余元，因而使之一蹶不振。5、全店员工50余人，除少数留守在长安桥横街民宅、看护商品的人员外，大部份逃难至四乡或外县去了，这一支具有当家理财的经验，又有一定技能的人员散去了，这种损失就难以估计！

后来，为了维持生计于1938年春，在城中大市桥租屋营业，取名“同生”，为避免厂商索取原欠货款，未用原来“时和”牌号。同时，又在坛头弄开设“新生布店”，共有员工23人。半年后，略有节余，乃于1938年冬，在北大街原址废墟上重建假五层楼房一幢（实际三层），屋顶上特辟花园。1939年4月15日，时和绸庄重新复业。同时，撤销“同生”“新生”两个字号。

时和复业后，审时度势，根据当时情况，改变经营方法. 原来只做零售业务，因抗战后，上海的纺织工厂未遭破坏，纺织品亟需打开销路，但沪宁铁路又被日军占用，所有运输均改用卡车。当时商品运至无锡，沿途要经过许多关卡，障碍重重，无非是日伪捐税勒索。不久，在沪宁线旁如洛社、周泾巷的市民和农民，为了谋生，由上海装扮成回乡探亲的样子，肩背手提，运送各种物品，称之为“跑单帮”。货源积少成多，运抵无锡。当时抗战后方，又需要大量棉布，以供军需民用，无锡即成为棉布的集散地，并由此进行中转，北方津浦线上、陇海线上和本省宣、溧、句等地的客商，纷纷到无锡采购，将棉布运销后方。再者，日伪货币不断贬值，广大市民“重货轻币”把余资转向棉布，作为一种“筹码”，以求保值。由于上述几个因素，使得棉布经营情况起了不小的变化，时和亦兼营批发业务了！批发业务的比重并逐步增加，由原来的10%，上升到80%左右。

在内部管理方法上，也起着相应的变化。从1929年9月起，将原来的固定工资改为提奖和加奖办法，一是规定每月每人营业额若干，分成八个等级的奖金，计头奖6元，二等奖4元、三等奖3.5元、……八等奖1元，每月提出奖金96元。二是提取推销奖，定期排出呆滞冷背商品，布匹上系红布、绿布，出售一尺，可得二分或一分钱，这种业内人称“红绿标签奖”。实行后，呆滞商品销得快，平均每月提奖约70元左右，这种叫做“快刀斩乱麻法”，以加速资金周转。三是升工奖，因当时社会治安极度混乱，无锡的南北四城门，天亮并城门，傍晚关城门，城门一关，商店随之打烊。入夜，行人裹足，全城死寂。当时民间有句顺口溜讽刺说：“夕阳在山，牢门已关”，指太阳尚未落山，城门店门已经关了。商店老板们在城门关闭前，纷纷进城回家了。留住职工看店就采用“升钟点”加奖励办法。规定住店一夜可加3个钟点的工资，如果一个月住在店里，可加工资的30%。职工们多数带着被子，冒着风险，住宿店中。这种升工每月要多支出80-100元。

日伪统治者的残害 日伪军警宪特等，敲诈老百姓的手段，有硬，有软，有文，有武，花样百出，无所不用其极。我们在柜台上做生意，常常提心吊胆，那些日本宪兵队的翻译、伪警等都是碰不得的人。在柜台上剪了布料、绸缎、毛货，或在新装部里做了衣服，付款时打个七折八扣，就算“上上大吉”了。有的付给一张XX钱庄支票（当时私人可在银行、钱庄开个户头，领本支票簿），即使到期能兑付，但因物价不断上涨，吃亏也甚多。如碰到空头支票，兑不到款，连本贴落，更加倒霉了。以上情况，就叫“文唱”。

一次，来了三个人各挑选一条真丝大红被面，说是拿去送礼的，代为装好被面匣子，包扎停当后，向其收款时，其中一人竟掏出一支手枪说：“这支枪押一押吧！”营业员陪着笑脸说不行，该人操起手枪掷在样台玻璃上，“哐啷”一晌，玻璃敲得粉碎，还洋洋得意地说：“这块玻璃那能勿牢格”拿了被面，扬长而去。有的营业员还遭到拳打脚踢、吃耳光等皮肉之苦。这叫“武做”。

当时日伪各种杂旃牌部队多若牛毛，招收地痞流氓，领旅“派司”、挂个徽章，就招摇过市。他们利用婚、丧、喜、庆，发“红白帖子”，按电话簿子上工厂、商店的名称、地址，写好厂名、店名发帖子。发帖人的通讯处一般有两处，一处是XX部队，XX团，一处是XX旅馆xx号房间。说明这个人是某个部队的某人，借用旅馆房间，收取礼金。这一来，厂、店都得送礼，如若不送，必遭麻烦。因此，拿到帖子后，就花钱消灾。记得有一张帖子，颇为发噱，我印象很深，某人做“寿”，上写“花甲对折”荣庆。实际只有三十岁啊！此谓“软作”。

北大街的商店，曾数遭爆炸。其中，日新绸庄的样柜旁边，有一颗定时炸弹爆炸，一位职工浦君的一只耳朵被震聋，弹片嵌进大腿肉里。此人直至年老退休，耳朵仍是聋的，十分痛苦。还有懋纶绸庄的一把油布伞里也突然爆炸着火，财产略有损失。万大南货店柜台上的一只匣子里，竟出现一颗血淋淋的人头，令人惊骇不已！时和有次接到一封信，内称“忠义救国军”要索取呢料毛货制服，限期送到，如期勿送，玉石俱焚。由于同业中屡屡挨炸，该店只得送去呢料制服20套。又一次，来人买去三匹细布，嘱送到大洋桥轮船码头，言明货到取款，店方即着人送去，此人待货到手，拔出手枪威胁，送货老司务吓得掉头而回。这是“硬作”。

1943年，日伪以上海“商统会”名义，收买棉纱、棉布，大肆掠夺中国人民财富，企图在其太平洋战争遭到惨败后作垂死挣扎。上海受害首当其冲，日伪强行封存各纱厂、工厂、批发商、仓库、堆栈等。时和在上海仓库存有棉布2567匹也遭封存，后来全部被收购。表面上以黄金结付，但拿到后再去补货时，只能换回棉布的30%了，损失达到70%左右。消息传到无锡，这里的绸缎店也怕日伪在无锡来此一手。便将存货大量倾销，换取现金。此时物价如脱缰之马，犹如断线风筝一般，店家又遭到一大打击，弄得资金枯竭，只得依靠高利贷来维持经营，直到1945年9月日本无条件投降，才结束了这一苦难历程。（北塘文史资料第四辑，作者：胡寿康）

侵华日军制造的蔡巷惨案

蔡巷，是无锡北门外靠近沪宁铁路的一个小村。民国26年（1937年）12月14日下午三四点钟，3个日本兵骑着高头大马，背着三八枪，马的后面牵着用绳索反绑的10多个抗日青年，沿着铁路从社桥驻地来到蔡巷。当地的黄根兴老人回忆说，同年蔡巷在交通要道沪宁铁路的南面，有两排房子，约有20多间房，距铁路只有20多米。日军因怀疑中共地下党员要破坏铁路，所以对沿铁路的居民村实行杀光、抢光、烧光的“三光”政策。

听到风声的蔡巷居民中有10多户人家早在一星期前就逃避到钱桥、洛社去了，另有3名本要留村看家的老太正巧去邻村取过冬的棉被，所以当天不在村内。但是，之前逃难在外的朱家三兄弟却在这个当口带着一家老小21口人回到村里。朱家老小以为乡亲们逃难未回，就想先留在村里看看情况再说。村里还有一个叫阿梅的姑娘也在其时回娘家避难，还从邻村带来5个姑娘。3个日本兵一进村子，就开始挨家挨户地搜东西、烧房子。来不及逃走的27名村民被赶到场上，被日本兵用粗粗的大麻绳捆在一起。有几个年轻的村民想要挣脱麻绳，结果身上被日军用刺刀戳了好几刀，血流不止。就在那时，去邻村取棉被的3个老太已经走到村口，远远看见村里冒起火光，正想走上前看个明白，不料被日本兵发现。3个老太赶快躲避，正好附近有个坟墩，才没被发现。侥幸逃过一劫的老太们就在坟堆里见证了蔡巷的这一惨案。

日本兵把捆绑的村民和抓来的10多个青年一齐关在朱家的房屋内，然后在屋外堆放木柴垛，开始放火烧房子。不久，屋内一片火海中响起了惨叫声和哭闹声，还夹杂着“打倒日本帝国主义”的呼喊声。邻村有一孙老头，看到蔡巷冒出火焰，不知就里，急忙赶来救火，结果被日本兵捆起来推进火堆。由于绳子没有系牢，孙老头抓起一个粪桶往头上一套，趁日本兵不注意，逃出火海。

3个日本兵在蔡巷杀光、抢光、烧光之后扬长而去。蔡巷的大火烧了整整3天3夜，被烧毁20房屋多间，被烧死或熏死40多人，其中，朱家祖孙三代21人，从60多岁的老人到3岁的小孩无一幸免，惨遭灭门。（山北街道供稿）

在新四军联抗部队的回忆

1940年，新四军坚决执行中共中央关于“向南巩固，向东作战、向北发展”的战略方针，根据当时革命战争形势发展的需要，决定在苏北建立一支联合抗日的武装部队—番号为“联抗司令部”，明确指出联抗部队就是联合抗日的一支武装部队。该部队于1940年10月10日在苏北泰县曲塘镇（现为海安县曲塘镇）成立。新四军派了很多党政军领导骨干来联抗部队工作，司令员黄逸峰兼政委、副司令员李俊民、周至方，参谋长先后有贺敏学、邱玉全、吴光明等，政治部主任先后有张孤梅、彭柏山、顾复生等。曲塘镇地处敌人心脏，又是苏北地区的出入大门，周围驻有不少日伪顽和地方实力派。新四军命令联抗部队要想方设法保证做好统一战线工作，尽力将能争取的，统一到我们这边来共同抗日，对那些死心塌地的反动顽固派，则要狠狠地打击并歼灭他们。

联抗刚成立的时候，形势比较紧张，战斗情况也很艰巨复杂，我就是那时入伍的，先在连队当兵，也参加过一些战斗，后在联抗部队司令部任副官职务。那时部队移防频繁，在战斗中时有伤亡牺牲。联抗部队驻地周围，有敌对势力国民党税警团和保安第三旅，1941年至1943年之间，他们经常与我联抗部队发生战斗，和我在一起的仇纪荣、李顺兴两位同志，就是在与税警团和保安第三旅战斗中牺牲的。我曾去仇纪荣、李顺兴家中看望过。他们家住在扬州江都县宜陵镇北乡刘家草子，仇纪荣家有一童养媳未婚妻，李顺兴家中无人，他两人都是20几岁的小青年，英勇牺牲很令人怀念！

坚持统一战线 我在新四军联抗部队走过四年的艰苦历程。当时苏北战争形势比较紧张艰巨复杂，各方面条件很差。新四军苏北指挥部命令联抗司令部，要迅速开辟苏北地区敌后抗日民主根据地任务，是相当艰巨的。联抗领导根据当时的战争形势和敌人的实力及武器装备、分布情况等，认真进行了分析，在深刻了解敌情的基础上制定了对敌斗争的策略和方法，具体提出：发展进步势力，争取中间势力，孤立打击敌伪顽反动势力，即“灭敌，孤韩、联李”（简称三句话六个字）。所谓“灭敌”，就是要狠狠地打击日本鬼子和汪伪军（又称和平军两黄），所谓“孤韩”，就是要孤立国民党韩德勤反动顽固派，所谓“联李”，就是要联合李明扬和李长江一起抗日。

李明扬、李长江是鲁苏战区游击总指挥部的正副总指挥，指挥部驻在苏北泰州，有一定的实力。我军东进抗日，在渡江时，“两李”曾阻止我新四军东进，在江都南线和我新四军发生战斗，从江都县郭村一直打到泰州城西门，结果我新四军获胜，在战斗中缴获了他们不少武器弹药，又俘虏了他们几百名官兵。由于陈毅同志考虑争取策略，让他们认识我们新四军的威力和团结一致抗日的决心，不但没有继续追击他们，还把缴获来的枪炮与俘虏的几百名官兵都归还和遣送给他们。使“两李”当时对陈毅同志很钦佩，深受感动（但由于反动本性难改，后来起了变化，李长江投降日本人了）。

新四军东进抗日时，陈毅同志是苏北指挥部的总指挥，指挥部设在海安镇（现为海安县所在地）。正好那时海安有一知名人士叫韩国钧，又名韩紫石，他在海安和苏北一带上层知名人士中很有声望。因他出生在海安，家庭是商人兼地主，他在光绪年间曾中举，先后任过知县、吉林民政司长、江苏省民政长、安徽省督军、江苏省省长等职，后来退隐故里，居乡问政，颇有声望。抗日战争爆发，他也赞成停止内战、团结一致抗日的主张。在共产党的领导和影响下，他奔走呼吁国共合作，制止反共摩擦，支持新四军东进抗日。在新四军东进抗日初期，新四军苏北指挥部以及陈毅同志进驻海安时，陈毅同志去看望过他，以后又住进韩国钧家的后花园。陈毅同志和他朝夕相处，一起饮酒论文，议论战争形势、国家大事、前途命运、人民生活切身利益、我们共产党的方针政策和新四军团结一切力量抗日的主张等问题，陈毅同志对他做了大量的统一战线和党的方针政策的宣传教育工作，使韩国钧深受启发和教育，由此他开始提高了思想，认识到当时苏北战争紧张形势，不利于国家和人民，深感共产党是以广大人民群众利益为重的，认识到团结一致抗日主张的重要意义，认为共产党的方针政策确实是深入人心的。从此，他由倾向于国民党转而为赞同共产党，他的思想和态度有了一定的提高和转变，影响了苏北一批上层人士的思想认识。后来他逐步公开表示拥护我们共产党的方针政策，拥护在共产党领导下团结一致抗日的主张，帮助我们做了很多统战工作。

打击日伪和顽固反共势力 当时，苏北有国民党反动的顽固派韩德勤，是国民党24集团军总司令、江苏省省长，又是省保安司令，他有主力部队八十九军李守维，有保安独立第六旅翁达，还有两个师、十个保安旅。他很反动，在苏北称王称霸，妄想消灭我共产党和新四军，韩国钧曾做过他的工作，但终因其反动本质难改而未成。韩德勤不打鬼子，专门反共欺压人民，苏北广大人民群众对他恨之入骨。苏北人民群众经常唱的一只歌谣，内容大体是："天上有个扫帚星，苏北有个韩德勤，手下自养十万兵呀，专门欺侮老百姓呀，多少鬼子不去打，反共磨擦是专家，封锁粮食发洋财呀，准备投降也是他呀"。他是国民党的骨干，蒋介石和顾祝同对他很信任。

还有保安第三旅张星炳，他盘踞在东台、兴化、泰县三县的交界地区，由于盘踞的时间较长，经常下乡抢老百姓东西，粮食、家俱、衣物，日用品等，什么都要。又吸毒嫖娼，无恶不作，他盘踞一方，称王称霸，是地地道道的反动武装，老百姓对他恨之入骨，都称张星炳为"三舅爹"，又称"三王爷"。他们对老百姓不满意时，就给戴上"通共"的大帽子，甚至关押处罚，群众敢怒不敢言。他和税警团共同反对我们共产党新四军，特别妄图消灭我联抗部队，经常与我们发生摩擦。

由于新四军在苏北地区的壮大，对日伪顽固势力的打出及战争形势的变化，整个局势逐步好转。1944年秋，联抗部队番号奉命撤销。当时我任联抗部队司令部副官职务，也就随黄逸峰司令员和部分参谋人员及其他同志一起调到新四军六师十八旅司令部工作，战斗在苏北江都、高邮、宝应地区。后来又参加了兴化、高邮、宝应及其他战斗，其中兴化战斗最为艰苦。兴化地处水网地带，一切行动离不开船只，当时兴化驻有汪伪军二十二师刘湘图，战斗从1945年7月24日开始至28日结束，全歼敌人共6000余人，接着又先后解放了宝应、高邮，战斗中我军也伤亡了千人以上。

我所知道的联抗部队有关往事，是1944年秋撤销前的一些情况，因时隔较久，肯定会有不少遗漏之处，请在联抗工作过的老同志予以指正。

（北塘文史资料第四辑，作者：韩培庆。韩培庆同志于1965年9月～1981年5月曾任中共北塘区委副书记、代书记等职）。

第二节 1991年北塘抗洪抢险

1991年，无锡市气候异常，6～8月期间连降暴雨，雨量大，降雨集中。据无锡市水文记载，降水量为常年4～5倍，南门水位最高时达4.88米，超过历史最高水位15～20厘米，无锡遭受百年未遇特大洪灾。北塘区在无锡城区中地势低，多低洼地区，北塘地区民居、商铺、工厂、仓库多沿河而建，南尖、江尖、预康里等地区在河道包围之中。洪水来袭，北塘地区民居、工矿企事业单位险情频发。

面对特大洪涝灾害，市、区领导高度重视。成立北塘大联圩抗洪救灾指挥部，由市、区领导任总指挥、副总指挥，提出“死守联圩，保卫无锡”的部署和要求。市把出现多处险工险段长达18公里的北塘大联圩作为抗洪抢险重点，市委书记、市长及其他市领导多次冒雨到现场察看灾情，指挥部署救灾工作。区四套班子带领机关干部、企业职工奔赴抗洪一线，沿河地段日夜巡查，固堤排水，转移遇险群众。驻地部队及时出动，全力投入抗洪救灾，辖区市属企业事业单位在市、区统一部署下大力配合，形成合力。区民政、卫生等部门积极开展救灾募捐，做好民政重点对象救助物资、资金发放和灾害防病防疫等工作。

据统计，洪灾造成主要灾情：居民总进水15511户，转移疏散安置3693户，8360人。进水单位80家，停产半停产单位65家，其中23个重点单位进水，危房272间，倒塌房屋29间，区街企业直接经济损失613万多元。抗洪救灾过程中，共抢救险工险段70处，计5358米，围堵渗漏缺口298处，拆除影响防洪堤加固的沿河亭棚157间，加固危房86间，投入草包、麻袋、编织袋10.6万只，出动车辆5082车次，架设临时泵站266台。全区参加抗洪单位509家，组织抢险、巡逻值班等1.6万人（次）。直接耗用各种救灾物资183.84万元。

到8月中旬，北塘区抗洪救灾工作取得胜利，中共中央政治局委员、国家救灾防病领导小组组长李铁映到北塘区基层社区视察指导。区7家单位、20多名个人获市抗洪救灾先进表彰，同年，北塘区防汛指挥部获建设部表彰。

附：1991年北塘区抗洪救灾工作纪事

5月30日，北塘区召开防汛指挥部成员会议。会议通报市政府对同年梅雨期间汛情的预测，听取北塘联圩管理所的专题汇报。

6月1日，区召开1991年度防汛工作会议。会议总结1990年防汛工作，通报同年的汛情，区政府与各街道办事处签订1991年防汛工作责任状，进一步强化条块结合为主的防汛体制。

6月7日~11日，区防汛指挥部组织有关部门对所辖的8个街道防汛措施落实情况进行检查。

6月13日，全市连续下雨。至上午10时，市南门水位达3.82米，全区沿河地段水位相当一部分高于路面。至下午，全区163户居民家中进水，顾桥豫康路等地段出现险情，区委、区政府立即召开防汛紧急会议，部署防汛措施。

6月14日，区委为充实防汛第一线力量，决定由区五套班子领导带队，配以区机关有关部门负责人，组织近百名机关干部奔赴抗洪第一线抢险。

图28-1 组织近百名机关干部奔赴抗洪第一线抢险（1991年）（区史志办供稿）

6月15日凌晨2点，对险工地段豫康路连夜组织基干民兵、区房管抢险队进行加固。

6月16日上午，市委书记刘济民、副市长薛成志视察北塘区顾桥豫康里地段防汛情况；下午，区防汛指挥部就吴桥东、西路沿河停泊船只碰撞挡水墙之事，召开由市交通局、市公安局负责人参加的协调会，要求船尾抛锚船头靠拢；另组织由吴桥街道牵头的水上、岸上昼夜值班巡逻队。

6月17日上午，市长王宏民、副市长薛成志、秘书长范燕青、市防汛办副主任赵龙顺一行视察北塘区南尖、吴桥西路、豫康路等险工险段，研究彻底解决问题的方法。

截至6月17日，全区进水户329户，新增危房45间，有两处房屋不同程度坍塌。

6月22日，市规划局、市防汛办到北塘区对防汛设施情况进行调查。是日区委、区政府召开防汛工作会议，总结6月13日以后全区灾情，确保认真贯彻市委提出的“三保”“三抗”要求。

7月2日，下午南门水位4.88米，北门水位5.10米。全区1.1万多户居民家中进水（0.4~1.1米）。盛岸、惠龙大部分新村被水围困，西新、北大街、北塘、顾桥、吴桥、惠山沿河驳岸、挡水墙严重渗水，出现水泵告急、草包告急、取土告急、危房告急的现象。下午，区委、区政府召开紧急会议，研究分析当时紧急情况，明确提出抗洪救灾是当前压倒一切的任务，要求加高加固挡水墙，同时要确保无人员伤亡。晚上11时，区委、区政府、区防汛指挥部召开各防汛分指挥部负责人会议，传达市防汛紧急会议精神，研究制定区抗洪救灾的预案。

7月3日凌晨，顾桥豫康路出现重大险情，河水溢过挡水墙，经辖区企业、街道、基干民兵奋力排险，保住了挡水墙。

7月4日，市委、市政府把北塘联圩确定为全市城区防汛抗灾的战略重点，成立由市人大常委会主任吴钊、副市长吴经起、市委组织部部长王家骏、北塘区区长邵国振、郊区区委副书记于顺源组成的总指挥部，全力保卫北塘联圩安全。

7月6日，区防汛指挥部命令：全区防洪墙进一步加固及加高，统一达到5.5米标准。是日，副市长张怀西等到江尖视察，对防汛排涝消毒防疫工作提出要求。区最大水泵——26英寸泵在市三棉厂、印染厂及交通部门等单位的大力协助下，架设在江尖泵站。全区开展每个市民捐献“三袋”（草袋、麻袋、布袋）活动。

7月7日，区卫生局全面部署消毒防疫工作，发放漂白粉800公斤。

7月8日，市委副书记缪根宝视察北塘区受灾最严重的江尖地区。晚上，市长王宏民到区检查抗洪救灾工作。

7月10日上午，北塘联圩防汛总指挥、市人大主任吴钊、副总指挥、组织部部长王家骏、副市长吴经起等领导现场办公。指挥部作出3天内拆除吴桥东路亭棚的决定。

7月13日下午，北塘联圩总指挥部召开各有关单位负责人会议，明确防汛责任抢险单位，并要求做到“抢险领导、人员、车辆、工具、物资”五个到位。是日，吴桥东路沿岸157只亭棚全部拆除。

7月14日凌晨，市长王宏民视察区三里桥段、吴桥西路、顾桥豫康里段挡水墙。

7月15日下午，市委书记刘济民到惠山街道辖区内红旗造船厂参加防汛抗灾现场会。

7月17日晚上，区政府、区防汛指挥部对辖区各骨干抢险队伍的带班领导、人员车辆、工具、物资、集中住宿地和通讯联络保障等落实情况进行检查。

8月6日上午，区四套班子领导及有关部门负责人分三路向民政优抚对象发放救灾款3万多元，其中地区民政优抚对象117户（孤老32户），发放救灾款11390元；街道残疾福利工厂进水受灾职工2206户，发放救灾款1.2万元；进水敬老院4家，发放救灾款1万元。

8月7日，无锡地区又降大暴雨，全区又有近千户居民家中进水，其中，黄巷新村灾情较为严重。下午，区政府召开会议部署洪涝后的防疫工作。

8月9日，区政府召开区长常务会议，决定在全区范围内开展“为受重灾的贫困地区家园定向募捐”活动。

8月10日，区防汛指挥部召开全体成员会议，会议通报前阶段防洪抗洪工作，并对下阶段全区防洪工作作出布置。

8月15日，区政府、区防汛指挥部召开“北塘区防汛抗洪初战告捷总结表彰大会”。会上对抗洪斗争中成绩突出的5个标兵单位、40个先进单位、45个先进集体和190名先进个人予以通报表彰，并对150名积极分子予以通报表扬。

8月17日，盛岸街道红十字会举办“爱的奉献”赈灾义演大会。盛岸地区的工厂、部队、街道、居委等400多人参加义演大会，共收到捐款10300.62元、粮票4641公斤。

8月19日，区接收救灾捐赠办公室收到定向募捐款38043.56元、粮票25499.8

公斤。

8月20日上午，中共中央政治局委员、国务委员、国家救灾防病领导小组组长李铁映在市委书记刘济民、市长王宏民陪同下，到北塘区惠龙街道卫生所视察，并详细询问灾后有关防疫工作情况。

8月23日，市政府第12次常务会议决定：拆除北塘大街沿河房屋，对低洼地段实施改造，并决定由市人大常委会主任吴钊、市政府副秘书长张觉明、市建委副主任范建新组成协调工作小组。

8月29日，区人大召开十二届十一次会议，会议听取和审议副区长朱盘生“关于抗洪救灾恢复生产的报告”。

9月24日，市委、市政府召开防汛抗洪表彰大会，北塘区防汛办公室、吴桥街办、顾桥街办、市政工程队、北塘公安分局、华能无锡电热器材厂等7家先进集体和20多名先进个人受到表彰。

图28-2 1991年7月上旬，受洪灾严重的无锡电度表厂积水各部排出后即恢复生产，做到大灾之年不减产（顾祚维/摄）

第二章 康熙 乾隆到惠山

从康熙二十三年（1684年）至乾隆四十九年（1784年）的100年间，清代康熙、乾隆皇帝分别举行六次南巡。康熙帝南巡曾十二次到（或经过）无锡，八次到惠山；乾隆帝南巡曾十二次到无锡，十一次到惠山。

第一节 康熙帝到惠山

清圣祖爱新觉罗·玄烨（康熙帝）从康熙二十三年至康熙四十六年，共举行六次南巡，往返十二次到（或经过）无锡，八次游惠山。

第一次南巡：

康熙第一次南巡在无锡的行程是：康熙二十三年十月二十三日，从仪真江口渡江，至镇江驻跸。二十四日自镇江启行往苏州府。二十五日（丁巳），御舟经过无锡县，未停靠。

十月二十七日，从苏州回銮，御舟驻跸无锡县南门。二十八日，到惠山（第一次）。康熙《南巡笔记》的记载是："二十八日……舟过无锡县，游锡山，观惠泉、石甃、八角池，水色渟泓，味较玉泉远不相及，不知前人何以称之为第二泉。"是日离开无锡，御舟驻跸丹阳县南门。

第二次南巡：

康熙第二次南巡在无锡的行程是：康熙二十八年二月初二日（庚子）晚，康熙御舟驻跸无锡县放生池（慈云寺）。是日，降谕旨："无锡县降级调用知县徐永言，百姓奏称其善。问之巡抚洪之杰，亦云居官素优。着带所降之级留任。"二月三日早晨，到寄畅园、惠泉（第二次）。寄畅园中有古樟一株，康熙问秦松龄："汝家老樟树无恙否？"又问："此树几何年？"秦松龄答道："此园在臣家二百年，在前原有此树，不知其年也。"当日离开无锡，驻跸苏州城。

二月二十二日，康熙从杭州、苏州回銮途中，是日夜间御舟驻跸无锡县放生池。二十三日（辛酉），到惠山，游览寄畅园、天下第二泉（第三次），御书"品泉"二字，命前谕德秦松龄刻匾泉上，而以墨本赐之。

二巡在无锡赋诗《雨过锡山》、《雨中幸锡山园林》、《惠泉》、《无锡小民以羔羊惠酒争献御舟，笑而遣之》。

第三次南巡：

康熙第三次南巡在无锡的行程是：康熙三十八年三月十三日（壬午），御舟泊无锡县。

四月七日（丙午），从杭州、苏州回銮途中，是日，康熙到惠山（第四次）。赐原任左春坊秦松龄“松风水月”四大字、“山色溪光”四大字；赐放生池和尚御书“慈云寺”三大字，小金山和尚“兰若”二大字。

第三次南巡，康熙有《回銮复过惠山》御制诗。

第四次南巡：

康熙第四次南巡在无锡的行程是：康熙四十二年二月十日，御舟过常州，经过无锡到苏州府。

二月二十三日，从杭州、苏州回銮途中，是日，御舟泊浒墅关。二十四日到惠山。游寄畅园（第五次），秦松龄、秦松期等接驾。康熙问：“子侄中可有学问好者，可举一人进内办事。”秦松期奏道：“臣侄儿道然去得。”康熙点头答应，即命随驾至京师。秦道然为秦松龄之长子。

四巡在无锡期间，康熙赋《船泊无锡》诗。

第五次南巡：

康熙第五次南巡在无锡的行程是：康熙四十四年三月十六日（庚戌），御舟从无锡经过，泊浒墅关。

四月十八日，从杭州、苏州回銮途中，是日，御舟泊无锡窑头村。四月十九日（壬午），到惠山游览（第六次）。赋《无锡惠山之作》诗1。

第六次南巡：

康熙第六次南巡在无锡的行程是：康熙四十六年三月十五日（戊辰），御舟到无锡，游惠山、寄畅园（第七次）。是日，御舟泊无锡县。

四月二十一日（癸卯），从杭州、苏州回銮途中，是日，康熙游览惠山、寄畅园（第八次）。御书“明月松间照，清泉石上流”联赐秦松龄。

第二节 乾隆帝到惠山

清高宗爱新觉罗·弘历（乾隆帝）从乾隆十六年（1751年）至乾隆四十九年（1784年），共举行六次南巡，往返十二次到无锡，除第六次南巡回銮未至惠山之外，共十一次游惠山。

第一次南巡：

乾隆第一次南巡从京城南下在无锡的行程是：乾隆十六年二月十九日（丁亥），

乾隆御舟安福舻驻跸迎龙桥（属无锡县，在黄埠墩以北16里）。二十日（戊子）早晨，乾隆皇帝一行从迎龙桥乘舟南下，皇太后、皇帝、皇后、嫔妃、随驾大臣、太监宫女、护卫兵丁、杂役等共有3000余人，分乘四五百只船，船队绵延百余里，浩浩荡荡，从新开河换乘轻舟，来到惠山，御舟在码头停靠。乾隆上岸后乘肩舆到秦园（寄畅园），随驾大臣汪由敦及两江总督黄廷桂前导。秦氏族人24人由秦孝然带领，在门口跪拜迎接。其中60岁以上的老人9人，有官职的惟秦莘田一人。乾隆向秦莘田询问九老的姓名、年龄，秦莘田一一奏对。乾隆在园里游览了一圈，用过尚食监送来的御膳，稍事休息，赋《寄畅园》诗一首。由汪由敦持出，令秦氏诸人和，无人应（皇帝离开后九老皆有和诗）。传无锡知县王镐进见，赐点心。

复乘肩舆至惠山寺，寺僧跪接。乾隆至佛殿行一跪三拜礼。赐惠山寺匾“法乳流慈”；赐联“九龙云连吉光开佛相 二泉玉泻禅味得真知”。与住持成莹交谈，成莹在雍正年间在圆明园内参禅。

复乘肩舆至二泉，于漪澜堂少坐，观泉毕，至旧皇亭。

再至锡山，于望湖亭、小武当少坐。

游览毕，下，回河塘登舟，返北塘，游黄埠墩、放生池。

遂乘马由北塘入城，无仪卫，惟随从百余骑，皇帝穿着黄色的雨衣雨帽。居民皆跪接，肃无人声。至南接官亭（日晖桥堍）登舟，前往苏州府。

皇太后、皇后、诸妃嫔，分乘八顶暖轿，在四名骑马女侍卫的前导下，亦先至秦园，次至惠山寺佛殿，拜毕，皇太后置三方绢帕于佛案。遂至泉上。因天雨，未至锡山，遂回河塘登舟。

乾隆一巡回銮在无锡的行程是：

乾隆十六年三月十九日（丙辰），乾隆从苏州府行宫启跸，御舟午刻至北望亭（无锡南营盘），在营盘较射。是日御舟驻跸北望亭。

三月二十日（丁巳），御舟至南塘，未入城，驾小舟，上午抵惠山。在寺塘泾上岸后至周敦颐祠，周氏后人周汝远在祠门口接驾。

复至秦园，秦氏乞御书前赐诗（《寄畅园》），乾隆以为复乞诗，又赋五言诗一首（《再题寄畅园》）。

出，复至惠山寺、漪澜堂、二泉，在惠泉、听松庵赋诗。

又回秦园，御书五言诗赐秦氏。

御舟回北塘黄埠墩，启行，过迎龙桥（北营盘）未停，直至武进县叶家村。

第二次南巡：

乾隆二巡南下时在锡行程是：乾隆二十二年（1757年）二月十六日（戊寅）到无锡县界，御舟驻跸迎龙桥。二月十七日（己卯），遣官祭周泰伯祠、先贤言子祠、宋臣范仲淹祠、韩世忠祠，并故巡抚汤斌、张伯行、总河陈鹏年祠。上午在双河换舟，至新开河码头登舟。辰刻，轻舟至寺塘泾，上岸后至周敦颐祠，周氏后人周汝远在祠门外迎驾，进呈周敦颐小像，叩赐祠额。随后游寄畅园、游惠山，赋《黄埠墩》、《游寄畅园题句》、《介如峰》等诗。随驾大臣、无锡人秦蕙田有《恭和御制介如峰图诗原韵》、《恭和御制游寄畅园题句原韵》、《圣驾幸寄畅园纪恩诗四首》诗。

乾隆二巡回銮在无锡的行程是：乾隆二十二年三月十一日（壬寅），御舟驻跸北望亭。三月十二日（癸卯），乾隆御舟在黄埠墩停泊，乾隆上黄埠墩，登阁游览。然后换乘轻舟，从寺塘泾到惠山。在惠山游览的路线是：寄畅园→惠山寺→二泉→漪澜堂→若冰洞→听松庵（竹炉山房）→启驾离开惠山。

乾隆此次在听松庵（竹炉山房）《竹炉图咏》卷上题诗《惠山寺，叠旧作韵》、《题漪澜堂》、《若冰洞》。题诗后，乾隆结束游览，离开惠山，策骑而去。

第三次南巡：

乾隆三巡南下在无锡行程是：乾隆二十七年（1762年）二月十九日（癸未），乾隆帝御舟驻跸常州政成桥大营。二十日（甲申）清晨，御舟行至无锡。天刚拂晓，乾隆的安福舻等船已抵锡。御舟先在黄埠墩停靠，乾隆一行换乘轻舟，从寺塘泾到惠山。上岸后入寄畅园、到惠山寺，然后到听松庵品茶，观赏竹炉图卷，题诗。再到二泉，临惠泉山房。当天，乾隆曾到惠山钱王祠。下午乘舟离开惠山，驻跸于十里亭大营。

乾隆三巡回銮在无锡行程是：乾隆二十七年三月十八日（辛亥），御舟驻跸十里亭。十九日（壬子）上午，天雨。乾隆一行冒雨在黄埠墩换乘轻舟至惠山，游寄畅园、惠山寺、听松庵、二泉、漪澜堂、若冰洞等处。然后从原路返回，当日下午离开惠山，御舟驻跸于常州政成桥大营。

第四次南巡：

乾隆四巡南下在无锡的行程是：乾隆三十年（1765年）二月二十四日（庚子），乾隆御舟从常州政成桥出发，至无锡双河，乾隆换乘轻舟至惠山。乾隆上岸后，到寄畅园、惠山寺、二泉、若冰洞游览，然后到听松庵饮茶、题诗。题诗毕，启驾离惠山。离开惠山，乾隆骑马至北塘，进无锡城，过大市桥，出南门，到日晖桥御码头登轻舟，前往十里亭水营。当晚驻跸于十里亭大营。二月二十五日，乾隆离开十里亭，前往苏州。

乾隆四巡回銮在无锡的行程是：乾隆三十年闰二月二十八日（癸酉）御舟驻跸十里亭。闰二月二十九日（甲戌）到惠山。乾隆在惠山作《游寄畅园，叠旧作韵》等御制诗。其游览路线是：寄畅园→惠山寺→听松庵→漪澜堂→若冰洞→回銮。

乾隆在寄畅园“书堂”曾作小憩。书堂指卧云堂。康熙南巡时也曾在卧云堂休憩过。

闰二月二十九日离锡，是日，御舟驻跸常州政成桥。

第五次南巡：

乾隆五巡南下在无锡的行程是：乾隆四十五年（1780年）二月二十一日（庚午），御舟驻跸常州政成桥。二月二十二日（辛未）上午，乾隆御舟到黄埠墩，从黄埠墩换乘轻舟，沿寺塘泾至惠山。在惠山，游寄畅园、惠山寺、二泉。因竹炉图卷在不久前烧毁，乾隆亲自在听松庵补画竹炉图卷首图、作诗，然后启驾离开。当日，御舟驻跸十里亭。二十三日（壬申），御舟离开十里亭，到苏州府行宫驻跸。

乾隆五巡回銮在无锡的行程是：乾隆四十五年三月十九日（戊戌），御舟驻跸十里亭。三月二十日（己亥），乾隆到惠山，游览路线是：寄畅园→听松庵→二泉→漪澜堂→若冰洞→回銮。

三月二十日离锡，是日，御舟驻跸政成桥。

第六次南巡：

乾隆六巡南下在无锡的行程是：乾隆四十九年（1784年）三月初五日（庚寅），乾隆御舟从常州政成桥大营驶抵无锡，乾隆乘轻舟至惠山。游览路线是：寄畅园→惠山寺→二泉→竹炉山房。在竹炉山房题诗完毕，离开惠山，骑马过无锡县城，到南门外日晖桥御码头乘轻舟至十里亭水营驻跸。三月初六日（辛卯），御舟离开十里亭，抵苏州府。

乾隆六巡回銮在无锡的行程是：乾隆四十九年闰三月初一日（丙辰），御舟驻跸十里亭大营。闰三月初二日（丁巳），御舟在黄埠墩停泊，乾隆到慈云寺（放生池）拈香拜佛，未至惠山。在无锡赋《舟过无锡城》《戏题放生池三首》等诗。

第三章 掌故旧闻

第一节 地名掌故

先有后祁慢有北塘

旧时后祁街、北塘大街一带流传着“先有后祁，慢有北塘”的老话，说的是后祁街成为街坊的历史要比北塘早。

无锡塘河虽古已有之，但北塘沿岸原是一片芦苇塘，一直延续到三里桥、长安桥一带，直到鸦片战争前，这里还有不少芦苇塘和菜园田。后祁街约在宋代就已形成，古称“后祁里”。虽然宋元时，后祁只是称村（属天授乡），但当时只有城内才称街坊，城外即为村，但“北塘为芦苇塘，后祁里有街”的说法相沿至今。后祁村在宋元时范围较广，大致相当于现在南到运河，西、北至通惠路，东到莲蓉桥的区域。后祁街的形成与发展跟这里先后建有不少寺院道观有关。后祁村地区西有增福庵、大王庙，中有蓬莱阁、元升道院，东有璇玑道院。其中元升道院规模最大，有5048间房屋。当初正街十分狭窄，位置相当于现在的后祁后街之处。

清代，后祁街的景致吸引了南巡的乾隆皇帝。他的御舟在黄埠墩停泊后，在北塘沿河上岸，经青石路、后祁街，进无锡城。为迎接乾隆皇帝，无锡官员特地从青石路到大王庙一段铺人字形砖路，称御道，旁为石片路。自乾隆经此地后，原后祁正街后街，房屋前门改为后门，另开前门为正门，形成后来的后祁街。

清道光、咸丰年间，北塘商市已渐举起。太平天国战争后，米市先设在北闸口树巷，不久移到北塘，形成三里桥、北塘等段的米市。这里成为无锡商业最繁荣的地区。而随之产生的脚班（搬运工人）、缝袋工人就近聚居在后祁街，其屋大多为平屋。

江尖渚上团团转

旧时，无锡有“江尖渚上团团转”的俗语，形容道路曲折难寻，有如迷宫。

江尖渚地处北门外的古运河中，河水由北向南，到此分道，一支流向莲蓉桥、通汇桥，另一支流向西门桥、太保墩，两支在跨塘桥汇合。古代芙蓉湖烟波浩渺，面积很大，与北门外的运河相连，江尖渚即芙蓉湖中的一小岛，古称芙蓉尖、蓉湖尖。明代周忱治理芙蓉湖，水势缩小，芙蓉尖面积扩大，岛上居民增多。清代，渚上开设大批陶器店，到处堆缸甏，百姓称此地为“缸尖渚”，亦作江尖渚，简称江尖，因无锡话“缸”“江”同音。

江尖渚上团团转的故事，有两种传说：其一：相传从前有一位孝子到江尖渚寻找母亲，他一路走，一路喊，团团而转。民国35年（1946年），长沙人周贻白到无锡旅游，就此事写过一首《竹枝词》：“隔水喊娘娘不应，缸尖渚上四无凭。劝君莫笑团团转，孝子寻亲血泪凝。”其二：从前，有个叫陈义兴的缸甏铺小老板，因赌博而输掉了家产，只身避到宜兴打工。他的老婆孩子苦苦挣扎，孩子长大后重整家业，在江尖渚建造新房。20年后，陈义兴从宜兴回来寻亲，在江尖渚上走了几圈，已找不到原来的房屋，一小孩嘲笑他在“江尖渚上团团转”。后来才知道，这孩童是他的孙子，一家人重新团聚，重振家业。

江尖由于四周环水，与陆地隔绝，出入全靠摆渡。解放后，还有横浜口、财神堂、丁垰里、大码头弄和陆右丰、汪义源糟坊前多处渡口。到了渚上，如果没有摆渡钱，就很难出得去。历史上，民间有“身无三千，不上江尖”之说。1953年，经群众提议，在东面建普建桥，为木桥，与横浜沟通，可入市区。1961年，桥址往北迁移数十米，建钢筋混凝土拱桥。保留丁垰里渡口，可去西门外地区。1996年，始建江尖大桥。

黄埠墩摆渡——一脚去

旧时，无锡有“黄埠墩摆渡——一脚去”的歇后语，意思是倒霉、完蛋。

黄埠墩，地处古芙蓉湖中，惠山寺塘泾出口处，旧名小金山。墩小而圆，面积220平方米，四周是石砌驳岸。北为双河口，南为江尖渚。相传春秋时，吴王夫差伐齐，曾浚治芙蓉湖。战国时，楚国春申君黄歇封于江东，以故吴墟为都邑，也曾疏浚过芙蓉湖，黄埠墩是治理芙蓉湖过程中留下的一个小岛，因黄歇而得名。

由于黄埠墩是一个小岛，四面环水，所以出入都要摆渡。黄埠墩与黄歇有关，人们便联想到了“一脚去”即一去不回。原来，黄歇虽贵为令尹，位极人臣，却信任一名佞人，名叫李园，此人能说会道，长于见风使舵，是一个怀有极大野心之人。他见楚考烈王无子，便将自己颇有姿色的妹子女环（李嫣）送给黄歇，女环怀孕后，李园又让女环说服黄歇将她献给楚考烈王，说是生下儿子继承王位后，黄歇就是楚王的生身父亲，将来就不用担心自己的权位不巩固了。黄歇信以为真，中了他们的圈套。当时黄歇的谋士曾提醒黄歇要提防李园，早作打算，但黄歇认为李园是个老实听话之人，不必担心。考烈王死后，李园为了扫除障碍，便发动政变，杀死黄歇，自己以“国舅”的身份独揽大权。可怜黄歇一代名相，只因一念之差，误信小人之言，竟至身败名裂。

第二节 旧闻轶事

文天祥三上黄埠墩

黄埠墩在古运河北塘段河心，是一个四面临水的小岛。南宋民族英雄文天祥曾三上黄埠墩。

文天祥第一次上黄埠墩是偕弟文璧赴京城临安应考，兄弟两人乘船从古运河南下，路经此地。

兄弟俩在墩上转了一圈，跨进墩上一座寺院，文天祥恭敬地问一位和尚："请问高僧，此墩何名？"老和尚双手合十，缓缓回答："四周波浪滚滚，名小金山；黄歇在此治湖，称黄埠墩。"文天祥回告和尚："四周波浪滚滚，无妨降龙伏妖；黄歇在此治湖，岂知后来无人？"和尚连连点头，说："善哉，善哉，施主极有造化！"说罢，双手合什，转身要走。文天祥抢前半步，低声问和尚："请高僧赐告法号，他日重谒宝刹，当再讨教。"老和尚微微一笑，说："后会有期，当与施主欢聚；后会无期，千古江河不废。"话声未落，已走进佛殿。文璧见此，便问兄长："和尚此语，莫非禅语？"文天祥回道："并非禅语，此乃忧国忧民之语！高僧洞悉时势，实寄厚望于吾辈，共赴国难，徐图中兴，方有欢聚后会之期。"

文天祥进京考试后，得中状元。

文天祥第二次上黄埠墩，是乘坐战舰调遣三员部将去救援常州，亲自赶到无锡面授军机。

当时，文天祥是平江（苏州）知府。元军统帅伯颜率数十万大军杀向江南，常州陷落，无锡危在旦夕。在紧急关头，宜兴人姚訔和无锡人陈炤挺身而出，募得义军二万，奔袭常州，杀败元军，克复常州。元军调集精兵二十万，围攻常州，常州危急。姚訔命儿子姚让与周氏五兄弟一起携带血书杀出重围，急驰平江求援。文天祥得报，立即调遣部将麻士龙、尹玉、朱华，率领八千精兵，组成三支援军，火速赶赴无锡芙蓉湖待命，文天祥随后赶去，商议救援常州军事。

文天祥乘坐的战舰到达黄埠墩，三支援军的水军战船也已聚集小墩四周的芙蓉湖上。文天祥被接至墩上小寺院中，与麻、尹、朱三将密议了救援部署，然后下令出发。他亲后酙上三杯酒，向三将跪下，嘱托战事。朱华、麻士龙、尹玉分别立下誓言。文天祥送走三将后，想起寺院中的老和尚，一打听，知道和尚还健在，但已去外地化缘，文天祥只得赶返平江府去。这一次救援行动，因投降派从中阻挠破坏，未能取得成功，麻、尹战死疆场。

文天祥第三次上黄埠墩，是在囚船上被元押解北上途中路经此墩，在小墩上吃了一顿囚饭，并在墩畔住了一宿。文天祥被囚，是因元军包围临安，投降派主张投降，文天祥等主战派坚决反对投降。伯颜假意与宋廷谈判，宋廷派右丞相文天祥赴元营。谁知，伯颜不守信用，竟把文天祥扣留了，宋廷在投降派主导下，竟向元军屈膝投降。元军把文天祥押解北上。船到无锡，老百姓得到消息，都聚集在运河两岸，持香跪迎忠臣，两岸哭声一片。这一夜，文天祥在船中，想起自己的经历，想起牺牲在常州的麻、尹二将，心潮难平，吟成《过无锡》诗一首。

倪云林避难吃年糕

倪云林，名瓒，元代著名山水画家，无锡东亭长大厦人。无锡地区流传着不少有关他的故事。

元末战乱，莫天祐据守无锡，社会动荡不安。有一次，倪云林因避兵灾，曾带领一批乡亲逃到惠山。当时正值农历年末，他事先吩咐大家都备足年糕，当作干粮。他们逃到惠山，就躲避在隐蔽的山谷中，一连几天不生火不做饭，而以冷年糕充饥。由于山中不冒烟，乱兵和土匪难以发现，他们终于躲过了这场劫难。这就是民间流传的“倪云林避难吃年糕”的故事。

邹迪光写人杰地灵

惠山龙头下有一座“千人报德”牌坊，是明代湖广提学副使邹迪光的学生为他建造的。牌坊正面书“人傑地靈”，背面题“岩壑夔龍”。

邹迪光任湖广提学副使期间，慧眼识人，培养了上千名门生，这些人大多成才，通过科举考试选拔担任各级官员。邹迪光40岁被罢官时，这些门生感念师恩，馈赠大量钱财。邹迪光收受之后，用来建造惠山“愚公谷”，从此优游林下。

邹迪光书法造诣很高，当时人都愿意收藏他的墨宝。但他写字只为自娱自乐，写好之后，自己欣赏、评判一番，然后随手撕掉，绝不留下。

邹迪光退隐后，学生们商议着要为老师建造一座“千人报德坊”。他们把这一想法告诉老师，并请老师题额，邹迪光严词拒绝。

学生们知道老师不肯题词，平时又不留墨迹，于是想出一条计策。

几个月后，某地有两个门生来造访恩师，品茗闲谈时，一个门生说起，“人”最难写，笔划很难搭配，另一人连忙附和。邹迪光听后，自然技痒，站起来说，我写给你们看，当即写下一个“人”字。两个门生拍手称好。邹迪光要拿起来撕，一个门生连忙拦住说：“且慢。让学生拿回去临摹几天，到时定当奉还。”邹迪光便让他带走了。

又过了些时，另外一地的两个门生来拜访，他们随身带着一副对联：“江流天地外，山色有无中。”邹迪光看后，说“地”字有败笔，尾巴拖得太长太肥。有个学生说：“要是恩师来写，该如何写法？”邹迪光来了兴致，挥毫写了一个“地”字。那个学生说要带回去研习，邹迪光就答应了。

过了几个月，又有两个门生到邹迪光处，说起看见某地一个“傑”字，写得实在太好。邹迪光听后，也去写了一个“傑”字，问比那个字如何？一名学生说比那个字好，另一个说恐怕比不上。两人争起来，说要把这个字带去，直接比较一下。邹迪光想，反正我没有署名，就让他们带走吧。

后来，又有两个门生来访，两人为一个“靈”字的写法争执起来，邹迪光说：“你们两个都写得不对，正确的写法应该是这样——”说着就提笔开始写“靈”字。刚写了一半，忽然悟出，前头学生们拿去的人、傑、地字，加上这个靈，不就是他们求他写的牌坊题额“人傑地靈”吗？他发觉上当，立即停笔不写。幸亏一个学生眼疾手快，把那半个字收起来，否则准被他扯掉。

后来，门生们把邹迪光写的三个半字拼起来，又请人补写“靈”的下半个字；再请邹迪光的侄儿邹德基书写背面的“岩壑夔龙”。这样，“千人报德坊”终于造起来了。

卞玉京魂归锦树林

卞玉京，原名赛，又名赛赛，字云妆，自称玉京道人，生于明天启七年（1627），为秦淮名妓，与柳如是、李香君、顾眉、寇白门、董小宛、陈圆圆、马湘兰并称为“秦淮八艳”。她通文史，长诗词，善书画，精鼓琴，尤擅写小楷、画兰花，是一位才女，且生性爱洁，所居地无纤尘。她18岁时，寓居苏州虎丘山塘，每天写诗作画，击鼓抚琴。若遇知己来访，她谈吐风趣，妙语连珠，使座上众人倾倒。后来，她经常往来于金陵、苏州之间。

明崇祯十四年（1641年）春，诗人吴梅村到金陵三山桥，为胞兄吴志衍就任成都知府饯行，在胜楚楼上见到了也为吴志衍送行的卞赛。吴梅村早就听到过江南盛传的“酒垆寻卞赛，花底出陈圆”之说，见到卞赛后，感到名不虚传，遂一见倾心。席间，吴志衍取出一把纸扇，请卞赛的胞妹卞敏画兰，卞敏很快画就。吴梅村想试一下卞赛的才艺，便邀她在扇面上题诗。卞赛早就听说过吴梅村精通音律，工诗善画，见面之后也很有好感。她取过扇面，在兰叶的空疏处写下了“题扇送志衍入蜀”绝句一首：“剪烛巴山别思遥，送君兰楫渡江皋。愿将一幅潇湘神，寄与春风向薛涛。”从此，吴与卞的感情日益加深。卞赛有心委身于吴梅村，但吴心有顾忌，原因是崇祯皇帝宠妃田贵妃之兄田畹，其时在金陵选妃，传说已选中陈圆圆、卞赛等人，吴梅村不敢抗争。不久，他们在社会动乱中分别了。

明亡以后，卞玉京蛰居苏州，穿上了道家装束，而吴梅村却当了清朝的官。清顺治七年（1650年）的一天，卞玉京在钱谦益家看到了吴梅村的《琴河感旧》诗4首，其诗情意绵绵，充满了对卞玉京的深深思念之情。几个月后，卞玉京在太仓见到了吴梅村，为吴鼓琴。弹毕，她倾诉了与吴分别之后的境遇：明亡之后，在南京钟山，她见一少女遭清军鞭驱而去，她即在当天半夜自换道人装束，来到江边，巧遇丹阳船，遂逃离虎口。亡国离乱，不堪回首，满座为之泣下。后吴梅村作诗《听女道士卞玉京弹琴歌》赠之。

康熙三年（1664年），卞玉京来到无锡东亭长大厦祇陀寺旁的祇陀庵，正式出家。十数年后病故，葬于庵旁的锦树林。吴梅村获悉后，特来凭吊，并写下《惠山锦树林玉京道人墓》长诗一首。其他一些文人雅士闻此噩耗，也纷纷去祇陀庵赋诗悼念。

关于锦树林的地点，另有一说，即在惠山之北。吴伟业《吴梅村全集》有"过锦树林吊卞玉京道人墓并传"，说卞墓在惠山锦树林。清初余怀《板桥杂记》中说卞玉京卒葬惠山祇陀寺锦树林。乾隆年间杨芳灿有《过锦树林吊卞玉京墓》诗，诗后小注："卞玉京……，卒后葬惠山祇陀庵锦树林。"徐振新在民国10年编撰的《惠山新志》中，认为吴伟业诗中所说的"惠山祇陀庵锦树林"即在惠山山北三周巷的村梢，但民国初年墓已不存。

围棋大国手过百龄

过百龄，名文年，自幼聪明颖慧。11岁时，见人弈围棋，就喜欢上了。他看弈棋时的虚实、先后、进击、后退等法，认为并不难学，就学着与人对弈，常常获胜。不久，在乡里就小有名气了。相传他常至惠山寺同和尚对弈。有一天夜里，他梦见竹炉山房走出一僧一道，僧人用串头绳系着一束烧得通红的炭基，道人用竹篮在泉井中打满二泉水，来到惠山半坡相对品茗下棋。僧人是竹炉山房的高僧性海，道人是惠山白云洞的吕纯阳。两人对弈时出现不少妙招杀着，给过百龄启发很大，从此棋艺日进。

有一次，福建福清人叶台山来无锡，叶官居学政之职，围棋水平很高，到无锡后寻觅对手弈棋。乡里官绅推荐过百龄应战。叶公见是一位童子前来对阵，很觉奇怪，但连弈几局，都是叶公输棋。有人附耳劝过百龄佯负几局，给叶公一点面子。但百龄不肯，过后他说："弈棋虽是小道，但要我弄虚作假去取媚别人，我不干。况且叶公是贤者，会记恨我孩童吗?"叶公知道后，更加器重百龄，并邀他去北京闯一闯，百龄以学业未成婉谢。几年后，百龄学识棋艺大进，雄心顿起，说："可以应当世矣!"正好北京有人闻百龄之名，南下邀请百龄北上，百龄欣然应聘前往。

当时北京有一围棋国手林符卿，棋品称第一，听说某官邀请了一名年轻围棋高手来京，便在一次官员聚会时约请过百龄对弈，还当场下了十万钱的赌注。百龄谦谢不敢，林符卿洋洋得意，以为百龄徒有虚名。众人怂恿百龄一试，赌注由他们负担。百龄遂应允。对弈未及半局，林符卿已面红耳赤，而百龄却不过是信手下子。结果，林符卿三战三北，败下阵来。自此，百龄名声大震，取代了林符卿棋坛霸主的地位。

后来，百龄所投靠的某官因事被捕入狱，有些人劝百龄另投别处，百龄不从，他认为和那人的交情纯粹是切磋棋道，并无他事。果然，许多门客受到牵连下狱，而百龄却安然无恙。此时正值明朝即将灭亡之时，百龄不愿在京久留，于是归隐故乡无锡。晚年隐于惠山，惠山半坡有一块“棋盘石”，上面刻着围棋盘和象棋盘，据说是过百龄所刻，是他梦见僧道弈棋之处。他经常与一二徒弟弈棋于此。

过百龄曾主持删订《仙机武库》，通行于世。著有《三子谱》和《四子谱》，其中后者传世极广。

秦松龄因“欠粮”罢官

秦松龄，字留仙，号松岘山人，清顺治十二年（1655年）进士，授检讨。康熙初，以欠交田赋立案，削籍罢归。关于这次“江南逋粮案”，秦松龄在《上座主胡山阴书》中是这样辩解的：“某久在京师，素知功令。薄田五顷，输赋独先。本籍欠粮之册，绝无贱名。只于同族孀姑，远在邻邑，平日不相闻问，不知何人所使，诡将彼户滥注卑衔，逋赋三分，致干国宪。直俟檄提之日，方知受罪之由。”意思是说，他一直在京城，是知法守法的。老家有田五顷，总是带头交纳田赋，从来没有欠交皇粮。由于同族的一位寡妇姑姑，远在邻县，平时不相往来，不知受了谁的指使，把她的户籍寄在他的名下，逃避了田赋三分，触犯国法。直到有关部门审查他时，方才知道事情的原委。

秦松龄所说，应当是可信的。历史上实行以田征役，而绅衿之户则免役。于是民田多诡寄于绅户，名为“寄名田”，因之绅户之田日增，民户之田日减，尤以江南为烈，影响到皇粮官役。于是康熙整顿赋政，兴起了一场“江南逋粮之狱”，很多缙绅被牵了进去。秦松龄就是在这件事情上倒了霉，他家没有欠粮，是寄名在他家的一位族姑欠了粮，殃及他的前程。但秦松龄没有为此事多作辩解，直到康熙十八年（1679年），他被举为博学鸿儒，才官复原职。

叫花子建造泗堡桥

北门外荷叶村，原先四面环河，居民进出的惟一通道是泗堡桥。泗堡桥是一单孔石桥，跨于转水河口，河口外面便是水面开阔的黄天荡。泗堡桥的前身是一座简易木桥，近似于独木桥，逢到雨雪天，桥面打滑，过往行人往往有落水者。人们盼望着能造一座安全方便的石桥。

清代康熙年间，这件好事让一个叫花子办成了。叫花子姓甚名谁，无人知晓。据附近一个酒坊老板说，叫花子小名四保，曾在他的酒坊里当过伙计，于是大家就把桥命名为四保桥。后来传来传去，桥名变成了泗堡桥。

四保怎么有钱造桥呢？有人经过多方打听，终于弄清了事情的来龙去脉。

原来，四保在酒坊里打杂的时候，曾亲眼目睹了几起过往行人在桥上落水的悲剧，所以暗下决心要积攒钱财造一座石桥。他省吃俭用，拼命干活，一个钱一个钱地积，十几年下来积了几十两银子。

一年秋天，他得了疟疾，病得不轻。老板怕他死在酒坊里，就雇了一只小船，让他乘船回老家去。四保在船上病势沉重，船家见他带着几十两银子，起了黑心，将他丢在一座破庙中，卷走银子，驾船跑了。

幸好那个破庙中住着一个女乞丐，为四保喂汤喂水，四保得以大难不死。那年除夕，两人蜷缩在稻草堆中，又冷又饿。四保无意中摸到自己棉袄里有一块硬的东西，知是银子，因他曾把一小块银子缝进棉袄里。于是带着女丐到附近镇上买些酒菜饱餐一顿，还买了几件厚实的衣服。回到庙里，女丐对四保说："你那一小块东西就换回来这么多吃的穿的，今后我们吃穿都不用愁了。"她领着四保到佛像下，在神座后面，有一块活动的木板，挪开板，里面压着一块石头，挪开石头，下面有一个洞。四保伸手在洞里摸，里面果然有许多银子，其中不少是整锭的元宝。

四保心想，这些银两定是盗贼藏匿的赃物，便决定暂不声张，看看动静再说。他在外面打工糊口，还托人做媒，在破庙里与女丐结为夫妻。有了钱，他又动起造桥的念头。他多次化装成乞丐，回到荷叶村，站在转水河边，默默地测算着桥梁的位置、长度、宽度和造桥所需的材料、费用等。有一次，他被酒坊的老板认出来，但他假装痴呆，不认老板。

大约过了半年，四保确信，藏那笔钱财的盗贼要么已死，要么已远走高飞，他可以动用这笔钱了，于是鸠工造桥。经半年时间，桥梁竣工。桥建成后，四保和女丐带着剩余的银子远走他乡，不知所终。

秦蕙田冒死救生父

乾隆元年，无锡秦蕙田考中一甲第三名进士（探花），而此时他的父亲秦道然尚在狱中。秦道然是蕙田的生父，蕙田后来过继给秦易然。

秦道然被系狱，是"因福得祸"。原来，康熙南巡，寄畅园秦氏因接驾有功，康熙帝允许秦氏选一人入京做事，秦家推举秦道然随康熙进京。道然在皇九子允禟府教书，后考中进士，官至礼科给事中。康熙驾崩后，雍正继位，对一帮兄弟痛下杀手。秦道然因曾经为允禟做过事，被指为允禟的同党，被抓了起来。经调查、审问，秦道然并没有实质性的罪状，但雍正说他"仗势作恶，家产饶裕"，并追银十万两，充甘肃军饷。经抄家，秦道然家产只值银一万零三百余两。于是雍正将寄畅园没收，并将秦道然转到无锡关押，追缴银两。

秦蕙田经常到狱中看生父，见他年近八十，身体又不好，但家族又无力完缴巨额银两，只能急在心中。

乾隆二年五六月间，秦道然在狱中患疟疾，病势沉重，奄奄一息。秦蕙田请假回籍，探望父亲。至七月末，病势稍缓。蕙田因假期已满，不得不回京。想到父亲在狱中的惨状，心里痛楚万分。想来想去，只有恳求皇帝大发慈悲，才有救出父亲的一线希望。但他刚进朝廷，根底尚浅，俗话说“伴君如伴虎”，如果冒犯了皇帝，不要说救父亲，说不定连自己的小命都得搭上。

经反复思量，他觉得乾隆帝为人仁慈，即位后对雍正帝以前的一些过激做法作了纠偏，而且平时很重视孝道。他觉得现在正是时机，可以用孝心来打动皇帝，救父出狱。于是，他写了一道《陈情表》，上奏皇帝。表中说明了生父道然的病情，“然回念衰暮余年，茕茕幽系，深恐旦夕不保，长途恻恻，肠日九回。伏思慈乌返哺，微鸟尚含至情；移孝作忠，臣子实在大节。”并表示愿意革去自己的职衔，以赎父亲之罪。“臣粉身碎骨，惟期益励微臣之愚忱，结草衔环，不足仰报高厚于万一。”

秦蕙田递上表章后，心里一直忐忑不安。过了几天，宫里传旨命秦蕙田随驾出行。秦蕙田跟着乾隆上了一条大船。乾隆对秦蕙田说：“为了救父，你愿意粉身碎骨。那么，现在我若叫你去死，你将如何呢？”秦蕙田吃了一惊，只得回答说：“君叫臣死，不得不死。微臣自然只有遵命了。”谁知，乾隆接着就抛出一句：“那么，你现在就去死吧！”秦蕙田似觉五雷轰顶，而看乾隆脸色，又不像是开玩笑。

秦蕙田迈着木然的脚步走向船头，不明白乾隆为何要这样做。走到船头，正准备跳下去，忽然冒出一个念头：会不会是乾隆要测试他的智力？于是，又慢慢地返回船舱。乾隆问：“怎么没去死呀？”秦蕙田跪下奏道：“启禀皇上，河中有一人不让臣死。”乾隆问：“谁这么大胆，竟敢违抗朕的旨意？”秦蕙田回奏：“此人叫屈原。他说他同年投河是因为昏君当道。现在明君登位，如日中天，明若悬镜，他怎么会让你死呢？”

乾隆一听，哈哈大笑，说：“好一个秦蕙田！有如此胆识，有勇有谋，朕哪里舍得让你去死啊！好了，你的《陈情表》准奏了。”秦蕙田喜出望外。

乾隆就此将秦道然的旧账一笔勾销。秦道然出狱归家，颐养天年，寄畅园也发还秦家。乾隆对秦蕙田十分信任，秦蕙田官至刑部尚书，加太子太保。

乾隆帝赐名介如峰

清代乾隆帝六次南巡江浙，每次必到寄畅园。乾隆第二次南巡，在寄畅园写《介如峰》诗，将假山石“美人石”改名为“介如峰”，他还画了一幅画，题诗于画上；诗末有跋语：“寄畅园中，一峰介然独立，旧名‘美人石’。以其弗称，因易之曰‘介如峰’，而系以诗，且为之图，即书其上。丁丑二月，御笔。”

寄畅园由明代秦金建于嘉靖年间，始名凤谷行窝。后传至秦燿，作重大改建，易名寄畅园，名画家宋懋晋绘《寄畅园五十景图》，有专幅绘此太湖石奇峰。清康熙初，秦德藻又改建寄畅园，精心叠石，延山引水，在园内新增八音涧、流泉三叠、七星桥等景点，将太湖石奇峰命名为美人石。美人石在寄畅园东北隅，旁有一方池，名镜池。石峰倚墙而立，石高4.6米，映泉作势，状如少女临池理妆。而乾隆之所以将美人石改为介如峰，是因为他觉得美人石一点不像美女，徒有其名，因而予以改名。

乾隆把美人石改为“介如峰”，“介如”代称石头，典出于《易经》豫卦：“介于石，不终日，贞吉。”地方官肚里明白皇帝搞错了，但不敢说半个不字，还将乾隆诗和介如峰图，镌碑立于美人石前，并建六角亭以覆之。

事实上，美人石的命名并没有错。原来，寄畅园在明、清时期的正门在秦园街（现惠山横街）上，比现在的围墙要往北延伸3～7米。现在美人石背面，原来有小路，游客在那里看，石峰确像女子像。从前曾有一位女诗人在美人石前看得呆了，吟道：“此身愿化美人石，立向秦园碧涧隅。”乾隆南巡前，地方上为了准备皇帝的临幸，专门在寄畅园辟了皇帝巡游的御道。乾隆所走的路，正好在美人石的另一面，由于角度关系，看上去不像美女。乾隆当时没有一睹“美人”的芳姿，可能那时地方上为了迎接皇帝巡幸，把“脏乱差”的墙角封闭、堵死了，乾隆无法转到另一面去观看。乾隆尽管是“金口”，但由于作的结论不符合实际，老百姓不买他的账，还是把那座假山石叫作美人石。

如今，人们到寄畅园观赏美人石，还是走的乾隆所经过的大路，看到的美人石与乾隆所画图中的形状相同。至于背面，由于秦园街的扩建，园墙向内缩进，美人石已紧贴围墙，已无法转过去观看。

彭玉麟怒斩红鼻头

清代同治年间，湘军名将彭玉麟奉旨巡阅长江水师。他与无锡小河上王谷生有旧，经过无锡时布衣造访。

一日，彭玉麟船经黄埠墩，在舱内望见岸上过街棚下木柱上反缚着一人，似在哀求；另有一中年男子，手执藤条，坐于门首，似在责骂。两旁有不少观众，但都远远站着，并无一人上前。又见门前悬着“奉旨抽厘助饷”大旗，始知该处为抽税的厘卡。彭氏即命停舟，登岸后，先向观众询问。众人见是一个穿着平常装束的老人，便据实相告：被缚的乡人，有毛猪两只，藏在船舱板下，进城出售。舱板上却堆了数十束稻草，被卡子上的扦手看破，说他偷漏国税，定要严罚。乡人以为两只猪，能值多少，请求减轻处罚。师爷见他说话顶撞，便将他反缚起来，方才已用藤条抽了十几下。彭氏又问：“这一位师爷，平日行为如何？”众人异口同声答道：“这个人是有名的，叫红鼻头，是最坏最坏的坯子，罚的钱只管往腰包里塞，管什么国计民生呢？”彭氏又问：“你们何不上去劝一劝，如此便可免得乡人受苦。”中有一人抢着说道：

"这个红鼻头，实在蛮横无理，你若上前相劝，他非但不听，劝的人还要受责罚呢！"彭氏似信不信地说道："有这等事，我且要去劝来。"随即离众而前，恰好红鼻头举起藤条，又要抽打。彭氏举手挡住，正要相劝，不防红鼻头瞋目大喝道："这是什么地方，你这老头儿好大胆，来讨苦吃吗？"彭氏始信众人之言，仍按着性子相劝："他只有两口猪，说不到漏税，打了他一顿，已经过分，况且这个乡人很可怜，赶紧放了他吧！"说话时已是强忍怒火。谁知红鼻头勃然大怒道："这个老头儿，敢在这里撒野，与我捆他起来，赏他一顿皮鞭子。"厘卡上的丁役，闻声上前要将彭氏捆绑。彭氏登岸时带有护卫，此时直窜而进，举手略一分格，几个人便向后倒退。彭氏喝道："拿了！"护从即将红鼻头一把擒住，动弹不得。有两个红鼻头的亲信还想上前相救，耳中好像听得"彭宫保"三字，吓得屁滚尿流，拨转身子，拔腿就跑。

彭玉麟命将乡人放了，回到舱中，穿上官服，手中捧着一把刀，刀鞘上有绣着金龙的黄缎。彭玉麟站在船头，其时红鼻头已被拖到河滩，跪在那里。彭玉麟喝道："砍了！"护从手起刀落，红鼻头霎时身首异处。一颗血淋淋的人头被高悬于厘卡门首过街棚下木柱上，即刚才绑缚乡人之处。彭氏所用之刀，据说是同治帝所赐"赤壁龙刀"，如有蠹国殃民者，准其便宜行事，先斩后奏。

红鼻头被斩后，大快人心。风声所至，贪官污吏惴惴不安，恶行有所收敛，起到了杀一儆百的作用。

杨乃武拱北楼吃面

拱北楼面馆，创建于清同治二年（1863年），是一家百年老店。原址开设在北门外游山船浜口的灯船上下处，紧倚古运河畔，是纱号、米行、山地货行、窑货行等客商云集和四乡班船聚散之处。私营期间，先后由毛某某、李永盈、荣阿二、周云亭、周王氏、朱文奎等老板经营。6个老板都沿用了拱北楼这块招牌。该店主要经营面和鲜肉馒头（肉包）。其特色：碗面的汤用肉骨、鳝骨、鸡、鸭吊汤，放入盐、葱、姜、黄酒提香味，碗内加味精、酱油，并略加甜汁吊鲜味；面条均匀细长，软而不烂，滑爽不腻，汤鲜色浓，口味甜咸适宜。肉馒头的皮子以上白面粉按季节适当加水，掺入老酵一成（又叫抢酵），擀制而成，皮薄而韧，拿放不脱底，色白有光泽，每只馒头上捏有十六七个折叠花纹，外形美观；馅心选用去皮骨前腿心肉七成，后腿心肉三成，拌进适量皮冻，加上等白糖、酱油、味精、盐、葱、姜末等搅和而成，口味咸中带甜，满口卤汁。

拱北楼的闻名，要从杨乃武说起。杨乃武与小白菜案，是清朝四大奇案之一，杨乃武与小白菜（葛毕氏）冤案昭雪后，杨从京城返回浙江余杭老家途中，船至无锡停靠。杨乃武上岸漫步，见拱北楼顾客盈门，便进店品尝无锡鲜肉馒头和浇面。肉包皮薄馅鲜，咸甜适口，卤汁丰富，杨乃武吃后大加赞扬。顾客们听说杨乃武在楼上，便竞相观看，哄动一时。面店老板趁机大力宣传。从此，拱北楼的肉馒头、面，名声传扬于江浙两省。

民国21年（1932年），老板周云亭的胞兄周阿菊在店内堆放荷叶、黄篮头的库房中私吸鸦片，火星溅入荷叶内，引起大火，店堂被烧毁。周云亭即转行开设了黄鳝行。不久，无锡县商会会长杨翰西出资相助，重建拱北楼。周云亭就在原址建造钢筋水泥结构的洋楼，于民国23年7月30日落成开张，拱北楼成为当时无锡规模最大的经营茶楼、面店、浴室的综合性饮食服务店。楼上共辟3个大堂口，其中一个专为士绅商贾饮茶畅谈的茶会，一个是政要、官商、豪门富客的餐厅，一个是一般客商的大堂口。3个大堂口各设12张大理石面的八仙桌，四周玻璃窗通明，空气新鲜，座位宽畅。楼下有一个小餐厅堂口，既卖面，又供茶，另一边是浴室。店中还备有电话，可随时与顾客联系。拱北楼特聘著名捞面师傅蒋阿盘掌灶，李仁泉师傅做馒头，胡阿泉为招待员。自此，拱北楼宾客如云，业务蒸蒸日上。

拱北楼的鲜肉馒头，成为无锡各点心店竞相仿效的品种。民国24年，崇安寺皇亭祝三大因摊位地盘有限，改用小笼蒸制，遂形成无锡名点——小笼馒头。小笼馒头皮薄色白，外形美观，味鲜卤足，秋冬季节在馅心中掺入蟹肉、蟹黄，成为蟹粉馒头，享誉全国各地。

吴梓敬独资造吴桥

民国4年（1915年）春，有皖籍丝商、上海怡和丝栈的买办吴梓敬，因到无锡经管其私人投资的源康丝厂业务，与当时的地方名流、绅士薛南溟、钱镜生、祝兰舫、钱孙卿、徐可亭等雇画舫游览，途经黄埠墩附近的渡口，恰逢天气骤变，狂风大作，刮翻渡船，幸船工和两名乘客都识水性，才未丧生。吴梓敬见状后不胜慨叹，询问薛、钱等人，为何不在此建桥。薛等答以工程浩大，经费难求。吴梓敬即表示可以承担全部建桥费用。众人以为他是随口之言，未予置信。

不料，吴梓敬一诺千金。返沪后，即与上海求新铁厂接洽，嘱咐按照上海外白渡桥样式，从速绘图设计，估算全部工程费用。

同年6月，上海求新铁厂派工程师和技术人员到锡实地考察、测量后于9月14日将图纸及全部工程费用的资料交给吴梓敬。根据设计，桥长260英尺，宽24英尺；三节连环钢桥，钢桥中间生铁圆柱，每节85英尺；桥面上至上桥梁高12.72英尺；上桥大梁每节两根，长95英尺，用12寸宽、三分厚钢板一条，2寸半三角钢2条竖立；两岸桥基两座，用水泥、青砖建筑石驳岸各3丈高；纪念碑两块……全部费用计23500两纹银，折合银元计32324元（当时白米每石5元左右）。

10月13日，吴梓敬和求新铁厂代表朱志尧由沪到锡签订合同，由徐可亭、俞复、唐孜权3人见证。议定先交1万元，腊月付1万元，其余竣工验收时结清；限奠基后6

个月内完工，使用期100年。市公所董事薛南溟、钱镜生，县署三科钱孙卿等参加合同签订仪式。

民国5年（1916年）6月奠基后开工。中途因战事频发、钢材价格上涨、材料运输受阻等因素，工程进度受影响，加之求新铁厂资金发生困难，遂恳求吴梓敬将第三期资金1万余元提前支付。吴梓敬体谅实情，立即向胞兄吴梓卿和吴梓寅（均为钱业巨子）筹款，于9月末全数缴清。求新铁厂劳资双方被吴梓敬热心公益的义举深深感动，集中全力，昼夜施工。吴梓敬每次到无锡，总要去现场察看。不料那年返沪后因病不起，于11月29日在上海寓所逝世，终年42岁。噩耗传锡，人们莫不叹息。

民国6年（1917年）2月，大桥建成。人们感念吴氏功德，将大桥命名为吴桥。2月24日，无锡市公所在茧业公所为吴梓敬举行追悼会。会后，人们排着队，将吴梓敬的木主牌位恭送至惠山尊贤祠。当队伍途经业已通车的吴桥时，沿途群众恭立桥旁，在桥中央设香案致祭，人们争先恐后到案桌前叩首。事后，将丁宝书撰写的挽联移刻桥柱，联曰："虹影落金山，忆从前估客耕夫官塘苦唤斜阳渡；秋风冷铁柱，知此后星移物换口碑不没惠人名。"

先天道以身试机枪

抗日战争胜利前夕，无锡发生了风靡一时的先天道事件。先天道发源于华北，原是国民党特务和日本特务控制的组织。无锡及其周围地区的先天道，是宜兴反动组织"同善社"头子徐粹初、无锡安镇上山村恶霸地主朱枚吉的账房倪子才等人于民国33年（1944年）7月从北方传来的。开始时他们摆香堂，招道徒，骗人钱财，但相信的人不多，发展也较慢。倪子才利用民众的迷信思想，宣扬入道可以"佛力保家"，消灾避劫，只要邀一斗米入道，就可以授以"刀枪不入"的五雷真诀，一时被骗入道的人多了起来。

民国34年（1945年）2月，安镇上山村的先天道众，自发地抗击下乡的日伪军，打死30余人。一时群情振奋，参加先天道者不计其数。但是，先天道的上层是反动的，他们的口号是"先打新四军，后打忠救军，再打东洋人"，其实质是反对新四军；但一般道徒是因为痛恨日伪军欺压，为求生存、为反抗而被骗入道的。包厚昌、张卓如等中共地下党对先天道采取主动联络其上层、争取其中层、控制其下层、团结广大群众的方针，去主动领导这一反迫害反征粮反抽丁的群众斗争，把群众引导到正确的道路上来。无锡、江阴等地发起由先天道参加的农民大暴动，先后出击日伪90余次，杀死日军30余人、伪军100余人、伪区长2个、汉奸几十个，并消灭土匪部队100多个。敌伪胆战心惊，缩进据点，一时不敢下乡。

先天道矛头转向，大大出乎日伪意料。日伪不断对道首施加压力，促其就范。民国34年（1945年）4月6日晚，倪子才等道首在安镇汪伪区署内接受日军警备队长铃江、日宪兵队宣抚班长龟山、伪县长张修明的招降，连夜草签《誓约书》，表示要解散佛力保家会，会员收编为自卫团，并配合日伪遏止共产党活动。4月13日，倪子才又派倪子裕、朱伯泉等10余人为全权代表，赴城内伪政府，与日军宪兵队长高吉、警备队长铃江、日军驻伪县政府的联络部长吉田属托、伪县长张修明、保安大队副徐梅初、警察局长姜桓茅等正式签订《誓约书》。倪子才还在安镇伪区署内为死亡日伪军警举办追悼会。

倪子才等道首投靠日伪的《誓约书》在报上公布以后，引起了先天道的内部矛盾。长安张村、城区双河上、锡西井亭等3大派系竭力反对，纷纷表示不承认投降书，并更为激烈地袭击日伪军警和各种汪伪机构，使日伪大为震怒。5月4日，张修明与吉田属托等将倪子才、倪子裕传至伪县政府，训斥他们阳奉阴违，并对他们提出警告。次日，倪子才等在通运路中南饭店召开先天道各派道首会议。是日下午，张修明派人送去请柬，请他们到迎宾楼参加晚宴，这帮道首感到很得意。晚上，当他们到观前街迎宾楼赴宴时，被埋伏在那里的特务、保安抓了起来。5月9日，日伪又发出通告，限所有道徒在5月20日前交出武器，违者格杀勿论。接着，又组织大批日伪军警，轮番赴各地追缴武器。张修明、徐梅初还和倪子才谈判，要先天道公开试法，看能否刀枪不入，倪子才不敢做此试验。正在这时，东湖塘、张泾桥的“金光法先天道”头目姜明波，自称有高明法术，他随身带有一柄“落魂伞”，可以挡住子弹；并称手掐一诀，把手向空中一指，能使飞机坠下；用手一指，可使火车停驶，轮船停航；还能撒豆成兵，呼风唤雨……日伪控制的报纸和电台也连续大做文章，渲染金光道的法术。姜明波还自动提出公开试法来证实他的“神通广大”，他与日伪双方约定于5月18日在通惠北路社桥头进行试法。原来，姜明波早已投降日伪军，愿为敌伪消灭先天道出力，他的大肆吹嘘和“公开试法”都是与敌伪密谋之后进行的，并得到日军驻锡最高司令官小泽部队长批准，在日军警备队长铃江等人的布置下实施。姜明波明知肉身挡不住子弹，只能寄希望于与日军达成的默契，保他不死。

这天下午，姜明波和他的徒弟来到现场，站立在日军机枪约300米外，他手执“落魂伞”，5个徒弟各执黑色油纸扇，分左右站立。姜明波开始作法，口念咒语，舞动“落魂伞”，一张一合；他的徒弟各以纸扇向身外煽动，表示可以挥去射来的子弹。接着，姜明波等面对日军枪口，招手示意开枪。枪声响起，姜明波等人被机枪子弹打成了“马蜂窝”，当场倒地而亡。日本侵略者把这一招当作镇压抗日群众运动的绝招。“试法”后，日伪军又分路镇压先天道，风靡一时的先天道瞬息土崩瓦解。先天道中的积极分子，在共产党的影响下，纷纷转而参加地方游击小组、治安小组，壮大了抗日的力量。

第三节 运河旧事

黄埠墩赛龙船

旧时，江南水乡有赛龙舟的习俗。解放前，无锡的赛龙船活动集中在黄埠墩一带。黄埠墩四面环水，河面宽阔，水流湍急，是赛龙船的理想之处。

无锡城区内参加赛龙船的多为寺庙。这些寺庙每年都要举行一次盛大的庙会。庙会是由地方上士绅、商民以及一些善男信女组织进行的，有会首、执事、班口等人员专司其事，赛龙船的活动也由他们负责。每年端午节，参加赛龙船活动的寺庙有延圣殿、南水仙庙、张元庵、府城隍庙、延寿司殿、西水仙庙、西门四大王庙、南门小南海，加上泗堡桥、江尖上、大小河上、北水关、船厂里、惠山浜等地共14处，每处都出龙船。惠山浜有时参加，有时不参加，所以俗称“十三艘半”。

龙船长约16米，阔约3米，船身浮出水面约1尺，龙头约七八尺，龙尾约一二丈。龙的颜色各庙不同，但都饰以金纹。船的中央有彩楼3层，高约二三丈，为了便于从桥下经过，顶层可以拆装。每条龙船各有一尊小神像，各庙还有一把与龙船一样颜色的旗伞。临近赛龙船时，先将龙船油漆一新，然后将神像安置在彩楼的底层，以示庙神率领众人来凭吊屈原。船楼上挂灯结彩，遍插旗帜。龙船上插的是一面大百脚旗，长二三丈，旗上有绳索滑车，可以使之上下左右飘动。船的两边各有一排划桨水手，他们坐在船舷上，一只脚在船里，一只脚在水里。船尾自下而上，有一组吹鼓手，最后一个是舵手。舵的式样是一把长柄大关刀。在彩楼的第2层上，站着一名手执令旗的人，他名义上是奉着庙神的命令来指挥划船的，吹鼓手要根据他令旗的动作，有节奏地击鼓。水手、舵手听着不同的鼓声，进、退、左右旋转拨水划船。龙船上的水手，都是从渔民中选拔出来的好手。另外，每艘龙船都有几只辅助船只，其中有一艘如画舫一样的船在船头上放着头行牌，以表示是哪一座庙宇的，跟在龙船后面，供水手们更衣、休息、换班之用。其他的是插着彩旗的划桨敞船，在龙船的两边进行护卫。

参加赛龙船活动的庙宇，散处在城内外各地。到了端午节中午，几乎在同一时间，各庙的龙船金鼓喧天，从四面八方划到三里桥去。顿时，整个无锡城沸腾起来了，男男女女，老老少少，都跑到附近的河边去看龙船，有的还跟着到三里桥、黄埠墩去看赛龙船。

无锡的赛龙船，曾轰动城乡，仅次于三月廿八的迎神赛会。在三里桥至黄埠墩古运河两岸的居民，届时搭满了一层层的看台，以招待亲友观赏赛龙船的盛况，其中也有搭了卖座的。有些富商、巨绅，则到黄埠墩的水月亭一带去搭彩台，以便边观看赛龙船，边饮酒作乐。在岸边还停满了一艘艘著名歌妓的灯船。比赛之前，两岸河边的看台前，都挤满了观众，见到龙船划来，都焚香礼拜或拍手欢迎。约至下午一时，各路龙船方才到齐，这时鸣炮一声，便开始龙舟竞渡。

比赛时，每艘龙船都是先奏一支将军令，喇叭声吹得响彻云霄，于是金鼓齐鸣，众桨齐发，一艘艘龙船在各自敞船的护卫下，浩浩荡荡，直向黄埠墩飞驰。顿时，古运河上彩旗如云，鼓乐震天，各色龙船在水面上飞掠而过。黄埠墩上的富商、巨绅们，看见有龙船近前，就把准备好的一只只用泥土固封的黄酒坛子抛下水去。龙船上的水手见后，就从彩楼上纵身跳下，抢到酒坛后，便游到黄埠墩去向主人请赏。一般每一坛酒，总是赏一桌酒菜。灯船上的名妓豪客，则将事先准备好的活鸭，在鸭腿上割开表皮，塞进食盐，一只只地放到河里。鸭的创口着了水，疼痛难忍，在拼命地在水中乱蹿。水手们就入水奔腾追逐，捉住鸭子后，就游到灯船上去请赏，名妓豪客便赠以彩礼，两岸观众报以如雷掌声。领赏后，龙船在两边敞船的卫护下，对赏赐者行答谢礼，有打招、打转、打抢等方式。打招是向右或向左的转弯；打转是转圈子；打抢是把龙船划上一段，再退后一段，总共要三进三退才算完毕，这是最隆重的礼节，无锡人称之为“朝王”。比赛结束，各船从黄埠墩散去。在归途中，水手们还要表演五花八门的个人技术，其中以口衔划桨最为吸引人，水手脚在船里，身体仰卧在水上，嘴里衔着竖直的木桨，比谁衔得多，最多的一口可咬7把桨。

北塘香灯

在明朝，每年二月，无锡有一个特殊风俗，即北塘香灯。其起由是：明成祖朱棣以燕王身份从北方起兵夺得天下，认为是北方之神真武帝君神佑的结果，因此，下令大规模修建真武帝道场所在的武当山道教宫观。真武帝君已上升到了护国神的地位。武当山宫观建筑壮丽非凡，吸引了全国的香客前往朝拜。苏州府在经济文化方面居全国首位，每年二月，苏州各县香客无论远近，都乘着大船到无锡北塘集合，然后一起出发到湖北武当山进香。北塘那时还是芙蓉湖的水域，河面宽达200米，非常适合停泊大船。到约定之日，苏州各县进香大船途经无锡南门、东门、北门，鸣锣为号，声振四方，依次到北塘停泊。入夜，各进香船都竖起桅杆，系绳于船头、船尾，挂起四方灯、八角灯，灯灯相续，联翩而下。一灯代表一位香客，远看似繁星组成的银河，横亘于河面上。悬灯后，灯船还施放烟火，朵朵烟火倒映入河，煞是好看。届时，锡山的宝塔上悬灯，与船灯遥相辉映。无锡的士绅淑女、市井细民、各色人等倾城而出，从水陆两路涌向北塘去观赏香灯。乘船去的每船窗口也悬了许多灯，有纱灯、珠灯、水晶羊角灯等。这时香船上有锣声、木鱼声，观灯船上飘散出箫鼓声、丝竹声、歌声、笑声。宽阔的芙蓉湖上，水面通亮，各种花灯争奇斗妍，直至天明。这些苏州船在此会齐后就从运河进入长江，到武当山进香。明代后期，无锡形成一年一度的

“北塘香灯”水上盛会。明朝灭亡后，武当山的地位一落千丈，“北塘香灯”也随之销声匿迹了。

江尖宝塔灯

农历七月三十日相传是地藏王诞辰，是日晚上，江尖有点宝塔灯之举。民国年间，宝塔灯的承办者是江尖蒋义茂陶器店的蒋东孚和蒋仁茂陶器店的蒋庐伯兄弟俩。他们用毛底陶钵垒成约3间门面大的宝塔形底座，然后逐步向上收缩形成塔尖，其高度略高于二层楼屋檐。每个陶钵里面放上棉子油和灯芯，这些都是江尖各油厂和米厂等赞助的。一到晚上点灯之后，灯光烛天，大放光彩，北塘两岸观者人山人海。隔岸北塘沿河人家邀集亲友，一起观灯，热闹异常。同时还有和尚道士驾着扁舟，箫鼓齐鸣，在北塘运河至黄埠墩一带放水灯，芙蓉湖上灯光星星点点，荷花灯随水漂流，形成独特景观。

农历七月，北塘还有点“大老爷灯”的习俗，家家户户在大门上挂上一至二盏大老爷灯，以纪念唐代张巡，因他坚守睢阳，拖住安禄山叛军，对保障江淮有功。七月是张巡的诞辰，所以家家点灯来纪念他。灯上写着“收灾降福”“敬神”等字样。旧时，北塘的后祁街、蔡墅巷一带，都是长村大巷，晚上家家点上大老爷灯，望去如繁星点点，煞是好看。大老爷灯从七月初一起至七月三十日止，为期一个月。

米市茶会

清末至民国年间，北塘蓉湖楼设有米市茶会。

蓉湖楼原来是个简陋的小茶馆，随着外地粮船集中到附近的沿河一带停泊，粮商和船主进店歇息、饮茶，粮行老板也到此揽客，茶馆的卖座率日益提高，自然而然形成粮食茶会。

蓉湖楼最初的老板叫林焕文，人称“小瞎子”，为人讲义气，人缘好。后来他积了些钱，于光绪三十四年（1908年）选址蓉湖庄沿小三里桥河浜处租地建造一幢三开间四进的三层木结构楼房，这就是米市茶会所在地——蓉湖楼。楼上有三面玻璃窗，当时，在那一带算是最高、最美观的建筑物了。站在三层楼上，可以看到锡山、黄埠墩景色。

蓉湖楼一楼是烟纸店和点心店。二楼是茶室，约有40多张桌子（八仙桌）。三楼是老板的卧室，并设账房、烧水处、茶具柜等。

蓉湖楼从早晨5时开始营业，招待喝茶的顾客。8点以后就是米市茶会。每家粮行、米厂的负责人，坐在固定的桌边，把“样包”放在桌子的中央，洽谈交易。到9时左右，已是人头攒动，川流不息，直到11时半才“下茶会”（交易结束）。堂倌打扫时，从桌面上掸下“样包”里漏下来的粮食达二三十斤。

蓉湖楼在民国26年（1937年）11月被侵华日军烧毁，米市茶会消亡。

索 引

说 明

1. 主题索引的标引词由主题词(词组)和数字组成。数字表示页码。

2. 主题索引的标引词按首字汉语拼音的第一个字母在汉语拼音字母表中的顺序排列。首字拼音字母相同,按声调排列;首字拼音字母和声调均相同,则按第二个字汉语拼音的第一个字母在汉语拼音字母表中的顺序排列。

主题索引

R

S

Y

Z

编后记

根据国务院二轮修志的要求，在中共无锡市北塘区委和北塘区人民政府领导下，《北塘区志》第二轮的编修工作于2006年启动，经过十年多的努力，终于成书。

《北塘区志（1986～2005）》全书上下两册，二十八编，一百三十多万字。《北塘区志》的编修努力遵循马克思主义唯物史观，力求真实、准确，实事求是地反映历史事实，按照地方志体例的基本要求，全方位记载反映1986年至2005年二十年间北塘区社会、经济、文化等各方面发展变化的历史进程。

《北塘区志》编修过程中，得到全区各相关机关部门、企事业单位及有关文史工作者支持，特别是区档案局（馆）在提供史料、撰写整理文稿等方面给予了多方面帮助。江苏省地方志办公室、无锡市史志办领导和专家对区志的编纂，从组织启动、业务指导到初审、复审、终审、审核等一系列工作，始终给予有力的指导和支持。在此，一并表示衷心的感谢。

由于编者水平及其他种种条件的局限，《北塘区志》仍有一定的缺憾和不足，欢迎有识之士予以品评、赐教。

《北塘区志》编辑部

2016年2月

无锡市北塘区志

（1986～2005）

无锡市北塘区志编纂委员会 编

（上 册）

方志出版社
Publishing House of Local Records

图书在版编目(CIP)数据

无锡市北塘区志：1986~2005/无锡市北塘区志编纂委员会编.—北京：方志出版社，2016.11
ISBN 978-7-5144-2225-2

Ⅰ.①无… Ⅱ.①无… Ⅲ.①区（城市）—地方志—无锡—1986-2005 Ⅳ.①K295.33

中国版本图书馆CIP数据核字（2016）第299977号

无锡市北塘区志(1986~2005)

编　　者：无锡市北塘区志编纂委员会
责任编辑：陈 菁

出 版 人：冀祥德
出 版 者：方志出版社
地址 北京市朝阳区潘家园东里9号（国家方志馆4层）
邮编 100021
网址 http://www.fzph.org
发　　行：方志出版社图书经销中心
电话（010）67110500
经　　销：各地新华书店
印　　刷：无锡市极光印务有限公司

开　　本：889×1194　1/16
印　　张：70
字　　数：1328千
版　　次：2016年11月第1版　2016年11月第1次印刷
印　　数：0001~1500册

ISBN 978-7-5144-2225-2　定价：500.00元

无锡市北塘区志编纂委员会

（2006年8月～2008年1月）

主　任：王进健

副主任：金元兴　张伯芳　罗　进　吴胜荣

成　员：夏洪兴　吴　树　李晓军　邱久远　马建增　张万钧

祝志明　朱平方　王悦风　王琪峰　黄维佳　毛加弘

陈国雄　吴祖国　张　莉　吴竹频　朱振宇

无锡市北塘区志编纂委员会

（2008年1月～2013年7月）

主　任：王进健

副主任：朱　雄　蒋应康　吴红星　张佐宪　许　岗

成　员：夏洪兴　王悦风　刘志江　吴　树　李三元　万建农

蒋月新　徐艳萍　祝志明　朱平方　金卓菁　陈德华

凌　芳　毛加弘　朱振宇　吴祖国　任加华　张　莉

吴竹频

无锡市北塘区志编纂委员会

（2013年7月～2016年11月）

主　任：陈锡明

副主任：辛谊忠　毛加弘　万永健　王　澍

成　员：费　菲　孙晓娜　赵爱东　王剑鸿　陈政建　冯　涛

任加华　万建农　程宏庆　龚蓓英　潘　鹰　王悦风

黄维佳　邵梦星　王琪峰　王晓辉　谢乐章　储小焕

蒋月新　徐　婧

无锡市北塘区志（1986～2005）编纂人员

主　　编：王悦风　2006年8月～2013年7月

王晓辉　2013年7月～

执行主编：陈建初

编　　辑：陈建初　陈国柱　潘颂麟　周玮璐

先后在区史志办工作过的同志：安德明　吴国忠　赵宗华　陈　萍　祈　军

特约供稿：陈祺生　陈国柱　宋祈新　袁裕坤

图　　照：顾祚维　潘颂麟　陈　萍

无锡市北塘区志（1986~2005）终审、验收人员

终审验收人员：杨锡根　郁有满　葛　红　许琴华　张瀛辰　孙　怡

无锡市北塘区志（1986～2005）终审、验收、审核单位

终审验收单位：无锡市史志办公室

审核验收单位：江苏省地方志编纂委员会办公室

无锡市北塘区志（1986～2005）批准出版单位

江苏省地方志编纂委员会办公室

无锡市北塘区人民政府

北塘新貌　（区史志办供稿）

江尖公园　（区史志办供稿）

大运河　（区史志办供稿）

黄埠墩　　（区史志办供稿）

寄畅园

（区史志办供稿）

江南第一山
锡惠胜境
名
胜
区
天

锡惠胜境　　　　（区史志办供稿）

天下第二泉　　（区史志办供稿）

惠山龙头河　　（区史志办供稿）

惠山古镇　　　　（区史志办供稿）

金太湖广场　　　　（区史志办供稿）

胜利门广场　　（区史志办供稿）

蓉湖大桥　（区史志办供稿）

北创科技创业园　（区史志办供稿）

北塘总部商务园（区史志办供稿）

北塘区胜利门、北大街地区（1984年）　（顾祚维/摄）

京杭大运河穿过北塘区（1996年12月）　（顾祚维/摄）

北塘区北栅口地区(1996年12月)　　(顾祚维/摄)

北大街地区（1997年9月）　　(顾祚维/摄)

五爱北路地区（1997年9月）　（顾祚维/摄）

胜利门广场（2002年2月）　（顾祚维/摄）

横跨京杭大运河的新吴桥建成通车（1994年12月17日）（顾祚维/摄）

80年代，北塘区吴桥东路沿河挡水墙，高程达吴淞水位5.2米（顾祚维/摄）

新建的蓉湖大桥正式通车（2003年12月20日） （顾祚维/摄）

北塘地区节日夜景（2004年5月1日）
（顾祚维/摄）

无锡市火炬服装厂门市部
（1989年10月）
（顾祚维/摄）

无锡市第六百货商店
（1989年10月）
（顾祚维/摄）

时和布绸呢绒商店（1989年10月）
（顾祚维/摄）

1992年元旦无锡招商场（红梅市场）一期工程竣工开业
（顾祚维/摄）

90年代的三里桥粮油市场（区史志办供稿）

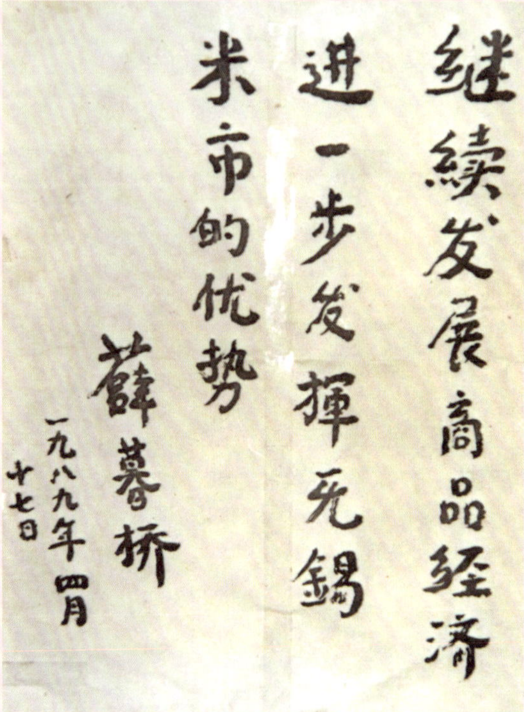

1994年9月30日，无锡市第六届太湖文化艺术节暨国庆游园会在锡惠公园开幕　（顾祚维/摄）

2000年春节，惠山庙会喜迎新千年
（顾祚维/摄）

1997年6月，北塘区迎回归、颂祖国广场文艺演出在胜利门广场举行　（顾祚维/摄）

2005年7月9日，锡惠公园文化夜游活动（顾祚维/摄）

序

《北塘区志（1986～2005）》历经十年编纂终于成书，期间，倾注了历任领导的关心与重视，汇集了各部门、各单位的配合与支持，得到了有关专家的悉心指导，是全体编纂人员坚持多年，辛勤劳作的成果。

北塘区是无锡市三个主城区之一，境临惠泉山下，京杭大运河穿境而过，风景秀丽，气候宜人，是明清以来沿运河而兴的“无锡米市”重要集散地，也是近代无锡工商业繁荣的重要代表地之一。解放以后，北塘经济持续发展。特别是改革开放后的1986年至2005年间，是北塘区经济发展活力激发，城市建设日新月异，社会面貌深刻变化，人民生活不断提高的时期。在此期间，北塘区相继制定了一系列推进区域经济发展的政策措施，经济规模迅速扩大，综合实力不断增强，人民生活从物质到精神不断丰富充实。《北塘区志》的修撰，坚持实事求是的原则，系统地记录了1986年至2005年间，北塘区在改革开放新时期的重大变化，充分展示了20年间经济、政治、文化、社会等领域取得的一系列成果，集中反映了北塘人民艰苦创业、开拓进取、建设美好家园的历史进程。同时，北塘区又是历史人文底蕴深厚之地，锡惠山下，二泉亭边，黄埠旧墩，自古以来，文人墨客刻石吟咏，留下不少珍贵的历史遗迹和千古名篇。《北塘区志》编纂中注意收集北塘区独特的历史记录和文化传承，给后人留下丰富可信的历史资料，也体现了史志编纂的地方特色。

记载历史、以史为鉴是中华民族优秀的文化传统。盛世修志，目的就是要通过回顾总结历史，启迪当今，使我们在回望历史中不忘初心，在回望历史中得到智慧，在回望历史中得到前进的力量。今年来，经省政府批准，无锡市北塘、崇安、南长三城区即将整合为无锡市梁溪区。无锡市城区建设和发展，又揭开新的一页。在此开启新的历史进程之际，《北塘区志》的修撰完成是值得庆贺的。《北塘区志》的出版可为各级领导科学决策提供历史借鉴和现实依据，为北塘区留下重要的历史印记，也是教育激励后人，继往开来的好教材，值得大家很好地读一读。

北塘区区长：[签名]

2016年1月28日

凡例

一、本志以马列主义、毛泽东思想、邓小平理论、“三个代表”重要思想、科学发展观为指导，全面真实地反映北塘地区自然、经济、政治、文化和社会的历史和现状。

二、本志为《北塘区志》1991年版的续志，上限为1986年，下限断至2005年。政区建置、自然环境、惠山古镇、历史街区、文物古迹、立传人物等有所追溯。有关章节以简短文字与前志衔接。惠山古镇编下限延伸至2013年。

三、本志记述地域范围为2005年北塘区所辖行政区划。区域内的部、省、市属单位仅作简略记载。因区划调整而进入北塘区的单位，前略后详。

四、本志为突出地域特色，专设惠山古镇编。

五、本志以述、记、志、传、图、表、录为表述形式，语体文记述。

六、本志人物编设传、简介、名录三种。立传人物以本籍为主，兼顾客藉。前志已载人物不再重复。

七、本志纪年，中华人民共和国成立前用朝代和民国年号，各章节首次出现括注公元纪年；中华人民共和国成立后用公元纪年。文中未冠世纪名的年代均指20世纪年代。“解放”指1949年4月23日中国人民解放军进驻无锡。

八、本志汉字使用、计量单位、地名用字、数字用法与标点符号的使用按国家有关标准或规定执行。表格中的数字，略至小数点后两位，一般不作四舍五入。

九、本志行文遵照《江苏省地方志行文规范》执行。

十、本志数据引自北塘区统计部门及各有关部门提供的资料。

十一、本志索引采用主题索引和图表索引两种形式。

总 目 录

目　录

（上　册）

第三编 惠山古镇

第四编 工业 农业

第五编 商贸 服务业

第十编 中共北塘区地方组织

第十一编 北塘区人民代表大会

第十二编 北塘区人民政府

第十三编 政协北塘区委员会

第十四编 民主党派 工商联 社会团体

概 述

北塘区是无锡市三个中心城区之一，位于无锡市旧城区的西北部，因位于城北运河塘岸（北门塘）而得名。地处北纬31°7′ ~32°2′，东经119°33′ ~120°38′。区域东以解放西路为界，由人民桥经胜利门至北新桥，在人民路中间与崇安区分界；东北隅黄巷街道部分地区与锡山区相接；南以人民西路为界，路南为南长区，路北为北塘区，在京杭大运河以西锡惠公园广场以南与滨湖区相接；西与惠山区钱桥镇毗邻；北与惠山区堰桥镇相接。区内地势平坦，略有起伏，平均高程4.2米（吴淞高程，下同）。气候属北亚热带季风气候，雨量充沛，空气湿润，四季分明。1月平均气温在2.8℃左右；7月平均气温在28℃左右。全年无霜期220天左右。年平均降水量1048毫米左右。

1986年北塘区辖北大街、西新、北塘、吴桥、顾桥、惠山、盛岸、惠龙8个街道办事处，行政辖区面积9.97平方公里。2005年年末，全区划分为北大街（代管五河街道）、惠山、黄巷、山北4个街道办事处，辖54个社区居民委员会和5个家属委员会。总人口253436人（户籍人口）。行政辖区面积31.5平方公里。区人民政府设在北塘大街188号。

（一）

约在4000年前的良渚文化时期，锡山山麓已有先民居住。楚考烈王十五年（前248年），春申君黄歇徙封江东，建城于吴墟，自为都邑，治无锡湖（古芙蓉湖），在今惠山山麓开龙尾陵道。南北朝宋景平元年（423年），司徒右长史湛挺在惠山建历山草堂，是为无锡第一名刹——惠山寺的前身。唐代天宝年间，陆羽到惠山，品评惠山泉为天下第二泉。明代，地方士绅在惠山建造寄畅园、愚公谷等园林别墅。

惠山地区集中建有东汉至民国的120所祠堂，为全国所少见。祠主为宗族先贤、地方廉吏及忠义之士。

京杭大运河流经域内，水面宽阔。明清时期，北塘米市、布业兴盛，闻名全国。近代，凭借米市带来的商机，北塘工商业繁荣，是无锡最具发展活力的地区之一。

（二）

1986～2005年，北塘区经济在改革开放中不断发展。

北塘区近代工业起步于民国初期。新中国成立后，得到恢复和发展，成为无锡市工业企业集中地。1986年，9.97平方公里的区域内有市属以上工业企业75家，市属工业企业产值30亿元，利润3亿元。其他遍布全区大街小巷的区、街、居委办企业等50多家。由于市区经济管理体制条块分制，区属以下企业大都为轻工手工业产品，规模较小，1986年，区属工业生产总值为8300万元，利润698万元。

80年代，区委、区政府积极推进工业发展，把区属工厂向沿通惠路和山北大桥堍等地区迁移扩建，通过加大投入，内引外联，扩大生产规模，形成12家区属骨干工业企业。区属工业生产规模、效益和出口创汇均在三城区领先。华能无锡电热器材厂的产品销售、利税额连续十多年在城区工业中领先。皮件厂、火炬服装厂、制刷厂、工艺鞋厂、耐酸泵厂、纸箱总厂等均为同时期城区工业中表现好的企业。街道工厂中也出现了顾桥印刷厂、西新服装厂、群力电讯器材厂等一批经营稳定、业绩较好的企业。2000年后，各街道运用区域内市属工业空置厂房建办工业园区，引导工业向园区集中。2001年区街工业销售收入8.93亿元。

2002年，行政区划调整，原属郊区（滨湖区）黄巷镇、山北镇和刘潭街道划入北塘区，北塘区工业总量增大。黄巷镇、山北镇和刘潭街道乡镇企业起步早，基础好，黄巷乡（镇）、山北乡（镇）均是全省最早的乡镇企业超亿元乡，刘潭集团、振达钢管等均为上规模的乡镇工业骨干企业，山北工业园集聚了几十家内外资工业企业，具有一定的规模和实力。

市属工业企业是工业经济发展的导向。同一时期，市属工业企业向产品技术优化和规模化方向发展。小天鹅集团在竞争中持续发展，成为国内知名企业。部分企业在市场竞争中优胜劣汰，出现分化，一些企业出现停产、转产，职工分流转岗等情况。

2000年后，市、区工业企业逐步实行改转制，企业管办分离。2002年全区工业管理职能逐步向区域管理转换，北塘区管理的工业经济规模总量加大。至2005年，全区完成工业销售收入204.98亿元。完成地区生产总值139.25亿元。

随着经济对外开放的不断深入，全区外经外贸和对外经济合作规模水平不断提高。2005年，全区有“三资”①企业75家（大部分为工业企业），自营出口4.75亿美元。

传统工业向科技型、创新型企业发展。2005年，全区有省级高新技术企业25家，省民营科技企业53家，完成高新技术产业产值50亿元，高新技术增加值13.5亿元。区科技创业园入驻科技企业112家，并列入省“区域性中小企业专业技术创新服务中心”试点。

全区第三产业在改革开放中不断发展。1986年区、街道有214家商业网点，1987年市属部分百货和一批日杂商店23个核算单位和5个非独立核算的分店下放区管理，

①三资是指中外合资经营企业、中外合作经营企业、外商独资经营企业

区属商业总体规模不大。在城区拓展和旧城改造中，区属商业新建改造了北辰商场、时和商厦、鸡粥店等一批新的商店（商业网店），建办饮事机械市场、通惠副食品市场等一些市场，引资合作建造黄金海岸宾馆等，带动了全区商贸业发展。随着商贸流通体制改革不断深化，特别是邓小平视察南方重要讲话发表后，区委提出“三产兴区”的发展导向，促进区商贸服务业全面繁荣。区各类市场兴办卓有成效。三里桥粮油市场和无锡招商城（红梅市场）均为苏南地区著名市场。锡沪路猪肉批发市场，锡澄瓜果市场、摩托车配件市场等均为有规模的特色市场群。同一时期，街道、居委及各种社会资本参与“三产”积极性提高。超市卖场、宾馆酒楼、餐饮服务、休闲业、中介服务业、电信、物流等行业发展加快。形成青石路餐饮街、五爱北路商业街、人民西路电子产品街等一些特色商业街区。

2002年的区划调整和市属商业统计税征等管理职能的转移，加大了“三产”发展空间，以商贸服务业为主的“三产”经济总量加大。至2005年全区销费品零售总额66.62亿元。第三产业增加值在全区经济总量中占51.73%。

改革开放以来，民营经济快速发展，2005年全区私（个）企业1.18万家（户），从业人员5.3万人，注册资金63.94亿元，私（个）经济增加值59.1亿元，占全区地区生产总值的比重为42.7%。

1985年前，区财政由市财政统一管理划拨。1985年起编制财政预算计划。1987～1993年实行分税制财政体制改革。随着经济发展，区级财政收入逐年增加。2002年起，实行税收属地征管，建立区级政府财政管理体系，增加了地方财力。至2005年，区级财政预算收入8.83亿元，可用财力3.51亿元。

（三）

1986～2005年，是北塘区城市建设步伐加快，城区面貌改变最大的时期。1986年时，城区除了工厂企业外，大部分居民住宅低矮破旧，区内道路狭窄，多小街小巷，交通不畅，一些地段河道阻隔，居民出行需靠渡船摆渡。

80年代以来，城市建设规划和思路改变，由市区挤压式向周边近郊扩张的方式，改为主动超前规划分步建设实施。新建扩建了五爱北路、春申路、盛岸路、通惠路（兴源路）、锡澄路、凤宾路、凤翔路等一批道路交通主干道；新建扩建了锡山大桥、吴桥、江尖大桥、蓉湖大桥等一批大型跨河桥梁；新建扩建了锡澄、凤宾、凤翔等大型公路铁路立交桥梁，形成北塘地区较为通畅便利的交通网络。市政基础设施建设和维护能力不断增强。

区旧城改造和城区建设进度加快。相继成片改造胜利门地区、北大街莲蓉桥地区、荷叶村泗堡桥地区、西新棉花巷地区、五里新村地区、北塘大街沿河地区、春申路青石路沿街地区、通惠路沿街地区等。建设盛岸新村、惠华新村、惠龙新新、双河新村、五河新村、惠峰新村等一批新村小区。结合城区拆迁改造，建设古运河小区、民丰家园、广石路小区、惠麓园、新桥花园等一批经济适用房和安置房。2001年通过土地拍卖取得土地使用权以来，建设了康桥丽景、金马国际、中大颐和湾、惠泉山庄、嘉德中央公园、二泉东园、绿洲花园等一批新型住宅小区，改善了居民居住结构。全区人均居住面积从1986年的6.8平方米，扩大到2005年的28平方米。

北塘区河道开阔、地势低洼。历年来，不断加强重点圩区工程和水利工程建设，形成北塘大联圩、山北南圩、山北北圩、盛岸联圩等四个重点防洪工程体系。加强河道整治，完成一批驳岸加固，组织疏浚河道129条，整治小河道23条。扩建改建了一批泵站设施。整体搬迁易涝的江尖地区的工厂和居民。

优化城区环境，建成二泉公园和江尖公园。1999年起对惠华新村、五里北新村、惠龙新村等23个老新村进行整治改造。2004年起对城区部分背街小巷改造整治。加强市容管理，完善环卫设施建设，实现路面清扫机械化。加强城区绿化，城区绿地面积有所增加，绿地覆盖率为20.27%。加强环境保护，控制废水排放；烟尘控制区、噪声达标区覆盖率均达到100%。

保护修复古运河著名景观黄埠墩。2002年起，对惠山古镇进行保护性修复，力求恢复古镇旧观，留住城市的历史记忆和文化内涵。

（四）

1986～2005年北塘区教育、卫生、文化事业得到全面发展。

1986年，区政府以主管小学阶段的学校教育为主，全区有21所小学（其中3所为企业主办），314个班，在校学生12914人。学前教育由教育局、街道地区及区内部分大中型企业合力主办。90年代，随着城区改造和企业分离社会职能，区内企业办学校（幼儿园）全部撤并到地区。2002年区划调整后，市把初中阶段学校全部转入辖区管理。至2005年九年制义务教育阶段的学校全部由区教育局管理。属区管理的学校有初级中学7所，小学21所，培智学校1所，在校学生15132人，有公办幼儿园8所，集体办幼儿园6所，入园幼儿5331人。区政府历年来重视教育事业的发展，推进教育现代化工程，1986～2005年，区财政投入教育经费4.22亿元，新建培智学校、山北中心小学、惠山小学教学楼，重建积余街小学，扩建五爱小学。各学校改进教育设备，加强学校管理，优化教师队伍，加强素质教育，提高教育水平。五爱实验小学、山北中心小学、盛岸小学和五爱实验幼儿园被命名为江苏省实验小学和江苏省实验幼儿园。全区义务教育普及率、巩固率、升学率均达到100%。辖区内中等教育事业较为发达。北塘区职校以职业技术教育和成人教育为主，办学成效好。2005年搬迁到新校区，挂牌命名为无锡市现代职业技术学校。全区共有各类高中、中专、技校11所。无锡市第一中学和无锡市市北高中均为省内著名学校。

医疗卫生事业不断发展。加强区属北塘医院建设，改建扩建门诊和病房大楼，添置医疗设备，提高医院整体水平，评为综合性二级乙等医院。北塘医院的B超检查、妇产科、中医伤科及康复治疗等均有较好的社会知名度。加强公共卫生事业建设，加强传染病防治和卫生监督管理，加强妇幼保健和计划生育技术指导。完善社区卫生服务体系建设。建成具有一定规模和综合医疗技术的社区卫生服务中心和15个社区医疗服务站，形成较为完善的社区医疗卫生服务网络。2005年，获得省社区卫生服务示范区、先进区等称号。至2005年，区内有社会、民营医疗单位33家，个体诊所81家。区内无锡市第三人民医院、解放军101医院，均为综合性三级甲等医院。

文化事业持续发展。加强区文化馆、图书馆等公共文化设施建设。全区街道文化站建设不断健全完善，广泛开展群众性文化娱乐活动，广场文化、社区文化、校园文化、企业文化、军营文化丰富多彩。组织各种文化艺术团体，北塘铃兰女子合唱团在2002年第六届全国合唱节上荣获演唱银奖、优秀组织奖和优秀指挥奖，在2004年第七届中国国际合唱节上获成年组优秀表演奖。北大街街道被评为全国群众文化先进单位。1999年和2004年，北塘区两次被评为江苏省群众文化先进区。2005年，区文化馆被评为文化部一级馆，区图书馆被评为文化部等级馆。区档案馆被评为江苏省三级档案馆，2005年，被国家档案局确定为农村档案联系单位。改革开放以来，文化事业产业化发展加快，至2005年，全区有各类文化娱乐场所436处。文化部门加以积极引导和管理，使文化娱乐业得到健康发展，丰富群众文化生活。

广泛开展群众体育活动，举办四年一届区级运动会，开展争创全国、省、市体育先进社区活动。开展全民健身活动，成为无锡市实施全民健身计划示范区。2002年被江苏省评为全民健身计划“八个一”工程先进区。

（五）

加强基层政权建设和居民自治组织建设。加强社居委干部队伍建设，社区服务巩固发展，特色服务项目超过20个，1999年、2000年北塘区连续两次被评为江苏省社区服务业示范区，北大街、西新街道被评为江苏省社区服务示范街道。开展社居委硬件建设达标活动，全区37个社居委硬件建设达到500平方米，达标率为68.5%。和谐社区建设活动蓬勃开展，社区论坛、社区邻居节、里弄运动会、激情广场大家唱等活动取得了良好的社会效应。北大街街道成为“全国首届和谐社区”示范街道，南尖社区获“全国先进文化社区”荣誉称号。“保洁、保绿、保安”社区创建工作有序推进。

在改革中不断提高人民生活水平。加强就业管理，推进再就业工程，2005年城镇登记失业率控制在3.2%以内。制定并执行职工最低工资标准和城乡居民最低生活保障制度，开展社会关爱行动，慈善医疗、扶贫助学、结对帮困、重度残疾人生活救助已形成制度。维护职工合法权益，在488家企业中推行企业工资集体协商制度。社会保障逐步到位。全面完成原郊区医保与城市医疗统筹的并轨工作，共有1.7万人享受基本医疗保险。建立全市首个精神卫生工疗站，创办区级敬老院和重度残疾人寄养康复中心。2002年，黄巷、山北在全省率先实行村级股份经济合作制改革。2003年全区22个行政村全部完成股份制改革，成为全省第一个村级经济股份合作制改革全面到位的城区，获无锡市经济和社会发展“腾飞奖”。2003～2005年，村民股份分配总额1925万元。城乡居民收入稳步提高，2005年，全区在岗职工年平均工资达到25137元，农民人均年收入8642元。

大事记

1986年

1月21日，区委召开四届五次全委（扩大）会议，总结1985年工作，部署1986年工作。

1月30日，撤销北塘区民政科，成立区民政局，正科级建制，为区政府职能部门。

2月1日，成立区劳动局，列入区政府工作部门。

5月6日，成立北塘区老龄问题委员会。

5月25～28日，区政协召开第一届第三次会议。会议听取并审议区政协第一届委员会常委会的工作报告和本次会议提案工作情况的报告，列席区人大十届三次会议，听取并讨论区政府工作报告以及其他报告。

5月26～29日，区人大召开十届第三次会议。会议听取并审议通过区长翟锁金作的《区政府工作报告》、区人大常委会主任钱定军作的《区人大常委会工作报告》和区人民法院院长胡伯明作的《区人民法院工作报告》、区人民检察院检察长王嘉志作的《区人民检察院工作报告》。会议选举俞夔敏为区人大常委会副主任。

6月2日，成立中共北塘区委老干部局，正科级建制。

6月30日，区人民武装部改归地方，副区级建制。

8月11日，区委召开四届六次全委（扩大）会议，总结上半年工作，部署下半年工作。

8月28日，成立北塘区体制改革委员会。

11月19日，市委批复同意建立中共无锡市北塘区区级机关委员会、建立中共无锡市北塘区文教委员会。

1987年

1月17日，区第十一届人民代表大会换届选举工作结束，全区共选出195名区人大代表。

2月5日，成立北塘区文教党委，原小教党总支同时撤销。

2月21日，邵国振任中共北塘区委副书记。

3月6～11日，区政协召开第二届第一次会议，选举产生区政协主席张文峰，副主席孙元勋、袁行之、杨世琪。

3月8～12日，召开区第十一届人民代表大会第一次会议，选举周学良任区人大主任，俞燮敏、黄复初任副主任；邵国振任区人民政府区长，冯国鹏、朱仁林、李锋、顾寿山任副区长。

3月20日，中百六店、时和绸布店等9家商店由市属下放归属区商业系统管理。

3月31日，由上海食品进出口公司、上海出口商品基地建设公司与市纸模包装厂联合建立的工贸联营无锡市三友包装材料厂成立。

4月初，区属无锡市纸品厂与中国轻工进出口公司省分公司（乙方）、香港中行（丙方）合资149万美元（折合人民币554.28万元），经营簿本制品，销往国际市场，合资期11年。

5月3日，区少年宫剧场正式营业。

5月4日，区政府举行地区工作承包合同签字仪式。

5月8日，区政府会议决定，下半年动工兴建北闸街小学幼儿园、粮食小学幼儿园、后祁街小学幼儿园。

5月11日，区侨台联谊委员会成立。

5月24日，北塘区首届残疾人运动会在市第四中学举行。

6月5日，区红十字医院主办"医学新进展"学术报告会，参加会议的有上海、安徽等15个省市的主要医院、医学院（校）院长及无锡市各医院外科主任共90多人。

6月10日，区个体劳动者协会成立。

6月29日，区委、区政府军民共建活动领导小组成立，虞为政任组长。

6月30日，北塘医院举行新大楼落成典礼。

7月1日，区委、区政府办公室创办的《北塘情况》第一期出刊。

7月3日，长安桥小学在无锡市1987年中小学生游泳比赛中，获得32个单项决赛的20项冠军，10次打破9项市纪录。

7月6日，区委和区政府办公室下发《无锡市北塘区区属工业、企业贯彻〈全民所有制工业、企业厂长工作条例〉实施细则（试行）》《无锡市北塘区区属工业、企业贯彻〈中国共产党全民所有制工业、企业基层组织工作条例〉实施细则（试行）》《无锡市北塘区区属工业、企业实行厂长任期目标制意见（试行）》《无锡市北塘区区属工业、企业实行厂长离任审计制意见（试行）》文件。

7月15日，区人大举行区长与人民代表直接对话活动。

7月19日，晚上18时下暴雨，全区数百户居民家中进水。当晚，市委书记邓鸿勋到和新里等地区察看水情，并和区长邵国振等对防汛工作和安置居民生活进行再部署。

7月21日，建立中共北塘区商业委员会（北塘区商业党委）。

7月21日，北塘合作银行举行首届股东代表大会。

8月15日，区旅游公司及其固定资产及债权债务并入无锡市皮件厂。

8月31日，区商业局所属糖烟公司与归口管理的26家零售商店签订租赁合约，实现全行业租赁经营。

9月1日，盛岸农贸市场开业。

9月23日，无锡市工艺鞋厂与上海文体用品公司投资联营的工贸联营无锡市百灵鸟鞋厂成立。

9月24日，《新华日报》、省广播电台、省电视台、《无锡日报》、无锡人民广播电台、无锡电视台记者到区三里桥粮油市场采访。

9月29日，区政府制定《关于扶持地区副业发展的若干规定》。

10月9日，兴隆宾馆正式开业。中共兴隆宾馆支部委员会于9月1日成立。

10月9日，无锡市电热器材厂的电热带产品由国家计委列入1988年重大技术攻关项目，并获国家计委无息贷款。

10月13日，市委书记邓鸿勋到区检查经济建设和文化建设情况。

10月14日，区自行设计配套齐全的居民小区——双河新村一期工程动工。

10月14日，区首批居民身份证颁发。

10月22日，区八年改革成果展览会开幕，市长吴冬华及市有关部门领导参加开幕式。

11月12日，长期居住在锡山北坡的59户居民和惠山街道两家工厂搬出锡惠公园，拆除影响景观的破旧建筑。

12月16日，团中央命名区向阳中心小学少先队大队部为全国红旗大队部。

12月31日，区老年人体育协会成立。

1988年

1月28日，区政协联谊会成立。

4月12日，北塘街道供养、康复、娱乐敬老养老“万寿院”建成开张。

4月28日，区青年工作联谊会成立。

4月29日，区计经委和10家区属工厂签订承包合同，全面推开承包经营责任制和厂长负责制。

5月9～15日，沪、杭、宁地区街道工作探讨会在兴隆宾馆举行第4次会议，围绕沿海地区发展外向型经济的发展战略，组织讲座、恳谈会、洽谈会，并参观北大街、北塘两街道。

5月16日，区委、区政府确定《区1988年社会主义精神文明建设目标》，共6个方面、26项。

6月13日，中共无锡市委任命虞为政为北塘区委书记。

6月13日，日本友人神田正人给惠山街道颐养院寄来5万日元赠款，神田正人以往曾多次赠送礼品给惠山浜幼儿园的小朋友。

6月23日，区监察局成立。

7月8日，区第一家法律服务所“西新法律服务所”成立。

7月8日，在无锡市中小学游泳比赛中，长安桥小学获甲、乙两个组团体冠军。

7月10日，区下发《关于鼓励企业出口创汇专项奖励规定》。

7月13日，建筑面积达2180平方米的盛岸地下娱乐厅营业。

7月14日，在1988年江苏省航海模型比赛中，区代表队获3块金牌、2块银牌和5块铜牌，团体总分第一。两名运动员将代表省参加全国青少年第四届航海模型比赛。

7月18日，区政府下发《关于鼓励发展区街商业的若干规定》。

7月28日，区委、区政府下发《关于发展我区外向型经济的若干规定》的文件。

8月3日，7月28～8月3日在沈阳举办的1988年全国城区第二届棋类邀请赛上，区代表队获围棋团体第二名，中国象棋团体第三名。

8月22日，区少年宫航模队经全国赛选拔，队员高丕获世界航模锦标赛参赛资格。

8月30日，区委、区政府下发《关于保持机关廉洁作风的若干规定》文件。

9月8日，区政府下发《关于开展评选区“优秀企业”“优秀厂长”活动的意见》，决定从1988年开始评选活动。

10月6日，首届“北塘十月歌会”在区少年宫剧场举行。市长王宏民出席闭幕式。

10月17日，区三里桥粮油市场获国家工商总局命名的“全国文明集贸市场”称号。

10月18日，西新防静电织物厂的防静电织物制品，在全国星火计划交易会上获全国星火计划金奖。

10月25～29日，区委第五次代表大会及区委五届一次会议举行，选举虞为政、邵国振、薛平原、黄德如、包柏南、朱仁林、顾炳和、马忠仁为区委常委，虞为政为区委书记，邵国振、薛平原、黄德如为区委副书记，包柏南为区纪委书记。市委书记邓鸿勋出席开幕式并讲话。

11月11日，区政府成立清理整顿公司领导小组。

11月23日，区属无锡市皮件厂生产的山羊皮茄克和无锡市工艺鞋厂的工艺鞋获轻工部优秀出口产品银质奖；无锡市皮件厂被评为全国轻工出口创汇先进企业，授予金龙腾飞奖（银牌）

12月13日，区政府颁发《关于扶持地区经济发展，增强社会服务功能的若干规定》。

12月31日，市、区两级目标管理项目盛岸农贸市场竣工并正式营业，为当时无锡市最大的棚顶式农贸市场。

1989年

1月6日，区成立“三电”（计划用电，节约用电，安全用电）办公室。

3月6日，从1989年起，市财政对北塘区实行“收支挂钩，环比递增分成，财政包干”的新体制。区在上年实绩增长6.5%的水平上按36.6%分成，超过6.5%的部分归区全留。

3月31日，区政府召开国有土地审报领导小组会议，布置辖区内为期三年的国有土地审报工作。

4月14日，无锡市电热器材厂职工俞祥九等9人研制成功的RDP、RDE型电热带被全国职工技术委员会授予“全国重大技协成果”奖。

4月17日，国务院经济技术社会发展中心名誉总干事薛暮桥视察三里桥粮油市场，并题词“发展商品经济，繁荣无锡米市”。

4月20日，区“双庆杯”军民体育运动会开幕。驻区部队、武警、消防支队、辖区市属厂企、区属各单位共50个单位参加。省顾委委员韩本初、马健，市有关领导，军分区、驻区部队领导出席开幕式。

5月4日，团区委举行团员证颁发仪式。

5月9日，区综合治理领导小组与省第十三劳改支队举行帮教工作协议签订仪式。

5月11日，南京军区副司令员郭涛、无锡市副市长薛成志等在区委书记虞为政的陪同下视察盛岸街道和五爱小学的人防工程。

6月1日，省委副书记邓鸿勋在市领导刘济民、李锦华、张怀西陪同下看望志强路幼儿园的儿童。

6月17日，区政府决定对计经委、商业局两个部门试行“两考一聘”（行政工作考核、政风考廉和干部实行聘用制）工作。

6月26日，省委副书记邓鸿勋到区参加区四套班子领导中心组学习。

8月25日，北大街街道计划生育协会咨询门诊服务站被评为全国基层计划生育协会先进单位。

9月8日，向阳中心小学教师朱雪珩被评为全国教育系统劳动模范；长安桥小学仇庆言被评为“全国优秀教师”。

9月12日，全区103个居委会换届民主改选工作结束。

9月26日，历时5个月的北塘区“双庆杯”军民体育运动会闭幕。市委书记刘济民、省顾委委员韩本初、副市长张怀西及军分区有关领导参加闭幕式并为优胜者授奖。北塘区社区文体协会同时成立。

11月25日，区属无锡市电热器材厂与中国华能集团公司横向联合，更名为华能无锡电热器材厂。

11月27日，区委、区政府召开科技工作会议，讨论通过《北塘区奖励科技进步的若干政策》和产品结构调整的意见。

11月27日，区双河新村举行落成典礼。双河新村为区自行设计独立开发的居民新村，总面积9万平方米，各式住宅42幢，可供1530户居民居住。

12月2日，区属无锡市工艺鞋厂生产的三毛牌工艺鞋，经亚运会专家委员会审定，被列为亚运会指定产品。该工艺鞋曾获全国质量评比第一名，轻工部金龙腾飞奖。

12月13日，区委召开建区以后历任区委书记、副书记、区长会议，对中共北塘区组织史进行终审。

1990年

1月10日，区政府向辖区惠山农药厂等20个文明卫生单位授牌。

1月17日，区政府组织对全区批发市场进行整顿和清理。

2月23日，区委召开民主评议党员总结大会，对历时3个月的民主评议党员工作作了全面总结。

3月4日，区政协第三届第一次会议闭幕，选举产生王启定任主席，倪永敏、杨锡坤、杨世琪、卢兴钧任副主席。

3月5日，区人大第十二届一次会议闭幕，选举周学良为区人大十二届常委会主任，马国如、邱惠芝、马镇中为副主任；选举邵国振为区人民政府区长，朱仁林、朱盘生、李继银、王竹平为副区长。

4月18日，海笑（江苏省作家协会党组书记、第一任北塘区委书记）等30余名北塘区历任党政主要领导参加《北塘区志》评审会。

5月1日，北塘医院功能检查科主任沙蕴华被评为全国优秀医务工作者，并获全国五一劳动奖章。

5月8日，北塘区审计局成立。

5月18日，区政府讨论通过《关于建立政府部门与街道、基层单位之间互逆考评制度的试行意见》。

5月26日，区委、区政府举办“北塘区首届家庭文化节”。

6月28日，区委、区政府召开首次街道工作研讨会。市委、市政府有关领导，崇安、南长、郊区、马山区领导及各街道负责人参加。

7月1日，第四次全国人口普查登记工作在区全面展开。

7月3～7日，区委、区政府召开《北塘区志》终审定稿会议。

8月16日，盛岸九曲基景点工程竣工。

9月1日，第15号台风过境，全区倒塌房屋两处，惠山陶巷、盛岸造船二村、北塘田堵里、顾桥梨花庄、北大街花园里、西新高墩等6个地段受淹，居民住宅进水2628户。副市长薛成志率市防汛办领导到区与区领导一起部署善后工作。

9月12日，国家工商总局副局长曹天玷视察三里桥粮油市场。

9月19日，全国城市卫生检查团江苏省第二分团到区检查。

10月9日，成立无锡市北塘区对外经济贸易委员会，与区计经委合署办公。

10月11日，成立北塘区人民政府法制办公室。

10月26日，坐落在盛岸新村的老年活动中心和社会福利院开放。

10月31日，吴桥街道老年体协获全国老年体育先进集体称号。

11月30日，区残疾人联合会成立，这是苏南地区第一个成立的区级残疾人事业团体。

12月22日，区属无锡市皮件厂和香港顺隆公司合资兴办的无锡昌隆皮件有限公司举行开工典礼，这是无锡市城区第一家合资企业。

12月28日，成立北塘区信访办公室和北塘区体育运动委员会。

12月30日，五爱北路小区旧城改造工程开工。

1991年

1月5日，吴桥中心小学大队部获全国少工委授予“全国红旗大队”称号和锦旗。

1月12日，无锡市第一个地区群众性消防自防互救民间组织——北大街地区消防联合会成立。

1月14日，成立北塘区清理“三乱”（乱收费、乱罚款、乱摊派）领导小组。

1月29日，区房管局与房屋建设服务公司分设。

2月4日，区采取“分片包干、目标服务”办法，在全区建立60个拥军优属责任区。

2月16日，省工商行政管理局局长曹顺霖视察区粮油市场。

2月28日，区成立江阴巷拓宽改造指挥部，区长邵国振任总指挥，副区长朱盘生任常务总指挥。

3月23日，成立北塘区人民政府行政复议委员会，主任邵国振。

3月24日，无锡市帽厂与上海工艺品进出口公司共同投资的联营企业——“上海工艺品进出口公司无锡市工艺帽联营厂”正式挂牌。

4月8日，经区委、区政府决定，自1991年起设立经济和社会事业发展“腾飞奖”，并制定《北塘区“腾飞奖”实施办法》。

4月17日，区建筑设计室从由区房管局代管调整为区规划管理局代管。

4月17日，撤销原北塘区基建办公室，原基建办公室的职能由区计经委承担。

4月19日，建立中共无锡市公安局北塘分局党组，撤销原中共无锡市公安局北塘分局总支委员会。

5月17日，由区立项的南尖住宅小区建设工程和市工商局投资建造的无锡招商场建设工程开工。

6月11日，北大街一期工程竣工，拓宽道路从莲蓉桥至中百一店，总长252米。

7月2~10日，7月2日由于连降暴雨，下午，南门水位达4.88米，三里桥水位达5.10米。全区15237户居民家中进水（0.4米～1.4米）。盛岸、惠龙大部分新村被水围困，西新、北大街、北塘、顾桥、吴桥、惠山沿河驳岸、挡水墙严重渗水。14：00，区委、区政府召开防汛紧急会议，分析研究水情汛情，制订抗洪救灾措施，要求加高加固挡水墙，确保不破圩，力保泵房的正常运转，同时做好严重受淹地区居民的疏通转移工作，并加强值班、巡逻工作，确保无人员伤亡。惠山街道、派出所报告惠山山坡出现两条“黄龙”。“黄龙”均系暴雨冲刷山体造成。7月3日，市委、市政府把北塘联圩确定为全市城区防汛抗灾的重点，成立由市人大常委主任吴钊、副市长吴经起、组织部部长王家骏、区长邵国振组成的总指挥部，决定誓死保卫北塘联圩安全。7月6日，全区防洪墙进行加固及加高，统一达到5.5米标准。7月10日上午，北塘联圩防汛总指挥、市人大常委会主任吴钊，副总指挥、市委常委、组织部部长王家骏，副市长吴经起等领导到区现场办公，作出3天内拆除吴桥东路沿河亭棚的决策。

7月10日，首届无锡青年创造、发明成就博览会及无锡市十佳青年和先进青年评比结束，区北大街派出所副指导员陆震、区环卫所王平分别被评为“十佳青年”和“市先进青年”。

8月8日，无锡新兴工贸联合公司开业。

8月15日，区委、区政府召开区防汛抗洪初战告捷总结表彰大会。

8月20日，中共中央政治局委员、国务委员、国家救灾防病领导小组组长李铁映到区惠龙街道卫生所视察，详细询问灾后防疫情况。

8月23日，市政府第12次常务会议决定：拆除北塘大街沿河房屋，对其低洼地段实施改造，并决定由市人大常委会主任吴钊、市政府副秘书长张觉明，市建委副主任范建新组成协调工作小组。

9月12日，中共无锡市委决定，邵国振任中共无锡市北塘区委书记；虞为政任中共无锡市北塘区委巡视员，免去其中共无锡市北塘区委书记、常委职务；李继银任中共无锡市北塘区委委员、常委、副书记；王德骥任中共无锡市北塘区委委员、常委、副书记；方耀兴任中共无锡市北塘区委常委；倪志卿任中共无锡市北塘区委委员、常委、中共无锡市北塘区纪律检查委员会书记；许建平任中共无锡市北塘区委委员、常委；免去黄德如中共无锡市北塘区委副书记、常委、委员职务；免去包柏南中共无锡市北塘区委常委、委员、中共无锡市北塘区纪律检查委员会书记职务。

9月16日，召开区第十二届人大常委会第十二次会议，会议同意接受邵国振辞去无锡市北塘区区长职务的请求，并决定由李继银任无锡市北塘区代理区长。

9月26日，北塘区“七五”成果展览会开幕，展览会以5室11个篇章88块版面、上千幅图片和上百件实物，展示区“七五”期间两个文明建设的丰硕成果。

11月4日，市政府就北塘大街沿河改造工程召开有关部门领导协调会。

11月4日，北塘区文化市场管理工作委员会更名为北塘区文化市场管理委员会。

11月16日，区委召开第六届第一次会议，选举邵国振、李继银、沈伯其、王德骥、朱仁林、马忠仁、方耀兴、倪志卿、许建平为区委常委，邵国振为区委书记，李继银、沈伯其、王德骥为区委副书记，倪志卿为区纪委书记。

11月20日，区政府在区大会堂召开北塘区1991年捐资助学总结表彰大会。捐资助学活动共收到182个单位、32666名个人的捐款102万元。会上，先进单位69个和先进个人220人受到表彰。

11月25日，设立无锡市北塘区劳动争议仲裁委员会。

11月25日，区委举办中青年干部学习班，来自区机关和基层单位的中青年干部30多人参加为期两个月的学习。

12月2日，区建立公民义务献血领导小组。

12月3日，北塘大联圩吴桥西路防汛工程开工。吴桥西路1500米长的防水墙在春节前完成防渗堵漏加固工程，砖石结构改建成钢筋混凝土结构。

12月6日，北大街街道收到中国计划生育协会转赠的、由国际计划生育联合会赠送给中国的一套价值2万元的电教设备。

12月6日，中国共产党无锡市北塘区委员会对台工作办公室更名为中国共产党无锡市北塘区委员会台湾工作办公室。

12月7日，区下发《关于明确区社会治安综合治理各部门职责的意见》。

12月9日，区召开反盗窃斗争动员暨见义勇为表彰会。

12月19日，区团校成立。

12月25日，区商业局下属糖烟公司实行体制改革，将经营管理型的公司一分为二：一是经营的糖烟公司，二是新设立区糖业烟酒总店。总店为全民性质行业管理机构，负有经营和管理双重职能（下设经营部）。总店和公司均直属区商业局领导。

1992年

1月13日，区委下发《关于加强全区廉政建设工作的意见》。

1月25日，区防汛指挥部获建设部“抗洪救灾先进集体”称号。

2月15日，区政府成立区社区服务指导委员会。

3月3日，区十二届人大三次会议补选李继银为区人民政府区长，补选徐锦梅为区人大常委会副主任。

3月20日，全市首家街道厂办科研机构——“无锡东南铸造研究所”成立。

3月26日，区政府下发《关于扶持区街商业的若干意见》。

4月2日，五爱小学被授予“全国红旗大队”称号。

4月7日，《北塘信息》发刊。

4月7日，区人民法院少年法庭挂牌。

4月11日，撤销北塘街道办事处和吴桥街道办事处，合并新建北塘区吴桥街道办事处；撤销盛岸街道办事处和惠山街道办事处，合并新建惠山街道办事处；撤销顾桥街道办事处和北大街街道办事处，合并新建北大街街道办事处。

4月12日，撤销中共无锡市北塘区北塘街道委员会、中共无锡市北塘区吴桥街道委员会，新建中共无锡市北塘区吴桥街道委员会；撤销中共无锡市北塘区盛岸街道委员会，中共无锡市北塘区惠山街道委员会，新建中共无锡市北塘区惠山街道委员会、撤销中共无锡市北塘区顾桥街道委员会、中共无锡市北塘区北大街街道委员会，新建中共无锡市北塘区北大街街道委员会。

4月13日，建立无锡市北塘区公费医疗管理委员会。

5月14日，区政府下发《关于开放北塘区人才市场的意见》。

5月30日，区实验托儿所成立。

5月30日，区关心下一代工作委员会成立；市首家少年案件审判庭在北塘区法院成立。

6月5日，由北塘区个体劳动者协会与北大街街道南尖居委会合资兴办的全市首家公司——无锡市北塘红梅快餐公司在北大街街道南尖75号开业。

6月18日，无锡市北塘区劳务队成立，这是全市第一家区级劳务队。

7月11日，区委、区政府举行《北塘区志》首发式。

7月28日，北塘区被省政府、省军区授予“双拥模范区”称号。

7月23日～8月5日，区委书记邵国振、区长李继银等组团参加市赴深圳外向型经济恳谈会，与20多家国外客商洽谈，谈成合资意向项目7个，总投资1652万元。

8月11日，江阴巷、春申路北段道路拓宽改造工程正式进点动迁。到11月30日道路拆迁全部结束。

9月21日，区政府下发《关于对区属小型企业实行个人（合股）风险承包经营机制的意见》。

9月26日，由区火炬服装厂与香港和兴贸易公司共同创办的中外合资无锡捷威制衣有限公司开业。

10月4日，区锡南开发工作领导小组成立，李继银任组长。11月11日，区委、区政府下发《关于建设无锡市锡南经济技术开发区北塘小区的实施意见》。

12月1日，区三里桥粮油市场获国家工商总局命名的“1991~1992年度全国文明集贸市场”称号。

12月31日，上午，由北塘区房屋开发公司独立开发的无锡招商（B区）开张营业。

12月31日，被列入市政府重点目标管理项目的吴桥改扩建工程主体工程正式开工。

1993年

1月6日，北塘区第十三届人大代表选举工作结束，共选出代表198人，全区参选人数136074人，参选率达98.5%。

1月9日，惠山街道红十字会被评为1991~1992年度全国先进集体。

1月16日，经省档案局审批同意，区档案馆定升为三级档案馆。

1月28日，区精神文明建设目标管理领导小组成立。

2月14~18日，区政协第四届第一次会议召开，周凤山当选区政协主席，张培德、倪永敏、杨锡坤、卢兴钧、殷汉玉当选区政协副主席。

2月16~20日，区第十三届人大第一次会议召开，邵国振当选区人大常委会主任，吴骏、徐锦梅、马镇中、卢标法当选区人大常委会副主任；李继银当选区长，许洪义、朱盘生、王竹平、章永星、姚振亚当选副区长。

2月24日，区房屋建设开发公司与香港港锡房地产公司举行合资成立中外合资宝光地产开发（无锡）有限公司暨合作开发江阴巷2、4、6号地块项目签约仪式。

3月2日，国家工商局全国副食品批发市场联络会在四川成立，无锡市北塘区三里桥粮油市场等9个市场经国家工商局市场司提名，成为联络会常务理事会单位。

5月3日，区政府颁发《北塘区关于加强流动人口计划生育管理的实施意见》。

5月12日，副市长杨惠菊及市财政局局长张士怀等，到区研究调整区财政包干体制的有关问题，初步确定区财政收入比例由原来的36.02%调高至43%，并取消增收15%以上对半分成规定。

5月20日，北塘区融通资金领导小组成立，李继银任组长，徐雪萍、刘金娣任副组长。

5月25日，北塘区人大工作研究会成立大会在区房管局会场召开，邵国振当选区人大工作研究会会长。

6月8~9日，区召开外资经贸洽谈会，来自中国香港、台湾地区和日本、新加坡、澳大利亚、比利时、美国等国家的71名客商应邀赴会，共签订利用外资项目意向书18份，协议利用外资3064.6万美元，签订外贸合同价值4330万元，批准立项境外企业2家。

6月17日，区政府下发《关于开展地籍调查和土地登记发证工作的实施意见》。

6月24日，区召开首届科技工作者代表大会。

8月4日，区委知识分子工作领导小组成立。

9月2日，区委、区政府下发《党政群机关缩编、分流人员的实施意见》。

9月8日，北塘区集体企业股份合作制改革指导小组成立，许洪义任组长。

9月28日，由西新街道办事处与香港富亚展有限公司合资建办的无锡银都酒楼有限公司正式开业。

10月19日，区政府下发《关于“三产兴区”的实施意见》。

10月19日，区委召开外来人口和无业人员专项治理工作会议。

11月26日江阴巷春申路北闸街段翻建拓宽和莲蓉桥改造工程竣工通车。

1994年

3月1日，区工商局投资兴办的五爱农贸市场正式对外开放，锡惠弄农贸市场同时撤销。

4月8日，区属无锡市火炬服装厂创办的第二家中外合资企业——火炬服装有限公司正式开业。

4月11日，无锡国际商城动土奠基典礼举行。副省长杨晓堂及市、区有关领导，以及宝光房地产公司中外方董事、经理胡法光、林文德、林文光、徐洪宝为国际商城奠基。

5月4日，北塘区青年联合会成立。

8月13～23日，区政府组织30人的代表团赴泰国、中国香港地区招商，共签订经济合作项目5个，总投资3519万美元，协议利用外资2662.2万美元，签订外贸出口项目3个，出口额236.2万美元。

9月19日，区召开第五届工商联合会恢复暨北塘区商会成立大会。

9月21日，无锡昌隆皮件有限公司在锡南开发区举行新址落成典礼。

9月23日，举行无锡米市艺术节开幕式暨无锡米市、粮油交易中心、三里桥粮油市场新楼、无锡米市物业开发有限公司开业仪式。

9月25日，苏锡常地区第一家区级科技市场——北塘区科技市场落成开业，并举行技术交易会开幕式。

10月10日，区委在区人民大会堂召开全体机关干部大会，传达市中级人民法院、市检察院《关于责令新兴实业总公司非法集资的中介人限期交代问题的通知》。

10月18日，区召开首届教育督导工作会议。

11月21日，北塘区少年案件审判庭被评为全国法院系统先进集体。

12月，吴桥第四次重建工程竣工通车。

1995年

3月8日，区女知识分子、女企业家、女干部联谊会成立。

4月1日，区工商局更名为无锡市工商行政管理局北塘分局，作为市工商局的派出机构。

5月7日，撤销中共北大街街道委员会，建立中共北大街街道工作委员会；撤销中共吴桥街道委员会，建立中共吴桥街道工作委员会；撤销中共西新街道委员会，建立中共西新街道工作委员会；撤销中共惠山街道委员会，建立中共惠山街道工作委员会；撤销中共惠龙街道委员会，建立中共惠龙街道工作委员会。各街道党的纪律检查委员会同时撤销，建立各街道党的纪律检查工作委员会。

5月12日，区被江苏省人民政府授予“普及九年义务教育县（市、区）”和“扫除青壮年文盲县（市、区）”称号。

5月20日，区首家实行全员劳动合同制单位签约仪式在北辰商场举行，商场的73名职工均成为合同工。

8月4日，无锡市耐酸泵厂在厂内举行全员劳动合同制签约仪式，成为全区工业首家全员劳动合同制企业。

9月2日，区培智学校建成开学，培智学校专门招收轻度弱智儿童。学校投资130万元。

9月2日，周令根任中共北塘区委书记。

10月，五爱广场改造和人民西路改建工程竣工通车。

10月27日，全区居委会换届改选工作结束，全区117个居（家）委会中，有105个进行改选。

11月8日，区工业、商业联办的通惠副食品市场和时和商厦营业。

12月28日惠钱路拓宽改造工程竣工通车

1996年

2月2~5日，区第十三届人大会第四次会议召开。会议审查批准《北塘区经济和生活事业发展九五计划及2010年远景目标》，接受邵国振辞去区人大常委会主任职务的请求，马镇中辞去区人大常委会副主任职务的请求，补选周令根为区人大常委会主任、秦国伟为区人大常委会副主任。

3月19日，区人武部收归军队建制。

4月14日，各街道分别成立社会治安综合治理委员会，并与辖区内主要厂企单位签订综合治理目标责任书。

4月29日，区在全市率先实施城市生活垃圾袋装化。

5月8日，无锡粮油市场建设工程启动。

5月14日，区五套班子领导观看以侦破无锡新兴实业公司非集资案为内容的电视专题片《巨浪淘沙》，并结合实际进行讨论。

5月16日，百年老店时和商厦（原名时和布绸呢绒商店）搬迁后重新开张。

6月12日，区知识分子联谊会成立。

9月17日，北塘区惠东里物业管理公司举行全市首家由物业公司管理的居委会——惠东里居民委员会成立大会暨挂牌仪式。

9月23～28日，列入市第六届太湖艺术节和国庆活动之一的“96无锡米市艺术节”在北塘区举行。

10月14～18日，区机关开展向延安、汉中革命老区献爱心、送温暖活动，募捐棉、衣、裤等物共计2041件。

10月17～20日，由北塘区、崇安区人大常委会共同筹备并主办的晋、冀、鲁、豫、苏部分城市区人大工作研讨会第六次会议在无锡市银湖饭店举行。全国五省二十二个城市区的近百名负责人大工作的领导到会。北塘区等单位在会上作交流发言。

10月30日，区法院设立老年案件合议庭。

11月1日，区委、区政府召开机关机构改革大会，区长李继银就区党政机关改革工作作具体部署。

11月10日，中共北塘区工业委员会更名为中共北塘区计划与经济局委员会，中共北塘区商业委员会更名为中共北塘区贸易局委员会；中共北塘区教育委员会更名为中共北塘区教育局委员会；中共北塘区建设环保局委员会更名为中共北塘区城市建设环保局委员会。以上单位党的纪律检查委员会同时作相应更名。

11月12日，区编制委员会更名为区机构编制委员会。

12月，春申路和江尖大桥新建工程竣工通车。春申路和江尖大桥新建工程是1995年12月启动的，历时一年。

1997年

1月24日，区委召开七届一次会议，选举产生新的区委常委，由周令根、李继银、沈伯其、许建平、许洪义、张静玉、崔凤山、许新宇、刘玲9人组成，周令根任区委书记，李继银、沈伯其、许建平任区委副书记。

2月3日，区环境管理局成立。

3月15日，北大街街道、无锡市火炬服装厂、区南尖居委等3家单位作为城区经济排头兵登上“1996年无锡城区经济光荣册”。

4月8日，区法院在全省法院系统五年一度的先进集体和先进个人表彰大会上，被省高级人民法院和省人事厅联合评为先进集体。

4月9日，全区89个区属大集体企业、合资企业、校办工业企业参加第三批医疗社会保险改革动员大会，并定于7月1日全部实行医保改革。

6月10日，无锡市国土管理局北塘分局成立。

7月8日，由区计经局和中国包装总公司共同筹建的无锡印刷包装材料市场开业。

7月11日，区召开非农业用地大清查会议。

8月15日，区委、区政府召开全区街道机构改革动员大会。

9月2日，占地25万平方米的惠峰新村开始整治。740米长的新村主干道全面翻新，市、区两级政府计划投资500余万元。

9月19日，区房管局率先在城区中召开首届商品房销售交易会。

9月20日，滨湖区红五月小学撤并给北塘区，校舍、土地所有权全部划归为北塘区教育局。

9月30日，区委、区政府举办“北塘在前进——十四大以来两个文明建设成果图片展”开幕式。

10月15日，由区贸易局举办，位于江尖大桥桥洞的无锡炊事机械市场开业。

10月23日，区委、区政府召开区国家公务员职位分类和人员过渡工作动员大会。

11月13日，区召开第十三届人大第三十三次会议，决定接受李继银辞去副区长职务的请求，接受秦汝栩辞去副区长职务的请求，会议决定许洪义为区人民政府代理区长，任命许建平、金元兴为副区长。

11月25日，北大街街道获国家体育运动委员会授予的“全国群众体育先进集体”称号。

12月18日，区第一所居民学校——南尖居民学校成立。

12月24日，区红十字会将募集的衣被等物总计9620件，全部运送市红十字会。

12月29日，区召开企业改制工作交流会议暨首批改制试点企业授牌仪式。

1998年

1月4~8日，区第十四届人大举行第一次会议。会议选举沈伯其为区人大常委会主任，吴俊、卢标法、姚振亚、秦国伟、顾尧坤为区人大常委会副主任。选举许洪义为区长、许建平、朱盘生、章永星、刘茂荣、金元兴为副区长。

1月18日，黄金海岸大酒店开业。2000年9月，被评为四星级酒店。

3月1日，惠山横直街的下河塘马路市场、锡园马路市场正式迁入室内经营，并易名为惠山农贸市场。至此，全区马路市场已全部搬入室内。

5月12日，区首次召开“两劳”人员安置帮教工作联席会议。

5月18日，区委、区政府新大楼（北塘大街188号）启用。

6月2日，全市城区首家司法所——北塘司法局北大街司法所挂牌运作。

6月14日，全省精神病防治康复工作现场会在西新街道召开。省卫生厅、省残疾人联合会组织南京、无锡、常州、苏州、连云港、泰州等10个市、县（市）有关领导40多人出席现场会。

6月19日，区再就业服务中心挂牌。

7月18日，无锡市帽厂房屋土地置换签约仪式在区政府第三会议室举行。

7月20日，区法院获省高级法院记集体二等功，并被授予“文明法院”称号；给少年庭庭长、省劳模毛妹娣记个人一等功。

7月31日，区军地两用人才培训中心揭牌。

10月22日，江苏省首家水上专业工商所——无锡市工商局北塘分局水上管理所成立。

10月23日，由区创建办牵头，市建委、市防汛办等部门配合，北塘辖区内历年遗留下来的18艘沉船被全部打捞上岸。

10月27日，无锡市首家粮油市场专业工商所——无锡市工商局北塘分局粮油市场管理所成立。

1999年

7月22日，区向全体党员干部和群众传达中央关于取缔邪教非法组织的指示精神。

8月14日，周令根任市委常委、组织部部长，不再担任北塘区委书记，吴富生任北塘区委书记。

9月7日，区召开社团办挂靠企业改转制工作会议。

10月18日，区成立青石路景观商贸街管理委员会。

10月18～22日，区募集冬衣13万件，送往陕西榆林地区。

11月12日，区社区卫生服务中心和社区计划生育技术指导中心挂牌，是无锡市首家挂牌单位。

12月3日，民革北塘区支部成立。

12月28日，区首家街道团工委——北大街街道团工委成立。

2000年

1月1日，全长1050米、宽15米的青石路景观商贸街正式建成通车。青石路景观商贸街开工拓建于1998年11月20日，历时一年两个月建成。

1月31日，北塘区五河街道办事处成立。

3月23日，区召开发展个私经济会议，并出台《关于进一步加快我区个私经济发展的若干意见》文件。

3月24～25日，区委、区政府举办为期两天的“北塘区企业改转制专题培训班”。区委、区人大、区政府、区政协、区纪委的全体领导、区街直属工商企业经营集团全体成员、企业主管部门负责人以及有挂靠企业的主管单位负责人共180余人参加学习、培训。

3月30日，区委召开领导班子、领导干部“三讲”讲学习、讲政治、讲正气教育动员大会。

4月12日，无锡市伟达五金交电公司在惠龙街道双河会场召开党、团支部成立大会。该公司成为北塘区非公有制企业第一家成立党、团支部的单位。

5月15日，区举办劳动力资源信息联网开通暨下岗、失业人员招聘洽谈会，区与市劳动力市场和各区劳动力市场联网。

5月9日，区委召开“致富思源、富而思进”教育活动动员大会。

5月26日，北大街街道成立全市第一家流动党员党支部。

5月27日，全市首条常年夜市街——青石路商贸景观街夜市营业。

5月30日，区6个街道社区医疗卫生服务站成立。

6月2日，位于江阴巷8号地块的黄金大道商住小区一期工程举行开工仪式。

6月25日，北大街街道南尖居民在职党员活动站成立，成为全市首家居民区在职党员活动站。

7月1日，市委、市政府举行吴桥东路低洼地区危旧房改造开工仪式。

7月31日，北塘区房地产经营公司与广州好又多百货商业广场有限公司双方代表就合作开设无锡好又多超市项目正式签约。无锡好又多超市位于无锡北大门春申路与北大街连接处。

8月8日，区社区服务中心揭牌。

8月28日，百年老店状元楼大酒店举行开业典礼并出资5万元设立“希望之星状元奖”奖学金，首批25名优秀特困学生每人得到了2000元的奖学金。

9月14日，市首家综合经济党总支在北大街街道成立。

11月10日，区老年活动中心在北泗路举行揭牌仪式。

12月27日，民进北塘区总支部召开成立大会。民进北塘区总支部的前身是民进北塘区小教支部，成立于1983年。

2001年

1月16日，由51个成员单位参加的区社区党建工作协调委员会成立。

2月6日，西新街道获“江苏省科普文明街道”称号。

2月19日，北塘区检察院被江苏省检察院授予2000年度全省检察机关“人民满意的五好检察院”称号。

2月20日，曹佳中任中共无锡市北塘区委委员、常委、副书记；免去许洪义中共无锡市北塘区委委员、常委、副书记职务。

2月22日，区十四届人大常委会举行第二十二次会议，决定任命曹佳中为无锡市北塘区人民政府副区长，会议通过区人大常委会接受许洪义辞去无锡市北塘区人民政府区长职务请求的决定，通过曹佳中代理无锡市北塘区人民政府区长的决定，通过接受吴骏辞去无锡市北塘区人大常委会副主任职务请求的决定。

3月16日，区委、区政府召开全区体制改革和私营个体经济工作会议，下发了《关于北塘区2001年企业改革工作意见》和《关于加快北塘私营个体经济发展的意见》(征求意见稿)。

4月21～24日，区政协举行第五届委员会第四次会议，会议通过接受周凤山辞去区政协第五届委员会主席职务请求的决定，选举杨林根为区政协第五届委员会主席，朱盘生、施庆伟为区政协第五届委员会副主席。

4月22～26日，北塘区举行第十四届人大第四次会议，会议选举吴富生为区十四届人大常委会主任，张静玉、祝建中为区十四届人大常委会副主任；会议选举曹佳中为北塘区人民政府区长；会议通过关于接受沈伯其辞去区人大主任职务请求的决定。

4月29日，区委召开全区“新世纪北塘形象”大讨论动员大会。

5月21～23日，中共无锡市北塘区召开第八次代表大会。会议选举吴富生任区委书记，曹佳中、许建平、焦进甫任区委副书记，许新宇任区纪委书记。

7月6日，北塘区居委会换届选举结束，新当选居委干部平均年龄45.2岁，比上届下降近11岁，高中以上文化程度者占总数的80%。

8月6日，无锡市北塘区私营经济园（惠山分园、春申分园）成立。

10月13日，区召开党政机构改革动员大会并下发了《无锡市北塘区机构改革方案》。

10月28日，由北大街街道和无锡招商城合作开办的无锡招商城电器市场开业。

12月8日，积余街中心小学举行建校百年庆祝活动。

2002年

1月，滨湖区黄巷镇、山北镇和刘潭街道划归北塘区管辖。

3月15日，区政协召开五届二十八次常委会议，通过区政协第五届委员会常委会关于增补13名政协委员和分别设立政协黄巷镇工作委员会、山北镇工作委员会的决定。

3月29日，浙江中大房产联合开发公司与无锡市北塘区房地产经营公司对荷叶村低洼地区改造项目签约。这是无锡市实施国家新的拆迁安置办法以后危旧房体量最大、投资量最大的改造项目。

4月16～26日，区委副书记、区长曹佳中率团参加市组织的“无锡旅情大型赴日经贸文化交流活动”，签订一批投资意向和协议。

4月18日，由北塘区政府、黄巷镇政府主办，无锡市粮油交易市场协办的首届中国无锡粮油交易会开幕。来自全国24个省、市、自治区的2000余名客商参加交易会。

6月20～27日，区分别参加市在温州、福州、深圳三地举办的经济洽谈会，合同及意向引进内资23.3亿元，外资约为4000万美元。

6月22日，北大街拓建改造工程竣工通车。

7月5日，副省长张桃林到区就基层社区文化建设工作进行专题调研。

8月15日，区在市首届城市产业发展洽谈会上成功签约7个项目，总投资26亿元，列三城区之首。

8月30日，2002年无锡市“体育进社区”活动启动式在区皮具城广场进行。

8月30日，区惠华新村小学校长助理陈兰杰被区教育局选派到延安支教。

9月3日，无锡市铃兰实验幼儿园举行开园典礼。

9月3日，区法院、检察院、司法局、妇联、关工委、街道等部门、单位分管领导和11名老干部志愿者，由副区长叶勤良带队，赴江苏省第一少管所开展结对帮教活动。

9月4日，区委书记吴富生、区长曹佳中，随市党政代表赴上海学习取经，区企业与上海企业共签订3个项目，投资总额4500万元。

9月28日，北大街—青石路被市政府命名为“无锡旅游餐饮街”，同日举行开街授牌仪式。

9月，北栅口公铁立交拓建工程竣工通车。

10月12～14日，由中国汽车工业协会摩托车分会和市政府联合主办的第三届全国摩托车及配件展示交易会在黄巷镇统一摩托车配件市场举办。

10月17日，北塘区科技创业园在北塘私营经济园春申分园内科技大厦通过专家评审论证，成为培育高科技产品的研发基地。

10月26日，全市第一家中外合资现代物流企业—无锡市新东南物流有限公司在黄巷镇奠基。

11月8日，撤销中共无锡市北塘区经济贸易局委员会，建立中共无锡市北塘区资产经营公司委员会。

12月5日，全市第一家村股份经济合作社在黄巷镇陈巷村成立。

12月5日，建立中共无锡市北塘区农村工作办公室。

12月8日，北大街科技产业园奠基。

12月29日，全市首支社会治安志愿者服务队在惠山街道成立。

12月，凤宾路拓宽延伸工程竣工通车。

2003年

1月4~8日，区召开政协六届一次会议，胡传华当选为区六届政协主席，张伯芳、平安、张佐宪、施庆伟当选为副主席。

1月6~9日，区召开十五届人大一次会议，选举吴富生为区人大常委会主任，张静玉等4人为人大常委会副主任；选举曹佳中为区人民政府区长，叶勤良等5人为副区长。

1月30日，由吴桥街道引进的台资企业无锡新里程房地产咨询有限公司获外商投资企业批准证书，这是全市房地产咨询服务业中首家外资企业。

2月24日，北大街街道成立全市首家协税护税联席会。

2月28日，北塘区人民法院被中央精神文明建设指导委员会授予“全国创建文明行业工作先进单位”。

4月6日，国家人口与计划生育委员会政策法规司司长江亦曼、科技司司长赵白鸽，省计生委副主任陈美英、张春延视察区人口与计划生育优质服务工作。

4月8日，无锡市城区唯一的私营外贸园区——无锡私营外贸企业园北塘园区成立。

4月11日，杨木桥经济适用房居住区工程开工建设。

4月16日，区召集辖区各医疗、防保机构会议，全面部署防治“非典”疫情工作，落实责任。

4月29日，由区委副书记、区纪委书记许新宇率领的北塘招商分团一行4人，随无锡市大型经贸招商总团，分别在韩国汉城、釜山，日本东京、名古屋、大阪，参加一系列的经贸招商文化交流活动。此次活动共签定合作协议、意向项目6个，合同利用外资1950万美元，注册资本1410万美元。

5月8日，刘潭街道辖区30多家企业联合成立商会，这是无锡市实行财税属地征管后成立的第一个街道商会。

5月9日，北塘私营经济园春申分园党校成立，这是全市第一家私营园区党校。

6月21日，区举行“告别陋习、走向文明、共建美好家园”大型宣传日暨万人签名活动。

6月26日，区新经济组织党工委、纪工委成立。

7月5日，民政部部长李学举、副部长陈杰昌一行，在省、市领导的陪同下，到棉花巷社区进行考察。

8月1日，区8个部门联合制定、下发《关于在全区农村开展创建“民主法治村”活动意见》，开展区“民主法治村”的创建活动。

9月，凤宾公铁立交扩建工程建成通车。

9月15～16日，中共中央财经领导小组办公室农村局局长吴志雄在市委副书记樊金龙等陪同下到黄巷镇调研。

9月23日，区在黄巷镇召开了312国道北塘段改扩建工程征地拆迁动员大会，该项工程的北塘段正式启动。

9月28日，市第一家社区网站——南尖社区网站开通。

10月31日，在2003年市私营企业高新技术洽谈（展示）会上，北塘区共洽谈签约39个项目，共引资6.25亿元。

11月27日，黄巷镇五河股份经济合作社成立暨第一次股东代表大会召开，北塘在全市率先全面完成村级股份合作制改革工作。

12月，五爱北路、县前西街、永定桥拓宽改造工程同时竣工通车。

12月，兴源北路（原通惠路）改线拓宽延伸工程建成通车。通惠路拆迁工程于同年2月份启动建设，历时10个月。

12月，蓉湖大桥建成通车。

2004年

1月4日，省委副书记张连珍在区委书记吴富生的陪同下走访西新街道失业人员。

1月12日，区举行解困送温暖募捐发放仪式，共募捐223.235万元。

2月13日，区政府与北京亿仁投资有限公司就北塘医院产权制度改革和经营管理体制改革举行签约仪式。

2月18日，区实施撤镇建街、街道整合工作。调整后的街道设置由2镇7街道整合为5个街道，即将黄巷镇与刘潭街道成建制合并，组建黄巷街道；将山北镇政府与惠龙街道成建制合并，组建山北街道；将北大街街道与吴桥街道成建制合并，组建北大街街道，并代管五河街道；将西新街道与惠山街道成建制合并，组建惠山街道。2月24～26日，区乡镇、街道的党政副职领导干部参加新建街道副职领导岗位的全员竞争上岗。

2月19日，成立无锡市北塘区黄巷经济发展总公司、无锡市北塘区山北经济发展总公司、无锡市北塘区北大街经济发展总公司、无锡市北塘区惠山经济发展总公司。

3月10日，江苏省档案局局长韩杰一行到区调研农村档案管理工作。

3月19日，区举办2004年地块推介签约仪式，总面积为155万平方米的12幅地块成功签约。

3月30日，杨木桥二期安置房开工建设，该工程总投资2.5亿元。

4月16日，卫生部部长马晓伟视察区卫生事业。

4月30日，由黄巷街道前村股份经济合作社与金盛桥商场有限公司投资的金桥商贸城正式开业。

5月13日，省委常委、省委政法委书记孙安华，在市委副书记、市委政法委书记周解清，副市长王咏红等领导陪同下，视察惠山街道棉花巷小区和黄巷街道高泾村的平安创建工作。

5月28日，区青少年法律援助中心挂牌，这是市成立的首家青少年法律援助中心。

6月5日，省关工委主任曹鸿鸣在市关工委领导的陪同下到区视察关心下一代工作情况。

6月6日，惠山街道棉花巷社区居委会在全市首次举行社居委主任、委员直接选举。

6月28日，区召开第一次全国经济普查工作领导小组成员会议，部署开展第一次经济普查工作。

7月19日，北塘区重点房地产开发项目之一——绿洲花园开工奠基。

7月28日，无锡市积余街中心小学新校建设工程奠基仪式举行。

7月28日，黄巷医院完成股份制改革，成为市区首家实行股份制改革的乡镇（街道）医院。

8月6日，惠山街道人大工作委员会成立。至此，全区4个街道均已建立人大工作委员会。

8月25日，杨木桥经济适用房——民丰家园正式交付使用。

8月31日，市首家基层再就业培训点——北大街街道再就业培训点揭牌。

9月5～21日，由区委书记吴富生带领的北塘区考察团赴南非、巴西开展考察及招商活动，并签订5份经贸合作意向书。

9月29日，区委、区政府召开全区撤村建居动员大会，撤村建居工作正式启动。

10月24日，政协无锡市委员会、中共无锡市委统战部、徐寿研究会等联合举办的徐寿逝世120周年纪念会暨学术研讨会在徐寿家乡——山北街道隆重举行。来自全国各地的专家学者和徐寿的后裔近70人参加纪念大会。

10月26日，在中华全国工商业联合会、中国民营科技实业家协会联合开展的2004年度中国优秀民营科技企业奖、中国优秀民营科技企业家评选活动中，北塘区有4家企业获奖：无锡正大畜禽有限公司董事长周政、无锡市新东电器有限公司董事长刘东林、江苏南方机电股份有限公司董事长盛炫明获得中国优秀民营科技企业奖、企业家奖；江苏刘潭集团有限公司董事长钱伯荣获得中国优秀民营科技企业家奖。

10月26～28日，在无锡市民营企业高新技术洽谈会上，北塘区有6家省高新技术企业和5家市高新技术企业的36种产品参与展示，签订产学研合作项目31个，合作总额2亿元。

10月28日，区首次自行组团赴中国香港地区，举行以现代服务业招商为主的2004北塘—香港（CEPA）推介会。共签订外资项目18个，协议利用外资额1.994亿美元，其中服务业项目11个，利用外资1.739亿美元。

12月31日，全区22个行政村全部改为社居委。

2005年

1月21日，无锡市国土资源局北塘分局由小三里桥搬迁至凤宾路民丰家园一区26号办公楼，所辖黄巷国土资源所、山北国土资源所一并搬入办公。

2月1日，2005年市重点工程项目广石路经济适用房工程举行施工合同、廉政共建协议、安全生产承诺书签约会。

4月8日，区总工会成立。

4月15日，全市第一家街道慈善超市——黄巷街道慈善超市开业。

4月26日，区规模最大的农民安置小区——蒋家湾小区建设项目奠基。

5月13日，台北曹仲植基金会向区残联赠送200辆轮椅。

5月31日，区各街道建立政协街道工作委员会。

6月24日，省委副书记冯敏刚，省委常委、组织部部长王国生在市、区领导陪同下，实地考察区北大街街道南尖社区的党建工作。

6月28日，2005无锡北塘—新加坡投资推介会在新加坡安国酒店举办。无锡市副市长吴建选出席会议，同时邀请30多名新加坡工商企业家与会。

7月6日，区148名社区志愿者与“空巢家庭”老人举行结对帮扶签约。

7月9日，区召开第二批保持共产党员先进性教育活动工作会议。会议总结全区第一批先进性教育活动，动员和部署第二批先进性教育活动。

7月17日，北塘区新的行政服务中心及公检法业务用房建设启动。由此，北塘新城凤翔片区建设工程全面启动。

7月18日，城北地区最大的商业项目—通惠路步行街项目开工建设。该项目是无锡城市商业主轴线中山路延伸段和吴桥商圈核心项目，占地14万平方米，建筑面积近50万平方米，项目总投资约20亿元。

7月27日，国家人口计生委副主任王国强考察区婚育医学检测中心，调研开展免费婚育医学检查和免费孕前优生检测工作。

7月28日，副省长、省委先进性教育活动领导小组副组长王湛到区第二批先进性教育活动的联系点—北大街街道开展工作。

7月31日，区已全面超额完成社会保险扩面收缴目标任务，完成扩面人数9693人。

8月18日，区举行资助贫困大学生助学金发放仪式。

8月27日，区委召开纪念中国人民抗日战争胜利60周年大会，向18名抗战老战士颁发中国人民抗日战争胜利60周年纪念章。

9月7日，区召开北塘新城（凤翔片区）开发建设会议。北塘新城以凤宾路为中轴线，向东、西方向伸展，呈田字形。东至锡澄路，南临吴桥东、西路，西靠凤翔路，北及江海路，规划建设范围4.5平方公里，可利用土地约1.68平方公里，以商贸、文化、居住为主要功能。

9月12日，区档案局被国家档案局确定为国家档案局农业和农村档案工作联系单位。

9月22～25日，全国二十七城区政协工作研讨会第十九次会议在北塘区召开。

9月30日，新桥花园三期农民拆迁安置小区在黄巷街道杨木桥破土动工。

10月20日，召开全区新市民安居乐业工程暨外来人口工作会议，区委、区人大、区政府、区政协等有关领导出席会议。

10月20日，无锡市第一支由基督教奉教青年组成的志愿者团队——无锡市惠工桥基督教青年志愿者服务队在北大街街道千福门敬老院成立。

10月25日，区创办的全省首家重度残疾人寄养康复中心——惠枫怡康院举行开业揭牌仪式。

11月28日，北大街街道被中央精神文明建设指导委员会评为全国精神文明建设先进单位，南尖社区被评为全国文化先进社区。

12月1日，区在香港开展服务业招商活动，共签订14个投资项目，总投资超过4亿美元。

第一编

地理 人口

北塘区因位于无锡北城门外，又因京杭运河筑有塘岸，习称“北门塘”“北门塘上”，简称北塘而得名。区境内山水相依，土地肥沃，四季分明，环境宜人。京杭古运河贯穿而过，闻名遐迩的“江南第一山”——惠山傍区而立。由于受东南海洋气候的影响，梅雨时期较长，夏季台风、暴雨时有发生。

2005年，北塘区设4个街道办事处，54个社区居民委员会，5个家属委员会。面积31.5平方公里，2005年年末户籍人口253436人。

第一章 建置 区划

第一节 建 置

1951年10月，无锡市建立8个区。1955年7月，第五区改称北塘区。区境以第五区为主，另有第四区一部分和第六区一部分也并入北塘区。1958年6月，西新区北半部并入北塘区。1960年5月，北塘区改建为北塘人民公社。1962年4月，复称北塘区。1968年，建北塘区革命委员会。1983年，恢复为北塘区。1998年5月，区人民政府所在地由小三里桥街23号迁至北塘大街188号。

2005年，区界四至是：东以解放西路为界，由人民桥经胜利门至北新桥，在人民桥中间与崇安区分界；南以人民西路为界，路南为南长区，路北为北塘区，在京杭大运河以西倚惠山与滨湖区龙山村相望；西至宪丰村，与滨湖区钱桥镇毗邻；北至高泾村（瓦屑坝、龙塘岸）、刘潭村，与惠山区堰桥镇毗邻。

第二节 区 划

1951年设区时，区境下辖惠山镇和丁埄里、西新、北塘、吴桥、顾桥、江阴巷6个派出所区域。1955年，区内建立西新、惠山、丁埄里、北塘、吴桥、江阴巷、顾桥下7个街道。1958年并区时，全区设北塘、吴桥、顾桥、西新、惠山5个街道；10月，各街道改称人民公社，西新、惠山2个街道合并建立惠山人民公社。1960年5月，各街道所改建的公社分别改称分社；无锡县黄巷公社划入，改称北塘公社黄巷分社。1961年1月，无锡县钱桥公社的红光、宪丰、新华3个大队划入黄巷分社；黄巷分社划出会北、双河、红星、新华、会龙、红光、宪丰等大队与崇安人民公社划出的刘潭分社合并建立山北分社，归北塘人民公社管辖；2月，无锡县青山林果场和钱桥人民公社勤新大队划入北塘人民公社；3月，北塘人民公社设惠山、红旗、大河池、吴桥4个城市分社和黄巷、山北、管家湾3个农村分社及北郊蔬菜管理处。1962年4月，管家湾分社划归太湖区。同月，设北塘、北大街、吴桥、顾桥、西新、惠山6个街道。1982年5月，增设盛岸街道。1985年7月，增设惠龙街道，全区设8个街道。

1986年，北塘区设北塘、北大街、吴桥、顾桥、西新、惠山、盛岸、惠龙8个街道办事处。1992年4～5月，区辖街道设置变更，顾桥街道并入北大街街道，北塘街道并入吴桥街道，盛岸街道并入惠山街道。全区辖北大街街道、吴桥街道、惠山街道、西新街道、惠龙街道5个街道办事处。2000年1月，设立五河街道，其管辖居委分别从吴桥街道、北大街街道划入，区设6个街道。

2002年1月，黄巷镇、山北镇和刘潭街道由无锡市滨湖区划属北塘区。北塘区辖2个镇、7个街道。

2004年2月，黄巷镇撤镇，与刘潭街道合并组建黄巷街道；山北镇撤镇，与惠龙街道合并组建山北街道；北大街、西新、吴桥、惠山、五河5个街道合并整合后，改设为北大街街道（代管五河街道①）、惠山街道。至2005年年末，全区下设黄巷、山北、北大街（代管五河街道）、惠山4个街道办事处。

1986~2005年北塘区街道办事处建置变动情况表

表1-1

街道名称	建立时间	撤销（合并、改建）时间
北大街街道办事处	1980年 恢复建立	
北塘街道办事处	1980年 恢复建立	1992年4月 撤销合并
吴桥街道办事处	1980年 恢复建立	2004年2月 撤销合并
顾桥街道办事处	1980年 恢复建立	1992年4月 撤销合并
五河街道办事处	2000年1月	2004年2月起由北大街 街道办事处代管
西新街道办事处	1980年 恢复建立	2004年2月 撤销合并
惠山街道办事处	1980年 恢复建立	
盛岸街道办事处	1982年5月	1992年4月 撤销合并
黄巷街道办事处	2002年划入北塘区	2004年2月 撤镇改街道
刘潭街道办事处	2002年划入北塘区	2004年2月 撤销合并
山北街道办事处	2002年划入北塘区	2004年2月 撤镇改街道
惠龙街道办事处	1985年7月	2004年2月 撤销合并

①北大街街道办事处代管五河街道办事处，五河街道办事处撤消。

1986年北塘区街道办事处及居民委员会（家属委员会）情况表

表1-2

序	街道名称	居委会（家委）名称
1	北大街街道办事处（10个居委会）	江阴巷、石灰场、泗堡桥、荷叶村、北大街、坛头弄、长安桥、石铺头、南尖、江尖
2	北塘街道办事处（10个居委会）	东街、大河池、小泗房弄、西街、北泗路、迎新弄、蔡墅巷、田堵里、大田岸、东升里
3	顾桥街道办事处（17个居委会，1个家委会）	梨花新村、豫康里、锡澄一村、锡澄二村、一里街、新市场、顾桥、北闸街、后祁东街、航运新村、后祁西街、建设村东、建设村中、建设村西、作新弄、锡澄路、小梨花庄、色织四厂（家委会）
4	吴桥街道办事处（16个居委会，1个家委会）	三棉、进新、协新、双河尖、水上、黄巷新村、吴桥、三里桥、惠商桥、信德桥、民主街、青石路、霞美路、波光、五河新村、红星、协新毛纺织染厂（家委会）
5	西新街道办事处（16个居委会）	西直街、李巷、锡惠弄、棉花巷东、棉花巷西、西康路、兴隆桥、温巷、高墩、龙船浜、和新里、李家浜、蓉湖庄、五里新村南、五里新村北、五里街
6	惠山街道办事处（9个居委会，1个家委会）	惠泉山、下河塘、听松坊、惠山浜、锡园、惠钱一、惠钱二、蓉湖新村、蓉湖庄、惠营（家委会）
7	盛岸街道办事处（12个居委会）	盛岸新村第一、盛岸新村第二、盛岸新村第三、盛岸新村第四、新民村、湖光新村、新惠路、源康弄、盛东、盛南、盛西、盛北
8	惠龙街道办事处（10个居委会）	龙山、石门、惠峰新村、珠帘、光明、惠华、新华、白云、建新、勋民

2005年北塘区街道办事处及社区居民委员会（家属委员会）情况表

表1-3

序	街道名称	社居委（家委）名称
1	黄巷街道办事处（18个社居委）	惠山、社桥、五河、梨庄、民丰、杨木桥、高泾、前村、陈巷、刘潭、刘潭一村、刘潭二村、民丰里一村、民丰里二村、毛巷、龙塘岸、试验场、庄前
2	山北街道办事处（15个社居委，2个家委会）	惠峰、龙西、惠龙、惠泉、双河、惠华、惠东里、宪丰、二泉、会龙村、双河村、会北、会西、红星、红光、石油研究所（家委会）、干休所（家委会）
3	北大街街道办事处（12个社居委，2个家委会）	南尖、荷花里、梨花庄、锡澄新村、古运河、莲蓉园、后祁街、丽新路、凤宾路、五河一、五河二、黄巷、色织四厂（家委会）、毛巾厂（家委会）
4	惠山街道办事处（9个社居委，1个家委会）	棉花巷、兴隆桥、盛岸一村、盛岸二村、惠畅里、蓉湖、惠泉山、五里新村、新惠路、惠营（家委会）

说明：北大街街道办事处统计数包含代管的五河街道

第二章 自然环境

第一节 位置 面积

一、位置

北塘区位于无锡市市区西北部，是无锡市三个中心城区之一，地处北纬31°7′~32°2′，东经119°33′~120°38′，区域东以解放西路为界，由人民桥经胜利门至北新桥，在人民路中间与崇安区分界，东北隅黄巷街道部分地区与锡山区相接；南以人民西路为界，路南为南长区，路北为北塘区，在京杭大运河以西锡惠公园广场以南与滨湖区相接；西与惠山区钱桥镇毗邻；北与惠山区堰桥镇相接。

二、面积

1985年，北塘区区域面积为9.97平方公里。2002年，黄巷镇、山北镇、刘潭街道划归北塘区后，区域总面积扩至31.5平方公里，其中陆地29.28平方公里，水域面积2.22平方公里。

第二节 地质 地貌

一、地质

北塘区地层隶属于江南地层区，境内第四纪覆盖广泛，侵入岩分布不多，且大多隐伏地下，火山岩分布零星。境内锡山、惠山系浙江天目山余脉。约在1.2万年前的全新世，域内为昔日海湾中的孤岛，经过长江古道泥沙的不断淤积，逐步形成太湖盆地的水乡泽国。锡山、惠山由泥盆系砂岩构成。古芙蓉湖塘圩、惠山浜两岸，由潜育型水稻土所组成，黏性大。下层所含的黑色淤泥，为全新世早期流水沼泽相，黑色淤泥呈软质流塑状，质地细腻，是制作惠山泥人的特殊原料。

二、地貌

北塘区地形为圩区和部分平原及山地，属低洼湖荡地区：东、北、西三面环水，处于埝埭港、锡澄运河、古运河包围之中。南靠锡山、惠山。锡山、惠山总面积31平方公里。锡山海拔74.3米，周长约1.5公里。惠山最高峰为三茅峰，海拔328.98米，周长约20公里。全区普遍地势低洼，地面高程一般在3.4~3.8米；最低处仅2.8米，在黄巷街道民丰村；平均高程4.2米。

第三节 水文 水系

一、水文

北塘区地处江南水乡，境内地势平坦低洼，河道纵横，水网遍布，河水流速平缓，河水补给除天然雨水外，还有外来客水。京杭大运河横亘东西，与锡澄运河、锡北运河首尾相接，并与太湖水网贯通。因此，每逢汛期客水猛增，低洼地区受淹成灾。

1986～2005年北塘区历年水位情况表

表1-4　　单位：米

年份	最高水位	发生日期	最低水位	发生日期	年平均水位
1986	3.60	7月17日	2.52	2月28日	2.96
1987	4.24	8月25日	2.51	2月12日	3.21
1988	3.77	9月3日	2.53	2月16日	2.99
1989	4.02	9月23日	2.55	1月15日	3.21
1990	4.06	9月1日	2.83	1月31日	3.17
1991	4.88	7月2日	2.69	12月28日	3.39
1992	3.50	10月3日	2.58	3月3日	3.04
1993	4.47	8月21日	2.74	3月18日	3.34
1994	3.80	10月10日	2.78	10月4日	3.02
1995	4.30	7月7日	2.73	12月31日	3.16
1996	4.40	7月5日	2.65	3月9日	3.17
1997	3.61	8月20日	2.67	6月16日	3.03
1998	3.75	7月23日	2.93	12月30日	3.32
1999	4.77	7月1日	2.69	2月27日	3.35
2000	3.61	6月4日	2.81	5月17日	3.16
2001	4.09	6月24日	2.85	4月20日	3.26
2002	4.22	6月21日	2.95	1月23日	3.35
2003	4.09	7月6日	2.98	6月25日	3.31
2004	4.25	6月25日	2.92	3月20日	3.25
2005	4.15	8月7日	2.93	1月21日	3.31

二、水系

北塘区境内河网密布，地表水系发达。主要河道一级河有京杭大运河，境内总长5.7公里；二级河有古运河、环城河、双河等3条，总长6.13公里；三级河有内塘河、民丰河、刘潭河等9条，总长25.68公里；四级河有会西河、东汀河、团结河、盛岸河等58条，总长37.76公里。河流总长度74.77公里，主要河道水域面积0.36平方公里，河网密度每平方公里2.39公里，总排涝流量每秒50.87立方米，一般排涝流量每秒25.4立方米。

2005年北塘区三级、四级河道情况表

表1-5　　单位：米

河道名称	长度	面宽	起讫地点	流经地区
南街浜	250	15	南街，浜底—内塘河	南街浜地区
前村东中西浜（计3条）	1100	10	三条浜，寺头河—南街浜	前村地区
冯巷浜	850	9	内塘河—冯巷村	冯巷村
洋槐、陈巷内河（计2条）	460	9	陈巷村	陈巷地区
杨岸河	1640	5	会西河—运河	会西、杨岸里
断头浜	172	8	内塘河—印染新村	印染新村
姚巷浜	137	8	双河—浜底	山北淀粉厂旁
西泾河（大庄浜段）	500	8	双河—大庄浜	会西
会西新开河	1140	5	会西河—浜底	会西
蛳螺圩河	550	8	运河—大庄浜	会北
任巷浜	280	30	刘潭河—陈巷	陈巷
北洋槐河	500	8	六棉厂—东汀河	庄前新村
张泾头河	480	13	东汀河—野岸河	庄前地区
野岸河	570	15	张径头河—南汀内河	庄前村
南汀内河	250	5	野岸河—东汀河	庄前村
刘潭桥浜	250	16	刘潭河—刘潭村	刘潭村
万源浜	150	15	小梨花庄—埝埭港	梨花新村
杨刘河	420	9	西汀河—凤宾路	刘潭地区
梢顶浜	1120	14	刘潭河—广石路	刘潭地区
缪巷浜	500	10	刘潭河—缪巷	缪巷
毛巷浜	120	8	刘潭河—毛巷	毛巷
唐巷浜	340	5	会西河—浜底	会西唐巷
庵桥河	650	5	会西河—严巷	会北地区
腐乳浜	850	8	沿山河—大运河	盛岸一村、惠山村
陶巷浜	73	8	惠山浜—陶巷	陶巷
田禾浜	170	18	大运河—浜底	新民村
团结河	465	15	内塘河—顾桥港	黄巷地区

续表1-5

河道名称	长度	面宽	起讫地点	流经地区
内塘河	4040	25	锡澄运河—大运河	三里桥、民主街、312国道
民丰河	2830	11	埝埭港—五河口	民丰里、五河新村
杨木桥河	590	20	苏屑河—民丰河	杨木桥地区
蒲社河	870	9	民丰河—社桥港	社桥地区
顾桥港	2630	10	五河口—埝埭港	凤翔路、兴源路、顾桥
西汀河	1430	10	刘潭河—苏屑河	东大岸、唐巷
东汀河	1810	15	刘潭河—民丰河	庄前村
东塘河	2370	10	百子站—五河口	咸塘河
锡丰浜	75	22	古运河—浜底	李家浜
生禾浜	85	14	古运河—浜底	南尖地区
李家浜	200	20	古运河—浜底	李家浜
茅泾浜	60	12	环城河—浜底	茅泾浜
西坝头河	1680	5	社岗西坝头闸—双河	蒋家湾、会西河
塘沟河	1750	9	刘潭河—民丰河	前村地区
大吴巷河	800	15	运河—会西河	会西村
惠龙新开河	320	12	柏枝下—赵家浜	惠龙新村
赵家浜	1210	18	沿山河—双河	惠龙新村、赵家浜
油车浜	160	8	徐巷—双河	双河村、徐巷村
东泾河	840	10	大庄浜—双河	双河村、李巷
大庄浜	2304	15	社岗里—运河	会西、大庄
北庄河	680	22	大庄浜—会北	会北、杨岸里
环山河	2120	25	双河—红光桥	家村、水泥厂
护渎河	1280	20	沿山河—双河	惠华新村
山东浜	810	15	惠山浜—运河	蓉湖新村、陈巷
惠山浜、龙头河（计2条）	1060	20	龙头下—宝善桥—运河	上河塘、陶巷
九曲基	1150	10	沿山河—双河	惠华新村、盛岸路、新华村
沿山河	1500	10	红光桥—惠山浜	惠峰新村、盛岸一村
盛岸河	960	14	沿山河—新惠河	盛岸一二村
新惠河	520	11	盛岸河—九曲基	造船新村
刘潭河	4620	9-12	锡澄运河—太保墩	黄巷地区
苏屑河	3660	15	陈巷内河口—运河	黄巷地区
周家圩河	700	13	运泾河—刘潭河	龙塘岸村
龙塘岸河	300	13	刘潭河—龙塘岸村	龙塘岸村

续表1-5

河道名称	长度	面宽	起讫地点	流经地区
苏吴河	650	11	民丰苏巷—民丰河	苏巷、吴巷
埝埭港	2380	16	原染料厂—横河口	老市场、梨花村
黄金岸界河	700	15	东塘河口—刘巷	刘巷

至2005年北塘区废弃河道情况表

表1-6 单位：米

河道名称	长度	面宽	废弃年份	备注
毛巷内河	650	10	2003	已填没废弃
紫金梢浜	80	5	2003	已填没废弃
牛尾巴梢浜	200	2	2003	已填没废弃
谢巷浜	300	7	2004	已填没废弃
三家村浜	180	9	2004	整治后填没废弃
小张巷浜	174	10	2004	建箱涵，再填没，绿化
民主街浜	115	6	2004	建箱涵，再填没，绿化

第四节 气 候

北塘区地处北亚热带南部，属海洋性气候，其特点温暖湿润，四季分明，气候温和，雨水充沛，日光充足，无霜期长。春秋气候温和；夏季炎热，多东南风，雨水集中；冬季干燥较寒，多偏北风。常年主导风向东南风，冬季受北方冷空气影响，盛行西北风；春季由于太平洋来的暖空气开始活跃，东北风和西北风交替出现，东南风已成为盛行风向；夏季受太平洋暖湿空气控制，盛行东南风；秋季冷暖空气交替频繁，风向多变。全区地势低洼，北受长江高潮威胁，南受太湖洪水侵袭，西受上游客水压境，极易发生洪涝灾害。汛期为每年的5~9月，非汛期为10月~翌年4月。多年平均（1952~2005年）年降雨量为1110.8毫米（无锡站，下同）。年最大降雨量为1713.1毫米（1999年），年最小降雨量为552.9毫米（1978年），最大一日降雨量为178.2毫米（1991年），最大三日降雨量为295.7毫米（1991年）。汛期多年平均降雨量为674.7毫米，占全年总雨量的60.7%。

一、四季气候特点

春季 气温回暖，万物复苏。因北方冷空气减弱，气候温和。但有时有倒春寒，极端最低气温日是1988年3月7日，气温降到零下3.5℃；冷暖气流相遇春雨绵绵，偶有冰雹出现。其间(指1986~2005年,下同),年平均日照时数最长的是2005年的613.2小时;最短的是1991年的355.3小时。

夏季 气温高,平均气温22℃以上,雨水多。是台风活动最频繁时期,会出现冰雹、龙卷风、雷雨大风和雷击等灾害性天气。按气温、雨水的不同,无锡的夏季可以分初夏、盛夏和夏末3个时期。初夏梅雨季节,阴雨连绵,阳光少,湿度大,梅雨量的过多过少易造成旱涝灾害。盛夏因受副热带高压控制,多晴热天气,平均气温在28℃以上,是气温最高时期,若长期无雨便形成伏旱。夏末,高温季节已过,虽会出现"秋老虎",但气温开始下降,白天热,夜间凉,阴雨天多。其间,年平均日照时数最长的是1994年的755.2小时;最短的是1999年的366.1小时。

秋季 是四季中最短季节,天晴光足,秋高气爽。当冷空气南下,冷暖空气势力相当时,会秋雨绵绵。秋末见初霜,有时还有寒潮入侵,极端最低气温日是1993年11月24日。其间,年平均日照时数最长的是2002年的578.6小时;最短的是2000年的347.6小时。

冬季 是四季中最长季节,寒冷少雨,寒气迫人。此季由于西伯利亚和蒙古高原的冷空气南下影响,多干寒的西北风,气候寒冷,特别是在12月份下旬至翌年2月上旬,天气最冷,有时还有降雪。其间,年平均日照时数最长的是2004年的476.0小时;最短的是1990年的286.9小时。

二、气温 降水

气温 1986～2005年,年平均气温16.22℃。最热为7月,极端最高气温日是2003年8月1日,达到40.1℃;最冷为1月,极端最低气温日出现在1986年1月5日和1991年12月28日,达到零下8℃。

降水 1986～2005年,年平均降水量1141毫米,最多年份1713.1毫米(1999年),最少年份841.7毫米(1997年)。100%的年份降水量在800毫米以上,60%的年份降水量在1000毫米以上。月最大降水量568.4毫米(1999年8月),一日最大雨量178.2毫米(1991年7月2日)。

1986~2005年北塘区气温、降水情况表

表1-7

年份	平均气温(℃)	极端最高(℃)	极端最低(℃)	年雨量(毫米)	雨日(天)	月最大雨量(毫米)	日最大雨量(毫米)
1986	15.30	37.10	-8.00	867.50	109	269.30	62.60
		7月30日	1月5日			6月	6月12日
1987	15.40	36.30	-7.00	1498.90	149	396.00	98.20
		7月11日	1月14日			7月	8月25日
1988	15.60	38.70	-5.9	947.90	107	213.10	164.10
		7月8日	12月17日			9月	9月3日

续表 1-7

年份	平均气温（℃）	极端最高(℃)	极端最低(℃)	年雨量（毫米）	雨日（天）	月最大雨量（毫米）	日最大雨量（毫米）
1989	15.60	36.60	-3.8	1220.30	127	197.00	86.00
		8月12日	1月15日			7月	8月4日
1990	16.60	38.90	-7.6	1088.40	136	192.80	135.50
		7月24日	2月1日			9月	9月1日
1991	15.80	36.80	-8.0	1581.80	129	510.50	178.20
		7月22日	12月28日			7月	7月2日
1992	15.90	38.00	-3.50	881.02	110	209.50	83.70
		7月29日	1月15日			3月	6月14日
1993	15.30	36.00	-7.00	1491.00	137	381.30	104.50
		7月12日	1月17日			8月	8月2日
1994	16.80	36.60	-3.50	863.90	113	179.10	58.30
		7月02日	1月19日			6月	6月26日
1995	15.80	37.50	-3.30	965.60	97	187.20	96.60
		7月20日	2月6日			5月	8月23日
1996	15.60	35.10	-5.30	1152.20	126	290.10	134.10
		7月21日	1月10、20日			7月	7月5日
1997	16.30	36.80	-4.70	841.70	128	139.40	57.40
		6月5日	1月6日			5月	5月12日
1998	17.00	37.80	-6.50	1189.20	121	213.50	57.60
		8月11日	1月25日			6月	6月18日
1999	16.00	36.00	-6.20	1713.10	139	568.40	136.80
		9月10日	12月22、23日			8月	8月25日
2000	16.50	37.30	-6.10	1049.80	124	159.30	57.70
		7月21日	1月26、27日			5月	10月2日
2001	16.60	37.70	-5.30	1263.70	117	455.90	110.80
		7月2日	12月26日			6月	6月23日
2002	16.90	37.90	-3.80	1332.90	125	316.20	108.20
		7月15日	12月28日			6月	6月20日
2003	16.80	40.10	-5.40	882.80	121	180.60	50.50
		8月1日	1月5日			7月	7月5日
2004	17.40	39.10	-4.90	1039.90	111	208.20	77.00
		7月24日	12月31日			6月	6月25日
2005	17.10	38.10	-6.10	948.20	102	174.60	79.30
		7月3日	1月2日			8月	9月12日

第五节 自然灾害

1986～2005年，北塘区自然灾害主要是暴雨和台风形成的水涝灾害，少数年份出现过冰冻雪灾。

一、水灾

1987年7月1～8日，北塘地区出现连续降水，其中2日和4日出现大到暴雨和大暴雨，总雨量达216.1毫米，是常年同期的3.4倍。由于雨水集中，区内出现雨涝，居民家中进水。

1988年9月3日，出现大暴雨，雨量164.1毫米，主要降水时段在8～11时，当天下午南门水位从31.6米猛增到37.8米，北塘区共有2270户居民家中进水，许多企业和街道积水严重。

1989年9月15～17日，受8923号热带风暴袭击，无锡降雨达84.9毫米，吴桥西路、北栅口等地出现严重积水。

1991年，梅雨期长，雨水多。仅7月1～3日，降雨达到295.7毫米，其中7月2日水位陡涨到4.88米，北门水位更达5.13米，超过历史最高水位0.4米，且水位持高不下，出现百年未遇的特大洪涝灾害。全区受淹面积达2.82平方公里，进水户15237家，进水工厂83家，进水仓库18只，进水商店74家，被迫停产半停产企业69家，主次干道积水44条，里弄小巷积水121条；直接经济损失8280万元。

1993年8月，有4次暴雨过程，总过程雨量达326.8毫米，下旬南门最高水位达44.4米，全区防汛工作时间长，压力大。

1995年5月，出现区域性暴雨，降水达77毫米，风力6级以上。6月20日下午至21日上午，出现暴雨天气过程，降水量87.6毫米。8月22日夜间至23日，受对流天气影响，降水量96.6毫米。均造成部分居民住宅进水。

1996年7月5日，一场暴雨雨量达121.5毫米，北门水位很快涨到4.65米，和新里、五里新村一片受淹，几百户居民家中进水。

1997年8月18～21日，18日下午受9711号台风影响，降大到暴雨，并伴有8～9级大风。8月19日，水位达3.76米，超过警戒水位17厘米。盛岸、江尖等5个泵站因室外变电器跳闸停电影响排涝，新建桥泵站外线被大风吹断停电20个小时，造成小梨花庄地区36户居民家受淹，最大水深30厘米。

1999年6月6日入梅，较常年提早近半个月。7月20日出梅，梅期45天，比常年偏长。梅期总雨量562.9毫米，仅次于1991年。6月、8月的月降雨量分别为474.6毫米和413.5毫米，均超过1954年和1991年，创历史新高。7月1日，南门水位达到4.74米，仅差历史最高水位1991年0.14米。整个汛期水位超4.0米的时间长达50天，而超警戒水位3.59米的时间更是长达101天（6月10日～9月21日），是无锡市有水文记载以来高水位持续时间较长的年份；由于及时抢险救灾，加上城区防洪排涝工程发挥显著作用，全区基本未发生大的洪涝灾害和经济损失。仅有少数低洼地工厂遭受轻微损失，549户居民受淹，损失比1991年大大减少。

2002年汛前，无锡市气候反常，气温偏高，阴雨天气较多。5月、6月，雨日明显增多，且雨量大。5月23日，南门水位3.86米，太湖平均水位3.63米。5月的降水之多和平均水位之高实为罕见，均属历史之最。6月19日入梅后，连续4次高强降雨，致使全区水位猛涨，局部地区出现短时间内涝，江尖、吴桥、西新、五河等主要路段出现不同程度的积水。

2003年7月5日，受梅雨带强降水的影响，北塘区出现雷阵雨天气，降水量达暴雨。由于雨水集中，无锡南门水位达4.07米，超过警戒水位0.48米。区内有的道路积水，锡澄地区水位猛涨，部分低洼地段的居民家中进水。

2004年6月14日，进入梅雨季节后，受强对流天气影响，北塘地区出现3次强降水过程，造成多个路段和地区出现不同程度的积水，居民家中短时间进水。

二、旱灾

1988年7月上中旬，北塘地区出现持续高温干旱，从7月4日起连续18天最高气温超过35℃，持续时间之长为历史之最。

1990年7月和8月，高温日数达26天，降水量仅达87.8毫米，不到常年同期的40%，高温伏旱严重。

1994年6月29日出梅后，受副热带高压控制，北塘地区出现持续高温少雨天气，高温伏旱明显，全区河水水位持续下降，旱情严重，给人民生活带来不利影响，用电明显上升，中暑和患空调综合症的病人多于往年。

2005年的高温日有28天，长时间的高温造成夏季用电紧张。

三、风灾

1990年8月31日下午至9月1日上午，北塘地区遭受9015台风正面袭击，极大风速18米/秒（8级），并普降大暴雨，过程雨量达212毫米，造成区内房屋倒塌，居民家中和工厂进水，损失严重。

1992年8月31~9月1日，北塘地区受9216热带风暴外围影响，过程雨量62.8毫米，极大风速14秒/米（7级风）；9月23~24日，受9219热带风暴直接影响，过程雨量57.9毫米，极大风速21秒/米（9级风）。

1994年5月31日，北塘地区出现强对流天气，极大风速18秒/米（8级风）；8月27日，出现强雷暴天气，16：43分极大风速25秒/米（10级风），狂风造成多条供电线路断电，影响居民的生活用电。

2001年6月中旬，受西南暖湿气流及副热带高压边缘和第二号强热带风暴“飞燕”外围等的共同影响，北塘地区出现大到暴雨、大风、雷阵雨天气，给工农业生产和群众生活带来影响。

2003年7月17日，受对流云团影响，北塘地区出现大风雷雨天气，风速达21.7秒/米，造成多条10千伏供电线路出现故障，跳闸停电。区内因狂风，树木连根拔起，刮落树枝、广告牌、屋、铁门等，砸伤数人。

2005年8月上旬和9月中旬，北塘地区先后遭受第9号台风“麦莎”和第15号台风“卡努”的正面袭击，对居民的生产、生活造成极大影响。其中9月12日，因第15号台风“卡努”影响，全区幼儿园、托儿所、中小学停课一天。

四、冰冻雪灾

1991年12月25～27日，北塘地区连续降雪，积雪深度达11厘米。由于积雪厚，冰冻不化，影响城乡公路交通一个星期，铁路运输也短暂受阻。27日，受强冷空气影响，连续4日暴冻，自来水管破裂不计其数，严重影响居民用水。

1993年1月15～22日，北塘地区连续低温，极端最低气温-7.0℃，部分自来水管冻裂，对居民用水造成一定困难。

1996年1月17～18日，北塘地区出现降雪，积雪深度达6厘米，交通受到影响。2月16～17日，再次出现降雪，积雪深度达6厘米，对春节前后交通影响较大。由于积雪路滑，交通事故较多。

1998年3月19日，北塘地区受寒潮袭击，并伴有雨雪及雷电、冰雹等极端天气，对交通和人民财产造成一定损失。

2000年1月24日，受强冷空气影响，无锡下了一场大雪，罕见的冰雪低温天气，使北塘区一些路段的地下自来水管冻坏爆裂，蔬菜价格上涨。

2003年1月上旬、3月上旬和11月上旬分别受北方冷空气的影响，气温较低，其中1月5日最低气温降至-5.4℃，寒冬造成自来水管大量爆裂，路段积水成冰，行人滑倒，医院骨折病人增多。

2004年12月下旬，受冷空气或暖湿气流的共同影响，北塘地区阴雨雪天气多，气温低。28日的降雪，使有的地方形成积雪，给交通运输及市民出行带来极大不便。

第三章 人口

第一节 人口规模

一、人口总量

无锡解放后，北塘区进行5次全国人口普查。1953年第一次全国人口普查时，区境人口为69198人，比1949年的69992人减少794人。1964年第二次全国人口普查时，区境人口为142514人，比1953年净增73316人。1982年第三次全国人口普查时，区境人口为164861人，比1964年净增22347人。1990年第四次全国人口普查时，区境人口为180008人，比1982年净增15147人。2000年第五次全国人口普查时，区境人口为172052人，比1990年减少7956人。2002年，全市区划调整黄巷镇、山北镇及刘潭街道划入北塘区，至2005年，全区总人口253436人。

二、总户数（户籍人口）

1986年，北塘区人口总户数为55553户，其后经历自然变动、区划调整及迁入迁出等各种变动，户籍发生较大的变化。

2000年，全区共有家庭户99452户，集体户5233户，家庭户平均每户人数2.83人，比1990年的3.15人少0.32人。

2005年年末，全区共有家庭户93533户，比1986年年末总户数增加37980户，增长68.37%；总人口增加77200人，增长43.80%。

第二节 人口构成

一、性别

1985年，全区总人口为169472人，其中男性88545人、女性80927人，男女性别比为1.0941。

1990年，全区总人口为180008人，其中男性91837人，占总人口的比重为51.02%，女性88171人，占总人口的比重为48.98%，性别比为1.0416。

2000年，全区总人口为177332人，其中男性91753人，占总人口的比重为51.74%；女性85579人，占总人口的比重为48.26%，性别比为1.0193。

2001年，全区总人口177611人，其中男性91728人，女性85883人，男女性别比1.0681。

2002年，黄巷镇、山北镇及刘潭街道划入北塘区。年末，全区总人口250233人，其中男性127500人，女性122733人，男女性别比1.0388。

2003年，全区总人口252097人，其中男性128462人，女性123635人，男女性别比1.0390。

2005年年末，北塘区境内总人口253436人，其中男性128178人，女性125258人。男女性别比1.0233。

2001～2005年，全区人口增加75825人，增长42.69%，其中男性增加36450人，增长39.74%；女性增加39375人，增长45.85%。

1986～2005年北塘区户籍人口性别情况表

表1-8　　单位：户、人、%

年份	总户数	总人口数	性别结构		男、女人口占总人口比重		性别比 女=100
			男性	女性	男性	女性	
1986	55553	176236	–	–	–	–	–
1987	56508	175902	–	–	–	–	–
1988	58095	176910	–	–	–	–	–
1989	59320	176813	–	–	–	–	–
1990	60374	176356	–	–	–	–	–
1991	61085	175599	91786	83813	52.27	47.73	109.51
1992	61529	174456	91125	83331	52.23	47.77	109.35
1993	62226	174944	91522	83422	52.32	47.68	109.70
1994	63067	175562	91778	83784	52.28	47.72	109.54
1995	63854	176357	92417	83940	52.40	47.60	110.09
1996	64450	176322	92143	84179	52.26	47.74	109.46
1997	64975	176725	92229	84496	52.19	47.81	109.15
1998	65493	176434	92033	84401	52.16	47.84	109.04

续表1-8

年份	总户数	总人口数	性别结构		男、女人口占总人口比重		性别比女=100
			男性	女性	男性	女性	
1999	65587	176732	91855	84877	51.97	48.03	108.22
2000	65289	177332	91753	85579	51.74	48.26	107.21
2001	65399	177611	91728	85883	51.65	48.35	106.80
2002	92477	250233	127500	122733	50.95	49.05	103.88
2003	92066	252097	128462	123635	50.96	49.04	103.90
2004	92619	250962	127001	123961	50.60	49.40	102.45
2005	93533	253436	128178	125258	50.60	49.40	102.43

说明:1、上述资料为公安北塘分局提供

2、2002年以后的数据包含全市区划调整后划入的原黄巷、山北及刘潭地区的数据

二、年龄

1990年全国第四次人口普查时，北塘区60岁以上老年人口21750人，占全区人口的12.08%。

2000年全国第五次人口普查时，全区65岁以上老年人口上升到28065人，比重达到9.23%，超过联合国人口分类标准，北塘区已步入老年型社会。老年抚养比11.96%。

2005年，全区人均期望寿命76.97岁，其中男性74.72岁，女性79.66岁。全区90岁以上老人689人。

三、死亡年龄

随着国民经济稳步发展，人民生活水平逐步提高，死亡率基本平稳。据2000年第五次全国人口普查，北塘区死亡人口1421人，死亡率为4.67‰。其中男性773人，占54.4%，死亡率为5.03‰；女性648人，占45.6%，死亡率为4.3‰；从年龄阶段看，60岁以上人男性死亡546人，死亡率为3.56‰，60岁以上女性死亡546人，死亡率为

3.62‰，男性死亡率高于女性0.06个千分点。

1990年全国人口普查北塘区人口死亡年龄分析情况表

表1-9　　　　单位：人

性别		小计	年龄组																				
			0	1~4	5~9	10~14	15~19	20~24	25~29	30~34	35~39	40~44	45~49	50~54	55~59	60~64	65~69	70~74	75~79	80~84	85~89	90~94	95~99
男		307	5	2	1	1	4	2	5	2	2	5	11	13	26	38	48	44	51	25	19	2	1
	占比（%）		1.63	0.65	0.33	0.33	1.30	0.65	1.63	0.65	0.65	1.63	3.58	4.23	8.47	12.38	15.64	14.33	16.61	8.14	6.19	0.65	0.33
女		225	6	3	0	1	1	2	2	3	5	3	5	12	13	19	12	21	44	39	23	9	2
	占比（%）		2.67	1.33	0.00	0.44	0.44	0.89	0.89	1.33	2.22	1.33	2.22	5.33	5.78	8.44	5.33	9.33	19.57	17.34	10.23	4.00	0.89
合计		532	11	5	1	2	5	4	7	5	7	8	16	25	39	57	60	65	95	64	42	11	3
	占比（%）		2.07	0.94	0.19	0.38	0.94	0.75	1.32	0.94	1.32	1.50	3.01	4.70	7.33	10.71	11.28	12.22	17.86	12.03	7.89	2.07	0.55

2000年全国人口普查北塘区人口死亡年龄分析情况表

表1-10　　　　单位：人

性别		小计	年龄组																				
			0	1～4	5～9	10～14	15～19	20～24	25～29	30～34	35～39	40～44	45～49	50～54	55～59	60～64	65～69	70～74	75～79	80～84	85～89	90～94	95～99
男		773	22	1	1	0	4	10	9	12	11	28	53	50	46	62	106	122	105	77	54	18	2
	占比(%)		00.26	0.13	0.13	0.00	0.52	1.29	1.16	1.55	1.42	3.62	6.86	6.47	5.95	8.02	13.71	15.79	13.58	9.96	6.99	2.33	0.26
女		648	0	2	0	0	0	3	4	3	9	11	20	23	27	31	59	81	106	117	112	30	10
	占比(%)		00.00	2.31	0.00	0.00	0.00	0.46	0.62	0.46	1.39	1.70	3.09	3.55	4.17	4.78	9.10	12.50	16.36	18.06	17.28	4.63	1.54
合计		1421	2	3	1	0	4	13	13	15	20	39	73	73	73	93	165	203	211	194	166	48	12
	占比(%)		0.14	0.21	0.07	0.00	0.28	0.91	0.91	1.06	1.41	2.74	5.14	5.14	5.14	6.54	11.62	14.29	14.85	13.65	11.68	3.38	0.84

四、民族

北塘区以汉族人口为主，汉族占总人口的99%以上。1982年，区境有回、蒙古、满、苗等9个少数民族，人口为243人。2000年第五次全国人口普查，北塘区有21个少数民族，人口为580人，占全区总人口0.19%。少数民族中以回族人数最多，共有

331人，占全部少数民族人口的57.06%；人数最少的是藏族、瑶族，分别只有1人。

2000年北塘区各街道少数民族人口分布情况表

表1-11　　单位：人

名称	吴桥街道	北大街街道	西新街道	惠山街道	惠龙街道	五河街道	刘潭街道	山北街道	黄巷街道	总计
合计	30	66	34	101	98	45	53	25	128	580
蒙古族	0	0	0	3	7	2	2	0	6	20
回族	22	30	19	62	69	27	46	6	50	331
苗族	0	2	0	0	2	2	1	8	27	42
壮族	0	0	0	0	0	1	0	0	1	2
朝鲜族	1	0	3	5	2	3	0	2	7	23
满族	2	0	4	14	7	5	3	3	8	46
侗族	1	0	0	2	2	0	1	0	3	9
白族	0	0	1	12	2	1	0	0	1	17
藏族	0	0	0	0	0	0	0	1	0	1
维吾尔族	0	0	1	0	0	1	0	0	0	2
彝族	0	0	0	0	0	2	0	0	1	3
布依族	1	1	0	2	0	0	0	1	4	9
瑶族	1	0	0	0	0	0	0	0	0	1
土家族	2	28	6	1	2	1	0	0	11	51
黎族	0	4	0	0	0	0	0	0	3	7
畲族	0	0	0	0	3	0	0	0	0	3
水族	0	0	0	0	0	0	0	3	0	3
土族	0	0	0	0	1	0	0	1	3	5
仡佬族	0	0	0	0	0	0	0	0	3	3
锡伯族	0	1	0	0	1	0	0	0	0	2

五、文化

1990年，全区大学文化程度人数3472人，有大学专科6846人，初中文化程度人数62613人，均比1982年有较大增长。高中、小学文化程度则基本与1982年持平。

2000年，全区人口中接受大学教育23328人，占8.02%，其中：研究生299人，大学本科6565人，大学专科16464人；接受高中（含中专）教育的74839人，占

25.73%；接受初中教育119055人，占40.93%；接受小学教育57114人，占19.64%。

六、职业

2000年第五次全国人口普查，北塘区在业人口为15726人，其中男性8708人，占在业人口的比重为55.37%；女性7018人，占44.63%。从行业分析，从事农、林、牧、渔业的有270人，占在业人口的比重为1.72%；从事制造业的有8062人，占51.27%；从事批发和零售贸易、餐饮业的有3036人，占50.93%。从职业分析，国家机关、党群组织、企业、事业单位负责人有924人，占在业人口的比重为5.88；专业技术人员1685人，占10.71%；办事人员和有关人员1457人，占9.26%；商业、服务业人员4214人，占26.8%；农、林、牧、渔水利业生产人员290人，占1.84%；生产、运输、设备操作人员及有关人员7123人，占45.29%；其他从业人员33人，占0.21%。

2000年第五次全国人口普查北塘区各行业、职业人员性别结构情况表

表1-12　　单位：人

行业、职业		合计	占合计%	男性	女性
合　计		15726	—	8708	7018
行业	农、林、牧、渔业	270	1.72	153	117
	采掘业	4	0.03	2	2
	制造业	8062	51.27	4187	3875
	电力、煤气及水的生产和供应业	180	1.14	134	46
	建筑业	540	3.43	465	75
	地质勘查业、水力管理业	14	0.09	10	4
	交通运输、仓储和邮电通信业	833	5.30	652	181
	批发和零售贸易、餐饮业	3036	19.31	1542	1494
	金融、保险业	204	1.30	99	105
	房地产业	142	0.90	98	44
	社会服务业	897	5.70	512	385
	卫生、体育和社会福利业	310	1.97	118	192
	教育、文化艺术及广播电影电视业	497	3.16	230	267
	科学研究和综合技术服务业	104	0.66	64	40
	国家机关、政党机关和社会团体	568	3.61	402	166
	其他行业	65	0.41	40	25

续表1-12

行业、职业		合计	占合计%	男性	女性
职业	国家机关、党群组织 企业、事业单位负责人	924	5.88	717	207
	专业技术人员	1685	10.71	679	1006
	办事人员和有关人员	1457	9.26	961	496
	商业、服务业人员	4214	26.80	2165	2049
	农、林、牧、渔水利业生产人员	290	1.84	173	117
	生产、运输、设备操作人员及有关人员	7123	45.29	3992	3131
	不便分类的其他从业人员	33	0.21	21	12

说明:此人数为抽样人数,不是总从业人口数

第三节 人口变动

一、自然变动

1986年北塘区人口出生1590人，出生率为9.27‰；死亡人数856人，死亡率为4.99‰；自然增长数734人，自然增长率4.28‰。1989年出生2716人，出生率最高，达到15.58‰；死亡973人，死亡率为5.58‰；自然增长数1743人，自然增长率9.99‰。1990年以后出生率逐年下降，最低年份是2003年，出生1089人，出生率仅为3.95‰。1998、1999、2003年北塘区人口自然增长率出现负值。2005年出生1381人，出生率为4.10%，死亡1266人，死亡率3.76‰，自然增长数115人，自然增长率0.34%。

二、外来人口

1986～1998年，北塘区的外来暂住人口保持在24000余人。1999年为30487人，2001年为32766人。2002年年末因行政区域调整，增至70733人，2003年为104377人，2004年为114958人，2005年为107707人。

第四节 人口控制

1988年后，加强计划生育工作，控制人口的过快增长。90年代后计划生育工作由以往就计划生育抓计划生育逐步转向采取综合措施解决人口问题；由社会制约为主

逐步转向利益导向和社会制约相结合的方式控制人口增长。

一、机构与队伍

1986年，区设有计划生育办公室，街道设有卫生所，兼管计划生育工作。1988年6月，区计划生育工作从卫生部门划出，单独办公，更名为北塘区计划生育委员会（简称区计生委），配备计划生育专职干部2～3人。

1992年，成立北塘区人口与计划生育工作领导小组。区计生委配备6名专职干部。各街道计划生育办公室实行挂牌工作。1996年，区计划生育委员会改称为北塘区计划生育局。1997年，区政府批准区计划生育局行政编制4人。1999年，成立北塘区计划生育技术服务中心。2000年，各街道建立计划生育技术服务站，各居委建立计划生育服务点。2002年，区、街道均设有计生服务站。2003年，各街道计生办挂靠街道社会事业科。

2005年，区计划生育局更名为北塘区人口和计划生育局，下辖街道计生办4个，区计划生育服务站1个，街道计划生育服务站4个。区、街道计生工作人员21人。

二、管理工作

1986年，北塘区继续贯彻中共中央1984年颁发的《计划生育要抓紧抓好》的文件精神和邓小平关于“控制人口是带有战略性的大政策”的指示精神，宣传严格控制人口增长是各行各业的应尽责任。在中共党员、共青团员和各级干部中树立“只生一个”的思想，带动群众，严格执行控制人口计划，坚持开展经常性的宣传工作，采取多种形式，宣传“只生一个好”政策。1988年，区委、区政府出台《北塘区有关部门计划生育工作职责范围》，对涉及到的20个部门的计生工作提出明确要求。

1990年11月，北塘区宣传施行《江苏省计划生育条例》，计划生育工作纳入法制管理轨道。1991年，中共中央、国务院发布《关于加强计划生育工作严格控制人口增长的决定》，施行《流动人口计划生育工作管理办法》，要求全国各级党政“一把手”亲自负责计划生育工作，实施“一票否决制”。区计生委贯彻计划生育工作方针，举办培训班，与育龄夫妻签订计划生育合同。

1992年，实行计划生育目标管理责任制，层层签订计划生育目标管理责任书。1993年，区计生委印发《北塘区关于加强流动人口计划生育管理的实施意见》，对流动人口发放流动人口计划生育证明，加强管理。

1995年，区流动人口计生工作经验，被省、市计生协会转载。1996年10月，北塘区开展计划外生育费专项治理工作，落实计划外生育费“乡收县管、财政监督”的管理体制。同时，理顺工作关系，加大管理力度，建立“条抓块管、条块结合、以块为主、双向管理、双向考核”的计划生育管理体制。

1997年，区成立“流动人口计划生育领导小组”，区委书记任组长。贯彻修改后的《江苏省计划生育条例》《江苏省计划生育条例实施细则》和省委、省政府《关于进一步加强计划生育工作的意见》的精神，开展以避孕节育和生殖保健服务为重点的优质服务，完善“单位负责，条条保证，以块为主，条块结合，双轨考核”的工作机制。

1998年，北塘区制定《关于加强流动人口计划生育管理的实施意见》，协调有关部门履行管理职能，把好入口关、用工关、信息关。1999年，学习贯彻《计划生育统计工作管理办法》、修改后的《中华人民共和国收养法》《无锡市实施〈江苏省计划生育条例〉办法》和“苏计生委关于印发《江苏省计划生育行政执法程序及文书格式》的通知”精神，印发《北塘区计生局关于实行行政执法责任制的实施意见》，组织系统培训，贯彻《计划生育法规规章及相关法规汇编》《育龄夫妻晚育合同》等5种文件和法规，使全区计划生育行政执法规范化，计划生育工作纳入以法治区的轨道。

2000年，中共中央、国务院颁布《关于加强人口与计划生育工作稳定低生育水平的决定》，北塘区层层签订计划生育目标责任状，把计划生育纳入创建文明城市的内容，坚持依法行政。

2001年，《计划生育技术服务条例》颁布后，全区组织学习，推进计划生育优质服务。按照政策法规的要求，规范操作程序。严格把好计划内二胎审批关、计划外生育处理关，处理计划外生育遗留案件71起。区计生局被评为江苏省计划生育先进集体。

2002年9月1日，《中华人民共和国人口与计划生育法》（以下简称《人口与计划生育法》）《社会抚养费征收管理办法》颁布并实施。区把解决人口问题摆到可持续发展战略的首位，坚持、完善人口与计划生育工作目标管理责任制，形成“单位以属地管理，人以现居住地管理”的责任主体。

2002年12月1日起，施行修改后的《江苏省人口计划生育条例》，区组织层层培训，完善“依法管理、村（居）民自治、优质服务、政策推动、综合治理”的人口与计划生育工作机制。对外来流动人口做到与本地人口同宣传、同服务、同管理。促进流动人口及人户分离人员的计划生育综合管理。

2004年，《流动人口计划生育管理和服务工作若干规定》《无锡市流动人口计划生育管理条例》和修改后的《无锡市实施〈江苏省人口与计划生育条例〉办法》相继出台。区委办、政府办转发区计生局、区流动人口管理办公室办制订的《关于进一步加强流动人口计划生育综合治理的意见》，理顺计生部门和公安部门的工作联系，将流动人口实现“同宣传、同服务、同管理、同考核”落到实处。

2005年，施行《无锡市计划生育公益金管理暂行办法》《向实行计划生育的育龄妇女免费提供优生检测服务》和落实省、市关于“农村部分计划生育家庭奖励扶助制度实施办法”的有关精神，区人口计生局出台《北塘区计划生育公益金管理暂行办法》，对独生子女死亡、病残家庭等计划生育特殊困难家庭进行扶助，对符合条件的2

人发放农村部分计划生育家庭奖励扶助。区政府制定《北塘区实行免费婚前医学检测、孕前优生检测工作意见》，区人口计生局、区卫生局、区疾控中心、区民政局、区妇联制定出台《北塘区实行免费婚前医学检测方案》《北塘区育龄妇女孕前优生检测实施方案》。区委办、政府办发布《关于进一步加强流动人口计划生育治理工作的意见》，形成综合治理的良好局面。

多年来，全区开展“人口与计划生育示范区”创建活动，探索建立“依法管理、居民自治、优质服务、政策推动、综合治理”的人口和计划生育工作新机制，取得显著成效。北塘区被评为省“人口与计划生育工作示范区”。

三、生育状况

1986～1990年，由于第二次生育高峰中出生的人口陆续进入婚育年龄，全区人口出生率明显回升。90年代后，逐步进入低生育阶段，计划生育率一直保持在99.8%以上。

1986～2005年北塘区人口出生情况表

表1-13　　单位：人

年份	出生孩子		其中女性数	
	总数	其中外来人口出生数	总数	外来人口出生女性数
1986	1590	–	–	–
1987	1953	–	–	–
1988	1916	–	–	–
1989	2716	8	1299	3
1990	1526	–	814	–
1991	1221	252	597	118
1992	1238	295	607	151
1993	1247	308	582	138
1994	1305	311	597	150
1995	1178	–	520	–
1996	1040	120	449	40
1997	995	137	493	59
1998	742	–	373	–
1999	864	196	396	–
2000	923	248	425	–

续表1-13

年份	出生孩子		其中女性数	
	总数	其中外来人口出生数	总数	外来人口出生女性数
2001	951	180	460	-
2002	1504	144	712	74
2003	1089	167	528	72
2004	1567	157	747	-
2005	1381	120	661	-

说明:1986～2001年数据为户籍人口;2002～2005年数据为常住人口

四、宣传教育

1989年起，全区开展人口与计划生育基础知识教育，以讲课、上门辅导、录像、展览、书面答卷等形式，向群众宣传人口国情、人口与计划生育政策法规、避孕节育和优生保健知识。干部、群众的基础知识基本得到普及。

1991年，在人口与计划生育基础知识普及的基础上，各街道也相继成立“人口学校”，启动“一套录像到街道、一套挂图到居委、一个读本进户、一张计划生育年历上墙、一套知识卡片到人”的“五个一工程”，使人口与计划生育知识进户到人。

1999年起，全区开展“婚育新风进万家”活动，大力宣传科学、文明、进步的婚育观念，倡导建设文明幸福家庭新风尚，建设新型生育文化。2001年惠龙街道获全国婚育新风进万家活动先进街道称号。

2002年，印发《人口与计划生育法》《生殖健康保健系列》手册，开展“百场电影进社区”活动，发放计生宣传材料、避孕药具，现场解答群众咨询，举办《人口与计划生育法》知识竞赛、大型文艺汇演，在一百广场、锡惠公园等场所举行大型咨询、服务活动。区在全市“人口与计划生育法”法律法规知识电视大赛中获三等奖。

图1-1 省计生委主任会议代表视察北塘区社区计生服务阵地(2002年)(区史志办供稿)

2003年，将新型生育文化融入社区文化、楼道文化等，通过创建“生育文化楼”、开设“计生小超市”、建立“知心信箱”等多种形式，使群众及时、便捷地获得各类计划生育宣传品、避孕药具和咨询指导。承担“青少年生殖健康工程”省级试点，在西新街道成立青少年性健康教育中心，设有青少年咨询室、音像室、阅读室，通过展板、宣传资料、视听设备，为青少年提供性健康知识。聘请有关专家、社会工作者和知名人士8人为辅导员。制作10套“网上扫黄”“紧急避孕知识”等28块宣传版面，进学校、社区巡回展出。制作一套6张青少年生殖健康知识折页，生殖健康知识系列手册之“少男篇”“少女篇”“家长篇”和“社会工作者”。在全市宣传品评比中“少男篇”“少女篇”获得一等奖。

2004年起，开展“关爱女孩行动”系列活动。通过计划生育宣传品进影院、进宾馆、进茶室等形式向社会宣传计划生育知识，组织开展计划生育广场文艺汇演、“国策电影进社区”“最可爱的人”演讲竞赛等活动，进一步传播新型生育文化、弘扬婚育新风。惠山街道和山北街道社会事业科被评为江苏省婚育新风进万家活动先进集体。

2005年，区获得党校系统优秀人口理论多媒体课件教学三等奖。北大街街道获2001–2005年全国婚育新风进万家活动先进街道称号。

全区每年结合“9·25”《公开信》发表纪念日、“5·29”中国计划生育协会纪念日以及“7·11”人口日等重大纪念日举办计划生育宣传月活动。

五、优质服务

1986年以后，推行因人制宜的综合节育措施，除禁忌症和严重不适应者外，落实好节（绝）育措施。

1999年，依托北塘医院妇产科，成立北塘区计划生育技术服务中心，开展每年一次的孕环情监测和妇科病普查。

2000年，各街道建立计划生育技术服务站，各居委建立计划生育服务点，不断加强优生优育知识普及和咨询指导工作，以优质服务促管理，人口和计划生育工作的重点以控制人口和提高出生人口素质并举。

2001年，区制定开展优质服务的工作意见，初步形成计生、卫生、民政和街道门诊所四位一体的社区计生优质服务网络，先后对全区796名同年有婚、孕、育、节现象的育龄妇女建立优质服务联系卡，主动上门进行跟踪服务，发送宣传品和药具，措施落实率达95%以上。

2002年，继续深化优质服务，建立计卫联手依托社区服务体系，开展以知识普及、知情选择、随访服务、咨询指导、健康教育为主的避孕节育和生殖健康服务，计划生育优质服务率达97.7%。建立健全区、街、居三级计划生育优质服务网络，加强街道、社居委两级服务阵地建设，把计划生育优质服务纳入社区卫生服务的工作中，做到卫生服务及计生服务“两站合一”，开展避孕节育知情选择、随访服务，实施“育龄妇女生殖道感染综合防治工程”。

2004年，结合社区建设要求，开展争创“合格社居委计划生育服务室”活动。全区普遍建立社区计划生育服务室，设置计划生育宣传品、药具展示柜，悄悄话室及视听设备等，为社区育龄群众提供温馨、人性化的服务，51个社区达到服务室合格标准。依托社区服务体系加强药具管理，健全、规范台账，对辖区内单位及地区的药管员进行培训，做到持证上岗。做好各级计划内药具发放的台账及核对工作，确保药具发放的安全性、针对性、有效性。

图1-2 区计生局举办计划生育优质服务竞赛活动(2004年)(区史志办供稿)

2005年，在全市率先实行免费婚前医学监测、孕前优生检测。同年区全共有366对夫妇参加免费婚育医学检查，483人参加孕前优生检测。

2000～2005年北塘区计划生育各项指标统计情况表

表1-14

年份	计划生育率（%）	一孩率（%）	性别比（%）	晚婚率（%）	独生子女率（%）	领证率（%）	节育率）（%）	措施落实率（%）
2000	99.78	96.53	117.18	90.68	86.68	58.49	91.41	100.00
2001	99.89	95.27	106.74	90.22	85.08	64.39	90.32	100.00
2002	99.87	95.01	111.24	86.10	85.22	62.49	94.00	100.00
2003	99.91	92.19	106.25	82.29	84.75	62.25	94.75	100.00
2004	99.81	92.79	109.77	82.76	81.02	60.43	93.05	100.00
2005	99.78	92.98	108.93	81.38	80.60	60.88	92.98	100.00

说明：1986～2001年数据为户籍人口；2002～2005年数据为常住人口

1986～2005年北塘区独生子女领证情况表

表1-15　　单位：人

年份	已婚育龄妇女人数	领独生子女证人数	领证率（%）
1986	32026	18646	58.22
1987	34294	20914	60.98
1988	36056	22891	63.49

续表1-15

年份	已婚育龄妇女人数	领独生子女证人数	领证率（%）
1989	36664	24641	67.21
1990	40009	27539	68.83
1991	41727	29671	71.07
1992	42170	30057	71.28
1993	42221	31648	74.96
1994	41534	32196	75.66
1995	39106	25281	64.65
1996	39768	24113	60.63
1997	39420	22383	56.78
1998	37532	19906	53.04
1999	38230	20961	54.83
2000	35065	20510	58.49
2001	33338	21468	64.39
2002	58408	36497	62.49
2003	60300	37534	62.25
2004	69135	41779	60.43
2005	72637	44221	60.88

说明：1986～2001年数据为户籍人口；2002～2005年数据为常住人口

六、信息化管理

根据无锡市计生委的要求，1996年完成辖区育龄妇女个案数据的计算机输入工作，增强统计数据的准确性。到1998年，各街道计划生育办公室都配备计算机，育龄妇女生育、节育信息进入系统管理，充分利用计算机进行经常性管理和开展优质服务。到2000年，完成计划生育信息管理局域网的建设。

2003年，按照“属地管理、单位负责、居民自治、社区服务”的要求，建立“单位以属地管理为主，人以现居住地管理为主”的新机制，公开招聘社区计划生育指导员，充实社区工作队伍，及时掌握计划生育工作的信息。新版《已婚育龄妇女信息系统》正式运行。

第二编

城市建设与管理

1986～2005年，北塘区在改革开放政策指引下，加快城市建设步伐，区域面貌发生变化。一批重点骨干市政道桥工程的新建和改拓建，改善了交通运输条件和市容环境，使整个城区交通更为有序、畅达。

1986年以来，北塘区努力实施旧城改造，改变城区面貌。建设商务楼宇，形成五爱北路、人民西路、青石路等新的商业街。改造低洼地区危旧房，通过拆迁和征土，建成中大颐和湾、古运河小区、盛岸新村、惠龙新新、惠峰新村、五河新村、民丰里等一批住宅小区。人均居住面积从1985年的6.3平方米提高到2005年的28平方米。同时，建成二泉公园、江尖公园及停车场等一批配套设施，重视广场及景观建设，对一批老新村和背街小巷进行改造整治。

北塘区地势较低，历年防汛任务重。1986～2005年，全区防汛建设共完成66个项目，完善水闸、泵站设施。完成129条河道的综合整治，使北塘地区形成北塘大联圩、山北南圩、山北北圩、盛岸联圩等4个防洪抗灾的防汛体系。1991年，区防汛指挥部受到国家建设部的表彰。

在城市管理中，加强市容管理，投资改进环卫装备，加强环境卫生管理水平，为无锡创建国家卫生城市、文明城市做出贡献。

1986～2005年，区绿化工作创建达标市级园林式单位和居住区近百个，累计种植树木155.37万株，新增绿地面积414.5万平方米，绿地覆盖率达18.02%。

加强环境保护，抓好烟尘、噪声的监控与治理，抓好固体废弃物处置、放射性污染源防治，加强环保监察执法，开展环保专项治理，有效地防止污染扩散。

第一章 城市建设

第一节 机构

1987年，成立北塘区规划管理局和北塘区建设环保局。1997年，北塘区建设环保局更名为北塘区城市建设环保局，并挂“北塘区环境管理局”牌子，撤销区规划管理局，其职能并入区城市建设环保局。2001年，北塘区城市建设环境保护局更名为北塘区建设环境保护局。2002年8月，北塘区建设环境保护局分设为北塘区建设局和北塘区环境保护局。

北塘区建设局下属单位、部门先后有区市政工程管理处、区环境卫生管理所、区园林绿化工程管理处、区建筑设计研究所、区环境保护监察管理站、区建筑管理站、区防汛办公室、区防汛设施管理站、区绿化委员会办公室等。市政工程管理处、绿化工程管理处于2003年、2004年先后改制，更名为无锡市第五市政建设工程有限责任公司和无锡市天合景观工程有限公司（单位性质由事业单位改为企业单位）。

第二节 市政建设

1986~1990年期间，北塘区新建盛岸路、运河西路、五爱北路等主要交通干道；改建、拓宽五爱路、锡澄路、通惠中路、通惠东路、北大街等城区主要交通干道。新建改建、拓宽惠农桥、通德桥、锡澄路1号、2号桥等桥梁。新建和拓建胜利门等广场。

1991~1995年期间，北塘区的城市基础设施建设进入快速发展轨道。新建拓建了春申路、金山路、露美路、江阴巷、五爱北路、北塘大街、后张巷路等城市主次干道，以及胜利门广场。新建拓建了锡沪路立交桥、莲蓉桥、兴隆桥、惠山浜桥、新顾桥等桥梁工程。尤其是被誉为“无锡第一桥”的新吴桥重建通车，使京杭大运河这条千年“黄金水上通道”更加通畅；进一步优化了市区环境，缓解了城市出入口地段的交通拥挤矛盾，增强了城市外向辐射能力。

1996~2000年期间，北塘区新建拓建了春申路、锡北路、青石路，凤翔路、盛岸西路延伸等重点道路工程。江尖大桥、通惠立交桥、北栅口公铁立交桥、凤翔路立交桥接线等重点桥梁工程建成通车。2000年年末，江尖大桥建成通车。江尖大桥、锡山大桥等大桥的联通，标志着规划多年，以运河东路—春申路—江尖大桥—北栅口—锡澄路—江海路（312国道市区段）—旺庄路—运河东路相围合，城市“二环”快速路网全线形成。增强了无锡对周边城市、集镇的集聚能力。

2001~2005年期间，北塘区的道路桥梁等市政基础设施建设进入迅猛发展时期。锡澄路、凤宾路、凤翔路等快速主干道的新建拓宽和向北延伸，为城区“北拓”营造优越的交通和市容环境。锡澄路、凤宾路、凤翔路、盛岸西路，蓉湖大桥等，一批宽广畅达的通衢大道，一批跨河大型桥梁和穿越沪宁铁路立交桥的新建拓宽，构筑起快速路网格局，缩短了与蠡湖新城、太湖新城、惠山新区、新区、东亭等城市副中心之间的时空距离，进一步改善了北塘区的道路交通和城区环境面貌。

一、主要道路建设

五爱北路新建　南起五爱广场、北至新建的县前西街，长1402.6米、路幅宽22米，于1989年建成通车。由弄堂狭窄，房屋破旧的大仓弄、振华弄一线新辟而成。五爱北路的新建通车，起到了为五爱广场分流，缓解西门桥交通压力的显著作用。

图2-1　五爱路（2005年）（区史志办供稿）

人民西路改建　1995年配合五爱广场改造，对人民西路实施改建。人民西路建于1953年，全长1100米，由西门桥至锡山大桥，40多年来尤其是改革开放以来，随着经济建设迅猛发展，交通流量逐年增长，容易发生拥堵。人民西路的改建，缓解了自行车与汽车和行人的交通矛盾。

金山路新建　金山路新建工程于1995年7月18日开工，工程南起蓉湖北路口，经无线电变压器厂、湖光仪器厂，北至吴桥南堍，全长700米，规划红线控制宽度30米，先期实施宽度14米，其中车行道9米，两侧人行道各2.5米。

惠钱路拓宽改造　惠钱路拓宽改造工程于1995年年初开工，同年12月28日完工。惠钱路东起通惠西路，西至钱桥，全长约4403米。拓宽改造工程东起惠山古寺前，西至革命烈士陵园，全长1500米，路幅从原12.6米拓宽至25米。

春申路新建　春申路新建工程1996年年末建成通车。道路南端在无锡市第一中学旁同运河东路相接，向北穿越五里新村，江尖大桥，道路北端与北栅口相连。全长1800米，路幅宽44米。春申路建成通车后成为贯通无锡市区南北向的又一条中心通衢大道。

县前西街新建 县前西街于1997年2月开工，同年国庆节前建成通车。县前西街拓宽改造工程分东西两段。县前西街西段起自五爱路北端，跨越酱油浜新建永安桥（原称酱油浜桥），在江尖大桥西堍和新里路口同春申路相连，全长480米，路幅宽40米；县前西街东段即原西河头段，东起中山路，西至解放西路，全长500米，路幅宽40米；同步实施拓建。西段五爱路至春申路新辟，新辟酱油浜桥。县前西街全长909米，路面拓宽至34米。

凤宾路拓宽延伸 凤宾路拓宽延伸工程于2002年12月完工。凤宾路始建于1953年，1956年拓建成为混凝土路面，全长350米，南起通惠中路，北至凤宾桥，是市区通向101医院、市干部学校、社桥中学、星火服装厂等单位的主要道路。凤宾路几经改造，长仅数百米、路幅不足10米，随着沿线厂企与居民新村的增多，交通日趋拥挤。2002年，凤宾路按城市主干道实施拓宽延伸改造。工程南起兴源北路、穿越沪宁铁路，向北延伸至312国道，再对接广石路，全长2396.4米。其中，通惠路至红旗门立交段，路宽32米；红旗门立交至312国道段路幅40米，设双向4车道，设计时速50公里。两侧分设非机动车道和人行道，红旗门立交至312国道段，中央设绿化分隔带，两侧各设3米宽绿化带。同步重建凤宾、新桥、民丰3座桥梁，铺设各种地下管线；按规划沿线预留新通惠路、货运二路、锡澄一支路、民丰路4个交叉路口；对与凤宾路畸形交叉的通惠路、凤翔路、青石路、霞美路等路口进行拓宽优化，提高车辆通行能力。凤宾路同锡澄路并行，拓宽延伸工程进一步优化了城市北片路网。

北塘大街拓宽改造 北塘大街自莲蓉桥至三里桥，长800米，宽8米。俗称北门塘上。1937年日寇占领时期房屋被焚毁，重建时道路拓宽，改现名。北塘大街2002年实施拓宽改造，路幅从8米拓宽至12~15米。

通惠路拓宽改线改造（改线改造后更名为兴源路） 通惠东路改线工程于2003年3月开工，同年国庆前建成通车。通惠路建成于上世纪初的1918年，道路起自无锡火车站，一路向西，再折向南，经吴桥，直达无锡著名景点——锡惠公园。通惠路兴源北路改线拓宽延伸工程，东起惠农桥，沿顾桥河北岸一路向西，经春申路口、规划建设路口，在凤宾桥北、101医院南侧与凤宾路交会，道路全长1440米，路幅40~44米，设双向6车道，在社桥北三叉河口建1座新社桥。

锡澄路拓宽改造工程 锡澄路拓宽改造工程于2003年12月28日全线开工，2004年上半年完工。锡澄路前身为1931年11月建成的锡澄公路，1975年来虽经过多次修建，但愈来愈不适应新世纪经济社会和交通事业发展新形势。锡澄路改造自北栅口公铁立交至惠山区胡长路，全长9公里。工程采取分段施工，一期工程北栅口公铁立交北引道至北环路，全长4638米。改造后道路宽37.2~48米，全线设双向6车道。道路

图2-2　北塘大街（2002年）（区史志办供稿）

全线两侧设有绿化景观带，沿线新建和改建渡船河桥等3座桥梁。改造一新的锡澄路，成为无锡直达沪宁和锡澄高速公路、联接312国道、苏常一级公路的又一条城市快速通道。

通惠东路行人过街地道口改造　为适应通惠东路拓宽改造，人行过街地道跨度由原34米向两侧拓宽至53.4米。在拆除原出入口简易梯道后，在道路南北两侧新建2座可双向出入、4.5米宽的行人梯道，中途设休息平台，出入口建新颖遮雨棚。

锡山大桥东堍南北匝道工程　2003年6月，锡山大桥东堍南北匝道拓建工程建成。为完善路网，提高道路通行能力起到好的作用。

二、道路分级管理

1986～2005年，城市道路基础设施分为市区两级管理。

至2005年北塘区有市管道路37条。区管道路55条；区管街巷道路41条。

2005年北塘辖区市管道路情况表

表2-1　　　　单位：米

序号	路名	道路等级	起点	终点	车行道（长）	车行道（宽）	人行道（长1）	人行道（宽1）	人行道（长2）	人行道（宽2）
1	北大街	主干道	胜利门广场	莲蓉桥	715.00	28.00	455.00	4.60	455.00	4.60
2	北塘大街	次干道	莲蓉桥	小三里桥	820.50	18.00	820.50	5.00	820.50	2.00
3	北栅口立交引道	主干道	锡澄路	–	392.00	29.00	392.00	1.50	392.00	1.50
4	春申路	主干道	运河东路	兴源北路	1878.80	29.00	1878.80	3.50	1878.80	3.50
5	凤宾路	主干道	兴源北路	对接广石路	2396.40	24.00	2396.40	4.00	2396.40	4.00
6	凤翔路	次干道	通惠中路	312国道	2374.30	15.00	2374.30	2.50	2374.30	2.50
7	广石路	主干道	凤宾路	黄石大桥	2872.00	31.00	520.00	2.50	520.00	2.50
8	惠钱路	次干道	通惠西路	钱桥	4403.00	12.60	4403.00	1.60	4403.00	1.60
9	惠山横直街	次干道	锡惠路	通惠西路	776.00	8.00	776.00	3.00	776.00	3.00
10	民丰路	支路	全丰路	永丰桥	1406.00	14.00	1406.00	3.00	1406.00	3.00
11	青石路	次干道	通惠中路	春申路	1076.00	15.00	1076.00	4.00	1076.00	4.00
12	人民西路	主干道	五爱广场	锡山大桥	1483.00	15.00	1483.00	5.00	1483.00	5.00
13	人民中路	主干道	解放东路	五爱广场	1750.00	15.00	1750.00	5.00	1750.00	5.00
14	蓉湖北路	次干道	运河东路	盛岸东路	567.00	–	–	–	–	–
15	蓉湖大桥两侧辅道	次干道	春申路	通惠西路	962.00	–	962.00	–	962.00	–
16	盛岸东路	主干道	通惠西路	石门路	4840.20	27.00	4840.20	5.00	4840.20	5.00
17	盛岸西路	主干道	石门路	钱胡路	1776.20	34.00	1776.20	3.00	1776.20	3.00
18	石门路	主干道	惠钱路	312国道	2026.70	16.00	2026.70	3.00	2026.70	3.00
19	通惠西路	主干道	吴桥	惠山横直街	1238.30	18.00	1238.30	3.00	1238.30	3.00
20	通惠中路	次干道	惠工桥	青石路	1804.00	19.50	1804.00	3.40	1804.00	3.40
21	吴桥东路	次干道	小三里桥	吴桥辅道	860.00	9.00	860.00	1.50	860.00	3.00
22	吴桥辅道	次干道	盛岸东路	吴桥广场	990.00	10.00	990.00	3.00	990.00	3.00
23	吴桥西路	次干道	吴桥东路	港务码头	1584.00	7.00	1584.00	2.50	1584.00	2.50
24	五爱路	主干道	县前西街	梁溪大桥	1637.00	22.00	1637.00	4.00	1637.00	4.00
25	锡澄路	主干道	兴源北路	北栅口立交引道	50.00	30.00	50.00	1.50	50.00	1.50
26	锡澄路	主干道	北栅口立交	北环线	4449.50	36.00	4449.50	2.30	4449.50	2.30
27	锡沪西路	主干道	广瑞路	锡澄路	1530.00	30.00	1530.00	5.00	1530.00	5.00
29	锡惠路	次干道	锡山大桥	通惠西路	680.00	20.00	667.00	3.00	667.00	3.00
30	锡山大桥南北匝道	次干道	人民西路	运河东路	538.60	8.00	538.60	2.00	538.60	2.00
31	霞美路	次干道	吴桥东路	青石路	389.70	14.00	389.70	3.00	389.70	3.00
32	县前西街	主干道	中山路	春申路	874.40	27.00	874.40	4.30	874.40	4.30
33	兴源北路	主干道	县前东街	凤翔路	3074.50	23.00	2685.50	5.50	2635.50	5.50
34	兴源中路	主干道	锡甘路	县前西街	3440.00	29.00	3440.00	3.30	3440.00	3.30
35	运河东路	主干道	第一米厂	利民桥	10013.70	18.50	9895.60	2.70	9895.60	2.70
36	运河东路北匝道	次干道	运河东路	金城东路	530.00	14.00	530.00	3.00	530.00	3.00

续表2-1

序号	路 名	道路等级	起 点	终 点	车行道（长）	车行道（宽）	人行道（长1）	人行道（宽1）	人行道（长2）	人行道（宽2）
37	运河西路	次干道	航运码头	吴桥辅道	3432.80	11.80	3387.00	3.30	2435.00	3.70

2005年北塘区区管道路情况表

表2-2　　单位：米

序号	路名	起	止	路面	道 路		人 行 道	
					长	宽	长	宽
1	新市场	通惠东路	铁路	混凝土	184.00	5.70	68.00	2.00
2	石铺头	茅泾浜	解放西路	混凝土	355.90	4.60	356.00	1.91
3	坝桥沿河	振华弄泵站	坝桥弄	混凝土	612.20	4.00	612.20	1.00
4	锡惠弄	后西康路	人民西路	混凝土	94.30	5.60	94.30	2.70
5	后西康路	棉花巷	锡惠弄	混凝土	980.30	3.60	980.30	1.30
6	红梅市场	解放西路	解放西路	混凝土	180.00	5.00	180.00	2.00
7	横街	横浜口	南尖	混凝土	240.00	11.00	240.00	2.00
8	横浜里小区	–	–	混凝土	697.50	4.40	–	–
9	棉花巷	兴隆桥	五爱北路	混凝土	390.00	10.00	390.00	5.00
10	五爱北路东区	–	–	混凝土	1402.60	5.50	–	–
11	棉花巷小区	–	–	混凝土	2464.70	4.40	–	–
12	五里街	运河	蓉湖路	混凝土	358.80	5.30	358.80	2.30
13	兴隆桥直街	蓉湖南路	兴隆桥	沥 青	126.00	4.60	126.00	3.00
14	缫工路	蓉湖南路	和新里	混凝土	937.80	5.10	937.80	4.70
15	李家浜南	第二纺织厂	李家浜北	混凝土	1026.40	3.50	1026.00	1.20
16	前蓉湖庄	蓉湖路	合纤厂	混凝土	347.30	4.50	347.30	0.80
17	接官亭弄	北塘大街	江尖大桥	混凝土	250.00	3.50	250.00	1.30
18	坛头弄	莲蓉大厦	周围	混凝土	150.00	4.80	–	–
19	北尖	茅蓬沿河	横街	混凝土	110.70	4.70	–	–
20	江尖	江尖大桥区域	–	混凝土	938.30	3.70	938.30	0.40
21	梨花新村	五棉厂	北新桥	混凝土	1287.00	3.80	1287.00	0.30
22	正德里	一里街	北栅口立交	混凝土	320.00	3.60	320.00	1.10
23	方巷	惠工桥堍	北塘市政仓库	混凝土	1530.00	3.70	1530.00	0.20
24	顾桥下五巷	惠工桥	顾桥	混凝土	334.00	4.80	334.00	0.50
25	老市场	惠农桥下	顾桥	混凝土	511.00	3.80	511.00	0.35
26	顾桥港	惠工桥	顾桥	沥青	354.00	3.80	其他354	2.00
27	顾桥里	顾桥港	北闸后街	混凝土	262.00	4.60	262.00	1.10
28	前惠弄	通惠东路	前传巷	混凝土	536.00	3.90	536.00	0.90
29	民主街	霞美路	信德桥	混凝土	1033.00	4.00	1033.00	1.40
30	青石路南	柯兰大厦旁	–	混凝土	102.10	4.10	102.10	0.30

续表2–2

序号	路名	起	止	路面	道　路		人　行　道	
					长	宽	长	宽
31	小田岸	志强幼儿园后	–	混凝土	286.50	4.00	286.50	0.93
32	锡新村	小三里桥街	大通弄	沥青	350.00	3.50	350.00	3.00
33	北泗路	小三里桥街	小三里桥沿河	混凝土	486.00	5.40	486.00	1.20
34	听松坊	惠山横街	惠山方向	混凝土	494.00	5.20	494.00	1.10
35	上河塘	惠山横街	宝善桥	混凝土	606.00	5.50	606.00	0.90
36	锡澄一支路	锡澄路	联运公司	混凝土	460.50	8.40	–	–
37	新惠支路	建筑桥	北塘市政机务仓库	混凝土	85.00	4.60	–	–
38	麻饼沿河	莲蓉桥南下沿河	–	混凝土	382.10	3.90	–	–
39	自治路（支）	春申路	积余街	混凝土	266.10	4.60	266.00	1.10
40	一里街	通惠东路	一里街西	混凝土	220.20	7.60	–	–
41	化机路	锡澄路	化机桥	混凝土	545.00	7.75	–	–
42	化机路	锡澄路	化机桥	沥青	75.00	5.70	–	–
43	双泾路	惠龙桥	312国道	沥青	883.00	7.00	彩砖718.75	4.00
44	小三里桥街	青石路	吴桥东路	沥青	353.00	6.80	广场砖340.00	4.00
45	蓉湖南路	人民西路	大运河边	沥青	910.00	6.40	–	–
46	大田岸	小三里桥街	青石路	沥青	400.00	6.00	–	–
47	丽新路	通惠路	312国道	沥青	2150.00	7.00	–	–
48	北闸街	北大街	通惠路	沥青	410.00	8.00	–	–
49	通盛路	通惠西路	通盛桥	沥青	400.00	8.00	–	–
50	惠盛路	惠钱路	惠盛桥	沥青	403.00	6.00	–	–
51	惠峰路	新惠路	惠钱路	沥青	1102.00	9.70	–	–
52	自治路	北大街	积余街	沥青	350.00	6.00	–	–
53	锡龙路	锡澄路	凤翔路	沥青	509.00	5.40	506.00	3.00
54	锡龙路	锡澄路	凤翔路	混凝土	249.00	5.80	–	–
55	新惠路	通惠路	石门路	混凝土	1970.00	6.50	–	–
	合　计				32461.30			

2005年北塘区街巷道路情况表

表2–3　　单位：米、平方米

序号	路名	起讫点	车行道		人行道面积
			长	宽	
1	小泗房弄	北塘大街—朱厅弄	148.50	4.00	95.20
2	积余街	张成弄—大河池路	139.20	5.90	94.30
3	大河池路	积余街—周师弄	85.20	4.30	200.20
4	北尖	茅蓬沿河—横街	110.70	4.70	–

续表2-3

序号	路名	起讫点	车行道		人行道面积
			长	宽	
5	南尖	石铺头—横街	314.80	3.10	315.30
6	荷叶村	北闸街—亮坝桥	2373.00	3.20	2336.00
7	树巷	通汇桥—泗堡桥	304.00	3.90	–
8	泗堡东弄	泗堡弄—大厂里	254.00	2.00	471.90
9	前竹场巷	莲蓉桥—后竹场巷	302.00	3.50	303.60
10	后竹场巷	春申路—通汇桥	283.60	2.80	559.20
11	顾桥里	顾桥港—北闸后街	262.00	4.60	280.20
12	后祁街	春申路—建设村	590.00	4.30	3228.70
13	普济桥沿河	解放电影院—普济桥	383.40	3.50	142.50
14	普庆巷	惠商桥—前惠弄	442.00	2.60	688.70
15	前龙船浜	粮食局八库—油库旁	699.00	2.10	258.50
16	龙船浜（北塘）	第八油库—橡胶二厂	532.60	1.90	55.80
17	温巷	江尖大桥南堍东侧	3142.30	2.20	4480.70
18	高墩	和新里—船厂	1169.80	2.40	1571.30
19	船厂	和新里泵站—龙船浜	432.70	2.20	631.10
20	田堵里	全昌路—后蔡墅巷	816.60	2.20	1311.70
21	中蔡墅巷	后蔡墅巷—前蔡墅巷	271.40	2.30	379.00
22	顾巷田堵里	陈家弄—后蔡墅巷	358.50	2.10	641.70
23	张成弄	江尖大桥北堍—东侧	296.70	2.50	3.20
24	大新弄	北塘大街—前蔡家弄	61.50	2.80	–
25	混堂弄（北塘）	北塘大街—积余街	172.90	2.40	164.50
26	秦栈弄	北塘大街—积余街	132.90	2.00	47.40
27	耀堂弄	北塘大街—秦栈弄口	49.30	1.80	–
28	牛师弄	大河池路—周师弄	444.30	2.30	394.90
29	唐栈弄	大河池路—朱厅弄	132.20	2.40	25.90
30	朱厅弄	北塘大街—周师弄	115.20	2.50	127.10
31	顾桥王巷	惠工桥—顾桥	344.00	2.50	482.00
32	泗堡西弄	泗堡弄—石灰场	239.90	2.50	87.10
33	后贝巷	后贝巷23号—泗堡弄	125.00	2.30	175.80
34	陶家弄	春申路—泗堡西弄	234.90	2.20	–
35	石灰场	春申路—后贝巷	779.70	2.60	677.60
36	仓厅弄	春申路—北闸街	92.00	2.40	54.00
37	北闸后街	棚弄—后祁后街	596.00	2.50	1014.90
38	和平新村	陈家弄—市九中	491.00	2.30	388.80
39	文达弄	后蔡墅巷—全昌路	416.00	2.10	667.50
40	泗堡桥	泗堡西街—平安浜泵站	270.60	2.80	773.80
41	泗堡弄	后竹场巷—泗堡桥	234.30	2.40	406.60

三、主要桥梁建设

锡山大桥新建 锡山大桥横跨大运河，位于锡山之麓，故名。1980年因开挖新运河动工新建，1982年元旦通车。主桥全长221.2米，宽24米。中央为机动车道，两侧设人行道。东西引坡总长超千米。桥下设六孔，主跨跨度60米，在最高水位时净空高度7米，河道船只仍可通航。是当时省内城市公路桥梁中规模最大的新型预应力混凝土T型钢构桥，承重量达到我国公路桥梁最高一级标准。西堍桥头公园面积达34000平方米，设有停车场。

惠山浜桥新建 1995年7月在金山路建设中，在惠山浜河口架设1座12米宽的惠山浜桥，惠山浜桥同时建成后，车辆行人从吴桥南堍沿运河西岸，可直达锡山大桥、梁溪大桥，进一步改善市区锡北片的交通条件。

吴桥重建工程 吴桥第四次重建，于1993年3月开工，1994年年末建成通车。吴桥1916年由民族工商业者吴梓敬先生出资建造，1917年竣工，为纪念吴氏义举，命名为“吴桥”。1930年、1965年、1982年，吴桥多次进行改拓建。改革开放以来，尤其是进入20世纪90年代，老吴桥因桥面窄、净空低，已不适应经济建设和交通迅猛发展的要求，1993年进行第四次重建。吴桥建在靠黄埠墩西侧离老桥29米处、通惠路跨越京杭大运河的重要节点上。整个重建工程北起青石路口，南至盛岸路口。工程包括168米长的3跨4个桥墩的主桥，由31个桥墩托起475米长的引桥和491米长的引道，大桥全长将近1.25公里。桥面由22米拓宽至30米，河中主跨由27米扩大到72米，桥梁净空比老桥提高4.2米。新桥施工实现悬臂浇筑、自制挂篮等关键技术突破，为无锡建桥史创下桥梁最长、桥面最宽、桥墩最多、使用钢材量最大等10个之“最”，被誉为“无锡跨河第一桥”，为无锡赢得首枚国家级“金杯奖”奖杯。新吴桥的建成通车，不仅提高了车辆通过能力，改善陆上交通条件，而且使吴桥航道从此由4级提高到3级，500吨级的船队畅通无阻，缓解水上运输紧张矛盾。

图2-3 新建后的吴桥（区史志办供稿）

莲蓉桥翻建改造 莲蓉桥翻建改造工程于1993年4月开工，1993年11月26日，与春申路、江阴巷同步建成通车。莲蓉桥，始建于唐代贞观3年（公元630年），至今已有1360多年历史。因旧时此处塘、河、浜较多，且形似莲花，与西南方的芙蓉湖隔河相对，故名“莲蓉桥”；莲蓉桥在近130年的历史中历经沧桑，多次改建复建。新莲蓉桥系单跨简支梁桥，工程造价300多万元，总跨度20米，桥面宽40.5米，其中行车道30米，两侧人行道各5.25米。桥北堍下设4米宽、净空高度3.68米的小立交，沟通北塘大街与竹场巷；桥南堍两侧各设1座3.24米宽的人行扶梯。

江尖大桥新建 江尖大桥新建工程，1996年2月开工，1996年年末建成通车。江尖大桥“一桥跨二河”，全长1800米，桥面宽28米，该桥北跨北塘大街，与北栅口相连联；南穿五里新村，在市第一中学旁同运河东路相接。它通过南北两端44米宽的春申路延伸工程，成为贯通市区南北的又一条中心干线工程沟通了无锡的二环路网。来自苏北地区及江阴、张家港等地的车辆，从锡澄路经江尖大桥，可直抵锡城南片，而不必再穿越市中心，从而大大缓解锡城的交通压力。江尖大桥通车使无锡渡船业画上句号。无锡地处江南水乡，解放后，随着桥梁建设的发展，锡城的渡口逐年减少。1996年年末，随着“一桥跨两河”的江尖大桥的建成，使在无锡这座江南水乡城市存在千百年的渡船业，同时歇船收橹，退出百姓生活。

图2-4 1996年江尖大桥施工（顾祚维/摄）

永安桥新建 永安桥和县前西街改建工程同时于1997年2月开工，同年国庆节前建成。县前西街西段跨越酱油浜而新建永安桥。

北栅口公铁立交拓建工程 北栅口公铁立交拓宽工程，2002年9月末竣工通车，使城市北部交通拥挤状况大大缓解。北栅口公铁立交作为无锡最早建成的公路铁路立交桥，是无锡“北大门”的重要交通枢纽。随着城市规模的不断扩大，进入城区的车流量快速增长，北栅口立交已越来越不适应无锡经济发展和交通运输总量增长的需要，成为交通“瓶颈”。改建拓宽后新的立交桥引道长392.2米，宽44米。快车道从原二车道9米拓宽为四车道20.8米。两边各建5.5米宽的慢车道和人行道及4.3米宽辅道。原来的快、慢车道和人行道变宽，更利于市民的出行。

江尖公园“四桥”建成 2003年，配合江尖公园建设，公园内南桥、北桥；南闸桥、北闸桥4座景观桥同步建成。方圆几百米内集中建造4座古典现代兼容的跨河桥梁，在设计上每2座桥采用同一造型，使之成为“兄弟桥”和“姐妹桥”，这在江南水乡城市中实属罕见。“四桥”建成后不但为江尖公园这颗古运河“明珠”增添异彩，还成为无锡桥梁建设史上的佳话。四面临古运河的江尖渚，历史悠远、文化底蕴深厚、古建筑遗存丰富。呈长三角形的江尖公园占地近4万平方米，是难得的风水宝地。2003年“五一”前景观工程完工后，成为京杭大运河沿线城市中首座河心公园。“四桥”工程不仅沟通公园与外界的交通联络，更是公园重要的配套景观。桥梁设计师充分考虑公园自然环境和文化历史内涵，着力使桥梁结构装饰与周边景观相和谐。分别沟通龙船浜与北塘大街的南桥、北桥，为椭圆形石级步行拱桥造型，桥长54米、单跨过河，跨径30米。桥面为4米宽的石级踏步，桥两端分别设有石级梯道。沿公园一侧桥坡下设有2米宽、2.43米高的桥洞，联接公园亲水平台环道。位于江尖防汛闸和江尖防汛泵站处，分别联接石铺头和横浜里的南闸桥、北闸桥，设计为微弯梁结构。桥长25米、单跨过河，跨径16米。桥面呈缓坡状，总宽6米，可供特种车辆通行。“四桥”桥栏杆统一采用古典设计、花岗岩材质，桥面为花岗岩贴面。其结构轻巧、线条流畅，造型优美，装饰古朴典雅，传统风格中透出现代气息，提升了江尖公园的环境文化和历史品位。

图2-5 江尖公园南桥（区史志办供稿）

蓉湖大桥新建 蓉湖大桥于2002年年末开工，2003年9月29日上午，大桥顺利合拢，2003年年末大桥胜利建成通车。蓉湖大桥地处京杭新老运河交叉口的三角地带，此地旧为“芙蓉湖”故地，形成于五六千年前，因状如芙蓉花得名，数千年来见证了北塘地区乃至无锡城市的沧桑变迁。解放后，芙蓉湖旧址辟为蓉湖公园，建设蓉湖新村。1958年开凿京杭新运河，蓉湖公园大部辟为河道。蓉湖大桥东起春申路县前街口，一路高架跨越运河东路、大运河、运河西路、惠山浜、通惠西路，西接盛岸路，投资3亿多元，绵延1180米，主桥长254米，两端引桥长926米，一跨过河，其中主跨150米，桥面宽33米， 主桥设双向6车道，设计时速60公里。中央设分隔带，两侧分设非机动车道与人行道。蓉湖大桥为无锡市首座独塔斜拉桥，在无锡桥梁建设历史上，创无锡跨河桥梁规模、长度、投资之最。主桥塔墩设在运河西路沿河，主塔为2根并立的74.3米高、2.5米直径的圆柱形钢管砼，顶端呈斜切面，用钢管砼作大桥主塔，这在国内斜拉桥设计中尚属首创。大桥主塔两端各设11根斜拉钢索，主塔上方两侧题写“蓉湖大桥”桥名。主塔高耸挺拔新颖的造型，透出强烈的时代气息和力感。大桥东西两端两侧分别设置沟通大桥与运河东路和通惠路的引桥，高架桥下设有盛岸路至运河西路的机动车专用匝道桥，以及跨惠山浜而建的辅道桥。在大桥两端桥头公园内，还设有4处供上下桥的人行扶梯。

锡澄路立交桥建成　锡澄路立交桥是无锡市第一座两层环形立交桥，1988年5月动工兴建，同年国庆节前建成通车。锡澄路立交桥工程，被列为无锡市1988年100项目标管理项目，市政基础设施头号工程，工程造价500多万元。锡澄路立交桥坐落在无锡市“北大门”锡澄路和江海路（312国道）两条主要干道交叉处。锡澄路立交桥设计上层为东西方向的高架桥，全长753.2米，东接锡沪公路，西联锡常（州）公路；底层为大型环道，中间是绿岛，向南沟通无锡市区，往北通向江阴市。锡澄路立交桥建成通车后，改善了无锡市“北大门”的交通条件和市容环境。

北栅口通惠立交桥新建和拆除工程　北栅口立交桥工程，坐落在北栅口，上跨通惠路，于1995年12月15日动迁，1996年国庆节前建成通车。北栅口立交桥新建工程总投资2500万元，工程东起延安电影院前，西至第六制药厂门口，上跨北栅口，新建立交桥工程全长588.8米，桥面宽9米，其中主桥由10只单柱桥墩托起，长284.8米，引道长304米，4条匝道宽度均为9米。

北栅口通惠立交桥于2003年6月整体拆除。地处北栅口兴源北路（原名通惠东路）与春申路交叉口的跨越北栅口的通惠立交桥，7年来该桥为改善北栅口地区交通作出了积极贡献。通惠立交桥全长496米、桥面宽9米，桥面仅有2条机动车道，由于城区交通快速发展到2003年已不适应迅猛发展的道路交通形势。为配合兴源北路拓宽改造工程需要，决定将通惠立交桥拆除。通惠立交桥拆除后，春申路交叉口拓建成“四进三出”七车道，提高了车辆通过能力，交叉口周边的市容环境也得到改观。

北栅口公铁立交拓建工程　北栅口公铁立交拓宽工程2002年9月末竣工通车。北栅口公铁立交作为无锡最早建成的公路铁路立交桥，是无锡“北大门”的重要交通枢纽。随着城市规模的不断扩大，进入城区的车流量快速增长，北栅口立交已越来越不适应无锡经济发展和交通运输总量增长的需要，成为交通“瓶颈”。改建拓宽后新的立交桥引道长392.2米，宽44米。快车道从原二车道9米拓宽为四车道20.8米。两边各建5.5米宽的慢车道和人行道及4.3米宽辅道。原来的快、慢车道和人行道都变宽，更利于市民的出行。

凤宾公铁立交扩建　凤宾公铁立交扩建工程2003年6月中旬开工，2003年国庆前建成通车。凤宾公铁立交原只有1个宽仅9米、车辆行人混行的立交桥洞，已成为制约南北交通的“瓶径”。立交扩建工程新辟并顶进15米长的1个9米宽、2个6米宽的立交箱身，形成四孔并列，中央为2个9米宽、净空4.5米的双向4条机动车道，两侧2个净空3.5米的6米孔，分别设4.5米宽非机动车道和1.5米宽人行道。为方便行人上下桥，在铁路南北两侧立交孔人行道上，设置3处2米宽的人行梯道。公铁立交两端引道全长431米，与已建成的凤宾路南北段道路顺接。同时在铁路北侧立交以西，扩建1座占地930多平方米的排水泵站。根据规划铁路南侧将建设兴源二路，为此，立交南引道预留上跨立交引道的兴源二路桥桥位，并预先建成桥梁主体结构。

图2-6 凤宾公铁立交（区史志办供稿）

四、桥梁分级管理

1986~2005年城市桥梁实行市、区两级管理。2005年，北塘区有市管桥梁57座，区管桥梁126座。

2005年北塘区市管桥梁情况表

表2-4 单位：米、平方米

序号	桥名	地点	道路等级	全长	总宽	总跨径	面积	建造时间	上部结构	下部结构
1	江尖大桥	春申路	主干道	428.24	28.00	424.55	11990.72	1996.12.1	三联预应力空心连续梁	桥墩：2#、3#、13～16#钻孔灌注桩基础、系梁、圆立柱；4~12#钻孔灌注桩基础、承台、墩身。桥台：1#、17#桥台为钻孔灌注桩基础、承台、台身、台帽。
2	锡山大桥	人民西路	主干道	221.24	24.00	200.00	5309.76	1983.1.1	主桥：钢筋砼“T”型刚构（双箱四室悬臂梁、预应力钢筋砼挂梁）岸桥部分：钢筋混凝土“T”梁	桥墩：主桥为钻孔贯注桩基础、承台、空箱型墩身；岸桥：钻孔灌注基础、横系梁、立柱、墩帽及重力式桥墩。重力式U型桥台。
3	庆丰桥	锡沪西路	主干道	114.10	36.10	109.96	4119.01	1999.2.13	预应力混凝土空心板梁	桥墩：单排桩柱式墩；重力式U型桥台、一字型桥台。

续表2-4

序号	桥名	地点	道路等级	全长	总宽	总跨径	面积	建造时间	上部结构	下部结构
4	蓉湖大桥	盛岸东路	主干道	1056.50	33.00	1056.50	34864.50	2004.1.1	主桥为斜拉桥。主桥：主跨为鱼腹式钢箱梁；锚跨为预应力砼梁。引桥：东引桥为二联预应力连续梁（单箱单室）；西引桥为五联预应力连续梁（单箱三室）。	主桥:桥墩为塔梁墩固结体系；引桥：桥墩为桩基+承台+板式墩身；桥台为桩基+承台+板式台身。
	蓉湖大桥南北匝道桥	盛岸东路	主干道	125.00	33.00	125.00	4125.00	2004.1.1	两幅：预应力连续梁（单箱单室，鱼腹式截面）。	板式桥墩；板式桥台。
5	吴桥	通惠路	次干道	1133.95	30.00	643.00	34018.50	1994.12.16 改建	主桥：预应力双箱双室预应力钢筋混凝土连续梁，引桥：连续板式钢筋混凝土刚架结构	桥墩：引桥为钻孔灌注桩基础、独立的双柱式钢筋砼矩形墩。主桥为钻孔桩基础、钢筋混凝土实体桥墩
6	惠工桥	通惠路	次干道	13.64	24.40	12.30	332.82	1985.8.1 拓建	“T”梁	重力式桥台
7	惠商桥	通惠路	次干道	15.59	24.40	12.30	380.40	1985.12.30	简支空心板梁	重力式桥台
8	惠通桥	通惠路	次干道	22.30	30.00	6.50	669.00	1986.8.27	西北侧：“T”梁其余为空心板梁	浆砌块石桥台
9	红光桥	石门路	主干道	23.54	22.00	15.00	517.88	1986.3.1	“T”梁	重力式U型桥台
10	会龙桥	石门路	次干道	45.94	20.00	40.12	918.80	1999.9.18 加固	主跨：抛物线无铰肋拱 岸孔：5.06m简支板	重力式浆砌块石桥台
11	莲蓉桥	北大街	主干道	33.39	40.50	21.33	1352.30	1993.12.1 改建	主桥：“T”梁立交孔：实心板梁	重力式U型桥台
12	新顾桥	春申路	主干道	8.64	44.00	8.00	380.16	1993.11.26	板梁	重力式桥台
13	后盛桥	盛岸东路	主干道	42.06	34.50	28.00	1451.07	1986.7.1	空心板梁	桥台：钻孔灌注桩、台帽； 桥墩：钻孔灌注桩、盖梁。
14	惠华桥	盛岸东路	主干道	22.19	34.50	15.00	765.56	2006年翻建	钢筋混凝土空心板梁	100#浆砌块石桥台
15	九曲基桥	盛岸东路	主干道	6.85	39.85	5.00	272.97	1986.7.23	空心板梁	浆砌块石桥台16
16	前盛桥	盛岸东路	主干道	6.60	34.51	5.00	227.77	1986.7.25	空心板梁	浆砌块石桥台
17	碧露桥	盛岸西路	主干道	16.00	48.00	8.00	768.00	1999.9.1 拓建	钢筋混凝土实心板梁	重力式U型桥台
18	滴露桥	盛岸西路	主干道	16.82	48.00	16.00	807.36	1999.9.1 拓建	简支板梁	老桥为钢筋混凝土板式桥台；新桥为桩柱式桥台。
19	锡惠桥	人民西路	主干道	26.24	26.84	23.50	704.28	1983.12.31 拓建	老桥：空心板梁，拓宽部分：实心板梁	重力式桥台
20	若冰桥	盛岸西路	主干道	71.04	48.00	65.00	3409.92	2001.10.1 拓建	后张法预应力混凝土大孔空心板梁	桥墩：桩基+柱式墩身（1.2米钻灌桩+立柱+盖梁）；桩基+埋置式桥台。

续表2-4

序号	桥名	地点	道路等级	全长	总宽	总跨径	面积	建造时间	上部结构	下部结构
21	永安桥	县前西街	主干道	37.25	32.00	36.00	1192.00	1997.8.31	钢筋混凝土筒支空心板梁	桥墩：钻孔桩接柱、盖梁。钻孔桩基础、浆砌块石桥台
22	永定桥	县前西街	主干道	67.80	25.80	64.61	1749.24	1989.12.18	予应力筒支梁（空心箱梁）	桥墩：钻孔灌注桩基础、柱式墩重力式U型桥台。
23	惠山浜桥	运河西路	主干道	55.40	12.60	54.08	698.04	1995.11.20	槽形梁	桥台桥墩：钻孔灌注桩基础、墩柱、墩帽（轻型柱式台墩）
24	民丰桥	江海东路	主干道	37.88	30.99	36.00	1173.90	2006.12.30	预应力混凝土空心板梁	桩柱式桥墩、排架桩桥墩桩柱式桥台
25	瓜市桥	江海东路	主干道	53.84	51.30	43.00	2761.99	2006.12.30	预应力混凝土空心板梁（四幅分式）	桩柱式桥墩 钢筋砼U型桥台
26	通顺桥	锡澄路	快速路	22.90	44.50	14.96	1019.05	2004.1.18	主桥：预应力混凝土连续箱梁；引桥：预应力空心板梁	主墩：桩基+双柱门式墩身；引桥桥墩：双柱式桥墩；桥台：桩基+承台+台身+台帽。
27	通达桥	锡澄路	快速路	15.00	44.00	6.96	660.00	2004.1.18	主桥：预应力混凝土连续箱梁；引桥：预应力空心板梁	主墩：桩基+双柱门式墩身；引桥桥墩：双柱式桥墩；桥台：桩基+承台+台身+台帽。
28	东汀桥	凤宾路	主干道	30.87	65.98	29.88	2036.80	2004.1.18	主桥：预应力混凝土连续箱梁；引桥：预应力空心板梁	主墩：桩基+双柱门式墩身；引桥桥墩：双柱式桥墩；桥台：桩基+承台+台身+台帽。
29	两新桥	凤宾路	主干道	21.04	40.00	12.96	841.60	2004.1.18	主桥：预应力混凝土连续箱梁；引桥：预应力空心板梁	主墩：桩基+双柱门式墩身；引桥桥墩：双柱式桥墩；桥台：桩基+承台+台身+台帽。
30	凤宾桥	凤宾路	主干道	17.04	37.00	9.96	630.48	2004.1.18	主桥：预应力混凝土连续箱梁；引桥：预应力空心板梁	主墩：桩基+双柱门式墩身；引桥桥墩：双柱式桥墩；桥台：桩基+承台+台身+台帽。
31	罗汉桥	盛岸东路	主干道	24.34	48.00	15.96	1168.32	2003.5.24	预应力空心板梁	重力式桥台
32	听松桥	盛岸东路	主干道	21.04	48.00	12.96	1009.92	2003.5.24	预应力钢筋混凝土板梁	扩大基础+重力式桥台 33
33	新社桥	兴源北路	主干道	19.87	35.00	12.96	695.45	2003.9.30	预应力空心板梁	重力式桥台
34	通裕桥	锡澄路	快速路	42.04	44.00	35.88	1849.76	2005.5.18	钢筋混凝土空心板梁	单排桩柱式桥台；单排桩拄式桥台
35	广源桥	广石路	主干道	30.85	40.00	24.96	1234.00	2005.9.30	先张法预应力筒支梁	埋置式桥台
36	松苓桥	盛岸东路	主干道	36.64	48.00	33.00	1758.72	2003.5.24	预应力钢筋混凝土板梁	桥墩：钻孔桩+盖梁；桥台：钻孔桩+盖梁。
37	惠农桥	兴源北路	主干道	64.20	32.90	57.00	2112.18	1988.12.30	中孔为后张法预应力槽梁；边孔为非预应力T梁	柱式桥墩；重力式桥台

续表2-4

序号	桥名	地点	道路等级	全长	总宽	总跨径	面积	建造时间	上部结构	下部结构
38	新三里桥	吴桥东路	次干道	6.80	18.40	5.95	125.12	2000.11.30改建	箱涵	-
39	宝善桥	锡惠路	次干道	15.96	26.00	12.30	414.96	1983.3.10	空心板梁	浆砌块石桥台
40	普济桥	霞美路	支路	28.68	20.00	28.00	573.60	1994.4.30	简支梁	桥墩：灌注桩、盖梁 重力式U型桥台
41	蓉湖庄桥	蓉湖北路	支路	33.84	24.75	25.00	837.54	2004.1.1	预应力简支梁	重力式桥台
42	凤翔桥	凤翔路	次干道	16.48	20.00	7.98	329.60	1993.1.1	钢筋混凝土矩形板	重力式U型桥台
43	唐翔桥	凤翔路	次干道	6.00	30.00	5.00	180.00	1998.6.15	实心板梁	薄壁式桥台
44	巡桥	凤翔路	次干道	13.88	20.00	13.80	277.60	1993.1.1	钢筋混凝土空心板梁	重力式U型桥台
45	北桥	江尖公园	支路	42.60	4.00	30.00	170.40	2003.9.10	钢筋混凝土空心拱板	双排桩基+承台
46	南桥	江尖公园	支路	54.00	4.00	30.00	216.00	2003.9.10	钢筋混凝土实心拱板	双排桩基+承台
47	北闸桥	江尖公园	支路	25.34	4.00	16.00	101.36	2003.9.10	整体现浇微弯空心板	重力式U型桥台
48	内塘河桥	吴桥旁	支路	35.70	4.10	35.62	146.37	1996.5.1	板梁	桥台：刚架结构 桥墩：钻孔灌注桩、立柱、盖梁
49	顾桥	北闸街	支路	7.18	7.80	5.00	56.00	2006.1.1改建	5m钢筋砼实心板梁	重力式桥台
50	社桥（老）	社桥浜	支路	5.60	2.90	4.70	16.24	-	板梁	浆砌块石桥台
51	盛岸二村桥	盛岸二村	支路	23.76	7.00	12.00	166.32	1981.12.1	空心板梁	浆砌块石桥台
52	盛岸三村桥	盛岸三村	支路	15.14	8.49	8.30	128.54	1983.9.26	实心板梁	浆砌块石桥台
53	蓉湖桥（陈巷桥）	通盛路	支路	21.08	9.00	12.00	189.72	1983.1.15	空心板梁	浆砌块石桥台
54	普济桥（老）	霞美路旁	支路	5.00	3.00	4.60	15.00	-	板梁	浆砌块石桥台
55	小解放桥	内塘河	支路	19.20	3.30	18.80	63.36	-	钢筋混凝土连续桥面板	浆砌块石桥台
56	新建桥	聚生路	支路	7.08	4.40	7.60	31.15	2006.1.1	钢筋混凝土实心板梁	浆砌块石桥台
57	兴隆桥	浆园浜	支路	13.20	3.60	10.00	47.52	-	石拱	石台

2005年北塘区区管桥梁情况表

表2-5　　单位：米、平方米

序号	桥梁名称	地点	长（米）	宽（米）	面积（平方米）	荷载标准（吨）	跨径（米）	是否通航
1	工农桥	丽新路	22.00	9.00	198.00	15	21.60	是
2	复新桥	丽新路口	6.00	8.00	48.00	-	5.00	是
3	锡航桥	新惠路	50.00	7.50	375.00	10	50.00	是

续表2-5

序号	桥梁名称	地点	长（米）	宽（米）	面积（平方米）	荷载标准（吨）	跨径（米）	是否通航
4	丝绸印染厂桥	新惠路	31.00	6.00	186.00	10	30.70	是
5	天星桥	新惠路	6.00	9.00	54.00	15	6.00	是
6	橡胶厂桥	新惠路	18.00	10.00	180.00	8	7.50	是
7	惠峰桥	惠峰路	22.00	10.00	220.00	15	12.00	是
8	建筑桥	惠峰路口	5.00	8.00	40.00	15	5.35	是
9	盛岸一村桥	惠峰路	20.00	9.20	184.00	15	12.00	是
10	凤翔苑小桥	凤翔苑内	8.00	4.00	32.00	5	–	否
11	五河桥	五河新村185号	12.00	6.00	72.00	–	12.00	是
12	通盛桥	盛岸新村	18.00	7.80	140.40	15	7.00	否
13	惠盛桥	盛岸新村	40.00	9.00	360.00	0	20.00	否
14	盛中桥	盛岸二村	17.00	8.50	144.50	15	12.00	否
15	鸡场桥	造船二村	30.00	5.00	150.00	汽-8	20.00	否
16	畜禽桥	九曲基	16.00	5.00	80.00	5	10.00	否
17	龙西桥（龙西社居委）	惠龙219号旁	10.80	8.00	86.40	5	10.80	否
18	惠峰桥（惠峰社居委）	一号门旁	16.00	7.00	112.00	10	16.00	否
19	珠帘桥（惠峰社居委）	158号门旁	15.00	7.00	105.00	10	15.00	否
20	光明南桥（惠峰社居委）	236号门旁	12.00	7.00	84.00	2	12.00	否
21	光明北桥（惠峰社居委）	262号门旁	11.00	4.00	44.00	5	11.00	否
22	惠新桥（惠华社居委）	惠华新村内	10.00	1.50	15.00	2	6.00	否
23	白云桥（惠龙社居委）	惠龙新村12号旁	10.00	6.00	60.00	10	8.00	否
24	周巷桥（惠龙社居委）	惠龙新村10号旁	10.00	4.50	45.00	8	8.00	否
25	勋民桥（惠龙社居委）	惠龙新村10-1号旁	10.00	5.00	50.00	10	8.00	否
26	二泉花园一号桥	二泉花园东大门	6.80	10.00	68.00	10	6.00	否
27	二泉花园二号桥	二泉花园东大门	8.00	7.00	56.00	10	8.00	否
28	金山北工业园一号桥	园区内	13.00	20.00	260.00	20	13.00	否
29	金山北工业园二号桥	园区内	14.00	20.00	280.00	20	14.00	否
30	惠泉花园一号桥		30.00	11.00	330.00	20	30.00	是
31	惠泉花园二号桥	惠泉花园内	35.00	14.00	490.00	30	35.00	是
32	团结桥（红光村）	庄前巷	20.00	4.50	90.00	5	20.00	否
33	朱塘桥（红光村）	许巷	7.00	2.00	14.00	2	7.00	否
34	宪丰村小吴巷桥	小吴巷	10.00	3.00	30.00	3	10.00	否
35	宪丰村大吴巷东桥	大吴巷	12.00	3.50	42.00	3	12.00	否
36	宪丰村大吴巷南桥	大吴巷	10.00	3.00	30.00	3	10.00	否
37	宪丰村龙山湾桥	龙山湾	22.00	4.50	99.00	10	22.00	是
38	宪丰村东邵巷桥	东邵巷	22.00	6.00	132.00	20	22.00	是
39	宪丰村三家村桥	三家村	22.00	4.50	99.00	10	22.00	是
40	新华村护犊桥	新华村四组旁	8.00	3.50	28.00	5	8.00	否
41	新华村周巷桥	周巷旁	6.00	3.50	21.00	5	6.00	否

续表2-5

序号	桥梁名称	地点	长（米）	宽（米）	面积（平方米）	荷载标准（吨）	跨径（米）	是否通航
42	会龙村赵家浜闸桥	赵家浜口	2.50	4.50	11.25	7	2.50	否
43	会龙村谈巷桥	谈巷	10.00	5.00	50.00	10	10.00	否
44	东方红桥	双河大庄	11.00	4.20	46.20	5	11.00	否
45	大庄浜桥	双河大庄	5.00	4.50	22.50	20	5.00	否
46	团结桥	双河大庄	8.00	2.00	16.00	2	8.00	否
47	油车浜桥	双河五村	4.00	3.00	12.00	5	4.00	否
48	油车浜北桥	双河五村	4.00	3.00	12.00	5	4.00	否
49	东泾浜桥	双河李巷旁	6.00	4.00	24.00	5	4.00	否
50	泾头北桥	双河泾头新村	4.00	4.00	16.00	5	6.00	否
51	泾头中桥	双河泾头新村	4.00	4.00	16.00	5	4.00	否
52	泾头南桥	双河泾头新村	7.00	2.00	14.00	2	7.00	否
53	青龙桥（红星村）	西坝头	10.00	12.00	120.00	15	10.00	否
54	蒋家湾桥（红星村）	蒋家湾	5.00	5.00	25.00	5	5.00	否
55	鸡场桥（红星村）	鸡场	8.00	10.00	80.00	10	8.00	否
56	会北陈巷桥	陈巷	15.00	6.00	90.00	20	15.00	否
57	会北周家巷桥	周家巷	13.00	5.00	65.00	20	13.00	否
58	会北北庄桥	北庄	13.00	5.00	65.00	20	13.00	否
59	会北袁家巷桥	袁家巷	13.00	4.00	52.00	10	13.00	否
60	会北许巷桥	许巷	10.00	2.50	25.00	5	10.00	否
61	红旗桥	唐巷	14.00	6.00	84.00	5	14.00	否
62	观音桥	唐巷	10.00	6.00	60.00	5	10.00	否
63	社岗西桥	社桥	16.00	8.00	128.00	5	4.00	否
64	社岗东桥	社桥	12.00	2.50	30.00	3	12.00	否
65	庵桥	后张巷	12.00	6.00	72.00	5	12.00	否
66	道士桥	孙巷	16.00	6.00	96.00	5	16.00	否
67	南过桥	严巷	16.00	6.00	96.00	5	16.00	否
68	新河桥	前张巷	12.00	6.00	72.00	5	12.00	否
69	庄桥	前张巷	16.00	6.00	96.00	5	16.00	否
70	二闸桥	前张巷	16.00	5.00	80.00	5	16.00	否
71	杨家桥	杨巷	12.00	3.00	36.00	3	12.00	否
72	郁家桥	郁巷	16.00	6.00	96.00	5	16.00	否
73	会西桥	唐巷	16.00	6.00	96.00	5	16.00	否
74	田河桥	前张巷	12.00	2.00	24.00	3	12.00	否
75	新桥花园1号桥	新桥花园172号前	12.00	6.00	72.00	10	10.00	否
76	新桥花园2号桥	新桥花园116号前	12.00	6.00	72.00	10	10.00	否
77	电闸一号桥	锡龙路	20.00	5.00	100.00	农桥	16.00	否
78	庄前桥	锡龙路庄前巷23号	25.00	5.00	125.00	农桥	20.00	否
79	南汀桥	全丰路	15.00	5.50	82.50	5	12.00	否

续表2-5

序号	桥梁名称	地点	长（米）	宽（米）	面积（平方米）	荷载标准（吨）	跨径（米）	是否通航
80	兴龙桥	后盛岸	10.00	7.00	70.00	农桥	8.00	否
81	红五月桥	盛岸里	8.00	4.00	32.00	农桥	6.00	否
82	社桥	兴源路南侧	8.00	5.00	40.00	农桥	6.00	否
83	民丰桥	民丰路	10.00	7.00	70.00	农桥	7.00	否
84	同庆桥	苏巷	8.00	5.00	40.00	农桥	5.00	否
85	永丰桥	丁巷	12.00	7.00	84.00	农桥	11.00	否
86	平安桥	冯巷	23.00	3.00	69.00	农桥	11.00	否
87	南徐老桥	南徐	12.00	3.00	36.00	农桥	9.00	否
88	南徐新桥	南徐	18.00	6.00	108.00	农桥	16.00	否
89	庵头桥	庵头	16.00	6.00	96.00	农桥	14.00	否
90	张家桥	张家桥	16.00	3.00	48.00	农桥	11.00	否
91	石口桥	张家桥	15.00	4.00	60.00	农桥	4.00	否
92	唐祥桥	凤翔路唐巷	10.00	8.00	80.00	农桥	5.00	否
93	杨木桥	民丰路	10.00	4.00	40.00	农桥	7.00	否
94	新农桥	戈巷到石巷	8.00	4.00	32.00	农桥	6.00	否
95	高泾桥	高泾到李巷	9.00	4.00	36.00	农桥	7.00	否
96	卜卦大桥	312国道到锦锡路	42.00	7.00	294.00	农桥	32.00	否
97	徐象桥	徐象巷	14.00	3.00	42.00	农桥	8.00	否
98	卜卦桥	卜卦巷	13.00	3.00	39.00	农桥	9.00	否
99	小朱巷桥	锦锡路	7.00	7.00	49.00	农桥	5.00	否
100	龙塘岸大桥	建材路猪场	19.00	8.00	152.00	农桥	16.00	否
101	新西桥	新西牛场路	12.00	5.00	60.00	农桥	9.00	否
102	怀凌桥	怀凌路	11.00	3.00	33.00	农桥	10.00	否
103	铸件场桥	西陈巷	8.00	6.00	48.00	农桥	6.00	否
104	永丰河桥	西陈巷西	4.00	4.00	16.00	农桥	3.00	否
105	龙丰河桥	下场巷	4.00	3.00	12.00	农桥	3.00	否
106	胜利大桥	印刷厂	25.00	5.00	125.00	农桥	5.00	否
107	打铁桥	南街	11.00	8.00	88.00	农桥	10.00	否
108	前村一号桥	市场	17.00	12.00	204.00	农桥	15.00	否
109	前村二号桥	经济合作社	18.00	11.00	198.00	农桥	15.00	否
110	前浦桥	工业A区	30.00	17.00	510.00	农桥	15.00	否
111	塘北桥	沈巷	19.00	4.00	76.00	农桥	13.00	否
112	中转站桥	中转站	18.00	16.00	288.00	农桥	18.00	否
113	猪场桥	中浜	11.00	12.00	132.00	农桥	10.00	否
114	东浜桥	工业A区	12.00	12.00	144.00	农桥	10.00	否
115	陈巷桥	陈巷村内	20.00	5.00	100.00	农桥	3.00	否
116	老西陈桥	前西陈巷70号	20.00	3.00	60.00	农桥	15.00	否
117	新西陈桥	前西陈巷45号	22.00	4.00	88.00	农桥	18.00	否

续表2-5

序号	桥梁名称	地点	长（米）	宽（米）	面积（平方米）	荷载标准（吨）	跨径（米）	是否通航
118	庄前新桥	蓬帆厂东	26.00	6.00	156.00	农桥	20.00	否
119	大垶桥	大垶巷20号	25.00	5.00	125.00	农桥	20.00	否
120	刘潭桥	中街	8.00	5.00	40.00	农桥	6.00	否
121	丰涵桥	中街	5.00	4.00	20.00	农桥	2.00	否
122	水产桥	模锻路	15.00	5.00	75.00	农桥	10.00	否
123	五丰闸桥	与毛巷村交界	15.00	5.00	75.00	农桥	9.00	否
124	毛巷大桥	小蒋巷	20.00	5.00	100.00	农桥	10.00	否
125	四大岸桥	西大岸	5.00	4.00	20.00	农桥	4.00	否
126	蓄水桥	蓄水桥路	23.00	6.20	142.60	–	–	–

五、市政设施养护

1986~2005年北塘区市政设施的主管单位是无锡市北塘区建设局。疏通、养护、维修的实施单位是无锡市第五市政建设工程有限责任公司。具体承担北塘区范围内20座桥（含杨木桥、团结桥、畜禽桥危桥翻建后的维修养护），市管25条道路的雨水管道、区管131条、32.89万平方米道路及7个老居民片区道路和雨水管道184公里、7725座检查井、20103座收水井的疏通养护维修作业。区建设局不定期对疏通养护维修作业情况进行检查，无锡市市政公用事业局每年分两次对疏通养护维修作业进行考核评比。

1986~2005年北塘区维修养护桥梁情况表

表2-6

序号	桥梁名称	长（米）	宽（米）	面积（平方米）	限载标准（吨）
1	工农桥	22	9.0	198.0	15
2	复新桥	25	5.0	125.0	8
3	丝绸印染厂桥	6	6.0	36.0	10
4	天星桥	6	9.0	54.0	15
5	橡胶厂桥	18	10.0	180.0	8
6	惠峰桥	22	10.0	220.0	15
7	建筑桥	5	8.0	40.0	15
8	盛岸一村桥	20	9.2	184.0	15
9	南汀桥	20	7.5	150.0	20
10	水产桥	16	8.0	128.0	20
11	东泾桥	4	8.6	34.4	15
12	毛巷大桥	26	9.0	234.0	–
13	赵家浜桥	16	6.5	104.0	–

续表 2-6

序号	桥梁名称	长（米）	宽（米）	面积（平方米）	限载标准（吨）
14	蓄水桥	13	6.5	84.5	–
15	龙塘岸桥	16	14.0	224.0	–
16	大庄桥	10	7.5	75.0	–
17	杨木桥	13	7.5	97.5	–
18	团结桥	8	6.5	52.0	–
19	畜禽桥	6	5.5	33.0	–
20	惠盛桥	17	6.0	102.0	10

六、背街小巷整治

2005年，区建设局组织对北塘区背街小巷进行整治。

第一批整治的背街小巷：蓉湖路、兴隆直街、锡澄二村、小三里桥东沿河、后祁后街，主要是整理原有道路的雨水排放系统，整修道路路面等。

第二批整治的背街小巷：西直街、锡澄一村、五里新村、后祁后街二期、惠东里支路、庄前路、谢巷主干道、双河新村大门右侧道路、刘潭三村大门前路、龙山湾路，主要是整理原有道路的雨水排放系统，整修道路路面，配套实施水、气、路灯、污水系统及环卫配套设施等。

第三批整治的背街小巷：北新路、民主街、锡新村、盛巷路、双河二社区主干道、双河东泾巷主路、锡龙路段，主要是整理原有道路的雨水排放系统，整修道路路面等。

七、广场

1986～2005年间，北塘区广场及景观建设的发展大致经历了三个阶段。

第一阶段（1986～1990年）：这一阶段主要是围绕打通城区道路交通为主的配套建设，有五爱广场建设、锡山大桥喷泉广场建设、北大街莲蓉苑建设以及被誉为“无锡小外滩”的金山路（后更名为运河西路）景观带建设，这些广场和景观建设，使北塘区第一次拥有了广场和景观绿化带。在这一阶段中，由于缺乏经验，在居住区绿化景观建设中只考虑以绿为主，大量种植香樟、广玉兰、雪松等常绿乔木，未能考虑到这些常绿乔木长大后严重影响居民住宅的正常通风和采光，居民反响很大，致使后一阶段又花费了大量的人力、财力，对这些高大树木进行重修及调整。

第二阶段（1991～2000年）：围绕打通城市主干道，打通城市出入口和低洼地区危旧房屋改造，以主干道景观绿化建设和居住区景观绿化建设为主。主要有春申路北大街景观绿化建设，锡沪西路、五爱北路、县前西街绿化建设，皮具城广场景观建设以及惠华、惠龙、惠畅里小区景观绿化建设等。这一阶段开始注重对色叶树种的选用，绿地内色带、色块种植开始流行，并大面积建设草坪。重视居住区景观绿化，小游园景观建设较为普及，以适应市民的休闲、健身锻炼、娱乐等需求。但是，由于这一时期在景观绿化建设上侧重采用大面积草坪或疏林草地的种植方法，不适合无锡市人多地少的地情，况且草坪的管护成本高，因此，绿化的效果并不理想。

第三阶段（2001～2005年）：这一阶段北塘区的行政区域扩大，对广场及景观建设设计的要求高，要求对乔木、灌木、草坪、色块色带的运用和搭配更加合理，尤其注重对花灌木和色叶树种的运用，使周围的环境变得更加多姿多彩。大树的广泛种植使得新建广场景观建设中起到很好的效果，灯光、水景、大卵石的广泛运用，大量的防腐木质设施的出现，具有回归大自然的效果。

五爱广场改造 五爱广场改造工程1995年7月开工，10月末完成改造。这次改造将原广场中心绿岛拆除后，广场面积增至10080平方米。广场南北端五爱路两个路口，增设两个地下行人过街通道，从而改变了地面道路车辆、行人混杂的局面，大大改善了广场的市容环城面貌，确保过往行人的交通安全。改建后的五爱广场改由红绿灯及倒计时显示器指挥交通，4个路口全部拓宽设5条车行道，大大提高车辆通过能力。

图2-7 五爱广场（区史志办供稿）

胜利门广场改造 胜利门广场与北大街拓宽工程同步实施，于2002年6月22日动工，同年完工。新改建的胜利门广场，中央的交警岗亭拆除后，4个路口增辟了右转弯车道，由长挑臂式信号指挥灯实行渠化交通管理。在交叉口人行道上首次安装了指挥汽车和行人的数码式交通信号灯，由“电子警察”实施自动交通监控，大大改善了交通条件和市容环境。

图2-8 胜利门广场（1996年8月）（顾祚维/摄）

八、停车场

90年代后，尤其是进入21世纪后，城区机动车辆大量增加，小区内私家车数量不断上升，停车泊位供需矛盾日益突出。90年代后，北塘区利用一些次干边支小路开辟临时夜间停车场，利用人防工程和城市绿地开辟地下公共停车场；提高公共建筑和住宅小区停车泊位配建标准，满足自身停车需求的同时，鼓励配建停车设施向社会公众开放。

2005年，北塘区停车场有：硫酸厂停车场、锡北停车场、九洲停车场、解运停车场、新立交停车场、金桥商贸城停车场、民丰停车场、庄前停车场、勤丰停车场、莲蓉园停车场、春申苑停车场、凤宾家园停车场、凤翔苑停车场、新巷小区停车场、沈巷小区停车场、老轻院小区停车场、二泉花园停车场、中信银行停车场、梦之岛停车场、北塘沿河停车场、梦之岛数码城停车场、鸡粥店停车场、川奇火锅店停车场、皮具市场停车场、市招商城停车场、乐波门浴业停车场、仙月楼停车场、太平洋大酒店停车场、凯旋门自助店停车场、状元楼酒店停车场、渔乡楼大酒店停车场。

第三节 绿 化

一、园林绿化

2005年，北塘区的园林有锡惠公园、江尖公园和二泉公园。

锡惠公园 又称锡惠园林名胜风景区，占地1350亩。1952年筹建锡山公园时，面积近780亩，虽多为荒芜之地，但保留多处寺庙、祠堂、庵堂及古代私家小园林等建筑。次年进行大规模绿化，植树5万株，苗木分别从苏州、扬州、镇江等地购回，主要有雪松、龙柏、罗汉松、广玉兰、桂花、紫玉兰、腊梅、梅花、海棠、竹子等30余个种类，公园初具规模。1958年开挖映山湖，疏浚黄公涧，完成愚公谷、荷轩、惠麓草堂、锡麓书堂等工程。1959年锡惠公园建成开放。是以文化古迹为核心的综合性公园，绿化经多年调整完整，形成了以浓郁

图2-9 惠山森林公园（区史志办供稿）

古朴为特色，各景点又各有重点的风格。

园内惠山寺、寄畅园、荷轩、张中丞庙等处多古树名木，尤以香樟、榉树、朴树、玉兰、桂花为主，总数达到78株，树龄一般都在三、四百年之间，有的已逾600余年，这些古树名木，都可单独成景，体现清幽古朴之风。

60年代初，开始在锡山东南山麓开辟数块疏林草坪，旷达舒展，适应大量游人活动。结合动物园建设，在锡山南麓处建“百花坞”，种植有100种以上的乔灌木，不少为无锡地区难得见到的树种。此外，在泰伯殿北侧、映山湖畔种植了大量四月中旬盛开的日本樱花，金粟堂北有10月盛开的桂花林，碧山吟社南侧有大片银杏。这些花木都成为公园著名景观。

1980年，在公园内建杜鹃园，为色彩斑斓的专类花园，园内荟萃各地杜鹃名种和园艺品种，是收集杜鹃花品种和开展科研的主要基地，已成为中国杜鹃花园艺品种资源库和中国杜鹃园。

惠山素有“江南第一山”之美称，早年林木繁茂。然而在1937年日本侵略军占领无锡后，惠山上的大片树木被日军所伐，惠山几成荒山秃岭。解放后，市政府虽对惠山确定了以“封山育林为主，辅以植树造林”的方针，但绿化见效不大，多数地段仍然岩石裸露，荒草稀疏，树木寥寥。1982及1983年，无锡市政府连续两年开展大规模全民义务植树运动，组织全市机关、事业单位、大中专院校、各工矿企业的干部职工上山植树，人数多达36万人（次），完成种植3.7万株的绿化任务。树种主要有香樟、松树、枫香、女贞、海桐、杨梅等几十个品种。以后几年，又有计划的安排有关人员查漏补缺，加强新栽树木的养护管理，确保成活率。经过多年努力，终使惠山山林绿化面貌一新，并经国家农业部、建设部批准为国家级森林公园。

江尖公园 建于2003年，公园设计充分利用古运河这一天然条件，通过古代区、现代区、未来区三大景区来表现这一昔日繁华热闹的旧码头的演变。公园占地4万多平方米，绿地总面积3万多平方米，共种植香樟、广玉兰、雪松、绣球、含笑、慈孝竹等几十个品种的树木20多万株。主干道中央种植39株大的桂树，称为“九归大道”，寓意“九九归一”。园内建造亲水平台、儿童乐园等，同时还建有四座仿古小桥，分别与北大街、横浜里小区、后龙船浜小区相连。

图2-10 江尖公园（2005年3月）（顾祚维/摄）

二泉公园 位于盛岸路二泉花园旁，占地面积2万平方米，绿地面积135万平方米。种植香樟、广玉兰、桂花等几十个品种的树木12万株。二泉公园为开放式公园，主要为周边小区服务，是周边小区居民休闲娱乐的场所。

二、街巷、小区和单位绿化

北塘区从1990年起开展创建“园林化单位”“园林式居住区”和“园林绿化达标单位”活动。

被评为园林绿化单位的有：无锡市第一中学、无锡市烈士陵园、无锡市梨庄中学、无锡市热电厂、无锡市同仁医院、无锡市北塘联圩闸站工程管理处、无锡市黄巷街道、无锡市北塘区刘潭村委、无锡市山北实验中学、无锡市园林古典建筑公司、无锡市市北高中、无锡市格兰塑料机械出品有限公司、刘潭服装有限公司、解放军83124部队。

被评为省和市“园林式居住区”的有：双河新村、红梅市场屋顶花园、惠峰新村、凤宾家园、新桥花园、惠泉花园、五里花苑。

由市绿化委员办公室和园林局先后分批公布的园林绿化达标的单位有：无锡市惠山农药厂、五爱小学、惠山泥人厂、解放军89001部队、解放军101医院等近百家。

三、公用绿地

北塘区重视街巷、小区和单位绿地及公用绿地的规划建设，充分挖掘可利用的土地资源，见缝插绿，大搞绿化、美化建设。1986年，全区绿地面积100.85万平方米，公共绿地面积63.09万平方米，人均公共绿地3.89平方米。至2005年，全区绿地面积达到515.35万平方米，公共绿地面积311.06万平方米，人均公共绿地12.78平方米，20年间全区公用绿地面积翻了近两番。

2005年北塘区绿地情况表

表2-7　　　　单位：万平方米

绿地类型	绿地面积	绿地覆盖面积	绿地率(%)	覆盖率(%)
公共绿地	311.06	311.06	–	–
道路绿地	13.23	42.09	–	–
生产绿地	20.11	20.11	–	–
单位附属绿地	95.88	118.52	–	–
居住区绿地	50.02	58.05	–	–
防护绿地	5.23	6.30	–	–
其他绿地	19.80	23.53	–	–
合 计	515.33	579.70	18.02	20.27

四、全民义务植树

北塘区绿化委员会每年都下达全民义务植树任务，按单位划分责任地段，由区绿化办、区绿化专业组织负责督促检查、技术指导、苗木准备、质量验收和日常养护管理。1986～2005年，全民义务植树运动在北塘区已形成制度。2003年以后，按照市委、市政府加快推进“绿色无锡”建设的总体要求，继续搞好清脏补绿、拆违建绿、见缝插绿和增绿透绿工作，提高绿化建设和管理的质量，提高绿化成活率，提高绿化品位，增加绿地总量，改善人居环境。

1986～2005年北塘区全民义务植树绿化情况表

表2-8

年份	应尽人数	实职人数	尽职率(%)	植树总数(株)	其中		草坪(平方米)	草花(万盆)	绿地面积(万平方米)	公共绿地(万平方米)	人均公共绿地(平方米)	绿地覆盖(万平方米)	覆盖率(%)
					乔灌木(株)	绿灌木(米)							
1986	16780	14263	85.00	19739	17816	641	7500	5.00	100.85	63.09	3.89	157.86	14.35
1987	16780	14263	85.00	187766	108225	26514	9200	5.80	150.20	66.12	4.08	210.20	16.30
1988	16780	14263	85.00	109829	81479	9450	11000	6.30	182.30	87.06	4.55	235.10	18.20
1989	16780	14263	85.00	102500	77804	8232	7900	6.80	211.59	106.69	6.05	253.30	19.85
1990	15534	12815	82.50	64500	50160	4780	30000	8.10	219.24	108.498	6.15	275.40	20.634
1991	15534	12815	82.50	45355	33500	3945	11000	8.20	261.29	109.31	6.20	314.24	24.08
1992	15534	12815	82.50	61000	47308	4564	24500	8.40	306.13	109.70	6.22	363.09	27.76
1993	14821	12035	81.50	47200	36001	3733	27000	6.50	310.11	110.12	6.20	370.01	28.35
1994	14821	12049	81.30	28806	23406	1800	13800	10.00	310.63	110.39	6.42	374.23	28.68
1995	14821	12049	81.30	26000	21500	1500	20800	8.50	313.23	111.34	6.48	380.56	29.16
1996	13130	10630	80.96	33938	29468	1490	14400	8.50	316.62	112.08	6.52	386.16	29.59
1997	13130	10730	80.98	26113	22423	1230	9500	11.00	319.24	113.26	6.59	391.12	29.97
1998	13130	10730	80.98	27258	25188	690	24000	8.00	324.22	114.32	6.65	400.01	30.65
1999	14800	11990	81.00	20450	17150	1100	23315	10.00	326.42	115.28	6.71	406.21	31.13
2000	15030	12300	81.18	25000	18000	3000	24300	11.50	330.52	117.94	6.86	410.52	31.45
2001	15220	14200	81.14	26000	13550	1840	26400	11.20	338.23	124.67	7.26	417.12	31.96
2002	16800	16100	95.83	79260	42300	1641	27624	11.10	456.52	263.24	10.81	520.86	18.18
2003	16500	15708	95.20	124378	82500	3200	95000	12.10	480.61	282.91	11.06	543.92	18.94
2004	16580	16300	98.31	244500	123500	4380	84300	12.20	500.11	295.62	12.15	560.97	19.61
2005	16600	16350	99.09	254500	185300	5020	96500	12.30	515.35	311.06	12.78	579.70	20.27

五、古树名木

至2005年，北塘辖区内共有古树113棵，树龄在100～610年之间，最年长的一棵古银杏树龄达610年，座落在锡惠公园大同殿前。古树有罗汉松、朴树、银杏、白玉兰、香樟、皂荚、苦楝、广玉兰、榔榆、枫杨、香橼、糙叶树12个品种，大致分布在锡惠公园、解放军308部队、市一中、第一制药厂、梨庄中心小学、下河塘等地区。古树名木主要由市园林局和区绿化处负责保护管理，一部份由坐落单位负责保护管理。古树名木的管护经费由市园林局统一划拨，古树名木的保护管理棵棵有落实，并签订责任状。截至2005年年末，这113棵古树生长情况正常。

2005年北塘区古树名木情况表

表2-9

序号	编号	树名	树龄（年）	保护等级	生长地点	生长情况
1	002	银　杏	610	1	锡惠公园大同殿前	正常
2	011	银　杏	460	1	锡惠公园映山湖东畔	正常
3	013	银　杏	460	1	锡惠公园溪明山馆西侧	正常
4	014	银　杏	410	1	锡惠公园张中承庙内	正常
5	015	银　杏	410	1	锡惠公园张中承庙内	正常
6	019	银　杏	260	2	锡惠公园玉皇殿	正常
7	020	银　杏	260	2	锡惠公园张中承庙内	正常
8	021	银　杏	260	2	锡惠公园云起楼前	正常
9	039	香　樟	330	1	锡惠公园映山湖东侧	正常
10	051	榉　树	150	2	锡惠公园二泉侧	正常
11	052	榉　树	140	2	锡惠公园二泉方池侧	正常
12	053	榉　树	150	2	锡惠公园华孝之祠北侧	正常
13	057	白玉兰	310	1	锡惠公园中央大厅东北角山丘	正常
14	058	糙叶树	140	2	锡惠公园寄畅园茶室西	正常
15	060	糙叶树	160	2	锡惠公园二泉池假山南侧	正常
16	095	桂　花	160	2	锡惠公园桂花厅内	正常
17	097	桂　花	130	2	锡惠公园大同殿天井	正常
18	098	桂　花	130	2	锡惠公园大同殿天井	正常
19	099	桂　花	130	2	锡惠公园大同殿天井	正常
20	101	桂　花	110	2	锡惠公园二泉方池东侧	正常
21	102	桂　花	110	2	锡惠公园中央大厅乐北角土丘	正常
22	127	糙叶树	190	2	锡惠公园李纲祠东南侧	正常
23	132	香　樟	330	1	锡惠公园锡秀嶂门内	正常
24	133	香　樟	290	2	锡惠公园锡山南北麓	正常
25	146	朴　树	170	2	锡惠公园茶室西	正常
26	189	银　杏	240	2	锡惠公园二泉书院内	正常
27	196	构　骨	150	2	锡惠公园儿童乐园内	正常

续表 2-9

序号	编号	树名	树龄（年）	保护等级	生长地点	生长情况
28	197	构　骨	150	2	锡惠公园儿童乐园内	正常
29	200	罗汉松	120	2	锡惠公园儿童乐园内	正常
30	201	罗汉松	120	2	锡惠公园儿童乐园内	正常
31	226	银　杏	200	2	锡惠公园忍草魇	正常
32	227	银　杏	200	2	锡惠公园忍草魇	正常
33	229	银　杏	150	2	锡惠公园张中承庙内	正常
34	230	银　杏	150	2	锡惠公园张中承庙内	正常
35	242	银　杏	120	2	锡惠公园张中承庙内	正常
36	254	板　栗	100	2	锡惠公园庙巷口	正常
37	258	臭　椿	100	2	锡惠公园桂花厅旁	正常
38	259	臭　椿	100	2	锡惠公园张中承庙内	正常
39	275	冬　青	100	2	锡惠公园忍草魇	正常
40	277	湖　桑	100	2	锡惠公园映山湖东侧路边	正常
41	292	黄　杨	100	2	锡惠公园愚公谷	正常
42	307	楝　树	100	2	锡惠公园喷泉旁	正常
43	324	麻　栎	120	2	锡惠公园百花亭	正常
44	332	女　桢	100	2	锡惠公园碧山吟社	正常
45	335	盘　槐	100	2	锡惠公园碧山吟社	正常
46	357	合　欢	100	2	锡惠公园映山湖西侧	正常
47	370	乌　柏	120	2	锡惠公园杜鹃园	正常
48	371	乌　柏	100	2	锡惠公园庙巷口	正常
49	378	香　樟	100	2	锡惠公园百花亭西侧	正常
50	379	香　樟	100	2	锡惠公园缆车站台南侧	正常
51	389	羽毛枫	100	2	锡惠公园杜鹃园大门内	正常
52	390	柘　树	100	2	锡惠公园庙巷口路边	正常
53	391	枳　椇	100	2	锡惠公园惠麓草堂	正常
54	392	紫　藤	120	2	锡惠公园二泉入口处	正常
55	400	榧　树	80	3	锡惠公园草花厅	正常
56	492	桧　柏	150	2	锡惠公园嵇留山先生祠内	正常
57	522	紫　薇	150	2	锡惠公园二泉东口	正常
58	530	黄　杨	140	2	锡惠公园景山堂南	正常
59	531	五角枫	100	2	锡惠公园二泉东口	正常
60	036	香　樟	410	1	寄畅园知鱼槛东侧	正常
61	037	香　樟	410	1	寄畅园横门北侧	正常
62	038	香　樟	310	1	寄畅园茶室东北侧	正常
63	046	榉　树	160	2	寄畅园九狮台东南侧	正常
64	047	榉　树	170	2	寄畅园九狮台东南侧	正常
65	141	朴　树	140	2	寄畅园九狮台高峰上	正常
66	050	香　樟	150	2	寄畅园锦汇漪与廊间	正常

续表2-9

序号	编号	树名	树龄（年）	保护等级	生长地点	生长情况
67	054	香　樟	310	1	寄畅园锦汇漪东南角	正常
68	140	朴　树	160	2	寄畅园梅亭西北侧	正常
69	143	朴　树	180	2	寄畅园八音涧进口东	正常
70	059	糙叶树	160	2	寄畅园八音涧进口山丘	正常
71	066	香　樟	410	1	寄畅园镜池西南	正常
72	067	香　樟	330	1	寄畅园西北角	正常
73	513	女　桢	100	2	寄畅园秉礼堂院内	正常
74	185	银　杏	107	2	惠山听松坊52-2	正常
75	129	糙叶树	157	2	惠山直街49-9号	正常
76	009	银　杏	460	1	下河塘15号-23前	正常
77	511	女　桢	100	2	下河塘15号内	正常
78	512	女　桢	100	2	下河塘15号内	正常
79	422	榉　树	100	2	下河塘15号	正常
80	376	香　橼	100	2	下河塘15号	正常
81	119	榔　榆	100	2	下河塘15号-33	正常
82	111	香　樟	150	2	下河塘13-55号	正常
83	062	枫　杨	150	2	下河塘12号前	正常
84	073	银　杏	110	2	下河塘12号院内	正常
85	328	木　瓜	100	2	吟园公园芳草轩	正常
86	329	木　瓜	100	2	吟园公园芳草轩	正常
87	348	崔　梅	200	2	吟园公园芳草轩	正常
88	349	崔　梅	200	2	吟园公园芳草轩	正常
89	360	石　榴	130	2	吟园公园壶中天前	正常
90	117	盘　槐	110	2	吟园公园壶中天前	正常
91	156	朴　树	100	2	通惠西路308部队南营区内	正常
92	161	朴　树	100	2	通惠西路150号（第一制药厂）	正常
93	162	朴　树	160	2	通惠西路150号（第一制药厂）	正常
94	084	罗汉松	120	2	通惠西路308部队园内	正常
95	086	罗汉松	120	2	通惠西路308部队园内	正常
96	088	罗汉松	110	2	通惠西路308部队园内	正常
97	475	龙　柏	100	2	北塘区原酶制剂厂内	正常
98	264	广玉兰	120	2	民主街天主教堂内	正常
99	180	朴　树	150	2	北塘大街张成弄5号	正常
100	510	榔　榆	120	2	兴隆桥西	正常
101	421	榉　树	100	2	兴隆桥西	正常
102	381	香　樟	100	2	101医院内	正常
103	142	朴　树	240	2	北塘温巷165号	正常
104	145	朴　树	180	2	棉花巷125号后院对面	正常
105	247	银　杏	100	2	惠钱二弄北泉旁（308部队）	正常

续表2-9

序号	编号	树名	树龄（年）	保护等级	生长地点	生长情况
106	253	白玉兰	100	2	惠钱二弄北泉旁（308部队）	正常
107	396	皂　荚	80	3	打铳巷27-1后门	正常
108	070	银　杏	260	2	打铳巷28号市一中内	正常
109	032	银　杏	300	1	梨庄中心小学内	正常
110	033	银　杏	300	1	梨庄中心小学内	正常
111	142	朴　树	210	2	水莲天门口（金山路上）	正常
112	180	朴　树	150	2	海事局大楼后面	正常
113	181	朴　树	110	2	横浜里44号沿河	正常

说明：本表统计时间为2007年6月1日

六、绿化社会化服务

辖区内区属以上公共绿地、风景林地、行道绿化带由区绿化处负责养护管理；惠山北坡林地及山北镇属绿地由山北林业工作站和山北苗圃养护管理；黄巷镇属绿地由黄巷苗圃负责养护管理；各街道内无物业管理的老新村的绿地由各街道城管科负责养护管理。2003年以前，养护经费主要按人头管护的面积、品种登记核拨，不足部分由管护单位自行解决。

从2003年开始，原属国家全民事业单位的区绿化处转制为民营企业，更名为无锡市天合景观工程有限公司，政府对绿化工程和绿地养护管理实行公开招投标。区绿化办、无锡天合景观公司还承担对市民求助、民心热线、110联动、抢险救灾、城市创建工作等社会化管理。每年的7、8、9三个月台风多发季节，做好应急预案，组织突击队，安排车辆机械设备，清运倒伐树木，扶正歪斜树木，修缮、加固树木，修剪高大树木，受理民心热线，接受网上咨询。在区政府的指导下，园林绿化达到运作市场化、操作规范化、服务社会化。

七、园林绿化专业单位

马山苗圃　坐落在马圩4号桥与5号桥之间，占地面积499.95亩，有雪松、广玉兰、香樟、樱花、海棠等各类苗木品种300多个，是北塘区全民义务植树及国土绿化苗木的供应基地。有基本职工18人。2001年，马山苗圃连同职工及所有资产无偿划归滨湖区。

民丰花圃　坐落在黄巷镇民丰村，占地面积10.95亩，主要培育西洋杜鹃、山茶、五针松及各类盆景。有基本职工15人。花圃中西鹃的品种达100多种，其栽培技术和引种在全市均名列前茅。2002年，因建凤宾路而全部拆迁。

无锡市天合景观工程有限公司 2004年初由原北塘区绿化处整体转制，改为民营企业，具有国家园林绿化施工二级企业资质和古建筑、土石方施工三级资质，其施工项目主要通过市场化运作获得，同时承担全区的110联动、防风抗台、抢险救灾等社会职能。

第四节 防汛工程

北塘区地势低洼，最低处地面高程仅2.80米（吴淞高程，下同），一般在3.40～4.20米之间。随着城市道路建设发展和河道填塞，城区防汛工程建设重要性更加凸显。多年来，在历届政府的高度重视下，通过多年的不间断建设，抓好重点圩区的防汛工程体系建设，使北塘区形成北塘大联圩、山北南圩、山北北圩、盛岸联圩等4个防洪抗灾的防汛体系。

一、北塘大联圩建设

无锡市全面系统的城市防洪工程建设，起源于1976年开始兴建的北塘联圩。该年初市建设局拟对全市最易受淹的北塘地区进行治理，提出要在内塘河、顾桥港等处建闸修圩，而这些河道正是郊区黄巷乡、刘潭乡农村圩区的重要排水河道，建闸控制后势将严重影响郊区农村的排水，壅高圩区水位，故遭到郊区乡村的强烈反对。后由市政府在深入调查研究的基础上，由市委、市政府主要领导主持协调，采纳了由郊区水利部门提出的城乡联防，建立大联圩的建议，将西至锡澄运河，南至大运河，东至转水河、寺头港，北至市县交界的整片洼地统一建圩，全圩面积15平方公里，可保护北塘区的大部分洼地和郊区黄巷、刘潭两公社的几乎全部圩区。并决定由郊区负责建设高桥、百子桥（初建于毛巷西刘潭河上，称五丰闸，1981年移建至张家桥河北端，龙塘岸周家圩东侧百子桥）、太堡墩、一号桥（初建于锡澄路一号桥下，1989年移建至寺头港边）。由市城建局负责建设新三里桥闸站、顾桥站闸（初建于顾桥西侧，1995年移建至顾桥港东口）和修筑吴桥东、西路大运河挡水墙。建成后定名为北塘联圩。当时郊区的4座闸站中，在区水利部门指导下，高桥闸由黄巷公社具体实施，太堡墩、一号桥和五丰闸站由刘潭公社具体实施（各移建工程均由北塘联圩管理处负责）。工程设计由无锡市农机水电管理站（即郊区水利行政管理部门）编制。资金筹集以区、社两级为主，市财政适当补贴，共投入资金206.5万元。三里桥闸站及大运河挡水墙由市建筑设计院负责设计，北塘区负责施工，由市城市建设经费投资，共投入资金78万元。联圩工程于1977年汛前初步形成控制。同年汛期，6月份发生暴雨时，内河水位得到控制，未发生房屋、农田的淹没等灾情，显示了良好的防洪效果。整个工程逐步修建，至1979年全部完成。北塘联圩的成功，为无锡市城市防洪工程建设提供启示，此后，城市各低洼地区开始逐步建设挡水墙、防洪闸和排涝站。

二、历年来防汛设施建设

1984～1986年，共建泵房5座，挡水墙554米，驳岸270多米，初步形成了防汛体系，在汛期发挥了效益。

1987～1989年，完成田堵里、新巷、霞美新村等一批防汛工程，新建和翻建泵站12座，挡水墙1736米，驳岸3605米，明显提高防汛抗洪能力，居民瞬时浸水户和浸水面积逐年减少。三年间，用于防汛工程建设的经费达325.25万元，是1981～1986年6年的总和。

1990～1992年，用于防汛抗灾建设的资金达853.84万元，其中仅1992年就投入584万元。新移建泵站5座，扩建2座。1991年区防汛指挥部受到建设部的表彰。

1993～1997年，防汛体系进一步完善，5年共计投入资金1200万元，完成陶巷、盛岸惠山、西新等3个圩区建设，加高加固防洪墙6000米，新建防汛驳岸3000米，全区24座泵站排涝能力由每秒12.5立方米提高到每秒20立方米。

1998年，防汛工程和硬件设施建设基本完成，加高加固防洪墙1440米，全区24座泵排涝能力进一步提高。

1999年，区防汛工程建设共有142项，总投资达809万元。完成吴桥东路防渗外复工程460米和豫康里泵站移建工程，完成江尖南北两闸门改建成电动直升横卧式钢闸门工程和新里泵站工程。

2000年，实施防汛工程建设大小项目19个，总建设资金379.3万元。完成防洪墙防渗外覆工程2614米，橡胶闸门改造成电动钢质闸门，结束了全区防洪闸门砼质手工操作的历史。

2001年，投资213万元，完成1260米的防汛驳岸、挡水墙外覆加固以及河道疏浚等工程，提高全区防洪抗涝能力。

2002年，在城区部分防汛投资101万元，其中：莲蓉桥至接官亭防洪墙618米加高，李家浜至和新里防洪墙防渗外覆300米，惠山浜陶巷防洪墙防渗外覆87米，油灰工场防洪墙防渗外覆40米，山东浜泵站大修，盛岸二村泵站改造，接官亭泵站修理。黄巷、山北两镇部分总投资235万元，其中：新建赵家浜泵站和陈巷泵站，三家村泵站移建，龙舌尖驳岸外复600米，内河驳岸修理1867米，泵站维修11座。

2003年，翻建泵站1座，大修3座，维修改造15座，挡洪墙防渗外覆1110.9米，外墙堤防加固1166米，新建内河石驳3250米（包括运泾河400米堤防除险加固）。

2004年，防汛水利工程总投资395万元，扩建杨岸泵站，改建新建桥泵站，完成运泾河、麻饼沿河、双河货场、会龙桥堍、盛岸二村等处石驳墙、堤岸的外覆、修复，共计全长765米，内覆、加固全长200米。

2005年，防汛水利建设工程共投资211万元，移地改造姚巷浜泵站，惠龙、惠华、红光、油车浜、江北尖等5座泵站大修、维修，接官亭泵站电气改造，完成防洪驳岸工程1415米。

1986～2005年北塘区水闸设施情况表

表2-10

序号	水闸名称	坐落地点	建造年份
1	惠山浜闸	惠山浜出口处	1993
2	化工桥闸	山东浜北端	1992
3	惠华闸	沿山河北端	1993
4	新建桥闸	新建桥北侧	1990年改建
5	盛岸二村闸	盛岸二村1号-1	1998年改建
6	江尖北闸	江尖10号对面	1999年改建
7	江尖南闸	同上	1999年改建
8	三里桥前闸	新三里桥—吴桥东路38号	1991
9	三里桥后闸	同上	1991
10	三里桥六库浜闸	同上	1991
11	高桥闸	黄巷—冯巷	1988年改建
12	百子桥前闸	黄巷—龙塘岸村	1994
13	百子桥后闸	同上	1994
14	太保墩前闸	黄巷—前村	1992
15	太保墩后闸	黄巷—前村	1992
16	锡澄路一号桥前闸	锡澄三村沿河	1989
17	锡澄路一号桥后闸	锡澄三村沿河	1989
18	顾桥港闸	顾桥港东出口处	1995
19	新西闸	黄巷—龙塘岸村	1999年改建
20	瓦屑坝闸	黄巷—戈巷	1992年改建
21	杨岸闸	山北—杨岸河口	1999
22	大吴巷闸	山北—大吴巷	1999
23	赵家浜闸	山北—赵家浜口	1987
24	红光闸	山北—红光村	1974
25	姚巷闸	山北—姚巷	1987
26	大庄浜闸	山北—大庄浜口	1958

2005年北塘区防汛排涝泵站情况表

表2-11

泵站名称	建设年份	地址/所在圩或排水片	水泵型号/台数	电机动力（千瓦/台）	排涝流量（立方米/秒/台）	排涝总流量（立方米/秒）	电机总动力（千瓦）
北荡岸	1969	梅泾圩	14z/1	30/1	0.30	0.30	30
李家浜	1981	李家浜	12H/2	22/2	0.21/2	0.42	44

续表2-11

泵站名称	建设年份	地址/所在圩或排水片	水泵型号/台数	电机动力（千瓦/台）	排涝流量（立方米/秒/台）	排涝总流量（立方米/秒）	电机总动力（千瓦）
新建桥	1981 2004年移建	新建桥	20z/2	55/2	0.6/2	1.20	110
陶巷	1981 2005年移建	-	14z/2	11/2	0.28/2	0.56	22
江尖北	1982	小尖片区	20z/2	55/2	0.6/2	1.20	110
盛岸二村	1983 2002年改建	-	20z/1 14z/1	55/1 22/1	0.6/1 0.28/1	0.88	77
新市场	1984	新市场	8H/2	10/2	0.08/2	0.16	20
热电厂	1984	-	32z/2	85/2	1.15/2	2.30	170
龙船浜	1984 2000年改建	龙船浜	20z/3	55/3	0.6/3	1.80	165
茅泾浜	1986	茅泾浜	12H/2 14/1	22/2 30/1	0.217/2 0.28/1	0.71	74
油灰工场	1986 2007年移建	县航新村	14z/1 20z/1	11/1 30/1	0.28/1 0.6/1	0.88	41
振华弄	1988	振华弄	12H/1 8H/1	22/1 10/1	0.21/1 0.08/1	0.29	32
新民村	1988 2005年移建	-	20z/2	30/2	0.6/2	1.20	60
吴桥西路	1990	吴桥西路	8H/2	10/2	0.08/2	0.16	20
山东浜	1992	-	32z/3	95/3	1.5/3	4.50	285
新华	1992	南圩	12H/1 8H/1	22/1 10/1	0.21 0.08	0.29	32
大庄浜	1992	山北北圩	20z/4	30/4	0.50	2.00	120
锡丰浜	1993	锡丰浜	10H/2	10/2	0.14/2	0.28	20
接官亭	1994	接官亭	20z/3	55/3	0.6/3	1.80	165
惠龙	1994	惠龙片区	12H/1 8H/1	22/1 10/1	0.21/1 0.08/1	0.29	32
蒋家湾	1994	北圩	20z/3	30/3	0.50	1.50	90
红五月	1994	盛岸圩	32z/1 20z/2	95/1 60/2	1.90 1.00	2.90	215
大吴巷	1995	南圩	20z/2	30/2	0.60	1.20	60

续表2-11

泵站名称	建设年份	地址/所在圩或排水片	水泵型号/台数	电机动力（千瓦/台）	排涝流量（立方米/秒/台）	排涝总流量（立方米/秒）	电机总动力（千瓦）
惠华	1995	惠华片区	12H/2	22/2	0.21/2	0.42	44
五爱北路	1996	西塘沿河	20z/2	55/2	0.6/2	1.20	110
和新里	1996	和新里	20z/3	55/3	0.6/3	1.80	165
东泾浜	1996	北圩	32z/2 20z/1	95/2 30/1	2.00 0.60	4.60	220
杨岸	1997 2002年移建	北圩	32z/3	95/3	2.00	6.00	285
豫康里	1999	豫康里	12H/2	22/2	0.21/2	0.43	44
谈巷	2000	山北南圩	12H/1 8H/1	22/1 10/1	0.21 0.08	0.29	32
会北高桥	2001	北圩	32z/2	65/2	1.20	2.40	130
油车浜	2001	北圩	14H/2	22/2	0.28	0.56	44
梨庄家园	2002年改建	–	20Z/2 14z/1	30/2 20/1	0.6/2 0.28/1	1.48	80
三家村	2002	南圩	12H/1 8H/1	22/1 10/1	0.21 0.08	0.29	32
赵家浜	2002	南圩	32z/2	95/2	2.00	4.00	190
姚巷	2005	南圩	20z/2	30/2	0.50	1.00	60
丝螺圩	2005	北圩	12H/1 8H/1	22/1 10/1	0.21 0.08	0.29	32

1986～2005年北塘区防洪堤防建设情况表

表2-12

建设年份	建造长度（米）	起始地点	工程内容	工程投资（万元）
1986	41.90	北塘老城区	石驳岸	2.93
	263.90	北塘老城区	挡洪墙	15.83
	135.50	南高桥	石驳岸	1.62
	566.90	龙舌尖	石驳岸	6.81
1987	303.97	前村卫东桥	石驳岸	3.67
	80.10	冯巷	石驳岸	0.53
	161.00	运泾河	石驳岸	1.76
	245.10	瓦屑坝铁路下	石驳岸	1.32

续表2-12

建设年份	建造长度（米）	起始地点	工程内容	工程投资（万元）
1988	2625.70	北塘老城区	驳岸	157.54
	1080.20	北塘老城区	挡洪墙	54.01
	76.10	北塘老城区	外履防渗漏	3.80
	4643.50	锡澄运河、运泾河	外围圩堤加高加固	5.56
	827.10	冯巷、前村、梅泾圩等	石驳	13.23
	1778.00	南圩：淡巷三队到三家村 北圩：蒋家湾到红星刀剪厂	石驳	–
1989	393.20	北塘老城区	驳岸	23.59
	270.30	北塘老城区	挡洪墙	14.87
	46.30	北塘老城区	外履防渗漏	2.32
	595.30	龙塘岸、瓦屑坝、本岸里	石驳	11.91
	500.00	运泾河圩堤加高加固		0.45
1990	1050.90	北塘老城区	驳岸	73.56
	1000.00	卫东桥、龙塘岸	加高加固	1.80
	341.00	本岸里、卫东桥、大运河	石驳	6.14
1991	15.50	北塘老城区	驳岸	1.09
	871.00	航校、卫东桥、太保墩船厂	石驳	12.30
	2600.00	南圩：姚巷浜到谈巷三队 北圩：徐巷到蒋家湾	打桩护基	–
1992	888.00	北塘老城区	驳岸	62.16
	3468.60	–	防渗漏	208.12
	930.90	–	挡洪墙	46.55
	4691.00	外围	石驳	148.16
1993	514.50	北塘老城区	驳岸	36.02
	110.00	北塘老城区	防渗漏	6.60
	193.60	北塘老城区	挡洪墙	9.68
	616.00	外围	石驳	1.68
1994	8.90	北塘老城区	驳岸	0.63
	15.30	北塘老城区	防渗漏	0.92
	18.90	北塘老城区	挡洪墙	1.20
	1871.00	南街、龙塘岸、毛巷、五河	圩岸加固	14.00
	268.60	龙塘岸、瓦屑坝、毛巷、冯巷	石驳	18.55

续表2-12

建设年份	建造长度（米）	起始地点	工程内容	工程投资（万元）
1995	235.90	北塘老城区	驳岸	11.80
	500.00	外围	圩岸加固	2.50
	227.60	外围	石驳	12.32
1996	20.50	北塘老城区	驳岸	1.50
	230.00	北塘老城区	防渗漏	140.00
	242.00	北塘老城区	外履	15.73
1996	180.00	瓦屑坝	打桩护基	20.00
	2600.00	双河二岸	加高60公分	
1997	702.70	北塘老城区	驳岸	50.00
	500.00	梅泾圩、冯巷	圩岸加固	2.50
1998	609.50	港务处	石驳	20.00
	2328.00	龙塘岸、梅泾圩	圩岸加高加固	13.00
	708.00	梅泾圩	石驳维修	6.46
1999	451.40	北塘老城区	防渗漏	30.00
	1741.00	外围	圩堤加高加固	14.80
	873.00	锡澄运河	斜护坡	22.40
	3000.00	南圩：谈巷三队到三家村 北圩：蒋家圩到红星刀剪厂	打桩护基	-
2000	2613.50	北塘老城区	防渗漏	169.88
	2655.00	北塘老城区	外履	159.30
	200.00	外围	石驳维修	3.50
2001	322.00	通汇桥—亮坝桥	外履	50.76
	338.50	老市场—新市场	外履	50.43
	248.00	铁路立交—北新桥	外履	35.90
	227.50	北新桥—染料厂	外履	39.09
	125.00	惠峰新村—严家棚	外履	11.35
2002	300.00	和新里—李家浜	外履	38.76
	48.50	陶巷—浜口	外履	17.31
	46.40	港务三区门口	外履	-
	48.50	吴桥下	外履	7.90
	43.70	油灰工场	外履	4.90
2003	128.70	锡航桥东侧	外履	15.72
	400.00	运泾河	外履	17.00
	580.00	护渎河二侧	外履	50.00
2004	164.00	黄巷熔炼厂段	打桩护基外履	21.78
	300.00	运泾河东	打桩护基外履	37.83
2004	120.00	双河货场港池	打桩护基外履	19.30
2005	400.00	双河大通船厂段	外履	83.00
	200.00	运泾河向东900米处	外履	32.00

三、河道疏浚

北塘区1989～2005年先后对129条河道进行了疏浚。

1989～2005年北塘区河道疏浚情况表

表2-13

序号	年份	疏浚河道名称	长（米）	宽（米）	疏浚土方（立方米）
1	1989	盛岸河	960	14	2430
2	1990	九曲基	1150	10	4100
3	1992	东汀河	1810	15	–
4	1994	沿山河	2120	25	–
5	1994	毛巷内河	650	10	–
6	1994	冯巷浜	–	–	–
7	1994	苏吴河	–	–	–
8	1994	大吴巷河	–	–	–
9	1994	新开河（惠龙）	–	–	–
10	1995	沿山河	–	–	20997
11	1995	酱园浜	–	–	11334
12	1995	惠山浜	–	–	2324
13	1995	李家浜	–	–	389
14	1995	庵桥浜	–	–	–
15	1995	东泾河	–	–	–
16	1995	三家村浜	–	–	–
17	1995	杨刘河	–	–	–
18	1995	杨木桥河	–	–	–
19	1995	苏盾河	–	–	–
20	1995	小张巷浜	–	–	–
21	1995	西汀河	–	–	–
22	1995	洋槐河	–	–	–
23	1996	顾桥港	–	–	4320
24	1996	田禾浜	–	–	1607
25	1996	龙船浜	–	–	873
26	1996	九曲基	–	–	4595
27	1996	六库浜	–	–	591
28	1996	内塘河	–	–	17445
29	1996	护渎河	–	–	10174
30	1996	赵家浜	–	–	–
31	1996	唐巷浜	–	–	–
32	1996	紫金梢浜	–	–	–
33	1996	西泾河	–	–	–

续表2-13

序号	年份	疏浚河道名称	长（米）	宽（米）	疏浚土方（立方米）
34	1996	油车浜	–	–	–
35	1997	内塘河	–	–	29638
36	1997	护渎河	–	–	4513
37	1997	龙头河	–	–	5763
38	1997	九曲基	–	–	3154
39	1997	沿山河	–	–	3502
40	1997	万源浜	–	–	700
41	1997	陶巷浜	–	–	719
42	1997	梢顶浜	–	–	–
43	1997	任巷浜	–	–	–
44	1997	谢巷浜	–	–	–
45	1997	蒲社河	–	–	–
46	1997	陈巷内河	–	–	–
47	1998	陈巷浜	–	–	1798
48	1998	山东浜	–	–	6446
49	1998	新惠河	–	–	5238
50	1998	盛岸河	–	–	6804
51	1998	西泾浜	–	–	1200
52	1999	惠山浜	–	–	24780
53	1999	大庄浜	–	–	–
54	1999	北庄河	–	–	–
55	1999	杨岸河	–	–	–
56	1999	刘潭河	–	–	–
57	1999	南街浜	–	–	–
58	2000	横浜	–	–	2004
59	2000	九曲基	–	–	5279
60	2000	团结河	–	–	10520
61	2000	断头浜	–	–	2680
62	2000	会西新开河	–	–	–
63	2000	潘葑浜	–	–	–
64	2000	民丰河	–	–	–
65	2000	周家圩河	–	–	–
66	2000	龙塘岸河	–	–	–
67	2000	毛巷内河	–	–	–
68	2000	野岸河	–	–	–
69	2000	苏吴河	–	–	–
70	2000	腐乳浜	–	–	–

续表2-13

序号	年份	疏浚河道名称	长（米）	宽（米）	疏浚土方（立方米）
71	2001	沿山河	–	–	11622
72	2001	茅泾浜	–	–	769
73	2001	内塘河	–	–	40493
74	2001	会西河	–	–	–
75	2001	杨刘河	–	–	–
76	2001	东塘河	–	–	–
77	2001	张泾头河	–	–	–
78	2002	惠山浜	–	–	–
79	2002	酱园浜	–	–	1700
80	2002	护渎河	–	–	2500
81	2002	顾桥港	–	–	23000
82	2002	姚巷浜	–	–	1370
83	2002	西坝头河	–	–	18800
84	2002	东汀河	–	–	17700
85	2003	南街浜	250	15	2500
86	2003	前村东中西浜	1100	10	11000
87	2003	冯巷浜	850	9	8500
88	2003	三家村河	180	9	5000
89	2003	小张巷浜	174	10	4000
90	2003	洋槐、陈巷内河	460	9	12000
91	2003	民主浜	115	6	4000
92	2003	杨岸河	1640	5	13000
93	2004	断头浜	172	8	2400
94	2004	姚巷浜	137	8	1500
95	2004	西泾河（大庄浜段）	500	8	5000
96	2004	新开河	1140	5	3700
97	2004	蛳螺圩河	550	8	10600
98	2004	任巷浜	280	30	2500
99	2004	北洋槐河	500	8	11900
100	2004	张泾头河	480	13	8500
101	2004	野岸河	570	15	4900
102	2004	南汀内河	250	5	1600
103	2004	刘潭桥浜	250	16	5300
104	2004	万源浜	150	15	2600
105	2005	杨刘河	420	9	4200
106	2005	梢顶浜	1120	14	6500
107	2005	缪巷浜	500	10	3900

续表2-13

序号	年份	疏浚河道名称	长（米）	宽（米）	疏浚土方（立方米）
108	2005	毛巷浜	120	8	2700
109	2005	唐巷浜	340	5	3500
110	2005	庵桥河	650	5	6500
111	2005	腐乳浜	850	8	1300
112	2005	陶巷浜	73	8	730
113	2005	田禾浜	170	18	1700
114	2004～2005	团结河	465	15	4650
115	2004～2005	内塘河	4040	25	40000
116	2004～2005	民丰河	2830	11	28000
117	2004～2005	杨木桥河	590	20	6000
118	2004～2005	蒲社河	870	9	8700
119	2004～2005	顾桥港	2630	10	26300
120	2004～2005	西汀河	1430	10	15000
121	2004～2005	东汀河	1810	15	18100
122	2004～2005	东塘河	2370	10	–
123	2004～2005	谢巷浜	300	7	–
124	2004～2005	锡丰浜	75	22	–
125	2004～2005	生禾浜	85	14	–
126	2004～2005	李家浜	200	20	–
127	2004～2005	茅泾浜	60	12	–
128	2004～2005	西坝头河	1680	5	–
129	2004～2005	塘沟河	1750	9	17500

四、排水

北塘区内共有71条河道，总长约6.67万米。1954～1978年，先后在北塘区的易涝地段新建或翻建下水道6.03万米。1978年后，统一规划下水道的布局、走向、设施。区内市管道路的下水道由市市政设施管理处负责进行改造建设，其余道路及背街小巷下水道改造建设由区市政处负责，原陶土管和方沟下水道全部改用水泥混凝土预制管，并加大下水道管径，确保排水畅通。1986～2005年，全区新建直径200～1500毫米污水管道39411米，污水检查井1105座，建设吴桥、山北、北外环和锡澄路等4处大型污水提升泵站，确保全区（特别是低洼区）污水能正常排入无锡市城北污水处理厂，处理达标后排放。1986～2005年，全区新建下水道27.2万米，新建雨水检查井7980座，新建雨水收水井20558座，疏通雨水管道364.93万米，疏挖窨井19.28万座（次），疏挖雨水收水井49.66万座（次）。

1986～2005年北塘区雨水管道铺设情况表

表2-14

年份	新建雨水管道（万米）	新建雨水检查井（座）	新建雨水收水井（座）	疏通养护		
				雨水管道（万米）	窨井（万座次）	收水井（万座次）
1986～1990	27.20	7980	20558	31.79	0.61	5.69
1991～1995				85.79	3.48	14.63
1996～2000				114.04	8.57	14.91
2001～2005				133.31	6.62	14.43
合　计	27.20	7980	20558	364.93	19.28	49.66

图2-11　北塘区九曲港河动工疏浚（1990年1月8日）（顾祚维/摄）

第二章 房地产 建筑业

第一节 机 构

1980年6月，无锡市房地产管理局北塘区分局改称北塘区房地产管理局，接受无锡市房地产管理局和北塘区人民政府双重领导。局机关内设办公室、业务股、修建股、财务股、政保股、器材股。下设北塘房管所、北大街房管所、顾桥房管所、吴桥房管所、惠山房管所、西新房管所、公房修建队。

1987年10月，成立无锡市北塘区房地产经营公司，为正科级全民事业单位。公司隶属北塘区房地产管理局，与局实行一套班子两块牌子。北塘区房地产管理局增挂"无锡市北塘区城市建设综合开发公司"牌子。公司下设动迁科、经营科、工程管理科、设计室。

1991年，无锡市北塘区城市建设综合开发公司与区房地产管理局分离，独立经营。

1996年12月，北塘区房地产管理局更名为北塘区房产管理局。

1997年1月，分别组建无锡市北塘区房屋置换中心、无锡市北塘区房地产价格评估所，均为副科级建制，行政隶属区房产管理局。

1997年9月，区房产管理局机关增设物业管理办公室，同时下属增挂8家物业管理处牌子，其中勤兢、怡庭、惠东里物业公司为独立法人单位。

1998年，原北塘区公房修建队扩建成北塘区建筑安装公司。

2001年，北塘区房屋置换中心（北塘区房屋交易公司）、北塘区房地产价格评估所与房管局脱钩转制。同年，北塘区房产经营公司与房管局脱钩，转制为股份制企业，房管局下属房管所、物业管理处均转制为独立法人的物业管理有限公司。

2005年12月，北塘区成立两房（经济适用房、拆迁安置房）建设办公室，负责经济适用房和安置房建设。

建筑管理机构：1986年，成立无锡市建筑安装管理处北塘管理站，隶属于区建设局。区建管站负责对本区所属建筑队伍的管理，对承建500平方米以下的民用建筑或三层以下新建维修的居民住宅工程的合同、安全、造价、工期、工程质量等的管理。1988年10月，负责对全区各工程队的归口管理和业务指导，抓好建筑市场管理，检查工地施工情况，协助市有关部门对违章建筑、违章施工单位进行处理。

第二节 房屋建造

1985年，全区人均住房面积为6.3平方米。1986～2005年，全区累计改造、开发住宅636.38万平方米。至2005年，达到人均居住面积28平方米。20年间，人均居住面积翻两番，住房质量也有很大提高。大量普通砖木结构、低层、不成套的住宅，随着旧城改造、拆迁转变为设施齐全、绿化成片、环境优良的小区型住宅。90年代中后期，中高层住宅小区大规模建成，配套齐全，物业管理规范，居民居住条件进一步改善。

一、旧城改造

公房、简易房改造 从1986年至1996年十年间，先后对五里新村、黄巷、青石路、下河塘等8处简易房和危旧房改造，累计拆迁面积10万平方米，建造住宅25万平方米，3000户居民搬入新居。

低洼地区危旧房改造 北塘区历史上低洼地区约120万平方米，分布在12个片区。1991年遭受特大洪水时，低洼地区受影响较大。以后，市、区政府一手抓防汛设施完善，一手抓低洼地区。1992年，红梅市场、长安桥地区、荷花里地区改造，2001年江尖地区改造。至2005年共改造6大地块30个项目，拆除面积64.5万平方米，受益1.5万户，建造180万平方米住宅，其中由房产经营公司和区开发公司直接改造开发的有60万平方米。

道路拓建、危旧房拆除 到2005年止，在北塘老城区有五爱北路、江阴巷、春申路、后祁街、吴桥东路等道路拓建改造，共拆除危旧房21.8万平方米，5000余户居民住房条件得到改善。

1986～2005年北塘区旧城改造及小区开发建设情况表

表2-15

改造地点及名称	年份	面积（万平方米）	改造性质	实施单位
五里北简易职工住宅一期	1985、1986	5.00	危房改造	区房管局开发公司
兴隆宾馆 原区大会堂	1986	1.20	基建社会事业项目	区房管局开发公司
新华小区	1986	3.00	小区开发	区房管局开发公司
周巷小区	1986	1.50	小区开发	区房管局开发公司
建设新村西 一期	1987	2.00	危房改造	区房管局开发公司
五金大楼 布巷弄商住楼	1987	1.50	小区开发	市建工开发公司
双河新村	1988	10.00	小区开发	区房管局开发公司
通惠路拓宽1.3.5.7地块商住楼	1989	7.00	危房改造	区房管局开发公司
红梅市场ABC三块	1990	4.00	危旧房改造	区房管局开发公司
其中市场开发	1990	1.80	危旧房改造	区房管局开发公司
严家浜	1990	2.00	危旧房改造	市六建公司

续表2-15

改造地点及名称	年份	面积 （万平方米）	改造性质	实施单位
五河新村 二期	1990	14.00	小区开发	中房开发公司
惠东里路南侧	1991	2.00	危旧房改造	市六建公司
江阴巷东侧1.3.5.7地块商住楼	1991	7.00	街坊改造	区房管局开发公司
建设村 二期	1991	1.50	危房改造	区房管局开发公司
五河新村 三期	1992	4.00	小区开发	黄巷开发公司
长安桥(横浜里)	1992	4.00	危房改造	市公房公司
五爱北路东西侧	1992	12.00	危房改造	市、区八家公司联合开发
豫康里、西康路	1992	1.00	危旧房改造	区房管局开发公司
双河二村	1993	6.00	小区开发	北塘区城建综合开发
荷花里东片	1993	3.00	低洼改造	锡山区开发公司
公房城北所（北大街）	1993	1.00	低洼改造	市公房开发
三里桥粮油市场	1993	3.00	低洼改造	区开发
惠东里	1993	4.00	小区开发	北塘区开发
兴东	1993	2.00	危房改造	北塘区房管开发
宪丰小区	1993	10.00	小区开发	江南开发公司
堵巷	1993	3.00	小区开发	市政开发公司
沈巷	1993	10.00	小区开发	黄巷开发公司
庄前一、二期	1993	10.00	小区开发	黄巷开发公司
江阴巷西侧（国际商城）	1994	-	街坊建设	锡港合资
龙船浜小区	1994	3.00	危房改造	金置开发公司
棉花巷二、三期	1994	10.00	危房改造	建瓴开发公司
宏宇大厦	1995	1.80	危房改造	锡港合资
田堵里住宅	1995	1.00	危房改造	锡山区开发公司
春申苑小区	1995	1.00	危房改造	锡山区开发公司
老轻院一、二期	1995	20.00	小区开发	锡山区开发公司
惠盛里	1995	5.00	小区开发	山北开发公司
黄巷新村简易房改造	1996	5.00	危房改造	区房管局开发公司
盛岸大板房（建安公司）	1996	3.00	危房改造	区房管局开发公司
春申路顾桥港	1996	0.50	危房改造	区房屋发展公司
北闸街（供电局）	1996	2.00	危房改造	中房开发公司
惠畅里小区	1996	20.00	小区开发	市园林开发公司
青石路菜场	1997	2.00	危房改造	北塘区房管开发
春申公寓	1997	2.00	危房改造	轻工开发
汇利广场（附停车场）	1997	1.00	街坊改造	市发展公司
新五金商场（商业用房）	1997	2.00	街坊改造	五金自建
五里新村菜场改住宅	1997	4.00	危房改造	广厦开发公司
红梅市场C块（布料市场）	1997	2.00	街坊改造	市棉麻公司

续表2-15

改造地点及名称	年份	面积（万平方米）	改造性质	实施单位
新巷	1997	5.00	危房改造	区房管局动迁科
黄金海岸	1997	2.00	街坊改造	宜兴洋溪开发
五里新村三期	1998	4.00	危房改造	区综合发展公司
凤翔苑（印染厂）	1998	7.00	小区开发	崇安开发
惠钱三村	1998	3.00	小区开发	区房管局开发公司
下河塘危房改造	1999	4.00	危房改造	区房管局开发公司
吴桥东路	1999	12.00	低洼危改	市公房开发
兴隆苑（帽厂）	1999	3.50	危房改造	区发展公司
二泉花园	1999	20.00	小区开发	山北开发公司
莲蓉苑（国际商城）	2000	10.00	街坊改造	综合开发公司
青石路临时商业用房及乐波门状元楼	2000	3.00	街坊改造	市、区五家公司联合开发
诚隆超市（好又多）	2000	3.00	街坊建设	区房管局开发公司
惠泉花园（水泥厂置换）	2000	30.00	小区开发	市开发
凤宾家园（电子管厂）	2000	20.00	小区开发	中房开发公司
荷花里（低洼地改造）	2001	25.00	危房改造	杭州中大开发
江阴巷（嘉德小区）	2001	15.00	危房改造	嘉德开发公司
田埗里商城公寓	2002	5.00	街坊改造	长江动力开发
春申路ABC块（北闸小学）	2002	6.00	街坊改造	益都开发公司
金置广场	2002	5.00	街坊改造	–
金马国际花园	2002	20.00	危房改造	–
香榭丽舍	2002	20.00	危房改造	–
染料厂改造	2003	20.00	小区开发	浙江宁兴开发公司
民丰家园一、二期	2003	30.00	小区开发	城投公司
新桥花园	2003	20.00	小区开发	黄巷开发公司
惠鹿苑	2003	8.00	小区开发	山北开发公司
二泉东苑	2003	5.00	小区开发	北达公司
民丰家园安置房ABC块	2004	20.00	小区开发	区城投公司
绿洲花园	2004	10.00	小区开发	黄巷开发公司
杨木桥	2004	10.00	小区开发	黄巷开发公司
英仁皇家花园	2004	20.00	小区开发	华盛开发
广石花园	2005	30.00	小区开发	区两房办

续表2-15

改造地点及名称	年份	面积（万平方米）	改造性质	实施单位
山北蒋家湾	2005	20.00	小区开发	山北开发公司
米兰花苑	2005	7.00	小区开发	龙腾公司
	合计	630.10		

二、新村小区建设

1988年，北塘区城市建设综合开发公司在原山北乡双河村征地100亩，建成约10万平方米的双河住宅小区，小区配套齐全。至90年代末，区开发公司陆续建造新巷小区、黄巷新村、下河塘小区等，共计15万平方米。近千户居民居住环境得到改善。

进入21世纪至2005年，随着城市地快拍卖出让，外地房地产开发商进入北塘区，先后开发中大颐和湾、康桥丽景、金马国际花园、香榭花园、二泉花园等住宅小区。

三、经济适用房及农民安置房建设

2003年5月，北塘区启动杨木桥（民丰家园一区、二区）经济适用房建设，实施广石路经济适用房（广石家园）建设。两个项目总建筑面积48万平方米，安置户数3701户，总投资9.6亿元。

2002年7月，黄巷街道建设农民安置房（新桥花园）。至2005年年末，黄巷街道安置房建设总建筑面积20.72万平方米，安置户数1664户，总投资3.5亿元。

2005年12月区经济适用房、拆迁安置房建设办公室（简称两房办）成立后，加快安置房建设的步伐。计划逐步建造梨花家园、惠麓苑二期、龙塘家园、毛巷一期、锡惠苑等安置房项目，规划总建筑面积176.63万平方米，总投资50亿元。

四、老新村整治

1997年，开始实施老新村整治，老新村整治是通过对居民新村小区内部道路、下水道、绿化、停车场等基础设施综合改造，提高小区居住和环境质量。每年一期，至2005年共实施10批，总面积212.39万平方米，受益居民约35400户。

1997～2005年北塘区老新村整治情况表

表2-16

批次	新村名称	整治年份	建筑面积（万平方米）	受益人口（人）	管理模式	归属
第一批	五河新村一期	1997	7.76	4388	自治管理	北大街街道
第二批	惠峰新村	1997	25.00	12180	自治管理	山北街道
第三批	盛岸新村	1998	48.00	18721	自治管理	惠山街道

续表2-16

批次	新村名称	整治年份	建筑面积（万平方米）	受益人口（人）	管理模式	归属
第四批	惠华新村	1999	13.40	5656	自治管理	山北街道
	五里新村	1999	7.00	2900	自治管理	康盛物业
第五批	惠龙/龙西三居委	2000	21.57	12376	自治管理	山北街道
第六批	惠龙二期	2001	25.00	16110	自治管理	山北街道
第七批	五河二村	2002	19.65	7581	自治管理	北大街街道
	庄前新村	2002	9.00	4250	自治管理	黄巷街道
第八批	惠盛路小区	2003	7.00	2898	自治管理	惠山街道
第九批	双河新村	2004	21.00	13600	自治管理	山北街道
第十批	协新家舍	2005	8.01	4960	自治管理	北大街街道
	庄前新村	2005			自治管理	黄巷街道
合 计			212.39	105620		

五、商务楼宇建设

20世纪80年代末开始，陆续建造无锡招商城小商品市场，鞋帽市场，五金交电商场，一百集团等商业项目，胜利门商业圈的建设得到提升。金汇广场、无锡数码港的建设，形成五爱路、人民西路数码一条街。1998年开始建设的青石路景观街，有黄金海岸、状元楼、诚隆超市、宏宇大厦、嘉德大厦、柯兰公寓、乐波门等多个较大的商业综合楼，形成无锡市旅游休闲餐饮小吃一条街。盛岸路易初爱莲超市的建设，给山北居民带来生活便利。

第三节 房屋拆迁与补偿安置

1986～1989年，房屋拆迁管理的专职机构为北塘区房地产管理局动迁办公室和北塘区旧城改造办公室两个机构，负责实施区内危旧房改造、道路扩建、新村建设等拆迁项目的管理工作。

2002年，为加强对拆迁工作的管理和协调，区成立专门的拆迁管理领导小组及其办公室，通过建立区级领导分工挂钩、选派拆迁联络员，建立拆迁工作补偿安置制度，使全区拆迁补偿安置工作稳步推进。

2002年以后实施的拆迁项目，按类别可分为重点道桥项目、一般社会项目、土地储备项目、安置房腾地项目。2002～2005年，共办理拆迁许可64个，实施项目92个，总计应拆面积250.99万平方米，实际拆迁面积196.21万平方米。

拆迁工作配合重点道桥建设，通过蓉湖路、兴惠路、盛岸路、锡山大桥匝道、凤宾路、县前西街、江海路、锡澄路、312国道、兴源路、凤翔路、惠钱路、青石北路等道桥建设，改善了路网，旧城改造得到整体推进。通过江尖公园、莲蓉苑、金马国际花园、香榭丽舍、中大颐河湾、嘉德中央公园等一批危旧房改造项目的实施，使北塘区低洼地区4万居民搬迁新居，改善居住条件。

1987～2005年北塘区低洼危旧房屋拆迁情况表

表2-17

拆迁项目	年份	拆除房屋面积（万平方米）	户数	拆迁实施机构
五金大楼 布巷弄	1987	0.40	100	区房管局动迁科
建设村一期	1987	1.00	200	区房管局动迁科
通惠路拓宽	1988	2.40	400	市政开发公司 经营公司动迁科
通惠路改造	1989	1.50	300	经营公司动迁科
红梅市场ABC三块	1990	2.00	600	经营公司动迁科
江阴巷东侧1357块	1991	2.00	700	区城建综合开发动迁科
北塘大街	1991	2.00	30家企业、250户	综合开发动迁科
建设村二期	1991	0.60	100	区城建综合开发动迁科
五爱北路拓宽	1992	2.40	600	市政公司
五爱北路东西侧	1992	6.00	12000	市区八家联合开发
江阴巷春申路北闸街段拓宽	1992	4.00	1000	区房管与综合开发公司
豫康里 西康路	1992	0.30	60	区房管局动迁科
长安街横浜里地块改造	1992	1.50	350	市公房拆迁
荷花里东片	1993	2.00	400	锡山开发公司
公房城北所	1993	0.30	–	市公房自开发
三里桥粮油市场	1993	1.00	250	区综合开发公司
吴桥改造	1993	–	500	市政开发
兴东	1993	0.80	1800	区房管局动迁科
江阴巷西侧(国际尚城)	1994	3.00	600	城市综合开发动迁科
棉花巷二、三期	1994	3.00	550	建瓴开发公司
宏宇大厦	1995	0.20	60	区房管局动迁科
田堵里住宅	1995	0.30	50	锡山区开发
春申苑小区	1995	0.30	企业房	锡山区开发
黄巷简易房改造	1996	1.50	350	区房管局动迁科
春申路顾桥港	1996	0.25	19	区房屋开发公司
春申路西段拓建（即江尖大桥）	1996	4.00	1000	市区三家联合拆迁

续表2-17

拆迁项目	年份	拆除房屋面积（万平方米）	户数	拆迁实施机构
新巷小区	1997	2.00	400	区房管局动迁科
青石路菜场	1997	0.80	200	区房管局动迁科
汇利广场	1997	0.50	100	市发展公司
嘉锡大厦（五金商场）地块	1997	0.50	100	五金自建
红梅市场C块（布料市场）	1997	0.60	130	市棉麻公司拆迁
黄金海岸	1997	0.50	100	区房管局动迁科
五里新村菜场改造	1997	1.50	400	广夏开发公司
五里新村三期	1998	1.50	400	区综合开发公司
下河塘危房改造	1999	1.50	400	区房管局动迁科
吴桥东路	1999	4.00	900	市公房开发
吴桥东拓宽	1999	2.00	450	市公房开发
兴隆苑（帽厂）	1999	1.00	80	区发展公司
青石路拓宽	2000	3.00	800	市区五家联合拆迁
诚隆超市（好又多）	2000	1.00	150	区房管局动迁科
惠泉花园（水泥地块）	2000	0.60	50	山北城建办
荷花里（低洼地改造）	2001	9.00	210	康源拆迁
江阴巷（嘉德小区）	2001	5.00	1000	北塘城市综合开发
蓉湖大桥（两侧道路）	2001	2.00	400	市政开发拆迁
田堵里商城公寓	2002	2.00	400	市公房拆迁
春申路ABC块	2002	1.00	250	市公房拆迁
积余小学	2002	1.20	300	崇安拆迁
金马国际花园	2002	13.00	220	益都拆迁
香榭丽舍	2002	–	–	–
民丰里一、二期	2003	–	–	–
新桥花园	2003	1.00	100	–
通惠路顾桥港	2003	0.50	100	城投公司
惠麓苑	2003	0.40	40	山北拆迁
民丰家园安置房	2004	1.20	100	黄巷城建办
杨木桥	2004	0.50	30	黄巷城建办
区行政中心（教育中心）	2005	2.50	200	黄巷城建拆迁
广石家园	2005	2.50	200	黄巷城建拆迁
山北蒋家湾	2005	1.20	100	山北拆迁
金太湖地块	2005	5.00	1000	康源等五家联合
	合计	111.75	31549	

第四节 房地产开发

1984年，成立无锡市北塘区城市建设综合发展公司（2002年转制为同舟公司）。此后，陆续新建和注册进入房地产开发企业30余家。到2005年止，全区房地产开发项目有14个，总面积50.5万平方米。

1986～2005年北塘区注册房地产开发公司情况表

表2-18

单位名称	企业地址	开业时间	从业人数	主要开发项目	备 注
无锡市北塘城市投资发展公司	顾桥港9号	2002.3	20	民丰一、二期及ABC地块	–
无锡市北塘房地产经营公司	吴桥东路88号	1992.7	50	新巷、黄巷、下河塘小区	–
无锡市北塘同舟城市建设综合开发公司	北大街72号	2002.5	22	五里家苑、嘉德公寓、莲蓉苑小区	2002年整体转制更名为同舟公司
无锡市北塘隆腾房地产开发有限公司	新巷3号	2004.4	20	米兰花园	2003年整体转制
无锡市北塘房屋建设发展公司	北大街	1996	10	新隆花园	2002年与城投公司合并
无锡市北塘银桥房屋开发有限公司	凤翔北路9号	2002.8	10	绿洲花园	–
无锡市山北综合建设发展有限公司	盛岸路二泉花园	2003.1	16	二泉花园、惠乐园	–
无锡市金峰房地产开发有限公司	盛岸东路212号	1992.5	8	英仁皇家	–
无锡市仁和房地产开发有限公司	宪丰小吴巷78号	2004.4	16	英仁皇家	–
无锡市城市投资发展总公司	西新街8号	2000.2	13	江尖公园	–
无锡市中大荷花里房产公司	北大街28号	2002.6	30	荷花里小区	–
无锡市中大房地产有限公司	北大街29号	2003.6	14	–	引进企业
无锡市金宇置业有限公司	锡山新村158号	1993.4	10	龙船浜小区	–
无锡市方舟房地产开发公司	锡惠弄24号	2004.3	20	北大街商住楼	–
无锡市富民置业有限公司	新惠路12号	2000.1	8	–	–
无锡市城市建设综合发展公司	五爱北路	1984.2	50	双河新村、红梅市场、江阴巷	2002年转为同舟公司
无锡市中昌房产公司	望宾路109号	2001.11	17	凤宾家园	–

续表2-18

单位名称	企业地址	开业时间	从业人数	主要开发项目	备注
无锡市太湖家园房产公司	人民中路1号东	2002.11	25	惠泉花园	水泥厂地块
无锡市嘉德投资置业公司	北大街72号	2002.5	35	嘉德公寓	-
无锡市金太湖房产有限公司	顾桥港17号	2003.6	24	通惠商城	-
宁波宁兴房地产开发公司	顾桥港17号	2003.7	15	染料厂地块	-
无锡市市政建设综合开发公司	西横街1号	2003.9	20	堵巷	-
无锡市吴越房地产开发公司	新惠路12号	1992.1	29	-	引进企业
无锡市乐多房地产开发公司	西直街17号-1	1991.6	12	-	引进企业
无锡市宏达房屋有限公司	锡山大桥北堍	2003.8	19	惠畅里小区	-
无锡市建瓴房地产开发有限公司	西新街20号	1992.11	17	棉花巷二期	-
无锡市仲城房地产开发有限公司	西新街8号	2003.8	17	-	引进企业
无锡市嘉锡有限公司	北大街	2003	20	嘉德公寓	-
无锡市华通房地产开发有限公司	惠山	1992	15	惠泉一村	-
无锡市华源房地产开发有限公司	北大街	1996	15	-	引进企业
无锡市北辰房地产开发有限公司	北大街	2004	10	-	引进企业

2000～2005年北塘区房地产业主要指标完成情况表

表2-19

年份	投资额（亿元）	施工面积（万平方米）		竣工面积（万平方米）	商品房销售面积（万平方米）
		总计	其中：新开工		
2000	2.40	36.50	17.30	7.70	6.90
2001	3.74	35.30	6.45	16.40	10.50
2002	6.08	40.90	22.00	25.60	31.60
2003	14.79	141.53	126.23	15.30	8.26
2004	29.24	176.95	50.70	19.98	27.20
2005	24.60	164.19	7.22	90.96	30.41

第五节 房产管理

1986~1995年，公房管理分单位自管房和直管公房两类。辖区单位公房由单位自行管理，直管公房由北塘区房地产管理局代表政府实施管理。1995年住房制度改革以后，区房管局主要负责辖区公有房屋产权管理以及各类房屋产籍资料的收集、归档和管理；负责辖区公、私房租赁管理，以及住宅房屋使用、装修、修缮、改造和安全鉴定的行政管理；负责辖区内物业管理行业的业务指导，负责物业管理企业资质初审和住宅区（单位用房、大厦）业主委员会设立审批，指导、协调、监督物业管理企业的运作，配合加强文明小区创建等。

一、落实私房政策

区房管局主要处理三种对象私房的政策落实管理。1.对私房出租的社会主义改造房（经租房）：全区纳入国家经租业主908户，接管面积19.85万平方米。至2005年已处理结案831户，发还3.9万平方米。其中，撤销经租发还产权234户，发还面积1.78万平方米；部分发还产权352户，发还2.15万平方米；维持国家经租不变245户。尚有2户未复查处理。2.“上山下乡”低价收购房：全区共938户，进行调查和重新评估，并给予合理的差价补偿，至2005年已基本结束。3.“文化大革命”期间冲击挤占房：根据政策归还私房1334户，至2005年年末已基本处理结案。

二、住房使用交换管理

为便利公房住户的生活和工作，1995年前区房管局每年组织参加春、秋二季全市性住房交换大会，进行全市性换房活动。另外，还配合市产业局住房产权单位，进行换房活动。至1995年全区共调房9206户。随着市区优惠出售公有住房、住房商品化等改革措施的出台，住房使用交换停止。

三、住房制度改革

1988年5月，无锡市进行住房制度改革试点，区建立北塘区住房制度改革领导小组，在区房管局设立房改办公室。1992年，市政府正式出台《无锡市住房制度改革实施意见》，逐步建立起由国家、单位、个人三者结合的解决住房机制。1999年，无锡市深化住房改革方案出台，明确规定从1998年12月1日起，停止住房实物分配，逐步实行住房货币化分配，建立住房补贴制度，福利分房制度至此结束。

福利分房　1986~1995年，居民住房实行福利分配制度。北塘区通过政府减免规费，房管部门或开发公司采用翻建、扩建、搭建及整片危旧房改造等形式建造公房，经单位出资购买后分配给职工。同时政府倡导有条件的企业事业单位直接自建房屋分配给职工。1995年，实施住房制度改革，对福利分配的公有住房实施优惠出售。1998年12月后福利分房正式结束。

出售公有住房　1993年10月，市政府出台优惠出售公有住房办法。由市房地产管理局、市住房制度改革办公室实施管理、指导和监督。同时单位新购建的公有住房，实行先售后租。区房管局负责辖区内公房出售审核、计算、上报。

住房公积金制度 1995年，按照国家、集体、个人共同负担的原则，筹集、建立城市、单位、个人三级住房基金（住房公积金）。公积金实施范围：所有行政机关、企业事业单位在职职工（包括三资企业中方职工）均按照"个人存储，单位资助，统一管理，专项使用"的原则，缴纳住房公积金。住房公积金由职工个人及其所在单位逐月缴纳，均归职工个人所有。住房公积金利率按中国人民银行有关规定，本息免征个人所得税。

1995～2003年北塘区个人和单位缴纳住房公积金基数情况表

表2-20

年份	个人缴纳（月工资%）	微利企业缴纳（月工资%）	亏损企业缴纳（月工资%）	破产企业缴纳	月最高缴费基数（元）
1995	5	–	–	–	1300
1996	5	4	3	0	1300
1997	6	4	3	0	1500
1998	6	4	3	0	1500
2000	8	6	4	0	2000
2001	8	6	4	0	2500
2002	8	6	5	0	3000
2003	10	6	5	0	5000

说明:2003~2005年个人和单位缴纳住房公积金规定基数不变

住房解困 人均居住面积在4平方米以下为住房特困户。北塘区采用政府扶持、单位负责、个人出资的办法解决住房特困户。区房管局还通过翻建扩房、开发公司新建小区、房管局所挤出空房源、单位出资、个人出资扩房等方法，解决住房特困户。

租住廉租住房 为保障最低收入家庭住房，保障社会安定，对市区城镇常住户口，家庭人均收入在政府规定最低生活保障线以下的无房和人均使用面积在6平方米以下的（含6平方米）居民家庭，以实物配租和货币配租的两种形式提供廉租住房保障。至2005年，全区共解决廉租住房153户。

住房货币化分配 1998年12月1日起，全市停止住房实物分配，逐步实行住房分配货币化。本市范围内财政或单位原有住房建设资金可转化为住房补贴的行政机关，企事业单位对无房和住房面积未达到规定面积标准的职工实行住房补贴。购房补贴在职工购房时一次性发放，工作年限在25年以上（含25年）的职工全额发放，未满25年的职工按实际工作年限发放。2001年12月，一次性发放标准为每平方米补贴400

元，工龄补贴为每年7.2元。2003年11月，老职工一次性货币补贴每平方米530元，每平方米工龄补贴7.7元。对1998年12月1日以后参加工作的实行逐月发放住房补贴，按职工上年度月平均工资13%的标准确定。

公有住房提租发补贴 从1995年11月1日起，无锡市改革现行住房低租金制度，在职工家庭住房合理支出范围内加大租金改革力度，同时对全市市区职工和离退休职工发给住房补贴，逐月发给。对1937年7月7日前参加革命工作的人员、配偶、民政部门确认的社会救济户和非在职的优抚对象实行部分免交租金，离休职工减免50%，家庭人均收入在最低生活保障线以下的可暂全部免缴，家庭人均收入在最低生活保障线以上1.5倍以内的可减免20%。对离休干部的遗孀，租金减免也作了规定。

四、物业管理

1997年5月，成立惠东里物业管理有限公司。至2005年，全区有物业管理公司20余家，管辖30余个小区，建筑面积250余万平方米。

2005年北塘区驻区主要物业管理公司情况表

表2-21

物业公司名称	成立时间	注册资金（万元）	管辖小区名称	建筑面积（万平方米）	资质等级
盛泰物业管理公司	2003.12	600	黄巷新村	5.51	三级
			新巷小区	3.05	
惠东里物业管理处	1997.05	50	惠东里小区	7.60	三级
			景盛苑（刘潭二村）	3.00	
怡庭物业管理公司	2000.03	305	民丰家园	13.00	三级
			庄前新村	5.00	
			五河二村	18.00	
北宏物业管理处	1999.11	50	春申苑	–	三级
			锡澄一支路	1.88	
康盛物业管理公司	2003.12	50	五里北新村	6.10	三级
威龙物业管理公司	1998.09	50	惠峰新村	24.60	临时
			惠龙新村	18.00	
			惠华新村	16.00	
盛苑物业管理公司	1998.12	50	盛岸一、二村	35.00	三级
天怡物业管理公司	1997.07	445	横街小区	6.05	三级
			古运河小区	9.30	
天太物业管理公司	1998.10	50	锡澄三村	5.05	三级
兴业物业管理公司	1999.03	50	五里花苑	2.80	三级
惠康物业管理公司	2002.12	50	惠畅里小区	9.80	三级
盛昌物业管理公司	1997.05	60	沈巷小区	5.90	三级

续表2-21

物业公司名称	成立时间	注册资金（万元）	管辖小区名称	建筑面积（万平方米）	资质等级
民园物业管理公司	2000.01	53	民丰里小区	15.10	三级
仕振物业管理公司	1999.08	50	民丰公寓	2.60	三级
嘉孚物业管理公司	2001.11	50	双河新村	12.20	三级
二泉物业管理公司	2001.12	100	二泉花园	12.50	三级
柯兰物业管理公司	1999.12	50	柯兰大厦	1.80	三级
万佳物业管理公司	2001.05	100	东林苑	–	临时
永基物业管理公司	2003.11	50	红星美凯龙	–	临时
家园物业公司	2004.05	50	天河小区	–	临时
新桥花园物业公司	2003.06	100	新桥小区	23.00	三级
风翔花园物业公司	–	–	凤翔花园	7.50	三级
合 计		2413		258.64	

2005年主要物业管理公司选介：

无锡市惠东里物业管理有限公司 成立于1997年，是无锡市物业管理行业中较早实行专业化、市场化管理的企业，注册资本50万元，旗下包括无锡市惠东物业清洁服务有限公司、无锡万联保安服务管理有限公司。公司专业从事物业管理、保洁、保安、绿化养护、消杀、企业事业单位后勤管理等全方位综合服务，拥有专业的管理服务队伍，物业管理类型齐全，服务形式多样。公司实施ISO 9001质量保证体系。2005年有员工300多人，服务项目20多个，服务面积100多万平方米。公司获无锡市房管局颁发的物业管理三级资质证书。

无锡市怡庭物业管理有限公司 是无锡市房地产协会物业管理专业委员会成员单位，无锡市物业管理诚信企业，具有国家物业管理企业二级资质，2004年入围“中国物业管理诚信企业”名册。2005年注册资本305万元，资产800多万元，员工250人，管理物业面积120多万平方米。公司管理五河新村、和丰佳园、庄前新村、盛岸花园、民丰家园、华诚花苑、太阳花园、东城花园、鹅湖花苑、晴山蓝城等住宅小区；翠竹花园、太湖山庄等高档别墅；接管嘉德大厦、星湖名都、新光大厦等高层商住楼。公司实施ISO 9001国际质量管理标准体系和ISO 14001环境管理标准管理。公司管理的嘉德大厦获市优秀物业管理大厦称号，盛岸花园、民丰家园、太阳花园分别获市优秀物业管理小区称号。

无锡市盛泰物业管理有限公司 原名勤兢物业管理处，成立于1998年，2003年改制，注册资金600万元，资质等级二级，从业人员500余人。其中管理人员70余人，具有中级职称以上和工程技术人员20余人，管理人员100%取得从业岗位证书。管理面积300余万平方米，人口3.5万余人。公司管理主要有惠山古镇、无锡中国泥人博物馆、苏南硕放机场、大江南茶叶市场、无锡市人防办公楼、无锡市农业委员会办公楼、北塘区凤翔软件园、交大创意园、江南景园别墅群、嘉润公寓、东港花苑、环翠苑、隆泉园、野花园、双河苑、名园、瑞江花园、惠麓苑二期、黄巷新村、新巷小区等。

第六节 建筑业

一、建筑设计

1986年4月24日，成立北塘区建筑设计室，属区房管局管理。同年完成设计面积1.5万平方米，设计收入5万元，基本达到自给。

1988年，区设计室全年完成设计面积13.5万平方米，设计收入26万元，承担10万平方米的双河新村新建方案及全部建筑施工图设计。设计的无锡市机械局综合大楼，获市优秀设计二等奖，省丙丁级设计单位优秀设计三等奖。

1989年，区设计室完成通惠东路1号点沿街高层商业建筑，华能无锡电热器材厂搬迁工程等8万平方米的设计。全年设计收入30万元。

1990年，区设计室完成设计面积16万平方米，即通惠东路7号商业用房和商业住宅及总面积10万平方米的无锡县控江新村的设计，年收入35万元。

1991年10月17日，省同意北塘区建筑设计室承接丙级综合建筑设计业务。设计室拥有高级建筑师和高级工程师4人，工程师3人。全年完成设计任务11万平方米，完成设计产值40万元，主要设计项目有南尖1—2号地块4.02万平方米。

1992年，全年完成设计任务13.5万平方米，完成设计产值45万元。主要设计项目有：江阴巷3号地块1.7万平方米；双河二期规划8万平方米；双河一期实施4万平方米；江阴巷1号地块（15层）2万平方米；华能无锡电热器材厂搬迁工程1万平方米，获1992年市优秀设计三等奖。

1993年12月4日，经江苏省建设委员会核定，批准北塘区建筑设计室为丙级综合设计单位，有31人，其中高级建筑师和高级工程师4人，行政上由区规划管理局代管。同年完成设计面积9.5万平方米，年收入72万元。年末与香港合资成立彩星装饰有限公司。

1994年，北塘区建筑设计室更名为北塘区建筑设计研究所，隶属区规划局，设计资质丙级。同年完成设计面积8.2万平方米，年收入125万元。1993～1994年共完成50余个工程设计项目。主要有江阴巷7号点（16层）商业用房2.4万平方米，新巷1号、2号地块（13层）1.5万平方米，上里东住宅小区4.5万平方米，通惠东路1号A块工程（市建行城西办事处大楼）获省优秀设计三等奖。

1996年，完成设计项目32个，约18万平方米，主要设计项目有：天发大厦（22层）；区文化中心（10层）；新巷3号、4号房（12层）粮油市场；黄巷住宅小区5万平方米；副食品公司综合楼（15层）；孙蒋住宅小区7万平方米；宝利大酒店；妙光综合楼等较大项目。各种计算机应用率达90%，出图率70%。全年设计费收入145万元。

1997年，完成设计项目28个，设计面积10.2万平方米，主要设计有：惠钱三村住宅小区；天元麻纺厂职工宿舍；盛岸新村解困房；盛岸新村大板房改造；孙蒋住宅小区等工程。计算机应用率达98%以上，综合出图率达95%以上。全年设计费收入110万元。

2002年，与市市政设计研究院合作，更名为无锡市市政设计研究院建筑分院，设计资质乙级，年设计费约500万元。

2003年6月，改制更名为无锡市嘉德建筑设计有限公司。

二、建筑业企业

北塘区的建筑业，80年代之前，以维修翻建为主。以后，随着房地产建筑业的发展，逐步成立一些建筑企业。至2005年，在北塘区内注册的建筑施工企业有47家，其中一级资质1家、二级资质18家、三级资质20家。

2005年北塘区建筑企业情况表

表2-22

序号	企业名称	类别	等级	企业性质	注册资金（万元）	地址
1	江苏宝顺建设发展有限公司	房屋建筑工程	二级	民营	4000	江苏省无锡市北塘区无锡市北大街72号B座（国信大厦）14楼
2	无锡市第二园林古典建筑有限公司	房屋建筑工程	二级	民营	2005	江苏省无锡市北塘区黄巷镇
3	江苏建鸣建设工程有限公司	房屋建筑工程	二级	民营	8000	江苏省无锡市无锡新区梅村镇锡贤路130号
4	无锡市上嘉建筑有限公司	房屋建筑工程	二级	民营	2018	江苏省无锡市北塘区北塘大街190号
5	无锡开毅装饰有限公司	建筑装修装饰工程	二级	民营	501	江苏省无锡市北塘区西直街9号
6	无锡轻舟世纪装饰工程有限公司	设计与施工建筑装饰装修	二级	民营	508	江苏省无锡市南长区五爱家园9号
7	无锡市平安电子工程有限公司	消防设施工程	一级	民营	600	江苏省无锡市北塘区惠河路5号

续表2-22

序号	企业名称	类别	等级	企业性质	注册资金（万元）	地址
8	无锡市蓉鹰建筑材料门窗有限公司	金属门窗工程	二级	民营	520	江苏省无锡市北塘区无锡市会岸路86号
9	无锡市福士得建设工程有限公司	机电设备安装工程	二级	民营	801	江苏省无锡市北塘区民丰路1号-1
10	无锡市陆氏塑胶工贸有限公司	金属门窗工程	二级	民营	500	江苏省无锡市北塘区黄巷街道锡北私营经济园凤翔北路21号
11	无锡市东置设备安装有限公司	机电设备安装工程	二级	民营	2007	江苏省无锡市北塘区江海西路金山北科技产业园金山四支路28号
12	无锡市陆顺电力设备安装有限公司	机电设备安装工程	二级	民营	1308	江苏省无锡市北塘区全丰路88号
13	无锡泰创工业设备安装有限公司	机电设备安装工程	二级	民营	150万美元	江苏省无锡市北塘区北大街吴桥东路86号
14	江苏宝灵防水工程有限公司	建筑防水工程	二级	民营	560	江苏省无锡市黄巷
15	无锡升辉拆房有限公司	建筑物非爆破拆除工程	二级	民营	100	江苏省无锡市北塘区梨花新村98号
16	无锡市鹏程拆房有限公司	建筑物非爆破拆除工程	二级	民营	80	江苏省无锡市南长区五爱路33号
17	无锡捷威物业管理有限公司	建筑物非爆破拆除工程	二级	民营	300	江苏省无锡市北塘区小三里桥17号
18	无锡市长发拆房有限公司	建筑物非爆破拆除工程	二级	民营	80	江苏省无锡市北塘区建设新村73-1
19	无锡市明珠拆房有限公司	建筑物非爆破拆除工程	二级	民营	100	江苏省无锡市北塘区春申路58号5楼E2座
20	无锡向日葵装饰工程有限公司	建筑装修装饰工程	三级	民营	50	江苏省无锡市北塘区棉花巷126-2403
21	无锡市锡惠园林景观有限公司	园林古建筑工程	三级	民营	1000	江苏省无锡市北塘区锡惠公园内
22	无锡市安力源消防工程有限公司	消防设施工程	三级	民营	118	江苏省无锡市塘南招商城商务楼56号9007室
23	无锡市正太人防建设有限公司	建筑防水工程	三级	民营	200	江苏省无锡市北塘区无锡市小三里桥4号802
24	无锡茂泰特种门有限公司	金属门窗工程	三级	外资	300万美元	江苏省无锡市北塘区金山北工业经济园区5、6号地
25	无锡市伟顺机械设备租赁有限公司	起重设备安装工程	三级	民营	50	江苏省无锡市南长区后蓉湖庄115号

续表2-22

序号	企业名称	类别	等级	企业性质	注册资金（万元）	地址
26	无锡市中山电力设备有限公司	机电设备安装工程	三级	民营	580	江苏省无锡市北塘区五里新村95号803室
27	无锡市楠凯电力设备安装有限公司	机电设备安装工程	三级	民营	300	江苏省无锡市北塘区山北会龙桥堍1号
28	无锡元诚电力建设有限公司	机电设备安装工程	三级	民营	800	江苏省无锡市北塘区北大街
29	无锡市旺杰建设工程有限公司	机电设备安装工程	三级	民营	300	江苏省无锡市北塘区江苏省无锡市北塘区新惠路12号14号办公室
30	江苏友利机电工程有限公司	机电设备安装工程	三级	民营	500	江苏省无锡市北塘区兴源北路401号
31	无锡市隆达电力电器有限公司	机电设备安装工程	三级	民营	400	江苏省无锡市北塘区黄巷街（路、道、巷、乡、镇）毛巷号（村）
32	无锡市振达电力设备制造有限公司	机电设备安装工程	三级	民营	500	江苏省无锡市北塘区刘潭东大岸208号-1
33	无锡国通电力建设安装有限公司	机电设备安装工程	三级	民营	360	江苏省无锡市北塘区惠山
34	无锡富石电力安装有限公司	机电设备安装工程	三级	民营	1000	江苏省无锡市北塘区毛巷
35	无锡市赛尔楼宇智能系统有限公司	建筑智能化工程	三级	民营	200	江苏省无锡市北塘区北大街121号（莲蓉园9-6号）
36	无锡市北塘建筑安装工程有限公司	建筑物非爆破拆除工程	三级	民营	100	江苏省无锡市北塘区后蓉湖庄113-1号
37	无锡市锡北水电工程安装有限公司	架线作业分包	不分等级	民营	300	江苏省无锡市北塘区黄巷镇庄前村前西陈巷13号
38	无锡市广石电力安装有限公司	架线作业分包	不分等级	民营	255	江苏省无锡市北塘区黄巷镇刘潭社区毛巷村西大岸79号
39	无锡市顺通电器安装有限公司	水暖电劳务分包	不分等级	民营	210	江苏省无锡市北塘区凤翔苑57号

三、区属单位承建的建筑项目

1986～2005年，区属建筑单位在旧城改造、居住房建设、商品房开发中，先后新建江阴巷、五里新村、双河新村、锡航新村、黄巷住宅、新巷住宅、杨木桥农民住宅等10个小区，面积30万平方米；新建天发大厦、宏宇大厦2座大厦，面积3.24万平方米。

1986～2005年北塘区区属建筑企业工程项目情况表

表2-23

序号	工 程 名 称	建设单位	面积（万平方米）	竣工日期	所在位置
1	红梅市场B、C块	北塘开发公司	1.36	1994.03	南尖
2	江阴巷1号房、5号块ABC	北塘开发公司	3.85	1994.04	江阴巷
3	天发大厦	北塘区商业局	1.60	1998.01	江阴巷
4	兴东2、3号房	北塘房管局	1.01	1994.08	五里新村
5	五里三期-6A、B号房	北塘开发公司	0.84	2000.02	五里新村
6	五里新村-2、4号房	北塘开发公司	0.62	2000.01	五里新村
7	双河新村二期住宅	北塘开发公司	3.22	1995.11	双河新村
8	新巷住宅	北塘房管局	3.59	1997.09	吴桥新巷
9	锡航住宅	北塘房管局	1.36	1995.07	双河大庄
10	黄巷住宅	北塘房管局	4.08	1999.07	黄巷小区
11	粮油市场	北塘开发公司	2.40	1995.07	三里桥
12	宏宇大厦	北塘房管局	1.64	1998.11	春申路
13	青石路九、十间头-ABC栋，商业用房	北塘房管局	2.05	2001.09	青石路
14	五爱小学教育楼	北塘区教育局	0.56	1998.09	人民西路
15	文化馆移建	北塘文化馆	0.94	1999.01	北大街
16	兴隆苑	北塘房建开发	1.79	2001.02	棉花巷
17	金海苑-1号房	北塘城建开发公司	1.56	2003.02	中山北路
18	杨木桥农民住宅	黄巷镇新农村建设	5.94	2003.09	黄巷新桥
19	山北实验小学	山北教委	1.94	2005.02	山北

四、建筑市场管理

北塘区建筑安装管理站（简称建管站）成立于1986年，成立后制订实施行业管理办法，举办质量管理培训班，对全区施工队伍进行专业化、规范化管理。开展多层次、多形式的工程质量巡查、抽查和专项检查，加强安全生产监管，杜绝重大安全事故发生，提高施工企业安全生产、文明施工的标准化水平。严格工程造价核算，全过程控制造价，每年为国家节约资金几十万元。建立和健全建设领域里的清欠工作，对清理拖欠农民工工资实施有效监督，提高建筑市场的诚信度。历年报建率与招投标率均达100%。

1986年10月，成立区建设市场整顿领导小组及办公室，做好建设市场整顿工作，通过整顿将区内原有39支建筑队伍重组，缩减成11支。全年共鉴证23个工程。

1987～1990年，全区共有253个工程，造价6500.61万元，建筑面积22.57万平方米。区建管站对全区施工队伍进行专业化、规范化管理，建立质量监督、安全生产管理规定和每月例会、月工程报表制度。创建管理达标单位25个。

1991年，加强对辖区各施工企业资质管理，承担1038.1万元的施工任务，全部合格，无质量安全事故。鉴证管理28个工程，合格率100%，其中优良率占20%。全年收取管理费2.3万元。

1992年，与南长区、崇安区建管站一起，联合举办质量管理培训班，全区11家施工队伍派员参加。完成1425.36万元的工作量。34个鉴证管理工程中，优良率20%，合格率80%。收取管理费4.3万元。把建设口子一部分技术骨干组织起来，筹建区第二建筑公司。

1993年，在区管项目及区建企业中开展安全质量大检查。完成40个工程的质量管理和决算鉴定，为国家节约资金7.3万元。处理工程质量事故3起。对12个工程队伍进行资质验查，完成建管费收入6.23万元。

1994年，区属建筑安装企业由11家发展到13家。区建管站全年鉴证工程40个。为国家节省工程经费10万余元，处理工程事故3起。建管专业队伍素质不断提高，人人持有资格证书。建管费收入10.3万元。

1996年，全区竣工和开工项目：100万元以上11个，建筑面积29.37万平方米；100万元以下5万元以上29个，建筑面积1.51万平方米。区建管站对区11个重点工程项目进行抽查和审计，核减工程款20余万元。加强对区属施工企业和外来施工队伍的资质审查和装饰装潢工程的归口管理。做好36个区批项目的工程合同鉴证、质量安全管理。组织区、街施工企业学习建设法规，进行安全教育。开展工地巡回检查，严肃查处违章，督促限期整改。工程按设计施工，规范验收，合格率100%。严格工程造价核算，为国家节约资金10余万元，收入比1995年增长20%。

1998年，督促5家违章违规工程补办手续，交纳违规费2.8万元，全面检查新开工项目，工程报建率100%，招投标率100%。全年进行大、小工程项目合同鉴证37个。30万元以上工程项目7个。竣工工程按图施工，规范验收，合格率100%，核减工程款15余万元。对4家房地产开发公司、10家建筑安装企业进行资质自查登记，组织力量到企业开展摸底调查，注销不符合规定企业的资质。年创收13.8万元。

1999年，对建设工程5～50万元、装饰工程5～30万元项目进行规范管理。全区委托质量管理项目15个（50万元以下），其中公开招标项目6个。报建率、招投标率均达100%。参与新村整治改造全过程管理，把好各项工程建设款的审查关。区管项目工程合格率达100%，完成区、局下达的各项责任目标。

2000年，全区委托质量管理项目13个（50万元以下）。其中公开竞争承发包项目8个（50万元以下）。50万元以上报建率、招投标率均达到100%，区管工程竣工合格率达100%。

2002年，依法管理工程项目17个，参与老新村整治全过程管理。把好工程项目质量造价的审查关。多次组织区、街建筑单位和施工人员进行学习。开展安全教育、检查，杜绝安全质量事故发生。

2003年，50万元以下零星工程按规定办理相关手续。全区建筑资质认证16家，其中建筑总承包资质2家，专业承包资质14家。协助市有关部门开展对黄巷、山北两镇园区建设工程的建管、质监、安监。

2004年，全年管理零星工程138家，面积12万平方米。完成26家区属施工企业的施工资质年检、资质审报、资质升级。协助市有关部门对区域内经济适用房、农民安居房及黄巷、山北园区建设工程的监督管理。

2005年，全年管理零星工程183家，面积12万平方米。完成52家区属施工企业的施工资质年鉴、资质审报、资质升级。加强区属建筑施工队伍管理，做好区属建筑施工单位资质项目经理、安全资格的年鉴工作。

第三章 城市管理

第一节 机 构

1986年6月，成立北塘区城市管理办公室，下设城市管理监察队，编制为事业性质，人员15人，副科级建制。

1997年，成立区环境管理局，列入政府部门序列，增加行政编制3人，区爱国卫生运动委员会办公室划归环境管理局领导，区城管委、城建管理监察队划归区环境管理局，区城建管理监察队为区环境管理局下属全民事业单位。2001年，区环境管理局更名为区城市管理局，领导职数4人，编制数5人，内设机构有办公室、市容科、爱卫办、城建管理监察大队。

2003年，区城市管理局同时挂城市管理行政执法局牌子，建制正科级，内设机构有办公室、综合科、执法管理科、行政执法大队，领导职数4人，编制数5人。下设城市管理行政执法大队，副科级建制，单位性质为全民事业单位，依照公务员法管理，编制80人。执法大队下设内勤中队、机动（特勤）中队、街道中队（黄巷、山北、北大街、惠山街道中队）、环卫中队（业务受执法大队指导）、古镇中队。

第二节 市容管理

一、日常管理

“门前三包”① 1993年，因创建全国卫生城市需要，由区环卫处和各街道在全区推行“门前三包”，采取环卫管理部门与全区各级党政机关、企业事业单位及沿街门店签订“门前三包”协议书的形式进行管理，要求履约落实率95%，人员上岗率100%。“门前三包”收费标准按人行道长度每米每月1元收取，人行道宽超过5米的部分，按平方米计算，每平方米每月0.5元收取。1997～1998年，“门前三包”实行自包和代包，通过市、区环卫部门审批的满5个自然间的沿街单位可实行自包，每年市、区环卫部门对考评不合格的单位取消自包，由环卫部门实行代包，并按规定交纳

①“门前三包”是指包卫生、包绿化、包秩序。

代包费。通过该项工作的落实，推进了辖区内道路环境容貌的改善。

道路长效管理　1996年，实行市、区级机关部门与路段环境卫生责任包干制。按照国家卫生城市创建标准，29个市级机关，46个区级部门分别包干五爱北路等17条主干道的环境卫生。包干的主要职责是：配合街道推行“门前三包”工作，进行行人道路环境卫生教育，每月组织两次义务劳动。通过这些措施，起到了以市、区机关督促推动街道、环卫部门落实道路日常保洁工作的作用，强化沿街单位环境保洁责任意识。环卫部门对主次干道的清扫保洁明确量化要求，主干道由区环卫实行一天二清扫全天候保洁；次干道由社区保洁队伍落实一天一清扫二保洁。

二、行政执法

整治违法建设　2003年，区成立行政执法局，全面依法实施违法建设整治。2003年因大规模实施拆迁，拆迁过程中由于对历史性违章有补偿，违法建设此起彼伏。为了遏制这股风气，区成立违法建设整治领导小组，下设办公室，主要职能部门有建设、国土、工商分局、监察局、城管局、各街道。2004年，整治的重点是江海西路（原312国道）两侧违法建设，针对违建之风蔓延，加强社区基层管理，全年共拆除违建5505.5平方米。2005年，进一步加强源头控制、对违建重点地区实施执法队员进社区、分片包干责任制、实施违法建设投诉2小时现场处理、反馈的管理方式，加强源头遏制、重点整治，全年拆除违建面积40425.88平方米，创成的无违建社区有荷花里社区、高泾社区、惠营家委、惠泉社区。拆违面积名列全市第一。

综合治理“三乱”　北塘区“三乱”（乱张贴、乱涂写、乱刻画）治理由区、街道、社区共同负责。经过多方多次整治，1996年，区境内国道、省道基本无“三乱”。2001年起，全区20条主干道实行治“三乱”保洁市场化运作。

三、专项治理

1995年起，北塘区成立创建国家卫生城市领导小组，下设11个专项治理小组，推进市容面貌、环境卫生、市场管理、行业卫生、宣传教育、河道管理、单位达标、除害防病、环境保护、违章建筑检查等方面的综合治理。区级领导分别挂钩到各街道推进创建工作。各条块主要负责人的创建成效列入政绩考核内容。具体工作举措是：针对五小行业[①]脏乱差，实施五小行业工商、环保、城管、街道、卫生等部门联合审批制；针对环境脏乱差、“四害”密度较高、夏季易发传染病的状况，在全市率先实施垃圾袋装化。集中建造垃圾收集房，集中投放点，改变以往每个楼道都有零散垃圾的状况，减少环卫清运垃圾的工作量。针对摩托车修理行业占道经营，污染路面严重的状况，和市交通局联合实施摩托车修理行业专项整治，解决主要道路摩托车行业占道经营、污染路面的问题。广泛开展健康教育活动，采取进社区、进工厂、进家庭开展健康知识普及讲座，发放宣传手册，公共场所禁烟等形式，提高市民的健康卫生意

①五小行业指小饮食店（饭店）小旅馆、小浴室、小理发（美容）店、小副食品店。

识和引导培育市民的健康行为。实施社区、街道、城区环境卫生流动红旗竞赛，每月组织一次流动红旗评比，以红、绿、黄三种旗评定各单位创建成效，实行一票否决制。

第三节 环境卫生管理

一、环卫作业

垃圾收集 1996年，全区建有垃圾收集房395只。至2005年，建有垃圾收集房628只。其中：黄巷街道127只，山北街道189只，北大街街道169只，惠山街道143只，共投入经费276.5万元。

垃圾袋装化 1996年，北塘区开始推行垃圾袋装化，袋装化率达到100%，全区设置并改造封闭式定点垃圾收集房395个，投入费用476.5万元，其中垃圾袋装化投入200万元，定点垃圾收集房投入276.5万元。各街道、区建设局、城管局、社区产权单位出资，将原楼房的垃圾通道封闭；新开发的新村，由开发公司配套建造垃圾房。1996年4月，市城管局在北塘区召开城市生活垃圾袋装化现场会，向全市推广北塘区做法及经验。居民生活垃圾实行袋装化后，由保洁员定点收集，定时清运，实行封闭式管理和运输，环境卫生有了很大改善。

公厕管理 要求做到，专人管理厕所，即脏即洗。非专人管理公厕实行全天候开放，每日彻底冲洗不少于2次。公厕周围3～5米内及门口、通道打扫干净，无杂物杂草。保持厕内通风良好，无臭味，夜间照明完好。 1986年粪便清运量1万吨，1987年1.1万吨。至2005年，粪便清运量达到3万吨。

2005年北塘区公共厕所分布情况表

表2-24

所属环卫所	厕所名称	地 址
惠山所	盛岸二村公厕	盛岸二村桥头
	兴惠路公厕	兴惠路上
	宪丰公厕	宪丰村路口
	盛岸石门路公厕	盛岸-石门路口
	锡山大桥公厕	锡山大桥堍
	蓉湖大桥公厕	蓉湖大桥堍
	山北中心小学公厕	山北中心小学旁
	盛岸一村2号公厕	盛岸新村中心路旁
	秀嶂门公厕	惠山山门口
	16路车站公厕	16路终点站旁

续表 2-24

所属环卫所	厕所名称	地 址
	双河菜场旁公厕	双河菜场内
	锡园公厕	锡园新村71号对面
	惠山老站公厕	惠山浜52号对面
	惠山浜底公厕	惠山浜144-2号对面
	听松坊公厕	听松坊34号旁
	惠山直街公厕	惠山直街64号旁
	惠山高墩公厕	惠山直街117号旁
	上河塘公厕	上沙塘50号旁
	龙头下公厕	上沙塘二泉舞厅旁
	公交公厕	公交公司对面
	横街口公厕	横街口40号旁
	盛岸一村1公厕号	盛岸一村23-1号旁
	红洋坑公厕	新民村346号对面
	天打浜公厕	新民村275号对面
	刀剪厂公厕	后蓉湖庄137号对面
	陶巷公厕	陶巷13号对面
	惠山陈巷公厕	陈巷16号旁
	惠钱1号公厕	惠钱三村21号对面
	惠钱2号公厕	烈士墓旁
	黑洋坑公厕	新民村110号后门对面
	新华1号公厕	二泉公园旁
	锡航公厕	锡航新村内
	惠龙文化公厕馆	文化馆旁
	惠华2号公厕	水塔旁
	惠华1号公厕	惠华新村35号
	惠峰2号公厕	惠峰新村156-16号旁
	惠峰1号公厕	—
西新所	西横街公厕	西横街站门旁
	西新移动公厕	电子仪表局门口
	邮电公厕	锡惠弄24号对面
	振华弄公厕	振华弄87号旁
	荷花桥公厕	荷花桥
	陆阿坤公厕	兴隆桥84号旁
	方棚间公厕	兴隆桥对面
	打铳巷公厕	打铳巷15号旁
	五里北公厕	五里北向阳小学旁
	向阳公厕	向阳小学旁
	陈长风公厕	李家浜底85号对面
	锡丰浜公厕	锡丰浜50号旁

续表 2-24

所属环卫所	厕所名称	地 址
	缫丝三厂公厕	缫丝三厂对面
	渡口公厕	摆渡口
北大街所	自治路公厕	自治路29号旁
	锡澄路公厕	梨庄中学对面
	北栅口立交公厕	北栅口立交旁
	横浜公厕	南尖小区
	吴字9号公厕	青石路路口
	小三里桥沿河公厕	小三里桥沿河
	灰埠头公厕	灰埠头
	信德桥公厕	信德桥8号对面
	惠工桥公厕	惠工桥站旁
	陆佑丰公厕	横浜里64号旁
	航运新村公厕	航运新村大门口
	江字10号公厕	建设新村弄口
	建西公厕	建设新村165号对面
	建东公厕	建设新村5号对面
	滩上公厕	麻饼沿沙42-1对面
	石铺头公厕	石铺头13号对面
	新建桥公厕	新建桥堍
	东升里公厕	东升里三弄22号
	大田岸公厕	小三里桥街34号旁
	吴桥东路1#公厕	金海马家具城旁
	吴桥东路2#公厕	古运河小区旁
	吴桥东路3#公厕	吴桥桥堍
	前惠弄公厕	前惠弄32号对面
	全昌路公厕	全昌路54号
	大通弄公厕	—
	陈根友公厕	竞惠路28号旁
五河所	新市场公厕	一里街东21号
	铁路边公厕	一里街西71号
	一里街公厕	一里街菜场旁
	荷叶村公厕	荷叶村448号对面
	王巷公厕	顾桥2号
	林复生公厕	毛巾厂旁
	朱东来公厕	小梨花庄160号旁
	潘招娣公厕	小梨花庄85-1旁
	蔡士龙公厕	小梨花庄27-1对面
	梨庄南街公厕	梨庄南街8号旁
	锡澄新村公厕	锡澄新村内

续表2-24

所属环卫所	厕所名称	地 址
	十八间公厕	北新路五棉宿舍
	北新路公厕	北新路22号对面
	锡澄一支路公厕	绿叶停车场
	县航运公厕	县航运新村内
	刘潭1号公厕	刘潭管理站旁
	刘潭2号公厕	刘潭新村内
	刘潭3号公厕	刘潭新村34号旁

道路保洁 2005年主干道保洁面积：90.94万平方米。2005年北塘区建有垃圾中转站31处。

2005年北塘区垃圾中转站分布情况表

表2-25

序号	中转站名称	坐落地址	标准类别							建筑面积(平方米)		建设时间	污水排放去向		
			机械吊装式	压缩式			多功能	河道垃圾吊装站	其他	生产用房面积	管理用房		污水管道	雨水管道	其他
				厢式	垂直	卧式									
1	惠工桥中转站	惠工桥堍	1	–	–	–	–	–	–	120.00	373.30	1991.10	–	√	–
2	西新站	西横街8号-1	–	–	1	–	–	1	–	110.00	264.00	1992.5	–	√	–
3	青石路中转站	青石路桥南6号	–	–	1	–	–	–	–	100.00	277.20	1990.12	–	√	–
4	惠峰中转站	宝善桥堍	1	–	–	–	–	–	–	120.00	326.00	1988.10	–	√	–
5	惠峰中转站	惠峰新村112号	–	–	1	–	–	–	–	165.00	–	1987.3	√	–	–
6	惠龙中转站	惠龙新村谭巷内	–	–	1	–	–	–	–	110.00	–	1993.5	√	–	–
7	横浜中转站	红梅市场旁	1	–	–	–	–	–	–	130.00	–	1996	–	√	–
8	五河中转站	五河新村内	–	–	1	–	–	–	–	130.00	–	2004	√	–	–
9	小梨花庄中转站	锡澄一支路	1	–	–	–	–	–	–	80.00	–	1990.5	–	√	–
10	惠泉中转站	惠泉花园一期内	–	–	–	1	–	–	–	130.00	485.00	1994.3	√	–	–
11	杨木桥中转站	杨木桥经济适用房小区内	–	–	1	–	–	–	–	100.00	154.24	1994	√	–	–
12	双河新村中转站	双河新村内	1	–	–	–	–	–	–	80.00	–	1990	√	–	–
14	山北垃圾中转站	山北环卫所内	–	–	–	–	√	–	–	144.00	–	–	–	√	–
15	惠山村	盛岸里新惠路边	–	–	–	–	√	–	–	1015.00	–	1998.11	–	√	–
16	社桥村	凤翔铁路立交东侧	–	–	–	–	√	–	–	500.00	80.00	1997.10	–	√	–
17	杨木桥	凤翔铁路立交西侧	–	–	–	–	√	–	–	500.00	120.00	1998.7	–	√	–
18	五河村	派安路	–	–	–	–	√	–	–	400.00	60.00	2003.10	–	√	–
19	高泾村	泾屑路	–	√	–	–	–	–	–	100.00	–	2005.1	–	√	–
20	试验场村	凤宾路铁路立交东侧	–	–	–	–	√	–	–	500.00	–	2004.3	–	√	–
21	民丰村	凤宾路两侧	–	–	–	–	√	–	–	500.00	–	2001.2	–	√	–
22	梨庄村	–	√	–	–	–	–	–	–	100.00	–	1998.1	–	√	–

续表2-25

序号	中转站名称	坐落地址	标准类别							建筑面积(平方米)		建设时间	污水排放去向		
			机械吊装式	压缩式			多功能	河道垃圾吊装站	其他	生产用房面积	管理用房		污水管道	雨水管道	其他
				厢式	垂直	卧式									
23	前村村	太堡墩西侧	–	–	–	–	√	–	–	200.00	–	1904.1	–	√	–
24	刘潭村	全丰路	–	–	–	–	√	–	–	500.00	40.00	1998.7	–	√	–
25	黄巷环卫所	环卫所内	–	–	–	–	√	–	–	150.00	–	2003.8	–	√	–
26	刘潭一村中转站	刘潭一村112号	–	–	–	–	–	–	√	–	151.06	–	√	–	–
27	刘潭二村中转站	刘潭二村158号	√	–	–	–	–	–	–	153.72	99.80	–	√	–	–
28	庄前一村中转站	庄前新村旁	–	–	–	–	–	–	√	–	37.00	–	√	–	–
29	庄前二村中转站	–	–	–	–	–	–	–	√	–	65.25	–	√	–	–
30	民丰一村中转站	–	–	–	–	–	–	–	√	–	–	–	√	–	–
	民丰二村中转站	–	–	–	–	–	–	–	√	–	70.00	–	√	–	–
31	山北	山北环卫所内	装载式	–	–	–	–	–	–	50.40	–	2003.6	–	√	–

环卫管理用房及设备　2005年北塘区环卫管理用房有22处，有运输车辆70辆，有停车场1.6万平方米。

图2-12 环卫新设备（区史志办供稿）

2005年北塘区环卫管理用房情况表

表2-26

序号	名　称	坐落地址	建筑结构		占地面积（平方米）	建筑面积（平方米）	建设年份	附属设施	备注
			结构形式	层数					
1	处办公楼	锡航桥堍98号	砖混	4	–	1115.00	1988	–	–
2	食堂门卫等	锡航桥堍98号	砖混	1	–	482.60	1988	√	–
3	仓库	小三里桥街47号旁	砖木	1	–	492.30	60年代	√	–
4	停车棚	锡航桥堍98号	玻璃钢大棚	1	–	80.00	–	√	–
5	黄巷环卫所	黄巷街道锡龙路底	砖混	2	3418.20	323.38	1995	844.02平方米	–
6	刘潭一村中转站	刘潭一村112号	–	3	1014.00	513.48	1987	–	–
7	刘潭二村中转站	刘潭二村158号	–	2	1166.20	506.56	2000	–	–
8	庄前一村中转站	庄前新村旁	–	1	179.80	55.50	1990	–	–
9	庄前二村中转站	中转站旁	–	1	157.00	41.50	1995	–	–
10	民丰一村中转站	民丰河边旁	–	2	332.00	130.50	1997	–	–
11	民丰二村中转站	小菜场旁	–	3	567.00	140.80	1998	–	–
12	办公楼	山北环卫所内	砖混	2	–	286.38	2003	–	下层出租
13	普通车间	山北环卫所内	钢结	1	–	1021.00	2003	–	出租
14	车间附房	山北环卫所内	砖混	1	–	69.00	2003	–	出租
15	办公室车棚	山北环卫所内	钢结	1	–	20.00	2003	–	–
16	运输场	锡航桥堍98号	砖混	3	–	910.80	–	–	–
17	停车场	锡航桥堍98号	玻璃钢大棚	1	–	1500.00	–	√	–
18	油库	锡航桥堍98号	砖混	1	–	264.00	–	√	–
19	轮胎间	锡航桥堍98号	砖混	1	–	80.00	–	√	–
20	车间	锡航桥堍98号	砖混	1	–	380.00	–	√	–
21	车库	环卫所内	钢结构	1	–	180.00	2003	–	–
22	休息室、仓库	环卫所内	砖混	1	–	75.60	2003	属中转站用房	–

二、社区环境卫生管理

1992年，北塘区城管办开展居委环境卫生创优活动，实行现场办公，全区共清理生活垃圾495吨、特种垃圾3672吨、死角2500处、拆除违章173处、清理乱张贴8078张。1993年，为创建国家卫生城市，全区确保居民区垃圾归入垃圾箱。1996年，全区实行垃圾袋装化，开展环境卫生红旗街道、红旗居委评比活动。1996年，经社会公用事业局核准，北塘区每个街道配10名环境卫生整顿队队员，每个社居委配2名社区保洁员。1997年北塘区居民小区环境卫生实行按隶属关系由环卫管理或物业管理。2003年，区城管局开展"太湖杯"城市管理创优考评工作，同时开展市示范项目评比活动，完善社区环境卫生长效管理机制。2005年，北塘区共有社区保洁员280人。

三、社会化服务

北塘区自1997年起实行环卫作业有偿服务。

1997～2005年北塘区环卫作业有偿服务收入情况表

表2-27　　单位：万元

年份	收入	年份	收入
1997	339.38	2002	377.65
1998	376.28	2003	382.80
1999	348.42	2004	492.42
2000	340.26	2005	541.18
2001	335.80		

第四章 环境保护

第一节 机 构

1986年8月，建立无锡市北塘区环境保护监察管理站，股级建制，核定全民事业编制5人，隶属于北塘区建设环保局。1997年5月，北塘区环境保护监察管理站更名为北塘区环境监理大队，其编制、性质和隶属不变。2000年12月，北塘区环境监理大队依照国家公务员制度进行管理。2002年8月，成立区环境保护局，为区政府直属事业单位，正科级建制，下设综合办公室、环境监察科、环境监理大队3个科室。2002年9月，区环境监理大队更名为区环境监察大队，更名后的机构性质、工作职责、建制级别和人员编制均不变。

第二节 环境质量

一、空气

80年代中期开始，北塘区结合工业污染治理和产业结构调整，加强对空气中二氧化硫和颗粒物（TSP）的治理，控制废水中化学需氧量（COD）的排放。1988年，北塘区开始创建烟尘控制区，通过使用清洁能源、热力管网集中供热、更新消烟除尘设施，大气环境质量得到改善。2002年，全区已建成城市烟尘控制区18.08平方公里。2005年，在能源结构中城市管道煤气、石油液化气、天然气气化率达85%。通过创建文明工地、实施机械化道路清扫，主干道定期洒水，有效地控制扬尘污染，二氧化硫、二氧化氮、可吸入颗粒物浓度均达到国家环境空气质量二级标准。

二、水

2002年起，辖区内各河流水质明显下降，自从氨氮指标列入监测体系后，辖区河流水质评价结果均为劣5类。2005年，北塘区为重点遏制北塘联圩内河水质恶化的趋势，重点整治京杭运河、五河浜河等几条主要河道，实施常年调水、清淤、保洁等工程性措施。同时，通过开展多项调查，基本掌握北塘联圩、盛岸圩、山北南圩、山北北圩范围内工业污染、居民污染的排放情况，协同有关部门共同探讨，制定《无锡市城西北地区水环境综合整治方案》，并经政府常务会议通过实施。加大污水治理力度，对一批工业企业和居民住宅区生活污水集中处理，关停搬迁一批沿河污染企业，在民丰河和北塘联圩等河道周边封堵一批排污口，控制废水中化学需氧量（COD）的排放。

三、噪声

1992年，启动噪声达标区创建。区环保局会同区城管局、区交巡警大队持续开展联合行动，对工业噪声、建筑施工噪声、生活噪声进行污染防治；对通过市区运行的车辆实施禁鸣，有效降低区域环境噪声。1993年，通过无锡市噪声达标区验收。至1998年，北塘区噪声达标区覆盖率达100%。

第三节　污染防治

一、烟尘监控与治理

1988年5月，北塘区召开贯彻《中华人民共和国大气污染防治法》动员大会，烟尘控制区创建工作在8个街道全面推开。1989年1月，北塘街道、北大街街道两个烟尘控制区率先通过无锡市达标验收。至1990年年末，北塘区8个街道经无锡市环保局验收，各类烟尘控制全面达标，北塘烟尘控制区覆盖率达到100%。1991~2002年，北塘区进入烟尘控制区巩固建设阶段。区环保局坚持每月2次登高监察，对全区重点烟尘污染源每年2次现场检查，配合市环境监测部门对全区锅炉烟尘检测，年检率98%；同时推广使用清洁燃料，发展集中供热，蒸汽管网覆盖地区一律淘汰锅炉，锅炉提标改造配上除尘设施，燃煤大灶改汽化炉。全区烟尘浓度达标率95%，烟气黑度达标率99.3%。烟尘控制区建设之初，全区有锅炉164台，窑炉53台，茶水炉、大灶621台。至2001年，全区共有炉、窑、灶177台，其中，燃煤工业锅炉55台，燃油工业锅炉35台，燃油窑炉9台，燃煤窑炉7台、燃煤生活锅炉5台、燃油生活锅炉18台，燃煤大灶49台。2002年，山北镇、黄巷镇划入北塘区，烟尘控制区开展扩面建设，烟尘污染源进行巩固复查，辖区内共有炉、窑、灶277台（不包括燃油气灶），其中燃煤锅炉84台，燃油锅炉43台，燃煤窑炉26台，燃油窑炉14台，燃煤生活锅炉37台，燃油生活锅炉20台，燃煤大灶53台。2003年12月，山北镇、黄巷镇的烟控区通过市级验收。至2005年，共计淘汰炉、窑、灶154台；全区66台锅炉、18台窑炉、39台茶炉和大灶，全部达标。

1988～2005年部分年份北塘区烟尘控制区污染源变化情况表

表2-28

年份	污染源总数（台）	工业锅炉（台）		窑炉（台）		生活锅炉（台）		燃煤大灶（台）
		燃煤锅炉（台）	燃油锅炉（台）	燃煤窑炉（台）	燃油窑炉（台）	燃煤生活锅炉（台）	燃油生活锅炉（台）	
1988	838	164	–	53	–	15	–	606
2001	177	55	34	9	7	5	18	49
2002	277	84	43	26	14	37	20	53
2005	123	54	12	12	6	15	24	0

二、噪声监控与治理

2002年，北塘区成立环境噪声达标区建设领导小组，专门解决辖区内噪声污染问题。为扩大检测、监控和管理的力量，区环保部门连续举办多期创建噪声达标区业务知识培训班，各街道社区工作人员共计200多人参加培训。2004年年末，全区各个街道都完成噪声达标区的创建工作，治理各类工业噪声源56个，全区建成噪声达标区。

三、固体废弃物处置

2002年以后，区环保部门对企业开始实施清洁生产工作指导，督促指导企业减少固体废物的产生；以循环经济思想指导企业寻找合理的固体废物综合利用途径，提高废物综合利用率；对危险废物严格监管，安全处置。

2003年，开展固体废物管理专项整治行动，清退无证经营者，规范固体废物经营秩序，建立固体废物管理台账，落实规范管理措施。2004年，加大医疗废物管理力度，突出对危险废物的监管，全面实现集中焚烧处置。

四、放射性污染防治

从2003年10月1日起，区环保部门对放射性污染防治工作实施统一监督管理。2004年8月，区环保部门会同区公安分局、区卫生局联合开展“北塘区放射源管理全面排查”的专项行动。以放射源生产销售单位和具有大型治疗装置的医院等5类单位作为重点对象，集中开展专项检查；共出动120余人（次），普查全区24家相关单位，查清存有放射源的单位和数量，做到措施落实。2004年，查处放射性污染源涉源单位5个，密封源数6个，非密封源数9个。2005年，查处放射性污染源涉源单位7个，密封源数12个，非密封源数11个。

第四节　监察执法

一、日常管理

建设项目环境管理　建设项目的环境管理，要求产生污水、废气、噪声等污染的建设项目必须到环保行政主管办理环境影响评价审批手续。未经环保部门审核或审核不同意的，有关部门不予立项、登记注册、发放营业执照；污染防治设施必须与主体工程同时设计、同时施工、同时投入使用。2002年，项目审批总数728个，编制环境影响报告24份，编制环境影响登记表704份。2003年，项目审批总数921个，编制环境影响报告43份，编制环境影响登记表878份。2004年，项目审批总数710个，编制环境影响报告50份，编制环境影响登记表660份。2005年，项目审批总数512个，编制环境影响报告34份，编制环境影响登记表478份。

排污费征收　从1991年开始进行排污申报登记工作试点，1995年实施全面排污申报登记，此后，排污申报登记作为一种管理制度被固定下来，纳入每一年的工作目标。2004年，全区从11月起对区属以下排污单位实施全面排污申报登记，登记后培训12次，参加单位600余家。

2002～2005年北塘区排污收费情况表

表2-29　　单位：万元

年份	污水	烟尘	噪声	总额
2002	156.90	2.12	8.83	167.85
2003	159.00	2.32	8.52	169.84
2004	145.70	5.74	19.83	171.27
2005	185.31	0	0.10	185.41

二、信访调处

2002年开始，区环保部门将人民来信和来访作为主要监管渠道，通过来信来访的处理，加强监管，实施全民监督。2002年以后的信访案件中，水污染的投诉案件占第一位，噪声污染的投诉案件占第二位。环境执法人员做好每一件信访及污染事故、纠纷的调查处理。对反映特别重大的问题，进行专项整治。2002年，区环保部门对辖区内涉及化工、电镀行业的31家单位和群众反映的强烈问题进行集中严查，发现问题及时整治处理。9月，区政府专门组织环保、经贸、发展、监察、工商、安监等7个部门进行联合大检查，切实将保障群众利益的工作落到实处。

2002年，处理信访292件，其中噪声59件，油烟污染39件，烟尘32件，污水141件，其他21件。2003年，查处信访320件，其中人大政协15件；噪声62件，油烟42件，烟尘35件，水污染170件，其他11件。2004年，查处环境信访363件，其中人大建议8件；噪声99件，水污染121件，大气污染125件，其他18件。2005年，查处信访351件，其中大气污染131件，水污染101件，噪声98件，其他21件。

三、专项整治

工业企业专项整治 2002年，针对全区工业企业较多，其中造纸、印染等重污染企业占有较高比重的实际情况，区环保部门开展多项环保专项行动，采取四项措施整治环境：1.强力推行达标排放。凡是有污染排放的企业都必须落实治理措施，同时保证治污设施正常运行，严查偷排现象，全年共处罚5家偷排企业。对治污设施老化和效果不好的，督促其改造。有一批企业落实改造，惠顺染整厂投资25万元改造污水处理设施，会西染整厂投资50万元污水设备改造。2.搬迁企业。结合城市建设和地块改造的需要，调整重污染企业布局，逐步向园区集中。恒佳染整厂迁入工业园，污水送到城北污水处理厂处理，凤翔染色厂、制刷厂等污染企业制定搬迁方案。3.推进企业接排污管。除工业园区外，凯灵染色厂、双盛印染厂等有条件的企业逐步接管，减少向周边的排污总量。4.推进集中供热。双河尖热电厂75吨锅炉投入使用，供热管道铺到黄巷工业园，黄巷热电厂的管道接入山北工业园，沿线单位部分锅炉淘汰。

“禁磷”专项整治 1998年，北塘区开展“禁磷”专项整治，区环保部门组织人员对所属商店进行检查，控制白色污染，未发现违规现象。2001年6月，区政府会同市环保局、市技术监督局和各新闻单位对全区销售、使用无磷洗衣粉的情况进行检查。共查饭店和超市21家，对查出的部分商场出售含磷洗衣粉的违法行为，进行新闻曝光，并对违法单位进行处罚。2002年，区环保部门及相关单位于9月、11月组织开展有关禁止生产、销售、使用一次性发泡塑料餐具专项检查。

中、高考期间工地施工噪声专项治理 自2002年开始，每逢高考前夕，区环保部门对全区30多家建筑工地多次开展夜间执法检查，2002年查实违法施工的工地5家。2003年，对建筑工地夜间施工进行2次联合专项执法检查，对2家查实违法建筑施工的单位进行行政处罚。2004年中、高考期间，组织开展对建筑工地夜间施工噪声的专项检查，并派人在考场周围巡视。2005年，落实“文明施工、绿色护考”的要求，对辖区内22家建筑工地及地处居民密集区的10家酒吧、歌厅进行多次夜间检查，查处工地2家。

违法排污专项整治 从2003年开始，连续3年开展违法排污专项整治。2003年，在全区范围内开展建筑工地夜间施工执法检查，检查危险废弃物是否安全处置利用、落后生产工艺是否淘汰、污染治理设施是否正常运转等。同时重点对印染、电镀、铸造等行业进行专项检查，清理出一批2002年年末前应淘汰而未淘汰的污染严重、危害人民群众身体健康的生产工艺和产品。在专项行动中，开展“严查违法排污企业，保障群众健康”行动，对居民反映强烈的及规模小污染大的企业进行集中查处，共检查环境违法企业101家。对化工企业进行专项检查，检查的重点和范围是违反《建设项目环境保护管理条例》，未依法进行环境影响评价、技术落后、二次污染严重，排放有毒有害污水、废气和其他固体废弃物的企业。重点查处28家化工企业，其中4家企业停业，3家企业限期整改。全面督促印染企业落实限期治理，将锡澄染整厂、惠顺纺织染整有限公司、衡智印染厂纳入限期治理名单。这3家单位经过整改通过验收。

餐饮行业专项整治　从2002年开始，定期检查饮食行业污染问题。先后对欧风街30余家严重污染单位分别作出限期治理及处罚的决定，全区用于污染治理的费用达100万元。2003年，重点开展餐饮行业专项整治，对中小型餐饮业整顿。共检查饮食单位327家，发限期整改通知书98家。整治重点是吴桥东路沿岸21家小饮食店的油烟污染，欧风街18家饭店的油水分离、油烟分离的两分离工作。经整治，有24家完成油烟分离（或高空排放）和油水分离，治理率达80%。2004年，继续加强对餐饮行业油烟分离，油水分离工作的指导。同年，全区区属以下餐饮单位共安装油烟分离设施61台，油水分离设施179台，共计投入改造资金90多万元。2005年，对餐饮行业油烟分离、油水分离进行回头看的专项治理。一方面坚持新审批的餐饮业一律做到两分离，另一方面按部署分批对老污染源逐步改造。年末，全区餐饮业的油水分离设施有252台，油烟分离设施115台，减少排污总量。全区基本做到主要干道两侧的饮食业全部实行“两分离”，新审批的饮食业一律做到两分离。

第五章 公用事业

第一节 供 水

无锡市自来水有限公司位于北塘区人民西路128号。公司起源于1954年建立的无锡市自来水厂。至2004年年末，区域供水工程全面竣工，自来水管网覆盖至无锡锡山、惠山、新区、滨湖四个区33个乡镇，供水范围扩大至1644平方公里。至2005年，总供水能力达到143.5万立方米/日。

自来水取水口分别设置在太湖贡湖湾和梅梁湖。净水厂均在太湖沿线，从南向北单向供水，管线口径南大北小，水压南高北低，北部区域设立中途加压站和小区加压站，保障供水压力。为提升水质检测能力，实行三级检验监督措施，配备有液相色谱仪、固相萃取仪等专业检测设备，具备145项检测能力。2004年10月，获得建设部批准并通过国家级计量认证。2005年，出厂水水质按国家《生活饮用水卫生标准》GB5749-1985执行（全部考核指标35项），全年出厂水浊度平均值在0.5NTU左右。

至2005年，公司拥有牵龙口、南泉、锡东3处水源地。有中桥、雪浪、锡东、梅园、充山5座地面水厂，有城南、城北、新区3个（营业所）分公司及坊前镇1个乡镇服务所，243521户直接用户。

北塘区供给的自来水一直由无锡市自来水有限公司管理。2001年3月，成立城北分公司，地址在凤翔路186号。北塘区自来水用户服务均在城北公司业务范围之内。至2005年，共计完成北塘区范围内包括双河新村、惠龙新村、惠华新村、盛岸一村、盛岸二村、五里新村、江阴巷等在内的大小管道调整350余条，并在这些年间完成北塘区范围内的水表出户（含接管）共计约10万户。其中涵盖五河新村、惠峰新村、刘潭一、二、三村、盛岸新村等规模较大、居民数较多的小区。

图2-13 市自来水厂贡湖湾取水口（区史志办供稿）

城北分公司建立以后，共计解决北塘区范围内各小区、单位用户的用水难、吃水难等问题近万起。公司在凤翔路186号的营业收费大厅为北塘区的单位、居民用户提供水费缴纳、用户发展申请受理、用户咨询投诉受理、用户接表工程结算、用户增值税票开具、用户咨询投诉等服务。城北分公司每年还组织“供水服务进社区”活动，到新桥花园、盛岸花园等社区进行服务。

第二节 公共交通

一、公交线路站点

无锡市公交公司建于1956年，由原锡澄长途汽车公司划出部分车辆组建。1986～2005年，是无锡市公共交通事业发展较快的20年。1986年，市内交通通过北塘区的为2路、4路、10路等8条线路。至2005年，随着道路扩建、交通条件改善、城区扩大和城市公交事业的发展，通过北塘区的公交线路发展为47条。

1986年无锡市公共汽车停靠北塘区站点线路情况表

表2-30

路别	起讫站	停靠站
2	火车站—梅园	五爱广场、锡惠公园
4	梁溪大桥—藕塘	五爱广场、惠山
10	河埒口—河埒口	五爱广场、北栅口、建设村、惠商桥 蓉湖庄、汇通桥、公交修理厂、锡惠公园
12	朝阳广场—彩印厂	北栅口
15	钢铁厂—惠山	五爱广场、公交修理厂
16	五爱广场—山北	公交修理厂、惠通桥、蓉湖庄、盛岸新村
25	朝阳广场—西漳	北栅口
312	钢铁厂—彩印厂	北栅口

2005年无锡市公共汽车停靠北塘区站点线路情况表

表2-31

路别	起讫站		班次间隔（分）	停靠站
1	鼋头渚	火车站	12～20	五爱北路
2	梅园	火车站	3～5	五爱广场（中信银行）、五爱北路
4	梁溪大桥	钱桥新街	8～13	五爱广场（中信银行）、南海渔村、惠山、惠畅里、烈士陵园、严家棚、石门下、民干村
4支	梁溪大桥	盛岸公交停车场	15～60	五爱广场（中信银行）、南海渔村、惠山、惠畅里、烈士陵园、严家棚、石门下、民干村
10	河埒口	河埒口	5～7 夜12～20	三院、建设村、蓉湖庄、惠通桥、南海渔村

续表2-31

路别	起讫站		班次间隔（分）	停靠站
12	彩印厂	南禅寺（朝阳广场）	5～15	彩印厂、庄前新村、北滨路、金桥商贸城、第二制药厂、锡澄二村、北栅口
15	招商城	惠畅里	6～15	五爱广场（中信银行）、威孚公司（锡惠桥）南海渔村、惠山、惠畅里
16	会西社区	吉祥桥	5～8 夜13–15	会西社区、金山北工业园、双河新村、广电设备厂、惠华新村、北运河饭店、南方热处理厂、盛岸新村、蓉湖庄、惠通桥、南海渔村、威孚公司、五爱广场、五爱北路
25-1	南禅寺	界泾	120～130	北栅口、锡澄二村、第二制药厂、金桥商贸城、彩印厂
25-2	南禅寺	新塘里村	120～125	北栅口、锡澄二村、第二制药厂、金桥商贸城、彩印厂
27	河埒口	河埒口	5～8	五爱北路、五爱广场（中信银行）、威孚公司
29	凤翔分公司	金城桥	8～15	凤翔分公司、郑巷、五河新村、黄巷、后张巷、吴桥、柯兰公寓、状元楼（青石路）、莲蓉桥、新交电胜利门、五爱路、五里新村
33	公交芦村停车场	周山浜公交总站	5～12	五爱北路、莲蓉桥、春申广场、梨花庄
43	梁溪大桥	南西漳	80	南海渔村、惠山、烈士陵园、石门下、民千村
49	周山浜公交总站	藕塘	120～200	摩配市场、无锡米市场、凤翔分公司、黄巷立交、双河新村、红星灯具城、红星村、会前村
52	向阳	河埒口	10～20	梨花庄、春申广场、莲蓉桥、新交电胜利门、五爱路、五里新村
55	招商城	向阳	15～25	北栅口、梨花庄
56	公交三场	惠华新村	6～11	南海渔村、惠通桥、蓉湖庄、盛岸新村、南方热处理厂、北运河饭店、惠华新村
57	旅游商贸学校	金城桥	10～15	旅游商贸学校、广石路小区、广石路、凤翔分公司、郑巷、五河新村、黄巷、后张巷、霞美路、古运河小区、三里桥、北塘医院
58	彩印厂	胜利门	40～60	彩印厂、庄前新村、庄前村委、大降巷、振达钢管厂、毛巷村、凤翔分公司、郑巷、五河新村、黄巷、后张巷、霞美路、古运河小区、三里桥、北塘医院
60	盛岸公交停车场	胜利门	8～11	盛岸公交停车场、盛岸花园、玉泉花园、宪丰村、惠华新村、北运河饭店、南方热处理厂、盛岸新村、蓉湖庄、建设村、三院、吴桥、状元楼、莲蓉桥
60区	华东商贸城	易初爱莲（惠山店）	8～25	三院、101医院、望宾桥、惠通桥、惠畅里、烈士陵园、石门路、惠华新村、易初爱莲（惠山店）
61	毛岸里	彩印厂	20～25	莲蓉桥、春申广场、锡澄二村、第二制药厂、金桥商贸城、北滨路、庄前新村、彩印厂
70	惠华新村	新区管委会	6～20	惠华新村、北运河饭店、南方热处理厂、盛岸新村、蓉湖庄、蓉湖新村

续表2-31

路别	起讫站		班次间隔（分）	停靠站
71	彩印厂	西园里	12～14 夜18～30	彩印厂、庄前新村、北滨路、金桥商贸城、第二制药厂、锡澄二村、春申广场、莲蓉桥、五爱北路、威孚公司
73	公交三场	彩印厂	10～20	威孚公司、南海渔村、惠通桥、蓉湖庄、望宾桥、民丰里、东汀桥、摩配市场、金桥商贸城、北滨路、庄前新村、彩印厂
79	惠华新村	南西漳	45～90	惠华新村、双河新村
81	金城桥	锡惠公园	9～15	五爱北路
83	梅园	火车站	7～13	民干村、石门下、烈士陵园、惠畅里、惠山、南海渔村、五爱广场（中信银行）、五爱北路、莲蓉桥、春申广场
85	惠华新村	永和路	4～15	惠华新村、北运河饭店、南方热处理厂、盛岸新村、蓉湖庄、吴桥、柯兰公寓、状元楼、莲蓉桥
87	鼋头渚	火车站	30	五爱北路（中信银行）
90	牌楼	火车站	15～25	振达钢管厂、凤翔分公司、郑巷、五河新村、黄巷、后张巷、吴桥、柯兰公寓、状元楼、莲蓉桥
90支	火车站	时代广场	20～40	莲蓉桥、状元楼、柯兰公寓、吴桥、后张巷、黄巷、五河新村、郑巷、凤翔分公司、振达钢管厂
96	凤翔分公司	招商城	12～20	凤翔分公司、郑巷、五河新村、101医院、新社桥、三院、春申广场、莲蓉桥
98	渔父岛（西堤）	胜利门	14～15	南海渔村、惠通桥、蓉湖庄、望宾桥、101医院、新社桥、三院
99	寺头村委	101医院	15～25	三院、建设村、望宾桥、新社桥、101医院
102	盛岸公交停车场	春江花园	14～16	盛岸花园、玉泉花园、宪丰村、惠华新村、北运河饭店、南方热处理厂、盛岸新村、蓉湖新村
202	火车站	港务三区	20～30	北塘医院、三里桥、古运河小区、吴桥、炼油厂、建华厂、印染厂、丽新厂、协新厂、五河村、港务三区
701	河埒口	火车站	10～12	五爱北路
205	招商城	民丰里	23～25	三院、101医院、北栅口、锡澄二村、锡澄一号桥、民丰公寓、民丰里
207	渤公岛	西门（华泰证券）	14～15	威孚公司、五爱广场（中信银行）、五爱北路
208	惠华新村	火车站	20～25	惠华新村、广电设备厂、锡航桥、橡胶厂、造船新村、新民村、蓉湖新村、吟苑公园、五爱广场（中信银行）、五爱北路
213	招商城	民丰里	15～20	北栅口、锡澄二村、锡澄一号桥、民丰公寓、三院、新社桥、101医院、民丰里

续表2-31

路别	起讫站		班次间隔（分）	停靠站
916	惠华新村	八佰伴	10～15	惠华新村、石门路、严家棚、山明中学、惠峰新村、盛岸二村、惠畅里、蓉湖桥、惠通桥、南海渔村、五爱广场、五爱北路
310	梅园	火车站	15～18	五爱北路
312	招商城	彩印厂	10～20	北栅口、锡澄二村、第二制药厂、金桥商贸城、北滨路、庄前新村、彩印厂
313	旅游商贸学校	红星桥	11～20	旅游商贸学校、广石路小区、广石路、凤翔分公司、郑巷、五河新村、黄巷、后张巷、吴桥、柯兰公寓、状元楼、莲蓉桥

二、公交场站

公交凤翔公司 1998年12月，为加快锡北片区公交线网建设，公交公司在312国道北、凤翔路以西征地32.18亩，新建设施较为完备的凤翔公交停车场，建有综合办公楼、保养车间、车辆高度辅助车间、加油站等设施，停车场可停放车辆120辆。建成后，用于停放16、29、57、85、213路等营运车辆及进行车辆保修。2001年10月，由于停车泊位饱和，又在凤翔停车场北侧进行扩建，扩建工程征地27.3亩，于2003年10月竣工并投入使用。至此，公交凤翔公司共占地面积3.94万平方米，建筑面积0.52万平方米，停车场面积3.2万平方米，建有自动洗车场等设施，形成营运、停车、修理等配套完善的综合服务功能。

公交公司驾训队（公交山北停车场） 公交公司驾训队地处北塘区山北街道惠龙新村旁，占地11160.12平方米，1987年开工建设，1988年12月投入使用。建有停车场，并作为公交驾驶员训练队办公地，也作为教练场地使用。2001年，盛岸路拓建延伸，拆除石门路原驾驯队综合教育楼。2002年，公交公司选址原山北停车场内复建及扩建改造，增加300多平方米停车面积。建有70、85、208、216等线路的调度用房。

公交公司汽车修配厂 公交公司汽车修配厂于1974年建于惠山直街口的锡惠路6号，占地35.61亩，主要承担公交汽车的装配、保养、修理等业务。1992年，进行部分车间和场地的扩建，用于停放保修车辆。2003年起，修理厂迁至锡澄南路162号原锡山汽运公司修理厂内，并进行改扩建。

第三节 热电厂

一、无锡市双河尖热电厂

无锡市双河尖热电厂位于无锡市吴桥西路123号，是无锡市第一家以集中供热、热电联产为主体的地方性节能企业。1981年筹建，1985年8月投产，初建规模有两台

图2-14　无锡市双河尖热电厂确保安全生产和用户的供气质量(顾祚维/摄)

每小时35吨的次高压锅炉、两台3000千瓦背压式发电机组，承担周边地区多家纺织企业的生产用汽。1987年1月，新增投产1台低压凝汽式1500千瓦发电机组；同年末，1台每小时35吨锅炉、1台6000千瓦发电机组竣工投产。1993年，新增1台抽凝式6000千瓦发电机组。1996年，兼并列车发电厂。1999年5月，双河尖热电厂并入无锡国联（集团）有限公司。2002年，1台每小时75吨循环硫化床锅炉和1台6000千瓦背压式发电机组并网发电。至此，形成五炉五机生产规模，总装机容量为24万千瓦。2005年，工厂供热管道总长约30公里，管道最大供热能力为每小时220吨，供热范围东至火车站地区，南至喜来登大酒店，西至石塘湾地区，北至西漳水泥厂。至2005年年末，企业固定资产2.03亿元，职工216人，全年发电量1.23亿千瓦时，供汽量84.7万吨，供汽用户149家，销售收入1.38亿元，利税总额1791.2万元。

二、无锡市热电厂

无锡市热电厂位于无锡市新惠路19号。1988年3月建成投产，1989年全面供热，供热区域主要为大运河西片和市区部分地区。初建时仅1台1.2万千瓦抽凝汽轮发电机组，1992年增加1台0.3万千瓦背压汽轮机组。至2005年，公司总装机容量增至3万千瓦，供汽能力每小时200吨，全年发电1.29亿千瓦时，上网电量1.05亿千瓦时；售汽48.85万吨，热用户百余家，供热管道近40公里，供热区域南至运河饭店、第四人民医院、青山中学，东至锦纶饭店、第二橡胶股份有限公司，北至金山北工业园，西至钱桥胜丰地区。

第四节　其他驻区公用事业单位

至2005年，北塘区驻区市属公用事业单位主要有：无锡市城市防洪工程管理处，位于吴桥东路38号。北塘联圩闸站工程管理处，位于吴桥东路38号。无锡市燃料总公司北塘燃料公司，位于吴桥东路37号。

1997年，市供电局在春申路59号设立无锡市供电局市东供电分局。2002年12月，撤销市东供电分局，在该地址设供电局春申营业厅。至2005年不变。

1998年10月，市邮电局在北栅口设邮电营业所。1998年10月9日，邮政与电信分开，在北大街78号设电信营业厅。至2005不变。

第三编 惠山古镇

惠山古镇，因地临惠泉山麓而得名，以风景秀美、历史悠久、文物众多而著称。区域面积1平方公里。其中，以古华山路以西0.3平方公里区域为核心保护区，以东0.7平方公里为功能配套区。属无锡历史文化积淀最为深厚、人文景观最为丰富，集山水旅游、人文休闲、文化欣赏于一体的原生态风景区。

惠山古镇集人文之粹，得山水之美。千百年来，一直是本邑民众的精神家园和游历之地。核心保护区内祠庙文化、名人文化、泉茶文化、园林文化、泥人文化等汇集于此，素有“露天博物馆”及“文化宝库”之美誉。其中尤以祠堂文化最负盛名，涉及80多个姓氏的120座祠堂，主祀、配祀的人物多达180余个。祠堂数量之多、密度之大、类型之齐全，堪称百家姓和名人传的缩影，在国内外无出其右、十分罕见。惠山地区的古寺、古泉、古园、古祠、古河、古桥、古树名木等文物古迹和文化景观，以及发源于此的惠山泥人和锡绣、竹刻等非物质文化遗产，历史悠久，特色鲜明，内涵丰富。

1995年，惠山古镇和古运河被列为省级历史文化保护区。2006年，惠山古镇祠堂群被国务院公布为全国重点文物保护单位。

惠山古镇保护修复自2008年正式启动以来，不断优化古镇生态环境，保护修缮文物古迹，发扬传承历史文化，得到社会各界的一致好评。其“古樟青砖黛瓦，小桥流水人家”典型江南水乡特色，受到中外游客交口称赞，已经成为江南地区的旅游热点。2010年，惠山古镇被评为“国家传统建筑文化保护示范工程”。2011年6月，经专家评审，惠山古镇荣获“国家文物保护最佳工程奖”和“中国历史文化名街”称号。2012年，国家文物局批文，正式将惠山古镇列入中国申报世界文化遗产后备名单。

第一章 古镇的形成和管理

第一节 形成和发展

惠山古镇位于惠山东侧，由锡惠名胜古迹区和古镇街区两部分组成，属无锡市北塘区所辖。区域范围西起惠山寺，东至京杭大运河中的黄埠墩，南抵锡山龙光塔北侧，北至通惠西路，总面积1平方公里。

据锡山遗址考古出土的石斧、陶杵等文物证明，大约在4000年前的新石器时代晚期，锡山、惠山山麓已是无锡原始先民的聚居地。商末泰伯定居梅里，惠山脚下出现以血缘世系为主的村落和家族墓地。战国时期，惠山成为楚国春申君黄歇的封地，他曾在惠山西麓修建龙尾陵道。南朝刘宋景平元年（423年），湛挺建历山草堂，舍宅为寺，名华山精舍，是为惠山寺之前身。寺前形成小街，这是惠山古镇的雏形。隋朝，京杭运河经过此地，过往船只常在此停泊。唐朝天宝年间，陆羽评定惠泉水为天下第二，宰相李德裕置水递，往京城运送惠泉水。随着佛寺和二泉水的扬名，官员、文人、商贾多至惠山，惠山地区日趋兴旺。北宋时，苏轼多次游览惠山，留下著名诗篇。宋政和四年（1114年），奉旨贡二泉水。南宋时，秦观之子秦湛迁父之墓葬惠山之阳。元代，赵孟頫称惠山为“江南第一山”。

宋元以后，江南地区随着经济的较快发展，成为富庶之地。明代中期惠山古镇形成规模，当时，社会相对安定，无锡地区经济文化发展水平较高，城市人口较多，该地区建有众多的寺院、道观、庙宇，吸引大批信众前往烧香、参拜、游览，聚集人气。无锡科举发达，出仕者众多，一批官员在惠山建造园林、别墅、书院等，提升了惠山地区的文化品位和建筑品位，吸引了众多的来访者。与此同时，民间联宗立庙建祠之风的兴起，无锡城内外的宗族，纷纷到惠山古镇立庙建祠，使惠山地区祠堂形成规模群落。另外，随着人口的增多和旅游，在惠山直街、西门外五里街建起众多的商铺，有茶楼酒肆、米店粮行、木行、山货行、南货行、手工作坊、日用品商店等，以及经营地方特产、风味小吃、惠山泥人的店铺，市面热闹。明代无锡书画家浦长源“出郭楼台三四里，游人不得见山容”之句，就是惠山古镇的繁荣鼎盛的最好见证。

清代，惠山山麓、惠山浜两岸上下河塘及秦园街（横街）、秀嶂街（直街）两侧，形成祠堂建筑相连、居住人口密集、作坊店铺林立的街区格局。特别是古运河黄埠墩至龙头口长约千米的惠山浜，成为当时的黄金游览水道。清康熙、乾隆两帝先后六次南巡，多次游览惠山，提升了惠山古镇的知名度。

民国时期，随着无锡民族工商业的崛起，惠山古镇东北部的三里桥、北塘沿河一带，已是著名的米码头、布码头、丝码头、钱码头，大批商贾云集于此，在惠山古镇中出现行业公所、会馆、义庄、救熄会、保墓局等近代城市业态和社会组织。得益于古运河的交通之便，惠山古镇成为南北商贸交通的要冲和风光秀丽、商业繁华的江南旅游胜地。

民国26年（1937年）11月后，侵华日军对惠山古镇实施侵占掠夺，街区寺院胜迹、祠堂、民宅损毁严重。

解放以后，无锡市和北塘区政府严格控制此地房屋的改拆建及基本建设规模，防止历史建筑、文物的破坏。2008年，市、区两级政府惠山古镇保护性修复工程启动，通过修整和治理，惠山古镇及祠堂群的古韵旧貌得到再现，形成文化气息浓、江南韵味足、生态宜居的历史文化街区。

第二节 建置和管理机构

惠山古镇建置历史悠久。民国18年（1929年）至民国23年（1934年），惠山镇属无锡县第一区。民国23年（1934年）至民国26年（1937年），无锡县全境十七区合并为十区，惠山镇属无锡县的第一区。民国37年（1948年）至1949年4月，无锡县裁区设署。惠山镇属第二指导区即为现在的北塘区，直至1949年4月无锡解放。

解放后的1951年，无锡市建八个区，惠山镇隶属第六区，1953年2月，惠山镇由第六区划归第四区。1955年，无锡市人民政府组建街道办事处，惠山镇改为惠山街道办事处。（以后的建置沿革，详见本志《街道》编《惠山街道》章）。

1995年，惠山古镇列为省级历史文化保护区。2002年12月，市政府办公室成立无锡市惠山古镇保护开发工作小组。2007年10月，市委、市政府举行“惠山古镇历史文化街区保护性修复工程”启动仪式。2008年，启动惠山古镇的保护修复工作，由市园林局作为主管单位，负责修复工作。

2010年4月，市政府明确由北塘区作为惠山古镇保护修复的唯一责任主体，市园林局及市园林管理中心作为领导小组单位继续支持、配合、服务惠山古镇的保护修复工作。同时，正式组建无锡市惠山古镇古街开发建设有限责任公司，公司内设机构有综合办公室、规划招商部、文化策划部、工程建设部、融资策划部、资产财审部、旅游发展有限公司、无锡中国泥人博物馆8个部门。

2013年11月，惠山古镇的保护修复管理主体由北塘区政府移交给无锡市文化旅游发展有限公司，北塘区作为辖区政府予以各方面配合。

第二章 古镇保护修建

第一节 保护和修复进程

根据规划，惠山古镇保护修复的范围为锡山北麓、运河以西、通惠路南、惠山东坡之间，总面积一平方公里。具体划分为锡惠路以西为核心保护区，面积0.3平方公里。主要包括上、下河塘、惠山直街、惠山横街、宝善桥步行街为主架构，85个保存最为完好的祠堂为主题的古镇核心区。

从2008年年初起，惠山古镇保护修复工程正式启动。经过多年努力，惠山古镇保护修复取得阶段性成果。

2008年1月至2010年3月，修复古桥宝善桥一座，楼阁2座、典型清代祠堂园林李公祠惠山园、留耕草堂等3座，“人杰地灵”等古牌坊6座，祠堂三十余座。复建了历史古迹“惠泉酒坊”，在惠山直街、横街及古华山门广场，增建了四方亭、照壁、康熙御笔“山色溪光”景观墙、牌楼等多处建筑及景点。

经市政府批准，惠山古镇28条道路、1个广场和2条河流恢复历史旧名或重新命名。原惠山横街恢复为“秦园街”。原惠山直街恢复“秀嶂街”。原锡惠路恢复为“宝善街”。其它街巷分别命名为百岁街、尊贤街、西神街、九峰街、烧香浜街、惠山浜街及进士里，高士里、梅隐里等。

2010年4月至2011年，修复改造秦园街、秀嶂街。至2011年年末，共修复祠堂63座，面积1.9万平方米。修复民居商铺127个，面积1.54万平方米。改建公共建筑2.24万平方米。将秦园街、秀嶂街及上、下河塘修复整合。建成并开放中国泥人博物馆。该馆囊括全国13个泥人艺术流派，汇聚各地国家和省级工艺美术大师逾5000件泥塑精品。完成西神广场——关刀河景观带的改造建设。完成街区主要街巷电信、供电、消防、雨污水等多条地下管线的埋设，以及龙头河——惠山浜河道的清淤整治；完成330米驳岸、码头，西神广场地下停车场建设并投入使用；实施古镇夜间亮化工程。完成周敦颐祠、倪云林祠、陆宣公祠、范仲淹祠和李公祠5座重点祠堂的文化布展。加强惠山古镇的文史研究。收集和整理相关史料，开展宗谱及文史掌故等方面的挖掘，编辑出版《祠堂博览》等刊物，编印《惠山福地胜景》《历久弥新——惠山古镇新闻报道精选汇编》《惠山泥人》《锡山旧闻》《祠堂文化论文集》等画册、书刊。

制作楹联匾额。邀请专家对古镇内祠堂及景点的楹联内容进行审核、指导，精心制作匾额46块、楹联48副，完成有关祠堂的门额砖刻。恢复惠山庙会。古镇游客总量突破30万。经国家建设部、文化部，国家文物局评比，2011年6月惠山古镇成功入选第三届“中国历史文化名街”。

2012年，完成王恩绶祠、刘祠、薛三义祠、尊贤祠、亚圣祠等重点祠堂的修复。累计完成69座祠堂修复，面积23237平方米，占可修复祠堂的72%；基础设施逐步完善，初步完成惠山浜驳岸、码头的恢复建设，共建驳岸1200余米，码头11个，供电、供水、消防、电信配套设施入户，街区绿化及亮化工程得到进一步完善。完成东岳庙及非遗馆的建筑修复。完成63座祠堂简介的编写。

惠山古镇整体开街。5月1日秀嶂街和秦园街业态布局形成；完成东岳庙建设及布展，举办惠山庙会。年末，核心区修复基本完成。

国家文物局批文同意，正式将惠山古镇列为中国申报世界文化遗产项目的后备名单。

2013年，完善配套设施工程修复。古华山路停车场扩建完成，烧香浜一段消防管线铺设、核心区亮化不断调整完善，街区旅游指示牌、警示牌、导览图均设立到位，同步做好街区雨污水接管改造、公厕增设改造及供电开闭所建设等工作；周边环境改造动工建设。开展街区文化建设。非遗馆及东岳庙两处建设布展工作全部完成；“国家非物质文化遗产教学活动基地”在泥人博物馆成立。惠山祠堂进入国家申遗项目后备名单后，继续组织人员进行相关文物、资料的收集和整理。至5月，古镇项目累计完成投资51.39亿元，实际支付资金41.57亿元。

第二节 古镇景观修复

一、河 桥

寺塘泾、烧香浜 寺塘泾是惠山浜的西段，惠山浜是无锡古运河的一条重要支脉，自黄埠墩处入口，至惠山之下，全长0.9公里，宽6米，因康熙、乾隆两帝南巡坐船到惠山，故又名龙头河。史料记载，康熙、乾隆两帝先后分别六次下江南，多次到无锡，来无锡大多经此河到惠山。

烧香浜与寺塘泾相连。在古代，惠山地带寺庙、祠堂多，但这里岸路交通不方便。所以，官员、百姓到惠山游览、烧香，大多坐船，香汛时香船云集，十分热闹，进山的河浜便称为烧香浜。解放后，烧香浜被填掉，造起民居。为恢复惠山古镇旧貌，对寺塘泾两侧采用金山石驳岸，整修石码头，将原有铁桥改建为石桥，取名“永宁桥”。按规划恢复重建烧香浜，先期恢复河道70米并于寺塘泾相连，河上恢复“迎神”、“会仙”两座石质古桥。

图3-1 惠山古镇宝善桥（区史志办供稿）

宝善桥 横跨寺塘泾上，原为单孔石拱桥，明万历年间由无锡乡贤，官至福建按察使、湖广提学副使的邹迪光所建，距今已有400多年的历史。该桥在清咸丰六年曾进行过修缮，民国十八年（1929年），当时的无锡县政府为配合惠山公园的开放，在辟建宝善街汽车通道中，将宝善桥改为平桥。复建的宝善桥，按照老照片原样，采用现代材料结构，选用旧石料贴面架拱而成。其中最为关键的桥孔，由80余块大型石拱圈构件组成，每块构件之间，都凿有石榫，缝隙对接紧，牢度强。拱圈外圈案有拱眉。下部的两块长形条盘石，为从河床里挖出的原物。恢复后的宝善桥全长29.2米，两边引桥自下而上，由3.76米到4.2米高成斜桥面坡状。桥宽自下而上6米到4.2米，桥石拱半径为4.5米，桥面铺有石阶踏步。

关刀河景观带 旧时惠山秀嶂街入口处有一河流，因形状类似一把大型关刀，故称关刀河。又因这一地带林木繁茂，环境优美，成为古人立冢、竖坊的好地方。无锡历史名人顾可久八世孙、清代著名诗人顾光旭（1731—1797）辞官回乡后，不遗余力，搜求30余年，选辑了《梁溪诗抄》。对大量稿底及未入诗抄的诗作，采用在关刀河的锡山坡间设冢形式将诗稿埋于冢中，故称诗冢，成为惠山古镇著名文化古迹。后因年代久远，此河面积缩小成一水塘，诗冢、牌坊被毁。2011年2月，经过修建在此恢复关刀河景观，使河面扩大；重新恢复顾光旭“诗冢”，修复及移建了马贞女坊、井水盟心坊、女中铁汉坊等6座牌坊。

二、牌坊 楼阁 照壁

人杰地灵牌坊 位于寺塘泾末端。始建于明代万历年间，为邑人邹迪光退隐后，其门生为标榜他们的老师邹迪光而建竖，亦称“千人报德坊”。牌坊原为三门四柱五楼形制，上世纪50年代初因上端石构件风化严重被拆除，构件散埋四处。现牌坊为2008年9月经古镇办原址原貌恢复，高10.08米，宽11.54米，石柱、石梁都是挖出来的原来的石构件，坊额面西刻“人杰地灵”，面东刻“岩壑夔龙”，坊之石楣自右至左分两排刻："中宪大夫福建湖广按察司提学副使邹"。多层横梁上雕有"双狮滚球""丹凤朝阳""龙凤戏珠"等立体图画及"祥云""如意"等纹饰，古朴精美、气势恢宏。是惠山古街的标志性景点建筑。

图3-2 惠山古镇石牌坊（区史志办供稿）

惠麓钟灵牌坊 位于惠山古镇秦园街出入口，清代全木结构建筑式样，翘角飞檐，典雅古朴。"惠麓钟灵"四字为原北大校长马寅初书，背额为篆书"三吴胜迹"。北宋时"三吴"范围为无锡、苏州、湖州，这里泛指惠山古镇是江南地区的好地方。

溪山第一楼 位于惠山上河塘的紫阳书院，最早为元代强可仕的居所，"溪山第一楼"为其主要建筑。明代，居所为贾应璧所有，名"栖隐园"，园内有池、亭、石、树等园林小景。清康熙年间被商人购得，改为知县吴兴祚的生祠，不久又改为朱文公祠，祭祀朱熹，又称紫阳书院。咸丰十年(1860年)毁于太平军战事，光绪六年(1880年)重建。民国，书院失去教学的功能，改为盐务公所。解放后，紫阳书院内院作部队用地，外部改为民居，原貌不存。恢复后该楼为上下两层三开间形制，占地160平方米，建筑面积280平方米，楼顶屋脊为歇山式丁字脊式样，总高度10.3米。前侧为用石柱建成的过街楼，带码头；后侧为全木结构，设扶栏、扇窗，斗拱梁柱雕刻精美。登楼，宝善桥、龙光塔、龙头河祠堂群可尽收眼底。

秀嶂阁 位于古华山门广场旁，高12.5米，为八角两层全木结构仿清建筑。楼阁建造工艺复杂。在楼阁的柱梁之间，为传递荷载，加大出檐深度，装置有交错叠置的斗拱和弓形木构件，上层楼阁的穹窿，采用的是"鸡笼顶"(藻井)构筑办法，笼内斗拱层层迭出，盘旋而上，形如一群飞翔的凤凰。楼阁上面为十字形屋脊，四向伸出的翘角飞檐，每面两角，两层共十八角，气势不凡。与惠山寺、唐宋石经幢相对而立，遥相呼应。登阁可远眺锡山龙光塔。

"精忠贯日"照壁 位于秀嶂街，与俗称大老爷殿的张中丞庙有关。该庙主祀唐御史中丞张巡（709-757）。唐至德二年（757年），安禄山的儿子安庆绪派手下大将尹子奇围攻睢阳城。睢阳城守将张巡和许远誓死抵抗，以六千兵卒坚守孤城，大小四百余战，拒敌百万，艰苦抵抗守城达3个多月。城破后，不屈被杀。

无锡人为崇敬他俩的忠节，于北宋崇宁二年（1103年）在惠山建庙纪念张巡、许远。照壁“精忠贯日”寓意张巡的精神。

三、其他景观

西神广场 惠山古称西神山、慧山、古华山、历山、九龙山。西神广场位于古华山路旁，为惠山古镇主要出入口，占地7000平方米。广场由清代仿古建筑、照壁及绿地组成。广场道路正中用旧条石板铺设，具有浓郁的古朴沧桑感。石道右侧，为游客服务中心和祠堂文化博物馆，均为青砖灰墙黛瓦马头墙，形制好看。石道两侧，栽植了大批银杏、香樟、榉树、朴树、桂花、三角红枫等名贵花木，春秋繁花似景，夏日浓荫蔽日。在广场正中，建有照壁一座，照壁长约20米，高4.7米，檐脊下刻有游龙雕刻，气势壮观恢宏。照壁正面刻有“惠山古镇”四个鎏金大字，每字见方1.6米。字体为集朱熹墨宝而成。照壁反面，为“九龙山胜迹图”。此线描图画于明万历年间，源于《惠山古今考》卷首，表现古代惠山及古镇山色景物。

东岳行庙 又称岳庙，俗称圣帝殿，位于秀嶂街。庙原在城内中市桥南，五代后唐同光初，无锡人周太乙募资徙建于此。明正统元年（1436年）增建五岳楼。弘治七年（1494年）增建两庑。清乾隆四年（1739年）邑人邹文锦重修。咸丰十年（1860年）毁，同治八年（1869年）重建正殿及王母殿。

东岳行庙供奉五岳之首的泰山神黄飞虎神像，俗称东岳大帝。每年农历三月二十八日相传为黄飞虎诞辰，无锡城内有“八庙朝东岳”的民间庙会，又称“老八谢”。庙会期间，倾城而出，人山人海，形成蔚为大观的无锡惠山民俗盛会。

惠泉酒坊 位于秦园街口。史料记载，惠泉酒取惠泉水和优质稻米酿制，酒味美甘甜、质量优良。宋代米芾曾称此酒“温润柔和、回味无穷”。明代李东阳在诗中写道：“惠泉春酒送如泉，都下如今已盛传。”清代雍正年间，江宁织造曹頫一次就发运40坛惠泉酒进京。曹雪芹在《红楼梦》中，多次提到无锡惠泉酒。惠泉酒坊，复建于秦园街，是传承惠泉酒悠久历史的重要载体。

寄畅园朝房 位于秦园街。朝房指古代百官等候皇帝上朝前休息的场所。清康熙、乾隆两帝多次南巡，十余次到无锡，每次抵锡必到惠山。历史上此房为地方官员迎候皇帝的地方，故又称寄畅园朝房。2008年10月，经惠山古镇办恢复。

申明亭 位于秀嶂街。古代驿道每五里建有一亭，功能有二，一为百姓提供休息场所；二是方便上级官员视察听取民众申诉意见，以便了解情况，及时处理。故称申明亭。明清时期惠山古镇设有申明亭，后毁。2010年惠山古镇办在原址复建。

第三章 惠山镇祠堂群

第一节 概 况

惠山东麓，分布着大量的祠堂建筑和祠堂建筑群，总数120处，集合成蔚为大观的古祠堂群。祠堂作为农耕社会的文化标志之一，是中国古代民间祭祀氏族祖先或名人、乡贤的专用建筑物。惠山古镇祠堂集中分布在惠山秀嶂街、秦园街、上河塘、下河塘、惠山浜、听松坊及惠山寺中轴线一带，地域范围0.3平方公里。惠山祠堂数量众多，类型齐全，不少祠堂颇具特色与个性，为全省乃至全国所罕见，被专家称为“中国传统的祠堂文化宝库”。

2001年6月，无锡市园林局特聘国家文物局、中国古建筑专家组众多专家，对无锡惠山地区祠堂建筑进行考察和评估，认为惠山祠堂群对研究中国传统的祠堂文化有着极高的历史、文化与科学价值，具备申报全国文物保护单位条件。2003年，无锡市惠山祠堂群保护性规划启动，无锡市提出将惠山古祠堂群列入世界文化遗产名录的申请，江苏省亦将其列入“申遗”名单。2006年5月，经国务院批准，惠山祠堂群被列入全国重点文物保护单位。2012年11月17日，惠山祠堂列入国家“申遗”项目后备名单。

惠山祠堂，最早建于东汉，邑人在此建春申君祠，祀战国时代楚相黄歇。唐代，建华孝子祠，祀东晋孝子华宝。宋时建有陆子祠，祀“茶圣”陆羽；张中丞祠，祀唐朝张巡。明嘉靖年间（1522~1566年），朝廷允许民间建庙立祠，自此立祠之风渐盛。清代，惠山地区新建祠堂达70余处，为鼎盛时期。余风所及，至民国年间仍有少量新祠设立。

惠山祠堂的产权属性，有私家祠堂和官祠之分。而无论私祠还是官祠，均须经报请官府批准方可兴建。其中对官祠，还需经省甚至朝廷同意才可建造，其间过程相当严格。私祠多为宗祠，是同宗族人祭祀祖先的地方，其中有合邑的宗祠（又称总祠），是族人迁居无锡的历史见证。官祠则为纪念社会公众认可的、对国家或地区有特殊贡献的人物的地方。

惠山祠堂包括80多个姓氏，其中不乏无锡望族，有吴、华、李、王、薛、钱、秦、顾、荣、杨等。祀主多为历史名人或地方名人，其中不少原为外地人士，或有功德于无锡而邑人为之立祠，或其人、其后裔迁锡而择地惠山建祠。惠山祠堂所荟萃的大批历史人物中，有商末泰伯、仲雍，战国时期的春申君黄歇，东晋孝子华宝，唐代宰相陆贽、李绅、张柬之，“茶圣”陆羽。五代吴越王钱镠，宋代名相范仲淹、王丹、李纲以及大儒朱熹。元代画家倪瓒。明代清官周忱、海瑞、邵宝及忠臣顾宪成、高攀龙。近代名宦李金镛、实业家杨艺芳、杨藕芳等。而诸多名人祀主的后裔中亦是人才辈出，陆贽后裔陆定一、王恩绶后裔王昆仑、钱镠后裔钱穆、钱伟长、钱锺书等，都是当代很有影响的人物。这些供祀历史名人的祠堂保留着大量历史遗迹遗物，有诗文、书画、碑刻、堂匾、楹联等。

惠山古镇祠堂群的建筑，规模大、密度高，总面积近4.7万平方米，历经千年沧桑仍基本完整地保留着其规制和模式。古祠堂见证着自唐代到新中国成立长达1200余年内祠堂文化的发展过程，清晰记录了历经数千年的姓氏血缘文化脉络，是我国祠堂文化的精粹。惠山祠堂群的建筑形式，主要分为传统民居式祠堂、江南园林式祠堂和典型的民国建筑三类。园林式祠堂建筑为惠山祠堂特色之一，至今保存完整的有王恩绶祠，潜庐（留耕草堂）、陆宣公祠、顾可久祠、李公祠等。大部分祠堂建筑为简洁质朴的民居形态，布局灵活，朝向自由。尤其是明代以后，在原地形复杂的惠山、寺塘泾一带，出现大量的家祠，依民居而建，使惠山古镇祠堂群的总体布局显得自然生动。

第二节 主要祠堂

一、 国家级文物保护祠堂

国家级文物保护祠堂10座，其中锡惠景区5座，古镇街区5座。

钱武肃王祠 又称钱王祠，祀五代十国吴越王钱镠。清雍正年间无锡钱氏裔孙奉檄建祠，未果。乾隆三年（1738），举人钱兆凤、钱基等出资、择地于惠山寄畅园旁建祠，翌年竣工，成为浙江钱氏迁锡后裔各支的宗祠。道光年间屡有扩建，遂成规模。祠有头门，光远楼、见山楼、五王殿、左右厢房等建筑，以及乾隆御赐碑石刻、铁券图、金涂塔、祭祀礼器等文物。现存建筑为民国17年（1928年）重修，2006年大修。

钱镠（852—932），字具美，浙江临安人，是五代时期吴越国的创始人。吴越国地域覆盖浙江全境及福建福州、江苏苏州等十三州。钱镠入主杭州后，采用保境安民国策，修筑海塘，兴修水利，发展农桑，通商海外，大兴佛寺，宫殿华丽，胜迹无数，杭州由此富甲天下。开创了“上有天堂，下有苏杭”的江南繁荣富庶之地。

淮湘昭忠祠 原为惠山寺大雄宝殿，始建于梁大同三年（537年），故名大同殿。清咸丰十年（1860年），太平军攻克无锡。清同治二年，李鸿章的淮军夺取无锡，在与太平军的交战中，大同殿毁于战火。同治三年（1864年），李鸿章敕建是祠于此，祀太子太保，江西南赣总兵程学启居首的在克复江苏中阵亡的淮湘军众将士。

祠为典型的四进祠堂，依山而筑，沿中轴线拾级而上，由砖雕祠门、四方碑亭和仪门、戏台、享堂、寝殿构成，进路层次丰满，序列庄重、对称。主要建筑的梁枋、柱头、门楼都精雕细刻，图案丰富，线条流畅。亭中石碑正面，刻有李鸿章奏请建立昭忠祠文。

程学启（1829—1864），字方忠，安徽桐城人，早年参加太平军，清咸丰十一年（1861年）叛投湘军曾国荃，任游击，参与攻克安庆、铜陵、无为等城市，以战勇升任参将。后随李鸿章战上海，取南汇。又与太平军忠王李秀成战于常熟、杨州、常州、无锡、苏州，升任总兵。同治三年，在攻克嘉兴时中弹，死于苏州，谥“忠烈”。

李鸿章（1823—1901），字渐甫，号少荃，安徽合肥人。清道光二十七年（1847年）进士，咸丰三年办团练，战太平军时，当曾国藩幕僚。从同治元年（1862年）起，历任两江总督、北洋大臣、总理大臣等职。

图3-3 华孝子祠正门（区史志办供稿）

华孝子祠 祀东晋孝子华宝。位于惠山二泉东北侧，原系华宝故居。南齐建元三年（481年），奉齐高帝萧道成旨意，旌表门间，赐“孝子”额。唐代即宅建专祠，宋时曾改建为“三贤祠”，元至治年间复名。祠前有四面牌坊，俗称无顶亭，单间、正方形，木石结构，藻饰精美，为华氏宗族忠孝节义及科第等级的纪念建筑物。祠门为牌坊式，庑殿顶、两侧置竹叶玛瑙盘陀石一对。祠门内有永锡堂，承泽池，溯源桥，成志楼，碑廊、遗荫树等。享堂塑童髫长须华宝像。该祠屡有废兴，现建筑始于明，成于清，保存极为完整。

图3-4 华孝子祠内景（区史志办供稿）

华宝（409—481），无锡人，幼年丧母。东晋义熙十三年（417年）父华豪从刘裕戍守长安，临行嘱儿华宝：“须我还，为汝冠”。后长安陷落，其父殁于战淮海役。华宝悲伤欲绝，誓不得父命，终身不冠不娶。古稀年时，立弟华宽之子为嗣。华宝遂以孝闻名于世，载入《南齐书》。

尤文简公祠 祀宋礼部尚书尤袤，位于惠山二泉南侧山坡上。尤袤曾祀于锡城道南祠和惠山十贤堂。明洪武初年，后人礼部休斋公尤良在惠山构堂五间，以祀文献公尤辉和文简公尤袤，名“锡麓书院”。祠旁重建尤袤读书处“锡麓书堂”。后毁于火。清乾隆年间，后裔在此复建祠堂，仅三楹，后渐增拓。祠堂迭经兴废。至民国二十二年（1933年），裔孙尤桐将已移至城中白水荡的旧祠再迁回惠山二泉旁。重建拓建尤文简公祠和锡麓书堂，并移来“乐溪居”中的万卷楼。

尤袤（1127—1202），字延之，号遂初居士，晚年号乐溪。祖籍福建。生于无锡许舍。自幼聪颖过人。宋绍兴十八年（1148年）进士，历任泰兴县令、秘书丞兼国史院编修、太子侍读、礼部尚书等职。直言敢谏。一度被贬，后又被启用。他工诗，与陆游、杨万里、范成大合称“南宋四大家”。晚年返里，在梁溪河畔营造“乐溪居”，于惠山构筑“锡麓书堂”。家有“万卷楼”。藏书3万余卷，且多善本、珍本，编就我国最早的一本版本目录《遂初堂书目》。卒赠金紫光禄大夫，谥文简。葬于无锡城郊西孔山。

至德祠 俗称泰伯殿，位于惠山二泉东侧，祀开化南方的先祖吴泰伯及仲雍、季札。清乾隆三十年（1765年），无锡知县吴钺和泰伯裔孙吴培源等购愚公谷的枝峰阁、绳河馆旧址而建。大殿三间，东西向，前后设平台，边沿有石栏、石柱，两边有台阶。享堂有泰伯、仲雍、季札塑像。祠内有怀德阁、滤泉、莲沼、荷轩、来雨亭、曲榭回廊。清咸丰遭兵火，祠受损毁。清同治及民国年间，先后进行过修葺。1957年大修呈今貌。

泰伯，周太王长子。太王欲立幼子季历，以传位季历之子昌（后之周文王），意为昌能使周崛兴。泰伯与弟仲雍深知父意，便决意避让，假托为父去衡山采药，来到无锡梅里。他改从当地风俗，断发纹身，兴修水利，传播先进的中原文化，被拥戴为君长，于是筑城开河，建立勾吴。

仲雍，周太王次子。为让王，与兄泰伯同避江南，建立勾吴。

季札，又称公子札，春秋时吴国贵族，吴王诸樊之弟，多次推让君位，以多才博文著称。

顾洞阳先生祠（长寿里14号），谱称顾宪副洞阳先生祠，明隆庆三年（1569年），海瑞为其先师顾可久奏疏请建。万历元年（1573年），海瑞谒祠，并作诗一首，有“三生不改冰霜操，万死仍留社稷身”等句，由裔孙顾光旭书写刻碑，现存市碑刻馆。清康熙二十七年（1688年）毁于火，乾隆二年（1737年）重修。祠有照墙、四面石牌坊、宝忠堂、拜石山房和祠楼。有石狮、旗杆石、湖石“丈人峰”、浴日泉、古银杏、祭器等明清旧物，石碑、石刻多方，以顾光旭手书《诗冢歌》和清钱勖行书、汤斌的“两朝忠节”匾等著名。

顾可久（1485—1561），字与新，号洞阳，无锡人。明正德九年（1514年）进士，历官行人司行人、户部员外郎、广东按察副使。为官直言敢谏，两遭廷杖，列“锡谷四谏”之首，为明代有名的骨鲠之臣。他在督学广东时，曾选荐海瑞等一批优秀人才。著有《洞阳诗集》。

陆宣公祠（秀嶂街13号），祠始建于宋，由陆氏迁锡始祖陆枲建祠惠麓。主祀唐代贤相陆贽。明代祠毁。清康熙四十七年（1708年）奉敕复建。嘉庆年间再修。祠面阔四间，三进，内有戏楼、池沼、精致小桥，祠貌保存完好。

陆贽（754—805），字敬舆。唐代政治家、文学家，嘉兴人，大历八年（773年）进士。德宗时参预机谋，甚得朝廷依重，号称“内相”。贞元八年（792年），出任中书侍郎、同平章事（宰相），敢于指陈时弊。后遭谗，贬忠州别驾。10年后顺宗召回，诏未至，人已卒，谥“宣”。为人清廉，其“人君立国，以民为本”、整顿吏治、选拔人才、整军备边等治国方略，为后世所重。

杨藕芳祠（下河塘11号），建于民国8年（1919年），祀主杨宗瀚（1842—1910），字藕芳，无锡人。先后入李鸿章、刘铭传幕府，受李鸿章赏识，称其“杨三捷才，非他人所及”。光绪八年（1882年），负责总办台湾商务、洋务，兼办开埠事宜。次年，督办全台水陆营务，兼办台南、台北铁路。因功授三品衔。光绪十六年，应李鸿章之邀，出任上海机器织布局会办。至光绪十八年，该局日产布达600匹。次年，厂遭火毁，去职回无锡。光绪二十一年，与其兄杨宗濂（1832—1906）在无锡创办业勤纱厂，自任总办。杨藕芳祠具有中西合璧风格，清水墙，用中国的建材，营造西洋式的建筑，又用传统的风格外装相关立面，与祠堂建筑整体协调，为惠山近代祠堂建筑的精品，保存完好。

王武愍公祠（下河塘8号），又称王恩绶祠，清同治十三年（1874年）奉敕建造。占地2200平方米，分东、中、西三路四进，以廊连结。中为大门、碑亭、享堂、后堂；东路戏台、介福堂、池塘、假山；西路祠堂加后堂。冯桂芬所题祠额砖刻及洪钧所撰碑记均保存完好。

图3-5 惠山古镇王武愍公祠(又称王恩绶祠)(2003年3月)(区史志办供稿)

祀主王恩绶（1804—1855），号乐山，自号佩伦，东晋王羲之后裔，原民革中央主席王昆仑的曾祖。年轻时受林则徐的赏识，被单独招入府衙读书。为人忠厚、坚毅，有“笃行君子”之称。道光十九年（1849年）中举，任候选知县。咸丰五年（1855年），急赴武昌任职，时太平军已围城，有人劝其留守军中，以保将来，不听，遂用绳子缒入城中，与知府一起督兵巷战而死。次子王燮、仆从丁贵、吴福寿皆殉职。追谥“武愍”，并准予在立功地和本籍建专祠。

潜庐（上河塘13号），潜庐亦名留耕草堂，建于光绪八年（1882年），原为清末邑人杨艺芳（杨宗濂）之别墅园林，后改为祠。主厅名留耕草堂，纳锡、惠两山秀色于园内，有望山楼、丛桂轩、门厅及戏台等建筑，紧凑别致，池沼、回廊、亭桥、山石、花木布局得法，清丽古朴，为清末无锡著名别墅园林之一。

杨艺芳（1832—1906），名宗濂，号潜斋，无锡人。咸丰末在籍治团练，后随李鸿章征战太平军、捻军，筹建北洋武备学堂，办天津自来水公司，会办上海机器织布局。光绪二十年（1894年）与其弟藕芳等筹设无锡业勤纱厂。此后历任布政使、按察使、长芦盐运使。光绪二十七年秋（1901年），以办纱厂获赏三品京堂，督办天津顺直机器局。

二、省级文物保护祠堂

省级文物保护祠堂共有5处。

倪云林先生祠（秀嶂街11号），又名倪高士祠 始建于明代，祠基系明王大益园废址。清康熙三十年（1691年），裔孙倪凤来等奉敕重建，主祀元代隐士、画家倪瓒。祠历经三次修葺，内有思敬堂、雪渚斋、鹤情楼。后园有池沼、假山、琴舫等建筑。明蔡廷槐书“倪云林先生祠”额。乾隆帝第二次南巡至惠山经云林祠时，赞道：“倪高士瓒人品卓绝，享祀允宜，今祠宇完好，看来子孙还好。”时裔孙倪大培在场，后书“帝锡德音”额悬于享堂。

倪瓒（1301—1374），初名珽，字元镇，号云林子、荆蛮民等。无锡人，品行高洁，性狷介，有洁癖，人称倪迂。隐居不仕。家有清閟阁，系江南名园，收藏书画古物极多，声闻海外。元末散资亲故，弃家登舟，浪迹太湖、泖湖一带，以诗画自娱。画多取材于太湖远山景色，与黄公望、吴镇、王蒙合称为元代四大家。著有《清閟阁集》。

周濂溪先生祠（下河塘15号），又称光霁祠，谱称濂溪周夫子祠，始建于清乾隆七年（1742年），祀宋儒、道国公周敦颐。乾隆南巡，两次在寺塘泾上岸，到周敦颐祠，周氏后人周汝远在祠门口接驾。第二次南巡时，御赐“光霁祠”匾，并题诗。现“乾隆御制诗碑”和“濂溪周夫子小照真迹碑”等文物保存完好。

周敦颐（1017—1073），北宋哲学家，宋代理学的开创者，字茂叔，世居道州营道（今湖南道县），历官桂阳令、知南昌、台州判官、虔州通判、知郴州、广南东路转运判官、提点刑狱、知南康军等职。曾筑书堂于庐山莲花峰下，仿故居濂溪以名之，世称濂溪先生。其理学“上承孔孟，下启朱程”。著《太极图说》，阐述无极而太极之宇宙生成论。其著名的《爱莲说》，以佛典之莲华比喻人性，被后人传颂。卒后追封为汝南伯，谥元。元延祐六年（1319年）封为道国公。

薛中丞祠（上河塘14号），祠始建于清宣统元年（1909年），为大三间三进加备弄布局。门楼式，廊轩相连祠屋，后院花木修竹，环境幽雅，祀清都察院左副都御史薛福辰。

薛福辰（1832—1889），字振美，号抚屏，无锡西漳寺头人，薛福成之兄。自幼喜阅内经。咸丰五年（1855年）顺天乡试第二名举人。任工部员外郎，有功于治黄、治河，后任李鸿章幕府，精通医书。光绪五年（1879年），慈禧太后患重病，经御医诊治、名医会诊不见起色。次年，经李鸿章举荐，薛福辰为太后治病，得痊愈，受慈禧赞赏。光绪八年（1882年）除夕，奉旨随太后进香阐福寺，专赏头品顶戴花翎、亲赐“福”字和“职业修明”匾额，光绪帝称他是“医国圣手”，授都察院左副都御史。

张文贞公祠（下河塘10号），清宣统元年（1909年），由裔孙张毅清独资在惠山寺塘泾购地建造。主祀无锡张氏始祖张文贞公——唐相张柬之，祔祀本支嫡派先祖。

张柬之（625—706），唐襄阳（今属湖北）人，字孟将，少补太学生，中进士后任清源丞。永昌元年（689年）以贤良征试，对策第一，擢监察御史，累迁凤阁舍人。因反对与突厥和亲忤武后旨，贬为台州、蜀州刺史、荆州大都督府长史。因狄仁杰、姚崇荐，复官侍郎同凤阁鸾台平章事，迁凤阁侍郎，主持政事。神龙元年（705年），武后病重，劝其还政，恢复唐中宗帝位。因功升尚书，封汉阳王，寻进中书令（宰相），监修国史。后为武三思诬，贬新州司马，流放泷州，忧愤而死，追谥文贞。

李公祠（惠山园），始建于清光绪六年（1880年），祀主李鹤章（1825—1880），安徽合肥人，晚清总理大臣李鸿章的三弟，淮军将领，因作战等有功，被朝廷赐黄马褂加二品衔。清光绪初年，由在锡皖人提议、捐资，并经曾国荃疏准，在惠山古镇为李鹤章建专祠。建成后的李公祠为祠、园结合模式，颇具规模，全盛时期楼台亭榭、假山池沼、名贵花木无所不备。民国18年（1929年）5月，民国无锡当局决定将李公祠改建为惠山公园，为继公花园后的锡邑第二公园。抗战期间，该园曾被用作医院，以后一直被机构所占，解放后又改作惠山中学和无锡市旅游职校。几经变迁，园内原有建筑大部被毁，仅存残余池石、小桥和木瓜老树等遗物。现李公祠由古镇办2008年恢复重建，同年10月对外开放，更名惠山园。

李公祠惠山园，占地面积5465平方米，其中水面约占三分之一，其规模与格局与原惠山公园相似。建筑有李鹤章祠、陶文宪祠、赵宗白祠、花厅，石船舫、回廊、水晶宫、四角亭、假山等，李公祠惠山园借锡山秀色取胜，与龙光塔影呼应，保留了老祠老园古朴典雅的原有风貌。

无锡惠山祠堂群分布示意图
本图编制依据：以清光绪七年（1881）秦缃业编撰的《无锡金匮县志》为主，以明万历二十七年（1598）谈修编撰的《惠山古今考》、清咸丰九年（1859）邵涵初编撰的《惠山记续编》、民国八年（1919）薛明剑编撰的《无锡指南》、民国二十五年（1936）无锡县土地测量队编撰的《无锡县惠山地籍原图》、1949年的《惠山泥人耍货店祠堂分布图》补阙。本图标记152祠，其他祠待考。
图例
祠堂遗存
祠堂遗迹
祠堂遗址
园林景点
待考
桥
古街
河湖
绿地
游客服务中心
美食
售票处
卫生间
入口
停车场
汽车站
惠山祠堂群分布说明（前为故事篇目序号 后为祠名）
一、惠山寺祠堂 29钱武肃王祠 61、62过郡马祠 115、116、117、118秘忠节祠 71张义士祠 45、46、47邹忠公祠 38李忠定公祠 128淮湘昭忠祠
二、观泉坊祠堂 22华孝子祠 98华节愍公祠 70华节妇祠 28尊贤祠 83报忠祠 42苏氏家祠 134唐张贞节祠 120武侯祠 55胡文昭公祠 65尤文简公祠 33陆子祠 +1、2、3至德祠
三、听松坊祠堂 91、92、93顾端文公祠 106邵文庄公祠 53刘猛将军庙 76、77、78、79、80五中丞祠 88四侯祠 110单贞女祠 81周陈二公生祠 87周文恪公祠 107王佥事祠
四、秦园街祠堂 99、100、101、102、103秦氏双孝祠 57张明公祠 60许显谟祠 129杨四褒祠 112贞节祠 +44秦淮海先生祠
五、绣嶂街祠堂（东）18徐孺子先生祠 97龚节愍公祠 氏宗祠 138荣氏家祠 23、24魏氏宗祠 17戴氏宗祠 59吕东莱先生祠 28新尊贤祠 113薛义士祠 96马文肃公祠 119陶中丞祠 19、20、21陈文范先生祠 94叶司空祠 30、31张中丞庙 37司马温公祠 105王孟端先生祠 89、90松滋王侯祠
六、绣嶂街祠堂（西）32孙忠贞公祠 36范文正公祠 26、27陆宣公祠 69倪高士祠 64费懿恭先生祠 40杜文周公祠 111浦节孝贞烈祠 112浦烈女祠 35王文正公祠 4东岳行庙 10、11邹国公祠 48刘氏家祠 49袁龙图祠 121赠兵备道杨公祠 15杨氏追远祠 104浦长源先生祠 7先贤施子祠 52杨忠襄公祠
七、锡山麓祠堂 6春申君庙 73于忠肃公祠 126史光禄祠 5鲁班殿 137贞节祠 82俞行人祠 75侯太仆祠 66灵护庙
八、上河塘祠堂 8、9先贤廉子祠 43朱乐圃先生祠 57张义庄祠 131薛中丞祠 13、14蒋氏宗祠 50卫文节公祠 58朱文公祠 114吴侯祠 68强氏家祠 123、124忠节祠 135潘孝子顺孙祠 108孙宗伯祠 39徐氏宗祠
九、下河塘祠堂 12邓元侯禹公祠 12邓氏宗祠 41江助教祠 95高忠宪公祠 125王武愍公祠 25张文贞公祠 133杨耦芳先生祠 130杨氏宗祠 109蔡氏家祠 86黄太仆祠 56周濂溪先生祠 54赵宗白先生祠 72陶文宪公祠 127李公祠 51惠学士祠 122顾太仆祠 84、85顾洞阳先生祠 67虞薇山先生祠
十、惠山浜祠堂 16祝太守祠 97龚氏家祠 74唐襄文公祠 58徽国文公祠 109蔡氏孝友祠 97龚节愍公祠 132李阁学祠 19、20、21陈文正公祠 35王文正公祠 136唐桐卿先生祠
锡惠景区大门(南入口)
游客中心
锡山大门 入口
大桥东门 入口
人民西路
锡山大桥
惠钱路 入口
惠山
锡山
映山湖
寄畅园
惠山寺
中国泥人博物馆
龙光塔
古运河
惠河路
锡惠公园
制图：李文扬
日期：2015.12

惠山祠堂群情况表

表3-1

祠堂名称	地　址	类别	始建年代	重建年代	现状
过郡马祠	锡惠古迹区二泉里片区	—	清乾隆三十八年		原貌恢复
钱武肃王祠	秦园街1号	国家级	清雍正年间	清嘉庆十七年	原貌恢复
嵇忠节祠	锡惠古迹区二泉里片区	—	清雍正七年		原貌恢复
张义士祠	锡惠古迹区二泉里片区	—	明万历年间	清乾隆三年	原貌恢复
邹忠公祠	锡惠古迹区二泉里片区	—	明万历年间	清康熙五十一年	原貌恢复
李忠定公祠	锡惠古迹区二泉里片区	—	明正德五年	清康熙五年	原貌恢复
贞节祠	锡惠古迹区二泉里片区	—	清雍正元年	2001年	原貌恢复
张孝子祠	锡惠古迹区二泉里片区	—	清雍正四年	—	原貌恢复
张节妇祠	锡惠古迹区二泉里片区	—	清雍正四年	—	原貌恢复
淮湘昭忠祠	锡惠古迹区二泉片区	国家级	清同治三年	—	原貌恢复
华孝子祠	锡惠古迹区二泉里片区	国家级	唐代	明成化二十一年 清乾隆二十三年	原貌恢复
华节愍公祠	锡惠古迹区二泉里片区	—	清乾隆年间		原貌恢复
华节妇祠	锡惠古迹区二泉里片区	—	元至正年间	清康熙二十七年	原貌恢复
华贞节祠	锡惠古迹区二泉里片区	—			原貌恢复
至德祠	锡惠古迹区二泉里片区	国家级	清乾隆三十年	同治、民国年间修葺	原貌恢复
尊贤祠	锡惠古迹区二泉里片区	—	明正德年间	清康熙十六年	仅存门头，原貌修复
报忠祠	锡惠古迹区二泉里片区	—	—	—	原貌恢复
蒋家祠	锡惠古迹区二泉里片区	—	—	—	原貌恢复
苏家祠	锡惠古迹区二泉里片区	—	—	—	原貌恢复
唐张贞节祠	锡惠古迹区二泉里片区	—	—	—	原貌恢复
蔡氏孝友祠	锡惠古迹区二泉里片区	—	清乾隆五十五年	—	原貌恢复
贞节祠	锡惠古迹区二泉里片区	—	清雍正元年	—	原貌恢复
胡文昭公祠	锡惠古迹区二泉里片区	—	清顺治年间	清乾隆二年	原貌恢复
尤文简公祠	锡惠古迹区二泉里片区	国家级	明洪武初年	清康熙年间	原貌恢复
陆子祠	锡惠古迹区二泉里片区	—			原貌恢复
顾端文公祠	惠山二泉书院处	—	明万历四十一年	清乾隆初年	原貌恢复
邵文庄公祠	惠山二泉书院处	—	明正德十一年	明万历三十五年	原貌恢复
刘猛将庙	惠山二泉书院处	—	清光绪二十九年		原貌恢复
五中丞祠	惠山二泉书院处	—	明正统十四年	清同治年间	原貌恢复

续表3-1

祠堂名称	地　　址	类别	始建年代	重建年代	现状
单贞女祠	惠山听松坊9号	—	明嘉靖年间	—	祠堂建筑基本保存良好，并作民屋处理
周文恪公祠	惠山听松坊11号	—	明万历年间	—	祠堂建筑基本保存完好，并作民屋处理
王佥事祠	惠山听松坊13号	—	明万历年间	清康熙年间	
贞节祠	惠山听松坊17号	—	清嘉庆年间	民国时毁	
秦氏双孝祠	秦园街30号	—	明正德年间	清乾隆十一年	景点文化展馆
张明公祠	秦园街42号	—	清道光十七年	民国三十六年	惠山古镇游客接待中心
许显谟祠	秦园街40号	—	清乾隆三十七年	—	景点文化展馆
杨四褒词	秦园街38号	—	清光绪二十年	—	仅修复门头，其内待建
贞节祠	秦园街36号	—	清道光二十九年	—	文化展馆
于谦祠	锡惠公园锡山北坡	—	明万历年间	—	尚有遗存，待修复
史光禄祠	锡惠公园锡山北坡	—	清同治九年	—	
俞行人祠	锡惠公园锡山北坡	—	明嘉靖年间	清乾隆二年	
朱祠	锡惠公园锡山北坡	—	—	—	
张中丞祠	锡惠公园锡山北坡	省级	明成化九年	清同治八年	公园景点
春申君庙	惠山春申涧旁	—	—	—	遗存已作景点，并开放
杨忠襄公祠	绣嶂街24号	—	清道光二十四年	—	
先贤施子祠	绣嶂街26号	—	清同治十年	—	原貌修复 工商慈善，文化展馆
朱祠	绣嶂街7号	—	民国29年	—	原貌修复
杜祠	绣嶂街5号	—		—	原貌修复
浦长源先生祠	绣嶂街30号	—	清康熙四十二年	—	原貌修复
费懿恭祠	绣嶂街9号	—	清道光六年	—	原貌修复 先锋书店暂用
倪高士祠	绣嶂街11号	省级	明代	清康熙三十年	原貌修复 文化展馆
赠兵备道公祠	绣嶂街34号	—	清嘉庆二年	—	原貌修复 先锋书店暂用
杨追远祠	绣嶂街36号	—	清道光初年	—	原貌修复
陆宣公祠	绣嶂街13号	国家级	宋代	清康熙四十七年	原貌恢复 景点文化展馆
范文正公祠	绣嶂街15号	—	清乾隆五年	民国初年	原貌修复 景点文化展馆

续表3-1

祠堂名称	地　址	类别	始建年代	重建年代	现状
邹国公祠	绣嶂街44号	—	元代初	清雍正年间	原貌复建
袁龙图祠	绣嶂街38号	—	清乾隆八年	—	原貌复建
刘氏家祠	绣嶂街40号	—	民国期间	—	原貌复建
孙忠贞公祠	绣嶂街23号	—	民国初年	—	原貌复建
王文正公祠	绣嶂街48号	—	清乾隆六年	清同治年间	原貌修复
浦孝节贞烈祠	绣嶂街50号	—	明崇祯年间	—	原貌修复
松滋王侯祠	绣嶂街54号	—	明万历年间	清同治年间	原貌修复
王氏公祠	绣嶂街	—	—	—	原貌复建，待开放
王孟端先生祠	绣嶂街56号	—	清嘉庆十七年	—	原貌修复
马文肃公祠	绣嶂街31号	—	清顺治十年	清乾隆二年	原貌复建
薛三义祠	绣嶂街33号	—	清同治十年	—	原貌复建
司马温公祠	绣嶂街60号	—	清乾隆二十年	—	—
东岳行庙	绣嶂街66号	—	后唐同光三年	清光绪年间	—
乡贤祠	绣嶂街68号	—	—	—	—
吕东莱先生祠	绣嶂街37号	—	明正德二年	清嘉庆九年	—
叶司空祠	绣嶂街70号	—	清乾隆二十年	清乾隆五十八年	—
陈文范先生	绣嶂街72号	—	清道光十三年	—	—
戴氏宗祠	绣嶂街41号	—	—	—	—
陶中丞祠	绣嶂街74号	—	民国11年	—	—
王节孝祠	绣嶂街39号	—	—	—	—
荣贞烈祠	绣嶂街65号	—	民国10年	—	—
龚节愍公祠	绣嶂街73号	—	清康熙五年	清光绪五年	—
徐孺子先生祠	绣嶂街85号	—	清道光七年	—	—
留耕草堂	上河塘13号	国家级	—	—	原貌恢复，景点文化展馆
先贤廉子祠	上河塘	—	清道光三年	—	遗址待复建
朱乐圃先生祠	上河塘	—	清嘉庆四年	—	遗址待复建
张义庄祠	上河塘	—	—	—	遗址待复建
薛中丞祠	上河塘14号	省级	清宣统元年	—	原貌恢复，景点文化展馆
蒋氏宗祠	上河塘16号	—	民国10年	—	原貌修复
紫阳书院	上河塘21号	—	元代初年	清乾隆年间	恢复待建
忠节祠	上河塘24号	—	清同治十年	—	原貌复建
潘孝子祠	上河塘25号	—	清嘉庆二十一年	—	原貌修复
孙大宗伯祠	上河塘26号	—	清乾隆五十三年	—	原貌复建
徐祠	上河塘27号	—	—	—	原貌复建

续表3-1

祠堂名称	地　　址	类别	始建年代	重建年代	现状
邓氏宗祠	下河塘27号	—	清道光年间	—	—
江助教祠	下河塘4号	—	清道光二十三年	—	—
高忠宪公祠	下河塘7号	—	明崇祯年间	清乾隆元年	原貌修复
王武愍公祠	下河塘8号	国家级	清同治十三年	—	原貌恢复并作文化展馆对外开放
张文贞公祠	下河塘10号	省级	清宣统元年	—	原貌恢复并作文化展馆对外开放
杨藕芳祠	下河塘11号	国家级	民国8年	—	原貌恢复并作文化展馆对外开放
杨祠	下河塘12号	—	清乾隆五十年	—	原貌修复
蔡氏宗祠	下河塘13号	—	清乾隆五十五年	—	原貌修复
黄斗南先生祠	下河塘14号	—	清康熙三十七年	—	原貌修复
周光霁祠	下河塘15号	省级	清乾隆七年	—	原貌修复并作文化展馆对外开放
赵宗白先生祠	下河塘19号	—	清道光十一年	清同治十年	恢复重建
薛氏宗祠	下河塘	—		—	原貌修复
李公祠	百岁街7号	省级	清光绪六年	民国18年	开放景点，原貌修复
陶文宪公祠	百岁街2号	—	清道光十一年	—	原貌修复，文化展馆
贞节祠	上寿里10号	—	清乾隆五十年	—	原貌修复
惠学士祠	上寿里13号	—	清康熙三十六年	—	原貌修复
顾太仆祠	上寿里14号	—	清光绪十五年	—	原貌修复
詹孝节妇祠	长寿里6号	—	清道光元年	—	原貌修复
顾洞阳先生祠	长寿里15号	国家级	明隆庆三年	清乾隆二年	开放景点，原貌恢复
虞薇山先生祠	进士里2号	—	清乾隆二十四年	—	原貌修复
祝太守祠	惠山浜	—	清光绪三年	—	保存此组祠堂，除龚节愍、唐襄文、徽国公、李阁学4座祠堂建筑完好外，其余祠堂受损严重，原貌不存，现正按规划恢复重建。
龚氏宗祠	惠山浜	—		—	
唐襄文公祠	惠山浜	—	清康熙年间	—	
徽国文公祠	惠山浜	—	清康熙三十一年	—	
蔡孝友祠	惠山浜	—	民国期间	—	
龚节愍公祠	惠山浜	—	清光绪年间	—	
万公祠	惠山浜	—	民国期间	—	
李阁学祠	惠山浜	—	清光绪年间	—	
陈文正公祠	惠山浜	—	民国期间	—	
王文正公祠	惠山浜	—	民国期间	—	
唐桐卿公祠	惠山浜	—	民国期间	—	

第四章 惠山寺

第一节 概 况

惠山寺，位于惠山东麓，惠山直街和横街交界处。始建于南北朝，距今已有1500余年。前身为南朝刘宋司徒右长史湛挺所建历山草堂，景平元年（423年）舍作寺院，改称华山精舍。元徽年间（473～477年），沙门僧显由京师（今南京）入吴，曾居住于此。梁大同三年（537年）改为慧山寺。寺僧陈大德建大同殿，又名法云禅院。寺院规模在唐代曾有所增益。陆羽在此写下《惠山寺记》。李绅曾在此读书。唐朝会昌年间（841～846年）寺毁，大中年间（847～859年）重建。唐宋间，惠山寺院范围包括今愚公谷遗址和寄畅园等区域，全盛时有僧舍1048间。元末寺毁。明洪武元年（1368年），寺僧普真（性海）主持重建。永乐五年（1407年），僧怀祖又重修。正统十年（1445年），被火焚，巡抚周忱以为惠山寺屡遭火灾是寺院风水“左豁青龙”所致，在与知县项伾重建惠山寺时，于寺左聚土石堆筑“案墩”，此即今寄畅园大假山的前身。万历三年（1575年），又遭火灾，湖广提学副使无锡人邹迪光出资修复，并修弥陀殿和左右廊。万历二十三年又遭火灾，次年吴申锡捐千金重建。清康熙二十三年（1684年），康熙帝南巡至惠山寺，于漪澜堂品泉。次年，邑人周宏词力加修治。乾隆第一次南巡前，邑人邹文锦出资重修惠山寺。咸丰至同治间，惠山寺毁于兵燹。后仅以原禅堂“不二法门”延续一脉香火。新中国成立后，园林部门对惠山寺文物古迹全面给予保护、整修。

现寺内保留的古迹有：古华山门、唐宋石经幢、金刚殿、香花桥、日月池、金莲桥、御碑亭、听松石床、古银杏树、大同殿、昭忠祠、竹炉山房、云起楼等。2002年10月，江苏省人民政府公布“惠山寺庙园林”为省文物保护单位。2003年，全面启动修复工作，重建大雄宝殿（大同殿）等佛寺建筑，重现佛寺昔日胜景。

第二节 竹炉山房

竹炉山房，位于惠山寺大雄宝殿之右，二泉亭院之北。其前身为听松庵，位于惠山寺左，桃花坞下。明洪武七年（1374年），惠山寺僧普真（字性海）在绣岭亭故址建庵居住。因庵旁种植万株松树，故名听松庵。庵中有庐山景壁画和竹茶炉。庐山景壁画为无锡画家王绂所绘，黄淮题诗。王绂还为听松庵画《三士图》、观音像，并手书金刚诸经一卷。竹茶炉是湖州竹工为性海所编，王绂绘《竹炉煮茶图》，名士王达撰《竹炉记》。众多官员、文人在此题诗、作文，遂集成《竹炉图咏》卷。竹炉煮茶品茗，图卷题诗留名，遂成听松庵一大雅事。成化年间，听松庵毁于大火，邑人秦夔重建，并增置松风阁。其时，听松庵有7处景点："绣岭亭故址一也，双古松二也，石床三也，松风阁四也，王中秘孟端画壁五也，竹茶炉六也，千金累趾亭七也。"（明·王永积《锡山景物略》）成化年间，因性海竹炉渐坏，刑部侍郎、无锡人盛冰壑之侄盛舜臣重制两只竹炉，吴宽、盛冰壑等仕宦有诗文纪之。隆庆年间，听松庵再次毁于大火，庵僧迁居惠山寺弥陀殿。万历二十三年（1595年），邑绅邹迪光重建弥陀殿，改称竹炉山房，亦称听松庵。原听松庵荒废。明末，听松庵竹炉遗失，《竹炉图咏》卷亦散佚。清康熙年间，顾贞观仿制两只竹炉，并从京城纳兰性德处得到流失的图卷。江苏巡抚宋荦整理图卷，汇成四卷。雍正时，僧人松泉从农家获得竹炉山房遗失的竹炉。乾隆帝南巡，十分欣赏竹炉和《竹炉图咏》，经常到竹炉山房用竹炉、二泉水煮茶，鉴赏《竹炉图咏》，御题"竹罏山房"匾，并在《竹炉图咏》卷题诗30余首。因图卷上第四图已失，乾隆命宫廷画家张宗苍补画。因喜爱竹炉，乾隆命竹工仿制两只竹炉，并在玉泉山静明园建竹炉山房，放置一只竹炉，另一只置于天津盘山行宫。乾隆四十四年（1779年）冬，无锡知县邱涟将图卷携回县衙，准备重新装裱，不料当夜民居失火，殃及县衙，图卷全毁。翌年，乾隆第五次南巡，亲自补画首图，并题诗，又命皇六子永瑢、都统弘旿（乾隆的堂弟）、侍郎董诰分别补画二、三、四图，俱各题诗。并命补书图卷中的原明人诗文，形成新的四卷《竹炉图咏》墨卷。乾隆并在每卷卷首亲书"顿还旧观"、"生面重开"、"味回寄兴"、"清风再挹"题词。还将宫廷珍藏的王绂《溪山渔隐图》赐予惠山寺。至乾隆时，在《竹炉图咏》卷上题诗、作记、作画的人有：皇帝1人（乾隆帝），皇族2人，大学士（相当于宰相）4人，军机大臣、尚书、总督、侍郎、巡抚、布政使等高官多名，进士数十名，其中有状元4人、榜眼2人、探花3人，堪称文学史、艺术史、茶文化史上的奇迹。

咸丰、同治间，竹炉山房毁于战火。竹炉损坏，图卷亦流落民间。光绪三十四年（1908年），重建竹炉山房。

如今，竹炉山房雨秋堂尚在，壁上嵌有王绂晴雨竹图及明、清人竹炉山房题咏，以及乾隆御笔《竹炉山房图》及竹炉图卷题咏刻石。

第三节 其他景点

古华山门 位于惠山直街西端，为惠山寺正门。门拱形，一大二小，黄墙。顶饰象征佛门智慧的火焰珠，墙头有鱼化龙装饰。门额砖雕嵌“古华山门”4个金字。背面砖刻“胜地名泉”4字。1954年拓宽惠山横街、直街时重建。“文化大革命”中，“古华山门”和“胜地名泉”砖雕被毁。1979年恢复原字。山门与龙光塔相对，构成惠山寺第一景。2008年夏，古华山门向东移位50米，重建于直街口，单孔拱形门跨街而立。旧砖雕仍嵌于拱门之上。

唐宋石经幢 位于惠山寺寺门前。南面一座名“尊胜陀罗尼经幢”，建于唐乾符三年（876年）。北侧为“太白伞盖神咒幢”，建于北宋熙宁三年（1076年）。唐陀罗尼经幢高6.28米，宋太白伞盖神咒幢高6.22米，均有幢基、幅身、幢顶三部分组成，是江南地区现存最为完整的佛教地面石刻文物。原隐于山门后，在惠山古街的保护修复中前移，使这两件文物的位置更加突出。

金刚殿 位于古华山门后，原为木结构2层，旧供哼哈二将。始建于明正统十年（1445年）。1975年翻建成砖木水泥结构。2002年拆除重建。重建后，殿高10.03米，建筑面积63平方米。建筑造型兼具唐式雄健和宋式柔和的特点，选用优质木料精构。左右两尊金刚像，用优质缅甸楠木精雕，刚猛有力。殿檐正中悬“惠山寺”额。2008年10月，“惠山寺”匾移至天王殿，金刚殿挂“锡惠胜景”额。

日月池、香花桥 金刚殿后，有泉池一方，凿于南朝刘宋元徽二年（474年），池上架一桥，将池一分为二，故名日月池。桥名香花，典出佛经：“信佛升天，进入无量寿国之时，日月飞升，天佛大放光明，以香花传乐相迎”。意在过香花桥，即进入西方佛国。桥建于明代，系单孔石拱桥。桥身正中有鲤鱼跳龙门浮雕，以两扇半开半闭的石门表示龙门。据说这两扇门意谓“善门开，恶门关”，或为“佛门半开，有缘进来”之意。

天王殿 天王殿即惠山寺二山门，后临金莲桥、金莲池。2002年，拆除二山门，重建天王殿。新建的天王殿为仿明建筑，面东而立，三拱圈门，面阔13.2米，进深8.8米，歇山顶。内塑弥勒、韦驮、四大金刚像，采用惠山泥人传统工艺塑成，生动传神。天王殿悬挂“惠山寺”匾额。

金莲池、金莲桥 金莲池位于惠山寺二山门内，长22.3米，宽10.9米，开凿于南北朝时。石砌方池，池水来自二泉，水质清冽。金莲桥架于金莲池上。桥长10.7米，宽3.4米，为3孔石梁桥。中孔稍高，平而长；东西两孔稍短，成楔形。桥身略显弧形。桥端为石砌桥台，石梁两端雕成神鱼首4个。两座石砌桥墩的石梁上亦雕有螭首4个。桥台与桥墩间，每孔组排6块石梁，中间4块为桥面石，通行人；两侧各1块华版石，其上承石栏，由莲花望柱和寻杖、荷叶净瓶纹透空石栏板相间组成。桥栏两端各有一个抱鼓石。此桥造型优美，匀称，稳固，雕饰华美，为古代庭院桥梁中不多见的佳构，与古石经幢同时被列为江苏省文物保护单位。

御碑亭 位于金莲桥头，俗称皇亭，又名御书亭，始建年代无考。亭方形，二重檐，歇山顶，以台阶提升亭子高度。前后方形门两侧各有2个圆形窗洞，左右墙壁各开4个圆形窗洞。亭中立乾隆御碑。乾隆六次南巡，在无锡留下90多首诗。无锡知县吴钺、邱涟将这些诗镌于石碑、石刻。诗碑原在宝翰阁中。御碑亭中的诗碑，镌有乾隆御书的4首诗，每首诗并有跋语或落款，钤有御玺。此碑在“文化大革命”中被毁，于“文化大革命”后重刻。1982年秋，中国书法家协会主席舒同书“御碑亭”匾额。

听松石床 又名听松石、偃人石。石长1.99米，宽0.87米，高0.56米，呈紫褐色，表面天然平坦，一端翘起如枕，可供人坐卧。置古惠山寺大殿月台东北。石旁原有两株六朝古松。唐大历年间（766～779年），李阳冰应无锡县丞公孙罗之邀同游惠山，为石床题书篆体“听松”2字，由此得名。

二泉书院 二泉书院位于不二法门至听松坊之间。为明正德十一年（1516年）邑绅邵宝所建书院。邵宝居官清廉，人称“千金不受先生”。一生著书百余卷，后人称其“文章典重，碑版遍天下”，为明代著名儒臣。邵宝卒于嘉靖六年（1527年），无嗣，门生以二泉书院为祠。后屡有兴废。2001年，园林部门翻建二泉书院，重建超然堂、拜石亭和竹石后院；同年，二泉书院被列为江苏省文物保护单位。

第五章 寄畅园

第一节 概 况

寄畅园，初名凤谷行窝，又名秦园。东临惠山横街，南接惠山寺，西邻二泉书院，北连听松坊。园面积约15亩，水面占1/10，土山占2/10。创建于明代，独擅山水之胜，深得借景之妙，以其精湛的造园艺术和独特的风格而著称。1988年1月，国务院公布无锡寄畅园为全国重点文物保护单位。

图3-6 惠山寄畅园（区史志办供稿）

元时，惠山寺有僧舍名沤寓，背靠惠山，中列土墩，有乔松古木数百株，环境清幽。明正德间，禅房为无锡籍官员秦金所得。嘉靖六年（1527年），秦金致仕还乡，将僧舍建为别墅，取名凤谷行窝。园内布置简朴而有野趣。后园归族侄秦瀚及其子秦梁。秦梁以别墅为家园，进行修治，改名凤谷山庄。后传至秦梁之侄秦燿，遂有重大改建。秦燿曾以右副都御史巡抚湖广，后遭诬罢职，于万历十九年（1591年）回乡，潜心治园，于万历二十七年竣工，成园景20处（嘉树堂、清响斋、锦汇漪、清籞、知鱼槛、清川华薄、涵碧亭、悬淙涧、卧云堂、邻梵阁、大石山房、丹丘小隐、环翠楼、先月榭、鹤步滩、含贞斋、爽台、飞泉、凌虚阁、栖玄堂），使旧园面貌一新。取王羲之《答许掾》"取欢仁智乐，寄畅山水阴"诗意，改园名为寄畅园。数年后，秦燿将园一分为二，分给其子。秦燿卒，此园再析为四，分给两房四子占用。

清康熙初，秦燿曾孙秦德藻重又合并寄畅园，请造园名家张涟、张鉽叔侄设计改造，在园内精心叠石，延山引水，让名泉曲流入园，新增八音涧、流泉三叠、七星桥、美人石等景点。康熙六次南巡，曾八次到寄畅园，并选秦德藻长孙道然为皇九子允禩师。雍正时，道然因受允禩牵连而革职下狱，寄畅园籍没。乾隆即位后，道然获释，寄畅园发还，但已破败，由德藻第二十二房孙瑞熙斥资修复。为了长久保存该园，秦氏族人于乾隆十一年将嘉树堂改建为双孝祠，寄畅园一度成为秦氏共有的祠堂园林，俗称秦园，亦称孝园。乾隆南巡时，寄畅园列为巡幸之处，由瑞熙出资整修，悉复旧观。乾隆南巡时，曾十一次到寄畅园，并称赞："江南诸名墅，惟惠山秦园最古。"咸丰十年（1860年）庚申之役，寄畅园大部被毁，仅存双孝祠及凌虚阁。光绪九年（1883年），秦氏后裔集资重修，其泉亭、山石、池沼等基本保持原貌，厅室等建筑则因绌于资财而难以尽复。民国15年（1926年），秦氏设董事会管理秦园祭祀及修葺等事。后陆续修建清响斋、涵碧亭；缀以清籞廊，与大石山房相联接；重建郁盘廊、含贞斋等。民国26年8月至10月，日军多次空袭无锡，寄畅园两端被炸，此后一片衰败景象。

新中国成立后，秦亮工代表秦氏族人于1952年将寄畅园献给国家，无锡市人民政府拨款作保护性修治。1954年，秦园街（惠山横街）拓建，寄畅园临街园墙缩进3~7米不等，同时将园西南的贞节祠一组建筑划入园内。1955年正式对外开放。80年代至90年代，寄畅园多次大修，重建嘉树堂、梅亭以及邻梵阁诸景点。2000年重建卧云堂、先月榭、凌虚阁、郁盘廊和石桥，基本恢复鼎盛时期的风貌。

寄畅园于清初改建后，园门向东，临秦园街偏南。园内有辅房，门对面有照墙和朝房，朝房系地方官在皇帝南巡游园时接驾休息处。1954年拓建横街，园门北移，辅房、照壁、朝房均无存。嗣后又辟南门，由惠山寺香花桥北入园，门额"寄畅园"3字系集乾隆帝手迹。

第二节 主要景点

凤谷行窝 进入寄畅园南门厅，天井中左侧粉墙嵌石匾额两道，分别为康熙、乾隆手书"山色溪光""玉戛金摐"。前方大厅，原为雍正时所建贞节祠享堂。硬山顶，哺龙通花屋脊，3楹5架带双步前卷棚的正贴式圆堂。厅内正中有"松风水月"匾，为康熙御书（复制）。卷棚悬挂"凤谷行窝"一额，取秦金建园时初名。秦金号凤山，建园于惠山山谷，含凤栖于谷之意。其时惠山寺另有僧舍名南隐房，高僧圆显居此，以所居房室称作"行窝"。秦金仰慕圆显，亦称所建别墅为行窝，此为凤谷行窝得名的由来。

美人石 由邻梵阁穿假山，依曲小道前行，有古樟可数人合抱，浓荫下方池如镜，即镜池。池内有螭吻，属九龙十三泉，雨季汩汩流泉。池边瘦削石峰依墙而立，石高4.6米，状如少女临池理妆。明万历年间，秦燿改造此园后，名画家宋懋晋绘《寄畅园五十景图》，有专幅绘此太湖石奇峰。清初，秦家称此石为美人石。清乾隆帝第二次南巡游寄畅园，为此石绘图、题诗，说它“卓立殊昂藏”“颇具丈夫气”，将它改名为介如峰。园主特将御制诗章和介如峰图，镌石碑立于镜池前，并作六角亭以覆之。

寄畅园法帖　在郁盘廊和秉礼堂、邻梵阁等壁间，嵌有《寄畅园法帖》刻石，是国内较著名的碑刻。初为秦震钧于清嘉庆六年（1801年）所刻，全帖12册，前6册为秦氏家藏御赐《三希堂法帖》中最佳墨宝拓本摹刻，均是唐宋名帖；后6册为秦氏家藏宋至清代的名家墨宝。这些刻石，在咸丰、同治年间散失一批，在日军侵华战争中又散失一批。至新中国成立时，仅寄畅园和城中师姑河秦家老宅中存留部分碑刻，后在“文化大革命”中又遭毁坏。1979年起，市园林局根据市图书馆拓本，于1985年重刻成《寄畅园法帖》后6册和续3册计139方。

知鱼槛　郁盘廊北接知鱼槛，此亭榭位于锦汇漪中段，突出水池中，三面临水。水榭方形亭式，歇山顶，飞角翼然。临水置吴王靠，凭栏可观赏池鱼。槛名出自《庄子·秋水》庄子与惠子濠梁观鱼的典故。

案墩假山　知鱼槛对面的山岗，便是造园者精心堆叠的案墩假山，系寄畅园的主山。其雏形为明正统十年（1445年）周忱聚土石所堆的风水墩。嘉靖三十九年（1560年），秦瀚改作假山。至秦燿建寄畅园，在王穉登帮助下对假山作艺术处理，于假山上点缀爽台、悬淙亭诸景。此山取明代常用的造园手法，完全用本地山石围叠，并以开挖锦汇漪之土填实堆积，把土山当作惠山的余脉处理，采取南北蜿蜒的方式，使土山和横卧在背后的惠山脉络贯通，气势相连。假山脚下设置山谷形石道，弯曲而上，使人以为拾级而登可直上惠山，涧水也好像从惠山顺流而下。假山脚下的水边，置有零星矶石，高低曲折，伸向水中，使假山和水池自然吻合，水石相错，有“山在园中，园在山中”的借景造园之妙。

八音涧　嘉树堂旁，有茂密树林覆盖的土山。山中涧峡清幽，岩石突出其上，书“八音涧”3字。原名悬淙涧，又名三叠泉。初，秦燿在王穉登帮助下对假山作艺术改造，使穿越假山的二泉支脉悬为“飞泉”跌水，流为“悬淙”石涧，以体现“何必丝与竹，山水有清音”。清初，张涟、张鉽叔侄重新擘划园景，使“丘壑尽变”。其堆叠技法，根据黄石山崖横向折褶和纵向节理构成的天然岩相，取其纹理刚健、体量浑厚、轮廓分明、线条遒劲的特点，摹拟中国山水画“大刀劈皴”笔法，选用大块黄石堆砌，西高东低，总长36米，谷深1.9～2.6米，宽0.6～4.5米作大幅收放。涧壁石脉分明，坡脚停匀，进退自如，曲折有致，悬挑横卧，参差高低，主从相依。人行其间，怪石峥嵘，奇峰含秀，上有茂林，下有清泉，引天下第二泉伏流从园西墙入涧，化为上下三叠，或伏石罅，或流谷底，或顺岩渠，或傍山崖，忽断忽续，忽急忽缓，忽聚忽散，经曲涧轻泻，盆潭跌落，化无声为有声，产生“金石丝竹匏土革木”八音，奏出“高山流水”之曲。

第六章 天下第二泉

第一节 概 况

天下第二泉，位于惠山第一峰下白石坞，原名慧山泉、惠山泉、惠泉，又名石泉。原为地下暗流，最早由唐代无锡县令敬澄开凿。唐天宝年间，陆羽来到惠山考察，写有《惠山寺记》。后来他给天下20种泉水排名次，以江州庐山康王洞帘水为第一，常州无锡惠山石泉水为第二，蕲州兰溪石下水为第三。因此，惠山泉又名陆子泉。另外，唐代张又新在《煎茶水记》中记载唐代刑部侍郎刘伯刍的说法，水之宜茶者七：扬子江中泠泉第一，惠泉第二，虎丘第三……。这两位茶专家均评定惠山泉水为天下第二。唐代尚书左仆射、诗人李绅少时曾在惠山读书，他在《别泉石》诗的小序中说："惠山书堂前，松竹之下，有泉甘爽，乃人间灵液，清鉴肌骨，含漱开神虑。茶得此水，尽皆芳味也。"唐武宗会昌年间，李绅入京拜相，携家乡二泉水分赠好友。时李德裕亦居相位，饮后大加称赏，命地方官通过驿站送二泉水至长安，称"水递"。宋代著名诗人梅尧臣、王禹偁、苏轼、秦观、蔡襄、黄庭坚、杨万里等，都曾留下称颂二泉的诗作。宋政和四年（1114年），列二泉水为贡品，月进百坛。二泉庭院规模在宋时得到扩大，建筑则屡有兴废。元时，汲取二泉水者昼夜不停，地方官奏准朝廷，向汲水者抽税。明初，寺僧普真（性海）曾以竹炉煮二泉水泡茶，王绂作《竹炉煮茶图》，王达作记，一时名扬文坛。明正德五年（1510年）春三月，"锡人浚惠山之泉，秋八月功成，凡为池三，为渠二，为亭、为堂各一，而三贤故祠在泉上"（明·邵宝《浚泉碑记》）。清乾隆年间形成现存格局。咸丰、同治间建筑一度毁损，未久即重建。新中国成立后，1954年进行整修，改建漪澜堂，堂外增设游廊，疏理二泉水。1955年设茶座开放。1980～1981年8月进行大修，翻建二泉南侧万卷楼，陆子祠以南设假山月洞，加建龙墙，同时疏浚秋叶池，使二泉庭院设置布局更趋完美。院内湖石假山、石峰、青石栏板、石螭首等，均系旧物。1995年4月列为江苏省文物保护单位。

第二节 二泉庭院

二泉庭院坐落于惠山寺南侧，面向锡山，背倚惠山，东接二泉里文化街，占地805平方米。

二泉分为上、中、下三池 上池为八角形，亦称圆池，围以朱栏，水质最好。中池方形，紧靠上池，相距仅二尺，石底。《惠山记》载：“活水细流，澄澈可爱，惟水质较差。”上池、中池之上有亭子，不设栏杆，称为泉亭，亦称“明亭”，亭内悬有元朝书法家赵孟頫书的“天下第二泉”匾。下池最大，长方形，北边墙上嵌有“天下第二泉”大字石碑，为清雍正五年（1727年）吏部员外郎王澍所书。

漪澜堂 位于二泉下池之上，是二泉庭院中部的主体建筑。得名于北宋元丰二年（1079年）苏轼第二次游惠山时所作“还将尘土足，一步漪澜堂”之句。元时称真赏亭。明正统五年（1440年）巡抚周忱重建。弘治十四年（1501年）盛冰壑重修。嘉靖初，邵宝浚池，恢复旧称，并请大学士李东阳篆额。清康熙帝南巡，于此品茶，题“品泉”二字。乾隆时，堂毁而重建，形制如亭，八方洞开，飞檐翘角，围槛廊。乾隆帝于此设座品泉，御书“漪澜堂”“淙云”匾。现存建筑为同治年间重建，木结构敞轩，歇山顶，四面环廊。漪澜堂下有暗渠，将二泉上、中池水导入下池。

陆子祠 位于二泉亭上方，以蹬道相通。建于宋代，内悬陆羽画像。清咸丰十年（1860年）祠毁于兵火。民国18年（1929年），于废址建景徽堂。1993年，景徽堂改旧名陆子祠。室内布置巨幅漆屏，主体为《陆子品泉图》。两壁有大型挂屏，书陆羽《惠山寺记》。

万卷楼、锡麓书堂 位于二泉庭院南侧山坡，为尤袤读书处。尤袤晚年告老还乡，于锡山、惠山间结屋数椽，名锡麓书堂，并以从祖尤辉的依山亭改建为遂初堂，又称遂初书院。宋光宗绍熙年间（1190～1194年），皇帝赵惇曾御赐“遂初堂”额。尤袤闭门谢客，以抄书为乐，积至3万卷，藏于西水关外梁溪河畔旧居“乐溪居”内，人称“万卷楼”。后渐毁损。自明至清，尤袤后裔曾两次在惠山修建祠堂和锡麓书堂，后又毁。光绪二十九年（1903年），尤袤后裔尤侗再次重建尤文简公祠和锡麓书堂。现存的锡麓书堂，是1959年用该处旧屋改建的，有尤文简公祠、万卷楼、遂初堂。

第三节 二胡名曲《二泉映月》

民国年间，民间艺人阿炳（华彦均），曾在惠山泉庭、听松石等处演奏二胡、琵琶等乐器。解放初，杨荫浏等为阿炳演奏录音。由于阿炳的一首二胡曲没有曲名，杨荫浏问他“常在何处演奏？”阿炳回答说：“我经常在街头拉，也在惠山泉庭上拉。”杨荫浏据此将曲名定为《二泉印月》，阿炳表示同意。后正式定名为《二泉映月》。

《二泉映月》通过广播传遍全国，后成为蜚声中外的世界名曲。对《二泉映月》的音乐形象，一般认为是描写清澈的二泉映照出天上的月亮；也有人认为，这是一首“无标题音乐”，乐曲反映的是阿炳自己的身世。

二泉，因《二泉映月》而更增人文光彩。

第四编

工业 农业

北塘区是无锡市工业企业集中地，纺织、化工、医药、轻工、电子、粮食加工、造船等工业企业遍布全境。1986～2005年，工业经济快速发展，不断壮大。

1986年，工业管理体制条块分割，市对大中型工业企业由各产业局实行行业化管理。北塘区区级工业经济主管部门管理的工业企业为直属企业和街道、校办、民政福利等小工厂。规模较小，产品技术含量低。区属主要有电热器材厂、火炬服务厂、皮件厂等12家。1986年，全区区属工业完成工业总产值6500万元，1989年，区属工业总产值突破1个亿，达到1.04亿元，利润1102.9万元。90年代开始，随着改革开放的不断深化，计划经济体制的约束不断突破。中外合资企业、股份制企业、个体私营企业等不断涌现，多种经济成分积极性提高，全区工业经济得到较大发展。到2000年，全区工业经济销售总额达到29.2亿元。2001年，大力开展“建园引企”，利用辖区内市属企业建办工业经济园区，同年入驻企业77家。

2002年无锡市实行区划调整，原滨湖区的黄巷镇、山北镇和刘潭街道的乡镇企业划入北塘区。划入北塘区的两镇一街道，乡镇企业起步早，基础较好，增大了全区工业总量。同年，全区有规模以上工业企业233家，销售收入超亿元工厂15家，全区工业销售总额达到65.5亿元。

2002年后，随着无锡市大中型企业改转制的不断深入，实行税收属地征管，经济指标在地统计等新政，企业各项管理服务职能向属地转移，区管理的工业经济总量进一步加大。到2005年年末，全区有各类企业总数1097家，行业结构以纺织、轻工、化工、能源、电子等为主，从业人数4.42万人，完成工业销售收入187.99亿元。

北塘区的农业，集中在黄巷街道和山北街道，随着城市化的不断推进，农业用地面积逐年减少。

第一章 工业管理机构和体制

第一节 机 构

1978年前，北塘区主管工业的部门名称和职能多次变化，历称手工业科、手工业专业联社、工业分局、手工业分局、区工业局等。1978～1985年，区政府主管工业的部门是北塘区工业局（工业公司）。

1985年，建立北塘区计划经济委员会，以管理区直属工业企业为主，兼管全区街道、民政、校办工业企业。

1996年，党政机构改革。区计划经济委员会更名为北塘区计划与经济局，内设办公室、经济综合科、体改科技科、财务审计科和外经科；对外挂北塘区对外经济贸易局、北塘区科学技术局、北塘区“三产”办公室、北塘区经济体制改革办公室等牌子。区计划与经济局管理全区工业的职能未变。

2001年10月，实施新一轮机构改革，工业管理职能划归区经贸局。2002年，市区进行区划调整和税收实行属地征管，驻区市属工业的管理逐步向辖区转移，区经贸局管理工业的范围扩大至所有驻区工业企业。

2004年9月，调整北塘区经济贸易局工作职能及内设机构，挂北塘区中小企业管理局牌子。区经济贸易局内设机构有：贸易市场科、安全监督科、道路交通安全管理科、办公室、科技和工业科、农村经济管理科、中小企业科。

2005年8月，再次调整北塘区经济贸易局工作职能及内设机构，管理工业的职能未变，仍对外挂“北塘区中小企业局”牌子。内设机构仍保留科技和工业科、中小企业科。

第二节 工业管理体制

随着工业经济不断发展，80年代无锡市工业实行市、区分级管理。市属大中型工业企业由市各产业局分行业垂直管理。区级工业主管部门主要管理区直属工业企业，街道工业企业、校办工业企业、福利企业等。1986年后随着改革不断深化，个体、私营股份合作制等多种经济成分并起，工业经济得到较大发展。2002年市区区划调整后，经济管理职能范围扩大到所辖乡镇企业。2004年起，随着市属企业的改转制和产业局撤销，辖区企业全部实行在地统计，税收属地征管，辖区工业企业主管部门的各项管理职能相应复盖全地区，到2005年年末，全区有各类工业企业总数1097家。

2005年北塘区工业企业数及产销总值情况表

表4-1

项 目	企业单位数（家）	工业总产值（同年价）（万元）	工业销售产值（万元）	年末全部从业人数（人）
全部工业总计	1097	1903914	1879913	44232
1.在总计中：轻工业	643	1027569	1021396	25228
重工业	454	876345	858517	19004
2.在总计中：国有企业	13	179009	173471	7362
集体企业	17	29405	29471	597
股份合作企业	54	347701	343971	6282
股份制企业	337	534031	531373	12707
三资企业	60	328024	323146	5726
其他企业	616	485744	478481	11558
3.在总计中：农村工业	707	894503	876034	17256
4.在总计中：私营企业	1025	738488	728306	18675
5.在总计中：产值500万元以下非国有工业	864	400228	371594	7971

第二章 区属工业

第一节 发展概况

一、发展历程

图4-1 无锡粘扣带厂走引进、吸收、改造、发展的道路，产品优质畅销（顾祚维/摄）

1986年，北塘区直属工业企业有10家，1988年新建2家，都属于集体性质。80～90年代中期，无锡市工业管理体制和财政收支条块分割，在此情况下，北塘区直属工业发挥过特定的历史作用。一是繁荣壮大了地区经济；二是成为承担当时区财政税收的重要来源；三是成为安置吸纳地区就业的重要渠道，区属工业长期保持基本职工队伍人数在3000人以上。

1986～2005年区属工业走过的历程是和整个经济大势密切相关的。大致可分为三个阶段：第一阶段，1986～1992年，是区属工厂总体上规模不断发展和经济效益持续向好的时期，这期间，无锡纸箱总厂、无锡皮件厂、无锡火炬服装厂、无锡电热器材厂等都取得显著业绩，企业自身也得到扩张。第二阶段为1993～1999年，这段时间，区属工厂中除无锡电热器材厂继续保持良好效益外，其他大部分企业处于起伏不定、发展停顿、略有盈利或保本经营的状况，其中无锡纸箱总厂、无锡纸盒厂等二、三家企业陷入停产、半停产亏损困境，虽经各种努力，整个区属工厂效益下滑、亏损面扩大的趋势难以扭转，企业下岗职工等矛盾问题突出。第三阶段，2000～2002年，企业产权制度改革全面推开，其间，工业主管部门和工厂上下联动，通过清产核资，确定一厂一策改转制及分流安置职工方案，做了大量十分难做的工作。到2002年止，区属工厂转制全面完成，国有集体资产全面退出，实现了政企分开的管理体制。

二、技术进步和产品开发

北塘区直属工业主要以轻工业产品为主，1986年开始，随着各项体制改革不断深化，产品已完全市场化。区属工业企业依托技术进步和产品开发，提质增效，拓展市场。1986年，无锡市纸箱厂生产的桥亭牌瓦楞纸箱，在全省行业质量评比中获第一名。立新牌纸圆桶被评为无锡市优质产品。1987年，无锡电热器材厂三相电热带获江苏省技术成果二等奖，无锡市制刷厂的粘扣带、无锡市皮件厂的棉皮茄克等4个产品，获江苏省轻工业厅第五届新产品开发奖。1988年，无锡市皮件厂的山羊皮茄克和无锡市工艺鞋的工艺鞋均获得轻工部优秀出口产品银奖。皮件厂的日用、滑雪手套获轻工部优秀出口产品铜奖。皮件厂和工艺鞋厂均被评为全国轻工业出口创汇先进企业。1989年，无锡市皮件厂的皮革服装获国际博览会金奖。工艺鞋厂生产的“三毛”牌工艺鞋获全国质量评比第一名，并被列为亚运会指定产品。1990年，无锡市制刷厂生产的“野猪”牌油漆刷，“金锚”牌尼龙粘扣带，在“中国妇女儿童用品40年”博览会上获金奖。

在抓好传统产品品种开发质量提升的基础上，区各直属企业积极进行技术革新，发展新产品。无锡市制刷厂根据市场需要，发展新产品粘扣带，通过引进设备，迅速形成规模。无锡市纸品厂引进人才，跨行业发展润滑油脂产品，很快打开市场，都收到良好效益。无锡电热器材厂始终以不断推进技术进步为宗旨，由主要生产家用电热产品向具有一定技术含量的工业产品转型，开发的井下电热带、系列电伴热产品等长期热销，使企业二十年长盛不衰。

三、内引外联，合作合资

80年代起，区属工业根据当时市场形势，积极推动企业内引外联，合作合资。无锡市纸箱总厂组建外贸和内销两个生产实体，到海南文昌出资办厂。无锡市皮件厂到特区深圳创办出口窗口。1989年无锡市电热器材厂合资合作，更名为华能无锡电热器材厂，中国华能集团加大了对厂的投资，打破了企业发展瓶颈，使企业迅速扩大了规模。无锡市皮件厂引进港资，办成与香港合资的“无锡昌隆皮件有限公司”。无锡市火炬服装厂先后创办合资企业“无锡市捷威制衣有限公司”和“无锡市火炬服装有限公司”。无锡市制刷厂和无锡市纸盒厂等也引进外资创办合资企业（合作合资详见本志第六编《对外及对港澳台经济贸易》）。无锡市皮件厂、无锡市纸品厂、无锡市帽厂、无锡市工艺鞋厂、无锡市制刷厂等均依托外贸加大出口，扩大了区属工业的产销规模。

1988年新办区属的无锡市耐酸泵厂和无锡市工量具厂，增加了区属工业的门类。

第二节 工业企业改革

一、经营机制和产权制度改革

区属工业企业虽然是从无到有、从小到大逐步发展起来的，但在计划体制高度集中的条件下，企业发展由政府主导，企业领导由上级任命，生产产品由计划决定，企业自身和企业经营者缺乏发展动机和动力。随着以确立市场经济体制为目标的改革逐步推进，企业实行扩大自主权，厂长负责制、经营承包责任制等一系列改革，到2000年后逐步推进产权制度改革，企业从产权上彻底和政府分离，实现政企分开。

1986年，区属工业企业全面推行各种形式的经济承包责任制。1987年，进一步简政放权，扩大企业生产经营的自主权，无锡市纸箱总厂、无锡市皮件厂等6家区属工业企业实行厂长负责制。1988年4月末，10家区属工业企业全部实行厂长负责制和目标责任制、厂长离任审计制，并且先后签订一期经营承包责任制合同。这在无锡市区属工业企业中是最早全面推行的城区。同时，重点抓企业经营责任制为主要形式的经营机制改革，实行政企分开，企业可以独立自主地进行各项经济活动，促进权、责、利统一。

1991年年初，为深化经济体制改革，区先后制定《关于一九九〇年度暨第一期工商企业经营责任制合同考核兑现奖惩条件的意见》和《无锡市北塘区1991年深化改革的意见》。10家区属工厂一期实现利润2188万元，超过承包指标378万元。在履行和兑现一期承包合同基础上，进一步完善二期承包内容，健全配套措施，建立企业和经营者（集团）风险基金，健全承包审计制度和民主监督制度，推行“共保合同”。在二期承包中，全区12家区属工业9家实行经营承包责任制、2家实行厂长任期目标制、1家实行减亏承包。1992年，深入贯彻《中华人民共和国企业法》，进一步落实企业自主权。

1993年，以转换企业经营机制为重点，启动企业产权制度改革。区属工业首先在无锡市耐酸泵厂进行资产评估等工作后，实施股份合作制改革试点。1994年，探索以建立“产权明晰、权责明确、政企分开、管理科学”的现代企业制度为重点的产权制度改革，按照“一厂一制”的原则，全面进行清产核资。无锡市工艺鞋厂列入全市工业企业“公有民营”改制试点。1995年，全区工业企业清产核资工作基本完成。1997年，进一步加大工业企业改革力度，制订《深化企业改革，放开搞活中、小企业的若干意见》，确定改制试点企业。至1999年10月末，全区工业企业实行股份经营、公有民营、委托经营、托管经营、经营权转让、兼并等多种形式改制，改转制面达92.5%。2002年，全面完成区直属企业产权制度改革，公有资本从区直属企业基本退出，股权多元化新体制形成。管理体制改革稳步推进，区资产经营公司开始实质性运作。

二、用工和分配制度改革

计划经济体制条件下，企业内部用工用人和分配制度趋于僵化。用工方面职工只进不出或者进了难出，加重企业负担；用人方面能上不能下，企业科室管理人员越来越多，人浮于事；职工工资实行定级制度，形成不与工作业绩、岗位作用相关联的平均主义，“铁饭碗”，难以调动积极性。1986年后区属工厂内部用工用人和分配制度改革逐步推开。

1987年，无锡市火炬服装厂缝纫车间首先实行优化劳动组合试点，开始打破“铁饭碗”。同年，试行合同制招工，全区第一批招入合同制工人764人，并从劳务市场调剂劳动力353人。在分配制度上，全区多数企业实行内部浮动工资制，还按企业不同情况，分别试行提成工资制、工资总额包干和工效挂钩等多种分配形式。1991年，无锡市纸箱总厂、无锡市火炬服装厂等8家区属工业企业分别实施不同形式的单项承包，对销售人员采取工资、奖金、出差费用等捆在一起，按销售额进行承包；对技术设计开发人员采取新品开发承包奖。还划小核算单位，实行车间、部门承包等。1992年，全面推行定额工资制、计件工资制、质量效益奖励制等；管理基础比较厚实的企业试行以岗位技能工资制为主要形式的企业工资制度。1993年，结合产权制度改革，加快推行用工、用人和分配三项制度实施的新机制，初步形成以实绩为主要依据的干部能上能下、职工能进能出、工资能升能降的氛围。

1995年，实施企业全员劳动合同制试点，至年末，区属工业企业全部推行这一制度，对工业企业领导干部采取聘任制。同时，在无锡市工艺鞋厂试行面向社会公开招聘经营者，打破干部终身制。分配制度上，区属12家工业企业，4家实行利税挂钩，其余8家实行工资总额包干，职工收入与劳动实绩挂钩；销售人员实行联销承包，技术人员实行个人分配与新品开发、市场销售、经济效益三挂钩，部分企业经营者实施年薪制。至1997年年末，全区的区、街企业全部实行全员劳动合同制。

第三节 区属工业企业简介

华能无锡电热器材厂 原名无锡市电热器材厂，位于无锡市山北大桥堍大庄里1号。建于1975年。1989年与国家华能公司联营，更名为华能无锡电热器材厂，2000年改制为华能无锡电热器材有限公司。经过多年持续发展，公司成为国内500强机电产品生产企业，江苏省首批高新技术企业，是国内最大规模的电伴热、电加热产品的制造企业之一。公司在电伴热、电热装备领域多项产品填补国内空白，取得国家实用新型专利及发明专利。产品广泛应用于石油、化工、电力、冶金、机械等行业和民用，部分产品出口美国、哈萨克斯坦、俄罗斯、巴基斯坦等国。1998年年末获得ISO 9002认证，产品质量和技术水平已达国际一流。电伴热产品主要包括恒功率电热带、自控温电热带及MI电缆，产品在辽河油田、胜利油田等各大油田的高凝油、稠油开采以及海洋船舶、海洋石油钻井平台和国内一些重点工程中被大量使用。电加热产品主要包括循环式电加热器、电热锅炉、电热油炉及通道式加热器。2005年销售2515万元，利润198万元。

图4-2 华能无锡电热器材厂（区志史办供稿）

无锡市火炬服装厂 位于无锡市德溪路134号之一，是北塘区区属重点企业也是江苏省和无锡市茄克衫、羽绒服等外贸出口重点企业，产品内外销并举，具有一定的生产规模和市场声誉。企业创建于1954年1月，它的前身是由“协新”“泰丰”“德源”等多家个体服装店联合组成的火炬服装生产合作组。1955年12月经无锡市手工业联社批准成立为“无锡火炬服装生产合作社”。经过多年发展到1978年，经无锡市计委批准，火炬服装社改名为无锡市火炬服装厂，企业隶属北塘区工业局。1983年为了扩大出口创汇，在德溪路134号之一自建生产大楼1760平方米，引进日本、西德等国际先进设备134台（套），组建了茄克衫生产流水线，为企业新增年产20万件茄克衫生产能力。到1987年，企业完成工业总产值515.25万元，服装总产量27.85万件，实现销售收入1092.15万元。1988~1997年，先后创办中外合资无锡捷威制衣有限公司和无锡火炬服装有限公司，扩大了生产规模和出口创汇能力。1997年完成工业总产值2714.3万元，服装总产量59.8万件，实现销售收入2844.88万元，利税总额136万元。1998年起由于市场形势急剧变化和合资企业陷入困境，企业严重亏损。2000年6月破产。企业职工由北塘区计经局分流安置。

无锡市皮件厂 位于通惠中路249号，1956年建厂，主要生产各种皮衣和皮革手套等，80～90年代初，产品多次获江苏省轻工业厅和轻工部多个奖项。到2001年8月，因经营困难停产，职工分流安置。

无锡市制刷厂 位于通惠中路241号，创建于1958年。主要生产：出口鬃刷，内销漆刷、衣鞋卫生刷等产品。后又通过技改投资生产粘扣带系列产品，创办无锡市粘扣带有限公司为独立法人的厂中厂。2001年4月，企业改制为无锡市金锚粘扣带有限公司（无锡市盛发制刷有限公司）2005年销售3638万元，利润80.41万元。

无锡市纸品厂 位于锡澄路一支路6号，1966年创建，主要产品为各种簿本、纸盒、信封等纸制品。1997年起，通过引进技术和人才，开发工业润滑油脂等新产品。2001年改制为无锡市洛神化学油脂有限公司。至2005年不变。

无锡市帽厂 位于西康路63号，该厂建于1956年，主要产品为布、绸、呢针织帽、斗篷等。2000年搬迁到通惠中路247号。2001年改制为无锡市桂冠帽业有限公司。

无锡市包装用品厂 位于通惠中路247号。1956年建厂，主要产品为纤维圆桶、板圆桶，铁皮圆桶等各种包装桶。1999年1月部分改制为股份合作制企业无锡市恒利包装用品精细化工厂，共有35名职工参与股份。2000年搬迁到黄巷镇龙塘岸村生产。2001年3月，其余资产和职工被无锡市帽厂承租债务式整体兼并。

无锡市工艺鞋厂 位于通惠中路239号，1958年建厂，主要产品为各种工艺鞋、童鞋等。1998年整体搬迁到山北大桥堍无锡纸箱总厂内生产。2001年8月企业改制为无锡市希尔工艺品有限公司。

无锡市纸箱总厂 位于山北大桥堍，1954年建厂。主要产品为包装用的瓦楞纸箱。2001年8月，因经营困难停产，职工分流安置。企业停产后，利用空闲厂房设备引企办厂，先后引进10多家企业，成为北塘区第一个工业园区。至2005年不变。

无锡市纸盒厂 位于惠盛路3号，1956年建厂，主要产品为各种瓦楞纸箱，各种包装纸盒，后又发展产品纸蛋托盘等，因经营困难于2001年8月停产，职工分流安置。至2005年不变。

无锡市耐酸泵厂 位于惠钱路严家棚底。1988年建厂，主要生产各类耐腐蚀泵、清水泵、污水泵、阀门等，技术质量水平在国内领先。年生产各种泵类1.5万台以上。1993年12月实行股份合作制。于2000年改制为无锡市铁拳耐酸泵有限公司。

无锡市工量具厂 位于锡澄一支路19号，1988年建厂。主要生产各种镗刀和游标卡尺。1998年11月破产重组为无锡市斯达工量具厂，股份合作制企业。搬迁到山北大桥堍无锡纸箱总厂内生产。

2000年北塘区直属工业企业情况表

表4-2

企业名称	地址	创建年份	主要产品
华能无锡电热器材有限公司	山北大桥堍大庄里	1975	电热带、电热管、电熨斗
无锡市帽厂	通惠中路247号	1956	布呢帽、针织帽
无锡市皮件厂	通惠中路249号	1956	皮衣、皮手套、布手套
无锡市制刷厂	通惠中路241号	1958	刷子、粘扣带、出口棕刷
无锡纸箱总厂	山北大桥堍大庄里	1954	瓦楞纸箱
无锡市纸品厂	锡澄一支路6号	1966	簿本、塑封料
无锡市火炬服装厂	德溪路134-1号	1954	服装、羽绒服装
无锡市工艺鞋厂	山北大桥堍大庄里	1958	工艺鞋、童布鞋
无锡市包装用品厂	通惠中路247号	1956	各种包装箱
无锡市纸盒厂	惠盛路3号	1956	瓦楞纸箱、纸盒
无锡市耐酸泵厂	惠钱路严家棚底	1988	耐酸泵
无锡市工量具厂	山北大桥堍大庄里	1988	浮动镗刀、游标卡尺

第三章 街道和乡镇工业

第一节 街道工业

1986年，北塘区有街道工业企业（含民政工业）21家。1987～1989年新建街道工厂9家。1987年，全区街道工业完成利润170.3万元。民政工业的产值及利润增长率在全市民政企业中均名列首位。80~90年代初，北塘区部分街道工业取得较好业绩。1988年10月，西新街道防静电织物厂生产的防静电织物制品，在西安召开的全国星火计划成果交易会上获得金奖。1991年，全区街道工业完成产值3023.1万元，销售收入3327.4万元，实现利润230.53万元。1992年，顾桥印刷厂被无锡海关批准为外贸加工保税工厂，成为市、区第一家街道保税工厂。

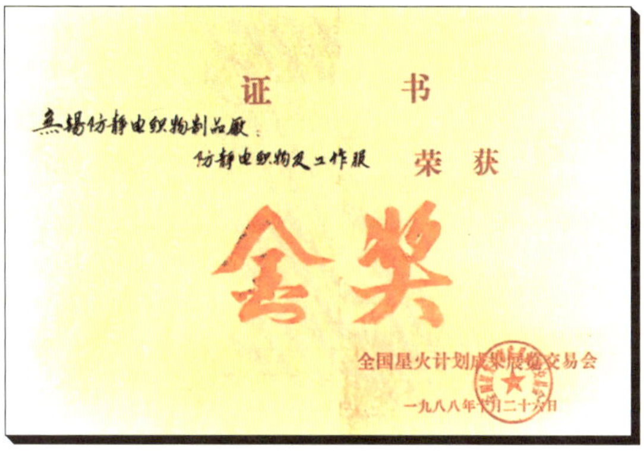

图4-3 西新防静电织物厂产品获“全国星火计划成果展”金奖（区史志办供稿）

1994年，各街道办事处相继成立了主管经济的管理机构——街道实业总公司。街道经济工作在量的增加和质的提高上都有新的发展。北大街街道的群力电讯器材厂成为全区首家实现利润超百万元的街道工厂。

1995年始，加快街道企业的改革步伐，街道工业实施不同形式的转改制，至2002年，街道直属工业完成产权制度改革，公有资本全部退出。

2004年，全区实施街道政经分设改革，各街道成立经济发展总公司，管理街道企业经济。同年，黄巷、山北两镇均改为街道，乡镇企业转为街道企业。

黄巷、山北街道工业的主要门类为纺织、服装、机械、轻工和化工5种。其中，黄巷街道有服装类企业35家，总固定资产2.34万元，纳税销售16.8亿元，占全街道工业纳税销售22.9%。行业从业人员3520人。主要产品为外贸产品睡衣套、西裤、休闲服装等8个品种。

2005年，黄巷和山北街道工业总产值分别完成74.70亿元和65.47亿元，比2002年的24.44亿元和23.28亿元分别增长2.05倍和1.77倍。

第二节 乡镇工业

2002年，全市部分行政区划调整中，黄巷镇和山北镇划入北塘区管辖，北塘区始有乡镇企业。50年代末、无锡农村开始兴办社队工业，以生产为农业服务的农机配件为主，以及农副产品加工、生产日用小商品等。60年代初，城市各行各业支援农业，城区有关机械厂在黄巷等公社所在地帮助建办以机械修配为主的企业；城区纺织企业在黄巷等公社所在地建服装厂。社队工业的资本，原为社队集体所有，获得的利润主要用于反哺农业。企业供销渠道单一，除少数为农业服务的产品由国家有关部门订购外，其余均需自找门路，企业所需原材料依靠附近城市工厂的边角料和废弃料，或通过各种关系进行协作。"文化大革命"期间，社会上物资紧缺，社队企业突破原有供销体制，直接进入市场，采购原材料，销售产品，在计划经济的夹缝中求生存。社队企业的劳动力，主要来自当地农村，关键岗位和技术人才也有聘请非本乡人员或编外人员（星期日工程师）的。后来，逐步为城市企业配套生产机械零配件，在取得生产经验和生产技术后，开始独立生产产品。80年代初，国家从政策上肯定了社队企业的发展，并定名为乡镇企业。从此，乡镇企业进入蓬勃发展的新阶段。

黄巷、山北乡镇工业的发展轨迹大体上经历4个阶段：一是拾遗补缺，提供城市配套产品阶段。时间在70年代初、中期。这一阶段乡村两级由于长期从事农业经济，并无多少集体积累，不可能投入较大资本，加上当时的政策并不鼓励农村发展工业，因而，从事的工业局限于修理业、服装业（生产设备为脚踏式缝纫机），偶尔有些从城市企业中求援来的旧机械，其生产的也是为城市作配套的小产品、小零配件。技术力量主要靠一批60年代初的城市下放工人。二是凭借近城优势，接受城市"脱壳"产品阶段。时间在70年代后期至80年代初。中共十一届三中全会后，社队工业得到广泛发展。随着城市工业引进新技术、新装备和新产品，以适应新一轮工业经济发展，而原来经营的一整套技术和装备，包括产品及供销渠道，都要寻找出路。这就为具有近城优势的乡村工业的发展提供了一个新的机遇。黄巷乡办的第六织布厂、第七织布厂、太湖染整精元线厂，以及不少村办厂都是走的这个路子。山北乡凭借无锡西北郊交通发达的地域优势，先后办起乡镇企业23家，村办企业40多家。企业以轻工、针纺、电子、化工等为主。三是独立自主，形成自己的产品体系阶段。这个阶段的时间大体为80年代以后。此时，黄巷乡已初步形成有自己的产品体系和供销体系的乡镇工业，1983年工业总产值达到1.06亿元，成为全省第一个工业亿元乡。山北乡的乡镇工业也获得较快发展。1995年，乡镇企业开始实施产权制度改革，对企业实行转改制，中小企业资产由承包者或经营集团购买，部分较大规模企业，转为股份制企业，实行全员参股。2000年，对"转股"企业实行二次转制，彻底改变全员参股形式，实行个人或合股参股形式，组建有限责任公司。四是依托园区，外引内联提升企业水平阶段。通过建立工业园区，引进有资金、有实力、有先进技术的企业，调整和改善工业结构，提高发展水平，并带动原有企业升级改造，上规模上档次。2000年3月，山北镇在古运河南岸创建占地2.4平方公里的金山北私营工业园（后改为科技产业园），首期入园企业198家。同年，园区完成纳税销售40.17亿元，实现税收7615万元，分别占山北镇经济总量的35%以上，安置就业人员4500多人，其中下岗工人1500多人。2001年被市政府定为重点开放产业园区。

2004年撤镇建街道之前，黄巷、山北镇设工业管理办公室。办公室对镇村两级工业进行管理服务，主要为发展外经外贸、申报企业投入、技改等项目，用电用水、环境保护技术、物价监察，以及计划、统计、税收等衔接服务。由镇长及分管工业副镇长分管。村级设分管工业副经理，并有若干名工作人员负责工业管理。成立街道后，管理机构名称有所改变，管理服务实质内容并无变化。

第三节 工业园区

1998年，在无锡纸箱总厂内建立私营经济发展园区，同年有11家企业进驻。

2000年3月，市政府批准建设金山北私营工业园。园区坐落于江海西路888号，南靠312国道，北临京杭大运河，东距无锡市中心3.5公里，无锡机场15公里，西离锡宜高速入口处1公里，北到沪宁、京沪高速入口处3公里。建设规划共分为A区、B区，截至2005年已开发的A区分一期、二期、三期工程，实行一次规划，分期实施。主要发展金属材料、金属制品、精密机械等生产、加工、销售、仓储一条龙生产性服务。A区占地面积1.37平方公里。B区占地面积1.03平方公里。自2000~2005年投入资金18亿元。其中三纵三横道路建设，污水管网，环境绿化等基础设施基本完成。引进各类企业380家。其中工业企业248家，商业企业132家。2005年完成纳税销售54.34亿元，实现税收7615万元，分别占山北经济总量的35%以上，安置就业人员4500多人，其中下岗工人1500多人，解决被征地农民社保基金9000多万元。2001年被市政府定为市重点开放产业园区。

2001年，大力开展“建园引企”。利用辖区内市属企业闲置的厂房、设备、场地建办了春申、惠山、五河3个经济园区，总建成面积19.4万平方米，进园和挂园企业77家。园区内新增年销售超500万元的工业企业18家，新东电视机厂、德发印染厂年销售收入超亿元。

2003年，工业园区建设进一步发展。金山北工业园三期建设全面展开，百乐薄板、飞洋织造等上规模、高产出的企业相继落户。北塘科技创业园入驻科技型企业51家。全区销售收入亿元企业增至25家。

第四节 重点工业企业简介

江苏刘潭集团 位于黄巷街道的江苏刘潭集团，是由具有30多年服装生产史的乡镇企业无锡刘潭服装厂为基础投资创立的集团性大型服装加工外贸企业。企业拥有2000余名员工，26条专业化一体化生产线；产品主要有衬衫、运动夹克衫、睡衣套、T恤、针织服装、西服、西裤、纺织辅料及配件等；全部销往日本、欧美、东南亚等国家和地区。历年来多次荣获“全国服装行业百强企业”荣誉称号。刘潭集团广泛依托现代IT技术优势，引进瑞典Interntia EPR企业管理系统，对公司业务、财务及生产流程进行一体化改造，有效保证了管理体制的精干、顺畅、统一，在加强企业规模化运转中的灵活性、可控性的同时又大大降低了运营成本，提升了客户对公司的满意度、信任度。公司已通过ISO 9001-2000质量认证及ISO14000环境认证。公司拥有自己既廉价又快捷的面辅料供货渠道及特种加工工厂的配套体系（绣印花厂、洗水厂等），能够把握先机，最快将最新颖的面辅料提供给客户，并通过现代电子商务终端（ASP）技术完成与客户的互联互通，开展营销服务。多年来，公司与J&C Penny，Federated，Target等全球多家知名客户建立起长期的信赖合作关系。2005年，公司销售12.5亿元。

无锡振达钢管集团 成立于1991年，占地面积45万平方米，集团总部位于312国道、京杭大运河旁。有员工3000余人，其中各类工程技术管理人员260余人。

无锡振达钢管集团经过多年发展已成为专业生产各种无缝钢管的大型企业，麾下有江苏振达集团有限公司、无锡市振达特种钢管制造有限公司、淮安市振达钢管制造有限公司、黄冈市振达钢管制造有限公司、无锡市振达能源设备技术有限公司、无锡市振达轴承制造有限公司、无锡市嘉得利运输服务公司、无锡振达大酒店等子公司。集团产品以“豪人”“振达”商标注册，其中“豪人”2004年获得江苏省著名商标。高压锅炉用无缝钢管2004年度获得中国钢铁工业协会冶金产品实物质量最高奖“金杯奖”。2004年获自营进出口权。2005年成为全国钢管协会理事单位。集团拥有先进的生产设备和齐全的检测手段。主要产品品种有：生产结构用、输送流体用、高、中、低压锅炉用、石油裂化用、高压化肥设备用、耐低温露点腐蚀钢等无缝钢管；高碳铬轴承钢管；冷拔或冷轧精密钢管、冷拔异型无缝钢管；API标准系列油井管；ASME（美标）/DIN（德标）/JIS（日标）系列无缝钢管；工程机械配管用无缝钢管和冷拔内螺纹无缝钢管，船舶用无缝钢管，钻探用无缝钢管以及各种合金钢管。年生产能力达100万吨。2005年销售4.8亿元。

第四章 辖区内工业企业

第一节 主要门类

北塘区是老工业区，市属、部属企业较多，企业门类较为齐全。1985年，辖区内有市属以上企业75家。2004年起市属以上企业实行在地统计。随着企业改转制深入和市实施“退城进园”工业布局的调整，市属工业企业逐步迁出城区。

1985年北塘区辖区内市属以上工业企业情况表

表4-3

厂 名	行业	经济类型	地 址	开办年份	产 品
无锡市第三棉纺织厂	纺织	全民	丽新路54号	1922	棉纱
无锡市第五棉纺织厂	纺织	全民	锡澄路185号	1940	棉纱
无锡市第二织布厂	纺织	全民	和新里155号	1945	棉布
无锡市第四色织厂	纺织	全民	通惠东路	1949	色织布
无锡市印染厂	纺织	全民	丽新路53号	1965	印染厂
无锡市协新毛纺织染厂	纺织	全民	丽新路60号	1935	精纺呢、粗纺呢、直贡呢、啥咪呢
无锡市第一毛纺织染厂	纺织	全民	通惠中路123号	1935	呢绒
无锡市第二毛纺织染厂	纺织	集体	团结桥堍	1956	呢绒
无锡市第四毛纺厂	纺织	集体	通惠东路282-1号	1980	呢绒
无锡市第五毛纺厂	纺织	集体	通惠路万祥弄10号	1978	呢绒
无锡市羊毛衫厂	纺织	集体	通惠中路458号	1956	羊毛衫
无锡市毛巾厂	纺织	全民	通惠路214-2号		毛巾
无锡市被单厂	纺织	全民	普济桥2号	1962	被单
工贸合营无锡市第二针织内衣厂	纺织	集体	惠钱路	1961	针织内衣
无锡市第三针织厂	纺织	集体	民主街111号	1956	针织品
无锡市建新织毯厂	纺织	集体	通惠中路125号	1956	毯子
无锡市合成纤维厂	纺织	全民	前蓉湖庄59号	1970	合成纤维
无锡市第四丝织厂	丝绸	集体	江尖55号	1956	丝织品
无锡市丝绸印染厂	丝绸	全民	新惠路16号	1958	印染绸
无锡市超声电子设备厂	电子	集体	后蓉湖庄54号	1960	超声波清洗机、波峰焊机

续表4-3

厂 名	行业	经济类型	地 址	开办年份	产 品
无锡市无线电二厂	电子	全民	通惠东路436号	1958	地面气象雷达
无锡市无线电五厂	电子	合营	惠钱路22号	1961	收音机、录放音机、黑白电视机
无锡市半导体器件总厂	电子	合营	青石路165号	1970	硅二极管、硅三极管、集成电路
无锡市无线电元件六厂	电子	合营	望宾路16号	1974	调谐器、插头座
无锡市无线电变压器厂	电子	全民	蓉湖庄陶巷	1966	电视机组件、无线电变压器
无锡市电容器四厂	电子	合营	惠工桥堍	1970	金属化纸解电容器
无锡市电子管厂	电子	全民	通惠中路后张巷	1958	黑白显像管、普通照明灯泡
无锡无线电木壳厂	电子	全民	惠钱路	1983	塑料贴面板、包装用木箱、无线电木壳
无锡市电力电容器厂	机械	国集合营	惠钱路	1970	电力电容器、仪表电容器
无锡市电厂表	电子	合营	顾桥港10号	—	面板式电表、录音机电表
无锡市客车制配厂	机械	集体	惠钱路	1972	专用改装车
无锡市发电设备厂	机械	全民	顾桥港	—	交流发动机、电动机
无锡市照相机厂	轻工	集体	五里新村404号	—	快门、动阀仪表
无锡市锅炉厂分厂	机械	集体	锡澄一支路	1970	锅炉辅机
湖光仪器厂	机械	全民	通惠西路	1960	光学仪器
无锡市仪表二厂	机械	全民	钱桥	1966	地平仪传感器、地平仪指示器
江苏省建华机床厂	机械	全民	吴桥双河尖29号		普通车床、磁力吸盘
无锡市仪表五厂	机械	全民	惠钱路	1967	航空微动电门、航空继电器
无锡市自行车厂	轻工	全民	新惠路9号	1958	自行车、自行车零件
无锡市缝纫机二厂	轻工	集体	惠钱路石门下	1965	摆梭、梭心套
无锡市灵达电器厂	轻工	全民	惠山听松坊16号	1981	微电机
无锡市搪瓷厂	轻工	全民	新惠路8号	1954	日用搪瓷、工业反应釜
无锡市塑料一厂	轻工	全民	惠盛路1号	1956	塑料周转箱、铁路尼龙绝缘件
无锡市塑料二厂	轻工	全民	锡澄路	1956	赛璐珞、人造革
无锡市乒乓球厂	轻工	集体	锡澄路	1960	乒乓球
无锡市塑料六厂	轻工	集体	惠钱路23号	1966	全塑料鞋
无锡市塑料十厂	轻工	集体	北闸街	1964	塑料制品
无锡市塑料十一厂	轻工	集体	惠钱路28号	1984	聚乙烯地膜
无锡市钙塑制品厂	轻工	集体	锡澄路半塘寺	1930	聚氯乙烯板材、聚乙烯板材
无锡塑料逢帆厂	轻工	集体	锡澄路半塘寺	—	维塑软管、防水布、蜡漆篷布
无锡市洗衣机厂	轻工	国集合营	惠钱路民干村1号	1980	家用洗衣机
无锡市空调器厂	轻工	集体	霞美路76号1	1958	窗式空调器、塑料和橙皮绝缘电线

续表4-3

厂 名	行业	经济类型	地 址	开办年份	产 品
无锡市光明机械厂	轻工	全民	坝桥沿河46号	1985	熨烫器具、灯具
无锡市轻工铸件厂	轻工	国集合营	锡澄路2号桥	1984	铸铁件
无锡市刀剪厂	轻工	集体	南尖142号	1954	西服剪、民用剪、白铁剪
无锡市红星刀剪厂	轻工	集体	后蓉湖庄84号	1960	各类剪刀、水泵钳、甘蔗刀
无锡市绘图仪器厂	轻工	集体	青石路81号	1965	绘图仪器、学生圆规
无锡市建筑五金厂	轻工	集体	惠钱路	1965	木工钻、双手扳头、钢门锁
无锡市江南工具厂	轻工	集体	高田上14号	1954	木工刨刀、出口带柄木凿
无锡市钢锯条厂	轻工	全民	惠钱路	1954	手工锯条、灯头
无锡市钢锉厂	轻工	国集合营	通惠东路448号	1956	钢锉、菜刀、铁滑车
无锡市星火服装厂	轻工	集体	社桥凤宾路75号	1954	服装
无锡市酶制剂厂	轻工	全民	通惠西路13号	1956	催化剂及化学助剂、白酒、黄酒、酒精
无锡制革厂	轻工	集体	锡澄一支路22号	1978	皮革
无锡市惠山泥人厂	轻工	集体	惠山宝善桥堍	1958	石膏泥人工艺品、石膏卷笔刀
无锡市工艺绣衣厂	轻工	集体	亮坝上32号	—	绣衣童装
无锡市惠山油酥食品厂	轻工	集体	惠盛路8号	1980	糕点、糖果、果汁饮料
无锡市电化厂	化工	全民	锡澄路半塘寺	1958	烧碱、聚氯乙烯、电石
无锡市造漆厂	化工	全民	锡澄路一号桥	1965	油漆、农药制剂、苯甲酸
无锡市炼油厂	化工	全民	双河尖9号	1956	润滑油、润滑脂、绝缘胶
无锡市硫酸厂	化工	全民	锡澄路一号桥堍	1958	硫酸
无锡市化工机械厂	化工	全民	锡澄路化工桥堍	1970	化工非标准设备
无锡市化工仪表厂	化工	国集合营	双河尖20号	1977	化工仪表、耐酸泵容器
无锡市橡胶厂	化工	全民	新惠路7号	1950	运输带、三角带、胶管
无锡市第二橡胶厂	化工	全民	前龙船浜2号	1971	纺织用胶辊、胶圈、胶板
无锡市第一制药厂	医药	全民	通惠西路22号	1953	扑热息痛、土霉素、利复平
无锡市第二制药厂	医药	全民	锡澄路一号桥	1951	庆大霉素、维生素E、柠檬酸
无锡市第三制药厂	医药	全民	新惠路10号	1970（1949）	四环素、辅酶A
无锡市第六制药厂	医药	集体	通惠东路370号	1962	片剂、滴丸剂、糖浆剂
无锡市水泥厂	建材	全民	惠山石门下	1959	水泥
双河尖热电厂	电力	全民	双河尖	1981	电力

至2005年，辖区内市属企业主要行业有：

化学原料及化学制品制造业 全区共25家企业，2005年共完成工业总产值30.63亿元，占全区工业总量的16%，该行业工业用电量为58431万度，资产总计19.52亿元。代表性企业有：格林艾普、罗地亚化工、阳恒化工、震宇化工、奎克化学、玉石精细化工等。其中，格林艾普完成工业总产值14.96亿元；奎克化学完成工业总产值1.74亿元；罗地亚化工完成工业总产值2.32亿元；玉石精细化工完成工业总产值1.52亿元。

纺织服装业 全区共55家企业，2005年共完成工业总产值33.89亿元，占全区工业总量的17.8%，该行业工业用电量为17932万千瓦时，新产品出口产值为45577万元，资产总计29.46亿元。代表性企业有：三棉纺织、协新集团、华亚织造等。其中，三棉纺织完成工业总产值4.4亿元；协新集团完成工业总产值3.69亿元；刘潭集团完成工业总产值4.51亿元；华亚织造完成工业总产值2.20亿元。

金属压延业 全区共30家企业，2005年共完成工业总产值17.52亿元，占全区工业总量的9.22%，该行业工业用电量为3673万千瓦时，新产品出口产值为808万元，资产总计10.65亿元。代表性企业有：百乐薄板、沪通焊管、振达钢管等。其中，百乐薄板完成工业总产值2.75亿元。

电气机械及器材制造业 全区共19家企业，2005年共完成工业总产值20.72亿元，占全区工业总量的10.9%，该行业工业用电量为2487万千瓦时，新产品出口产值为125708万元，资产总计25.34亿元。代表性企业有：小天鹅股份、无锡电线厂、飞翎电子等。其中，小天鹅股份完成工业总产值13.01亿元；无锡电线厂完成工业总产值2.25亿元；飞翎电子完成工业总产值1.87亿元。

通用设备制造业 全区共20家企业，2005年共完成工业总产值8.70亿元，占全区工业总量的4.58%，该行业工业用电量为2670万千瓦时，新产品出口产值为4967万元，资产总计10.32亿元，代表性企业有：小天鹅精密铸造、常工动力、力马化机等。其中，小天鹅精密铸造完成工业总产值1.58亿元；常工动力完成工业总产值2.12亿元。

第二节 辖区内主要市属工业企业简介

无锡小天鹅股份有限公司 无锡小天鹅股份有限公司前身是无锡市洗衣机厂，始建于1958年，位于惠钱路民干村1号。从1978年中国第一台全自动洗衣机的诞生到21世纪品牌价值超百亿元，成为世界上极少数能同时制造全自动波轮、滚筒、搅拌式全种类洗衣机的全球第三大洗衣机制造商，小天鹅已经历了30多年的创业之路。

1990年，小天鹅洗衣机荣获行业内唯一的国优金奖；1997年，小天鹅商标被认定为中国洗衣机行业第一枚驰名商标；2001年，小天鹅洗衣机荣获中国名牌产品称号；2005年，小天鹅荣获商务部重点培育和发展的中国出口名牌。

图4-4 无锡洗衣机厂小天鹅全自动洗衣机生产线(1992年11月)（顾祚维/摄）

小天鹅公司拥有国家级企业技术中心和国家认定实验室，依靠技术战略联盟，坚持自主创新，拥有国际领先的变频技术、智能驱动控制、结构设计及工业设计等洗涤核心技术。公司建立具有国际先进水平的质量管理体系，通过ISO 9001质量体系认证、ISO 14001环境管理体系认证及安全管理体系认证，在行业内率先通过国家免检产品认证及洗衣机出口免验认定。

图4-5 小天鹅洗衣机实现5000次无故障运行，无锡市领导到厂祝贺（顾祚维/摄）

小天鹅公司拥有高效的全球销售网络。在国内市场，小天鹅洗衣机连续11年全国销量第一；在国际市场，产品出口至80多个国家和地区；洗衣机成功进入到美国、日本等高端市场。公司整合全球资源，与德国西门子，日本松下、NEC、瑞萨、江波，意大利意黛喜，瑞士苏泰，美国艾默生、宝洁等跨国公司合作。至2005年，小天鹅已赢得全球3000多万消费者的青睐，成功地实现了由国内家电制造商向国际家电制造商的转变，全力打造国际名牌。

无锡格林艾普化工股份有限公司 公司前身为无锡电化厂，位于锡澄路半塘寺。公司拥有三大支柱产品，即年产10万吨烧碱，16万吨聚氯乙烯树脂和8万吨精细化工产品，拥有氯化聚合物、氯碱、碳二氯化物、印染助剂、表面活性剂、氯化苯等6大系列产品50多个品种。公司于2000年通过ISO 9000质量体系认证，2003年升级为

2000版质量体系。主要经济指标全部进入全国化工行业百强行列，主要技术装备达到国际、国内先进水平。其中，聚氯乙烯树脂、烧碱、盐酸、保险粉、雕白块、溶解乙炔等产品通过采用国际标准和国外先进标准验收，并获部、省优质产品称号。三氯乙烯的质量与国际接轨，居国内第一，氯乙酸采用醋酐法生产为全国首创，其质量处于国内领先地位。聚氯乙烯树脂在国内首家采用国产化大型号聚合釜及美国古德里奇技术生产。公司产品销往全国20多个省、市。2005年产值14.96亿元。

无锡协新毛纺织有限公司　公司位于丽新路60号。前身是以唐氏家族为代表的民族工商业者于民国24年（1935年）协作创办的无锡协新毛纺织染厂，是中国历史上最早的精纺面料生产企业，1989年被国务院确定为首批、毛纺行业唯一的国家一级企业。协新呢绒被国家质量监督检验检疫总局评为中国名牌产品。主要产品种类：哔叽类、啥咪呢类、华达呢类、中厚花呢类、女式呢类。

图4-6　无锡协新毛纺厂（1987年）（顾祚维/摄）

2005年公司有职工1000余人，占地面积13.3万余平方米。公司集纺纱、织布、染整的生产和经营于一体，拥有资产总额5亿元，精纺纱锭3万枚，年产精纺面料800万米，70%以上的面料和毛纱远销北美、欧洲、日本和中国香港等国家和地区。公司被评为“全国纺织管理优秀企业”“全国质量效益型先进企业”“国家高新技术企业”“全国守合同重信用企业”。公司生产的“协新”牌精纺呢绒被评为“中国名牌产品”和“江苏省著名商标”。

无锡市第三棉纺织厂　公司位于无锡市丽新路54号。创建于民国9年（1920年），原名无锡丽新纺织印染厂，是大型国有纺织骨干企业。拥有各类专业技术人员250人。主要生产能力：拥有环锭纺76152锭，捻线6800锭，气流纺1152头，喷气布机349台。工厂技术力量雄

图4-7　荣获全国“五一”劳动奖章的全国先进班组，无锡第三棉纺织厂“小老虎”组（顾祚维/摄）

厚，技术装备和检测工具精良，先后引进了成套乌斯脱测试仪，C4梳棉机，村田、奥脱康纳、萨维奥自动络筒机，贝宁格整经机，大雅、祖克浆纱机，津田驹、毕加诺、丰田喷气织机等先进设备400余台(套)。主要产品有高、中、低支纯棉纱、混纺纱和弹力布、阔幅高支高密防羽布、阔幅提花府绸、竹节布及特种功能布，产品90%出口，远销美国、法国、德国、意大利、日本、韩国、中国香港等10多个国家和地区。

无锡市橡胶厂　位于无锡市新惠路7号。创建于1950年，为新中国成立后无锡市最早6家公（国）营的工业企业之一，化工部、江苏省重点生产橡胶带、管制品的骨干企业。是无锡地区运输带、三角带、风扇带、传动带、切割式V带等最大生产厂家。80年代中期，该厂从联邦德国引进切割式及包布式聚酯线绳V带生产设备及技术，开发阻燃运输带、轻薄型运输带、尼龙片基平胶带、切割式V带、同步带等新产品。企业具有较强的生产和技术开发能力，新中国成立后，无锡市所有国有（集体）橡胶企业均由该厂分立或援建。2000年年末，企业固定资产原值1.28亿元，净值7328万元。

2001年1月，市橡胶厂改革经营机制，按不同产品分别承包经营，经营者（公司）均为独立法人，与市橡胶厂为设备租赁关系。2005年，市橡胶厂转制为民营企业。转制后组成的贝尔特胶带有限公司、格林爱立特三角带有限公司和宝通带业有限公司均为同行业具有一定技术质量优势的规模企业。其中，宝通公司的“宝通”牌高强力输送带评为中国名牌产品，运输带市场占有率全省第一。贝尔特公司和格林爱立特公司的曲楔带、双面多楔带和弹性多楔带等产品填补国内空白。

第五章 农 业

第一节 概 况

北塘区的农业，集中在黄巷街道和山北街道。1986年，两个街道（当时为乡）共有农田面积12411.4亩，其中蔬菜种植面积4066亩，水产养殖面积2469亩，另有奶牛场占地面积29.7亩。

随着近郊的城市化进程加快，两个乡（镇）的农业用地面积逐年减少。2002年，黄巷镇、山北镇、刘潭街道划归北塘区后，共有耕地3000亩，蔬菜种植面积219亩。至2005年，两个街道的种植、养殖面积减至1170余亩，其中山北街道农田已基本被征用完。

全区的农业以种植蔬菜为主。1986～2005年的20年间，种植生产模式从计划经济过渡到家庭承包责任制。菜农直接根据市场需求自主种植、自主经营。至2005年，蔬菜种植品种约80余种，主要有青菜、白菜、菠菜、长豆、四季豆、茄子、番茄、黄瓜、丝瓜、冬瓜等。

第二节 种植业 养殖业

1986年，黄巷乡实有种植、养殖面积为7716亩。其中：蔬菜种植面积为1806亩，水产养殖面积为1351.5亩。种植、养殖面积分布情况：村级种植养殖面积为3157.5亩（其中水产养殖面积为1207.5亩），分别分布在杨木桥、冯巷、瓦屑坝、高泾、龙塘岸、毛巷、刘潭等7个村。乡直属苗圃种植、养殖面积为189亩。另有乡直属奶牛场，占地29.7亩，年成年奶牛饲养量400头。乡直属苗圃，主要种植及经营各类花苗、木苗。

在计划经济时期，实行“计划种植、计划上市、统一销售”。1985年，市委、市政府决定对郊区蔬菜实行逐步放开、逐步取消统购包销的经营体制，试行“大管小活”的产销方式，过渡到菜农直接根据市场需求自主种植、自主经营。随着土地承包责任制政策的落实，在分散经营过程中又暴露出产销难以衔接、生产资料和种苗供应不及时、农户缺乏科技引领等问题。针对这些问题，黄巷乡（镇）相继成立各种服务中心，实行系列服务：1.成立供苗中心，通过专业技术人员及种苗生产基地集中生产供应，农户只需要到季节购买；同时，又根据乡情，不断引进蔬菜新品种。2.成立产供中心和各类蔬菜副食品市场，保证产中服务、农资供应服务和产后销售服务。3.加快示范园建设和培育专业户。黄巷乡（镇）在原有畜水场、奶牛场和苗圃的基础上，1989、1992年又相继成立以蔬菜种植示范为主的惠城园艺场和锡龙园艺场，在引进和推广新科技、新品种、新园艺上起到了科技示范作用。与此同时，鼓励土地向专业户相对集中，政策相对倾斜，努力扶持和培育种植、养殖专业户。

随着农村城市化进程加快，黄巷街道（乡）的农用土地面积逐年减少，至2005年街道种植、养殖面积1173.1亩，比1986年减少6107亩。

山北乡（镇）土地肥沃，气候适宜。解放后农副业生产不断发展，至1986年，全乡种植三麦面积425.5亩，水稻面积892.9亩，蔬菜面积2260亩，鱼池面积1117亩。有水产、畜禽养殖场9个，生猪年产量达到1.7万多头，名列郊区前茅，山北的无公害大米、水蜜桃、鲜鱼等产品在外界享有声誉。

1995年后，由于城市建设征土，耕田面积逐年减少。原来以工养农模式改革为农民承包土地，自产自销，全乡先后涌现出13户养猪大户，107户养殖大户（养河豚鱼、甲鱼、鲈鱼、青虾和鹧鸪等），蔬菜生产上引进蛇瓜、四季萝卜、彩色菜椒、黑玉米、日本小南瓜等10多个新品种，在土地面积减少的情况下，总产值和效益仍逐年增加。2003年，开展科学种养活动，打出都市农业的“放心菜”品牌。同年，上市蔬菜3180吨，生猪7080头，鲜鱼128吨，禽类3.6万羽。2003～2005年，平均年上市肉猪2.5万头，总重量176.91万公斤；年上市家禽114620只，总重量20.69万公斤；上市鸡鸭蛋65720公斤。2003年以后，农业用地征用速度加快，全镇农用土地面积急剧减少，种植、养殖两业逐年萎缩。至2005年，山北街道农田全部被征用。

第三节 特色农产品

惠山青蚕豆 惠山青蚕豆种植历史悠久，在清乾隆年间就享有盛名。最初，惠山寺僧在山坡南麓茶园内套种蚕豆，后来茶园改为桑园，又夹种在桑园内。山南阳光充足，土壤又肥沃疏松，水质优良，所以惠山蚕豆开花、成熟比农田种植的要早半个月。惠山青蚕豆的特点是皮薄粒大，色如翡翠，富含多种维生素，吃口香糯甜嫩。相传乾隆帝南巡到无锡时，曾在惠山尝过这里的青蚕豆，极为称赞，誉为珍品。从此惠山青蚕豆名声大振。不过真正的惠山青蚕豆产量并不多。当地人认为，只有观墩附近种的蚕豆，即十八亩半茶园中所产的才是正宗的惠山蚕豆。清秦铭光《锡山风土竹枝词》写道：“观墩名附惠山传，豆子青青月正蚕。最是无春初夏候，登盘绿玉荐新三。”后来，因桑田减少，真正的惠山青蚕豆已不多见。但称为“本地豆”的无锡蚕豆，可能传承了惠山蚕豆的品种，质量较好。

梨花庄茭白 无锡近代种植茭白相传在19世纪40～50年代，最早种植地在北郊梨花庄，所以称梨花庄茭白。当时种植的地区有梨花庄、高长岸、黄泥头。民国以后种植地区逐渐扩大。抗日战争前，刘潭等地出现了种茭白的专业村。抗战以后，茭白的种植又扩大到沪宁线各地，但在品质和产量上均不如无锡。无锡茭白品种早熟的称“稗草茭”，晚熟的称“红花壳茭”，不早不晚的称“中介茭”，“中介茭”一直占主导地位。新中国建立后到80年代初，无锡茭白的种植面积达4000亩，分布在梨花庄、塘头、前社桥、后社桥、黄泥头、刘潭、庄前、龙塘岸等地。

第五编

商贸 服务业

北塘区三里桥一带的米市，历史上是全国四大米市之一，商业繁荣。新中国成立后，国家粮油政策调整，北塘米市衰落，北塘一带逐渐失去昔日的繁华。1986年，区及8个街道有214家商业网点，经营品种不全，居民点覆盖率比较低。1987年，市属部分百货和一批日杂商店共23个核算单位和5个非独立核算的分店下放区管理。

1986～2005年，区商贸服务业在改革中不断发展。随着旧城改造进程加快和城区不断拓展，区属商业一批旧的网点拆除改造，新建改建了北辰商场、时和商厦、无锡鸡粥店等一批新的商店和商业综合体。商业经营体制和内部机制不断改进转换，出现承包经营、租赁经营、合资合作经营等多种经营形式；商业职工逐步转为全员合同制。2000年实行产权制度改革，国有（集体）资产逐步从企业中退出，至2002年，国有（集体）资产全部从中小企业中退出，商业管理体制由管办一体转变为管理为主。

随着商贸流通业改革的不断深化，北塘区各类市场的兴办卓有成效。其中，尤以三里桥粮油市场和无锡招商城（红梅市场）的兴办闻名省内外。三里桥粮油市场90年代名列“全国百强市场”，连续五次获“全国文明集贸市场”称号；无锡招商城形成以日用小商品批发为主要特色的市场群，各地客商云集，经营品种一万多种，2000年市场成交额超20亿元。

1992年，邓小平视察南方重要讲话发表后，区委提出“三产兴区”的发展导向，调动了全社会多种经济成分办三产的积极性。辖区内各类市场进一步兴办；诚隆、华联、易初爱莲等一些超市卖场建办开业；宾馆业、休闲业、中介服务业、通讯业、房地产交易等三产发展加快；形成青石路餐饮街、五爱北路商业街、人民西路电子街等一些特色商业街区。

2002年的区划调整，打破城郊界限，扩大了商贸服务业发展的地域空间。2002年后，辖区商贸企业实行在地统计、管理，商贸服务业的经济总量进一步加大。同年，全区60家骨干商贸企业全年纳税营业收入达到93亿元，其中江苏舜天汉唐、无锡医疗股份、一百集团、永越家电、华东汽车城和中铝凯林公司等6家企业年营业收入都超5亿元。2005年，服务业项目建设持续加快，完成招商城4万平方米商场化改造、山北农贸市场改建和新桥农贸市场超市化改造等，第三产业增加值在全区经济结构中的比重达到51.73%，消费品零售总额达到66.62亿元。

第一章 管 理

第一节 商业管理机构

1985年前，北塘区商业管理机构是区商业科。1985年5月，市下放糖烟、饮食、服务3个行业的部分零售企业后，北塘区商业科更名为北塘区商业局，下属单位有北塘区糖烟酒公司、北塘区饮食服务公司、北塘区百货公司。

1987年4月和7月，市又下放百货、供销行业的部分零售企业。区商业局成立中共北塘区商业局委员会。同时，设立内设科室，分别是党委办公室、工会、团委、计财劳资科、企业网点科和人事保卫科。区商业局同时挂北塘区供销合作社牌子。

1987年下半年，北塘区商业局下属单位有：区百货公司、区糖烟公司、区饮服公司、第六百货商店、时和布绸呢绒商店、第八百货商店、惠山百货商店、北塘供销合作社和三里桥粮行。区饮服公司和区糖烟公司实施三级管理，即公司—基层商店—零售企业。同年，区商业局成立党委，下属党组织有：区饮服公司党总支、区糖烟公司党总支、区百货公司党支部、区第六百货商店党支部、区第八百货商店党支部、北塘区供销社党支部。区饮服公司和区糖烟公司的各基层店设立分支部。

1990年，成立北塘区糖烟副食品公司，原糖烟公司管理糖烟副食品零售企业的职能，划给北塘区糖烟副食品公司管理；北塘区糖烟公司主要经营酒类和副食品批发业务。

1992年，成立北塘区第二糖烟公司和北塘区物资公司。同时，三里桥粮行由北塘区供销合作社划出，为北塘区商业局直属单位；北塘区供销合作社一分为二，成立北塘区商业供销公司和北塘区土产日杂公司。

1994年，北塘区商业局将北塘区百货公司管辖经营装潢、五金、船具的零售企业划出，成立北塘区五金化工交电公司。

1997年3月，北塘区商业局更名为北塘区贸易局，下设党政办公室、工会、团委、计财劳资科、企业网点科和人事保卫科。

1997年，北塘区贸易局（原商业局）撤销公司基层商店。同年年末，贸易局直管公司和单位有：北塘区饮服公司、北塘区第二糖烟公司、北塘区百货公司、北塘区五金化工交电公司、第六百货商店、北辰商场、第八百货公司、时和商厦、北塘区物资公司、北芳斋美食馆和北塘区商业供销公司。

2001年10月，北塘区贸易局和北塘区计划与经济局合并，成立北塘区经济贸易局，对全区商贸业实施业务管理，并由下设的贸易市场科行使管理职能。

2002~2005年，辖区内市属企业实行属地管理，辖区内商业企业完成转制、改制。

第二节 商业体制改革

1986～2005年20年间，随着商品流通的日趋活跃和服务业的市场化，区商业体制各个层面的改革不断深化，促进商业服务业的发展。

一、管理体制、经营机制和产权制度改革

1986年，区属商业系统全面推行各种形式的经济责任制。1987年，以扩大企业经营自主权为着力点，促进企业所有权和经营权分离，进一步改革企业经营机制。在无锡市第六百货商店首先试行承包经营责任制的基础上，糖烟、百货、五金业33家商店先后分别实行企业经营责任制和企业租赁经营。1988年，全区商业企业全面开展经营机制转换，区属公司和集体百货总店实行经理（店主任）负责制的企业经营责任制，对其所属微利、小型商店租赁给个人经营。改革企业经营机制，激发了企业的活力，调动了员工实干的积极性。到1990年一期承包末，13家实施企业经营责任制的企业完成营业总额1.76亿元，比承包目标增55.7%；实现利润485.13万元，比承包目标超106.45万元。39家实施租赁经营的商店，承包期内共提取租赁费55.04万元。

1991年，在做好一期承包届满考核、审计、兑现基础上，落实二期承包签约。指标内容进一步完善，建立企业和经营者（集团）风险基金，健全民主监督制度和推行“共保合同”。1992年7月，北塘区制订《关于对区属小型商业实行个人（合股）风险承包经营机制的意见》，首先在区糖烟副食品公司选择11家微利、亏损企业进行试点，取得明显成效，得到市政府的肯定，并以锡政发〔1993〕144号文《关于深化小型商业企业体制改革的意见》正式下发，明确“公有民营”实施办法。1993年，以转换企业经营机制为重点，进行产权制度改革，48家商业企业实施“公有民营”和“联销商店”，并在部分商店进行股份合作制改革试点。到1994年年末，全区街道以上独立核算的商业企业已有90家实行公有民营。同时，积极探索以建立现代企业制度为重点的产权制度改革，全区企业进行清产核算自查，完成自查127家。1995年，区街企业全部完成清产核资自查。

1996～2000年，以产权制度改革为重点，把企业经营机制转换和资产重组结合起来，加强和大集团、大企业联营、联合，盘活企业存量资产，土地置换兼并。大商店和专业公司按照现代企业制度实行公司化改造，中小型企业启动以股份合作制为主的多形式改制，一些注册资本在5万元以下的饮服、理发等类别店铺，直接转为个体或合作企业，长期亏损、扭亏无望的商店实施整体划拨、兼并和报歇。

2002年，国有资产从中小企业退出。通过产权制度改革和资产重组，全区商贸服务业发展态势迅猛，行业规模扩大，经营水平提高，民营资本成为投资主体，产业结构、经营结构调整加快，实现多管齐下扩销增效。2005年，全区社会零售消费总额达到66.62亿元，是2000年7.9亿元的8.4倍。

二、用工和分配制度改革

在1986年推行各种形式经济责任制的基础上，1987年，从分配制度改革着手，北塘区饮食服务公司所属商店首先实施提成工资制；选择在个别商店试行工资总额与上交税利挂钩、工资总额包干等。同时，在无锡市第四副食品商店、人民桥商场实行优化劳动组合，启动用工制度改革。1988～1990年，用工和分配制度改革通过试点，在完善中逐步推开，区属3个专业公司和百货总店所属商店进一步扩大多种形式的分配制度改革，有条件的商店还实行部分工资与奖金捆起来浮动；用工制度进行合同制试点。

围绕搞活分配，完善工效挂钩。1992～1994年，区属商业实行3年税收收入包干，区属小型商店实行个人（合股）风险承包。企业内部针对各自实际情况，分别实施百元销售含量工资制，计时工资制等，有条件的企业试行岗位技能工资制为主要形式的企业工资制度。在用工制度上，区属商业企业到1995年年末全面进行全员劳动合同制改革。

以产权制度改革为重点的各项改革不断深化。完成改转制的区、街、校办商业企业，按照公有资产退出、政企关系理顺、劳资关系重新确立的要求，实施按劳分配的工资等级制度和新的劳动用工制度。1998年，启动全区“挂靠”企业改制、改组、改造工作，至2000年年末，街、居挂靠企业改转制基本完成，社团挂靠企业改转制完成面达80%。

2001年，随着产权制度改革的全面推进，改转制商贸企业按照新体制、新规定与职工重新签订劳动合同。2002年，全区商贸企业产权制度改革基本完成，挂靠企业的转改制同时完成。至2005年年末，新的劳动用工制度和分配制度基本形成。

第二章 商业街区

第一节 特色街区

1994年起，北塘区着力于特色街区的规划和建设，经过10年多的发展，人民西路电子街、青石路旅游餐饮街、北大街金融商务街、锡沪西路机电橡塑街、惠山横直街旅游用品特色街、北闸街理发用品街等已成为各类商业的集聚地，形成多条特色街。

青石路旅游餐饮街 于2000年元旦建成，全长1050米，宽21米。青石路地处无锡市北大门，连接中心商务区和火车站、汽车站等交通枢纽，又靠近大运河黄埠墩、天主教堂等人文旅游景点。青石路作为景观商贸街，有店铺380间，商贸用房近6万平方米，自建成后，有多家中餐类酒店、特色火锅店、西餐咖啡酒吧和迪吧、歌厅等入驻。随着商流人流汇集，街容日趋繁荣，2002年9月28日，在青石路举行的"2002年无锡太湖旅游节"开幕仪式上，无锡市人民政府正式命名该街为"无锡旅游餐饮街"，为全市第一条专业商贸特色街。

图5-1 青石路商贸街建成（2000年1月）（区史志办供稿）

图5-2 青石路商贸街夜市（2000年6月）（区史志办供稿）

北大街金融商务街 原位于胜利门吊桥至莲蓉桥之间，南北走向的北大街，全长198米。80年代的北大街商店鳞次栉比，店面阔狭不等，房屋参差不齐。虽然路面狭小，车辆行人拥挤，但人气很旺，显得十分繁华，有"无锡的南京路"之称。老字号商店时和布绸呢绒店、状元楼菜馆、美华楼面店、徐嘉和茶食店、大吉春参药店，都开设在北大街地段。

1990年，街面全部拆除重建，江阴巷也随之拆除拓宽，纳入北大街的总体改造。新建的北大街南接中山路，北接春申路，全长延伸到1公里，道路从原来的9米拓宽至40米，快车道12米，两边的慢车道各6米，两边的人行道各6米，两边的绿化带各2米，路面用沥青混凝土结构，1991年竣工通车。改造后的北大街，证券、保险、担保、典当等金融、商务机构遍布街区。其有中国银行、工商银行、交通银行、农业银行等4家大银行和江苏银行、广东发展银行等地方银行以及中创证券、五爱典当行等金融机构，成为无锡的金融、商务特色街。

人民西路电子信息特色街 2002年12月，人民西路北侧无锡自来水总公司一层至三层开设梦之岛数码港，经营面积6000多平方米，入驻经营单位130多家，入驻率100%。2003年，无锡市人民政府正式命名该地为“人民西路电子信息特色街”。人民西路南侧（梦之岛购物中心）为南长区管辖，北侧属北塘区管辖。梦之岛数码港开业以后，经营额年年有较大幅度增长，2003年为2.5亿元、2004年为5.8亿元、2005年达8.3亿元。至2005年年末，人民西路临街地段有各种电脑、通讯等信息产品的开发、经销和服务商店600多家，成为无锡市重点发展的特色街区之一。

惠山横街、直街旅游用品特色街 惠山横街、直街旅游用品特色街位于锡惠公园秀嶂街门外，直街长1000米，正对古华山门；横街长100米，南接公园秀嶂街门，北接通惠西路，历史上属于惠山古镇。50年代至70年代，横、直街以居民住宅为主。改革开放后，部分街面房开起小店，主要经营惠山油酥、酱排骨、梨膏糖等特色食品，以及泥人、茶具等。1986年以后，逐步形成主要经营地方特色商品的旅游用品特色街。21世纪初，直街和横街在册经营户已发展到142家，其中经营惠山泥人、紫砂壶等特色用品的34家，有王南仙、喻湘莲等特级工艺大师的泥人作品专卖店和宜兴名家大师的紫砂工艺品专营店，还有10余家旅游服务经营公司和享有盛誉的百年老店王兴记馄饨分店以及专营无锡特产——惠山油酥的店铺等。

北闸街理发用品街 位于通惠东路（今兴源路）至江阴巷（今北大街）的北闸街，全长300多米。沿街店面大多是砖木结构的民房，商家以经营理发用品为主。90年代老街开始拆除，沿街建造店面房，招商引资，以经营广东、浙江等省的理发用品、美容化妆品为主。街区内有羊洋、亿发、新源地、浩亿等理发美容品专买店共30家左右，大多已初具规模。

北塘大街 位于莲蓉桥到老三里桥，全长800米，民国时期是商业繁盛之地。1986～1991年，大街仍然保留着传统特色，两旁商铺林立，多达130家左右。蔬菜、水果批发公司，南北山货行集中在沿河，沿河都搭建街棚。

1991年，无锡遭受百年不遇的洪涝灾害，北塘是重灾区。为防洪和缓解北塘地区交通拥挤状况，北塘大街运河沿边的房屋全部拆除，路面行车道拓宽至18米，行人道南侧5米宽，北侧7米宽。在北塘大街的北侧，大部分旧房亦被拆除，先后建造莲蓉苑、嘉德花园等住宅小区。古运河的驳岸经几次加固，增强了防洪能力，而且沿岸还设置精致的石栏杆。作为商业街的功能逐步退出。

吴桥东路 从三里桥至吴桥，全长约200米。90年代后，吴桥东路得到改造，原来的船具经营特色消失。2003年，北塘区政府投资新建绿化带和道路，运河沿边完成1260米的防风驳岸建设、挡水墙加固及疏浚工程。

吴桥东路段运河中的黄埠墩经整修后面貌焕然一新，原来停泊在四周的船只都停靠在吴桥以北，黄埠墩四周的水上环境大为改善。据2005年统计，短短的该条街上，聚集着17家餐厅和饭店，大多为江南风味，店内布置优雅，居高临下，可尽览运河风情，又可远眺锡惠秀色，成为一条餐饮业较为集中的特色街。

第二节 街巷商业片区

盛岸小商品街区 盛岸小商品街（市场）位于盛岸一村和二村之间，东起盛中桥，西至九曲基，全长约500米。原来是由一些小商贩围绕盛岸农贸市场摆地摊式经营自发形成的，在整顿市容、规范管理和疏导新村主干道中，经原惠山街道联合城管、工商等部门修建简易棚，逐步形成小商品街区。到2005年年末，有个体经营户76户（小百货43户、水果店19户，日杂店7户、手机店3户、牛奶点1个、配钥匙1户、小五金1户、和房屋中介1户），为周边近万户居民服务。

任钱路商业街区 任钱路位于锡澄路二号桥北堍，全长约5公里。区域内，历史形成的自然村落和改革开放后新建的商品楼盘林立，居民众多。为了方便周边居民购物需求，在沿街两侧以刘潭农贸市场为中心，向四周延伸700余家商业网点，包括餐饮小吃店、特色商品专卖店、小五金、小百货等，还设有较大超市及金融网点，成为黄巷地区热闹、繁华的商业网点街区之一。

勋民商业街区 勋民商业街区是山北地区最集中的小商品街区，创办于2000年。街区位于原勋民居委（已并入惠龙居委）地区，在山北农贸市场后面，与石门路平行，南北走向，全长200米左右，有各种小商铺53家，建筑总面积536平方米。街两侧有鞋帽、服装、日用百货、家用电器、床上用品、茶食点心、餐饮小吃、缝纫修补等项目，销售的商品价格比商场和大超市略为便宜，生意红火。

第三章 市 场

第一节 市场体系建设

1986～1990年，北塘区集中力量，总投资131.24万元，新建和改建集贸市场8个，不仅扩大经营场所，而且配套设施进一步完善，管理日趋规范，新的市场体系开始形成。至90年，全区共有粮油、瓜果、农贸生活资料市场11个和小商品市场2个；吴桥东路、惠山横直街、解放西二路、通惠东路的船具、泥人、针纺织品以及五金等专业市场也初具规模。其间，集贸市场总成交量23.83万吨，总成交额3.56亿元。

1991～1995年，区加快培育、发展和规范各类市场，特别是专业市场的建设，筹建在华东地区有一定知名度的“红梅市场”及吴桥的船舶交易市场、黄埠墩建材市场等，并先后对1981年创建的全国第一个粮油交易市场—三里桥粮油市场以及盛岸集贸市场等进行扩建改造，将吴桥集贸市场迁入原无锡市被单厂改造的室内市场。1994年，专项投入250万元，开设大型室内农贸市场—五爱农贸市场。同时，调动多方力量，加大市场建设力度。北大街街道主办全市首家街道级专业市场—莲蓉五金交电市场，并参股筹建无锡粮油交易中心，利用吴桥桥洞兴办5000平方米的五金船具市场等。市场建设较快发展，成交兴旺，1995年总成交额达10.06亿元。

1996～2000年，市场建设在完善中稳步推进，呈现全方位、规范化、多元化发展的好势头。建设村、惠山横街、五里新村、惠山下河塘、锡澄二村等马路市场全部移入新改建的室内市场，改变“以街为市，以路为集”的状况，改善道路交通和城市环境。先后建办梨庄副食品交易市场、长安桥农贸市场、江尖蔬菜副食品市场、青石路蔬菜副食品市场、庄前农贸市场、华东饮料交易市场和梦巴黎家具市场、华东通讯器材市场、通惠太阳能器材市场、吴桥纺织品市场、无锡印刷包装材料市场、无锡炊事机械市场、油漆涂料市场、陶瓷市场等。同时，在市场管辖权适度调整中，无锡市锡澄果菜副食品批发市场、黄巷瓜果市场、无锡食品商城、猪肉批发交易市场划入辖区管理。全区各类市场门类进一步拓展，交易领域不断扩大，交易品种更加丰富。2000年，全区市场成交总额达到32亿元。

2001～2005年，深化突出产权制度改革，进一步推进市场体系建设。2001年，按照《无锡市“十五”市场体系建设规划纲要（草案）》，引导市场整合兼并，逐步关、停、并、转一些中小型重复建设的市场。新建无锡招商城电器市场和金海马家具市场。以国有资本退出和市场产权多元化为主的市场改革改制工作加速推进，一些市场实行法人化运营，重点市场完成投资主体改制。2002年，全区各类市场成交总额突破50亿元，达到53亿元。2002年，随着行政区划调整，山北集贸市场、黄巷集贸市场、刘潭集贸市场、统一摩托车汽车配件市场、利民摩托车配件市场等20余个市场划入北塘区。2003年，各类市场改制工作全面展开。无锡招商城实施整体搬迁，易地新建现代物流型市场，一期工程建筑面积12.5万平方米。区内结合旧城改造和道桥建设，将沿312国道的8个市场进行资源整合，再投资1.5亿元建造8万平方米、有1200个摊位的金桥商贸城，提升市场品位和档次。2004年，10个货运配载市场划归北塘区管辖，全区各类市场总数达71个。2005年，全区各类市场基本完成以产权制度改革为主的改转制，市场建设由量的增加转向质的提高，无锡食品商城等市场融入现代物流中心建设实现规模化、集约化和外向化运作。通过创新市场投资体制、交易方式和内部管理，与社会主义市场经济体制相匹配的现代市场体系框架初步形成。

第二节 小商品市场

无锡招商城 位于胜利门广场解放西路北侧，其前身是无锡红梅市场，1992年搬进室内并正式定名为“无锡招商城”。总面积8万平方米，可容纳摊位4800个。经过10年的发展，无锡招商城已形成以日用小商品批发为主要特色的专业市场群体。设有小商品服装市场、儿童用品市场、针纺织品市场、床上用品市场、鞋帽市场、皮具市场、劝业市场、灯具市场，约有上万个品种，以批发为主，批零兼营。新品上市早、周转快、价格便宜，一般低于市场价30%～50%。市场立足无锡，面向全省，辐射华东，以日用品、工业品批发为主，高、中、低档商品并存，集商流、物流、信息流为一体，是苏南地区知名的市场群体。市场有健全的管理机构，规范的管理制度。工商、税务、银行、物业实行一条龙服务。2000年总成交额超过20亿元。2005年上半年搬迁。

图5-3 无锡招商城（红梅市场）B区（1996年）（区史志办供稿）

无锡金桥商贸城 2004年3月，无锡金桥商贸城市场有限公司开业。市场位于锡澄路288号，总投资1.5亿元，占地面积6.8万平方米，设有1200余个摊位，主要经营五金机电、家具、灯具、服装、小商品、装饰材料等。市场布局合理、制度健全，实施标准化管理，是北塘区和无锡市有一定影响的市场。

第三节 批发市场

三里桥粮油市场 1981年，北塘区在历史上著名的无锡米市中心—三里桥沿河，创建当时全国第一个粮油交易市场—三里桥粮油市场。市场经过4次改建扩建，经营面积近1万平方米，配套设施2800平方米，成为可容800多万公斤粮食，日吞吐量40万公斤的大型专业市场。三里桥粮油市场连续5次获“全国文明集贸市场”荣誉称号。1994年名列“江苏省农副产品十大市场”和“全国百强市场”。1996年因市场改造拆迁，多数摊位经营户分流到江海西路的无锡粮油交易市场。

图5-4 94无锡米市艺术节开幕式现场（1994年9月）（顾祚维/摄）

无锡食品商城 位于锡澄路西侧，商城开业于1993年4月，总投资1亿元，占地面积3.5万平方米，有220个经营摊位。主要经营食品、副食品和部分农副产品，食品、副食品供应量占全市总量的50%以上，并辐射到华东地区，年成交额60亿元。商城配有先进的食品质量检测设备，多次被评为江苏省、无锡市文明市场。

图5-5 无锡食品公司从郊县苏北等地调运大批生猪入栏，确保春节期间全部供应鲜猪肉（顾祚维/摄）

图5-6 无锡食品公司肉类厂赶宰生猪，保证春节市场供应（顾祚维/摄）

无锡市猪肉批发市场 位于锡澄路西侧，总投资800万元，占地1万平方米，营业面积7063平方米，有经营户230个。1991年4月开业，主要经营猪肉、羊肉、牛肉、家禽、肉禽及其制品，交易量占全市总量的55%以上。市场严把商品质量关，配有先进的检测室，动物检验检疫、工商等部门实行驻场管理；在苏北、山东、安徽等地设有生猪生产基地。市场在1992~2005年先后被评为全国肉类批发市场先进单位、全国食品信息工作先进单位和江苏省、无锡市文明单位。

无锡市统一汽摩配市场有限公司 位于在无锡市北大门312国道江海西路78号，始建于1997年，1998年10月28日开业。市场由台湾统一集团授权冠名，占地5万平方米，建筑面积4.07万平方米，有标准营业店面800余间，经营面积2万平方米，总投资3000多万元。来自全国各地入场经营户225个（其中外省客户178个），常年成交额10亿元，上缴国家税费200多万元。市场主要经营摩托车、电动车及汽车、摩托车、电动车零配件。经营业务辐射到新疆、内蒙古、黑龙江、吉林、辽宁、江西、河北、山东、福建、浙江、安徽、上海等省、市、区，是华东地区规模最大、品种齐全、管理规范、服务完善的专业摩托车配件批发市场。该市场是中汽摩托车分会大市场委员会常务理事单位。市场有近100个国际、国内著名品牌入场经营，于1999年、2002年两次成功举办"全国摩托车及其零配件展示交易会"。1999年被评为江苏省超亿元批发市场第10名，同时被评为"无锡市名牌市场"。2005年交易额12.5亿元。

无锡市利民摩托车配件市场 全国大型摩托车配件批发市场之一，占地面积4万平方米，建筑面积2.6万平方米，标准店面500余间，有312个租赁经营单位。市场于1995年6月建造开办第一期房屋，至2005年已先后建造五大区域。市场有各地厂家设立的直销经营客户、总经销、总代理、品牌经销店等，年销售额1.5亿元。

无锡华东汽车城 位于无锡北大门312国道边，紧靠江海路内环高架。始建于1995年1月，同年10月正式开业，汽车交易面积达1.5万平方米、汽车配件等交易面积5万平方米，是华东地区唯一集汽车销售、汽车配件、用品销售、运输、修理、美容装潢等功能齐全的汽车综合交易市场。市场造型别致，结构新颖，布局合理，富有汽车超市的现代气息。市场内部水、电、通信、安全监控、广播、餐饮、客房等设施配套完善，购车、上牌、保险、缴规费等实行一条龙服务。管理机构健全，制度规范，曾多次获得无锡市文明市场、重合同守信用单位和全国民营企业500强等称号。

图5-7 无锡瓜果交易市场，平均每天交易果品20万公斤，交易量列全省同行之首（顾祚维/摄）

无锡市黄巷瓜果交易市场 1983年，黄巷乡在民丰村利用34亩建设用地，在锡澄路西侧、锡澄路江海路交叉口办起“无锡市瓜果交易市场”。翌年，其各类瓜果的成交量便达到3万吨。市场为果农和长途贩运的果贩们提供平台，也为无锡市的各类水果店及小贩们提供货源。1990年，无锡市瓜果交易市场被授予国家级文明市场称号。

第四节 农贸市场

山北农贸市场 山北农贸市场建办于1984年，是山北地区“菜篮子工程”的食品副食品供应基地。市场历经两次改扩建，形成2000平方米大棚和2000平方米商业店面的格局，设置250个摊位，120户商家，安置劳动力500个，每年商品成交额达到7000万元左右，并向政府缴纳税收60万元。2004年，无锡市人民政府将山北农贸市场列入商场化改造试点单位，总投资2500万元。历经一年，完成改造计划，于2005年8月8日正式营业。新建农贸市场面积4000平方米，建筑面积1.7万平方米（包括地下室），农贸市场为3850平方米。整个市场设置蔬菜、肉、鱼、豆制品等摊位210个，熟食品等店面43间。多次被评为市优秀市场、信得过市场、文明市场。

刘潭市场 刘潭市场于1990年10月1日正式开业，2004年重新改造装修，占地面积7818平方米，建筑面积5365平方米，室内面积1846平方米，有主体大棚7跨，设摊位112个，大小店面76间和停车场。市场主要经营商品大类有时鲜蔬菜、荤食品、鲜肉、水产、海水产、各类水产制品、豆制品、南北货、酱菜、卤菜、家禽、禽蛋、各种冷冻粮油面食制品、调味品。市场有基本经营户（自产自销）98户，大小店面76户。市场先后被评为市级先进文明市场和三星级市场。

黄巷集贸市场 黄巷集贸市场位于北塘区凤翔路黄巷上521号北。市场筹建于1992年，1997年重建。2004年9月易地改建，占地面积8546平方米，建筑面积1.16万平方米。市场内设摊位185个、店面80个。主要经营品种有蔬菜、肉类、水产、禽蛋、豆制品、粮油等15个大类共300多个品种，有经营者125人。2005年商品成交量1.39万吨，成交额8268万元。

民丰市场 民丰市场位于民丰路中段，于1998年3月正式开业，2000年10月1日搬至新市场。全场占地面积2867平方米，建筑面积2466平方米，室内面积1058平方米，有主体大棚3跨，设摊位82个，大小店面41间和停车场。市场主要经营品种有时鲜蔬菜、鲜肉、水产、海鲜、各类水产制品、豆制品、南北货、小百货、酱菜、卤菜、家禽（蛋）、日杂、各种冷冻食品，及粮油面食制品等。

双河农贸市场 位于会龙桥北侧的东泾河畔（双河新村11号），占地面积1200平方米，建筑面积833平方米。以经营农副产品为主，品种有粮油、杂粮、面食和豆制品、鲜鱼、鲜肉、禽蛋、卤菜和新鲜蔬菜等，同时经营鞋帽、服装、日用杂货、小百货等，共有摊位80多个。市场主要为双河北面会西、会北、红星、双河4个村的村民及双河一村、二村、惠东里、米兰城市花园、双河苑居民服务。

惠泉农贸市场 位于惠钱路北侧、惠峰路西侧，始建于1981年，占地面积792平方米，建筑面积600多平方米（含惠泉副食品商店的二层楼房）。市场共设摊位50多个，经营水产、肉类、禽蛋、豆制品、各种蔬菜、粮油。由山北供销社与山北合作商店共同经营。主要是为惠钱路两侧企业事业单位、部队营房食堂、红光村和惠泉二村、三村居民买菜提供方便。1992年，由供销社牵头，惠泉市场与山北蔬菜公司签订合作经营协议，共同经营惠泉市场，确保地产新鲜蔬菜每天货鲜量大，保证供应，方便附近的消费者。

2005年北塘区农贸市场基本情况表

表5-1

市场名称	市场地址	主办单位	建筑面积（平方米）
盛岸集贸市场	盛岸二村49-1号	市场物业管理处	6334
惠山农贸市场	惠山直街81号	市商业网点事务所	500
锡惠蔬菜副食品市场	五里新村79号	广厦房屋开发公司	3700
五爱集贸市场	五爱路西直街42号	市场物业管理处	1000
青石路蔬菜副食品市场	北塘区九间头22号	北塘房产公司	2000
横街农贸市场	横街下区	公用房产公司	520
吴桥集贸市场	前张巷7号	市被单厂	5100
江尖桥蔬菜副食品市场	江尖桥下	北塘饮食服务公司	1200
双河农贸市场	双河新村11号	惠龙街道办事处	833
梨庄副食品交易市场	锡澄路252号	梨庄村委	7500
刘潭市场	黄巷镇任钱路	刘潭村	5365
锡澄二村副食品市场	锡澄二村	黄巷镇梨庄村	926
锡澄二村副食品市场	锡澄二村	黄巷镇梨庄村	926
山北农贸市场	石门路17号	山北镇政府	3850
惠泉农贸市场	惠泉路68号	山北镇蔬菜服务公司	600
黄巷集贸市场	凤翔路黄巷上521号北	黄巷镇商业公司	11600
立新市场	民丰里237号	黄巷镇试验场村	900
庄前市场	庄前村锡龙路北	庄前村	1652
民丰市场	民丰路中段	民丰村	2466
南徐桥农贸市场	丽新路底南徐桥堍	五河村	450
新桥农贸市场	新桥花园	原五河街道办事处	5080

第五节 超市卖场

无锡诚隆超市有限公司 成立于2002年1月8日，是一家大型连锁超市。商场位于春申路69号，总面积2.39万平方米，营业面积7745平方米，员工300人左右。商场主营：日用百货、日用杂品、针纺织品、五金交电、工艺品、音像制品、副食品、粮油制品、冷冻食品、干货类食品、烟、酒类、书籍等商品。商场共4层，一楼为招商区域，主要是经营服装、美食、饰品等店铺；二楼为超市入口，主要经营服装、百货、书籍、音像制品等非食品；三楼为食品类销售区域，主要经营水果、蔬菜、水产、肉类、熟食、面包、副食品、保健食品、烟、酒等；四楼为停车场，共有134个免费停车位。

图5-8 诚隆超市（2002年）（区史志办供稿）

易初爱莲连锁超市 位于惠山北麓，盛岸西路2号（碧霞桥堍），于2003年12月17日开业，是泰国正大集团易初爱莲有限公司麾下的第21家连锁超市，有600多名员工，经营面积1.95万平方米，注册资金1450万元。经营品种有针纺织品、鞋帽服装、大小百货、日用杂品、烟酒糕点、包装食品、调味佳品、荤食卤菜、南北干货、干果鲜菜、粮油制品、速冻食品、水产肉类、保健食品、风味小吃、图书报刊、音像制品、炊具厨具、工艺制品、五金交电、钟表家电、电子产品、通信设备、装饰材料等3万多个。超市购置6辆豪华旅游大客车，开通7条线路的免费班车，往返于会北、钱桥、藕塘、洛社、南西漳、石塘湾、牌楼等村镇。易初爱莲惠山店2005年销售额600万元。

图5-9 易初爱莲超市（2004年）（区史志办供稿）

第四章　商贸流通业

第一节　区属商业

1985年，市将部分饮食、服务、糖烟零售企业划归区管理时，北塘区原有的区属企业仅5家，分别是旅馆、五金、百货、粮油及船具用具企业各1家。1987年，市又将百货、供销、土产日杂行业的部分零售企业划归所在区管理，至此，区属商业共有商业企业110多家，总体状况是规模小、营业设置差、抗经营风险能力弱。80年代中后期，针对区属商业企业“五小”（小百货、小糖烟、小饮食、小服务、小日杂）的特点，推行一系列的经营机制改革，调动企业和经营者的经营积极性，促进企业经营效益的提升，职工收入增加，维护区属商业的稳定。

90年代初开始，北塘区实行旧城改造，北栅口、北塘大街、吴桥东路的区属商业网点大部分被拆除。区属商业实施边拆迁边创办的应对措施，在区属商业集中点建设、购置商业网点，兴办北辰商场、无锡鸡粥店、大世界百货公司、鲁发液化气公司等一批商业企业。1995年，区实施“三产兴区”战略，通惠中路的沿街工业企业腾出地块，由区属商业兴办通惠副食品市场，缓解因大面积拆迁等带来的员工安置、职工收入减少等诸多困难。同时，对区属商业扩大经营门类，调整经营结构，起到积极的推动作用。

图5-10　北大街无锡鸡粥店(2000年)(区史志办供稿)

1996年，区属商业继续发展商业网点建设，吉尼斯大酒店、北芳斋美食馆、瑞佳海鲜馆、通惠室内溜冰场等一批有一定规模的企业相继开张营业。区属商业企业对外拓展商业网点，租赁南长区的商业网点，创办曹张综合市场。1997年，列入区重点建设的江尖桥蔬菜副食品市场、炊事机械市场同年完成土建并竣工开业。1998年1月，按四星级酒店标准建设的营业面积1.95万平方米的黄金海岸大酒店开张营业。由此，区属商业的营业面积得到快速扩大，产业结构明显改善，第三产业增加值占国内生产总值比重提高11.7

个百分点。

2000年开始，区属商业企业全面进行产权制度改革，北辰商场率先在区属企业以改制成第一家民营企业。随后，商业供销公司、区第二糖烟公司、区土产日杂公司，第六百货商店等一批企业改制成民营企业，区糖烟公司、时和商厦（由时和布店更名）由糖副公司托管经营，糖副公司随后改制成民营企业。进入21世纪后，除区饮服公司外，其余区直属企业都改制成民营企业。

2001年10月，北塘区贸易局和北塘区计划与经济局合并，成立北塘区经贸局后，不再对区属商业实行行政管理，区属商业由街道实行业务管理。

90年代北塘区商业直属企业情况表

表5-2

单 位	行 业	地 址	性质	备 注
区饮服公司	饮食服务	北塘大街326号后门	全民	成立于1985年
区糖烟酒副食品公司	糖烟	通惠中路239号	全民	成立于1989年，2001年改制为民营企业
区糖烟酒副食品公司	糖烟	北泗路18号	全民	成立于1985年，1998年由区糖烟酒副食品公司托管
区第二糖烟公司	糖烟	五爱北路511号	全民	成立于1992年，2002年改制为民营企业
区百货公司	百货	五爱北路	集体	成立于1985年，1998年由市第六百货商店托管
市第六百货商店	百货	人民西路10号	全民	2002年改制为民营企业
市第八百货商店	百货	吴桥下25号	全民	2000年8月4日并入土产日杂公司
市惠山百货商店	百货	惠山直街	全民	2000年改制为民营企业
区商业供销公司	供销	江尖桥洞	集体	成立于1992年，2001年改制为民营企业
区土产日杂公司	土产日杂	吴桥下24号	集体	成立于1992年，2001年改制为民营企业
区五交化公司	五金装潢	北塘大街326号	集体	成立于1994年，1999年并入商业供销公司
市北辰商场	百货	通惠东路248-252号	全民	成立于1993年，2000年改制为民营企业
区物资公司	物资	大通弄59号	集体	成立于1992年，1999年关闭
三里桥粮贸公司	粮油	小三里桥街	集体	1985年前为三里桥粮行，1992年更名为三里桥粮贸公司
时和布店	百货	通惠中路240号	全民	更名为时和商厦，1998年由区糖烟酒副食品公司托管

第二节 街道商业

一、街道商业概况

80年代初，街道办事处内设商业科，负责商贸企业的管理和规划商业网点建设。90年代，各街道紧紧结合旧城改造和道路开发，融入全区商业网点发展规划，及时调整商品结构，加大投入，更新网点；同时，在加强管理中，拓宽思路，对内深挖潜力，对外引进资金，做大做强商贸服务业。1993年，西新街道银都酒楼有限公司和惠山街道健士美酒品有限公司开业，实现街道兴办合资企业零的突破。1994年，各街道办事处先后成立经济发展总公司，西新街道还投资成立无锡市西新商贸公司，后改为商业公司。

2004年，街道办事处实施政经分设改革，街道经济发展总公司接管企业发展布局、规划等职能；经济管理、统计职能归属街道办事处管理科负责。2005年，街道商贸经济全年完成社会消费品零售总额29.75亿元，比2004年增长24.2%。

二、镇村商业管理

黄巷和山北乡（镇），1982年内设商业科，是乡商业管理机构。1984年，改建为乡商业公司。1997年成立乡第三产业办公室，内设财会统计科和综合科。2002年划归北塘区后，建制由镇改为街道办事处。2004年，随着区内街道办事处整合调整，黄巷和山北街道办事处撤销第三产业办公室，成立经济发展总公司，经济管理、统计职能归属街道办事处管理科负责，企业发展布局、规划职能由经济发展总公司经济发展部接管。

三、山北供销合作社

成立于1961年，原为国营商店，以后转为集体企业，注册资金290万元，营业面积3000平方米。主要经营项目有鞋帽服装、针纺织品、日用百货、日杂家具、副食品、烟酒、棉布被褥、文化用品、办公用具、铝塑制品、五金交电、金属材料、化工原料、建筑材料、汽摩配件、化肥农药、竹柳藤器、农副产品收购。2005年有员工26人，退休职工160人。主要为居住在山北地区的居民和8个村的村民购买日常生活用品服务，为辖区内的企业发展生产和农村的农副产品生产经营销售提供服务。

第三节 辖区内重点商业企业

无锡第一百货（集团）有限公司 成立于1954年，原名无锡市第一百货商店。1996年，成立无锡第一百货（集团）有限公司，下设新一百、交电商场、好买得超市、新交电商厦、新五金商厦5家公司、商场，营业面积5万余平方米，经营业态涉及现代时尚主题百货、家交电专营卖场、连锁综合超市、进出口贸易、仓储物流、房产物业、广告营销等

多个领域。

2004年，一百集团改制后，对原有商品布局及经营结构进行调整，确保经营效益和经营规模一直名列无锡市百货零售业前三位。2005年，一百集团公司年销售额7亿元，拥有3000多个长期合作伙伴，经销国内外500多个著名品牌商品。公司跻身于全国商贸行业五十强，江苏省商贸行业五强之列，并先后获得“全国百城万店无假货示范店”“省文明单位”“省文明行业示范单位”等多项荣誉称号。

黄金海岸大酒店 位于北大街春申路口，是一家集餐饮、住宿、娱乐为一体的涉外四星级酒店。酒店占地面积1.9万平方米，于1998年1月18日正式营业，2000年8月31日正式评定为四星级酒店。酒店主体大楼高12层，共有各类客房181间，拥有多个风格迥异、装饰典雅的中西餐厅，可同时容纳900多人就餐，另配有乒乓室、美容美发、棋牌室、东方丽人KTV会所等娱乐设施。

梨庄大酒店 梨庄大酒店于2003年8月开始建设，2005年9月28日正式营业。共22层，占地1.25万平方米，建筑面积3.2万平方米，总投资1.8亿元。酒店按四星级标准建造，拥有250间客房及可容纳400余人的会议设施，4个风格迥异的中西餐厅可容纳1000余人同时就餐，并设有歌舞厅、桑拿、健身房等休闲娱乐设施，3300平方米的地下室可停放80辆汽车。

第五章 服务业

第一节 传统服务业

浴室 1980年，区内注册的浴室只有吴桥浴室一家，是大众浴室，同时，提供搓背、扦脚服务。1990年，区内第一家休闲浴场——无锡市盛岸休闲苑有限公司注册开业，经营范围有桑拿、按摩等。1994年，社桥浴室、龙宫浴室和五河浴室先后开业，之后逐年都有新开业的浴室，多数是大众浴室。随着市民生活水平提高，1999年以后，综合性、多样性、专业性的休闲浴场不断增多，浴场提供休闲服务，经营范围从浴洗、理发、美容到小吃餐饮、棋牌娱乐等。2003年，区内注册首家专业足浴服务的无锡市江南名淑沐足休闲有限公司。到2005年，全区注册的沐浴业105家，其中大众浴室50家、休闲浴场44家、足浴11家，共有从业人员514人。

理发美容 1986年，辖区内注册领取个体户营业执照的理发店只有2家。另有一些副业性质的家庭业余理发，随着社会发展而自行淘汰，而新开业理发店、专业洗头房和美容院（店）不断增加。2005年年末，全区注册在业的理发店、洗头房达到215家，美容院（店）53家。

便民服务业 1986年，北塘区社区服务业注册经营的有3家，经营业务为自行车修理、鞋类修理。到2005年年末，注册在业的社区服务业总户数有940户，注册资本5112万元，从业人员2420人，服务门类亦有所扩大。

家政服务业 家政服务始于民间自助，俗称“家庭帮工”。随着经济建设的发展和人口的老龄化，家政服务需求量与日俱增，渐从民间走向社会。1991年，北塘区注册登记第一家专业介绍家政服务的服务部。2000年，家政服务业正式成为一个新兴职业，被劳动和社会保障部纳入国家95种职业技术工种序列。2005年年末，全区注册在业的家政服务部有26家。

洗染 1986年，市民洗衣多数是在家里洗，当时，全市城区洗染店仅有5家。北塘区至1992年有第一家注册登记的洗染店。1995年，区内山北人人电脑洗烫店和晓武电脑干洗店注册。此后，新开业的洗染店逐年增加，至2005年，全区已有洗染店42家，总注册资本458万元，从业人员200人。

修理 1976年，北塘区江阴巷口有个鞋包拉链修理摊，摊主焦玉梅在1982年正式领取名为“无锡市满意日用杂品修理店”的个体户营业执照，成为无锡市第一批从事修理业的个体工商户，2003年在无锡市华锦大厦旁建立修理亭，是专设的便名服务点。

修理业随着居民生活水平的提高，修理项目在调整中嬗变，许多传统的修理业例如补铁锅、修木桶等逐渐消失。但是，修理家用电器、修理摩托车、电动车、修理汽车等行业却随着时代的发展而成为热门。1990年，辖区内第一家家用电器修理部注册。到2005年，领证照在业的已有33家。1993年，辖区内有了第一家注册在业的摩托车专业修理部。汽车修理，1992年前是面向各单位服务的；1993年，无锡市有了私家汽车而且逐年以万辆的数字递增，辖区内修理部也不断增多，从1992年的5家发展到2005年的34家。

1986～2005年，辖区内各种修理业，从修自行车、眼镜、钟表、缝补和修锁配钥匙到修理家用电器、手机、电脑、汽车等，门类众多，应有尽有。全区注册登记的修理业从1986年的3家，增加到2005年的248家，总注册资本1356万元，从业人员554人。

照相扩印 辖区内第一家正式注册营业的民营照相馆开设于1990年，同时还兼营照相器材的出租和维修。随着彩色照相的普及，注册登记的照相业有了较快发展。21世纪初，数码摄影进入百姓生活，照相馆单一的摄影渐变成冲印、摄像及制作光盘等多项服务。其间，吴桥摄像摄影部开设时就高起点购进高端照相设备，满足不同顾客的不同要求，从一般工作照、生活照、结婚照、团体照到家庭摄像，都能提供服务，并经常应约到南京、苏州和上海等地拍摄大型团体照。2005年，区内照相扩印在业的34家，从业人员123人。

图5-11 西门桥堍国际照相馆（1994年）（区史志办供稿）

缝纫 80年代，居民们还是习惯于请裁缝制衣，当时，民间裁缝很多，都是家庭经营。后来，购买成衣渐成居民们主导选择，民间裁缝逐步自然减少，有的转向为居民们缝补、锁边为主，而一些技艺高超、精工细作的裁缝仍有市场。2000年，北塘区注册登记第一家专业裁剪缝纫店，到2005年，在册专业裁剪缝纫店有10家。

收购废旧物品 收购废旧物品多见一人一车流动于居民区，以收购旧报纸、废纸盒为主。2000年，辖区内注册登记第一家废旧物资收购店，并且逐年增加。到2005年，注册在业的24家。同时，流动在居民区收购废旧品者依然存在。

第二节 现代服务业

汽车美容 1996年成立无锡市北塘区山北金轮汽车装潢部，1999年和2001年先后成立无锡市北塘区黄巷东城汽车装潢店、无锡市磊磊汽车装潢服务部，都是以汽车维修为主、兼营汽车美容的企业。2002年，无锡市北塘区宏图汽车美容店注册，是区内第一家从事汽车美容的专业店。到2005年，北塘区注册的汽车美容店有4家。

搬家公司 1992年6月，无锡市黄巷乡共青团干部王畅鸿辞职“下海”，靠两辆板车代客专业搬家。经过7年努力，至1999年，注册登记城区第一家专业搬家公司—无锡市迅达搬家运输公司，使搬家形成专业化运作的新兴服务业。至2005年，该公司已形成有40辆汽车、150多名员工的规模。2005年，北塘区注册在业的专业搬家公司有5家。

婚庆礼仪 2000年，注册资金30万元、有8名从业人员的首家专业婚庆礼仪服务公司—无锡市许星明礼仪策划有限责任公司在辖区内注册登记。到2005年，区内在册经营的专业婚庆礼仪服务公司有6家。

丧葬服务 民间料理丧葬事务，长时期来都是殡仪馆服务。2003年，注册资金50万元的无锡市平安殡仪服务有限公司在北塘区注册登记，成为无锡市第一家经营殡葬服务和丧葬用品的公司。原来由殡仪馆专营的骨灰盒制造也列入公司的经营范围，打破了一家专营的殡葬服务格局。

中介服务业 2002年，北塘区注册登记第一家经济信息咨询的中介服务公司。2003年，北塘区经纪人协会成立，全区中介服务业发展进入新阶段。到2005年，全区有包括经济信息咨询、房屋租赁、职业中介、婚姻中介和自费出国留学咨询等各类中介服务公司（部）27家，有持证经纪人804人，其中信息44人、房产354人、劳动力66人、运输92人、广告115人、旅游11人、技术122人。

第六章 传统名店

第一节 形成与发展

辖区内真正老陆稿荐熟肉店、徐嘉和茶食店、大吉春参药店、状元楼菜馆等都是百余年的老店，商德信誉高；其所生产、经营的商品，货真价实，并各有独特工艺或传人，其生产、经营的商品是经受历史考验、社会承认和公众认可的名品。解放后，随着市场环境的变化，有些名店滞后于时代的前进，产品不求创新，因循守旧，渐渐失去竞争的优势。在改革开放的大潮中，一些名店焕发活力，在政府大力扶持下，经过改组整合，扩大规模，生产上充分发挥自身独特优势和原有特色的基础，进一步优化工艺，积极创新，增加新品，提升了"老字号"名店整体发展水平，成为新时期行业中的"领头羊"。1993年，无锡市财贸办公室制定出台《无锡市名牌、特色、老字号评选活动实施办法》，在全市开展无锡市名牌、特色、老字号商店评选活动。辖区内真正老陆稿荐熟肉店、第四副食品商店徐嘉和茶食店、大吉春参药店等商店在1994～2000年分别开展的四届评定工作中，先后被命名为无锡"名特老"商店。

第二节 名特老商店

一、区属名特老商店

状元楼菜馆 民国8年（1919年）春，林勤轩租赁两开间门面的店铺，开办长春阁面店，林任店主。有餐桌13张，经营三鲜大面和大肉馒头，早上兼卖茶水，夜间设盆汤供浴。

民国26年（1937年）11月，日军进攻无锡时长春阁被焚。次年，林勤轩会同陆贵山、朱秉廉等合股，集资4500元，在原址扩建3开间门面楼房一幢，取名"状元楼菜馆"。是时，上下堂口放餐桌24张，并可套上圆台面，早晨仍经营面点和茶水。因状元二字吉利，状元楼营业日趋兴旺。

民国35年（1946年）12月，状元楼菜馆由林勤轩独资经营，改名为"状元楼勤记菜馆"。

状元楼菜馆烹饪苏锡风味菜肴，著名菜肴有尼庵面筋、清蒸石鸭、老烧鱼、四喜面筋、鸡汁脍四宝、蝴蝶海参、脆鳝、软鳝、炝虾、白汤鲫鱼、奶油蹄筋、爆川等10多种。状元楼地处水陆交通方便的莲蓉桥、四大市场（大河池米市场、江阴巷纱布市场、长安桥豆油市场、黄金露天市场）的交汇点，早晨，山地货行和各业市场客商登楼吃茶谈生意、吃早点；中市和夜市有厂、商老板陪请客人，设宴招待；“黄道吉日”办喜庆筵席，宾客盈门；平时，城内外的绅商富户，为儿女举办“汤饼筵（满月酒）”或“期岁（周岁）”筵，都喜欢到状元楼举办，以讨吉利。当时有“水陆交通莲蓉桥，万商云集状元楼”之称。状元楼成为无锡八大菜馆之一。

图5-12 壮元楼复建开业（2000年）（区史志办供稿）

1956年1月，状元楼菜馆实行公私合营，但仍保持传统经营特色，营业额逐年上升。1968年改为大众楼菜馆。1981年恢复原店名。创新菜肴有软炸里脊、琵琶虾、芙蓉鸡球、整菇鸡球、赛莲蟹、玻璃鸡等。

90年代，地处莲蓉桥的状元楼菜馆地块拆迁，迁入建设新村，至拆迁时关闭。

2000年，状元楼菜馆更名为状元楼大酒店，为民营企业，在青石路、春申路扩建后重新开业。2005年状元楼营业收入230万元，职工130人。

时和布绸呢绒商店 时和布绸呢绒商店创建于清同治六年（1867年），由钱仲坪、朱荫轩合伙创办，经营染色、复制土布和放布。货源主要来自本邑、江阴、常熟农村，有职员10人。

光绪九年（1883年），迁址北大街10号。迁址后，经营扩大，除经营土布外，增加经营白洋布、丝罗缎、羽毛织品，改名时和绸缎庄。年营业额七八千元。

光绪二十四年，陈蓉斋接盘。辛亥革命前后，澄、虞农村手工织机改为铁木机，放布质量佳，受人欢迎，年营业额上升至12万元～13万元，职工增至15人。

民国6年（1917年），陈蓉斋之子陈蕙荪继任店主，业务迅速发展。民国14年，营业额40万元，盈利近4万元。至抗战前夕，年营业额在50万元以上。拥有商品25万元，职工54人，成为无锡布绸业的巨头之一。

民国25年（1936年），陈蕙荪购进后造薛有端地基一分四厘四，建五层新楼，翌年落成。同年，日军侵占无锡，时和新老店房被焚。资金损失过半。民国27年，在大市桥设同生店、在坛头弄设新生店，批零兼营。同年冬，又在原址重建五层楼房，增设批发部，恢复新装部，并设有广播电台，进行广播宣传（至解放初期关闭）。

1950～1951年，企业面临困难，职工主动减薪两次，并筹款支持企业。1953年，营业清淡，区工商联及布绸同业公会发起同业互助，帮助时和渡过困难，店内职工再次主动减薪。1955年12月17日，时和在全市商业行业率先公私合营，店名为“公私合营时和布绸店”。

1956年1月17日，原大成、九纶、泰丰丝棉店合并到时和。1958年上半年，时和划北塘区管理。同年，日新、北塘东街五星布店、北大街天章、大华百货商店、建业化工商店、文汇文化用品商店、盛大衣庄、群益百货店等8家商店与时和合并。不久，北塘金银合作加工组和培廉两家小百货店、华德利钟表店也并入时和，店面从北大街小郝弄起，到第四副食品店止，有十三开间，改名“时和百货商店”，设绸布部、百货部、化工部、文化用品部、衣着部、钟表部、金银饰品组以及北闸街分店、三里桥分店，人员231人，流动资金26.11万元，库存商品50万元。是时，成为区唯一大型百货商店。

1959年9月，丽新纺织印染厂所办服装加工厂移交给时和，时和设服装加工场；并抽出部分资金及人员，开办东风电讯器材厂、华兴制尺厂（南长文化用品厂）、北塘胶木厂（无锡计算机厂）、北塘木器厂（无锡家具二厂）、天马化工厂（后转入华兴漂炼厂，无锡造漆厂）。1962年，原合并入时和的企业都相继分离出店，恢复原企业，绸布部即恢复为时和布绸呢绒店。1965年，营业额为156万元。

1966年下半年，“时和”改名为“红卫布店”，从中百公司划出，隶属于“红卫片红卫块”。1966～1975年，平均年销售额为130万元，1975年6月，“片、块”撤销。

1976年，恢复国营时和布绸呢绒商店名称。1980年年末，时和改为无锡市纺织品工商联营销售门市部，划归无锡纺织品站代管。1981年元旦开张营业，商业利润18.8万元，纺工利润23万元（与纺工分成部分）。1982年，商业利润11.2万元，纺工利润13.6万元，人员57人。

1983年12月，时和与纺织品站脱钩，归属市百货公司领导，年利润20万元。1984年9月，时和增加经营批发业务。1985年，营业额470.5万元，其中零售营业额256.7万元。有职工52人，经营品种有纺织、针织品、服装等。1987年，时和布店划归北塘区管理，是区商业局直属企业。1994年，北大街拆迁，时和布店易地通惠中路，更名为时和商厦，店名由张爱萍将军亲笔书写。通惠中路拆迁后关闭。

第四副食品商店 第四副食品商店原名徐嘉和茶食店，开设于清光绪二十四年（1898年），创建人徐锦文。主要经营自产苏式糕点。

徐锦文原在北塘源隆茶食店当学徒。当时北塘一带米市兴盛，经营茶食糕点业有利可图。徐锦文召集兄弟5人筹资，分成8股，自认4股，租借笆斗弄1号王恒兴茶食店（及生产工具），开张营业。为体现兄弟5人同心协力、和气生财，取店名为“徐嘉和”。经过10余年精心经营，资本逐步积聚。清宣统三年（1911年），盘得莲蓉桥北堍的谷春香茶食店，取名徐谷香茶食店。民国25年（1936年），徐锦文独资经营徐嘉和茶食店。同年，徐锦文病危，该店遂由其侄孙徐良佐经营。徐良佐注重扩大四乡批发业务，不断提高产品质量，树立商店信誉。民国35年，徐良佐与南货业老板陈松泉合开大福、大德、大来糖栈，并在顾桥港开设稻香德碱厂。同时，无锡城内天福、瑞芝斋、稻香村、一品香等18家南货茶食店都有徐良佐的股金。其时，徐嘉和茶食店已成为无锡茶食业的巨头。

解放初期，徐嘉和茶食店经营不善，经政府帮助才得以维持。1956年1月，徐嘉和茶食店公私合营，有职工25人。1957年年末至1958年8月，光明、隆兴昌、永昌、无锡饼干工场国泰门市部、大华、惠山等糖果食品店并入徐嘉和茶食店，成为北塘区店，下设12个门市部，有职工167人。1962年，增设清真专柜（后划出单独成立清真食品商店）。商店工场与其他食品店工场合并，成为徐嘉和茶食店大工场（新民食品厂前身）。1964年徐嘉和茶食店改名大明副食品商店，实行独立核算。1966年“文化大革命”时，改名卫东副食品商店。1967年改名第四副食品商店。1979年以后，第四副食品商店恢复传统食品，发展新品种；更新工场设备。改善商店经营条件，业务范围扩大。1980年，被评为市“最佳商店”。1981、1982年，被评为市“优秀商店”。自产的苏式百果月饼获全省第一名。1985年，由市商业局管理下放到北塘区商业局管理。1985年，该店有职工62人，营业、生产面积400平方米，年营业额360多万元。

图5-13　第四副食品商店（徐嘉和）加工场（1996年）（区史志办供稿）

第四副食品商店的苏式糕点驰名沪宁线。著名的品种有椒盐桃片、荤油米糕、各色酥糖、特制雪片糕、优质杏仁酥等。茶食糕点具有松、脆、酥、香、甜、糯的特色。

90年代，北大街地块拆迁，第四副食品商店迁至通惠中路易地经营，至通惠中路拆迁后歇业。

二、辖区名特老商店

无锡真正老陆稿荐肉庄有限公司　真正老陆稿荐是无锡百年老店，由无锡陆步高夫妇创立于清同治年间。由于质量上乘，声誉极佳，旧时常有冒用其名者，故于20年代后期改名为“真正老陆稿荐”。1956年公私合营，改名为“公私合营真正老陆稿荐肉庄”。1991年，门店后加工场易地到食品公司内建真正老陆稿荐工场间，从而彻底改变了前店后坊的生产模式。1994年在全市建立连锁店，先后有33家。2005年改制后，真正老陆稿荐进行新一轮改造，引进新设备，生产能力大幅提升，肉类熟食系列产品年生产、销售达2500多吨。

大吉春参药店 大吉春参药店建于清同治四年（1865年），以其“药材道地、丸散考究、品种齐全”的经营之道，在民间赢得广泛声誉，深受民众信赖。解放前夕，社会动荡，物价飞涨，大吉春参药店陷入困境，勉强支撑。无锡解放后，经人民政府扶持，逐步走出困境。1956年1月，改为公私合营大吉春参药店。1958年，全市供应网点调整，中西药店合并，老大年中药店和正威药店等并入大吉春参药店，店址由北大街布行弄迁至北大街25号，改名为北塘区医药中心店门市部。1966年8月，又更名为国营红旗参药店。1980年，店名恢复为大吉春参药店，经营中西药和医疗器械。1990年，北大街拓宽改造，大吉春参药店投入174万元，在原址后面新建占地面积999.7平方米的大楼，传承百年老店。1998年，在无锡市第三届老字号店评定中评定为老字号商店。2000年，大吉春参药店成为无锡山禾集团健康参药连锁有限公司成员店，并在第四届老字号商店评定中再次评为老字号商店。

无锡市惠山油酥食品厂 是已有100多年专业生产惠山油酥历史的特色商店。惠山油酥最初名重油烧饼，清代改称金刚肚脐，无锡解放初始称惠山油酥，1963年正式定名。

清末，金刚肚脐逐渐成为无锡著名土特产之一。无锡解放前，惠山地区的金刚肚脐经营店坊大多由朱姓开设，无锡俗称“朱一角，蔡半塘”中的“朱一角”即指此。朱姓店坊有朱顺兴、朱德昌、朱永昌、朱源泰等，另有曹姓店坊芝香村、永字村等；其中除朱顺兴外，其余都兼营杂货，且香汛过后即停产金刚肚脐。“朱顺兴”字号的髹金“朱顺兴重油烧饼”店招一块实物尚存，由朱氏后人朱雪璋收藏。1956年，朱顺兴等私营店坊合并，初用朱顺兴店名，1958年改为惠山糖果店，前店后坊，主要以手工制作惠山油酥及一些普通糕点，生产规模逐年扩大。

1976年后，惠山油酥产量骤增。1979～1982年春节期间市区实行凭券供应，每户0.5公斤。1980年，惠山糖果店后坊工场扩建为无锡市惠山油酥食品厂，1981年8月正式投产，生产品种有所扩展：有糕点、糖果、饮料、炒货4个大类近100个品种。因产量不断扩大，惠山油酥加工改用机械制作，口感及风味特色稍逊以往。1982年惠山油酥食品厂惠山油酥产量为240吨，用“金刚”牌商标。

1979年后，惠山油酥多次被评为江苏省名特产品、商业部优质产品，获江苏省优质产品奖，被人民大会堂定为招待国宾的茶点之一。

翠云斋梨膏糖店 是由无锡著名民间艺人周福林于民国21年（1932年）开办的老字号梨膏糖店。民国10年，江阴顾山周东庄人周福林到上海拜“小热昏”第二代传人陈国安为师说唱“小热昏”，并到上海朱品斋梨膏糖店学习梨膏糖制作技艺，民国

13年回到无锡自立门户说唱卖梨膏糖。30年代初积累一定资本后，他在无锡周山浜广勤路开设翠云斋梨膏糖铺，成为无锡市第一家自制梨膏糖的店铺。他还专门请教“王大生”坐堂名医陈豫康，研制多种药用梨膏糖新品种。90年代初将梨膏糖传承给自己的子女，在锡惠公园等地设摊，并恢复“翠云斋”的名号进行经营。

第六编

对外及对港澳台经济贸易

1986～2005年，北塘区对外及对港澳台经济贸易得到很大发展。80年代，对外经济贸易管理体制条块分割，区属外经外贸体量较小。

1986年区属外贸出口产品产值、外贸收购额、创汇列无锡市三城区之首。1990年，兴办第一家区属中外合资企业，此后，又陆续兴办了几家。1995年，区首次组团到境外招商引资；1997年，区火炬服装厂成为自营出口企业。2001年，建办私营经济园区及对外经济园区，扩大了对外招商引资规模。

2002年，市郊区黄巷、山北两个乡镇和刘潭街道划入北塘区，全区“三外”工作（对外经济、对外贸易、利用外资，简称“三外”）得到扩展，贸易出口量增加。2003年，引资规模扩大，马来西亚东南物流运输有限公司建办新东南物流有限公司，总资产超过1亿元人民币，项目总投资650万美元，注册资金328万美元。获市2003年度利用外资先进单位荣誉称号。2004年，区政府进一步加大政府引导和工作力度，全区新批外商投资项目34个，到位注册资金3886万美元，提前完成市下达的“三外”指标。

至2005年年末，全区有“三资”企业（中外合资经营企业、中外合作经营企业、外商独资经营企业，简称“三资”企业）75家，注册外资1.28亿美元，实际利用外资1.28亿美元，自营出口总额4.75亿美元。

第一章 管 理

第一节 机 构

1986年，北塘区进出口贸易依托无锡市、江苏省等有关外贸公司代理，对外贸易的相关职能都由区计经委代为行使。1990年9月，成立北塘区对外经济贸易委员会（简称区外经委），与区计划经济委员会合署办公，负责协调、指导全区对外经济、贸易管理方面的工作。1992年9月，成立区对外贸易公司，隶属区外经委领导。1996年10月，在计划与经济局内设外经科，具体承担对外经济贸易业务工作，挂区对外经济贸易局牌子。2001年10月，区计划与经济局和区经济贸易局撤并，组建区经济贸易局，挂“区对外贸易经济合作局”牌子，到2005年不变。

第二节 管理与服务

1988年，区委、区政府先后制定《关于发展我区向外型经济的若干规定》和《关于鼓励企业出口创汇专项奖励规定》，明确发展外向型经济的政策措施，加强对发展外向型经济的引导和扶持。

1990年，区政府与皮件厂等6家外贸出口企业签订发展外向型经济目标责任状。在召开全区工业系统上半年“双过半”总结表彰会上，表彰4家外贸出口“双过半”单位，并兑现奖励。1992年，区贯彻“外贸、外资一起上”的方针，进一步拓宽外向经济领域，利用外贸开办合资企业，与香港地区有关公司合资建办昌隆皮件有限公司。1993年，区坚持“引内联，多渠道，上规模”吸引外资，兴办“三资”企业，从提高企业素质入手，引进和培训发展开放型人才，重视吸引大专院校、科研单位转让技术成果，联合开发新产品，并在6月首次举办外资经贸洽谈会，有70多名客商汇集北塘。1994年，区制定有关引进台资的政策问答，广泛宣传，吸引台商投资办企业。1995年，区首次召开“三外”工作会议，进一步完善加快开放型经济发展的政策措施，区政府与有关职能部门、企业单位签订“三外”目标考核责任状，加大考核力度。同年，首次自行组团出国招商引资。2002年，为配合区组团赴日招商，区有关部门编印日文版《招商指南》。2005年，区依据有关法律条款，协同市工商、海关、外汇管理、国税、地税、财政、计经等部门，做好对“三资”企业的年检工作，为区的“三外”工作提供服务。

第二章 对外及对港澳台经济

第一节 招商引资

1991年，区委、区政府积极推动发展外向型经济，走出“家门”，组织考察小组，到设在海南、深圳的特区窗口企业——江海包装实业有限公司进行实地考察。1992年，区委、区政府组团参加市赴深圳外向型经济座谈会。会议期间，区和20多家国外（境外）客商进行接触和洽谈，谈成合资意向项目7个，总投资1652万元。1993年，区举办外资经贸洽谈会，与会的有海外8个国家和地区的56家公司及70多名台商，签约利用外资项目总意向书18份，总投资5586万美元，协议利用外资3064.6万美元。12月，北塘区成立海外联谊会。年末，区参加市城区工作学习考察团到苏州、上海考察发展“三资”企业情况，学习先进经验。

1994年，区委、区政府召开“三外”工作会议。同年8月，区组团赴泰国、中国香港地区招商引资，签订经济合作项目5个，总投资3519万美元，协议利用外资2662.2万美元。这是无锡首次由城区单独组团赴境外招商。1995年，多次参加市组织的赴境外招商活动，签订一批合资合作项目意向，外贸工作在城区领先。全年新增外贸企业11家，新增出口商品品种15个。全年实际利用外资356万美元，比上年增长19.7%。1996年，区属商业利用外资实现零的突破，全年创办三资企业3家。外经工作取得新进展，成功开办1家注册资本50万美元的境外合资企业。

2000年，区召开学习考察大连、温州、苏州专题报告会，学习兄弟城区发展开放型经济经验，争闯开放带动的发展路子。同年，来自台湾的好又多大型超市落户北塘区，总投资8500万元，成为锡城北片市民现代化的购物场所。2001年，全区在发展中突出招商引资，提升区域经济的开放度，全年引进境外、区外各类企业450家，总注册资金2.45亿元。2002年，黄巷、山北两镇划归北塘管辖，招商引资空间扩大，外商投资形式也有新的变化，利用外资在一、二、三产业、城市建设和社会事业等领域全方位突破，利用外资的主体由原来的乡镇扩展到街道、机关部门和私个企业。4月，北塘区组团参加无锡市政府组织的“无锡旅情”大型赴日经贸文化交流活动，签订一批投资意向和协议，超额完成市政府下达的招商任务。其中刘潭集团与东工KOSEN株式会社签约的汽车气囊项目，计划总投资1000万美元，注册资本500万美元，可年产汽车气囊300万个，年销售6000万美元，产品90%以上出口。全年新批外资企业21家，引进外资项目24个，其中超千万美元项目4个。全区合同利用外资5527万美元，实际利用外资完成2095万美元。

2003年，北塘组织招商分团，随无锡市大型经贸招商团，分别在韩国、日本参加一系列的经贸招商活动，签订合作协议、意向项目6个，合同利用外资1950万美元，注册资本1410万美元。所签项目以纺织、机械类为主。同年，区加大境外招商力度，先后组团10批赴日、韩、欧美等地招商引资。全区新批外资企业21家、外资项目24个，其中超千万元项目5个，到账注册外资2700万美元，比上年增长28.9%。

图6-1 投资贸易说明会（2002年）（区史志办供稿）

2004年，区自行组团赴港，举行以现代服务业招商为主的2004北塘—香港（CEPA）推介会。签订外资项目18个，协议利用外资1.994亿美元。利用外资创历史新高，引进注册资金18亿元，比上年增长32.35%。2005年，参与市举办的第三届太湖博览会暨太湖国际经贸节，区邀请来自中国香港地区、新加坡、中国台湾地区的77名客商举行恳谈招商，签约14个投资项目，总投资超过4亿美元。同年，区还组团赴宁波、佛山、漳州三地举行招商活动，签订18个项目，引资14.87亿元。全年新批外资项目21个，其中超千万美元项目5个，完成协议注册外资9410万美元，实际到位注册外资3692万美元。

第二节 利用外资及港澳台资

一、中外及港澳台合资企业

1987年，无锡梅思安安全设备公司与美国矿业安全生产设备公司合资生产销售劳动安全防护仪表等产品，总投资505.21万美元，实际利用外资454万美元。1991年，无锡太平洋针织有限公司与中国香港地区东亚太平（出口）有限公司合资生产销售针织制品，总投资314万美元，实际利用外资171.6万美元；无锡东联制衣有限公司与日本东京KOSEN株式会社合资生产棉、麻、混纺、化纤服装产品，总投资285万美元，实际利用外资140万美元。

1992年，全区利用外资快速发展。全年举办合资企业5家：无锡盛发制刷有限公司与香港湘伟实业有限公司合资生产各类刷子，总投资42万美元，实际利用外资10万美元；无锡国泰彩印有限公司与中国香港合联投资有限公司合资生产销售复合膜、粘胶带等产品，总投资1500万美元，实际利用外资200万美元；无锡华义贴体包装有限公司与台湾九义股份有限公司合资生产销售吹塑薄膜、贴体包装专用纸板等产品，总投资85万美元，实际利用外资29.8万美元；无锡加利体育用品有限公司与香港伟泉发展有限公司合资生产销售体育旅游包装、组装滑雪眼镜等，总投资70万美元，实际利用外资12.5万美元；无锡宏广电容器有限公司与香港相互投资有限公司合资生产中、高压电容器、洗衣机配件等产品，总投资480万美元，实际利用外资105万美元。1993年批准或开业中外合资4家：无锡嘉菱医药有限公司与香港嘉达贸易公司合资生产片剂、胶囊剂、颗粒剂等产品，总投资100万美元，实际利用外资17.5万美元；无锡开毅装饰有限公司与香港毅时发展有限公司合资经营建筑装饰、装修工程施工业务，总投资80万美元，实际利用外资260.6万美元；无锡大荣国商连印染有限公司与日本大荣株式会社合资生产销售真丝围巾、纺织印染百货等产品，总投资70万美元，实际利用外资30万美元；无锡恒佳纺织染整公司与香港丰泰实业有限公司合资生产销售染色纱和印染布产品，总投资120万美元，实际利用外资29.4万美元。

1994年，举办合资企业3家：无锡东亚毛纺织有限公司与日本东亚纺织株式会社合资生产销售精梳毛纺产品，总投资125.7万美元，实际利用外资556.6万美元；无锡宗野印染有限公司与港商唐黎明合资生产印花纺织品及服装产品，总投资42万美元，实际利用外资12万美元；无锡博敦国际汽车维修有限公司合资承接进口汽车和工程机械的保养维修业务，总投资35万美元，实际利用外资12.5万美元。1995年举办合资企业2家：无锡日新时装有限公司与日本佳金物产株式会社合资生产销售服装及辅料等产品，总投资165.5万美元，实际利用外资94.6万美元；无锡贝嘉服装有限公司与日本中平伸子合资生产销售体育用品、箱包、服装等产品，总资产52.05万美元，实际利用外资29.51万美元。1996年举办合资企业2家：无锡普华镀业有限公司与马来西亚金狮特明有限公司合资处理各类电镀业务，总投资252万美元，实际利用外资61.5万美元；无锡美而特服装有限公司与香港斐尔德集团投资有限公司合资生产针织品、纺织品服装、总投资28万元，实际利用外资6.6万美元。1998年举办合资企业3家：无锡三协粉末涂料有限公司与韩国建设化学工业株式会社合资生产、批发粉末涂料，总资产120万美元，实际利用外资90万美元；无锡天鹅精密铸造有限公司与日本玛纳精密铸工株式协会合资生产铸件、模具等产品，总投资1050万美元，实际利用外资145万美元；无锡双惠针织服装有限公司与香港斐尔德集团投资有限公司合资销售各类服装，总投资88万美元，实际利用外资46.54万美元。1999年举办合资企业2家：无锡小天鹅清洁设备有限公司与香港小天鹅有限公司合资生产环型干洗设备等，总投资400万美元，实际利用外资100万美元；无锡东风木业有限公司与外商郭启莞合资生产木制品，总投资142万美元，实际利用外资70万美元。2000年举办合资企业3家：无锡新东方服装有限公司与外企科尔希投资有限公司合资销售服装，总投资137万美元，实际利用外资31.04万美元；无锡源隆手套制品有限公司与美国彼廉姆工业公司生产销售针织手套、橡胶手套，总投资20万美元，实际利用外资13.5万美元；无锡威鹰服装有限公司与月科希威尔投资有限公司合资生产销售服装，总投资252万美元，实际利用外资124.92万美元。

2002年，举办合资企业2家：无锡新东南物流有限公司与马来西亚东南控股有限公司合资普通货运、仓储服务和集装箱运输等，总投资656万美元，实际利用外资196.8万美元；无锡隆华织造有限公司与新宝纺织有限公司合资生产工程用特种纺织品等，总投资100万美元，实际利用外资18万美元。2003年举办合资企业7家：无锡飞洋织造制衣有限公司与外商葛长铭合资生产高档织造面料等，总投资700万美元，实际利用外资105万美元；无锡市东方液压件制造有限公司与香港大丰国际有限公司合资生产液压件、气动元件等，总投资82.11万美元，实际利用外资20.42万美元；无锡和丰标准件有限公司与香港充联贸易有限公司合资生产加工五金件、紧固件等产品，总投资24万美元，实际利用外贸7.3万美元；无锡仲城房地产有限公司与香港亿达控股有限公司合资无锡市火车站站前地区的房地产开发、合资经营房地产业务，总投资21700万美元，实际利用外资3928.65万美元；无锡斯达伯特电源技术有限公司与新加坡自然资源有限公司合资生产电源、电子测试器等产品，总投资125万美元，实际利用外资51.1万美元；无锡奥文电子有限公司与新加坡客商林庆文合资生产设计加工通讯配套设备等，总投资31万元，实际利用外资10万美元；无锡联友混凝土有限公司与外商永盛有限公司合资生产销售混凝土制品，总投资175万美元，实际利用外资37.5万美元。2005年举办合资企业4家：无锡意黛喜家用电器有限公司与卢森堡意黛喜有限公司合资生产洗碗机及其配件产品，总投资1800万美元，实际利用外资952万美元；无锡卓尔阀业有限公司与外商熊渝斌合资自动控制阀品等产品，总投资25万美元，实际利用外资10万美元；无锡福莱克斯纺织品有限公司与日本福莱特株式会社合资生产服装产品，总投资83.6万美元，实际利用外资14.63万美元；无锡奥利杰科技有限公司与客商陈清国合资开发软件设计产品，总投资70万美元，实际利用外资20万美元。

二、外商及港澳台独资企业

1994年，全区有外商独资企业3家：无锡罗地亚精细化工有限公司，为罗地亚投资公司独资生产表面活性剂提供产品技术服务，总投资1300万美元，注册资本600万美元；无锡华泰塑料制品有限公司，为康宁实业公司独资生产销售塑料制品等产品，总投资32万美元，注册资本23.09万美元；无锡三和塑料制品有限公司，为日本株式会社东京衡机制造所独资加工装配注射件、模具产品，总投资340万美元，注册资本237.5万美元。1995年新增独资企业3家：无锡宏昌粘胶带有限公司，为香港宏昌职业有限公司独资，生产粘胶带产品，总投资78万美元，注册资本70万美元；无锡兆宏礼品文具有限公司，为外商黄月贞独资，生产销售文具用品，总投资420万美元，注册资本300万美元；无锡奎克化学有限公司，为丹麦锡奎克化学有限公司独资，生产冷热轧油、防锈油，总投资363万美元，注册资本258.4万美元。1996年新增独资1家：无锡年代动画制作有限公司，为外商谢金度投资，设计制作动画、玩具设计产品，总投资11万美元，注册资本11万美元。1998年新增独资企业1家：无锡玉石精细化工有限公司，为罗地亚工业有限公司独家投资，生产销售邻甲氧基苯酚产品，总投资1825万美元，注册资本730万美元。2001年新增独资企业2家：无锡信润纺织品有限公司，为外商余志清独资，生产针织、服装产品，总投资50万美元，注册资本35万美元；无锡茂泰特种门有限公司，为株式会社茂泰国际独资，生产高档装饰装潢材料，总投资500万美元，注册资本300万美元。2002年新增独资企业2家：无锡宝岛彩印有限公司，为外商吴家昇独资，生产服装、印花产品，总投资28万美元，注册资本20万美元；无锡素康步咨询服务有限公司，为外商稻角秀吾独资，提供经济信息、投资咨询等项目，总投资10万美元，注册资本10万美元。2003年新增独资企业4家：无锡新里程房地产咨询有限公司，为萨摩亚新里程国际有限公司独家投资，生产加工五金件产品，总投资29万美元，注册资本29万美元；无锡百乐薄板有限公司，为中北国际有限公司独资，生产冷轧带钢、薄板产品，总投资1000万美元，注册资本500万美元；无锡罗地亚香料有限公司，为罗地亚投资公司独资，生产设计、加工通配套设备等产品，总投资470万美元，注册资本235万美元；无锡显华机械制造有限公司，为宝华有限公司独资，生产加工普通机械配件等产品，总投资10万美元，注册资金10万美元。2004年新增独资企业5家：无锡志成皮件有限公司，为香港友基企业有限公司独资，生产皮件、缝纫制品等产品，总投资12万美元；无锡天越机械制造有限公司，为美国客商金晓兵独资，生产各类工业、民用五金件等产品，总投资28万美元，注册资本20万美元；无锡顺驰不动产网络有限公司，为顺驰房地产经济集团有限公司独资，经营房地产信息、咨询等项目，总投资40.6万美元，注册资本28.61万美元；无锡格林豪泰酒店有限公司，为格林豪泰酒店管理有限公司独资，经营住宿、中餐项目，总投资280万美元，注册资本200万美元；无锡汇贸制衣有限公司，为客商黄笑嫣独资，生产各类针织，服装等产品，总投资28万美元，注册资本20万美元。2005年新增独资企业6家：无锡新龙精密金属有限公司，为财日控股有限公司独资，生产精密不锈钢等产品，总投资90万美元，注册资本75万美元；无锡泰创工业设备安装有限公司，为梯梯依国际有限责任公司独资，生产工业设备及净化设备安装项目，总投资70万美元，注册资本50万美元；无锡杰斯特科技有限公司，为客商陈清国独资，生产光机电一体化产品的研究、开发项目，总投资30万美元，注册资本21万美元；无锡亲心食品有限公司，为台湾安夏企业有限公司独资，经营肉灌肠、肉糜制品项目，总投资10万美元，注册资金10万美元；无锡龙翔绣品有限公司，为香港龙翔控股有限公司独资，生产纺织品、服装项目，总投资35万美元，注册资金25万美元；无锡美亚酒店有限公司，为美国资产管理有限公司独资，经营住宿、餐饮及会务项目，总投资200万美元，注册资本150万美元。

1987~2005年北塘区总投资50万美元以上中外及港澳台地区合资独资企业情况表

表6-1 单位：万美元

合资年份	合资、外商独资企业名称	总投资额（万美元）	合资方	实收外资额（万美元）
1987	无锡梅思安安全设备有限公司	505.21	美国矿业安全设备公司	545.69
1991	无锡太平针织有限公司	314.00	香港东亚太平（出口）有限公司	171.60
1991	无锡东联制衣有限公司	285.00	日本东工KOSEN株式会社	140.00
1992	无锡国泰彩印有限公司	1500.00	香港合联投资有限公司	200.00
1992	无锡华义贴体包装有限公司	85.00	台湾九义股份有限公司	29.80
1992	无锡宏广电容器有限公司	480.00	相互投资有限公司	105.00
1992	无锡加利体育用品有限公司	70.00	香港伟泉发展有限公司	12.50
1993	无锡嘉菱医药有限公司	100.00	香港嘉达贸易公司	17.50
1993	无锡开毅装饰有限公司	80.00	香港毅时发展有限公司	20.60
1993	无锡大荣国商连印染有限公司	70.00	大荣株式会社	30.00
1993	无锡恒佳纺织染整有限公司	120.00	香港丰泰实业有限公司	29.40
1994	无锡罗地亚精细化工有限公司	1300.00	罗地亚投资有限公司	600.00
1994	无锡东亚毛纺织有限公司	1257.70	日本东亚纺织株式会社	556.60
1994	无锡三和塑料制品有限公司	340.00	株式会社东京衡机织造所	237.50
1994	无锡北宏礼品文具有限公司	420.00	黄月贞	300.00
1995	无锡日新时装有限公司	165.50	住金物产株式会社	94.60
1995	无锡贝嘉服饰有限公司	52.05	中平伸子	29.51
1995	无锡宏昌胶粘带有限公司	78.00	香港宏昌职业有限公司	70.00
1995	无锡奎克化学有限公司	363.00	丹麦奎克化学有限公司	258.40
1996	江苏刘潭集团有限公司	1691.20	科希威尔投资有限公司	169.12
1996	无锡平安印染被服有限公司	111.00	平安纤维株式会社	77.80
1996	无锡雷鸟塑胶有限公司	150.00	泓康企业有限公司	48.00
1997	无锡加利体育用品有限公司	70.00	香港伟泉法阵有限公司	12.50
1998	无锡三协粉末涂料有限公司	120.00	韩国建设化学工业株式会社	90.00
1998	无锡小天鹅精密铸造有限公司	1050.00	日本玛纳精密铸工株式会社	145.00
1998	无锡双惠针织服装有限公司	88.00	香港斐尔德集团投资有限公司	46.54
1998	玉石精细化工（无锡）有限公司	1825.00	罗地亚工业有限公司	730.00
1999	无锡小天鹅清洁设备有限公司	406.00	小天鹅（香港）有限公司	100.00
1999	无锡东风木业有限公司	142.00	郭启莞	70.00
2000	无锡新东方服装有限公司	137.00	科尔威尔投资有限公司	31.04

续表6-1

合资年份	合资、外商独资企业名称	总投资额（万美元）	合 资 方	实收外资额(万美元)
2000	无锡威鹰服装有限公司	252.00	美国彼廉姆工业公司	124.92
2001	无锡信润纺织品有限公司	50.00	余志涛	35.00
2001	无锡茂泰特种门有限公司	500.00	株式会社茂泰国际	300.00
2002	无锡新东南物流有限公司	656.00	马来西亚东南控股有限公司	196.80
2002	无锡隆华织造有限公司	100.00	新宝纺织有限公司	18.00
2003	无锡飞洋织造制衣有限公司	700.00	葛长铭	105.00
2003	无锡新东方液压提织造有限公司	82.11	香港大丰国际有限公司	20.42
2003	无锡仲城房地产有限公司	21700.00	香港亿达控股有限公司	3928.65
2004	无锡斯达伯特电源技术有限公司	125.00	新加坡自然能源有限公司	51.10
2004	无锡百乐砖板有限公司	1000.00	中北国际有限公司	500.00
2004	罗地亚香料（无锡）有限公司	470.00	罗地亚投资公司	235.00
2004	无锡联友混凝土有限公司	175.00	永盛有限公司	37.50
2004	格林豪泰酒店（无锡）有限公司	280.00	格林豪泰酒店管理有限公司	200.00
2005	无锡东镇龙电子科技有限公司	170.00	黄添益	120.00
2005	无锡意黛喜家用电器有限公司	1800.00	意黛喜卢森堡有限公司	952.00
2005	无锡新龙精密金属有限公司	90.00	财日控股有限公司	75.00
2005	无锡泰创工业设备安装有限公司	70.00	梯梯依（TTE）国际有限责任公司	50.00
2005	无锡福莱克斯纺织品有限公司	83.60	福莱克斯株式会社	14.63
2005	无锡奥利杰科技有限公司	70.00	BRIGHT IMTERNATION AL CO，LTD.	20.00
2005	无锡美亚酒店有限公司	200.00	美国资产管理有限公司	150.00

三、中外及港澳台合作项目

1987年，无锡市纸品厂（甲方）与中国轻工进出口公司江苏分公司（乙方）、香港中国银行（丙方）合资149万美元，折合人民币554.28万元，经营260万打软质薄本纸制品项目，其中182万打销往国际市场，合作期为11年。1988年2月，无锡市皮件厂与日本源隆株式会社签约，合作生产1700打皮手套。1994年，无锡派安混凝土与迅达（香港）投资有限公司合作生产销售商品混凝土及水泥制品，共同投资699.2万美元，实际利用港资349.59万美元。1999年，无锡谊丰制衣有限公司与日本CRC株式会社合作生产服装，共同投资28万美元，实际利用外资12.5万美元。2002年，无锡天然万德福纺织品有限公司与日本天然株式会社合作生产针织纺织品，羽绒服装产品，共同投资30万美元，实际利用外资10万美元。2004年，无锡长源生物制药技术有限公司与英国赛莱金有限公司合作生物制药技术开发、转让和技术服务项目，共同投资31.4万美元，实际利用外资10万美元。

第三节 境外办企业

1993年，无锡市第二橡胶股份有限公司在泰国投资29.4万美元，建立华信（泰国）实业有限公司，生产化工产品。

1994年，无锡小天鹅股份有限公司在印度尼西亚投资100万美元，建立小天鹅帕莱玛工业有限公司，从事家用电器生产及贸易。

1996年，无锡小天鹅股份有限公司与马来西亚合资建立小天鹅密达奇工业有限公司，总投资100万美元，中方占51%股权，马方占49%股权，从事家用电器生产及贸易。

1997年，无锡小天鹅股份有限公司在美国投资50万美元，建立小天鹅美国技术开发有限公司，从事科技研发项目。

2000年，江苏小天鹅集团公司在香港投资64万美元，建立小天鹅香港有限公司，从事贸易经营活动。

2003年，江苏小天鹅集团公司分别在德国投资18万美元，建立小天鹅（欧洲）有限公司；在日本投资36万美元建立小天鹅（日本）有限公司，从事贸易经营活动。

2005年，无锡市前锋螺丝厂在香港投资10.27万美元，建立香港海波有限公司。无锡中电安富利进出口贸易有限公司在香港建立中国电子进出口（香港）有限公司，从事贸易经营活动。

1986～2005年北塘区境外办企业情况表

表6-2　　单位：万美元

国内主体单位	境外企业名称	投资所在国别、地区	总投资额	中方投资	行业	项目类型	创建时间
无锡市二橡胶股份有限公司	华信(泰国)实业有限公司	泰国	29.40	29.40	化工	一般非贸易	1993
无锡小天鹅股份有限公司	小天鹅帕莱玛工业有限公司	印度尼西亚	100.00	100.00	家电	加工贸易	1994
无锡小天鹅股份有限公司	小天鹅密达奇工业有限公司	马来西亚	100.00	51.00	家电	加工贸易	1996
无锡小天鹅股份有限公司	小天鹅美国技术开发有限公司	美国	50.00	50.00	科技研发	一般非贸易	1997
小天鹅集团公司	小天鹅（香港）有限公司	香港	64.00	64.00	贸易	贸易企业	2000
江苏小天鹅集团公司	小天鹅（欧洲）有限公司	德国	18.00	18.00	贸易	贸易企业	2003
江苏小天鹅集团公司	小天鹅（日本）有限公司	日本	36.00	36.00	贸易	贸易企业	2003
无锡市前锋螺丝厂	香港海波工业有限公司	香港	10.27	10.27	贸易	贸易公司	2005
无锡中电安富利进出口贸易有限公司	中国电子进出口（香港）有限公司	香港	0.13	0.13	贸易	贸易公司	2005

第三章 对外贸易

第一节 进口贸易

1986年，区运用开放政策，加强工业技术引进和技术改造，先后投资720万元，引进纸箱流水线、尼龙粘扣带和纸箱托盘等设备，并形成生产能力，经济效益较好。同年偿还贷款211万元。外贸收购额达到2129万元，其中本省口岸外贸收购额为1210万元，比上年增长29.2%。1987年3月，由上海食品进出口公司、上海出口商品基地建设分公司与无锡市纸模包装厂联营建立工贸联营无锡市三友包装材料厂，从英国引进TD型纸模生产流水线，成为当时国内生产蛋托唯一的定点企业。

1988年，为开拓经营和进一步对外开放服务，形成“引进—加工—出口—引进”两头在外的大进大出路子，火炬服装厂、皮件厂引进设备195台（套）。1990年，是外向型经济发展较快的一年，全区采购额增长到2837.14万元，比上年增长38.62%。1991年，扩大进口规模，促进企业加快发展，电热器材厂投资2930万元，用汇405万美元，完成引进全套国外电热制造设备与技术等8项技术改造[①]。

第二节 出口贸易

1986年，区外贸出口以皮件、服装、工艺鞋、刷子等产品为主，全年外贸出口产品值1900万元，无锡皮件厂被江苏省授予“省出口创汇先进单位”称号。1987年，外贸收购值1509.47万元（不含外口岸，如包含外口岸为1955.68万元），为市下达计划的107.82%，比上年增长26%；外贸产品值2741.6万元，占全区工业总产值的34.33%，比上年增长29.22%。

1988年，外贸生产新增粘扣带、回形针、山羊皮、茄克衫等新产品，并且在省、市口岸为主的条件下，发展多口岸的代理出口，包括开辟边境贸易和特区贸易，全年完成外贸供货值2406.06万元。这一年，山羊皮茄克和工艺鞋2个产品获轻工部1988年优秀出口产品银质奖，皮件厂和工艺鞋厂分别被评为全国轻工业出口创汇先进企业。1989年，外贸出口遇到困难，通过各方面的努力，外贸收购额增加到1622.51万

① 乡镇、街道企业、驻区市属企业进口贸易没有统计。

元，外贸产品产值占工业总产值的比重由26.8%上升到33.4%。1990年，外贸收购额增长到2837.14万元，比上年增长38.62%。1991年，全年完成外贸收购额4566.1万元，比上年增长60.95%。

1992年，全区外贸收购额7283万元，同比年增长59.5%；全社会供货总额完成6805.43万元，同比增长19.28%

1993年，外贸出口供货总值突破亿元大关，达到1.01亿元。1994年，注重开拓国际国内市场，产销率始终保持在96%以上。完成外贸出口供货商品总值1.3亿元，同比增长28.22%；外贸收购额1亿元，同比增长27.74%；自营出口66.46万美元。

1995年，“三资”企业在外贸生产中发挥重要作用，外商投资企业出口额5416万元，自营出口221万美元。1996年，区外贸出口呈现多层次、多渠道、多领域拓展的新态势，进一步优化出口产品结构，扩大机电产品出口，巩固老市场，开拓新市场。注重客商的多元化，把握外贸出口的主动权。同时，加强出口商品的减本费用预测，加强质量管理和消耗等成本控制，积极争取政策，发展自营出口，使区形成羽绒服、刷子、皮件、工艺鞋等一批出口超千万元的拳头产品，产品出口岸已扩大到上海、天津、宁波、苏州、常州、南通等10多个口岸的外贸公司。全年完成全社会出口商品供货额1.76亿元，自营出口545万美元，其中“三资”企业自营出口320万美元，分别比上年增长30.61%、17.59%和32.16%。1997年，全社会出口商品供货额完成1.4亿元；自营出口完成650万美元，其中“三资”企业出口350万美元。1998年，完成全社会出口商品供货总额1.69亿元，自营出口603万美元。

1999年，全区出口商品受世界经济动荡影响，供货额下降至8707万元，自营出口430万美元，分别比上年减少28.2%和26.5%。

2002年，随着区域调整，新增自营出口获权企业6家，全区自营出口总额达到7891万美元。2003年。全区自营出口总额攀升，达到1.2亿美元。同年，作为无锡市第一家私营外贸企业园北塘园区，入驻企业可申报外贸流通经营权，同年有30家自营出口获权企业入驻。2004年，全区外贸自营出口1.8亿美元。

图6-2　80年代无锡彩印厂和中国包装进出口总公司合营后，引进具有国际先进水平的新装备（顾祚维/摄）

2005年，驻区企业属地统计，全区自营出口增至4.75亿元。

1997～2005年北塘区外经外贸情况表

表6-3 单位：万美元

年份	批准合同外资金额	实际利用外资金额	自营出口
1997	242.00	75.79	603.30
1998	0	14.60	586.40
1999	0	10.00	430.80
2000	0	0	255.34
2001	0	50.00	314.90
2002	5529.00	2095.00	7891.00
2003	7611.00	2700.00	11977.00
2004	9503.00	3886.00	17953.00
2005	9410.00	3692.00	47522.00

第七编

民营经济

1978年后，北塘区民营经济从无到有地发展起来，开始出现少量私营从业人员和一批个体工商户。1987年，全区有私营企业3家，个体工商户637户。1988～1991年，全区民营经济的发展处于徘徊中，个体户、私营企业总数始终在1000户左右，其主体是个体工商户。

1992年邓小平南方视察重要讲话发表后，北塘区委、区政府，贯彻以公有制为主体、多种经济成分共同发展的方针政策，加强引导管理，促进个体、私营经济健康、快速发展。1993年，区政府启动国有（集体）所有制企业产权制度改制工作，一批区属、街道集体所有制企业开始改制为民营企业。1994年，区委、区政府提出加快“公有民营”步伐，要求区属和街道微利小型企业走“公有民营”之路，并逐步推开。同年，全区街道以上独立核算的工商企业223家有90家实行公有民营。1998年起，对“挂靠”①企业进行改转制，还其私营个体本来性质。1999年，全区私个经济快速健康发展。同年年末，全区有个体工商户、私营企业2740户（家）（不含无锡招商城及周边地区个体工商户）；私个企业注册资金达到5061万元；创造国内生产总值2.78亿元，占全区国内生产总值的39.1%；私个经济税收占全区财政收入的26.8%，在三城区中领先；吸纳从业人员3796人。2000年，区委、区政府推动私营个体经济增量发展，同年，私个经济的国内生产总值占全区总量的41%，各类税收占全区税收总量的30%。2001年，全区私营企业、个体工商户总数达到3552家（户），比上年净增553家；私营个体经济创造的国内生产总值占全区总量的45.8%。区政府利用辖区内市属企业闲置厂房，建办总面积19.4万平方米的春申、惠山、五河3个私营经济园区。

2002年，黄巷、山北两镇及刘潭街道划归北塘区管辖，全区私营个体企业规模进一步扩大。2004年，区政府出台《北塘区进一步加快民营经济发展实施意见》，同年，民营经济完成固定资产投入20.47亿元，比2003年增加74.8%，新增销售超亿元企业8家。全年私营经济园区纳税销售收入完成136.36亿元，实缴税金2.31亿元，分别比2003年增长43.38%和57.14%。到2005年年末，全区有私营企业4400家，注册资金62.62亿元，从业人员4.36万人；个体工商户7400个，从业人员9400人。民营经济增加值59.88亿元，占地区生产总值的比重达到43%，上缴税金4.14亿元。

①挂靠企业，指以集体企业名义注册的私人资本投资企业。

第一章 个体工商户

第一节 发展概况

1986年，全区在册个体工商户557户，注册资金105.95万元，从业人员641人。至1990年，总数未超过千户，其经营场所相对集中于无锡米市、红梅市场两个地方。

1992年，在区内特色市场和传统市场不断壮大的同时，小商品市场和农贸市场加快建设，个体工商户随之得到较快发展。同年，全区有个体工商户1065户，注册资金763.99万元，从业人员1247人。至1997年，个体工商户行业结构渐趋优化，由原来的以投资少、见效快的饮食、服务、修理业为主向批零贸易、社会服务等行业发展。同年，全区个体工商户中从事批零贸易和社会服务业的销售额已占个体、私营企业总额的85%以上。1999年，全区个体工商户已发展到2233户，注册资金2195.83万元，从业人员2678人。

2000年后，北塘区围绕《无锡市“十五”市场体系建设规划纲要》的要求，加大建设、改革和调整的力度，陆续兴建各类市场，个体工商户的经营也得快速发展，逐步形成以个体经营户为基础的“小商品、大市场”发展格局。2000年，全区有个体工商户2432户，注册资金3525.36万元，从业人员2826人。到2005年年末，全区在册个体工商户达到5238户（辖区统计11229户，其中有营业执照9075户，无营业执照2154户），注册资金达12110.77万元，从业人员8183人。

1986～2005年北塘区个体工商户发展情况表

表7-1 单位：户、万元、人

年 份	户 数	注册资金数额	从业人员
1986	557	105.95	641
1987	637	266.97	676
1988	903	351.46	1104
1989	978	388.36	1186
1990	908	407.34	1035
1991	1053	490.39	1226

续表7-1

年份	户数	注册资金数额	从业人员
1992	1065	736.99	1247
1993	992	821.84	1251
1994	1113	993.20	1490
1995	1185	1185.65	1703
1996	1121	1327.18	1942
1997	1568	1714.73	2195
1998	2115	1114.73	1696
1999	2233	2195.83	2678
2000	2432	3525.36	2826
2001	2481	3362.73	3054
2002	2560	6031.46	3552
2003	3187	7072.31	5302
2004	4373	9680.92	6991
2005	5238	12110.77	8183

说明：本表数据由工商北塘分局提供

2005年北塘区个体经营户情况表

表7-2　　单位：人、万元、%

指标名称	户数			从业人员数	营业收入	营业支出	其中		固定资产原价	增加值	增加值率	户均收入
	合计	有营业执照	无营业执照				雇员报酬	缴纳税费				
总计	11229	9075	2154	24207	597817	457008	10011	6804	19614	158605	26.53	53.24
工业	372	217	155	1125	4536	3948	780	98	1245	1528	33.69	12.19
建筑业	31	22	9	121	465	315	76	4	27	231	49.75	15.00
交通运输业	88	71	17	155	1616	911	201	251	511	1183	73.18	18.36
批发业	1494	1389	105	4615	321763	256132	2211	4006	3589	72027	22.39	215.37
零售业	6704	5728	976	11524	219458	165627	2930	1734	3891	58690	26.74	32.74
住宿业	20	15	5	140	541	365	85	35	1590	376	69.41	27.05
餐饮业	749	508	241	2783	30845	16512	1724	308	3351	16533	53.60	41.18
房地产业	27	20	7	61	536	326	65	13	26	289	53.97	19.85
租赁和商务服务业	93	66	27	139	663	261	21	9	128	438	66.12	7.13
教育	2	1	1	6	24	20	10	0	16	15	61.67	12.00
卫生和福利业	58	45	13	105	466	362	50	8	132	169	36.18	8.03

续表 7-2

指标名称	户数			从业人员数	营业收入	营业支出	其中		固定资产原价	增加值	增加值率	户均收入
	合计	有营业执照	无营业执照				雇员报酬	缴纳税费				
居民服务业	917	592	325	2067	10104	7098	639	85	2519	3856	38.16	11.02
文化体育和娱乐业	76	56	20	211	773	614	117	31	433	329	42.52	10.17
其他服务业	598	345	253	1155	6027	4517	1102	222	2156	2942	48.81	10.08

说明：本表为辖区统计数据，增加值栏固定资产折旧率为5%

第二节 行业分类

1986～1991年，北塘区个体工商户从事的行业以纯商业为主，主要是饮食业、服务业和修理业。

1992年后，随着市场经济的形成和发展，个体工商户涉及的经营领域也有所增加。但是，批发零售贸易和餐饮业仍占主体地位。2005年，全区个体工商户行业分类（按地区统计11229户计算）：零售业占59.70%，批发业占13.30%，居民服务业占8.16%，餐饮业占6.67%，其他服务业占5.32%，以下依次是工业、租赁和商务服务业、交通运输业、文化体育和娱乐业、卫生和福利业、建筑业、房地产业、住宿业和教育业。

第三节 个体工商户选介

2005年，焦玉梅等人被评为无锡市先进个体工商户。

无锡市满意日杂品修理店女业主焦玉梅 于1976年起从事鞋、包、拉链等修补行业。30多年间，在工作中爱岗敬业，守法经营，热情服务，乐于奉献，受到广大顾客的好评。该店虽是小本经营，但业主怀有一颗爱心，不忘回报社会，以精湛的技艺，深入军营、敬老院、老干部活动中心和残疾人家中义务服务1000余次，受益群众超过万余人次。焦玉梅生活俭朴，乐于助人，多次为希望工程、特殊群体捐款捐物累计8000余元，并在个体修理行业中发挥表率作用。1999年10月加入中国共产党。至2005年，她先后25次被省、市、区评为先进个体劳动者、拥军优属先进个人、满意

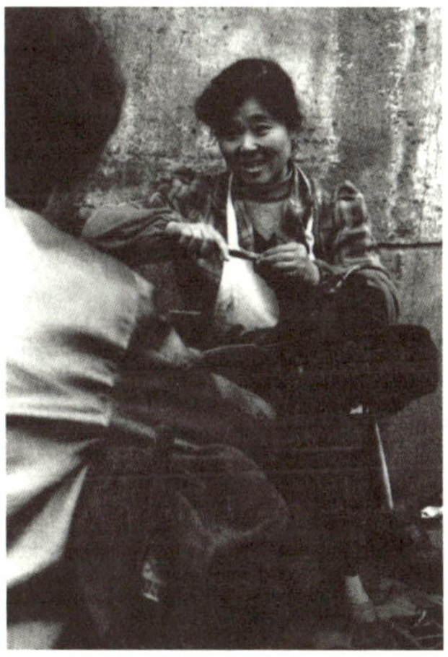

图7-1 无锡市“满意个体户”焦玉梅（顾祚维/摄）

个体户、巾帼建功示范岗、纳税信誉户，4次评为优秀共产党员和光彩之星。

北塘区园中园紫砂店业主朱元中 1983年开始从事花木盆景、工艺美术品个体经营。他一贯遵纪守法，坚持文明经营，按章纳税，服从管理，参与各项社会公益活动。担任北塘区个私经济协会副会长后，以身作则，做好协会工作，提高个体工商业主和从业人员的素质，帮助个体工商户中的弱势群体解决困难。先后被评为市、区先进个体工商户，还被推选为省、市、区工商联常委，市青年联合会常委和市人大代表，市、区二级政协委员等。

北塘区田巷车行个体经营者刘杰 80年代开始从事个体修理自行车、修锁配钥匙。以助人为乐、诚信第一、货真价实为经营之道，在周围群众中有良好的口碑。他是110联动义务开锁员，只要接到通知，总是立刻赶到现场为群众排忧解难。主动和部队联系，每月到军营一次，义务为部队官兵修车、修锁。

北塘美特美发屋业主陈庆东 长年从事理发服务业，遵纪守法，钻研理发技艺，热情接待顾客，被选为无锡市理发行业协会副会长。他坚持多年每月一次到老干部局为离退休老干部理发，还常年上门为孤寡老人和残疾人免费理发。多次受无锡市文化局、无锡电视台的邀请，先后义务为50多名国家级演员和数十名著名歌唱演员美容美发，受到市委、市政府表彰，并加入中国共产党。

第二章 私营企业

第一节 发展概况

1986～1991年，北塘区私营企业发展缓慢，且处于不稳定状态。

1992年，邓小平视察南方重要讲话发表后，北塘区私营企业开始出现较快的发展趋势。同年，全区有私营企业21家，注册资金1117.51万元，从业人员456人。1996年，私营企业发展到113家，注册资金3057.05万元，从业人员565人。

1997年，随着国家政策的放宽和区委、区政府对发展多种成份经济的重视，全区私营企业经营规模开始壮大，出现一批从业人员50人以上、注册资本50万元以上、产值或销售额超500万元的私营企业，有2家私营企业注册资金达100万元以上；行业结构渐趋优化，私营企业由原来以生产型为主，大量向装潢、广告、信息产业发展；整体素质有所提高，私营企业的从业人员，从原来以社会闲散人员、待业青年、外地人员为主，发展为具有相当数量的大中专毕业生、机关事业单位离职干部、国有集体企业离职职工和技术人员，其中具有中、高级职称的占4.2%；对社会贡献不断增强，除上缴各项税收外，还吸纳全区879名下岗职工、失业人员。

1998年，区委、区政府确立“开放、重组、多元化”的发展思路，致力于改善环境，提供服务，促进个私经济发展。同年，私营企业总数达206家，注册资金总额8865.02万元，从业人员达1030人。1999年，私个经济纳入全区经济发展计划。2000年年末，全区私营企业增至418家，注册资金13540.6万元，从业人员2090人。

2001～2005年，北塘区私营企业进入高速发展期，逐步成为全区经济发展的重要支撑。2001年，全区有私营企业664家，注册资金26551.51万元，从业人员3320人。2002年，私营企业在发展中不断进行结构调整和重组，规模型私营企业得到同步迅速发展。全区有9

图7-2 北大街春申经济园（2002年）（区史志办供稿）

家企业入围全国2002年度规模以上民营企业，分别是华东汽车城、刘潭集团、舜天汉唐贸易公司、常工动力机械有限公司、振达钢管有限公司、正大畜禽有限公司、德发印染有限公司、震达机电有限公司、太湖造纸二厂，入围数居全市9个县（市）、区第二位。

2005年，全区有私营企业2163家，注册资金87864.22万元，从业人员达12978人。其中，组建股份制企业337家、股份合作企业54家。无锡市弗莱尔车业有限公司、无锡市东方液压制造有限公司、江苏振达钢管有限公司、无锡国科机械电子有限公司、无锡市海波光学仪器电子有限公司、无锡市诺金自动化技术有限公司等16家企业被确认为江苏省民营科技企业。同年10月，在中国·无锡第五届民营企业高新技术洽谈会上，北塘区有28家民营企业、30多类产品、37项产学研科技合作项目参加展示，其中5个重点项目列入会议集中签约。全年民营经济增加值达59.88亿元，占全区地区生产总值的比重达43%。

1986～2005年北塘区私营企业发展情况表

表7-3　　单位：家、万元、人

年份	企业数	注册资金	从业人员
1986	2	150.00	8
1987	3	260.00	31
1988	2	50.00	6
1989	4	201.30	238
1990	12	554.20	263
1991	3	151.00	23
1992	21	1117.51	456
1993	24	1219.83	407
1994	28	1571.99	452
1995	66	1309.80	221
1996	113	3057.05	565
1997	104	2831.50	520
1998	206	8865.02	1030
1999	240	8622.40	1200
2000	418	13540.60	2090
2001	664	26551.51	3320
2002	600	22058.43	3312
2003	1280	43825.96	6410
2004	1902	67887.25	9510
2005	2163	87864.22	12978

第二节 行业分类

1986～1991年，北塘区私营企业主要集中在制造业，有纺织、服装、鞋帽制造，农副产品加工等，其他行业有批发零售、住宿餐饮业和其他服务业。

1992～1996年，随着私营企业数量的增加，涉及的行业开始向建筑业、交通运输业、文化和娱乐业、租赁和商务服务业、中介服务业等行业扩展。1994年2月，全区有私营企业28家，其中工业、手工业16家，占57%；商业、饮食业8家，占28.6%；科技开发、服务型4家，占14.3%。

1997～2002年，一批区、街道办企业改制成为私营企业，加上黄巷、山北镇划入北塘管辖，区私营企业涉及的行业更加广泛，拓展到机械、化工、光学仪器、电子等行业，部分具有一定实力的民营企业开始转向技术和资金密集型方向发展。但从总体上看，劳动密集型行业仍然是其主流。

2003～2005年，随着城市化步伐的加快，私营性质的经济咨询、信息服务等中介行业应运而生。2003年，全区从事信息传输、计算机服务和软件业的企业达到12家。2005年，全区私营企业从事制造、建筑等第二产业的104家，从事商贸、服务等第三产业的231家，分别占私营企业总数的31.4%、68.6%。

1986～2002年北塘区私营企业行业分类情况表

表7-4　　单位：家

年份 行业	1986	1987	1988	1989	1990	1991	1992	1993	1994	1995	1996	1997	1998	1999	2000	2001	2002
制造业	1	2	0	3	4	8	28	30	24	29	29	55	62	56	117	143	100
建筑业	1	0	0	0	0	0	0	0	2	1	0	2	1	3	4	4	8
交通运输、仓储业	0	0	0	0	0	0	2	1	1	2	2	1	1	4	4	9	14
批发零售贸易、餐饮业	0	1	2	1	5	5	35	50	37	44	34	24	64	81	102	171	136
社会服务业	0	0	0	0	1	6	2	2	8	5	7	6	12	6	11	20	20
其他行业	0	0	0	0	2	0	9	0	9	14	19	14	16	19	20	32	41
合 计	2	3	2	4	12	19	76	83	81	95	91	102	156	169	258	379	319

2003～2005年北塘区私营企业行业分类情况表

表7-5　　单位：家

行业＼年份	2003	2004	2005
制造业	99	132	75
建筑业	29	40	23
交通运输、仓储业	9	11	6
其中：道路货物运输	7	10	2
信息传输、计算机服务和软件业	12	7	11
批发和零售业	218	245	110
其中：零售业	9	8	10
住宿和餐饮业	9	7	6
其中:餐饮业	8	6	4
房地产业	8	10	9
租赁和商务服务业	21	59	59
其中：广告业	9	13	13
居民服务和其他服务业	32	18	21
其中：理发及美容保健	3	1	2
其中：洗浴服务	8	2	2
文化、教育和娱乐业	2	6	0
其中：娱乐业	2	6	0
其他行业	13	28	15
合　计	452	563	335

第三节　私营企业选介

2005年，北塘区被评为无锡市“十佳私（民）营企业”的有：

无锡市中盛集团公司　创建于1989年，公司建筑面积5.6万平方米，生产车间2.5万平方米，固定资产8000万元，公司连年实现销售超亿元，是江苏省民营科技企业、无锡市高新技术企业、无锡市行业龙头企业。公司下属有6个子公司，是集工贸于一体的技术资金密集型企业，专业生产饲料、动物保健品、生物制剂、饲料添加剂。公司具有专业的技术队伍，70%的员工具有大中专以上学历，拥有一批药学、畜牧兽医、动物营养、水产养殖、精细化工、现代管理人才，并聘请多名博士生导师、教授、博士组成专家顾问团。公司相继组建江南大学中盛联合饲料研究所和无锡市动物生物制剂工程技术研究中心两个科研机构，研发新型绿色高科技兽药、鱼药及饲料添加剂、预混合饲料和昆虫蛋白产品，为国内外广大用户提供绿色、安全、高效的动物保护产品。

无锡市国力通讯设备有限公司 成立于1996年1月，主要经营手机、移动号码、电话机、传真机、交换机及各类配件、耗材等通信器材，是无锡地区经营规模最大、销售网点最多、综合实力最强的终端通信消费产品经销商。公司所属销售网点总面积超过1万平方米，在册员工250人。2001年10月，在上海浦东成立上海新力发光材料有限公司、上海国灿科贸有限公司，经营发光材料和西门子手机区域包销业务。2003年10月，在南京成立国凯通信公司，专营省级手机包销。2004年，在无锡成立国力博兰传播广告公司，实现产业链延伸。公司紧跟时代发展，举办各种培训，提高员工素质。2001～2004年，公司连续两次被评为“无锡市文明单位”。2004年销售额3亿元，年销售总量占无锡市手机市场的50%以上。

无锡市金宇置业有限公司 成立于1993年4月，主要从事房地产开发、经营，先后开发建造后龙船浜小区、金宇苑小区、新区科技产业园等。2000年被市委、市政府评为先进企业。2001年1月，通过综合验收的金宇苑小区工程质量合格率100%，市级优质率55.6%。至2005年，累计开发建造面积超过12万平方米。2005年，金置广场完成预售收入1.05亿元，全年上缴税费总额504万元。

第三章 民营经济管理

第一节 机构设置

1986～1997年，北塘区的个体、私营企业是由工商北塘分局负责管理，分局设立个私管理科和个私管理所，负责个体私营企业的注册登记和日常管理工作。

1998年5月，成立北塘区加快个体私营经济发展领导小组，负责对全区私营个体经济的管理。

2001年9月，区加快个体私营经济发展领导小组下设办公室（简称“区个私办”），具体管理私营、个体经济日常事务。

2002年1月，区个私办对外为北塘区私营个体经济办公室，由区经济贸易局贸易市场科具体行使工作职能。

2004年3月，撤销区加快个体私营经济发展领导小组，成立区民营经济领导小组，下设办公室（简称“区民营办”），由区经济贸易局内设机构中小企业科（对外挂北塘区中小企业局）管理，具体负责统计和考核。北塘区民营经济领导小组组长和区民营办主任分别由区委书记和区经济贸易局局长兼任。

第二节 政策引导

1992年，北塘区制订促进私个经济发展的若干措施，明确只要有利于发展区街经济，在政策许可范围内，新办企业、新增项目随到随批，并且对重点企业实行政策倾斜。

1998年5月，区委、区政府先后出台《北塘区个体、私营经济今后五年，主要“九五”后三年发展计划》《关于进一步鼓励、引导发展个体、私营经济的实施意见》《关于鼓励、促进个体、私营经济发展的具体措施》等文件。

2000年4月，区委、区政府再次出台《关于进一步加快个私经济发展的若干意见》。该意见从统一思想、明确目标、考核机制、强化扶持政策、强化服务、加强领导六个方面，明确有关措施。

2004年，为贯彻落实无锡市人民政府《关于促进民营经济更快发展的意见》，在增强给予民营企业优惠政策和必要政治待遇等宣传的同时，区委、区政府制定《北塘区进一步加快民营经济发展的实施意见》，为民营企业全面放宽投资领域和准入条件、维护合法权益、营造公平竞争环境，加强人才引进、助推企业做大做强，加强组织领导等方面，进一步明确具体措施。

图7-3 地方税收政策宣传活动（2001年）（区史志办供稿）

第三节 管理与服务

1997年，工商北塘分局把计算机技术引进对个体、私营经济的管理之中，既方便个私企业的分类、归档、统计、查询，又加强对私个经济的监督管理。

1998年5月，区委、区政府召开全区发展私个经济动员大会，号召解放思想、狠抓落实，促进全区个体私营经济快速健康发展。9月，区委常委扩大会议专题研究私个经济发展，提出发展个私经济由区委决策、政府承办、领导小组研究、个私办协调、责任部门操作的工作体系，为发展私个经济提供更好更优的服务。同月，区政府全面推行企业交费登记卡制度，向105家国有、集体和个私工商企业发放企业交费登记卡，以减轻企业负担、维护企业的合法权益。11月，区政府举行企业办证“一站式”服务揭牌仪式。

1999年，区政府把私个经济纳入全区经济发展计划，实行目标考核。区各级、各部门采取措施，解决私个经济发展中涉及场地、资金等的矛盾和困难，包括建立各类疏导点、专业商贸街、建立和完善区个体工商户协护税网络以及工商部门完善注册登记“一站式”服务等，形成促进私个经济加快发展的合力，为私个经济营造宽松的发展环境。

2000年4月，区委、区政府召开全区发展个私经济工作会议，动员全区上下统一认识，真抓实干、创造性地开展工作，推动全区私个经济再上新台阶。2001年，区政府着力建设私营经济园，办好专业市场，培育商贸特色街，为私个经济发展提供场所。

2003年，开展银企授信工作，争取银行授信贷款；筹措私个经济发展资金。5月，区政府组织召开私营经济银企授信大会，市商业银行、工商银行分别与刘潭集团、南方机电等24家私企进行授信签约，总金额达2.76亿元。组建私营企业担保公司，支持私个经济加快发展。同年，担保公司为私个企业担保贷款3000万元。翌年，担保贷款额达到1.1亿元。

2004年，实行区级领导、机关部门与重点民营企业挂钩服务制度，提供更为完善的服务；建立区、街二级服务中心，形成覆盖全区的民营经济服务网络。同时，抓好企业管理培训，提高企业管理层次；抓好维权服务，接待和办理各类投诉；督促各职能部门改进服务，落实各项政策。

2005年，初步建成授信企业、技术创新支持、提供创业资源信息、对外拓展等综合服务体系。同年，在中华全国工商业联合会、中国民营科技企业家协会联合开展的2004年度中国优秀民营科技企业奖、中国优秀民营科技企业家评选活动中，北塘区的无锡正大畜禽有限公司董事长周正、无锡市新东电器有限公司董事长刘东林、江苏南方机电股份有限公司董事长盛炫明获得中国优秀民营科技企业奖、企业家奖；江苏刘潭集团有限公司董事长钱伯荣获得中国优秀民营科技企业家奖。

第八编

财税 金融

1985年前，北塘区没有独立的财政体系，长期实行市财政“高度集中、统收统支”的财政管理体制。1985年，北塘区独立编制财政预算计划，经过1987～1993年的“收支挂钩，递增分成，财政包干”和1994年的“分税制”的财政体制改革，区级财政收入逐年递增。1993年区级财政收入达到3565万元，可使用财力2477万元。至2001年，区级财政收入达到1.37亿元，可用财力达到8754万元。2002年起，实行税收属地征管体制，建立起区级政府的财政管理体系。至2005年，区级财政一般预算收入8.83亿元，区级可用财力3.51亿元。区级财政的壮大，有力地保障了区域经济和各项社会事业的发展。

辖区税务征管机构一直由市税务局垂直管理。1994年，无锡市税务局实行国地税分设（无锡市国家税务局和无锡市地方税务局），北塘区地税征管对口于无锡市地方税务局第五分局。2002年，无锡市全面实施税收属地征管后，为加大税源管控，北塘区逐步建立起“政府领导，部门配合，综合治税”的协税护税工作体系，形成“税务主管，部门协税，群众护税”的格局。

1986年，建立北塘合作银行，经过十多年发展，1998年，经市政府整合改建为无锡市商业银行，北塘合作银行并入市商业银行成为商业银行胜利支行。辖区内除工、农、中、建4大国有银行外，先后还有招商银行、交通银行、广发银行、民生银行等多家股份制银行入驻。90年代初，无锡最早的证券交易营业部之一——江苏省证券无锡营业部在人民西路北塘境内开设。以后，保险、信托等行业相继建办入驻。

第一章 财 政

第一节 机 构

一、区财政局

1985年12月，北塘区财政科改为北塘区财政局。1992年5月12日，区财政局设立内设机构预算科、行政财务科、综合计划科。

1996年11月，区财政局挂“区公有资产管理局”牌子，与区财政局两块牌子，一套班子。

1997年，区财政局增设下属机构，成立北塘区会计咨询服务所。1998年11月15日，成立“北塘区财政局行政执法责任制工作领导小组”，领导小组下设办公室。

1999年5月31日，各街道增挂财政所牌子，与街道财会服务所实行两块牌子，一套班子的管理体制。

2002年，区财政局内设机构调整为综合办公室、预算行财科、资产管理科。2003年，内设机构调整为项目管理科、企业管理科、预算综合科、行政事业财务科；原资产管理职能划出，成立区公有资产监督管理办公室，与区审计局合署办公。

2005年，内设机构调整为预算国库科、税政管理科、综合行财科、资产管理科（区公有资料管理办公室）、财务支付中心。

二、区财政局下属单位

会计咨询服务所 1997年，成立北塘区会计咨询服务所。1999年5月，区会计咨询服务所按有关规定开展代理记账业务。

北塘区会计学会 1996年7月，成立北塘区会计学会，主要业务是研究会计理论，开展调查研究和学术交流，举办各种形式的培训。

区级机关财务支付中心 2002年，成立北塘区区级机关财务支付中心。业务范围是贯彻国家财经方针政策，执行各种会计准则，财务制度、会计制度；履行单位会计职能，统一核算各单位的财务活动，记录、计算和报告单位各种资金的增减及变动结果；协助各单位编制预算、决算和做好分析，依法监督单位各项资金的使用情况；编制会计报表，向各单位及相关部门提供会计信息，向单位负责，服务于单位；保管单位会计资料，对会计档案进行整理、归档和保管。

第二节 体 制

1985年前，北塘区实行统收统支的财政体制。1986～2005年，区的财政体制经历多次变化，先后经历超收分成、收入递增包干、分税制和税收属地征管等阶段。1989年起，建区级国库，自主因素渐次增多。2003年，建立街道一级财政管理体制，自主因素扩大。

一、收支挂钩，全额分成，比例包干

1986年，是试行“收支挂钩，全额分成，比例包干”财政体制的第二年。列入包干范围的收入为：区属单位上缴的产品税、增值税、营业税、工商企业所得税、奖金税、国营企业调节税、区辖范围内的个体户四税（即市场、窗口、产品税、营业税）。列入包干范围的支出为：文化、教育、卫生、计划生育、体育事业费、工交商部门事业费、抚恤和福利事业费、其他事业费、行政管理费、区长预备费和其他支出。

1989年1月1日，建立北塘区区级国库，区级预算收入分成留解比例为留成39%，上解61%。

二、收支挂钩，定比递增分成，财政包干

1989年，市对区实行“收支挂钩，定比递增分成，财政包干”的财政体制。同年，北塘区财政分成收入基数以1988年财政决算实际参与分成的收入1519万元为基数，每年递增6.5%。规定在递增率内的收入按确定的总额分成比例分成，超过递增率的收入，在递增15%以内部分全部留区；在递增15%以外的部分，区留成50%。如收入达不到递增率，影响上解部分，用区自有财力补足。同时，还调整北塘区的收支基数和总额分成比例，市对北塘区的总额分成比例由原来的39.6%，调整为36.02%。1993年，再次调整北塘区财政收入留成比例。调整后，北塘区包干范围内的收入留成比例由36.02%提高到43%；并同意1992年的收入留成也按新的体制，其应新增的财力由市补助给区50%。

三、分税制

1994年9月，市对区实行新的财政管理体制，北塘区由原来的财政包干体制改为分税制，并以1993年全区的实际财政收入按分税制要求核定收入基数，以1993年全区的实际分成财力作为支出基数，支出基数大于区地方收入基数的差额由市固定补助给区。

四、税收属地征管

2002年，市政府对各区实行税收属地征管的财政管理体制，将原市本级除金融保险、烟草及部分城市公用事业单位以外的所有企业的税收级次按照属地原则下放到各企业所在区。同时，重新调整完善财政分配体制，即以2001年为基数，核定各区的财政分成共享比例，按共享比例在市、区间进行财力的结算。

2003年，区制定《区政府关于建立街道财政管理体制的意见》，内容包含“核定体制补助（人员经费和专项经费）、建立激励机制、建立配套措施”三个方面；制定《关于加强街道有关经费拨付、使用、管理的意见》，以规范街道支出行为，提高资金使用效益；制定《区政府关于成立镇、街道财务结算中心的实施意见》，在各镇、街道建立财务结算（支付）中心，且投入运转；制定《关于加强街道财务结算中心财务管理的实施意见》，规范各街道财务结算中心的操作。同时，启动对教育口子2003年度的细化预算工作的探索，对下属公办幼儿园和五爱小学2003年度经费实行总额包干。

2004年，按照《关于区划调整及街道管理体制改革的实施意见》的要求，区财政部门及时制定《关于行政区划调整中财政财务工作的若干意见》，以落实区划调整过程中财务审计工作。还制定有关实施意见，指导街道编制2004年综合收支预算。按照建立公共财政的要求，结合新建街道的实际，调整完善街道财政管理体制，制定《关于街道财政管理体制改革的意见》，明确从2004年起，对街道实行“收入共享、按比分成、增量全留、超收奖励”的财政收入管理体制；收入分成以共享收入作为考核指标。共享收入包括增值税25%、营业税70%、企业所得税40%、个人所得税40%、房产税、印花税、车船使用税、土地使用税、土地增值税等。同年共享收入实绩超过区人代会增长目标（20%）的，按共享收入增长目标部分计算的区留实得财力的100%给予奖励，按同年共享收入的增量计算的街道实得财力全额返回街道。对街道支出实行“核定基数、转移支付、规范管理”的管理体制，区财政每月初按核定的定额拨付给各街道体制核定的人员经费和事业经费，分成财力分别于7月和次年1月两次拨付。具体拨付额度根据上半年完成情况和年终结算情况确定。人员经费和事业经费拨付至各街道财务结算中心，分成财力拨付至各街道经济总公司。

2005年，区财政部门以严格预算编制为重点，强化预算约束力，增强预算透明度。要求各街道以“量入为出、收支平衡、略有结余，预算内外统一调度、综合平衡、提高效益”为原则，按预算内拨款和预算外收入统一核算、统一管理的要求，编制综合预算。同时制定《关于编制2005年度部门预算试点工作的实施意见》，对区环境保护局、区人事和劳动局、区城市管理局等有关部门编制部门预算，并做好对街道办事处、经济发展总公司综合预算的审核工作，对2004年度社会事业经费的使用情况实施专项检查。在做好各街道社区保安、保绿、保洁、矫正等经费测算工作的基础上，及时调整和完善街道的财政管理体制。完成2003年度全区财政供养人员数据库修改和2004年度全区财政供养人员数据库相关资料的上报工作。做好2004年度及2005年度全区行政事业单位的津贴、补贴数据编制上报工作。按照“透明管理、资金高效运转、会计主体不变、积极稳妥”的原则，做好区国库管理制度改革的前期准备工作。同年8～9月，区财政部门制定区财政国库管理制度的具体改革方案，成立以区长为首的区国库管理制度改革工作领导小组；9～10月，建立相关的国库管理制度体系；10月，建立区国库支付机构、选择代理银行、组织国库支付相关业务的技术培训。11～12月，区国库集中支付开始试运行。

第三节 财政收支

1986年，北塘区财政总收入为487万元。其来源是：上缴国家产品税282万元，增值税12万元，营业税283万元，集体企业工商所得税324万元，其他工商税55万元，国营企业所得税、调节税8.8万元，资金税1.1万元，合计967.3万元；按市定分成比例，区的固定分成为386.9万元，增收分成17.5万元，合计分成收入为404.4万元；省、市追加补贴82.6万元。同年，区的总财政支出467.8万元，其中行政事业费130万元，文教卫生事业费242万元，其他事业费14.5万元，抚恤和社会福利救济费32万元，其他支出11.3万元，城市维护费13万元，区长预备费15万元等。全年实际收支相抵，略有结余。

1987年，全区安排财政收入必成指标为1023万元，比1986年增长6%；期成指标为1100万元，比1986年同口径增长13.5%。预算执行过程中，因市商业供销零售商店的下放，收入基数划转128万元。同年，北塘区实际完成财政收入1326万元，为调整后必成指标的115.2%，期成指标的107.98%，按同口径计算，比上年增长27.72%。按收入项目分：产品税231万元，比上年减少18.01%（因产品税改为增值税）；增值税102.5%，比上年增长743.63%；营业税496.4万元，比上年增长35.98%；奖金税1.9万元，比上年减少40%；国营企业调节税4.7万元，比上年增长4.91%。同年，由于省、市各项专款指标的下达，公费医疗、妇保所、防疫站支出基数的下达，部分人员工资的调整等自然增长原因，全区实际财政支出为718.4万元，完成预算的95.36%。主要项目为：文教卫生事业费316.9万元，比上年增长28.2%；抚恤和社会福利救济费35万元，增长6.4%；行政管理费174.9万元，增长32%，其他部门事业费45.6万元，增长159%；其他支出106.3万元，增长785.8%；区长预备费15万元，与上年持平。同年全区应得财政留成收入为638.9万元，加上省、市下达专项指标44.8万元、上年结余68.9万元、市补贴40万元，实际可用财力为792.6万元，抵去财政支出后（包括上缴中央借款45万元），滚存结余74.1万元，其中各项专款结转下年度使用34.9万元，净结余为39.2万元。

1988年，全区实现财政收入1520万元，全区可留地方财政收入为775.1万元，加上省、市下达专项指标27.9万元、上年结余74.1万元，实际可用财力为877.1万元。同年，全区财政支出784.8万元，加上中央借款45万元，财政实际支出829.8万元，其中：工交商事业费1万元，城市维护费2万元，文教卫生事业费398.8万元，其他部门事业费18.2万元，民政经费37.2万元，行政管理费109万元，公检法经费121.9万元，其他经费（包括区长预备费）96.7万元。全年收支相抵，滚存结余47.3万元，其中专款结转下年度使用为24.7万元，净结余22.6万元。

1989年，全区实现财政收入1883.9万元，可留地方财政收入778.3万元，其中基数内分成收入590万元，超收分成188.3万元，加上省、市下达专项指标14.9万元，市补贴40万元，上年结转项目资金和滚存结余47.3万元，实际可用财力为880.5万元。同年，全年财政支出851.3万元，其中：工交商事业费1.3万元，城市维护费17.2万元，文教卫生事业费443.5，其他部门事业费20.3万元，民政经费30.2万元，行政管理费128万元，公检法经费109万元，其他经费101.8万元。收入和支出相抵，滚存结余29.2万元，其中结转下年度使用为24.9万元，净结余4.3万元。

1990年，全区实现财政收入2122.7万元，比上年增长12.68%。其中各项主要收入为：产品税、增值税完成560.6万元；营业税完成806.1万元；集体企业所得税完成544.4万元；罚没收入156.8万元。按照财政包干体制，可留地方收入937.4万元，加上省、市下达专项指标310.3万元，市一次性补助67.8万元，上年结余29.2万元，合计全年可用财力1340.4万元。同年，全区财政支出1302万元，加上向中央贡献36万元，财政实际支出1338万元。其中：工交商事业费1.4万元，城市维护费327.4万元，文教卫生事业费497.6，其他部门事业费29.8万元，民政事业经费31万元，行政管理费163.3万元，公检法经费133.4万元，其他经费116.1万元，向中央贡献36万元。收入和支出相抵，滚存结余6.7万元，其中专项结转下年度使用为1.5万元，净结余5.2万元。

1991年，因遭受特大水灾，区财政收入实现1890.8万元，比上年降低11%，其中产品税、增值税491.9万元，营业税900.4万元，集体企业所得税392.1万元，国营企业收入24.08万元，其他收入63.6万元。按同年财政包干体制计算，可留地方财政收入697.2万元，加上省、市下达专项指标49.2万元，市一次性补助164.9万元（包括减灾补助120万元），上年结余6.7万元，合计全年可用财力918万元。同年，全区财政支出1066.9万元，加上向中央贡献36万元，财政实际支出1102.9万元，其中工交事业费2万元，文教卫生事业费533.2万元，其他部门事业费21.7万元，民政事业经费41万元，行政管理费176.9万元，公检法经费138.8万元，基本建设支出30万元，其他经费支出123.3万元，向中央贡献36万元。收支相抵赤字184.9万元。

1992年，全区财政收入完成2153.8万元，比上年增长13.92%，其中税收收入完成2042.8万元，国营企业收入64.8万元，其他收入46.2万元。按财政包干体制计算，可留地方收入887.9万元，加上省、市下达专项指标84.08万元，市一次性补助61万元，合计全年可用财力1032.98万元。同年，全区财政支出1395.5万元，其中工交事业费2.5万元，文教卫生事业费667.6万元，其他部门事业费25.6万元，民政事业经费48.4万元，行政管理费234.8万元，公检法经费191.4万元，基本建设支出30万元，其他经费支出147.2万元，科技三项费用12万元，向中央贡献36万元。结转下年度项目40万元，财政应支出1435.5万元，同年收支相抵赤字402.52万元，滚存赤字474.5万元。

1993年，全区实现财政收入3565.23万元，比1992年增长65.5％，其中税收收入完成3449.62万元，国营企业收入50.28万元，其他收入65.34万元。按调整后市对区财政包干体制计算，分成收入2364.1万元，加上省、市下达专项指标74万元，市一次性补助79.7万元，平衡地方预算调节基金收入150万元，合计全年可用财力2667.8万元。同年，全区财政支出为2183.1万元，其中企业挖潜改造资金41.7万元，工交事业费3.8万元，城市维护费150万元，文教卫生事业费962.2万元，其他部门事业费36.4万元，民政事业经费38.9万元，行政管理费277.6万元，公检法经费287.1万元，其他经费支出317万元，向中央贡献36万元，上交专项款32.4万元。结转下年度项目173.5万元，财政应支出2356.6万元，同年收支相抵净结余311.2万元，滚存赤字123.3万元。

1994年，实行财政分税制体制改革。北塘区财政收入完成4109.6万元，比上年增长15.8%，其中区财政收入完成1459万元，比上年增长12%，增收157.3万元。按收入项目分，固定收入720万元，专项分成收入739万元。全年财政支出2713万元，结转下年度项目230万元，财政应支出2943万元，其中企业挖潜革新技改资金16万元，工交商事业费5万元，城市维护费25万元，文教卫生事业费1232万元，其他部门事业费58万元，民政事业经费34万元，行政管理费516万元，公检法经费535万元，其他经费支出292万元。按分税制计算，固定收入720万元，专项分成收入513万元，体制补助收入1339万元，市补助收入45万元，省、市追加指标收入32万元，收取平衡预算调节基金155万元，专项上缴支出84万元，合计1994年度可用财力为2720万元。同年财政收支相抵结余7万元（不包括结转下年度项目230万元），财政累计赤字83万元。

1995年，全区财政收入完成4828万元，比上年增加718.4万元，增长17％，其中区级财政收入完成1708万元。按项目分：固定收入1039万元，专项收入669万元。全年财政支出3147万元，结转下年度项目270万元，合计财政应支出3417万元，比上年增长16%，其中工交商事业费5万元，城市维护费25万元，文教卫生事业费1487万元，其他部门事业费9万元，民政事业经费43万元，行政管理费452万元，公检法经费663万元，其他经费支出463万元。按同年财政体制计算，固定收入1039万元，专项分成收入464万元，体制补助1508万元，市补助收入46万元，省、市追加指标收入44万元，收取平衡调节基金228万元，专项上交支出112万元。合计全年可用财力为3217万元。同年财政收支相抵结余70万元，财政累计赤字为53万元。

1996年，全区财政收入完成6114万元，比上年增收1286万元，增长26.66%，其中区级财政收入完成2206万元；按项目分，固定收入1528万元，专项收入678万元。全年财政支出3846万元，结转下年度项目247万元，合计财政应支出4093万元，比上年增长20%，其中工交商事业费8万元，企业挖潜改造资金27万元，城市维护费25万元，基本建设支出40万元，文教事业费1323万元，其他部门事业费147万元，民政事业经费52万元，行政管理费473万元，公检法经费850万元，其他经费支出398万元，卫生经费503万元。按项目分，固定收入1528万元，专项分成收入471万元，体制补助1574万元，市其他补助收入380万元，省、市追加指标收入29万元，专项上缴支出96万元。合计全年可用财力为3886万元。同年财政收支相抵结余40万元，累计结余10万元。

1997年，全区完成财政收入2557万元（不包括增值税4194万元），比上年增加351万元，增长16%，其中地方固定收入为1807万元，专项分成收入750万元。全年财政支出4305万元，结转下年度项目247万元，合计财政应支出4552万元，比上年增长11%，其中工交商事业费9万元，企业挖潜改造资金46万元，城市维护费66万元，基本建设支出63万元，文教事业费1426万元，其他部门事业费174万元，民政事业经费91万元，行政管理费534万元，公检法经费1010万元，其他经费支出441万元，卫生经费445万元。按项目分，固定收入1807万元，专项分成收入521万元，体制补助收入1614万元，市其他补助收入270万元，调入资金100万元，省、市追加指标收入78万元，专项上缴支出85万元。合计全年可用财力为4305万元。同年财政收支相抵持平，累计结余10万元。

1998年，全区实现财政收入3197万元（不包括增值税3858万元），比上年增加553万元，同比增长21%；其中地方固定收入2175万元，专项分成收入1022万元。全年财政支出4895万元，结转下年度项目161万元，合计财政应支出5056万元，其中工交商事业费11万元，企业挖潜改造资金52万元，城市维护费96万元，基本建设支出60万元，文教事业费1609万元，统计工商等部门事业费361万元，抚恤社会福利救济费101万元，行政管理费615万元，公检法经费1338万元，其他经费支出198万元，卫生经费454万元。按项目分，固定收入2175万元，专项分成收入712万元，体制补助收入1743万元，市其他补助收入395万元，调入资金29万元，省、市追加指标收入52万元，专项上缴支出128万元。合计全年可用财力为4978万元。同年财政收支相抵结余83万元，累计结余19万元。

1999年，实现财政收入3468万元（不包括增值税4810万元），比上年增加532万元，增长18%。全年财政支出5694万元，比上年增加638万元，增长12.6%，其中用于文教卫生事业费2224万元，公检法支出1474万元。同年收支结余59万元。

2000年，全区实现财政收入10658万元，比上年增加2380万元，增长28.75%。全年财政支出6969万元，比上年增加1904万元，增长22.4%，其中用于文教卫生事业费2687万元，公检法支出1888万元。同年收支结余250万元。

2001年，全区完成财政收入1.37亿元，其中国税收入7752万元，区级财政收入5951万元。同年财政支出8754万元，其中公检法司支出2079万元，教育事业费支出2480万元，行政管理费1533万元，文体广播事业费78万元，卫生经费566万元，抚恤和社会福利救济费198万元，社会保障补助支出214万元，城市维护费727万元，基本建设支出328万元，企业挖潜改造资金支出30万元，工交等部门的事业费15万元，税务等部门的事业费58万元，其他支出448万元。同年财政收支滚存结余531万元。

2002年，全区一般预算收入3.91亿元，其中国税收入1.26亿元，地税收入2.38亿元，专项收入1026万元，非税收入888万元，其他收入830万元。同年财政支出1.74亿元，其中公检法司支出2708万元，教育事业费支出5196万元，行政管理费支出2410万元，基本建设支出510万元，企业挖潜改造资金支出127万元，支援农村生产支出471万元，农林水利气象等部门事业费25万元，工交等部门的事业费12万元，文体广播事业费106万元，卫生经费326万元，其他部门的事业费791万元，抚恤和社会福利救济费829万元，社会保障补助支出725万元，城市维护费860万元，其他支出2339万元。同年财政收支滚存结余85万元。

2003年，全区一般预算收入5.3亿元，比上年增长35%，其中国税收入1.56亿元，地税收入3.37亿元，专项收入1423万元，非税收入1853万元，其他收入442万元。同年财政支出为2.05亿元，比上年增长17%，其中公检法司支出3963万元，教育事业费7359万元，行政事业费2810万元。基本建设150万元，企业挖潜改造资金1037万元，科技三项费用14万元，农业532万元，水利和气象83万元，工交等部门的事业费17万元，文体广播事业费143万元，医疗卫生431万元，其他部门的事业费395万元，抚恤和社会福利救济620万元，社会保障补助500万元，城市维护费967万元，其他支出1502万元，同年财政收支滚存结余1539万元。

2004年，全区一般预算收入6.7亿元，比上年增长26%，其中国税收入1.1亿元，地税收入4.93亿元，专项收入4018万元，非税收入2404万元，其他收入322万元。区本级财政支出2.96亿元，比上年增长44%，其中公检法司支出4726万元，教育事业费1.08亿元，行政管理费4195万元，基本建设950万元，企业挖潜改造资金98万元，农业166万元，水利和气象支出37万元，工交等部门的事业费支出25万元，文体广播事业费238万元，医疗卫生404万元，其他部门的事业费2758万元，抚恤及社会福利救济费981万元，社会保障补助200万元，城市维护费1843万元，其他支出2108万元。同年的财政收支滚存结余430万元。

2005年，全区一般预算收入8.83亿元，比上年增长31%，其中国税收入1.83亿元，地税收入6.24亿元，专项收入3988万元，非税收入3627万元，其他收入9万元。

区本级财政支出3.51亿元，比上年增长18%，其中公检法司支出6582万元，教育事业费9579万元，行政管理费4638万元，基本建设1000万元，科技三项费用339万元，农业102万元，水利和气象58万元，工交等部门的事业费31万元，文体广播事业费287万元，医疗卫生701万元，其他部门事业费4580万元，抚恤和社会福利救济费621万元，社会保障补助1397万元，城市维护费2088万元，其他支出3057万元。区本级财力为3.55亿元，同年财政收支滚存结余为2377万元。

1986～2005年北塘区财政收入、支出及可用财力情况表

表8-1　　单位：万元

年度	财政收入	财政支出	可用财力
1986	969	485	485
1987	1386	673	673
1988	1520	785	785
1989	1884	851	851
1990	2123	1302	1302
1991	1891	1401	1401
1992	2157	1667	1667
1993	3565	2477	2477
1994	2944	2713	2713
1995	3681	3147	3147
1996	4165	3908	3908
1997	4821	4582	4582
1998	5573	4895	4895
1999	6512	5694	5694
2000	7770	6969	6969
2001	5951	8754	8754
2002	38594	17278	17278
2003	56723	22255	22255
2004	67040	29578	29578
2005	88307	35060	35060

第四节　财政管理

一、财务管理

预算外资金收支两条线管理　1990年，对区工商局、房管局、市政处、监察队、幼教、卫生防疫站6个单位实行预算外资金财政专户储存，全年共集中预算外资金150万元。1991年，区财政局设专管员负责预算外资金管理工作，实施对预算外资金

收支情况的检查和监督。至年末，全区所有行政事业单位都实行财政专户储存，全年共集中预算外资金359万元。1994年，重点对18家自收自支单位的预算外资金进行监督管理，对预算外结余资金实行财政专户储存，促进预算外资金的合理调度。1995年，对全区各行政事业单位和社团组织的预算外资金进行清理。通过规范票据管理，加强全区行政事业单位行政性收费行为和管理，确保预算外资金的足额入库。1996年，开展预算外资金的清理检查工作，自查单位31户，自查面达到100%；抽查单位15户，抽查面近50%。发现违纪金额2.51万元。1997年，制定《北塘区关于加强预算外资金管理的意见》和《北塘区预算外资金管理细则》，确定第一批纳入预算外资金管理的单位，并通过清理银行账户、核定开户银行、下达收支计划等措施，健全全区预算外资金管理。1998年，落实国务院《关于加强预算外资金管理的决定》和全国“收支两条线”电视电话会议精神，通过整章建制，重新确定预算外资金“收支两条线，上缴财政专户”的管理模式，制定并实施《北塘区预算外资金管理办法》和《北塘区预算外资金管理实施细则》，取消各单位收入过渡户，合理确定集中比例；对票据使用、记账方法、会计科目、会计报表与管理等方面作统一规定；在预算外资金的使用上坚持量入为出、专款专用、收支平衡的原则，严格执行区长“一支笔”审批制度。同年，共集中预算外资金216万元。1999年，按照“收支两条线”的管理要求，把5个街道的预算外资金统一管理，全年共集中预算外资金348万元。2000年后，按照“量入为出、收支平衡；分类管理、专款专用；预算内外统一调度，合理匹配，综合平衡”的原则，实行综合财政预算，对27个行政事业单位和6个街道的预算外资金实行“分级管理，归口核算，收支两条线”的管理办法，根据收入情况核定使用额度，实施预算外资金管理。

行政事业单位财务集中核算管理　2002年，成立北塘区区级机关财务支付中心。业务范围是贯彻国家财经方针政策，执行各种会计准则，财务制度、会计制度；履行单位会计职能，统一核算各单位的财务活动，记录、计算和报告单位各种资金的增减及变动结果；协助各单位编制预算、决算和做好分析，依法监督单位各项资金的使用情况；编制会计报表，向各单位及相关部门提供会计信息，向单位负责，服务于单位；保管单位会计资料，对会计档案进行整理、归档和保管。2003年，组织开展全区行政事业单位财务专项检查，清理撤销区再就业过渡账户和区老龄委账户，并将其账户并入区财务支付中心进行统一结算。在各镇、街道成立财务结算中心，在不改变部门（单位）内部理财机制、资金支配权和财务管理职能的情况下，结算中心在银行开设统一账户，集中办理资金收付结算，统一发放工资，集中进行会计核算，集中管理会计档案和提供财务公开有关报表资料，将预算内资金、预算外资金以及其他收入资金纳入结算中心资金管理范围。同时，制定《北塘区罚没物资公物仓管理办法》，加强对行政执法单位罚没物资的财务管理和监督，确保国家财产的安全。2004年，区财政局制定《关于加强行政区划调整中财政财务工作的意见》，会同区审计部门组成区划调整财务审计工作小组，现场指导乡镇和街道账户冻结、以及新建街道财务分设的工作，确保区划调整工作的平稳到位，规范各基层的会计行为和会计核算，提高资金使用效益，确保各街道财务统一、规范，并及时下达新建街道财政收入目标任务。向区城市投资公司委派财务总监，出台《关于加强区城投公司财务监督管理的意见》。实施区财务支付中心电算化管理，扩大纳入中心管理的部门、单位及资金管理范围，规范财务收支行为。2005年，根据财政国库管理制度改革工作的要求，区财政局制定《关于进一步加强财务结算（支付）中心财务管理的意见》，区财务结算（支付）中心履行会计集中核算的职能，财政国库集中支付机构仅代理和预算单位部分银行出纳的职能，各预算单位会计主体及会计责任不变；街道财务结算（支付）中心在商业银行开设预算外资金财政专户，用于核算街道按照收支两条线管理的要求，除区财政预算内拨款外的所有非税收入。按照建立国库单一账户体系的要求，由区财政局在商业银行为预算单位开设零余额账户，用于预算单位财政授权支付（包括支取现金）和清算。由区财政局在商业银行开设预算外资金财政专户，各预算单位按照收支两条线管理的要求，将预算外收入及时足额缴存到预算外资金财政专户。制定《关于加强财政票据管理的办法》，实行“凭证购领、分次限量、验旧购新”的购领制度，规范票据购领行为。对区建设局等部门制定加强财务管理工作考核的意见。对区教育局以及下属单位的财务收支情况进行检查，提出加强财务管理的建议。

二、公有资产管理

1996年，区对全区行政事业单位进行产权登记。经验收，共向48个单位颁发“中华人民共和国国有资产产权登记证”，其中包括19所小学、1所中学和3所公办幼儿园。

1997年，区对全区46家行政事业单位的国有资产进行年度报表审核和产权登记年检，明确产权证年检制度。在审核1996年度国资年报的基础上，对全区32家全民企业发放产权证。开展全区城镇集体企业资产清查，通过清产核资，摸清全区112家城镇集体企业的家底。清查出全部资产为2.52亿元，负债为1.75亿元，净资产为7660万元。在此基础上，做好产权界定，重估登记等工作，为集体企业改转制打下基础。对区试点改转制企业进行资产评估立项审批，评估确认和界定产权。

1998年，区属集体企业改制工作全面展开，区规范企业改转制中的公有资产管理，抓好资产评估立项、评估确认、产权界定工作。对15个项目进行评估立项审批，确认评估资产价值313.18万元。同时，对全区行政事业单位资产进行普查，查清资产总量为6.25亿元。对45家行政事业单位和32家全民企业进行产权证年检和核发，对9家区属工厂公有资产保值增值指标情况进行审核。1999年，区对29家国有企业和50个行政事业单位进行国有资产产权年检，对33个项目进行评估立项，确认评估项目

28个。

2000年，区继续把好企业改转制中资产评估立项、确认、产权界定和不良资产核销审批关，维护公有资产的完整。制定《不良资产核销程序》，明确核销不良资产的审批权限。全年为182家单位办理资产评估立项手续，并对136家企业的资产评估报告出具确认证明，产权界定148家。对18家国有企业进行国有资产产权年检。同年10月，委托中介机构对区属工业企业、商业企业的净资产进行评估，将其公允价值作为资产经营公司的注册资本，以建立规范的法人投资主体，理顺产权管理关系，为区资产经营公司挂牌经营作各项准备。2001年，对全区30个行政事业单位进行清产核资，基本掌握各单位的资产情况。做好企业产权的年检工作，对13家国有企业进行产权登记的年度检查工作。对区行政事业单位非经营性资产转为经营性资产的申请办理审批8家，对企业资产处置的申请办理31家，处置资产为407.87万元。为19家企业核销不良资产618万元。做好资产评估的立项和确认界定工作，办理立项37家，确认49家。

2002年，指导区属各单位建立资产台账，规范各单位资产收益的行为，帮助各单位对固定资产及时进行登记、编号。对调出、出售、报废毁损的固定资产及时调账和核销。做好产权登记、产权界定、清产核资以及统计评价等各项基础性工作。制定《北塘区机关、事业单位小汽车配备、使用、管理办法》，规范小汽车的购置、使用管理。

2003年，加强公有资产保值增值的考核，将公有资产的经营情况、效益状况、偿债能力等纳入考核范围。规范公有资本收益管理，对经营性资产逐步实行委托管理，在确保公有资产保值增值的基础上，按照“委托管理、利益共享”的原则，明确出资者和经营者的利益关系。同年4月，公有资产管理职能从区财政局划出，另成立区公有资产监督管理办公室，承担原区财政局的公有资产管理工作，并与区审计局合署办公。

2005年，公有资产管理职能重新划入区财政局。围绕“深化管理、规范运行、完善监督”三项任务，做好公有资产监督管理工作。对方圆实业总公司、区城市投资公司、区资产经营公司的经济和社会发展目标实施目标考核，并做好全区行政事业单位经营性资产的统计分析工作。8月，对全区所有行政事业单位的固定资产进行清查，查找管理漏洞，并制定《北塘区行政事业单位固定资产管理办法》，规范和统一各行政事业单位的固定资产范围、计价、分类、处置以及日常资产管理的行为。10月，发布《关于加强行政事业单位非自用房地产管理的意见》，按照“规范管理、公开透明、提高效益、平稳推进”的原则，对区行政事业单位非自用房地产管理进行改革，以区资产经营公司、街道、教育局等相关部门为操作管理平台，实行相对集中的非自用房操作管理机制；区公资办依据市场化原则，认定非自用房地产基准租赁价格，由区资产经营公司托管的机关各部门非自用房地产租赁收入纳税后的净收入，按规定上缴区财政专户，实行收支两条线管理，其净收入仍归各部门所有，并纳入各部门的年度预算。

三、政府采购

北塘区政府采购工作始于1999年4月，由区财政局预算科负责管理。7月，区政府发出《关于实行政府采购制度的通知》，对实施政府采购的范围、项目、原则、方式方法、操作流程和要求作明确规定。对全区有汽车的行政事业单位进行政府采购专项检查。

2000年，拓展政府采购的品种、规模。全区有16家行政事业单位参加办公用纸的集中采购，共有25家单位，近400辆公务用车参加定点加油的政府采购。2001年，组织各行政事业单位参加公务用车定点维修，全区共有10家单位参加汽车定点维修的政府采购。

四、会计事务管理

1986年，开展全区行政事业单位会计清档建档工作，至11月末基本结束，并验收合格。部分工商企业也基本完成清档建档，并通过验收。1988年，全区会计系列职称评定工作展开，除街道小集体、机关行政编制人员外，对全区会计人员进行职称评审，确定全区具备会计技术职称的人员。同年，区财政局还为华申琪等老会计人员申报“会计人员荣誉证书”。1989年3月，对1988年度全区会计工作先进个人进行表彰。同年，北塘区组织财会人员参加财政部组织的“全国首届会计知识大赛”。1990年9月，区政府成立“北塘区珠算科技知识竞赛组织委员会”，由副区长朱仁林任主任，办公室设在区财政局内。1991年，区财政局举办北塘区财务科长培训班、控购知识培训班、《中华人民共和国会计法》学习班、出纳岗位培训班等。同时，还抽调人员组成会计工作达标验收小组，对全区行政事业单位的会计工作达标进行辅导。1992年，区制定《无锡市北塘区会计证管理办法实施细则》。同年，举行会计专业资格考试，北塘有35人成绩达到合格标准，其中会计员18人，助理会计师13人，会计师4人。1993年，区财政局成立“会计转轨领导小组”，制定《北塘区新旧会计制度转换工作实施细则》，在全区进行转轨培训，举办各种培训班9期，参加人员464人，其中厂长（经理）班2期，参加人员80人。1994年，是全国实行新税制的第一年。财政部举办“全国财政法规知识竞赛”，区参加598人。在全市评比中，区财政局获组织工作三等奖。同年，区财政局组织力量对以前年度颁发的会计上岗证进行首次年检，同时对全区会计队伍进行调查。通过年检和调查，全区共有会计人员445人，其中大学学历6人，大专53人，中专95人，高中161人，初中及其他学历130人；具有会计师职称22人，助理会计师92人，会计员107人。1995年4月，区表彰25个1994年度财会工作先进集体、58名先进个人。1996年，区财政局开展会计基础工作考核活动；检查会计持证上岗制度执行情况；对在职会计进行电算化培训。1997年4月10日，区财政局、区职称改革工作领导小组公布全区1996年会计资格考试合格人员名单，其中，16人取得会计员资格；4人取得助理会计师资格，4人取得会计师资格。同年12月1日，全区共有21名会计人员通过职称资格考试。同年，全区540多名会计人员进行会计证换证。对全区行政事业单位和35家企业进行会计基础考核评分，除1家企业不合格外，其余全部达到标准。1998年6月，组织全区56个行政事业单位的148名会计人员分4期进行行政事业单位会计会计制度转轨培训。同年，全区共有25名会计人员通过职称资格考试。1999年5月28日，区财政局、区人事局联合公布1998年会计专业技术资格考试合格人员名单，全区共有25人取得中级和初级职称。同年，组织开展北塘区“财务管理年”活动，对财务人员进行后续教育。2000年5月，区财政局组织行政事业单位负责人和会计人员进行新《中华人民共和国会计法》培训，参加人数679人。组织全国第二届会计知识竞赛无锡赛区第一、第二赛程比赛，取得较好成绩。2001年，公布区2001年度会计专业技术资格考试合格人员名单。组织161名各单位负责人，1010名在岗会计人员进行新《中华人民共和国会计法》的学习培训。部署《中华人民共和国会计法》执行情况检查，规范会计基础工作，共有129家独立核算单位纳入执法检查范围。财政局、纪委、审计、物价等部门联合开展对18个单位、部门“小金库”清查工作，发出限期整改通知书18份。开展街道账户清理工作，将罚没物资全部上缴市财政局公物仓。同年，收集102户国有、集体企业的会计基础数据资料，形成较为全面的会计信息资料数据库，全面完成统一报表工作。2002年，在所有独立核算的单位全面开展建账监管工作，运用统一的会计从业人员管理软件系统，建立全区会计人员信息的动态数据库。建立财政监督稽查分局，有序开展对区财政的监督稽查工作。2003年，区财政局先后制定《中心人员岗位职责》《内部会计核算办法》《会计档案管理制度》等一系列规章制度。组织2500名会计人员参加江苏省用友杯会计职业道德和相关会计法规知识竞赛，组织全区所属企业的2600名会计人员参加2003年度的会计后续教育的培训报名工作，组织全区会计的专业技术考试报名、发证工作。2004～2005年，加强会计行业管理，组织全区会计人员参加继续教育培训和职称报名工作，开展会计职业道德宣传教育。

第五节 财政监督

一、税收财务大检查

1986年起，北塘区设立税收财务物价大检查办公室，区财政局和税务、物价部门对含驻区单位在内的企业事业单位、行政单位和个体工商户进行检查，做到“边检查、边核实、边入库、边整改”。1988年10月22日～11月10日，全区自查补报税款

36.18万元，财务违纪金额9.32万元，物价违纪金额4.7万元。1989年10月4日，全区进行税务、财务、物价大检查，历时2个月。1990年，全区有46个单位进行自查，自查面为100%。有8个单位存在违纪现象，违纪金额1.1万元。自查后，区对18个单位进行抽查，抽查面为39.1%，其中存在问题的单位有6个，查出违纪金额1.3万元。1991年，全区税收财务物价大检查从10月开始，46个区行政事业单位进行自查，自查面100%，其中有4家单位存在违纪问题，违纪金额0.42万元；抽查10个单位，抽查面21.74%。1993年，区组织实施清理检查购买代币购物券工作，对全区22个单位进行检查。1994年，全区有3991户企业和单位进行自查，自查面达100%。对749家企业和单位进行重点抽查，抽查面18.77%，查出违纪金额394.24万元，追缴入库384.77万元。1995年6月～8月，在全区范围内开展清理“小金库”专项检查，全区应自查的单位267个，自查率100%，有小金库的单位17个，占自查户数的6%。自查报表反映的小金库总额为47.33万元，支出总额为42.43万元，余4.9万元。

1997年后，因物价逐步放开，企业实行利改税，税收财务物价大检查工作停止。

二、控制社会集团购买力

1989年，开始对社会集团购买力指标进行管理，区成立控制社会集团购买力领导小组。1990年，市分配给北塘区的社会集团购买力控制指标为310万元。同年5月，区把全年指标层层分解到各单位（部门），区财政局建立专控商品审批台账，各单位建立辅助台账。全年实际执行226.57万元，为下达指标的73.09%。1991年年初，区将市下达的300万元控购指标进行分解。全年实际执行300万元。1993年，市下达给北塘区的社会集团购买力指标为404.8万元，全区全年未突破指标。1994年，北塘区在全市社会集团购买力控制工作评比中获二等奖。1995年，区财政局印发《关于下达1995年社会集团购买力控制指标的通知》，将指标分为指令性和指导性两种，分别对指标的内容和考核作明确规定。

第二章 税 务

第一节 税务体制及机构

北塘区没有独立的税务机构，税务工作由市税务局垂直领导。

1986～1993年，北塘区区属及街道所属的税收征管归无锡市税务五分局管理。

1994年，全国实行分税制改革，主要内容包括流转税、企业所得税、个人所得税和其他税种。北塘区区属及街道所属的税收征管归无锡市国家税务局第五分局和无锡市地方税务局第三分局管理。

2002年，无锡市实施税收属地征管，国税方面，北塘辖区的内资企业归无锡市国家税务局第一分局管理，三资企业归无锡市国家税务局涉外分局管理；地税方面，北塘辖区的内资企业归无锡市地方税务局第一分局管理，三资企业归无锡市地方税务局涉外分局管理。2003年，无锡市实施建设项目税收属地征管，北塘辖区内的建设项目税收归无锡市地方税务局第二分局管理。

第二节 协税护税

自实施税收属地征管后，北塘区建立“政府领导，部门配合，综合治税”的协税护税工作体系，先后建立区、街道、社区三级协税护税组织网络，配备专人，明确职责，全面覆盖所辖区域，形成“税务主管，部门协税，群众护税”的格局。区成立以区领导任组长，财政、税务、工商、公安等部门组成的协税护税工作领导小组，下设办公室，配备综合、企业、项目等岗位专管员，负责全区协税护税日常管理工作。街道相应成立协税护税领导小组及办公室，配备专兼职协税护税工作人员，协税护税工作覆盖辖区内所有的企业、项目、市场和社区。区政府先后建立协税护税例会、领导联系走访、税源信息收集、协税护税联动和协税护税考核五项工作制度，从日常税源收集、专项税源摸底、税源报告、委托代征、分析预测、台账管理、税法宣传七个方面开展工作。

2000年，区财政局会同地税、工商等部门，在全区进行依法纳税遍查，查出一批漏户，发现一批新税源。2001年，组织开展全区税收编查工作，开展税源清理，摸清区域税源结构，运用政策引导，鼓励各街道用好用足各种税收、财政政策，做大收入盘子。引导各街道建立所属各类企业国、地税情况的数据库以及辖区内的个体私营经济情况、资产收益等多个方面的基础台账。定期召开协税护税例会。7月，召开街道基础管理工作现场会。建立税收超指标风险抵押制度，与9家经济考核部门的主要经济责任人签订风险抵押责任状。以餐饮服务业为特色的青石路商贸景观街同年产生税收250万元，并带动全区第三产业的发展，全区营业税比上一年度增长43.45%。推进私营个体经济园区惠山分园、春申分园、五河分园的招商引资工作，培育后续税源。

2002年，税收属地征管后，组织开展辖区内税收编查，摸清区域税源结构情况，建立企业库，核定国、地税基数，初步理顺区、镇、街关系。出台街道等主管部门的税收包干方案及激励措施。将区内27家单位纳入预算外专户管理。出台黄巷、山北两镇综合基金的征收办法。对5家诚信纳税个体工商户进行表彰。5月，确定为北塘区“农业税收政策宣传月”。

2003年，将原有15个块面调整为区留重点以及2镇7街道等10大块面。对2002年度的国、地税9000多家企业，几十万个数据进行采集和统计汇总，核定各块面的财政收入基数，明确各块面的工作责任。做好税收属地征管“回头看”工作，通过“回头看”，共计调库企业157家，调增基数6096.77万元，调减基数939.44万元。抓好建设工程项目税收属地征管工作，制定《区关于建设工程项目税收属地管理的意见》，成立区建设工程项目税收属地征管领导小组，各镇、街道也成立相应的机构，配备专职人员具体负责本镇、本街道的建设工程项目税收属地征管工作。建立区和镇、街道二级建设工程项目数据库。明确凡在国有土地上的建设项目，税收归区及街道；凡在集体土地上的建设项目，税收归镇；同一项目既占有国有土地，又占有集体土地的，按土地性质比例认定税收级次。区“项目办”对全区的工程造价在30万元以上的建设工程项目进行税收属地征管工作；30万元以下的项目由2镇7街道负责税收属地征管。通过对全区工程项目的摸底调查，将3项市级库项目调入北塘项目库。做好基金征缴工作，全年共计征集人教基金29万元，防洪保安基金3万元，筹集解困再就业资金104.5万元，集中预算外资金105.16万元，筹集各镇、各街道外向型风险金80万元以及个人风险金42.3万元。

图8-1 街道协护税工作联席会议（2003年）（区史志办供稿）

2004年，印发《关于实行区领导与重点民营企业挂钩服务制度的通知》，对2003年度国税收入在50万元以上或者地税收入在20万元以上的辖区内企业作为重点企业，财政部门作为联络员，建立重点企业跟踪服务制度。建立重点建设工程项目走访联系制度，实行每月走访制，及时掌握工程项目的纳税情况。同年全区缴纳税金超千万元的建设工程项目有6个。组织对新办企业的交叉登记情况进行确认，及时更正企业错库现象。配合市地方税务局做好餐饮娱乐服务业夜间的纳税评估工作，共计进行纳税评估28家，查补税金30多万元。

2005年，区制定《关于在全区开展税收编查工作的意见》和《关于加强建筑业协护税工作考核的意见》等文件，组织开展对全区的建设工程项目和企业4次拉网式的税收编查。配合税务部门开展协护税网络建设的试点工作。国税外税分局和地税二分局分别于5月、6月、9月在北塘区召开具有针对性的经济分析会。同时，北塘区作为国税一分局在全市开展协护税网络建设的试点城区，区财政部门配合国税局做好协护税人员的面试、体检、政审等各项录用工作，32名协护税人员顺利上岗。完成财政联网库从2.43版到2.60版的升级工作，各单位可以即时从联网库上直接采集数据，及时监控重点项目、重点企业的税收缴纳情况。7月，组织开展全区外贸企业的编查。9月，开展重点项目建筑业税收的编查分析，由协护税人员及时督促其登记纳税。加强与市行政审批中心的联系，及时增补地名库，获取外贸企业注册登记等信息，加强对新办纯外贸企业的管理。出台《关于加强街道非税收入管理的实施办法》，对街道非税收入实行“收支两条线，缴存财政专户”的管理模式，即收入金额全额缴存财政专户，支出按年初预算及资金需求拨付。

第三章 金 融

第一节 银 行

一、北塘合作银行

1986年7月，区筹建股份制商业银行——北塘合作银行。合作银行选址在北大街17号，资金由区属企业、事业单位、8个街道办事处和个人参股的股金组成。同年12月18日，北塘合作银行正式开业。银行设办公室、业务科、会计科、出纳储蓄科，另设锡惠营业处、银溪营业处和吴桥储蓄所。北塘合作银行资本总额1.28亿元，资产总额2.32亿元，营业面积700多平方米。1987～1989年，北塘合作银行在紧缩信贷的形势下，增收增贷，合理投资，3年融通社会资金8045.75万元。1992年，北塘合作银行融资5113万元，比上年提高27%。1993年，银行年末存款余额4174万元，贷款余额4411万元，分别比上年增长20.5%和116.7%；实现利润132.7万元，比上年增长94.5%；年末全行资产总额达8391.88万元。经中银全国资信评估委员会终审确认，资信级定位评定AAA级。1994年，北塘合作银行被复评为全国AAA级城市信用社。首次在全区开展“爱区储蓄”活动，吸储454万元，支持区街经济建设。1995年，合作银行存款余额1.56亿元，贷款9098万元，继续在城区同类银行中领先。1993年11月～1996年10月，北塘合作银行连续3年被国家资信评估委员会评定为全国信用社最高信誉等级AAA级城市信用社，并获北塘区文明单位、十佳新事、腾飞奖、先进单位和团市委“青年文明号”等荣誉称号。1996年年末，各项存款1.81亿元，贷款余额1.02亿元，实现利润311.83万元。同年，更名为北塘城市信用社。1997年，无锡市组建地方股份制商业银行——无锡市城市合作银行，北塘城市信用社成为无锡市城市合作银行下辖的31家信用社之一。

图8-2 北塘合作银行（1996年）（区史志办供稿）

1998年，市政府将全市的合作银行及郊区的城市信用社改建为无锡市商业银行，北塘城市信用社更名为无锡市商业银行胜利支行。迄2005年不变。2005年全行职工48人，其中大专以上学历21人，中专8人，高中20人；助师以上职称13人。

1993～1996年北塘合作银行存贷款情况表

表8-2 单位：万元

项目	1993	1994	1995	1996
年末各项存款余额	4174.20	9722.00	15571.00	18139.00
年未各项贷款余额	3552.00	6585.00	9098.00	10223.00
本年发放贷款	11603.00	14427.00	23791.00	22253.00
累计发放贷款	33348.00	47775.00	71566.00	93819.00
本年利润	132.70	143.97.00	187.45	311.83
累计利润	502.28	646.25	833.70	1145.53

二、辖区银行

80年代起，北塘区境内银行增多，各大银行分支机构遍布全区。至2005年，境内已有银行机构100多家。

2005年北塘区境内银行机构情况表

表8-3

银行名称	地址
广发银行股份有限公司无锡城北支行	无锡市北大街157-163号
江苏银行股份有限公司无锡北大街支行	无锡市北大街17号
江苏银行股份有限公司无锡凤宾路支行	无锡市轻院新大楼79号-1
江苏银行股份有限公司无锡凤翔支行	无锡市凤翔路堵巷55号-2
江苏银行股份有限公司无锡广石路支行	无锡市广石西路798号
江苏银行股份有限公司无锡黄巷支行	无锡市江海西路77号
江苏银行股份有限公司无锡会龙支行	无锡市山北石门路
江苏银行股份有限公司无锡会西支行	无锡市仁和花园51-1号一层
江苏银行股份有限公司无锡梨庄支行	无锡市锡澄路204号
江苏银行股份有限公司无锡刘潭支行	无锡市任钱路陈巷361号
江苏银行股份有限公司无锡民丰支行	无锡市民丰路104、106号
江苏银行股份有限公司无锡任钱路支行	无锡市刘潭新村76号
江苏银行股份有限公司无锡山北支行	无锡市二泉花园32号
江苏银行股份有限公司无锡胜利支行	无锡市青石路435号
江苏银行股份有限公司无锡盛岸支行	无锡市盛岸二村106-1号

续表8-3

银行名称	地 址
江苏银行股份有限公司无锡双河支行	无锡市双河新村6号
江苏银行股份有限公司无锡锡澄路支行	无锡市锡澄路任钱路口
江苏银行股份有限公司无锡香榭支行	无锡市县前西街209、211号
交通银行股份有限公司无锡北门支行	无锡市北大街28号
交通银行股份有限公司无锡城北支行	无锡市兴源北路401号北创科技园内
交通银行股份有限公司无锡吴桥支行	无锡市北塘区通惠西路134号
交通银行股份有限公司无锡锡北支行	无锡市钱皋路168号2号交易楼
交通银行无锡分行永丰储蓄所	无锡市蓉湖路荷花桥1号
无锡农村商业银行股份有限公司城中支行	无锡市县前西街109号
无锡农村商业银行股份有限公司皋桥分理处	无锡市钱皋路168号B幢-2
无锡农村商业银行股份有限公司民丰西苑分理处	无锡市北塘区民丰西苑193、194、195号
无锡市北塘合作银行	无锡市北大街17号
无锡市北塘合作银行银溪营业处	无锡市解放西路9号
无锡市北塘区合作银行锡惠银业处	无锡市西新街道1号
无锡市城郊农村信用合作联社北大街信用分社	无锡市北大街64号
无锡市城郊农村信用合作社联合社城中信用社	无锡市县前西街109号
无锡市城郊农村信用合作社联合社山北分社	无锡市山北镇盛岸路238号
无锡市兴业城市信用合作社	无锡市县前西街42号
招商银行股份有限公司无锡城北支行	无锡市春申路70号（春申路综合商用房）一、二层
中国工商银行股份有限公司无锡北塘支行	无锡市北大街30号
中国工商银行股份有限公司无锡黄巷支行	无锡市兴源北路39、41号
中国工商银行股份有限公司无锡会龙桥支行	无锡市石门路24-26号
中国工商银行股份有限公司无锡惠钱路支行	无锡市惠畅里1-12、13号
中国工商银行股份有限公司无锡刘潭支行	无锡市北塘区刘潭市场东侧
中国工商银行股份有限公司无锡胜利门分理处	无锡市北大街3号
中国工商银行股份有限公司无锡盛岸支行	无锡市盛岸新村100号
中国工商银行股份有限公司无锡太科园支行	无锡市菱湖大道97号桃园1号楼A101
中国工商银行股份有限公司无锡吴桥支行	无锡市青石路544、546号
中国工商银行股份有限公司无锡县前西街支行	无锡市县前西街201、203
中国工商银行无锡分行信用卡业务部	无锡市北大街30号
中国工商银行股份有限公司无锡黄巷支行	无锡市兴源北路39、41号
中国工商银行股份有限公司无锡会龙桥支行	无锡市石门路24-26号
中国工商银行股份有限公司无锡惠钱路支行	无锡市惠畅里1-12、13号
中国工商银行股份有限公司无锡刘潭支行	无锡市北塘区刘潭市场东侧
中国工商银行股份有限公司无锡胜利门分理处	无锡市北大街3号
中国工商银行股份有限公司无锡盛岸支行	无锡市盛岸新村100号
中国工商银行股份有限公司无锡太科园支行	无锡市菱湖大道97号桃园1号楼A101
中国工商银行股份有限公司无锡吴桥支行	无锡市青石路544、546号

续表8-3

银行名称	地址
中国工商银行股份有限公司无锡县前西街支行	无锡市县前西街201、203
中国工商银行无锡分行信用卡业务部	无锡市北大街30号
中国工商银行无锡市通惠西路储蓄所	无锡市通惠西路25号
中国工商银行无锡市通惠中路储蓄所	无锡市通惠中路239号-1
中国工商银行无锡市吴桥分理处	无锡市通惠中路与凤翔交叉口
中国建设银行股份有限公司无锡城北支行	无锡市兴源北路600-101、201、202、301号
中国建设银行股份有限公司无锡广石路支行	无锡市广石西路952、956、958、960、962号
中国建设银行股份有限公司无锡梁溪支行	无锡市解放西路236号
中国建设银行股份有限公司无锡民丰里分理处	无锡市民丰西苑168号
中国建设银行股份有限公司无锡山北分理处	无锡市山北乡政府对面
中国建设银行股份有限公司无锡盛岸里支行	无锡市盛岸二村106号
中国建设银行股份有限公司无锡通惠路分理处	无锡市通惠西路45号
中国建设银行股份有限公司无锡五爱北路支行	无锡市五爱北路28、30号
中国建设银行股份有限公司无锡锡澄朝阳支行	无锡市锡澄路268号
中国建设银行股份有限公司无锡新刘潭支行	无锡市黄母桥7号
中国建设银行股份有限公司无锡新五河支行	无锡市五河新村口堵巷55号
中国建设银行股份有限公司无锡新源支行	无锡市凤翔路135号
中国建设银行无锡市北塘分理处	无锡市三里桥东塊
中国建设银行无锡市城北支行	无锡市通惠东路234号
中国建设银行无锡市惠工桥储蓄所	无锡市通惠中路前社桥1号
中国建设银行无锡市梁溪支行	无锡市解放西路236号
中国建设银行无锡市棉花巷储蓄所	无锡市西新街15号
中国建设银行无锡市青石路储蓄所	无锡市霞美路165号
中国建设银行无锡市山北分理处	无锡市山北乡政府对面
中国建设银行股份有限公司无锡盛岸里支行	无锡市盛岸二村106号
中国建设银行股份有限公司无锡通惠路分理处	无锡市通惠西路45号
中国建设银行股份有限公司无锡五爱北路支行	无锡市五爱北路28、30号
中国建设银行股份有限公司无锡锡澄朝阳支行	无锡市锡澄路268号
中国建设银行股份有限公司无锡新刘潭支行	无锡市黄母桥7号
中国建设银行股份有限公司无锡新五河支行	无锡市五河新村口堵巷55号
中国建设银行股份有限公司无锡新源支行	无锡市凤翔路135号
中国建设银行无锡市北塘分理处	无锡市三里桥东塊
中国建设银行无锡市城北支行	无锡市通惠东路234号
中国建设银行无锡市惠工桥储蓄所	无锡市通惠中路前社桥1号
中国建设银行无锡市梁溪支行	无锡市解放西路236号
中国建设银行无锡市棉花巷储蓄所	无锡市西新街15号
中国建设银行无锡市青石路储蓄所	无锡市霞美路165号
中国建设银行无锡市山北分理处	无锡市山北乡政府对面

续表 8-3

银行名称	地　址
中国建设银行无锡市盛岸里储蓄所	无锡市盛岸二村106号
中国建设银行无锡市通惠路分理处	无锡市通惠西路45号
中国建设银行无锡市五爱北路储蓄所	无锡市五爱路508号
中国建设银行无锡市西新储蓄所	无锡市五里新村52号-1
中国建设银行无锡市锡澄朝阳分理处	无锡市锡澄路268号
中国建设银行无锡市新刘潭储蓄所	无锡市刘潭新村76号-1
中国建设银行无锡市新五河储蓄所	无锡市五河新村堵巷55号
中国建设银行无锡市新源分理处	无锡市凤翔路135号
中国农业银行股份有限公司无锡北塘支行	无锡市民丰路227、233、235、237、239、245号
中国农业银行股份有限公司无锡黄巷支行	无锡市绿洲花园78号底楼
中国农业银行股份有限公司无锡任钱路支行	无锡市刘潭新村115号-1
中国农业银行股份有限公司无锡蓉湖支行	无锡市盛岸路25号
中国农业银行股份有限公司无锡山北支行	无锡市石门路会龙桥堍
中国农业银行股份有限公司无锡通惠支行	无锡市金马商城春申路41-47号
中国农业银行股份有限公司无锡西澄支行	无锡市锡澄路190号
中国农业银行股份有限公司无锡新北支行	无锡市北大街60号
中国农业银行无锡惠华储蓄所	无锡市惠华新村224号
中国农业银行无锡市惠达储蓄所	无锡市盛岸二村47号-3
中国农业银行无锡市民丰分理行	无锡市黄巷民丰里新村4号
中国农业银行无锡市盛岸分理处	无锡市盛岸路25号
中国农业银行无锡市双河新村储蓄所	无锡市双河新村5号底楼
中国农业银行无锡市西兴分理处	无锡市西直街6号
中国农业银行无锡市西兴分理处	无锡市西直街6号
中国投资银行无锡市支行	无锡市通惠东路234号
中国银行股份有限公司无锡北塘支行	无锡市北大街72号
中国银行股份有限公司无锡二泉支行	无锡市盛岸路211-5、6号
中国银行股份有限公司无锡凤宾支行	无锡市北塘区凤宾家园171、172、173、175、176、177号
中国银行股份有限公司无锡黄巷支行	无锡市五河新村口堵巷55号
中国银行股份有限公司无锡仁和花园支行	无锡市北塘区仁和花园30号
中国银行股份有限公司无锡山北支行	无锡市北塘区石门路6号
中国银行股份有限公司无锡香榭丽支行	无锡市县前西街183-193号（单号）
中国银行股份有限公司无锡英伦花园分理处	无锡市山北仁和英伦皇家花园二期30号
中国银行无锡惠钱路分理处	无锡市惠钱路9号-1
中国银行无锡市北新桥分理处	无锡市北新桥堍
中国银行无锡市城北分理处	无锡市通惠中路265号
中国银行无锡市城西分理处	无锡市锡惠里22号B座
中信银行股份有限公司无锡通惠路支行	无锡市青石路566号
中信银行股份有限公司无锡五爱支行	无锡市人民西路112号

第二节 国债 保险 证券

一、国债

1986年，市分配给北塘区购买国库券的任务是42.6万元，其中单位12.6万元，个人30万元。同年，全区单位购买国库券12.5万元，个人购买34.67万元。1987年，市分配给北塘区的国库券任务是42.6万元，其中单位12.6万元，个人30万元。同年，全区单位购买国库券12.51万元，个人购买34.91万元。1990年，对市下达指标中单位、个人认购比例作调整，全区认购特种国债、国库券总数达77.48万元，比市场信息分配指标69.5万元超出7.98万元，其中个人认购国库券入库67.98万元，比市下达指标超额18.78万元；特种国债入库9.5万元。1991年，市分配给北塘区的特种国债和国库券认购任务为64.2万元，其中特种国债15万元，国库券49.2万元。全年实际完成89.4万元，超额完成25.2万元，增长39.25%。1993年，市下达给北塘区的国库券认购任务为320万元，北塘区实际认购370万元。1994年，市分配给区的国库券认购任务为283.2万元，经过努力，实际认购313万元，为任务的110.52%。此后，国库券面向社会发放，区财政局不再承担认购任务。

二、保险

80年代，北塘辖区内设有中国人寿保险公司无锡分公司北塘办事处。进入21世纪，太平人寿保险公司无锡中心支公司和安邦财产保险公司无锡中心支公司先后入驻，其地址分别在北大街1号华锦大厦8楼、9楼和北大街2号4楼。

三、证券

1992年12月10日，辖区内人民西路江苏省证券无锡营业部成立，是继申银万国之后无锡地区第二家证券营业部，后迁址至解放西路并更名为华泰证券无锡营业部。营业部曾数次获得市“青年文明号”“五一劳动奖章先进集体”“无锡市证券期货行业先进单位”等荣誉称号。以后，中国新技术创业投资公司无锡证券交易营业部和华龙证券有限责任公司无锡北大街证券营业部相继落户北塘。中国新技术创业投资公司无锡证券交易营业部后更名为银泰证券有限责任公司无锡北大街证券营业部，迁址至兴源北路401号无锡市科技创业服务中心大楼10楼。

第九编

综合经济管理

1986～2005年，北塘区经济体制改革从计划经济向市场经济的方向推进。1993年起，调整经济发展目标体系，使计划集中于总量控制、结构调整而更具政策性和指导性。其间，编制区“七五”“八五”“九五”“十五”经济和社会发展计划，并落实目标责任制，确保经济建设和社会发展计划的贯彻实施。加强统计管理，准确实施经济社会发展统计，开展专项统计调查，搞好统计服务及执法。

区审计部门履行审计监督职能。1990～2005年，共完成审计项目226个，审计资金总额达48亿元，查出违规资金6.52亿元，增加财政收入1938.70万元，减少财政支出241.95万元，核减工程建设投资额3854万元，移送经济案件2件。

区物价部门管理职能由管理型转向管理服务型，市场价格监管由直接管理转向支持和促进公平、公开、合法的市场竞争。1986年后，区物价管理部门坚持与财政、税务等部门，联合开展一年一度的“财务、税收、物价”大检查。1993年以后，物价监督检查的重点转为“清费、治乱、减负”。1997年10月，北塘区价格事务所成立，开展价格评估工作，进行价格认证。1998年9月起，在全区企业中推行“企业交费登记卡”和“收费公示”制度。

80年代后，北塘区工商行政管理局在帮助企业依法经营，支持企业深化改革，发展非公经济，建立和完善现代企业制度，强化市场监督管理，维护社会经济秩序，坚持公平交易、保护消费者权益等方面发挥重要作用。

区安全生产职能部门建立健全安全生产责任体系，落实安全生产责任，加强安全宣传教育，组织开展岗位安全培训，经常开展安全检查，及时处理各种安全事故，有效地落实安全生产监管措施。

1986年，全区土地面积7.2平方公里，均为城市建设用地。2002年，黄巷镇、山北镇和刘潭街道由滨湖区划归北塘区管辖，全区面积增加到31.5平方公里。区国土管理部门贯彻“十分珍惜和合理利用每一寸土地，切实保护耕地”基本国策，加强土地资源管理，严格按规定实施土地利用，控制建设用地，提高土地的节约、集约利用水平，保障经济社会发展。

第一章 计划管理

第一节 机 构

1985年8月，北塘区成立区计划经济委员会，为区政府主管经济计划的部门。1996年，计划经济委员会改组为计划与经济局，主管国民经济和社会事业的发展计划及经济工作，内设办公室、经济综合科、体改科技科、财务审计科和外经科；对外挂北塘区对外经济贸易局、北塘区科学技术局、北塘区“三产”办公室、北塘区经济体制改革办公室牌子。2001年10月，计划与经济局改为发展计划局，正科级建制，主要职责是研究全区的经济和社会发展战略目标，组织编制全区国民经济和社会事业发展的中、长期规划，并负责规划的实施，同时挂北塘区人民政府目标管理办公室、北塘区人民政府重大项目领导小组办公室和北塘区改革工作领导小组办公室牌子；内设办公室、计划投资科、体制改革科和物价检查所；对外增挂北塘区物价局牌子。2005年8月，发展计划局更名为发展和改革局（以下简称“发改局”），正科级建制，保留原发展计划局的全部职能，增加编制全区农用地转为建设用地计划、审核、报批重大项目建设用地计划，协调城乡一体化建设有关问题等职能。

第二节 计划编制

一、计划编制概况

1986～1992年，北塘区计划体制改革朝着缩小指令性计划、扩大指导性计划和市场调节比重的方向推进。1986年，工业品生产计划、物资分配计划中的指令性比重仅占10%；绝大部分产品由生产企业自销，投入商品流通。至1992年，企业已享有生产计划权、商品购销权、定价权、资金使用权和劳动人事权5项自主权。1992年后，指导性计划继续扩大，并结合经济政策提高计划的科学性和有效性。1993年起，调整经济发展目标体系，外资收购额和出口供货值、实际利用外资额度、基本建设和固定资产投资额、市场成交总额等都列入发展计划，使计划集中于总量控制、结构调节而更具政策性和指导性。

二、区"七五"至"十五"计划编制

1985年，中共无锡北塘区委提出关于制定北塘区国民经济和社会发展第七个五年计划的建议。区政府、区计划经济委员会及相关部门组成"七五"计划编制领导小组，负责计划的编制和修订工作。"七五"计划编制领导小组基于全区工业、商业完善经济责任制和经营承包制，区级财政初步建立，新村建设的综合开发已经启动等区情，提出至1990年年末全区工业、商业、财政收入和城区建设等方面预期达成的目标。经多次论证和修订，于1986年3月由区十一届人民代表大会第二次会议审议通过并实施。

1991年，北塘区启动"八五"计划编制工作。同年七八月间，全市雨涝成灾，市政府对市北旧城改造实行政策支持，中共北塘区委六届二次全会于1992年1月决定在原定增幅的基础上，工商经济年均增长再提速2～3个百分点。据此，区政府编制《北塘区国民经济和社会发展第八个五年计划》。1992年2月，经区十二届人民代表大会审议通过并实施。计划对工商、外贸等主要经济项目预计年均增速为30%，"三产"增加值占比达65%。

1994年，中共北塘区委提出"九五"期间全区经济和社会发展的宏观目标，以此为基础，形成《北塘区国民经济和社会发展第九个五年计划》。计划预测"九五"期末全区国民生产总值达10亿元，年均增速24%；全社会销售总值为50亿元，年均增速32%。1996年2月，区"九五"计划经区十三届人民代表大会第四次会议审议批准并实施。

2001年年初，北塘区政府根据区委关于制定"十五"计划的建议，组织编制《北塘区国民经济和社会发展第十个五年计划（草案）》，并提交区第十四届人民代表大会第五次会议审议。计划将北塘区"十五"期间国内生产总值年均增速的可控目标定为16%以上。2002年，区划调整，税收实行属地征管，北塘区对"十五"计划后三年目标进行修订，国内生产总值在2002年的基础上实现翻番，预期达到100亿元。修订后的计划经北塘区十五届人民代表大会第一次会议审议通过。

第三节 计划实施

一、扩大企业自主权

自80年代中期起，北塘区开始推进企业所有权与经营权分离的改革，以增强企业活力。1987年，全区推行关于企业承包经营责任制、厂长负责制和厂长目标任期制的3个实施细则，以及与其相配套的审计制试行意见，并且将扩大企业自主权的实绩列入相关经济主管部门职能转换的考核体系。1988年，10家区属工厂全部实行厂长负责制，同时实行厂长任期制和厂长离任审计制。在此基础上，10家区属工厂、2家

街道工厂、7家商店，实行经过公证的承包经营责任制。1992年，北塘区确定超常规跳跃式发展思路，经济主管部门和工商、物价、劳动和人事执法部门执行“五放开”规定，即放开工业、基建企业的经营范围；放开国家、省管商品目录外的工业品自销价格；放开发展外向型经济；放开企业内部人事、用工和分配权；放开自有资金的积累和投入。1994年，区政府确定电热器材厂为综合改革试点单位，探索实现企业自主经营、自负盈亏、自我发展、自我约束和自担风险的路子。同年，全区街道以上独立核算的工商企业共223家，其中实行公有民营企业90家，股份合作制企业6家，合资嫁接11家，其他转制形式3家。至1995年，区街直属工商企业80%完成产权制度改革。2005年，区产权改制全面完成，并在全市率先完成街道政经分设和村级股份经济合作社改革。

二、调整产业、行业结构

1988年，分别制定关于鼓励发展外向型经济和区街商业的若干意见和规定，同时，清理压缩在建项目，包括部分非生产性基建项目，并对批准续建的在建项目实行择优扶持的倾斜政策。1990年，重新核定被保留公司的经营范围和方式，并对1100家企业进行审核、换照，整肃市场秩序。1992年，北塘区调整“八五”经济发展宏观目标，实施“三产兴区”“科技兴区”战略，区政府为此编制“八五”科技进步规划，制定关于鼓励科技进步及重奖有贡献科技人员的若干意见。重点实施井下电热带的技改，引进粘扣带织机，模压全息技术应用和金属化薄膜电容器的喷锌丝技改等4项科技项目。1993~1994年，先后出台“三产兴区”的实施意见和以“放权、扶持、激励”为原则的加快发展街区经济的若干意见。重点发展上规模、上档次的大中型骨干商业网点设施，按照大流通、大市场、大商业要求发展粮油米市、船具渔具服务业；借助旧城改造，加速发展房地产业和建筑业；大力兴办各种服务业。1996年起，北塘区加快推进产业结构调整。对工程建设领域实施专项治理，以制度规范用地计划以及招投标过程；实现党政机关与所办经济实体全部脱钩。1998年，调整房地产业发展策略，并实施私个经济发展计划。2000年年末，全区经济呈多元格局：混合所有制企业同年生产总值接近全区总值80%，私个经济国内生产值占全区41.4%，社会资金占投资总量80%。

2001年后，北塘区以招商引企、培育税源为“十五”期间经济发展的着力点，区内实行政资分设，国有经营性资产交由国有资产经营公司运作；组建私营企业担保公司，筹措个私经济发展基金；出台公有资产监督管理、拆迁风险考核及困难群体补助等相关规定，招商入驻，开发税源。

三、推行目标责任制

1986年，北塘区政府确立全区经济和社会发展的31项指标，分解落实到部门和专业队伍，层层建立责任制度。1987年，开展增产节约，增收节支运动，确定10项

“双增双节”主要指标，其中经济指标自同年起采用必成指标和期成指标两种形式，分别与计经委、商业局和街道实行承包。1998年，政府明确各区长对盘活存量资产，抓好地税源培植等五大重点的分工责任制，实行区级领导与重点项目、重点企业挂钩。1999年，调整目标管理中考核指标体系，保留国内生产总值、税收、后勤投入等共性指标；确定符合系统、行业特点的个性指标；增设因经济成份变化的因时指标（同年，个体、私营经济列入经济发展计划），强化经济管理部门的经济责任考核。2000年，推行机关部门税源建设包干制、重点项目突出贡献奖励制及对企业经营者的激励机制。2004年，区政府完善领导干部与基层单位及重点项目、重点工作挂钩联系制度，完善重点项目全程督查制度。

1986～2005年北塘区五年计划实施和执行情况表

表9-1

	序号	指标名称	单位	“七五”目标	1986年完成	1987年完成	1988年完成	1989年完成	1990年完成	目标完成率%
『七五』计划实施和执行情况	1	工业总产值	万元	10000.00	6500.00	7987.00	9598.50	10443.20	11556.00	136.00
	2	工业利润	万元	1000.00	698.00	867.80	991.30	1102.90	1004.30	101.00
	3	商业营业额	万元	7000.00	5041.00	9788.00	16700.00	16200.00	16300.00	565.00
	4	财政收入	万元	1500.00	967.30	1326.00	1519.90	1883.90	2122.00	204.00
	5	城区开发	万平方米	30.00	5.00	4.40	8.00	4.50	累计23.50	74.00
	6	绿化覆盖率	%	16.53	14.35	15.49	15.92	19.85	20.63	264.00
『八五』计划实施和执行情况	序号	指标名称	单位	“八五”目标	1991年完成	1992年完成	1993年完成	1994年完成	1995年完成	目标完成率%
	1	工业总产值	亿元	4.06	1.49	1.86	2.28	2.89	3.33	75.00
	2	工业销售收入	亿元	4.06	1.54	1.88	2.44	3.00	3.40	74.50
	3	工业利润	万元	2680.00	1013.00	1222.00	821.00	749.30	953.00	-3.00
	4	外贸收购额	万元	12500.00	4600.00	7283.00	7780.00	10000.00	10400.00	78.30
	5	商业营业额	万元	50000.00	21000.00	25600.00	36100.00	60700.00	82100.00	195.00
	6	商业利润	万元	2000.00	715.00	936.60	1348.70	1559.70	2383.00	128.00
	7	三产增加值占国内生产总值比重	%	65.00	-	53.70	67.60	72.00	74.30	164.00
	8	财政收入	万元	3000.00	189.80	2150.00	3565.00	4109.60	4828.00	308.00
	9	城区开发	万平方米	40.00	2.98	8.35	16.60	10.20	45.77	129.00

续表9-1

“九五”计划实施和执行情况

序号	指标名称	单位	“九五”目标	1996年完成	1997年完成	1998年完成	1999年完成	2000年完成	目标完成率%
1	国内生产总值	亿元	10.00	3.89	4.84	6.19	7.11	8.50	77.00
2	三产增加值	亿元	8.25	3.11	3.87	5.18	5.96	7.23	82.00
3	全社会销售总额	亿元	50.00	18.67	25.10	30.10	零售总额 6.96	零售总额 7.9	–
4	工商销售总收入	亿元	43.07	17.46	23.41	28.12	工业6.42	6.94	–
5	实现利税总额	亿元	1.81	0.95	1.18	1.42	–	–	–
6	出口商品供货值	亿元	4.00	1.76	1.52	–	–	–	–
7	市场成交额	亿元	28.60	20.20	20.00	–	–	–	–
8	实际利用外资	万美元	10000.00	–	36.40	–	–	–	–
9	全社会固定资产累计投入	亿元	18.00	1.20	1.04	1.01	1.57	累计8.1	－9.00
10	区级财政收入	万元	4250.00	2206.00	2642.00	3197.00	3468.00	4303.00	102.00
11	城区开发	万平方米	50.00	6.20	6.93	3.81	5.9	累计 29.88	－376.00
12	职工人均收入年均增长	%	7.00	16.00	–	–	–	10.7	370.00

备注：1. 1998年以后，工商销售总收入不再纳入北塘区统计指标，仅统计工业销售收入；2. 全社会销售总额从1999年起统计口径全社会消费品零售总额。

“十五”计划实施和执行情况

序号	指标名称	单位	“十五”目标	2001年完成	2002年完成	2003年完成	2004年完成	2005年完成	目标完成率%
1	国内生产总值	亿元	100.00	10.74	41.02	52.06	104.27	125.13	127.50
2	财政收入	亿元	15.40	1.37	8.94	11.62	14.30	19.77	130.50
3	其中：区级地方财政收入	万元	18.00	38.30	63.80	45.50	39.80	30.40	169.00
4	社会消费品零售总额	亿元	36.00	9.70	21.20	28.03	55.44	66.62	209.00
5	工业纳税销售收入	亿元	120.00	8.61	62.28	87.49	192.98	204.98	175.00
6	实际利用外资累计	亿美元	1.00	0.11	0.21	0.27	0.39	1.35	135.00
7	自营出口创汇累计	亿美元	4.00	0.32	0.79	1.20	1.80	8.86	221.00
8	全社会固定资产累计投入	亿元	58.00	3.75	13.60	23.50	45.98	145.82	276.00
9	在岗职工人均年收入增长	%	10.00	10.00	9.30	44.60	26.50	20.6	206.00

第二章 统 计

第一节 机 构

80年代，区政府统计职能由区计经委承担。1991年9月，成立北塘区统计局，副科级建制，仍由区计经委代管。2000年11月，区统计局下设综合抽样调查队，核定编制4人。2001年，区统计局升格为正科级建制，核定行政编制5人，主要职责是贯彻执行省、市有关统计工作的法律、法规、规章、政策；组织实施和协调全区统计工作和核算工作；结合区情，建立和完善统计指标体系，确定全区统一的基本统计制度，组织领导和监督检查各街道、各部门的统计和经济核算工作；组织重大区情、区力的普查及抽样调查，收集、整理、提供全区性的基本统计资料，对区域发展情况进行统计分析、统计预测和统计监督等。

2004年5月，黄巷街道成立统计办公室。随后，区各街道相继成立统计办公室。至2005年，全区4个街道共配有专职统计人员13人，其中黄巷、北大街、惠山街道各3人，山北街道4人。

第二节 经济社会发展统计

一、基本统计

国内（地区）生产总值统计 1998年起，建立国内生产总值数据质量控制与评估制度，上报报表的同时上报评估说明，规范国内生产总值核算。国内生产总值执行的定期报表有季报、年报等10多种。

工业统计 工业统计报表的数据搜集主要采用企业填报基层表，然后逐级汇总上报。报表项目主要有工业生产、销售、主要产品产量、主要经济指标、生产销售与库存、能耗等22种。

1998年以后，工业统计调查单位划分为规模以上工业（即年主营业务收入500万元及以上的工业法人企业，2011年提高到2000万元及以上）和规模以下工业。对规模以上工业实行全面调查，对规模以下工业则实施抽样调查。2005年，联网直报范围扩大到全部大中型工业企业。

固定资产投资统计　固定资产投资统计以全面调查为主，即由建设单位按起报点层层汇总上报，1999年起，改由计算机汇总。

贸易统计　1999年起，北塘区对限额以上贸易企业采用全面调查，限额以下企业采用抽样调查。

劳动工资统计　劳动工资统计主要搜集全区各类企业事业单位和机关的从业人员数和劳动报酬情况、单位人员人数变动情况。主要采用布置统计报表方法，执行月报、季报、年报表制度。所需统计数字由基层单位起报，由区统计局汇总后报送市统计局。1996年前用手工方法汇总，1997年起改用计算机汇总。

二、"在地统计"制度

2003年以前的统计工作，实行"条块结合，以块为主"的管理模式。2003年，区统计局对辖区内区属及以下的企业实施"在地统计"试点，同时，对市属以上重点企业进行调查摸底和业务衔接。2004年，无锡市实行统计管理和方法制度改革，实施"在地统计"，由单纯的经济统计逐步转变为经济社会发展统计。

第三节　专项统计调查

一、全国投入产出调查

投入产出调查是指对全社会生产经营单位的投入结构和产出情况的调查，编制投入产出表，建立投入产出模型，用于研究国民经济各部门间经济联系和宏观控制。北塘区分别于1987年、1992年、1998年和2002年进行4次投入产出调查。

二、第三产业普查

1993年，北塘区开展第一次全国第三产业普查工作。普查的范围是北塘区域内从事第三产业的所有单位，普查内容主要反映第三产业发展的规模、生产经营活动成果、实物资产情况等指标，普查年度为1991年和1992年。普查结果显示，北塘区1992年共有第三产业企业965家，第三产业增加值7971.80万元，占国内生产总值的比重60.54%，从业人员11899人。

三、国情国力普查

1994年，国家统计局明确普查在统计调查体系中的基础地位，正式确立国家周期性普查制度。普查项目包括人口普查、农业普查、工业普查、第三产业普查和基本单位普查等5项。2003年起，普查项目调整为人口普查、经济普查、农业普查3项。人口普查以自然人为对象，主要普查全国人口和住房及与之相关的重要事项，每10年进行一次，在逢"零"的年份实施；经济普查以企业事业组织、机关团体和个体工商户为对象，主要普查第二、三产业的发展变化情况，每10年进行两次，分别在逢3、8的年份实施；农业普查以从事第一产业活动的单位和农户为对象，主要普查农、林、牧、渔业的发展变化情况，每10年进行一次，在逢6的年份实施。

四、工业普查

1995年，北塘区进行第三次全国工业普查。普查的主要内容为1995年工业生产经营基本情况（包括生产、销售、库存和成本、费用、价格、盈利等情况），资产负债状况及其构成，生产能力利用和技术装备状况等。普查对象为全部工业企业，重点是国有企业、乡镇企业和外商投资企业。普查结果显示，北塘区1995年共有工业企业278家，实现工业总产值2.93亿元，实缴税金1483万元，实收资本8886万元，年末从业人员达到6635人。

五、基本单位普查

2001年，北塘区进行第二次全国基本单位普查。普查的标准时点为同年12月31日，普查对象为国境内的法人单位及所附属的产业活动单位。普查结果显示，2001年年末，北塘区共有法人单位3218个（其中单产业法人3043个，多产业法人175个，产业活动数3832个），个体工商户6909户，分别占全市的6%和8.7%；各类法人单位实有从业人数112580人，其中女性52805人；个体工商户从业人员17135人。

六、第一次全国经济普查

2004年，实施全国第一次经济普查。北塘区普查情况见表9-2。

2004年北塘区第一次全国经济普查情况表

表9-2

指标名称	代码	全部法人		企业法人				事业法人		机关法人		社团法人		其他法人	
		单位数（个）	从业人员（人）	单位数（个）	从业人员（人）	资产总计（千元）	全年营业收入（千元）	单位数（个）	从业人员（人）	单位数（个）	从业人员（人）	单位数（人）	从业人员（人）	单位数（个）	从业人员（人）
甲	乙	1	2	3	4	5	6	7	8	9	10	11	12	13	14
合 计		3086	96559	2815	87520	43291504	33066704	126	6190	31	1478	23	83	91	1268
制造业	C	1284	57077	1284	57077	15534034	16467744	0	0	0	0	0	0	0	0
电力、燃气及水的生产和供应业	D	4	1465	4	1465	2540640	446735	0	0	0	0	0	0	0	0
建筑业	E	86	6766	86	6766	688600	721127	0	0	0	0	0	0	0	0
交通运输、仓储和邮政业	F	57	2378	57	2378	316105	272468	0	0	0	0	0	0	0	0
信息传输、计算机服务和软件业	G	27	145	27	145	16282	16413	0	0	0	0	0	0	0	0
批发和零售业	H	885	11073	885	11073	4954981	13243426	0	0	0	0	0	0	0	0
住宿和餐饮业	I	89	2664	89	2664	579236	273167	0	0	0	0	0	0	0	0
房地产业	K	79	1700	79	1700	15007646	1111241	0	0	0	0	0	0	0	0
租赁和商务服务业	L	149	1783	138	1464	3382093	311772	8	307	0	0	0	0	3	12

续表9-2

指标名称	代码	全部法人		企业法人				事业法人		机关法人		社团法人		其他法人	
		单位数（个）	从业人员（人）	单位数（个）	从业人员（人）	资产总计（千元）	全年营业收入（千元）	单位数（个）	从业人员（人）	单位数（个）	从业人员（人）	单位数（人）	从业人员（人）	单位数（个）	从业人员（人）
科学研究、技术服务和地质勘查业	M	53	1295	43	966	124275	103194	10	329	0	0	0	0	0	0
水利、环境和公共设施管理业	N	12	857	2	107	14447	16754	10	750	0	0	0	0	0	0
居民服务和其他服务业	O	101	1485	96	1449	108241	64867	2	14	0	0	0	0	3	2
教育	P	66	3053	1	66	5778	1999	56	2748	0	0	0	0	9	239
卫生、社会保障和社会福利业	Q	29	1652	8	105	14179	13151	11	1451	0	0	0	0	10	96
文化、体育和娱乐业	R	21	130	16	95	4967	2646	4	34	0	0	0	0	1	1
公共管理和社会组织	S	144	3036	0	0	0	0	25	557	31	1478	23	83	65	918

七、全国人口抽样调查

国务院决定于2005年11月1日进行全国1%人口抽样调查工作。这次调查江苏省采取分层、二阶段、整群概率比例的抽样方法，且全省人口抽样调查比例由1%提高到3%。调查表分为按户填报的项目（户的基本情况和住房情况）和按人填报的项目（人的基本情况、迁移流动状况、人口素质情况、就业和社会保障状况、婚姻生育状况等）。北塘区共有36个抽样调查小区，其中黄巷街道11个，山北街道3个，北大街街道12个，惠山街道10个。调查工作普查员指导员约100人，共计调查户数2712户，登记7720人。

图9-1 统计人员深入百岁老人章盘娣家中进行人口普查（2000年11月）（顾祚维/摄）

第四节 统计服务及执法

一、提供数据

区统计局在全面完成各项统计调查和报表任务的同时，及时提供月、季、年度主要统计资料、抽样调查资料、三城区对比资料等。月度印制《北塘区经济与社会发展动态月度资料》，年度编印《北塘区年度汇编资料》。

二、分析信息

1990年起，区统计局坚持围绕热点、难点进行调查分析，加强对宏观经济的监测和预警分析，加强与周边地区的横向比较分析。2000年以后，统计的职能由以往的提供统计报表数据为主转变为提供系列汇编资料为主。定期搞好国民经济运行情况预警预测，及时向区委、区政府提供国民经济运行情况季度、年度预测分析和监测报告，提出对策建议。以《北塘区经济动态》形式发表系列统计分析，2003年编发10篇，2004年12篇，2005年13篇。

三、统计法制宣传

1998年，北塘区统计局组织全区统计人员及有关部门负责人进行“三五”普法学习和考试。2001年，组织辖区单位的统计员参加“四五”普法培训并通过考试。2004年，为配合“在地统计”模式的实施，向辖区所有市属以上企业发出《致市以上下划统计单位的公开信》；为配合经济普查工作的开展，发出《致各单位和个体经营户的公开信》。并将2004年12月18日确定为北塘区经济普查宣传日，区与街道联合在胜利门广场组织开展经济普查知识图片展览，同时组织各街道在辖区主干道路两旁摆摊设点，宣传《中华人民共和国统计法》《全国经济普查条例》。

四、统计执法检查

1986～2005年，区统计局每年在各个单位自查的基础上，突出对工业、批零贸易业、住宿餐饮业、房地产业等行业进行统计大检查。其中，1994年、1997年和2001年为统计执法检查年。2003年起，每年制定专业监审计划，对在全区范围内的规模企业进行统计监审，切实提高数据质量。

第三章 审 计

第一节 机 构

1990年5月，建立无锡市北塘区审计局，为区政府组成部门，正科级建制，核定行政编制5人，所需人员经费由区财政核拨。2001年11月，区审计局内设综合管理、行政事业审计、企业审计、固定资产投资审计4个工作岗位，行政编制5人。2003年3月15日，将区公有资产监督管理办公室（正科级配制）与区审计局合署办公，实行“两块牌子一套班子”，由区审计局局长兼任公有资产管理办公室主任。2005年3月，公有资产监督管理办公室划归区财政局。至2005年年末，区审计局人员编制5人，实有5人。

第二节 财政审计

北塘区审计局在1995年10月首次开展财政预算执行审计，至1996年2月，对北塘区1995年本级财政预算执行情况及其他财务收支情况进行预审和终审。通过审计，审查并分析预算执行情况，弄清区财力状况。对财政管理中存在的部分罚没收入未及时足额入库、固定资产核算管理不够规范、对无锡市教委拨入的教育附加费20万元未及时划拨区教育局、法院和检察院罚没收入418996.40元未及时解缴财政等问题，提出处理意见。

1996年，同级审计探索“账户入手”的审计方法，查清财政资金开户情况，弄清预算内、外资金的收入和支出规模，分析财政性资金使用效果，并对财政资金管理中存在的部门罚没收入未纳入国库管理、部分预算外支出直接在预算外收入中抵轧等问题提出处理意见，提交区财政局整改。

2003年，财政审计披露区财政周转金清收工作缓慢的问题，审计建议区财政局组织力量对周转金及往来账进行清理，规范财政周转金管理，确保国有资金的安全完整；周转金贷款应扶持区内效益好、科技含量高的经济增长点。

2005年，财政审计披露国有资产股权转让收入未按规定核算、延审单位会计核算不规范、固定资产未及时入账等问题，提出加强和改进财务管理，加强结算中心财政、财务监督，加强协税护税工作的审计建议，为区政府和区人大管理、监督区财政资金提出参考意见。

至2005年，区审计局共进行11次财政审计，查出违纪违规金额1515万元，提出审计建议36条，通过审计增加财政收入524.17万元，减少财政拨款和补贴51.95万元，归还原渠道资金1046.63万元。

第三节 行政事业单位审计

区审计局自成立至2005年，共对119个行政事业单位进行财务收支审计，审计资金总额17.28亿元，纠正违纪违规金额4.9亿元，增加财政收入190万元，发现账外资产534万元，揭示不良资产1563万元。

1994年10月24日～11月22日，区审计局派出审计小组对新兴实业公司非法集资案的发源地北塘区惠山街道进行全面审计。为了达到“三清”的目的，审计小组主要审计街道资金集中户、5家街道公司、4家街道企业以及下属部分企业，对大量的经济业务、原始凭证进行审计、清理、调查取证，经审计发现重大经济疑点及线索20余条，涉及金额大，其中有公款转入他人账户，购买房地产；挪用公款进行期货交易；挪用单位集资款移作他用等。然后，将这些疑点线索送交有关部门审查，最终查清他们之间以联营为幌子，以高息为诱饵的非法行为，为查清无锡新兴实业公司非法集资特大经济案件做出贡献。

1997年，区审计局对无锡市星晨实业总公司及下属4家单位1993～1997年3月的财务收支、经营状况实施审计，发现这些公司财务管理混乱、私设“小金库”金额较大、资产流失现象严重、非法集资金额较大、无正常营销而费用支出大、亏损严重等问题。审计人员经过半年的查证，最后配合执法机关挖出刑事犯罪线索，挽回部分经济损失。

第四节 固定资产投资审计

1991年3月，区审计局对北塘区吴桥福利厂危房改造工程进行资产投资审计。

2003年，区审计局拟订《关于加强建设项目审计监督的实施意见》，并由区政府发至区各部门、单位，对建设项目的审计范围、审计方式方法及审计处理作明确规定。

2003～2005年，区审计局分别对广石路小区经济适用房、新桥花园二期、蒋家湾一期农民安置房和区政府行政中心大楼等重大建设项目实施跟踪审计。

2005年，区审计局对积余街小学易地改建工程进行竣工决算审计，该工程总投资1045.83万元，经审计，核减高估冒算工程款160.43万元，核减率为15.34%；对总投资为2.06亿元的杨木桥经济适用房建筑安装工程及基础设施工程进行竣工决算审计，对其中因虚增数量、高套定额、核算错误等问题造成的虚增工程造价予以核减，减少财政拨款2800万元；对北大街街道北创科技产业园一期厂房及室外工程项目进行竣工决算审计，送审金额5660.38万元，核减1403.36万元，核减率为24.79%。

至2005年12月，区审计局共完成130个固定资产投资审计项目，报审总金额4.5亿元，核减工程款3854万元。

第五节 经济责任审计

1994年起，区审计局对领导干部进行经济责任审计。同年对区园林绿化工程管理处处长进行离任审计。

2000年，区委、区政府制定《关于实行领导干部任期经济责任审计的意见（试行）》，对全区经济责任审计的对象、时限和内容，审计结果的运用和处理，以及审计程序、审计纪律等作出明确规定。同年，区审计局对区环境卫生管理处原处长进行离任审计。经审计，该单位2000年8月与1997年年初相比，资产减少35.59万元，负债增加151.81万元，净资产减少191.40万元，经济状况逐年下降，已处于入不敷出的困境。审计还发现存在 “小金库”，“三包”工资账和账外账的银行存款均以个人名义存放，内部管理不严、财务管理混乱、发放奖金无明细清单，违法收取集资款，房租收入未及时缴纳房屋租赁税，应缴个人所得税长期挂账，个人所得税在“小金库”中支付，自购外来票据监管不严、出现发票短缺等现象。针对上述问题，区审计局提出相应的审计处理意见和建议。审计后，有2人受到党内警告处分，追回账外资金10.27万元。

2003年，成立北塘区领导干部离任经济责任审计工作领导小组，负责审计工作的组织领导和协调工作。同时建立领导干部离任经济责任审计工作联系制度，定期召开会议，交流情况，加强协调。

2004年，区委、区政府制定《北塘区干部经济责任审计制度》，规范和完善经济责任审计工作。同年，北塘区审计局对黄巷、山北两个镇的镇长、书记进行离任审计。审计查出欠缴税金32.74万元，固定资产账实不符3675.97万元，往来账长期挂账，会计核算不规范，财务基础工作较差等问题；审计提出规范财务核算等建议，对违规行为予以指正和处罚。

至2005年，区审计局共对83名领导干部进行经济责任审计，查处截留国家财政收入、偷税漏税、私设“小金库”、虚增利润等违规金额2.17亿元，管理不规范金额7881万元，增加财政收入1518.70万元，受到党纪处分的领导干部1人。

第六节 专项资金审计

1999年，北塘区审计局首次对区解困与再就业资金组织审计。1997年至1999年4月，区再就业、解困资金收入总额288.98万元，支出总额133.17万元，结余155.81万元，全区14家区属企业、754人享受两项补贴。1999年5月，区审计局对区解困与再就业资金的收支情况进行专项审计，并对下拨资金的使用情况进行跟踪审计。审计发现主要问题是：管理单位将“两项资金”分散在三本财务账上核算；使用单位将下拨的资金与本单位的资金混合使用，没有更好地发挥专项资金的作用。对此，区审计局提出相应的审计建议。

2003年6月，区审计局再次对2001年～2003年5月区解困与再就业资金进行审计。审计结果表明，到2003年5月，全区共筹集解困与再就业资金2057.95万元，总支出1998.56万元，累计结余146.76万元。审计发现“两项资金”存在管理不规范问题：区财政未按规定专款专用，列支部分法院执行费17.08万元；对筹集资金的来源分类不清；除区财政账户外，在区人事劳动局又开设过渡账户独立核算。对此，区审计局提出相应的审计建议。

2005年，区审计局对区民政局负责管辖的4个街道、54个社居委的最低生活保障资金筹集、使用、管理等情况进行审计。审计中抽查街道和社居委审批、管理及服务工作情况，调查核实部分享受最低生活保障待遇的人员。2004年年末，共有1680户“城市低保户”、3594人享受“城市低保”，区政府共支付低保资金549.12万元。经审计，发现存在问题是：在操作规范上还有待加强，个别发放证填写不完整，“家庭收入”一栏中有些人员的收入无法核对。区审计局建议区民政局对低保领取证填写完整，照片上加盖钢印公章，以防虚报冒领，并采取定期和不定期的方式对街道进行检查监督，对超过标准的人员及时取消，对确实困难、符合申请标准的对象及时上报，做到应保尽保，确保社会稳定。

至2005年，区审计局共完成专项资金审计项目13个，审计单位数51个，审计资金总计4.32亿元，查处违纪违规金额4409万元，增加财政收入230万元。

第四章 物价管理

第一节 机 构

1985年前，北塘区物价工作由区物价科主管。1985年12月，北塘区物价科改称区物价局，下设物价检查所。1997年4月，区物价局下设价格事务所。2000年，价格事务所更名为价格认证中心。2001年11月，不再设区物价局，原承担的行政职能并入区发展计划局，对外挂“区物价局”的牌子。2003年7月，区物价局在黄巷镇、山北镇、北大街街道、惠山街道设立物价监督管理站。2005年6月，区党政机构改革，区发展计划局改组为区发展和改革局，对外挂“区物价局”的牌子。

第二节 收费管理

一、行政事业性收费

1988年，区政府对行政事业性收费进行清理，并纳入价格管理的范围。1989年，区政府对全区16个行政主管部门和6个街道行政事业性收费，实施“江苏省收费许可证”制度，同年向48个行政事业性收费单位和个人发放“江苏省收费许可证”和“收费员证”。1991年开始对收费单位实行年审制度。

中、小学收费 1986年，北塘区中小学收费执行无锡市教育系统收费项目标准。学生学杂费标准为：初中8元，小学高年级5元、中年级4元、低年级3元。1993年7月，对区内各级家长学校的培训费作出如下调整：初中3年共收取培训费10元；小学6年共收取培训费8元。2004年秋季，区属小学推行“一费制”收费办法。项目包括：杂费、课本费、作业本费、借读费、服务性收费（住宿、学生体检、社会实践、代办校服、学生蒸饭及代伙费）。2005年春季，取消包括小学、初中学生电脑上机费、家长学校培训费、假日新视野活动费、自行车管理费、饮水费、初中招生报名费在内的6项教育收费项目。

1986～2005年北塘区小学杂费、借读费收费标准情况表

表9-3　　　　单位：元/每生每学期

年份	低年级			中年级			高年级		
	杂费	借读费		杂费	借读费		杂费	借读费	
		省内户	外省户		省内户	外省户		省内户	外省户
1986～1988	3	–	–	4	–	–	5	–	–
1989～1991	5	–	–	7	–	–	9	–	–
1992～1993	14	100	–	14	100	–	14	100	–
1994～1995	30	100	150	30	100	150	30	100	150
1996～1997	40	180	240	40	180	240	40	180	240
1998～1999	50	–	–	50	–	–	50	–	–
2000～2005	70	190	250	70	190	250	70	190	250

1986～2005年北塘区初中杂费、借读费收费标准情况表

表9-4　　　　单位：元/每生每学期

年份	一年级			二年级			三年级		
	杂费	借读费		杂费	借读费		杂费	借读费	
		省内户	外省户		省内户	外省户		省内户	外省户
1986～1988	8	–	–	8	–	–	8	–	–
1989～1991	–	–	–	–	–	–	–	–	–
1992～1993	22	200	–	22	200	–	22	200	–
1994～1995	50	200	250	50	200	250	50	200	250
1996～1997	65	350	400	65	350	400	65	350	400
1998～1999	80	–	–	80	–	–	80	–	–
2000～2005	100	340	390	100	340	390	100	340	390

2005年在无锡全市义务教育阶段学校推行“一费制”收费项目情况表

表9-5　　　　单位：元/每生每学期

阶段	一费制项目					服务性项目			
	年级	杂费	信息技术教育费	课本费	作业本费(含小学讲义8元，初中讲义15元)	体检费(一次)	社会实践活动费	校服费	保险费(50元)
小学	一年级	87	–	44	20	5	100	按物价局核定标准收取	自愿参加，用保险公司收据收取
	二年级	87	–	44	20	–	100		
	三年级	87	20	77	20	5	100		
	四年级	87	20	77	20	–	100		
	五年级	87	20	77	20	5	100		
	六年级	87	20	77	20	–	100		
初中	一年级	125	30	110	35	8	120		
	二年级	125	30	110	35	–	120		
	三年级	125	30	88	35	8	120		

幼儿园、托儿所收费　新中国成立后，区内幼儿园收费项目有保育费、管理费和杂费等。至1985年，收费标准没有改变。1986年后，对幼儿园收费进行调整。1989年，根据省教委要求和按质定价、优质优价原则，将幼儿园按质分为一、二、三类。1993年7月，对区内各级家长学校的培训费作出如下调整：托儿所3年共收取培训费6元；幼儿园3年共收取培训费6元。1995年、1988年、2005年分别对幼儿教育收费标准进行再次调整。

1986～2005年北塘区幼托机构收费标准情况表

表9-6　　单位：元/每人每月

年份	托儿所					幼儿园				
	类别		杂费	托费	管理费	类别		杂费	保育费	管理费
1986~1988	2岁以下		3	8	12.00	–		–	–	–
	2~3岁		3	5	9.00	–		–	–	–
	3岁以上		3	4	7.50	–		–	–	–
1989~1991	–		–	–	–	一类园		5.00	30	18
	–		–	–	–	二类园		5.00	23	18
	–		–	–	–	三类园		5.00	20	18
1992~1994	一类所	0~1岁	8	20	35.00	一类园	集体办	10.00	17	35
		1~3岁		17			公办		20	
	二类所	0~1岁		15		二类园	集体办		12	
		1~3岁		12			公办		15	
	合格所	0~1岁		13		合格园	集体办		10	
		1~3岁		10			公办		12	
1995~1997	一类所	18个月以内	25	35	50.00	一类园	公办	30.00	35	50
		19至36个月		30			民办		30	
	二类所	18个月以内		30		二类园	公办		25	
		19至36个月		25			民办		20	
	合格所	18个月以内		25		合格园	公办		20	
		19至36个月		20			民办		15	
1998~	一类所	18个月以内	30	45	60.00	一类园	集体办	40.00	60	55
		19至36个月		40			公办		45	60
	二类所	18个月以内		40		二类园	集体办		30	55
		19至36个月		35			公办		60	60
	合格所	18个月以内		35		合格园	集体办		45	55
		19至36个月		30			公办		30	60

续表9-6

年份	托儿所					幼儿园				
	类别		杂费	托费	管理费	类别		杂费	保育费	管理费
2005年	–	–	–	–	–	省示范	公办		400	
	–	–	–	–	–		公有民办		450	
	–	–	–	–	–	一类园	公办		320	
	–	–	–	–	–		公有民办		370	
	–	–	–	–	–	一类园	公办		240	
	–	–	–	–	–		公有民办		290	
	–	–	–	–	–	一类园	公办		180	
	–	–	–	–	–		公有民办		230	

医疗收费 1987年4月，区内各医院初诊挂号费0.15元，急诊挂号费0.15元，注射费0.1~0.2元。1988年4月，专家挂牌专科门诊挂号费为：主任医师3元，副主任医师2元。普通门诊挂号费每次为0.5元。1989年合理调整部分收费标准偏低的项目，其中门诊挂号费一律改为普通挂号费，每次0.3元，急诊挂号费0.4元（公费病人另增加0.1元）；外科、眼科、耳科、喉科、妇科门诊另加收材料费0.1元；中医内科另加诊金每人（次）为0.4元，中医其他科另加诊金每人（次）0.2元；住院费实行分等收费，最高为一等病房，自费3~3.5元/日・床，公费5~6元/日・床。手术费在原收费标准基础上平均加收材料费125%，不再另行收取医用材料费。同时取消26种不合理的收费项目。1990元10月，健康检查和儿童、婚前检查的收费由原来0.5元调整为每人（次）1元，检查内容为内、外、妇产、眼、鼻、喉科的一般检查；食道透视收费为3元，胸腹联透为2元；原加收材料费125%后，不再收其他医用材料费，但发生特殊材料费者，暂按有关手术费执行。1993年2月，部分医疗收费标准再次调整：普通挂号费（不分初复诊），每人（次）为0.8元；急诊挂号费每人（次）1.2元；专家门诊挂号费（指副主任医师以上）每人（次）为5元；并调整部分检验费和手术费的标准，降低部分大型仪器设备检查治疗费，其中核磁共震每人（次）800元；震波碎石治疗初诊（震）每人（次）700元，复诊150元；头颅CT平扫（12层）每人（次）90元，全身CT平扫（16层）每人（次）200元。1997年1月1日起，增设区内医院门诊诊疗费每人每次2元和住院诊疗费每床每日2元。1998年4月，取消中医诊金；抢救分大型抢救、中型抢救和普通抢救三种，收费标准分别为每天50元、30元、15元，取消原小型抢救和急救处理的收费标准。对领取最低生活保障金的病人凭民政部门的“救济金证”“救济卡”，门诊只收挂号费，免收诊疗费，病人住院可减半收取住院诊疗、护理费，其他医疗收费减免30%（药品除外）。2005年9月，对非营利性医疗机构的医疗价格进行规范和调整：区内医院挂号费0.8元，急诊费1.2元；门诊病历手册

1元；专家门诊诊查费14元，主任医师诊查费9元，副主任医师诊查费6元，普通门诊诊查费未变；床位费，一等40~50元，二等30~35元，三等17~25元，四等12~15元，五等6~8元。

二、经营服务性收费

1986年，旅馆业、招待所、理发店和浴室等价格管理仍属政府定价。区物价局根据市物价局制定的旅馆、招待所等级和客房收费标准，对全区旅馆、招待所等级和收费标准进行管理。1990年除理发业、浴室、涉外宾馆之外，收费项目均已放开。1998年后，服务业价格全部放开，自主定价，实行市场调节。

三、收费清理整顿

80年代，收费项目不断增加，收费价格不断提高，社会各方面负担越来越重，要求治理乱收费及减轻企业和农民负担的呼声日高，区先后5次开展收费治理整顿活动。

1987年，区物价部门对区内收费单位和个人进行培训，核发“江苏省收费许可证”和“收费员证”。收费许可证分正副本，正本公布于众，副本备查，4年更换一次。至2005年年末，全区持有收费许可证的单位65家，收费员证140张。

2000年，区物价部门根据国家、省公布取消的收费项目，结合本区实际，共取消81个收费项目，降低33个收费标准，合并15个收费项目。通过年检，取消10个收费单位。

2002年，再次取消、降低部分涉企行政事业性收费项目和标准，区政府重点落实对个体工商户的收费政策，由区物价局向区内私营企业发放交费登记卡。

第三节 价格监督检查

一、专项检查

从1985年开始，北塘区物价检查所坚持对任意涨价、提价、转手倒卖的案件进行专项检查，并与财政、税务等部门联合开展一年一度的“财务、税收、物价”大检查。1993年以后，物价监督检查的重点转为“清费、治乱、减负”。1994年，区政府先后三次组织由物价、工商、公安、财政、税务、监察部门参加的联合检查行动，并邀请人大代表、政协委员，民主党派参加物价大检查，重点检查人民生活必需品价格，商品和服务实行明码标价以及行政事业单位按标准收费情况，共检查3175个单位，有129个单位有违反价格管理的行为。对检查中发现的问题，及时向被查单位提出改进和完善价格管理的措施。

二、实施企业交费登记卡制度

为了制止向企业乱收费行为，北塘区于1998年9月起，在全区企业中推行“企业交费登记卡”和“收费公示”制度。“企业交费登记卡”是省物价部门统一印制，区物价局免费发给企业，在收费单位实施收费时填写，经收费监督管理部门查核。所有向企业收费的单位，必须在企业交费登记卡上按收费项目、标准、依据、金额、经手人及日期逐项填写。区物价部门采取对企业交费登记卡的跟踪调查和监督管理，定期和不定期检查的方法，规范收费行为。2000年，全区共发“企业交费登记卡”9000份，登记率达85%以上。

三、“非典”期间的价格监控

2003年，由于出现“非典”疫情，引发少数商品抢购及哄抬价格现象，北塘区物价局成立 “应对市场价格波动领导小组”，密切注意市场动态。及时查处各种乱涨价的违法行为，对群众举报的案件，特别是对哄抬物价的违法行为，从重从快进行处理。区2个价格监测点对52种重要商品、药品价格做到一日一报，区物价局对“12358”价格举报热线电话实行每日值班制，随时接受举报投诉，遏制部分商品价格过快上涨的势头，打击乱涨价、乱收费违法违纪行为，维护市场物价的基本稳定。

第四节 价格服务

一、价格认证

1997年10月，北塘区价格事务所成立以后，根据最高人民法院、最高人民检察院、公安部、国家计委颁发的《扣押、追缴、没收物品估价办法》《涉案物品价格鉴定分级管理实施办法》，为公安北塘分局进行涉案物品价格评估，评估标的物主要有日用消费品如电脑、手机、黄金、首饰、手表、汽车、电动车等，工业原材料如黄铜、铝锭、铸铁等，通用设备零部件如线圈、电梯部件和工业零部件等。

1998年始，北塘区价格事务所每年评估80起左右，鉴定金额每年100万元左右。2002年，北塘区价格事务所改名为北塘区价格认证中心，继续行使原北塘区价格事务所职能。同年起，评估的业务量逐步增加。2005年，全年总计为公安机关评估232件，评估金额达285万元。

二、受理价格举报与信访查处

2003年年初，黄巷、山北两个镇率先建立价格监督管理站，并在各村聘请义务价格监督员，形成农村价格监督网络。随后，北大街、惠山街道也先后建立街道价格监督管理站。管理站宣传国家价格法律、法规和政策；密切联系群众，调查和反馈涉农价格和收费政策的执行情况；及时受理辖区范围内价格举报的登记、上报工作，并协助上级物价部门做好人民来信来访的检查、处理、答复工作；配合上级物价部门加强对行政事业性收费的管理，协调处理价格（收费）争议；做好涉农价格和收费公示牌、栏、手册的设置、张贴、发放工作，并进行跟踪管理等，为物价工作在基层的延伸打下基础。

第五章 工商行政管理

第一节 机 构

1986年，北塘区工商行政管理局内设人秘股、企业登记股、市场管理股、合同股和三里桥、莲蓉桥、锡惠桥、盛岸、吴桥市场5个工商所。

1995年4月1日，北塘区工商行政管理局改为无锡市工商行政管理北塘分局，隶属无锡市工商行政管理局领导。1998年，分局将企业登记管理科与个体私营登记科合并，成立登记注册科。1999年5月19日，易名为“无锡工商行政管理局北塘分局”，设办公室、登记注册科、法制科、市场管理科（挂“市场监督检查大队”牌子）、经济监督检查科（挂“经济监督检查大队”牌子）、企业监督管理所、个体私营经济监督管理所、三里桥市场管理所、锡澄市场管理所、盛岸市场管理所、水上工商管理所11个职能科所。

2002年3月，撤销水上工商所，改专业所为综合所，分别成立西新、北大街、盛岸、刘潭、吴桥工商所，经检科改为经检大队，市场管理科改为监督管理科。同年3月，黄巷工商所和山北工商所由滨湖工商局划归北塘工商分局。9月，分局内设机构为办公室、监察室、注册科、法制科、监管科、经检大队，下设惠山（由西新工商所改名）、北大街、刘潭、黄巷、山北5个工商所。群众团体有：无锡市工商行政管理学会北塘分会、无锡市私营个体经济协会北塘分会、无锡市消费者委员会北塘分会。至2005年年末，全局有公务员103人。

第二节 企业登记注册

1986～1990年，北塘区企业登记注册主要围绕“清理整顿”主线开展工作。1986年5月前，全区清理整顿公司32家。1986年7～11月，将全区156家企业列入规定清理范围，其中有150家企业与党政机关举办单位脱钩，办理变更隶属关系，办理注销登记18家。

1991年，根据无锡市人民政府调整产业结构的思路，区工商分局为区街企业办理变更登记事项94次，其中调整经营范围和方式87次。1992～1993年，区工商分局改革登记制度，按照法人登记要求，缩减企业登记申请材料，到企业面对面指导，共办理集体企业转制为股份合作制企业219家。1994年，工商分局贯彻《中华人民共和国公司法》及《中华人民共和国公司登记管理条例》，组织法律、法规培训，累计受训人数1850人（次）。

1996年，根据无锡市工商局《规范企业登记管理，推进企业改制、改组、改造工作的意见》《企业“三改”中若干问题的意见》等文件规定，分局共为305家各类企业办理改制改造登记事宜。1997年，根据无锡市工商局《股份合作制企业登记管理办法》，分局推行和规范股份合作制登记，全年共办理股份合作制企业登记215家。1999年起，分局对内资企业实行注册号转换工作，注册号从9位升到13位。

2000年7月起，按照确定的权限和市局授权规定，企业登记全面实施属地登记管理。2001～2002年，全省开始实行工商电子政务信息管理，登记注册实行全省系统联网，分局登记企业数据进行初始化，累计对1560家（户）企业各类数据进行电脑数据录入，分局登记注册正式使用全省统一的登记软件。同时，北塘分局贯彻无锡市工商局《关于进一步改进工商行政管理工作促进地方经济发展的若干意见》，放宽登记条件，在企业名称、出资比例、对外投资、经营范围等方面拓展服务。

2003年5月，受无锡市工商局委托，分局开始登记注册辖区内资本100万元以下的有限责任公司。同年，根据无锡市工商局要求，分局登记注册实行“一审一核”制，并通过书面授权，将登记注册核准权授权至登记注册科长，缩短登记流程，简化审批程序，提高工作效能。同年，授权登记公司制企业445家。2003～2005年，对辖区内各街道下属戴“红帽子”的集体企业进行排查，逐个清理，明晰产权，理顺资产关系，分别办理转改制或注销手续，共计清理戴“红帽子”的假集体企业335家。2004～2005年，分局登记注册科连续被评为“红旗窗口”，登记注册干部被评为“服务明星”。至2005年年末，全区共有在册登记企业2163家。

第三节 市场管理

一、驻场制监管

80年代，工商部门派管理人员进驻集贸市场监管，维护交易秩序，处理市场内发生的违法违规交易行为。

1981年，北塘区工商局在古老米市最兴旺的地段——三里桥沿河，创建当时全国第一个粮油交易市场——三里桥粮油市场。三里桥粮油市场经过4次改建和扩建，拥有经营面积1万

图9-2 1992年4月1日粮价放开后，无锡市三里桥粮油市场货足价平。日销大米4000公斤（顾祚维/摄）

多平方米，配套设施2800平方米，可容纳800万～1000万公斤粮食，日吞吐量40万~50万公斤。北塘工商局在市场内专门设三里桥工商所，加强市场管理。工商所坚持“管而不死，活而不乱”的原则，以创建文明集贸市场活动为载体，提高市场规范化、法治化、标准化、商场化管理水平，繁荣和活跃市场。该市场从开业到1996年拆迁改造，曾连续五次被国家工商总局授予“全国文明集贸市场”称号，1994年跻身于“江苏省农副产品十大市场”和“全国百强市场”之列。

1990年，北塘辖区有集贸市场11个，其中农副产品市场10个、工业小商品市场1个，每个集贸市场都有工商管理人员进驻。同年，无锡市财贸办公室、市工商行政管理局要求农贸市场实行净菜销售服务，北塘工商局专门制定净菜销售的规格和试行规定，在辖区部分农贸市场实行净菜销售。

1993年，实施加快促进市场发展计划，把培育、发展和规范市场放到市场管理工作的首要位置。北塘工商局集中人力、财力筹建在华东地区有一定知名度的“红梅市场”及吴桥旧船舶交易市场、吴桥建材市场等市场；对三里桥粮油市场、盛岸集贸市场、吴桥集贸市场等市场进行改造扩建；在人民桥西堍北侧原六百门前新开辟服装小商品夜市，设各类摊位（亭棚）320余个。吴桥集贸市场由马路市场迁入原无锡被单厂改建的室内市场，成为当时无锡市推广的“退二进三”（即退出二产进入三产）的典型。

1994年，北塘工商局按市政府要求在集贸市场中实现差率管理。三里桥粮油市场、盛岸集贸市场、五爱集贸市场、吴桥集贸市场的电子网络管理基本到位，全区室内农贸市场实现“鸡入笼、鱼入池、菜上架”的新格局，农贸市场面貌有了很大改观。

二、巡查制监管

1995年起，监管领域从有形市场向无形市场转变，巡查制取代驻场制成为日常监管的主要方式。登记与监管逐渐分离，北塘工商分局相继成立若干实施监督管理的专业工商所。

1995年，工商分局对吴桥集贸市场等多家市场进行管办脱钩。根据《无锡市农副产品集贸市场三年（1995～1997）建议规划》要求，至2000年，北塘区的建设村、横街、五里新村、惠山下河塘、锡澄二村等马路市场全部移入室内，改变马路市场脏、乱、差的面貌。为疏导马路无证摊担，全区设立建设村、五河、盛岸新村、五里新村及双河新村等5个疏导点。

1996年，分局成立市场检查执法中队，集中取缔无证摊担，为加强市场管理，保护消费者和经营者的合法权益提供有力保障。同年，为解决城区尤其是繁华地段农贸市场存在的经营环境脏、乱、差的老大难问题，分局在市场管理中推行“五个一”（一只袋、一杆秤、一只箱、一条线、一块牌）的规范化管理。确定建造在原解放军部队营区的盛岸卤菜等集中加工场为全区集贸市场内卤菜经营户集中加工场所，并加强食品卫生监管力度，确定天鹏集团生猪屠宰厂（原食品公司）为农贸市场猪肉供应点屠宰场，并加强检疫力度。五爱农贸市场一度被评为全市样板市场之一，除三里桥粮油市场被多次评为国家级文明市场外，辖区盛岸集贸市场、无锡食品商城、猪肉批发市场、家禽批发市场、吴桥集贸市场以及梦之岛数码港市场先后被评为省级文明市场。

三、综合监管

进入21世纪以后，随着流通领域商品质量监管职能划入工商部门和综合型工商所的建立，带动整个工商系统监管工作的创新。对化学危险品销售、网吧、食品销售等数十个重热点监管行业实施属地管理。原采取的滚动年检改为每年集中年检，对市场主体实行“一户一卡”的户籍式管理，并利用掌上电脑等高科技手段对市场主体进行监管，经营者的不良生产经营状况和处罚情况，通过信息化手段进行警示和风险预警，强化对市场主体的准入行为、经营行为和退出行为的全程监管，形成执法监管合力。

2002年，原滨湖区的山北镇和黄巷镇划归北塘区，上述两镇辖区的山北集贸市场、黄巷集贸市场、统一摩托车汽车配件市场、利民摩托车配件市场、刘潭集贸市场等20余个市场成为北塘辖区的市场。工商分局在对辖区市场管辖权进行调整的同时，对市场的监管方式进行改革，实施市场综合监管，范围涉及成品油、粮油、文化、旅游、生产资料、农资、汽车配件等各类市场；以构建“放心食品工程”为主线，查处并取缔非法屠宰点，非法豆制品和卤菜加工点，在市场上重点查处病死猪肉及注水肉，查处用甲醛、双氧水浸泡水发产品，查处着色大米和豆制品加工销售中的违章违法行为。同时，在试点的基础上推进和深化市场管办脱钩。同年，《无锡市生猪屠宰销售管理办法》以市长令的形式公布，无锡工商局发出《无锡工商系统市场“食品放心工程”实施意见》，分局在全区农贸市场初步落实以“速测灵”为主要手段的蔬菜残留农药检测措施，卤菜、豆类制品实行销售准入制和粮油实行“信誉卡”制度。分局还会同猪肉批发交易市场在苏北、山东、安徽等省和地区建立10多个无公害生猪饲养基地，保证猪肉供应安全。分局全年对集贸市场及市场周边进行32次专项整治或联合整治，涉及领域包括食品、粮油、保健品、野生动物保护等，共查办案件26起，涉案金额2100余万元，结案率和正确率都达到100%。在对文化市场整治中，共取缔无照经营电子游戏机户4家和无照经营网吧2家，罚款7.5万元。

2003年，无锡市工商局、市经贸委、农林局发出《关于加强上市蔬菜残留农药检测工作的通知》以及细化市场食品准入、随机检测、缺陷商品退回等8项制度，分局在辖区19个集贸市场全部落实蔬菜残留农药速测灵检测并进行检测公示措施，加快推行粮油、猪肉、副食品等实行“场厂挂钩”“场地挂钩”销售；在传统节日，开展“打假、打劣、打毒（主要是毒鼠强等违禁杀鼠剂）”和打击欺诈行为为主要内容的专项整治。全年开展打击猪肉场外交易，打击含“瘦肉精”的猪肉、猪肝、猪肾和“毒鼠强”的销售，食品药品质量等专项整治30次，查处各类食品案件22起，案值1535.56万元。同年，分局被市、区政府评为防“非典”先进单位。

2004年，由市、区政府投资40余万元，在盛岸集贸市场、锡惠蔬菜副食品市场、黄巷集贸市场、锡澄果菜批发市场、无锡市食品商城、刘潭集贸市场等6个较大规模的集贸市场或副食品市场，配备现代科学、技术先进、操作简便、检测规范的食品安全检测设备，并实行网络化、系统化管理；辖区各集贸市场和食品、副食品、粮油、家禽、果菜等批发市场主办单位与市场食品经营户共同签订《食品安全质量责任书》。7月，工商北塘分局先后出台《北塘区查处取缔无照经营行动方案》和市场分类监管实施办法及相应制度，被区政府以文件形式转发，明确以创建文明规范管理示范街为主题的规范经济秩序，开展集中查处取缔无照经营的专项整治行动。青石路被评为经济户口管理示范街。同年，辖区各集贸市场和家禽批发市场还采取积极措施，抓好“禽流感”的防治工作，全年未发生一起“禽流感”事件。在抓食品安全和防治“禽流感”工作中，分局被区委、区政府授予“先进集体”的称号。

2005年，工商北塘分局投入“路长制”管理、“太湖杯”城管创优及全国文明城市的创建活动，完善“食品放心工程”长效管理体系，集贸市场“食品放心工程”被市、区政府列为“为民办实事工程”。完善“五大网络”（即市场主体监管网络，市场监管执法网络，商品质量安全保障网络，12315消费者投诉举报网络，农民合法权益保障网络），开展“红盾护农”“合同助农”活动，保护广大消费者以及农民的合法权益，杜绝重大群体性食物中毒事件发生。

第四节 经济合同 商标 广告管理

一、经济合同管理

1986年，制定《北塘区经济合同仲裁委员会工作制度》，其仲裁员、书记员和合同管理人员参加无锡市工商局组织的合同管理业务培训班。全年鉴证合同55份，帮助企业追回贷款5万余元。同年起，分局在全区开展“重合同、守信用”企业的评定活动。同年，评出华能无锡电热器材有限公司等5家企业为北塘区年度“重合同、守信用”企业。

1987年7～8月，分局抽调专人走访区街企业，了解辖区企业联营合同履行情况。同年，确认无效合同15份，其中确认3份无效加工承揽合同，其标的共达5400万元，为企业避免重大经济损失。

1990年10月1日，在全国推行经济合同示范文本制度。10～11月，分局抽调10余人到企业调查研究，落实合同示范文本推行、使用情况。全年受理合同纠纷案件6

起，争议金额15.96万元，鉴证各类合同26份，总金额692.5万元，确认无效合同3份，金额196.66万元，为企业追款挽回经济损失5.6万元。

1991年，无锡遭遇特大洪灾，企业合同履行出现违约危机。在无锡市工商局开展的“合同解忧工程”中，区工商局合同管理部门为受灾企业向合同对方发信函、出证明，并派工商干部赴外地的合同对方现场办案，督促企业双方履行合同，帮助企业变更合同，避免企业遭受损失。

1992年，无效合同的确认权益法改由人民法院和仲裁机关行使后，北塘工商局与区有关部门探索辖区经济合同的管理模式，组织专人到现场指导企业如何签订及履行合同，并对“重合同、守信用”企业进行评定、验收。

1993年，分局鉴定合同8份，总额150.6万元，开展合同资信服务15起，金额960.1万元；开展咨询服务86人（次），避免企业直接经济损失866万元；调解合同纠纷1起，金额12.6万元。1994年4月，区工商局经济合同管理股撤销，辖区合同监管职能由无锡市工商局直接行使。

2002年9月，无锡工商局市场合同处将合同调解、合同监督检查以及“重合同守信用企业”新申报企业的初审和“重合同、守信用”企业的年度复查工作等职能下放城区分局，并将19户“重合同、守信用”企业档案和监管权移交北塘工商分局管辖。

2003年，工商北塘分局共鉴证各类合同1014份，鉴证金额3695万元；调解合同争议21件，涉案金额20.76万元；解决争议金额15.82万元。经年审，通过重合同守信用企业19家，其中1年以上1家，3～4年2家，5年以上16家，撤销1家。全年组织合同法规培训5次，参加培训人员1071人；开展合同法规宣传1次，接受宣传人数457人。

2004年，分局调解合同争议18件，涉案金额7.98万元，解决争议金额2.25万元；审查订单农业合同89份，合同金额860万元；完成辖区50家企业合同履行情况调查，共调查合同364份，金额11.48亿元；对30家私营企业进行合同助企，通过帮助企业制定帮扶计划、建立信用制度，帮助审查合同81份，金额1860万元，纠正问题合同15份，金额950万元，督促履行合同75份，金额1456万元。经年审，通过“重合同、守信用”企业19家，新发展“重合同、守信用”企业126家。同年，辖区有“重合同、守信用”企业156家。全年共组织合同法规培训6次，参加培训人员1328人；开展合同法规宣传1次，接受宣传人数659人。

2005年，分局共调解合同争议14件，涉案金额3.51万元，解决争议金额3.17万元；审查订单农业合同81份，合同金额890万元；对30家私营企业进行合同助企，帮助审查合同98份，金额1760万元，纠正问题合同13份，金额860万元，督促履行合同58份，金额1267万元。经年审，通过“重合同、守信用”企业139家，注销17家，新发展“重合同、守信用”企业73家。同年，辖区共有“重合同、守信用”企业212家，其中省级“重合同、守信用”企业3家，市AAA级“重合同、守信用”企业10家，市A级“重合同、守信用”企业199家。全年组织合同法规培训8次，参加培训人员1568人；开展合同法规宣传1次，被宣传人数760人。共查处合同案件7件，案值504.51万元。

二、商标管理

1986年，对假冒“一河（洋河）、三沟（双沟、汤沟、高沟）”酒进行专项检查。同年，开展名优产品的推荐工作。1987年，全区开展注册商标使用情况检查，建立和健全商标管理制度，重点对食品和药品生产企业商标使用情况进行检查，对商标印制企业进行整顿。同年，开展商标印刷信得过企业评选活动。

1991年，支持辖区企业参加全国首届“中国驰名商标”消费者评选活动，小天鹅公司参加评选。1993年，抓住《中华人民共和国商标法》实施10周年契机，在全区广泛宣传商标使用权的保护。1997年，开展印刷品广告专项检查，检查对象以商场、药店、居民住宅区为主。

2001年4月26日，组织开展世界知识产权日宣传活动。至2005年年末，北塘区有注册商标563件，其中无锡市知名商标29件，江苏省著名商标11件，中国驰名商标1件。

三、广告管理

1986年3月，开展对广告内容和经营单位清理整顿。1988年，根据市工商局部署，对区街经营广告的单位，重新核定经营范围，核发新的广告经营许可证。

1995～2000年，配合《中华人民共和国广告法》宣传贯彻，强化打击各种虚假违法广告行为的执法力度。2004年，根据新规定，广告经营单位许可证不作为广告经营单位注册前置条件。至2005年年末，北塘区有广告经营单位62家。

第五节 经济秩序监督管理

1987年9月，国务院《投机倒把行政处罚暂行条例》颁布实施后，北塘工商局加强对擅自倒卖国家禁止和限制买卖商品行为及经销假冒伪劣商品行为的查处工作。同年，查处辖区内某国营石化企业倒卖国家计划配供原料油品案，罚没金额37万元。

图9-3 1988年3月15日，北塘区莲蓉桥工商所在街头举办“假定冒劣商品”展览(顾祚维/摄)

1992年，查处某多服公司茶庄经销假冒名酒和假酒案，罚没金额19万元。1993年，查处假冒名酒和假酒、假桂圆、掺假小磨麻油等各类经济违法案件19起，罚没入库24.8万余元。

1994年，《中华人民共和国反不正当竞争法》颁布实施。北塘工商局加强对工商所的业务指导，从经营主体资格入手，维护市场的公平竞争秩序，重点对未经核准登记擅自开业（无照经营）、擅设分支机构、擅自变更经营场所等行为进行整治。同年，立案查处各类经济违法案件69起，罚没金额36.3万余元。

1995年，继续加强对擅自开业（无照经营）、擅设分支机构、擅自变更经营场所、超经营范围等登记事项类案件的查处工作，清理整顿市场主体的合法经营资格问题。全年立案查处各类经济违法案件95起，罚没80余万元。

1996年，针对当时非法倒卖进口汽车行为比较突出的现象，重点对非法倒卖进口小汽车行为开展专项查处工作。全年立案查处各类经济违法案件113起，罚没合计223万余元，其中查处倒卖进口汽车案10起、进口摩托车案2起。同年查处的“无锡人人商城传销钻戒案”，是无锡查处的第一起传销案件，也由此产生北塘第一起公开审理的行政诉讼案件。经过一、二审法院判决维持原判，当时在无锡市产生较大的社会影响。

1997年，根据市工商局“打假保节日，打假保健康，打假保名牌”的工作思路，先后开展11次专项检查，对营养滋补品、咸鸭蛋、夏季饮料食品、进口卷烟、通信器材、音像制品、助力车及尾箱、车用机油、进口服装等进行市场检查，查处各类假冒伪劣商品4196件。对中山路上销售进口皮鞋、皮衣、电器、食品、饮料等商品的商店进行专项整治，支持创建中山路不销售假冒伪劣商品一条街活动。年内，立案查处各类经济违法案件169起，大多属于普通类型的中小案件，较具典型性的是查处5起假冒“高邮咸鸭蛋”案件，其中一起因当事人提出要求听证的申请而举行公开听证，这是《中华人民共和国行政处罚法》颁布实施后，无锡地区第一起听证案件，在当时产生一定的正面影响。

1998年，重点查处倒卖名烟和经营走私卷烟行为，并按照国务院的部署开展对粮食收购市场秩序的整顿活动，全年立案查处各类经济违法案件215起，其中涉及香烟案件23起，罚没金额298万余元，没收走私“555”牌香烟2500多条，假冒云烟等名烟13500多条，没收大米140545公斤，没收（放生）青蛙450公斤。

1999年，出动4620人（次）、车辆860台（次），重点开展整顿粮食流通市场秩序工作，查处无证倒卖粮食和其他商品的行为，以及各种假冒产品（包括农副产品）产地的行为。先后对酒类市场、饮料市场、文化市场、粮食市场、船舶市场、药品市场等10多类市场进行专项整治。全年共查处立案（一般程序）案件250件，一般程序简化操作案件443件，简易程序案件126件，企业年检案件18件，是历年来查处种类和案件数最多的一年。案件罚没款328万余元，没收物资价值27.58万元，捣毁制假窝点12个。

2000年，重点对假冒名牌商品、伪造商品产地和对商品质量作引人误解的虚假表示或虚假宣传等行为进行查处，全年共查处各类违法违章案件450余起，罚没款284万余元。

2001年，工商北塘分局开展对市场经营秩序的整顿，对市场主体经营行为的常规性开展执法检查，全年共出动人员4500余人（次），车、艇1100多台（次），取缔无照经营3146人（次），共查处各类违法违章案件近500起，其中一般程序案件225起，一般程序简化操作案件129起，企业年检案件8起，简易程序案件137起，共罚没入库近320万元。全年共组织各类专项检查10多次，在专项检查中共端掉窝点7处，立案案件14起，总标值110万余元。同时，加大与公安、海关、技术监督等部门联合执法的力度，联合查处的案件达10余起，由无锡海关走私犯罪侦查支局移交的涉嫌走私贩私案1起，2名犯罪嫌疑人被逮捕。

2002年，工商北塘分局调动基层单位多办案、办大案的主动性和积极性，执法办案重心下移。全年审结各类违法违章案件571起，罚没入库数达到750余万元。分局6个所（队）中，有5个所（队）罚没入库数超过100万元（其中有两个所超过150万元）。在市工商局组织的红盾杯经检办案竞赛中，分局共有4个工商所获得优胜单位，1人获得全市工商系统“办案能手”荣誉称号。

2003年，分局以《无照经营查处取缔办法》颁布实施和预防“非典”工作为契机，加大工作力度，与公安、卫生、城管等部门密切配合，先后出动执法人员967人（次），车辆94台（次），加强对5个重点行业的整治，取缔无照经营，重点对312国道两侧无照店面的清理和取缔。全年罚没入库813万元，所辖6个所、队罚没入库都超过100万元。

2004年，查处各类经济违法案件237起，罚没金额717万余元，其中罚没金额10万元以上的大要案件13起。主要案件类型为产品质量及对商品质量作引人误解的虚假宣传案件、商标侵权案件、无证收购粮食案件和一般无照经营案件。

2005年，工商北塘分局把与人民群众生命健康、人身安全密切相关的食品、农副产品、肉类、粮油、家用电器、汽摩配件等相关物品作为重点监管领域，打击重点对象，把住物流源头，捣毁制假黑窝点，全方位地开展市场秩序整治；强化监督管理，开展专项整治，加强市场巡查，落实巡查责任制，开展元旦、春节、五一劳动节、中秋节、国庆节节日市场监管执法，查处市场经营活动中的各类违法违规行为。全年立案查处各类经济违法案件148起，案值6552.58万元，罚没金额600多万元，其中查处涉及食品安全的案件42起，案值120.25万元，罚没款40多万元。受理投诉、举报503起，其中调解投诉纠纷243起，处理举报260起，立案15起，罚款50.5万元，为消费者挽回经济损失23.88万元。

第六节 消费者权益保护

1999年10月，成立无锡市消费者委员会北塘分会。分会在区物价检查所、区卫生防疫站监督管理科及分局的5个工商所设立7个投诉站，并制定受理投诉人员工作职责、秘书长岗位职责，消委会工作人员纪律等工作制度。同年，分局还建立“12315”申（投）诉举报台，分局各工商所相应建立“12315”申（投）诉举报站。申（投）诉举报台同时也作为消委会北塘分会的投诉站。

2000年，北塘工商维权活动向纵深发展，调解消费者投诉的重点转到以医疗服务纠纷、美容化妆服务纠纷、购买商品房纠纷、牧业管理纠纷、假冒保健品、家用电器质量问题、摩托修理以及洗染服务纠纷等为主要方面。根据市消委的要求，北塘分会组织“销售放心房、提供放心中介”联合承诺活动等。全年共受理投诉举报491起，为消费者挽回经济损失45.54万元，调解结案率达99.7%。

2001年3月，区消费者分会利用“12315”国际消费者权益活动日，在一百集团设立咨询投诉点，设立假冒伪劣商品鉴别台，散发宣传材料3000余份。活动日3天，现场受理投诉8起，法律咨询450人（次），全部现场调解结案。同年，投诉重点为服务质量、人身伤害纠纷、摩托车修理欺诈纠纷等，同年，共受理投诉举报488起，为消费者挽回经济损失8.34万元。全年从举报中清理线索并交工商部门立案12起，案值达50万元，罚没7万余元。

2002年，分会围绕“科学消费”年主题，全年共受理各类举报投诉580起，其中受理举报295起，立案15起，罚没入库达9.5万元；受理投诉285起，为消费者挽回经济损失56万元。

2003年，北塘分会针对学校，特别是小学生这个特殊的消费群体，将五爱小学与山北实验小学作为青少年维权教育基地。4月，发生“非典”。在“非典”期间，北塘分会共受理防“非典”的卫生用品投诉20余起，责令经营者收回不合格医用口罩5000余只，共为消费者挽回经济损失1.5万元。对无锡市百寿堂药店销售劣质口罩事件进行揭露和曝光，由工商部门对其作出没收不合格口罩1200只、罚款2.2万元的处罚。

2004年，消委会北塘分会对原有的监督站、投诉站进行改选和调整，设10个监督站和6个投诉站，扩大消费维权的社会影响。

2005年，北塘分会贯彻“健康、维权”主题，接待受理各类投诉285件，为消费者挽回经济损失35.7万元。

第六章 安全生产监督管理

第一节 机 构

1993年前，安全生产监督管理职能由区劳动局承担，无专职人员。1993年后，设有1名专职人员负责监督管理区属企业和街道企业的安全生产。

2000年10月，成立区安全生产监督管理局，隶属区经济贸易局，为二级局。

2005年4月，区安生生产监督管理局升格为一级局，为区政府机构序列中综合监督管理安全生产的行政机构，同时承担区政府安全生产委员会办公室的日常工作，配备公务员编制3人，内设综合科，人员2人，执法监察大队，人员6人。

第二节 安全生产责任体系建设

1988年起，区开展“夏季安全生产百日无事故”竞赛活动，区政府按照“横向到边、纵向到底”的原则，自上而下建立安全生产责任体系，区长为区政府安全生产的第一责任人，各街道和各经济管理部门、行政“一把手”为单位安全生产的第一责任人，其下属单位和部门责任人为该单位、部门安全生产第一责任人，职工在各自工作责任范围内，对安全生产负责。2002年6月29日，《中华人民共和国安全生产法》公布后，区政府组织工贸企业进行学习，并把安全目标管理作为考核街道和有关部门工作实绩的依据之一。2005年，区政府在安全管理工作中落实安全责任制，层层签订安全责任书，落实岗位责任制，把安全生产列入目标管理范围，规定安全生产工作在百分考核中的占比为5%，并逐级落实到街道和有关管理部门。

第三节 安全生产监管

区安全生产监督管理工作，贯彻“安全第一，预防为主，综合治理”的方针，实施《安全生产法》《安全生产工作条例》等法律法规，加强安全宣传教育，落实安全生产责任制，推进专项整治，开展安全生产检查，排查和消除事故隐患，强化安全生产基础管理工作，建立“企业负责、行政监察、群众监督、劳动者遵章守纪”的安全生产监管体制。

一、安全宣传教育

区每年组织“安全生产周”“安全生产月”“夏季安全生产百日无事故竞赛”三大活动，区工会开展“安康杯”竞赛活动，先后开展“严是爱，松是害，搞好安全利三代”“安全在我心中”等主题教育活动。1988年起，每年开展“夏季安全生产百日无事故”竞赛活动。1994年5月，在全国第四次安全周活动中，开展以“勿忘安全，珍惜生命”为主题，以减少事故为目的，以“不伤害自己，不伤害他人，不被他人伤害”为主要内容的安全生产宣传活动。2002年6月，《中华人民共和国安全生产法》公布，同年11月1日实施，区布置4个街道在全区设立宣传点进行咨询宣传活动，组织全区工商企业学习。2004年，在全区开展安全文化示范点建设活动，倡导以人为本安全发展理念，营造人人关爱生命，人人对安全负责的氛围。2005年6月，是全国第四个、全省第十二个“安全生产月”活动月，全区围绕“遵章守法，关爱生命”的活动主题，开展安全生产月宣传教育活动。惠山街道组织社居委直属企业600多人开展防火安全知识竞赛，北大街街道举办具有特色的“安全在我心中，创建和谐社区”征文评选活动。6月14日，在春申园区举办消防安全现场会，社区居民100多人参加演习。在安全月活动中，全区共张贴宣传标语900多条，宣传横幅99条，出宣传专栏85期，厂报专栏9期，出黑板报136块，旗帜标语10面。发放《江苏省安全生产条例》220册，《安全员手册》等110多本；全区共计订购价值8000多元宣传品。在夏季百日安全竞赛活动中，组织全区1300多名职工参加全国“晋城杯”安全知识大赛。同年，区开展“平安企业”创建活动，全区50家企业参与。

二、岗位安全培训

区每年都组织电工、金属焊接工、起重工、司炉工等特种作业人员200多人参加市特种作业人员新证、复审培训，使全区特种作业人员做到持证上岗。2003～2005年，联合举办3期安全生产监察人员行政执法专业培训，培训安全监管执法人员27人，培训街道安全生产监督检查人员21人。组织注册安全工程师执业资格考试报名和培训工作，全区共有44人通过全部应试科目，获得注册安全工程师资格。2005年，区组织生产经营厂长、经理和安全管理干部近1000人进行《江苏省安全生产条例》《道路交通安全法》《内保条例》更新知识培训，做到厂长、经理和安全管理干部持证上岗率达100%。加强区安全生产监察人员和街道安全监管人员的业务培训；开展对危险化学品监察、行政执法等专项培训。

三、安全检查

区把开展安全检查作为一项制度，除抓好全区性的安全大检查外，还把“常规检查和专项检查、平时普查和突击抽查、企业自查和系统（部门）督查”有机结合，特别在“安全生产月”“安全周”“夏季安全生产百日无事故”活动中，增加检查的频率与力度，扩大检查的范围，每年在春节、“五一”“十一”、元旦等重大节日期间开展安全生产检查。2005年春节前，区政府由正、副区长带队，相关政府部门人员分成3个小组，对公众聚集场所、公共娱乐场所、建筑工地等重要场所进行检查，督促落实各项防范措施。同年，全区三级共组成检查小组60多个，出动检查2500多人（次），检查单位900多家，发现隐患1623条，整改1553条，发出整改意见书40多份，责令停工停产限期整改单位4家。

四、事故查处

2002～2005年，全区共发生安全生产死亡事故17起，死亡17人。每当发生死亡事故后，北塘区安监局即会同区公安分局、区检察院、区监察局和工会等部门，进行查处，坚决实行“四不放过”（事故原因和责任者不查清不放过、有关人员没受教育不放过、防范措施不落实不放过，事故责任者未查处不放过），并采取思想教育、行政处分、经济处罚、法律制裁等多项措施进行处理。

附：2002～2005年北塘区安全生产重大事故

2002年2月10日14时30分，地处黄巷镇的无锡市凯灵防腐设备厂女工何某某，在推滚聚乙烯防腐槽罐时，被槽罐挤压，头部严重受伤，经送医院抢救无效，于2002年2月11日零时30分死亡。

2002年5月16日13时30分，地处山北镇的无锡市郊区威龙纵剪平板厂工人陈某某，在起吊带钢时摔倒，致使颅脑损伤，经送医院抢救无效死亡。

2002年6月25日15时50分，地处北塘区黄巷镇的无锡市郊区兴达防水建材厂工人陈某，违章作业，登高修理车间石棉瓦屋顶时，石棉瓦破碎，从屋顶高处坠落，经送医院抢救无效死亡。

2002年8月4日凌晨2时10分左右，地处黄巷镇的无锡市正山实业有限公司工人王某，因粉碎机动力设备漏电，触电死亡。

2002年9月9日17时30分左右，外来施工人员管某某在地处黄巷镇的无锡市溢彩涂装有限公司新建车间工地，操作手提式打磨机打磨地面时，打磨机漏电，造成管某某触电，经送医院抢救无效死亡。

2002年9月25日22时25分左右，地处山北镇的无锡市蓓尔纺织品有限公司浆料间使用二甲苯，而未配套使用防爆电器。工人陈某某在浆料间积聚大量二甲苯气体的情况下，关闭电源，引发火灾，陈某某当场被烧死。

2003年6月4日13时50分，地处山北镇的无锡市荣腾冷弯型钢有限公司工人赵某某，在吊装C型钢装车时，被从货车上滑下的型钢击伤，经送医院抢救无效，于6月5日17时死亡。

2004年8月3日上午9时30分左右，地处山北街道的无锡市万兴包装材料有限公司，厂内运纸叉车司机在视线不清的情况下，撞伤女工季某某头部、胸部。经送医院抢救无效死亡。

2004年10月12日12时左右，地处山北街道的无锡市正跃管带有限公司工人周某某，在维修起重机时，未佩安全带，不慎从约7米高的轨道梁上坠落，经送医院抢救无效于下午4时死亡。

2004年11月21日12时30分左右，外来施工人员王某某，在地处黄巷街道的无锡华东汽配有限公司拆房时，被塌落的天沟压伤，经送医院抢救无效，于13时30分死亡。

2004年12月6日20时左右，地处黄巷街道的江苏南方机电股份有限公司工人肖某某违章作业，擅自打开高压电柜，触摸到柜中电器，导致触电死亡

2005年8月11日16时30分，无锡市新洁清洗有限公司在地处黄巷街道的无锡市商业银行五河支行清洗门头作业时，工人王某某在约2米高处不慎失足坠落，造成后脑重伤，经送医院抢救无效死亡。

2005年10月6日16时50分左右，无锡市第二园林古典建筑有限公司，在黄巷街道的无锡市全丰物资有限公司内拆房时，违章作业，因墙体坍塌，压死民工段某某。

2005年10月13日15时左右，由江苏省南通市第六建设集团有限公司承建的地处山北街道的仁和英伦皇家花园工地，塔式起重机司机袁某某，违章作业，在无地面指挥、视线不清的情况下，把工人雷某某与料斗一起吊至空中，造成雷某某高空坠落死亡。

2005年10月20日7时45分左右，地处北塘区山北街道的无锡市太湖纸业有限公司工人王某某，在操作复卷机时，不慎左衣袖被高速旋转的卷纸轴缠绕住，当场死亡。

2005年11月4日8时30分左右，外来施工人员冯某某，在地处北塘区山北街道的无锡百乐薄板有限公司内施工时，因屋顶塑料采光板破碎，从屋顶高空坠落死亡。

2005年11月25日4时10分左右，地处山北街道的无锡市沪通焊管有限公司工人兰某某，违章作业，在跨越运转的机组时，被旋转的万向轴缠绕住造成死亡。

第七章 国土资源管理

第一节 机构与体制

1986年之前，无锡市土地按不同情况分属不同部门管理。同年10月，成立无锡市土地管理局，城区涉及建设用地审批事项由市土地管理局直接办理。城市土地地政管理职能仍在市房地产管理局。1988年2月，市政府将城市地政地籍管理职能划归市土地管理局，城区涉及地籍管理、土地登记发证等事项由市土地管理局直接办理。

1996年10月，成立无锡市北塘国土管理所，为全民事业单位，负责区域内土地管理工作，定编5人，其中领导职数2人，工作人员3人。该所隶属于市土地管理局，实行垂直领导体制，正、副所长由市局任命，人事由市局统一管理。1997年5月，成立无锡市国土管理局北塘分局，北塘国土管理所与北塘分局一套班子、两块牌子合署办公，所长由分局局长兼任，核定行政编制2人。2001年5月，分局更名为无锡市国土资源局北塘分局。

2002年2月，滨湖区国土资源局黄巷国土资源所、山北国土资源所划归市国土资源局建制，隶属于北塘分局，并更名为无锡市国土资源局北塘分局黄巷国土资源所、山北国土资源所。

第二节 地籍管理

1988年2月，开展土地调查、土地登记、土地统计和土地分等定级四项工作，使现代意义上的地籍管理制度迅速建立起来。

一、土地申报登记

1988年11月，市政府发出《关于开展城镇国有土地使用权申报登记发证工作的通知》，同时公布《无锡市城镇国有土地申报登记发证实施细则》，开始全面开展国有土地使用权申报登记工作。同年，北塘区成立区国有土地使用权申报登记工作领导小组，副区长朱盘生任组长，下设办公室，办公室设在区房管局内，按照市政府和市国有土地使用权申报登记办公室的文件要求，在全区范围内开展国有土地使用权申报登记工作。至10月末，全区国有土地使用权申报工作基本结束，共申报13029宗土地，申报率达到97%以上。随后，区国有土地使用权申报登记办公室按照市申报登记办公室的验收标准，对全区申报的1万多宗地进行自查互查，逐一过堂。凡不符合质量要求的宗地①，及时补课整理，保证申报登记的质量。同年，全区国有土地使用权申报资料的质量，获得市申报登记办公室验收通过。

1989年1月，市国有土地使用权申报登记办公室出台《关于无锡市市区国有土地使用权申报登记发证的意见》，明确市、区两级国有土地使用权申报登记办公室的工作职责和申报登记工作步骤。按照分工，市负责“三资”企业（中外合资、中外合作、外商独资）、部、省、市属单位和军队、铁路、水利工程等国有土地使用权的申报登记；区负责区属以下单位和个人，以及除市负责以外的外地驻锡单位国有土地使用权申报登记、勘丈调查、初审、统计工作。

二、城镇地籍调查

1990年，市组织的崇安街道4个街坊约3.9万平方米的范围内进行地籍调查试点的业务骨干培训。北塘区国有土地使用权申报登记办公室，选派多名业务骨干参加试点，完成市局分配给北塘申报办的地籍调查任务。随后，北塘区申报登记办公室按照在崇安试点的方法步骤，开始在北塘区范围内开展地籍调查的各项准备工作。同时，做好国有土地使用权申报登记的扫尾工作。

1993年6月，市土地管理局举办为期4天的城市国有土地地籍调查、登记发证工作培训班，北塘区申报办全体工作人员参加培训。培训班结束后，全区的国有土地地籍调查工作展开。为解决地籍调查中技术力量的不足，经市局推荐，区申报登记办公室聘请南通地政测量队和河北地质职工大学测量队两支队伍，南通地政测量队专门负责权属调查，河北地质职工大学专门负责地籍勘丈(亦称地质测量)。1994年年末，全区5个街道土地权属调查基本结束，地籍勘丈（地籍测量）的外业②工作过半。1995年，全区国有土地的权属调查、地籍测量外业内业③工作完成，并通过市级检查验收。1996年，针对市级检查验收中发现的问题，对全区地籍调查的成果资料进行补充、修改、完善。至此，全区的地籍管理资料初步建立，形成1：500地籍图346张，宗地地籍档案资料11056份。

1996年11月，北塘区地籍调查成果通过省级验收和鉴定。2000年，针对无锡市区地籍调查资料现势性不强，地籍管理系统建设滞后的状况，市国土管理局拨出专款，聘请河南省遥感测绘院对市区开展变更地籍调查工作。

2002年，黄巷、山北镇和刘潭街道划归北塘区后，把变更地籍调查的范围扩大到黄巷、山北镇和刘潭街道全境，完成市区控制测量向黄巷、山北、刘潭的延伸，建立

①宗地：指地籍的最小单元，意指权属界线组成的封闭地块。

②外业：指地籍测量的室外工作，野外实地勘察丈量等。

③内业：指地籍测量的室内工作，制图、数据处理等。

统一的无锡市地籍坐标系统，实现北塘区地籍管理的全覆盖。

三、土地登记发证

1994年3月，市政府召开土地发证大会，市领导到会颁发市区首批91本国有土地使用证，其中北塘区 18 本。随后，北塘区申报登记办公室迅速组织土地权属审核队伍，制定工作计划，开展土地初始登记发证的审核工作。按照“权属合法、界址清楚、面积准确”的登记发证要求，采取分片包干、一个街坊一个街坊清的办法，加大审核工作力度。至1996年年末，除部分经初审为暂缓登记的宗地外，全区土地初始登记发证工作基本结束，共发放国有土地使用证 6850 本，发证率达52.6 %。

1997年，全区的土地初始登记发证审核工作移交给刚成立的无锡市北塘国土管理所。北塘国土管理所对初审中被暂缓登记的宗地进行复查审核，使部分宗地达到初始登记条件，提高土地初始登记发证率。同年，在基本完成土地初始登记的同时，北塘国土管理所转入日常土地变更登记工作，做好划拨用地的变更登记工作，及时做好土地出让、转让、租赁、入股、抵押等变更登记工作，至2005年年末，全区共发放各类土地使用证31295本，其中单位3068本，个人28227本。

四、城镇土地定级估价

1994年，无锡市土地管理局组织开展市区土地定级估价工作，以加强对土地市场的宏观调控和监督管理，为城镇土地使用税、土地规费的征收和土地使用权出让、出租、入股、抵押价格提供科学依据，促进土地科学合理利用。同年，完成城区 160平方公里和马山区 25 平方公里的土地定级估价工作，并获得省土地调查成果应用一等奖，1995年获得国家土地调查优秀成果一等奖和科技进步三等奖。

1997年，为了及时公布土地级别和基准地价，市国土管理局在前两年土地级别和基准地价评定的基础上，采用1∶10000城市地形图，通过外业修测，适用地理信息系统叠加技术，按照“大稳定、小调整、科学实用、便于公布”的原则，完成无锡市区土地级别调查和定界工作。同年10月6日，省国土管理局、省物价局联合发文公布执行。1998年5月25日，无锡市人民政府发文对外公布市区土地级别和基准地价，主城区土地分为8个级别，同级别土地为商业服务业、住宅、工业三种不同用途土地的基准价。北塘区土地分布在1～6级地范围。基准地价内涵为：1～4级地达到“七通一平”、5～8级地达到“三通一平”土地开发程度的熟地价。1997年，基准地价设定价格时点为1997年6月30日的无限期地价。基准地价的公布执行，为开展土地税费征收、地价管理、宗地价格评估创造有利条件。

2000年，根据无锡市特大城市建设战略和经济社会发展变化的现状，市国土管理局聘请南京师范大学金宁达土地评估公司为技术骨干，组织城区土地管理部门进行专门市场调查，对城区土地级别和基准地价进行重新评估调整，使其更具现势性和可操作性。

2002年，无锡市被省确定为土地分用途定级估价试点城市，启动市区土地分用途定级估价成果更新工作。2003年，完成市区分用途定级估价初步成果，并通过领导、专家组、学者三轮论证修改。北塘区基准地价价格时点为2003年1月1日无限期地价。主城区商业用地分为10级，住宅用地分为8级，工业用地分为6级。同年，基准地价北塘区扩大到黄巷、山北镇和刘潭街道全境。2004年，市区土地分用途定级估价成果更新工作通过市土地定级估价委员会的论证，首次建立城乡一体化的地价体系。本次市区土地分用途定级估价成果确定为2003年基准地价，在江苏省土地市场网上公布。

第三节 土地利用与管理

按照《中华人民共和国土地管理法》（以下简称《土地管理法》）及《江苏省土地管理法实施办法》的有关规定，区级政府及部门没有土地审批权，但在建设用地报批过程中要参与报批材料的制作和初审工作。

一、土地利用

根据1986年《土地管理法》有关规定，建设单位使用北塘区范围内国有土地，凭市计划部门的立项批准文件，市规划部门的规划定点图和其他必要材料，向市土地管理部门提出用地申请。市土地管理部门审查符合用地要求的，报市政府审批。市政府批准后，由市土地管理部门制发建设用地批准文件；有偿使用的，由市土地管理部门代表市政府与土地使用者签订土地出让合同，土地使用者交清土地出让金后，取得该用地使用权。

北塘区所属单位建设需征用农村集体土地的，凭市计划部门的立项批准文件，市规划部门的规划定点图及其他必要材料向市土地管理部门提出用地申请。征地报批材料由被征地所在村、乡（镇）、区土地管理部门和政府逐级审核后报市土地管理部门。市土地管理部门审查无疑义后报市政府审批。需省以上人民政府审批的征地项目，经市政府审核后由市土地管理部门逐级上报。征用耕地15亩以下、菜地3亩以下、其他土地50亩以下的，由市政府批准；超过上述数量的，报省政府、国务院批准。征用土地被批准后，由市土地管理部门制发征用土地批准文件；有偿使用的，应签订土地出让合同，交纳土地出让金。

1999年1月1日，新《土地管理法》实施。新法对土地用途实行管制制度，新增建设用审批分为规划审批、转用审批和征用（收）审批。

土地利用总体规划审批。土地利用总体规划实行分级审批。根据国务院规定，人口在100万以上的城市土地利用总体规划经省级人民政府审查同意后报国务院批准。无锡市市区人口超过100万，北塘区所属的原黄巷、山北镇涉及土地利用总体规划审批的，应经各级政府审查同意后报国务院批准。

农用地转用审批。根据新《土地管理法》有关规定，省以上人民政府批准的建设项目用地涉及农用地转为建设用地的、无锡市城市规划区内按年度土地利用计划将农用地转为建设用地的，经县级以上人民政府审查同意后，逐级上报国务院批准。

土地征用（收）审批。土地征用实行两级审批。根据新《土地管理法》有关规定，征用无锡市城区规划区范围内农民集体所有土地的，经县级以上人民政府审查同意后，逐级上报国务院批准。征用农用地的，应当办理农用地转用审批手续，同时报批。

2004年8月28日，第十届全国人大常委会第一次会议，将《中华人民共和国土地管理法》条文中凡有“土地征用”的“征用”二字修改为“征收”。

使用存量国有土地和已经批准农用地转为建设用地的具体建设项目供地，仍按1986年《土地管理法》审批程序办理。自2002年黄巷、山北、划归北塘区建制后，到2005年年末，共办理土地转用、征用（收）项目14个，土地1265.1亩。其中农用地645.9亩。

二、建设用地管理

1996年11月7日，市政府办公室转发市国土管理局《无锡市非农业建设用地管理暂行规定》，明确崇安、南长、北塘行政区域内居民进行私房扩建，原地翻建用地的审批程序。符合翻、扩建条件的建房户持房屋产权人的户口簿、“房屋所有权证”、定点图和“国有土地使用证”，向所在区国土管理部门申请用地，国土管理部门进行初审符合要求后，向建房户发放“无锡城市居民户建房使用国有土地审批表”，建房户如实填写好后，经区有关部门签署意见并加盖公章，报市国土管理局批准。

2000年6月，除经法定部门鉴定为危房的只能在原址、按原面积、原高度翻建外，停止城市居民私房翻扩建的审批。

第四节　宣传与执法监察

1996年前，北塘区没有专职的土地管理机构，土地法制工作由市国土管理局直接管理。1996~2001年，北塘分局没有法规监察职能，法规监察工作仍由市局直接管理，分局做好配合工作。2002年前，市局土地执法监察的重点在农村，主要防止乱占滥用土地，特别是耕地。

一、全国土地日

1991年，为纪念《中华人民共和国土地管理法》颁布5周年，国务院第83次常务会议确定每年6月25日为“全国土地日”。国家土地管理局每年确定“土地日”的宣传主题，组织全国各地土地管理部门集中开展宣传活动，进行全民土地法制教育。

1991年6月25日，是第一个全国“土地日”，宣传主题是“土地与国情”。6月19日市政府召开“土地日”新闻发布会。6月25日，副市长何正明发表“土地日”电视讲话，市四套班子有关领导出席“土地日”电视招待会，电台、电视台播放“土地日”宣传资料、《土地与人》电视系列片等，《无锡日报》刊登土地宣传专版，市土地管理局邀请市中级法院在朝阳广场设置土地管理法律咨询点，主要街道张挂有关土地法制宣传大幅标语。此后，每年6月25日，市土地管理局都要根据国家土地管理局的“土地日”宣传主题，组织土地法制宣传。

1997年，北塘分局成立后，北塘区范围内的“6·25土地日”宣传由分局组织。每年6月25日前，分局召开各街道分管领导和土地协管员会议，安排布置“6·25土地日”的宣传工作。要求各街道、居委采用标语、撑牌、黑板报等形式做好土地法制宣传工作，同时将宣传资料散发到居民家庭。分局根据每年的具体情况在“新一百广场”“锡惠公园”或“红梅市场”等辖区内人流量大的地点设立土地法制宣传咨询点，发放宣传资料，及时回答和解释市民提出的各种热点问题，以增强市民土地管理意识。

二、执法监察

2002年，市土地局对土地法制工作职能作部分调整，将土地执法监察、土地信访的部分职能下放到分局，分局负责动态巡查、违法用地制止和初查、违法用地报告等工作，最终处罚仍由市局负责。同年，北塘区建立土地动态巡查责任制度，对巡查区域作明确分工，落实责任人。北大街、吴桥、西新、五河、惠山、惠龙、刘潭共7个街道由分局负责巡查、分局每个工作人员负责各自分管街道范围内的巡查。黄巷、山北两个镇范围的土地巡查分别由黄巷、山北国土管理所负责。分局长对全区土地动态巡查负总责，所长为管辖区土地巡查第一责任人。分局及国土所工作人员每周对包干区土地巡查不少于2次，并建立台账。

通过土地动态巡查，及时发现和制止土地违法行为，情节严重的土地违法行为也及时报告市局得到查处。至2005年年末，全区共处罚违法用地案件111起，涉案土地408.34亩，收缴罚款110.50万元。

三、信访调处

2002年，分局开始接待群众土地信访。按市局的职责分工，一般的能当场解答的信访件由分局负责办理，涉及法律法规和土地政策以及疑难信访件，分局接待后移交市局办理后再由分局回复。信访所反映的问题，城区主要涉及历史遗留问题，农村主要涉及违法用地问题，也有部分涉及政策咨询和建议。分局接待土地信访后，分流市局部分土地信访工作量，及时制止部分违法用地行为，解决部分群众住房的历史遗留问题。至2005年，共接待信访83次。

第五节 土地使用制度改革

1986年6月25日，国家颁布《中华人民共和国土地管理法》，规定“国家依法实行国有土地有偿使用制度”；1990年5月19日，国务院总理李鹏签发55号令，出台《中华人民共和国城镇国有土地使用权出让和转让暂行条例》，这两个法律法规标志着中国的土地使用制度从“无偿、无期限、无流通”的使用方式逐步向“有偿、有期限、有流通”的使用方式转变。同年9月25、26日，市土地管理局召开县（市）区土地管理局长会议，研究部署土地使用制度改革事宜，开始逐步实行国有土地使用权出让和转让。

一、土地出让

1991年，市土地管理局首先从开发区及其他区的外商投资企业用地开始土地出让试行工作。1992年9月17日，无锡市土地管理局代表市政府与无锡嘉锡有限公司（与台商合资企业）签订土地出让合同，开启北塘区国有土地出让步伐。这首宗出让土地位于胜利门广场东北角（新的第一百货公司西侧），编号为22号地块，土地面积2740平方米，每平方米单价1380元（毛地），共收取土地出让金378.12万元，用途为商服、写字楼、公寓及相应的附属配套设施，使用期限为50年，出让方式为协议出让。同年11月28日，北塘区又出让第二块土地。该宗地位于惠农桥延安电影院西侧，编号为28号地块，面积4620平方米，每平方米单价1368元（毛地），为大型商场、金融、写字楼等综合用地。随着时间的推移，北塘区内土地出让逐步增多。

1995年1月1日，《中华人民共和国房地产管理法》实施。同年6月10日，市委市政府出台《关于加强土地管理，深化土地制度改革的若干政策规定》，扩大出让供地的范围，对全市房地产开发、商业、金融、旅游、娱乐、服务等经营性用地一律实行出让供地，停止以划拨方式供地，逐步将双轨供地制度过度到单轨（出让）供地，为建立公平公正的土地市场创造条件。至2000年，北塘区共协议出让国有土地32宗，面积48.85万平方米，出让总金额2.27亿元。

2001年2月28日，市国土管理局组织的首次土地招标拍卖出让在无锡市大地宾馆百花厅落槌。北塘区推出的第一块招标拍卖的地块，位于荷花里，面积8.9万平方米，成交价7974.45万元。至2005年年末，北塘区“招、拍、挂”出让最高单价的宗地位于春申路与通惠路交叉东南角，面积1.77万平方米，每平方米单价1.12万元。

二、土地储备

为盘活北塘区范围内存量土地资产，优化土地资源配制，合理利用土地，规范土地市场，按照无锡市市区土地收购储备暂行办法，2001年至2005年期间，收购储备土地6宗，面积184.13亩。收购储备的第一宗土地(位于五爱北路振华弄原无锡第八粮食仓库所属土地)，于2002年8月15日通过市场出让。

三、国有土地有偿划拨与使用

1992年起，开征划拨土地有偿划拨费，征收对象为工矿企业用地和党政机关、事业单位等非经营性单位用地，在供地时一次性由土地管理部门收取每平方米45元的有偿划拨费，所收费用上交财政。工矿企业用地实行出让供地的不再收取有偿划拨费。

1996年7月19日，市财政局、物价局、土地管理局联合发出《关于划拨国有土地使用权出租、改变用途和临时经营性用地实行有偿使用暂行办法》，对以行政划拨方式取得的国有土地使用权出租、改变用途和临时经营性使用国有土地的，实行有偿使用。具体方式同年租制，按不同土地级别，不同用途收取不同的有偿使用费。所收取费用上缴财政。市区收取的土地有偿使用费，市与区分成比例为7∶3。1999年1月12日，市国土管理局，财政局、物价局根据省政府文件精神，重新制定划拨土地收取土地年租金的具体办法。对征收标准，分成比例作部分调整，分成比例调整为50%交市财政，30%返还所在区财政，20%专项用于所在街道、居委土地市场协管工作。2004年，经与市地税局协商，将土地年租金征收工作委托地税部门征收，土地管理部门负责具体用地单位土地年租金的调查、测算、确认后通过网络移交地税部门具体征收。至2005年年末，北塘区10年累计征收土地年租金550万元。

四、国有土地资产注入企业资本金

1998年6月26日，市政府出台《关于企业改革中土地资产处置的意见》，规定企业在改制改革中，国有土地以出让方式处置。土地出让金除上缴规定的税费外，作为政府对企业的资本金投入，以支票背书的形式注入企业资本金，降低企业的负债率。国有土地资产注入企业资本金首先从市属以上国有企业入手，2001年扩大到所有使用国有划拨土地的企业。至2004年年末，国有土地资产注入企业资本金基本完成。北塘区共办理国有土地资产注入企业资本金28宗，面积53.68万平方米，注入企业资本金土地资产1.79亿元。

第十编

中共北塘区地方组织

1986～2005年，中共北塘区委先后召开代表大会4次，举行全委会49次，选举产生第五至第八届区委和纪委。区委贯彻党中央的方针政策，结合区情，制定、落实一系列发展战略及具体措施，引领全区人民不断推进改革开放，加快经济发展，改变城市面貌，加快各项社会事业的全面均衡发展。

区委领导班子重视加强自身建设，坚持以制度建设为核心，以"三讲"教育、先进性教育为重点，以"创优争先""好班子"创建等活动为抓手，不断提高执政能力。区委班子被无锡市委评为"2004年度好班子"。

区委抓好干部队伍建设，严格对干部任免的监督，加强干部教育；注重德、能、勤、绩的全面考评，促进广大干部严以律已、全面发展，增强党性，提升素质。重视基层党组织建设，党组织的堡垒作用得到加强。按党章规定抓好党员发展工作，坚持民主评议、群众监督、按章考核。1986～2005年，全区共发展党员1268人，表彰优秀党员1256人、先进集体380个。区委加强思想建设。坚持区委和各级党委中心组学习，提高政治思想水平，提高执政能力。坚持每年举办党员干部培训班，引导干部践行"三个代表"重要思想，树立和落实科学发展观。坚持抓好后备干部教育，1986～2005年，共举办中青年干部培训班15期，培训学员518人。坚持每年在党员中开展主题教育活动，引导广大党员统一思想，强化责任，提高素质，在实现"两个率先"中发挥先锋模范作用。重视媒体宣传，创办《北塘宣传》。开展思想政治工作研究活动。1986～2005年，区委党校共举办各类干部培训办班182个，学员1.24万人(次)。

1986~2005年北塘区纪律检查委员会由中共北塘区第四到第八次党代表大会选举产生。1991年第六届区纪委开始实行常委制。1992年，在基层组织中建立纪检机构。1993年4月，区纪委与区监察局合署办公，实行党委统一领导下的一套工作机构，两个机关名称和履行两种职能的机制。区纪委在党委领导下，根据新的形势特点积极在党员干部中开展多种形式的党纪党风和廉洁自律教育，同时加强纪律作风的制度建设。加强党内监督和行政监察工作。加强依法受理信访举报和案件查处工作。参与了对造成极大社会影响的新兴公司非法集资案和投机倒把案的清查工作。

区委重视统一战线工作。落实好各项统战政策，巩固与发展中国共产党领导、多党派合作，中国共产党执政、多党派参政的多党合作的政治格局，巩固和发展安定团结的局面。重视对台、侨务工作，加强海外联谊工作，依法维护台湾同胞、侨台眷属、台侨资企业的合法权益。贯彻党和国家的少数民族和宗教方针、政策，贯彻实施宗教信仰自由政策、切实保障少数民族群众、宗教界人士和信教群众的合法权益；全面兼顾和实现社会各阶层群众的利益，充分发挥社会各阶层在推动经济社会发展中的作用。

区委坚持以"关心健康、关心生活、关心家庭"为重点，把老干部的政治待遇和生活待遇落实到位。

第一章　区党代表大会

第一节 代表的产生

中共北塘区第五次至第八次代表大会代表，均由各选举单位召开党代会或党员代表大会，以差额选举、无记名投票的方式产生。

中共北塘区第五次至第八次代表大会代表情况表

表10-1　　　　单位：人

届次	代表产生时间	选区数	代表总数	代表结构										备注
								其中			文化程度			
				领导干部	专技人员	先进模范	其他	50岁以下	女性	离退休	大专以上	中专、高中	初中及以下	
第五届	1988.9.17	21	198	119	28	41	10	72	78	77	31	77	90	少数民族代表1人，代表平均年龄49.45岁
第六届	1991.10.15	22	209	124	38	45	2	94	80	59	53	89	67	
第七届	1996.12.20	18	209	121	40	47	1	80	64	52	99	70	40	
第八届	2001.05.10	16	210	124	43	41	2	120	82	40	145	53	12	

第二节 代表大会

第五次党代表大会

1988年10月25～28日，中共北塘区第五次代表大会在区少年宫剧场召开。出席大会的正式代表198人，列席代表21人，代表着全区各阶层3000余名共产党员。市委书记邓鸿勋到会并讲话。

大会听取并审议通过虞为政代表第四届区委所作的题为《团结起来，开拓前进，为把北塘建设成社会主义新城区而奋斗》的工作报告。报告对过去3年多的工作进行了认真的总结回顾，提出今后3年北塘区主要奋斗目标。大会听取并审议通过中共北塘区纪律检查委员会工作报告；选举产生中共北塘区第五届委员会委员23人，候补委员4名；选举产生中共北塘区纪律检查委员会委员10人。

第六次党代表大会

1991年11月12~15日，中共北塘区第六次代表大会在区人民大会堂召开。出席大会的正式代表209人，列席代表42人，邀请人员6人，来宾3人。市委副书记缪根宝到会并讲话。李继银致开幕词，邵国振致闭幕词。

大会听取并审议通过邵国振代表第五届区委所作的题为《振奋精神，求实创新，为进一步振兴北塘而奋斗》的工作报告。报告对过去3年的工作，进行了认真的总结回顾，明确提出今后3年的主要奋斗目标。大会听取并审议通过中共北塘区纪律检查委员会工作报告；选举产生中共北塘区第六届委员会委员23人，候补委员4人；选举产生中共北塘区纪律检查委员会委员11人。

第七次党代表大会

1997年1月20~23日，中共北塘区第七次代表大会在区人民大会堂召开。出席大会的正式代表209人，列席代表15人，邀请人员17人，来宾3人。市委书记洪锦炘到会并讲话。李继银致开幕词，周令根致闭幕词。

大会听取并审议通过周令根代表第六届区委所作的题为《加快经济建设，加强党的建设，为建设社会主义现代化新城区而努力奋斗》的工作报告。报告回顾了过去5年的工作和基本经验，提出了今后5年的发展目标和战略措施。大会听取并审议通过中共北塘区纪律检查委员会工作报告；选举产生中共北塘区第七届委员会委员23人，候补委员4人；选举产生中共北塘区纪律检查委员会委员11人。

第八次党代表大会

2001年5月21～23日，中共北塘区第八次代表大会在区机关八楼会场召开。出席大会的正式代表210人，列席代表11人，邀请人员25人。市委副书记韩军到会并讲话。

图10-1 无锡市北塘区第八次党代会（2001年5月）（区史志办供稿）

大会听取并审议通过吴富生代表第七届区委所作的题为《抓住机遇，加快发展，为建设现代化城区而努力奋斗》的工作报告。报告回顾过去4年的工作，提出今后5年的主要奋斗目标。大会听取并审议通过中共北塘区纪律检查委员会工作报告；选举产生中共北塘区第八届委员会委员23人，候补委员4人；选举产生中共北塘区纪律检查委员会委员11人。

1986～2005年北塘区出席江苏省党代表大会代表情况表

表10-2

届 次	代 表
中国共产党江苏省第八次代表大会（1989年12月20～25日）	虞为政
中国共产党江苏省第九次代表大会（1994年12月21～25日）	邵国振
中国共产党江苏省第十次代表大会（2001年11月8～12日）	吴富生

第二章 区委会

第一节 全委会

一、中共北塘区第四届委员会全体会议

1986年1月21日，区委召开四届五次全委（扩大）会。华盘兴代表区委作报告，回顾1985年的工作概况，提出1986年工作的意见：坚持改革，抓紧抓好区政工作；各方努力，加强思想政治工作，促进社会主义精神文明建设；精心组织好基层单位的整党，切实端正党风。

1986年8月11日，区委召开四届六次全委（扩大）会。华盘兴代表区委作报告，总结上半年工作，部署下半年工作：要把改革放在首位，全面推进经济建设，加强各层面的整党整风工作，严厉惩治经济犯罪。

1987年2月7日，区委召开四届七次全委（扩大）会，华盘兴代表区委作报告，回顾总结1986年的工作，对1987年的工作作全面部署，强调要进一步推进各种经济责任制，进行企业领导体制改革、教育体制改革。

1987年7月22日，区委召开四届八次全委（扩大）会，华盘兴代表区委作报告，对上半年工作作总结，提出在政治思想领域开展坚持四项基本原则，反对资产阶级自由化斗争；经济战线上开展“双增双节”运动，做好下半年工作。

1988年1月21日，区委召开四届九次全委（扩大）会，华盘兴代表区委作报告，回顾总结1987年的工作，明确1988年的工作要以十三大精神为指针，以经济建设为中心，以改革为动力，坚持两个文明一起抓，切实加强党的建设，使区经济跨上新台阶。

二、中共北塘区第五届委员会全体会议

1988年10月28日，区委召开五届一次全委会，选举产生区委第五届常务委员会委员、书记、副书记。

1989年1月21日，区委召开五届二次全委（扩大）会，虞为政代表区委作报告，对1988年工作的基本情况作总结，提出1989年工作的主要任务，指出要充分发挥政治优势，保证改革和建设的各项任务顺利完成。

1989年8月7日，区委召开五届三次全委（扩大）会，总结全区上半年工作，部

署下半年的主要任务，选举产生出席省八届党代会代表。会上，虞为政作题为《坚决落实四中全会精神，团结一致，艰苦奋斗，做好下半年工作》的报告，邵国政作《认真学习，统一思想，坚定不移地贯彻四中全会精神》的小结。

1990年1月9日，区委召开五届四次全委（扩大）会，虞为政作《认清形势，振奋精神，开拓前进》的工作报告，包柏南作《在治理整顿和深化改革中加强党的纪律》的发言。会后下发区委、区政府《贯彻〈中共中央关于进一步治理整顿和深化改革的决定〉的意见》。

1990年5月12日，区委召开五届五次全委（扩大）会，虞为政作《认真贯彻党的十三届六中全会决定，密切联系人民群众，努力做好区政工作》的报告，强调要牢固树立公仆意识，加强廉政建设，密切联系群众，维护社会的长期稳定。邵国振作关于经济工作的发言。

1990年6月20日，区委召开五届六次全委会，讨论通过出席市第八次党代会代表候选人预备名单。

1990年7月24日，区委召开五届七次全委（扩大）会，虞为政代表区委作工作报告。报告总结上半年的工作，提出下半年要加强综合治理，维护社会稳定；加强对经济工作的研究和指导，加快经济建设步伐。

1991年1月22日，区委召开五届八次全委（扩大）会，沈伯其宣读七中全会公报，李继银传达市经济工作会议精神，虞为政代表区委作题为《团结一心，振奋精神，为进一步发展经济，推动全区两个文明建设而奋斗》的报告，邵国振作大会总结发言。

1991年9月24日，区委召开五届九次全委会，邵国振代表区委作工作报告，会议同意定于1991年11月中旬召开中共北塘区第六次代表大会。

1991年10月26日，区委召开五届十次全委会，通过邵国振代表五届区委作的《振奋精神，求实创新，为进一步振兴北塘而团结奋斗》的报告，同意提交中共北塘区第六次代表大会审议。

1991年11月9日，区委召开五届十一次全委会，讨论决定区第六次党代会事项。

三、中共北塘区第六届委员会全体会议

1991年11月16日，区委召开六届一次全会。会议讨论并通过了六届一次全会选举办法，选举产生北塘区第六届委员会常务委员、书记、副书记；通过北塘区委1992～1994年党建工作规划。新当选书记邵国振作发言。

1992年1月7日，区委召开六届二次全体（扩大）会，邵国振代表区委作工作报告。报告回顾1991年的工作，提出1992年工作的目标与任务；代表区委提出编制和实施区“八五”计划的几点意见。

1992年5月19日，区委召开六届三次全体会议，批准邵国振代表区委常委在5月

17日召开的区委工作会议上所作的《解放思想，振奋精神，把握机遇，真抓实干，努力实现我区经济的跳跃式前进和超常规发展》的报告，原则同意区委、区政府《关于贯彻市委、市政府加快改革开放和经济发展若干问题暂行规定的意见》。

1992年8月27日，区委召开六届四次全体（扩大）会，邵国振作《思想再解放、观念再更新，进一步加快改革开放和经济建设步伐》的讲话。讲话回顾前7个月特别是贯彻落实中央2号文件精神和区委工作会议精神的情况，研究部署后4个月的工作，进一步动员全区干部群众深刻领会和全面贯彻邓小平视察南方重要谈话精神，紧抓经济建设中心，加快改革开放步伐，努力实现区经济跳跃式、超常规发展。

1992年12月11日，区委召开六届五次全体（扩大）会。会上，邵国振作《认真贯彻落实党的十四大精神，把我区经济跳跃式前进和超常规发展推向新阶段》的讲话，回顾前11个月的工作，提出1993年的工作要求。

1993年6月26日，区委召开六届六次全委（扩大）会。会上，沈伯其传达中央办公厅和国务院文件，李继银分析同年4个月经济工作情况。会议听取并讨论邵国振代表区委所作的《认清形势、克服困难、乘胜前进，努力实现我区经济持续高速发展》的报告。

1994年1月10日，区委召开六届七次全委（扩大）会。会上，徐忠强传达江泽民总书记在十四届三中全会上的讲话；邵国振代表区委作《抓住机遇创辉煌，加快发展登台阶》的工作报告。报告回顾1993年的工作，提出1994年的工作意见。

1994年7月16日，区委召开六届八次全委会。会上，邵国振作《开拓务实赢机遇，克服困难夺胜利》的讲话。讲话回顾上半年工作的基本情况，分析全区经济形势，提出下半年经济的主要任务和对策；着重指出要加强党的建设和精神文明建设，提高党组织总揽全局的能力。

1994年11月12日，区委召开六届九次全委会。会上，邵国振作报告。会议主要传达中共十四届四中全会文件和市委八届十二次会议精神。

1994年12月1日，区委召开六届十次全体（扩大）会议，出席人员除区委委员外，还有区政府、政协、人大、各街道、基层单位、人民团体等单位的主要领导。会上，李继银传达市委八届十二次全体会议精神；邵国振代表区委常委会作工作报告。报告要求各级党组织要认真落实《中共中央关于加强党的建设几个重大问题的决定》，全面加强党的建设。

图10－2 北塘区委六届十次全会（1994年12月）（区史志办供稿）

1995年1月16日，区委召开六届十一次全体（扩大）会议。会议传达省第九次党代会和市委八届十三次全委扩大会议精神，邵国振作工作报告。报告回顾全区1994年的工作，分析经济形势，部署1995年全区工作任务。

1995年12月29日，区委召开六届十二次全体会议。李继银传达省委九届三次全会和市委九届二次全会精神，周令根代表区委作报告。报告回顾总结全区1995年的工作，分析经济形势，提出了“九五”期间的奋斗目标，明确1996年的主要工作任务。同时，李继银作关于全区“九五”经济和社会发展计划的说明。

四、中共北塘区第七届委员会全体会议

1997年1月24日，区委召开七届一次全委（扩大）会议。会议选举产生了中共北塘区第七届委员会常务委员9人、书记1人、副书记3人。周令根代表新一届区委作发言。

1997年7月15日，区委召开七届二次全会，周令根作《把握机遇，加快经济结构调整步伐；狠抓当前，全面完成今年目标任务》的报告。报告总结上半年工作的基本情况，分析下半年经济工作的形势，并提出工作任务。指出，下半年全区要抓住第三次发展机遇，加速经济结构调整步伐，推动全区经济再上新台阶；要进一步解放思想，加快改革步伐；强化市场促销，专心致志地抓好市场开拓；抓好重点项目建设，增强经济发展后劲；更加重视人才资源的利用，发挥人才优势。报告特别指出，全区要切实加强党的建设和精神文明建设，为改革开放和经济建设提供强有力的组织保证和思想保证。

1997年11月4日，区委召开七届三次全委（扩大）会议。周令根作《认真贯彻落实党的十五大精神，开创北塘改革开放和现代化建设新局面》的报告。报告主要阐述四个方面：深入学习十五大文件，把全区干部群众的思想统一到十五大精神上来；抓住机遇开拓进取，全面推进全区的改革和发展；加强党的建设，更好地担负起领导跨世纪发展的历史重任；狠抓落实，用十五大精神指导和推动当前各项工作。

1998年7月13日，区委召开七届四次全委（扩大）会议，周令根代表区委作报告。报告总结上半年的工作情况，提出下半年的各项任务。指出，下半年要着重在四个方面下功夫：经济建设要力求好中求快，重在提高质量，切实提高经济运行的整体素质；改革开放要不断深化，重在搞活企业，加快建立与社会主义市场经济相适应的运行机制；创建工作要标本兼治，重在长效管理，切实改善城区生活质量；社会秩序要保持稳定，重在强化基础，巩固安定团结的社会政治局面。

1999年1月9日，区委召开七届五次全委（扩大）会议，周令根代表区委作《坚定信心，创新思路，知难而进，加快发展，奋力夺取全区两个文明建设的新胜利》的报告。报告在总结1998年工作的基础上，部署1999年的工作任务，重点在五个方面：狠抓思想解放，组织攻坚克难，全区经济和社会各项事业保持良好的发展态势；正确分析形势，进一步统一思想，牢固确立继续保持经济快速发展的信心；全面落实“开放、重组、多元化”经济工作方针，牢牢把握工作着力点，实现区域经济快速健康发展；以建设文明城区为目标，始终坚持“两手抓”，为经济建设和各项事业发展提供精神动力和智力支持；坚持以人为本，加强党的建设，为改革与发展提供强有力的组织保证。

1999年7月17日，区委召开七届六次全委会，周令根代表区委作《振奋精神，开拓进取，知难而进，努力实现经济建设和各项事业持续健康快速发展》的报告，回顾总结上半年的工作，研究部署下半年的工作。报告突出三个问题：进一步理清工作思路，经济建设和各项事业保持良好的发展态势；狠抓关键措施落实，确保全年经济工作目标任务的完成；切实加强党的领导，始终坚持“两手抓，两手都要硬”的方针，为完成全年任务提供强有力的保证。

1999年12月16日，区委召开七届七次全委（扩大）会议，吴富生代表区委作《解放思想，振奋精神，开拓进取，团结奋斗，奋力夺取全区两个文明建设的新胜利》的报告。报告回顾1999年的工作，明确2000年工作的指导思想和主要任务，特别强调要全面加强党的建设，切实担负起跨世纪发展的历史重任。

2000年7月7日，区委召开七届八次全委（扩大）会议，吴富生代表区委作《坚定信心，开拓创新，为实现北塘2000年发展目标而努力奋斗》的报告。报告对上半年工作作了总结，对下半年的工作，要突出经济建设中心，进一步加大经济发展、深化改革和社区建设管理力度，做到两个文明建设协调发展。

2000年11月24日，区委召开七届九次全委（扩大）会议，全会传达学习党的十五届五中全会精神以及省委九届十二次全会和市委九届十三次全会精神，审议并通过《中共北塘区委关于制定北塘区国民经济和社会发展第十个五年计划的建议》，吴富生代表区委作《认真贯彻落实党的十五届五中全会精神，为实现新世纪之初我区各项任务而努力奋斗》的报告。

五、中共北塘区第八届委员会全体会议

2001年5月23日，区委召开八届第一次全委会议，选举产生了中共北塘区第八届委常委、区委书记、副书记。

2001年8月3日，区委召开八届二次全委会议，选举产生了北塘区出席市第十次党代会代表候选人，酝酿召开区党代表会议的有关事项。

2001年10月20日，区委召开八届三次全委会议，吴富生作《认真贯彻落实党的十五届六中全会精神，把我区党的作风建设提高到一个新水平》的报告，着重指出要坚持“三个代表”重要思想，加强和改进全区党的建设。会议审议并通过《中共北塘区委关于贯彻执行〈中共中央关于加强和改进党的作风建设的决定〉的意见》。

2001年12月10日，区委召开八届四次全委会议，吴富生作《建设新北塘，实现新跨越，把我区经济和社会各项事业不断推向前进》的报告。报告总结全年的工作，部署2002年工作任务。

2002年7月18日，区委召开八届五次全委（扩大）会议，吴富生作《坚持加快发展的第一要务，奋力实现“三年翻番”和完成今年目标任务》的报告。报告明确提出，“十五”后三年全区要坚持三产兴区、开放强区、实业富区、改革创新和城市化发展战略，努力实现经济翻番的目标。

2002年11月28日，区委召开八届六次全委会议。会上，曹佳中传达《党的十六大传达提纲》，吴富生作《深入学习贯彻党的十六大精神，为富民强区建设现代化城区而努力奋斗》的报告。会议一致通过《中共北塘区委关于学习贯彻党的十六大精神的意见》。

2003年7月10日，区委召开八届七次全委（扩大）会，吴富生代表区委作题为《全面兴起学习贯彻“三个代表”重要思想新高潮，努力实现“两个率先”和“三年翻番”的良好开局》的报告。报告在总结上半年工作的同时，指出下半年乃至今后几年全区工作要集中全力围绕一条主线——在全区兴起学习贯彻“三个代表”重要思想新高潮，突出一个主题——实现“两个率先”和“三年翻番”的目标，实现三大提升——经济综合实力的提升、区域环境的提升和群众生活质量的提升。

2003年11月26日，区委召开八届八次全委（扩大）会，吴富生作关于《北塘区贯彻〈无锡争创“两个率先”先导区和示范区行动纲要〉实施意见》的说明，会议审议并原则同意《北塘区贯彻〈无锡争创“两个率先”先导区和示范区行动纲要〉实施意见》。

2004年7月16日，区委召开八届九次全委（扩大）会议，吴富生代表区委作题为《认清形势，把握机遇，科学发展，全面完成今年经济社会目标》的工作报告，曹佳中就贯彻落实全会精神，做好当前各项工作提出要求。

2004年11月30日，区委召开八届十次全委会，吴富生代表区委常委会作题为《学习贯彻四中全会和省委十届八次全会精神，切实提高全区各级党组织的执政能力》的报告，顾豫苏代表区委常委会作《区委贯彻落实党风廉政责任制和廉洁自律情况报告》。大会还听取吴富生、曹佳中的个人述职述廉报告，审议通过《中共北塘区委贯彻〈中共中央关于加强党的执政能力建设的决定〉的意见》。

2005年7月10日，区委召开八届十一次全委（扩大）会议，吴富生代表区委作题为《坚持率先发展、科学发展，加快构建活力北塘、山水北塘、和谐北塘》的报告。报告总结上半年工作，部署下半年要进一步认清形势，统一思想，加快建设活力北塘、山水北塘、和谐北塘。

2005年12月10日，区委召开八届十二次全委（扩大）会议，吴富生代表区委作题为《全面落实科学发展观，开启率先基本实现现代化新征程》的报告，曹佳中代表区委作《关于制定北塘区经济和社会发展第十一个五年规划的建议（讨论稿）》的说明，审议通过《中共北塘区委关于制定北塘区经济和社会发展第十一个五年规划的建议》。全会还听取吴富生、曹佳中的个人述职述廉报告。

第二节 常委会

第五届常委会 1988年10月21日，召开中共北塘区第五届委员会第一次全体会议，选举虞为政为区委书记，薛平原、邵国振、黄德如为副书记，虞为政、薛平原、邵国振、黄德如、包柏南、朱仁林、顾炳和、马忠仁为常委，组成中共北塘区委第五届常委会。

第六届常委会 1991年11月16日，召开中共北塘区第六届委员会第一次全体会议，选举邵国振为区委书记，李继银、沈伯其、王德骥为副书记，邵国振、李继银、沈伯其、王德骥、朱仁林、马忠仁、方耀兴、倪志卿、许建平为常委，组成中共北塘区委第六届常委会。

第七届常委会 1997年1月24日，召开中共北塘区第七届委员会第一次全体会议，选举周令根为区委书记，李继银、沈伯其、许建平为副书记，周令根、李继银、许洪义、沈伯其、许建平、许新宇、张静玉、刘玲、崔凤山为常委，组成中共北塘区第七届常委会。

第八届常委会 2001年5月23日，召开中共北塘区第八届委员会第一次全体会议，选举吴富生为区委书记，曹佳中、许建平、焦进甫为副书记，吴富生、曹佳中、许建平、焦进甫、许新宇、叶勤良、刘玲、赵红路、夏心明为常委，组成中共北塘区委第八届常委会。

1985～2005年北塘区委书记、副书记、常委任职情况表

表10-3

届　次	职　务	姓　名	任职时间
第四届（1985.01～1988.10）	书　记	华盘兴	1985.01～1988.06
		虞为政	1988.06～1988.10
	副书记	翟锁金	1985.01～1987.02
		薛平原	1985.01～1988.10
		赵盘兴	1985.01～1988.10
		冯国鹏	1986.07～1988.07
		虞为政	1986.12～1988.06
		邵国振	1987.02～1988.10
		黄德如	1988.07～1988.10
		包柏南	1988.07～1988.10

续表 10-3

届　次	职　务	姓　名	任职时间
第四届（1985.01 ~ 1988.10）	常务委员	徐明珠	1985.01 ~ 1988.10
		朱仁林	1985.01 ~ 1988.10
		高兴东	1985.01 ~ 1988.07
		顾炳和	1985.01 ~ 1988.10
		马忠仁	1986.07 ~ 1988.10
第五届（1988.10 ~ 1991.11）	书　记	虞为政	1988.10 ~ 1991.11
	副书记	薛平原	1988.10 ~ 1989.06
		邵国振	1988.10 ~ 1991.11
		黄德如	1988.10 ~ 1991.11
		沈伯其	1989.06 ~ 1991.11
	常务委员	包柏南	1988.10 ~ 1991.11
		朱仁林	1988.10 ~ 1991.11
		顾炳和	1988.10 ~ 1991.11
		马忠仁	1988.10 ~ 1991.11
第六届（1991.11 ~ 1997.01）	书　记	邵国振	1991.11 ~ 1995.08
		周令根	1995.08 ~ 1997.01
	副书记	李继银	1991.11 ~ 1997.01
		沈伯其	1991.11 ~ 1997.01
		王德骥	1991.11 ~ 1997.01
		许建平	1997.01 ~ 1997.01
	常务委员	朱仁林	1991.11 ~ 1997.01
		马忠仁	1991.11 ~ 1997.01
		方耀兴	1991.11 ~ 1994.05
		倪志卿	1991.11 ~ 1997.01
		许建平	1991.11 ~ 1997.01
		张静玉	1994.05 ~ 1997.01

续表 10-3

届　次	职　务	姓　名	任职时间
第七届（1997.01～2001.05）	书　记	周令根	1997.01～1999.08
		吴富生	1999.08～2001.05
	副书记	沈伯其	1997.01～1998.03
		李继银	1997.01～1997.11
		许建平	1997.01～2001.05
		许洪义	1997.11～2001.02
		曹佳中	2001.02～2001.05
	常务委员	张静玉	1997.01～2001.03
		崔凤山	1997.01～2001.05
		许新宇	1997.01～2001.05
		许洪义	1997.01～1997.11
		刘　玲	1997.01～2001.05
		叶勤良	2001.03～2001.05
		赵虹路	2001.03～2001.05
		夏心明	2001.03～2001.05
第八届（2001.05～　）	书　记	吴富生	2001.05～
	副书记	曹佳中	2001.05～
		许建平	2001.05～2003.03
		焦进甫	2001.05～2002.09
		许新宇	2002.01～
		刘　玲	2002.11～
		李亚东	2003.10～
	常务委员	许新宇	2001.05～
		叶勤良	2001.05～
		刘　玲	2001.05～

续表 10-3

届　次	职　务	姓　名	任职时间
第八届（2001.05 ~　）	常务委员	赵虹路	2001.05 ~
		夏心明	2001.05 ~ 2002.05
		万建农	2001.05 ~ 2003.06
		蒋伟良	2002.05 ~ 2003.06
		任培燕	2002.11 ~
		张立军	2003.11 ~

第三节　工作机构

1986年，区委设办公室、组织部、宣传部、纪委、政法委、统战部、党训班、档案局（馆）。6月，建立老干部局。1988年1月，建立区对台工作办公室。1993年3月，区纪委、监察局机关合署办公。

1996年9月，党政机构改革，区委设立工作机构5个：区委办公室、区委组织部、区委统战部、区委政法委员会、区委宣传部。区档案局与区档案馆合署办公，一个机构两块牌子，为区委直属事业单位。区纪律检查委员会与区监察局两块牌子，一套班子合署办公。区委组织部挂“区老干部局”牌子；区委政法委挂“区社区治安综合治理委员会办公室”牌子。撤销区保密局，职能归入区委办公室。撤销区台湾事务办公室，职能归入区委统一战线工作部。

2001年，党政机构改革，区委工作机构设置如下：区纪律检查委员会与区监察局合署办公、区委办公室（挂“区委机要保密局”牌子）、区委组织部、区委宣传部、区委统一战线工作部（挂“区人民政府侨务办公室”牌子）、区委政法委员会（挂“区社会治安综合治理委员会办公室”牌子）、区机构编制委员会办公室（为区委工作部门，区人事和劳动局与其合署办公，不计区委工作部门个数）、区委台湾工作办公室（与区委统一战线工作部合署办公，挂“区政府台湾事务办公室”牌子，不计区委工作部门个数）。

区委老干部局由区委组织部管理；区档案局挂“区档案馆”牌子，为区委、区政府共同管理的直属事业机构。

第四节　重要决策

一、推进改革开放，促进经济社会科学发展

1992年6月，区委就贯彻落实市委、市政府《关于加快改革开放和经济发展若干问题的规定》提出实施意见（简称《意见》）。《意见》调整同年以及“八五”期间经

济发展指标，各行业后3年的经济增速不低于20%；进一步完善激励机制，对凡是达成发展目标的的企业事业单位、个人给予奖励；实行放开搞活政策，执法监督部门按照政企分开原则和上级放权规定坚决实行“五放开”（即工业、基建企业放开经营范围，放开除国家、省管商品目录外的工业品自销价格，放开发展外向型经济，放开内部人事、用工、分配，放开自有资金积累、投入）、“四搞活”（即流通企业搞活经济，搞活价格，搞活用工，搞活分配），给企业发展注入活力；拓宽融资渠道，扩大信贷规模，支持技术改造和基本建设；下放管理权限，提高机关办事效率；按照“少干预、多指导、给政策、勤服务”的原则，打破常规，优化服务；加大改革力度，多渠道探索改革路子，有选择性地进行企业破“三铁”、优化劳动组合试点，对区属商业实行税收包干、欠收自补、超收分成，对区内重大技改项目尝试发行股票债券。

1996年，区委提出全区工业经济快速发展的六字方针：“调整、优化、提高”。加快传统产品的升级换代；开发高新技术产品；打好品牌战略，以品牌效应去增强竞争力，扩大市场的占有份额。

1996年2月，区委、区政府制定《北塘区经济和社会发展“九五”计划及2010年远景目标》，要求进一步解放思想，深化改革，扩大开放，促进发展，全面贯彻“三产兴区”方针，以市场为主导，发挥区位优势，抢占市口，迅猛发展商贸、房地产、市场和服务等第三产业，调整提高工业，有重点发展高科技、高创汇、高效益的规模企业，努力提高经济素质和经济外向度，以“精神变物质、改革驱动、开放带动、科技促动和优化经济结构”五大发展战略，通过5年的努力，力争实现全区销售总量翻两番，第三产业跨上新台阶，各项社会事业和精神文明协调发展，使北塘成为经济发达、交通便捷、文化繁荣、环境优美、生活富裕、社会安定的现代化新城区。

2003年11月，区委第八届八次全体会议通过《北塘区贯彻〈无锡争创全省“两个率先”先导区和示范区行动纲要〉的实施意见》。该实施意见提出的总目标是：到2005年，全区生产总值达到120亿元，人均地区生产总值达到6000美元以上，财政收入达到15.4亿元，城镇居民人均可支配收入和农民人均纯收入分别达到2000美元和1000美元；到2010年，全区地区生产总值达到240亿元，人均地区生产总值达到10000美元以上，财政收入达到31亿元，城镇居民人均可支配收入达到3000美元，把北塘建设成为经济发达、社会和谐、人民富裕、环境优美的现代化中心城区。

2005年7月，区委八届十一次全会提出“以活力为魂、以山水为形、以和谐为本”的发展理念，努力建设“三个北塘”（活力北塘、山水北塘、和谐北塘），为未来5～10年北塘坚持科学发展奠定基础。

二、确立以商贸、服务业为重点的经济发展思路

1988年下半年，区委、区政府决定调整商业结构，振兴、发展特色市场。结合北塘大街、吴桥东路、通惠东路等市政道路拓宽、改造，全面规划和调整商业网点，恢复一些有传统特色的百年老店，振兴米市，新建南北货行、船具市场等；加强对现有商业零售网点的管理，确保货源供应，开拓经营，搞活城区商业，形成北塘优势。

1991年11月，区委第六次代表大会提出加快商业网点建设，力争在3年内形成区规模商业、特色商业、著名传统商业的新格局。3年内完成江阴巷、三里桥粮油市场、南尖B块招商市场、五爱北路、通惠路7号点等项目的改扩建项目。

1992年年初，全区明晰第三产业发展思路：1.抓住旧城改造启动的契机，千方百计筹集资金，改造和新扩建商业网点，发展规模商业、特色商业和传统优势商业，提高本区商业在市区商业中的比重和影响。2.进一步发展适合居委条件的各种副业和便民服务，3年内使经济收入在万元以下的居委都能逾万元。3.进一步建设、发展市场，特别是要扩建和进一步办好三里桥粮油市场、吴桥船具市场以及其他专业特色市场。同年，决定新建百年老店状元楼；完成三里桥粮油市场扩建；新建吴桥船具渔具市场。

1995年，区委六届十二次全会决定建设两个跨世纪工程：建设国际商贸城和江阴巷春申路商业中心；积极参与和推动建设两个跨世纪工程：即江阴巷、春申路的延伸和无锡米市商城建设，培植一批销售超亿元和5000万元的工商企业。

1997年，规划建设好无锡国际商城和国家级粮油中心批发市场；建设以春申路广场、五爱广场、吴桥广场为中心的集娱乐、餐饮、金融、休闲、信息为一体的商贸、服务业片区；建设北塘大街、西新街、小三里桥街、惠山直街、惠山横街5条特色商业街。

三、以规划引领城市建设，打造现代化新城区

1992年1月，区委六届二次全委会决定在“八五”计划期间协调发展全区经济和社会事业，要办成20件事，其中城市建设方面有：新建区文化馆；改建蔡墅巷幼儿园；完成区室内游泳池建设；改扩建区少年宫；完成北塘大街“抽筋”，拓宽道路；完成江阴巷段改造开发，并力求打通春申路沿北闸后街段；完成新巷地区等两处各1.5万平方米以上的低洼危旧房片改造；平均每年翻建1万平方米以上的弹石路面，在“八五”前3年消灭规划红线以外的街巷弹石路面；新建区培智学校，移建泗堡桥小学，新建区职工培训中心；新建区医院“连接楼”；新建集餐厅、旅游、浴室为一体的商业综合服务大楼；建成区法院、区检察业务办公大楼，建成区人武部办公楼。

1997年年初，全区1997年至2000年城区规划出台：把北至通惠路、南至北塘沿河、东至惠农桥和莲蓉桥沿河、西至吴桥的中心区域，建成无锡市北部又一个繁华的中心商务区和区政治文化中心；分别以春申路广场、五爱广场、吴桥广场为中心，建设3个集娱乐、餐饮、金融、休闲、信息为一体的商贸、服务业片区；把春申路、通惠路、人民西路和江阴巷延伸后形成的中山北路，建成4条骨干商业相对集中的重点路段；把北塘大街、西新街、小三里桥街，和惠山直街、惠山横街建成5条传统特色与现代气息兼备的特色商业街；把新巷、黄巷、五里新村三期、蓉湖庄、石铺头、荷花池等六大旧城改造片区，新建成6个现代文明小区。

第三章　纪检监察

第一节　机　构

1985年1月，中共北塘区第四次代表大会选举产生北塘区（第四届）纪律检查委员会（以下简称区纪委）。区纪委设专职正副书记和专职委员、纪律检查员，另聘兼职委员。兼职委员分别由检察院、财政局、教育、街道、医院领导兼任。1988年4月，建立北塘区监察局，列入政府机构序列。

1988年10月，中共北塘区第五次代表大会选举产生由10名委员组成的区纪律检查委员会。区纪委设书记1人、副书记1人。区纪检机构下设检查室、审理室，核定编制由上届6人增至10人。1991年6月，检查室改为信访检查室，审理室改为审理教育室。

图10-3　中共无锡市北塘区纪委第六次全体会议（1991年11月）（区史志办供稿）

1991年11月，中共北塘区第六次代表大会选举产生由11名委员组成的区纪律检查委员会，设书记、副书记各1人，区纪委开始实行常委制。1992年，在基层组织中建立纪检机构，其中直属部门4个、街道办事处5个，各设兼职纪委书记1人。1993年4月，区纪委与区监察局合署办公，实行党委统一领导下的一套工作机构（纪检监察组织）、两个机关名称和履行两种职能的体制；合署后的机构设置编制22人，职级不变，增设常委2人；同年，区直属部门纪检机构增加到6个，包括区级机关、教育局、计经委、房管局、建设局、北塘医院。同时在未设纪检机构的商业局、工商行政管理局各设专职纪检员1人。1995年，为强化行政监察职能，区纪检监察组织领导班子增加1名副书记（兼任监察局局长）。至1996年，区纪检监察组织的内设机构增至6个部门：办公室、信访室（含区行政监察举报中心）、纪检监察室、教育审理室、执法监察室、党风廉政建设室（含区惩治腐败廉政建设领导小组办公室、纠正行业不正之风领导小组办公室）。

1997年1月，中共北塘区第七次代表大会选举产生由10名委员组成的区纪律检查委员会，设专职书记1人、副书记2人（其中1名兼任监察局局长）、常委2人。1998年，区纪委、监察局核定编制20人；5个区直属单位和5个街道建纪检机构。1999年全区纪检监察机构增加到14个。2000年全区建立纪检监察机构15个，其中包括区直属单位7个、街道办事处6个和派驻区法院、检察院纪检组各1个。

2001年5月，中共北塘区第八次代表大会选举产生由11名委员组成的区纪律检查委员会，产生区纪委常委5人。2003年新建北塘区新经济组织纪律检查工作委员会。2004年，直属单位纪检机构6个（其中内设机构4个，派驻机构2个），街道经重新划并后纪检机构有4个；区纪委、监察局编制20人，实际配备17人。2005年，编制数额不变，实际配备14人。

1985～2005年中共北塘区纪律检查委员会书记任职情况表

表10-4

职　务	姓　名	任职时间
书记	高兴东	1985.1～1988.7
书记	包柏南	1988.7～1991.9
书记	倪志卿	1991.9～1996.6
书记	许新宇	1996.6～2004.4
书记	顾豫苏	2004.4～

第二节　党风廉政教育

1986年，根据中纪委发布的《关于整顿纪律的通知》，区纪委根据区委工作安排对党员继续做好党风党纪教育工作。区委召开机关党员干部会议，强调端正党风要从机关和领导干部做起，并按“系统教育、对照检查、组织处理和党员登记、检查总结”5个阶段进行整党。

图10-4　区纪委领导研究部署党风廉政建设(区史志办供稿)

1987年，区纪委会同有关

部门举办各种类型学习班，开展“坚持四项基本原则，反对资产阶级自由化”的教育；同时组织开展“三谈三为”（谈在党的哺育下成长，为党旗增辉；谈党的根本宗旨，为人民谋利；谈党的奋斗目标，为事业奉献）的自我教育活动；区纪委还将各条战线涌现出的10名优秀党员的先进事迹整理编写成册，对党员进行党性、党风、党纪教育。

1988～1990年，区委、区政府制定《关于保持机关廉洁作风的若干规定》以及《关于党风和廉政建设的补充规定》文件；区纪委运用正反两方面的典型对党员进行教育，翻录《百万大贪污的反思》《警戒》等9部党性、党风、党纪教育电视录像片，组织党员、干部观看，计101场次、7547人次观看；区纪委会同区委组织部、宣传部组织先进党支部、先进党小组、优秀共产党员先进事迹巡回报告团，在全区举办3场报告会，参加听讲的党员和党建积极分子约2000多人。区纪委传达贯彻省、市委通知精神，教育各级领导干部在接待中不摆烟酒、元旦和春节期间带头崇廉尚俭，政府各部门根据各自的职权范围和容易发生问题的薄弱环节，制定廉政公约，并汇集成册，人手一份。区纪委与17名区属厂长、经理进行双向交流，共同探讨在改革开放和发展商品经济条件下如何做到既搞活经济发展生产、又严守纪律端正党风。1990年，中纪委颁发《党的纪律检查机关党风党纪教育工作纲要》（试行），全区各级党组织贯彻落实。

1991年，区纪委发出通知，教育党员、干部要模范地执行调整粮油统销价格和在抗洪救灾斗争中加强纪律的规定；组织全区党员观看《破碎的婚纱》《黄昏泪》等8部党风党纪教育电视录像片，放映68场次，观看人数近4500多人（次）；区纪委大力开展“普纪”教育，纪委领导干部以党纪为主要内容为基层党员上党课；组织党员、干部学习《党的知识学习问答》和《党的纪律基础知识读本》，开展“学理论、忆传统、比贡献、当先锋”的党员主题教育活动，举办18场党员先进事迹报告会，听讲人数2400多人。全区党员领导干部有40余人（次）上缴礼品172件，88人（次）拒礼拒贿6166元，有2人主动交代经济问题（约1.7万元）。全年全区共有402人（次）党员干部拒收和上交礼品、回扣，折合人民币5.56余万元。

1992～1995年，区委、区纪委结合改革开放和党员的思想实际，坚持进行廉洁从政和廉洁自律教育，提出“加强企业纪检工作，为深化改革、发展经济保驾护航”，并对全区在端正党风、加强廉政建设和反腐败斗争中成绩突出的先进集体和个人进行表彰。1993年，区纪检监察机关加强对纪检监察干部队伍的自身教育，提高纪检监察干部自身思想修养和业务素质。1995年，全区基层党组织全面建立党建工作责任制，区纪委修订全区党建工作目标及考核细则，并开展“岗位立功创一流，我为党旗争光辉”等主题教育活动。

1996年，区纪委发出《关于贯彻市委加强我市党风廉政建设、深入开展反腐败斗争具体措施的意见的通知》，转发中纪委、监察部《关于保护检举、控告人的规定的通知》，在全区各单位进行党风廉政建设自查活动，汇编有关案件通报、廉政准则、党纪政纪条规等学习教育材料，组织广大党员、干部学习，举办党纪政纪条规知识竞赛。

1997年2月，区纪委对企业产权制度改革中出现的有关党风党纪方面的若干问题作出决定，对公务活动中宴请和饮酒作出规定；开展"树形象、做表率、创新风"的演讲活动。

1998年，区委建立对新提任党政领导干部党风廉政教育的制度；区纪委（区监察局）会同区委组织部、宣传部在全区开展党风廉政"法规学习年"活动，区纪委组队参加市党风廉政法律法规知识竞赛。同年，在全国《中华人民共和国行政监察法》知识竞赛中，区纪委获《中华人民共和国行政监察法》知识竞赛江苏赛区组织三等奖。

1999～2000年，区纪委根据区委、区政府工作安排，推进"凝聚力工程"和"堡垒工程"建设，制定《关于实行党风廉政建设责任制的实施细则》，建立"纪检监察信访工作责任追究制度"；以近几年发生的经济违纪案件为教材，开展党风党纪教育，促进财务管理，加强预算外资金管理，逐步推行会计委派制度和政府采购制度。2000年，开展"讲学习、讲政治、讲正气"为主要内容的党性党风教育；编制《党风廉政学习材料》，开展"致富思源、富而思进"的教育活动；利用成克杰、胡长清等重大典型案例在领导干部中进行警示教育。

2001～2003年，区纪委协助区委、区政府以开展"好班子"活动为抓手，推行政府工作法制化，并成立区纪检监察"三个依法"（即引导群众依法信访，督促干部依法行政，指导基层组织依法处理信访问题）办理信访工作领导小组；区纪委利用开展党风廉政教育月活动、民主评议行风活动、党风廉政建设和反腐败情况通报、典型案件警示教育等形式，对广大党员特别是党员干部继续加强党风党纪教育。

2004～2005年，区纪委配合区委、区政府落实党风廉政责任制，坚持教育在先、约束在先、监督在先，加大治本力度，积极构建教育、制度、监督并重的惩治和预防腐败体系，制定《中共北塘区委关于实施"阳光工程"的意见》，继续开展党风廉政建设和反腐败工作；全区各基层组织开展以宣传群众身边勤政廉政的优秀党员、党组织的先进事迹为主要内容的"廉风颂"主题演讲活动，并汇编成《廉风颂》演讲文集，在党风廉政教育中发挥作用。区纪委组织领导干部和广大党员学习贯彻《党内监督条例》《纪律处分条例》和《干部监督条例》，在党内开展"廉文荐读笔谈"及评比活动，定期编发党风廉政教育学习材料。

第三节 党内监督

1986年，区纪委根据区委工作安排，把区级机关和党员领导干部作为整顿纪律重点，在全区党员中开展“坚持党员标准，提高党员素质，正确开展批评与自我批评，争做一个新时期合格党员”的整党教育活动。经过整党，全区2397名党员按时进行登记，其中缓期登记2人、开除党籍1人、除名2人、退党1人、保留党籍2人。

1987年，区纪委根据中纪委“加强纪律检查工作 保证经济体制改革顺利进行”的精神，会同区委组织部、宣传部对全区党组织进行党风大检查，采取党员和群众对党组织进行评议、听取各级党组织党风情况汇报等形式，检查党风责任制落实情况。通过检查，对个别党风差的单位领导班子作调整，对一些不正之风问题责成有关党组织查处。

1988～1990年，中纪委《关于对党员干部加强党内纪律监督的若干规定（试行）》发布以后，区委重新制定班子成员党风责任制，区委、区政府制定《关于保持机关廉洁作风的若干规定》文件，并对党员进行考评。区纪委发文实行“党风通知书”中所规定的制度，并开展以经济管理部门、公用事业单位为重点的纠正行业不正之风活动，对机关干部用公款请客送礼、干部拖欠公款等问题进行清理复查。区委成立“北塘区惩治腐败廉政建设领导小组”，全面推行民主评议党员工作，全区2519名党员参加评议，其中评出合格党员1683人、基本合格党员820人、基本不合格党员13人、不合格党员1人、暂不宜定格的党员2人。按政策规定，对13人基本不合格和1人不合格的党员作出处置，其中限期改正13人、劝退1人。

1991年，各基层单位普遍健全和完善党建工作制度和党内民主生活制度。区委、区政府制定领导干部购、建、分、装修房屋的规定；区纪委建立纪委书记来访接待日制度，对干部子女公费入学代培、违反规定公费安装私人住宅电话等热点问题进行查处和纠正。

1992年，全区各基层党委（总支、支部）建立党风廉政监督员制度。区纪委为加强企业纪检工作制定11条措施，并聘请18名离退休老干部、民主党派人士、部分单位副科级以上干部为党风廉政监督员。协助区委建立各级党员领导干部党风廉政建设情况考核制度，实行廉政建设负责制。

1993～1994年，区纪检监察合署办公后，区纪委调整党风建设联系点，通过深入基层参加党组织民主生活会，加强党内监督；区纪委定期召开党风廉政监督员会议，通报反腐败斗争情况，听取反腐败斗争的有关建议；采取措施加强基层信访信息工作，建立相应的管理制度；开展民主评议党员活动和党建工作目标管理达标活动。

1995～1996年，区纪委对全区党风廉政监督员、特邀监察员进行调整充实，同时给执法人员发放“行政执法证”和“行政监督证”，加强行政执法监督。

1997年，区纪委、监察局配合区委、区政府完善党风廉政监督机制。年初，区纪委邀请历届在纪检监察战线上工作过的老书记、老纪检监察干部“回娘家”提意见，为纪检监察工作献计献策；同时，召开特约党风联络员和特邀监察员会议，拓宽党内监督渠道。实行“政务公开”制度，重视抓好自办案件工作，特别对拆迁工作实施监督。

1998年，区纪委坚持反腐败斗争的领导体制和工作机制，对区主要工作实行监督检查，年内对用公款安装的住宅电话和通讯工具进行清理。以推行政务公开和企业缴费登记卡为突破口，加大监督检查力度，纠正行业不正之风；对举报有功人员实施奖励；建立区管在职科级干部廉政档案制度和新提任区管科级干部廉政谈话制度。

1999年，区委、区政府出台《关于实行党风廉政建设责任制的实施细则》。区纪委提出加强预算外资金管理，逐步推行会计委派制度和政府采购制度，落实信访举报工作责任制；区纪委还与检察院建立查处渎职、侵权案件工作联系制度。

2000~2001年，在开展“三讲”[①]活动中，区纪委协助区委、区政府出台《党风廉政建设责任制责任落实和整改情况反馈制度》和《关于加强对党政主要领导管理监督的试行办法》；实行教育收费责任制，区企业事业单位建立“厂务公开”台账；区纪委坚持领导干部信访接待制度和来信批转督办制度，在全区开展治乱减负和清查“小金库”工作，清理军转干部军地两处住房，加大领导干部廉洁自律工作的监督检查，设立廉政账户，并实现“党风廉政检查”持续10年不间断。

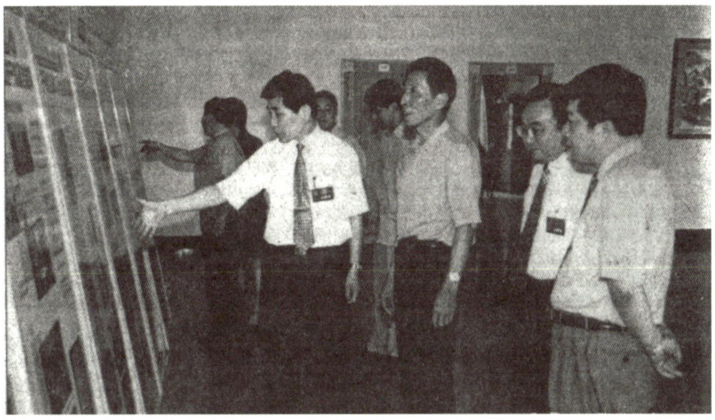

图10-5 区党风廉政建设和反腐败工作成果展（2001年）（区史志办供稿）

2002年，区纪委建立完善干部廉政档案，对建设工程项目加大检查力度、严肃查处各种违纪违法案件、做好干部离任经济责任审计工作、开展清房工作等。

2003~2004年，区纪委加强党内监督，配合区委、区政府严格执行建设工程项目招投标管理办法，规范建设资金管理，加强领导干部离任经济责任审计和重点工程专项审计，坚持领导干部述职述廉制度，同时抓好行政效能投诉和工程建设领域的监督。2004年12月，区纪委颁发《关于共产党员、行政监察对象在公务用车制度改革中违规、违纪问题的处理意见》和《关于区机关公务用车制度改革的纪律规定》，保证区机关公务用车制度改革的顺利进行。

2005年，区纪委为加强对行政工作的效能监督，成立“北塘区机关效能监察投诉

①三讲：讲学习、讲政治、讲正气。

中心”，加强政府门户网站和电子政务管理，做好网上咨询和投诉办理工作，推行“阳光工程”。对全区涉及公车改革的9个单位加强监察整改，还建立和完善领导干部个人收入申报和重大事项报告制度。

第四节 行政监察

一、预算外资金管理监察

1995～1999年，清理预算外资金，落实“收支两条线”，清理纠正“小金库”，区政府发布《北塘区预算外资金管理办法》《预算外资金管理实施细则》，区纪委、监察局与财政、物价、税务等对全区党政机关部门、企业事业单位、行政执法部门等开展清理检查，清理违纪款8.66万元，取消多头开设的银行账户，对管理费、退税用于非正常开支、经费管理不规范等问题，提出整改建议；全区纳入财政专户管理的预算外资金，账面收缴率达100%。2001～2005年，会同有关部门对计生、教育、文体、防疫等执法单位的行政执法情况进行专项执法检查，对罚缴不分、以费代罚、执法程序不规范和处罚依据不完善等违纪问题进行查处，推进依法行政工作。

二、行政执法责任制监察

1998年，成立北塘区行政执法责任制工作领导小组，发布《关于全面推行行政执法责任制工作的意见》。区监察局会同区统计局、人事局、司法局、法制办对街道和部门行政执法责任制情况进行执法检查，促进行政执法责任制建立健全，确保行政执法责任制落到实处。

三、效能监察

1997～1999年，对区房管局青石路九间头、十间头危旧房改造，青石路、后祁街道路拓宽和景观街建设的动迁工作开展效能监察，委派区纪委工作人员全过程监督。对全区非正常亏损企业进行剖析，针对经营中存在的问题，提出具体整改建议，并定期进行回头看，实行跟踪监察。1997年，剖析企业2家，查处违纪违法案件2件3人，移交司法机关处理2人，挽回损失35万元。1998年，剖析西新街道运输站等4家单位，追回损失3.5万元。1999年，剖析企业4家，追回损失20余万元。

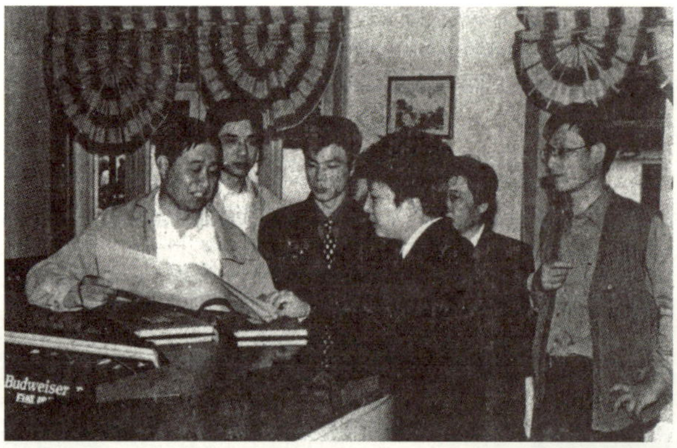

图10-6 区纪检监察部门检查企业收费登记实施情况（2001年）（区史志办供稿）

发挥经济环境监察中心的职能作用，不断完善推进企业交费登记卡制度，1998年试点，1999年增至243家。2000年，将青石路景观商贸街列为重点，近300家企业实现一照（营业执照）一卡（交费登记卡）。2003年，会同区外经局成立外商投资企业投诉中心。2004年，成立区行政效能投诉中心。

第五节 信访举报和案件查处

1986～1988年，根据中共中央《关于整顿纪律的通知》精神，区纪委配合区委做好整顿党风党纪工作，纠正不正之风。1986年，第二期整党工作结束（全区1985年7月～1986年9月开展整党），对不符合党员标准的对象进行处理：开除党籍1人、除名2人、退党1人；对新中国成立后至“文化大革命”、粉碎江青反革命集团等时期的原案进行“回头看”，全年共受理复查案件3件，维持原处理意见2件，减轻原处分的1件，其中恢复党籍1件。1987年，受理复查案件2件，维持原处理意见。3年中，全区纪检机关共收接来信来访186件（次），属纪检受理范围的118件（次），转违纪立案9件（次），党员、干部受到党纪处分6人，其中警告3人、严重警告2人、开除党籍1人。1988年，加强对行政干部违纪违法案件的查处工作，党员干部受行政处分1人、因赌博受党纪处分1人，受其他处分1人。

1989～1991年，根据中纪委向各级纪检机关发出的加强党内违纪案件查处工作的通知精神，区纪委、监察局严肃办案制度，针对少数党员干部存在的金钱至上、见利忘义、争名夺利、以权谋私、奢侈腐败的思想和作风，加大查处力度。1990年，按属地管理原则开展对“空关房”的查处，查出空关房9套，收缴7套，制止少数干部在住房问题上以权谋私行为。对贪污、腐化堕落、道德败坏、违反计划生育政策的3名党员作出党纪处分（警告1人、严重警告1人、撤销职务1人）。1991年，对干部子女公费入学代培、违反规定公费安装私人住宅电话等热点问题进行查处，共立案4起，查结4起。3年中，纪检信访收接总数204件（次），受理132件（次），转违纪立案22件，党员干部受党纪处分12人（警告4人、严重警告4人、撤销党内职务1人、开除党籍2人、受其他处分1人）。3年内，监察局受理来信来访158件（次），立案查处12件（次），结案12件（次），违纪人员受行政处分13人，挽回经济损失19.32万元，罚没款3.79万元。

1992～1997年，区纪委加大清理检查“小金库”和制止乱收费、公款吃喝、公款旅游、节日期间发放使用代币购物券的力度，处理党员和干部参与赌博、迷信活动；继续严厉打击经济活动中党员干部特别是领导干部的贪污受贿、以权谋私、敲诈勒索、挥霍浪费等不法行为。1993年，区纪委、监察局合署办公以后，加强案件查办工作，6年中区纪检监察机关共收接来信来访518件（次），受理319件（次），涉及党员258人（次），涉及监察对象297人（次），转违纪立案23件（次）；共查处案件43件（次），党员干部受党纪处分23人，其中，警告3人、严重警告4人、撤销职务2人、留党察看3人、开除党籍11人；受政纪处分19人，其中，警告4人、记过1人、记大过3人、降级3人、撤职3人、开除5人。其间，区纪委还开展对新兴公司非法集资案和投机倒把案的清查工作。1996年，区纪委发出《关于我区在无锡市新兴实业总公司非法集资、投机倒把案中涉案人员违法违纪情况的通报》。

1998～2001年，区纪委、监察局在执行中纪委有关案件审理、案件查处的一系列规定的基础上，做好纪检监察机关查办案件的分析工作，根据来信来访，核实违纪线索，对少数敢于顶风作案的党内腐败分子和违纪违法分子予以惩处。4年中，区纪检监察机关收接信访487件（次），属受理范围的395件（次），其中涉及党员334人（次），涉及监察对象291人（次），为检查室提供违纪线索30条，信访案件38件（次），转违纪立案4件（次）。案件查处共46件（次），党员受党纪处分9人，其中，警告1人、严重警告2人、开除党籍6人；受政纪处分29人，其中警告15人、记过4人、记大过1人、降级3人、撤职3人、开除3人。

2002～2005年，区纪委推行“三个依法”办理信访工作，严格按照规定查处案件。4年中，区纪检监察机关收接信访275件（次），属受理范围的249件（次），其中涉及党员219人（次），涉及监察对象195人（次），挽回经济损失94万元。案件查处70件（次），党员受党纪处分34人，其中，警告5人、严重警告9人、留党察看4人、开除16人；受政纪处分34人，其中，警告12人、记过3人、记大过12人、降级5人、撤职2人。

1986～2005年北塘区党纪政纪处分情况表

表10-5　　单位：人

年份	受处分总人数	党纪处分					政纪处分					
		警告	严重警告	撤消职务	留党察看	开除党籍	警告	记过	记大过	降级	撤职	开除
1986	5	3	1	–	–	1	–	–	–	–	–	–
1987	1	–	1	–	–	–	–	–	–	–	–	–
1988	2	–	1	–	–	–	–	–	1	–	–	–
1989	7	2	1	–	–	–	2	1	1	–	–	–
1990	11	1	1	1	–	–	2	2	2	1	–	1
1991	10	1	2	–	–	2	1	2	–	2	–	–
1992	1	–	–	–	–	1	–	–	–	–	–	–

续表 10-5

年份	受处分总人数	党纪处分					政纪处分					
		警告	严重警告	撤消职务	留党察看	开除党籍	警告	记过	记大过	降级	撤职	开除
1993	6	3	1	–	–	–	2	–	–	–	–	–
1994	4	–	–	1	–	1	2	–	–	–	–	–
1995	8	–	1	–	1	3	–	1	–	1	1	–
1996	10	–	1	1	–	1	–	–	2	2	1	2
1997	12	–	1	–	2	4	–	–	1	–	1	3
1998	7	–	–	–	–	2	–	–	–	1	3	1
1999	10	1	–	–	–	3	2	2	1	–	–	1
2000	9	–	1	–	–	–	6	2	–	–	–	–
2001	12	–	1	–	–	1	7	–	–	2	–	1
2002	16	1	1	–	1	5	3	2	2	–	1	–
2003	17	1	1	–	–	4	6	1	4	–	–	–
2004	16	1	4	–	2	3	1	–	–	5	–	–
2005	19	2	3	–	1	4	2	–	6	–	1	–

第四章　组织建设

第一节　领导班子建设

一、制度建设

1986年5～7月，全区机关、街道各级班子进行作风纪律整顿，对排查出的问题，各级党组织认真进行纠正。制定干部百分考核简表和规则，参加考核测定的领导班子成员311人。

1987年3月，制定《关于推行民主评议现职领导干部制度的意见》。7月，推广《北大街街道党委制定思想政治工作十项制度》（1.政治学习宣传教育制度；2.党政工团例会制度；3.家庭访问制度；4.谈心制度；5.调查研究制度；6.党员干部管理制度；7.积极分子培养制度；8.干部考核制度；9.评比奖励制度；10.建立“四簿三册”制度），要求各级党组织和领导班子学习北大街街道经验，做好思想政治工作。

1988年3月，制定区委常委党风责任制。推广顾桥街道党委在党员中开展“五过关（权利关、金钱关、家庭关、人情关、公私关）、四管好（管好自己、管好班子、管好单位、管好家庭）、三提倡（提倡奉献精神、提倡表率作用、提倡服务思想）经受双重考验”活动的经验。

1989年10月，制定党的基层委员会议事规则，并在各基层党组织贯彻执行。1990年，健全党组织的议事规则和集体领导和个人分工负责相结合的制度，并对部分领导班子进行交流和调整。1991年3月，建立党建考核制度。同年11月，制定各级学习中心组制度。1994年11月，印发《关于建立健全领导干部外出和病休情况报告制度的通知》，规定党政主要领导干部出差、外出、生病、疗养等必须向上级报告，规范领导干部日常行为准则。

1995年，从思想建设、民主集中制、基层党支部建设、干部队伍建设、作风纪律建设、责任制度建设6个方面，对全区党组织进行目标考核。对各街道党工委的《议事规则》《工作职责》贯彻执行情况进行调研，强化一级抓一级，促进班子建设。

1997年10月，市委组织部针对《北塘区委对区管领导班子民主生活会开展分析讲评的调查报告》一文，对北塘区坚持党内民主集中制原则、抓好区管领导班子民主生活会及批评与自我批评的情况作充分肯定，区委组织部撰写的《努力提高民主生活会批评与自我批评的质量》一文，获1997年市组工调研论文一等奖，1998年获省组工调研二等奖。

2002年，先后制定《关于实行区管干部引咎辞职的暂行规定》《关于实行党政领导干部任前廉政鉴定制度的试行办法》《关于加强和改进中心组学习的意见》《区委领导干部理论学习培训计划安排》《区委常委会议事规则》《区委常委分工意见》《重点工作重点项目分工负责意见》《关于重申加强干部作风建设的若干规定》《关于加强对党政主要领导管理监督的试行办法》等制度，强化领导班子建设。

2003年12月，为贯彻《无锡争创全省“两个率先”先导区和示范区行动纲要的实施意见》（以下简称《意见》），区委制定北塘区2003～2010年争创活动的具体实施意见，要求各级党组织领导班子按《意见》开展工作。

2004年，制定并实施《街道党工委议事规则（试行）》《街道办事处议事规则（试行）》《街道经济发展总公司议事规则（试行）》《街道党委书记工作职责》《街道办事处主任工作职责》《街道经济发展总公司董事长工作职责》《街道经济发展总公司总经理工作职责》，对街道领导班子及主要负责人用制度进行规范。

2005年，对街道议事规则、工作职责贯彻执行情况进行调研，进一步健全和完善议事规则和工作职责制度。

二、创建活动

1986年，在加强基层党组织和领导班子建设中推进“一转”（党政工团四个轮子一起转），“三化”（党课教育系统化、思想政治工作逐级管理网络化、党员表率作用百分测定目标管理化）活动，全面加强党务工作的制度建设。

1986～1992年，在各级党组织和领导班子中开展“创先争优”活动，每年度表彰先进党组织和优胜领导班子。

1993～1995年，在基层领导班子中开展“一对好主管，一对好搭档”活动，提倡团结协作做好工作，对表现突出的领导班子通报表扬。

1996～2000年，每年“七一”前后，表彰先进基层党组织和领导班子。其中，1998年吴桥街道党工委被评为无锡市先进基层党组织，华能无锡电热器材厂党支部、五爱小学党支部被评为无锡市堡垒党支部。

2001年，对全区基层党组织班子建设进行考核、评比；在全区范围内进行领导班子新形象讨论。

2001～2005年，开展建设“奋发进取，争创一流”好班子活动，对基层党组织创建好班子活动进行考核和测评，实行领导班子述职述廉制度。区委班子在继续深化“好班子”创建活动中取得成效，被无锡市委评为“2004年度好班子”。

第二节 干部队伍建设

一、干部任免监督

1986年，进行干部制度改革，对现职领导干部进行民主评议，民主推荐德才兼备、身体健康、年富力强、大专以上文化程度的优秀中青年干部作为后备干部。全年选拔充实科级干部23人和厂级干部20人，调整使用科级干部34人和厂级干部16人。民主推荐后备干部137人，有109人干部参加测评，从中选出区级后备干部49人。

1987年，对区级机关部门正副科级干部、街道党委（总支）正副书记、街道办事处正副主任、各企业事业单位领导班子正副职干部开展民主评议，全面评议干部的德、能、勤、绩，着重评议干部的工作实绩。

1988年4月，对全区科级干部进行工作实绩考评。考评采取自我评价和群众评议、自我评价和部门目标管理、部门评价和自我完善提高相结合、自我评价和年终评选先进相结合、自我评价和组织考核相结合的方式进行。

1989年，开展政工干部评聘专业职务工作。全年为全区19个单位的83名政工干部评聘专业技术职务，其中管理师7人、助理管理师59人、管理员17人。在计经委、商业局两个部门试行“两考一评”（行政工作考核、政风考廉和干部实行聘用制）制度。

1990年，建立后备干部队伍，全年调整和配备56名领导干部，选拔优秀的中青年干部22人充实到领导岗位。

1991年，对党员及干部进行两次党风、廉政检查。推行“两公开一监督”“考绩考廉”“互逆考评”等制度，加强干部队伍建设。

1992～1993年，通过举办培训班和基层锻炼，加强对年轻干部的培养。其中，1992年，选派机关干部15人到基层挂职。其中，5人到街道、工厂、商店担任行政副职，9人到街道、工厂、商店担任行政助理，1人到居委担任支部副书记。挂职干部平均年龄33.9岁，挂职时间2年。至1993年，参加区中青年干部培训班的127名学员中，选拔到各级领导岗位的有32人，占学员总数的25.19%。

1994年，落实《无锡市北塘区1994~1996年人才工程实施方案》，起用35周岁左右的区管后备干部30余人，区管党政领导班子中有35周岁左右干部1人，全区党政领导班子平均年龄下降2岁，机关科级领导干部的平均年龄下降1~2岁，街道党政领导班子都有妇女领导干部，在政府部门担任实职的党外干部10人以上。组织实施外派、上派和下派干部挂职锻炼，继续采取机关干部到基层任职，党政交叉任职和岗位互换、上下交流等方式多方位锻炼干部。1992～1996年，全区交流干部40余人。制定和实施后备干部队伍建设三年规划，提拔副科级以上干部143人，其中40周岁以下64人、35周岁以下25人，全区科级以上领导班子平均年龄明显降低。

1996年，分别在2月和7月，各基层党委、总支和支部围绕领导班子思想政治建设和领导班子成员“讲学习、讲政治、讲正气”情况，召开民主生活会。

1997年，加快年轻干部的选拔和培养，全区科级干部平均年龄在45周岁左右，区部委办局领导干部和街道、企业事业单位领导班子的平均年龄下降。加强和改进对干部的考核，坚持干部交流制度、谈话制度和个人重大问题向组织报告制度。

1998年，落实区管干部思想作风讲评制度，分期分批组织领导干部述职，接受民主评议。完善干部管理机制，拓宽后备干部的来源，多层次、多渠道培养和选拔优秀青年干部，颁布《关于培养选拔优秀青年干部工作的意见》，一批优秀年轻干部走上领导岗位，干部的交流取得实质性进展。

1999年，本着“公开、公平、公正”的原则，从“平时考核、民主测评、领导考评、综合计分”四个环节着手，实行百分考核制。

2000年，制定《关于干部制度改革的若干意见》，实行区管干部任前公示制、党政领导干部任职试用期制、党政领导干部交流工作制、事业单位竞争上岗等制度。在全区范围内通过公开竞争的办法，选拔干部10人分别担任政府部门局长助理和街道主任助理职务，推荐优秀后备干部85人，选调工作表现较好但缺乏基层工作实践的年轻干部30人担任“双思”（致富思源、富而思进）教育活动宣传指导员。

2001年，坚持区管干部任前公示制，全年先后有7批52名干部进行任前公示；贯彻竞争择优的原则，在全市范围内公选35周岁以下副科级领导干部10人，录用的7人分别担任政府部门副局长、街道副主任；实行领导干部任职最高年限，全年有37人从实职领导岗位转为非领导职务，其中正职7人、副职30人；推进干部交流工作，全年有干部交流工作岗位42人，占科级干部的17%；加快年轻干部的培养，全年提拔干部52人，平均年龄35.8岁；其中35周岁以下26人，占50%；女干部13人，占25%；党外干部5人，占9%。

2002年，贯彻中央颁布的《党政领导干部选拔任用工作条例》，推出五项措施（区委常委会讨论干部任免方案无记名投票表决制、实行党政领导干部任前廉政鉴定制度、扩大干部的考察范围、做好党政领导干部考核结果反馈工作、实行区管领导干部引咎辞职制度）。全年提拔干部37人，其中提任到正职领导岗位10人。提任干部的平均年龄为37.22岁，35周岁以下16人，占43.24%；女干部12人，占32.43%；党外干部4人，占10.81%。重视加强对基层党政“一把手”，特别是党政“一肩挑”干部，从8个方面实施严格的监督和制约，对工作需要实行“一肩挑”的7个街道，配备2名副书记。

2003年，推进干部选拔任用的民主化进程，全区提拔正科级干部1人、副科级干部8人，明确正科级职级4人、副科级职级9人，交流副科级干部9人，引进副科级干部1人。区管干部离岗退养7人，从实职领导岗位转为非领导职务的4人。举办第4批公开选拔科级领导干部活动，有5人公示上岗。加强新提拔干部的培养和管理，颁布《关于对新提拔干部实施帮带制度的意见》，对新提拔的干部实行为期1年的结对帮带。

2004年，加强区管后备干部工作，颁布《关于加强区管后备干部工作的意见》，区管后备干部推选、培养、管理监督以及使用有了严格的规定。区管后备干部的推选，采取"四推两考"（"四推"即干部群众推荐与测评、组织推荐、单位主职领导信函署名推荐、区级和区管领导干部个人推荐；"两考"即考试和考察）的方法推选后备干部。同年，通过公推公选的方式任用处级领导干部1人，科级领导干部31人；通过公开竞岗的方式任用了副科级干部48人。同年7月，全区科级党政领导干部中，硕士学历1人、大学本科学历96人，占32.32%；大专学历194人，占65.3%，学历水平有明显提高。

2005年，在结合"公推竞岗"的基础上，打破行政辖区的界限，采用"双荐竞岗"的方式选拔副科级领导干部，全年选任副科级干部上岗6人（区外3人）。对黄巷街道等10多个基层领导班子成员进行调整和充实，调整交流街道基层干部58人。实行领导届中和离任审计制度，完善干部谈心谈话诫勉制度和领导干部廉政档案制度，全年8名党政"一把手"进行离任审计，6名干部进行届中审计，21名领导干部进行任前廉政谈话，22名提任科级干部进行居住地社区考察了解情况。

二、干部教育培训

1986年，举办学习中共十二届六中全会文件学习班，区机关中层干部、街道和区属单位领导干部、宣传干部157人参加学习。

1987年，组织干部1650人参加正规化理论《哲学》的学习；选调干部8人到大、中专院校进行系统学习和培训；提倡走自学成才的道路，全区有干部68人参加省高等教育自学考试；发挥区党训班的作用，先后举办2期《领导科学》轮训班，有副科级以上干部78人参加学习；输送厂长、经理7人到市干部学校学习经营管理知识。

1988年，开办"行政管理干部中专专修班"，提高部分行政管理干部的学历水平；举办3期十三大文件专题学习班，每期4~5天，区委、区人大、区政府、区政协部分领导，区机关各部门负责人以及基层单位主要党政领导178人参加学习。

1989年，坚持"党要管党"和"从严治党"的原则，抓好各级领导班子和党员干部的建设。区委常委恢复和建立区四套班子学习中心组制度和领导干部参加集体劳动制度。区委组织部、宣传部、纪委和党校相互配合，先后举办副科级以上党员干部和基层企业事业单位领导干部及基层指导员等参加的各类学习班8期，受训487人次。区委宣传部、党校对全区历时4年、4门课程的干部正规化理论学习中表现优秀的先进集体5个、优秀组织工作者10人、优秀学员68人予以表彰。

1990年6月，举办3期中共十三届六中全会决议精神学习班，每期3~5天，副科级以上干部152人参加学习。9月，区委党校举办4期《社会主义若干问题学习纲要》

《马克思主义哲学纲要》学习班，每期6天，副科级以上干部185人参加学习。

1991年4月，举办5期中层领导干部学习班，学习中共十三届七中全会精神，每期4天，全区副科级以上干部，教育系统校长、书记，工厂厂长、书记，民主党派负责人249人参加学习。9月，举办5期江泽民总书记讲话精神学习班，每期2天，全区副科级以上干部230人参加学习。11月，举办第1期中青年干部培训班，机关、街道直属单位的中青年干部32人参加脱产学习。

1992年3月，对进区机关工作满3年的新干部60人举办培训班。5月，举办第二期中青年干部培训班，中青年干部26人参加学习。12月区委宣传部、组织部联合举办3期干部学习班，学习中共十四大文件，每期3天，全区副科级以上干部全部参加。

1993年，举办第三、四期中青年干部培训班，对区机关事业和工商企业的青年干部60余人，进行建设有中国特色社会主义理论及市场经济理论的培训。举办副科级以上干部社会主义市场经济学习班，170人参加学习。举办为期4天的领导干部《邓小平文选》第三卷读书班。

1994年，在区委党校先后举办基层党组织书记培训班、中共十四届四中全会决议学习班、第五期中青年干部等培训班共13期，培训干部518人（次）；在区职校举办微机培训班2期，培训干部50人（次）；基层业余党政学校培训党员干部2740人（次）；参加各类学历培训25人（次）。

1995年，举办学习建设有中国特色社会主义理论、学习党章培训班4期，每期4天，副科级以上党员干部232人参加学习。举办第六期中青年干部培训班，学习建设有中国特色社会主义理论、党建理论、社会事业发展“九五”计划等，培训时间1个月，中青年干部36人参加学习。

1996年，针对企业党组织的地位作用、党支部工作实务、如何深化企业党支部的“堡垒工程”建设等内容进行为期5天的企业党支部书记培训。举办第七期中青年干部培训班，学习《邓小平同志建设有中国特色社会主义理论学习纲要》等，培训时间1个月，中青年干部40人参加学习。

1997年，区委宣传部、组织部、纪委和党校联合举办全区区管干部为期4天半的学习班，重点学习中共十四届六中全会文件、邓小平经济理论、《中国共产党纪律处分条例》等内容。

1998年，举办3期领导干部思想作风建设学习班，集中解决干部队伍在思想作风方面存在的与改革发展不相适应的问题，100多人参加。举办第八期中青年干部培训班，重点学习现代科技知识和管理知识，大专学历以上的中青年干部40余人参加为期15天的培训。

1999年，按照《1997~1999年优秀年轻干部培养选拔规划》和《1999年干部培训工作意见》的具体要求，举办1个月的第九期中青年干部培训班，培训班学员以30周岁左右为主、大专以上学历的中青年干部40人参加培训。

2000年，在党员干部中开展历时2个多月的区管干部“三讲”教育培训班，由区委书记、副书记分3个专题主讲授课，参加学习的副科级以上干部259人撰写735篇学习体会，其中15篇学习体会被《北塘宣传》刊登。

2001年，先后举办4期区管干部学习班，学习中共十五届五中全会精神，每期3天，区管干部及工商企业党政主要负责人参加学习。举办为期1个月第十期中青年干部培训班，学习“三个代表”重要思想、江泽民七一讲话以及中共十一届六中全会精神，中青年干部40人参加了培训。

2002年，组织全区副科级以上干部近300人学习“5·31”讲话精神、十六大报告、税务知识、世贸组织（WTO）知识等。学习中撰写学习体会300余篇，有10篇被省市刊物录用。组织全区40岁以下年轻干部65人，学习中共十五届六中全会精神，围绕“坚定理想信念，做合格的年轻干部”主题，进行交流座谈。举办第十一期中青年干部培训班，培训突出对“三个代表”重要思想的理解、对区情和工作信心的教育、对实际能力的培养和提高三个方面，平均年龄34周岁的中青年干部39人参加为期一个月的学习。

2003年，在全区领导干部中开展“333”（利用业余时间每天听广播、阅报、收看新闻各30分钟，一年中精读三本书）学习工程。开展以树立组工干部公道正派形象为主要内容的开门评部活动，全体组工干部参加为期3个月的集中学习教育。

2004年，举办党政“一把手”培训班和党务干部培训班，建设学习型的集体、创新型的团队、实干型的队伍、争先型的班子。在区管干部中围绕科学发展观、行政许可法、市区发展规划和国际形势开展4次系列讲座。举办第十二期中青年干部培训班，重点学习党的基本路线、方针和政策，树立正确的“三观”，40周岁以下的中青年干部40人参加为期一个月的培训。

2005年，在全区领导干部中开展 “创新大讨论”主题教育活动，进一步深化各级领导干部对“三个代表”重要思想内涵的认识。9月，举办全区领导干部研讨班，并组织学习考察团，赴苏州市、昆山市学习推进“两个率先”和科学发展的先进经验。

第三节 党员队伍建设

一、党员发展及党建工作

1986年，全区有党员2654人。同年，在区、街机关和基层单位分两批进行整党。经过整党，党员缓期登记有2人，开除党籍1人，除名2人，退党1人，保留党籍2人。

1987年，成立北塘区委党（干）校，负责对全区党员、干部和建党对象的培训工作。同时，开始对新党员进行群众评议和百分考核工作。

1988年，为在改革开放条件下保持清醒头脑，严守党的纪律，组织全区党员及干部观看《百万大贪污的反思》《警戒》等9部党性、党风、党纪教育电视录像片101场，7547人（次）受教育。

1989年，建立积极分子入党前短期集中培训制度。

1991年，全区开展普及党的纪律基础知识教育，参学率达到93.4%。在全区党员中开展民主评议工作。

1992年，举办2期入党积极分子培训班，有78人参加培训。

1993年，贯彻省委组织部关于每月第三周周六下午组织党员、干部和入党积极分子收看党建栏目《鲜红的党旗》，并座谈收看体会。12月召开党建表彰会，表彰先进单位1个和先进个人65人。

1994年，举办基层党组织书记培训班，学习《邓小平文选》第三卷、党建基本理论和党支部书记业务，43人参加。1995年，在全体党员和干部中开展认真学习孔繁森的系列活动。1996年2月和7月，各基层党委、总支和支部围绕领导班子思想政治建设和领导班子成员“讲学习、讲政治、讲正气”情况，召开民主生活会。

1997年，在全区共产党员中开展向北塘法院少年审判庭庭长毛妹娣学习的活动。各基层党委、总支和支部围绕廉洁自律和学习华西村、小天鹅股份有限公司的创业精神，年内召开两次民主生活会。在党员的发展上，重点发展生产第一线的工人、知识分子、各行各业的一流人才、35周岁以下的青年。

1998年，在全区党员中开展党风廉政法规学习年活动。6月，组织全区党风廉政法律法规知识竞赛活动。1999年，制定《关于做好党员发展工作的几点意见》，要求在严把质量的基础上，全区每年发展新党员60人左右，其中35周岁以下青年占55%以上，妇女占30%，高中以上文化占75%左右，生产一线占50%以上。

2000年，贯彻《关于建立发展党员的公示制的意见》，对被列为建党对象一年，考察合格，经支委会讨论同意发展的入党积极分子和预备期满，考察合格，经支委会讨论同意转正的预备党员的基本情况进行为期10天的公示。同年5月，北大街街道社区党校正式成立。

2001年，全体党员观看纪念建党80周年优秀共产党员先进事迹电视专题片（40集），学习优秀共产党员的先进事迹和崇高精神。贯彻省委《在新的社会阶层中发展党员试点工作实施细则》的精神，开始在掌握一定生产资料、雇工人数较多、企业规模较大的个人独资企业或合伙企业的出资人，股份制企业中个人控股的大股东，中外合资企业中方个人控股股东或大股东中的优秀分子中发展党员。

2002年，根据江泽民讲话精神颁发《关于做好党员发展工作的几点意见》，按照“坚持标准，保证质量，改善结构，慎重发展”的方针，坚持入党自愿、个别吸收、成熟一个发展一个的原则做好党员的发展工作，加大培养一线党员、青年党员、女党员的力度。同年，山北镇和黄巷镇划入北塘区，全区党员人数增加到10599人，发展党员108人，35周岁以下74人，占69%；大专以上学历55人，占51%；女性53人，占49%。

2003年，在全体党员中开展“一个党员一面旗”保持共产党员先进性征文活动，评选出一等奖3人，二等奖6人，三等奖9人，优秀奖12人。2004年，在全区党员中开展“树立新形象、展示新风采、争做新贡献”主题教育活动并着手整顿软弱涣散基层党组织和理顺党员组织关系的工作，为开展党员先进性教育做好准备。

2005年，全区529个党组织、12481名党员，分两批开展保持共产党员先进性教育活动，建立先进性教育联系点162个，领导干部到基层上党课388场。学习以中央《保持共产党员先进性教育读本》为基本教材，针对自身存在问题制定整改措施、积极整改，自觉接受群众监督。对优秀党员进行表彰；对不履行党员义务、不具备党员条件的，通过教育促使他们转化为合格的共产党员。

二、民主评议及表彰先进

1987年，按照中共中央组织部《关于建立民主评议党员制度的意见》及中共十三大提出“从严治党”的要求，对新党员进行群众评议和百分考核。1989年，在区机关、检察院、房管局、北塘医院等6个单位进行民主测评党员试点工作。1990年，召开民主评议党员大会，全区参加评议党员2519人，占应参加评议党员的95%，评出合格党员1683人，基本合格党员820人，基本不合格党员13人，不合格党员1人，暂不宜定格2人。1991年开始，每两年进行一次民主评议党员工作，并根据当时的形势确定每次民主评议党员活动的主题。至2005年，全区开展民主评议党员活动9次，参加党员5.1万余人（次），参评率超过95%，并慎重、稳妥地做好不合格党员的处置工作。

1986～1990年，开展“创建先进党支部、先进党小组，争当优秀支部书记、优秀共产党员”活动。1991年开始，每两年开展一次“创建先进党支部，争当优秀共产党员”的活动。1995年，在街道党组织中开展“凝聚力工程”活动、在企业党支部开展“堡垒工程”活动，并在北大街街道党委和北塘医院党总支等单位试点。1999年，北大街街道党工委荣获江苏省“先进基层党组织”称号。2005年，表彰共产党员先进性教育先进集体34个，先进个人65人。

1986～2005年北塘区共产党员状况分类情况表

表10-6　　单位：人

项目年度		1986	1987	1988	1989	1990	1991	1992	1993	1994	1995	1996	1997	1998	1999	2000	2001	2002	2003	2004	2005
党员总数	合计	2654	2919	3149	3358	3481	3567	3681	3925	4106	4333	4583	4833	5351	5637	5934	6617	10599	11322	12345	13466
	正式党员	2566	2841	3091	3322	3447	3531	3634	3872	4054	4257	4511	4755	5268	5579	5870	6507	10437	11165	12118	13329
	预备党员	88	78	58	36	34	36	47	53	52	76	72	78	83	58	64	110	162	157	227	137

续表 10-6

项目年度		1986	1987	1988	1989	1990	1991	1992	1993	1994	1995	1996	1997	1998	1999	2000	2001	2002	2003	2004	2005
新党员		75	62	53	29	37	34	41	48	42	60	64	58	73	56	58	56	108	111	89	114
性别	男	1372	1554	1698	1829	1899	1970	2028	2193	2306	2447	2638	2799	3126	3260	3466	3951	6824	7320	8048	8834
	女	1282	1365	1451	1529	1582	1597	1653	1732	1800	1886	1945	2034	2225	2377	2468	2666	3775	4002	4297	4632
民族	汉族	2650	2915	3144	3353	3476	3562	3675	3919	4100	4327	4578	4825	5342	5629	5926	6608	10586	11308	12331	13452
	少数民族	4	4	5	5	5	5	6	6	6	6	5	8	9	8	8	9	13	14	14	14
年龄结构	25岁以下	31	36	29	32	29	7	10	15	25	27	32	50	57	46	48	71	114	923	969	1103
	26~35岁	210	251	261	251	253	226	217	229	226	244	251	283	318	300	313	349	730			
	36~45岁	372	420	499	522	541	589	607	622	628	643	603	562	580	535	544	614	1240	1250	1368	1499
	46~55岁	723	762	671	669	617	639	643	678	710	813	912	883	971	1077	1064	1093	2022	2170	2278	2330
	56~60岁	578	626	707	712	748	741	681	688	666	663	724	553	666	687	731	664	1124	1290	1505	1797
	61岁以上	740	824	982	1172	1293	1365	1523	1693	1851	1943	2061	2502	2759	2992	3234	3826	5369	5689	6225	6737
文化程度	大学以上	72	117	179	215	243	277	323	388	482	534	603	726	8	8	7	4	8	17	23	30
	大学本科													939	1118	1220	418	598	737	823	1090
	大学专科																1017	1632	1816	1990	2210
	中专	179	245	277	294	317	359	394	427	465	547	570	630	680	667	674	775	1147	1278	1388	1497
	高中	237	292	327	349	377	396	426	484	485	523	575	580	646	681	774	942	1748	1937	2403	2640
	初中	716	760	787	862	909	917	944	972	1023	1071	1178	1223	1420	1480	1594	1778	3149	5538	5718	5999
	小学	1241	1304	1380	1426	1439	1426	1422	1479	1485	1504	1508	1523	1532	1580	1564	1579	2182			
	文盲	209	201	199	212	196	192	172	175	166	154	149	151	126	103	101	104	135			
职业情况	工人	115	112	107	90	113	128	113	86	93	104	78	77	82	76	90	121	364	492	772	687
	机关干部	483	522	529	684	679	698	730	779	796	859	885	918	1041	1036	1049	651	846	1152	1321	2268
	企事业单位管理人员	178	218	225	237	195	206	238	240	289	233	251	250	215	152	149	375	658			
	专业技术人员	130	166	216	94	112	123	118	105	53	93	91	77	68	64	71	276	403			
	个体及农牧渔民等军警	62	142	17	20	24	24	27	28	30	12	11	11	12	-	-	-	1361	738	677	57
	离退休人员	1700	1838	2003	2189	2285	2330	2396	2568	2722	2893	3142	3329	3730	4059	4299	4854	6482	6864	7675	9284
	其他	40	47	52	44	73	58	59	119	123	139	125	171	78	250	276	340	484	1176	1231	1227

1986~2005年北塘区发展党员状况分类情况表

表 10-7　　单位：人

项目年度		1986	1987	1988	1989	1990	1991	1992	1993	1994	1995	1996	1997	1998	1999	2000	2001	2002	2003	2004	2005
发展党员总计		75	62	53	29	37	34	41	48	42	60	64	58	73	56	58	56	108	111	89	114
性别	男	40	34	30	18	18	19	20	28	24	30	43	35	40	34	29	32	55	65	46	65
	女	35	28	23	11	19	15	21	20	18	30	21	23	33	22	29	24	53	46	43	49
民族	汉族	73	62	53	29	37	34	41	48	42	60	64	58	73	56	58	56	108	111	89	114
	少数民族	2	-	-	-	-	-	-	-	-	-	-	-	-	-	-	-	-	-	-	-

续表10-7

项目年度		1986	1987	1988	1989	1990	1991	1992	1993	1994	1995	1996	1997	1998	1999	2000	2001	2002	2003	2004	2005
年龄结构	25岁以下	11	7	3	1	2		1	3	2	5	5	7	6	2	4	7	5	9	1	7
	26~35岁	37	24	25	8	11	14	15	20	18	27	31	27	38	35	27	31	69	57	43	54
	36~45岁	24	23	18	16	19	16	15	21	16	19	19	16	24	14	23					
	46~55岁	3	7	7	3	5	4	7	3	4	8	9	8	5	5	3	18	34	45	45	52
	56~60岁	–	1	–	–	–	–	3	1	1	1	–	–	–	–	1					
	61岁以上	–	–	–	1	–	–	–	–	1	–	–	–	–	–	–	–	–	–	–	–
文化程度	大学以上																–	–	1	–	–
	大学本科	5	9	11	5	6	6	6	15	16	18	22	20	43	33	35	3	7	5	5	14
	大学专科																35	48	51	44	59
	中专	16	21	9	6	6	14	17	19	13	21	18	17	11	5	13	7	15	17	11	8
	高中	22	12	17	7	11	10	10	9	9	7	18	10	9	9	3	11	26	23	19	20
	初中	28	20	15	11	14	4	7	5	4	13	6	11	7	8	7	–				
	小学	4	–	1	–	–	–	1	–	–	1	–	–	3	1	–	–	11	14	10	13
	文盲	–	–	–	–	–	–	–	–	–	–	–	–	–	–	–	–				
职业情况	工人	5	5	4	4	5	8	9	11	6	16	11	10	8	8	5	–	7	18	13	11
	机关干部	22	17	10	8	8	11	10	10	6	19	28	19	37	42	31	35	42	35	34	28
	营业员、服务员	7	4	10	1	7	1	2	2	7	4	9	9	2	2	1	–	–	–	–	–
	专业技术人员	20	18	13	6	5	9	11	25	22	21	16	20	26	4	21	21	37	49	40	74
	其他	21	18	16	10	12	5	9	–	1	–	–	–	–	–	–	–	10	9	2	1

第四节 基层党组织建设

一、党组

1986~1992年，全区设有区人大常委会、区政府、区政协、区检察院、区法院5个区一级党组。1993年，新增公安北塘分局党组。1994年，新增区工商联党组。

二、街道党（工）委

1986~1989年，设有吴桥街道、北塘街道、顾桥街道、西新街道、盛岸街道、北大街街道、惠山街道7个街道党委，惠龙街道设党总支（1989年改为党委）。

1992年，北塘区街道合并整合，设有吴桥街道、北大街街道、西新街道、惠山街道、惠龙街道5个街道党委。1996年，街道党委改为街道党工委。

2000年，新增五河街道党工委，全区有街道党工委6个。

2002年，黄巷镇、山北镇、刘潭街道划入北塘区，设置镇党委2个，街道党工委增至7个。

2004年，镇改为街道，并进行区划调整，设黄巷街道、山北街道、北大街街道、惠山街道4个街道党工委。

三、部门和直属单位党（工）委

1986年，区机关部门设有区级机关、文教局、工业公司党委3个。

1987年，区机关部门新增商业局党委。1989年，文教局党委改为教育局党委。1990年撤销工业公司党委，建计经委党委。1993年，区级机关党委改为区级机关党工委。

1994年，区机关部门设有区级机关党工委、教育局党委、计经委党委、商业局党委、城建局党委。

1996年，商业局党委改为贸易局党委，计经委党委改为计经局党委。

2000年，区机关部门和直属单位设有区级机关党工委、教育局党委、计经局党委、城建环保局党委、贸易局党委、房管局党委、北塘医院7个党（工）委。

2002年，区机关部门和直属单位设有区级机关党工委、教育局党委、建设局党委、房管局党委、经贸局党委、北塘医院党委6个党（工）委。

2005年，区机关部门和直属单位设有区级机关党工委、教育局党委、建设局党委、房管局党委、资产经营公司党委、新经济组织党工委、北塘医院党委7个党（工）委。

四、直属单位党总支、支部

1986～1990年，设有房管局、北塘公安分局、糖烟公司、饮服公司、北塘医院5个直属党总支。

1991年，设有区房管局、北塘公安分局、北塘工商分局、北塘医院4个直属党总支；设有区房屋开发公司、区环卫所、区市政队、区绿化队、区合作银行、兴隆宾馆、区个体协会7个直属党支部。

1992年，设有区房管局、北塘公安分局、北塘工商分局、北塘医院4个直属党总支；设有区城建开发公司、区市政工程处、区环卫所、区绿化处、区个体协会5个直属党支部。

1993年，设有区房管局、北塘工商分局、新兴实业公司、北塘医院4个直属党总支；设有区城建开发公司、区市政工程处、区环卫所、区绿化处4个直属党支部。

1994～1995年，设有区房管局、北塘工商分局、新兴实业公司、北塘医院4个直属党总支；设有区城建开发公司、合作银行、华汇公司3个直属党支部。

1996～1997年，设有区房管局、北塘工商分局、北塘医院3个直属党总支；设有区城建开发公司、合作银行、华汇公司、区市政公司4个直属党支部。

1998年，设有区房管局、北塘工商分局、北塘医院3个直属党总支；设有区城建开发公司、合作银行2个直属党支部。

1999～2000年，设有区城建开发公司、合作银行2个直属党支部。

2001年，设有区城建开发公司1个直属党支部。

2002年，设有方圆实业公司1个直属党总支，设有区城建开发公司、区房地产经营公司2个直属党支部。

2003年，设有方圆实业公司1个直属党总支，设有区房地产经营公司1个直属党支部。

2004年，设有方圆实业公司1个直属党总支，设有区房地产经营公司、区城市投资发展有限公司、区委党校3个直属党支部。

2005年，设有方圆实业公司1个直属党总支，设有区城市投资发展有限公司、区委党校、江南实业开发总公司3个直属党支部。

五、新经济社会组织党组织

2003年6月，成立北塘区新经济组织党工委，负责指导、协调全区“两新”组织（新经济、新社会组织）党的建设，配合街道党工委做好街道辖区内“两新”组织党员的教育管理工作。至2005年，全区在“两新”组织中建立党的基层组织105个，有党员1046人，其中新经济组织党工委有黄金海岸大酒店、同舟城市建设综合开发公司、金牛锯业、龙腾房地产开发有限公司4个直属支部，党员42人。

第五节 人才工作

一、知识分子工作

1989年，建立北塘区知识分子工作领导小组。同年，电热器材厂俞祥九等9人研究成功的RDP、PDE型电热带，被全国职工技术委员会授予“全国重大技协成果奖”；北塘医院沙蕴华（女）技师独到的专业技术获得专家好评，获全国总工会颁布的“五一劳动奖章”；惠山小学校长李细娟认真施教，科学管理，被国家教委授予“全国优秀教师”荣誉称号。

1990年，对全区83名思想行为管理人员（政工干部）评聘专业职务，在经济、政工、教育、卫生、技术等系统开展专业技术职务评聘。同年，区委、区政府贯彻《中华人民共和国义务教育法》，落实《关于无锡城区依法宣布实施九年制义务教务程序的规定》，多渠道、多层次、多形式加强师资培训，教师素质有新的提高。

1991年，召开青年知识分子成才座谈会，35周岁以下的青年知识分子20人参加座谈，鼓励青年知识分子岗位成才。区科协在扩大技术交流和人才培训中发挥作用，为人才脱颖而出创造更好的舞台。北塘区被批准为“实施初等义务教育合格区”。

1994年，区政府制定《关于贯彻实施教师法的意见》，发挥知识分子作用，加强教师队伍建设，维护教师合法权益。区级领导干部19人与20所学校实行挂钩联系点。区建立20万元的教师奖励基金，表彰有突出贡献的优秀教师。

1997年，具有高等教育学历以上的教师比例，从1996年的18.5%上升到1997年度的27%。

1998年，召开全区知识分子代表新春座谈会。区委、区政府主要领导与会听取知识分子代表意见和建议。

2004年，在公务员中开展信息化与电子政务培训和考核。制定《北塘区政府关于对优秀教育工作者实施奖励的意见》，设置奖励基金，规定对特级教师、学科带头人、教学能手、优秀教育工作者等作出成绩的知识分子进行500元~10000元的奖励。

2005年，北塘科技园中的知识分子、科技工作者发表论文3篇，著作26篇，研发新品种37项，新工艺7项，申请专利60件，已获专利38件。

二、人才队伍建设

1988年，要求全区45周岁以下、文化程度初中以下的全民单位干部、街道联管组人员和独立支部级单位领导，参加区行政管理干部中专专修班学习，以达到中央关于1990年年末前干部起点文化中专（高中）的要求。1987~1988年，举办技术岗位培训班28期，培训各级各类技术人才1057人。

1992年，在全市城区中首先建立北塘区人才市场，制定吸引人才到北塘创业发展的9条优惠政策。1994年，制定《北塘区1994~1996年人才工程实施方案》，确定三年人才工程的总体目标和主要对策措施，起用一批优秀人才进班子，储备一批急缺的科技工程人才和大中专毕业生（150人），培养一批有潜能的人才，包括党外人士和妇女干部，引进一批高级人才（开发、管理、商务、外贸人才等），实施外派、上派和下派、挂职、党政交叉、岗位轮换、三年交流干部40人等。1996年1月，召开全区人才工作会议，对建设“人才工程”作具体部署，公布企业单位吸引人才的若干意见，并发布《关于1996年引进人才考核办法》。6月，成立“北塘区知识分子联谊会”。年内，开展普查年轻人才和推荐优秀年轻人才工作，对1956年1月以后出生、大专以上学历、在机关、街道、企事业单位工作的在册人员进行普查和推优工作，促进年轻专业人才锻炼和成长。

1998年，加强党员人才队伍建设，全年发展党员72人，其中女党员30人，教育系统发展知识分子党员23人。2000年，在全区调查各类人才，特别是高层次人才情况，做好知识分子基础工作。2002年，对全区人才队伍建设进行调研，同时召开专门会议，在人才建设上形成“引进一批、储备一批、用好一批”的格局，加快人才队伍建设步伐。

2003年，制定《关于进一步加强全区人才工作的意见》。表彰北大街街道办事处等6个单位为北塘区人才工作先进集体，授予江苏南方机电股份有限公司傅典志等6人为北塘区创新创业人才奖。2005年，贯彻落实中央《党政领导干部选拔任用工作条例》，建立年轻干部、后备干部信息库，抓好专业技术、企业管理和实用人才队伍建设，吸引高层次人才，建立健全约束监督机制，科学管理使用人才，提高人才竞争力。

第六节 党 校

一、机构与设施

北塘区委党校始建于1960年5月，1965年撤销。1980年恢复建制，更名为党训班。1987年11月，改称区委党校，并挂北塘区干部行政学校牌子，实行“两块牌子、一套班子”体制。区委党校为全民事业单位，编制职数5人，2005年时专职教师3人，其中高级讲师1人，讲师2人；兼职教师最多的年份达20人。

80年代起，校长由区委书记兼任，1998年后，改由区委副书记或区委组织部部长兼任；常务副校长主持日常工作。

1980年，校址在青石路168号的北塘卫生防疫站大院内，拥有150平方米的大教室和两间教师办公室。1983年年末，区委将位于积余街16号的积余街小学校舍划归党校，并加盖为三层楼，1984年上半年迁至该址办学，校舍面积608.6平方米。至2003年，因城市拆迁需要，校舍拆除，搬迁至北塘大街188号办公，无校舍，迄2005年未变。

二、领导干部理论培训

1986～1988年，对干部进行正规理论教育，学习《马克思主义哲学》《政治经济学》《社会主义初级阶段理论和党的基本路线》《中国革命史》和《法律常识》，并参加全市统一组织的闭（开）卷考试。1987～1989年，学习《坚持四项基本原则、反对资产阶级自由化》《建设有中国特色社会主义》两本书。1990～1996年，学习江泽民在纪念建党70周年大会上的讲话、党中央一系列加强党的建设的文件精神；学习社会主义市场经济理论、邓小平视察南方重要讲话、《邓小平文选》第三卷等。1997～2000年，学习中共十四届六中全会《关于加强精神文明建设的决定》和江泽民“讲学习、讲政治、讲正气”的讲话。2001～2005年，学习“三个代表”重要思想、中共十五届六中全会《关于加强党的作风建设的决定》、中共十六大文件及中共十六届三中全会提出的科学发展观。1986～2005年，共举办科级领导干部理论学习班81个，学员5811人（次）。

1986～2005年北塘区科级干部理论进修情况表

表10-8　　单位：个、人

时　间	班级数	人数	学　习　内　容
1986.03	3	180	马克思主义哲学、政治经济学、《中国革命史》《中华人民共和国宪法》等
1986.10	1	181	《中共中央关于社会主义精神文明建设指导方针的决议》
1987.03	2	180	坚持四项基本原则，反对资产阶级自由化
1987.08	3	190	坚持四项基本原则，反对资产阶级自由化；建设具有中国特色社会主义
1987.10～1988.2	9	492	中共十三大报告《沿着有中国特色社会主义道路前进》、人民日报社论《走向未来的新起点》
1989.08	3	194	中共十三届四中全会文件
1990.06	3	152	中共十三届六中全会《决议》《中华人民共和国行政诉讼法》
1990.09	4	185	《关于社会主义若干问题学习纲要》《马克思主义哲学纲要》
1991.7～1993.6	5	230	《中国共产党的七十年》《新时期加强党的建设》、社会主义市场经济理论、邓小平视察南方谈话
1991.09	5	230	江泽民在纪念建党70周年大会上的讲话
1993.08	3	170	社会主义市场经济理论知识
1993.11～1994.3	4	353	《邓小平文选》第三卷、《中共中央关于建立社会主义市场经济体制若干问题的决定》
1994.12	2	98	《中共中央关于加强党的建设几个重大问题的决定》
1995.10～1997.1	5	252	《邓小平理论纲要》《中国共产党章程》《中共中央关于九五计划和2010年远景目标的建议》
1997.03	4	229	江泽民《讲学习、讲政治、讲正气》《中共中央关于加强社会主义精神文明建设的若干重要问题的决议》
1998.04	3	297	中共十五大报告《高举邓小平理论伟大旗帜，把建设有中国特色社会主义事业全面推向21世纪》《中华人民共和国行政监察法》
2000.05	4	257	“致富思源、思而奋进”教育
2000.06～2001.09	6	260	“三个代表”重要思想教育
2002.12	4	332	中共十六大报告《全面建设小康社会，开创中国特色社会主义事业新局面》
2003.07	2	460	“三个代表重要思想”“两个率先”教育
2004.04	2	261	树立科学发展观，推进“两个率先”教育
2004.11	2	300	中共十六届三中全会《完善社会主义市场经济体制的决定》
2005.11	2	328	中共十六届四中全会《关于加强党的执政能力建设的决定》

三、中青年干部培训

1986～2005年，共举办中青年干部培训班15期，培训学员518人。中青年干部的培训，重点学习马克思主义基本原理，学习邓小平理论、中国特色社会主义理论和党建理论，增强学员理论同实际相结合的能力；学习社会主义市场经济理论，了解市场经济基本运行规律，提高学员适应驾驭市场经济的能力；学习熟悉相关法律知识，提高学员依法执政的意识和能力；学习党建基本知识，增强学员党性观念，牢记为人民服务的根本宗旨，树立科学的人生观、价值观，提高学员自觉改造世界观的能力；帮助学员了解掌握国情、区情，把握未来，增强历史责任感和时代使命感，提高学员科学判断形势的能力和总揽全局的能力；学习掌握履行岗位职责必需的专业知识、现代管理知识和领导技能，提高学员应具备的领导素质和能力。培训采取集宿军训、理论研读、辅导讲座、社会调研、撰写论文（总结）、论文答辩（相互交流）等步骤实施，培训时间一般在1～2个月左右。

四、基层干部培训

1986～2005年，共举办各类基层干部培训班45期，学员3762人（次）。

1986-2005年北塘区基层干部培训情况表

表10-9　　　　单位：个、人

办班名称	时　间	学习对象	班次	人数	学习内容
正规化理论教育	1986-1988	区机关、街道、企事业单位干部	19	2356	《马克思主义哲学》《政治经济学》《中国革命史》《法律常识》
中共十三大文件学习	1987.11	区机关、街道干部、企事业单位党政领导	2	124	中共十三大文件、人民日报社论《走向未来新的起点》
基层党组织书记业务知识培训	1989.09	基层党组织书记	1	46	《中共中央关于加强党的建设通知》党的实务知识
社会主义思想教育骨干培训	1990.05	独立支部的宣传、工会、团、妇联干部	2	105	《社会主义初级阶段理论和党的基本路线》
基层党务工作者业务知识培训	1990.09	全区基层单位党务工作者	1	32	《加强和改善党的领导》《做合格的支部书记》
机关新干部培训	1992.03	进区机关不到三年的机关干部	1	60	保密安全教育、机关文书常识、机关干部形象教育
人事干部岗位培训	1992.04	区机关、街道、企业单位人事干部	1	43	《行政管理学》《人事管理学》《领导科学基础》《应用文写作》
外资知识培训	1993	区属企业领导、外经干部	1	35	外经知识讲座、对外贸易实务
厂长经理培训	1994.04	区属、街道企业厂长经理	1	41	《邓小平文选》第三卷、《现代企业制度与公司法》《劳动争议处理条例》
文秘干部培训	1994.05	工业、街道、直属单位办公室主任	1	31	《办公室工作概述》、文秘业务知识
基层党组织培训	1994.09	基层党组织书记	1	43	《邓小平文选》第三卷、中共十四届四中全会《决定》、市场经济知识
厂长经理进修培训	1995.04	工业、商业企业厂长、经理	1	32	社会主义市场经济理论、工商法规、股份合作制知识
公务员岗位培训	1996.07	全体公务员	4	243	《国家公务员暂行条例》《行政管理学》《机关工作人员行为规范》

续表10-9

办班名称	时　间	学习对象	班次	人数	学习内容
基层计生干部业务培训	1997.07	全体计生干部	1	110	计划生育法律法规、计生业务知识
企业转制试点单位工作培训	1997.10	企业单位领导及有关人员	1	140	中共十五大文件、企业转制的工商和税务政策、企业资产评估知识
区纪检监察干部业务培训	1998.05	全区纪检、监察专兼职干部、分管领导	1	45	党纪党规、法律法规
纪检、监察业务知识厂长经理培训	1999.11	区属企业厂长、经理	1	38	中共十五届四中全会精神、《社会主义市场经济与现代企业制度》
改转制专题培训	2000.03	区街直属工商企业领导及主管领导、校办工业公司负责人	1	130	《中华人民共和国公司法》《中华人民共和国个人独资企业法》、改转制业务知识
招聘干部上岗培训	2001	招聘干部	1	12	《公务员暂行条例》《机关工作人员暂行条例》《行政管理学》
“新世纪新形象大讨论”宣传指导员培训	2001.04	机关单位抽调干部	1	22	“大讨论”活动指导，事业单位改革和企业改转制有关政策
拆迁培训	2002.09	区拆迁办及有关部门干部	1	40	《拆迁政策》、拆迁业务知识
党务干部培训	2004.05	区党务干部	1	34	《创新精神与党务工作》、党务知识

五、干部学历教育

干部学历教育培训始于1995年。区委党校建立中央党校函授学院江苏分院无锡学区北塘辅导站。1995年9月～1999年9月，举办经济管理、政法专业本科班（学制2年半）4个，学员205人。2003年9月～2004年9月，举办经济管理、法律专业本科班（学制3年）2个，学员69人。1995年9月～2002年9月，举办经济管理、法律大专班（学制3年）8个，学员441人。2004年9月～2005年9月，举办中国农业大学网络教育学院042批次、051批次大专、本科班（修学分制）2个，学员45人。1995～2005年培养函授大专、本科毕业生760人。

六、入党积极分子基础知识培训

1986年后，区党校对入党积极分子的培训，重点学习《中国共产党章程》，进行党的基本理论、基本纲领、基本路线、基本知识的教育，以及党性、党风教育，并把邓小平建设有中国特色社会主义理论、“三个代表”重要思想和科学发展观等重要思想理论，融会贯通在基本教育内容中。学习采用集中授课、专题辅导、自主学习、闭卷考试、撰写学习小结、相互交流总结，并辅以聆听先进模范党员事迹、参观无锡革命陈列馆等形式内容。通过学习，加深对邓小平理论、“三个代表”重要思想和科学发展观的重要意义的认识，树立正确的世界观、人生观、价值观；懂得党的性质、纲领、宗旨、任务、组织原则和纪律，熟悉党员的义务和权利，了解入党的程序和手续，端正入党动机，逐步确立为共产主义奋斗终身的信念，增强在建设有中国特色社会主义中发挥先锋模范作用的自觉性。1986～2005年，共办班41期，受训学员2271人（次）。

七、教学理论研究

区委党校在搞好教学的同时，开展对重大理论问题和实际问题的研究，为提高教育质量服务，为区委、区政府科学决策服务。1990～2005年，全校5名教师共撰写科研论文和调研报告40篇。其中，陈耿度撰写的《关于中青年干部培训的一些经验介绍》《谈案例教学法在干部培训中的应用》《市场经济与党性修养》在江苏省委党校杂志《唯实》上发表，与戴旭林合作撰写的《法学专题研究》由辽宁省委党校出版社出版，与市委党校秦润新等合作完成《终身受用的学问》一书。过慧珠撰写的《面向二十一世纪学生素质教育之我见》在《管理 决策 服务》杂志发表并获一等奖，《小平理论的哲学思考》在《邓小平理论研究文选》上发表，《小平理论的哲学贡献》在《中国改革开放成果展览》上发表，《再谈小平理论对马克思主义的创新》在《社会主义研究》上发表，《小平理论的哲学思考》获省委党校优秀论文，《发展个私之我见》发表于《淮阴论坛》，《市场经济呼唤企业迅速纳入法制建设轨道》发表于《镇江师专学报》，过慧珠与祝小雅合作撰写的《朱镕基演讲感染的逻辑思考》获省逻辑研讨会三等奖。

第七节 老干部工作

一、老干部队伍状况

1986年，全区共有区管老干部61人（其中易地安置19人），其中党员43人。2001年，成立区委老干部局党总支，下设4个支部，党员56人。2004年，接受市属企业事业单位委托管理老干部4人。至2005年，全区共有区管老干部88人（其中易地安置14人，委托管理19人，党员74人）。

1986～2005年北塘区老干部队伍情况表

表10-10　　单位：人

年份	人数	其中党员数	区管老干部			易地安置老干部			委托管理老干部		
			地市级人数(含享受)	县处级人数(含享受)	科级以下人数	地市级人数(含享受)	县处级人数(含享受)	科级以下人数	地市级人数(含享受)	县处级人数(含享受)	科级以下人数
1986	61	43	11	6	25	1	12	6	–	–	–
1987	69	50	6	22	19	1	12	9	–	–	–

续表10-10

年份	人数	其中党员数	区管老干部			易地安置老干部			委托管理老干部		
			地市级人数(含享受)	县处级人数(含享受)	科级以下人数	地市级人数(含享受)	县处级人数(含享受)	科级以下人数	地市级人数(含享受)	县处级人数(含享受)	科级以下人数
1988	68	53	7	26	14	1	12	8	–	–	–
1989	68	53	6	26	12	3	13	8	–	–	–
1990	94	55	6	27	37	2	17	5	–	–	–
1991	82	56	6	24	25	2	20	5	–	–	–
1992	83	55	7	27	26	2	17	4	–	–	–
1993	85	52	7	28	26	2	13	9	–	–	–
1994	84	52	6	30	23	2	13	9	–	–	–
1995	82	51	6	27	26	2	13	8	–	–	–
1996	82	49	6	29	25	2	12	8	–	–	–
1997	81	48	6	29	24	2	12	8	–	–	–
1998	79	44	5	26	26	2	12	8	–	–	–
1999	77	42	5	24	26	2	12	8	–	–	–
2000	77	46	5	24	26	2	12	8	–	–	–
2001	75	56	5	24	24	2	12	8	–	–	–
2002	78	51	5	29	23	2	11	8	–	–	–
2003	75	49	5	27	23	2	11	7	–	–	–
2004	77	54	4	28	23	2	11	5	–	2	2
2005	88	74	5	27	23	–	9	5	1	11	7

二、机构与管理

1986年6月，成立区委老干部局，正科级建制，全面开展老干部的管理和服务工作。

1991年，成立北塘区老干部工作委员会，由区委副书记任主任，副区长、组织部长、老干部局长任副主任。

1996年，区委老干部局隶属区委组织部管理，正科级建制不变，由区委组织部副部长兼任老干部局局长，同时在区委组织部挂“区委老干部局”牌子。

2001年，成立中共北塘区委老干部局总支委员会，下设4个支部。黄巷街道亦成立街道老干部党支部。

按照“统一领导，分级管理，原单位负责”的精神，区委坚持做好以“关心健康、关心生活、关心家庭”的“三关心”工作，把政治待遇和生活待遇落实到位，推进老干部的社区服务工作。区委领导做好对生病、高龄、区级老干部走访慰问工作，了解情况，解决问题。坚持邀请老干部参政议政。区委、区政府主要领导定期向老干部通报政治、经济形势和本区工作，部分老干部还列席区人大、政协会议。区委老干部局组织全区老干部开展政治学习、读书竞赛、书画花卉展、座谈演讲，进行参观访问和文娱体育活动。2000年，区老干部活动中心被市老干部局评为无锡市先进老干部活动中心。2004年，区老干部党总支第二支部被市老干部局评为市先进离退休干部党支部。

第五章 思想建设

第一节 理论教育

一、中心组学习

1986年，是第一个普法五年教育的第一年，区委中心学习组坚持《中华人民共和国宪法》等法律、法规的学习。1987年，区委中心组重点学习邓小平《建设有中国特色社会主义》和《马克思主义哲学纲要》两本书。1988年，继续学习中共十三大精神，区委学习中心组成员重点围绕坚持党的基本路线和“必须经受执政和改革开放两个考验”的主题进行学习和讨论。1989年2月，中心组贯彻《中共中央关于进一步治理整顿深化改革的决定》精神，联系区情，展开学习讨论。1990年，与解放军83124部队军政学习中心组交流学习六中全会精神体会。1991年，区委中心学习组重点学习中共十三届七中全会精神和江泽民总书记在纪念建党70周年大会上的讲话。区委宣传部撰写的反映区委中心组学习情况的两篇文章《结合实际学习理论、立足搞好本职工作》《北塘区中心组坚持数年联系实际学理论》在市委《学习通讯》《无锡日报》上作介绍和报道。

1992～1993年，区委中心学习组重点学习邓小平视察南方重要讲话精神，学习中共十四大精神，与驻区部队的党委中心组进行座谈交流。举办基层党委中心组人员学习班6期，培训200多人（次），促进北塘区领导干部的思想观念的大解放、大转变，加快北塘区改革开放和经济建设的步伐。

1994年，区委中心组成员精读《邓小平文选》第三卷以及学习领会中共十四届三中、四中全会《决定》精神，中心组撰写的《重在认识，贵在实践，努力坚持党委中心组学习制度》的经验在全市党委学习中心组学习交流会上交流；同时抓好基层党委中心组的学习，明确学习内容、专题。1995年，区委中心组重点精读《邓小平同志建设有中国特色社会主义理论学习纲要》，学习《邓小平文选》，学习领会中共十四届五中、六中全会精神及省第九次党代会精神，抓好基层党委中心组学习。1996年，区委中心组重点学习邓小平和中央有关进一步解放思想的文件精神，开展新一轮思想大解放的学习讨论，促进北塘区经济新一轮的发展和腾飞。区委中心组开展“讲学习、讲政治、讲正气”活动，不断提高认识，提高领导素质；为实施“三五”普法计划，中心组成员带头学习《行政处罚法》等有关法律及《党纪政纪条例》，增强领导干部的法律意识。1997年，区委和基层党委学习中心组在研读邓小平原著的基础上，重点学习《建设有中国特色理论学习纲要》《讲学习、讲政治、讲正气》等文章。1998年，重点学习领会中共十五大文件精神、邓小平理论及江泽民在十五大的报告，区委中心组明晰工作思路和措施，提高运用理论解决实际问题的能力。召开军地党委中心组学习中共十五大文件心得体会交流会。同年，在全区开展学习中心组达标创优活动，使各级党委中心组学习制度化、规范化。1999年，区委中心组重点学习中共十五大、十五届三中、四中全会精神、江泽民在纪念中共十一届三中全会召开20周年的重要讲话及市“三讲”教育读本的内容，聘请有关领导和专家开设“正确领会中共十五大精神，探索公有制实现形式”，“WTO与中国经济”等系列讲座，召开军地党委中心组“三讲”教育学习交流会。

2000年3月，区委中心组（区级领导班子、区管领导干部）开展为期两个月的“三讲”集中教育，结合“三讲”教育，提出整改措施，制定《关于建立和完善中心组学习制度的意见》。领导干部分别写出学习心得体会，区委对中心组学习情况进行总结，并将学习成果汇编成《学习成果集》。2001年，重点学习“三个代表”重要思想和中共十五届六中全会精神，学习贯彻区第八次党代会精神。进行领导班子新形象大讨论，组织全体成员到江阴、新区学习考察。召开军地党委中心组学习中共十五届四中、五中全会精神交流会。

2002年，围绕贯彻“三个代表”重要思想，重点学习中共十六大精神，区委中心组组织学习16次，其中专题交流12次，对涉及区政发展大局的15个课题进行调研，组织赴锡山区及小天鹅集团有限公司参观学习。加强对基层中心组学习的督促和指导，对13个基层党委中心组通过旁听、调阅笔记等方式评学考学，并开展中心组学习达标创优竞赛。2003年，围绕学习贯彻十六大精神，争创“学习型、创新型、实干型”群体，中心组成员每人撰写1～2篇调研文章，汇编成《调查与思考》；开展基层党委中心组学习达标创优竞赛，黄巷镇等6个党委学习中心组被评为区基层党委中心组学习先进单位。区委中心组撰写的《深化学习，创新思路，率先发展，努力开创北塘经济社会发展新局面》经验在全市交流。

2004年，区委制定《关于加强区委中心组学习的意见》和《关于加强和改进基层党委中心组学习的意见》，明确党委中心组学习的内容与要求。组织学习考察惠山经济技术开发区，参观无锡历史文化古迹，与军队党委中心组交流提高执政能力学习体会。全年共组织集中学习交流16次，学习参观考察2次，组织讲座、党课宣讲8次，中心组成员完成学习心得体会和调研文章50余篇。

2005年，区委中心组赴红色根据地井岗山及苏州、昆山、江阴华西参观学习，开展“提高执政能力、推进‘两个率先’、建设活力北塘、山水北塘、和谐北塘”专题学习调研活动。举办"北塘发展"论坛，明确提出："以活力为魂、以山水为形、以和谐为本"的发展理念。年末，区委中心组撰写的《深入学习十六届五中全会精神，认真落实科学发展观，加快推进率先基本实现现代化进程》一文，在市有关会议上交流。逐步试行中心组理论学习考核细则化，以突出学习成效，推进基层党委中心组学习的规范化、制度化、长效化管理。

二、干部理论学习

1986年，全年举办基层领导干部培训班3期。1987年9月，召开区党政领导干部读书学习体会交流会。全年举办9期中层领导干部轮培训班和1期宣传干部培训班。1989年6月，围绕贯彻党的基本路线，坚持四项基本原则、反对资产阶级自由化主题，学习中共十三大文件精神和邓小平重要讲话。7月起，学习中共十三届四中全会精神，举办3期科级以上干部轮训班、2期宣传干部培训班。1990年，区4套班子围绕贯彻中共中央关于加强党同人民群众联系的决定，进行党的群众观点和群众路线的学习教育，区委、区政府用整风精神先后制定《密切联系群众制度》《工作联系点制度》《干部参加义务劳动的制度》等。7月起，重点学习《社会主义若干问题纲要》和《马克思主义哲学》。同年，先后举办副科级以上党员干部和基层领导干部学习班8期，受训487人(次)。1994年，区委宣传部、组织部和区委党校联合举办4期副科级以上领导干部学习培训班，受训干部182人(次)。1995年，举办"学理论、学党章"培训班5期，副科级以上领导干部148人参加培训。举办基层领导干部思想大解放学习班8期，参加人数717人；举办六中全会专题讲座17场，参加人数1313人。

1997年4～5月，举办4期副科级以上干部理论学习班和举办"贯彻落实十五大精神，加速北塘经济发展"专题学习班。7～8月，区委对开展理论武装全党工作写出专题调查报告。1998年4月，举办3期"学习十五大精神培训班"，参加培训的干部274人次。继续办好学习邓小平理论和现代知识系列讲座。1999年，组织区管干部脱产培训4期，通过在职自学、理论研讨、学习考核等多项学习制度，把区管干部理论学习情况作为创优评先的重点依据。2000年6～8月，组织全区副科级以上党员干部学习"三个代表"重要思想的专题培训，由区委中心组集体备课，用系列党课的形式开展培训。

2001年，举办科级领导干部培训班，区委中心组成员集体备课，主要领导授课，围绕"奋发进取、争创一流、开创改革和发展新局面""加强民主集中制、提高领导班子的创造力，凝聚力和战斗力""切实加强领导干部思想作风建设"等3个专题，展开学习讨论。同年，区委中心组被评为市1998~2000年度县处以上党委中心组先进集体。

2002年，举办区管领导干部中共十六大精神学习班，成立区"十六大精神宣讲组"至基层宣讲。同年，区委中心组被评为全省2001—2002年度县以上党委中心组理论学习先进集体。2003年，举办区管干部学习贯彻中共十六大精神培训班和学习交流会，以区委中心组成员为主，组织中共十六大精神宣传组。

2004年，对区管干部进行集中培训，由区委主要领导授课，分4个专题进行。组织区管干部开展“落实科学发展观、实现经济社会统筹发展”笔谈活动，将交流的材料汇编成册。

2005年，结合年初开展的党员先进性教育活动，全年组织20次中心组先进性教育集体学习活动。在领导干部中开展“创新大讨论”主题教育，深化各级领导干部对“三个代表”重要思想内涵的认识。

第二节 党员教育

1986年，区委在区属企业、直属单位和地区居民党员中全面开展整党活动，重点进行党性、党风、党纪和法制教育，要求广大党员做新时期的好党员。组织学习《中共中央关于社会主义精神文明建设指导方针的决议》。全年举办支部书记培训班1期，系列党课教育讲座3次、学习交流会1次。1987年，在全区党员中开展“三谈三为”“谈成绩，为党旗增辉；谈宗旨，为人民谋利益；谈目标，为事业作贡献”自我教育专题活动，每月1次。通过报告会、演讲会、座谈会、赞颂会等形式，组织党员参加，引导党员塑造良好形象。开展“坚持四项基本原则，反对资产阶级自由化”教育活动，举办6期专题党课教育，学习宣传中共十三大精神。

1988年，学习贯彻中共十三大精神，在党员中开展党的基本路线、基本理论、基本知识的“三基”教育。开展“共产党员如何经受双重考验”的主题教育活动。1989年，在党员中开展贯彻党的基本路线，坚持四项基本原则，反对资产阶级自由化的宣传教育。组织党员学习《中共中央关于加强党的建设的通知》。开展“发挥党的政治优势”的主题教育活动；同年，各基层单位举办各类学习培训班127期，有党员和骨干9700多人受到较系统的教育和培训。1990年，重点对党员进行社会主义思想教育，学习中共十三届三中全会作出的《关于加强党同人民群众联系的决定》，深化“发挥党的政治优势”党员主题教育活动，全年组织3次全区性的党课，办班65期，建立党员责任区，抓好党员民主评议，开展争当优秀党员、合格党员活动。1991年，区委确定“继承传统尽责任，当好表率作贡献”的党员教育主题，结合宣传区第六次党代会精神，对全区党员进行5课系列教育。惠龙街道党委的党员责任楼创“三优”（治安、调解、卫生）活动得到市领导的肯定。区委组织由8名区优秀党员组成的区优秀党员先进事迹巡回报告团下基层宣讲18场次，党员干部和群众2400余人接受教育。

1992～1993年，连续两年利用区、街道两级党校和“三会一课”制度，组织全区党员学习邓小平视察南方谈话精神，开展“进一步解放思想，为加快北塘区改革开放和经济建设步伐作贡献”的主题系列教育，举办10次专题教育党课，举办各类培训班、学习座谈会、交流会23期。1994年，在全区开展“投身改革、岗位奉献、勤政廉洁、为北塘多做贡献”的党员主题教育活动，区委领导带头授课4次，全区有党员1032人参加各类学习培训活动。1995年，区委按照省、市委的要求，把基层广大党员的学理论，学党章活动作为基础工程来抓，运用基层党政学校、支部党课等形式，举办党员轮训班11期，2704人次参加轮训，其中包括入党积极分子194人。结合轮训，对党员进行“岗位立功创一流，我为党旗增光辉”的主题教育，并组织“学习理论、增强党性、发展北塘、建功立业”的主题演讲比赛，拍摄《党旗下的足迹》电视专题片，展现北塘党员的风貌。1995～1997年，在党员中开展学理论、学党章活动，各级党校累计开办“双学”培训班16期，轮训党员3275人；组织学习孔繁森、徐虎等先进典型事迹，激励党员在岗位建功立业，无私奉献。1997年，围绕迎接香港回归和中共十五大召开两件大事，在全区党员中开展“学先进树新风，创一流献厚礼”党员主题教育活动，基层党组织利用党政学校，重点抓好4课党课。组织优秀党员、劳动模范事迹报告团在全区进行巡回报告；举办知识竞赛、图片展览、开展“创造新成绩、迎接十五大”等活动，把学习理论与学先进、与宣传贯彻区第七次党代会精神、与推动完成全区各项目标任务结合起来。1998年，开展以“高举理论旗帜，建设坚强堡垒，争当时代先锋”为重点内容的党员主题教育活动，全区基层党校举办党员轮训班；组织学习邓小平理论知识竞赛，党员干部1737人参加。开展党风廉政法律法规学习年活动，组织广大党员干部重点学习《中国共产党纪律处分条例（试行）》，《中华人民共和国行政监察法》《中国共产党领导干部廉政若干准则（试行）》等法律法规。

1999年，将“抓住新机遇、创造新业绩、建设新北塘、奔向新世纪”这一主题贯穿于全区党员教育中，宣传北塘区4名优秀共产党员的事迹；抓住省首届创建先进街道基层党校联席会议在北大街街道召开的契机，抓好各基层党校的规范化建设。同年，基层党校办各类培训班290期，培训党员4704人(次)。组织党员干部进行“讲学习、讲政治、讲正气”主题知识竞赛，党员参赛1737人。2000年，对党员重点进行“致富思源，富而思进”教育活动，开展以“思源增信心，思进求发展”为主题的大讨论活动，按照“富而思进”的要求，广大党员干部排查差距，明确奋斗目标，落实思进措施。印发500份“双思”调查问卷，增强教育内容的针对性。在集中教育阶段，刊出“双思”简报40期，《北塘宣传》开辟专栏。10月，召开“双思”成果发布暨总结大会。2001年，以纪念建党80周年为契机，开展“解放思想、创新发展”为主题的“新世纪党员风采”大讨论，促进争创一流党员干部队伍。发挥社区党建组织的作用，利用社区党校教育阵地，加强社区党员教育，总结的经验在全市作交流介绍。七一前夕，举办党史图片展；举办“光辉的历程”纪念专场演出，78支团队参加

“红五月”歌会，组队参加全市首届合唱节。

2002年，全区组织5期集中党课和讲座，组织开展“增创新优势，增强竞争力”主题教育活动，把“双增”教育活动纳入党建和精神文明建设的目标任务，举办4次集中党课，由区委、区政府主要领导授课，开展“坚持解放思想，增强发展动力”“坚持开拓进取，增强创新能力”“坚持率先发展，增强综合竞争力”“优化发展环境，增强发展能力”4项专题教育。2003年，在全区党员干部中开展“两个务必”和“三年翻番创新业、富民强区建新功”主题教育，深化“思想领先、兴业争先、开拓创先、奉献在先“的教育，引导党员干部向全国先进典型郑培民学习，始终保持党员的先进性。同时，探索在非公经济领域开展党员教育的途径和方法，扩大教育覆盖面，进行基层党员思想状况问卷，发放问卷400份，收回380份，增强党员教育的针对性和实效性。2004年，在全区党员干部中进行“弘扬‘北塘精神’，推进‘两个率先’”主题党课教育，宣传在区“两个率先”实践中涌现出来的党员干部先进典型，编印典型的事迹宣传教育材料《唱响时代的乐谱——北塘区创新发展先行者风采录》及光盘，推动党员在“两个率先”活动中作出表率。北大街街道党校被评为省、市红旗党校。

2005年，区委在全区529个党组织、12481名党员中分两批开展“保持共产党员先进性教育”活动，建立先进性教育点162个，全区领导干部到基层上党课388场。运用集中宣讲、个人自学、座谈讨论等形式，扩大教育的覆盖面；开展“提高创新能力，发挥先锋作用”的党员主题教育，组织聆听优秀共产党员先进事迹报告会、武警8724部队先进事迹报告会、建设“活力北塘”暨第二批先进性教育典型事迹巡回报告会10多场。北大街街道成立2家非公经济基层党校。同年，在先进性教育中，落实整改措施906条。

第三节 媒体宣传

一、《北塘宣传》杂志

1994年1月，区委宣传部创办综合性月刊《北塘宣传》杂志，其主要栏目为“领导要论”“工作部署”“文明创建”“综合治理”“廉政建设”“社区广角”“科技视点”“新闻写真”“改革前沿”“城区新貌”“各界动态”“人大之声”“政协话题”“教育专线”“人间真情”“北塘典故”“他山之石”等，32K。1997年4月起，改版为大8K4页、激光照排的报型，半月（旬）刊。2004年7月起又改版为大16K32页、写真彩色封页、激光文字照排的综合性半月期刊，容量大、信息多，通过组织专稿、配发照片、编发专刊等形式，成为区委的主要宣传舆论工具。至2005年12月，合计出刊260期。

二、新闻报道

1986年，宣传报道被市以上新闻媒体录用稿件100多篇。《新华日报》刊登北塘区党政干部和居民对话的新闻，此新闻被写进市委宣传部《四区宣传部长碰头会纪要》之中。以《牢记宗旨永奋蹄》为题，报道离休军医周义坤热心为群众治病的稿件，被《新华日报》《无锡日报》刊载。1987年，成立全区通信员联谊会，有会员45人，制定章程，调整充实通讯员队伍，全年见报和上电台稿件200多篇。1988年，举办通讯员培训班，全年被市级以上新闻单位用稿300多篇。1989年，全年被全国、省、市各类新闻单位录用稿件380多篇，其中省级以上新闻单位录用15篇。1990年，重点报道和系列报道有《北塘区学习中心组人员下基层的体会》《无锡米市》；家庭文化节的《社会细胞的变迁》《歌唱北塘》等。加强外向型经济和特色市场的宣传报道，三里桥米市被全国7家报纸、2家电台、电视台分别报道。北塘家庭文化节和十月歌会，全国、省市报社、电台、电视台发稿用稿50多篇。全年被市级以上新闻媒体录用稿件352篇，省级新闻单位用稿35篇，有的被《人民日报》《工人日报》《中国工商报》《中国食品报》《中国统计信息报》等全国性报纸录用。1991年5月，无锡市连续遭到特大洪涝灾害的袭击，新闻宣传工作深入抗洪救灾第一线，及时编写《抗洪简讯》特刊5期，向报社、电台发稿用稿40篇，市委宣传部用稿4篇。拍摄制作《众志成城战洪魔》录像片，举办抗洪救灾摄影展，及时做好抗洪救灾和灾后重建的宣传鼓动工作等。1992年、1993年，抓好通讯员队伍建设，每季召开通讯员会议，开展季评好稿活动，发挥通讯员队伍的积极性，对外报道稿件发送数不断增加，被全国、省、市新闻单位录用稿件1000余篇。

1994年，每周研究新闻报道工作，围绕区委、区政府阶段性工作重点，加强与新闻单位的沟通，定期召开记者招待会，发挥好通讯员队伍作用，全年被全国、省、市级新闻单位用稿685篇，其中《人民日报》、中央电视台、中央人民广播电台、《新华日报》、江苏电视台等省以上新闻单位用稿70篇。1995年，宣传报道北塘区两个文明建设中出现的各类先进事迹。全年全区宣传报道总量达1064篇，其中国家级19篇、省级63篇，市级982篇。《北塘区巡警大队爱心常驻“扶幼岗”》评为市“十佳”新人新事之一，中央电视台《中国巡警》电视片摄制组等都报道他们的事迹。1996年，全区宣传报道总量达1088篇，其中国家级27篇、省级71篇、市级990篇。《前进中的北塘》电视专题片在全市首届外宣电视片展评比中获奖；“北塘区生活垃圾全部袋装化”等报道在全市引起反响。1997年，全区在国家级新闻单位录用稿件10篇、省级新闻单位录用稿件40篇、市级新闻单位录用稿件980篇。1998年，宣传区委、区政府“速度两高、创建达标、财政见好”的工作目标和思路，及时向各级媒体宣传典型事例，全年被各级各类新闻媒体录用稿件1665篇。

1999年，宣传北塘区跨世纪发展的宏伟目标，宣传“三产兴区”战略，宣传北塘区“开放、重组、多元化”的经济工作发展思路。《北塘经济务实之笔迎来春光一片》《北塘经济发展态势良好》等文在市级报刊上刊载。加大对重点工程，重点项目的宣传力度，对“青石路景观商贸街建设”重点项目建设进行跟踪报道。11月召开新闻发布会，吸引招商投资。加强重大事件的宣传，在夏季突发性的抗洪抢险中，突出宣传全区广大干群与洪灾作斗争的动人事迹，被新闻媒体录用40余篇稿件。全年被各级各类新闻媒体录用稿件1588篇。

2002年，全年市级以上各类媒体宣传北塘区报道1370篇，2004年，中央电视台新闻联播和金土地栏目、新华社主办的《内参选编》《半月谈》杂志等都对北塘区改革发展的情况作报道。新华网江苏频道、东方网无锡频道等与北塘区建立合作关系，《新华日报》《无锡日报》在头版头条及重点位置多次宣传北塘区的新举措、新业绩。同年，在市级以上主流媒体宣传北塘的新闻稿件达850多篇。配合北塘——香港（CEPA）推介会，精心制作《新韵北塘》招商资料片，首次开辟与境外媒体的联系渠道，香港商报、亚洲电视台、凤凰卫视、大公报等10多家主流媒体均以较大篇幅报道北塘区的投资环境和投资项目，为招商活动顺利展开创造良好氛围。2005年，中央电视台、上海东方卫视、江苏卫视等专门就北塘区率先推行街道“政经分离”改革和失地农民的社会保障问题、农村股份制改革作报道。全区在市级以上媒体录用稿件800多篇，其中省级以上50篇，北塘发展现代服务业、在城市化进程中率先解决失地农民社保问题、和谐社区建设、下岗再就业等工作均受到市级以上各类媒体的报道。

第四节　思想政治工作研究

1985年12月，北塘区思想政治工作研究分会（以下简称“政研会”）成立，是在区委领导下的研究思想政治工作的群众性学术团体。

一、组织机构

政研会设会长1人，副会长3～4人，秘书长1人，副秘书长2～3人；设常务理事10～12人。理事（由区级机关分管领导、各区属单位的团体会员单位分管领导担任）28～30人。秘书处设在区委宣传部。

区政研会于1987年11月6日建立街道地区分会、工业分会、商业分会、文教卫分会、直属单位分会、机关分会6个行业分会；各设会长1人，副会长2人，理事若干人。1991年12月，扩展为9个行业分会：机关分会、公安分会、商业分会、城建分会、工业分会、工商局分会、卫生分会、教育分会、街道分会。

二、主要活动

1986年起，每年召开一届年会，一般与区年度思想政治工作会议同时召开，选举产生研究会领导成员。1987年，制定政研会“章程”和“工作条例”，建立街道地区等6个行业分会。每届年会都有会员10多人交流研究论文或经验材料，政研会评出一、二、三等奖若干名。同年，《多层次、多渠道，切实加强居民思想政治工作》等4

篇论文获得一等奖；每年根据实际情况，提出难点、热点和重点的研究课题10个以上，供会员研究时参考；街道地区分会则提出8个专题研究课题，由8个街道分别包干研究项目。

1988年起，区政研会工作主要任务：研究、总结、推广、服务区与行业分会两级政研会每年围绕改革开放新形势，为探索加强思想政治工作新路子，举行2～3次理论研究会、报告会、成果发布会、经验交流会等；加强横向联系，采用“走出去、请进来”的办法，及时吸收和推广适合本区的新鲜经验，拓展研究视野和途径；每年与驻区部队交流、探索加强思想工作的好经验和学习体会等。政研会活动始终把工作重点放到基层和社区，激励和推广思想政治工作创新成果，评选思想政治工作优秀企业及先进政研会。做好政工干部岗位培训、专业职务的评聘工作，稳定和加强政工队伍建设；评选优秀论文和政研会活动积极分子，区政研会多次汇编思想政治工作论文集和经验介绍。

从1988年起，区政研会每年召开理事会，年会视情况每2年召开一届。1999年，区政研会获江苏省政研会集体工作奖。2004年，召开社区思想政治工作先进表彰会暨区思想政治工作研究会第十届年会，交流研讨新时期加强城市社区思想政治工作的有效方法、措施和途径，推动社区思想政治工作与时俱进，探索创新。同年，区政研会获“江苏省2002~2003年度优秀政研会”称号。

第六章　统一战线工作

第一节　民主党派和无党派人士工作

1986年，在北塘区建立基层组织的民主党派有中国民主促进会，农工民主党，均未建立区级组织，民主党派成员31人。至2005年，有6个民主党派在北塘区建立6个支部（总支），成员155人。

一、制度建设

1986年，区委、区政府与民主党派、无党派民主人士之间逐步形成包括协商通报制度、联系交友制度、双月座谈会制度、民主党派特邀员制度在内的各项制度。

1987年，区委建立民主协商制度，每年不少于2次，与民主党派成员以及人大、政府、政协的党外领导干部，对区政大事和重要人事安排进行通报和民主协商；有基层民主党派组织的单位党组织也建立协商对话制度。

1990年，区委转发区委统战部《关于学习贯彻〈中共中央关于坚持和完善中国共产党领导的多党合作和政治协商制度的意见〉的意见》和《中共无锡市北塘区委关于贯彻〈中共中央关于加强统一战线工作的通知〉的通知》，对健全协商会制度、“双月”座谈会制度以及支持民主党派加强自身建设等提出要求。经区委同意，制定《关于建立区级领导干部同党外领导干部交友谈心制度的试行意见》，区四套班子结成6个对子，开展“高层次、小范围”谈心会。

1998年，区委制定《中共无锡市北塘区委关于就重要问题与基层民主党派、工商联协商、座谈通报制度的若干规定》和《中共无锡市北塘区委关于进一步加强统一战线工作的意见》，区委不断健全和完善民主通报会、“双月座谈会”、对口联系、交友谈心等制度，坚持做到重大决策、重大事项、重要人事安排通报座谈和听取意见在决策之前并纳入决策程序。区委印发《关于进一步健全区党员领导干部和党外干部建立交友谈心制度的意见》的通知，推动交友谈心活动的开展。

二、理论培训

1986年后，区委坚持全区统一战线理论和知识学习制度，每年举办1～2次报告会、学习会，组织各民主党派成员、统战干部参加学习。1990年，对新任政协委员进行统战基础理论培训，提高自身思想政治素质，发挥在政治协商、参政议政等方面的作用。1992年，在区委党校举办的中青年干部培训班安排统战理论知识讲座，并在各单位举办统战理论培训共18次，参加4500多人（次）。1995年，区委统战部自编讲义，在区中青干部培训班、各街道、北塘医院、区教育系统举办的学习培训上进行新时期统战知识辅导15次，2000多人（次）参加。1996年9月，区委统战部、宣传部联合发文《关于组织学习"新时期统一战线基本理论知识"的通知》，将统战基本理论知识列入党课内容，在全区党员中组织学习讨论。1998年6月，区委统战部、宣传部联合转发中央宣传部、中央统战部、外宣办《关于大力加强统一战线宣传工作意见》，编写统战工作专题党课材料，印发各级基层党组织，推动全区的统战工作。区委中青年干部培训班将统战理论作为培训内容，进行专题讲座，加强中青年干部对新时期统战理论的了解。

三、发挥职能

召开通报会、座谈会 1987～1988年，召开协商会5次，在协商政协主席人选时，市委、区委很重视民主党派和各界人士的意见，接受大家的建议，调整人选。1991年，先后召开8次通报会、协商会。教育局党委，北塘医院党总支、五爱小学党支部等一些基层党组织，较好坚持民主座谈、民主恳谈会制度。区教育局在对学校收费情况检查、教育评估时都请民主党派成员参加，听取意见。1994年，在市委召开的加强和完善党同党外人士合作共事会议上，区在会上作交流发言。2000年5月，区委召开通报会，向区各民主党派基层组织负责人通报全区"三讲"集中教育活动情况。同年，区委召开区各民主党派基层组织、工商联负责人参加的人事变动通报会。9月，区政府在召开的全区各民主党派负责人参加的会上，通报全区年度重点项目建设情况，并听取意见。全年召开通报会、座谈会6次。2002年11月，区委举行通报座谈会，区各民主党派基层组织负责人、无党派代表人士参加会议。1986～2005年，区委、政府共召开情况通报会、座谈会70多次，就区改革、发展、稳定和重要人事安排等重大事项听取各民主党派、无党派人士的意见。

利用"两会"平台 通过区各民主党派基层组织中担任各级人大代表、政协委员成员，在"两会"上提交提案和社情民意，由区政协转交给各级政府相关部门落实督办。1994年，政协会议上由民主党派成员提出的建议、提案有20多件，约占40%。2002年，政协北塘区六届二次会议上由民主党派成员提出"在企业改制中切实维护职工利益的建议"等34件提案，占提案总数的62%。民进成员陈德华提出的《切实解决惠钱三村343～355号用水问题》、致公党成员过克方提出的《关于加强社区卫生服务的建议》等提案被区政协评为六届政协以来的优秀提案；民革成员王晋提出的《加强对感染性疾病归类管理的建议》等被北塘区政协评为六届政协以来的优秀社情民意。1995年，在全区统一战线成员中开展"我为区街经济发展献爱心、作贡献"活动，各民主党派、无党派代表人士等提出20多条建议。2004年，各党派成员报送社情民意信息80多条，农工防疫支部上报的《关于要求开展婚前医学检查的建议》引起国务院的关注，北塘民进总支有3条被《无锡政协》采用。2005年，区委统战部把《全力打造“活力北塘”，探索发展2.5产业》等区各民主党派支部完成的12篇调研成果汇编成册，提供给区委、人大、区政府参考。

拓宽民主监督渠道　民主党派、无党派人士被各级各部门聘为特约监督员、检查员、审计员和政风行风评议代表。对一些行业、部门进行评议和监督，提出有价值的意见和建议。1990年，聘请5名民主党派和无党派代表人士为党风廉政建设特邀监察员。1991年，聘请3名民主党派和无党派人士任特邀教育督导员。1992年，6名民主党派、无党派人士被区纪委聘请为党风廉政建设特邀监察员。2003年，民革成员徐琴芳被聘为无锡市政法系统特约监督员。至2005年，区党风廉政建设特邀监察员为7人。

四、思想建设

1986～1994年，每两年召开1次区基层民主党派工作交流会，中共北塘医院党总支、五爱小学党支部作搞好合作共事、做好民主党派工作的经验介绍。

1989年，两次组织全区民主党派成员、无党派人员进区党校学习。1993年以后，抓住抗日战争胜利50周年、香港和澳门回归、新中国成立50周年、人民政协成立50周年、中国共产党成立80周年等重大纪念和庆祝活动，以及抗洪抢险取得伟大胜利、抗议以美国为首的北约轰炸中国驻南联盟大使馆、反对李登辉“两国论”、反对邪教等重大事件，对统一战线成员进行爱国主义、社会主义教育。

1994年，区举办2期党外干部学习班。1998年6月，区委统战部制定《关于在全区民主党派成员中开展“奉献在岗位”活动的意见》，在全区民主党派成员中开展以“比学习，提高思想政治素质；比参与，提高参政议政能力；比贡献，提高岗位奉献成效”的“奉献在岗位”活动，各民主党派组织制定活动计划，落实活动措施。1999年，民革成员周建杜、致公党成员黄璐萍被民主党派市委评为先进个人。

2003年7月，区委统战部制定《中共无锡市北塘区委统战部关于在民主党派成员中兴起学习贯彻“三个代表”重要思想新高潮的意见》。

五、组织建设

区委统战部协助民主党派加强领导班子建设，做好基层支部换届工作，向民主党派推荐优秀人才。

1986年，全区有民进、农工党等3个支部，有成员32人。1987年10月，成立致公党北塘人民医院支部。1999年12月，成立民革北塘区支部。1999年12月，成立民建北塘区支部。2003年6月，成立民盟北塘区支部。2000年12月，民进北塘区支部升格为北塘区总支。到2005年，北塘区建有民主党派基层组织6个。

1990年10月，召开北塘区统战工作会议，贯彻落实全国、省、市统战工作会议精神，推动民主党派加强思想建设、组织建设。市委统战部部长雷焕文、区委书记虞为政到会并讲话。1994年，制定《贯彻市委统战部〈关于支持和帮助我市各民主党派加强基层组织建设的意见〉的实施意见》，支持和推动民主党派基层组织加强自身建设。1996年10月，区委统战部转发《中共无锡市委统战部、中共无锡市委组织部〈关于适当控制吸收党外代表人物加入我党和做好向民主党派推荐部分党外优秀知识分了作为发展对象工作的实施意见〉的通知》，向民主党派推荐部分党外知识分子作为发展对象。同年，共发展7名新成员。1998年，推荐一批优秀党外知识分子，全年发展民主党派新成员5人。1999年，发展民主党派成员9人。2004年，协助各党派有计划稳步发展成员6人。到2005年，全区共有民主党派成员156人。

第二节　非公经济代表人士工作

一、教育引导

1994年9月，恢复1966年后中断活动28年的北塘区工商业联合会，通过联合会对非公经济代表人士开展思想政治工作，促进非公经济代表人士健康成长和非公经济健康发展。根据各个时期不同要求，组织非公经济代表人士进行学习，参加中央党校、市和区党校举行的培训班，增强发展意识和爱国敬业、为社会作贡献的责任性。开展“争当优秀中国特色社会主义事业建设者”“关爱员工、实现双赢”等主题教育活动。宣传表彰非公经济代表人士中的先进典型。南方机电总经理盛炫明、刘潭集团公司董事长钱伯荣被评为全国优秀民营科技企业家，伟达五金交电有限公司董事长方向明、速达搬家有限公司总经理王畅鸿等5名企业家被评为市劳动模范。

二、参政议政

1994～2005年，非公经济代表人士中的人大代表、政协委员代表提出建议和委员提案89件，反映社情民意46次。他们提出的《营造良好环境，促进非公经济发展》《积极扶持和大力发展中介等现代服务业》等代表建议和政协委员提案，得到区领导和有关部门的重视，经有关部门积极办理后得到满意的结果。他们还参加区人大、区政府、区政协组织的各种视察、考察、调研和座谈活动，发表自己的意见和建议，及时反映个私业主的想法和主张，维护个私企业的合法权益。区委统战部对全区非公经济的情况进行排查摸底，对区非公经济代表人士进行逐个见底考察，做好向人大、政协的推荐工作，1986～2005年，有69名会员当选为人大代表和政协委员。

第三节　党外干部工作

一、非中共人士参加人大政协工作

1987～2002年，有372名党外代表人士担任区级人大代表，有297名党外代表人士担任区级政协委员，推荐100名党外代表人士担任市级人大代表、政协委员。

1987～2002年北塘区人大非中共代表情况表

表10-11　　　　单位：人

年 份	区人代会届次	人大代表总数	非中共代表数	人大常委会委员总数	非中共常委人数	人大常委会副主任总数	非中共副主任数
1987	十一届	195	93	–	–	–	1
1990	十二届	196	90	–	–	–	1
1993	十三届	198	81	19	5	7	1
1997	十四届	161	57	19	6	6	1
2002	十五届	183	51	23	7	4	1

1987～2002年北塘区政协非中共人士情况表

表10-12　　　　单位：人

区政协会议届次	政协委员总数	非中共委员数	所占比例（%）	民主党派数	所占比例（%）	政协常委总数	非中共常委数	政协副主席总数	非中共副主席数
1987年区二届政协	97	60	61.8	24	24.7	19	12	3	2
1990年区三届政协	100	36	36.0	24	24.0	20	13	4	3
1993年区四届政协	99	58	58.5	23	23.3	20	12	8	4
1997年区五届政协	108	65	60.1	25	23.5	21	14	6	3
2002年区六届政协	130	78	60.0	38	29.2	23	15	4	3

1987～2003年北塘区当选市人大非中共代表情况表

表10-13 单位：人

年份	市人代会届次	北塘代表团非中共代表人数
1987	十　届	28
1993	十一届	28
1998	十二届	15
2003	十三届	14

1987～2002年北塘区担任市政协非中共委员情况表

表10-14 单位：人

年份	市政协会议届次	北塘区非中共委员人数
1987	市政协八届	3
1993	市政协九届	3
1998	市政协十届	3
2002	市政协十一届	6

二、非中共人士担任各级机关实职工作

区委重视党外干部队伍建设工作，培养、选拔优秀的党外代表人士充实到各级领导岗位。1986年，详细考察区级三套班子中党外领导干部情况，组织编写9名在党外有一定影响的人物小传。1990年，按照有关规定，建立一支多层次、有一定数量和质量的党外后备干部队伍。1991年，制定全区《1991～1993年党外后备干部队伍建设规划》。对各单位推荐的党外后备干部组织考察，落实培养措施，向有关方面推荐使用意见。对全区5名县（处）级、8名科（局）级党外干部做好跟踪考察工作，做好14名党外后备干部考察了解和有关材料的报送工作。

1992年，初步建立一支结构合理、素质具备的党外后备干部队伍作为政治安排和实职安排的后备人选。1993年，贯彻落实省、市党外干部实职安排会议精神，把党外干部实职安排摆上议事日程，推动符合条件人选上岗。年内提拔党外领导干部3人担任副科级职务，全区副科级以上党外干部已达13人，其中党外实职干部6人。

1994年，制定《1994～1996年全区党外干部队伍建设规划》，充实调整党外后备干部名单，使北塘区党外后备干部保持30人左右。同年，全区有党外干部6人提任副区级领导职务，13人担任副科级职务，其中6人提任副局级职务。党外后备干部队伍增至40人。1998年，区级政府部门党外干部的分布面要达到32%左右，在区商业、计经、民政、房管、统计等部门配备党外领导干部，配备面达27.8%。2000年，区干

部公开选拔中，党外知识分子2人走上区劳动局局长助理、街道主任助理岗位。同年，北塘医院配备党外副院长；在全区校级领导中，民主党派5人，无党派知识分子1人，占20%。到2001年，全区有区级党外领导干部5人，副科以上党外干部25人，科（局）级党外干部9人，政府部门实职5人，1人担任政府部门的正职，区法院、检察院配备党外领导干部，惠龙街道配备1人党外副主任。全区副科以上党外干部中，有15人分别被安排为市区人大代表、政协委员。北塘医院有党外同志18人担任医院中层以上干部，区教育局有26人担任学校教导副主任以上职务。

2002年，开展党外知识分子、党外干部的情况调查，尤其是区划调整后在两镇一街道重点开展调查摸底工作，通过走访熟悉情况，建立党外人士档案。2003年，在发展和计划局、司法局、城管局、教育局、经贸局、文体局6个部门安排党外干部的基础上，又通过引进，在区财政局配备1名党外副局长，在北大街街道配备党外副主任，区文体局配备无党派人士担任正职。全区共有7个政府部门配备党外领导干部，区法院、检察院领导班子中配备党外干部，惠山街道、五河街道、北大街街道办事处配备党外副主任。在全区推荐党外后备人选26人，确立一批党外后备干部名单。

2004年，区委制定《关于进一步完善区级党员领导同志与党外人士联系交友制度的意见》，中共区级领导18人分别与区各民主党派负责人、区管党外干部、无党派人士结对联系。同年，全区有党外干部28人。

2005年，落实《无锡市“580”党外人物工程实施意见》，从区民主党派骨干、无党派代表人士、少数民族、宗教界及新的社会阶层和归国留学人员中，按照选拔条件，物色推荐“580党外人物工程”培养对象共15人。到2005年，区党外干部配备情况：区政府17个组成部门配备8个部门，占47.1%；必配部门7个，配备3个；审判、检察机关配备2个，完成100%。

三、教育培训

1987年始，每年举办1～2次统一战线知识以及统战政策报告会。1992～1995年，举办4期区党外中青年干部专题学习班，先后推荐党外中青年60多人参加区培训班的学习，每年推荐党外干部2人参加市党外中青年干部培训班的学习。至2005年，全区参加市中青班培训的党外人士累计有32人。

第四节 对台 侨务工作

一、接待工作

自1987年台湾当局决定开放民众赴大陆探亲后，区台办、台胞接待站和街道各级的接待任务繁忙。1988年接待来大陆探亲台胞69批，计97人（次）；1989年接待28批、81人（次）；1990年接待46批、98人（次）；1991年接待40批、89人（次）；

1992年接待49批、106人（次）。至2005年，共接待台胞1500余人（次）。为做好接待工作，邀请省市台办的领导为基层领导和统战干部作对台形势报告，并对有关接待人员包括有关居委干部如何做好接待工作进行培训。在接待工作中，形成比较规范的程序，做到“掌握信息、制定议案，分级负责、明确职责，宣传了解、热忱文明，安全保密、汇报总结”。区台办、台胞站发挥职能部门的作用，为到大陆探亲台胞热情服务，排忧解难。教育台属“自尊自爱”，不向台胞要钱要物。各级党委重视对台工作，把台胞探亲和平时的台属工作作为一项政治任务，做好工作。

二、基础工作

做好侨台情况调查和基础台账工作。1989年，全区有台属190户、827人，在台人员447人；侨属190户，330人。2003年，北塘区针对城市改造和结构调整的新情况，又对全区侨台资源进行全面调查，全区共有侨眷213户、308人，归侨24人，代表人士34人；台属191户、307人，涉台婚姻11人，常住台胞6人。区统战部和侨台办组织区侨台联谊会、各街道侨台联谊组每年都开展侨台属联谊活动，还拍摄无锡风貌和国内侨台属生活学习近况照片寄给海外亲人。

三、信访工作

1986年后，侨台工作出现许多新问题、新情况，涉侨涉台来信来访不断增加。有财产分割、房产归还、寻亲访友、拆迁安置等。侨台办做好侨台信访工作，根据不同情况解惑释疑，或及时向有关方面反映联系，可以解决的及时给予解决，做到事事有答复、件件有着落。1989年，接来信3件、来访20人（次）。1993年，北塘区进行城市改造，拆迁量大，许多“三胞”眷属来人来信询问拆迁政策，同年有26户、38人（次）。侨台部门与房管等部门联系，为侨台眷属落实政策、解决困难尽到职责。至2005年，区侨台办共处理来自侨台眷属、侨台胞、侨台企业的来信来访100余件、350多人（次）。

四、慈善捐赠

在区侨台办和侨台联谊会的努力下，慈善捐赠取得一定成效。在1989年抗洪救灾期间，区侨台联谊会朱雪衍父亲朱钟真代表台北无锡同乡会向无锡市捐赠2万美元的善款，各街道侨台眷属捐赠助学及抗洪救灾款5000余元。1992年，北塘区商业巨子陈品山后裔、澳门同胞陈伯英捐赠价值15万元的日产丰田面包车一辆，供顾桥街道福利企业的残疾人使用。1998年，香港同胞陈娟英捐款30万元给北大街街道南尖居委开办1家敬老院。2002年，台企诚隆超市在开业6月之际，向北塘区品学兼优的特困生捐资助学5万元。

五、服务经济

在外向型经济工作中，全区侨台各界出主意想办法，牵线搭桥，做好政府的助手，参与编印《无锡北塘》投资环境指南230份，向海外亲属投寄介绍。1993年，区

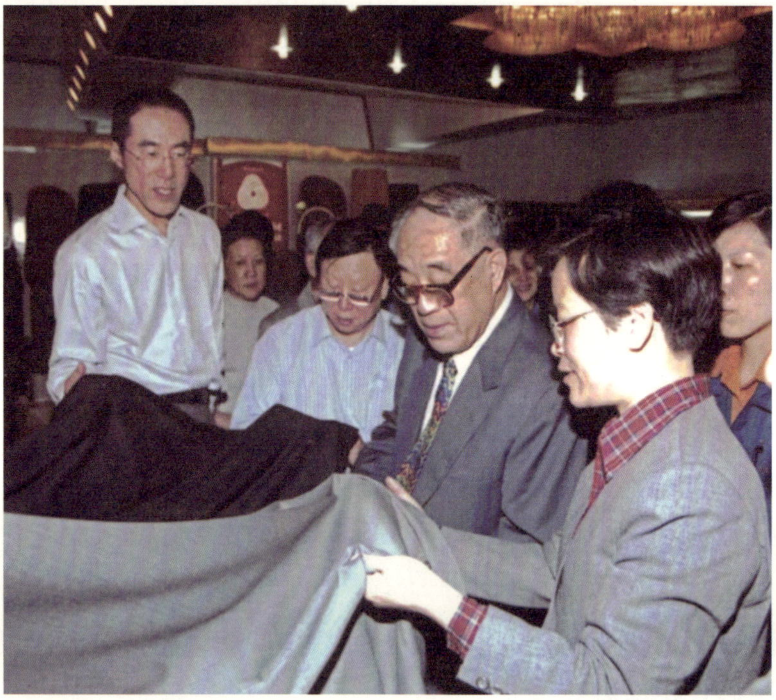

图10-7　2000年4月22日，唐翔千先生（前右2）和唐英年先生（左1）父子在无锡协新集团有限公司参观（顾祚维/摄）

侨台办为区政府举办的外向招商活动邀请到来自海外和国内的代理商25名。1994年，配合区政府赴境外香港等地招商，协助邀请18名客商，为招商会圆满成功作贡献。2002年，在无锡市有一定知名度的台资“好又多”“诚隆超市”开业，区侨台办定期走访这些企业，主动了解他们的经营状况和在锡生活碰到的困难，及时与有关方面沟通，反映他们的合理要求，为他们在子女入学等方面出具证明进行联系。至2005年，全区共有侨资企业28家、台资企业9家，领域涉及服装、纺织、食品、物流以及幼儿教育、动画制作、房地产咨询等。

第十一编

北塘区人民代表大会

1986年，北塘区根据《中华人民共和国地方全国人民代表大会和各级人民代表大会选举法》，通过选民直接选举产生区第十一届人民代表大会代表。至2005年，共选举5届人大代表。第十一、十二届人民代表大会，每届任期3年。1993年2月，根据《中华人民共和国地方各级人民代表大会和地方各级人民政府组织法》规定，第十三至十五届人民代表大会，每届任期5年。

北塘区第十一届至十五届人民代表大会，均依法履行国家权力机关职能，定期召开区人民代表大会，听取和审议政府工作报告，并作出相应决议；选举区人民政府区长、副区长，区人大常委会主任、副主任、委员，区人民法院院长和区人民检察院检察长以及无锡市历届人民代表大会代表。

区人大常委会在人民代表大会闭会期间，依法行使监督、决定和任免等权利，联系区人民代表大会代表，在本行政区域内保证宪法、法律、行政法规和上级人民代表大会及其常务委员会决议的遵守和执行，开展人民代表大会的各项工作。

第一章 区人民代表大会

第一节 人大代表

区换届选举是在区委、区人大常委会的领导下，分准备工作、宣传发动和选民核对登记、提名推荐和协商代表候选人、投票选举和总结表彰4个阶段进行。1986年，依法选举区十一届人民代表大会代表195人。1989年，依法选举区十二届人民代表大会代表196人。1992年，依法选举区十三届人民代表大会代表198人。1997年，依法选举区十四届人民代表大会代表161人。2002年，依法选举区十五届人民代表大会代表183人。历届区人大代表的构成，始终坚持广泛性和代表性原则。

历届北塘区人大代表构成情况表

表11-1 单位：人

届次	代表总数	性别		党派		身份			
		男	女	中共	其他	工人	干部	知识分子	其他
十一	195	132	63	102	93	66	42	55	32
十二	196	124	72	106	90	84	43	61	8
十三	198	128	70	126	72	97	45	39	17
十四	161	105	56	104	57	35	52	41	33
十五	183	121	62	130	53	40	90	24	29

第二节 历届历次会议

一、第十届人民代表大会

第三次会议于1986年5月26～29日召开。会议听取并审议通过区长翟锁金作的《区政府工作报告》、区人大常委会主任钱定军作的《区人大常委会工作报告》和区人民法院院长胡伯明作的《区人民法院工作报告》、区人民检察院检察长王嘉志作的《区人民检察院工作报告》。会议选举俞燮敏为区人大常委会副主任。会议期间代表提出建议、批评和意见256件。

二、第十一届人民代表大会

第一次会议于1987年3月8～12日召开。会议听取并审议通过代区长邵国振作的题为《总结经验、团结奋斗，开创区政工作的新局面》的政府工作报告、区人大常委会主任钱定军作的《区人大常委会工作报告》和区人民法院院长胡伯明作的《区人民法院工作报告》、区人民检察院检察长王嘉志作的《区人民检察院工作报告》。会议选举周学良为区人大常委会主任，俞燮敏、黄复初为副主任，包亚琴、刘盘泉、江霖生、杨静芬、吴松泉、吴振新、何立璋、张自德、袁素文、徐雁鸣、徐锦梅、彭一凡、戴国栋为区人大常委会委员。会议选举邵国振为区人民政府区长，冯国鹏、朱仁林、李锋、顾寿山为副区长。会议选举胡伯明为区人民法院院长，方云坤为区人民检察院检察长。会议通过学习贯彻执行全国人大常委会《关于加强法制教育、维护安定团结的决定》的决议。会议期间，收到代表提出建议、批评和意见507件。

第二次会议于1987年11月27～29日召开。会议选举产生无锡市第十届人民代表大会代表74人。会议选举马国如为区人大常委会副主任，娄玉旺为区人大常委会委员。

第三次会议于1988年3月26～29日召开。会议听取并审议通过区长邵国振作的《政府工作报告》、副区长冯国鹏作的《关于1987年财政预算执行情况和1988年财政预算安排意见的报告》、区人大常委会主任周学良作的《区人大常委会工作报告》和区人民法院院长胡伯明作的《区人民法院工作报告》、区人民检察院院长方云坤作的《区人民检察院工件报告》。会议期间，收到代表10人以上联名提出的议案4件，经议案审查委员会审查，并报大会主席团会议，将其中1件提交大会表决。经大会表决，通过《关于加快我区街巷道路建设议案的决议》。会议期间，收到代表提出的建议、批评、意见192件。

第四次会议于1989年3月13～16日召开。会议听取并审议通过区长邵国振作的《政府工作报告》、区财政局局长徐雪萍作的《关于1988年财政预算执行情况和1989年财政预算草案的报告》、区人大常委会主任周学良作的《区人大常委会工作报告》和区人民法院院长胡伯明作的《区人民法院工作报告》、区人民检察院检察长方云坤作的《区人民检察院工作报告》。会议期间，收到代表提出的建议、批评、意见304件。

三、第十二届人民代表大会

第一次会议于1990年3月1～5日召开。会议听取并审议通过区长邵国振作的《政府工作报告》、副区长朱仁林作的《关于1989年财政预算执行情况和1990年财政预算草案的报告》、副区长朱盘生作的《关于落实区十一届人大三次会议〈关于加快我区街巷道路建设的决议〉情况的报告》、区人大常委会主任周学良作的《区人大常委会工作报告》和区人民法院院长明伯明作的《区人民法院工作报告》、区人民检察院检察长方云坤作的《区人民检察院工作报告》。会议选举周学良为区人大常委会主任，马国如、邱惠芝、马镇中为区人大常委会副主任，方耀兴、包亚琴、吕季方、朱美华、刘盘泉、杨静芬、张自德、张学斌、周凤娟、袁素文、唐建新、彭一凡、戴国栋为区人大常委会委员。会议选举邵国振为区人民政府区长，朱仁林、朱盘生、李继银、王竹平为副区长。会议选举严岩为区人民法院院长、方云坤为区人民检察院检察长。会议期间，收到代表10人以上联名提出的议案3件，经议案审查委员会审查，并报主席团会议同意，决定将其中1件提交大会表决。经大会表决，通过《关于加强三里桥粮油贸易市场建设议案的决议》。会议期间，共收到代表提出的建议、批评和意见437件。

第二次会议于1991年3月13～16日召开。会议听取并审议通过区长邵国振作的《政府工作报告》、区财政局局长徐雪萍作的《无锡市北塘区1990年财政预算执行情况和1991年财政预算草案的报告》、副区长朱仁林作的《关于落实区十二届人大一次会议〈关于加强三里桥粮油市场建设的决议〉情况的报告》、区人大常委会主任周学良作的《区人大常委会工作报告》和区人民法院院长严岩作的《区人民法院工作报告》、区人民检察院检察长方云坤作的《区人民检察院工作报告》。会议选举杨沪忠为区人大常委会委员。会议期间，收到区人大常委会提出的议案1件，收到代表10人以上联名提出的议案2件，经议案审查委员会审查，并报主席团会议，决定将该3件议案转为重要的建议、批评和意见，交区人民政府办理。会议期间，共收到代表提出的建议、批评和意见238件。

第三次会议于1992年2月28日～3月4日召开。会议听取并审议通过代区长李继银作的《政府工作报告》、副区长朱仁林作的《关于制定无锡市北塘区“八五”经济和社会发展规划（草案）的说明》、区财政局局长徐雪萍作的《无锡市北塘区1991年财政预算执行情况和1992年财政预算草案的报告》、区人大常委会主任周学良作的《区人大常委会工作报告》和区人民法院院长严岩作的《区人民法院工作报告》、区人民检察院检察长方云坤作的《区人民检察院工作报告》。会议接受方云坤辞去无锡市北塘区人民检察院检察长的请求。会议选举徐锦梅为区人大常委会副主任，邹洪生为区人大常委会委员。会议选举李继银为区人民政府区长，选举顾尧坤为区人民检察院检察长。会议期间，共收到代表10人以上联名提出的议案6件，经议案审查委员会审查，并报主席团会议，决定将其中1件提交大会表决。经大会表决，通过《关于加强新村管理议案的决议》。会议期间，共收到代表提出的建议、批评和意见215件。

四、第十三届人民代表大会

第一次会议于1993年2月16～20日召开。会议听取并审议通过区长李继银作的《政府工作报告》、区财政局局长徐雪萍作的《无锡市北塘区1992年财政预算执行情况和1993年财政预算草案的报告》、副区长朱盘生作的《关于实施无锡市北塘区第十二届人民代表大会第三次会议〈关于加强新村管理的议案〉情况的报告》、区人大常委会主任周学良作的《区人大常委会工作报告》和区人民法院院长严岩作的《区人民法院工作报告》、区人民检察院检察长顾尧坤作的《区人民检察院工作报告》。会议选举产生无锡市第十一届人民代表大会代表70人。会议选举邵国振为区人大常委会主任，吴骏、徐锦梅、马镇中、卢标法为区人大常委会副主任，方耀兴、石希圣、朱美华、杨静芬、李瑾真、吴佩佩、邹洪生、辛克铭、张一秀、张自德、陈雁、陈永平、陈浩钟、唐建新为区人大常委会委员。会议选举李继银为区人民政府区长，许洪义、朱盘生、王竹平、章永星、姚振亚为副区长。会议选举严岩为区人民法院院长、顾尧坤为区人民检察院检察长。会议期间，共收到代表提出的建议、批评和意见259件。

第二次会议于1994年2月23～27日召开。会议听取并审议通过区长李继银作的《政府工作报告》、区财政局局长徐雪萍作的《无锡市北塘区1993年财政预算执行情况和1994年财政预算草案的报告》、区人大常委会副主任吴骏作的《区人大常委会工作报告》和区人民法院院长严岩作的《区人民法院工作报告》、区人民检察院检察长顾尧坤作的《区人民检察院工作报告》。会议选举方耀兴为区人大常委会副主任，尤明昌、钱春琪为区人大常委会委员。会议期间，共收到代表10人以上联名提出的议案2件，经议案审查委员会审查，并报主席团会议，决定转为重要的建议、批评和意见，交区人民政府办理。会议期间，收到代表提出的建议、批评和意见202件。

第三次会议于1995年2月23～26日召开。会议听取并审议通过区长李继银作的《政府工作报告》、区财政局局长徐雪萍作的《无锡市北塘区1994年财政预算执行情况和1995年财政预算草案的报告》、区人大常委会副主任吴骏作的《区人大常委会工作报告》和区人民法院院长严岩作的《区人民法院工作报告》、区人民检察院检察长顾尧坤作的《区人民检察院工作报告》。会议期间，收到代表10人以上联名提出的议案4件，经议案审查委员会审查，并报主席团会议，决定将其中3件改作为重要的建议、批评和意见，交区人民政府办理，将另外1件提交大会全体代表表决。经大会表决，通过《关于加快吴桥地区农贸市场建设议案的决议》。会议期间，收到代表提出的建议、批评和意见216件。

第四次会议于1996年2月2～5日召开。会议听取并审议通过区长李继银作的《政府工作报告》《关于北塘区经济和社会事业“九五”计划及2010年规划》、区财政局局长徐雪萍作的《关于无锡市北塘区1995年财政预算执行情况和1996年财政预算草案的报告》、区人民政府《关于实施区十三届人大三次会议〈关于加快吴桥地区农贸市场建设的议案〉情况的报告》（书面）、区人大常委会主任邵国振作的《区人大常委会工作报告》、区人民法院院长严岩作的《区人民法院工作报告》、区人民检察院检察长顾尧坤作的《区人民检察院工作报告》。会议接受邵国振、马镇中提出的辞职请求。会议选举周令根为区人大常委会主任，秦国伟为区人大常委会副主任，陈伯坤为区人大常委会委员。会议期间，收到代表10人以上联名提出的议案3件，经议案审查委员会审查，并报大会主席团会议，决定转为重要的建议、批评和意见，交区人民政府办理。会议期间，收到代表提出的建议、批评和意见209件。

第五次会议于1997年2月19～21日召开。会议听取并审议通过区长李继银作的《政府工作报告》、区财政局局长徐雪萍作的《无锡市北塘区1996年财政预算执行情况和1997年财政预算草案的报告》、区人大常委会副主任吴骏作的《区人大常委会工作报告》和区人民法院院长严岩作的《区人民法院工作报告》、区人民检察院检察长顾尧坤作的《区人民检察院工作报告》。会议选举姚振亚为区人大常委会副主任，宣志德、杨培彦为区人大常委会委员。会议期间，收到代表10人以上联名提出的议案2件，经议案审查委员会审查，并报大会主席团会议，决定转为重要的建议、批评和意见，交区人民政府办理。会议期间，收到代表提出的建议、批评和意见178件。

五、第十四届人民代表大会

第一次会议于1998年1月4～8日召开。会议听取并审议通过代区长许洪义作的《政府工作报告》、区财政局局长徐雪萍作的《关于北塘区1997年财政预算执行情况和1998年财政预算草案的报告》、区人大常委会主任周令根作的《区人大常委会工作报告》和区人民法院代院长金玮琳作的《区人民法院工作报告》、区人民检察院检察长顾尧坤作的《区人民检察院工作报告》。会议选举产生无锡市第十二届人大代表42人。会议选举沈伯其为区人大常委会主任，吴骏、卢标法、姚振亚、秦国伟、顾尧坤为区人大常委会副主任，尤明昌、石希圣、江秋波、杨沪忠、杨培彦、吴志成、张静玉、陈建安、陈浩钟、周一农、胡耀权、赵天兰、宣志德为区人大常委会委员。会议选举许洪义为区人民政府区长，许建平、朱盘生、章永星、刘茂荣、金元兴为副区长。会议选举金玮琳为区人民法院院长、黄金生为区人民检察院检察长。会议期间，收到代表10人以上联名提出的议案1件，经议案审查委员会审查，并报主席团会议，决定转为重要的建议、批评和意见，交区人民政府办理。会议期间，收到代表提出的建议、批评和意见266件。

第二次会议于1999年2月3～6日召开。会议听取并审议通过区长许洪义作的《政府工作报告》、区财政局局长徐雪萍作的《关于北塘区1998年财政预算执行情况和1999年财政预算草案的报告》、区人大常委会主任沈伯其作的《区人大常委会工作报告》和区人民法院院长金玮琳作的《区人民法院工作报告》、区人民检察院检察长黄金生作的《区人民检察院工作报告》。会议期间，收到代表10人以上联名提出的议案1件，经议案审查委员会审查，并报大会主席团会议，决定提交大会全体代表表决。大会通过《关于加快我区老龄事业发展的议案的决议》。会议期间，收到代表提出的建议、批评和意见195件。

第三次会议于2000年1月19～22日召开。会议听取并审议通过区长许洪义作的《政府工作报告》、副区长章永星作的《关于北塘区1999年财政预算执行情况和2000

年财政预算草案的报告》、副区长朱盘生作的关于区十四届人大二次会议通过的《关于加快我区老龄事业发展的议案决议》的执行情况和《区十四届人大二次会议代表建议的办理情况的报告》、区人大常委会主任沈伯其作的《区人大常委会工作报告》、区人民法院院长金玮琳作的《区人民法院工作报告》、区人民检察院检察长黄金生作的《区人民检察院工作报告》。会议期间，收到代表10人以上联名提出的议案1件，经议案审查委员会审查，并报大会主席团会议，决定转为重要的建议、批评和意见，交区人民政府办理。会议期间，收到代表提出的建议、批评和意见202件。

第四次会议于2001年4月22～26日召开。会议听取并审议通过代区长曹佳中作的《政府工作报告》《无锡市北塘区国民经济和社会发展第十个五年计划》、区财政局局长马建增作的《关于北塘区2000年财政预算执行情况和2001年财政预算草案的报告》、区人大常委会主任沈伯其作的《区人大常委会工作报告》和区人民法院院长金玮琳作的《区人民法院工作报告》、区人民检察院检察长黄金生作的《区人民检察院工作报告》。会议选举吴富生为区人大常委会主任，张静玉、祝建中为区人大常委会副主任。会议选举曹佳中为区人民政府区长。会议期间，收到代表10人以上联名提出的议案1件，经议案审查委员会审查，并报大会主席团会议，决定转为重要的建议、批评和意见，交区人民政府办理。会议期间，收到代表提出的建议、批评和意见247件。

第五次会议于2002年1月16～19日召开。会议听取并审议通过区长曹佳中作的《政府工作报告》、副区长陈德荣作的《北塘区人民政府关于办理区十四届人大四次会议代表建议情况的报告》、区财政局局长马建增作的《关于北塘区2001年财政预算执行情况和2002年财政预算草案的报告》、区人大常委会主任吴富生作的《区人大常委会工作报告》和区人民法院院长金玮琳作的《区人民法院工作报告》、区人民检察院检察长黄金生作的《区人民检察院工作报告》。会议期间，收到代表提出的建议、批评和意见229件。

图11-1 北塘区十四届人大五次会议（2002年1月）（区史志办供稿）

六、第十五届人民代表大会

第一次会议于2003年1月6～9日召开。会议听取并审议通过区长曹佳中作的《政府工作报告》、区财政局局长祝志明作的《关于北塘区2002年财政预算执行情况和2003年财政预算草案的报告》、区人大常委会主任吴富生作的《区人大常委会工作报告》和区人民法院院长金玮琳作的《区人民法院工作报告》、区人民检察院检察长黄金生作的《区人民检察院工作报告》。会议选举产生市第十三届人民代表大会代表46人。会议选举吴富生为区人大常委会主任，张静玉、朱盘生、邹森、祝建中为区人大常委会副主任，卜鸿甫、王小陵、刘光祥、杜继勤、杨培彦、陈建安、陈政建、陈浩钟、林莹、周为中、赵天兰、俞兴南、夏洪兴、钱喆华、黄建国、彭步星、傅典志、蔡金贵为区人大常委会委员。会议选举曹佳中为区人民政府区长，叶勤良、金元兴、陈德荣、田玲、张立军为副区长。会议选举金玮琳为区人民法院院长，黄金生为区人民检察院检察长。会议期间，收到代表10人以上联名提出的议案3件，经议案审查委员会审查，并报大会主席团会议，决定转为重要的建议、批评和意见，交区人民政府办理。会议期间，收到代表提出的建议、批评和意见246件。

第二次会议于2004年1月7～10日召开。会议听取并审议通过区长曹佳中作的《政府工作报告》、区财政局局长祝志明作的《关于北塘区2003年财政预算执行情况和2004年财政预算草案的报告》、区人大常委会主任吴富生作的《区人大常委会工作报告》和区人民法院院长金玮琳作的《区人民法院工作报告》、区人民检察院检察长黄金生作的《区人民检察院工作报告》。会议期间，收到代表提出的建议、批评和意见109件。

第三次会议于2005年1月8～10日召开。会议听取和审议通过区长曹佳中作的《政府工作报告》、区财政局局长祝志明作的《关于北塘区2004年财政预算执行情况和2005年财政预算草案的报告》、区人大常委会主任吴富生作的《区人大常委会工作报告》和区人民法院代院长赵建聪作的《区人民法院工作报告》、区人民检察院检察长黄金生作的《区人民检察院工作报告》。会议选举赵建聪为区人民法院院长。会议期间，收到代表提出的建议、批评和意见128件。

附：历届北塘区人民代表大会选举产生的无锡市人大代表名单：

无锡市第十届人民代表大会代表名单

（1987年北塘区人大十一届二次会议选举产生）

（以姓氏笔画为序）

丁雪琴 马亚平 王亚君 王丽菊 王菊娣 尤海量 毛森根 卢兴钧 冯申荣 吕玉和
朱锡根 朱雪珩 伍人平 华士行 华东杰 庄 申 刘宜生 刘恺芝 刘荣妹 孙根宝
孙镇元 李永锡 李谷邨 吴祥荣 何建民 汪复林 沈 杰 过为民 张 俭 张正范
张金剑 张根兴 张菊芳 陈玉裳 陈企修 陈殿富 邵国振 范世雍 金克宗 金振民
季雨青 周学良 郑世媛 赵红堉 赵君华 赵根生 赵湘源 胡仰德 俞世福 俞祥九
姚可权 袁行之 夏莲娣 顾逸鑫 陶大钧 钱达人 钱惠芳 倪荣南 徐玲英 殷洪仁
高尔军 唐尊训 黄瑞伦 龚凤麟 屠曾端 诸万琳 章永星 堵盘发 蒋寿椿 虞竞波
裴 恒 薛子平 薛成志 魏亚芬

无锡市第十一届人民代表大会代表名单

（1993年北塘区人大十三届一次会议选举产生）

（以姓氏笔画为序）

马亚平 马建国 王亚菊 王菊娣 尤海量 石玲娣 卢兴钧 冯申荣 吕季方 朱云麟 朱国清 朱雪珩 任培燕 刘润荣 庄　申 孙　建 孙燕芬 杨甫清 杨锡坤 杨燕琴 苏龙玉 李永锡 李春功 李素梅 李继银 李瑾真 吴　骏 吴祥荣 何建民 汪复林 沈　明 沈婷婷 宋蔼群 张　俭 张　竞 陆　骁 陆惠琴 陈本度 陈玉裳 陈觉敏 陈爱媛 陈静钰 邵国振 林建坤 周　星 周　雲 查浩冰 赵仲贤 赵红堉 赵根生 赵湘源 俞世福 俞伯浩 俞祥九 施宗德 姚可权 顾逸鑫 钱达人 钱建清 徐见成 徐建建 高尔军 席祖毅 唐宁国 堵盘发 董泽南 蒋民复 蒋寿椿 薛成志 魏亚芬

无锡市第十二届人民代表大会代表名单

（1998年北塘区人大十四届一次会议选举产生）

（以姓氏笔画为序）

丁道桂 马世聪 马建华 王竹平 王仲百 王亚菊 王爱国 毛素洁 平　安 冯秋声 冯振德 朱元中 任培燕 许洪义 杨一民 杨泳安 杨剑华 李伟明 李春功 吴建民 邱小真 沈伯其 张　健 陆惠琴 陈丽华 陈玲秀 陈哲民 范云生 周　云 周令根 赵　龙 赵仲贤 俞世福 俞柏浩 钱正祥 徐琴芳 席祖毅 浦锡明 堵盘发 曹玉才 蒋寿椿 薛成志

无锡市第十三届人民代表大会代表名单

（2003年北塘区人大十五届人大一次会议选举产生）

（以姓氏笔画为序）

丁道桂 马南生 王　唯 王竹平 毛志良 平　安 朱卫民 许立新 孙志剑 吴志坚 吴铁君 吴富生 杨　红 杨　斌 杨一民 杨剑华 邱　凌 邹淑燕 沈　建 张静玉 陆惠琴 陈玲秀 武永生 郁明慧 周　谦 周圣东 周令根 周华宝 周俊华 周晖国 荣建国 须　俭 俞志明 宣　群 钱德山 徐　凯 徐　洁 徐琴芳 翁林敏 高国强 黄蓓玲 曹玉才 曹佳中 谢华娜 虞焕军 滕兰英

第二章 区人大常委会

第一节 区人大常委会组成

根据市辖区人大常委会组成人员一般设有11～23人的要求，区第十一届人大常委会组成人员为16人，区第十二届人大常委会组成人员为17人，区十三届人大常委会组成人员为19人，区十四届人大常委会组成人员为19人，区十五届人大常委会组成人员为23人。

1987～2005年北塘区人大常委会主任、副主任任职情况表

表11-2

届次	职务	姓名	任职时间	说明
第十一届 (1987.03～1990.03)	主　任	周学良	1987.03～1990.03	第一次会议当选
	副主任	俞夑敏	1987.03～1990.03	第一次会议当选
		黄复初	1987.03～1990.03	第一次会议当选
		马国如	1987.11～1990.03	第二次会议当选
第十二届 (1990.03～1993.02)	主　任	周学良	1990.03～1993.02	第一次会议当选
	副主任	马国如	1990.03～1993.02	第一次会议当选
		邱惠芝	1990.03～1993.02	第一次会议当选
		马镇中	1990.03～1993.02	第一次会议当选
		徐锦梅	1992.02～1993.02	第三次会议当选
第十三届 (1993.02～1998.01)	主　任	邵国振	1993.02～1996.02	第一次会议当选
		周令根	1996.02～1998.01	第四次会议当选
	副主任	吴　骏	1993.02～1998.01	第一次会议当选
		徐锦梅	1993.02～1998.01	第一次会议当选
		马镇中	1993.02～1996.02	第一次会议当选
		卢标法	1993.02～1998.01	第一次会议当选
		方耀兴	1994.02～1998.01	第二次会议当选
		秦国伟	1996.02～1998.01	第四次会议当选
		姚振亚	1997.02～1998.01	第五次会议当选

续表11-2

届次	职务	姓名	任职时间	说明
第十四届 (1998.01～2003.01)	主　任	沈伯其	1998.01～2001.04	第一次会议当选
		吴富生	2001.04～2003.01	第四次会议当选
	副主任	吴　骏	1998.01～2001.02	第一次会议当选
		卢标法	1998.01～2001.04	第一次会议当选
		姚振亚	1998.01～2003.01	第一次会议当选
		秦国伟	1998.01～2001.04	第一次会议当选
		顾尧坤	1998.01～2003.01	第一次会议当选
		张静玉	2001.04～2003.01	第四次会议当选
		祝建中	2001.04～2003.01	第四次会议当选
第十五届 (2003.01～　　　)	主　任	吴富生	2003.01～	第一次会议当选
	副主任	张静玉	2003.01～	第一次会议当选
		朱盘生	2003.01～	第一次会议当选
		邹　森	2003.01～	第一次会议当选
		祝建中	2003.01～	第一次会议当选

第二节　工作机构

1986年～1994年6月，区人大常委会设“一办四委”：办公室、财政经济工委、城区建设管理工委、法制建设工委、教科文卫工委。1994年7月，增设人事代表联络工委。1997年，区人大常委会机构调整为“一办三委”：办公室（人代联工委并入办公室）、内务司法工委、财政经济工委、社会事业工委（城区建设管理工委和教科文卫工委合并）。2002年，区人大常委会机构调整为“一办六委”：办公室、内务司法工委、人代联工委、财政经济工委、内务司法工委、城建环保工委、教科文卫工委。2004年5月，区第十五届人大常委会第九次会议决定，在全区各街道设立人大常委会街道工作委员会。

第三节　行使职权

一、重大事项决定

1986～2005年，区人大常委会共依法作出92项决定、决议。

1986年，区第十届人大常委会作出3项决定、决议：《关于换届选举工作的决定》《关于在全区公民中基本普及法律常识的决议》《关于召开区第十一届人大一次会议的决定》。

1987～1989年，区第十一届人大常委会作出11项决定、决议，有“调整区1985

年国民经济计划部分指标”等全区经济社会发展方面的5项，有“关于进一步贯彻执行《经济合同法》的决议”等涉及民生法制建设的2项，有“加强人大建设、决定会议召开”等方面的4项。

1990～1992年，区第十二届人大常委会作出12项决定、决议，有“关于深入开展法制宣传教育的决议”等涉及民主法制建设方面的3项，有“关于调整区1992年国民经济计划部分指标”等涉及全区经济发展方面的3项，有“加强人大建设、决定会议召开”方面的6项。

1993～1997年，区第十三届人大常委会作出27项决定、决议，有“关于实施第三个五年普法教育计划的决议”等民主法制建设方面的3项，有“关于加快第三产业发展的决定”等全区经济社会发展方面的11项，有“有关人事任免决定”的5项，有“加强人大建设、决定会议召开”等方面的8项。

1998～2002年，区第十四届人大常委会作出24项决定、决议，有“关于依法治区工作的决议”等民主法制建设方面的2项，有“关于‘九五’计划的修订的决定”等全区经济社会发展方面的14项，有“关于加强人大建设、决定会议召开”等方面的5项、有“有关人事任免”方面的3项。

图11-2 区人大代表通过大会各项决议（2001年4月）（区史志办供稿）

2003～2005年，区第十五届人大常委会作出15项决定、决议，有关于“同意变更区2003年部分财政预算的决定”等全区经济社会发展方面的6项，有“关于加强人大建设，决定会议召开”等方面的5项，有“有关人事任免决定”方面的4项。

二、监督

区人大常委会行使监督权旨在对区人民政府、区人民法院、区人民检察院法律监督和工作监督。区第十一届人大常委会共召开23次常委会会议，区第十二届人大常委会共召开21次常委会会议，区第十三届人大常委会共召开34次常委会会议，区第十四届人大常委会共召开36次常委会会议。截至2005年年末，区十五届人大常委会召开19次常委会会议。

法律监督　区人大常委会为保证宪法、法律法规能有效地在区内贯彻执行，围绕有关法律法规开展法制宣传，进行执法检查，实施法律监督，推动依法治区。1987～1989年，区第十一届人大常委会组织检查区政府、区法院、区检察院对《中华人民共和国食品卫生法》《中华人民共和国经济合同法》《中华人民共和国义务教育法》《中华人民共和国治安管理处罚法》《中华人民共和国刑事诉讼法》《中华人民共和国环境保护法》《中华人民共和国会计法》《中华人民共和国民法通则》《无锡市城镇房产管理暂行条例》等法律、法规的执行情况。1990～1992年，区第十二届人大常委会组织检查区政府、区法院、区检察院对《中华人民共和国义务教育法》《中华人民共和国食品卫生法》《中华人民共和国传染病防治法》《中华人民共和国城市规划法》《中华人民共和国居民委员会组织法》《中华人民共和国会计法》《中华人民共和国环境保护法》《江苏省计划生育条例》等法律、法规的贯彻执行情况。1993～1997年，区第十三届人大常委会组织检查区政府、区法院、区检察院对《中华人民共和国食品卫生法》《中华人民共和国残疾人保障法》《中华人民共和国教师法》《中华人民共和国传染病防治法》《中华人民共和国城市规划法》《中华人民共和国档案法》《中华人民共和国劳动法》《中华人民共和国兵役法》《中华人民共和国环境保护法》《中华人民共和国教育法》《中华人民共和国预算法》《中华人民共和国体育法》《中华人民共和国房地产管理暂行条例》《中华人民共和国审计条例》《中华人民共和国城市市容和环境卫生管理条例》《中华人民共和国防汛条例》《中华人民共和国公共场所卫生管理条例》《中华人民共和国城市绿化条例》《江苏省计划生育条例》等法律、法规的贯彻执行情况。1998～2002年，区第十四届人大常委会组织检查区政府、区法院、区检察院对《中华人民共和国刑法》《中华人民共和国消防法》《中华人民共和国城市居民委员会组织法》《中华人民共和国预算法》《中华人民共和国审计法》《中华人民共和国环境保护法》《中华人民共和国兵役法》《中华人民共和国人民防空法》《中华人民共和国食品卫生法》《中华人民共和国人民警察法》《中华人民共和国行政处罚法》《中华人民共和国刑事诉讼法》《中华人民共和国教师法》《中华人民共和国会计法》《中华人民共和国档案法》《中华人民共和国国旗法》《中华人民共和国城市绿化条例》《中华人民共和国防汛条例》《中华人民共和国绿化管理条例》等法律、法规的贯彻执行情况。2003～2005年，区第十五届人大常委会组织检查区政府、区法院、区检察院对《中华人民共和国行政处罚法》《中华人民共和国食品卫生法》《中华人民共和国法官法》《中华人民共和国残疾人保障法》《中华人民共和国未成年人保护法》《中华人民共和国工会法》《中华人民共和国统计法》《中华人民共和国人民防空法》《中华人民共和国劳动保障监察条例》《江苏省城市市容和环境卫生管理条例》《江苏省宗教事务条例》等法律、法规的贯彻执行情况。

工作监督 1986年，区第十届人大常委会听取和审议全区经济发展情况、区政府目标管理的实施情况以及普法工作情况。1987～1989年，区第十一届人大常委会先后听取和审议区政府《开展“双增、双节”活动的情况报告》《关于法制教育工作情况的报告》、区法院《关于民事案件审理情况报告》、区政府《区医院管理情况的报告》、区法院《关于经济审判工作情况的报告》、区工商局《关于全区商业系统经济改革情况的报告》、区检察院《关于经济检察工作情况的报告》、区政府《关于社会治安综合治理工作情况的报告》《关于治理经济环境、整顿经济秩序情况的报告》《关于行政机关为政清廉情况的报告》《关于振兴商业工作情况的报告》。

1990～1992年，区第十二届人大常委会先后听取和审议区政府《关于开展环境卫生日活动及爱国卫生月活动情况的汇报》《关于整顿文化市场工作的报告》《关于居委商副业整顿发展工作情况的报告》《关于贯彻教育方针、加强学校德育工作情况的报告》《关于工业、商业“双增、双节”情况的报告》、区法院《关于民事审判工作情况的报告》、区政府《关于集中开展严厉打击严重刑事犯罪活动工作的报告》《关于城郊结合部管理情况的报告》、区检察院《关于刑事检察工作情况的报告》、区政府《关于财税物价大检查情况的报告》《关于绿化工作情况的报告》《关于旧城改造工作情况的报告》、区法院《关于未成年人犯罪审判工作情况的报告》《关于民事审判情况的报告》、区检察院《关于监所检察情况的报告》、区政府《关于防汛设施建设工作情况的报告》《关于创造卫生城市工作情况的报告》《关于调整“八五”国民经济计划部分指标的报告》《关于教育工作情况的报告》《关于科技兴区工作情况的报告》、区检察院《关于反贪污、反贿赂斗争情况的报告》。

1993～1997年，区第十三届人大常委会先后听取和审议区政府《关于治安形势情况的报告》《关于外向型经济工作的报告》《关于房屋开发和旧城改造工作情况的报告》《关于企业转换经营机制情况的报告》、区法院《关于审理经济纠纷案件情况的报告》、区政府《关于深化学校内部管理体制改革情况的报告》《关于“三产兴区”战略实施情况的报告》《关于新村管理工作情况的报告》《关于文化市场管理情况的报告》、区法院、区检察院《关于严厉打击严重刑事犯罪、严重经济犯罪情况的报告》、区法院《关于执行工作情况的报告》、区政府《关于加快第三产业发展情况的报告》《关于推进教育现代化工程情况的报告》《关于加强群众文化阵地建设和管理情况的报告》。

1998～2002年，区第十四届人大常委会听取和审议区政府《关于企业转制、改革工作情况的报告》《关于创建国家卫生城市工作情况的报告》《关于下岗职业再就业工作情况的报告》《关于加快发展非公有制经济工作情况的报告》《关于加强财源建设情况的报告》、区公安分局《关于打击涉毒犯罪情况的报告》、区政府《关于加强流动人口计划生育管理情况的报告》《关于依法行政工作情况的报告》《关于预算外资金管理情况的报告》《关于重点建设项目进展情况的报告》《关于加快老龄事业发展的汇报》《关于加强住宅小区物业管理情况的报告》《关于企、事业单位改革工作的报告》、区法院《关于法院改革工作的报告》、区检察院

图11-3 区人大代表审议政府工作报告(2000年)(区史志办供稿)

《关于检察院改革工作的报告》、区政府《关于“九五”计划实施情况和“十五”计划草案的报告》、区法院《关于经济审判工作的报告》、区政府《关于区行政机关机构改革工作情况的报告》《关于“四五”普法教育情况的报告》《关于财政预算执行情况的报告》、区检察院《关于反贪污贿赂工作情况的报告》、区政府《关于区划调整后工作进展情况的报告》、区法院《关于审理婚姻家庭案件情况的报告》、区政府《关于贯彻实施市〈“爱我无锡，美化家园”行动纲要〉情况的报告》。

2003～2005年，区第十五届人大常委会听取和审议区法院《关于执行工作情况的报告》、区政府《重点建设项目实施情况的报告》、区检察院《关于开展民事行政检察工作情况的报告》、区政府《关于文化市场管理工作情况的报告》、区人民法院《关于严打整治情况的报告》、区政府《关于建设、房管事业单位改制后行政职能落实情况的报告》《关于争创省人口与计划生育示范区工作情况的报告》《关于“四五”普法情况的报告》。

三、人事任免

1986～2005年，区第十届至第十五届人大常委会依据《中华人民共和国地方各级人民代表大会和地方各级人民政府组织法》的规定和党管干部与人大依法任免相统一的原则，对区政府副区长、区政府组成部门、区人大机构、区法院、区检察院负责人及审判员、检察员行使人事任免权。在任命提请后，被任命干部要参加任前法律知识考核；在任命过程中，报请单位要如实报告干部情况、优点、缺点等。经审议，采取无记名投票方式进行表决；任命书由人大常委会主任或副主任颁发。任命后，常委会定期安排听取对被任命干部的述职报告。至1986年的3年中，区第十届人大常委会人事任免56人（次）；至1989年的3年中，区第十一届人大常委会人事任免56人（次）；至1992年的3年中，区第十二届人大常委会人事任免86人（次）；至1997年的5年中，区第十三届人大常委会人事任免164人（次）；至2002年的5年中，区第十四届人大常委会人事任免170人（次）；区第十五届人大常委会至2005年年末的2年中，人事任免128人（次）。

第四节 日常工作

一、视察与调研

区人大常委会围绕全区中心工作，贯彻“议大事、帮难事、办实事”的原则，组织代表开展视察活动，推动各项工作目标的落实。区第十一届人大常委会3年中，组织区人大代表先后视察工业、商业、财政、工商、物价、社会治安、教育、卫生、环保、房屋开发、城市建设管理等10多个方面工作的情况。区第十二届人大常委会3年中，针对全区经济社会发展的中心工作和群众普遍关心的热点、难点问题，安排、部署人大代表进行专题调查、视察，掌握实际情况，分析问题，提出合理的建议、批评和意见，共写出调查报告48篇。区第十三届人大常委会5年中，抓住经济工作、城市建设和管理、社会发展中的热点问题，组织区人大代表开展视察、调研，写出专题调查报告60篇。区第十四届人大常委会5年中，组织区人大代表对区划调整工作、商贸经济、非公有制经济、地方财源建设、园区建设、教育现代化、拆违拆临、老新村整治、小区物业管理、防汛、绿化、文体事业、老龄工作、计生工作、区法院关于案件审理、法律贯彻实施、区检察院关于反贪污贿赂、预防职务犯罪等方面工作开展64次视察活动，写出调查报告34篇。针对人民群众关注的人口老龄化问题，区十四届人大二次会议按照法定程序，通过《关于加快我区老龄事业发展的议案》的决议。为推动区政府执行议案决议，常委会在广泛调研的基础上，审议区政府议案决议贯彻实施方案的报告，并多次组织视察区街老年活动中心建设情况，对区老年活动中心的选址规划等内容提出视察建议，督促区政府制定与本届政府任期一致的老龄事业发展规划，推动全区老龄事业加快发展。

图11-4 区人大代表视察活动（2000年）（区史志办供稿）

区第十五届人大常委会至2005年年末2年中，先后就园区建设、重点项目建设、财政预算执行、法院执行情况、城市市容和环境卫生管理、文化市场管理、“严打”整治斗争等方面组织区人大代表视察20次，写出调查报告22篇。在2003年遭遇“非典”突袭，全区外向型经济一度受到不同程度影响的情况下，为推动区开放型经济发展，常委会组织视察区开放型经济情况，要求区政府要主动加强与外商的联系和沟通，要采取“请进来、走出去”的方式；要宣传无锡市无“非典”病例的事实，取得外商信任，变不利为有利，变被动为主动，以争取更多的外商投资和外贸订单，尽快从“非典”影响中走出困境。常委会的视察建议得到区政府的重视，并采取多项措施，全区新批外资项目和外贸自营出口取得突破。园区建设是北塘区对外开放的重要窗口，也是北塘区经济的重要增长点，常委会始终关注园区的建设情况。2005年年初，常委会组织视察区工业园区建设情况，针对园区建设过程中出现的某些环境污染、土地资源利用率不高等问题，提出要全力引进高科技企业、增强可持续发展的原动力；要坚持用行政和经济的手段实现对环境的低污染和土地资源的低耗为引资项目的宗旨，严把企业进园关等意见，引起区政府的重视。区政府对进园企业的门槛作相应规定，提高进园企业的质量，同时加大对基础设施建设投入和招商引资的力度。

二、信访工作

1986～2005年，区人大常委会根据人大信访的职责和要求，受理人大代表和人民群众来信来访。严格按法定程序，按收、交办、督办，处理落实好每一件来信来访。区第十二届人大常委会于1990年12月6日，修订《关于信访工作的办法》，区十四届人大常委会于1998年3月16日修订《区人大信访工作办法》。区第十一届人大常委会受理来信132件，接待上访99人（次）；区第十二届人大常委会受理来信213件，接待上访152人（次）；区第十三届人大常委会受理来信来访368件（人、次）；区第十四届人大常委会受理来信来访311件（人、次）；区第十五届人大常委会至2005年年末受理来信来访311件（人、次）。

三、联系代表

1986年，区十届人大常委会联系代表按照就近方便原则，以街道为单位，建立健全人大代表联系小组和代表小组，形成区人大工作网络。闭会期间，代表们以代表联系组或代表小组为单位，开展学习培训，就地视察调研和走访选民等活动。在届内，常委会组织市、区两级人大代表开展联合视察，督促解决辖区人民西路、新惠西路交通问题，盛岸新村市政设施，解放西路小商品市场管理等问题。

1987～1989年，区十一届人大常委会任期内，常委会在坚持组织代表培训、开展视察活动的同时，注重代表工作的制度化，制定《北塘区人大代表工作细则（试行）》，组织代表分批列席常委会会议和代表走访选民活动。常委会以节日座谈会、与区长对话、评议政府工作等形式，组织代表参政督政，发挥代表作用。

1990～1992年，区十二届人大常委会任期内，代表工作有所创新，代表活动内容日趋丰富。组织代表学习法律法规、为代表订阅学习刊物、组织公、检、法、司及政府有关部门向代表介绍工作职责和工作情况，开展集中与分散相结合的代表视察调研，分期分批邀请代表列席常委会会议、评议法院工作和旁听法院审判等多种形式的代表活动，拓宽代表知情督政渠道。开展“三联系”（即：加强人大常委会及机关与代表的联系，加强代表与选民之间的联系，加强区人大代表与市人大代表的联系）活动，使代表参与活动的积极性、实效性得到提高。任期内，共表彰代表活动积极分子90人次，先进集体（小组）8个。

1993～1997年，区十三届人大常委会任期内，发挥代表主体作用。任期5年中开展代表活动200多人次，代表活动参与率80%。在重视代表与选民的联系、组织选民直接听取选民反映基层问题、推动区政重点、难点问题解决的同时，注重发挥代表在专业领域的优势，组织代表开展为“区街经济献计献策”主题活动。代表们为区街企业发展牵线搭桥，为企业解决生产技术、融资、业务洽谈等问题积极出谋划策。

1998～2002年，区十四届人大任期内，代表工作趋于规范化、常态化，坚持区人大代表列席常委会、区人大常委会组成人员联系代表、代表向选民述职等做法。加强对各街道地区人大代表活动和代表向选民述职活动的组织。坚持做到代表工作有部署、有计划，有检查、有落实，有评比、有激励。坚持加强与区人大代表的联系，组织市、区代表联合视察，通过市人大代表向市反映北塘人民群众的意见和呼声，市代表先后提出的“关于加快城区危旧房改造步伐”“关于加快惠山古镇保护、开发和利用”的议案，被市人代会列为重要建议，得到重视、落实。

2003～2005年，区十五届人大常委会继续坚持历届人大常委会代表工作好的做法、经验及制度基础上，代表工作又有新的创新。2004年，根据市人大常委会关于在全市城区街道设置人大工作机构的有关精神，区十五届人大常委会第九次会议作出在北塘区各街道设立“无锡市北塘区人大常委会街道工作委员会”的决定。黄巷、山北、北大街、惠山4个街道人大工委相继成立。为加强街道人大工委建设，规范街道人大工作，促进代表主体作用的更好发挥，区十五届人大常委会第十次会议通过关于《无锡市北塘区人大常委会街道工作委员会工作暂行规定》等10项工作制度。2005年，区人大常委会学习借鉴兄弟城区创建“人大代表之家”的经验，在全区4个街道推开创建“人大代表之家”的工作，各街道按照“七有”，即有场所、有制度、有活动计划、有学习资料、有召集人和联络员、有牌子等要求，创建以街道为中心的“人大代表之家”，总面积300多平方米，“人大代表之家”为代表们知情、知政、开展工作提供活动平台。各街道从实效出发，积极发挥“人大代表之家”的作用，定期或不定期组织代表学习有关法律法规，接待选民活动，听取群众意见，解决一些群众反映的问题。使“人大代表之家”成为区人大代表与选民加强联系的桥梁。

四、督促办理议案和建议、意见情况

1986年，区十届人大常委会任期内，代表共提出建议、批评和意见814件，常委会重视建议的整理、交办、催办等工作，组织代表多次进行视察调研，推动建议的落实，解决代表提出的青石路、后祁街道路修复等问题。代表在本届各次大会上提出的建议都得到书面或口头答复，大多数代表对建议的办理结果表示满意。

1987～1989年，区十一届人大常委会任期内，代表共提出涉及廉政建设和作风建设、城市建设和管理、经济工作、文教卫生等方面的建议、批评和意见651件。常委会会同政府召开交办会，采取现场办公并提出可行性方案的方式督促代表建议的办理，缓解人民西路交通拥堵的问题。

1990～1992年，区十二届人大常委会任期内，代表围绕区政工作重点难点共提出建议、批评和意见778件。常委会注重办理质量和效果，制定《关于办理区人大代表建议、批评和意见的办法》，规范代表建议办理程序，完善交办、催办和听取汇报等制度。通过督办建议，督促政府于1990年年末建成盛岸浴室，解决盛岸地区居民洗澡难的问题等，解决一些涉及群众切身利益的问题，解决率达到45%，代表对办理结果表示满意或基本满意的占87%。

1993～1997年，区十三届人大常委会任期内，代表共提出建议、批评和意见750件，人均达3.78件。常委会完善关于办理建议的办法和制度，并通过交办会、承办工作先进表彰会、重要建议协调会、组织代表跟踪检查、反馈检查情况等方式，推动代表建议的及时办理。对代表建议的办理情况，通过向代表发征询函、开座谈会等形式，征求代表对办理工作的意见，对办理后代表不满意的建议，按照实际情况督促重新办理，提高解决率。本届内代表对所提建议办理情况表示满意和基本满意的保持在95%以上，代表提出建议的问题解决率平均达43%。

1998～2002年，区十四届人大常委会任期内，代表共提出建议、批评和意见1101件，人均达6.84件。常委会坚持抓好督办工作，组织力量加强跟踪督办，听取政府关于办理工作的汇报，及时了解建议办理动态，对代表不满意的建议采取重新办理举措。选择部分建议予以重点跟踪督办，解决代表提出的维护青少年学生正当权益、加强对校园周边地区环境整治的问题。届内还重点督办“关于加快我区老龄事业发展”议案，专门安排两次听取区政府执行议案办理情况的报告，加快全区老年事业发展步伐，助推老龄工作网络的建立健全和老年活动中心的成立。

2003～2005年，区十五届人大常委会在前3年内，代表共提出建议、批评和意见348件。常委会会同政府，及时召开交办会，分解落实责任，加强领导，强化举措，在提高满意率和办结率上下功夫，解决一些代表提出的如锡龙路、西泾路路难行等问题。

五、人大工作研究会

1992年，成立北塘区人大工作研究会，设会长、副会长、常务理事和秘书长、副秘书长。

1992～2000年，先后参加山西长治、河南商丘、山东潍坊、河北承德、秦皇岛、江苏淮阴7次理论研讨会，共提交论文9篇。

2001年11月，召开区人大工作理论研讨会，会议共收到各街道代表联系组、“一府两院”有关人员及人大工作者撰写的论文26篇。

1998～2003年，通过调查，为常委会审议提供20篇调研材料，为开展人大工作研究打下基础，也为常委会会议审议提供依据。其间，共有8篇论文参加市人大的理论研讨交流。在参加市人大举办的研讨活动的同时，还参加全国性的有关理论研讨活动。5年中，撰写论文参加晋、冀、鲁、豫、苏部分城区的理论研讨活动。

2004年11月，举办人大工作理论研讨活动，区政府、区法院、区检察院及政府职能部门、各街道人大工委，发动并组织人员参与研讨文章的撰写，共收到理论研讨文章36篇。

第三章 镇 街道人大

第一节 镇人大机构与工作

2002年1月，因无锡市区划调整，滨湖区黄巷镇、山北镇、刘潭街道划入北塘区，两镇人大组织也同时接受区人大常委会的管理。2002年，黄巷镇第十五届人民代表大会有代表72人，设镇人大主席团，设主席1人，副主席2人；山北镇第十五届人民代表大会代表55人，设镇人大主席团，设主席1人，副主席1人。镇人民代表大会依法履行保证法律和上级决议执行权，本乡镇内重大事项决定权、人事任免权、监督、公共利益公民权益保障权。2004年2月，区内行政区划调整，不再保留乡镇，将黄巷镇、刘潭街道合并成黄巷街道，山北镇、惠龙街道合并成山北街道，北大街街道、吴桥街道合并成北大街街道（代管五河街道），惠山街道与西新街道合并成惠山街道。

第二节 街道人大机构与工作

根据《中华人民共和国地方各级人民代表大会和地方各级人民政府组织法》的有关规定，江苏省委《关于进一步加强人大工作的决定》精神和无锡市人民代表大会常务委员会《关于在街道建立人大工作机构的意见》文件，经区委同意，2004年5月，区十五届人大常委会第九次会议决定，在全区4个街道设立人大工作委员会。

街道人大工作委员会是区人大常委会的派出工作机构，接受区人大常委会和街道党工委的双重领导，与街道党工委、办事处同级别，定编1～2人。各街道人大工作委员会由主任、副主任和2～3名委员组成。街道人大工作委员会按照区人大常委会的授权进行工作，负责保证法律、法规及上级人大及其常委会的决议在本地区的贯彻执行；联

图11-5 街道人大开展调研活动（2005）（区史志办供稿）

系组织本地区各级人大代表，并开展视察、调查，向选民述职活动；对本地区的经济建设、财政预算、社会治安和社会保障等人民群众普遍关心的问题开展调查，提出建议和意见；承办代表的来信来访，反映代表的意见和要求；督促本地区有关部门和单位认真办理人大代表的建议、批评和意见；联系选民，办理人民群众的来信来访，反映人民群众的意见和要求；承办本地区人大代表的选举、罢免、补选等有关工作。

第十二编

北塘区人民政府

1986～2005年，北塘区政府根据区委决策部署，努力推动改革，积极推进城区经济建设，加强城市建设和各项社会事业的发展。

80年代，区政府积极引导支持区属工业企业发展，区属工业由街道里弄向沿通惠路和山北大桥堍迁建，更新设备，内引外联，扩大生产规模，形成12家骨干企业。区街工业经济规模、出口创汇均在三城区领先。2000年后，区政府引导各街道运用城区市属企业空置厂房兴办工业园区，形成一街道一园区格局，引导工业企业向园区集聚，促进了工业经济发展。

90年代，特别是1992年邓小平视察南方重要讲话发表后，区政府根据区委提出“三产兴区”的发展导向，积极支持商贸服务业发展。三里桥粮油市场和无锡招商城（红梅市场）均率先发展为省内外有知名度的市场。此后，北塘区逐步形成猪肉批发市场、瓜果市场、摩托车配件市场等多个有特色有规模的市场群。这一时期，区政府主导结合城市改造，开辟了青石路餐饮街、五爱北路商业街、人民西路电子产品街等特色商业街区。吸引各方资金建成黄金海岸、宏宇大厦等宾馆写字楼项目，开办诚隆、易初爱莲等超市买场。区属商业广泛开拓新的商业网点，促进了商贸服务业的发展。

区政府加快推动区域城市建设，参与旧城改造，参与拓宽北大街、改造胜利门地区，垫资参与拓宽春申路，配合参与北塘重要道路桥梁等交通设施的新建和改扩建。组织力量主导荷叶村、建设村、五里新村、胜利门地区、莲蓉桥周边地区、北栅口地区等旧城区成片改造。建造双河新村、盛岸新村、民丰里小区、惠龙新村、惠峰新村等一批新的居民住宅小区。随着土地拍卖制度的确立，中大颐和湾、金马国际等一些中高档住宅小区相继建成，居民居住条件进一步优化。组织主导惠山古镇的恢复改造，进一步改善城市面貌。

区政府重视应对自然灾害和社会公共突发事件的处置救助。在1991年抗洪救灾和2003年抗击“非典”事件中，组织及时，措施有力，均收到较好成效。

在1986～2005年的二十年间，区政府根据经济社会发展特点和市场经济体制改革的要求，调整改进机构部门的设置，改进了财政、民政、计划、劳动人事、工业、商业、城市工商行政管理、城市管理、房地产管理、国土管理、物价、审计、统计、安全生产监督、环境保护、公安消防等一些部门的管理模式，使之更加适应经济和社会发展要求，更有行政效能。

2002年初，根据无锡市行政区划调整，黄巷镇，山北镇，刘潭街道划入北塘区管理。同年，在全省率先实施村级股份经济合作制改革。2003年，全区22个行政村全部完成股份制改革，成为全省第一个村级股份合作制改革全面到位的城区，获无锡市腾飞奖。

第一章 机构

第一节 区政府领导成员

1986～2005年，区政府领导成员由区第十届至第十五届人民代表大会选举产生。

1986～2005年北塘区人民政府领导人员任职情况表

表12-1

机构名称	职 务	姓 名	任职时间
第十届（1984.07～1987.03）	区 长	翟锁金	1986.01～1987.01
	代区长	邵国振	1987.01～1987.03
	副区长	冷敏述	1986.01～1987.03
		李 锋	1986.01～1987.03
		朱仁林	1986.01～1987.03
		吴金龙	1986.01～1987.03
		顾寿山	1986.01～1987.03
		冯国鹏	1986.01～1986.07
第十一届（1987.03～1990.03）	区 长	邵国振	1987.03～1990.03
	副区长	李 锋	1987.03～1989.12
		朱仁林	1987.03～1990.03
		顾寿山	1987.03～1990.03
		冯国鹏	1987.03～1988.07
		朱盘生	1988.01～1990.03
		李继银	1989.12～1990.03
第十二届（1990.03～1993.02）	区 长	邵国振	1990.03～1991.10
		李继银	1992.03～1993.02
	代区长	李继银	1991.10～1992.03
	副区长	朱仁林	1990.03～1992.12
		李继银	1990.03～1991.10
		朱盘生	1990.03～1993.02
		王竹平	1990.03～1993.02
		章永星	1991.10～1993.02
		许洪义	1992.12～1993.02

续表12-1

机构名称	职 务	姓 名	任职时间
第十三届（1993.02～1998.01）	区 长	李继银	1993.02～1997.11
		许洪义	1997.11～1998.01
	副区长	朱盘生	1993.02～1998.01
		王竹平	1993.02～1993.06
		章永星	1993.02～1998.01
		许洪义	1993.02～1997.11
		姚振亚	1993.03～1997.01
		秦汝栩（女）	1993.06～1997.11
		许建平	1997.11～1998.01
		刘茂荣	1997.01～1998.01
		金元兴	1997.11～1998.01
第十四届（1998.01～2003.01）	区 长	许洪义	1998.01～2001.02
		曹佳中	2001.02～2003.01
	副区长	朱盘生	1998.01～2001.03
		章永星	1998.01～2002.11
		许建平	1998.01～2001.03
		刘茂荣	1998.01～2001.03
		金元兴	1998.01～2003.01
		叶勤良	2000.08～2003.01
		陈德荣	2001.03～2003.01
		田 玲（女）	2001.03～2003.01
		张立军	2002.11～2003.01
第十五届（2003.01～ ）	区 长	曹佳中	2003.01～
	副区长	金元兴	2003.01～
		叶勤良	2003.01～2004.05
		陈德荣	2003.01～2004.12
		田 玲（女）	2003.01～
		张立军	2003.01～2003.11
		杭兰生	2003.11～
		荣福民	2004.05～
		任培燕（女）	2005.06～

第二节 工作机构

1985年12月，为适应城区经济建设和社会事业发展的需要，区政府部分部门由科改为局。区人事科、财政科、民政科、城市建设科、卫生科、物价科、司法科、文教科分别改名为区人事局、财政局、民政局、建设局、卫生局、物价局、司法局、文教局。

1986年，成立区劳动局，列入区政府工作部门。

1988年，成立区监察局、区计划生育委员会；成立区档案局，与档案馆合署办公；成立区经济体制改革委员会；撤销区文教局，成立区文化局和区教育局(区体育运动委员会与区教育局合署办公)。

1989年，撤销区规划建设环保局，成立区规划管理局，区建设环保局；成立区委保密局；成立区审计局。

1990年，成立北塘区残疾人联合会(由区民政局代管)；成立区政府法制办公室、区信访办公室；成立区对外经济贸易委员会，与区经济体制改革委员会合署办公；成立区体育运动委员会。

1991年，成立区科学技术委员会；成立区统计局，由区计划经济委员会代管；区对台办更名为“中共无锡市北塘区委台湾工作办公室”。

1993年，区对外经济贸易委员会、区科学技术委员会、区统计局与区计划经济体制改革委员会分设。

1996年，区委政法委员会挂“区社会治安综合治理委员会办公室”牌子。同年，撤销区文化局和区体育运动委员会，组建区文体局；撤销区人民防空办公室、区信访办公室和区政府法制办公室，工作职能由区政府办公室承担，并挂“区人民防空办公室”“区信访办公室”“区人民政府法制办公室”牌子；区计划经济委员会更名为区计划与经济局，并挂“对外经济贸易局”“区科学技术局”“区第三产业办公室”牌子；撤销区经济体制改革委员会，其工作职能由区计划与经济局承担，在区计划与经济局挂“区经济体制改革办公室”牌子；区建设环保局更名为区城市建设环保局，并挂“区环境管理局”牌子；撤销区规划管理局，其工作职能由区城市建设环保局承担；区商业局更名为区贸易局；区计划生育委员会更名为区计划生育局；区房地产管理局更名为区房产管理局；区财政局挂“区公有资产管理局”牌子；区卫生局挂“区爱国卫生运动委员会办公室”牌子。区机构编制委员会办公室与区人事局合署办公。同年，区政府工作部门机构为：区政府办公室、区计划与经济局、区教育局、区司法局、区民政局、区财政局、区人事局、区劳动局、区城市建设环保局、区贸易局、区文体局、区卫生局、区计划生育局、区审计局、区统计局、区监察局、区物价局、区房产管理局。

2001年，区委统一战线工作部挂牌的“区委台湾工作办公室”改为与区委统一战线工作部合署办公，对外挂“区政府台湾事务办公室”牌子。区机构编制委员会办公室为区委工作部门，正科级建制，与区人事和劳动局合署办公。区档案局由区委直属事业单位改为区委、区政府共同管理的直属事业机构，区档案馆由与区档案局合署办公改为区档案局挂“区档案馆”牌子。区委统一战线工作部(挂“区政府侨务办公室”牌子)、区委政法委员会 (挂“区社会治安综合治理委员会办公室”牌子)，仍为区委工作部门。区监察局与区委纪律检查委员会机关合署办公。同年，撤销区计划与经济局、区物价局，不再保留在原区计划与经济局增挂的区对外贸易经济局、区经济体制改革办公室、区第三产业办公室的牌子，成立区发展计划局，对外挂“区物价局”牌子；撤销区贸易局，组建区经济贸易局，对外挂“区对外贸易经济合作局”“区科学技术局”牌子，内设“区安全生产监督管理局”；撤销区财政局增挂的“区公有资产管理局”牌子；区城市建设环保局更名为区建设环境保护局；区环境管理局更名为区城市管理局；区人民政府教育督导室改为与区教育局合署办公；区爱国卫生运动委员会办公室由区卫生局的内设机构改为在区卫生局挂“区爱国卫生运动委员会办公室”牌子；撤销区人事局、区劳动局，组建区人事和劳动局。同年，区政府工作部门机构设置为：区政府办公室(挂“区人民政府法制办公室”“区人民防空办公室”“区信访办公室”牌子)、区发展计划局(挂“区物价局”牌子)、区经济贸易局(挂“区对外贸易经济合作局”“区科学技术局”牌子，内设“区安全生产监督管理局”)、区教育局(区政府教育督导室与其合署办公)、区人事和劳动局、区财政局、区监察局(为区政府工作部门、与区委纪律检查委员会机关合署办公，不计政府工作部门个数)、区民政局、区司法局、区建设环境保护局、区文体局、区卫生局(挂“爱国卫生运动委员会办公室”牌子)、区计划生育局、区审计局、区城市管理局、区房产管理局。区统计局为区政府直属事业机构。

2002年，北塘区建设环境保护局分设为区建设局和区环境保护局；同年，成立区民族宗教事务局，与区委统一战线工作部合署办公。

2005年，区发展计划局更名为区发展和改革局，对外挂“区物价局”牌子。区安全生产监督管理局从区经济贸易局分离，为正科级建制。区计划生育局更名为区人口和计划生育局。由区财政局承担国有资产监督管理职能。同年，区政府的工作机构设置为：区政府办公室(挂“区人民政府法制办公室”“区人民防空办公室”牌子)、区发展和改革局(挂“区物价局”牌子)、区经济贸易局(挂“区科学技术局”“区对外贸易经济合作局”牌子)、区教育局(与区人民政府教育督导室合署办公)、区人事和劳动局、区财政局、区监察局（与区委纪律检查委员会机关合署办公）、区民政局、区司法局、区建设局、区文体局、区卫生局（挂“爱国卫生运动委员会办公室”牌子)、区人口和计划生育局、区审计局、区城市管理局、区房产管理局、区民族宗教事务局(与区委统战部合署办公)、区安全生产监督管理局。区档案局为区委、区政府共同管理机构。区环境保护局、区统计局为区政府直属事业机构。区信访局为区政府工作部门。

北塘区党委部门机构设置情况表

表 12-2

1996年	2001年	2005年
区委办公室	区委办公室【区委机要保密局】	区委办公室【区委机要保密局】
区委组织部【区委老干部局】	区委组织部	区委组织部
区委宣传部	区委宣传部	区委宣传部
区委统一战线工作部	区委统一战线工作部【区政府侨务办公室】、区委台湾工作办公室【区政府台湾工作办公室】	区委统一战线工作部【区政府侨务办公室】、区委台湾工作办公室【区政府台湾工作办公室】、区民族宗教事务局
区委政法委员会【区社会治安综合治理委员会办公室】	区委政法委员会【区社会治安综合治理委员会办公室】	区委政法委员会【区社会治安综合治理委员会办公室】
区委区级机关工作委员会	区委区级机关工作委员会	区委区级机关工作委员会
区纪律检查委员会、区监察局	区纪律检查委员会、区监察局	区纪律检查委员会、区监察局
区档案局、区档案馆	区档案局【区档案馆】	区档案局【区档案馆】
	区老干部局	老干部局
	区机构编制委员会办公室	区机构编制委员会办公室

北塘区政府部门机构设置情况表

表 12-3

1996年	2001年	2005年
区政府办公室【区人民防空办公室、区信访办公室、区人民政府法制办公室】	区政府办公室【区人民政府法制办公室、区人民防空办公室、区信访办公室】	区政府办公室【区人民政府法制办公室、区人民防空办公室、区信访办公室】
区计划与经济局【区经济体制改革办公室、区对外经济贸易局、区科学技术局、区第三产业办公室】	区发展计划局【区物价局】	区发展和改革局【区物价局】
区贸易局	区经济贸易局【区对外贸易经济合作局、区科学技术局、内设安全生产监督管理局】	区经济贸易局【区对外贸易经济合作局、区科学技术局】
区教育局	区教育局、区政府教育督导室	区教育局、区政府教育督导室
区司法局	区司法局	区司法局
区民政局	区民政局	区民政局

续表12-3

1996年	2001年	2005年
区财政局【区公有资产管理局】	区财政局	区财政局
区人事局、区机构编制委员会办公室	区人事和劳动局	区人事和劳动局
区劳动局		
区城市建设环保局（区环境管理局）	区建设环境保护局	区城市管理局【区城市管理行政执法局】
区文体局	区文体局	区文体局
区卫生局【区爱国卫生运动委员会办公室】	区卫生局【区爱国卫生运动委员会办公室】	区卫生局【区爱国卫生运动委员会办公室】
区计划生育局	区计划生育局	区人口和计划生育局
区审计局	区审计局	区审计局
区统计局	区监察局	区安全生产监督管理局
区监察局	区房产管理局	区监察局
区房产管理局	区城市管理局	区房产管理局
区物价局	区统计局	区环境保护局
		区统计局

说明:【】括号内为挂牌单位

第三节 派出机构

街道办事处为区政府派出机构。1986年，北塘区设北塘、北大街、吴桥、顾桥、西新、惠山、盛岸、惠龙8个街道办事处。1992年，街道设置变更，顾桥街道并入北大街街道，盛岸街道并入惠人街道。全区辖北大街街道、吴桥街道、惠山街道、西新街道、惠龙街道5个街道办事处。2000年1月，设立五河街道办事处，区设6个街道办事处。

2002年1月，无锡市区划调整，原无锡市滨湖区所辖黄巷镇、山北镇和刘潭街道划归北塘区管辖，北塘区辖2镇7街道。2004年2月，黄巷镇撤销并和刘潭街道合并建黄巷街道办事处；山北镇撤销和惠龙街道合并建山北街道办事处；原北大街、西新、吴桥、惠山、五河5个街道合并整合后，改设为北大街街道办事处、惠山街道办事处。至2005年年末，北塘区下设黄巷、山北、北大街、惠山4个街道办事处。

第二章 施政概要

第一节 议事规则

通过会议研究决策重要政务工作，沟通情况，是区政府对区政务工作实施领导、管理、协调及落实各项任务目标的重要手段。2000年6月，区政府修订1998年1月制定公布的《北塘区人民政府议事规则》，确定新的议事规则。

凡需提交区政府常务会议等研究讨论的事项，有关部门、单位预先做好充分准备，形成书面材料，提前发至各与会对象进行酝酿。各与会对象要预先做好有关议题的调查和准备工作，会上围绕议题充分发表意见，做到集体领导、民主集中、个别酝酿、会议决定，严格按照规定和程序办事。对会议明确的有关事项，有关责任部门、单位要明确责任，狠抓落实，在工作中不折不扣地贯彻执行。

一、区政府议事的主要形式

区政府议事的主要形式为召开会议，包括区政府常务会议、区长办公会议、区长协调会议、区长现场办公会议、区政府全体成员会议和区政府部门会议。

二、区政府常务会议

由区长或区长委托常务副区长召集并主持，各副区长和区政府办公室有关人员参加，一般每半月举行一次，隔周的星期五召开。通常情况下，会议邀请区人大、区政协有关领导成员参加，并根据会议内容，指定区政府有关部门和下属单位的负责人列席。会议列席人数尽量控制，列席的部门（单位）负责人一般只参加与本部门（单位）相关议题的研究讨论。会议主要内容：研究讨论区政工作中事关全局的重大事项，审查通过以区政府名义发布的政策、决定和行政措施；研究讨论阶段性工作部署；研究处理各部门请示解决的重大问题以及需要区政府批准的有关事项；其他需要区政府常务会议研究讨论的问题。

区政府常务会议议题由各分管区长在区长办公会议上提出，区长确定并由区政府办公室负责通知。会议研究讨论的有关材料提前发给区长、各副区长。会议就所研究事项作出的决定，由区政府办公室整理成会议纪要，并负责对实施情况进行督促检查和及时反馈。

三、区长办公会议

由区长或区长委托常务副区长召集并主持，各副区长和区政府办公室有关人员参加，一般每周一上午召开。主要内容：传达上级有关主要精神；通报上周主要工作情况，检查督促重点工作完成情况；研究本周工作计划及部署；提出并确定区政府常务会议议题。

四、区长协调会议

由区长或区长委托副区长召集并主持，根据工作需要不定期召开，有关副区长、区政府办公室有关人员、其他涉及的部门或单位负责人参加。主要内容：协调解决日常工作中涉及两个以上副区长分管范围需协调衔接的重要事项。

区长协调会议由区政府办公室负责记录。会后整理成会议纪要，并负责督促检查会议精神的贯彻实施情况。

五、区长现场办公会议

由区长或分管副区长召集并主持。根据工作需要不定期召开，区政府办公室有关人员、涉及部门或单位负责人参加。主要内容：研究解决区长或副区长所分管条线工作中的突出问题和矛盾，协调所分管部门之间的工作。

区长现场办公会议由区政府办公室负责记录，会后整理成会议纪要，并负责督促检查会议精神的贯彻实施情况，及时向有关分管区长汇报。

六、区政府全体成员会议

由区长或区长委托常务副区长召集并主持，各副区长及区政府其他组成成员参加，根据需要，会议对象范围可适当扩大。一般每半年召开一次，遇有特殊情况，经区政府常务会议研究决定，可随时召开。会议主要内容：总结区政府阶段性工作，部署安排区政府下阶段的全局性重要工作。会议议题由区政府常务会议决定。

七、区政府部门会议

除区政府直接召开的会议外，各部门可根据工作需要直接召集由区政府其他相关部门、各街道办事处和各基层企业事业单位负责人参加的会议，会议时间在半天内的报分管副区长批准，确需要一天或一天以上的报区长批准。凡由部门主办、以区政府名义召开并有区级领导参加的全区性会议，须分管副区长决定并报区长同意，由区政府办公室统一归口安排。

第二节 政事纪略

一、发展区街工业

80年代，北塘区为无锡市工业企业较为集中的区域，由于当时管理体制条块分割，区域内重要企业均为部省市直属企业。区属工业大多为散布于街巷里弄的生产自救型企业。1986年，全区完成工业产值6500万元，其中区属工业4710万元，街道工业1380万元，校办工业330万元。为发展区属工业，80年代中期起，区政府主导，逐步把无锡皮件厂、无锡工艺鞋厂、无锡制刷厂等一些街道里弄的区属工厂迁建到通惠路沿线，扩大企业规模。1988年又启动无锡纸箱总厂和无锡华能电热器材厂的扩建搬迁工程，新建无锡耐酸泵厂和无锡工量具厂。1990年创办城区第一家锡港合资企业昌隆皮件厂。与此同时，带动一批街道企业取得长足发展。其中华能无锡电热器材厂和街道企业顾桥印刷厂效益持续稳定，成为无锡市城区工业企业和街道企业排头兵。10多年间，区属工业生产总量，效益等技经指标在城区同口径比较中保持领先。1997年，全区完成工业销售5.8亿元，利税3730万元，工业总资产达到2.62亿元。1998年起，区属和街道工业企业启动产权制度改革，2001年区街工业企业改制全面完成。

图12-1 区政府及街道有关领导视察红梅市场屋顶花园（1995年）（区史志办供稿）

二、建设工业经济（科技）园区

1998年，区纸箱总厂因产品结构低端等原因，经营渐趋困难。为盘活资产存量，区政府决策利用纸箱总厂原有车间厂房引企经营，形成区首个工业经济园区，陆续有11家企业驻园生产。2001年，随着企业改制、重组的深入，辖区内一些市属企业出现闲置厂房地块。区政府适时提出“建园引企”的发展方针，同年建办春申、惠山、五河3个经济园区，建成面积19.4万平方米，进园企业77家。此后，按照“一街一园区”的要求，各街道相继建办经济发展园区。2002年，随着区划调整的实施和“退城进园”方针的深入，园区建设得到进一步发展，区建办的北塘科技创业园被批准为省级科技园区，金山北工业园三期扩建项目上马，黄巷民营科技园建设加快。至2003年，科技创业园引进高新技术及研发型企业51家，各类技术人才160人，金山北和黄巷园区经济总量均突破20亿元。经过发展整合，至2005年年末全区已建经济园区6个，占地900亩，园区登记各类企业1367家，园区经济达到全区经济总量的34.4%。

三、建办三里桥粮油市场

北塘运河边三里桥一带历史上是无锡米市的中心。解放后，国家实行粮食统购统销，三里桥米市逐渐消失。1981年，北塘区在三里桥沿河创办起当时全国第一家粮油交易市场，同年成交额217万元。1985年，区政府提出恢复传统米市，扩大和发展三里桥粮油贸易市场。1989年，国家放开大米专营，粮油统购统销政策全面放开，允许大米等主粮进入市场，市场管理部门推出一系列政策吸引外来客户，推行经纪人活动办法并加强信息网络建设，市场得到快速发展。至1994年，三里桥粮油市场经营米麦豆类、油料、饲料等三大类100多个品种，经营辐射周边10多个省，年成交量1.5亿公斤，年成交额2.3亿元，成为江苏省当时最大的农副产品市场，名列“全国百强市场”。1995年，三里桥粮油市场经过4次改扩建，经营面积达到1万平方米，配套2800平方米，成为可容纳800多万公斤粮食，日吞吐量40万公斤的大型专业市场。至1996年，连续5次被国家工商局评为“全国文明集贸市场”。1989年，经济学家薛暮桥及国家工商局领导到市场参观视察。1994年，国家副主席荣毅仁到市场视察。1996年后，因运河航道改变，城市规划道路拆迁改造等，市场经营户逐步分流到其他市场。

四、建办无锡招商城（红梅市场）

无锡招商城位于胜利门解放西路北侧，起源于80年代有8年马路市场历史的红梅市场。为培育发展并规范市场，北塘区政府联合市工商局对该地块进行改造。1992年，把马路市场全部搬进室内经营，并正式定名为无锡招商城，分为A区、B区（民间仍俗称红梅市场）。经过10多年不断发展，无锡招商城形成华东地区以小商品批发为主的知名的专业市场群体，设有小商品服装市场、儿童用品市场、皮具市场、劝业市场、灯具市场、五金电器市场等市场集群，经营上万个品种，批零兼营，价格便宜，经营方式灵活，为无锡市当时最大的小商品经营集散地，在苏南、苏中地区享有广泛的知名度。无锡招商城总面积8万平方米，容纳各类商铺摊位4800多个。至2000年后，年成交额突破20亿元。2004年起，因城市发展和建设规划的要求，无锡招商城作为小商品市场群整体迁建。原无锡招商城进行商场化升级改造。

五、建设青石路景观商贸街

青石路原是北塘区由江阴巷通往通惠路吴桥堍的一条小街弄，道路狭窄。1986年起，区政府为发展商贸，由14家单位投资联建，把道路拓宽到29米。沿街陆续建设商业用房，其中37处具有欧式风格的建筑尤为新颖别致，开无锡建筑样式新风，故民间又称“欧风街”。至2000年元旦，全街建成，全长1000米，店面286间。同年9月28日，无锡太湖国际旅游节暨青石路商贸街开街仪式举行，由无锡市政府命名为无锡市第一条“旅游餐饮特色街”。全街拥有娱乐休闲酒吧、茶室、酒店宾馆、书画礼品、美容化妆、运动健身、精品服饰、食品饮食及便民超市等300多家店面。其中状元楼、凯旋门等30多家餐馆经营全国各种不同风格菜肴及小吃。夜市经营，更具特色。一到夜晚，青石路整条街灯火通明，人流涌动，热闹非凡，吸引锡城市民及各地来锡游客聚集，成为全市有名的商业街。

六、组织抵御特大洪涝灾害

1991年6～8月间，由于连降暴雨，无锡市遭受百年未遇特大洪涝灾害，南门水位猛涨到4.88米，超过1954年的历史最高水位4.73米。北塘为无锡市地势最低洼地区，街巷里弄、工厂商店洪水倒灌，最深处水深1.5米，居民住宅进水15511户，单位进水80家，停产半停产单位65家，出现危房272间，倒塌29间。无锡市防洪重点设施北塘大联圩多处出现险情，北塘顾桥豫康里、江尖、新华新村等地段灾情尤为严重。在市政府协调指导下，区政府、区防汛指挥部条块结合，组织全区干部职工、基干民兵等昼夜抢险排水，巡逻值班，紧急加高豫康里、吴桥西路、三里桥等地防水墙，拆除吴桥东路沿河亭棚，疏散沿岸船舶，募捐麻袋、布袋、编织袋等抗洪物资，及时组织消毒防疫工作。3个月内动员组织抗洪单位509个，组织1.6万人（次）参加河堤加固、抢险排水、值班巡逻。抢救危险工段70处，计5358.5米，围堵渗漏缺口298处，投入沙包等10.6万余只，架设临时泵266台，加固危房86间，转移安置居民8630人，确保大灾之中全区无一处破堤，无一人因灾死亡，灾后未出现疫情。同年8月20日，中共中央政治局委员、国家救灾防病领导小组组长李铁映深入区惠龙街道卫生所视察，询问灾情及灾后防疫、恢复生产等情况，对区防汛抗洪组织工作予以肯定。区防汛指挥部受到建设部表彰。

七、组织村级股份经济合作制改革

2002年年初市区区划调整后，为加强城中村改造，推进农村城市化，明晰村民对集体资产的所有权，北塘区探索建立村级股份经济合作社。2002年9月率先在黄巷镇陈巷村试点。通过清理核实村级经济净资产，核定土地实有面积，量化资产，定员设股，发放村民股权证书，明确村民占有集体资产的份额；制定《股份经济合作社章程》，设立股东大会、董事会、监事会；明确村股份经济合作社的所有权、经营权、监督权和收益分配权，完成村级股份经济合作制改革。通过改革，创新农村集体所有制的实现形式，村民不仅有相应的劳动收入，还能从村级股份经济合作社的资产经营中获得股权收益。2003年，村级股份经济合作制改革在全区全面推开，至年末，全区22个行政村全部完成股份制改革。通过清产核资，全区村级总资产剥离非经营性资产后析股量化资产3.95亿元，设置427360股，持股人数34839人，成为全省第一个村级股份合作制改革全面到位的城区。村级股份经济合作制的建立，促进了全区撤村建居工作的顺利开展，2004年，全区22个行政村全部改为社居委，成为全市第一个没有行政村建制的区。同年，村级股份合作制改革获无锡市腾飞奖。据统计，从2003年至2005年年末先后成立的股份经济合作社，村民红利分配总额达1925万元。2005年，股份合作制经济持续高位增长，应税销售、实缴税金分别较上年增长32.55%和25.8%。

第三章　人事管理

第一节　机构和人事制度改革

一、机构

区人事局　1985年12月，北塘区人事科改为北塘区人事局，核定编制3人，均为行政经费开支。

2001年10月，区党政机构改革，撤销区人事局、劳动局，建立区人事和劳动局，正科级建制，与区机构编制委员会办公室（正科级建制）合署办公。局内设机构调整为：办公室、综合管理科、工资福利科和仲裁监察科。局核定行政编制10人。

区机构编制委员会　1987年3月，成立北塘区编制委员会，不单设办事机构，由区人事局承办日常工作。编制委员会办公室配备行政干部1人，职能是管理全区机关、事业单位的机构设置与调整，人员编制的核定，职务配备等项工作。1997年8月，核定区编制委员会办公室为副科级建制，负责全区行政管理体制和机构改革以及机构编制的日常管理工作。2001年10月，《无锡市北塘区机构改革方案》中明确，区编制委员会办公室改为区委工作部门，正科级建制，与区人事和劳动局合署办公。

区人才服务中心　1984年8月，成立北塘区人才服务公司。1988年2月，更名为无锡市北塘区人才开发公司。1990年6月，更名为北塘区人才服务中心，核定为全民事业单位，副科级建制，事业编制25人。主要职责为开展招聘交流、实行人事代理、进行合同鉴证、提供政策咨询等服务。配备专职管理人员和财会独立核算，建立人才技术信息网络，在基层各企业事业单位指定信息员。1994年，在街道、直属事业单位和区属企业建立人才信息联系网络。

二、干部人事制度改革

1992年起，北塘区实行行政机关事业单位职工辞职、停薪留职、提前退休制度；在企业事业单位实行专业技术职务内部聘任制和年度考核制，使因多种原因无法正式晋升，而又在实际工作中具有较大贡献的专技人员得到内部聘任，兑现应有的待遇；在部分事业单位试行工效挂钩的承包方式，为事业单位改革积累经验。1993年，北塘区在事业单位全面推广工效挂钩承包责任制。进一步深化全区事业单位的管理机制、机构编制、用人制度、分配制度为内容的综合改革，并对事业单位产权制度改革进行探索。1997年5～7月，全区事业单位实行全员聘用（任）制度。区人事局制定《无锡市北塘区事业单位实行全员聘用(任)制实施细则(试行)》。对聘用(任)合同的内容、签订、续订、变更、终止和解除、劳保福利待遇、合同的管理等作了一系列规定。1998年，按照“脱钩、分类、放权、搞活”的方针，区房产局与下属企事业单位脱钩，实行政事分开。2000年起，全区街道全面推开职能转换的改革工作。2001年，扩大事业单位实行股份合作制改革，以效率效能为原则，深化分配制度改革。至2004年12月，区政府确定的66家事业单位全部实行全员聘用制。

第二节 编制管理

一、党政机关机构编制

1988年区政法部门增加行政编制33人，其中检察11人、法院16人、司法6人。增加物价检查人员行政编制2人。

1996年9月12日，无锡市委、市政府下达《无锡市北塘区党政机构改革方案》：北塘区设置党政机构23个，其中区委5个，区政府18个，减少机构9个，精简28%；另设区委派出机构1个（区级机关工作委员会）。区级党政机关（含5个街道办事处）核定机关行政编制305人（不含政法部门编制），其中：区级机关230人，街道办事处机关75人。核定机关工勤人员使用机关附属编制31人。

2001年，无锡市委、市政府下达《无锡市北塘区党政机构改革方案》：北塘区设置党政机构20个，其中区委5个，区政府15个，另设区委派出机构1个（区级机关工作委员会），区委部门管理机构一个（老干部局），区委、区政府共同管理直属机构1个（区档案局），区政府直属事业机构1个（统计局）。区级党政机关（含5个街道办事处）核定机关行政编制291人（不含政法部门编制），其中：区级机关210人，街道办事处机关81人。核定机关工勤人员机关附属编制29人。总共精简10%。2004年，北塘区实施机构编制约束机制，健全完善机构编制审批制度，确保区机关10%的空编率。2005年，无锡市委、市政府下达《无锡市北塘区人民政府机构改革方案》，设置区政府部门16个，区政府直属事业机构2个。

2005年北塘区机构编制情况表

表12-4　　单位：人

单位小计	核定编制数				2005年12月实有人数																	
	合计	行政编制	地方编制	附属编制	总计	性别		职务					年龄				学历					
						男	女	处级	科级	科员	办事员	工勤	30岁及以下	31～40岁	41～50岁	51岁及以上	研究生及以上	本科	大专	中专	高中	初中及以下
总　　计	650	566	45	39	502	366	136	23	271	167	9	32	55	153	175	119	12	246	190	23	23	8
党委合计	64	53	5	6	62	44	18	2	40	16	–	4	8	21	23	10	1	37	17	4	2	1
人大合计	18	16	–	2	19	13	6	4	11	2	–	2	1	4	2	12	1	4	11	1	1	1
政府合计	167	139	8	20	152	114	38	9	80	48	1	14	13	48	58	33	4	61	60	13	10	4
政协合计	11	10	–	1	12	8	4	4	7	–	–	1	–	1	1	10	–	3	8	–	–	1
群团合计	12	9	3	–	12	3	9	–	9	3	–	–	–	5	4	3	–	4	7	1	–	–
政法合计	190	167	13	10	154	118	36	2	61	74	6	11	28	51	51	24	3	104	42	3	1	1
街道合计	188	172	16	–	91	66	25	2	63	24	2	–	5	23	36	27	3	33	45	1	9	–

二、街道机构编制

1990年4月，各街道办事处在行政编制外使用部分集体事业编制(一般控制在25人以内)，作为街道办事处机关编制。撤销原市计委批准的各街道联管组集体企业编制和区编制委员会批准的各街道联管组集体企业编制，改为集体事业编制和增加的集体编制。1996年，街道办事处机关机构改革，街道办事处机关设4～5个综合办公室或科（股）室。2001年，各街道办事处的党政机构统一设置为：党政办公室、经济管理科、城市管理科、社区管理科。2002年，行政区划调整。2004年，撤并街道（镇），设立黄巷、山北、惠山、北大街4个街道办事处，各街道设街道党工委、办事处、经济发展总公司、纪工委（监察室）、人民武装部、人大联络办公室，并明确各机构的职能。同年，对区各街道下属全民事业单位人员编制进行重新核定。

1986～2005年北塘区机关编制变动情况表

表12-5　　单位：人

年份	区本级		乡镇（街道）核定行政编制	政法专项核定编制
	核定行政编制	核定附属编制		
1986	142	–	56	76
1992	–	–	59	130
1996	230	31	75	157

续表 12-5

年份	区本级		乡镇（街道）核定行政编制	政法专项核定编制
	核定行政编制	核定附属编制		
2001	210	29	81	181
2005	210	29	188	190

三、事业单位编制

1987年6月，建立无锡市北塘区环境保护监察管理站，全民所有制事业单位，相当于股级建制，暂定事业编制5人。同年9月，对各街道集体事业编制进行调整。1988年，对区属事业单位编制进行调整，设立北塘区党（干）校、北塘区台湾同胞接待站、中共无锡市北塘区委员会对台工作办公室等事业单位。同年，各街道办事处将原来的生产股、城建卫生股、地区（司法）股、财会股统一改设为生产管理科、城建卫生科、地区工作科和财会科，并各增加集体编制2～3人。1989年，建立北塘区职工培训中心、北塘区工业管理站、双河新村小学等事业单位。废除锡北编〔1988〕44号文，收回北塘区经济委员会25人集体事业编制。1990年，建立北塘区测绘队、北塘区会计咨询事务所、北塘区文化市场管理所等事业单位。北塘区人民医院、双河新村小学等事业单位增加事业编制。1991年，设立北塘区实验托儿所、北塘区业余游泳运动学校等事业单位。北塘区建筑设计室增加编制15人。同年，各街道设立文化站和人才服务站。1992年，成立北塘区人民政府招待所、五河新村中心幼儿园、五河新村小学、北塘区文化经济开发公司、北塘区健康教育所、粮食幼儿园等事业单位。1993年，设立翔宇经济律师事务所、第五市政建设公司、北塘区残疾人劳动服务所等事业单位。1996年10月，事业单位进行重点改革，全区各级各类靠财政拨款的事业单位人数精简10%，进一步完善法人登记制度。2001年，事业单位管理体制改革。推进政事分开及事业单位的社会化管理，会计、审计、律师事务所等，限期与政府主管部门脱钩。

1999～2005年北塘区事业单位机构编制情况表

表 12-6 单位：人

年份	全民事业单位核定编制		集体事业单位核定编制	
	财政拨款	自收自支	财政拨款	自收自支
1999	2429	365	527	596
2001	2206	432	524	549
2002	2793	470	770	555
2004	2617	409	-	-

第三节 干部管理

一、管理制度

1990年6月，区委组织部、区人事局制定《北塘区党政机关干部管理暂行规定》《北塘区企业干部人事管理的若干暂行规定》,《北塘区党政机关干部管理暂行规定》规定干部任职、调配、任免程序、管理权限等，促进党政机关干部选拔作用工作的制度化、规范化和党政机关干部队伍建设。《北塘区企业干部管理暂行规定》规定企业干部人事管理遵循的基本原则、企业经营者的管理、企业副厂级行政领导干部及中层行政管理人员的管理、企业党群系统领导干部的管理等。1990年4月，区委组织部、区人事局制定《关于组织机关部分干部到基层短期代职的实施意见》，让机关干部到基层代职，易位实践，换岗锻炼，增长才干。文件规定代职的条件、对象、岗位及时间，实施方法、代职的主要任务、考核办法。1993年7月，对事业单位辞退专业技术人员和管理人员进行规定。1997年10月和11月，区级机关和街道机关分别完成现有机关工作人员向公务员过渡工作，并加强对公务员队伍建设管理。

二、招聘录用

1988年5月，北塘区制定《关于街道办事处实行干部聘用制的暂行规定》，对干部聘用条件、聘用程序、聘用合同的解除、聘用干部的管理及待遇、未聘及解聘人员的安置作了具体规定。街道可以在劳动力指标、干部指标和核定的编制内在本街道原有干部或工人中直接聘用副主任及以下领导干部和技术管理人员，本街道无合适人选又急需时，可以在社会上公开招聘。聘用人员享受街道同职同级干部的待遇。2004年3月起，对进入党政机关干部实行考试录用制度。担任主任科员以下非领导职务的工作人员，一律实行职位竞争考试，面向社会公开招考，进一步规范公务员和机关工作人员的调任工作。

三、干部培训

区人事干部的培训工作起步于1991年。1991年5月，在全区人事部门、机关有关部门及企事业单位在职人事干部中，进行半脱产方式，为期6～8个月的岗位必备的专业知识和技能综合培训。1997年6～12月，对全区行政机关，即将过渡为国家公务员人员，参照和依照《国家公务员暂行条例》管理的国家机关工作人员，县处级领导干部，区政府各部门负责人，街道办事处负责人和行政执法人员进行社会主义法制建设基本理论、公务员法律基础知识等法规宣传教育。2000年上半年，对区机关干部进行计算机网络培训。2002年，在全区公务员队伍中实施“四五”普法和普通话培训，公务员初任、任职培训。2003年，全区公务员进行更新知识培训，主要内容是《创新原理与方法》。2004年，全区公务员进行英语培训、信息化与电子政务培训。2005年11月，全区公务员进行《中华人民共和国公务员法》学习培训。

四、毕业生分配

从1984年起，区毕业生分配逐步走向市场机制，大专以上毕业生采取指令性计划和指导性计划相结合的分配办法。1990年，大中专毕业生报到实行“入户”许可证制度，凭证办理户粮关系。从1994年开始，北塘区的大中专毕业生分配制度随着形势发展作了重大改革，由过去的“宏观调控，统包统配”转变为“供需见面、双向选择”，扩大学校的推荐权、毕业生的择业权和用人单位选人权。区人事局通过人才市场、公开招聘等渠道，积极引进高校毕业生。1986～2005年，北塘区引进大中专毕业生716人。

1986～2005年北塘区历届大中专毕业生分配情况表

表12-7　　　　单位：人

年份	人数	学历		分配单位			年份	人数	学历		分配单位		
		大专以上	中专高中	机关	事业	企业			大专以上	中专高中	机关	事业	企业
1986	11	3	8	–	7	4	1996	64	19	45	2	38	24
1987	19	4	15	1	16	2	1997	40	17	23	5	28	7
1988	22	2	20	–	21	1	1998	65	29	36	5	45	15
1989	54	5	49	–	54	–	1999	40	20	20	3	27	10
1990	25	9	16	3	22	–	2000	36	28	8	3	29	4
1991	21	15	6	1	18	2	2001	13	13	–	–	13	–
1992	16	5	11	1	12	3	2002	23	22	1	1	22	–
1993	30	7	23	–	–	30	2003	37	36	1	–	37	–
1994	56	14	42	2	47	7	2004	42	42	–	3	39	–
1995	81	22	55	4	49	28	2005	21	21	–	2	19	–

五、军转干部安置

新中国成立初期的军官转业安置工作由政府人事部门具体负责。60年代初，部队军官转业干部（以下简称“军转干部”）的安置实行国家统一下达计划与就地转业相结合的办法，分配的主要去向是工业、文教系统和农村乡镇，军转安置由省里直管。“文化大革命”期间，军转安置工作中断，1975年后区军转安置工作恢复。军转安置的重点是充实到基层和需要加强的部门，对专业技术人员原则上要求对口安排，党政机关的进人实行严格控制，对团级以上干部尽可能解决好职务安排问题。1985年，军转安置工作从单纯的指令性计划分配转变为计划指导与推荐选用相结合，增加安置工作的开放程度。军转干部安置重点是政法、经济监督调节部门、街道办事处和各系统的基层单位。此后，对师团职干部、二等功以上功臣和长期在边远艰苦地区工作的军队转业干部，按照安置政策和原则均得到优先照顾安置。大部分营职以下和专业技术干部通过公开透明的"双向选择"进入合适的工作岗位。1997年3月，省出台军转干部住房改革试点资金管理暂行办法，为解决军转干部的住房问题提供政策扶持。1986～2005年，北塘区安置军队转业干部181人。

1986～2005年北塘区安置军转干部情况表

表12-8　　单位：人

年份	人数	安置去向			年份	人数	安置去向		
		机关	事业	企业			机关	事业	企业
1986	8	2	4	2	1996	7	7	–	–
1987	27	23	2	2	1997	7	6	–	1
1988	18	17	1	–	1998	4	4	–	–
1989	25	23	2	–	1999	6	2	4	–
1990	5	5	–	–	2000	8	5	3	–
1991	1	1	–	–	2001	2	2	–	–
1992	4	3	1	–	2002	4	4	–	–
1993	10	10	–	–	2003	7	6	1	–
1994	7	7	–	–	2004	12	12	–	–
1995	6	6	–	–	2005	13	13	–	–

六、干部调配

区内调整一般干部经组织决定，手续由区人事部门办理，报市政府备案。1974年起，对市外（含郊县）调动，由各系统主管部门和市人事局办理。1980年起，干部跨省市商调，重点解决夫妻长期分居两地、在锡老人身边无子女和支边干部内返等问题。1988年3月，无锡市下达市外调进计划，引进发展外向型经济的紧缺人才。此后，区人事局根据各项事业发展的需要，按核定的编制和各类干部的结构比例，有计划地进行干部调配工作。区人事局设置调配职能，专门负责干部调配工作，促进干部调配工作的有序开展。

1986～2005年北塘区干部调配情况表

表12-9　　单位：人

年份	外省		本省		市内区县	
	调进	调出	调进	调出	调进	调出
1986	1	–	2	2	9	24
1987	3	–	5	1	26	27
1988	–	–	1	2	6	17
1989	4	3	3	–	17	17
1990	1	–	1	1	29	23

续表12-9

年 份	外 省		本 省		市内区县	
	调进	调出	调进	调出	调进	调出
1991	5	–	2	2	33	15
1992	3	–	–	2	96	23
1993	4	2	6	1	67	34
1994	8	2	4	1	29	28
1995	3	2	2	3	25	28
1996	2	2	–	6	49	24
1997	1	–	–	1	45	23
1998	–	5	2	–	58	13
1999	1	–	1	–	34	11
2000	2	–	–	1	18	17
2001	–	3	1	–	9	9
2002	–	1	–	2	–	18
2003	–	2	–	1	20	21
2004	–	2	2	1	21	17
2005	–	3	2	2	35	12

七、公务员队伍

1987年10月，中共十三大提出建立和推行国家公务员制度。1993年8月，国家颁布《国家公务员暂行条例》。1997年9月，区委组织部、区人事局联合下发《关于我区国家公务员和参照国家公务员管理人员职位分类工作的实施意见》和《关于我区机关现有工作人员向国家公务员过渡和参照国家公务员过渡的实施意见》，具体实施工作分三个步骤进行：在确定“三定”（定职能、定岗位、定编制）方案的基础上，合理设置职位，将机关的职能分解落实到各个职位，明确各职位的职责任务和任职条件，制定职位说明书。在对现有机关工作人员进行严格考核的基础上，根据职位的条件选择配备人员；按照规定的标准和程序，确定国家公务员的职务和级别，完成向国家公务员的过渡。同时采取妥善措施，安置分流出不符合过渡工作人员。实施国家公务员录用、职务升降、培训、奖励、纪律、交流、回避、退休等项制度。同年12月，对街道机关行政编制内的工作人员（工勤人员除外）进行公务员过渡，对街道综合服务中心在编在册的工作人员（工勤人员除外），实行依照公务员管理。

八、考核奖励

解放后至60年代，对干部的考核以定性考核为主，考核方式主要是作干部鉴定。80年代后，开始试行以年度岗位实绩为主，对干部进行德、能、勤、绩全面考核，根据考核结果，把岗位责任制的考核与干部考核、工作目标的考核、干部职务升降结合起来，建立干部考绩档案，认真兑现各类奖惩措施。1994年开始，每年对区机关事业单位工作人员按照公务员管理办法进行年度考核，考核工作与年终工作总结、事业单位专业技术人员年度考核结合，在时间和程序上同步进行。考核等次分优秀、称职(合格)、不称职(不合格)。1996年，设立“基本称职”（基本合格）等次，对“不称职”等次设置条件。2001年，试行量化考核、民主测评，进一步完善确定“不称职”等次的条件。2002年起，实行“基本称职”“不称职”等次人员与下年度奖金的挂钩制度。优秀等次比例在参加考核总人数的12%以内。对表现突出的给予行政奖励。对领导干部考核采用量化测评、面上综合考核相结合的办法。

1996～2005年北塘区机关干部年度考核情况表

表12-10　　单位：人

年份	优秀	称职	基本称职	不称职	不定等次
1996	47	339	1	–	–
1997	47	327	2	–	–
1998	34	235	–	–	3
1999	49	354	–	–	4
2000	51	349	–	–	4
2001	52	346	2	–	–
2002	61	413	–	–	3
2003	55	393	–	–	2
2004	36	218	2	–	3
2005	32	225	–	–	2

1996～2005年北塘区事业单位工作人员年度考核情况表

表12-11　　单位：人

年份	优秀		合格		基本合格		不合格		不定等次	
	全民	集体	全民	集体	全民	集体	全民	集体	全民	集体
1996	263	73	2081	661	11	15	2	4	–	–
1997	276	79	2025	655	12	11	2	3	–	–
1998	248	85	1953	677	12	2	3	2	37	9
1999	241	83	1943	656	8	1	1	1	23	10
2000	224	78	1788	627	10	3	–	–	20	8
2001	223	80	1682	609	3	6	–	2	19	16
2002	299	105	2253	802	5	1	–	–	22	7
2003	301	104	2202	814	10	–	–	–	18	15
2004	231	84	1895	724	5	1	–	–	12	8
2005	284	92	2079	691	–	–	–	–	15	–

第四节 专业技术人员管理

一、职称评审聘任

1986年，全区有专业技术人员749人，其中高级职称1人、中级职称39人、初级职称361人、未评定职称348人；本科41人、大专210人、“五大”[①]毕业生49人、中专生420人；40岁及以下371人。

1987年10月至1989年11月，北塘区首次进行企业事业单位专业技术职务评审和聘任工作。参加评审3442人，取得各类专业技术任职资格的人数达2762人，其中具备高级职务任职资格的31人、中级748人、助师级1141人、技术员级841人、不具备任职资格的人员693人。对区教育系列、商业企业、工业企业及其他事业单位的经济、会计等11个专业系列的专业技术人员进行职务评审和聘任，共涉及企业事业单位147家，其中全民事业单位20个、集体事业单位14个、工厂企业27家、商业企业11家、街道小集体企业73家。

1987年，北塘区成立职称改革工作领导小组，加强职称改革工作的领导。领导小组下设办公室，配备专职负责人员。在基层建立72个评审领导小组，设立办公室，安排2至3人负责职改工作。同年10月，分别建立北塘区会计系列专业技术职务初级评审委员会、北塘区卫生系列技术职务初级评审委员会、北塘区建设工程系列专业技术职务初级评审委员会、北塘区统计系列专业技术职务初级评审委员会、北塘区小学教师初级职务评审委员会、北塘区小学高级职务评审委员会、北塘区经济专业初级职务评审委员会、北塘区工程技术初级职务评审委员会、北塘区机械工业工程技术初级职务评审委员会、北塘区轻工工程技术初级职务评审委员会，实施对技术人员任职资格的评审和推荐工作。1988年1月，北塘区全民、集体企业事业单位的职称改革工作全面开展。根据本单位的专业技术人员岗位、结构、数量等情况，建立职称改革领导小组和职称评审组织，保证职称改革工作的顺利开展。同年5月，无锡市北塘区职称改革工作领导小组对全区实行专业技术职务聘任制工作的单位进行验收。全年实行专业技术职务聘任制度的全民所有制企业4家、专业技术职务指标是中级13人、月增加工资控制额为107元；集体所有制企业28家、专业技术高级职务5人、中级职务60人；集体事业单位中级职务20人；中小学中级指标70人；北塘区医院高级职务12人、中级职务95人。

1990年7月起，在区级以上国家机关中进行专业技术职务任职资格评审。评审工作按照先机关、后街道的顺序进行，共评审140人，其中高级16人、中级56人、助级56人、员级10人。

1991年，继续做好专业技术职称改革工作；做好专技人员建档立卡基础工作。年

①“五大”毕业生是指电视大学、夜大学、函授大学、职工大学、自学考试五种非全日制取得的学历文凭。

初对全区2500余人专技人员的学历、专业、年龄、岗位等情况进行详细的统计，并按单位的职级分类造册登记。根据市人事局的统一布置，对国家机关人员职称评审材料进行整理造册、归档、封存。全区共有108名机关人员评定职称，其中高级5人、中级42人、初级61人。

1992年8月，建立北塘区经济专业初级职务任职资格评审委员会。北塘区卫生技术初级职务任职资格评审委员会。同年10月，建立小学教师初级职务任职资格评审委员会。同年12月，北塘区全民事业、集体事业、企业工厂专业技术人员首次评审资格共496人，其中高级7人、中级103人、初级184人、员级202人；工程技术人员共65人，其中高级4人、中级20人、初级34人、员级7人；卫生技术人员48人，其中中级8人、初级20人、员级20人；经济专业人员76人，其中中级7人、初级46人、员级23人；财会人员19人，其中中级9人、初级3人、员级7人；律师专业1人、中级1人；教育专业人员282人，其中高级3人、中级58人、初级76人、员级145人；群艺文档4人，初级4人。

1993年，完成区级机关和街道机关48人的职称申报评审工作。组织经济、卫生、工程、建工、档案等专业系列不具备规定学历的人员基础业务理论省统考及省外语统考共计210人。统计、会计系列全国统考154人。

1994年，北塘区职称改革工作进入正常化管理轨道。全年办理专业技术职称审领手续高级16人、中级162人、初级449人。

1995年，组织全区各系列专技职务的申报评审工作，共计185人申报，报送高级职称12人、中级职称85人、初级职称88人。组织各专业系列专技职务晋升考试报名工作，报名人数202人。组织召开区小教中级、初级以及卫生初级评委会的评审工作会议。

1996年，组织全区各系列专技职务的报审工作，报名人数237人，其中报送高级职称10人、中级81人、初级146人。组织各类资格考试119人，其中外语省统考71人、经济全国统考42人。全国监理师执业资格考试6人。组织省外语等级考试75人、计算机等级考试125人。

1997年，根据无锡市职称办意见，调整北塘区小教中评委和小教、卫生、建设工程、综合工程4个初级评委会。完成区职称报审和初聘工作，其中高级职称申报8人，批准5人；中级申报79人，批准72人；初级申报87人，批准86人。

1998年，进行职称改革试点。共办理初聘手续、晋升初级职称73人，受理审核中高级职称材料93份，通过80人。

2000年9月，实行评聘分开，职称申报取消单位指标限制，凡符合条件者均可申报评审。组织各类职称晋升、职业资格考试33人，晋升中高级职称计算机考试报名40人，省职称外语考试101人、全国职称外语考试22人。

2001年，加大职称改革工作力度，探索评聘分开路子。共组织各类职称晋升、执业资格考试370余人，其中，各类职称晋升155人。

2002年，职称工作着力推进职称评聘分开。对取得专业技术资格的人员，事业单位实行差额聘任，允许高职低聘。全区共申报高级职称17人、中级职称113人、初级职称33人。新建区小学教师中、初级评审委员会以及建设工程初级评审委员会。

2003年，加强专技人员和职称基础管理，全面完成职称证书换证工作。全年共为3170名专技人员办理换证及注册手续。全年上报晋升高级职称13人、中级108人、初级39人，全年办理初定初级资格65人。

2004年起，开始探索实施以业绩、贡献为主的职称评价机制，推进事业单位职称制度改革，解决职称工作中重评轻聘现象。同年11月，在全区事业单位全面推开。全区共申报高级职称9人、中级75人、初级26人，审核办理初定初级资格78人。在小教中级资格评审过程中，首次实行量化打分评审，申报66人中有57人取得中级资格。

2005年起，在区教育系统进行地方性“小中高”专业技术资格评审试点工作。全区共申报高级职称10人、中级97人、初级18人，审核办理初定资格80人。

二、继续教育

从1999年起，对全区专技人员采用集中面授、统一时间考试的方式进行继续教育，由北塘区职工学校负责组织实施。1999～2001年，组织第一周期公修课《信息技术革命与知识产权法》，总计12批，培训总人数1990人。其中1999年培训，879人；2000年培训729人；2001年培训382人。2002～2004年，组织第二周期公修课《创新原理与方法》，总计16批，培训总人数4983人。其中，2002年共有专技人员1759人接受培训考核，占专技人员总数64%。2004年10月结束。2005年，是组织第三周期公修课《现代职业道德与通用能力》的第一年。共计举办专技人员公修课培训、考核6期，培训人数1006人。

第五节 人才服务

一、人才市场建设

1984年8月，建立北塘区人才服务公司，同时以人才市场的形式开展人才服务。1990年6月起，着手加强和完善区人才服务中心建设，配备专职管理人员和财会人员并理顺工作关系，完善规章制度。建立人才技术信息网络，在基层各企业事业单位指定信息员。1991年8月，全区各街道建立人才服务站，打通人才流入街道企业事业单位工作渠道。全年引进科技人才54人。1992年8月，区人事局制定《关于开放北塘区人才市场的意见》，进一步活跃人才市场，促进人才合理流动。1994年，在街道和区直属事业单位及区属企业全部建立人才信息网络。

二、人才档案管理

1984年8月，区人才中心开展代管人事档案业务，同年共代管人事档案3份。1992年3月，根据发展需要，增加代管人事关系、办理辖区内的企事业单位招聘录用等业务，至1992年年末共代管人事档案16份。1994年3月起，业务范围进一步扩大，新增收集和发布各类人才信息以及代办招聘录用各类人才等业务。1996年，区人才中心发展成为具有代管人事档案、代管代理人事关系、收集和发布各类人才信息以及招聘录用各类人才的综合性服务机构。其主要服务内容有：为代管人员办理正常的社会保险、工龄衔接、职称晋升、党团关系、招聘录用、退休等有关手续。至2005年12月，区人才中心共有代管人事档案750份、代交养老保险146人。

三、人事争议仲裁

1988年，无锡市人民政府下发《无锡市人才流动争议仲裁处理办法》，成立人才流动争议仲裁委员会，主要解决人才在流动过程中发生的争议。1993年，区政府印发《无锡市人才流动争议仲裁实施细则》。2003年，最高人民法院下发《关于人民法院审理事业单位人事争议案件若干问题的规定》，江苏省高级人民法院下发《关于审理事业单位人事争议案件若干问题的规定》，2004年12月，成立北塘区人事争议仲裁办公室，受理全区事业单位人事争议案件。

第四章 法制与信访工作

第一节 法制工作

一、机构

北塘区法制办公室成立于1990年10月，副科级建制，编制3人。1991年3月，成立区人民政府行政复议委员会，下设办公室，办公室设在区政府法制办公室，具体负责依法由政府受理的行政复议案件，指导政府部门的行政复议案件以及行政诉讼案件。2002年1月，区法制办为区政府办公室挂牌机构。区法制办承担指导督促全区依法行政工作，规范立法、规范行政执法行为，加强行政执法监督，行政复议和应诉工作，保证政府工作在法治化轨道上运行。

区政府法制办公室获“1995—1996年度无锡市政府法制工作先进集体”荣誉称号。

二、政府依法行政

1994年，区政府成立区依法行政领导小组，在政府部门中先行试点，试点单位为3个：区工商行政管理局、区规划局、区建设环保局。1995年5月，区政府在对3个试点单位进行依法行政总结经验的基础上，召开区依法行政扩大试点工作会议，再次确定区劳动局、区房地产管理局、区卫生局、区档案局、区公安分局、区统计局、区物价局、区民政局、区财政局、区文化局10个单位为试点单位。1996年，依法行政工作在全区全面展开，各单位制定了本单位的工作计划。1997年，区民政局被评为无锡市1994—1996年依法行政工作先进集体。1999年，中共十五大确立依法治国、建设社会主义法治国家的基本方略，国务院于1999年11月发布《国务院关于全面推进依法行政的决定》。同年年末，区政府组织78名部门领导参加区人大举办的法制培训。2000年，制定出台《区全面推进依法行政工作的决定》，制定《无锡市北塘区人民政府政府议事规则》，并聘请法律专家作为区政府法律顾问，为政府依法行政、依法决策提供法制保障。

三、规范性文件审核与清理

区法制办每年制定全区依法行政工作计划，负责区规范性文件审核备案工作。严格按照市政府规章制定办法，在制定程序、适用范围、时效、权限、用语及是否与上级法相抵触等方面，层层把关，严格审查，保证规范性文件及行政措施的合法性、可靠性。1993年4月10日，区出台《区政府关于规范性文件备案的规定》，明确规定规范性文件备案的时限、制定主体和备案程序。2000年，进一步完善规范性文件备案的规定，2002～2003年，在中国加入世贸组织之际，为与WTO（世界贸易组织）规则相适应，开展清理文件、规范行政审批工作。对照国务院取消第一批行政审批项目789项、省政府取消行政审批事项176项、国务院取消的第二批行政审批项目406项、改变一批行政审批项目82项，组织全区相关部门和人员对2002年以前及区级部门的文件进行两次清理工作，同时清理北塘区1983～2002年自行制定的地方性法规、规定及其他规范性文件。2004年2月26日，出台《依照行政许可法清理现行区政府规范性文件和实施机关的意见的通知》，同年进行较大规模的规范性文件清理。

四、行政执法监督

区政府法制办公室成立后，开展行政执法主体的登记、培训和法律、法规依据的梳理工作，严把执法主体准入关。区政府结合法律、法规出台时机，由区法制办牵头会同人大、政协、区监察局和区相关部门联合开展《中华人民共和国档案法》《中华人民共和国统计法》《中华人民共和国行政复议条例》《中华人民共和国行政许可法》《中华人民共和国行政诉讼法》等法律、法规的贯彻实施情况的执法检查，促进法律、法规的正确实施。同时还加强执法人员的法律知识培训，累计培训次数达15次，培训人员达900余人。1994年区政府对部门进行了3次执法督查。1996年，对10个职能部门进行执法检查。同年，统一启用省政府印制的执法证和行政执法监督证，年末共发放149张行政执法证和40张行政执法监督证。1998年10月，区政府召开行政执法责任制工作会议，成立行政执法责任制领导小组，制定区政府行政执法责任制实施方案和行政执法责任制评议考核制。同年，进行行政执法证换证，共发放216张行政执法证和43张行政执法监督证。1999年，区政府出台《北塘区实施行政执法责任制考核办法》，各职能部门制定行政执法责任制工作计划。2000年，区政府表彰1998—1999年度推行行政执法责任制工作的先进集体7个和先进个人43人。2001年，出台《关于对行政执法责任制工作进行评议考核的通知》。结合《中华人民共和国统计法》的颁布实施，制定《关于开展统计执法大检查的实施意见》，并成立了统计执法大检查领导小组。2002年，继续深化行政执法责任制工作，加强监督检查，组织多次专项执法检查，开展《中华人民共和国行政复议法》颁布实施六周年实施情况检查活动。2003年，为进一步规范行政执法行为，杜绝乱执法、不执法、执法重叠或交叉等行为，制定《做好行政执法主体资格确认工作意见》，重新确认执法主体资格，2004年2月，依据行政许可法，对区级行政实施主体进行清理。同年，进行行政执法监督证统一换证。

五、行政复议和应诉

区政府法制办代表区政府受理公民、法人或其他组织申请的行政复议；办理区政府为被告的行政复议；出席法庭代理区政府为被告的诉讼案件；指导区政府各部门及各街道办事处的行政复议及应诉工作，同时参加接待群众来访和咨询。1991年成立北塘区人民政府行政复议委员会。1993年、1997年、2003年3次对区政府行政复议委员会进行调整。1991～2005年，行政复议案件较多的年份是1995年6件，2001年4件，2002年4件。

第二节 信访工作

一、机构设置

北塘区信访局的前身是北塘区政府信访科，1990年12月成立北塘区信访办公室，为区委、区政府办事机构，副科级建制。2005年10月，区的信访工作职能仍由区政府办公室承担，并在区政府办公室挂“区信访局”牌子。同年年初，北塘区在平安创建工作中延伸信访工作网络，建立社居委信访接待室。

二、信访接处

北塘区信访局按照属地管理原则，负责接待群众来访、办理群众来信、市长公开电话分电话的办理以及网上信访工作。针对改革和城市建设中出现的一些矛盾纠纷，信访局结合《信访条例》宣传，梳理矛盾纠纷，运用“一案一策”的方法，重点以化解上访老户和群体性问题为突破口，逐个摸底，逐项解决，成功化解一大批疑难复杂的问题。

1997年开设市长公开电话分电话（82613923），负责受理群众咨询、求助等。对来电反映违章搭建、环境卫生、劳动就业、生活困难、城镇拆迁等问题，即时解释答复、电话转办或批转有关部门和街道进行处理，受理办结率98%。

1986～2005年北塘区信访局信访接处情况表

表12-12 单位：件、批/人次

年 份	来信（件）	来访（批/人次）	
		个 访	集体访
1986	47	32/35	－
1987	62	38/43	－
1988	75	56/69	－
1989	86	42/51	1/6

续表 12-12

年 份	来信（件）	来访（批/人次）	
		个 访	集体访
1990	98	38/45	2/23
1991	145	42/49	2/14
1992	156	45/57	1/9
1993	172	73/78	2/17
1994	193	86/92	1/8
1995	196	96/102	2/16
1996	202	105/137	3/53
1997	269	129/135	10/184
1998	208	93/108	39/369
1999	215	223/261	31/513
2000	230	290/328	16/325
2001	221	151/192	28/427
2002	368	327/417	55/882
2003	449	577/676	54/690
2004	466	734/895	80/1585
2005	487	564/670	100/5030

三、领导接待日制度

1996年起，区建立领导接待日制度，每月安排区领导信访接待1次。1998年起，逐渐健全完善领导接待制度。区委、区政府领导接待群众来访实行双周接待制，每月接待群众来访不少于2次；各街道党政领导实行每周接待制，每月安排接待群众来访不得少于4次。据统计，区领导的年均接访量约为350批，凡是能当场处理立即处理，不能当场处理的进行后续协调督办。党政领导对接待受理的信访事项实行首接负责制，需要和其他领导沟通、协调的，也由接待领导负责，一抓到底。对一些跨地区、跨部门的重要、疑难信访问题，主动牵头，组织会办，妥善处理。信访部门依据国务院《信访条例》和《江苏省信访条例》，教育群众正确行使自己的信访权利，引导群众依法信访、文明信访。区信访局对领导信访接待日制度的情况进行督查，并将其列入信访工作考核。信访部门对领导的接待及处理情况进行详细登记，并存档备案。

四、有关矛盾的处理

处理事业单位转改制中引发的矛盾 2004年下半年，区委、区政府按照“政事分开、事企分开、分类指导、分类改革”要求，对辖区内部分事业单位进行转改制，因转制前后的待遇福利差异问题，上访事件不断，其中房管、市政、绿化、蔬菜种子公司、城建开发公司等部门的退休工人矛盾更为突出，经多方反复协调沟通，问题得到缓解。

处理拆迁安置中引发的矛盾 随着城市建设步伐的加快，拆迁安置矛盾与日俱增，因拆迁安置带来的信访问题约占全年上访总量的2/3以上，协调化解难度较大。特别是某地块部分拆迁户因拆迁补偿价前后相差较大，要求调查处理，他们多次到市、区两级集访并长时间滞留信访接待场所。区信访局积极协调市、区相关职能部门解决信访人住房、生活等方面困难，带领街道、社居委的人员每天和市信访局的人员到市政府门前做工作，讲清相关政策，与有关领导协商化解方法，分头到各点上门做工作。经过一段时间的工作，终于获得群众理解，基本平息该次集访。处理过程中还解决掉因拆迁引发的部分上访老户的实际问题。

处理失地农民中出现的矛盾 2004年以后，失地农民进社保问题矛盾突出，引起集访。区委、区政府高度重视，积极与市协调，信访办赴黄巷街道、山北街道认真调查了解，在政策允许的前提下，切实把失地农民进社保问题放在重要位置，提出建议，做到合理解决。上访初期群众情绪激烈，去市越级上访。区信访局认真解释有关政策，引导群众依法上访。经过各方努力，妥善处置好这一集访问题。

处理历史遗留问题引发的矛盾 对因历史原因存在的一些问题，区信访局本着实事求是的原则，以人为本，从构建和谐社会的角度，积极协调处理。原解放军308部队部分离退休老干部因集资问题，从1997年开始，不断到市、区有关部门上访，要求调解处理。区信访局及时向区委、区政府主要领导作汇报，同时积极深入当事人中

间，进行大量的调查分析，理清工作思路，经过多个回合的协商，最终达成协议，解决拖了7年的上访问题。在解决红星建筑站退养职工生活待遇问题时，由于牵涉到市房管局，区信访局及时与市房管局取得联系，协调会办解决了退养职工的生活补助问题。

处理其他各类纠纷引发的矛盾　2005年2月，市人代会召开期间，出现棉花巷119号因水管爆裂引起的纠纷。事发时，由于房主与建设单位在赔偿问题上未达成协议，遂阻止修理人员施工，致使20多户居民多日断水。区信访部门连续开展工作，找双方当事人反复协商，达成协议，解决居民的吃水问题。

第十三编

政协北塘区委员会

1984年2月23日，成立北塘区政协筹备小组，开始筹建区政协组织。7月1～6日，中国人民政治协商会议无锡市北塘区第一届委员会第一次会议在积余街小学（会场）召开，政协无锡市北塘区委员会由此产生。区政协第一至第三届每届任期3年，第四至第六届每届任期5年。1987年、1990年、1993年、1998年、2003年分别进行换届，并选举产生政协北塘区二、三、四、五、六届委员会常务委员会及其领导机构。

1984年7月25日中共北塘区委制定《关于建立区政协党组的通知》，成立中共北塘区政协党组，作为中共北塘区委派出机构，代表区委在区政协中发挥领导核心作用，其任务是保证党的路线方针政策的贯彻执行，团结社会各界人士，实现区委提出的各项目标任务。

政协无锡市北塘区委员会在中共北塘区委的领导和市政协的指导下，坚持依靠全体政协委员，广泛团结各民主党派、工商联、社会团体、无党派人士和社会各界人士，学习马列主义、毛泽东思想、邓小平理论和“三个代表”重要思想，坚持科学发展观，突出团结、民主两大主题，围绕经济建设和区委、区政府中心工作，发挥政协优势，以协商、提案、视察、专题调研、社情民意等主要形式履行职能，推进政协工作制度化、规范化和程序化建设，为促进全区改革开放、经济发展、社会稳定和推进祖国和平统一大业做出贡献。

第一章 政协北塘区委员会

第一节 委员产生及构成

区政协的人事安排，按照党管干部的原则，政协委员由同级党委统筹安排。委员人选在区各党派、人民团体、社会各界广泛推荐、充分酝酿和协商的基础上，建议名单党内的由区委组织部提名，党外的由区委统战部提名，由区委统战部汇总，在征求区委组织部、区政协党组意见后，报区委常委会审议，然后按《中华人民共和国政治协商会议章程》规定的程序办理。中共党员人选主要是：有突出贡献和成就的代表人士；因工作需要参加政协的有关方面的党员领导干部。非中共党员人选主要是：各民主党派、工商联、有关人民团体的负责人和无党派代表人士；在经济、政治、文化、社会建设中有突出贡献的代表人士，特别是影响较大的中青年专家学者中的代表人物；在维护民族团结、社会稳定中做出积极贡献的少数民族和宗教界代表人士；新的社会阶层中爱国、敬业、诚信、守法、有贡献的代表人士；其他方面对巩固和发展爱国统一战线有突出作用的代表人士。

政协北塘区历届委员会人员界别构成情况表

表13-1 单位：人

<table>
<tr><th rowspan="2">届次</th><th rowspan="2">委员总数</th><th colspan="19">界别与委员数</th></tr>
<tr><th>中共</th><th>民主党派</th><th>无党派人士</th><th>工会</th><th>共青团</th><th>妇联</th><th>科技</th><th>经济</th><th>教育</th><th>医卫</th><th>文化艺术</th><th>体育</th><th>台胞台属</th><th>港澳归侨眷属</th><th>宗教</th><th>少数民族</th><th>工商联</th><th>解放军</th><th>特邀</th></tr>
<tr><td>第一届</td><td>97</td><td>10</td><td>–</td><td>–</td><td>4</td><td>4</td><td>4</td><td>15</td><td>–</td><td>11</td><td>11</td><td>5</td><td>1</td><td>4</td><td>4</td><td>1</td><td>2</td><td>–</td><td>1</td><td>20</td></tr>
<tr><td>第二届</td><td>97</td><td>10</td><td>–</td><td>–</td><td>3</td><td>4</td><td>4</td><td>13</td><td>–</td><td>13</td><td>10</td><td>4</td><td>–</td><td colspan="2">11</td><td>1</td><td>2</td><td>–</td><td>–</td><td>22</td></tr>
<tr><td>第三届</td><td>100</td><td>13</td><td>–</td><td>–</td><td>2</td><td>4</td><td>3</td><td>27</td><td>–</td><td>8</td><td>10</td><td>3</td><td>–</td><td>4</td><td>4</td><td>1</td><td>2</td><td>–</td><td>–</td><td>19</td></tr>
<tr><td>第四届</td><td>99</td><td>13</td><td>–</td><td>–</td><td>2</td><td>2</td><td>3</td><td>20</td><td>13</td><td>7</td><td>10</td><td colspan="2">3</td><td colspan="2">8</td><td colspan="2">3</td><td>–</td><td>–</td><td>15</td></tr>
<tr><td>第五届</td><td>108</td><td>12</td><td>–</td><td>–</td><td>2</td><td>2</td><td>2</td><td>17</td><td>21</td><td>9</td><td>9</td><td colspan="2">4</td><td>–</td><td>–</td><td colspan="2">3</td><td>5</td><td>–</td><td>22</td></tr>
<tr><td>第六届</td><td>130</td><td>16</td><td>11</td><td>4</td><td>2</td><td>2</td><td>2</td><td>14</td><td>21</td><td>9</td><td>9</td><td colspan="2">4</td><td>–</td><td>–</td><td colspan="2">3</td><td>14</td><td>–</td><td>19</td></tr>
</table>

说明：以上均是区政协历届第一次全委会的委员人数

第二节 历届会议

一、区政协第一届全体委员会议（1986年后）

第三次会议于1986年5月25～28日召开。会议听取并审议区政协第一届委员会常委会的工作报告和提案工作情况的报告，列席区人大十届三次会议，听取并讨论区政府工作报告以及其他报告。会议指出，区政协的工作要围绕经济建设中心，把改革放在首位，发挥人民政协的特点和优势，为巩固和发展爱国统一战线，为祖国的繁荣昌盛和统一大业而努力奋斗。

二、区政协第二届全体委员会议

第一次会议于1987年3月6～11日召开。会议听取和审议区政协第一届委员会常委会工作报告和提案工作报告，列席区人大十一届一次会议，听取和讨论区政府工作报告及其他报告；选举产生区政协第二届委员会主席、副主席及常委。会议号召，全体委员在中共北塘区委的领导和市政协的指导下，高举爱国主义旗帜，坚持四项基本原则，以实际行动，为促进祖国统一大业、胜利完成区政建设的“七五”奋斗目标和加速四化建设而团结奋斗。

第二次会议于1988年3月25～29日召开。会议听取并审议区政协第二届委员会常委会工作报告和二届一次会议以来提案工作情况的报告，列席区人大十一届二次会议，听取和讨论区政府工作报告和其他报告。会议同意张文峰辞去区政协二届委员会主席职务，并补选区政协二届委员会主席1人。会议号召，全体政协委员要在中共十三大精神指引下，在中共北塘区委的领导下，深化改革、稳定经济，巩固和扩大爱国统一战线，为全区建设做出新贡献。

第三次会议于1989年2月20～23日召开。会议听取并审议区政协第二届委员会常委会工作报告和二届二次会议以来提案工作情况报告，列席区人大十一届三次会议，听取和讨论区政府工作报告和其他报告。会议同意孙元勋辞去区政协二届委员会副主席的职务，并补选区政协二届委员会副主席1人。会议指出，全体政协委员要在中共十三届三中全会精神指引下，团结全区各界人士和一切爱国力量，坚持四项基本原则，发挥政协优势和委员的特长，振奋精神，开拓进取，为营造一个安定、团结、民主、和谐的政治局面而共同奋斗。

三、区政协第三届全体委员会议

第一次会议于1990年2月28日～3月4日召开。会议听取和审议区政协第二届委员会常委会工作报告和提案工作报告，列席区人大十二届一次会议，听取和讨论区政府工作报告和其他报告。会议选举产生区政协第三届委员会主席、副主席及常委。会议号召，全体区政协委员在中共北塘区委的领导下，坚持四项基本原则，坚持治理整顿、深化改革的方针，为维护和发展安定团结的政治局面，为国民经济持续、稳定发

展而共同奋斗 。

第二次会议于1991年3月5～9日召开。会议听取并审议区政协第三届委员会常委会工作报告和三届一次会议以来提案工作情况报告，列席区人大十二届二次会议，听取和讨论区政府工作报告和其他报告。会议提出，全体区政协委员和各界人士，要在中共十三届七中全会精神指引下，坚持“一个中心，两个基本点”，为完成全年的各项任务，为振兴中华、统一祖国而努力奋斗。

第三次会议于1992年2月22～25日召开。会议听取并审议区政协第三届委员会常委会工作报告和三届二次会议以来提案工作情况报告，列席区人大十二届三次会议，听取和讨论区政府工作报告和其他报告，尤其对全区“八五”经济和社会发展规划（草案）及其说明进行认真的讨论并提出许多意见和建议。会议指出，今年是实施“八五”计划的重要一年，全体政协委员要在中共北塘区委的领导下，坚持“一个中心、两个基本点”的基本路线，履行政治协商、民主监督的基本职能，以高度的历史责任感和时代紧迫感，投身于两个文明建设，为完成全年的各项任务，为统一祖国、振兴中华，为迎接中国共产党第十四次全国代表大会的召开做出更大贡献。

四、区政协第四届全体委员会议

第一次会议于1993年2月14～18日召开。会议听取和审议区政协第三届委员会常委会工作报告和提案工作情况报告，列席区人大十三届一次会议，听取和讨论区政府工作报告及其他报告，选举产生区政协第四届委员会主席、副主席和常委。会议号召，全体政协委员和各界人士要学习邓小平建设有中国特色社会主义的理论，坚持实事求是、解放思想，以高度的历史责任感和时代紧迫感，投身于全区的改革开放和建设事业，为夺取有中国特色社会主义事业的更大胜利而努力奋斗。

第二次会议于1994年2月22～26日召开。会议听取并审议区政协第四届委员会常委会工作报告和四届一次会议以来提案工作情况报告，列席区人大十三届二次会议，听取和讨论区政府工作报告及其他报告。会议号召，全体区政协委员要在中共北塘区委的领导下，高举社会主义和爱国主义旗帜，团结一切可以团结的力量，充分发扬民主，履行政协职能，围绕区政建设的大政方针，广开言路，献计献策，为发展经济、繁荣北塘，为祖国统一大业和建设有中国特色社会主义事业做出新的贡献。

第三次会议于1995年2月22～25日召开。会议听取并审议区政协第四届委员会常委会工作报告和四届二次会议以来提案工作情况报告，列席区人大十三届三次会议，听取和讨论区政府工作报告及其他报告。会议增补区政协四届委员会副主席1人。会议要求，区政协全体委员要在邓小平建设有中国特色社会主义的理论和党的基本路线指引下，高举爱国主义和社会主义旗帜，坚持大团结、大联合，履行政协职能，围绕区政建设的大政方针，广开言路，献计献策，为推进北塘经济和社会发展做出新的贡献。

第四次会议于1996年2月1～4日召开。会议听取并审议区政协第四届委员会常委会工作报告和四届三次会议以来提案工作情况报告，列席区人大十三届四次会议，听取和讨论区政府工作报告及其他报告。会议同意张培德辞去区政协副主席职务的请求，并补选区政协四届委员会副主席1人。会议期间，与会委员通过讨论和大会发言，对加快全区改革开放步伐、推进经济发展和科技进步，以及发展全区教育、文化、卫生、体育事业和加强精神文明建设等方面，提出许多意见和建议。会议号召，全体委员要在中共北塘区委的领导下，履行政协职能，积极建言献策，推进全区经济和社会发展再上新台阶。

第五次会议于1997年2月18～21日召开。会议听取并审议区政协第四届委员会常委会工作报告和四届四次会议以来提案工作情况报告，列席区人大十三届五次会议，听取和讨论区政府工作报告及其他报告。会议同意杨锡坤辞去区政协副主席职务的请求，并补选区政协四届委员会副主席2人。会议号召，全体政协委员要高举邓小平建设有中国特色社会主义理论的伟大旗帜，坚持党的基本路线，围绕中共北塘区委第七次党代会提出的工作目标和任务，切实履行政协职能，开拓进取，做出新成绩。

五、区政协第五届全体委员会议

第一次会议于1998年1月3～7日召开。会议听取和审议区政协第四届委员会常委会工作报告和提案工作报告，列席区人大十四届一次会议，听取和讨论区政府工作报告及其他报告，选举产生区政协第五届委员会主席、副主席及常委，通过会议决议。会议号召，在中共北塘区委的领导下，以邓小平建设有中国特色社会主义理论和党的基本路线为指针，履行政协职能，做好今后五年的各项工作任务，组织全体政协委员解放思想、更新观念，为加快全区经济和社会事业发展，为推进祖国和平统一大业做出新的贡献。

第二次会议于1999年2月2~5日召开。会议听取并审议区政协第五届委员会常委会工作报告和五届一次会议以来提案工作情况的报告，列席区人大十四届二次会议，听取和讨论区政府工作报告及其他报告，通过会议决议。会议号召，全体政协委员和各界人士，要高举邓小平理论伟大旗帜，紧密团结在中共中央周围，学习贯彻中共十五大和十五届三中全会精神，在中共北塘区委的领导下，充分发挥人民政协的优势，为加快全区各项事业的发展，为祖国统一做出贡献，把人民政协事业胜利推向21世纪。

第三次会议于2000年1月18～21日召开。会议听取并审议区政协第五届委员会常委会工作报告和五届二次会议以来提案工作情况的报告，列席区人大十四届三次会议，听取和讨论区政府工作报告及其他报告，通过会议决议。会议期间，委员们就深化全区各项改革、加大经济结构调整、加快经济增长、搞好城区建设和管理，以及发展全区教育、文化、卫生、体育事业等方面，提出许多意见和建议。会议号召，全体政协委员和各界人士，要高举邓小平理论伟大旗帜，在中共北塘区委的领导下，继续开拓创新，发挥自身优势，为共创北塘更加美好的明天而努力奋斗。

第四次会议于2001年4月21～24日召开。会议听取并审议区政协第五届委员会常委会工作报告和五届三次会议以来提案工作情况的报告，列席区人大十四届四次会议，听取和讨论区政府工作报告及其他报告，通过会议决议。会议同意周凤山辞去主席职务，并补选区政协五届委员会主席1人，补选区政协五届委员会副主席2人，增补区政协常委2人。会议期间，委员们还就区流动人口管理、依法行政、古运河北塘段保护开发利用、低洼地区改造、区属工业企业产权制度改革等方面进行协商讨论，提出许多意见和建议。会议号召，全体政协委员和各界人士，要在中共北塘区委的领导下，围绕全区“十一五”规划的实施，拓展政治协商的新领域，探索民主监督的新形式，创造参政议政的新途径，为全区实现富民强区、胜利完成今年和“十一五”规划提出的各项任务而努力奋斗。

图13-1 区政协五届五次会议（2002年）（区史志办供稿）

第五次会议于2002年1月15～18日召开。会议听取并审议区政协第五届委员会常委会工作报告和五届四次会议以来提案工作情况的报告，列席区人大十四届五次会议，听取和讨论区政府工作报告及其他报告，通过会议决议，会议增补区政协常委1人。会议号召，全体政协委员和各界人士，要在中共北塘区委的领导下，认真贯彻“三个代表”重要思想，围绕中心，服务大局，切实履行政协职能，为推进全区经济和社会发展的新跨越而努力奋斗，以实际行动迎接中国共产党第十六次代表大会的胜利召开。

六、区政协第六届全体委员会议

第一次会议于2003年1月4～8日召开。会议听取和审议区政协第五届委员会常委会工作报告和提案工作报告，列席区人大十五届一次会议，听取和讨论区政府工作报告及其他报告，选举产生区政协第六届委员会主席、副主席及常委，通过会议决议。会议号召，全体政协委员和各界人士，在中共十六大和十六届四中全会精神指引下，在中共北塘区委的领导下，高举邓小平理论和“三个代表”重要思想伟大旗帜，坚持科学发展观，围绕区委工作会议提出的努力打造“活力北塘、山水北塘、和谐北塘”的目标，履行政协委员的职责，为全面建设小康社会，把北塘建设成为现代化中心城区做出新的努力。

第二次会议于2004年1月7～9日召开。会议听取并审议区政协第六届委员会常委会工作报告和六届一次会议以来提案工作情况的报告，列席区人大十五届二次会议，听取和讨论区政府工作报告及其他报告，通过会议决议。会议要求，全体政协委员和各界人士，要在中共北塘区委的领导下，以“三个代表”重要思想为指导，创造性地开展工作，提高政协工作水平，为推进全区经济和社会事业全面发展做出新的更大的贡献。

第三次会议于2005年1月10～12日召开。会议听取并审议区政协第六届委员会常委会工作报告和六届二次会议以来提案工作情况的报告，列席区人大十五届三次会议，听取和讨论区政府工作报告及其他报告，通过会议决议。会议增补区政协六届委员会副主席1人、补选常委3人。会议号召，全体政协委员和各界人士，在中共十六大和十六届四中全会精神指引下，在中共北塘区委的领导下，高举邓小平理论和“三个代表”重要思想伟大旗帜，坚持科学发展观，履行政协委员的职责，为建设“活力北塘、山水北塘、和谐北塘”，把北塘建设成为现代化中心城区做出新的贡献。

第二章 区政协常委会和工作机构

第一节 区政协常委会

北塘区政协常务委员会由主席、副主席、秘书长（办公室主任）和常务委员组成，其人选由中共北塘区委邀请参加区政协的各党派、各团体和各界别协商提名，经每届委员会的第一次全体会议选举产生。区政协常委会第一届至第三届任期3年，以后每届任期5年。常委会会议一般每季度举行一次，其主要任务：讨论决定常委会工作中的重大问题，协商讨论本区的大政方针、重要事务和本区政治、经济、社会事业发展的重要决策以及人民群众关心的重大问题；听取和讨论中共北塘区委、区人民政府以及所属部门的有关报告；审议提交区政协全体会议的文件；讨论决定区政协年度工作计划以及审议各专门委员会年度工作计划；审议通过常委会建议案、重要提案、调研报告、视察报告及其他报告。

第一届，1984年7月6日成立，由20人组成，其中主席1人，副主席4人，常务委员15人。常委会共举行25次会议。

第二届，1987年3月11日成立，由19人组成，其中主席1人，副主席3人，常务委员15人。常委会共举行15次会议。

第三届，1990年3月4日成立，由20人组成，其中主席1人，副主席4人，常务委员15人。常委会共举行15次会议。

第四届，1993年2月18日成立，由19人组成，其中主席1人，副主席6人，常务委员12人，常委会共举行32次会议。

第五届，1998年1月6日成立。由21人组成，其中主席1人，副主席5人，常务委员15人。常委会共举行32次会议。

第六届，2003年1月8日成立，由23人组成，其中主席1人，副主席4人，常务委员18人。至2005年12月31日，常委会共举行18次会议。

1986～2005年北塘区政协主席、副主席任职情况表

表13-2

届次	职务	姓名	党派	任职时间	备注
一届	主席	张文峰	中共	1985.05～1987.03	补选
	副主席	孙元勋	中共	1984.07～1987.03	–
		杨煜文	民建	1984.07～1987.03	–
		袁行之	民进	1984.07～1987.03	–
		盛炎	无党派	1984.07～1987.03	–
二届	主席	张文峰	中共	1987.03～1988.03	兼党组书记。到龄退休，二届二次会议同意其辞呈
		曹荣之	中共	1988.03～1990.02	补选，兼党组书记
	副主席	孙元勋	中共	1987.03～1989.02	到龄退休，二届十次常委会同意其辞呈
		袁行之	民进	1987.03～1989.03	病故
		杨世琪	无党派	1987.03～1990.02	–
		倪永敏	中共	1989.02～1990.02	补选
三届	主席	王启定	中共	1990.03～1993.02	兼党组书记
	副主席	倪永敏	中共	1990.03～1993.02	–
		杨锡坤	农工党	1990.03～1993.02	–
		杨世琪	无党派	1990.03～1993.02	–
		卢兴钧	无党派	1990.03～1993.02	–

续表 13-2

届次	职务	姓名	党派	任职时间	备注
四届	主席	周凤山	中共	1993.02 ~ 1998.01	兼党组书记
	副主席	张培德	中共	1993.02 ~ 1996.02	工作调动，四届四次会议同意其辞呈
		倪永敏	中共	1993.02 ~ 1998.01	–
		杨锡坤	农工党	1993.02 ~ 1997.02	到龄退休，四届五次会议同意其辞呈
		杨世琪	民革	1993.02 ~ 1996.11	到龄退休，四届二十五次常委会同意其辞呈
		卢兴钧	无党派	1993.02 ~ 1998.01	–
		殷汉玉	民进	1993.02 ~ 1998.01	–
		平安	无党派	1995.02 ~ 1998.01	增补
		倪志卿	中共	1996.02 ~ 1998.01	补选
		张伯芳	中共	1997.02 ~ 1998.01	补选
		张佐宪	农工党	1997.02 ~ 1998.01	补选
五届	主席	周凤山	中共	1998.01 ~ 2001.04	兼党组书记。因年龄关系，五届四次会议同意其辞呈
		杨林根	中共	2001.04 ~ 2003.01	补选，兼党组书记
	副主席	倪永敏	中共	1998.01 ~ 2001.04	因年龄关系，五届二十次常委会同意其辞呈
		张伯芳	中共	1998.01 ~ 2003.01	–
		殷汉玉	民进	1998.01 ~ 2001.04	到龄退休，五届二十次常委会同意其辞呈
		平安	无党派	1998.01 ~ 2003.01	–
		张佐宪	农工党	1998.01 ~ 2003.01	–
		朱盘生	中共	2001.04 ~ 2003.01	补选
		施庆伟	无党派	2001.04 ~ 2003.01	补选

续表13-2

届次	职务	姓名	党派	任职时间	备注
六届	主　席	胡传华	中　共	2003.01～	兼党组书记
	副主席	张伯芳	中　共	2003.01～	–
		平　安	无党派	2003.01～	–
		张佐宪	农工党	2003.01～	–
		施庆伟	无党派	2003.01～	–
		倪德诚	中　共	2005.01～	增补

第二节　工作机构

1984年9月，区政协一届二次常委会议协商通过成立“三委六组”，即经济技术咨询服务委员会、学习委员会、提案工作委员会，经济、城建、文教、医卫、妇幼、祖国统一工作组。

1986年5月，区政协一届十三次常委会议协商通过成立区政协文史筹备工作组。

1987年3月，区政协二届一次常委会议协商通过成立“三委八组”，即提案审查工作委员会、学习委员会、经济技术咨询委员会和经济工作组、城建工作组、文化工作组、教育工作组、医卫工作组、妇幼工作组、祖国统一工作组、文史工作组。

1990年3月，区政协三届一次常委会议协商决定将原来的“三委八组”调整为“三委七组”，即提案审查工作委员会、学习委员会、科技经济委员会和文史工作组、城建工作组、文体工作组、教育工作组、医卫工作组、妇幼工作组、三胞联谊工作组。

1991年，区政协三届六次常委会议决定，区政协各工作组更名为委员会：学习委员会、文史资料委员会、科技经济委员会、城建环保委员会、教育委员会、文化体育委员会、医卫委员会、妇女幼教委员会、社会法制委员会、三胞联谊委员会。

1993年，区政协四届一次常委会议决定，区政协设置十一个专门委员会，即提案审查工作委员会、学习委员会、文史资料委员会、科技经济委员会、城建环保委员会、教育委员会、文化体育委员会、医疗卫生委员会、妇女青年委员会、社会法制委员会、三胞联谊委员会。

1998年3月，根据中共江苏省委《关于印发〈关于市、县（市、区）政协机构改革的意见〉的通知》精神，经区政协五届一次常委会议研究决定，五届政协设置4个专门委员会，即提案委员会、经济科技委员会、文教卫体委员会、学习和社会法制委员会。

2001年12月，为贯彻落实《中共无锡市北塘区委关于进一步加强新时期人民政协工作的意见》精神，经区政协常委会五届二十六次会议协商决定，成立北大街街道政协工作联络小组。

2002年3月，根据无锡市委《关于贯彻〈中共江苏省委关于进一步加强人民政协工作的决定〉的意见》精神，经区政协五届常务委员会第二十八次会议协商决定，设立政协无锡市北塘区委员会山北镇工作委员会、政协无锡市北塘区委员会黄巷镇工作委员会。

2003年1月，经区政协六届一次常委会议研究决定，区政协设置5个专门委员会，即提案委员会、经济科技委员会、城乡建设和人口资源环境保护委员会、文教卫体委员会、学习和社会法制委员会。

2005年5月，经区政协六届常务委员会第十五次会议协商，作出《关于建立政协北塘区街道工作委员会的决定》，黄巷街道、山北街道、北大街街道、惠山街道都建立政协街道工作委员会，并任免相应负责人。

第三章 主要工作

第一节 政治协商

区政协贯彻中国共产党同各民主党派和无党派人士长期共存、互相监督、肝胆相照、荣辱与共的方针，就全区经济和社会事业发展，包括每年的政府工作报告、经济社会发展计划与奋斗目标、社会主义精神文明建设工作目标的制定和执行、廉政建设、财政预算以及有关政治、经济和社会稳定的重要决策，全区重大改革措施出台和重大人事安排等，进行协商讨论，并提出意见和建议。协商的主要形式是：通常每年一次全委会议进行集中协商，每月一次主席会议进行专题协商，每季度一次常委会议进行重点协商，专委会根据需要进行对口协商。

一届区政协召开3次全会、58次主席会议和25次常委会议，围绕全区政治、经济、文教、卫生和人民生活等方面的重要事宜进行协商，先后就维护社会稳定、打击严重刑事犯罪活动、城市建设、发展区属经济和整党工作、全区精神文明建设等一系列重大问题，做到“协商于决策之前”，提出的意见、建议大部分被采纳。

二届区政协召开3次全会、80余次主席会议和15次常委会议，先后就全区社会主义精神文明建设的目标管理和区政府年度工作目标管理等重要问题，以及人民生活等方面的重要事宜等进行专题协商，提出意见和建议，推进区党政领导决策的民主化、科学化。

三届区政协召开3次全会、47次主席会议和15次常委会议，对全区的政治、经济、科技、城市建设和人民生活等方面的重大问题进行协商。尤其对《北塘区“八五”经济和社会发展规划（草案）的说明》开展讨论协商，提出修改意见和建议。

四届区政协召开5次全会、48次主席会议和32次常委会议，先后就全区经济和社会事业发展“九五”计划和2010年远景目标、全区两个文明建设目标、外向型经济工作、党风廉政建设和反腐败斗争、严打工作和“再就业工程”实施等，召开专题协商会12次，提出意见和建议，促进和推动各方面的工作。

五届区政协召开5次全会、55次主席会议和32次常委会议，先后围绕北塘区国民经济和社会发展“十五”计划的制定、经济结构的调整、三产兴区、私营个体经济发展、企业事业单位改革、社区建设管理、“实施再就业工程”、社会治安综合治理、党风廉政建设等诸多问题开展专题协商，提出建设性的意见和建议，推进有关方面的工作。

图 13-2 区六届政协委员会分组讨论（2003 年）（区史志办供稿）

区六届政协期间，2003 年召开 11 次主席会议和 6 次常委会议，围绕“建设新北塘、实现新跨越”进诤言、献良策，先后就区政府年度重点工程建设项目、开放型经济、创建省社区建设示范区、抗击“非典”、提案办理、反腐倡廉工作、区法院执行情况和区检察院关于贯彻落实《无锡市检察举报条例》情况等，进行协商讨论。2004 年，区政协召开 14 次主席会议和 6 次常委会议，围绕重点工程建设项目实施、加快民营企业发展、实施富民工程、公有资产管理与运作、提案办理情况、行风建设和民事检察工作、创建平安北塘、优化法制环境、科技、城创、社会救济工作、区法院关于落实《中华人民共和国法官法》的情况等，提出意见和建议。就全区事业单位改革问题进行专题协商。2005 年，区政协召开 13 次主席会议和 6 次常委会议，就区“十一五”期间的发展重点、发展目标，以及经济发展、城市建设和管理、公共服务、改革开放、和谐北塘建设等方面建言，还先后就全区经济工作、北塘新城凤翔片区开发建设、加快推进惠山古街建设、外来人口计划生育管理、社区残疾人工作、全国经济普查、民营经济发展等方面情况听取 14 次专题通报和汇报，就推行“阳光工程”进行充分协商，提出意见和建议。

第二节 参政议政

图 13-3 区政协视察积余街小学（2005 年）（区史志办供稿）

区政协围绕全区经济和社会发展及群众普遍关心的热点、难点问题，开展调研视察活动，履行参政议政职能。

一届区政协围绕经济建设、体制改革、文教卫生及群众关心的其他重要问题，对区属工厂、商店、医院、市场、学校、地区新村开展 21 次视察和专题调查活动，形成有关小学思想工作、幼托所管理体制、幼儿缺铁性贫血情况等调查报告。同时，委员还提出引进机械设备项目应有可行性方案、在市总体规划的前提下应搞好小区规划等意见建议，受到区党政领导的重视和采纳。

二届区政协围绕全区两个文明建设和经济体制改革中急需解决的问题，组织委员先后对全区工业生产现状、水质污染、街道规模与编制、文化网络、退休教师的生活和体质状况、幼儿园幼儿血色素、挽救失足妇女等17个专题进行调查，形成相应的调查报告，所提建议得到区委、区政府的重视。其中区政协和区体改办联合进行的关于《正确认识城区政府职能，进一步搞活城区》的调研，在市“搞活城区”座谈会上作发言，为市政府制定搞活城区的政策提供依据。

三届区政协针对本区重点目标，确定重点课题，以专委会和各工作组为主体，组织委员分别对发展区街经济、外向型经济、科技兴区、老新村环境综合整治、防汛工作、文化市场管理、区属工厂女工劳动保护等方面，先后开展视察调研活动30次，形成《区科技队伍和科技工作的情况调查》《同心同德为发展区街经济服务》《加强海外联谊活动、促进‘三资’企业发展》等调研报告和大会发言材料，推动区“八五”发展规划的实施。

四届区政协共组织31个专题课题调研，其中《关于北塘区外向型经济发展情况的调查》《关于全区个体、私营经济发展情况的调查》《抓好网点建设，促进“三产兴区”战略任务实施的一些措施》《关于加强社会治安综合治理，开展新村封闭式管理》《北塘区创建特色学校的现状与思考》等调研，提出许多建设性的意见和建议。

五届区政协围绕区政工作重心，针对全区改革建设中群众关注和区委、区政府关心的重点、难点、热点问题，组织委员视察调研230多次，形成《关于加快北塘区低洼地区和危旧房改造的调查和建议》《关于我区依法行政工作情况的调查》《关于我区商品交易市场情况的调查及建议》《关于加快我区个私经济发展有关情况的调查》《关于在社区建设中加强创安活动的调查和建议》《关于古运河北塘段保护开发利用情况的调查》《我区属工业、校办企业改制工作的调查与思考》《关于推进我区托教一体化教育的建议》《关于区辖调整后进一步加强北塘经济发展的建议》《城乡一体化进程中加强综合治理的调查与建议》等27篇调研报告，为区委、区政府领导决策提供依据。

六届区政协参政议政情况：2003年，采用主席分工负责、专委重点组织、委员积极参加方式，由各专门委员会与对口联系的部门联合协作，到有关部门、企业、街道、社区开展调查研究，形成《积极应对征管改革，努力提升管理效能——关于北塘区税收属地征管情况的调查》《我区基础教育设施建设情况的调查》《关于我区创建学习型社区情况的调查和建议》《关于城北地区河道水质污染情况的调查报告》《关于我区创建学习型社区情况的调查和建议》等调研报告，分别以专函形式报送区委、区政府。在“非典”期间，常委会议及时听取区政府关于防治“非典”工作情况通报，并动员委员为防治“非典”献计出力，编写《建议尽快加强北塘医院非典防治医疗力量》的社情民意信息，引起市领导重视。2004年，发挥政协优势，完成《进一步完善北塘区村级股份经济合作社的调查与建议》和《关于加快我区生活基础设施建设的调查和建议》2篇调研报告，其中有关村级股份经济改革的调查得到市政协领导的肯定。2005年，围绕推进全区经济和社会科学发展，进行4个重点课题调研，形成《关于我区住宅小区物业管理情况的调查与思考》《关于我区市政、绿化改制后其公共管理职能落实情况的调查与建议》《关于我区文化娱乐市场管理情况的调查与建议》《关于老居民小区治安防范工作情况的调查与建议》4个专题调查报告，促进有关工作的改进。

第三节 提案工作

区政协委员通过提案，向区政府提出建议，参与管理国家事务，加强民主监督。1986~2005年，区政协共立案1335件，通过交办、催办和督办，使提案得到较好办理，许多建议被区委、区政府和有关部门采纳。其中：一届区政协期间委员提案立案123件，二届区政协期间委员提案立案281件，涉及到两个文明建设的各个方面。政协二届一次会议后将提案审查委员会改为常设机构，加强对提案的研究、分析和提案办理中的检查督促，开展提案视察活动，提高提案质量和办理水平。三届区政协期间，委员提案立案192件。区政协采用及时召开交办会议、督促提案办理单位与提案人见面、检查落实提案情况等方法，提高提案的办理质量。四届区政协期间，委员提案立案240件，比三届政协年均增长32%。提案质量明显提高，大多数提案反映群众关心的热点问题，一些提案具有预见性和代表性。其间，制定和完善《区政协提案工作条例》，使提案的征集、立案、交办、答复、催办以及落实反馈等工作制度化、规范化。五届区政协期间，委员提案立案295件。区政协采取抓住重点、多形式督办等方法，办理一批涉及人民群众关心的提案。同时，发挥政协社情民意渠道畅通的优势，把提案转化成社情民意信息，反映给市委、市政府。《吴桥东路低洼地区居民住房险情急需解决》《关于大运河北塘段保护、开发利用和惠山古镇开发的建议》《建设江尖公园，造福子孙后代》等都引起市委、市政府领导的重视，领导作出批示，使建议得到采纳和实施。六届区政协一次会议至三次会议（2003~2005年）期间，委员提案立案204件，内容涉及城市建设和管理、经济建设、文教卫体、街道地区工作等方面。区政协把提案工作当作为民办实事的"民心工程"来抓，挑选出12件反映人民群众切身利益问题的提案重点督办，把"切实解决惠钱三村343-355号居民用水问题""完善政府卫生补偿机制，加快农村卫生事业健康发展""严格执法、切实维护职工合法权益""关于适时调整基本生活保障费的建议"等作为重点提案，专送区委、区政府领导阅批，并由区领导重点督办。区政协创新提案办理方式，加强督办力度，每年确定一些重点提案由主席会议集体督办和分管副主席领衔督办，使提案所提出的问题得到解决。

第四节 文史工作

图13-4 惠山盘山公路（2005年）（区史志办供稿）

1987年3月，区政协成立文史工作组，组织开展《北塘文史征集稿》编辑工作。在征集文史资料工作中，经过四处走访、调查，广泛取材，广征博采，征集到一批质量较高的文稿，并从1990开始编辑出版《北塘文史资料》，至1997年共编辑出版5辑，收录整理文史资料188篇，约50万字。《北塘文史资料》介绍北塘的一些人物事迹、老字号企业创业回顾、名胜古迹、人文景观以及北塘人民在各个历史时期艰苦卓绝的奋斗情况，有较高的文献史料价值。

2003～2005年，区政协先后整理北塘各类文史资料20余篇6万余字，同时还征集、编辑史料专辑3册，约45万字、200多幅作品和照片，分别为2003年《无锡惠山祠堂群》、2004年《惠山祠堂群楹联》、2005年《无锡惠山百景图》。

第四章 自身建设

第一节 理论学习

区政协继承和发扬人民政协优良传统，加强学习，增进共识，不断巩固团结合作的政治思想基础。坚持把理论学习作为重要任务，加强对理论学习的指导，每年制定学习计划，通过组织学习报告会、专门委员会学习会、编发学习资料等多种形式，认真学习邓小平理论、“三个代表”重要思想、科学发展观、中共三代领导人关于统一战线和人民政协的重要论述，使委员们拓宽视野，统一思想，提高委员的综合素质。一届区政协组织政协委员和各界人士学习中共十一届三中全会以来党的路线、方针和政策，学习《邓小平文选》，学习六届全国人大和六届全国政协的会议文件，学习有关统一战线的基本知识，听取市、区党政负责人作的中央1987年有关文件、当前形势、科技体制改革、教育体制改革、对外开放政策、台湾形势、民法通则和潘恩良事迹等报告15场次。组织“三胞”眷属学习全国政协《致台湾同胞春节慰问信》、政协主席邓颖超的重要讲话和全国政协有关祖国统一的文件。二届区政协组织政协委员和各界人士学习中共中央《关于坚持四项基本原则，反对资产阶级自由化》《建设有中国特色社会主义》以及中共十三届三中、四中和五中全会精神。三届区政协组织2期新委员学习班，主要学习中国人民政治协商会议章程、中共中央1989年14号文件和统战理论、中共十三届三中全会精神。举办传达、学习全国政协七届四次会议精神报告会，会议邀请出席全国政协七届四次会议的市政协副主席庄申作报告。四届区政协把邓小平建设有中国特色社会主义理论作为学习重点，着重学习《邓小平文献》、江泽民关于“三讲”等一系列讲话、中共中央颁发的《爱国主义教育实施纲要》和中共中央十四届三中、四中、五中、六中全会精神以及十五大重要文献，同时结合政协特点，学习政协章程等。五届区政协组织委员学习邓小平理论和“三个代表”重要思想，学习中共十五大精神，学习江泽民在纪念中国共产党成立80周年大会上的重要讲话、“5·31”讲话和中共中央的各项重要决策。通过举办新委员培训班、召开座谈会，组织委员学习政协章程和中共三代领导集体关于统一战线和人民政协理论的重要论述，特别是江泽民在纪念人民政协成立50周年大会上的讲话，较为系统地学习统一战线和人民政协理论。六届区政协重点组织委员和政协机关干部学习中共十六大和十六届四中、五中全会精神，以科学发展观指导政协的各项工作；学习《中共中央关于进一步加强中国共产党领导的多党合作和政治协商制度建设的意见》，推进政协工作“三化建设”；学习宪法和政协章程修正案，深化对新形势下人民政协性质地位作用的认识，增强履行政协职能的责任感和使命感；学习时事政治，学习《中华人民共和国反分裂国家法》等新颁布的法律法规，组织委员参加市政协举办的报告会，举办委员学习座谈会。通过学习，提高委员的综合素质，增强合作共事的政治基础。

第二节　委员活动

历届区政协积极组织委员开展各种形式的学习参观、联谊和社会服务活动，以团结委员、凝聚力量、发挥作用。

一届区政协发挥政协人才聚集的优势，举办讲座、培训、咨询服务和组织专题调查等106次，为北塘的两个文明建设服务。区属制刷厂、纸盒厂、纸箱厂引进机械设备时，区政协经济工作组主动多次上门在技术业务上进行咨询服务。

二届区政协邀请市委宣传部、市对台办负责人给委员作有关形势报告，先后组织委员参观中桥老年休养所、区环卫所、皮件厂、电热器材厂、纸箱总厂及区开发的双河新村等。发挥委员特长，为小学和幼儿教师举办业务培训班3次，举办城市建设管理、师德建设、医疗卫生等讲座30次，并开展为辖区厂企单位咨询服务和为群众义诊的活动。成立区政协联谊会，由退出政协工作及长期从事政协、统战工作的人员组成。参加全国10省20多城区参加的联谊会，并与兄弟城区联合举办8市14城区政协工作座谈会。1990年，第一次开展政协活动积极分子和先进集体的评选活动，共表彰4个先进集体以及44名积极分子。

三届区政协开展人民政协知识竞赛，在全区组织18个代表队54人参赛，并在市政协举办的比赛中名列第二。1991年5月，区政协联合区委统战部举办“爱党、爱国、爱家乡”文艺会演，各街道和区医院、教育、计经委等单位的侨台眷属参加演出。同年，区政协举办中共十三届七中全会精神学习报告会。

四届区政协于1993年8月成立区第二届政协联谊会，周凤山任理事长，张培德、杨锡坤、张文峰任副理事长。1993～1994年，区政协在委员中开展“我为北塘振兴献计策”主题活动，委员提出建议162条。1995～1996年，开展“为振兴北塘作贡献，为人民政协添光彩”主题活动，委员们立足本职岗位，为区政建设献计出力。1994年9月，区政协举行纪念北塘区政协成立10周年活动，召开纪念大会，会后组织专场文艺演出和开展形式多样的游艺活动。

五届区政协于1998年10月举行纪念中共十一届三中全会召开20周年座谈会。1999年10月、12月，分别举办中华人民共和国和人民政协成立50周年、澳门回归祖国纪念活动。

六届区政协在抗击“非典”的关键时刻，在全市率先向全体委员寄发“致全体政协委员的信”，发动委员为做好“非典”防治工作积极建言献策，协助党和政府做好群众工作，带头抗击“非典”，立足本职做贡献。尤其政协医卫界的委员，始终工作在“抗非”第一线，许多同志成为抗击“非典”的先进模范。2003年9月，举办“迎国庆、迎中秋”各界代表人士联谊活动。2004年9～10月，区政协开展纪念北塘区政协成立20周年系列活动，举办政协和统战理论讲座，召开成立20周年纪念大会，组织专场文艺演出，举办纪念区政协成立20周年书画展，编辑出版《惠山古祠堂楹联》一书，召开政协委员和各界人士学习修改后的政协章程座谈会，在《北塘宣传》上出两期专版，制作纪念区政协成立20周年纪念贴邮册。2003～2004年，在委员中开展以“比学习，提高政治思想素质；比贡献，提高岗位奉献成效；比参与，提高履行职能能力”为主要内容的“爱岗敬业作贡献，参政议政展风采”主题活动。2005年9月22～25日，承办全国27城区政协工作研讨会，到会的有22个城区政协的领导和有关负责人共100余人。会议总结交流加强政协“三化”建设、履行政协职能的主要做法和具体经验，分析城区政协工作面临的新形势、新任务，探讨更好履行职能的新途径、新形式、新方法，促进政协组织之间的工作沟通和交流。区政协在大会上作《充分发挥政协优势，积极推动社会主义和谐社会建设》发言。

第三节 制度建设

1987年，区政协党组向区委提出《关于进一步发挥人民政协政治协商、民主监督职能作用的意见》，区委批转全区各级党组织贯彻执行。

1990年3月，区政协制定《政协北塘区委员会常务委员会工作规则》（草案）。4月，区政协提出《关于贯彻（政协全国委员会关于政治协商、民主监督的暂行规定）的意见》，区委批转全区各级党组织贯彻执行。同年，区政协制定《科技经济委员会组织简则》。

1993年，制定《区政协提案工作条例》。1996年，修订完善条例，使提案的征集、立案、交办、答复、催办以及落实反馈等工作制度化、规范化。

2000年，区政协制定《关于贯彻（政协全国委员会关于政协协商、民主督促、参政议政的规定）的实施细则》，区委批转全区各级党组织贯彻执行。同年，区政协印发《政协无锡市北塘区委员会提案工作办法》的通知。

2003年，区政协六届常委会二次会议修改通过《政协无锡市北塘区委员会常务委员会工作规则》和《政协无锡市北塘区第六届委员会专门委员会组织通则》《北塘区政协各专门委员会工作职责及主要任务》。同年，区政协还制定《区政协办公室主要职责》。

2004年，区政协印发《政协无锡市北塘区委员会关于进一步加强社情民意工作的意见》。

2005年，区政协六届常委会十五次会议通过《政协北塘区街道工作委员会工作细则》。

第四节 区政协联谊会

1988年，成立区政协联谊会，设会长、秘书长。1988年11月，区政协第二届委员会常务委员会第六次会议协商通过《无锡市北塘区政协联谊会章程》。1988～2005年，区政协联谊会坚持把理论学习作为自身建设的首要任务，通过组织报告会、知识讲座、专题学习会等形式，系统学习新时期党的统一战线理论以及全国、省、市政协工作会议精神，统一思想、凝聚共识；注重发挥会员的自身优势，组织开展技术咨询、医疗服务、科普讲座等多种形式的活动，举办中秋茶话会、新春联谊会等活动，围绕北塘经济社会发展开展调查研究，积极建言献策，为北塘经济社会又好又快发展贡献力量；参加全国10省20多城区的联谊会，并与兄弟城区联合举办8市14城区政协工作座谈会。

第十四编
民主党派 工商联
社会团体

1986年，北塘区有民主党派基层组织2个，分别是中国民主促进会、农工民主党，均未建立区级组织，有基层支部3个，民主党派成员31人。至2005年，全区有民主党派6个，分别是：民革、民盟、民建、民进、农工党、致公党，其中除农工党外均建有区级组织。全区有民主党派成员155人。

北塘区工商联成立于1952年。“文化大革命”中停止活动，1994年恢复区工商联及党组。

各民主党派和工商联根据自身的特点，积极参政议政，服务社会，为社会主义现代化建设做了大量工作，巩固了中国共产党领导下多党合作的人民民主统一战线。

北塘区工会、共青团、妇联等人民团体在中国共产党领导下，努力发挥党联系群众的桥梁纽带作用，围绕党的中心工作，结合自身特点，开展形式多样的活动，为全区经济社会发展作出了贡献。

各社会团体在国家政策指引下，认真组织会员单位和个人参加社会主义建设和改革开放的实践。

第一章　民主党派

第一节　中国国民党革命委员会北塘区组织

一、组织

中国国民党革命委员会（以下简称“民革”）北塘区支部于1999年12月3日成立，时有成员9人，主任周建杜，副主任王晋。2003年支部换届，有成员14人，主任王晋，副主任尹宏斌，2005年，有成员15人。

二、活动

参政议政　民革北塘区支部成立后，围绕市、区经济社会发展的热点、难点问题，进行专题调研。支部中担任市、区人大代表和政协委员的成员，积极提交提案、议案、建议，为无锡、北塘的经济建设和社会发展献计献策。支部成员徐琴芳担任市人大代表并于2003年起被聘为无锡市政法系统特约监督员，通过视察无锡市居民住宅小区的技防措施，在无锡市第十三届三次人代会期间，提交“关于加强居民小区治安技术防范措施的建议”的提案，得到市政府的重视，2004年，市政府出资200万元给部分居民小区增设电子摄像监控系统，推进了“平安无锡”“法治无锡”的建设。2005年，民革北塘支部上报的《关于加强传染病管理的几点建议》和《关于规范民办初中招生活动的思考及建议》信息被市政协录用并引起有关部门的重视。

服务社会　2003年，民革北塘区支部成员参加北塘区统战志愿者队伍，定期深入社区，送医送药，促进社区居民健康水平的提高。2004年5月16日，民革北塘支部与惠华社居委、区委统战部联合为山北街道惠华社区的残疾青少年孙靖举办画展，展出作品40余幅，其中20幅作品由民革北塘支部副主任委员尹宏斌赞助装裱，画展引起社会各界和地区居民的关注。在2004年召开的无锡市各民主党派、工商联为三个文明建设服务经验交流暨表彰大会上，民革北塘区支部被评为先进集体。2005年，民革北塘支部以多种形

图14-1　民革北塘支部开展捐助贫困学生活动(2005年)(区史志办供稿)

式开展为社区居民服务活动，在关心下一代的教育中做了大量工作，支部中的几名教师经常利用假期义务为学生辅导语文、数学、英语、舞蹈等。同年7月，民革北塘区支部还为北大街街道后祁街社区贫困学生捐助，赠送书籍、音像制品、文具用品。

第二节 中国民主同盟北塘区组织

一、组织

中国民主同盟（以下简称“民盟”）北塘区支部于2003年6月26日成立，有成员7人，肖伟民任支部主任委员。至2005年未变。

二、活动

民盟北塘区支部围绕市、区经济和社会发展，积极开展调研活动，并将调研成果上报。2005年，民盟北塘支部撰写的《户外广告管理规范化与资源优化的若干法律问题》被民盟无锡市委采用。区政协委员、支部成员肖剑峰在政协六届四次会议上提出的《关于建议政府通过购买服务方式加强人民调解员队伍的提案》，受到区政府的重视。

第三节 中国民主建国会北塘区组织

一、组织

中国民主建国会（以下简称“民建”）北塘区支部于1999年12月10日成立，有成员8人，支部主任沈静蕙。2002年11月，支部换届，有成员11人，支部主任毛加弘。2005年12月支部换届，有成员13人，支部主任毛加弘。

二、活动

民建支部注重通过了解社情民意积极参政议政。2003年，冯剑平委员的“关注在职干部暗中经商的现象”等3篇社情民意被民建中央、民建市委采用，其中“需对脱钩改制后经济鉴证类中介机构回头看”，被选作市政协十一届二次会议民建界别集体提案。2004年，丁建伟的3篇社情民意被民建市委采用，其中“增值税一般纳税人认定办法变更对民营经济发展的负面影响不容忽视”和“警惕新型地方保护主义对我国外贸出口的损害”被市党政信息采用。并被选作市政协十一届三次会议民建界别集体提案。2005年，冯剑平提供的社情民意信息“建议用房屋产权调换方式进行拆迁安置”被民建中央网站采用。丁建伟提供的社情民意信息“警惕民营企业虚假验资的行为泛滥”被民建市委采用，并被作为市政协十一届三次会议民建界别集体提案素材。2005年，毛加弘提供的社情民意信息“建议在北塘区探索发展2.5产业”被民建江苏省委采用，《创新区域经济模式，探索发展2.5产业》调研报告在《江苏民建》刊登，并被选作市政协十一届五次会议民建界别集体提案。

民建支部注重调研工作。支部每年年初都制定计划，重点调研一家民营企业，了解民营企业发展过程中遇到的困难，进行建言。2003年，冯剑平参与民建市委“依法实施房屋拆迁，加快城市建设步伐”专题调研。2005年，丁建伟参与民建市委“关于我市企业信用体系建设的几点建议”专题调研。担任市、区政协委员的民建北塘区成员，在每年“两会”上，都针对区情政情积极撰写提案，其中会员冯剑平的提案在数量和质量上得到大家的认可，多次被评为优秀提案。

支部的一些调研成果被收录于区委统战部编印的2004、2005年民主党派调研文章汇编中，其中有冯剑平的《关于对城市房屋拆迁中货币补偿安置方式方法的建议》、嵇敏的《抓住机遇、谋求发展——对我区园区经济发展的几点建议》、丁建伟的《增值税一般纳税人认定办法变革对民营经济发展的影响》、毛加弘的《全力打造“活力北塘”，探索发展2.5产业》、刘晓雅的《区政府行政事业单位房地产管理的实践与思考》、龚备英的《加快建立公共财政体系的建议》等。

第四节　中国民主促进会北塘区组织

一、组织

1986年，中国民主促进会（以下简称“民进”）北塘小教支部成立，时有成员7人，支部主任顾寿山，副主任袁行之。1996年，成立民进北塘区支部，时有成员16人，支部主任顾寿山，副主任张自德。1999年，北塘支部换届选举，时有成员22人，支部主任殷汉玉，副主任陈德华。2000年12月7日，北塘支部升格为北塘总支，时有成员22人，总支主任殷汉玉，总支副主任陈德华，下设3个基层支部。2002年北塘总支换届选举，时有成员25人，总支主任金元兴，副主任陈德华、唐子奇，原滨湖区黄巷支部（成员16人）并入北塘总支。总支下设4个基层支部。2005年，北塘总支换届选举，时有有成员51人，总支主任金元兴，副主任陈德华、唐子奇，下设3个基层支部。

二、活动

参政议政　民进北塘区基层组织积极发挥参政议政、民主监督的作用，取得较好的成果。2001年起，总支部组织会员对惠山地区历史文化遗存进行调研，并通过多种形式向有关领导和部门反映，提出提案并在北塘区政协五届一次会议上作《对古运河北塘段保护开发利用的思考》大会发言，首次提出惠山祠堂群保护和惠山古镇建设的建议，引起市、区领导及有关部门的重视。2002年，北塘总支《建设江尖公园，造福子孙后代》文章被《无锡政协》采用。2003年主编出版的《无锡惠山祠堂群》，2005年9月，主编出版《无锡惠山百景图》等著作，推动惠山古街保护建设的立项和启动，其中惠山祠堂群已被公布为全国重点文物保护单位。2005年，在政协北塘区六届四次会议上，陈德华等提出“关于保护惠山古镇文化遗存”“关于加强对惠山泥人等民间艺术开发保护的建议”等提案。陈德华提出的“切实解决惠钱三村343～355号用水问题”被评为优秀提案。2005年，民进北塘教育支部的调研《关心智障儿童，促进和谐发展》，被区委统战部《2005年北塘区各民主党派调研成果汇编》收录，2005年，提出“改善公交车班次整点的建议”等社情民意13条。

服务社会　1997年起，民进会员陈皓和陈德华在陕西佳县领养5位贫困学生，从一年级开始负担他们的学习和生活费用，连续10多年。2001年春节，陈皓还专程赴陕西看望学生。2001年起，会员陈皓带领公司员工每星期去养老院为孤寡老人洗澡理发、打扫卫生，陪他们聊天，还免费为养老院装修，坚持数年，受到社会好评。2002年和2004年，民进北塘总支获民进江苏省“先进基层组织”称号。并获“1999～2004年无锡市各民主党派工商联为三个文明建设服务先进集体”。2005年，民进北塘教育、经济支部与北塘培智学校结对，帮助智残儿童。

对外联络　1995年3月，北塘区民进成员陈德华出访马来西亚举办画展，牵线签订劳务输出合同。2003年7月，陈德华赴吉隆坡参加世界第七届华商大会，为无锡商会代表团牵线搭桥，安排参观考察和举行专题洽谈会。

第五节　中国农工民主党北塘区组织

一、组织

1986年3月，中国农工民主党（以下简称“农工党”）北塘人民医院支部和北塘小教支部成立。北塘人民医院支部时有成员9人，支部主任黄复初，副主任诸万琳；北塘小教支部有成员15人，支部主任徐兰英，副主任张乃武。

1988年4月，农工党北塘人民医院支部有成员12人，主任诸万琳，副主任胡容邈；农工党北塘小教支部有成员15人，主任徐兰英，副主任张乃武。

1991年12月，农工党北塘人民医院支部有成员14人，主任诸万琳，副主任胡容邈。农工党北塘区小教支部有成员13人，主任张乃武，副主任许良春。同年，农工党五爱小学支部成立，有成员8人，支部主任张佐宪。

1993年12月，农工党北塘人民医院支部有成员13人，主任诸万琳，副主任胡容邈；农工党北塘小教支部有成员18人，主任张乃武，副主任许良春、许国钧。农工党五爱小学支部有成员8人，主任张佐宪，副主任孙云珍。同年，农工党北塘防疫站小组成立，有成员3人，组长钱燮昌。

1996年12月，农工党北塘人民医院支部有成员14人，主任华委尘，副主任胡容邈、胡建伟；农工党北塘小教支部有成员19人，主任张乃武，副主任吴志成、许国钧；农工党五爱小学支部有成员9人，主任张佐宪。北塘防疫站小组有成员4人，组长江秋波。

1999年6月，农工党北塘人民医院支部有成员14人，主任黄建国，副主任孙宁。农工党北塘防疫站支部成立，有成员7人，主任江秋波，副主任王晓梅。农工党五爱小学支部并入北塘小教支部有成员31人，主任张佐宪，副主任许雪芬、薛雯玮。

到2002年农工党没有成立北塘区区级组织，三个支部独立开展工作。农工党北塘区人民医院支部有成员14人，主任黄建国，副主任孙宁。农工党北塘防疫站支部有成员7人，主任江秋波，副主任王晓梅。农工党北塘区小教支部成员31人，主任张佐宪，副主任许雪芬、薛雯玮。

2005年12月，农工党北塘人民医院支部有成员15人，主任黄建国，副主任孙宁。农工党北塘防疫站支部有成员7人，主任江秋波，副主任王晓梅。农工党北塘小教支部有成员32人，主任张佐宪，副主任许雪芬、薛雯玮。

二、活动

参政议政 农工党北塘区基层组织成员利用“两会”平台参政议政，深入社区、基层调查研究，反映社情民意，撰写调研论文。1999年，农工党北塘区小教支部被评为无锡市各民主党派、工商联为两个文明建设服务先进集体。同年，成员吴志成被评为无锡市人大代表活动积极分子。2000年，农工党成员胡建伟在区政协五届三次会议上提出“关于逐步繁荣北塘大街的建议”等3个提案。2001年，胡建伟在区政协五届四次会议上提出“建议政府对社区卫生服务的财政投入”的提案。2001年，农工党北塘人民医院支部被农工党市委评为先进支部。2003年，北塘区人大代表、农工党成员黄建国在区人大十五届一次会议上提出“建议政府加大对医院建设的投入”等2条建议。2004年，黄建国，在区人大十五届二次会议上提出了“建议区人大关注医院的改革工作”等2条建议。2000～2004年，担任北塘区人大代表、政协委员的农工党北塘区人民医院支部成员提案、议案、建议共8件。2002年，担任北塘区政协委员的农工党北塘防疫站支部成员王晓梅，在区政协六届一次会议上提出“关于充实我区社区卫生防保力量的建议”的提案。2004年，小教支部杨宏在区政协六届三次会议上提出“关于加强对我区教育事业投入的建议”的提案。2005年王晓梅在区政协六届三次会议上提出“关于健全防保力量基础网络的建议”的提案。2005年，小教支部张佐宪在区政协六届四次会议上提出“关于加强积余街小学周边环境建设”的提案。2005年，农工党防疫站支部宣重馨提供的《发挥区级政府在城市管理中的作用》被农工党市委录用，并作为集体提案报市政协。

服务社会 农工党北塘区组织发挥成员的自身优势，长期坚持开展送医送药进社区等服务社会活动，树立良好的社会形象。2002年起，农工党北塘人民医院支部与北大街街道南尖社区结对，每年定期到社区及南尖敬老院开展医疗咨询、健康教育、扶贫帮困等服务活动。2005年教师节，农工党北塘人民医院支部组织成员中内科、外科、妇科、中医、眼科的主任医师到锡山高级中学，为教师们进行体检和健康咨询。敬老节前夕，农工党北塘人民医院支部的医师，到北大街街道南尖社区为50多名老人进行义诊服务和中西医健康咨询。

第六节　中国致公党北塘区组织

一、组织

1987年10月，中国致公党北塘人民医院支部成立。成员5人，主任委员周志澄，副主任委员胡少勇。1989年4月，致公党北塘人民医院支部换届，成员7人，主任委员周志澄，副主任委员胡少勇。1991年6月，致公党北塘人民医院支部换届，成员7人，主任委员周志澄，副主任委员胡少勇。1994年7月，致公党北塘人民医院支部换届，成员8人，主任委员胡少勇，副主任委员杨沪忠。1997年，致公党北塘人民医院支部换届，成员9人，主任委员杨沪忠。2002年5月，致公党北塘人民医院支部改组为致公党北塘区支部，成员9人，主任委员杨沪忠。至2005年，支部成员15人。

二、活动

参政议政　致公党北塘区支部积极发挥成员参政议政、民主监督的作用。1998年，支部成员过克方在北塘区政协五届一次会议上提出“政府要保证医疗卫生事业资金投入并及时到位”的提案，在1999年区政协五届二次会议上提出“应成立综合执法队伍进行城市管理”等6件提案。2000~2001年，市政协委员、支部成员黄璐萍先后在市政协十届三次会议上提出“关于开设购物公交专线的建议”提案，在市政协十届四次会议上提出“关于恢复公交203路原线路的建议”等4件提案。过克方、叶丽珊在区政协五届四次会议上提出“建议加强城市交通管理，坚决取缔无证残疾车上街送客的建议”“关于对古运河北塘段开发利用的建议”等6件提案。2002年，过克方、叶丽珊在区政协五届五次会议上提出“加强食品卫生管理，确保食品安全卫生”等2件提案。2003~2005年，周涛、过克方等成员先后在区政协六届一次会议上提出“关于在旧城改造过程中做好医疗资源合理布局的建议”等6件提案，在区政协六届二次会议上提出“进一步加大劳动监察力度，切实落实我市工资最低标准”等4件提案，在区政协六届三次会议上提出“关于进一步搞好社区卫生服务的建议”等3件提案，并开展关于“食品放心工程”建设的状况与建议的调研。

服务社会　发挥成员的专长，积极开展医疗咨询、健康教育、送医送药等社会实践活动。2001年，致公党北塘人民医院支部到南尖社区敬老院开展义诊和健康咨询活动。2002年，致公党北塘区支部到惠畅里社区开展义诊和健康咨询活动。2003年，致公党北塘区支部在无锡市招商城开展志愿者服务，为过往群众进行义诊和健康咨询。2004年，致公党北塘区支部和北大街街道民主街社区结对共建，为社区群众服务，开展健康知识、疾病预防常识讲座等，在助残日走访社区特困户、孤老及残疾人30多户，为他们进行健康检查和发放常用药品。2005年，致公党北塘区支部到北大街街道长寿敬老院为老人们进行免费送医送药活动。同年，杨沪忠、姜玲被致公党江苏省委评为优秀党员，过克方被致公党江苏省委评为优秀组织工作者。

图14-2 民主党派医疗专家开展志愿免费医疗服务（2005年）（区史志办供稿）

海外联谊 1988～2005年，致公党北塘区支部成员共接待海外亲友94人（次）。

第二章 区工商业联合会

第一节 组织机构

一、机构设置

区工商业联合会成立于1952年10月。1966年6月“文化大革命”开始后停止活动。1994年9月，恢复区工商联及党组，同时成立区商会（实行两块牌子，一套班子的管理体制），正科级建制。

二、基层组织

1996年12月，区工商联西新分会成立。1997年9月，全区5个街道成立区工商联分会。2000年，新建五河街道。2002年1月，原滨湖区黄巷镇、山北镇、刘潭街道划归北塘区，刘潭街道于2003年5月成立区工商联刘潭分会。2003年年末，除五河街道未成立工商联分会外，区工商联下属有6个街道分会，2个镇分会。2003年8月，街道（乡镇）分会更名为街道（乡镇）商会。2004年2月，黄巷镇、山北镇撤镇建街道，原9个街道合并为4个街道；同年10月，黄巷街道、山北街道、北大街街道、惠山街道完成街道合并后的街道商会的届中调整工作。

三、代表大会

区工商联第五次会员大会于1994年9月召开，出席会议代表55人，选举产生执行委员12人，会长杨锡坤；经中共北塘区委批准，区工商联同时成立北塘区商会。第六次会员代表大会于1997年4月召开，出席会议代表46人，选举产生执行委员14人，会长平安。第七次会员代表大会于2001年12月召开，出席会议代表58人，选举产生执行委员20人，会长平安。

四、会员发展

1994年年末，区工商联共有会员55人，其中有私营企业会员4家，其余为个体工商户会员。至2005年12月，区工商联有会员409人，其中有企业会员312人，涉及100多个行业。

第二节 主要工作与活动

一、服务私个经济发展

1994～2005年，区工商联在咨询培训、对内对外联络、兴办经济实体、促进就业、维护会员合法权益、参与光彩事业以及对工商界代表人士政治安排的推荐等方面，发挥区委、区政府联系非公有制经济人士的桥梁和纽带作用，促使全区非公经济快速增长。至2005年，全区有私营、个体企业13869家（户），其中，私营企业5045家，私营个体企业注册资金58.09亿元，民营经济增加值59.88亿元，民营经济固定资产投资27.10亿元，民营经济社会消费品零售额33.18亿元，民营经济上缴税收4.43亿元，私营个体企业从业人员4.12万人。

二、参政议政

区工商联会员中的人大代表、政协委员履行职责。1994～2005年，提出代表建议和委员提案89件，反映社情民意46次，人大代表陶胜祥、马阿根，政协委员王一见、方向明等提出《营造良好环境，促进非公经济发展》《积极扶持和大力发展中介等现代服务业》的建议和政协委员提案，得到市、区领导和有关部门的重视和落实。会员中的人大代表和政协委员参加区人大、区政府、区政协组织的各种视察、考察、调研和座谈活动，发表意见和建议。区工商联履行职责，当好区委、政府联系非公经济的桥梁纽带，当好政府管理非公经济的助手，参与对全区私个经济的调查研究，参与制定和修改全区发展私个经济的意见等文件；区工商联对会员企业的情况进行排查摸底，对全区非公经济代表人士进行逐个见底考察，做好向区人大、区政协的推荐工作，1994～2005年，有会员69人当选为人大代表和政协委员，较好地做好非公经济人士的政治安排。

三、热心社会公益事业

北塘区工商联坚持弘扬中华民族扶贫济困的传统美德，倡导公益慈善意识，配合政府有关部门在“紧急救援、扶贫济困、安老助孤、支教助学”等方面做工作。1994～2005年，会员企业共捐赠财物价值达500多万元。江苏振达钢管集团有限公司捐款达128万元，无锡豪门投资担保有限公司捐款和捐赠计算机等达74.5万余元，江苏南方机电股份公司捐款60多万元，无锡陆氏塑胶工贸有限公司捐款16.8万多元。状元楼大酒店每年资助考上大学的贫困生，出资30多万元。2002年开始，有12名企业家与12名贫困生结对，每年资助1000元，直至大学毕业。一些企业自发资助贫困地区学生50多人上学。正大畜禽出资50多万元为家乡修桥铺路，董事长周政获“共和国经济建设功勋人物”称号。

第三章　社会团体

第一节　北塘区工会

一、机构与会员

1986～2004年，北塘区工会称无锡市总工会北塘办事处（简称区工会），系无锡市总工会派出机构，编制3人，设主任1人，副主任1人。2005年，区成立总工会，编制5人，设主席1人，副主席2人，由工会代表大会选举产生。

2005年北塘区总工会直属工会情况表

表14-1　　单位：个、人

单　位	已建工会	会员数
黄巷街道基联会	299	9247
山北街道基联会	153	8354
北大街街道基联会	23	892
惠山街道基联会	22	545
资产经营公司基联会	16	2006
教育局基联会	29	953
独立企事业单位工会	13	2253
合 计	555	24250

二、代表大会

图14-3　北塘区工会第一次代表大会（2005年4月）（区史志办供稿）

2005年4月8日，召开北塘区第一次工会代表大会，大会应到代表130人，实到代表128人。大会主题报告是“努力实践三个代表重要思想，团结动员全区职工，充分发挥工人阶级主力军作用，为建设活力、和谐、山水北塘建功立业”；选举产生无锡市北塘区总工会第一届委员会委员21人，经费审查委员会委员5人。同日，区总工会召开第一届委员会全体会议和第一届经费审查委员会全体会议，选举产生无锡市北塘区总工会第一届委员会常务委员会委员7人，选举区工会主席钱唯中，副主席李飞翔。

三、主要活动

职工思想道德教育 1986～1990年，把职工道德教育作为社会主义精神文明建设的着力点，根据行业特点，制定职工道德达标实施细则；开展“谈形势、谈巨变、谈改革”大家谈活动；恢复基层单位班组的政治学习制度；恢复北塘区青年职工政治学校，开设青年职工轮训班；建立图书馆53个，成立读书自学指导委员会12个，学习活动为稳定职工思想、稳定大局发挥作用。1991～1995年，开展以“三热爱”（热爱祖国、热爱社会主义、热爱党）为主要内容的系列教育，结合区“二五”普法工作，学习宣传《中华人民共和国工会法》；进行邓小平建设有中国特色社会主义理论教育，激励职工艰苦创业，开拓前进，增强职工对改革的承受能力和参与改革的热情。1996～1999年，把职工职业道德教育扩展到各行各业的敬业爱岗、廉政勤政建设、创企业和职工新形象方面，实行社会服务承诺制。2000～2005年，组织职工学习中共十六大精神，宣传落实《公民道德建设实施纲要》，开展“创文明单位、建文明班组、当文明职工”活动，使企业、职工的职业道德意识得到提升；在行政区划调整、企事业单位改制、转制步伐加快的背景下，围绕区委“建设新北塘、实现新跨越”的目标，实施“争创学习型企业、争做知识型职工、树新时代职工形象”为主题的职工素质工程，为提高职工整体素质发挥作用。

建功立业活动 1986～1991年，在治理经济环境、整顿经济秩序、深化改革中，开展“双增双节（增产节约、增收节支）、四化立功”竞赛，提高经济效益，提高产品质量和降低物耗；开展各基层工会的技术培训、岗位练兵、技术比武；窗口行业的优质服务活动蓬勃开展，职工参与率达到90%以上。1992年后，工会探索工作发展的新思路，工作重点转向为深化企业改革服务，制定“五服务”（信息服务、政策服务、协调服务、调研服务、竞赛服务）措施；开展“工作创新、服务创新”的双创竞赛，挖掘职工智能技巧，培养职工的效益意识，增强企业活力，有17个基层单位获区表彰，18项成果获区“双创”竞赛成果奖。2000～2002年，区工会开展“精一岗、会二岗、懂三岗、争当知识工人”活动，在女职工中开展“巾帼奉献”、立功竞赛和技术创新活动。近2万人次参与开展操作练兵技术比武，提建议近4000条，其中20%得到采纳落实；企业、职工争创

图14-4 年轻敬业的环卫工（2005年）（区史志办供稿）

“五星级企业、班组”“文明窗口”；争当“文明职工”“创新能手”。区工会命名80个“巾帼示范岗”；每年开展“安康杯”竞赛活动，促进企业安全生产。2002年，在市职工计算机比赛中，1人获一等奖，区工会获组织奖。

职工维权 1986年起，工会工作重点放在基层小型企业的整顿、建“职工之家”工作上，各基层工会增设福利设施，增加便民服务项目，切实为职工办实事。1989年，北塘区工会女职工委员会建立，在区工业企业中全面推行“共保合同”[①]。1993年，适时进行中外合资企业建工会工作，帮助盛发制刷有限公司成立全区厂中厂合资企业第一个工会组织。1995年，全区建立和健全行业和企业级劳动争议调解委员会75个，区工会会同区劳动局等有关部门，在全区13家工商企业中试行集体合同，在大部分区、街道企事业单位推行全员劳动合同制和全员聘用（任）制。1998年以后，区工会贯彻全国总工会十三大和市总工会十四大确定的工会工作方针任务，服从、服务于全区“改革、发展、稳定”的大局，履行工会四项社会职能，拓展工会工作新领域；调整工作思路和活动方式，实现工作重心从活动福利型向维权型的战略转变，履行《中华人民共和国工会法》，构建多层次的维权机制，保障职工的民主权利和经济权益，印发《无锡市职工法律援助暂行办法》，对6家国有、22家集体企业开展职工劳动合同监控，检查合同3287份；在非公有经济组织和社区中组建工会，各基层工会参与企事业单位改转制方案的制定，完善劳动关系协调机制，在全区企业推进“平等协商集体合同和工资协商”制度，全区建立和健全劳动争议调解组织、劳动法律监督委员会，参与劳动纠纷仲裁；处理来信来访，开通“12351”职工维权电话；做好外来务工人员的入会工作，使69.4%的进城（外来）务工人员成为工会会员；重视妇女工作，开展女职工素质教育和自我达标活动，推进签订女职工权益保护专项协议，开展“送知识、送健康”活动，调动女职工岗位建功、岗位创新和学习成才的积极性。2003~2004年度，有2个基层单位荣获市总工会命名的“五一”女职工明星班组、1个基层单位命名为市女职工素质教育示范基地，朱萍荣获市先进女职工工作者称号。区工会会同区工商联在非公企业中开展“双爱双评”（爱企业、爱职工，评企业优秀员工、评企业优秀经理）活动，构筑企业内部合作共事的双赢局面。建立多层次的劳动关系协调机制，维护职工的合法权益，维护企业事业单位和社会的稳定。2003年，有3家基层工会获市总工会、市劳动保障局、市经贸委表彰的优秀劳动争议调解委员会，市优秀劳动争议调解员1人，劳动关系预警机制示范企业4家。

企业民主管理 1986年起，区工会职工民主管理工作向制度化方向发展，基层职代会（职工大会）民主管理，民主评议干部、审议生产经营方案、审议工资奖金分配、审议劳动保护方案等，对推进企业的改革发展起重要作用。1997年后，《中华人

①“共保合同”：是由厂长代表行政、工会主席代表职工、党组织负责人作鉴证监督，为实现企业发展目标，明确企业与职工之间的权利、义务和利益关系而签订的企业内部契约。

民共和国工会法》《中华人民共和国劳动法》《中华人民共和国安全生产法》等一系列法律法规相继出台，区工会及时组织学习宣传贯彻，让大家学法、懂法、用法，在法律法规规范下开展活动，用法律法规保护自身权益。2000年以后，随着产权制度的改革和招商引企的扩大，非公企业发展，根据全国总工会"哪里有职工哪里就要组建工会"的工作要求，全区各级工会以党建带工建，重组区改制企业工会和新建非公企业工会组织；区工会出台《北塘区规范和完善职代会制度的意见》，促进职代会制度和厂务公开制度的常态化，推动这两项制度向非公企业的延伸；企业事业单位的民主管理制度不断完善和规范，有90%以上的改转制企业事业单位建立职代会制度，50%以上的非公企业推行职代会制度或建民主管理小组，40多家公司设职工董事或设职工监事，40多家企业建立职工董（监）事向职代会报告制度，有307家基层工会成立劳动保护监督检查组织，开展安全生产监督活动。2005年9月，区总工会在刘潭服装有限公司召开全区厂务公开现场会，推广"政务、厂务、校务、村务"公开工作。

送温暖工程　自1994年开展送温暖活动开始，区工会把送温暖和下岗职工的再就业工作，作为工作重点来抓。1996年，筹建区级送温暖基金会，同年募集基金25万元。建立困难职工档案，每年筹集资金，为困难职工缓解生活困难；对全区困难、特困职工进行调查，掌握实情，实行动态管理；对下岗职工开展再就业培训，鼓励自谋职业。2000～2005年，区工会直接支付的扶贫补助款近50万元，全区各基层工会累计补助困难职工近200万元；为下岗职工再就业牵线搭桥，使1200多名下岗职工再就业，为12家困难企业的24名职工申领市总工会核发的特困优惠证，拿出近万元为困难职工子女助学；区工会主动协助政府部门落实"两个确保"[①]和"三条保障线"[②]，解决一批漏保对象；组织全区3000多名职工参加终身期、3年期、5年期10种大病保险，近万名职工参加1年期和3年期住院补充医疗互助保险；每年组织困难企业的女职工进行免费妇科检查；关心劳模先进人物，每年组织到疗养院体检。2003

图14-5　区委、区工会走访慰问困难职工（2005年）（区史志办供稿）

① 两个确保：确保国有企业下岗职工的基本生活，确保离退休人员的基本生活。

② 三条保障线：国有企业下岗职工在再就业服务中，最长可领取3年的基本生活费；2年期满仍未实现再就业的，可继续领取失业保险金，领取时间最长为两年；享受失业保险金期满仍未就业的，可申请领取城市居民最低生活保障金。

年，全区获市总工会表彰的送温暖先进单位2个、先进个人1人；职工自主创业示范基地1个、再就业服务明星1人；职工互助互济先进集体1个、先进个人1人。

劳模评比　区工会做好先进模范评比工作，开好先进表彰大会。1986～2005年，朱雪珩、仇庆言、毛妹娣3人被评为全国行业劳模和先进工作者；沙蕴华、俞祥九2人获全国五一劳动奖章；陆震、俞祥九、毛妹娣、杨建清、李杏才、崔凤山6人被评为省劳模、省先进个人；顾晓华等37人（次）被评为市劳模。为宣传先进模范事迹，弘扬先进模范精神，区工会还经常组织劳模先进事迹报告会，把劳模先进事迹编印成册，发放各基层，教育引导广大职工学先进、当先进。

图14-6　北塘庆“五一”劳模座谈会（2005年）（区史志办供稿）

群众文体活动　1989年，举办区第二届职工文化艺术周，开展各类文娱活动96次，6981人（次）参加，5个优秀节目获市奖，区工会获市总工会组织奖。1991年，举办北塘职工“三热爱”文艺创作会演，进行女职工迎国庆“社会主义在我心中”演讲，“家庭服饰美”比赛。1994年，在米市节举办“北塘区职工金秋文艺汇演”。无锡市北塘区房地产管理局工会俱乐部获市总工会颁发的“最佳俱乐部”称号，华能无锡电热器材厂、无锡市纸品厂工会俱乐部获市总工会颁发“优秀俱乐部”称号。1995～1998年，举办全区职工登山比赛、新长征职工文艺会演。2001年，组织拳、操、舞健康表演赛。2005年，组织“铃兰女子合唱团”参加市总工会举办的“万众一心跟党走”职工歌会比赛，获得金奖。

组织建设　1986年，推行工会工作的目标管理。1992年起，开展“工作创新、服务创新”的双创竞赛，制定基层工会建职工之家的“双百分”考查项目标准。每年举办工会干部培训班和各类讲座，重视调查研究，每年组织汇编工会调研文集，收入文章270余篇。区工会分别获省总工会干部教育培训工作先进集体和市总工会工运理论研究先进集体。2000年后，开展学习型工会创建活动，用科学发展观的理论武装头脑，不断增强党的领导观念和服务职工的意识，提高履行职责的能力；制定《北塘区基层工会工作目标责任考核细则》，从“重视提高职工素质、完善民主管理制度、突出维护保障职能、组织建功立业活动、加强工会自身建设”五个方面，促工会工作制度化、规范化。2003年，根据区工会目标责任考核意见，与各基层工会签订年度工会重点工作目标责任书。2004年，根据市总工会要求启动区总工会的筹建工作。同年，

3～5月，区工会开展机关作风建设，提升机关干部的自身素质，提高机关工作效率，提高为职工群众服务的水平。2005年上半年，区总工会参加区委组织的党员先进性教育活动，提炼党性，为民服务。严格工会资产管理，加强内部审计，对工会经费的收、管、实施有效监督，确保服务职工的正确方向。2000～2005年，有1个基层工会组织被评为“全国模范职工之家”，4个基层工会被评为省、市“模范职工之家”，有300个基层工会通过市“合格职工之家”验收，有23家非公企业被评为“新建企业规范化建设先进单位”。

第二节 共青团北塘区委员会

一、机构与团员

1986年，区共青团组织名称为中国共产主义青年团无锡市北塘区工作委员会。1988年9月，改称为中国共产主义青年团无锡市北塘区委员会（简称共青团无锡市北塘区委员会），正科职编制。至2005年，人员编制为2人。

1986～2005年北塘区基层团组织和团员情况表

表14-2　　单位：个、人

年份	基层团组织				团 员	团员输送入党
	团 委	团总支	团支部	团工委		
1986	2	10	71	–	1052	15
1987	2	10	73	–	1038	17
1988	2	10	77	–	1038	17
1989	2	10	67	–	1086	5
1990	2	11	78	–	1167	5
1991	3	11	74	–	1167	10
1992	3	10	69	–	1114	4
1993	3	6	70	–	1036	11
1994	4	6	57	–	969	9
1995	4	10	59	–	929	16
1996	5	6	59	–	834	11
1997	1	6	53	–	974	16
1998	5	9	64	–	891	19
1999	6	8	61	–	840	20

续表14-2

年份	基层团组织				团 员	团员输送入党
	团 委	团总支	团支部	团工委		
2000	2	8	48	5	844	18
2001	3	7	49	5	858	20
2002	1	7	69	5	803	17
2003	5	14	134	7	950	23
2004	5	14	130	7	1018	31
2005	7	10	88	4	815	20

二、代表大会

1986～2005年，团区委先后召开六次团员代表大会。

共青团北塘区第五次代表大会 1988年9月22～23日召开，出席大会的正式代表105人，列席代表9人；大会选举产生15人组成的共青团北塘区第五届委员会，大会通过《以四化为己任、与改革同命运，在振兴北塘区的伟大实践中继往开来、艰苦奋斗》的工作报告；共青团北塘区第五届委员会第一次全委会议选举产生共青团北塘区第五届常委7人，书记徐建康、副书记刘弼晨(兼)。

共青团北塘区第六次代表大会 1991年8月28～29日召开，出席大会的正式代表100人，列席代表7人；大会选举产生由13人组成的共青团北塘区第六届委员会；大会通过《团结一心跟党走，为建设家乡，繁荣北塘而艰苦奋斗，建功立业》的工作报告；共青团北塘区第六届委员会第一次全委会议选举产生共青团北塘区第六届常委6人，书记徐建康、副书记刘弼晨。

共青团北塘区第七次代表大会 1994年11月29～30日召开，出席大会的正式代表有83人，列席代表8人；会议表彰和命名1993—1994年度区优秀团组织11个、区优秀团干部11人、区新长征突击手26人、区青年文明岗15个、区行业青年能手10人；会议选举产生由19人组成的共青团北塘区第七届委员会；大会通过《确立跨世纪意识，肩负跨世纪重任，为北塘两个文明建设再立新功》的工作报告；第七届委员会第一次全委会议选举产生共青团北塘区第七届常委7人，书记刘弼晨、副书记张莉。

共青团北塘区第八次代表大会 1998年5月3～5日召开，出席大会的正式代表88人，列席代表10人；大会通过《明确历史重任，不负时代重托，团结带领全区青少年实现跨世纪宏伟目标的进程中建功立业》的工作报告；选举产生由19人组成的共青团北塘区第八届委员会；第八届委员会第一次全委会议选举产生共青团北塘区第八届常委7人，书记张莉、副书记伍光辉。

共青团北塘区第九次代表大会　2001年9月12～14日召开，出席大会的正式代表88人，列席代表9人；大会选举产生由19人组成的共青团北塘区第九届委员会；大会通过《以“三个代表”重要思想为指导，全力把我区共青团工作推上新的高度》的工作报告；共青团北塘区第九届委员会第一次全委会议选举产生共青团北塘区第九届常委7人，书记伍光辉、副书记李洺(兼)、马剑(兼)。

图14-7　共青团无锡市北塘区第九次代表大会（2001年9月）（区史志办供稿）

共青团北塘区第十次代表大会　2004年9月27～28日召开，出席大会的正式代表98人，列席代表5人。选举产生由15人组成的共青团北塘区第十届委员会；大会通过《以科学发展观为指导，服务“两个率先”进程，求真务实，与时俱进，不断开创北塘共青团工作新局面》的工作报告；共青团北塘区第十届委员会第一次全委会议选举产生共青团北塘区第十届常委7人，书记吴树、副书记吴琪。

三、主要工作

思想道德教育　1986～1988年，开展“坚定不移跟党走”“党育青年成长，金秋话奉献”“青年与改革”等系列教育活动。1989～1991年，以多种活动为载体，围绕培养“四有”（有理想、有道德、有文化、有纪律）新人，开展“新时期青年理想大讨论”、与青年劳模座谈交流理想教育活动。1992～1994年，团区委把握培养“四有”新人的根本目标，学习中共十四大精神，学习邓小平关于建设有中国特色社会主义理论，同时开展适合青年人特点的教育活动。1995～1998年，以中共十五大精神为指导，开展邓小平建设有中国特色社会主义理论教育、青少年思想道德教育。1999～2001年，深化青少年思想道德教育，开展“迎接香港、澳门回归”“新世纪曙光”“纪念抗美援朝胜利50周年”“纪念建党80周年”“声讨北约暴行”等教育活动。2002～2005年，开展“永远跟党走”“关爱社区未成年人”主题教育活动；开展庆祝北京申奥成功、载人航天成功、雅典奥运中国健儿夺金等活动。2005年，开展增强团员意识的主题教育活动，全区7个团

图14-8　北塘区纪念“五四”运动86周年活动（2005年）（区史志办供稿）

委、10个团总支、88个团支部共团员629人参加，开展“身边典型我学习”“激扬青春、建功北塘”有奖征文和“志愿服务勇争先”青年志愿者活动等7项活动，建立直属团组织百分考核意见。黄巷街道团工委获江苏省增强团员意识主题教育活动先进团委，费菲被评为江苏省增强团员意识主题教育活动先进个人。

组织建设 1986～2005年，团区委共组织基层团干部参加市区团校和团训班培训390余次，参加学员1.4万多人（次）。1989～1992年，团区委抓基层团组织基础工作，恢复团费收缴和团员管理制度；组织开展民主评议团员工作，加强团员教育管理工作。1993～1995年，在区委组织部指导下，制定党建带团建工作目标考核机制，把团组织建设工作纳入党建工作考察范围，强化团的各项基础工作。1996年以后，团区委发布百分考核实施意见及细则，对基层团组织采取年中抽查、年终互查的考核办法，并将书面形式反馈上级党组。2001～2005年，巩固和深化党建带团建的工作成果，加强和改进团的思想作风、学风和工作作风，团区委带头做到“服务到支部，联系到团员”，并制定和完善团区委的各项工作制度。2002年年初，北大街街道在私营经济园区建立无锡市第一家经济园区团支部；同年，团区委与区委组织部联合颁发《关于加强非公有制经济组织团的建设工作的试行意见》，探索非公有制经济组织团建工作的新思路，促进非公有制经济的健康发展。

青少年素质教育 1986～1999年，发扬团带队的光荣传统，把培养“四有”新人作为奋斗目标，实施青年教师成才活动，在青少年学生中开展“新世纪青少年读书计划”“18岁成人仪式”主题教育活动。少先队组织青少年培育从小创业意识，启动“红领巾创业教育”。2000～2005年，每年寒暑假团区委联合区教育局、区妇联等部门开展寒暑假青少年社区实践活动，先后开展“体验我能行”学生夏令营活动，全区未成年人“四进一助”（法律维权进社区、文明养成进社区、道德实践进社区、爱心奉献进社区、帮助进城务工青年的子女）系列活动，“爱心助成长，文明进社区”未成年人社区实践活动，社会主义荣辱观教育实践活动，“培育特色团队、激扬青春风采、构建和谐社区”青少年寒假系列活动以及以“和谐小使者”“环保”“科普”“健康”“文化”“欢乐”为主题的夏令营活动等，提高广大青少年的思想道德素质和实践能力。

服务经济社会建设 1986～1988年，采用青年岗位竞赛、义务突击劳动、技术操作比赛等多种形式，开展“双增双节”“青春献七五”等活动，1989～1991年，开展“以岗位成才、岗位建功”为主要内容的劳动竞赛，共1.1万多人参加各种形式的劳动，奉献工时6.5万个，直接创利40万元；同时建立义务劳动制度，发挥青年突击队的作用。1992年起，团区委先后开展“无锡的未来与青年的希望”主题教育、新世纪北塘青年形象大讨论”“与祖国同奋进、与北塘共发展”“我为北塘发展献一策”征文活动。并主动关心下岗、失业、残疾、外来务工青年的就业问题，组织各类培训110

余次。

服务青年多样化需求 1986～1988年，团区委联合有关部门举办集体婚礼，配合全区移风易俗的宣传工作。1989～1991年，开展各种文体娱乐活动，组织“说唱、个人特长、团务知识”为内容的团干部技能比赛，团员青年摄影、歌咏会、智力竞赛等活动。1992～1994年，开展50（个）高知带50（个）青知活动，做好外来务工青年的培训工作。1995～1998，开展“读好书、唱好歌、看好片”活动。1999～2001年，开展学科学、学知识、学外语的“三学”活动。2002～2005年，实施“新世纪青少年读书计划”，2004年，成立社区青少年读书俱乐部，实施“帮助青年创业计划”，指导辖区街道相继成立青年就业指导服务站。

青年志愿者服务活动 1998年，北塘区成立青年志愿者吴桥地区服务站。1999～2001年，开展“学雪锋活动”“青年志愿者行动”“希望工程”等活动。2002年，团区委联合区文明办组织青年志愿者服务社区活动，参与创建文明城市、平安北塘、青年文明社区、学雷锋一条龙服务等各项活动。2003年防治“非典”中，卫生系统的青年志愿者走上街头，深入社区，设立防治“非典”宣传服务站，发放“防非”宣传品，免费提供防治药品和消毒液等。2004～2005年，相继开展建设“节约型社会”“生态环保”“健康教育”等主题志愿服务。

选树先进青年典型 各级团组织通过举荐优秀青年参与省、市各类先进评比、举行“弘扬五四精神”先进青年事迹报告会等方式，用身边人的先进事迹引导激励青少年。至2005年，全区有北大街街道、惠山街道等2个省级五四红旗团委，9个市级五四红旗团委、团支部。周明珠被评为“无锡市十大杰出青年”，王经、孙靖等2人获“无锡市十大杰出青年”提名奖，庄德新被评为“无锡市十大青年创业标兵”，陈锡明和陈小英被评为无锡市杰出青年农民，所在企业分别被评为示范基地，关开城等20人被评为“无锡市十大杰出外来务工青年”，167人被评为市、区级优秀团干部、团员称号，227人获得市、区级新长征突击手称号。同时，开展推优荐才工作。围绕“双推”（推优上岗，推优入党）工作，树立人才兴区观念，建立健全优秀青年人才信息库，完善推优工作运行机制。至2005年，通过“双推”上岗的优秀青年达329人，入党优秀青年有304人。

希望工程 1994，组织实施希望工程活动，开展“北塘响水手拉手夏令营”活动，资助响水县百名少年重返校园。1999年起，做好“希望工程”爱心助学行动，2000年，团委资助2名伊犁地区的贫困生，完成1万多枚“希望工程”徽章和明信片义卖任务，资助身边的贫困学生200多人次。2003年后，开展“希望工程”爱心助学行动、“阳光希望行动”“手拉手”爱心结对活动，发动团组织与100名贫困青少年学生结对，筹集并发放6万余元助学金和学习用品，帮助困难青少年群体。

争创青年文明号和岗位能手活动 1992起，开展争创青年文明岗活动，设立“北塘区青少年学雷锋奖励金”，开展技术练兵。1995起，开展争创青年文明号、争当青年岗位能手活动。开展“创建青年文明社区、青年文明号助万家”，“助学接力献爱心”等活动。至2005年，全区共创建省级“青年文明号”6家，市级“青年文明号”17家。2002～2005年，在全区团员青年、职工中开展争创“青年岗位能手”活动，开展各类技能培训，帮助青年掌握岗位技能。

维护青少年合法权益 2003年，成立区青少年法律援助工作站。2004年，成立青少年法律援助中心，维护青少年合法权益。开展创建优秀“青少年维权岗”活动。至2005年，共有省级优秀“青少年维权岗”1家，市级优秀“青少年维权岗”2家。

第三节 北塘区妇女联合会

一、组织机构

北塘区妇女联合会（简称北塘区妇联） 1987年，根据《全国妇联章程》规定，每5年召开一次妇女代表大会，选举产生新一届妇联执行委员会委员，妇联主任从委员中选举产生。2000年10月，根据《全国妇联章程》规定，区妇女联合会主任改称妇女联合会主席（简称妇联主席）。

基层妇联组织 全区各街道均建有妇女联合会，街道妇联每3年举行1次妇女代表大会，选举产生执行委员会，街道妇女联合会的组织接受同级党组织的领导，隶属区妇联领导并接受业务指导。基层妇代会换届与社区居委会同步，在居委党支部的领导下开展工作，接受上级妇联的业务指导。

1986～2005年北塘区妇联基层组织情况表

表14-3 单位：个

年 份	街道妇联数	基层妇代会数
1986	8	106
1987	8	106
1988	8	109
1989	8	109
1990	8	109
1991	8	112
1992	8	112
1993	8	112
1994	8	109
1995	8	103
1996	8	103
1997	8	103

续表14-3

年 份	街道妇联数	基层妇代会数
1998	8	103
1999	8	63
2000	9	63
2001	9	63
2002	8	63
2003	8	63
2004	4	60
2005	4	60

二、代表大会

北塘区第九次妇女代表大会 1987年10月13日召开，出席代表306人，列席代表34人，特邀代表20人；大会通过林莹作的《奋发进取，开拓创新，充分发挥妇女在两个文明建设中发挥的作用》的工作报告；大会选举产生区妇联第九届执行委员会委员28人，吴颖蝶当选为区妇联主任，林莹当选为区妇联副主任。

北塘区第十次妇女代表大会 1993年3月2日召开，出席会议代表185人，列席代表15人，特邀代表10人；大会通过林莹作的《解放思想，团结奋进，为实现我区两个文明建设的新目标而努力奋斗》的工作报告；大会选举产生区妇联第十届执行委员会委员17人，林莹当选为区妇女联合会主任。

北塘区第十一次妇女代表大会 1998年10月28日召开，出席会议代表155人，列席代表15人，特邀代表30人；大会通过赵天兰作的《高举邓小平理论伟大旗帜，团结动员全区妇女为实现跨世纪宏伟目标努力奋斗》的工作报告；大会选举产生区妇联第十一届执行委员会委员21人，赵天兰当选为区妇联主任。

北塘区第十二次妇女代表大会 2004年10月12日召开，出席代表160人，特邀、列席代表40人；大会通过赵天兰作的《展妇女风采，谱巾帼新篇，为落实科学发展观、争创“两个率先”而努力奋斗》的工作报告；大会选举产生区妇联第十二届执行委员会委员21人，钟剑萍当选为区妇联主席。

图14-9 北塘区第十二次妇代会（2004年10月）（区史志办供稿）

三、主要活动

巾帼建功 1986年，开展“四有”（有理想、有道德、有文化、有纪律）、“四自”（自尊、自信、自立、自强）理想教育活动，运用先进妇女典型，进行理想教育，树立许梅珍、朱雪珩、沙蕴华、黄小平、仲蕊芬等一批为区两个文明建设作出显著成绩的先进妇女典型；举办“四有”“四自”演讲会、“心灵手巧”展览会，会上展出300余件妇女们自己设计制作的作品。1991年，以“围绕中心，服务社会”为主题，举办“巾帼建功”演讲会、“妇女自学成才”经验交流会等活动。1992年，在企业事业的女职工中开展“巾帼建功，巧手奉献”活动，在街道地区的妇女中开展“巾帼建功，地区奉献”活动；响应中国妇女发展基金会的号召，为“中华女子学院”捐款1.5万元。1994年，在女职工中开展“三献一结”活动（送温暖献爱心，露一手献技艺，金点子献计策，展风采结硕果）。1995年，举办“庆‘三八’、迎‘九五’、爱事业、讲奉献”演讲会，组织各行业开展“优质服务、无私奉献”等系列活动。1999年，召开区“巾帼示范岗”命名授牌大会，全区有14个“巾帼示范岗”获得命名表彰。2000年，发挥各级妇联组织的作用，通过各种方式为下岗失业妇女提供就业信息，帮助73名妇女走上再就业岗位。2001年，区妇联推进“巾帼创新业”工程，通过牵线搭桥，帮助32名下岗妇女重新走上工作岗位。2002年，在创建“巾帼示范岗”“巾帼创新业”活动中，以“诚实守信，优质服务”为主题，开展“学技能，增才干”岗位练兵活动，评选出区级“巾帼示范岗”25个，推荐520名下岗失业妇女参加各类技能培训，使其重新走上工作岗位。2003年，以“巾帼创新业”为主题，开辟社区新岗位，成立“爱心编织社”，帮助22名妇女再就业，对2145名女性进行就业指导培训，对196名女性进行就业技能培训。2005年，推进“巾帼建功”活动，命名表彰26个区级“巾帼示范岗”，扶持下岗女工高美华创业，为其创业基地——前洲养鹿场提供3000元创业扶助金，渡过创业难关。

家庭教育　1988年，全区开展“一教四普及”（政治思想教育，普及科学文化知识、科学育儿知识、法律知识、妇幼卫生知识）活动，区举办家庭教育讲座386课，参加人数达16389人（次）。1990年，开展家庭教育竞赛活动，参与家庭教育知识竞赛答卷700余份，选拔12户家庭参加区知识抢答竞赛。1992年，发动全区家庭做“三优”知识竞赛试卷1万份。1993年，在“北塘之秋”社区文化系列活动中，区妇联承办“欢乐家庭”趣味赛。1996年，开展“家庭读书竞赛”活动，举办“北塘区家长学校经验交流会”，把26篇优秀论文装订成册，分发各成员单位。1997年，开展“科学育儿好妈妈”读书征文活动，共撰写论文49篇；山禾药业公司为10名贫困儿童捐款1万元。2000年，开展以“伸出您温暖的手，托起您身边的希望”为主题的捐资助学活动，共收到捐款5万余元，为62名特困生解

图14-10　“未来新市民”家庭教育工程启动仪式（2004年）（区史志办供稿）

决上学问题。2001年，为反对邪教组织，向每户家庭发出《家庭拒绝邪教，倡导科学文明》倡议书，号召广大妇女“从我做起，从家庭做起，相信科学，拒绝邪教，倡导文明”。在创建文明城市过程中，发动家庭志愿者回收旧电池3500多节。2003年，在社区建立健身站、读书园地、家庭教育学校等一批妇女儿童活动阵地。2004年，结合联合国儿童基金委员会“保护流动儿童权利”试点项目，暑假期间，举办“流动儿童家长学习培训班”，就家长在家庭中教育职责、法律义务、教育能力等家教内容向40名流动家长进行指导培训，为流动儿童的健康成长创造条件。2005年，举办北塘区家庭教育研讨会，共收到论文36篇，并汇编成册，分发到全区各家长学校。

维护权益　1988年，配合普法教育举办妇代会干部培训班，学习《中华人民共和国婚姻法》《中华人民共和国继承法》《江苏省关于保护妇女儿童合法权益若干规定》，接待群众来访25起，调解处理民事纠纷24起；配合司法部门查清施某虐待妻子、高某虐待婴儿致死的犯罪事实，经北塘区法院审理，分别判处有期徒刑。1989年，做好失足青年妇女的教育转化工作，成立212人组成的帮教队伍，帮助全区25名失足妇女。1990年，赴句容句东农场看望北塘籍的21名失足妇女，对她们进行面对面的帮教。全年接待调处来信来访17件。1991年，区妇联获江苏省妇联系统信访目标管理先进集体。1992年，走访省第一、第二少管所及句容句东劳改农场，看望北塘籍的失足青少年和失足妇女，与句容句东劳改农场签订帮教协议。全年接待调处来信5封，来访15件，结案率100%。1993年，宣传贯彻落实《中华人民共和国妇女权益保障法》，协助区法院处理7岁儿童王某状告父母一案；全年接待调处来信5封，来访18件，结案率100%。1995年，举办法律知识讲座，请区法院宣讲夫妻离婚有关财产分割问题；接待来访22件，来信3封，结案率96%。1997年，组织对《中华人民共和国妇女权益保障法》执行情况的问卷调查，共发问卷450份，回收率100%；对全区35～45周岁的下岗妇女173人进行调查摸底，登记注册，为她们提供用工信息，多渠道帮助她们再就业；接待调处来访19件，来信2封，结案率95%。1998年，开展“巾帼创新业”活动，介绍下岗、内退女职工102人到居委任职。全年共接待来访34起，来信3封，结案率95%。1999年，走访省、市收容所和省劳改农场，做好辖区内失足妇女的跟踪帮教工作；接待来访26起，来信1封，结案率95%。2000年，成立北塘区妇女权益法律援助站，为贫、弱、残等处于困境中的妇女提供法律援助。全年接待来访39件，来信2封，调解结案率95%。2003年，组织各级妇女干部到无锡市戒毒所对34人北塘籍的戒毒学员进行对口帮教活动，组织“远离毒品，关爱未来”广场文艺活动。区妇联获江苏省2000～2003年度“不让毒品进我家”承诺活动先进集体荣誉称号。2004年，实施“新无锡人女性工程”，成立“新无锡人女性服务站”，改善外来妇女在无锡的工作和生活环境。2005年，区妇联开展“关爱母亲，民营企业家深情助学”活动座谈会，12名民营企业家向14名贫困母亲和学生提供助学款1.9万元。

实施妇女儿童规划 1995年，成立北塘区妇女儿童工作委员会，办公室设在区妇联，负责协调和推动政府有关部门和单位执行有关妇女儿童的各项法律、法规和政策措施的落实。1991～1995年，实施区“八五”妇女儿童发展规划，“八五”期间，先后建立区儿少工作协调委员会和区“三优工程”领导小组，制定《北塘区“三优工程”试点工作规划》及实施细则，区作为市“三优工程”试点城区，被评为省儿少工作先进单位、全国“三优工程”工作先进集体。“八五”期间，婴儿死亡率下降到9‰，5岁以下儿童死亡率下降到11.5‰，儿童计划免疫“四苗”接种覆盖率达98.5％以上，实施中美预防神经管畸形合作项目取得较好效果。1995年，全区有幼儿园12所、托儿所18所，4382名幼儿入园，3～5周岁幼儿入园率95%，有小学22所，在校生16237人，入学率、巩固率、普及率均达100%，残疾儿童入学率达98%以上。1996～2000年，实施区“九五”妇女儿童发展规划，“九五”期间，区党政机关中有9个部门配备女干部，街道党政领导班子中均配备女干部；下岗妇女再就业率达57.1%；学龄前儿童入园率、小学学龄儿童入学率、女童入学率、残疾儿童入学率、举办家长学校和家庭教育知识普及率分别达到95%、100%、100%、98%和100%；全区婚检医学检查率、孕产妇住院分娩率、孕产妇儿童保健覆盖率均达100%；5岁以下儿童死亡率从1995年的11.5‰下降到1.6‰。2001～2005年，实施区“十五”妇女儿童发展规划，“十五”期间在与北塘区相关的117项指标中，达标率96.58%。2002年，北塘区被命名为无锡市实施“十五”妇女儿童发展规划示范区。

创建五好文明家庭 1987年，开展“好家长”“好妻子”“好媳妇”“好妯娌”“好孩子”演讲展示活动，组织“家庭演唱会”“家庭运动会”等五好家庭创建活动；有4户家庭被评为省级五好家庭，有60户家庭被评为市级五好家庭。1991年，开展五好家庭活动成果发布会、“好婆媳同台互夸表演赛”“五好家庭百例事迹竞赛”等活动。1994年，区妇联倡导“绿化无锡、美化家园”的理念，开展“阳台绿化评比”“家庭美化摄影展”“我爱我家征文比赛”和“室内空间巧安排”等活动。1998年，开展“五情系万家”为主题的“五好文明家庭”系列活动（五情：父母养育情、夫妻恩爱情、兄妹手足情、婆媳和睦情、邻里互助情）。1999年，向全区“五好文明家庭”下发1200余份“告全区五好文明家庭书”，动员带头革除陋习，参与环境保护，维护公共秩序，带领更多家庭参与国家文明城市创建活动中去。2000年，组织20户金婚、银婚、新婚、五好文明家庭参加市“家庭同心林”植树活动。2001年，区妇联举办文明社区靠大家征文活动。2002年，以“妇女倡导学习，家庭传播美德”为主题，组织开展各类家庭文化展示活动，开展“花与生活”家庭插花比赛。2004年，开展家庭读书竞赛活动和“人人为我，我为人人”的家庭志愿者服务活动，全年有家庭志愿者1565人参与社区服务活动，受服务人数达2.19万人（次）。2005年，开展以“营造幸福家庭，筑起拒腐防线”为主题的家庭助廉宣传教育活动，通过发倡议书、开展征集格言、评选“廉洁家庭”等活动。

第四节 其他社会团体

一、北塘区残疾人联合会

组织机构 1990年11月，区设立北塘区残疾人联合会（简称区残联），副科级建制，由区民政局代管。2001年，为正科级建制，实行计划、财务单列，理事长专职；下设北塘区残疾人劳动服务所。2004年7月，成立区残联肢残人协会、聋人协会、盲人协会、智力残疾人亲友协会和精神残疾人亲友协会。至2005年，各街道、社区均已建立残联、残协组织，形成全区的残疾人工作网络。

代表大会 北塘区残疾人联合会实行代表大会制度，由代表大会产生主席团和执行机构理事会。1990～2005年，召开过四届代表大会。

北塘区残联历届代表大会人员构成情况表

表14-4 单位：人、%

时间	届次	代表人数	其中：残疾人代表		主席团构成	
			人数	占比	成员总数	其中残疾人数
1990.11.30	一	61	33	54.00	17	8
1993.09.17	二	61	33	54.00	18	9
1998.05.14	三	61	33	54.00	18	9
2003.03.28	四	65	34	52.30	18	9

主要活动 （详见第二十三编第二章第六节《残疾人工作》）

二、北塘区青年联合会

无锡市北塘区青年联合会（以下简称区青联）于1994年成立，是在中共北塘区委领导下，以共产主义青年团为核心力量的各青年团体的联合组织，是全区各族各界青年广泛的爱国统一战线组织。1994～2005年，区青联先后进行三次换届改选。

第一届委员会第一次全体会议于1994年5月召开，出席大会的青联委员750人。区青联第一届委员会选举产生常委14人，副主席6人，刘弼晨当选为区青联主席。

第二届委员会第一次全体会议于1999年10月召开，出席大会的青联委员69人。区青联第二届委员会选举产生常委14人，副主席5人，张莉当选为区青联主席。

第三届委员会第一次全体会议于2003年10月召开，出席大会的青联委员66人。区青联第三届委员会选举产生常委17人，副主席6人，吴树当选为区青联主席。

三、北塘区计划生育协会

1987年11月，北大街街道率先成立计划生育协会，是无锡市第一批计划生育协会之一。

1988年12月22日，区第一届一次计划生育协会会员代表大会召开，成立北塘区计划生育协会（简称区计生协会），选举顾寿山为会长，黄德如为名誉会长。

1989年7月，北塘、吴桥、顾桥、西新、盛岸、惠山、惠龙7个街道相继成立地区计划生育协会。

1990年11月，区计生协会召开一届二次理事会，选举王竹平为会长。同年，以盛岸街道湖光居委为试点建立“会员之家”，全区相继建成78个“会员之家”，并印发了五好会员条件、协会工作任务、会员联系户制度、分片包干网络人员名单，做到任务、分工明确。

1991年，盛岸街道分期分批组织育龄夫妇学习人口知识、计生政策和优生优育优教知识。

1992年5月，召开区计生协会第二届理事会代表大会，通过第二届理事名单。选举会长王竹平，名誉会长王德骥。

1993年，区计划生育协会被评为省计划生育先进协会。辖区企业事业单位组建计生协会7个，会员之家增加到133个。8月，召开区计生协会二届二次理事会，选举会长秦汝栩。

1995年，区计划生育协会被评为省计划生育先进集体。

1997年，辖区金辉大酒店、纸品厂、锡山市航道管理处、商业幼儿园、乳品公司、建材职工中等专业学校、省棉麻（集团）公司无锡总公司、区个体劳动者协会、区私营企业工作小组、招商城小商品服装市场、锡惠公园11个单位相继成立计划生育协会。

1998年，辖区园林古典建筑公司、欣达电子公司、第一毛纺织染厂、东亚毛纺织公司、积余街小学、社桥中学、双河热电厂、星火制衣公司8个单位相继成立计划生育协会。11月，召开区计划生育协会第三届理事会会员代表大会，通过第三届理事会名单。选举会长金元兴，名誉会长焦进甫。

1999年，辖区中信实业银行无锡分行、区贸易局、区计划与经济局、公安北塘分局、市干部学校、威龙工程机械厂、区幼儿教育、房地产管理职工中等专业学校、山禾集团悉能制药有限公司、第三人民医院、山北中学、山明中学12个单位相继成立计划生育协会。

2000年，辖区单位北塘医院、后祁街小学相继成立计划生育协会。北大街街道南尖社区计生协会组织一支由医务人员、党员和社区热心公益人士组成的志愿者队伍，开展“热线电话”“悄悄话信箱”等服务。

2001年，辖区单位园林绿化管理处、五河街道、招商城针纺织品市场（C区）相继成立计划生育协会。

2002年，无锡市国有粮食连锁公司、迎燕电器有限公司、钢锯条厂、黄金海岸大酒店、北塘区机关党工委、北塘私营经济园春申分园、三利纺织印染集团公司工贸合营被单厂、凯旋门自助火锅美食城8个单位相继成立计划生育协会。

2003年，辖区双河农贸市场、惠龙勋民临时疏导点、诚隆超市、鸡粥店、华宴鱼翅馆、第四橡胶厂园区、招商城五金电器市场、北塘区环境保护局、惠华新村小学、华亚织造有限公司、良子浴室有限公司、华申实业公司、北塘区建设局、热带雨林茶室有限公司、群力有色金属材料有限公司、协联针织有限责任公司、县粮机械设备有限公司、山禾集团第一制药有限公司、爱邦高聚物有限公司、江苏省无锡轻工职业高级中学、无锡市综合高级中学、吴桥社会福利厂、华普商贸有限公司、北大实业有限公司、金山北工业经济园、北塘区环境卫生管理处、瑞力工业布有限公司、三博有限公司、刘潭园经济发展有限公司、双河新村小学、工业电炉厂、祥隆皮件有限公司32个单位相继成立计划生育协会。北大街街道南尖社区荣获全国计划生育协会工作先进单位。

2004年，黄巷、山北、北大街、惠山街道计划生育协会换届。7月26日，浙江省仙居县计划生育协会无锡市流动人口分会在北大街街道成立。西新街道获江苏计划生育协会工作先进集体称号。辖区德发印染有限公司、古运河社区、莲蓉苑社区相继成立计划生育协会。

2005年，无锡市计量测试中心成立计划生育协会。

四、无锡市消费者委员会北塘分会

1999年10月，无锡市消费者委员会北塘分会正式成立。分会由北塘区人民政府副区长任名誉会长，无锡市工商局北塘分局、北塘区物价局、北塘区卫生防疫站等单位的领导任会长、副会长。为方便消费者就近投诉，无锡市消费者委员会北塘分会决定在北塘区物价检查所、北塘区卫生防疫站监督管理科及无锡工商局北塘分局的5个工商所设立7个投诉站，制定受理投诉人员工作职责、秘书长岗位职责，消委会工作人员纪律等工作制度。同年8月30日，无锡工商局、无锡市12315消费者投诉举报中心成立，无锡工商局北塘分局也相应成立12315申（投）诉举报台，分局各工商所成立12315申（投）诉举报站。申（投）诉举报台同时也作为消委会北塘分会的投诉站。

2000年，无锡市工商局会同市消费者委员会（以下简称消委会）以“明明白白消费年”为主题，开展“明明白白装修、打电话、买空调”等活动，北塘维权活动向纵深发展。调解消费者投诉的重点转到以医疗服务纠纷、美容化妆服务纠纷、购买商品房纠纷、物业管理纠纷、假冒保健品、家用电器质量问题、摩托修理以及洗染服务纠纷等。根据市消委会的要求，组织“销售放心房、提供放心中介”联合承诺活动等。全年共受理投诉举报491起，为消费者挽回经济损失45.54万元，调解结案率达99.7%。2001年，围绕绿色消费年主题，区消费者分会组织12315国际消费者权益活动日，在一百集团设立咨询投诉点，设立假冒伪劣商品鉴别台，3天受理投诉8起，法律咨询450人次，全部现场调解结案，并发放宣传材料3000余份。同年投诉重点为服务质量、人身伤害纠纷、摩托车修理欺诈纠纷等，共受理投诉举报488起，为消费者挽回经济损失83400元。全年工商部门从举报线索中立案12起，案值达50万元，罚没7万余元。2002年，围绕“科学消费”主题。全年共受理各类举报投诉580起，其中，受理举报295起，立案15起，罚没入库达9.5万元；受理投诉285起，为消费者挽回经济损失56万元。2003年，围绕“营造放心消费环境”主题，在五爱小学与山北实验小学设立青少年维权教育基地。2003年4月，消委会北塘分会共受理防治“传染性非典型肺炎”的卫生用品投诉20余起，责令经营者收回不合格医用口罩5000余只，共为消费者挽回经济损失1.5万余元。对无锡市百寿堂药店销售劣质口罩事件进行揭露和曝光，由工商部门对其作出没收不合格口罩1200只，罚款2.2万元的处罚。2004年，围绕“诚信维权”主题，对原有的10个监督站、6个投诉站进行改选和调整，健全组织机构，增强维权力度，扩大消委会维权的社会影响。同年，锡山区鸿声乡消费者周某某到消委会北塘分会投诉，称其10岁孙子因通过电话上某信息台玩互动游戏，结束后因电话未搁好，共计时370多分钟，按每分钟2元计算，耗资742元。经北塘分会与辖区内电信公司协调后退还消费者700元。

2005年，北塘分会进行换届，充实健全消费维权网络。维权工作贯彻“健康、维权”主题，接待受理各类投诉285件，为消费者挽回经济损失35.7万元。

五、北塘区关心下一代工作委员会

组织机构 1992年6月，北塘区关心下一代工作委员会（简称区关工委）成立。区关工委是在同级党委领导下以离退休老干部为主体、在职区党政分管领导和有关职能部门参加的从事青少年教育的群众性工作组织。区关工委由主任（名誉主任）、副主任、办公室主任、委员等20～30人组成。1992年6月～1993年8月，名誉主任虞为政，主任沈伯其，副主任许建平、王竹平、顾寿山、张文峰。1993年8月～2000年3月，名誉主任虞为政，主任沈伯其，副主任许建平、秦汝栩、

图14-11 市、区关工委领导到南尖社居委视察工作（2005年）（区史志办供稿）

顾寿山、张文峰、俞燮敏、钱佩秋。2003年12月～2005年12月，主任分别由刘玲、李亚东、李祖坤担任，副主任沈伯其、徐锦梅、倪志卿、张亚莉，由徐锦梅主持区关工委日常工作。1992～2002年，全区6个局（委）、7个街道、2个镇、70个社居委、21个村、18所学校，全部建立关工委，关工委组织128个，共1080人。

至2005年，随辖区行政区划撤并调整，基层关工委组织由128个整合成78个，形成“区—街道—社区”“区—教育局—学校”两个层面组织网络。

区关工委加强队伍建设。组建老干部、老战士、老模范、老教师、老科技工作者（简称“五老”）志愿者队伍，参加区关工委工作，队伍人数保持在3500人左右。先后成立老干部爱国主义报告团、五老“关爱”帮教团、“老园丁”德育宣讲团、家庭教育讲师团、法制教育宣讲团、校外教育辅导员、网吧义务监督员、社区德育辅导员共8支关心下一代工作骨干队伍，常年活跃在青少年思想教育一线。

思想道德教育 区关工委以理想信念为核心，开展形式多样的教育活动。从1995年起，结合重大历史事件和纪念日开展系列主题活动，先后开展纪念抗战胜利50周年和红军长征胜利60周年、周恩来和邓小平诞辰100周年、建党80周年以及庆祝香港和澳门回归等教育活动。贯彻实施《公民道德建设实施纲要》，开展“我当合格小公民”宣传展示和实践活动，聘请吴成、卜仲谟、汤聿文等革命老前辈和先进模范，组成爱国主义教育报告团，对青少年进行爱国主义、革命传统和思想道德教育。2004年5月，围绕加强民族精神主题教育、学习航天精神，区关工委、教育关工委联手，组织全区少先队骨干和部分“五老”70余人，赴江阴基地参观“远望一号”，听取测控“神州五号”情况介绍。

建立各类教育基地 2002年，区首批命名中国人民解放军63983部队、101医院、武警8724部队、市消防支队通惠路中队、总参干休所荣誉室、南空干休所荣誉室、市烈士陵园、市丽新纺织集团、市惠山泥人厂、市泥人博物馆、黄巷奶牛场、黄巷镇刘潭农科队、市旅游餐饮街、北塘科技创业园共15个青少年素质教育基地，为接待青少年的学习、参观、考察和实践活动提供了平台。至2005年，全区各类青少年教育基地增至58个。2004年4月8日，市关工委主任缪根宝、区委副书记刘玲，为“吴国忠家庭图书室”揭牌命名。

法制教育和帮教工作 2000年，区关工委与区社教委一起组建“北塘区青少年法制宣讲团”，为全区18所学校、6个街道选配青少年法制教育宣讲员，定人、定校、定内容。到学校、社区为青少年进行法制教育。至2002年，18名宣讲团成员在全区开展宣讲108场（次），10万人（次）青少年接受教育。2004年，各级关工委按不同年龄对象，先后对青少年进行《中华人民共和国刑法》《中华人民共和国义务教育法》《中华人民共和国国旗法》《中华人民共和国未成年人保护法》《中华人民共和国预防未成年人犯罪法》等法律法规教育，通过组织观看图片展览、举办系列宣讲和法制教育宣传栏、黑板报案例剖析，增强青少年的法制意识。2002、2003年，区关工委配合区法院少年庭，分别在山明中学、古运河社区组织“模拟法庭”及现场审判，使青少年受到更实际的法制教育。加强对未成年人不进入网吧教育、“远离毒品，不让毒品进我家”的禁毒教育。从2001年起，区关工委会同有关部门，重视做好失足青少年的帮教工作，组织老干部到省少管所、市妇教所、戒毒所、无锡监狱等，对服刑青少年开展帮教活动，转化一批有劣迹的青少年，防止一些失足者重新犯罪。自2001年5月起，在区关工委主任、区委副书记焦进甫和15名“五老”帮教志愿者赴省少管所，开展对北塘籍少年犯的结对跟踪帮教。至2005年，帮教志愿者已发展到73人，先后5次专赴句容省少管所签订帮教协议书，开展面对面的帮教谈心活动，共帮教失足青少年57人，使他们重新走上人生之路。2002年起，加强对缓刑失足青少年的帮教，签订帮教协议，定期配合家长强化思想教育，组织他们开展“读好书”活动和参加社区创建卫生劳动、“军营一日”活动。2005年，区法院少年庭、区关工委联合召开矫正帮教成果发布会，已矫正21名缓刑少年，其中，升学1人、进企事业单位工作14人、个体经营2人、自学待业4人。

为青少年办实事　1997～2002年，区关工委与区教育局关工委、团区委一起，开展“希望工程爱心助学”活动，共收到各类捐款13万多元，资助本区贫困学生450多人，发放助学金、赠送学习用品计价值11万多元；通过“大手拉小手”的形式，对学习上困难较大的550人、家庭经济困难的194人，组成196个“帮教、帮学、帮困”对子，使这些青少年在品行、学习上有进步。2004年起，为净化校外活动阵地，全区150名“五老”被区关工委、区文化局聘为全区“网吧义务监督员”，对全区53家网吧、27家电子游戏室进行义务监督，制止“未成年人”进入网吧。2004年7～9月，出动检查280余次，制止纠正网吧不规范经营15起，向主管部门举报违法经营2起，净化青少年学生校外文化阵地。2005年，关工委针对外来人口中子女增多、学习条件较差的情况，发动社会各界，在全区范围内实施新市民家庭教育工程，开展为外来民工子女创办“家庭图书角（房）的活动，达到每个图书角有一桌、一椅、一台灯、一柜、5份青少年读物、30册图书的基本要求。同时，由老干部、老教师、老医务工作者组成的“家庭教育讲师团”，围绕“以德育人，教子成才”主题，进社区和学校，向家长讲课120场，有8200多名家长受到教育启发。为15名尚未入学的外来适龄少年解决了入学难的问题。

2002年9月，北塘区关工委获“江苏省关心下一代工作先进集体”荣誉称号。2004年6月5日，省关工委主任曹鸿鸣一行5人到北塘区视察关心下一代工作，听取黄巷街道关工委重视二代人活动阵地建设的情况介绍。2005年7月12日，全市“加强社区关心下一代工作会议”在南尖社区召开，南尖和后祁街社区关工委作大会交流。

六、北塘区个体私营经济协会

北塘区个体私营经济协会于1983年9月成立并召开第一届协会代表大会。1986年11月，召开第二届协会代表大会。1989年12月，召开第三届协会代表大会，成立协会党支部。同年，全区个体工商户989户。1991年7月份，无锡遭到特大洪涝灾害，全区个体户中有283户店面被淹，149户家中进水，直接经济损失达298.65万元，协会及时组织会员自救互救，向全区会员发出“伸出援助手、救助受灾户”倡议，全区会员共捐人民币42636元，粮票1328斤。协会医疗室巡回医疗863人次，使用医疗费7628元。对困难会员补助8075元。1993年10月，召开第四届协会代表大会。同年，全区有个体工商户1113户。1995年，在会员中深入持久开展“信誉户”竞赛评比活动，评比出甲级信誉户348户，乙级信誉户896户，予以黄牌警告6户。到6月末，全区共有私营企业48家，建立工会或工会小组22家。11月27日，成立私营企业工会联合会。11月末成立理发美容行业协会，会员单位发展到67家。1996年11月，召开第五届协会代表大会。同年，全区有个体工商户1568户。1998年，协会认真贯彻落实市政府实施再就业工程意见，动员引导个私业主举办下岗职工招聘会，共聘用下岗职工105人，会员单位首佳实业有限公司出资5.8万元，提供场地设立23个摊位，为30多名下岗工人负责提供经营场地。同年7月、8月，长江流域发生洪涝灾害，协会组织会员单位开展献爱心活动，有近200家企业和900多个体工商户捐钱捐物，价值12.6万余元。1999年，全区有个体工商户2233家，私营企业234家。开展树立行业新风道德教育，争当“文明经营户”“信得过店（摊）”“明星企业”“优秀厂长（经理）”活动；进行爱国主义传统教育；引导个私业主积极参与创建国家卫生城市活动。在创建“无假一条街”活动中，与惠山直街的30家企业、80多户个体业主签订责任书。协会帮助企业解决经济纠纷21起，涉及金额20余万元。同年12月，召开第六届协会代表大会。2002年，城区行政区划调整，滨湖区划入3个工商所，每个工商行政管理所都建立个私协会分会。2003年11月，召开第七届协会代表大会。至2005年，全区有个体工商户5238家，私营企业2163家。协会组织50多家私企参加第二届太湖博览会，与外地客商签约30个项目；组织协会会员参加下岗职工招聘活动，有40多家私企在市两次大型招聘现场设台招聘，落实岗位200多个。先后两次参加区政府到广东、深圳、佛山、珠海、福建、潭州等地的招商引资，出谋划策，为引资数十亿元项目做出了贡献。

北塘区个体私营经济协会历届组织情况表

表14-5　　单位：人、个

职务分类 届次	会长	副会长	秘书长	理事	基层协会数
第一届 （1983.09～1986.11）	邱云泉	孙善平 孙万青	黄立新	10	3
第二届 （1986.11～1989.12）	邱云泉	孙善平 孙万青 张洪宝	黄立新	9	3
第三届 （1989.12～1993.10）	张广华	朱元中 林玉深	吴富兴	11	3
第四届 （1993.10～1996.11）	张　洛	王一见 刘海林 朱元中	吴富兴	12	4
第五届 （1996.11～1999.12）	陈胜仙	王一见 刘海林 焦玉梅	阮柏河	13	4
第六届 （1999.12～2003.10）	韩伟良	王一见 刘海林 焦玉梅	李建民	13	4
第七届 （2003.11～2005.12）	韩伟良	周　政 王一见 方向明	徐雪林 （2005.11起） 许正楼	15	5

七、北塘区红十字会（详见本志第二十一编第九章《红十字会》）